임베디드 시스템을 위한
소프트웨어 공학 총론

임베디드 시스템을 위한
소프트웨어 공학 총론

로버트 오샤나 · 마크 크랠링 편저
윤희병 옮김

i!i
에이콘

추천의 글

이 책의 추천사를 작성한다는 것은 기념비적인 일이다. 이 책은 임베디드 시스템에 관해 현재까지 가장 포괄적인 내용을 담고 있는 책일 것이다. 그리고 이러한 작업은 정말 필요한 일이다.

펌웨어firmware 시장이 점점 커지고 있다. 일부 사람들은 현대 제품을 만드는 데 드는 개발 비용의 80%까지가 페그peg 펌웨어일 것으로 추정한다. 불과 몇 년 전까지만 해도 수십만 라인의 코드를 가진 시스템을 아주 크다고 생각했던 것에 비해, 오늘날은 수 메가 라인의 코드를 시스템에서 발견하는 일이 다반사가 됐다. 스마트폰은 현재 수천만 라인을 사용하며, 굉장히 복잡해졌다. 소비자는 자동차 가치의 70%가 전자 기술로부터 온 것으로 이해하고 있으며, 자동차의 엔진이나 핸들보다는 코드를 더 구입하고 있다.

40년 전, 첫 번째 마이크로프로세서가 소개된 이래로 펌웨어를 구축하는 표준 방식은 영웅적인 일이 됐다. 몇 명의 스마트한 사람과 너무 많은 초과 근무 방식, 훈련 담당 상급자의 고함소리 등이 제품을 만들어 내보내긴 했다. 그러나 이러한 접근법은 더 이상 사업 규모를 확장시키지 못했고, 오늘날의 대규모 시스템에는 맞지 않는 방식이었다. 따라서 잘 훈련된 접근법이 필요하다. 이 책은 이러한 분야의 정보 전달에 아주 훌륭한 책이다.

예를 들어 통합과 테스팅을 제시하는 15장은 이러한 목표에 적합하게 아주 올바른 방식을 제공한다. 요구 사항으로 시작해서 제시된 요구 사항에 일치하는 테스트로 마무리된다. 이 책의 저자 마크 크랠링은 테스트가 완전한지를 보장하기 위해 사람들이 어떻게 제어 흐름 그래프를 이용하는지 보여준다. 오늘날 대부분의 개발자는 자신이 만든 테스트 스위트가 프로그램 로직 흐름의 10%를 커버하는지, 또는 90%나 100%를 커버하는지 알 수 없다. 공학자는 제품이 올바른지 증명하기 위해 자신이 서술한 내용을 분석할 필요가 있다. 이상하게 들리겠지만, 테스트 케이스를 구축하고, 요구 사항을 관리하며, 완전한 테스트 커버리지를 보장하는 다양한 벤더의 충분한 툴들이 있다.

4장은 임베디드 시스템을 위한 설계 패턴을 다룬다. 패턴은 잘 훈련된 방식에서 재사용되며, 보통 IT 프로젝트에서 재사용된다. 임베디드 세계에서는 재사용이 가능한지 오직 그 위치를 발견하는 일이 될 것이다. 소프트웨어 재사용을 다루는 9장은 소프트웨어 컴포넌트를 재활용하는 더 전통적인 양상에 대한 통찰력을 제공한다.

이것이 과도한 최상위 설계BUFD를 의미한다고 사람들이 생각하지 않도록 저자는 애자일 프로그래밍과 임베디드 시스템에 제시된 특별한 과제를 다룬다. 그러나 공학의 추악한 현실에 대해서도 다룬다. 하드웨어와 소프트웨어의 공동 설계를 다루는 2장에서는 완전하지 않으면서 전통적인 전략을 이용해서는 테스트될 수 없다는 명확한 문제가 있음에도 불구하고 하드웨어와 소프트웨어 둘 모두를 어떻게 병렬로 가져오는지 독자들에게 보여준다.

무엇이 임베디드를 그렇게 특별하게 만들었는가? 자원의 희소성이 가장 큰 이유다. 제한된 메모리와 CPU 주기로 인해 개발자는 테스트에 상당한 신경을 기울인다. 배터리로 동작하는 많은 시스템이 있을 것으로 예상되므로, 오늘날 전력 소비는 시스템 개발에 큰 영향을 끼친다. 이 책의 여러 장에서 이러한 이슈를 다루며, 심지어 배터리에서 모든 마이크로 와트를 짜내는 소프트웨어 기법도 보여준다.

펌웨어에서의 독특한 또 다른 양상이 바로 하드웨어와의 강결합이다. 이 부분 역시 이 책의 여러 장에서 깊이 있게 다룬다.

그 외의 주제로는 자동차 코드에 대한 특별한 필요성을 제시한다. 물론 리눅스와 안드로이드도 포함된다. 안전 필수 시스템의 구축도 포함된다. 여기서 안전 필수 시스템은 사람들이 기대하는 것보다 더 많이 존재하고 있으며, 안전 필수가 임무 중심으로 변경되고 있고, 자신의 제품이 어떻게 안전 관련 커뮤니티의 관심사를 포용하는지 알면 놀랄 것이다.

이 책은 임베디드 소프트웨어가 가진 어떠한 양상이든 모두 다룬다.

이러한 분야에서 변함없이 지속되는 것은 바로 변경이라는 분야다. 2012년 11월, <인디아 타임스> 지에 실린 기사는 소프트웨어 개발자가 나이 40에 이르면 퇴물이 된다고 주장했다. 개발자의 나이 40세는 새로운 경력을 시작하기에 너무 늦은 나이라는 의미다. 이 책을 읽고 프로젝트를 더 효과적인 방식으로 수행하는 방식을 배우기 바란다. 이 책은 나이가 40이 넘은 공학자가 자신의 위치에 머무르면서 불행으로 빠지는 것을 피할 수 있도록 도움을 줄 것이다.

— 잭 갠슬(Jack Ganssle)/『임베디드 시스템 대사전』(에이콘출판) 저자

편저자 소개

로버트 오샤나 Robert Oshana(robert.oshana@freescale.com)

임베디드 소프트웨어 산업 분야에서 30년 이상의 경력을 쌓았으며, 주로 국방 산업과 반도체 산업의 임베디드와 실시간 시스템에 주안점을 두고 활동하고 있다. 임베디드 시스템, 소프트웨어 공학, 소프트웨어 품질과 프로세스에 폭넓은 경험이 있으며, 현재 글로벌 개발 팀을 이끌고 있다. BSEE, MSEE, MSCS, MBA 자격증을 취득했으며, IEEE의 시니어 멤버다. 국제적인 연사로 활동 중이며, 다양한 기술 분야에 100개 이상의 프레젠테이션과 간행물을 발표했고, 여러 권의 임베디드 소프트웨어 기술 분야 책도 출간했다. 서던 메소디스트대학교Southern Methodist University의 객원교수로서, 석사 과정의 소프트웨어 공학과 임베디드 시스템 과목을 가르치고, 프리스케일Freescale 반도체의 기술 특훈 회원이자 네트워킹과 멀티미디어 분야의 글로벌 소프트웨어 R&D 이사로 재직 중이다.

마크 크랠링 Mark Kraeling(markfl04@yahoo.com)

임베디드 소프트웨어 산업 분야에서 20년 이상의 경력을 쌓았으며, 주로 자동차와 수송 산업의 임베디드 실시간 시스템에 주안점을 두고 활동하고 있다. BSEE, MSEE, MBA 자격증이 있다. 전 세계적인 임베디드 컨퍼런스에서 정기적인 연사로 활동하며, 임베디드 개발에 주안점을 둔 다양한 논문과 기사를 발표했다. 임베디드 시스템과 디자인 컨퍼런스에서 임베디드 시스템 관련 논문을 발표했을 뿐만 아니라 미국철도연합회AAR의 다양한 분과위원회에서 표준 개발에 힘쓰는 등 산업 개발 분야에 적극적으로 활동 중이다. 커민스Cummins 사에서 실시간 엔진 제어 개발로 경력을 처음 시작했다. 현재 GE 수송 분야의 제품 관리자이며, 실시간과 안전 필수 철도시스템을 개발 중이다.

기고자 소개

스리니 아데팔리 Srini Addepalli(addepalli.srinivasa@gmail.com)

프리스케일 반도체 사의 석좌회원이며, 최고 소프트웨어 아키텍트다. 이러한 역할에 따라 네트워크 소프트웨어 기술의 아키텍처와 소프트웨어 관점에서의 가속 엔진 개발에 중점을 두고 활동하고 있다. 이전에 인토토Intoto 사에서 최고 아키텍트로 근무했으며, 단일 코어와 다중 코어 프로세서에 대한 통합 위협 관리 소프트웨어 제품에 대한 아키텍처 개발의 책임자였다. 22년간 네트워킹과 데이터 통신 분야의 베테랑이었으며, 인토토Intoto, 홀론테크Holontech, NEC, HP에서 근무했다. 자신의 영역을 라우팅, 스위칭, 이동성 기술에서 방화벽, VPN, 칩입 탐지와 안티바이러스 기술을 비롯해 네트워크 보안 기술로 확장했다.

마이클 브로지올리 Michael C Brogioli

현재 텍사스 오스틴에 있는 폴리매틱Polymathic 컨설팅 사의 창시자이자 사장이며, 텍사스 휴스턴 소재의 라이스대학교Rice University 컴퓨터 공학과의 객원교수이고, 미국 중부 텍사스의 지역 발전을 위해 열심히 뛰고 있는 사업가이자 고문으로 활동 중이다. 폴리매틱 컨설팅 사에 들어가기 전에 텍사스 오스틴 소재의 프리스케일 반도체 사의 기술 참모 중 시니어 멤버이자 최고 아키텍트로 활동했다. 프리스케일 사에서 종신 재직권을 보장받은 것 외에도 텍사스 인스트루먼트 사에서 첨단 아키텍처와 칩 기술 연구자로 근무했고, 인텔 사에서 제시 팡Jesse Fang 박사의 지도를 받으면서 첨단 마이크로프로세서 연구실에서도 근무했다. 렌셀러 폴리테크닉 대학교Rensselaer Polytechnic Institute에서 전기공학 학사, 라이스대학교에서 전기컴퓨터공학ECE 분야의 석사와 박사학위를 취득했다.

브루스 파웰 더글라스 Bruce Powel Douglass(bruce.douglass@us.ibm.com)

USD 의과대학에서 뉴로사이버네틱neurocybernetics 분야의 박사학위를 취득했으며, 다양한 경성 실시간 환경의 안전 필수 실시간 애플리케이션 설계에 30년 이상의 경험을 쌓았다. 애자일 방법, 객체지향, MDA, 실시간 시스템, 안전 필수 시스템 개발과 관련된 과목을 설계하고 가르쳤으며, 실시간 UML, 임베디드 시스템을 위한 실시간 UML 워크숍, 실시간 설계 패턴, 두잉 하드타임, 실시간 민첩성, C로 작성된 임베디드 시스템 설계 패턴을 비롯해 5,000페이지 이상의 수많은 기술 서적을 저술했다. IBM 래셔널Rational 사의 최고 전도사로서 활동했는데, 이에는 시스템 공간에서 사상적 리더로서, 전 세계에 걸쳐 IBM 고객에 대한 컨설팅과 멘토로서,

수많은 컨퍼런스에서 IBM의 대표로서, 임베디드 실시간 산업을 위한 툴과 프로세스에 대한 저자로서 활동했다. 트위터 주소 @BruceDouglass를 이용해 팔로윙할 수 있다. 실시간 UML 야후 기술 그룹 홈페이지(http://tech.groups.yahoo.com/group/RT-UML)와 IBM 홈페이지(www-01.ibm.com/software/rational/leadership/thought/brucedouglass.html)를 이용해 그의 논문과 프레젠테이션을 구할 수 있다.

쉘리 그레틀린 Shelley Gretlein(Shelley.gretlein@ni.com)

내셔널 인스트루먼트National Instruments 사의 소프트웨어 제품 마케팅 책임자다. 현재 전 세계적으로 그래픽 시스템 설계에 대한 성공과 애플리케이션의 성장에 주안점을 두고 활동하며, 랩뷰LabVIEW 실시간과 랩뷰 FPGA를 비롯해 랩뷰 소프트웨어 플랫폼의 개발 전략과 전 세계적인 전도에 책임을 맡고 있다. 최근에는 로봇과 자율형 시스템의 설계 애플리케이션을 향상시키기 위해 선도 사용자와 함께 적극적으로 활동 중이다. 또한 그래픽 시스템과 임베디드 설계 컨설턴트를 비롯해 로봇과 산업 제어, 임베디드 포럼의 산업 협회에도 가입했다. 2000년에 내셔널 인스트루먼트에 합류했으며, 미주리대학교Missouri University에서 컴퓨터 과학과 관리시스템 학사학위를 취득했을 뿐만 아니라 부전공으로 과학 기술 분야의 수학과 프랑스어를 전공했다.

잉가 해리스 Inga Harris(inga.harris@freescale.com)

세계적으로 반도체 회사를 선도하는 프리스케일 사에서 시니어 애플리케이션 공학자로 재직 중이며, 임베디드 산업, 가전과 자동차 시스템에 폭넓은 경험이 있다. 프리스케일 사는 자동차, 가전, 산업과 네트워킹 마켓을 발전시키는 임베디드 프로세싱 솔루션 분야의 글로벌 리더다. 시니어 애플리케이션 공학자로서 동력 전달 계통의 애플리케이션 영역을 발전시키기 위해 32비트 마이크로제어기를 테스팅하고 개발하며 지원하는 책임을 맡고 있다. 스코틀랜드 소재의 스트래스클라이드대학교University of Strathclyde에서 경영학과 함께 전자전기 공학과의 공학사를 우수한 성적으로 취득했으며, 전 세계에 걸쳐 산업 출판물 분야에서 수차례 출간했고, 2013년 초에 첫 특허를 출원했다.

진 라브로스 Jean J. Labrosse(jean.labrosse@micrium.com)

설립자이자 CEO이고 회장이다. 1999년, 마이크리엄Micrium 사를 설립했고, 회사를 더 강하게 만들기 위해 엄격한 정책과 표준을 준수하면서 제품 개발을 위해 활동적인 역할을 지속적으로 유지하고 있다. 보스턴에서 개최되는 임베디드 시스템 컨퍼런스와 실리콘 밸리, 그 외의 산업 컨퍼런스 등에서 정기적인 연사로 활동 중이다. 임베디드 설계 분야에서 세 권의 권위 있는 저서, 즉 『MicroC/OS-II 실시간 커널』(에이콘출판), 『Embedded Systems Building Blocks 한국어판』(에이콘출판)을 출판했고, 『C 모듈Modules in C』, 『μC/OS-III The Real-Time Kernel』이라는 책을 저술해 출판 중에 있으며, 임베디드 설계라는 주제에 관해 수많은 기사를 썼고 산업 분야의 패널로도 활동했다. 캐나다 퀘벡에 위치한 셔브룩 대학교University of Sherbrooke에서 BSEE와 MSEE 학위를 취득했다.

프랭크 쉬마이스터 Frank Schirrmeister(frank@schirrmeister.com)

케이던스 디자인 시스템 사에서 시스템 개발의 제품 관리 수석 담당자로서 근무 중이다. IP와 반도체 설계, 임베디드 소프트웨어 개발, 하드웨어/소프트웨어 공동 개발, 전자설계 자동화 부문에 20년 이상의 경험을 쌓았다. 독일의 베를린공과대학교Technical University of Berlin에서 MSEE 학위를 취득했다.

게리 스트링햄 Gary Stringham(gary@garystringham.com)

펌웨어 작성과 하드웨어/펌웨어 통합을 전문으로 하는 임베디드 시스템의 전문가다. 게리 스트링햄 앤 어소시에이트 유한회사Gary Stringham & Associates, LLC(www.garystringham.com)의 설립자다. 25년 이상의 산업 경험이 있어 아주 어려운 시스템 통합과 관련된 이슈를 진단하고 해결하는 데 중점을 두고 활동 중이고, 그러한 이슈들이 미래에 발생하지 못하게 실용적인 해결 방안을 제시했다. 전문 감정인이었고, 많은 발표를 했으며, 『하드웨어/펌웨어 인터페이스 설계: 임베디드 시스템 개발 향상을 위한 모범 사례』라는 책의 저자다. 회사 설립 이전에 휴렛팩커드HP에서 펌웨어와 ASIC 설계의 표준을 설정하는 기술 선임으로 근무했다. 그의 노력으로 HP는 여러 프로젝트에서 1억 달러 이상의 개발 비용을 절감했다. 브리검영대학교Brigham Young University에서 BSEE 학위를 취득했고, 유타주립대학교Utah State University에서 MSEE 학위를 취득했다. 프린터 하드웨어와 펌웨어 분야에서 열두 개의 특허를 보유하고 있다.

에리히 스타이거 Erich Styger(Erich.styger@freescale.com)

스위스 루체른대학교Lucerne University의 응용 미술 및 과학 전공 교수이며, 프리스케일 반도체 사의 저명한 기술위원이다. MsCS 학위가 있으며, 임베디드 소프트웨어와 툴 분야에 18년 이상의 경험을 쌓았다. 많은 임베디드 교차 C/C++ 컴파일러와 디버거를 만들었다. 이에 추가해 프로그래밍 언어, 실시간과 메카트로닉mechatronic 시스템 분야에서 연구를 진행 중이다.

짐 트루도 Jim Trudeau(jamesedwardtrudeau@gmail.com)

미국 워싱턴 DC에 위치한 조지타운대학교Georgetown University와 프랑스 아비뇽에 위치한 아메리칸대학교의 연구소에서 국제 관계학을 전공했다. 그 이후 뚜렷하면서 성공적인 세 가지 경력 분야에서 교육과 관련해 멘토 역할을 했으며, 가장 최근에는 소프트웨어 개발과 기술적 의사소통 분야에서 멘토 역할을 했다. 현재 42 라인스 사와 함께 학습 관리시스템에 주안점을 두면서 기술 전문 저술가이자 트레이너로 활동 중이다. 소프트웨어 개발의 다양한 양상과 관련해 수많은 기사를 쓰고, 교육 과정을 거쳤을 뿐만 아니라 1995년 하이든 북Hayden Books에서 출판된 매킨토시용 『프로그래밍 스타터 키트Starter Kit』와 1997년 사이벡스Sybex에서 출판된 『마스터링 코드워리어Mastering CodeWarrior』의 저자다.

카탈린 우드마 Catalin Udma(catalin.udma@freescale.com)

카탈린 우드마는 2010년에 프리스케일 반도체 사에 들어갔으며, 리눅스 커널 디버깅과 추적, 성능 평가 리눅스 툴을 비롯해 임베디드 시스템용 소프트웨어 개발 툴에 주안점을 두면서 활동 중이다. 프리스케일에 들어가기 전에 10년 이상 다양한 임베디드 소프트웨어 개발 프로젝트를 수행했으며, 리눅스 커널 개발, 디바이스 드라이버, 보드 브링업bring-up, 캐리어급 네트워크 관리, 실시간 데이터 영역 소프트웨어, T1/E1과 VoIPvoice over IP 프로젝트 등이 있다. 또한 무선 네트워크 설계, 와이맥스WiMax 네트워크 기반 멀티미디어 통신, 자원 관리, 품질 서비스와 클록 복구 알고리즘 같은 도메인에서 다수의 연구 프로젝트를 수행했다. 스스로를 리눅스의 열렬한 지지자라고 말하고 있으며, 코드 워리어가 될 때, 또는 컴퓨터 화면 앞에 앉아 있지 않을 때도 도전을 찾고 즐기는 것을 사랑하는 사람이다.

윗슨 가말리엘 왈도 3세 Whitson Gamaliel Waldo, III

비즈니스 오퍼레이션, 대량 제조, 공학, 연구 개발 분야에 경험이 있으며, 반도체 산업에도 넓은 배경 지식이 있다. 프리스케일 반도체 사, 텍사스 인스트루먼트 사, 모토로라 사에 근무했으며, IBM과 위스콘신대학교University of Wisconsin가 함께하는 기업과 대학의 합작 투자에도 참여했다. 프로그램 관리, 프로젝트 관리, 공학 관리에 경험이 있다. 프로그램과 프로젝트 관리 경험은 시스템온칩SoC, 소프트웨어, SoC 플랫폼에 대한 신제품 소개에 큰 일조를 했다. 시스템온칩 플랫폼의 『프로그램 관리와 전형적 리더십의 원칙』 같은 책의 저자이며, 수많은 기술 보고서를 출판했다. 클렘슨대학교Clemson University에서 화학공학 석사학위를 취득했고, 플로리다대학교University of Florida에서 학사를 마쳤다. 조지워싱턴대학교George Washington University에서 프로젝트 관리의 마스터 자격증을 받았으며, 프로젝트 관리 연구소의 프로젝트 관리 프로페셔널 자격이 있다. 응용통계학을 이수했다는 모토로라의 식스시그마 블랙벨트^{Six Sigma Black} ^{Belt} 자격을 받았으며, 열세 개의 특허를 내 모토로라로부터 저명한 혁신가로 인정받았다.

피트 윌슨 Pete Wilson(pete@kivadesigngroupe.com)

영국의 셰필드대학교^{Sheffield University}에서 물리와 순수/응용 수학 분야에서 학위를 받았다. 영국의 브랙널^{Bracknell}에 위치한 페란티 디지털 시스템^{Ferranti's Digital Systems} 사에 있는 동안 CAAIS의 레이더의 자동 추적과 영국 해군 함정의 실시간 임베디드 시스템에 대한 소프트웨어를 작성했다. 또한 FM1600E 컴퓨터의 스몰 도메인 능력 시스템의 실시간 운영체제^{RTOS}를 연구하면서 프로토타입 형태의 커널을 만들었다. 이후 ICL 7500 시리즈인 지능형 메인프레임 터미널의 프린터에 대한 소프트웨어를 작성했으며, 차세대 엔진을 위한 새로운 프로세서 아키텍처를 제공했다. 영국의 반도체 제조사인 인모스^{Inmos} 사에서 지능형 주변장치를 조사했고, 콜로라도 스프링스 사에서는 트랜스퓨터 애플리케이션 관리자로 근무했다. 그 후 프리즘마 프로세서, GaAs 실시간 슈퍼컴퓨터 스타트업에 대한 아키텍처를 작성했고, 미국 매사추세츠 주의 빌러리카^{Billerica}에 위치한 그룹 불^{Groupe Bull}에 합류해서 설계 검증 부분의 책임자로 일했다. 그런 다음 텍사스 오스틴에 위치한 그룹 불의 파워 PC 파트너 사로 자리를 옮겨 마이크로시스템 아키텍처의 책임자로 임명받았고, 파워 PC 620의 검증 부분에 대한 책임을 맡았다. 1997년 모토로라 반도체 제품 부문에 합류해서 RapidIO 인터커넥트, e500 프로세서, e200 시리즈, 아키텍처 기술 언어^{ADL}와 플라즈마, C++에 대한 동시성 지원 확장을 시작하게 한 첨단 시스템의 아키텍처 개발에 기여했다. 2008년에 프리스케일 지적 재산권 라이선싱 그룹의 멤버가 됐다.

신신 양 박사 Dr. Xin-Xin Yang

프리스케일 사의 네트워킹/멀티미디어 솔루션 그룹의 베이징 소프트웨어 R&D 팀의 시니어 공학 관리자다. 리눅스 소프트웨어 개발 키트^{SDK}와 파워 PC, ColdFire, ARM 아키텍처에서 동작하는 관련 소프트웨어의 개발에 주안점을 두고 공학 팀을 이끌고 있다. 프리스케일 사로 옮기기 전에 모토로라 사 기술진의 시니어 멤버였는데, 모토로라 전자 중국 법인의 네트워킹과 컴퓨팅 시스템 그룹의 반도체 제품 부문에서 시니어 공학자, 시니어 참모, 공학 관리자로 근무했다. 모토로라 중국 R&D 연구소의 특허위원회 멤버였다. 중국 칭화대학교^{Tsinghua} ^{University}에서 컴퓨터 과학/기술 분야의 박사학위를 취득했다.

마크 피치포드 Mark Pitchford

안전 필수 개발을 비롯해 다양한 플랫폼에서 동작하는 공학 애플리케이션을 위한 소프트웨어 개발에 25년 이상의 경험을 쌓았다. 그리고 이의 많은 부분이 기존 코드를 기반으로 확장된 공학 애플리케이션을 포함하고 있다. 캐나다와 호주에서 잠시 있었던 기간을 포함해 영국과 국제적으로 개발 및 관리라는 분야에서 많은 중요한 산업과 상용 프로젝트에 몸담았다. 12년 전에 소프트웨어 테스팅 분야의 전문가로 활동했으며, 현재 LDRA와 함께 필드 애플리케이션 공학자로서 유럽과 그 주변에서 일하고 있다.

앤드류 멕케이 Andrew McKay

현재 아이더즈Iders 사에서 산업용 네트워킹과 통신 장비를 개발하는 임베디드 시스템 아키텍트로 활동 중이다. 매니토바대학교University of Manitoba에서 컴퓨터공학 학위를 받은 후 2002년 7월에 아이더 사에 입사했다.

감사의 글

이 책의 편집을 위해 각 전문 지식 분야에서 기여가 가능한 임베디드 분야 선도 공학자들에게 기고를 요청했다. 그리고 이 책의 각 장이 자체로서 완전한 장이 될 수 있도록 집필 방향을 결정했다. 이는 저자가 하나의 장에서 주어진 목적을 완료할 수 있게 자신이 필요한 만큼의 정보를 모을 수 있음을 의미한다. 일부의 경우 여러 장에서 중복된 정보가 나타날 수도 있지만, 이것도 편집자가 의도적으로 만든 부분이다.

이 책의 목적은 여러 영역 간 자신의 입장을 번복하지 않고 다양한 주제를 상의할 수 있는 소프트웨어 공학 핸드북을 만드는 것이었다. 각 장의 집필을 맡은 저자들은 각자의 지식이 해당 주제에 잘 들어갈 수 있도록 자유로움과 유연성을 제공받았다. 각 장은 실용적이 되도록 설계됐으며, 저자의 실세계 경험을 기반으로 집필됐다. 이 책은 300년 이상의 임베디드 시스템에 대한 경험을 포함하고 있다.

유용한 참고 문헌과 지원 자료뿐만 아니라 이 책과 관련해 정보를 제공하는 전용 웹사이트는 www.elsevierstore.com/companions/9780124159174를 참조하기 바란다. 툴은 자유롭게 다운로드해도 괜찮으며, 추가된 정보는 잘 읽어야 한다. 이는 전체 경험을 비춰볼 때 가치있는 부분이다.

방향을 바꿔 이 책의 집필에 기여해주신 각 저자들께 편집자로서 감사드린다. 엘스비어의 폴린 윌킨슨Pauline Wilkinson 제품 프로젝트 관리자와 교열 담당자인 로저 보스윅Roger Borthwick, 팀 피츠Tim Pitts와 찰리 켄트Charlie Kent를 비롯해 엘스비어에 근무하는 직원들에게도 감사드린다. 그리고 이 책의 집필에 도움을 준 모든 분께 감사드린다.

이 책이 독자들에게 유용한 참고 자료가 될 수 있기를 바라며, 임베디드 시스템의 다양한 영역에서 통찰력을 얻는 데 사용될 수 있을 것으로 생각된다.

나, 롭Rob은 이 프로젝트를 마칠 때까지 잘 참아준 사랑스런 아내 수잔Susan에게 감사드리며, 아울러 아들 샘Sam과 노아Noah에게도 감사드린다.

나, 마크Mark는 멋진 아내 샤논Shannon에게 감사드리며, 아울러 브래드Brad, 스펜서Spencer, 찬드라Chandra, 글렌Glen, 제프Jeff, 알제이RJ, 셸리Shelly, 토드Todd, 어머님과 아버님께 감사드린다.

모든 분이 이 책을 즐기기를 희망한다.

— 롭(Rob)과 마크(Mark)

옮긴이 소개

윤희병 (hbyoon37@hanmail.net)

해군사관학교 경영과학과 연세대학교 전산공학을 전공하고 미국으로 건너가 미 해군대학원과 조지아공대에서 전산공학 석사와 박사학위를 각각 취득했다. 그 이후 2013년까지 국방대학교 전산학과 교수, 2014년에는 고려대학교 컴퓨터학과 초빙교수로 재직하면서 임베디드 소프트웨어 분야를 주로 강의했다. 저서로는 『임베디드 소프트웨어 개론』(2012)과 『NCW 서비스와 기술』(2011)이 있고, 옮긴 책으로는 『자율형 지능차량 이론과 응용』(2013), 『자율형 무인차량 개발 및 과제』(2011), 『임베디드 소프트웨어 테스팅』(2007) 등이 있다. 현재 무인시스템과 임베디드 소프트웨어 분야의 전문가로서 왕성한 연구 활동을 하고 있으며, 현재 국방대학교 명예교수, 서강대학교 융합소프트웨어연구소 겸임교수, 미래국방포럼 사무총장, 임베디드소프트웨어·시스템 산업협회 운영위원 등을 맡고 있다.

옮긴이의 말

정말 기나긴 시간이었다. 2년 전 4월말, 우연히 아마존을 탐색하던 중 이 책이 곧 발간된다는 사실을 발견하곤 바로 에이콘 출판사에 번역 요청을 했고, 곧 바로 출판사 사장님의 승인이 떨어져 번역이 시작됐다. 임베디드 소프트웨어 분야에서 10여 년 동안 강의와 연구를 해왔고, 2012년에는 『임베디드 소프트웨어 개론』이라는 책을 펴내고, 그 책으로 국방대, 서강대, 고려대 등 여러 대학에서 강의도 했지만, 하드웨어를 이해시키면서 임베디드 소프트웨어를 강의하고 싶었다. 내 마음 한구석에 늘 자리 잡고 있었던 아쉬운 마음을 한 번에 사로잡았던 책이 바로 이 책이었다.

그만큼 이 책은 하드웨어와 소프트웨어의 공동 설계를 비롯해 임베디드 시스템 개발의 전 수명주기에 걸쳐 필요한 모든 내용을 담고 있다고 해도 과언이 아니다. 특히 각계각층 독자들의 요구를 충족시키기 위해 임베디드 시스템 개발을 위한 5계층 체계와 임베디드 시스템의 6단계 하드웨어/소프트웨어 공동 설계 모델을 정립하고, 5계층과 6단계 공동 설계 모델을 네 가지의 최신 사례연구와 결합시켜 책의 구조를 제시한 것은, 이 책만이 가진 장점 중의 장점이다. 또한 책의 완성도와 이해도를 높이기 위해 임베디드 소프트웨어 산업 분야에서 수십 년 이상 경험을 쌓으면서 세계적으로 명성을 떨치는 두 명의 전문 편집자가 책 구성부터 편집, 발간까지 책임을 맡았으며, 책의 전문성과 신뢰성을 높이기 위해 개요부터 사례 연구까지 각 해당 분야에서 왕성히 활동하고 있던 세계적인 선도공학자 16명이 저자로 참여했다.

이 책은 임베디드 소프트웨어 분야의 전문가가 되길 원하는 모든 사람에게 개념부터 사례 연구까지, 더 나아가 미래 추세까지 제공하는 임베디드 시스템을 위한 소프트웨어 공학 분야의 전문 백과사전이라 할 수 있다. 특히 그동안 임베디드 하드웨어와 소프트웨어 분야에 각각 종사하던 독자들이 늘 아쉽게 생각하면서 접해보고 싶었던 임베디드 시스템의 하드웨어/소프트웨어 공동 설계, 소프트웨어 성능 공학, 임베디드 소프트웨어의 성능/메모리/전력 최적화, 임베디드 시스템의 애자일 개발 등을 함께 다루고 있어, 해당 분야에 종사하는 개발자뿐만 아니라 이 분야에 관심을 가진 모든 사람에게도 큰 도움을 제공하는 귀중한 안내서가 될 것이다.

끝으로, 이 책의 번역을 마칠 수 있도록 도움을 주신 모든 분께 감사드린다. 특히 번역 요청을 흔쾌히 승인하고 2년간의 긴 시간을 기다려주신 에이콘 사장님과 번역을 완성할 수 있도록 격려와 아낌없는 지원을 해주신 김희정 부사장님께 깊은 감사를 드리며, 이 책의 번역서가 나오기까지 번역과 출판에 도움을 주신 에이콘 관계자분들께도 큰 감사를 드린다. 마지막으로 이 책을 완성할 수 있도록 항상 곁에서 인내하며 격려해주고 교정에도 도움을 준 사랑하는 아내와 아들, 딸에게도 고마운 마음을 전한다.

차례

3장 임베디드 시스템을 위한 소프트웨어 모델링   111

16장 임베디드 시스템용 소프트웨어 개발 툴   597

17장 임베디드 시스템용 다중 코어 소프트웨어 개발 653

18장 안전 필수 소프트웨어 개발 707

24장 네트워킹 애플리케이션용 임베디드 소프트웨어 979

들어가며

지난 10여 년간 컴퓨팅 세계는 큰 기계에서 작은 기계로, 고정식 기계에서 모바일 기계로, 데스크톱 기계에서 임베디드 장치로 이동했다. 데스크톱 시스템에 성공적으로 적용됐던 소프트웨어 시스템을 개발하는 방법과 기법, 툴은 더 이상 임베디드 애플리케이션에는 쉽게 적용되지 못한다. 모바일 임베디드 장치에서 동작하는 소프트웨어 시스템은 더 전통적인 시스템에서는 요구되지 않는 다음과 같은 특징을 가져야 한다.

- 근접 최적 성능
- 강건성
- 분산
- 역동성
- 이동성

이 책은 임베디드, 자원 제약, 모바일, 네트워크 세계에 존재하는 소프트웨어 시스템의 핵심 특징을 조사한다. 그리고 이들 도메인에서 소프트웨어 공학 방법과 기법의 핵심 부분(예를 들어 소프트웨어 설계, 컴포넌트 기반 개발, 소프트웨어 아키텍처, 시스템 통합, 테스트)에 대한 적용 가능성을 평가한다.

임베디드 시스템은 그림 1에서 보는 것처럼 소프트웨어 구현과 관리의 계층 구조로서 개념화된다. 임베디드 시스템에 대한 토의를 위해 다음과 같은 다섯 가지의 수평 영역을 고려한다.

1. 프로세스 계층
2. 하드웨어 계층
3. 플랫폼 계층
4. 미들웨어 계층
5. 애플리케이션 계층

이 책에서는 다음과 같은 세 가지의 수직 영역에 초점을 맞춰 논의한다.

1. 자동차 애플리케이션
2. 네트워킹 애플리케이션
3. 저장과 입출력$^{I/O}$ 애플리케이션

그 외에 논의할 수 있는 많은 수의 수직 애플리케이션 영역이 있지만, 이 세 가지가 임베디드 시스템의 가장 대표적인 영역이다.

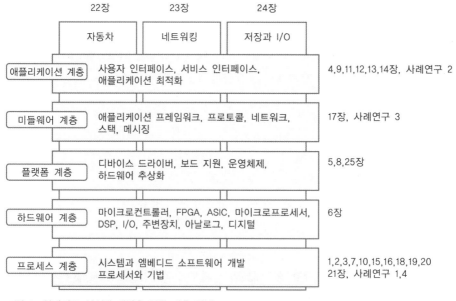

그림 1 임베디드 시스템 개발을 위한 계층 체계

이 책은 그림 1에 제시된 모델처럼 임베디드 시스템 개발의 계층 체계를 다루기 위해 구조화돼 있다. 각 장과 사례연구는 그림 1의 모델에서 다음과 같이 매핑된다.

- **1장** 임베디드와 실시간 시스템을 위한 소프트웨어 공학
- **2장** 임베디드 시스템 하드웨어/소프트웨어 공동 개발
- **3장** 임베디드 시스템을 위한 소프트웨어 모델링
- **4장** 임베디드 시스템을 위한 소프트웨어 설치 아키텍처와 패턴
- **5장** 실시간 빌딩 블록: 이벤트와 트리거
- **6장** 임베디드 소프트웨어에 대한 하드웨어 인터페이스
- **7장** 임베디드 소프트웨어 프로그래밍과 구현 가이드라인
- **8장** 임베디드 운영체제
- **9장** 임베디드 시스템에서 설계에 의한 소프트웨어 재사용
- **10장** 임베디드 시스템을 위한 소프트웨어 성능 공학
- **11장** 임베디드 소프트웨어의 성능 최적화
- **12장** 임베디드 소프트웨어의 메모리 최적화

임베디드 시스템의 하드웨어/소프트웨어 공동 설계에 대한 수명주기 모델은 그림 2에서 보여준다. 이 책에서 각 장은 그림 2와 같이 임베디드 시스템의 수명주기 모델과 각각 매핑된다.

이 책은 그림 1과 2처럼 다양한 영역의 주제에 대해 실무적이고 최신 정보를 비롯한 25개의 장으로 구성된다. 각 장의 세부 내용은 다음과 같다.

1장, 임베디드와 실시간 시스템을 위한 소프트웨어 공학 임베디드 시스템은 대규모 시스템의 특정 기능을 수행하기 위해 설계된 컴퓨터 시스템으로, 종종 하나 이상의 실시간 컴퓨팅 제약 사항을 갖는다. 이는 하드웨어와 기계적 부분을 포함하는 큰 장치의 부분으로서 내장된다. 이 시스템은 최종 사용자의 다양한 요구에 부응하면서 유연한 범용 컴퓨터와는 극명하게 비교된다. 범용 시스템에 성공적으로 적용됐던 소프트웨어 시스템의 개발 방법과 기법, 툴은 더 이상 임베디드 시스템에는 쉽게 적용되지 못한다. 모바일 임베디드 장치에서 동작하는 소프트웨어 시스템은 근접 최적 성능, 강건성, 분산, 역동성, 이동성 같은 더 전통적인 시스템에서는 요구되지 않는 특징을 가져야 한다. 1장은 임베디드, 자원 제약, 모바일, 고도로 분산된 세계에 존재하는 소프트웨어 시스템의 핵심 특징을 조사한다. 그리고 이 분야의 맥락 속에서 소프트웨어 공학 방법의 핵심 부분에 대한 적용 가능성을 평가하고 기법(예를 들어 소프트웨어 설계, 컴포넌트 기반 개발, 소프트웨어 아키텍처, 시스템 통합, 테스트)도 다룬다. 1장은 임베디드와 실시간 소프트웨어를 개관적으로 설명한다.

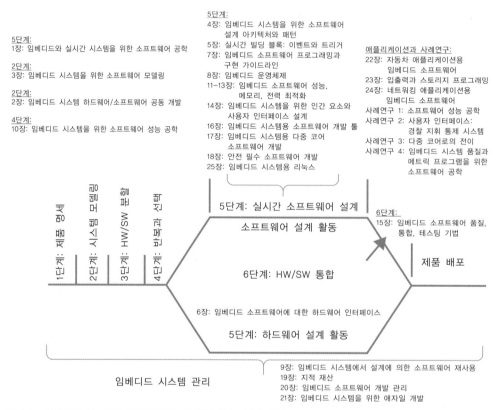

그림 2 임베디드 시스템의 하드웨어/소프트웨어 공동 설계 모델

2장, 임베디드 시스템 하드웨어/소프트웨어 공동 개발 최신 임베디드 시스템에 대한 개발을 기획할 때 하드웨어와 소프트웨어를 독립적으로 고려하지 않는다. 지난 20여 년간 전용 하드웨어 구현에서 범용 임베디드 프로세스를 실행하는 소프트웨어로 시스템의 기능성이 이동된 반면, 칩과 시스템의 복잡성은 엄청날 정도의 성장률을 보였다. 2010년까지 소프트웨어를 개발하려는 노력이 하드웨어를 개발하려는 노력보다 더 커졌으며, 복잡성은 소프트웨어에 비례해 계속 증가하는 추세였다. 독립적인 하드웨어와 소프트웨어 설계 같은 전통적인 설계 기법은 칩 위에 복잡한 시스템을 만들기 위해 통합되는 이기종의 모델과 애플리케이션 때문에 도전이 되고 있다. 설계자는 하드웨어와 소프트웨어의 공동 설계에 사용되는 적절한 기법을

이용해 시스템의 특정 행위와 주어진 성능 목표, 기술이 드러날 수 있도록 시스템의 하드웨어와 소프트웨어 컴포넌트를 함께 작업하는 방법을 고려해야 한다.

3장, 임베디드 시스템을 위한 소프트웨어 모델링 임베디드 시스템을 위해 모델을 생성하는 것은 아주 간단하거나 믿을 수 없을 정도로 복잡한 동적인 제어 시스템에 대한 시간과 비용 측면에서의 효과적인 접근법을 제공하며, 이 모든 것은 밀접하게 통합된 소프트웨어 집합에서 유지되는 단일 모델을 기반으로 한다. 최신 모델링 소프트웨어 툴을 이용하면 오프라인 시뮬레이션에서 초기 밸리데이션validation을 설계하고 수행할 수 있다. 이러한 모델은 차후 수행되는 모든 개발 단계의 기초를 형성한다. 임베디드 설계를 위해 모델을 생성하는 것은 전통적인 설계 접근법보다 더 다양한 이점을 제공한다. 하드웨어 프로토타이핑과 결합된 접근법을 이용하면 베리피케이션verification과 밸리데이션이 최종 테스팅 단계에서만 수행되는 것이 아니라 개발 전 기간에 걸쳐 수행되기 때문에 실수할 리스크가 줄어들고 개발 수명주기도 짧아진다. 시스템 모델을 베이시스basis로서 이용하면 훨씬 더 빠르고 신뢰성 있는 설계 평가와 예측을 만들어낼 수 있다. 반복적인 접근법은 성능과 신뢰성 관점에서 설계를 향상시키는 결과를 가져온다. 그리고 설계 팀과 설계 단계, 다양한 프로젝트 사이에서 모델을 재사용할 수 있기 때문에 자원에 들어가는 비용이 줄어들며, 물리적 프로토타입에 대한 종속성도 줄어든다. 자동 코드 생성 기법을 이용하면 개발 오류와 부담도 줄일 수 있다. 이러한 이점은 더 정확하고 강인한 제어 설계와 더 짧아진 시장 적시성, 설계 비용에 대한 감소로 이어진다.

4장, 임베디드 시스템을 위한 소프트웨어 설계 아키텍처와 패턴 임베디드 컴퓨팅 시스템의 소프트웨어 아키텍처는 시스템이 어떻게 동작할 것인지 추론하거나 이해하는 것을 도와주는 시스템의 구조로 묘사할 수 있다. 소프트웨어 아키텍처는 시스템 개발 프로젝트뿐만 아니라 시스템을 위한 청사진으로 동작한다. 아키텍처는 성능, 변경 가능성, 보안성 같은 임베디드 시스템의 주요 품질에 대한 기본적인 프레임워크이며, 아키텍처 비전을 통합하지 않고는 시스템의 어떠한 품질도 획득할 수 없다. 아키텍처는 설계 접근법이 적절한 시스템의 개발로 이어진다는 것을 보장하는 초기 분석에서 만들어지는 산물이다. 4장은 임베디드 소프트웨어 아키텍처의 여러 양상에 대한 세부 사항을 다룬다.

5장, 실시간 빌딩 블록: 이벤트와 트리거 4장까지는 임베디드 시스템을 개발하기 위한 높은 수준의 추상화와 시스템 설계 아키텍처, 구현 단계에서의 설계 패턴 적용 같은 접근법을 설명했다. 5장에서는 실시간 시스템의 두 가지 기본 개념과 설계 패턴을 소개한다. 여기서 두 가지 기본 개념은 비동기 이벤트Event 플래그를 설정하는 능력과 적절한 시기에 어떤 상황을 트리거Trigger하는 능력이다. 이들 두 가지 개념은 실시간 운영체제RTOS를 이용하지 않는 시스템뿐만 아니라 RTOS를 이용하는 시스템에도 모두 사용된다. 5장은 유스케이스로 시작해서 이벤트와 트리거를 구현하는 서로 다른 방식을 개발한다. 그리고 이들 각각에 대한 세부 구현 내용도 제시하며, 이들에 대한 장단점도 다룬다. 이벤트와 트리거 구현을 위한 소스는 5장의 끝 부분에서 제공한다.

6장, 임베디드 소프트웨어에 대한 하드웨어 인터페이스 임베디드 소프트웨어에 제공되는 하드웨어 인터페이스에 대해 다룬다. 그리고 하드웨어 인터페이스를 제공하는 레지스터와 인터럽트에 대해서도 다룬다. 그 외 프로젝트에서 하드웨어 팀과 임베디드 소프트웨어 팀 간 협력을 위한 인간적인 측면에 대해서도 논의한다. 협력은 설계 단계, 공동 개발 단계, 통합 단계, 디버깅 단계 동안 필요하며, 6장에서는 이들 각 단계에서 요구되는 협력의 개념에 대해 알아본다. 그리고 제품의 품질을 향상시키는 다양한 하드웨어 설계 양상과 하드웨어 버전을 지원하는 데 도움을 주는 소프트웨어 설계 양상에 대해서도 다룬다.

7장, 임베디드 소프트웨어 프로그래밍과 구현 가이드라인 임베디드 소프트웨어 개발에 일반적으로 사용되는 몇 가지 가이드라인을 제공한다. 프로그래밍 원칙에서 시작해 가독성, 테스트용이성, 유지 보수성을 포함한다. 7장은 하드웨어 고려 사항, 파일 구조, 개발 가이드라인을 비롯해 임베디드 소프트웨어 프로젝트를 어떻게 시작하는지 대한 논의를 계속 이어간다. 그런 다음 문법 코딩 표준의 중요성을 비롯해 소프트웨어 개발 프로젝트에서 매우 중요한 프로그래밍 가이드라인으로 초점을 바꿔 논의한다. 7장은 변수와 정의에 대한 설명과 이들이 어떻게 임베디드 소프트웨어 프로젝트에 사용되는지 대한 논의로 마무리한다.

8장, 임베디드 운영체제 실시간 운영체제[RTOS]는 임베디드 시스템 어디에나 존재한다. 8장은 실시간 커널이 무엇인지, 운영체제가 제품 개발자에게 제공하는 서비스가 무엇인지 설명하고, 커널 내부 일부에 대해 설명한다. 커널은 RTOS의 컴포넌트다. 8장에서는 작업 관리, 인터럽트 핸들링, 스케줄링, 문맥 스위칭, 시간 관리, 자원 관리, 메시지 패싱, 우선순위 변환 등 많은 부분을 살펴본다.

9장, 임베디드 시스템에서 설계에 의한 소프트웨어 재사용 임베디드 시스템에서 재사용을 제한하는 과제와 이의 극복 전략을 알아본다. 이러한 탐구에는 재사용의 제한 사항이 무엇인지, 하드웨어 추상화 계층이나 RTOS 포팅[porting] 계층과 같은 제한 사항을 극복하는 전통적인 접근법이 무엇인지를 포함한다. 그러나 여기서 그치지 않는다. 계층화된 소프트웨어가 가진 단점은 고도로 최적화되고 재사용이 가능한 소프트웨어 컴포넌트를 사용할 수 있게 만들어준다. 9장은 하드웨어와 RTOS에 상관없이 전문가 시스템에 의해 생성된 재구성과 재사용이 가능한 컴포넌트를 만드는 메커니즘인 컴포넌트 팩토리[factory]에 대한 개념을 소개한다.

10장, 임베디드 시스템을 위한 소프트웨어 성능 공학 임베디드 시스템은 보통 하나 이상의 실시간 요구 사항을 갖는다. 최근 임베디드 소프트웨어 시스템의 복잡성으로 인해 이들 시스템의 성능 목표를 성취하기 위해서는 체계적인 접근법이 요구된다. 애드혹^{ad hoc} 프로세스는 마감 시간을 놓치게 할 수 있고, 시스템의 성능을 빈약하게 만들 수 있으며, 프로젝트를 취소하게 만들 수도 있다. 다중 실시간 성능 요구 사항을 정의하고 관리하며 전달하기 위해서는 성숙도 maturity가 필요하다. 소프트웨어 성능 공학^{SPE}은 성능 공학 프로세스의 성숙도를 향상시킬 수 있는 시스템 공학의 범주에 속해 있는 교과목이다. SPE는 성능 목표를 만족하는 소프트웨어 시스템의 구축에 필요한 체계적이고 정량적인 접근법이다. SPE는 아키텍처, 설계, 구현에 초점을 둔 소프트웨어 지향 접근법으로, 임베디드 소프트웨어 개발 수명주기의 모든 단계에 적용되는 활동이나 기법, 산출물에 초점을 둔다. 특히 소프트웨어가 시스템의 성능 관련 요구 사항을 만족시키기 위해 설계되고 구현된다는 것을 보장하기 위해 민감성과 확장성에 초점을 둔다.

11장, 임베디드 소프트웨어의 성능 최적화 코드 최적화는 개발 프로세스에서 시스템의 능력에 직접 영향을 미치는 핵심 단계다. 코드가 더 빠르게 실행된다는 것은 채널이 더 넓다는 것과 수행되는 것이 더 많다는 것, 더 경쟁적인 이점을 가진다는 것을 의미한다. 코드가 더 적은 메모리에서 실행된다는 것은 휴대폰에 더 적합한 애플리케이션 특징을 가질 수 있음을 의미한다. 그리고 코드가 실행 시 더 적은 전력을 소비한다는 것은 배터리의 수명을 증가시키거나 전력 기지국에서 소비되는 비용을 줄여줄 수 있음을 의미한다. 11장은 프로그래머에게 코드를 효과적으로 작성할 수 있게 도움을 줄 목적으로 작성됐다. 먼저 툴 체인의 이용법에 대한 소개부터 시작해, 최적화 이전에 임베디드 아키텍처를 아는 것이 중요하다는 점을 설명하고, 그런 다음 넓은 범위의 최적화 기법에 대해 설명한다. 11장에서 제시하는 기법은 C 언어 최적화 기법과 범용 루프 변환 같은 프로그램이 가능한 모든 아키텍처에 유효한 기법이다. 실세계에 대한 사례는 이 장 전체에 걸쳐 제시한다.

12장, 임베디드 소프트웨어의 메모리 최적화 목표 아키텍처에서 클록 주기의 실행 결과로 인해 컴파일 코드에 대한 최적화 메트릭이 항상 측정되는 것은 아니다. 무선 네트워크 연결 또는 백홀^{backhaul} 기반 구조에서 다운로드로 실행 가능한 휴대폰이나 무선 장치를 고려한다. 이러한 경우 보통 이점을 갖거나 무선 장치로 다운로드해야만 하는 컴파일 코드의 크기를 컴파일러가 줄여준다. 다운로드될 필요가 있는 코드의 크기를 줄임으로써, 다운로드되는 각 무선 지점에 요구되는 대역폭의 관점에서 비용이 줄어드는 결과를 얻는다. 컴파일 코드의 메모리 시스템 성능과 같은 최적화 메트릭은 개발자에게는 흔하게 중요한 또 다른 메트릭이다. 이들 메트릭은 목표 프로세서상의 컴파일 코드뿐만 아니라 기본이 되는 메모리 시스템, 캐시,

DRAM, 버스 등과 같은 동적 실시간 동작과 긴밀히 연관돼 있다. 애플리케이션 내 데이터 또는 더 특별하게 실시간에서 동적으로 평가되는 데이터와 이에 대응되는 데이터 구조의 순서를 효율적으로 조정함으로써 메모리 시스템 레벨에서 중요한 성능 개선을 얻을 수 있다. 이에 추가해 SIMD 명령 집합이 제시되고 다양한 메모리 시스템의 정렬 조건이 만족되면 데이터의 공간적 위치로 인해 벡터화 컴파일러도 시스템의 성능을 개선할 수 있다.

13장, 임베디드 소프트웨어의 전력 최적화 임베디드 프로젝트의 제품 수명주기에서 가장 중요한 고려 사항 중 하나가 장치에 대한 전력 소모를 이해하고 최적화하는 것이다. 재충전 동안 최소 사용 시간과 유휴 시간을 보장할 수 있는 정도의 배터리 전력을 요구하는 휴대용 단말기에서는 전력 소모가 아주 잘 드러난다. 그 외의 주요 임베디드 애플리케이션, 즉 의료장비, 테스트, 측정, 미디어, 무선 기지국 등도 전력에 매우 민감하다. 증가되고 있는 강력한 프로세서의 열 손실과 전원 공급장치에 들어가는 비용, 에너지 소비로 인한 비용을 관리해야 할 필요가 있기 때문이며, 특히 전력 소모는 간과될 수 없는 사실이다. 전력 요구 사항을 정하고 유지하는 책임은 보통 하드웨어 설계자의 몫으로 돌아가지만, 소프트웨어 프로그래머도 전력 최적화에 큰 기여를 제공할 수 있는 능력이 있다. 보통 소프트웨어 공학자가 이러한 장치들의 전력 소모에 큰 영향을 미친다는 사실은 간과되거나 저평가되고 있다. 13장의 목적은 전력 소모를 최적화하기 위해 소프트웨어가 어떻게 사용될 수 있는지에 대해 알아보는 것이다. 이를 위해 먼저 기본적인 전력 소모의 구성부터 시작해서 전력 소모에 대한 적절한 측정 방법, 알고리즘 레벨과 하드웨어 레벨, 데이터 흐름에서 소프트웨어로 전력 소모를 최소화하는 기법을 알아본다. 또한 특정 방법이 전력을 줄이는 데 어떻게 왜 효과적인지 이의 다양한 기법에 대한 데모와 설명을 포함하며, 이에 따라 독자는 자신의 애플리케이션에 이 방법을 즉시 선택해 적용할 수 있다.

14장, 임베디드 시스템을 위한 인간 요소와 사용자 인터페이스 설계 임베디드 시스템을 설계할 때, 특히 사용자 인터페이스를 설계할 때는 특별한 주의가 요구된다. 간단한 장치에 대해서는 단순 텍스트, 명령 버튼, LED가 적절하다. 더 복잡한 시스템에 대해서는 완전한 그래픽 사용자 인터페이스GUI와 터치 패널이 요구된다. 사용자 인터페이스 설계는 a) 서로 다른 소프트웨어 컴포넌트 간 인터페이스 설계, b) 소프트웨어와 인간이 아닌 정보 생산자와 소비자 간 인터페이스 설계, c) 인간과 컴퓨터 간 인터페이스 설계 같은 핵심 영역에 초점을 맞춰야 한다. 14장은 효과적인 사용자 인터페이스 설계에 요구되는 프로세스, 가이드라인, 인간 요소, 기술에 초점을 맞춘다.

15장, 임베디드 소프트웨어 품질, 통합, 테스팅 기법 임베디드 소프트웨어 개발에서 실용적 결정이 이뤄져야 하는 가용한 테스트 시간과 예산 요구에 대한 효과성을 최적화할 필요가 있을 때 최신 기법과 모범 사례는 (항공기의 비행제어기, 자동차의 브레이크 시스템 또는 의료 장치와 같은) 고신 뢰성 장치뿐만 아니라 신뢰성이 떨어지는 애플리케이션에도 적용된다. 이러한 다중 소프트웨어 테스트 기법을 보완하기 위해, 기법을 자동화한 유사한 테스트 툴이 많다. 이들 툴은 안전 필수 애플리케이션의 개발에서는 아주 흔하게 사용되지만, 모든 툴을 구입하거나 심지어 이들 툴의 일부라도 구입할 만한 예산을 가진 사람은 별로 없을 것이다. 물론 이들 툴의 제공자는 툴 각각이나 그렇지 않으면 툴 모두에 대한 구입을 지지할 것이다. 그렇다면 제한된 예산을 어떻게 적절하게 할당할 것인가? 그리고 예산이 없다면 최종 제품이 적절한 품질을 가질 것이 라는 확신을 사람들에게 믿게 만드는 그러한 툴도 없이 어떻게 유사한 원칙을 적용할 것인가? 이러한 이슈를 다루기 위해 15장에서는 제시된 기법 뒤에 숨어있는 개념뿐만 아니라 실제 어떻게 구현했는지를 설명하는 소프트웨어 코드에 대한 몇 가지 사례연구도 함께 제시한다.

16장, 임베디드 시스템용 소프트웨어 개발 툴 임베디드 시스템의 소프트웨어 개발 툴, 특히 디버 깅과 조사 툴에 초점을 둔다. 16장은 현재의 실행 시점에서 개발자에게 프로그램의 내부에 무엇이 있는지, 또는 프로그램이 언제 충돌하는지 그 시점을 알려주는 소스코드 디버거 툴의 능력 제시부터 시작한다. 디버거의 특징은 가장 대중적이고 많이 사용되는 디버거 중 하나인 GDB, 즉 프리소프트웨어 재단FSF에서 제공하는 GNU 디버거의 사례를 이용해 설명한다. 임 베디드 시스템의 모든 요구 사항을 다루기 위해 16장은 간단한 디버거 루틴부터 시작해 디버 거의 완전한 특징을 포함하는 특별한 타깃 요구 사항에 적합한 디버거 에이전트를 어떻게 설계하는지 제시한다. 또한 전형적인 사용 사례와 문맥 전환, 위치 독립적 실행 파일, 디버거 이벤트 핸들링과 다중 코어 같은 설계에 대한 핵심 내용을 제시한다. 그런 다음 JTAG을 이용 하는 이점과 디버거를 타깃에 직접 연결하는 데 사용되는 외부 장치를 제시한다. 이때 디버거 는 타깃과 자기 자신의 자원을 완전히 제어하는 기능을 갖는다. 이 장의 끝부분에서는 이클립 스Eclipse와 GDB 같은 무료 공개 소프트웨어를 기반으로 하는 통합 개발 툴, 측정 코드, 분석 툴과 같이 디버깅 프로세스에 도움을 줄 수 있는 기타 툴도 소개한다.

17장, 임베디드 시스템용 다중 코어 소프트웨어 개발 다중 코어 소프트웨어 개발은 자동차부터 네트워킹과 무선 기지국까지 임베디드 시스템의 많은 영역에서 그 중요성과 적용 가능성이 점점 더 커지는 분야다. 17장은 다중 코어 연합MCA에서 최근 발표한 다중 코어 프로그래밍 사례MPP의 핵심 부분을 요약해서 보여준다. 모범 사례 가이드라인을 표준화한 MPP는 다중 코어 프로세서를 비롯한 개발 프로젝트를 고려하거나 구현하려는 회사와 기존 다중 코어 기술 의 사용을 선호하는 회사의 공학자와 공학 관리자를 위해 특별하게 작성된 문서다. 다중 코어 준비를 위해 오늘날의 C/C++ 코드가 어떻게 작성됐는지를 더 잘 이해하는 것이 중요한데,

이것은 MPP 워킹 그룹의 영향하에서 성취됐다. 이 가이드라인을 이용하면 a) 더 높은 성능을 가진 소프트웨어를 만들 수 있고, b) 다중 코어 소프트웨어 이슈로 인해 버그 비율을 줄일 수 있으며, c) 다중 플랫폼에서 목표가 될 수 있는 휴대용 다중 코어 코드를 개발할 수 있고, d) 다중 코어 프로그래밍의 학습 커브를 줄이면서 개발 시간은 증가시킬 수 있으며, e) 다중 코어 연합의 API 기반 구조의 현 구조와 로드맵을 함께 묶을 수 있다.

18장, 안전 필수 소프트웨어 개발 안전 필수 소프트웨어 개발의 여러 양상에 대해 다룬다. 18장의 첫 번째 부분은 프로젝트 기획 부분으로, 이는 프로젝트의 첫 시작 부분이자 공수^{effort}의 범위를 정하는 중요한 단계다. 이는 안전 필수 요구 사항에 대한 관리와 개발 도중 대처 방법에 대한 통찰력을 제공한다. 또한 프로젝트 관리의 핵심 전략도 제공한다. 두 번째 부분은 결점, 장애, 위험에 대한 분석을 설명한다. 그리고 리스크 분석에 대한 서술도 역시 포함한다. 다음으로 임베디드 시스템에 사용될 수 있는 몇 가지 안전 필수 아키텍처를 다룬다. 마지막 부분은 안전 필수 소프트웨어를 개발하기 위한 소프트웨어 구현 가이드라인을 다룬다.

19장, 지적 재산 지적 재산권은 보통 사람들의 발명품이나 설계 자체를 보호하기 위해 축적한 특허권 또는 기타 법적 보호조치의 두 가지 사항을 의미한다. 그래서 사람들은 지적 재산권과 관련된 라이선싱에 대해 많은 얘기를 하고 있는데, 이는 특허로 등록된 아이디어를 다른 사람이 사용할 수 있도록 누군가에게 라이선스를 팔거나 프로세서와 기타 설계 사항을 가진 ARM이나 컴파일러와 운영체제 제품을 가진 툴처럼 제품을 만들어 배포하며, 또는 사용하기 위해 라이선스를 파는 것을 의미한다. 19장에서는 사람들의 일에 연관된 법적 보호조치를 처리하는 첫 번째 의미에 더 집중하며, 다음과 같은 두 가지 주요 영역에 대한 기본적인 사항을 다룬다. 첫째, 사람들이 썼거나 또는 구입했던 소프트웨어가 실제로 자신의 것이라는 것을 보장하기 위해 필요한 것이 무엇인지, 공개 소프트웨어에 대한 역할을 비롯해 그러한 소프트웨어를 팔 때나 다른 사람에게 라이선싱할 때 필요한 것이 무엇인지에 관련된 이슈를 다룬다. 둘째, 사람들이 가진 소프트웨어와 그 외의 가치 있는 발명품에 대해 획득될 수 있는 다양한 보호조치에 대해 다룬다.

20장, 임베디드 소프트웨어 개발 관리 어떠한 임베디드 소프트웨어 프로젝트나 프로그램에 대해서든 성공적으로 구성하고 관리할 수 있는 정보를 제공한다. 20장은 시스템의 품질, 소프트웨어를 스택으로 구성하는 OSI 모델, 다양한 소프트웨어 개발 모델, 팀 구성 방식, 의사소통에 대한 개요를 소개한다. 자원이나 품질, 고객의 만족을 포함하는 프로젝트나 프로그램의 범위와 스케줄, 비용에 대한 제약 사항을 관리하는 것은 프로젝트나 프로그램이 가진 작업과 활동 모두를 다루는 것과 마찬가지다. 20장은 소프트웨어를 배포할 때까지 소요되는 수명주기의 전 단계에 걸쳐 소프트웨어 개발에 대한 정상적인 진행 방법을 알아본다. 그리고 소프트웨어 명세를 테스트하기 위해 요구 사항부터 각각의 공학적 대응 방법까지 확장시킨 자원 관리, 리스크 관리, 문제 해결과 작업 추적성을 성공적으로 기획하고 실행하기 위한 툴도 함께 제시한다.

21장, 임베디드 시스템을 위한 애자일 개발 애자일 소프트웨어 개발은 반복 개발을 기반으로 하는 소프트웨어 개발 기법을 집합시켜 놓은 개발 방법이다. 요구 사항과 소프트웨어 시스템은 자기 구성과 교차 기능 팀 간의 협력을 통해 발전한다. 애자일 개발은 적응적 기획, 진화적 개발과 배포, 타임박스^{timebox}를 갖는 반복 접근법을 지원한다. 애자일의 목적은 변화에 대해 신속하고 유연한 대응을 하는 것이다. 애자일은 개념적 프레임워크로서 개발 주기를 통해 상호작용을 촉진한다. 애자일을 임베디드 소프트웨어 프로젝트에 적용하기 위해 소프트웨어 특징을 발전시키는 더 어렵고 효과적인 테스팅과 같은 몇 가지 특별한 도전을 소개한다. 이는 하드웨어 구성이 기획과 설계 단계에서 더 솔직한 스타일을 요구한다는 점을 고려해 대응 하드웨어의 변경이 수용하기에는 비용이 너무 높다거나 시간이 지날수록 학습하는 능력이 떨어질지도 모른다는 사실로 인해 대응 하드웨어가 적시에 가용하지 못하거나 변경에 대해서도 덜 자유로울 수 있기 때문이다. 21장은 애자일 소프트웨어에 대한 개발 기법을 소개하고 이들 기법이 어떻게 임베디드 시스템에 적용되는지 보여준다.

22장, 자동차 애플리케이션용 임베디드 소프트웨어 다른 애플리케이션과는 달리 엄격한 기획, 아키텍처 개발, 테스팅, 밸리데이션과 베리피케이션이라는 특징을 갖는 자동차 시스템을 소개한다. 다른 애플리케이션 영역과 대비해 자동차 애플리케이션용 임베디드 소프트웨어를 작성하는 물리적인 작업은 다른 임베디드 시스템과 비교해 그리 크게 다르지 않지만, 개발과 테스트 프로젝트에 반드시 수반돼야 하는 품질 표준이 핵심 차이라 할 수 있다. 자동차 소프트웨어를 작성하기 위해 공학자는 자동차 시스템이 오늘날 어떻게 왜 복잡한 환경으로 발전됐는지 이해할 필요가 있다. 공학자는 자동차 하위 시장 간의 차이점과 공통점을 인식해야만 한다. 또한 적용 가능한 품질 표준에 대해서도 잘 알아야 하고, 품질이 어떻게 테스트되고 측정되는지도 알아야 하며, 이에 덧붙여 그러한 엄격한 품질 제어가 왜 있어야 하는지에 대해서도 잘 알아야 한다. 22장에서는 이러한 모든 내용에 대해 가장 흔한 모범 사례를 이용해 설명한다. AEC, OBD-II, MISRA와 같은 더 전통적인 표준뿐만 아니라 최근에 등장한 AUTOSAR와 ISO26262 표준으로 지원되는 모델링, 자동 코드 작성, 첨단 추적과 디버그 같은 높은 품질과 결함 허용, 상호작용 코드를 소프트웨어 공학자가 잘 작성할 수 있게 도움을 주는 다양한 프로세스를 소개한다.

23장, 입출력과 스토리지 프로그래밍 임베디드 시스템에서 입출력$^{I/O}$과 저장 장치는 매우 중요한 컴포넌트다. 임베디드 시스템에서 I/O의 다양성은 I/O 관리를 매우 복잡한 프로세스로 만든다. 임베디드 운영체제 시스템의 가장 기본적인 기능 중 하나가 모든 I/O 장치를 제어하고 관리하는 것이며, I/O 장치를 동시에 접속하는 멀티프로세스를 조정하는 것이다. 여기서 CPU와 장치 간 I/O 구현을 제어하는 것이 장치 관리의 핵심 기능이다. 운영체제는 인터럽트에 대응하고 장치에 대한 예외 사항을 다루기 위해 명령을 장치에 보낸다. 또한 장치와 시스템의 다른 부분 사이의 인터페이스를 간단하고 쉽게 사용하는 방법을 제공한다. 따라서 I/O 장치 사이뿐만 아니라 CPU와 I/O 간의 병렬 프로세싱 능력을 향상시키기 위해서도 I/O 관리 모듈은 필요하다. 그리고 시스템 자원에 대한 최적의 이용 효율성을 얻기 위해 I/O 관리 모듈은 통합되고, 명확하며 독립적이고 확장 가능한 I/O 인터페이스를 제공해야 한다. 이 책에서 스토리지는 임베디드 시스템에서 많이 사용되는 NOR/NAND 플래시, eSDHC, U-Disk, HDD, SSD 같은 외부 저장장치를 참조한다. 최근 클라우드 컴퓨팅의 개발에 따라 스토리지 기술은 시스템에서 아주 중요한 역할을 담당한다. 23장은 CPU와 I/O 장치, 인터럽트 기술, I/O 제어 프로세스, 대응되는 장치 드라이버의 구현 프로세스 간 데이터 변환 모드에 대해 알아본다. 스토리지 장치의 프로그래밍 모델도 다루는데, 여기에는 특징 지원과 성능 최적화가 포함된다.

24장, 네트워킹 애플리케이션용 임베디드 소프트웨어 임베디드 네트워킹 애플리케이션은 급격히 변화되고 발전되는 분야다. 예를 들어 임베디드 다중 코어 기술은 고급 네트워킹 애플리케이션뿐만 아니라 중간 및 저급 네트워킹 애플리케이션에도 나타나고 있다. 네트워킹 성능을 성취하기 위해서는 소프트웨어가 다중 코어의 이점을 가져야만 가능하다. 다중 코어 프로그래밍은 단일 코어 프로그래밍처럼 간단하지 않다. 아키텍처를 만들고 설계하는 것부터 코드 작성까지 새로운 사고방식이 요구된다. 다중 코어 SoC에서 네트워킹 애플리케이션 개발은 확장 가능한 성능 확보에 초점을 둬야 할뿐만 아니라 개발의 용이성과 오랜 시간 동안 유지 보수가 가능한 개발에도 초점을 둬야 한다. 24장에서 목록화된 일부 프로그래밍 기법이 이러한 목적을 달성하는 데 도움이 된다.

25장, 임베디드 시스템용 리눅스 리눅스^{Linux}는 네트워킹과 무선, 기지국과 같이 많은 임베디드 시스템에서 선택받고 있는 지속적으로 성장하는 운영체제다. 25장은 임베디드 시스템에서 리눅스의 사용 가능성에 대해 알아본다. 리눅스 커널 설치 방법, 자신의 리눅스 베이스라인 생성 방법, 플랫폼에서 동작하는 애플리케이션 획득을 위한 초기 단계에 대해 다룬다. 이전에 임베디드 시스템에서 리눅스를 사용하지 않았다면 25장은 리눅스를 사용하는 모든 기초적인 과정을 다룬다.

부록 1, C 문법 코딩 표준: 소스코드 개발 임베디드 프로젝트에서 고려될 수 있는 문법 표준을 설명한다. 이에는 변수와 선언문을 위한 스타일 가이드와 네이밍^naming^ 규약을 포함한다. 또한 개발 중에 있는 특별한 애플리케이션에 적합하게 사용되거나 수정할 수도 있다. 코딩 표준을 이용하면 코드의 베이스라인에 균일성을 제공하는 데 도움을 준다. 이는 개발자 모두에게 가독성과 유지 보수성을 제공하는 데 도움을 준다. 또한 코드에서 버그를 줄이는 데 도움을 주는 초기화 순서와 규약과 같은 모범 사례를 제안한다.

부록 2, 임베디드 소프트웨어, 시스템, 템플릿을 위한 C++ 프로그래밍 언어 C++는 임베디드 시스템의 개발에 도움을 주는, 더 구체적으로는 주어진 제품이나 플랫폼에 대한 애플리케이션과 시스템 레벨 소프트웨어에 도움을 주는 몇 가지 특징을 제공한다. 부록 2에서는 임베디드 소프트웨어 개발을 위한 C++ 이용의 다양한 측면을 비용에 따른 세 가지 종류로 구분해서 설명한다. 상대적으로 저렴한 임베디드용 C++의 특징으로는 정적 상수, 선언과 문장 순서, 함수 오버로딩, 네임스페이스 이용, 컨스트럭터와 디스트럭터의 이용을 다루며, 다소 값비싼 임베디드용 C++의 특징으로 함수 인라이닝, 컨스트럭터/디스트럭터/자료형 전환, C++ 템플릿 이용, 다중 상속, 캡슐화를 소개한다. 마지막으로 일반적으로 값비싼 임베디드용 C++의 특징으로 런타임 유형 식별과 예외 처리를 설명한다.

사례연구 1, 소프트웨어 성능 공학 소프트웨어 성능 공학^SPE^을 실제 산업용 프로젝트에 적용시킨 애플리케이션에 대해 알아본다. SPE는 데이터를 수집하고, 시스템 성능 모델을 구축하며, 성능 모델을 평가하고, 불확실성 리스크를 관리하며, 대안을 평가하고, 모델과 그 결과를 검증하는 기법들을 모아 놓은 집합이다. SPE는 또한 이들 기법을 효과적으로 사용하기 위한 전략을 포함한다. 소프트웨어 개발 수명주기에서 시스템의 성능 평가를 상대적으로 초기에 사용할 수 있다면 프로젝트의 실패를 면할 수 있다. 시스템을 구현하기 이전에 대안 설계가 평가된다면 애플리케이션은 보통 더 나은 성능을 가질 것이다.

사례연구 2, 사용자 인터페이스: 경찰 지휘 통제 시스템 저충실도의 프로토타입 개발에 사용되는 경찰 지휘 통제 시스템의 사용자 인터페이스 프로토타입에 대한 사례를 고찰한다. 이 사례 연구는 인간 요소와 사용자 인터페이스 설계라는 바탕 위에서 10장에서 소개한 프로세스와 기법을 포함한다. 사용자 인터페이스 설계는 서로 다른 소프트웨어 컴포넌트 간 인터페이스 설계, 소프트웨어와 인간이 아닌 정보 생산자와 소비자 간 인터페이스 설계, 인간과 컴퓨터 간 인터페이스 설계와 같은 핵심 영역에 주안점을 둔다.

사례연구 3, 다중 코어로의 전이 다중 코어 프로그래밍에 대한 모범 사례를 실세계 산업용 애플리케이션에 적용한다. 단일 코어 애플리케이션에서 다중 코어 애플리케이션으로 임베디드 소프트웨어 애플리케이션을 이동시키기 위해서는 소프트웨어 프로그래밍 모델, 소프트웨어 스케줄링 시스템, 시스템 분할 접근법, 최적화 전략을 변경해야 한다. 그리고 이러한 이행을 효과적으로 수행하기 위해 소프트웨어 최적화 방안뿐만 아니라 애플리케이션 도메인에 대한 지식, 핵심이 포함된 SoC의 세부 사항, 오프로드 블록, 주변장치, 상호연결 세부 사항도 결정해야 한다. 이 사례연구에서는 네트워킹 소프트웨어 애플리케이션을 단일 코어 구현에서 고도로 최적화된 다중 코어 구현으로 이동시키기 위한 여러 단계를 알아본다.

사례연구 4, 임베디드 시스템 품질과 메트릭 프로그램을 위한 소프트웨어 공학 펨토^{femto} 임베디드 시스템에 대한 소프트웨어 개발과 시스템 통합 메트릭에 대해 고찰한다. 펨토 셀^{Femtocell}은 저전력의 짧은 전송 범위를 가진 독립 기지국이다. 펨토 셀은 기본적으로 가정이나 소규모 사무실을 위한 소형 기지국이다. 펨토 셀의 핵심 속성은 IP 백홀^{backhaul}(음성 트래픽이 인터넷으로 전송된다), 자가 최적화, 저전력 소비, 쉬운 배포를 포함한다. 이 사례연구에서 다루는 많은 기법을 보강하기 위해 실제 산업용 데이터를 사용한다.

1

임베디드와 실시간 시스템을 위한 소프트웨어 공학

로버트 오샤나(Robert Oshana)

소프트웨어 공학

지난 10여 년간 컴퓨팅 세계는 큰 기계에서 작은 기계로, 고정식 기계에서 모바일 기계로, 데스크톱 기계에서 임베디드 장치로 이동했다. 이전 시나리오에서 성공적으로 적용됐던 소프트웨어 시스템을 개발하는 방법, 기법, 툴은 후자에서는 쉽게 적용되지 못한다. 모바일 네트워크에서 동작하는 소프트웨어 시스템, 즉 임베디드 장치는 다음과 같이 더 전통적인 시스템에서는 요구되지 않는 특징을 가져야 한다.

- 근접 최적 성능
- 강건성
- 분산
- 역동성
- 이동성

이 책은 임베디드와 자원 제약, 모바일, 고도로 분산된 세계에서 소프트웨어 시스템의 핵심 특징을 조사한다. 그리고 이들 도메인에서 주류에 해당되는 소프트웨어 공학 방법과 기법(예를 들어 소프트웨어 설계와 컴포넌트 기반 개발, 소프트웨어 아키텍처, 시스템 통합과 테스트)에 대한 적용 가능성을 평가한다.

임베디드 시스템을 위한 소프트웨어 공학에서 한 가지 차이점은, 공학자가 전력과 전자장치에 관련된 추가 지식, 즉 컴퓨터를 이용한 디지털과 아날로그 전자장치 간 물리적 인터페이스와 임베디드 시스템을 위한 소프트웨어 설계, 디지털 신호 처리기^{DSP} 등에 대해 알아야 한다는 점이다.

95% 이상의 소프트웨어 시스템은 실제로 임베디드 시스템이다. 가정에서 매일 사용하는 다음과 같은 장치를 고려해보자.

- 휴대폰과 아이팟, 전자레인지
- 인공위성 수신기, 케이블 박스
- 자동차 엔진 제어 유닛
- DVD 플레이어

그러면 임베디드 시스템을 위한 소프트웨어 공학이 무슨 의미인가? 이 의미를 일반적으로 공학이라는 맥락 속에서 살펴본다. 공학이란 유용한 구조와 기계를 구축하기 위한 과학적 원칙과 방법의 적용으로 정의된다. 이에는 다음과 같은 학문이 포함된다.

- 기계 공학
- 토목 공학
- 화학 공학
- 전기 공학
- 핵 공학
- 항공 공학

소프트웨어 공학은 1968년 10월 7일부터 11일까지 독일 가르미슈^{Garmisch}에서 개최된 NATO 컨퍼런스에서 시작된 용어다. 소프트웨어 공학은 컴퓨터 과학이 과학적 기초가 되며, 다음과 같은 많은 양상이 소프트웨어 공학에서 체계적으로 만들어졌다.

- 방법/방법론/기법
- 언어
- 툴
- 프로세스

이 책은 이들 모든 양상에 대해 탐구한다.

소프트웨어 공학의 이론적인 기본 원칙에는 다음 사항을 포함한다.

- 기술 팀이 보증하는 규모와 복잡성을 갖는 소프트웨어 시스템의 개발(또는 데이비드 파르나스

David Parnas가 제시한 소프트웨어 공학의 목표인 '다수의 인원이 여러 버전의 소프트웨어를 함께 구축하는 것')

- 범주: 소프트웨어 프로세스와 개발 원칙, 기법, 표기법에 대한 연구에 중점
- 목적: 고객의 요구 사항과 사용자의 니즈needs를 만족하는 품질을 갖는 소프트웨어를 정확한 시간과 예산 한도 내에서 생산

이러한 기본 원칙하에서 소프트웨어 공학에는 항상 존재하는 다음과 같은 어려움이 있는데, 이러한 어려움은 오늘날에도 여전히 존재한다.

- 과학적 원칙이 상대적으로 적게 규정돼 있다.
- 보편적으로 적용할 수 있는 방법이 적다.
- 소프트웨어 공학은 기술적이지만, 더 관리적이고 심리적이며 사회적이다.

소프트웨어 공학은 공학적 관점에 봤을 때 매우 특이한 유형이기 때문에 다음과 같은 어려운 상황이 존재한다.

- 소프트웨어는 영향을 잘 받는다.
- 소프트웨어 구축은 인간 집약적이다.
- 소프트웨어는 형체가 없다.
- 소프트웨어 문제는 유례가 없이 복잡하다.
- 소프트웨어는 하드웨어에 직접적으로 의존한다.
- 소프트웨어 솔루션은 특이한 엄격함을 요구한다.
- 소프트웨어는 운용상 불연속적인 본질을 갖는다.

소프트웨어 공학은 소프트웨어 프로그래밍과는 다르다. 소프트웨어 프로그래밍은 일반적으로 애플리케이션을 개발하는 한 명의 개발자를 포함하며, 소프트웨어 공학과 비교해 상대적으로 짧은 수명을 갖는다. 프로그래밍과 관련해서는 한 명 또는 수 명의 이해관계자stakeholder가 연관돼 있으며, 일반적으로 유지 보수는 최소화하면서 처음 단계부터 구축된 독특한 시스템이 프로젝트 시스템이다.

반면 소프트웨어 공학은 무기한의 수명을 가지며, 복잡한 시스템을 구축하기 위해 다양한 역할을 수행하는 개발 팀을 포함한다. 수많은 이해관계자와 다양한 시스템, 비용의 분할 상환을 위한 재사용의 높은 강조, 전체 개발 비용의 60% 이상을 차지하는 유지 보수 단계가 소프트웨어 공학과 관련된 내용들이다.

소프트웨어 공학에는 경제적이고 관리적인 양상이 함께 존재한다. 소프트웨어 생산은 시스템의 개발과 유지 보수(진화)를 포함한다. 유지 보수 비용은 모든 개발 비용의 대다수를 차지한

다. 신속한 개발이 항상 더 좋은 것은 아니다. 바꾸어 말하면 높은 선불 비용은 후처리 비용에 부담이 된다. 빈약하게 설계되고 구현된 소프트웨어는 비용에 대단히 중요한 요소가 된다. 이 책에서는 임베디드 시스템을 위한 소프트웨어 공학에 중점을 두며, 임베디드 시스템의 프로그래밍에는 중점을 두지 않는다.

임베디드 소프트웨어의 개발은 폭포수 모델(그림 1.1), 나선형 모델(그림 1.2), 애자일 모델(그림 1.3)을 비롯해 기타 여러 가지 유형의 소프트웨어 개발과 마찬가지로 동일한 소프트웨어 개발 모델을 이용한다. 이들 각 모델의 이점과 제한 사항은 1장에서 리뷰를 통해 문서화 한다. 이 책의 후반부에서는 애자일 개발을 좀 더 자세히 설명한다. 이는 애자일 접근법이 변경에 잘 대응하고 임베디드 시스템이 갖고 있는 동적인 특징에 잘 들어맞기 때문이다.

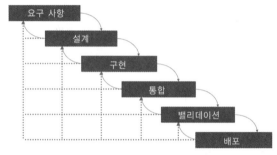

그림 1.1 폭포수 소프트웨어 개발 모델

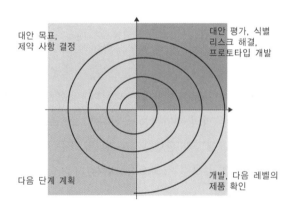

그림 1.2 나선형 소프트웨어 개발 모델

임베디드 시스템을 위한 소프트웨어 개발의 핵심 단계를 간략하게 요약하면 다음과 같다.

1. **문제 정의** 이 단계에서는 고객과 사용자가 원하는 것이 무엇인지 정확히 결정된다. 이러한 결정에는 개발되는 제품의 유형에 따라 고객과의 계약을 어떻게 개발할 것인지가 포함된다. 이 단계의 목적은 소프트웨어 제품이 해야 할 것이 무엇인지 명시하는 것이다. 어려운

점은 이 단계의 효과성을 제한시키는 것으로, 컴퓨터와 소프트웨어에 문외한인 클라이언트가 올바르지 못한 제품을 요청하는 경우와, 모호하고 일관성이 없으며 불완전한 명세서를 포함하는 경우다.

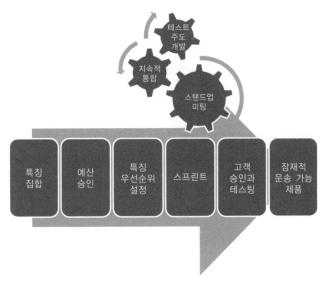

그림 1.3 애자일 소프트웨어 개발 모델

2. **아키텍처/설계** 아키텍처는 아키텍처 구성 요소의 선정과 구성 요소 간 상호작용, 요구사항을 만족하고 설계의 기초 요소로서 동작하는 프레임워크의 제공에 필요한 아키텍처 구성 요소와 구성 요소 간 상호작용에 대한 제약 요인과 관계가 있다. 설계는 모듈화와 설계 요소에 대한 상세 인터페이스, 알고리즘과 절차, 아키텍처를 지원하고, 요구 사항을 만족시키는 데 필요한 데이터 유형과 관계가 있다. 아키텍처와 설계 단계 동안 시스템은 인터페이스를 가진 소프트웨어 모듈로 분할된다. 설계 단계 동안 소프트웨어 팀은 모듈 명세서(알고리즘, 데이터 유형)를 개발하고, 설계 결정과 추적성에 대한 기록을 유지하며, 소프트웨어 제품이 그러한 작업을 어떻게 수행하는지 명시된다. 이 단계에서 기본적인 어려운 점은 모듈 설계자 간 의사소통 문제와 일관성이 없고 불완전하며 모호한 설계를 개발하는 일이다.

3. **구현** 이 단계 동안 개발 팀은 모듈과 컴포넌트를 구현하고, 모듈과 컴포넌트가 명세서를 만족하는지 확인한다. 모듈은 설계에 따라 결합된다. 구현은 소프트웨어 제품이 그러한 작업을 어떻게 하는지 명시된다. 가장 어려운 것 중 몇 가지는 모듈 간 상호작용 오류와 품질과 생산성에 영향을 미치는 통합 순서 등이다.

　　컴포넌트 기반 개발을 이용해 임베디드 시스템의 소프트웨어를 개발하는 비중이 점점 더 증가하고 있다. 이러한 유형의 개발은 일반적으로 적절한 규모의 컴포넌트에 적용할 수 있고 시스템 내에서 재사용도 가능한데, 이는 임베디드 시스템의 세계에서는 증가되는 추세다. 개발자는 이러한 컴포넌트를 변화되는 상황에 적용할 수 있는지, 그리고 이러한 아이디어가 코드를 넘어 다른 개발 산물에도 확장될 수 있는지 보장해야 한다. 이러한 접근법은 '통합 후 배포'에서 '배포 후 통합'으로 상황을 변경시킨다.

다음과 같이 서로 다르게 만들어진 소프트웨어 컴포넌트 모델이 있다.

- 제3의 소프트웨어 컴포넌트
- 플러그인/애드인
- 프레임워크
- 개방형 시스템
- 분산 객체 기반 구조
- 복합 문서
- 레거시 시스템

4. **베리피케이션과 밸리데이션(V&V)** 여러 형태의 베리피케이션과 밸리데이션$^{V\&V}$이 있으며, 이 주제만을 다루는 별도의 장도 있다. 하나의 유형은 '분석'이다. 분석은 정적이고 과학적이며, 공식적인 베리피케이션과, 비공식적인 리뷰와 워크스루의 유형이 될 수 있다. 테스팅은 더 동적인 유형의 V&V다. 이 유형의 테스팅에는 화이트박스(소스코드로 접근)와 블랙박스(소스코드로 접근 불가)가 있다. 테스팅은 행위적일 뿐만 아니라 구조적이 될 수도 있다. 테스트의 타당성과 관련한 표준 이슈가 있지만, 별도의 장에서 이 주제를 다룰 때까지 이에 대한 논의는 뒤로 미룬다.

이 책을 통해 진도가 나아갈수록 다음과 같은 기초적인 소프트웨어 공학의 원칙에 중점을 두고 논의를 진행한다(그림 1.4).

- 엄격성과 형식성
- 관심의 분리
- 모듈성과 분해
- 추상화
- 변경에 대한 예측
- 일반성
- 점증적 증가성
- 확장성

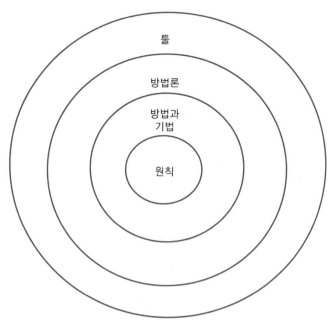

그림 1.4 소프트웨어 공학의 원칙

- 합성성
- 이질성
- 원칙에서 툴까지

임베디드 시스템

그러면 임베디드 시스템은 무엇인가? 이 질문에 대한 대답은 많이 있다. 일부는 임베디드 시스템을 단순히 '최종 기능이 컴퓨터가 되지 않는 컴퓨터'라고 정의한다. 이 정의에 따르면 자동차의 브레이크 잠김 방지 장치, 디지털 카메라, 가전제품, 텔레비전 등은 내부에 컴퓨터가 들어가 있지만 컴퓨터가 되기 위해 만들어진 것이 아니기 때문에 임베디드 시스템이다. 이와 반대로, 현재 1장을 쓰기 위해 사용 중인 노트북 컴퓨터는 내부에 컴퓨터가 되기 위해 만들어 진 컴퓨터를 갖고 있기 때문에 임베디드 시스템이 아니다(임베디드닷컴^{embedded.com}에 있는 빌 갯리 프^{Bill Gatliff}의 "임베디드 시스템 같은 것은 없다."라는 기사를 참조하라).

　잭 갠슬^{Jack Ganssle}과 마이크 바^{Mike Barr}는 그들이 쓴 임베디드 시스템 사전이라는 책에서 임베디드 시스템을 "전용의 기능을 수행하기 위해 설계된, 추가적인 기계적 부분이나 다른 부분이 포함된, 컴퓨터 하드웨어와 소프트웨어의 조합이다. 일부의 경우 자동차의 브레이크 잠김 방지 장치의 경우와 같이 임베디드 시스템은 더 큰 시스템이나 제품의 일부다."라고 정의했다.

임베디드 시스템에 대한 많은 정의가 있지만, 이 책에서는 다음과 같은 정의를 따른다.

임베디드 시스템은 일반적으로 큰 시스템의 일부로 통합된 전문화된 컴퓨터 시스템이다. 임베디드 시스템은 특정 기능을 수행하는 컴퓨터 엔진을 형성하기 위해 하드웨어와 소프트웨어 컴포넌트의 조합으로 구성된다. 일반적인 기능을 수행하기 위해 설계된 데스크톱 컴퓨터와는 달리 임베디드 시스템은 그 기능이 자신의 애플리케이션 내로 제한된다.

임베디드 시스템은 반응적이고 시간 제약적인 환경에서 자주 수행된다. 임베디드 시스템을 개략적으로 분할하면 애플리케이션에 필요한 성능(그리고 보안성과 같은 시스템의 다른 특징)을 제공하는 하드웨어와, 시스템 특징의 대부분과 시스템의 유연성을 제공하는 소프트웨어로 구성된다. 전형적인 임베디드 시스템의 도해가 그림 1.5에 나타나 있다.

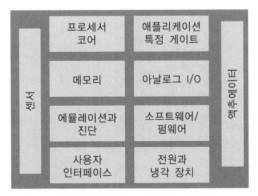

그림 1.5 전형적인 임베디드 시스템의 컴포넌트

- **프로세서 코어** 프로세서 코어는 임베디드 시스템의 심장에 해당된다. 이 부분은 간단한 저가의 8비트 마이크로컨트롤러부터 더 복잡한 32비트 또는 64비트 마이크로컨트롤러, 심지어 다수의 프로세서까지 그 범위가 다양하다. 임베디드 설계자는 모든 기능과 비기능(타이밍) 요구 사항을 충족하는 애플리케이션을 위해 비용에 가장 민감한 장치를 선택해야 한다.
- **아날로그 I/O** 디지털/아날로그$^{D/A}$와 아날로그/디지털$^{A/D}$ 변환기는 환경에서 데이터를 얻고, 이를 다시 환경으로 되돌려 보낼 때 사용한다. 임베디드 설계자는 애플리케이션에 대한 올바른 변환기를 선택하기 위해 환경에서 요구되는 데이터의 유형과 그 데이터를 위한 정확한 요구 사항, 입력/출력 데이터 비율을 이해해야 한다. 외부 환경은 임베디드 시스템의 반응적 특성을 유도한다. 임베디드 시스템은 적어도 환경에 맞출 수 있을 정도로 충분히

빨라야 한다. 이렇게 환경에 맞춰야 빛과 음압, 가속도 같은 아날로그 정보를 임베디드 시스템이 감지하고, 이를 임베디드 시스템의 입력으로 받아들일 수 있다.

- **센서와 액추에이터** 센서는 환경에서 아날로그 정보를 감지하기 위해 사용된다. 액추에이터는 어떤 식으로든 환경을 제어하기 위해 사용된다.

- **사용자 인터페이스** 인터페이스는 발광 LED 같이 간단하거나 정교한 휴대폰, 또는 디지털 스틸 카메라의 인터페이스처럼 복잡하다.

- **애플리케이션 특정 게이트** ASIC 또는 FPGA 같은 하드웨어 가속도는 고성능 요구 사항을 갖는 애플리케이션에서 특정 기능을 가속하기 위해 사용된다. 임베디드 설계자는 최대의 애플리케이션 성능을 얻기 위해 가용한 가속장치를 이용해서 애플리케이션을 적절히 매핑하거나 분할할 수 있어야 한다.

- **소프트웨어** 소프트웨어는 임베디드 시스템의 개발에 중요한 부분이다. 지난 수년에 걸쳐 임베디드 소프트웨어는 10개월마다 거의 두 배 크기가 되는 무어의 법칙^{Moore's Low}보다 더 빠르게 성장했다. 임베디드 소프트웨어는 보통 어떤 점에서(성능, 메모리, 전력) 최적화된다. 점점 더 많은 임베디드 소프트웨어는 C/C++ 같은 고급 언어로 작성되며, 일부 성능에 더 민감한 코드 같은 경우는 아직도 어셈블리 언어로 작성된다.

- **메모리** 메모리는 임베디드 시스템에서 중요한 부분이며, 임베디드 애플리케이션은 애플리케이션에 따라 RAM이나 ROM 중 하나에서 사용된다. 임베디드 시스템에 사용되는 많은 유형의 휘발성과 비휘발성 메모리가 있는데, 이 부분은 1장의 뒷부분에서 다룬다.

- **에뮬레이션과 진단** 임베디드 시스템의 많은 부분은 참조하거나 접근하기가 어렵다. 임베디드 시스템을 디버그하려면 임베디드 시스템에 인터페이스하는 방식을 필요로 한다. 합동 테스트 활동 그룹^{JTAG}과 같은 진단 포트는 임베디드 시스템을 디버그하는 데 사용된다. 온 칩 에뮬레이션은 애플리케이션의 동작에 가시성^{visibility}을 제공하는 데 사용된다. 이러한 에뮬레이션 모듈은 실행 시간 동작과 성능에 수준 높은 가시성을 제공하며, 탑재된 진단 능력을 이용해 사실상 외부의 로직 분석기^{logic analyzer}가 수행하는 기능을 대체한다.

임베디드 시스템은 반응 시스템이다

전형적인 임베디드 시스템은 센서를 경유해 환경에 반응하며, 액추에이터를 이용해 환경을 제어한다(그림 1.6). 임베디드 시스템은 환경의 모습과 일치하는 성능을 얻기 위해 요구 사항을 필요로 한다. 이것이 임베디드 시스템을 반응 시스템^{reactive system}으로 자주 언급하는 이유다. 환경에서 동작하는 반응 시스템은 정의된 제약 사항 내의 이벤트에 반응하기 위해 하드웨어와 소프트웨어의 조합을 이용해야 한다. 문제를 더 복잡하게 만드는 것은 이러한 외부 이벤트가 주기적이고 예측이 가능하지만, 이와 동시에 비주기적이고 예측하기 어렵다는 사실에 있다. 임베디드 시스템에서 프로세싱을 위한 스케줄링 이벤트는 주기적 이벤트와 비주기적 이벤트 둘 모두를 고려해야 하며, 최악의 실행 속도에도 성능은 보장돼야 한다.

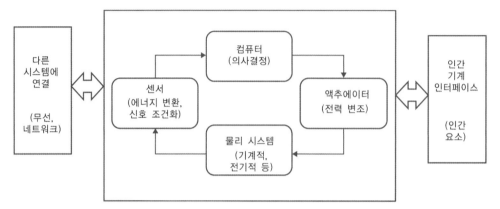

그림 1.6 임베디드 시스템의 센서와 액추에이터 모델

임베디드 센서 시스템의 사례에 자동차의 타이어 압력을 모니터링하는 시스템[TPMS]이 있다. 이 시스템은 심지어 동작 중에 있는 자동차나 트럭, 또는 버스 타이어에 공기가 충분히 들어 있지 않거나 공기가 너무 많이 들어 있을 때 적시에 운전자에게 경고를 할 수 있게 설계된 센서 칩셋이다. 이러한 센서 시스템은 압력 센서, 8비트 마이크로컨트롤러[MCU], 무선 주파수[RF] 전송기, X축과 Z축 가속도계가 하나의 패키지로 완전히 통합돼 있다. 이러한 센서 기술의 핵심은 그림 1.7과 같이 X축과 Z축 방향으로 가속을 얻는 것이다. X축과 Z축 g 셀의 목적은 지구의 중력장으로 인해 발생하는 회전 신호를 분석할 수 있는 적절한 임베디드 알고리즘을 이용해 타이어를 인식하는 것이다. 운동은 가속 수준을 탐지하기 위해 Z축 g 셀을 사용하거나 지구의 중력장으로 인해 발생하는 ±1g 신호를 탐지하기 위해 X축 g 셀을 사용한다.

그림 1.7 X축과 Z축의 센싱 방향

임베디드 시스템은 다음과 같은 여러 가지 핵심적인 특성이 있다.

a. **환경 모니터링과 반응** 임베디드 시스템은 전형적으로 센서로부터 데이터를 읽어 입력으로 받아들인다. 온도, 음압, 진동을 비롯해 다양한 아날로그 신호를 환경에서 모니터링하는

서로 다른 유형의 많은 센서가 있다. 이러한 데이터는 임베디드 시스템 알고리즘을 이용해 처리된다. 처리된 결과는 어떠한 형식으로 사용자에게 보여주거나 (에어백 전개와 경찰 호출 같이) 액추에이터를 제어하기 위해 단순히 사용될 수도 있다.

b. **환경 제어** 임베디드 시스템은 에어백, 모터 등과 같이 액추에이터를 제어하는 명령을 발생하고 전송한다.

c. **정보 처리** 임베디드 시스템은 데이터 압축과 압축 해제, 측면 충격 탐지 등과 같이 의미 있는 어떤 방식에서 센서로부터 수집한 데이터를 처리한다.

d. **특수 용도의 애플리케이션** 임베디드 시스템은 에어백 전개, 디지털 스틸 카메라 또는 휴대폰 등과 같은 특수 용도의 애플리케이션을 위해 자주 설계된다. 임베디드 시스템은 또한 제어 법칙, 유한 상태 기계^{FSM}, 신호처리 알고리즘을 처리하기 위해 설계될 수도 있다. 임베디드 시스템은 주변 시스템뿐만 아니라 내부의 컴퓨팅 환경 둘 모두에서 결점을 탐지하고 적절하게 반응할 수 있어야 한다.

e. **최적화된 애플리케이션** 임베디드 시스템은 비용, 전력, 규모 등을 줄이기 위해 가능한 한 적은 자원으로 원하는 계산을 모두 수행해야 한다. 이것은 임베디드 시스템이 애플리케이션을 위해 최적화될 필요가 있다는 것을 의미한다. 이를 위해서는 하드웨어 최적화뿐만 아니라 소프트웨어 최적화도 요구된다. 하드웨어는 가능한 한 적은 게이트로 동작을 수행할 수 있어야 하며, 소프트웨어는 애플리케이션에 따라 가능한 한 최소의 주기와 메모리, 또는 전력을 이용해 동작을 수행하도록 최적화돼야 한다.

f. **자원의 제약** 임베디드 시스템은 애플리케이션을 위해 최적화되는데, 이는 임베디드 시스템의 값비싼 많은 자원, 즉 프로세서 주기, 메모리, 전력이 비용, 규모, 무게 등을 줄이기 위해 상대적으로 충분히 지원되지 못한다는 것을 의미한다.

g. **실시간** 임베디드 시스템은 자신이 동작되는 환경의 실시간적 변경이라는 속성에 반응해야 하는데, 이는 실시간 시스템보다는 좀 더 느리다.

h. **다중 속도** 임베디드 시스템은 요구 사항에 대한 처리를 다중 속도로 동시에 다룰 수 있어야 한다. 예를 들어 초당 30프레임(30Hz)의 비디오 처리 속도와 20KHz의 오디오 처리 속도다.

지금까지 설명한 여러 가지 임베디드 시스템의 핵심 특성을 사례를 이용해 보여주는 간단한 임베디드 시스템은 그림 1.8에서 보여준다.

1. **환경 모니터와 제어** 임베디드 시스템은 환경에서 유동적인 흐름 센서를 모니터링하고 같은 환경에서 밸브(액추에이터)를 제어한다.

2. **중요한 동작 수행** 계산 작업은 안전한 방식으로 밸브를 제어하기 위해 요구되는 알고리즘

을 계산한다.

3. **특수 용도의 애플리케이션** 특정 애플리케이션을 위해 임베디드 시스템이 설계된다.

4. **최적화된 애플리케이션** 특정 시스템을 위해 임베디드 시스템의 계산과 알고리즘이 설계된다.

5. **자원의 제약** 임베디드 시스템은 비용 절감을 위해 적은 양의 메모리와 저전력에서 동작하는 작고 값싼 마이크로컨트롤러에서 실행된다.

6. **실시간** 이 시스템은 실시간으로 흐름 센서에 반응할 수 있어야 한다. 프로세싱에서 일어나는 어떠한 지연이든 시스템의 장애를 유발시킬 수 있다.

7. **다중 속도** 사용자 인터페이스뿐만 아니라 흐름 센서에도 반응할 필요가 있다. 따라서 임베디드 시스템에 대한 다중 입력 속도가 가능해진다.

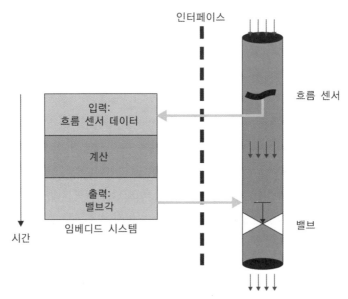

그림 1.8 임베디드 시스템의 사례

실시간 시스템

실시간 시스템은 한정되고 명시된 기간 내에 외부에서 발생된 입력 자극에 반응하는 정보처리 활동 또는 시스템이다. 실시간 시스템은 명시된 시간 내에 정보를 처리하고 반응을 생성해야 한다. 그렇지 못할 경우에는 장애를 포함해 심각한 결과가 초래될 것이다. 실시간 제약사항을 가진 시스템에서는, 특정 마감 시간이 지난 후에 올바른 동작이나 올바른 반응을 갖는 것이 허용되지 않는다. 결과는 마감 시간까지 생성돼야 하며, 그렇지 못할 경우 시스템은 성능이 저하되거나 완전히 실패하게 된다. 일반적으로 실시간 시스템은 환경과의 적시적 상호작용을 지속적으로 유지해야 한다(그림 1.9).

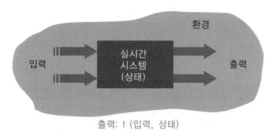

출력: f (입력, 상태)

그림 1.9   실시간 시스템은 환경으로부터 들어오는 입력에 반응하고 환경에 영향을 미치는 출력을 생산한다.

실시간 시스템의 유형: 소프트와 하드

실시간 시스템에서 계산의 정확성은 시스템의 결과뿐만 아니라 출력이 생성되는 시간에도 의존한다. 실시간 시스템은 반응 시간이라는 제약 사항을 만족해야 하며, 그렇지 않을 경우 시스템에 중요한 결과를 초래한다. 그 결과가 성능의 저하이고 시스템의 장애가 아니라면 해당 시스템을 소프트 실시간 시스템이라 부른다. 그 결과가 시스템의 장애라면 해당 시스템을 하드 실시간 시스템이라 부른다(예를 들어 자동차의 브레이크 잠김 방지장치는 하드 실시간 시스템이다). 그림 1.10을 참조한다.

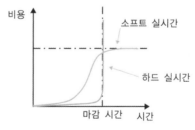

그림 1.10   하드 실시간과 소프트 실시간 비교

소프트와 하드 실시간 시스템을 규정하기 위해서는 시스템이 얼마나 빨리 반응해야 하는지를 규정한 실시간 간격^{interval}이라는 관점에서도 생각해야 한다. 이러한 맥락에서 윈도우 운영체제는 속도가 상대적으로 느리고 더 짧은 시간의 제약 사항을 다루지 못하기 때문에 소프트 실시간 시스템이다. 이러한 경우 시스템은 실패하지는 않지만 성능은 저하된다.

임베디드 시스템의 목표는 비동기적 세계에서 가장 적은 양의 코드와 가장 높은 수준의 예측 가능성을 이용해 필요한 만큼 빨리 실행하는 것이다(참고: 예측 가능성은 신뢰성에 대한 임베디드 세계에서의 용어다).

그림 1.11은 하드 실시간과 소프트 실시간 시스템에 대한 몇 가지 사례를 보여준다. 사례에 나와 있는 목록에서 보듯이 실시간 마감 시간으로 인해 발생한 장애가 치명적인 결과를 가질 수 있다는 관점에서 볼 때 많은 임베디드 시스템이 계산을 매우 중요하게 여긴다는 것을 또한 알 수 있다. 예를 들어 그림 1.12와 같이 실시간으로 운전자의 의도와 운전 조건을 결정하는 것은 하드 실시간을 가진 안전 필수 애플리케이션의 사례가 된다.

시스템 유형	하드 또는 소프트 실시간?
신호등 제어	하드 실시간 – 필수
현금 자동 인출기	소프트 실시간 – 비필수
방사선 치료기계 제어기	하드 실시간 – 필수
운전 교육용 자동차 시뮬레이터	하드 실시간 – 비필수
고속도로 차 카운터	소프트 실시간 – 비필수
미사일 제어기	하드 실시간 – 필수
비디오 게임	하드 실시간 – 비필수
네트워크 채팅	소프트 실시간 – 비필수

그림 1.11 하드 실시간 시스템과 소프트 실시간 시스템의 사례

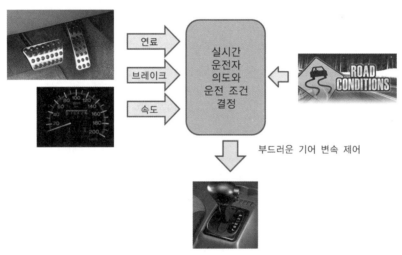

그림 1.12 자동차 변속 제어 시스템은 하드 실시간을 가진 안전 필수 시스템의 사례다.

실시간 시스템과 시간 공유 시스템 간 차이

실시간 시스템은 다음과 같은 세 가지의 기본적인 영역에서 시간 공유 시스템과 다르다(표 1.1 참조).

- **높은 등급의 스케줄 가능성** 시스템의 타이밍 요구 사항은 자원 이용의 높은 등급을 만족시켜

야 하고 긴급한 이벤트에도 예측 가능하도록 신속히 반응해야 한다.

- **최악의 지연** 이벤트에 대한 최악의 반응 시간에도 시스템이 계속해서 운용된다는 것이 보장돼야 한다.
- **과부하에서의 안정성** 시스템이 이벤트에 의해 과부하되거나 모든 마감 시간에 충족하지 못할 때 선택된 필수 작업에 대한 마감 시간은 계속해서 보장돼야 한다.

표 1.1 실시간 시스템은 근본적으로 시간 공유 시스템과 다르다.

특성	시간 공유 시스템	실시간 시스템
시스템 처리 능력	높은 처리율	스케줄 가능성과 모든 마감 시간에 충족하는 시스템 작업 능력
반응성	빠른 평균 반응시간	이벤트에 최악의 반응시간을 보이는 최악의 지연 보장
과부하	모든 것에 공정	안정성: 시스템 과부하 시 주요 작업은 마감 시간을 충족시키고 기타 작업은 기아 상태로 방치

하드 실시간 시스템의 사례

많은 임베디드 시스템이 실시간 시스템이다. 한 가지 사례를 들면 아날로그 신호가 디지털적으로 처리된다고 가정한다. 고려해야 될 첫 번째 질문은 디지털 도메인에서 신호를 정확하게 표현하기 위해 아날로그 신호를 얼마나 자주 샘플링하거나 측정해야 하는가이다. 샘플 비율은 디지털 도메인에서 이벤트를 표현하기 위해 초당 취해야 할 (음성과 같은) 아날로그 이벤트에 대한 샘플의 수다. 나이퀴스트^{Nyquist} 규칙이라 부르는 신호처리 규칙을 기반으로, 신호는 적어도 우리가 보존하기를 바라는 가장 높은 주파수의 두 배와 같은 비율로 샘플링돼야 한다. 예를 들어 신호가 4kHz에서 중요한 컴포넌트를 포함한다면 샘플링 주파수는 적어도 8kHz가 돼야 한다. 샘플링 주기 T는 다음 식과 같다.

$$T = \frac{1}{8,000} = 125\,\mu s = 0.000125\,s$$

신호 샘플 기반, 다음 샘플 도착 전 동작 수행 시간

이러한 비율로 샘플링되는 신호에 대해 위 식이 말해주는 것은 다음 샘플이 도착하기 전에 필요한 모든 처리를 수행하는 데 $0.000125\,s$가 소요된다는 것이다. 샘플은 기본적으로 연속적으로 도착하며, 시스템이 이러한 샘플의 처리시간보다 늦은 처리시간을 가지면 시스템의 성능은 저하될 것이다. 이것이 소프트 실시간을 가진 임베디드 시스템의 사례다.

하드 실시간 시스템

하드 실시간 작업의 집단적 적시성timeliness은 두 부분으로 이뤄진다. 즉, 항상 마감 시간에 충족하는 시스템이거나(올바른 기능을 갖는 시스템), 그렇지 않으면 마감 시간에 충족하지 못하는 시스템이다(실행 불가능한 시스템). 모든 하드 실시간 시스템에서 집단적 적시성은 입력 값에 대해 출력 값이 결정되는 결정성deterministic이란 특성을 갖는다. 이러한 결정론은 실제 개별 작업에 대한 완료 시간 또는 작업의 실행 순서가 사전에 필연적으로 알려져야 한다는 것을 의미하지는 않는다.

하드 실시간을 갖는 컴퓨팅 시스템은 마감 시간의 크기에 대해서는 전혀 개의치 않는다. 마감 시간의 크기가 몇 초 또는 몇 주가 될지도 모르기 때문이다. '하드 실시간'이란 용어의 사용에 관해서는 약간의 혼란스러움이 있다. 일부는 1ms와 같이 어떤 임계값보다 낮은 크기의 반응시간을 갖는 것을 하드 실시간이라 얘기한다. 그러나 사실은 그렇지가 않다. 실제로 소프트 실시간을 갖는 많은 시스템이 있기 때문이다. 이들 시스템을 더 정확히 얘기하자면 '진짜 빠른' 또는 '진짜 예측이 가능한'이라는 용어가 맞겠지만, 확실히 하드 실시간은 아니다.

하드 실시간 컴퓨팅의 타당성과 비용(예를 들어 시스템 자원이라는 측면에서)은 작업과 실행 환경에 대한 미래의 적절한 행위적 특성이 얼마나 잘 선험적으로 알려졌는가에 달려있다. 이러한 작업의 특성에는 다음 사항을 포함한다.

- 도착 주기 또는 상계upper bound와 같은 적시성 파라미터
- 마감 시간
- 최악의 실행 시간
- 준비 시간과 일시 정지 시간
- 자원 활용 프로파일
- 우선 제약 사항과 예외 제약 사항
- 상대적 중요성 등

다음과 같이 시스템 자체에 관련된 중요한 특성도 있다.

- 시스템 로딩
- 자원 상호작용
- 큐잉 규칙
- 중재 메커니즘
- 서비스 지연시간
- 인터럽트 우선순위와 타이밍

- 캐싱

하드 실시간과 소프트 실시간 컴퓨팅에서 결정론적인 집단적 작업 적시성은 적절한 작업과 실행 환경에 대한 미래의 특성이 결정론적이 돼야 한다는 것, 즉 사전에 틀림없이 알려져야 한다는 것을 요구한다. 그런 다음, 사전에 자원을 할당하기 위해 이들 특성에 대한 지식을 사용해야 하며, 그래서 모터 제어와 같은 하드 마감 시간에 충족될 수 있고, 핵심 압력에 대한 반응과 같은 소프트 마감 시간은 지연될 수 있다.

실시간 시스템에서 이뤄지는 작업과 실행 환경은 모든 마감 시간에 충족하는 스케줄을 작성하고 자원을 할당할 수 있게 조정돼야 한다. 모든 마감 시간에 충족하는 서로 다른 알고리즘과 스케줄이 기타 요소에 대해 평가된다. 일반적으로 많은 실시간 컴퓨팅 애플리케이션에서 가장 최소의 비용으로 작업을 수행하는 것이 프로세서의 활용을 단순히 극대화시키는 것보다 더 중요하다(이것이 사실이라면 시스템 모두 여전히 어셈블리 언어로 작성될 것이다). 예를 들어 시장 적시성은 프로세서에서 마지막 5%의 효율을 짜내는 비용 때문에 활용의 극대화보다 더 중요할지도 모른다.

하드 실시간 컴퓨팅을 위한 할당은 다양한 기법을 이용해 수행돼 왔다. 이들 기법의 일부는 모든 마감 시간에 항상 결정론적으로 충족하는 정적 스케줄을 이용한 오프라인 방식의 열거 탐색법enumerative search을 포함한다. 스케줄링 알고리즘은 시스템 작업에 할당되는 다양한 우선순위 사용법을 포함한다. 이들 우선순위는 애플리케이션 프로그래머에 의해 오프라인으로 할당될 수 있고, 그렇지 않으면 애플리케이션이나 운영체제 소프트웨어에 의해 온라인으로 할당될 수 있다. 작업에 대한 우선순위 할당은 비율 단조rate monotonic 알고리즘과 마찬가지로 (고정된) 정적 할당이 될 수 있고, 그렇지 않으면 최단 마감 우선earliest-deadline-first 알고리즘과 같이 (변경 가능한) 동적 할당이 될 수 있다.

실시간 이벤트의 특성

실시간 이벤트의 범주

실시간 이벤트는 다음과 같이 비동기식, 동기식, 등시성isochronous이라는 세 가지 범주 중 하나로 구분된다.

- 비동기식 이벤트는 완전히 예측이 불가능하다. 이에 대한 사례로 무선전화 기지국에서 도착하는 휴대 전화 호출이 있다. 기지국과 가까워질 때까지 전화 호출 동작은 예측될 수 없다.
- 동기식 이벤트는 예측이 가능한 이벤트이며, 정확한 규칙성을 가지고 발생한다. 예를 들어

캠코더에서 오디오와 비디오는 동기식 방식으로 발생한다.

- 등시성 이벤트는 주어진 시간 구간 내에서 규칙성을 가지고 발생한다. 예를 들어 네트워크로 연결된 멀티미디어 애플리케이션에서 오디오 데이터는 동일 시간 구간 내에서 해당 비디오 스트림이 도착할 때 나타나야 한다. 등시성은 비동기식의 하위 클래스다.

많은 실시간 시스템에서 작업과 실행 환경의 특성을 예측하는 것은 어려울지 모른다. 이러한 어려운 점은 하드 실시간에 대한 스케줄링을 실행 불가능하게 만든다. 하드 실시간 컴퓨팅에서 집단적 적시성 범주에 대한 결정론적인 만족을 얻기 위해서는 요구 사항이 필요하다. 이러한 요구 사항에 적합한 접근법에는 결정론적인 작업과 실행 환경의 특성에 대한 정적(즉, 선험적)인 스케줄링이 필수적이다. 오프라인 형태의 스케줄링과 자원 할당이 가능하게 각각의 시스템 작업과 미래의 실행 환경에 대해 사전 지식을 요구하는 것은 하드 실시간 컴퓨팅의 적용 가능성을 심각하게 방해하도록 만든다.

효율적 실행과 실행 환경

효율성의 개요

실시간 시스템은 시간에 매우 민감한 시스템이며, 실시간 시스템의 효율성은 다른 시스템의 효율성보다 구현 단계 시에 더 중요하다. 효율성은 프로세서 주기, 메모리, 전력이라는 세 가지 관점에서 그 범주를 구분할 수 있다. 이러한 제약 사항은 프로세서의 선택부터 프로그래밍 언어의 선택까지 모든 것을 관여하게 만든다. 고급 언어를 이용하는 가장 주요한 이점 중의 하나는 프로그래머에게 구현의 세부 내용을 추상화하고 문제 해결에 집중하도록 허용하는 것이다. 그러나 이러한 상황이 임베디드 시스템의 세계에서는 항상 맞는 것은 아니다. 일부 고급 언어는 어셈블리 언어보다 좀 더 느린 크기의 명령어를 갖는다. 그러나 실시간 시스템에서 고급 언어는 올바른 기법을 이용해 효과적으로 사용할 수 있다. DSP용 소스코드의 최적화라는 이 주제에 대해 1장에서 좀 더 많이 다룰 것이다.

자원 관리

허용 가능한 적시성을 가진 시간 필수 프로세스를 완료하는 동안 시스템은 실시간에서 동작한다. '허용 가능한 적시성'이란 시스템에 대한 행위적 또는 비기능적 요구 사항의 부분으로 정의된다. 이들 요구 사항은 객관적인 견지에서 볼 때 정량적이고 측정이 가능해야 한다(예를 들어 시스템이 빨라야 된다는 것은 정량적이 아니다). 시스템이 일부 실시간 자원 관리 모델을 포함하고 있다면 이 시스템을 실시간이라고 말한다(이들 자원은 실시간에서 운용되기 위해 명백히 관리돼야 한다).

앞서 언급했지만, 자원 관리는 오프라인에서 정적으로 수행되거나 온라인에서 동적으로 수행될지도 모른다.

실시간 자원 관리는 비용을 수반한다. 시스템이 실시간에서 운용되기 위해 요구되는 수준을 단지 하드웨어 능력(예를 들어 빠른 CPU를 이용한 고속의 프로세서 성능)만을 이용해 얻을 필요는 없다.

비용 효과적인 몇 가지 실시간 자원 관리에 대한 형식이 있다. 실시간에 운용돼야 하는 시스템은 실시간 자원 관리와 하드웨어 자원 수용력, 둘 모두로 구성된다. 물리적 장치와 상호작용하는 시스템은 더 높은 수준의 실시간 자원 관리를 요구한다. 이를 위해 사용된 한 가지 자원 관리 접근법이 정적인 접근법인데, 이 접근법은 운용 환경에서 실행되기 전에 시스템에 대한 분석을 요구한다. 실시간 자원 관리를 위해 실시간 시스템에서는 이벤트를 정확한 발생 순간에 관련 맺게 하는 (논리적 시간에 상반되는) 물리적 시간을 필요로 한다. 물리적 시간은 완료를 위한 진척이 이뤄질 때 발생하는 비용의 측정뿐만 아니라 동작시간에 대한 제약 사항에도 중요하다. 물리적 시간은 과거 역사 데이터history data를 로깅logging하는 데도 사용된다.

스케줄링 최적화 규칙의 실시간 부분과, 오프라인 스케줄링의 성능 평가와 분석 사이에서 허용 가능한 적시성을 얻기 위해서는 이들 간에 적절한 균형에 도달해야 하는데, 이를 위해 모든 실시간 시스템은 스케줄 비용과 성능 간 상충 관계가 존재해야 한다.

실시간 시스템 설계에서의 도전

설계자에게 실시간 시스템의 설계는 중요한 도전이 된다. 한 가지 중요한 도전은 실시간 시스템이 환경과 상호작용해야 한다는 사실에서 기인한다. 환경은 복잡하고 변화되며, 이러한 환경과의 상호작용은 매우 복잡해질 수 있다. 많은 실시간 시스템이 정확히 환경과 상호작용하지는 않지만, 환경의 서로 다른 많은 속성이 서로 다른 특성과 상호작용 비율을 가지고 시스템과 상호작용한다. 예를 들어 휴대폰 기지국은 동시에 수천의 휴대폰 가입자로부터 오는 호출을 말 그대로 다룰 수 있어야 한다. 각각의 호출은 프로세싱을 위한 서로 다른 요구 사항과 서로 다른 프로세싱 순서를 갖고 있다. 이러한 복잡성은 모두 관리되고 조정돼야 한다.

반응 시간

실시간 시스템은 환경에서 사전에 결정된 시간의 양 내에서 외부의 상호작용에 반응해야 한다. 실시간 시스템은 올바른 결과를 생성해야 하며, 그 결과는 적시에 생성돼야 한다. 반응 시간은 올바른 결과를 생성하는 것만큼 중요하다. 실시간 시스템은 반응 시간에 충족하게 설계돼야 한다. 실시간 시스템에서 하드웨어와 소프트웨어는 반응 시간에 대한 요구 사항을 지원하기 위해 설계돼야 한다. 시스템 요구 사항을 하드웨어와 소프트웨어로 최적으로 분할하는 것 또한 중요하다.

실시간 시스템은 시스템 반응 시간이라는 요구 사항에 충족되게 구조화돼야 한다. 하드웨어와 소프트웨어 컴포넌트의 조합을 이용해 공학에서는 시스템 프로세서의 상호 연결성, 시스템 링크 속도, 프로세서 속도, 메모리 크기, I/O 대역폭 등과 같은 아키텍처 결정 사항을 만든다. 이를 위해서는 다음과 같은 핵심 질문에 답해야 한다.

- 아키텍처가 적절한가? 시스템 반응 시간이라는 요구 사항을 충족시키기 위해 시스템은 하나의 강력한 프로세서나 여러 작은 프로세서를 이용해 구조화될 수 있다. 시스템 전반에 걸쳐 규모가 큰 통신 병목현상을 일으키지 않으면서 애플리케이션을 여러 작은 프로세서로 분할할 수 있는가? 설계자가 하나의 강력한 프로세서를 이용하기로 결정한다면 시스템은 이와 관련된 강력한 요구 사항을 충족시킬 수 있는가? 때때로 더 단순한 아키텍처가 더 훌륭한 접근법이 될지도 모르며, 더 복잡한 아키텍처는 반응 시간 이슈를 불러오는 불필요한 병목현상을 일으킬 수 있다.

- 프로세싱 요소가 충분히 강력한가? (90%보다 더 큰) 높은 사용 효율을 가진 프로세싱 요소는 예측할 수 없는 실행 시간 동작을 만들어낸다. 이러한 사용 효율 수준에서 낮은 우선순위를 갖는 시스템의 작업은 기아starving에 빠진다. 일반적으로 90%에서 로드되는 실시간 시스템은 최적화 주기와 통합 이슈 때문에 이러한 시스템 사용 효율을 가지고 개발하는 데 거의 두 배 정도 더 오래 걸린다. 95%의 사용 효율에서는 같은 이유로 인해 시스템을 개발하는 데 세 배 정도 더 오래 걸린다. 멀티프로세서를 이용하면 도움이 되겠지만 프로세서 간 통신은 반드시 관리돼야 한다.

- 통신 속도가 적정한가? 통신과 입출력I/O은 실시간 임베디드 시스템에서는 흔한 병목현상이 된다. 반응 시간과 관련된 많은 문제가 과부하 프로세서에서 비롯되지는 않겠지만, 대신 데이터를 시스템 안으로 받아들이고 밖으로 내보내는 데서 발생하는 대기 시간에서 비롯된다. 또 다른 경우 (75%보다 더 큰) 통신 포트에 대한 과부하는 서로 다른 시스템 노드에서 불필요한 큐잉queuing을 발생시키는 원인이 되며, 이러한 원인은 시스템의 나머지 부분 전체에 걸쳐 메시지 전달을 지연시킨다.

- 올바른 스케줄링 시스템이 가용한가? 실시간 시스템에서 실시간 이벤트를 처리하는 작업은 더 높은 우선순위를 갖는다. 그러나 모든 실시간 이벤트를 처리하는 다중 작업을 어떻게 스케줄링할 것인가? 가용한 여러 스케줄링 접근법이 있으며, 공학자는 모든 실시간 마감 시간을 충족하기 위해 시스템의 우선순위를 수용하는 스케줄링 알고리즘을 설계해야 한다.

외부 이벤트가 언제든지 발생할 수 있기 때문에 스케줄링 시스템은 우선순위가 더 높은 작업을 실행시키기 위해 현재 실행 중인 작업을 선점할 수 있어야 한다. 그리고 스케줄링 시스템(또는 실시간 운영체제)은 엄청난 양의 과부하를 실시간 시스템 안으로 도입해서는 안 된다.

장애로부터 복구

실시간 시스템은 본질적으로 신뢰할 수 없는 환경과 상호작용한다. 따라서 실시간 시스템은 환경에서 장애를 검출하고 극복할 수 있어야 한다. 또한 실시간 시스템이 다른 시스템으로 내장되거나(우주선 또는 인공위성 같이) 실시간 시스템의 내부를 검출하는 것이 매우 어렵기 때문에 실시간 시스템은 내부의 장애를 검출하고 극복할 수도 있어야 한다(사용자가 쉽게 접근할 수 있는 리셋 버튼은 없다). 또한 이벤트는 환경에서 예측하기가 불가능하므로, 모든 가능한 이벤트의 조합이나 순서를 환경에서 테스트하는 것은 거의 불가능하다. 이것이 실시간 시스템을 다소 비결정적으로 만드는 실시간 소프트웨어의 특성이며, 일부 실시간 시스템에서 환경에 대한 비결정적 행위를 기반으로 다중 실행 경로를 예측하는 것은 거의 불가능하다. 실시간 시스템으로 검출되고 관리돼야 하는 내부와 외부 장애에 대한 사례에는 다음 사항이 포함된다.

- 프로세서 장애
- 보드 장애
- 링크 장애
- 외부 환경에 대한 무효한 행위
- 상호 연결성 장애

많은 실시간 시스템은 다중 입력과 출력을 가지며, 다중 이벤트가 독립적으로 발생되는 임베디드 시스템이다. 이들 작업을 분리하면 프로그래밍이 단순화 되겠지만 다중 작업 간에 스위치를 왔다갔다 시켜줘야 한다. 이것을 멀티태스킹multitasking이라 부른다. 임베디드 시스템에서 병행성concurrency은 여러 작업을 동시에 실행할 때 나타난다. 예를 들어 그림 1.13에 나타나 있는 세 가지 작업은 단일 임베디드 프로세서에서 실행될 것이며, 스케줄링 알고리즘이 이들 세 가지 작업에 대한 실행 우선순위를 정의하는 데 책임을 지고 있다.

```
/* Monitor Room_Temperature */
do forever {
    measure temperature;
    if (temperature < temperature_setting)
        start furnace_heater;
    else if (temperature > temperature_setting + delta)
        stop furnace_heater;
}

/* Monitor Time of Day */
do forever {
    measure time_of_day;
        if (7:00am)
            setting = 72_degrees_F;
        else if (10:00pm)
            setting = 60_degrees_F;
}

/* Monitor Thermostat Keypad */
do forever {
    check thermostat_keypad;
    if (raise temperature)
        setting++;
    else if (lower temperature)
        setting--;
}
```

그림 1.13 다중 작업은 임베디드 시스템에서 동시에 실행된다.

임베디드 시스템 소프트웨어 구축 프로세스

그림 1.14에서 보는 바와 같이 소프트웨어 시스템의 구축 프로세스가 임베디드 시스템에서의
또 다른 차이점이다.

임베디드 시스템 프로그래밍은 일반 프로그래밍과는 본질적으로 다르다. 이 둘 간의 주요
한 차이는 각각의 목표 하드웨어 플랫폼이 유일하다는 점이다. 임베디드 소프트웨어의 소스
코드를 실행 가능한 바이너리 이미지binary image로 변환하는 프로세서는 다음과 같은 여러 가지
의 뚜렷한 단계를 포함한다.

- 최적화 컴파일러를 이용한 컴파일링/어셈블링
- 링커를 이용한 링킹
- 위치 입력기를 이용한 재배치

첫 번째 단계에서 각각의 소스 파일은 목적 코드로 컴파일되거나 어셈블된다. 컴파일러가
수행하는 주된 일은 인간이 읽을 수 있는 어떤 형식으로 작성된 프로그램을 특별한 프로세서
를 위해 이와 동일한 연산 코드opcode의 집합으로 번역하는 것이다. 교차 컴파일러를 이용하는
것이 임베디드 소프트웨어를 개발하는 데 필요한 특징feature을 정의하는 한 가지 방법이다.

두 번째 단계에서는 첫 번째 단계의 결과로 나온 모든 목적 파일이 재배치 프로그램이라 부르는 단일 목적 파일을 생성하기 위해 함께 링크돼야 한다. 마지막으로 재배치로 부르는 프로세스에서 물리적 메모리 주소가 재배치 가능한 프로그램 내에 있는 상대적인 오프셋에 할당돼야 한다. 재배치 가능한 프로그램에서 실행 가능한 바이너리 이미지로 변환을 도와주는 툴을 위치 입력기^{locator}라 부른다. 구축 프로세스의 첫 번째 단계의 결과는 ROM이나 FLASH 장치로 바로 프로그램될 수 있는 절대 바이너리 이미지가 된다.

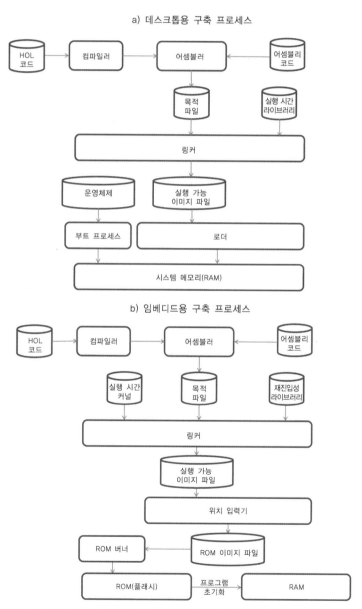

그림 1.14   임베디드 시스템 소프트웨어의 구축 프로세스는 비임베디드 시스템의 구축 프로세스와 다르다.

여기서는 기타 데스크톱 같은 시스템과는 다른 임베디드 시스템의 여러 영역을 다룬다. 임베디드 시스템을 유일하게 만드는 몇 가지 차이점은 다음과 같다.

1. 에너지 효율(일반적으로 임베디드 시스템은 목적상 최소의 전력을 소모함)
2. 커스텀 전압/전력 요구 사항
3. 보안성(해커로부터 안전해야 됨. 예를 들어 팸토^{Femto} 기지국은 인터넷 백홀에서 전화 호출을 보낼 때 IP 보안이 요구됨)
4. 신뢰성(임베디드 시스템은 며칠, 몇 달, 몇 년 동안이나 장애 없이 작업돼야 함)
5. 환경(임베디드 시스템은 큰 온도 변화를 지원하고, 화학반응으로부터 보호되고, 방사선 내성을 가져야 함)
6. 사용자와의 효율적 상호작용(소수의 버튼, 터치스크린 등)
7. HW/SW 공동 설계 접근법에서 설계와 통합

1장에서는 임베디드 시스템을 위한 소프트웨어 공학과 관련된 여러 가지 주제를 다룬다.

분산과 멀티프로세서 아키텍처

일부 실시간 시스템은 너무 복잡해져서 애플리케이션이 통신 시스템 전반에 걸쳐 분산된 멀티프로세서 시스템에서 실행된다. 이와 같이 멀티프로세서 시스템에서 애플리케이션의 분할과 관련된 문제 제기는 설계자에게 도전이 되고 있다. 이러한 시스템은 여러 가지 형태의 서로 다른 노드 위에서 실행되는 프로세싱을 포함한다. 하나의 노드는 디지털 신호 처리기^{DSP}가, 또 다른 노드는 더 일반적인 목적의 프로세서가 될지도 모르며, 일부 노드는 하드웨어 프로세싱 요소 등으로 특수화될지도 모른다. 이러한 것들이 공학 팀에게 설계에 대한 다양한 도전이 되도록 해준다.

- **시스템 초기화** 멀티프로세서 시스템의 초기화는 매우 복잡하다. 대부분의 멀티프로세서 시스템에서 소프트웨어 로드 파일은 일반 목적의 프로세싱 노드에 위치한다. 예를 들어 DSP 같이 일반 목적의 프로세서에 직접 연결되는 노드가 맨 처음 초기화된다. 이러한 노드의 로딩과 초기화가 완료되면 그 이후 다른 노드들이 시스템의 초기화가 완료될 때까지 동일 프로세스를 통해 초기 노드에 연결된다.
- **프로세서 인터페이스** 멀티프로세서가 서로 통신할 때 프로세서 간 인터페이스를 따라 보내졌던 메시지가 잘 정의되고 프로세싱 요소와 일치하는지 확실히 보장돼야 한다. 특히 역방향 호환성$^{backwards\ compatibility}$을 위한 시스템의 요구 사항이 있다면 엔디안^{endianness}과 바이트 순서$^{byte\ ordering}$, 기타 패딩^{padding} 규칙을 비롯한 메시지 프로토콜에서의 차이가 시스템 통합

을 복잡하게 만들 수 있다.

- **부하 배분** 초기에 언급했듯이 멀티프로세서는 애플리케이션 배분이라는 도전을 가져오며, 프로세싱 요소 가운데 애플리케이션의 효율적인 분할을 지원하는 애플리케이션 개발이 가능할 것이다. 애플리케이션 분할에 실수가 있을 경우 시스템에 병목현상을 가져오고, 이는 특정 프로세싱 요소를 과부하시켜 시스템의 전체 능력을 감소시키며, 기타 프로세싱 요소들은 활용되지 못한 상태로 남겨진다. 애플리케이션 개발자는 애플리케이션을 프로세싱 요소에 걸쳐 효율적으로 분할되도록 설계해야 한다.

- **중앙 집중화된 자원 할당과 관리** 멀티프로세싱 요소를 가진 시스템에는 주변장치, 크로스바 스위치, 메모리 등을 비롯해 관리돼야만 하는 공동의 자원 집합이 있다. 경우에 따라 이들 공유 자원을 관리하는 세마포어^{semaphore} 같은 메커니즘을 운영체제가 제공할 수 있다. 그 외의 경우 자원을 관리하는 전용 하드웨어를 이용할 수 있다. 어느 쪽이든 시스템에서 중요한 공유 자원은 더 이상 시스템 병목현상이 발생하지 않도록 예방을 위해 관리돼야 한다.

임베디드 시스템을 위한 소프트웨어

이 책에서는 임베디드 시스템을 위한 소프트웨어 개발의 각 단계를 설명하는 데 많은 시간을 할애할 것이다. 임베디드 시스템을 위한 소프트웨어는 즉시 실행을 위한 프로그램이나 데스크톱 소프트웨어 애플리케이션과는 다르다. 그래서 여기서는 개념에 대해서만 소개하고 더 자세한 내용은 1장 후반부에서 소개한다.

슈퍼 루프 아키텍처

임베디드 시스템을 위한 가장 간단한 소프트웨어 아키텍처가 '슈퍼 루프^{super loop} 아키텍처'다. 임베디드 시스템을 프로그래밍할 때 시스템의 마감 시간을 충족시키고, 적절한 시간 내에 올바른 순서로 시스템의 모든 핵심 작업을 완료하는 데 자주 사용되기 때문에 이 접근법이 사용된다. 슈퍼 루프 아키텍처는 이러한 요구 사항을 충족시키는 데 매우 유용한 공통 프로그램 아키텍처다. 이 접근법은 루프 구조가 포함된 시스템의 모든 작업을 가진 무한 루프로 구성된 프로그램 구조다. 하나의 사례가 그림 1.15에 나타나 있다.

```
Function Main_Function()
{
   Initialization();
   Do_Forever
   {
       Check_Status_of_Task();
       Perform_Calculations();
       Output_Result();
       Delay_Before_Starting_Next_Loop();
   }
}
```

그림 1.15 슈퍼 루프 아키텍처의 템플릿

단지 시스템만이 한 번 초기화될 필요가 있기 때문에 초기화 루틴은 슈퍼 루프로 들어가기 전에 완료돼야 한다. 한 번 무한 루프가 시작되면 밸브는 임베디드 시스템에서 지속적인 상태를 유지해야 할 필요가 있기 때문에 리셋이 되지 않는다.

루프는 입력을 읽고, 어떤 값을 계산하며, 값을 출력하는 '배치 프로세싱' 제어 흐름의 변형이다. 임베디드 시스템의 소프트웨어는 이러한 종류의 아키텍처를 사용하는 유일한 소프트웨어 유형은 아니다. 컴퓨터 게임은 유사한 루프를 자주 이용한다. 이 루프를 (엄격한) (주요한) 게임 루프라 부른다. 이러한 유형의 게임 기술은 다음과 같은 단계를 따른다.

```
Function Main_Game_Function()
{
   Initialization();
   Do_Forever
   {
       Game_AI();
       Move_Objects();
       Scoring();
       Draw_Objects();
   }
   Cleanup();
}
```

전력 절감 슈퍼 루프

앞에서 다뤘던 슈퍼 루프는 스케줄링에 대한 요구 사항이 루프의 실행 시간과 일치하지 않는 한 잘 동작한다. 예를 들어 평균 루프 시간이 1ms인 임베디드 시스템이 특정 입력에 대해 초당 오직 한 번의 검사를 요구한다고 가정해보자. 매 1ms당 프로그램의 루핑을 지속하는 것이 정말로 이치에 맞는가? 루프가 계속 실행되게 나둔다면 프로그램은 입력을 다시 읽기 전에 1000번의 루프를 돌 것이다. 999번째 루프는 다음 내용을 읽기 위해 효과적으로 카운트

다운될 것이다. 이와 같은 상황에서 그림 1.16에 보이는 것처럼 지연을 발생시키기 위해 확장된 슈퍼 루프를 사용할 수 있다.

```
Function Main_Function()
{
    Initialization();
    Do_Forever
    {
        Check_Status_of_Task();
        Perform_Calculations();
        Output_Result();
        Delay_Before_Starting_Next_Loop();
    }
}
```

그림 1.16 전력 절감 슈퍼 루프 아키텍처의 템플릿

'정상 모드'에서 20mA의 전류를 사용하지만 '저전력 모드'에서는 오직 5mA의 전류를 사용하는 마이크로컨트롤러를 가정한다. 앞에서 설명한 슈퍼 루프의 사례를 이용한다고 가정하며, 이는 '저전력 모드'에서 99.9%의 시간(매 초당 1ms의 계산)과 정상 모드에서 0.1%의 시간만 갖는다. 이런 사례로는 영숫자의 LCD 모듈에서 사용된 LCD 통신 프로토콜이 있다. 컴포넌트는 특정 시간에 대기하는 방법을 제공한다. 주어진 특정 시간에 대기하는 방법은 다수의 CPU나 버스 주기를 이용하는 것이다. 그 결과, 컴포넌트는 두 가지 방법인 Wait10Cycles()와 Wait100Cycles()를 구현하는데, 이 두 가지 방법 모두 CPU에 아주 의존적이기 때문에 어셈블리 코드로 구현된다.

윈도우 리프트 임베디드 설계

좀 더 개선된 형태의 소프트웨어 아키텍처에 대한 사례를 살펴본다. 그림 1.17에 윈도우 리프트의 단순화된 다이어그램이 나타나 있다. 일부 국가에서는 부상을 예방하기 위해 윈도우 주변에 손가락을 탐지하는 메커니즘을 장착하게 요구한다. 어쩌면 이런 이유 때문에 윈도우 크랭크crank는 현재 사용을 금지하고 있다. 시스템을 이미 배포하고 난 후 이와 같이 능력을 추가하는 것은 소프트웨어 변경을 어렵게 만드는 결과를 초래한다. 이벤트와 작업을 제어 루프에 추가하거나 작업을 바로 추가하는 두 가지 선택 사항이 있다.

임베디드 소프트웨어 시스템이 복잡해지면 단순한 루핑 구조를 바꿔야 하고 더 복잡한 작업 모델로 전이해야 한다. 그림 1.18은 윈도우 리프트 사례에 대한 작업 모델이 어떻게 생겼는지를 보여주는 사례다. 일반적인 가이드라인에 따르며, 제어 루프가 엉망으로 구성됐다면 멀티태스킹으로 가고, 너무 많은 작업이 존재한다면 리눅스와 윈도우 또는 그 외의 다른 유사한 유형의 운영체제로 가는 것을 권장한다. 1장 후반부에서 이와 같은 대안에 대해 상세히 다룬다.

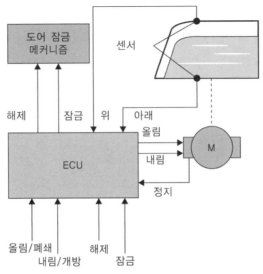

그림 1.17 사례: 윈도우 리프트의 하드웨어 설계

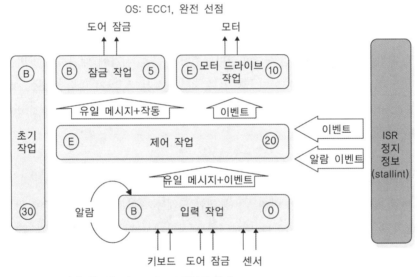

그림 1.18 사례: 윈도우 리프트 소프트웨어의 설계

임베디드 시스템을 위한 하드웨어 추상화 계층(HAL)

임베디드 시스템의 개발은 하드웨어 계층의 경우 프로그래밍에 관련된 문제다. 그러나 하드웨어 추상화 계층은 하드웨어와 소프트웨어 간 인터페이스를 제공하는 방식으로 애플리케이션을 장치로부터 독립적으로 만들 수 있다. 이것은 임베디드 시스템에서 아주 흔한 방법이다. 기본적으로 임베디드 애플리케이션은 하드웨어 추상화 계층HAL을 통해 하드웨어에 접속한다.

HAL은 마이크로컨트롤러의 주변장치를 캡슐화하며, 여러 형태의 API 구현 사항들이 다양한 추상화 계층에서 제공될 수 있다. 자동차 애플리케이션에 대한 HAL 사례를 그림 1.19에서 보여준다.

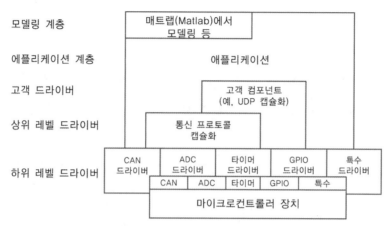

그림 1.19 하드웨어 추상화 계층

HAL을 처리하기 위해서는 다음과 같은 몇 가지 문제점이 있다.

- **주변장치와 프로세서의 복잡성** 실시간 운영체제RTOS는 박스로부터 출력되는 부분을 모두 지원하기는 어렵다. 대부분의 RTOS는 박스로부터 출력되는 주변장치의 20~30%를 커버한다.
- **칩 다중화(muxing) 기능의 패키징** 표준 장치로부터 맞춤식 장치로 전이된다면 RTOS는 어떻게 동작할까?
- **RTOS는 기본적으로 로이스트 코먼 디노미네이터(the lowest common denominator)** HAL은 가장 많은 프로세서를 지원할 수 있다. 그러나 아날로그/디지털 변환기ADC와 같은 일부 주변장치는 맞춤식 지원을 요구한다(주변장치는 DMA 모드나 직접 모드에서 동작하므로, 이 두 가지 모드를 전부 지원해야 한다).

HAL의 이점은 다음과 같다.

- 임베디드 프로세서 간 쉬운 전이를 허용한다.
- 기존 프로세서의 지식을 기초로 활용한다.
- CAN 드라이버의 소스코드와 같은 표준 애플리케이션 프로그래밍 인터페이스API, 또는 SCI 통신에서 동작하는 높은 수준의 프로토콜 같은 표준 API를 확장시킨 인터페이스, 심지어 개개인이 직접 만든 API 같이 정의된 프로그래밍 인터페이스에 순응하는 코드를 생성한다.

더 개선된 소프트웨어 아키텍처의 사례로서 그림 1.20에서 보여주는 자동차의 프런트 조명 관리 시스템의 경우를 고려한다. 이 시스템에서 소프트웨어 컴포넌트가 다양한 프로세서에서 동작한다면 무슨 일이 발생할까? 여기서 자동차 시스템은 결정론적, 즉 주어진 조건을 만족하는 유일한 해법이 존재한다는 가정하에서의 문제 접근 방식을 가진 네트워크 환경이라는 것을 명심해야 한다. 자동차 내의 CAN 버스는 모두 같은 CPU에서 동작할 필요는 없다.

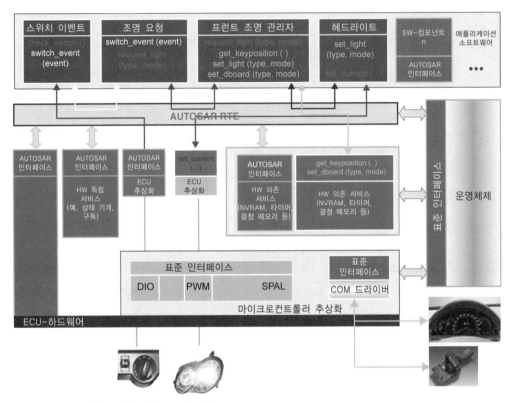

그림 1.20 유스케이스 사례: 프런트 조명 관리

헤드라이트의 형태를 대체하는 정도의 적은 변경이 요구된다면 그림 1.21에서 보여주듯이 소프트웨어 아키텍처에 대한 변경을 최소화해야 한다. 이를 위해 (헤드라이트를 변경하거나 또는 그림 1.22에 보이는 것과 같이 선택적인 컴포넌트를 제공해) 주변장치를 변경할 수 있지만, 그밖에 어떤 것도 변경해서는 안 된다.

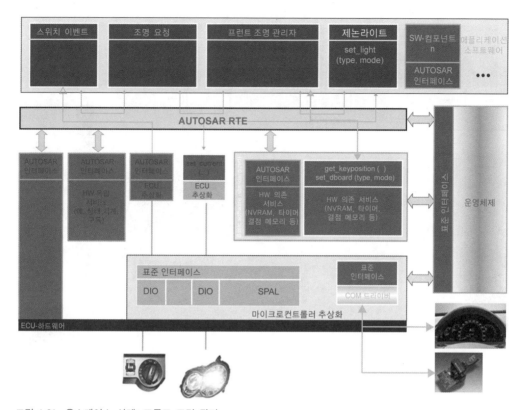

그림 1.21   유스케이스 사례: 프론트 조명 관리

마지막으로 임베디드 시스템의 개발 흐름은 그림 1.23에 보이는 것과 유사한 모델을 따른다. 프로세스에서 초기 연구가 먼저 수행되고, 이어서 개념 증명, 하드웨어와 소프트웨어의 공동 설계, 테스트가 수행된다. 이와 같은 단계에 이어 시스템 통합이 수행되며, 이때 모든 하드웨어와 소프트웨어 컴포넌트가 함께 통합된다. 그 이후 최종적으로 생산 시스템(제품)이 배포될 때까지 계속적으로 반복되는 프로토타입 시스템 단계로 넘어간다. 향후 이 책에서는 임베디드 시스템을 위한 소프트웨어 공학의 더 중요한 단계로 계속 논의해 나가면서 이와 같은 임베디드 시스템의 개발 흐름에 대한 세부적인 사항에 대해서도 함께 고찰할 것이다.

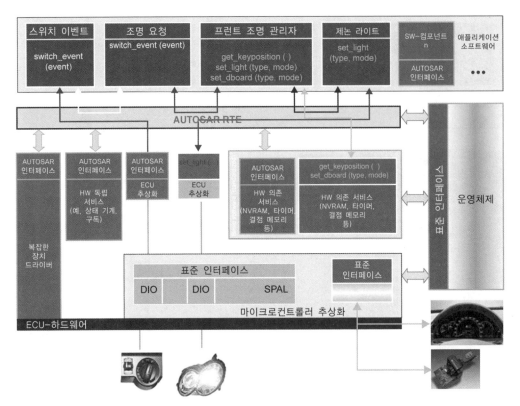

그림 1.22 유스케이스 사례: 프론트 조명 관리

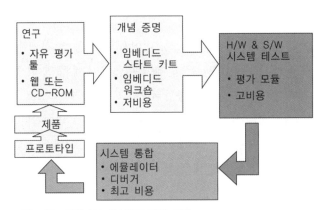

그림 1.23 임베디드 시스템의 개발 흐름

정리

인터페이스되거나 매일 사용하는 많은 제품은 임베디드 시스템을 포함하고 있다. 임베디드 시스템은 인터페이스되는 제품 내에 숨겨져 있는 시스템이다. 휴대폰, 자동응답기, 마이크로 오븐, VCR, DVD 플레이어, 게임 콘솔, 디지털 카메라, 음악 합성기, 자동차와 같은 시스템은 모두 임베디드 프로세서를 포함하고 있다. 최신 모델의 자동차에는 80개 정도의 임베디드 마이크로프로세서를 포함시킬 수 있다. 이들 임베디드 프로세서는 자동차의 브레이크 잠김 방지 장치, 실내 온도 조절기, 엔진 제어 장치, 오디오 시스템 제어 장치, 에어백 전개 장치와 같은 작업들을 제어함으로써 사람들을 안전하고 편안하게 유지시켜준다.

임베디드 시스템은 외부의 아날로그 환경에 신속하고 효율적으로 반응해야 하는 부담을 지니고 있다. 이러한 것들에는 버튼을 눌렀을 때 반응하는 장치, 충돌 시 에어백을 작동시키는 센서, 휴대폰에 호출 신호의 도착을 알려주는 장치들이 있다. 간단히 말해 임베디드 시스템은 하드 또는 소프트 실시간이 될 수 있는 마감 시간을 갖고 있다. 임베디드 시스템이 갖고 있는 숨겨져 있는 특징을 고려해볼 때 임베디드 시스템은 인간의 간섭 없이 비정상적인 조건에 반응하고 이를 처리할 수 있어야 한다.

임베디드 시스템을 프로그래밍하는 데는 데스크톱 또는 메인프레임 컴퓨터를 프로그래밍할 때 사용하는 방법과는 완전히 다른 접근법이 요구된다. 임베디드 시스템은 매우 높은 수준의 예측 가능하고 신뢰할 수 있는 방식으로 외부 이벤트에 반응할 수 있어야 한다. 실시간 프로그램은 올바르게 실행돼야 할 뿐만 아니라 정확히 실행될 수 있어야 한다. 반응이 늦은 것은 틀린 대응이다. 이러한 요구 사항으로 인해 동시성, 상호 배제, 인터럽트, 하드웨어 제어, 프로세싱 등과 같은 이슈들이 주요 고려 사항이 되기 때문에 이 책의 후반부에서는 이러한 주제들을 다룬다. 예를 들어 신뢰성 있고 이해하기 쉬운 실시간 프로그램을 구축하는 데 있어 멀티태스킹이 강력한 패러다임이 될 것이라는 것이 입증됐다.

2

임베디드 시스템 하드웨어/
소프트웨어 공동 개발

프랭크 쉬마이스터(Frank Schirrmeister)

오늘날의 임베디드 시스템: 사례

최신의 임베디드 시스템 개발 계획을 수립할 때 하드웨어와 소프트웨어는 독립적으로 고려되지 않는다. 지난 20년에 걸쳐 점점 더 많아진 시스템의 기능을 구현하는 방식이 전용 하드웨어에서 범용 임베디드 프로세서에서 실행되는 소프트웨어로 이동되는 동안, 칩과 시스템의 복잡성은 놀라울 정도의 크기로 성장했다. 2010년에는 소프트웨어에 대한 개발 노력이 하드웨어에 대한 개발 노력보다 더 컸으며, 복잡성의 추세는 소프트웨어에 유리하게 지속됐다.

이와 같은 임베디드 시스템은 오늘날 어떻게 구성됐으며, 임베디드 시스템을 개발할 때 도전이 되는 부분은 무엇인가? 그림 2.1에 임베디드 시스템을 구성하는 하드웨어와 소프트웨어 부분에 대한 사례가 제시돼 있다. 그림 좌측에 보이는 시스템온칩SoC, System on Chip은 다양한 프로세서를 포함하는 프로세서의 서브시스템을 가진 전형적인 ARM® 코어 기반의 SoC로서 칩의 나머지 부분에 긴밀히 결합된 패브릭 연결을 갖고 있다. 시스템온칩SoC은 3차원 그래픽, 디지털 신호 처리, 전용의 애플리케이션에 특정한 하드웨어 가속장치, 저속의 주변장치, 고속의 인터페이스를 위한 맞춤식 애플리케이션에 특정한 컴포넌트를 포함하고 있다. 시스템온칩SoC 같은 주요한 개발 과제 중 하나는 사전 규정된 실리콘 IP 블록을 복잡하게 상호 연결된 네트워크를 통해 새롭게 개발된 하드웨어 기능성 블록과 함께 올바르게 통합된다는 것을 보장하는 것이다. 서브시스템과 칩에 구축돼 있는 다양한 상호 연결 프로토콜은 프로세서에서 실행되는 소프트웨어 맥락에서 그 정확성이 입증돼야 한다.

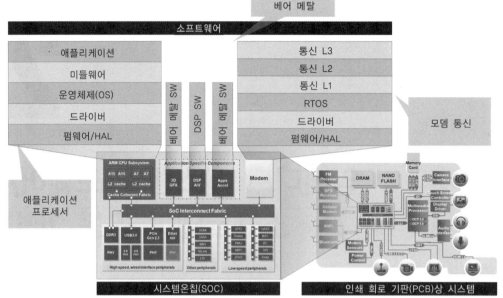

그림 2.1 시스템 맥락에서 본 칩상의 ARM^{tp} 코어 기반 시스템

그림 2.1의 우측에 보이는 부분은 시스템 맥락에서 볼 때 동일한 시스템온칩^{SoC}을 나타낸다. 시스템온칩과 실제 시스템의 주변장치 간 연결은 인쇄 회로 기판^{PCB}에서 이뤄지며, 흔히 DIGRF, MIPI, USB 같은 표준을 기반으로 한다. 현재 베리피케이션^{verification}에 대한 도전은 온칩 영역에서 벗어나 환경에 대한 칩의 동작 상태로 이동 중에 있다. 예를 들어 그래픽 엔진에서 발생되는 프레임이 외부 표시기에 올바르게 표시되는가? 다양한 오프칩^{off-chip}과 인시스템^{in-system}의 영향은 그래픽 내용과 제어를 자주 구동시키므로 온칩 영향과 함께 고려돼야 한다. 그림 2.1은 다양한 소프트웨어 스택의 유형을 보여주는데, 여기에는 애플리케이션 프로세서에서 동작하는 애플리케이션 소프트웨어 스택, 프로세서에서 바로 실행되는 베어 메탈 소프트웨어뿐만 아니라 모뎀 통신을 가능하게 하는 OSI 통신 계층이 포함된다.

하드웨어와 소프트웨어 모두 그림 2.2에 나타나 있는 계층에서 개발된다. 칩 레벨에서 복잡한 하드웨어 부분은 주로 사전에 정의한 하드웨어 블록과 서브시스템을 이용해 조립된다. 시스템온칩 자체는 인쇄 회로 기판에서 다른 칩과 수동 컴포넌트를 이용해 통합되며, 그런 다음 시스템 하드웨어를 패키징하는 실제 제품으로 통합되고, 마지막으로 최종 소비자가 사용한다. 소프트웨어의 다양한 계층을 살펴보면 제일 상위 계층에서 최종 사용자의 경험을 정의한 애플리케이션이 사용된다. 애플리케이션은 가끔 복잡한 미들웨어에 의해 사용되며, 차례로 운영체제가 실행된다. 애플리케이션에 따라 운영체제는 실시간 능력을 가져야 한다. 소프트웨어 드라이버는 소프트웨어를 특정 하드웨어 컴포넌트에 연결한다.

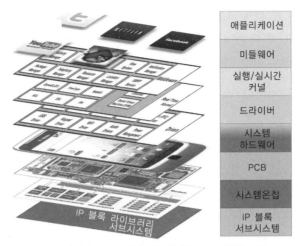

	애플리케이션
	미들웨어
	실행/실시간 커널
	드라이버
	시스템 하드웨어
	PCB
	시스템온칩
	IP 블록 서브시스템

그림 2.2 임베디드 시스템의 하드웨어와 소프트웨어 계층

하드웨어/소프트웨어의 공동 개발에 대한 도전이 무엇인지 더 잘 이해하기 위해서는 전형적인 프로젝트의 흐름과 하드웨어와 소프트웨어 간 종속성을 고려해야 한다.

그림 2.3은 다양한 단계에서의 공수뿐만 아니라 하드웨어와 소프트웨어에 대한 전형적인 임베디드 시스템의 설계 흐름을 보여준다. Y축상의 블록 높이는 각 작업이 12개의 프로젝트 사례에서 측정된 값의 평균을 갖는 프로젝트 공수의 %를 나타낸다. 예를 들어 결합된 하드웨어/소프트웨어 개발 공수에서 애플리케이션 소프트웨어 개발은 공수의 30% 정도를 소비한다.

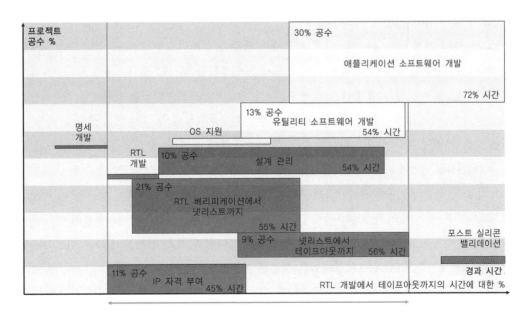

그림 2.3 전형적인 임베디드 시스템의 설계 흐름과 프로젝트 공수에 대한 %

X축상의 블록 너비는 전체 프로젝트의 부분으로 택해진 각 작업이 RTL 개발에서 실리콘 테이프아웃까지의 시간에 대한 %로 측정된 시간을 나타내며, 이는 다양한 프로젝트의 길이를 일반화하는 데 필요하다. 예를 들어 애플리케이션 소프트웨어 개발은 RTL에서 테이프아웃까지 도달하는 데 평균 72%의 시간을 사용한다.

이러한 전형적인 폭포수형 흐름은 아키텍트가 실행하는 명세 개발로 시작하며, 그런 다음 RTL 개발, 그 이후 하드웨어 베리피케이션 공학자가 수행하는 베리피케이션으로 이어진다. 레지스터 전송 레벨RTL에서의 개발과 베리피케이션을 비교해볼 때 트랜잭션 레벨 모델TLM 레벨에서 블록을 개발하는 것이 공수가 덜 사용되는데, 이는 정확성이 떨어지는 모델을 야기하는 덜 세부적인 사항을 입력으로 사용하기 때문이다. 레지스터 전송RT 레벨에서 볼 때 먼저 시뮬레이션 단계에서 설계가 실행되며, 일단 RTL이 합리적인 수준으로 안정화되면 서브시스템이나 완전한 SoC가 에뮬레이션 또는 가속 엔진에서 만들어질 수 있다. 일단 RTL이 매우 안정화되면 FPGA 기반 프로토타이핑에서도 만들어질 수 있다. 최종적으로 첫 실리콘 샘플이 가용해지면 소프트웨어 개발이 가능하게 프로토타입 보드를 만들 수 있다. 소프트웨어 개발은 하드웨어 인식 소프트웨어 개발과 애플리케이션 소프트웨어 개발이라는 두 가지 주요한 범주로 나타난다. 여기서 하드웨어 인식 소프트웨어 개발은 그림 2.2에 나타나 있듯이 소프트웨어 스택의 낮은 계층에서 요구되는 OS 포팅과 유틸리티 개발을 위해 사용된다. 독립적인 단계로 명확히 정의되지 않았지만, 하드웨어와 소프트웨어의 통합은 칩 테이프아웃 이전에 하드웨어/소프트웨어 밸리데이션validation 공학자에 의해 입증돼야 하며, 그런 후 실리콘에 실제 칩 샘플이 가용해진다.

소프트웨어 개발을 가능한 한 일찍 시작하면 할수록 임베디드 시스템의 전반적인 스케줄 개선에 크게 기여하게 될 것이라는 점이 그림 2.3에 명확히 제시돼 있다. 종속성을 인식함으로써 오늘날 전자 산업은 설계 흐름 동안 여러 가지 유형의 프로토타입을 이용한다. 칩 개발을 위한 마스크 세트의 높은 NRE 비용과 제품 지연이 프로젝트의 투자 수익률ROI에 가져올 수 있는 중요한 영향 때문에 대부분의 회사는 최초에 정확한 실리콘 개발을 보장하기 위해 실리콘 테이프아웃 이전에 프로토타이핑의 사용을 요구한다. RTL에서 테이프아웃까지 15개월이 소요되고, 실리콘이 가용하기까지 3개월이 더 소요되는 복잡한 프로젝트를 가정한다. 가상화 프로토타입은 실리콘 이전 12~15개월 정도면 가용해진다. RTL 개발과 베리피케이션을 위한 경과 시간은 대략 10개월 정도 소요될 것이며, 에뮬레이션과 가속 엔진은 실리콘 이전 6~9개월이면 가용해지고, FPGA 프로토타입은 실리콘 이전 3~6개월이면 가용해진다. 이것은 소프트웨어 개발 엔진 간 가용성의 시간이 프로젝트 기간 동안에 분명한 차이가 있다는 것을 명확히 설명하고 있다.

실제 실리콘과 임베디드 시스템이 가용되기 전에 여러 가지 다양한 유형의 프로토타입은 하드웨어/소프트웨어의 통합과 디버깅을 가능하게 만든다. 이에 더해 설계 팀 내의 다양한 사용자들은 프로토타입의 능력에 대해 잠재적으로 각기 다른 니즈needs를 갖고 있다. 어떤 유형의 프로토타입을 꼭 선택해야 하는가는 항상 100% 명확한 것은 아니지만, 중복된 선택은 설계 팀에게 자신의 니즈를 지원하는 데 올바른 프로토타입의 조합을 발견하게 만드는 것에 어려움을 가져다 줄 수 있다.

HW/SW 프로토타이핑 사용자

개발 팀 내의 다양한 사용자들은 다양한 프로토타입에 대한 요구 사항을 갖는다.

애플리케이션 소프트웨어 개발자는 가능한 한 일찍 하드웨어에 대한 묘사가 필요하며, 이상적으로 하드웨어와의 독립적인 묘사를 가능한 한 요구할 것이다. 또한 가능한 한 일찍 실행되고 기능적으로 정확한 것이 필요하다. 무선과 가전 애플리케이션 분야에서 애플리케이션 소프트웨어 개발은 하드웨어의 완전한 세부 타이밍을 모르더라도 실행될 수 있다. 예를 들어 휴대폰에서 동작하는 애플리케이션을 개발할 때 세부적인 메모리와 버스에 대한 시간 지연은 일반적으로 관심 대상이 되지 않는다. 이와 비교해 군사/항공과 자동차에서 사용하는 애플리케이션이 올바르게 동작하기 위해서는 기본 하드웨어에 대한 매우 세부적인 이해가 필요할 것이다.

이와 유사하게 하드웨어 인식 소프트웨어 개발에서도 가능한 한 일찍 하드웨어에 대한 묘사를 가용하게 만드는 편이 좋다. 그러나 개발자들은 레지스터 인터페이스에 대한 세부 사항을 알아야 하고, 프로토타입이 목표 하드웨어와 정확히 같을 것으로 기대한다. 애플리케이션 소프트웨어가 개발되는 동안 원래 호스트에서 실행되는 소프트웨어의 교차 컴파일은 선택 사항이 될 것이고, 하드웨어 인식 소프트웨어가 개발되는 동안 사용자는 결국 하드웨어에서 만들어질 동일한 바이너리 파일이 실행되기를 원할 것이다. 작업의 대상에 따라 타이밍 정보가 요구될지도 모른다. 그 대신, 이런 유형의 개발자는 적절한 정확성을 얻기 위해 속도와 절충하려 할 것이다.

시스템 아키텍트는 프로토타입의 초기 가용성에 주의를 집중해야 하는데, 이는 하드웨어의 모든 특성이 정의되기 전에 의사결정을 해야 하기 때문이다. 아키텍트는 하드웨어와 소프트웨어 간 절충점을 찾아야 하고, 자원의 사용량에 대해서도 의사결정을 해야 한다. 아키텍트는 실제 기능성보다는 적절한 프로토타입의 제공을 아주 어렵게 만드는 일부 세부 사항들을 더 고려해야 하는데, 이에 대한 예로는 완전히 새로운 상호 연결 구조를 갖는 설계가 있다. 예를 들어 기능성은 기능을 만들어내는 큰 개념으로 추상화시킬 수 있지만, 상호 연결 패브릭과 메모리 아키텍처 같은 항목들은 아주 정확한 모델이 필요하다. 그 대신, 이러한 유형의 사용자는 의사결정이 흔히 서브시스템 레벨에서 이뤄지는 것처럼, 일반적으로 완전한 기능성은 요구하지 않고 속도와 절충하려 할 것이다.

하드웨어 베리피케이션 공학자는 디지털 도메인에서 적어도 1클록 주기 정도의 하드웨어에 대한 정밀한 타이밍 정확성을 요구한다. 베리피케이션의 임무 범위에 따라 공학자는 하드웨어와 상호 동작하는 소프트웨어 영향을 모델로 만들 필요가 있고, 테스트 기반 구조에 소프트웨어 부분을 포함시켜야 한다. 하나의 칩당 증가하는 프로세서의 수를 고려할 때 프로세서에서 실행되는 일부 소프트웨어가 오직 하드웨어 테스팅과 베리피케이션만을 위해 사용된다는 것이 점점 더 일반적인 사실이 되고 있다. 하드웨어 베리피케이션 공학자에게는 속도보다 정확성이 명백히 더 좋겠지만, 프로토타입이 더 빨리 실행되면 될수록 베리피케이션의 효율성은 더 좋아질 것이다. 이러한 유형의 사용자는 한 번 개발되면 테스트 벤치를 재사용할 수 있도록 관심을 가질 것이다. 재사용은 소프트웨어나 하드웨어 기반 실행을 이용해 다양한 유형의 프로토타입에 걸쳐 발생된다.

최종적으로 HW/SW 밸리데이션 공학자는 정해진 작업에 따라 하드웨어와 소프트웨어의 통합을 확실하게 하고, 발생한 결함을 정확히 찾아내는 테스트를 실행하기 위해 속도와 정확성 간의 균형을 맞춰야 한다. 이러한 유형의 사용자는 특히 시스템 맥락에서 기능성을 확인하기 위해 칩과 시스템의 환경을 연결시킬 필요가 있다. 이러한 목적을 위해서는 프로토타입의 속도와 환경 모델에 대한 충분한 정확성이 아주 중요하다.

HW/SW 프로토타이핑 선택 사항

임베디드 시스템을 개발하는 동안 프로젝트의 각기 다른 단계에서 다양한 프로토타입을 사용할 수 있다. 모든 플랫폼의 프로토타입 관련 선택 사항이 그림 2.4에 요약돼 나타나 있다.

안드로이드와 애플 아이폰에서 사용하는 소프트웨어 저작도구[SDK]는 실제 소프트웨어 바이너리에서 실행되지 않고 타깃[target]에서 실행되기 전에 소프트웨어에 대한 재컴파일[recompilation]을 요구한다. SDK의 주 사용자는 세부 하드웨어에 대해 최소의 의식만을 갖는 애플리케이션 소프트웨어 개발자다. SDK는 높은 속도를 요구하지만, 하드웨어의 정확성에 대해서는 고려하지 않는다. 프로세서에서 실행되는 소프트웨어는 선천적으로 호스트에서 실행되거나 자바[Java]처럼 추상화 계층에서 실행된다. 그래픽과 비디오 엔진에서 사용되는 복잡한 계산은 고수준의 API를 이용해 추상화되고, 이들 기능은 개발 워크스테이션의 능력에 매핑된다. 예를 들어 오픈지엘[OpenGL] 호출은 SDK가 실행되는 워크스테이션 자체의 환경에서 인터셉트되고 실행될 수 있다. 그 결과, 이러한 유형의 사용자는 자신들의 더 상세한 사용 모델을 충분히 보장하기에는 하드웨어의 상세한 작업 수행 방법을 중요 사항이라고 여기지 않는다.

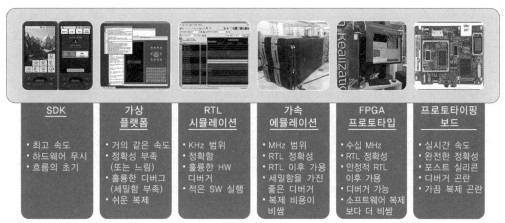

SDK	가상 플랫폼	RTL 시뮬레이션	가속 에뮬레이션	FPGA 프로토타입	프로토타이핑 보드
• 최고 속도 • 하드웨어 무시 • 흐름의 초기	• 거의 같은 속도 • 정확성 부족 (또는 느림) • 훌륭한 디버그 (세밀함 부족) • 쉬운 복제	• KHz 범위 • 정확함 • 훌륭한 HW 디버거 • 적은 SW 실행	• MHz 범위 • RTL 정확성 • RTL 이후 가용 • 세밀함을 가진 좋은 디버거 • 복제 비용이 비쌈	• 수십 MHz • RTL 정확성 • 안정적 RTL 이후 가용 • 디버그 가능 • 소프트웨어 복제 보다 더 비쌈	• 실시간 속도 • 완전한 정확성 • 포스트 실리콘 • 디버거 곤란 • 가끔 복제 곤란

그림 2.4 프로토타이핑 선택 사항: 모든 것을 만족시키는 것은 없음

트랜잭션 레벨transaction-level 모델을 기반으로 하는 아키텍처적인 가상 프로토타입은 의사결정 아키텍처와 성능 밸리데이션을 가능하게 하는 정확성 혼합 모델이다. 높은 충실도로 표현되는 버스 지연과 논쟁, 메모리 지연 등의 문제 항목들은 심지어 레지스터 전송 레벨RTL의 작은 부분이 될 수도 있다. 아직까지 이 부분은 구현 단계에서 가용하지 않기 때문에 시스템의 나머지 부분은 통계적인 트래픽 발생기로 추상화되거나 실제 환경에서 획득한 부분을 사용한다. 주 사용자는 시스템 아키텍트와 시스템 밸리데이션 공학자다. 특히 초기에 제시한 사례의 상호 연결 패브릭에 대한 하드웨어 영향은 상세히 모델화될 것이지만, 분석은 각 서브시스템에서 수행될 것이다. 실행 속도는 타이밍 정확성의 비율에 따라 매우 크게 변할 것이지만, 보통 10KHz에서 수백KHz 사이로 제한될 것이다.

소프트웨어 가상 프로토타입은 트랜잭션 레벨 모델에서 50MHz부터 100MHz에 가까운 속도로 실제 바이너리를 재컴파일하지 않고 동작된다. 주 사용자는 소프트웨어 개발자인데, 여기서 소프트웨어 개발자란 소프트웨어 최적화뿐만 아니라 소프트웨어 개발, 화면 브링업bring-up, 디버거, 밸리데이션, 테스트를 위해 모델을 사용하는 애플리케이션 개발자와 하드웨어 인식 소프트웨어 개발자 둘 모두가 해당된다. 제품의 기능성을 결정하는 소프트웨어가 점점 더 증가함에 따라 최근에 개발 대상 하드웨어에 대한 소프트웨어 주도 베리피케이션이 더 채택되고 있다. 개발자의 필요에 따라 일부 하드웨어 타이밍은 더 정확하게 묘사돼야 한다. 이러한 유형의 프로토타입은 또한 하드웨어와 소프트웨어 세부 사항 두 가지 모두를 알아야 할 필요가 있는 HW/SW 밸리데이션 공학자에 의해 사용될 수 있다. 적시JIT, just it time 방식의 바이너리 번역이라는 특성 때문에 프로세서의 코드 스트림은 본질적으로 호스트에서 매우 빠르게 실행될 수 있다. 이것이 소프트웨어를 개발할 때 가상 프로토타입을 사용하는 이유지만, 3차원 엔진이나 병렬 하드웨어 같은 시스템의 사례에서는 컴포넌트를 모델링하는 것이 오히려 속도를 크게 떨어뜨리는 결과로 작용될 것이다. 하드웨어는 모든 레지스터를 정확히 묘사하기 위해 아주 자세히 모델화될 것이고, 결국 추상화되더라도 적절한 기능성은 제공될 것이다.

하드웨어에 대한 RTL이 한 번 개발되면 RTL 기반 프로토타입은 더 정확하게 제공된다. 하드웨어 베리피케이션 공학자에게 RTL 시뮬레이션은 표준 시뮬레이션 수단이 된다. 소프트웨어에서 실행된다고 고려할 때 프로토타입되는 시스템에서 모든 컴포넌트는 100Hz의 범위로 느리면서 균등하게 실행된다. 하드웨어는 (적어도 디지털 측면에서) 아주 자세히 모델로 만들어진다. RTL은 하드웨어 개발을 위한 특별한 참조 모델이 된다.

가속은 소프트웨어 기반과 하드웨어 기반 실행을 혼합한 방식이다. RTL 시뮬레이션이 너무 느리게 되면 가속은 200KHz에서 500KHz 정도의 크기로 사용자가 성능을 발휘할 수 있게 만든다. 실세계에 대한 인터페이스가 추가되지만 이는 선택적이다.

회로 내in-circuit 에뮬레이션을 이용해 모든 설계 컴포넌트를 전용 베리피케이션 컴퓨팅 엔진인 에뮬레이터로 집어넣는다. 합성 가능한 테스트 벤치를 이용해 사용자는 1~2MHz 정도의 속도를 더 가질 수 있다. 에뮬레이션은 특히 하드웨어에 대해 더 큰 디버거 통찰력을 제공하지만, 직접 소유권이나 JTAG 인터페이스를 이용해 장착된 디버거debugger에 있는 소프트웨어에 대해서도 동일한 통찰력을 제공한다. 더 높은 속도가 주어질수록 실세계에 대한 더 많은 인터페이스가 추가된다. 회로 내 에뮬레이션과 가속 둘 모두 기본적인 RTL 시뮬레이션보다 속도가 훨씬 더 빨라질 것이다. 그러나 프로세서에서 실행되는 순수 소프트웨어의 경우를 고려할 때 PC에 있는 프로세서의 트랜잭션 레벨 모델TLM은 고속으로 실행될 것이다.

FPGA 기반 프로토타이핑: 어느 정도의 베리피케이션이 진행된 이후 RTL이 꽤 안정화되면 사용자는 고속의 하드웨어 기반 실행 환경을 이용할 수 있다. 이는 특히 RTL 형식에서 이미 존재하는 IP에서 더 잘 동작한다. 실세계 인터페이스는 심지어 10MHz의 더 고속에서도 갖게 된다. 가속과 회로 내 에뮬레이션과 유사하게 프로세서에서 실행되는 순수 소프트웨어의 경우를 고려할 때 PC에 있는 프로세서의 TLM은 여전히 고속으로 실행될 것이다.

실리콘 기반 프로토타이핑은 이전 세대의 프로젝트에서 가져온 칩을 이용하거나 한 번 가용해진 실리콘 샘플을 이용한다. 실제 실리콘 기반 프로토타입은 칩을 제조 과정에서 가져오기 위해 한 번 사용될 수 있다. 이제 사용자는 모두 연결된 상태에서 실제 속도로 동작할 수 있지만, 실행 제어가 중요하면 디버거는 더 힘들어진다. 특정 중단점에서 실행을 시작하고 멈추고 정지하는 것은 소프트웨어 기반 실행, FPGA 기반 실행, 가속과 에뮬레이션에서 실행하는 것만큼 쉬운 일이 아니다. 예를 들어 이종의 다중 코어 시스템에서 중단점은 프로세서 중 하나에서 멈추겠지만, 하드웨어의 다른 부분은 계속 실행될 것이다.

마지막 프로젝트에서 가져온 칩은 특히 애플리케이션 개발을 위해 여전히 사용될 수 있다. 그러나 새로운 칩 개발을 위한 최신 특징은 적절한 드라이버, OS 포트, 미들웨어가 가용될 때까지 가용하지 않을 것이다.

프로토타이핑 결정 기준

각각의 프로토타입 유형과 연관된 이점을 이해하기 위해서는 다양한 사용자와 사용 모델에서 얻은 실제 관심을 요약하는 것이 중요하다.

- **프로젝트 동안의 가용성 시간** 프로젝트가 시작된 후 프로토타입을 언제 얻을 수 있는가? 느슨하게 시간이 정해진 트랜잭션 레벨 모델^{TLM}의 개발이 레지스터 전송 레벨^{RTL}의 개발보다 노력이 훨씬 덜 드는 것처럼, 이 질문에 대한 답으로는 소프트웨어 가상 프로토타입이 적절하다. 하드웨어 기반 엔진을 사용하는 하이브리드 실행은 TLM으로서 아직 존재하지 않는 레거시 IP에 대한 리모델링의 관심을 완화시킨다.

- **속도** 얼마나 빨리 프로토타입을 실행하는가? 이전 세대의 칩과 실제 샘플들은 실제 목표 속도에서 실행된다. 타이밍에 대한 부가 설명 없이 소프트웨어 가상 프로토타입은 FPGA 기반 프로토타입이나 회로 내 에뮬레이션과 가속에 이어 두 번째다.

- **정확성** 실제 구현과 비교해 묘사된 하드웨어가 얼마나 상세한가? 레지스터의 정확성을 가진 TLM 기반의 소프트웨어 가상 프로토타입이 드라이버 개발을 비롯해 다수의 소프트웨어 개발 작업으로 충분하다. 그러나 타이밍에 대한 중요한 부가 설명 없이는 속도가 너무 느려져 하드웨어 기반 프로토타입에서 RTL은 종종 실제로 더 빠르다.

- **용량** 실행된 설계를 얼마나 크게 만들 수 있는가? 여기서 다양한 하드웨어 기반 실행 엔진은 크게 다르다. 다중 보드가 더 높은 용량을 위해 연결될 수 있더라도 표준 구성에서 에뮬레이션은 20억 개의 게이트^{gate}까지 가용하며, FPGA 기반 프로토타이핑을 위한 표준 제품은 1,800만 개에서 3,000만 개 게이트의 범위가 된다. RTL 시뮬레이션과 가상 프로토타입을 위한 소프트웨어 기반 기법은 실행되는 호스트의 능력에 의해서만 제한된다. 소프트웨어 기반의 가상 프로토타입에 대한 하이브리드 연결은 추가 용량에 대한 확장을 허용한다.

- **개발 비용과 브링업 시간** 전통적인 개발 흐름에서 프로토타입을 구축하기 위해 얼마나 많은 노력이 소비될 필요가 있는가? 여기서는 가상 프로토타입이 여전히 비싸지만, 이는 가상 프로토타입이 아직까지 표준 흐름의 한 부분이 아니기 때문이다. 에뮬레이션이 잘 알려져

있으며, 브링업 시간은 수 주 정도로 매우 예측 가능하다. 맨 처음부터 FPGA 기반 프로토 타이핑은 보통 3개월에서 6개월 정도로 여전히 많은 노력이 있어야 한다. 에뮬레이션의 프론트엔드front-end 소프트웨어를 공유할 수 있을 때 가속이 중요해질 것이다.

- **복제 비용** 프로토타입을 복제하는 데 얼마나 많은 비용이 드는가? 이것은 차량을 화면에 띄우는 데 드는 비용과 시간이 아니라 차량을 실제로 실행시키는 데 드는 실제 비용이다. 경쟁력 측면에서 RTL 시뮬레이션을 위한 가격 책정이 압박을 받고 있는데, 이는 잘 알려져 있는 사실이다. TLM의 실행도 유사한 가격 범위에 있지만, 하드웨어 기반 에뮬레이션 기법과 FPGA 기반 프로토타이핑은 자본 투자가 더 중요하게 요구되며, 실행되는 게이트당 달러로 측정될 수 있다.

- **소프트웨어 디버그, 하드웨어 디버그, 실행 제어** HW/SW 분석을 위해 소프트웨어 디버거가 어떻게 쉽게 장착될 수 있고 실행이 어떻게 쉽게 제어될 수 있는가? 소프트웨어 기반 기법에 디버거를 장착하는 것은 간단하며, 실행 제어도 훌륭하다. RTL 시뮬레이션에서 속도의 부족은 니치niche 애플리케이션의 경우에만 소프트웨어 디버거를 실현 가능하게 만든다. 하드웨어 디버그의 경우 하드웨어 디버그와 다른 다양한 하드웨어 기반 엔진은 에뮬레이션에서는 매우 강력하고 RTL 시뮬레이션과도 필적하지만, FPGA 기반 프로토타이핑에서는 매우 제한된다. 소프트웨어 기반 기법에 대한 하드웨어 통찰력은 훌륭하지만 TLM에서 정확성의 부족은 관찰의 범위를 제한한다. 실행 제어와 관련해 소프트웨어 기반 실행은 사용자가 설계를 효율적으로 시작하고 정지할 수 있게 해주며, 사용자는 프로세서의 하부 집합에서만 선택적으로 실행할 수 있고, 특별한 다중 코어 디버그 능력을 가능하게 만든다.

- **시스템 연결** 환경이 어떻게 포함될 수 있는가? 하드웨어에서 속도 어댑터는 속도 변환을 가능하게 하고 많은 수의 연결은 표준 추가 기능add-ons으로 가능해진다. RTL 시뮬레이션은 보통 실제 환경에 연결하기에는 너무 느리다. TLM 기반 가상 프로토타입은 충분히 빠르게 실행되며, USB와 이더넷, PCI 같이 실세계 인터페이스에 연결되는 가상 I/O를 갖고 있다. 이것은 상용의 가상 프로토타이핑 환경에 대한 표준 특징이 된다.

- **전력 분석** 사람들은 프로토타입에서 전력 분석을 실행할 수 있는가? 전력 분석은 얼마나 정확한가? RTL 레벨에서 정확한 스위칭 정보를 이용하면 전력 소비는 상당히 정확하게 분석될 수 있다. 에뮬레이션은 소프트웨어의 영향을 이해하기에 충분히 긴 시퀀스를 실행하기 위해 적절한 속도를 추가한다. TLM 레벨에서 전력 정보에 대한 부가 설명은 초기에 전력 인식 소프트웨어 개발을 가능하게 하겠지만, 그 결과는 RTL 레벨에서 개발하는 것만큼 훨씬 정확하지 않다.

- **환경의 복잡성** 각기 다른 엔진 간 연결은 얼마나 복잡한가? 하드웨어와 소프트웨어 엔진이

연결되면 될수록 (가속에서와 같이) 복잡성은 다루기가 더 중요해지고 더 어려워진다. 이러한 점은 가치를 고려해 신중히 생각해야 한다.

올바른 프로토타입 선택

그림 2.5는 사용자 니즈[needs]와 프로토타이핑 능력을 '능력/니즈 매트릭스'의 문맥에 넣기 위해 시도한 것이다. 어느 프로토타입이든 모든 기준을 충족시키는 것은 없으며, 하이브리드 조합이 점점 더 요구에 적합하게 될 것이다.

	가상 프로토타이핑	RTL 시뮬레이션	가속 에뮬레이션	FTGA 기반 프로토타이핑	실리콘
조기 가용성	++	+		-	--
속도	++	--	-	+	++
HW 정확성	--	++	++	++	++
HW 디버거	--	++	+	-	--
SW 디버거	++	--		+	++
실행 제어	++	++	+		--
추가 개발의 공수	--	++	+		++
복제 비용	++	++	--	-	+

그림 2.5 프로토타이핑 사용자 니즈와 프로토타이핑 능력

첫째, 조합 중에서 RTL 시뮬레이션과 가상 프로토타입의 조합이 속도와 정확성에 주안을 두는 베리피케이션 공학자에게 매력적이다. 소프트웨어 디버그는 RTL 시뮬레이션에서는 엄청나게 느리지만, 프로세서를 포함한 핵심 블록이 가상 프로토타입으로 이동됐을 때는 소프트웨어 개발의 이점을 활용할 수 있고, 더 증가된 속도 또한 베리피케이션을 효율적으로 향상시

킬 수 있다.

에뮬레이션/가속과 가상 프로토타이핑의 조합 또한 소프트웨어 개발자와 HW/SW 밸리데이션 공학자에게 매력적인데, 이러한 경우는 하드웨어 기반 실행으로 매핑 시 에뮬레이션 또는 FPGA 기반 프로토타이핑의 실행 속도에 제한이 되는 프로세서가 가상 프로토타입에서 실행될 때다. 이와 동일하게 앞에서 언급한 사례를 중심으로 비디오와 그래픽 엔진에서 사용된 것처럼 초병렬^{massively parallel} 하드웨어의 실행은 가상 프로토타입보다 하드웨어 기반 실행에서 더 빠르게 실행된다.

하드웨어/소프트웨어 공동 개발을 위한 하드웨어 기반 프로토타입이 수년 동안 가용하다고 한다면 2장의 나머지 부분에서는 가상 프로토타입에 주안을 두고 설명할 것이다.

산업 설계 사슬

모든 형태의 프로토타입은 회사 내의 설계 팀 간, 그리고 회사 간 더 효율적으로 상호작용하기 위해 사용될 수 있다. 후자의 경우 이해관계자 간의 관계는 SoC 설계 사슬에서 아주 복잡해질 수 있다. 그림 2.6은 일부 회사의 사례와 기본적인 사용자 유형과의 관계를 비롯해 무선 수화기 세그먼트에 대한 단순화된 설계 사슬을 보여준다.

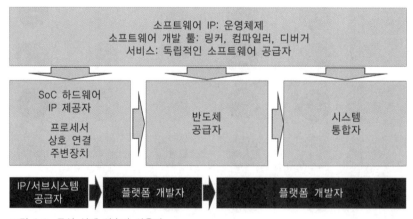

그림 2.6 무선 설계 사슬과 사용자

시스템 OEM은 고객과의 실제 인터페이스이며, 자신의 채널로서 보더폰^{Vodafone}과 티모바일^{T-Mobile} 같은 네트워크 제공자를 이용한다. 반도체 하우스는 시스템 하우스에 참조 설계 킷을 비롯해 실리콘을 제공한다. 오늘날의 칩 설계에서 상당한 양의 IP가 재사용된다고 고려할 때 반도체 벤더는 종종 외부의 하드웨어 IP 제공자로부터 IP에 대한 라이선스를 갖는다. 반도체와 시스템 하우스는 소프트웨어 IP 제공자와 상호작용한다. 여기서 소프트웨어 IP 제공자는 독립된 소프트웨어 벤더[ISV]로 운영체제(예를 들어 심비안, 윈도우CE, 안드로이드, 리눅스)와 멀티미디어 및 게임 애플리케이션을 개발하는 것 같은 애플리케이션 소프트웨어 개발자 둘 모두를 포함한다. 사용자와 관련해 소프트웨어 프로그래머는 반도체 하우스, 시스템 하우스, ISV로 나눠진다. 반도체 하우스와 IP 제공자에 있는 프로그래머는 전통적으로 저수준의 드라이버와 커널에 더 초점을 맞추는 반면, ISV와 시스템 하우스에 있는 프로그래머는 자신의 차별화를 위해 미들웨어와 애플리케이션 소프트웨어를 더 적극적으로 사용한다.

설계 사슬 내의 다양한 이해관계자 간 상호작용을 위해 다양한 사용 모델이 적용된다. 초기에 소프트웨어 개발을 시작하는 것이 가장 긴급한 요구 사항 중의 하나지만, 성능에 대해 적절한 하드웨어 베리피케이션과 밸리데이션을 수행하는 것도 똑같이 중요해진다. 프로토타입은 종종 실행 가능한 방식에서 실제적으로 바람직한 기능성을 보여주는 초기의 데모 수단이 될 수 있다.

설계 흐름의 변경 필요성

가상 프로토타입 기반의 설계 흐름 목표를 그림 2.3에서 다른 프로토타입과 결합해 이미 제시했다.

앞에서 제시한 것처럼 전통적인 제품 개발 접근법은 순차 프로세스인데, 이 프로세스는 하드웨어 프로토타입이나 개발 보드가 가용하게 된 이후 하드웨어와 소프트웨어의 빅뱅 통합으로 종결된다. 가상 프로토타입의 접근법은 아키텍처 설계 단계의 한 부분으로, 소프트웨어 개발 프로토타입을 훨씬 더 쉽게 전달할 수 있다. 단계별 납품은 수주 정도의 빠른 시일 내에 명령을 정확한 모델로 보내는데, 이는 RTL의 첫 라인이 코드화되기 전이나 재사용 IP가 자격을 갖추기 전에 종종 펌웨어와 운영체제, 드라이버 개발을 가능하게 해준다. 오늘날 가상 프로토타입을 위한 주요한 사용 모델은 프리실리콘[pre-silicon] 소프트웨어 개발이다. 그러나 하위 레벨의 사전 구현[pre-implementation] 단계에서 합리적이고 점증적인 노력으로 타이밍 접근을 가상 프로토타입 모델에 추가할 수 있고, 그렇게 되면 실제 칩 설계에서 피드백을 허용하고, 종종 개발 중에 있는 설계의 동일 개정에 대해서도 마찬가지다.

가상 프로토타입의 다양한 유형

초기 프로토타이핑의 잠재적 형태의 하나로서 가상 프로토타입을 소개했다. 2장의 나머지 부분에서는 가상 프로토타입의 다양한 형태와 사용 모델에 대해 더 상세히 소개한다.

소프트웨어 가상 프로토타입은 단일 코어나 다중 코어 SoC, 주변장치, I/O, 사용자 인터페이스를 비롯한 하드웨어 설계에 대한 완전한 소프트웨어의 기능적 표현이다. 가상 프로토타입은 범용 PC 또는 워크스테이션에서 동작하며, 적절한 시뮬레이션 속도에서 드라이버, 운영체제, 애플리케이션을 비롯해 변경되지 않은 제품 코드를 실행하는 데 충분할 정도로 자세한 내용을 포함하고 있다. 사용자는 임베디드 소프트웨어 개발에 효과적인 실시간보다 10배 이상 더 느리지 않게 되도록 가상 프로토타입에 대한 요구를 분명히 밝혀야 한다. 달성 가능한 시뮬레이션의 속도는 모델 추상화의 레벨에 달려있고, 이 속도는 또한 프로토타입의 정확성을 결정한다.

생산성 향상에 가장 효과적이기 위해서는 가상 프로토타입이 가능한 한 초기에 가용돼야 하고, 때때로 아키텍처가 명시되기 수주 전이 돼야 한다. 심지어 SoC 설계 흐름의 초기에 시스템 아키텍처가 상세한 레벨로 정의될 수 있으며, 이렇게 함으로써 시스템의 가상 프로토타입이나 가상 프로토타입을 모호하지 않고 실행 가능하게 규격으로 만들 수 있다. 이 프로토타입은 소프트웨어 개발과 통합에 사용될 수 있고, 결과적으로 반복 프로세스에서 하드웨어 아키텍처를 정제하는 데 사용될 수 있다. 이것은 각 단계에서 적시 납품을 충분히 가능하게 해준다. 즉, 명령어 정확instruction-accurate 버전에서 시작해 나중에 실행timed 버전을 납품하게 되는 것이다.

하드웨어 설계자를 위해 가상 프로토타입은 혼합 모드 시뮬레이션을 가진 SoC 설계 흐름을 지원하고, RTL 설계와 베리피케이션에 경로를 지원하다. 가상 프로토타입은 시뮬레이션 가속 기술과 심지어 루프loop에서 실제 하드웨어를 통합할 수 있다. 가상 프로토타입은 특별히 고수준의 전력 감축 전략에 유용한데, 이는 이들 전략이 아키텍처의 선택과 칩의 전력 소비에 대한 소프트웨어의 영향 평가에 의존하기 때문이다.

완전히 새로운 방법론을 생성하기보다 가상 프로토타입은 하드웨어와 소프트웨어 개발자 둘 모두에게 기존의 아주 우수한 설계, 디버거, 베리피케이션 프로세스를 지원한다. 프로토타입은 하드웨어와 소프트웨어 개발을 위한 표준 언어를 포함해 하드웨어와 소프트웨어 툴과 인터페이스된다. 예를 들어 소프트웨어 공학자를 위해 가상 프로토타입은 텍사스 인스트루먼트사의 코드 저작 스튜디오Code Composer Studio, ARM사의 리얼뷰RealView, GNU의 툴 체인tool chain, 기타 벤더들의 디버그 환경 같은 개발 환경을 사용할 수 있게 해준다.

가장 중요한 것은 프로토타입이 제품 소프트웨어와 완전한 바이너리 호환성을 보장한다는 것이다. 이러한 수준의 호환성을 얻기 위해서는 주기 정확cycle-accurate 모델을 사용할 필요가 없다. 이러한 모델은 고수준의 상세한 타이밍 메트릭을 제공하지만 검증이 더 어렵고 추가 개발 노력이 필요하며, 1초당 50만 회의 명령 실행(500KIPS)에서 보통 소프트웨어가 실행된다.

이 정도의 성능 레벨은 운영체제에 포팅하고 미들웨어를 통합하며, 애플리케이션을 개발하는 데 너무 느린 속도다.

가상 프로토타입의 간략한 역사

대략 10여 년 전 일부 회사들이 프리실리콘pre-silicon 소프트웨어 개발을 위한 임베디드 하드웨어의 가상화virtualization를 시장에 도입하려는 목적으로 설립됐다. 이들 가상 프로토타입 벤더들은 모두 처음부터 소프트웨어 비용이 증가하는 두 가지 핵심 SoC 추세를 다뤘는데, 이러한 추세에는 버그bug의 늦은 발견을 피하라는 것과 소프트웨어 개발을 가능한 한 초기에 시작하라는 것이다. 임베디드 소프트웨어를 개발하는 단계 동안 임베디드 소프트웨어에 대한 상대적인 결함 복구 비용은 그 결함을 발견하는 단계가 늦어질수록 증가한다. 그림 2.7에 제시한 것처럼 임베디드 소프트웨어 개발에 대한 NASA의 분석 결과를 보면 요구 사항 단계에서 발생한 버그를 설계 단계 동안 복구하면 그 비용이 5배 더 들고, 코딩 단계 동안 복구하면 10배 더 들며, 장치가 납품돼 운영 중에 복구하면 그 비용이 무려 350배나 더 드는 것으로 나타났다. 프리실리콘 임베디드 소프트웨어 개발은 통합 단계를 더 잘할 수 있게 만드는데, 이는 전통적으로 프로젝트의 초기 단계에서 실리콘이 가용해진 후 수행된다. 따라서 이 방법은 초기에 버그를 발견할 수 있게 해주고 전체 복구 비용을 줄여준다.

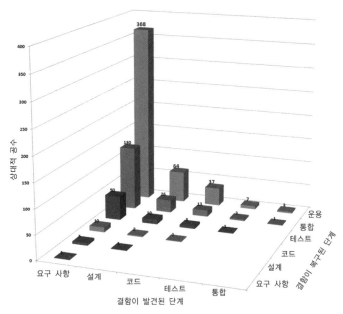

그림 2.7 버그 전파

독점 오퍼에 대한 제한 사항

기존 표준이 없을 때 가상 프로토타입 기술을 제공하는 초기의 모든 제공자는 독점 모델링이라는 솔루션을 개발했다. 이러한 제공자 가운데는 1997년에 설립된 AXYS 설계 자동화와 VaST 시스템 기술, 1998년에 설립된 버추테크[Virtutech], 1999년에 설립된 버티오[Virtio] 등이 있다. 시스템 OEM에서 가져온 회사 내부의 여러 솔루션은 유사 가상화를 가능하게 했는데, 이에 대한 유명 사례로는 모토롤라의 객체지향 시뮬레이션 환경[MOOSE]이 있다. 그 당시에 코웨어[CoWare], 시놉시스[Synopsys], 멘토[Mentor], 케이던스[Cadence] 같은 전통적인 EDA 회사들은 여전히 아키텍처 탐구, 하드웨어/소프트웨어 공동 설계, 베리피케이션에 더 주안을 뒀다. 이는 SystemC의 초기 단계에 직접 반영됐으나 임베디드 소프트웨어 개발을 위해 SystemC를 기반으로 그 능력을 오퍼하기에는 제한된 수준이었다. OSCI의 트랜잭션 레벨 모델링[TLM] 워킹 그룹 내의 여러 다양한 추상화 레벨이 모델의 속도와 정확성을 다루기 위해 소개됐다. 일부 사용자에게 혼란 상태로 남겨진 가지각색의 추상화 레벨은 특정 니즈를 다루기 위해 맞춤형 파생 상품을 만들도록 사용자들을 강제했다. 이에 더해 프로세서 모델은 대다수의 소프트웨어 프로그래머가 실제로 요구했던 것보다 더 자세한 사항을 자주 포함했다. 결국 실행 속도는 대다수의 소프트웨어 프로그래머에게는 너무 느린 단일 MIPS 또는 심지어 하부 MIPS 범위였다.

2006년에 독점 가상 프로토타입의 솔루션과 OSCI SystemC의 진행 경로가 만났다. ARM은 2004년에 AXYS 설계 자동화를 획득했고, 시놉시스[Synopsys]는 2006년에 버티오[Virtio]를 획득했으며, 코웨어는 자신의 아키텍처 연구 제품 계열을 보완하기 위해 가상 프로토타입을 추가했다. 효과적인 솔루션을 얻기 위해 유연성, 모델의 상호 운용성, 표준 준수성을 기꺼이 희생하려는 시장의 초기 사용자에게는 가상 프로토타입에 대한 독점 오퍼는 소용없었다. 그러나 주류 사용자의 요구 사항은 달랐다. 한 가지 독점 툴에서 생산된 TLM이 다른 곳에서 동작하지 않는다는 사실은 모델링에 대한 사용자의 투자가 성과가 없었다는 것을 의미했다. 그 결과, 시장의 채택은 기대했던 것보다 더 느렸다.

모델의 상호 운용성을 보장하는 표준화는 상호 운용성에 대한 핵심 요구 사항이 됐으며, 오늘날 가상 프로토타입을 선택하는 중요한 기준이 됐다. 일부 독점 오퍼가 여전히 존재하고 사용되지만, 표준 기반 상호 운용성은 오늘날 더 이상 무시될 수 없다.

가상 프로토타입을 빠르게 만드는 것

프로세서, 주변장치, 버스에 대한 모델의 고유 속도를 제외하고, 프리실리콘 소프트웨어 개발을 위해 충분할 정도의 속도를 만들어내는 가상 프로토타입의 세 가지 인터페이스와 관련된 속성이 있다.

무엇보다 먼저 가상 프로토타입의 모든 컴포넌트는 일시적으로 분리돼야 한다. 오래된 기술은 모든 컴포넌트가 하나의 클록 주기로 이동하고, 그런 다음 다시 마스터 스케줄러로 되돌아올 것을 요구한다. 이러한 결과로 생긴 오버헤드는 심각하게 실행을 제한한다. 그에 반해 일시적인 분리 컴포넌트를 가진 오늘날의 가상 프로토타입은 퀀텀 기반quantum-based 시뮬레이션을 가능하게 한다. 가상 프로토타입은 정의된 퀀텀 시간 후 체크인하는 자유 실행 모델의 집합을 생성한다. 여기서 퀀텀 타임이란 1,000 명령어를 실행하는 데 걸리는 시간을 말한다. 일시적 디커플링decoupling을 이용하면 오버헤드가 무시되며, 그 결과 실행 속도는 소프트웨어 프로그래머의 요구 사항을 충분히 만족할 만큼 빨라진다. 예를 들어 오늘날의 가상 프로토타입은 전통적인 솔루션에서 며칠이 아니라 안드로이드Android 같은 운영체제가 몇 초 내로 부팅되게 만든다. 드라이버 개발을 비롯해 소프트웨어 개발 작업의 중요한 부분은 이러한 방식으로 수행될 수 있다.

두 번째, 메모리로의 접속은 빠르게 이뤄져야 한다. 전통적인 기법에서는 명령어와 데이터를 프로세서 모델 안으로 패치하기 위해 모든 메모리 접근마다 브리지와 버스 등을 통해 설계 계층 전체를 찾아가도록 요구한다. 이러한 프로세스는 많은 시뮬레이션 이벤트와 문맥 스위치를 요구하고, 실행 속도를 심각하게 제한한다. 오늘날의 가상 프로토타입에서는 직접 메모리 접근을 위한 백도어back doors가 시뮬레이션 속도를 크게 증가시키며, 특히 많은 실제 계산이 캐시cashe에 저장된 데이터로부터 프로세서 모델 내에서 발생하는 컴퓨터 집중적compute-bound인 작업에는 더 그렇다.

세 번째, 타이밍에 대한 낮은 오버헤드의 부가 설명이 가상 프로토타입에서 지원돼야 한다. 프로세서 실행, 메모리 접근, 주변장치 동작에 대한 타이밍은 탄력적으로 부가해서 설명하는 것이 중요하다. 전통적인 기법은 주변장치 동작을 실행하는 동안 자주 시뮬레이션 과정을 차단한다. 그러나 이러한 경우 대부분은 얼마나 많은 시간이 소비돼야 하는지를 마스터 스케줄러에게 알려주는 동안 마스터 스케줄러로의 즉시 귀환을 이용해 해결할 수 있다.

표준화: SystemC TLM-2.0 시대

2006년까지 위의 세 가지 핵심 기술에 대한 독점 솔루션인 독점 가상 프로토타입 오퍼가 개별적으로 개발됐다. 2007년 초에 핵심 기술이 OSCI TLM 워킹 그룹에 기증됐다. 그때 이후 TLM-2.0을 위한 API가 표준화됐고 비준됐다. 새로운 TLM-2.0 API 표준이 일시적 디커플링, 직접 메모리 인터페이스, 타이밍 부가 설명에 대한 표준 기법으로 새롭게 요청됐고, LT$^{Loosely\ Timed}$와 AT$^{Approximately\ Timed}$ 모델링 스타일이 소개됐다.

특히 LT 모델링의 블로킹 인터페이스는 일시적 디커플링을 지원했다. 모델은 블록될 수 있거나 선택적인 타이밍 부가 설명을 이용해 즉시 귀환될 수 있다. LT 모델링의 API는 쉬운 사용을 위해 설계됐고, 역방향 경로를 요구하지 않았다. 가상 프로토타입에서 모든 경우의 90% 정도는 타이밍 부가 설명을 이용한 즉시 귀환의 조합으로 해결될 수 있다.

SystemC TLM-2.0 추상화 레벨

앞에서 언급한 것처럼 설계 흐름 내에서 가상 프로토타입의 가치는 다음과 같은 두 가지 주요한 양상과 밀접하게 연결돼 있다. 첫째는 첫 번째 실리콘 훨씬 이전에 소프트웨어 개발을 가능하게 하는 초기 가용성이 있어야 한다는 것과, 둘째는 거의 실시간 성능으로 소프트웨어 실행을 허용하는 높은 시뮬레이션 성능이 있어야 한다는 점이다. 이 두 가지 양상 모두 불필요한 세부 사항으로부터 추상화가 돼야 한다. 추상화는 더 빠른 모델의 생성을 가능하게 하고 더 높은 시뮬레이션의 성능을 얻게 해준다.

추상화의 필요성은 트랜잭션 레벨 모델이 가상 프로토타입 블록을 구축하게 만드는 트랜잭션 레벨 모델링의 개념을 야기했다. TLM은 다양한데, 타이밍 정확성으로 분류된다. 이 범위에는 주기 정확부터 AT까지, 그리고 LT까지가 있다. 그들 모두에게서 공통적인 사항은 그들 사이의 통신을 모델로 만드는 방식이다. 즉, 개별 버스 주기 또는 특정 핀과 와이어 대신에 시스템 내의 트랜잭션 흐름을 표현하고, 이로 인해 높은 시뮬레이션의 속도를 얻는 것이다.

그림 2.8은 SystemC TLM 2.0의 가상 프로토타입이 사용될 수 있는 다양한 추상화 레벨을 보여준다. 실제 애플리케이션 개발이 명령과 (애플리케이션 뷰^{AV}로서 표시된 것을 이용해) 프로세서 모델의 정확한 표현 없어도 수행될 수 있지만, 펌웨어와 OS, 드라이버에 대한 프리실리콘 통합은 적어도 하드웨어에 대한 명령과 레지스터의 정확한 묘사를 요구한다. LT의 가상 프로토타입은 시스템에서 실행되는 소프트웨어에 노출된 하드웨어의 세부 사항에 더 주안점을 둔다. 가상 프로토타입에서 프로세서는 목표 대상 프로그램을 명령과 명령$^{instruction-by-instruction}$ 기준으로 바이너리를 실행하며, 이에 따라 바이너리는 실제 하드웨어와 호환된다.

메모리 관리 유닛MMU과 캐시에 대한 기능적 모델은 캐시 적중hit과 실패miss에 대한 실시간 통계를 제공한다. 그러나 속도를 최고로 높이기 위해서 프로토타입은 프로세서의 파이프라인 pipeline 같은 프로그래밍 모델에 노출되지 않는 프로세서의 세부 사항을 피해야 한다.

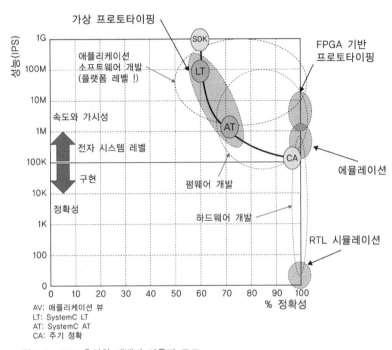

그림 2.8 TLM 추상화 레벨과 사용자 모드

ST의 가상 프로토타입에서 버스 모델은 트랜잭션을 간단히 읽고 쓰기 위해 복잡한 버스 트래픽을 줄인 유사한 접근법을 이용한다. 이러한 트랜잭션에는 버스 브리지bridge와 중재기 arbiter 같은 요소에 대한 주소 디코딩과 제어 레지스터의 묘사를 포함한다. 그러나 버스 모델은 간단한 접근 지연을 넘어 상세한 버스의 위상 조정, 중재, 타이밍을 방지한다.

추상화 레벨은 가장 일반적으로 사용되는 방식이고, 드라이버, 커널, OS 같은 초기 임베디드 소프트웨어 개발을 위해 사용되는 이상적인 방식이다.

아직도 더 많은 정확성이 추가돼야 하지만, 추상화의 다음 레벨은 AT 뷰로서 아키텍처 탐구와 실시간 소프트웨어 개발에 사용된다. AT의 가상 프로토타입은 더 많은 타이밍 세부 사항을 요구한다. 예를 들어 이러한 프로토타입은 중재, 파이프라이닝, 동시성에 대한 세부 사항이 추가된 주기 근사cycle-approximate 버스 모델을 포함할지도 모른다. 온칩과 오프칩 주변 장치에 대한 타이밍 접근도 포함될 것이다. 이러한 추가적인 타이밍 정보는 경합 조건race condition 같은 시간 종속 문제에 대한 상세한 소프트웨어의 분할, 성능 트레이드오프, 디버깅을 더 잘 지원하게 프로토타입에 허용할 것이다. 이것이 추상화 레벨인데, 이 레벨에서는 가상 프로토타입의 실시간 하드웨어/소프트웨어 트레이드오프에 대한 타이밍과 전력의 부가 설명 등이 수행될 수 있다.

그림 2.8에 표시된 C 번역 RTL 모델, 공동 에뮬레이션, RTL 공동 베리피케이션 단계는 실시간 하드웨어/소프트웨어 트레이드오프에는 너무 느릴 뿐만 아니라 현 설계가 더 이상 유연하지 않게 변경되는 단계로 진척되도록 실제 구현을 요구한다. 그러나 이들 단계는 하드웨어 시뮬레이션이라는 맥락에서 하위 레벨 소프트웨어의 베리피케이션에 유용하다. 초기에 언급한 것처럼 가상 프로토타입은 아키텍처 분석과 성능 밸리데이션을 위한 아키텍처 가상 프로토타입과 소프트웨어 개발, 디버거, 브링업, 밸리데이션과 테스트, 소프트웨어 최적화와 소프트웨어 주도 베리피케이션을 위한 소프트웨어 가상 프로토타입으로 분리할 수 있다.

아키텍처 가상 프로토타입

설계 흐름에서 가장 초기에 사용된 아키텍처 가상 프로토타입은 하드웨어/소프트웨어 시스템에 대한 적절한 정보의 정확성을 갖고 설계 분할에 영향을 주는 의사결정을 허용하기 위해 초기 가용성에 균형을 맞춰야 한다. 이를 근거로 의사결정에 필요한 중요한 성능 파라미터들은 때때로 실제 구현이 수행되기 전까지 가용하지 못한다.

최적화되는 하드웨어/소프트웨어 시스템의 특성에 따라 개별 컴포넌트에 대한 다양한 정확성이 사용될 것이며, 시스템은 심지어 전체로서 모델화되지 않을 것이다. 예를 들어 100개의 형상 파라미터를 가진 ARM NIC와 ACE 프로토콜같이 복잡한 온칩 상호 연결을 최적화하기 위해 연결된 컴포넌트가 트랜잭션 시퀀스나 심지어 확률 모델로 표현되는 트래픽 모델로 추상화되는 동안 상호 연결 자체는 정확히 모델화돼야 한다.

프로세서 파이프라인이나 캐시 같은 시스템에서 블록을 최적화하기 위해서는 컴포넌트 자체는 정확하게 묘사돼야 하지만, 컴포넌트 환경은 덜 정확하지 않은 표현으로 추상화될 수 있다.

그 결과, 아키텍처 가상 플랫폼은 시스템 기능성을 거의 완전히 묘사하지 못하지만, 대신 아주 구체적인 방식으로 모델화된다. 여기서 구체적인 방식이란 "이 캐시가 충분히 큰가?" 또는 "이러한 상호 연결이 특정 트래픽 시나리오에 대해 충분히 큰 대역폭을 제공하는가?" 같은 아주 구체적인 질문에 답을 하도록 설계하는 방식이다.

소프트웨어 가상 프로토타입

특히 소프트웨어 디버거, 브링업, 밸리데이션, 테스트의 경우 소프트웨어 가상 프로토타입은 최고의 가시성과 제어를 제공한다. 가상적으로 제한이 없는 신호 추적과 로깅 능력 외에도 시스템은 사용자가 JTAG 덤프를 기다려야만 하는 하드웨어 기반 방법과 달리 메모리 관리 상태와 특수화된 가속기의 중간 상태 같은 세부 사항을 나타낸다.

가상 프로토타입이 시뮬레이션 기반이기 때문에 어떠한 디버거도 다중 코어 SoC에 특히 유용한 능력인 모든 시스템 클록을 중단점breakpoint에서 동결시킬 수 있다. 사실 가상 프로토타입은 실제 다중 코어 하드웨어에서 디버깅 소프트웨어를 이용해 중요한 문제를 해결하는데, 일부 클록은 중단점 이후에도 계속 동작하며, 일부 시스템 상태는 변경될지도 모른다. 프로세서 간 통신 하드웨어와 주변 클록을 비롯해 모든 활동을 동시에 멈춤으로써 가상 프로토타입은 모든 시스템의 상태를 보존하며, 실제 하드웨어 기반 프로토타입에서는 불가능한 분석도 허용한다.

이러한 가시성과 실제 하드웨어가 가용되기 훨씬 이전에 가상 프로토타입은 소프트웨어를 실행시키는 능력을 이용해 근본적으로 소프트웨어가 SoC로 이식되는 방식, 즉 OS 부팅으로 시작해 계속해서 애플리케이션 소프트웨어로 포팅하는 방식을 변경한다. 이러한 프로세스가 어떻게 동작하는지 보기 위해서는 주 프로세서가 리눅스Linux에서 실행되는 SoC 사례를 고려하는 편이 유용하다. 개발 보드를 가진 SoC를 제공하기 위해 소프트웨어 팀은 칩을 위한 기본 소프트웨어뿐만 아니라 보드를 위한 샘플 애플리케이션을 생성해야 한다. 새로운 물리적 프로세서로 작업할 때 가장 먼저 시작해야 될 작업은 리눅스를 메모리에 설치해야 할 부트로딩boot-loading 루틴을 개발하는 것이며, 그래야 OS가 실행을 시작할 수 있다. 이 시점에서 이러한 문제를 다루는 것은 어려운데, 이는 문제 해결에 필요한 OS 자원이 아직 준비가 되지 않았기 때문이다.

가상 프로토타입은 이러한 어려움을 우회하기 위해 모델의 메모리로 직접 접근하는 방법을 제공한다. OS는 직접 모델로 로드될 수 있고 부트 시퀀스는 프로세서의 기본 동작이 입증될 때 확인될 수 있다. 최소의 프로세서 자원만을 이용해 OS에서 동작할 수 있게 개발자에게 허용함으로써 가상 프로토타입은 디버깅 시 고려해야 하는 변수의 수를 제한한다.

어떠한 테스트 실행에서든 개발자는 매번 부팅을 위해 시뮬레이션 모델을 기다리기보다는 OS를 즉시 로드할 수 있다. 이와 유사하게 플래시flash와 ROM의 내용은 물리적 개발 보드에 신호를 보내기 위해 몇 분씩 기다리기보다는 동시에 업데이트될 수 있다. 또한 가상 프로토타입은 백도어 접근을 통해 기타 시스템의 상태를 원하는 대로 설정할 수 있게 허용함으로써 시간을 절약해준다.

OS와 핵심 프로세서가 함께 동작한다는 점을 확인 후 개발자는 부가적인 하드웨어를 추가할 수 있고, 관리 가능 단계에서 디버깅을 할 수 있다. 예를 들어 주변 드라이버 생성 시 개발자는 필요한 만큼 주변장치를 만들 수 있고, 또 다른 드라이버를 추가하기 전에 각각의 주변장치가 제대로 동작하는지 확인할 수 있다.

SoC의 드라이버와 기본 소프트웨어가 제대로 갖춰지면 개발 팀은 보드 레벨의 드라이버와 애플리케이션 사례를 갖고 동작할 수 있다. 개발 보드가 SoC로서 명확하게 정의되지 않을지도 모르지만, 개발 팀은 다양한 프로토타입 변이에 대해 소프트웨어를 확인함으로써 계속 수행해 나갈 수 있다. 예를 들어 NAND와 NOR 플래시 메모리 간 선택이 이뤄지지 않았다면 소프트웨어 팀은 소프트웨어가 이 두 가지 모두에서 동작한다는 것을 확실히 하기 위해 각 메모리 유형마다 모델을 이용할 수 있다.

가상 프로토타입을 이용한 어떠한 개발 프로젝트에 대해서든 소프트웨어 팀은 플래시 메모리 유형, 주변 레지스터에 대한 주소 매핑, 인터럽트 할당 같은 세부 사항에 대한 불확실성을 다뤄야만 할 것이다. 이러한 세부 사항을 해결하기 위해서는 몇 가지 재작업이 불가피하며, 소프트웨어가 실제 실리콘과 동기화되는지를 보장하기 위해 훌륭한 리그레션regression 테스팅도 필요할 것이다. 소프트웨어의 85% 정도가 최종 하드웨어에서 변경 없이 실행될 것이라고 기대하는 것이 합리적이다.

소프트웨어 개발과 리눅스 브링업에 초점을 맞춘 가상 플랫폼의 훌륭한 사례는 나의 동료인 제이슨 앤드류Jason Andrew의 블로그 시리즈인 '가상 플랫폼 탐구'(http://www.cadence.com/Community/blogs/sd/archive/2009/01/16/welcome-to-quot-understanding-the-virtual-platform-quot-series.aspx)에서 발견할 수 있다. 가상 플랫폼과 관련된 그의 다섯 가지 포스팅에서는, 리눅스에서 어떻게 임베디드 시스템을 생성하는지에 대한 많은 양상과, 처음부터 필요한 모든 소프트웨어를 어떻게 구축하는지 이해할 수 있는 튼튼한 배경을 제공했다. 오늘날 전자 시스템은 전력, 성능, 공간 구역이 최적화돼야 한다. SoC가 얼마나 많은 전력을 소비하는지, 얼마나 빠르게 실행되는지, 얼마나 많은 공간 구역을 차지하는지(직접 비용으로 변환됨) 등에 대해 소프트웨어가 많은 일을 할 수 있다. 예를 들어 하드웨어 설계자는 현실적인 사용 시나리오에서 하드웨어를 구동하기 위해 소프트웨어가 가용하기 전까지는 설계의 실제 전력 소비를 알 수 없다.

가상 프로토타입이 초기에 소프트웨어 개발을 가능하게 만들기 때문에 가상 프로토타입은 시스템 레벨에서 초기 전력 소비에 대한 통찰력도 제공할 수 있다. 애플리케이션과 애플리케이션 기초 위에서 전력 소비에 대한 정보를 이용하면 시스템 아키텍트는 현실적인 트레이드오프를 만들 수 있다. 예를 들어 실행 주파수와 애플리케이션 실시간을 고찰하는 것은 아키텍트에게 중요한 전력 절감을 이룰 수 있는 지능적인 선택을 만들도록 허용한다.

게다가 일부 전력 관리 계획은 주파수의 크기 조정과 다양한 전력 도메인의 설정을 다루는 하드웨어 컨트롤러를 관리하기 위해 소프트웨어 관리 계층이나 전력 인식 OS를 이용한다. 가상 프로토타입은 이러한 연동 하드웨어/소프트웨어 계획을 밸리데이션하고 정제한다. 예를 들어 ARM1136 프로세서 코어를 포함하는 가상 프로토타입을 이용해 시스템 아키텍트는 실제 애플리케이션이 동작하는 중에 프로세서에 적용된 주파수의 크기 조정 결과에 대해 즉시 시각적 피드백을 얻을 수 있다. 그런 다음 시스템은 적절하게 최적화될 수 있다.

전력 소비는 SoC 설계에서 핵심 이슈가 됐는데, 이에는 칩이 배터리 전원에 의존하는지, 아닌지, 그리고 전력 관리가 하드웨어와 소프트웨어에 상호 의존적인 방법 중의 하나인지 등이다. 초기에 소프트웨어 개발과 하드웨어/소프트웨어 공동 설계를 가능하게 함으로써 가상 프로토타입은 SoC 퍼즐의 핵심 부분을 지원한다. SoC의 복잡성이 계속해서 커갈수록 이러한 솔루션은 스케줄과 기능성이라는 목적 두 가지 모두를 만족하기 위해 점점 더 필수적이 될 것이다.

가상 프로토타입을 위한 주사용 모델이 프리실리콘 소프트웨어 개발에 있는 동안, SoC 설계 주기가 진행되면 가상 프로토타입은 다양한 니즈에 대처하기 위해 진화할 수 있다. '소프트웨어 주도 베리피케이션'에는 세 가지 주사용 모델이 있는데, 이는 레지스터 변환 레벨에서 신호 레벨 시뮬레이션을 이용해 가상 프로토타입을 통합하는 데 유용한 모델들이다.

- 예를 들어 RTL 모델이 가용해질 때 가상 프로토타입에서 트랜잭션 레벨 모델을 대체할 수 있다. 그런 다음 하드웨어와 소프트웨어 둘 모두를 검증하는 방식으로 이 버전의 프로토타입에서 소프트웨어를 확인할 수 있다.
- 가상 프로토타입은 실제 시스템 소프트웨어가 실행되는 테스트 벤치test-bench 컴포넌트로 행동함으로써 테스트 벤치 개발과 포스트실리콘 밸리데이션 테스트를 향한 유리한 출발을 또한 제공할 수 있다. 가상 프로토타입은 RTL을 테스트하기 위해 시스템 자극을 생성하는 데 사용될 수 있고, 그런 다음 똑같은 방식으로 가상 프로토타입과 RTL의 기능을 확인할 수 있다.
- 추가적으로 가상 프로토타입 부분이 이에 상응하는 RTL과 마찬가지 방식으로 확인되는 것처럼 가상 프로토타입은 실행 가능한 골든 스펙이나 참조 스펙이 될 수 있다.

그림 2.9, 2.10, 2.11은 TLM의 추상화 레벨을 신호 레벨 RTL 시뮬레이션으로 연결하는 세 가지 사용 모델을 나타낸다.

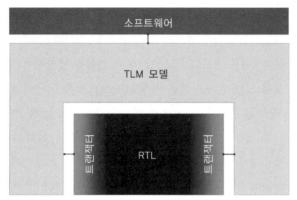

그림 2.9 RTL 베리피케이션을 위해 자극을 생성하는 TLM 모델 이용하기

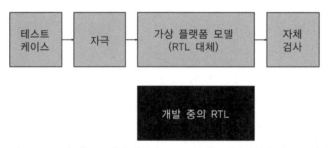

그림 2.10 초기 테스트 벤치 생성과 포스트실리콘 밸리데이션 테스트 개발

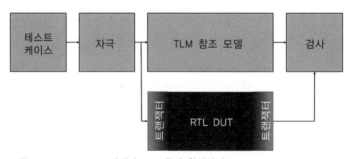

그림 2.11 TLM 프로토타입과 RTL 등가 확인하기

가상 프로토타입부터 전통적인 RTL 시뮬레이션까지의 인터페이스는 트랜잭션 레벨 인터페이스를 이용해 연결할 수 있으며, 이는 시스템 베리로그SystemVerilog로 작성된 실제 트랜잭터transactor와 하드웨어 기반 환경에서 공동 실행을 허용하는 합성 가능한 버스의 기능적 모델을 허용한다. 이에 대한 대안으로 트랜잭터는 SystemC로 작성될 수 있으며, RTL 시뮬레이션으로의 연결은 신호 레벨에서 수행될 수 있다.

RTL 베리피케이션에 대한 자극을 생성하기 위해 TLM 모델을 이용하는 첫 번째 사용 모델은 확장 가능한 효율적인 시스템 밸리데이션뿐만 아니라 실제 하드웨어 구현에서 초기 소프트웨어 밸리데이션을 허용하는데, 이것은 소프트웨어가 베리피케이션 설정의 한 부분이 되도록 해준다. 사용된 실제 시스템의 시나리오를 안다는 것은 베리피케이션의 신뢰를 증가시킨다. 게다가 베리피케이션에서 사용된 시뮬레이션은 더 빠른데, 이는 대부분의 시스템이 트랜잭션 레벨에서 가능한 한 많이 시뮬레이션되기 때문이다.

가상 프로토타입에서 초기 테스트 벤치의 생성과 포스트실리콘 밸리데이션 테스트의 개발과 관련된 두 번째의 사용 모델은 초기 시나리오와 테스트 케이스 생성뿐만 아니라 모든 테스트 벤치의 개발과 가상 프로토타입에서의 밸리데이션 기반 구조를 허용한다. 사용자는 TLM 모델에서 효율적으로 '임베디드 통제 소프트웨어'를 개발할 수 있으며, 이는 시스템 통합 테스팅에 사용될 수 있다. 그 결과, 베리피케이션을 위한 테스트 케이스 개발의 생산성이 증가한다.

TLM 프로토타입과 RTL 등가를 확인하는 세 번째의 사용 모델은 한 번 가용해지면 RTL 대비 소프트웨어 개발 프로토타입의 정확성을 검증하는 데 도움을 준다. 그 결과, 사용자는 트랜잭션 레벨과 RT 레벨을 위한 단 하나의 골든 테스트 벤치를 얻게 된다.

정리: 가상화 중요성의 증가

소프트웨어의 중요성이 증가한다는 점을 감안하면 가상 프로토타입은 고품질의 소프트웨어 콘텐츠를 가진 칩 설계에서 시장 적시성을 줄이는 데 핵심 컴포넌트가 된다. 아주 독창적으로 설계된 칩은 연관 소프트웨어가 준비되지 않으면 팔리지 않을 것이다. 따라서 가상 프로토타입을 위한 주사용 모델은 프리실리콘 소프트웨어 개발을 가능하게 하는데, 이는 프리실리콘에서 소프트웨어 개발을 가능한 한 많이 발생하도록 허용하기 위해서다. 또한 가상 프로토타입이 한 번 가용해지면 가상 프로토타입은 베리피케이션 흐름의 부분으로 사용될 수 있다.

가상 프로토타입의 투자 수익률^{ROI}은 다음과 같은 여러 컴포넌트와 관계돼 있다.

- 아키텍처 명세 기반의 가상 프로토타입을 이용함으로써 명세부터 RTL 단계까지의 실제 구현 비용과 넷 리스트$^{net\ list}$를 초기 설계 밸리데이션으로 줄일 수 있다. 특히 실행 가능한 참조 가상 프로토타입은 명세로부터 RTL을 구현할 때 통신 이슈를 해결하는 데 도움을 준다.
- 초기에 소프트웨어 개발자의 손에 가상 프로토타입을 쥐어주는 것은 나중에 통합 기간을 놓칠 우려를 피하게 해주는데, 이는 프로젝트의 아주 빠른 초기에 가상적으로 통합 단계를 발전시킬 수 있기 때문이다. 하드웨어 개발 킷은 공유될 필요가 없다. 모든 소프트웨어 개발자는 필요시 정확하게 가상 프로토타입을 갖출 수 있다.

- 가상 프로토타입은 FPGA 프로토타입, 에뮬레이션 또는 하드웨어 가속 기반의 하드웨어 기반 베리피케이션을 증가시키는 데 도움을 준다. 절대적으로 필수적인 테스트만이 하드웨어에서 실행되는 데 필요하고, 가상 프로토타입을 이용한 공동 실행은 하드웨어 기반 베리피케이션의 사용 효율을 증가시킨다.
- 가상 프로토타입의 '전자적' 특성을 고려하면 가상 프로토타입은 사용자에게 쉽게, 그리고 저비용으로 배포될 수 있다. 어떤 경우에는, 그리고 일부 사용 모델을 위해 가상 프로토타입은 하드웨어 개발 킷을 대체할 수 있으며, 이는 상당한 수준으로 비용을 줄여준다.
- 마지막으로 가상 프로토타입이 병렬 소프트웨어 개발을 가능하게 해주므로, 사용자는 시장에 늦게 납품하는 벌칙을 가능한 한 최대로 피할 수 있다.

요약하면 가상화는 확실히 하드웨어-소프트웨어 공동 개발을 더 가속시키는 핵심 추세며, 프로젝트 흐름 동안 사용자는 초기에 하드웨어 프로토타입을 제공하기 위해 모든 선택 사항을 고려해야 한다. 그림 2.4에서 이미 표명한 것처럼 모든 솔루션을 한 번에 해결할 수는 없고, 다양한 프로토타입이 다양한 사용 모델에 적용될 수 있으며, 다양한 프로토타입에 대한 이점을 복합적으로 가능하게 만들도록 더 자주 사용돼야 할 것이다.

3

임베디드 시스템을 위한 소프트웨어 모델링

쉘리 그레틀린(Shelley Gretlein)

언제 그리고 왜 임베디드 시스템을 모델로 만들려고 하는가?

임베디드 시스템을 위한 모델의 생성은 간단한 시스템이나 믿을 수 없을 정도로 복잡한 동적 제어 시스템을 개발하는 데 있어 시간과 비용 효과적인 접근법을 제공하며, 이 두 가지 모두 밀접하게 통합된 소프트웨어 세트에서 유지되는 단일 모델을 기반으로 한다. 3장에서 알 수 있는 사항들은 다음과 같다.

- 최신 모델링 소프트웨어 툴을 이용함으로써 오프라인 시뮬레이션에서 설계와 초기 밸리데이션을 수행할 수 있다.
- 그런 다음, 연속되는 모든 개발 단계의 베이시스basis를 형성하기 위해 모델을 이용할 수 있다.
- 하드웨어 프로토타이핑과 결합된 모델링은 실수로 인한 리스크를 줄여주고 개발 기간 전체에 걸쳐 베리피케이션과 밸리데이션을 수행함으로써 개발 주기를 줄여줄 것이다.
- 베이시스로서 시스템 모델을 이용하면 설계에 대한 평가와 예측을 훨씬 더 빠르고 신뢰성 있게 만들 수 있다.
- 반복적 접근법은 성능과 신뢰성 둘 모두의 관점에서 향상된 설계로 나타날 것이다.
- 설계 팀 간, 설계 단계 간, 다양한 프로젝트 간 모델의 재사용성과 물리적 프로토타입에 대해 줄어든 종속성 때문에 자원에 대한 비용이 줄어든다.
- 자동 코드 생성 기법을 이용해 개발 오류와 오버헤드를 줄일 수 있다.

이러한 이점들은 더 정확하고 강건한 제어 설계, 짧아진 시장 적시성, 줄어든 설계 비용으로 나타난다.

모델링

모델링은 범위가 행위와 구조 모델부터 시뮬레이션 중심의 방법론에 이르기까지 본질적으로 상이한 개념에 적용할 수 있는 평상시 폭넓게 사용되는 용어다. 물론 폭넓은 용어나 폭넓은 개념이라는 것에 대한 도전은 언제, 어디서, 어떻게 자신의 애플리케이션을 적용하는지 아는 데 있다.

그렇다면 임베디드 시스템의 설계에 적용되는 적절한 모델링의 정의는 무엇인가?

가장 추상적인 의미에서 모델링은 일부 표현이 쉽지 않겠지만, 자연스럽게 또는 충분하게 시스템의 구현을 통해 수집된 시스템의 양상을 묘사하고 의사소통하기 위해 생성된 방법론이다. 여기서 '아키텍처 모델링'으로서 액터에 대한 묘사나 기능과 엔티티, 액터의 상태, 입력, 구조, 뷰에 대한 묘사에 주안점을 두고 모델링 도메인을 대략적으로 참고할 것이다. 그리고 '시뮬레이션 모델링'으로서 주어진 시스템 엔티티의 행위에 대한 시뮬레이션에 주안점을 두고 모델링의 도메인을 참고할 것이다.

1980년, 바이트만 연구소Weizmann Institute of Science의 다비드 하렐David Harel에 의해 고안된 전형적인 상태 차트 다이어그램이 그림 3.1에 나타나 있다. 하렐은 상태 다이어그램에 계층, 동시성, 통신 개념을 추가해 더 의미심장한 형태의 상태 다이어그램을 만들었다. 그는 복잡한 항공 전자 시스템의 설계를 도와주면서 이 상태 다이어그램을 고안했는데, 시스템이 갖고 있지 못한 어떤 툴을 발견하는 일이었을 것이다. 1990년대에 상태 차트는 통합 모델링 언어UML의 표준 행위 다이어그램으로 채택됐다.

전형적인 상태 다이어그램은 두 가지 주요한 구조인 상태state와 전이transition로 구성된다. 그림 3.1에 어떻게 자동판매기가 동작하는지 설명하기 위해 다섯 가지 상태와 일곱 가지 전이를 가진 간단한 자동판매기의 상태 다이어그램이 도시돼 있다. 자동판매기는 '유휴' 상태에서 시작하고, 코인이 삽입되면 '코인 계산' 상태로 전이된다. 상태 다이어그램은 자동판매기가 선택을 기다리거나, 음료를 서비스하거나, 잔돈을 지불할 때 수행되는 추가 상태와 전이를 보여준다.

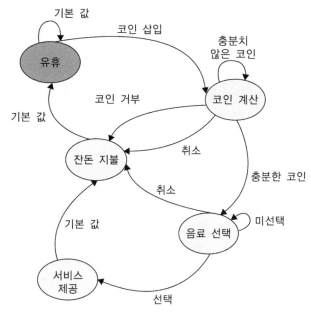

그림 3.1 전형적인 상태 차트 다이어그램은 행위 다이어그램을 표현한다.

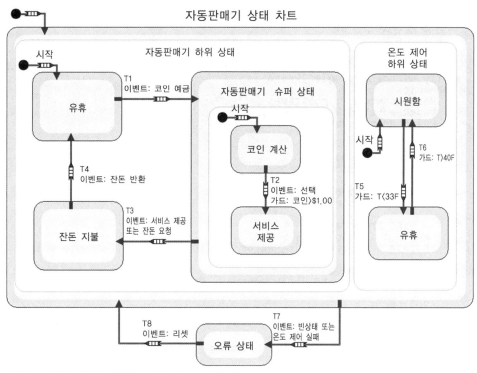

그림 3.2 역사 개념을 제공하는 상태 차트 다이어그램

계층과 동시성 외에도 상태 차트는 그림 3.2에 보이는 것처럼 복잡한 임베디드 시스템을 위해 이러한 개념을 더 가치 있게 만드는 특성을 갖는다. 상태 차트는 이전에 활성화됐던 하위 상태를 기억하기 위해 슈퍼 상태를 허용하는 역사history 개념을 갖는다. 예를 들어 물질을 붓고 가열하는 기계를 묘사한 슈퍼 상태를 고려한다. 중지 이벤트는 물질을 붓고 있는 동안 기계의 실행을 정지한다. 재시작 이벤트가 발생할 때 기계는 물질을 부었던 것을 기억한다.

전체 시스템 내의 핵심 상태와 행위를 시각적으로 묘사하는 동안 이들 다이어그램 유형은 전체 시스템의 행위에 대한 표현을 제공한다.

반면 그림 3.3은 시스템 내의 FIFO 요소를 위한 시뮬레이션 모델을 나타낸다. FIFO 또는 선입선출 소프트웨어 요소는 그 요소를 획득한다는 면에서 시간과 관련된 데이터를 구성하고 조정하는 방식이다. 앞의 경우 FIFO는 버스를 경유해 두 개의 하드웨어 장치 간의 의사소통을 모델로 만드는 데 사용될 수도 있다. FIFO의 정의는 기본적인 읽기와 쓰기 동작, FIFO 계산 등을 제공하는 FIFO의 개념에 기본적인 추상화와 인터페이스를 제공한다. VHDL(VHSIC 하드웨어 기술 언어)은 실제 시스템에서 재사용되거나 VHDL 시뮬레이터를 경유한 시스템 모델 링을 위해 재사용될 수 있다. 설계자와 구현자는 이러한 인터페이스 정의에 대해 동의할 것이며, 그런 다음 시간이 지나면 FIFO를 통해 예상 데이터의 전송을 모방하는 데이터를 제공하기 위해 구현을 제공할 것이다.

```
entity NiFpgaSimSingleClkFifo is
  generic (
    kAddressWidth : positive;
    kRamReadLatency : natural;|
    kFifoAdditiveLatency : natural := 1
  );
  port (
    aReset : in boolean;
    Clk : in std_logic;

    cReset : in boolean := false;
    cClkEn : in boolean := true;

    -- FIFO Interface
    cWrite : in boolean;
    cDataIn : in std_logic_vector ( kFiDataWidth - 1 downto 0 );

    cRead : in boolean;
    cDataOut : out std_logic_vector ( kFiDataWidth - 1 downto 0 );

    cFullCount,
    cEmptyCount : out unsigned(kAddressWidth downto 0);

    cDataValid : out boolean

  );
end entity NiFpgaSimSingleClkFifo;
```

그림 3.3 간단한 FIFO 시뮬레이션 엔티티

코드 조각이 시스템에 엄청난 양의 아키텍처 정보를 시각적으로 전달하지 못하지만, 중요한 것은 시스템 요소에 대한 중요한 추상화와 API 경계에서의 유닛 테스팅과 시뮬레이션 가능 FIFO 인스턴스와 FIFO 메커니즘/제약 사항을 가진 실세계 버스 간 스위칭 시스템 구축 등이 두 가지 모두를 허용하는 인터페이스를 표현한다는 점을 아는 것이다.

이상적으로 설계에 대한 더 훌륭한 통찰력, 설계와 테스트, 구현물에 대한 더 많은 재사용, 테스트와 디버그 단계에 대한 더 빠르고 더 강력한 통합, 설계와 구현 간의 더 빠른 반복을 위해서는 모델링에 대한 아키텍처와 시뮬레이션 양상을 모두 전달해야 한다.

매우 중요한 사항으로, 시뮬레이션 모델링은 초기에, 그리고 개발 단계의 실행과 동시에 고도로 순차적인 방법으로 설계돼야 하는데, 이는 전통적인 방법론, 특히 폭포수형 접근법과는 극명한 대조를 보인다는 점이다.

특히 임베디드 시스템과 관련된 공학과 설계 작업에서 전체 애플리케이션 설계에 대한 개략적 작성이나 프레임을 구성하는 초기 접근법으로 보통 소프트웨어 모델링을 이용한다. 소프트웨어 모델은 포맷, 정밀도, 기능성 면에서 아주 크기 때문에 일부 임베디드 공학자는 심지어 자신이 모델링을 하고 있는지조차 인식하지 못한다. 일부 소프트웨어 모델은 행위적이다. 즉, 일부 소프트웨어 모델은 이해를 구한다거나 아키텍처를 작성하는 데 도움을 주는 간단한 시각 보조 교재이겠지만, 다른 소프트웨어 모델은 유사 애플리케이션 가운데 동시성을 보장하거나 개발 팀 가운데 의사소통을 촉진시키기 위한 프레임워크로서 더 많이 사용된다는 점이다. 본질적으로 소프트웨어 모델링의 범위는 기능 요소를 보여주기 위해 화이트보드에 그려진 스케치부터 그림 3.4의 통합 모델링 언어UML 같이 훨씬 복잡하고 엄격한 모델링 활동과 프레임워크까지다. UML은 소프트웨어 공학 관련 애플리케이션에서 가장 자주 사용되는 객체 모델링과 명세 언어다.

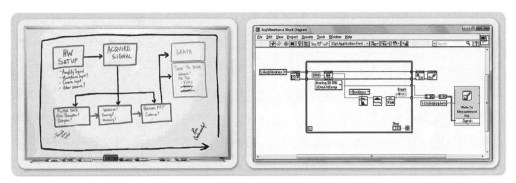

그림 3.4 소프트웨어 모델링의 범위는 화이트보드에 그려진 스케치부터 훨씬 더 복잡하고 엄격한 활동과 언어, 프레임워크까지다.

임베디드 시스템 설계자에 대해서는 특별한 상황과 문제에 대해 어떤 유형과 어떤 레벨의 모델링이 가장 적절한지 쉽게 아는 것이 도전이 된다. 사실상 이는 올바른 일에 대해 올바른 툴을 선택하는 아주 오래된 예술에 관한 것이다. 규모가 크고 복잡한 여러 팀의 노력에 대해서는 UML을 경유한 시스템의 형식 명세서가 설계의 정확성과 팀 간 의사소통의 효율성을 증가시킬 것이다. 반면에 단일 개발자나 아주 단순한 임베디드 시스템에서 일하는 규모가 작은 팀에 대해서는 팀 효율성에 너무 무겁거나 대체로 방해가 되는지 증명해야 할 것이다. 동일한 트레이드오프가 시뮬레이션 모델링에도 적용된다. 시뮬레이션이 시스템에 필요한지 아닌지는 임베디드 시스템 자체의 특성과 임베디드 시스템과 상호 동작하는 실세계 요소의 특성에 많이 의존한다.

예를 들어 임베디드 시스템이 폭넓게 가용하고 계전기 또는 스위치 같은 간단한 디지털 제어를 이용한 단순 프로세서 기반 시스템이라면 프로세서와 계전기에 대해 시뮬레이션 모델을 개발하는 것은 프로세서에서 직접 구현하는 것이지만, 디지털 제어를 연습하기 위한 간단한 테스트 하니스harness를 하는 것 이상의 많은 이점을 실제로 더 갖지는 않을 것이다. 반면에 임베디드 시스템이 필드 프로그램 가능 게이트 어레이FPGA를 포함하거나 고가의 복잡한 실세계 장치를 제어하는 시스템이라면 시스템에 손해를 끼치거나 시스템이 파괴되는 것을 피하기 위해 고가의 실세계 장치를 시뮬레이션할 뿐만 아니라 시간 집약적인 FPGA 합성을 피하기 위해 FPGA에서 제어 로직을 시뮬레이션하는 것 모두 이치에 적합할 것이다.

모델링 언어는 무엇인가?

프로그래밍 언어와 마찬가지로 모델링 언어는 시간이 흐르면서 구조적 액터와 기능적 액터, 액터 간 핵심 관계를 표현하기 위해 사용된 잘 정의된 표준 언어 문법이다. 모델링 언어의 다양한 형태는 시간이 흐르면서, 그리고 특정 도메인을 고려해 진화했다. 모델링 언어를 평가할 때 기억해야 할 한 가지 핵심 개념은 언어가 가장 잘 사용되는 특정 도메인에 관한 것이다. 버클리대학교에서는 도메인 특정 모델링 언어에 대한 일반적인 아이디어를 얻기 위해 '계산 모델model of computation'이라는 용어를 정의했고, 이는 설계자가 주어진 문제 도메인에 대해 명확히 부응할 때 설계자에게 가장 생산성 있는 이점을 제공한다는 모델링 언어의 핵심 개념을 정의한 것이다. 관찰된 관례를 고려할 때 이 개념은 직관적이고 사실이지만, 주지하다시피 설계자와 모델 제작자는 프로그래머와 마찬가지로 실제 작업이 쉽게 부적절해질 때조차도 그들이 참조하는 언어에 대해 머지않아 우호적인 편견을 가질 수 있다는 사실이다.

모델링 언어는 많은 형태를 취하며, 종종 그래픽이든 텍스트든 둘 중 하나의 형태를 갖는다. 그래픽 모델링 언어는 개념을 표현하는 심볼과 심볼에 연결되는 선 등으로 구성된 다이어그램 기법을 이용하며, 시스템의 제약 사항을 표현하기 위해 관계와 다양한 그래픽 표기법을 이용한다.

텍스트 모델링 언어는 컴퓨터가 이해 가능한 표현으로 변환하기 위해 전형적으로 파라미터에 수반되는 표준 키워드를 이용한다.

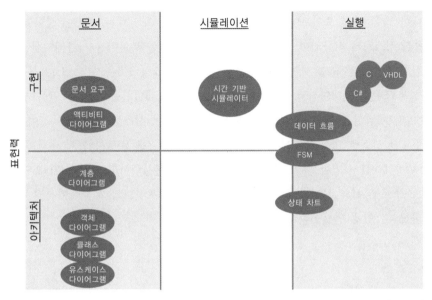

그림 3.5 그래픽과 텍스트, 아키텍처 레벨 콘텐츠 또는 구현 레벨 콘텐츠를 지향하고 이에 초점을 맞춘 문서와 시뮬레이션, 실행을 평가하는 모델링 언어에는 여러 가지 핵심적인 양상이 존재한다.

그래픽과 텍스트, 아키텍처 레벨 콘텐츠 또는 구현 레벨 콘텐츠를 지향하고 이에 초점을 맞춘 문서와 시뮬레이션, 실행을 평가하는 모델링 언어에는 여러 가지 핵심적인 양상이 존재한다. 그림 3.5는 표준 모델링 기법과 접근법에 대한 차원dimension과 오버레이overlay를 담고 있다. 문서의 전체적인 조망과 아키텍처 지향의 모델링 다이어그램을 묘사하기 위해 UML과 이에 부속된 다이어그램을 이용한다. C와 C#, 그 외 수백 종의 프로그래밍 언어에 대한 표준 구현 언어는 다이어그램에서 표현되는 구현과 실행 지향 셀cell에 적합하다. 하이브리드 모델 또는 이중 목적의 모델 중 많이 사용되는 모델이 상태 차트고, 이 모델은 유한 상태 기계FSM의 시블링sibling을 금지한다. 이 모델링 언어는 고수준의 아키텍처 뷰view를 획득하는 데 유용하며, 높은 충실도와 기본 실행에 자연스러운 매핑을 가진 시뮬레이션이나 언어가 컴파일러/실행 엔진에 쉽게 매핑되는 능력을 가진 시뮬레이션에서 동작할 수 있다. 시간 기반의 시뮬레이션 같은 모델은 알고리즘 시뮬레이션을 명시할 수 있지만, C, VHDL, G 같은 실행 우세 프로그래밍 언어 중 하나에 보조를 맞출 수 있는 코드 생성을 요구한다. 코드 생성의 품질, 모델이 실행에 매핑될 수 있는 자연스러움, 모델의 광대한 표현성 등 이 모든 사항이 시뮬레이션 기반 접근법의 품질을 결정한다. 데이터 흐름 모델링은 구현 시뮬레이션과 실행 구현을 포괄한다. 대부분의 데이터 흐름 언어는 매우 시각적이고(전형적으로 그래픽적임), 전통적인 텍스트 기반 모델링의 소프트웨어 패키지보다는 설계 아키텍처의 표현을 확실히 더 잘 묘사할 것이다.

전형적인 임베디드 제어 애플리케이션에 적용된 시뮬레이션 지향 모델을 분석할 때 특정 구현에 대한 핵심 터치 포인트에 주목해야 한다. 이러한 포인트는 종종 추상화를 정의하기 위한 유용한 장소로서 사용되며, 이에 따라 시스템의 어떠한 부분이든 시뮬레이션된 시스템의 요소와 실제 시스템의 요소 사이에서 교환될 수 있다. 그림 3.6은 실제 또는 시뮬레이션된 플랜트, 실제 또는 시뮬레이션된 컨트롤러, 실제 또는 시뮬레이션될 수 있는 감독 제어 시스템에 대한 어떤 개념이 나타나있는 전형적인 임베디드 제어 시스템의 패턴을 보여준다. 이들 각각의 주요한 시스템 요소 사이에서 추상화를 위한 핵심 포인트로서 설계 내의 중요한 통신 경로(네트워크와 I/O)를 식별할 수 있다. 이러한 사항을 잘 문서화하고 일관성 있게 만드는 훈련은, 마치 스스로 자신의 설계를 정제하는 것처럼 실제 컴포넌트와 시뮬레이션된 컴포넌트를 상호 교환할 수 있게 만들어준다.

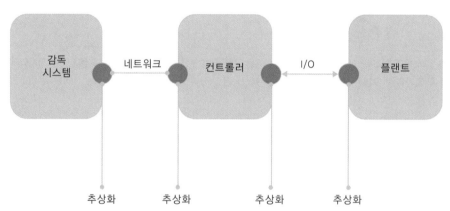

그림 3.6 실제 또는 시뮬레이션된 플랜트, 실제 또는 시뮬레이션된 컨트롤러, 실제 또는 시뮬레이션될 수 있는 감독 제어 시스템에 대한 일부 개념이 나타나있는 전형적인 임베디드 제어 시스템의 패턴

3장의 나머지 부분에서는 컴포넌트 간 관계에 대해 잘 정의된 구조와 명확한 시각화, 아주 생산적이고 효율적인 임베디드 설계를 가능하게 하는 잘 정의된 추상화를 이용해 임베디드 시스템을 어떻게 설계하는지 다룬다.

모델링 언어의 사례

모델링의 추상 뷰$^{abstract\ view}$에서 벗어나면 몇 가지의 다양한 소프트웨어 접근법이 실제로 어떻게 생겼는지 알 수 있다. 아래에 다양한 시각적 능력과 구현 능력뿐만 아니라 문서의 전체적인 조망을 바라볼 수 있게 도와주는 PID 제어 알고리즘(비례 적분 미분$^{proportional-integral-derivative}$ 또는 PID 컨트롤러를 기반으로 하는 일반적인 피드백 루프 기반의 제어 알고리즘에 사용되는 공통 알고리즘)을 이용한다(그림 3.7부터 그림 3.12 참조). 이러한 코드 조각을 살펴봄으로써 일부 명확하고 존재하지 않는 추상 경계를 생성할 때 이에 대한 가치와 차이점에 대해 주목해야 한다.

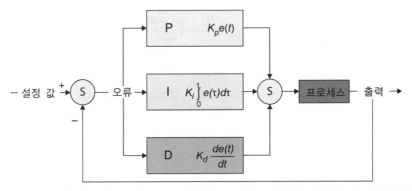

그림 3.7 PID 제어 알고리즘의 문서화. 그래픽 소프트웨어 뷰에 나타난 비례 적분 미분 또는 PID 컨트롤러를 기반으로 하는 일반적인 피드백 루프 기반의 제어 애플리케이션에서 사용되는 공통 알고리즘

```
previous_error = setpoint - process_feedback
integral = 0
start:

        wait(dt)
        error = setpoint - process_feedback
        integral = integral + (error*dt)
        derivative = (error - previous_error)/dt
        output = (Kp*error) + (Ki*integral) + (Kd*derivative)
        previous_error = error

goto start
```

그림 3.8 C 코드: 텍스트, 실행, 구현 언어

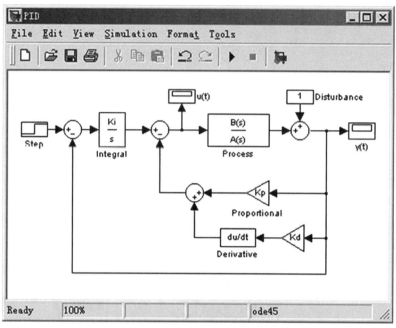

그림 3.9 시간 기반 시뮬레이션: 그래픽, 구현, 시뮬레이션 툴

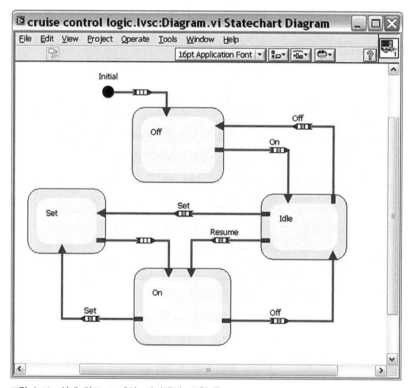

그림 3.10 상태 차트: 그래픽, 아키텍처, 구현 툴

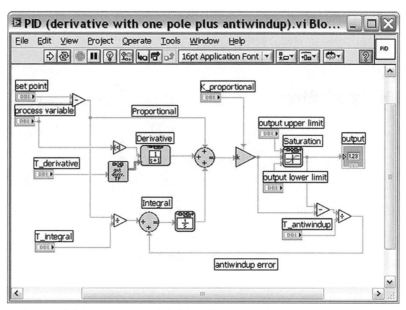

그림 3.11 데이터 흐름: 그래픽, 아키텍처, 구현 소프트웨어

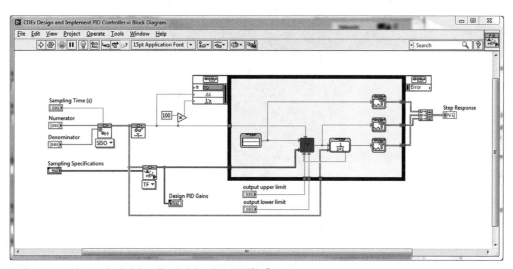

그림 3.12 그림 3.11의 데이터 흐름 다이어그램과 동일한 축소 뷰

모든 모델링 언어가 실행 가능한 것은 아니며, 모델링 언어를 사용한다고 프로그래머가 더 이상 불필요하다는 것을 뜻하는 것은 아니다. 이와는 반대로 실행 가능한 모델링 언어는 숙련된 프로그래머의 생산성을 증폭시키기 위한 의도이기 때문에 분산 시스템과 병렬 컴퓨팅 같은 더 도전적인 문제를 다룰 수 있다. 일부 모델링 언어는 충분히 합리적인 표현성뿐만 아니라 고수준의 아키텍처 모델을 제공하는 특성을 결합하며, 구현을 위해 쉽게 매핑할 수 있다. 상태 차트, 특히 유한 상태 머신은 이러한 특성을 잘 결합한다. 이상적인 모델링 언어는

코드의 아키텍처 양상을 명확히 표현할 것이고, 완전히 개방적인 프로그래밍 언어와 마찬가지로 표현될 것이며, 실행을 위해 간단히 매핑될 것이다.

V 다이어그램의 약속

그림 3.13에 나타나 있는 임베디드 제어 V 다이어그램에서 임베디드 공간에 대한 공통적인 시각을 살펴본다. 이 다이어그램은 임베디드 모델링의 개발 주기를 기술하는 데 종종 사용된다. V 다이어그램은 원래 많고 다양한 소프트웨어 애플리케이션의 설계 프로세스를 캡슐화하기 위해 개발됐다. 이 다이어그램의 여러 버전은 제품 설계 주기의 다양성을 묘사하는 데 발견될 수 있다. 그림 3.13은 자동차, 항공우주, 국방 애플리케이션에 공통적인 임베디드 제어 애플리케이션의 설계 주기를 표현하는 다이어그램의 사례를 보여준다.

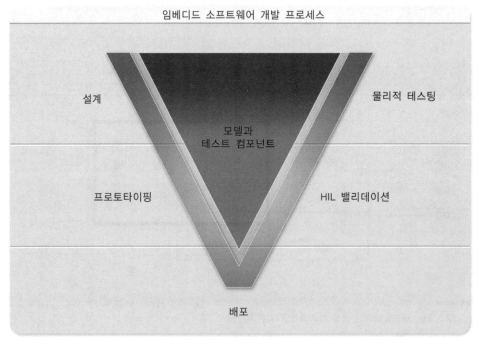

그림 3.13 V 다이어그램은 임베디드 소프트웨어의 개발 프로세스를 기술하는 데 종종 사용된다.

V 다이어그램에서 일반적인 개발 단계의 진행은 시간이 지남에 따라 좌측에서 우측으로 나타난다. 그러나 이 다이어그램은 반복 프로세스이고 실제 개발이 이러한 단계를 통해 선형적으로 진행되지 않는다는 점에 주의해야 한다. 신속 개발의 목적은 설계를 위해 요구되는 반복을 최소화해 이러한 주기를 가능한 한 효율적으로 만드는 것이다. V 다이어그램의 X축을

시간과 관련된 요소라고 생각하면 이 축의 목적은 다이어그램의 두 다리를 가깝게 그려, 즉 개발 시간을 줄이기 위해 V의 폭을 가능한 한 많이 좁히는 것이다. 다이어그램의 Y축은 시스템의 컴포넌트가 고려되는 레벨로서 생각할 수 있다.

개발 초기에는 전체 시스템의 요구 사항을 반드시 고려해야 한다. 시스템을 서브시스템과 컴포넌트로 분할할 때 매우 낮은 수준의 프로세스, 즉 하드웨어 아키텍처 구현에 필요한 매핑 지점을 찾는 방법을 알아야 한다.

컴포넌트가 통합되고 테스트된 후에 전체 시스템은 최종 제품에 대한 테스팅 단계로 들어갈 수 있다. 따라서 다이어그램의 가장 위쪽은 높은 수준의 시스템 뷰를 표현하고, 다이어그램의 가장 아래쪽은 매우 낮은 수준의 구현과 매핑 뷰를 표현한다.

전통적으로 프로세스의 각 단계와 관련된 공학자는 각 단계 사이의 의사소통을 제공하기 위해 설계 문서에 따라 명세, 설계, 코딩, 테스팅 활동 간의 엄격한 경계를 관찰해야 하고, V 다이어그램의 전체 흐름 내에 있는 툴은 직접 공유가 가능하지 않아 툴의 사용과 설계에서의 큰 불연속, 테스트의 재사용, 전체 팀의 협력을 이끌어내야 한다.

왜 임베디드 시스템을 모델로 만들려고 하는가?

V 다이어그램 프로세스는 문서 업데이트 유지의 곤란함 등을 비롯해 다양한 결점으로 인해 발생하는 어려운 점이 있는데, 이는 전형적으로 대부분의 조직이 설계와 구현 모두를 정제하는 데 사용되는 문서를 동기화하는 툴의 사용이나 이에 대한 교육 훈련을 실시하지 않기 때문이다. 문서의 '편차drift'와 유사하게 설계 의도와 실제 구현 간에도 종종 편차가 존재한다.

잘 통합된 모델링 접근법은 시스템 문서, 설계, 테스트, 실제 구현 사이의 편차를 크게 줄일 수 있다.

모델링은 실제 제품을 구축하기 전에 예상되는 최종 시스템의 모델을 설계하기 위해 설계 팀, 테스트 팀, 구현 팀을 강제함으로써 편차를 줄인다. 이러한 기본적인 전제는 모든 도메인에서 설계 팀이 종종 빼먹는 핵심적인 교육 훈련을 강제하는 것으로, 이렇게 함으로써 실제 구현이 아닌 설계나 시뮬레이션의 기능을 발휘하게 만든다. 따라서 모델은 초기 설계의 고려 사항과 정교한 시스템의 요구 사항을 다루기 위해 사용되며, 초기 모델에서 동작되는 테스트에 대한 초기 개발을 촉진시킬 수 있다. 이러한 이점의 대부분은 소프트웨어 접근법에 대한 모델링 없이 신중을 기해 관리된 조직의 교육 훈련을 통해 유도될 수 있지만, 연습을 통해 입증된 사실은 아주 소수의 팀만이 모델 중심 뷰를 이용하거나 이를 촉진하는 툴을 이용하기 위해 교육 훈련을 받았다는 사실이다.

앞에 언급된 핵심 이점 외에도 일부 임베디드 시스템이 가진 문제점에 대해 모델링 접근법이 효율성과 정확성에서 추가적인 이점을 직접 이끌어냈다는 사실이다.

효율성은 이러한 관점에서 효율적인 시간으로, 그리고/또는 비용이라는 측면에서 효율성으로 정의될 수 있다. 잘못 계산된 비용 표에서 알 수 있겠지만, 임베디드 설계 주기에서 초기에 설계와 관련된 이슈를 발견하는 것은 명백하게 비용과 시간 측면에서 더 많은 효율성이 요구된다. 올바른 기법과 올바른 툴을 이용한 모델링은 초기에 이슈를 발견하게 팀을 도와줄 것이다. 모델링은 하드웨어에 대한 최종 배포보다 V 다이어그램의 위쪽에서 이슈를 처리하는 데 더 많은 시간을 사용할 수 있기 때문에 최종 임베디드 목표 단계에서 컴파일과 반복 횟수를 줄여줘 종종 더 많은 개발 시간을 줄여준다. 예를 들어 FPGA 기반 임베디드 애플리케이션을 설계한다면 통합과 배포는 설계의 복잡성에 따라 반복할 때마다 몇 시간 또는 며칠이 걸릴 것이다. 시스템을 예상보다 빨리 적절하게 모델링함으로써 개발 시간을 줄이는 데 필요한 설계와 디버그의 반복 횟수를 직접 줄일 수 있다.

모델링은 다양한 설계 옵션에서 반복률을 증가시킴으로써 종종 더 정확하고 더 확실한 솔루션을 만들어낸다. 알고리즘을 수정하는 주기 시간을 줄임으로써 팀은 많고 다양한 입출력의 조합과 알고리즘 조합을 갖고 훨씬 더 쉽게 실험을 할 수 있다. 시스템을 더 정확하게 만들 수 있는 또 다른 방식은 조직의 설계 팀과 테스트 팀 간에 빌트인built-in 공통성을 제공하는 것이다.

임베디드 시스템에 대한 모델을 설계함으로써 임베디드 설계자가 설계를 최적화하는 데 사용할 수 있고, 그런 다음 테스트 팀이 테스트를 수행하는 도중에 상황을 바꿔 설계를 검증하는 데 사용할 수 있는 공통의 툴을 생성할 수 있다. 모델은 다목적이고 V 다이어그램의 중심 아이디어로 표현된 것처럼 설계와 테스트의 융합이 가능하도록 설계 팀과 테스트 팀 모두에게 적용할 수 있다.

언제 임베디드 시스템을 모델로 만들려고 하는가?

모델링을 통해 얻는 다수의 일반적인 이점이 있더라도 모든 임베디드 시스템을 항상 모델로 만들 수는 없다. 특히 간단한 시스템이나 프로토타입은 이러한 형식적인 수준을 요구하지 않는다. 그러나 다음 시스템에 대해서는 모델링이 요구되지는 않지만, 매우 유용하게 사용될 수 있다.

- 임무와 안전 필수 애플리케이션
- 고도로 복잡한 애플리케이션과 시스템
- 규모가 큰 개발 팀

- 프로토타이핑이 선택 사항이 아니면서 다른 선택 사항이 없을 때

임무와 안전 필수 애플리케이션

전체 시스템을 백분율로 봤을 때 모든 임베디드 시스템에서 소프트웨어는 매우 빠르게 성장하고 있고, 특히 임무 필수와 안전 필수 애플리케이션에서는 더욱더 빠르게 성장 중에 있다. '임무 필수'에 대한 정의는 말하는 대상에 따라 다르겠지만, 일반적으로 얘기할 때 임무 필수란 장애 발생 시 잠재적으로 매우 큰 비용이 소요되고, 인명을 해치게 되는 원인이 되거나 회사의 평판에 심각한 손실을 끼치는 애플리케이션이라고 말할 수 있다. 임무 필수와 안전 필수 시스템에 대해 소프트웨어 모델링, 소프트웨어 공학에서의 최선의 관행, DO-254B 같은 공식 산업 표준 모두가 안전하고 신뢰성 있는 임베디드 시스템을 촉진하고 보장하기 위해 결합된다.

임베디드 시스템에서 더 많은 소프트웨어 콘텐츠가 확인됨에 따라 정부와 산업계는 전반적인 설계 프로세스에서 요구되는 조항들을 발전시키고 있다. 이러한 것은 전형적으로 일련의 문서를 추적하기 위한 공식 요구 사항, 코드로 만들기 위해 필요한 설계 요구 사항의 명확한 상관관계, 설계 요구 사항의 각각을 검증하는 테스트의 아주 명확한 상관관계를 갖고 시작된다. 가장 이상적인 면에서는 설계에 의한 오류 제거 솔루션이나 입증이 가능한 한 올바른 시스템을 생성하는 설계 툴과 모델링 언어를 획득하는 것이 되겠지만, 이러한 이론적으로 얻을 수 있는 시스템이 없는 경우 대부분의 실제 임베디드 시스템, 특히 안전 필수 시스템은 소프트웨어 공학의 최선 관행과 소프트웨어 모델링 접근법을 통합함으로써 커다란 이점을 가질 수 있다.

고도로 복잡한 애플리케이션과 시스템

모든 임베디드 시스템의 보고서나 임베디드 커뮤니티의 조사 내용을 살펴보면 기간이 축소된 일정표와 설계가 결합되면 그 복잡성은 가히 폭발적이라고 얘기한다.

임베디드 설계에서 복잡성의 진화를 강조하는 사례가 있다. 다음 목록은 다양한 하드웨어와 소프트웨어 시스템에서 다양한 하드웨어 능력과 소프트웨어 콘텐츠에 대한 몇 가지 사실을 나타낸다.

- 아폴로 유도 컴퓨터[AGC] < 6만 4천 단어, 1.024MHz
- 1960년대 제트 전투기 ~ 50,000 라인
- 합동 타격기[JSF] ~ 5,000만 라인

- F-22 랩터Raptor는 250만 라인을 이용하는 반면 F-35는 560만 라인을 이용한다.
- 최신 차량 ~ 1억 라인의 코드(그림 3.14)

그림 3.14 최신의 임베디드 시스템은 복잡성에서 지수함수적으로 성장했다.

　자동차 공간을 위한 임베디드 제어 시스템은 복잡하고 중요한 설계를 조사하기 위한 좋은 사례다. 특히 최신 자동차가 장착하고 있는 파워트레인powertarin 제어 시스템은 엄격한 표준을 충족하기 위한 배기 배출물의 조정, 자동차 메이커의 평균 연비CAFE 규칙을 준수하는 개선된 연비의 제공, 성능과 안락함에 대한 고객 요구의 충족을 비롯해 다양한 요구 사항을 만족시키기 위해 진화가 계속돼야 되기 때문에 모델링 기법에서 이러한 이점을 구할 수 있다. 이들 목표는 서로 밀접한 관계가 있지만 종종 충돌을 일으킨다. 예를 들어 고연비lean-burn 기술은 연료 소비를 아주 크게 줄일 수 있지만, 부가적인 대기 오염의 원인이 되는 삼원 촉매 변환three-way catalytic conversion의 효율성 또한 줄여준다. 복잡성이라는 측면 때문에 모델링은 설계를 최적화하는 효율적인 방식이 될 것이다.

　자동차 설계에서 소프트웨어 모델링을 이용하면 많은 파라미터를 수정하는 동안 전체적인 설계의 영향을 훨씬 더 쉽게 이해시켜 줄 것이다. 영국의 자동차 설계 하우스인 비스티온Visteon은 이러한 도전에 직면했다. 이 회사는 최상의 고연비, 엔진 성능, 배기가스 제어라는 목적을 성취하기 위해 복잡한 자동차의 엔진 설계를 검증하고 다중 변수를 시뮬레이션하는 소프트웨어 모델링 기법(그림 3.15)을 이용했다. 이 회사가 수행한 프로젝트 중 하나는 흡입과 배기 캠축camshaft을 독립적으로 조정하는 트윈 독립 변수의 캠축 타이밍 엔진Ti VCT의 설계였다. 조절판의 위치와 엔진 속도의 함수가 변화의 핵심이었다. 시스템은 엔진의 성능을 얻기 위해 다수의 자유도를 제공했기 때문에 이 회사는 설계의 결과로 나타나는 고도의 복잡한 실시간 제어 알고리즘을 이해하고 구현하면서 최상의 고연비, 엔진 성능, 배기가스 제어를 위한 밸브의 타이밍 파라미터를 최적화하는 방법이 필요했다.

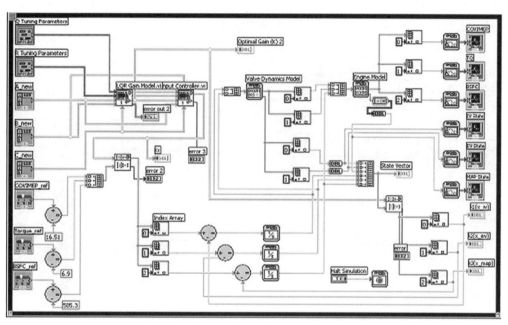

그림 3.15 모델링 툴로서 내셔널인스트루먼트의 랩뷰(NI LabVIEW)를 이용해 자동차 임베디드 설계 공학 팀은 실시간 제어 시스템을 모델링하는 대화형 시뮬레이션을 만들 수 있었다.

이러한 도전을 다루기 위해 임베디드 공학자들은 설계의 효율적 수행을 위해 실시간 제어와 분석 접근법을 선택했다. 그들이 택한 제어 전략의 목적은 제동 연료 소비율을 최소화하고 연소 안정성을 최적화하면서 토크torque의 참조 추적을 가진 엔진을 제공하는 것이었다. 그들은 모델링과 시뮬레이션을 수행할 수 있을 뿐만 아니라 프로토타입과 설계의 배포를 위해 요구되는 실시간 하드웨어와 밀접한 통합이 가능한 그래픽 시스템 설계 툴을 이용해 모델링과 시뮬레이션을 수행하는 방식을 선택했다.

엔진 모델과 관련해 제어 시스템을 위해 조종된 주요 변수에는 흡입구 분기관으로 들어가는 흡입 공기량과 크랭크축crankshaft에 관한 흡입/배출 밸브의 독립 캠축의 위치가 있다. 제어된 출력에는 엔진 토크, 제동 연료 소비율, 계기에 표시된 평균 유효 압력의 편차 계수가 있다. 엔진 속도와 엔진 냉각수 온도 같이 시스템에 영향을 미치는 기타 변수들은 외부 파라미터로서 취급하고 제어를 위한 스케줄링 변수로서 사용했다.

그래픽 모델링 소프트웨어를 이용해 그들은 연소 방식의 정적인 특성과 결합된 연속 시간 엔진 모델을 보장할 수 있었다. 여기서 연소 방식은 동적인 모델을 얻기 위해 액추에이터와 흡입구 분기관이 기술된 미분방정식을 이용했다. 이러한 결과로 나타난 다중 입력과 다중 출력MIMO 특성을 가진 비선형 엔진 모델(그림 3.16)은 각각의 입력 변수와, 입력과 출력 간 강한 교차 상호작용을 조종해 분석됐다. 로컬 모델은 고정된 운영 지점에서 비선형 모델을 선형화하는 방식으로 제어 애플리케이션을 위해 개발됐다.

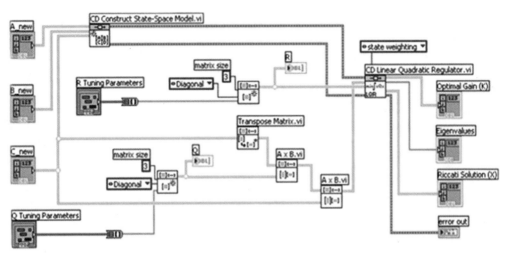

그림 3.16 설계에서 사용된 다중 입력과 다중 출력(MIMO)의 제어 설계 접근법을 시연한 스크린샷

개선된 최적 컨트롤러는 LQR 기법을 이용해 설계됐다. 설계에서 최적 컨트롤러는 오프셋 최소화와 조절 동작이라는 두 가지 목표를 갖고 있었다. 이러한 두 가지 목표는 장애가 존재하는 상태에서 정상 상태의 오차를 제거하기 위해 루프 내의 적분 동작을 소개함으로써 이뤄졌다. 성능 지수를 정의하고 출력 오류와 출력에서의 변경률을 최소화하기 위해 이득은 연속 시간 시스템의 최적 이론을 이용한 엔진 상태 피드백과 참조 추적을 위한 모델링 소프트웨어를 이용해 획득했다.

로컬 컨트롤러와 선형화된 모델도 소프트웨어에서 구축됐고 시뮬레이션됐다. 시스템은 제동 연료 소비율과 계기에 표시된 평균 유효 압력에서 편차 계수를 연속적으로 최소화하면서 설정 지점과 일치하는 정확한 정상 상태 값을 갖고 엔진 토크를 추적했다. 온라인 반응이 육안 검사로 동조한다는 것을 보장하기 위해 Q와 R의 두 가지 동조 파라미터는 임베디드 애플리케이션의 대화형 시뮬레이션 능력을 최적화한 전방의 패널에서 사용할 수 있었다.

이들 임베디드 공학자는 이산 시간에서 모델의 구조와 컨트롤러를 구현했고, 최종 구현을 위해 컴퓨터 하드웨어를 쉽게 이동시킬 수 있었다. 이산 컨트롤러는 설계된 연속 컨트롤러로부터 만들어지거나 아니면 동일한 LQR 애플리케이션을 이용해 이산 시간에서 직접 설계할 수 있다. 로컬 모델은 제어 애플리케이션을 위해 설계됐는데, 이는 고정된 운영 지점에서 비선형 모델을 선형화함으로써 이뤄졌다(그림 3.17).

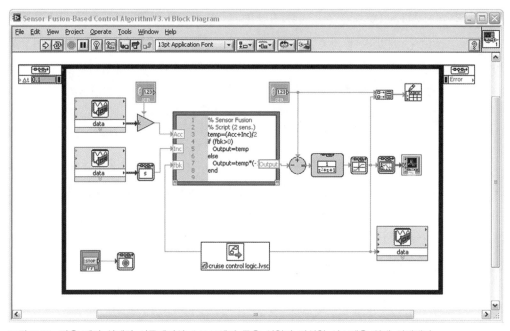

그림 3.17 많은 제어 설계와 시뮬레이션 소프트웨어 툴은 선형과 비선형 시스템을 위해 설계됐다.

모델이 비선형이기 때문에 하나의 운용 지점에서 바람직한 반응을 만들어내는 최적의 이득 파라미터는 또 다른 운용 지점에서는 만족스러운 반응을 만들어내지 못할지도 모른다. 따라서 이득 스케줄링은 비선형 모델의 다양한 운용 영역을 위해 다양한 최적의 이득 집합을 이용해 적용될 수 있다. 이득 동조 프로세스는 그래픽 사용자 인터페이스[GUI]를 통해 파라미터의 대화형 조정을 이용해 간소화됐다.

이러한 자동차 사례는 많은 다양한 설계 파라미터를 가진 임베디드 애플리케이션에서 어떻게 가치 있는 모델링과 시뮬레이션이 존재하는지 보여준다. 이러한 강력한 소프트웨어 툴 없이 애플리케이션은 설계에 드는 기간보다 쉽게 두 배 이상의 기간이 더 걸릴 것이고, 최적 설계와 같은 결과를 결코 얻지 못할 것이다.

운용의 복잡성

복잡성은 캐나다 온타리오에 위치한 에그웍스 주식회사[Agworks, Inc.]의 경우 같이 운용의 복잡성 형태가 될 수도 있다. 그들은 다중 동시 처리를 가진 대규모의 콩 처리 공장을 자동화할 수 있는 임베디드 제어 시스템을 만들고, 확장과 유지가 모두 가능한 소프트웨어 아키텍처를 제공해야 했다.

그렇게 많은 동시 처리를 가진 상태 기반의 애플리케이션을 개발하고 통합하는 것은 독특한 도전을 제시했다. 그렇게 많은 장비를 직접 볼 수 없기 때문에 개발자들은 코드의 통합과 디버깅을 도와주는 개발 툴에 의존했다. 상태 차트 구현은 이러한 애플리케이션에는 이상적이었다. 설계 단계 동안 내셔널인스트루먼트 랩뷰^{NI LabVIEW}의 상태 차트 모듈에서 제공된 추상화는 모든 분리된 프로세스가 어떻게 함께 동작하는지 시각화하는 것을 훨씬 쉽게 만들었나 (그림 3.18). 상태 차트 다이어그램이 가진 자체 문서화^{self-documenting} 특성은 프로젝트의 설계 단계 동안 가치 있는 시간을 또한 절약시켜줬다.

개발이 진행되면서 상태 차트 툴의 광범위한 사용은 구성된 코드를 유지하고 읽을 수 있게 도와줬다. 통합이 시작됐을 때 상태 차트를 디버깅하는 유틸리티가 매우 중요했다. 핵심이 되는 실행 단계에서 개발자들은 많은 동시 처리를 매우 가깝게 모니터링할 수 있었다. 개발자들은 전이가 언제 트리거되는지 그리고 정확하게 어떤 상태로 들어가는지 정확하게 말할 수 있었다. 이것은 디버깅 처리 동안에 많은 시간을 절약시켜줬다.

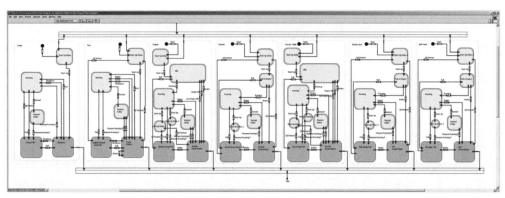

그림 3.18 상태 차트 소프트웨어가 제공한 추상화는 시스템의 복잡한 네트워크가 어떻게 함께 동작하는지 시각화하는 것을 훨씬 쉽게 만들었다.

여러 달 동안의 운영 후 에그웍스^{Agworks}는 몇 가지 추가적인 특징이 필요했다. 처음부터 시작했던 소프트웨어 설계, 모델링, 문서화는 아주 복잡한 애플리케이션을 훨씬 쉽게 이해하고 훨씬 빠르게 학습할 수 있게 했다. 상태 차트 다이어그램은 임베디드 시스템에 대한 전체 그림을 더 명확히 이해할 수 있게 제공했다. 이러한 복잡한 상황에서 상태 차트는 아키텍처와 자체 문서화를 설명하는 데 명확하게 해줬을 뿐만 아니라, 또한 효과적이었고, 에그웍스 팀의 새로운 개발자가 이렇게 규모가 큰 프로젝트를 아주 빠른 속도로 이해할 수 있었고, 애플리케이션 편집과 고객의 요청을 만족시키도록 필요한 능력을 쉽게 추가할 수 있었다는 사실에서 증명됐다.

이러한 유형의 복잡한 애플리케이션에서 올바른 소프트웨어 툴과 모델링 접근법을 이용하면 개발 수명주기 모든 단계에서 이점을 가질 수 있고, 제품의 수명주기 전체에 걸쳐 개발자와 고객에게 계속해서 이점을 가져다 줄 수 있다.

결함 비용과 검출 시간

적절한 모델링과 시뮬레이션 기법을 이용했는지 보장하는 것은 솔직히 말해 더 좋은 설계를 이용했다는 것만은 아니다. 이것은 또한 비용 절감과도 관계가 있고 올바른 시간에 설계를 시작했는가에도 관계돼 있다. IBM, GTE, TRW 같은 회사에서 수행했던 60개 이상의 소프트웨어 개발 프로젝트를 분석[1]한 결과에 따르면 그림 3.19와 같이 프로세스 초기에 문제를 발견한 비용이 훨씬 저렴하다는 것을 명확히 알 수 있었다.

개발 단계	비용률
요구 사항	1
설계	3 – 6x
구현	10x
개발 테스팅	15 – 40x
인수 테스팅	30 – 70x
배포 이후	40 – 1000x

그림 3.19 결함 비용은 결함이 발견될 때 심각하게 영향을 받는다.

소프트웨어 공학에서 최선의 관행과 결합된 모델링은 빈약한 임베디드 시스템의 설계 프로그래밍에서 모든 위험은 아니더라도 대부분의 공통적인 위험들을 다루는 데 도움을 줄 수 있을 것이다.

그림 3.20은 소프트웨어 공학 프로세스를 조망하는 간단한 방법이다. 이 그림은 폭포수 개발 방법으로, 무엇을 전형적으로 참조해야 하는지를 반영한다. 폭포수 개발 방법이 원칙적으로는 훌륭하지만, 대부분의 소프트웨어 공학자들은 이 방법이 비현실적이라는 사실과 현실에서는 이들 다양한 단계 간 중요한 오버랩이 요구된다는 사실을 받아들이고 있다. 바꿔 말하면 개발에서 요구 사항에 대한 변경을 나중에 피하는 것이 거의 불가능하다는 사실이다. 여기서 핵심은 이러한 마지막 순간의 변경을 일으키는 리스크를 완화하고 이러한 변경이 어떻게 애플리케이션의 다른 양상에 영향을 미칠 것인지 이해하기 위해 툴을 이용해 연습을 실시하는 것이다. 소프트웨어 공학과 모델링 기법에 대한 적용은 이 개발의 전체에 걸쳐 수행될 것이다.

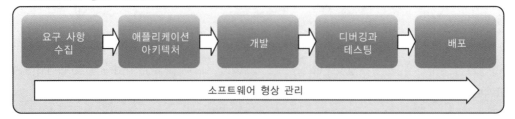

소프트웨어 공학 프로세스

| 요구 사항 수집 | 애플리케이션 아키텍처 | 개발 | 디버깅과 테스팅 | 배포 |

소프트웨어 형상 관리

그림 3.20 소프트웨어 공학 프로세스는 프로그래밍 언어에는 독립적이지만 임베디드 설계 과정 전체에 걸쳐 적용될 수 있다.

대규모 개발 팀은 모델링을 요구한다

규모가 작고 유연한 개발 팀을 만드는 것이 최신 추세지만, 복잡한 임베디드 프로젝트는 규모가 큰 팀을 요구하는 것이 사실이다. 대규모 개발 팀은 다음과 같은 몇 가지 핵심 도전으로 고통 받는다.

- 의사소통
- 지리적 분배와 언어 분배
- 툴의 차이

모델링은 이러한 이슈 중 일부를 해결하는 데 도움을 줄 수 있다.

가장 강력하겠지만, 첫째로 모델링은 임베디드 프로젝트에서 다양한 팀 간의 의사소통을 명확히 촉진시킬 수 있다. 프로젝트의 요구 사항은 그 지점까지 프로젝트의 보정 장치로 사용되게 고찰될 수 있고, 그런 다음 공학자는 실제 애플리케이션으로 뛰어 들어가야 한다. 팀이 유용한 시스템 모델을 설계할 수 있다면 이 설계는 교차 팀 간의 의사소통이 쉬운 프로젝트의 동적이면서 정확한 표현이 돼야 한다.

이와 관련해 이러한 유형의 프로젝트 의사소통은 지리적 위치뿐만 아니라 다중 언어로 쉽게 확장될 수 있다. 번역될 필요가 있는 글로 작성된 문서에 의존하는 대신, 임베디드 모델은 프로젝트의 일관된 목소리로 작용할 것이다. 물리적 프로토타입이 프로젝트의 개념과 목적을 아주 잘 시연하겠지만, 이들 프로토타입은 단일 장소에서 시행하기에는 제한된다.

규모가 큰 팀을 가질 때 다양한 툴을 선호하는 개발자도 꼭 있어야 한다. 이것은 무엇인가 공개되고 팀의 누군가에 의해 볼 수 있는 툴 사이에 공유될 수 있는 소프트웨어에서 모델을 유지해야 한다는 점을 의미한다.

물론 모델링을 사용한다고 규모가 큰 개발 팀의 이슈를 완전히 해결하지는 않겠지만, 읽을 수 있는 (따라서 유지할 수 있는) 코드를 개발하고, 코드를 문서화하며, 소스코드 제어와 변경 관리를 사용하고, 단위 테스팅을 활용하며, 가능한 한 많이 표준화하고 코드를 재사용해야 한다.

모델링은 종종 유일한 선택이다

간단히 프로토타입을 만들 수 없거나 설계를 반복해야 한다면 때때로 모델을 만들어야 한다. 프로토타입을 만들 수 없는 그런 상황을 겪어본 적이 있는가? 임베디드 시스템이 존재하지 않을 때, 즉 아직 완전하지 않거나 가장 최신의 칩 같은 것을 준비 중인 하드웨어를 설계할 때 실리콘 대신 명세를 설계하는 프로젝트를 고려해보자. 이 프로젝트는 모델링, 시뮬레이션, 에뮬레이션, 프로토타이핑을 가치 있는 접근법으로 만드는 훌륭한 사례가 된다.

한 가지는 비공개 하드웨어를 설계하는 내셔널인스트루먼트[NI]에서 있던 사례다. NI의 임베디드 팀은 통합 실리콘이 시장으로 나가기 전에 상당한 양의 핵심 제품에 대한 설계를 새로운 MPU+FPGA+I/O 아키텍처로 이동시킬 필요가 있었다. 그들은 실리콘 벤더와의 은밀한 상호 작용을 통해 새로운 기술에 대한 가치를 조기에 확인했다. 이러한 조기 접근은 임베디드 시스템에서 신규 기술의 업그레이드를 계획할 수 있게 허용했다. 공학자들은 전체 프로세스 전반에 걸쳐 벤더와 밀접하게 작업했는데, 이 같은 사실은 유사한 상황에 처해 있을 경우 매우 중요한 이점이 된다.

이러한 논의를 거쳐 벤더는 최종 아키텍처로 간주되는 것들 중 에뮬레이션으로서 사용하기 위해 NI 임베디드 팀을 위한 개발 플랫폼의 설정이라는 훌륭한 작업을 수행했다. 여기서 최종 아키텍처는 최후의 설계에서 최종 FPGA 패브릭 같이 표현되거나 행동하는 고정 성격의 FPGA를 포함한다. 이 개발 플랫폼(그림 3.21)은 초기의 프로토타이핑, 설계, 테스트에 사용되는 매우 가치 있는 보드였다. 그러나 이 플랫폼은 확실히 최종 제품에 상응할 정도의 정확한 대체물은 아니었다. 이들 간에는 몇 가지 미묘하면서 약간의 본질적인 차이가 존재했다. 이러한 불일치는 벤더에 의해 잘 문서화됐기 때문에 별로 놀랄 일은 아니었고, 여전히 해야 할 약간의 작업이지만, 공학자는 개발을 진행하면서 이러한 본질적인 차이를 이해하고 최적화할 필요가 있었다.

주어진 개발 보드의 가장 중요한 결점은 내셔널인스트루먼트의 공학자들이 최종 설계 같은 단일의 고성능 FPGA 패브릭 대신에 다중 FPGA 시스템을 위해 설계를 수행했다는 사실과, 실리콘 간의 통신 지연이 중요한 성능 악화의 원인이 됐다는 사실이다. 개발 보드는 40MHz에서 동작하는 전체 시스템을 복제할 수 없었지만 대신 10MHz까지 도달할 수 있었는데, 이는 정확한 애플리케이션 성능에 대한 타이밍과 테스팅을 이용하지 못한 결과를 초래했다. 이것은 모든 모델, 심지어 물리적 에뮬레이션 플랫폼조차 100% 정확하지 않아도, 이러한 결점을 이해한다면 여전히 유용하다는 것을 확인할 수 있는 좋은 사례였다. 모델의 결점을 보상하기 위해 개발 팀은 개발을 진행하면서 소프트웨어 기반 설계를 포함시켰다. 그들은 먼저 상용 보드를 발견했는데, 이는 성능과 아키텍처(최종 설계에 가까운 다중 코어 ARM 설계)라는 면에서 CPU 와 유사한 특성을 가졌고, 더 나은 성능 기반의 설계와 테스팅을 위해 개발 플랫폼으로서 최종 제품과 유사한 성능을 제공했다. 이러한 하이브리드 설계 접근법은 개발 플랫폼을 만들고 동작시키는 데 유용했고, 부동소수점 성능이라는 면에서 이에 가까운 시스템을 제공했다.

그림 3.21 실리콘 프로토타입 보드의 사례(로직브릭스(LogicBricks)에서 게재 허가)와 최종 하드웨어 설계(NI 컴팩리오 (CompactRIO), 내셔널인스트루먼트에서 게재 허가)

FPGA 설계 양상에 적응하기 위해 개발 팀은 FPGA 코드를 실시간 타깃에 배포할 수 있는 실시간 CPU상에 소프트웨어 기반 환경을 설계했고, 이것은 벤더로부터 받은 더 느리지만 더 정확한 FPGA 결합 보드를 가지고 상호 참조된 최종 FPGA 패브릭에 대한 타이밍 관점에 서 유사하게 동작했다.

중요한 사항은 개발 팀이 주기^{cycle}나 심지어 명령^{instruction} 정확 시뮬레이션 툴을 이용해 전체 하드웨어 플랫폼을 시뮬레이션하기로 명확하게 결정하지 않았다는 점이다. 그들은 충분 히 유사한 특성을 가진 대체 하드웨어 플랫폼이 충분히 훌륭하고 가장 효율적인 개발 접근법 이라고 생각했다. 개발 팀은 이러한 접근법을 확신했는데, 이는 실제 실리콘이 한 번 실체화되 면 대체 하드웨어에서 개발되는 것과 마찬가지로 초기 설계와 완전한 테스트 프레임워크를 최종 구현에서 이용할 수 있다는 사실을 개발 팀이 알았기 때문이다.

여러분 스스로 이와 유사한 상황에 있다는 것을 알고, 아직 시장에 출시되지 않은 타깃을 대상으로 설계한다면 다음과 유사한 방식으로 설계할 수 있을 것이다.

1. 미래의 플랫폼이 무슨 특징과 능력을 가졌는지 이해하고 성능과 하드웨어 아키텍처의 차이 점을 이해하기 위해 벤더와 밀접하게 작업하라.
2. 초기 설계와 개발을 위해 기존 상용 플랫폼이나 유사한 플랫폼을 선택하라.
3. 일단 기존 플랫폼에서 성능이나 특징과 관련된 제한 사항(새로운 설계가 다르거나 더 많은 가치를 추가해야 하는 영역)에 부딪치게 되면 새롭고 공개되지 않은 능력을 설계하기 위해 대체 하드

웨어와 소프트웨어 에뮬레이션 플랫폼을 선택하라. 이 단계는 시뮬레이션되거나 에뮬레이션된 환경을 생성하기 위해 추가적인 소프트웨어 작업을 요구한다.

이렇게 잘 계획된 단계를 수행했더라도 차이점은 있을 것이라는 사실과, 일단 최종 하드웨어 장치를 얻었지만 적절한 설계 기법과 명확한 추상화 경계에 주안점을 둔다면 추가 개발을 해야 한다는 사실에 주의해야 한다. 그리고 일단 첫 번째 프로토타입을 개발해 동작 중에 있다면 알고리즘의 큰 부분을 보호하고 타이밍과 특정 I/O 특징을 최적화하는 데 주안점을 둘 수 있어야 한다.

비공개 실리콘과 관련해 프로젝트의 규모나 비용 때문에 프로토타입을 만들 수 없을 것이다. 새로운 경량 전철 시스템을 위해 새로운 제어 시스템을 만든다면 게임의 늦게까지 프로토타입에서 작업할 수 없을 것이며, 실제 전철에서 실험하는 것을 확실히 원하지도 않을 것이다. 이러한 사실이 소프트웨어 모델을 매우 유익하게 만드는 상황으로 만들 것이다.

모델링은 훌륭하지만, 모든 모델이 틀리지는 않는가?

"모든 모델은 틀리며, 일부 모델은 그저 유용하다"라는 표현은 일반적으로 통계학자인 조지 박스George Box로부터 기인했다.[2] 여러분이 모델링을 새롭게 시작했든 아니면 수십 년 동안 임베디드 시스템을 전문적으로 설계해왔든, 이러한 경고는 우리 모두에게 관련된다. 아무리 주의 깊게 또는 완벽하게 시스템을 모델로 만들었을지라도 모델은 실제 모델로 만들어진 현실과는 항상 다르다.

보잉 787 드림라이너Dreamliner가 소개됐을 때 여러분은 이것이 최근에 소개된 항공우주 산업 혁신의 가장 흥미로운 기술 중의 하나였다는 점을 기억할 것이다(그림 3.22). 보잉 상용기Boeing Commercial Airplanes에서 개발한 중간 규모의 쌍발 엔진을 장착한 이 제트 여객기는 50%의 복합재(탄소 섬유), 20%의 알루미늄, 15%의 티타늄, 10%의 철, 5%의 기타 요소로 구성됐지만, 용량이라는 면에서 보면 이 항공기는 80%가 복합재였다. 각 787은 대략 35톤의 탄소 섬유 강화 플라스틱이 함유돼 있다. 이것이 모델링과 무슨 상관이 있는가? 워싱턴대학교의 오토모빌리 람보르기니Automobili Lamborghini 첨단 복합재 구조 연구소ACSL에 근무하는 파오로 페라보리Paolo Feraboli 조교수는 드림라인 설계에 합류했고, 787 모델링에 관해 이렇게 말했다. "동종의 금속과 달리 다중 계층의 복합재는 컴퓨터에서 정확히 시뮬레이션하기가 아주 어렵다. 우리는 현재 순전히 수학적 모델만을 기반으로 예측하기에는 지식과 계산력을 갖지 못하고 있다".[3] 새롭고 혁신적인 물질은 설계되고 테스트되기 위해서는 모델링과 프로토타이핑이 요구된다.

그림 3.22 보잉 787 드림라이너(Dreamliner)는 물질이라는 면에서 너무 혁신적이었으며, 임베디드 설계자는 설계 동작을 진정으로 이해하기 위해서는 모델과 프로토타입이 필요했다.

이것은 모델이 쓸모없다는 것을 의미하지 않는다. 잘 된다면 3장에서 다루는 모든 상황을 돕기 위해 모델을 이용할 수 있다. 여러분은 단지 임베디드 시스템의 설계를 위해 모델을 사용하기를 원하지만 않으면 된다.

사례로부터 여러분은 모델이 얼마나 유용한지 이해하고, 우리는 모델이 모두 틀리다고 이야기한다(여러분은 무엇을 해야 하는가?). 저자 짐 콜린스Jim Collins의 유용한 인용문인 'AND의 천재성 genius of the and'을 받아들여야 한다. 그리고 시스템을 모델로 만들고, 이를 실세계와 결합해야 한다. 이론과 요구 사항을 실세계와 결합하는 최상의 방식은 종종 프로토타입을 생성하는 것이다.

이러한 접근법, 즉 모델링, 시뮬레이션, 프로토타이핑은 로봇공학 같은 복잡한 메카트로닉스mechatronics 시스템에서는 아주 중요하다. 로보다이나믹스RoboDynamics의 CEO인 프래드 닉코하르Fred Nikgohar는 실세계의 가치를 지적한다. 로봇을 만드는 것은 여러 학문 분야에 걸쳐있는 프로젝트 관리에 관한 사항이기 때문에 꼭 소프트웨어가 아니라 기계와 전자, 그리고 이들 간의 통합을 모두 포함한다는 것이다. 닉코하르는 "로봇을 만드는 데 있어 종종 통합을 잘 고찰해야 한다. 통합은 모든 학문 분야를 합치고 공학 부분의 합보다 훨씬 큰 로봇을 만드는 설계 프로세스에서 최종 단계에 해당된다. 이것은 또한 고립된 채로 작업되는 것들을 종종 실패로 만드는 단계다. 그리고 더욱 나쁜 것은 로봇이 계획된 대로 동작하지 않고 공학 사슬 전체에 걸쳐 문제를 해결해야 한다면 문제 해결은 엄청나게 어려워진다."는 사실을 믿는다고 얘기한다. 그는 수많은 아이디어가 결코 달성되지 못한다는 것이 로봇공학에서의 도전이라고 지적한다. "실세계는 ... 진짜 현실이다! 선은 느슨하며, 기계 부품은 구부러지고, 심지어 펌웨어 업로드는 가끔 실패한다. 로봇공학의 효율성을 생성해야 한다는 필요성에 의해 더 멀리 더 부드럽게 로봇을 만들기 위해 테스팅 계획, 문제 해결 계획, 심지어 시뮬레이션 동작을 개발했다. 그러나 로봇을 만드는 실제 경험보다 더 가치 있었던 것은 아무 것도 없었다." 이것은 모든 임베디드 시스템의 설계에 적용되며, 실세계의 제약 사항과 실세계의 상황을 고려해서 얻은 설계 경험보다 더 가치 있는 것은 아무것도 없었다. 여러분이 완벽한 설계를 이루기 위해서는 모델을 만들고 프로토타입을 생성해야 한다.

모델을 만들고 프로토타입을 생성하기 위해서는 하드웨어 프로토타이핑 플랫폼이 필요하다. 프로토타이핑 플랫폼은 일반적으로 시스템의 입출력$^{I/O}$ 명세를 충족시키기 위해 구성된 기본적인 상용 컴포넌트로 구성됐고, 설계에 대한 테스트와 반복을 훨씬 쉽게 만들기 위해 제어 모델을 실세계의 I/O에 연결시키는 신속하고 아주 매끄러운 방식을 제공한다. 그림 3.23에서 보는 것처럼 컨트롤러 설계는 실시간 환경에서 테스트되고, 실제 하드웨어에 연결된다. 이것은 설계 흐름의 초기에 모델링 노력과 그 결과로 나타나는 제어 설계의 충실도를 기반으로 훌륭한 베리피케이션과 밸리데이션 피드백을 제공한다. 컨트롤러와 하드웨어 설계, 그리고 요구 사항에 대한 더 나은 개선은 생산 시스템의 설계를 사전에 끝마칠 수 있게 만들 수 있다.

최종 하드웨어를 갖기 전에 시스템을 만들고 동작하는 것 이상으로 프로토타입에 빨리 집중해야 하는 또 다른 이유가 있다. 여러분이 혁신 공간에 있다면 프로토타입은 초기에, 그리고 많은 비용을 들이지 않고 실패할 수 있게 만들어준다. 실제 혁신은 장애에 대한 리스크를 항상 포함한다. 토마스 에디슨$^{Thomas Edison}$은 한때 농담으로 "우리는 이제 백열전구를 만들지 않는 수천 가지 방식을 안다."라고 말했다. 프로토타입을 만듦으로써 여러분은 해야 할 일에 집중하지 않고 일하는 방법을 신속히 제거할 수 있다.

프로토타입은 또한 문제를 기술적으로 이해하게 도와준다. 차라리 일찌감치 기능적 프로토타입을 개발함으로써 장치 설계에 대한 예견된, 그리고 예견되지 않은 기술적 도전 두 가지 모두 다루는 데 집중할 수 있다. 그런 다음 최종 배포 솔루션을 개발하기 위해 이동함에 따라 여러분은 이러한 솔루션을 더 세련된 시스템의 설계와 모델에 적용할 수 있다. 이와 관련해 프로토타입은 또한 충돌을 해결하는 데 도움을 줄 수 있다. 최고 공학자들은 주어진 특징이 어떻게 구현될 것인지에 관해 확고한 견해를 갖고 있다. 필연적이다시피 견해의 차이는 충돌을 야기하며, 이러한 충돌은 양쪽이 오직 자신들만의 견해와 경험을 갖고 있기 때문에 해결하기가 어려울 수 있고, 증거로서 참조하기 위해 추측하는 것도 어려울 수 있다. 프로토타이핑 플랫폼의 이점을 취함으로써 각 접근법에 대한 트레이드오프를 분석하기 위해 특징에 대한 여러 다양한 구현과 성능에 대한 벤치마킹을 신속히 시행할 수 있다. 이 방법은 시간을 절약할 수 있고, 여러분이 또한 올바른 설계 결정을 내렸다는 것을 보장한다.

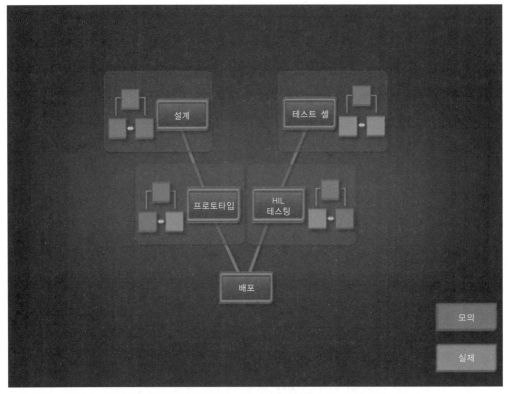

그림 3.23 설계 V는 시뮬레이션된 I/O와 실세계의 I/O를 가장 효과적이 되게 통합한다.

최종적으로 프로토타입은 특허를 더 쉽게 정리하도록 도움을 줄 수 있다. 1880년 이전, 모든 발명가는 특허 애플리케이션 프로세서의 한 부분으로 특허국에 자신의 발명에 대한 동작 모델이나 프로토타입을 제시했다. 오늘날 특허국은 '선발명주의first to invent rule'를 이용하는데, 이는 실행 가능한 기술이나 발명을 생각하고 바꾼 첫 발명가한테 특허권을 부여하는 제도다. 더 이상 요구되지 않을지라도 프로토타입은 여전히 '선행 실시reduction to practice'를 시연하는 가장 안전하면서도 최상의 방식이다.

자신의 프로토타입을 가져야 한다: 이제 어떻게 해야 하는가?

시연할 수 있다면 아니 더 좋은 것은, 프로토타입을 고객의 손에 쥐어줄 수 있다면 그리고 실제로 혁신에 대한 가치를 고객으로부터 피드백을 받을 수 있다면 비즈니스에 대한 성공 확률은 아주 크게 증가할 것이다. 이것은 증명이 프로젝트의 진척을 뜻하는 극도로 혁신적인 영역에서 일하는 경우에는 특히 중요하다.

모델링과 시뮬레이션, 반복 프로세스를 채택한 한 가지 사례가 이탈리아 루치아니 그룹 Loccioni Group의 혁신 팀이다. 루치아니 그룹은 많은 영역에서 품질, 편안함, 안전성을 보장하기 위해 고객의 기술적 솔루션 개발과 관련한 자사의 평판을 고려해 이탈리아의 혁신을 위한 기수flag-bearer가 됐다. 이 그룹은 주로 자동차와 전자제품의 두 가지 산업 부문에 주안점을 뒀다.

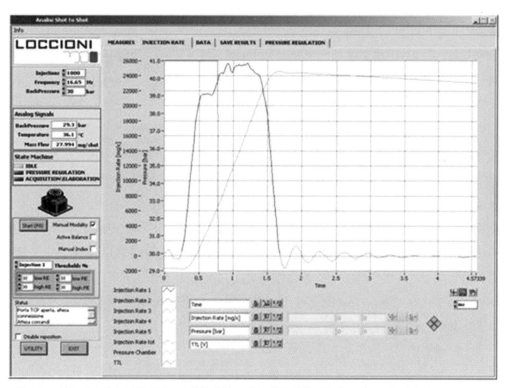

그림 3.24 분사 연소실과 이의 제어 시스템은 최신 그래픽 설계 툴을 이용해 모델로 만들어졌다.

루치아니 그룹은 최근의 임베디드 테스트 시스템인 멕서스Mexus 프로젝트에서 디젤 엔진의 노즐 흐름에 대한 속도를 측정하고 차트를 만들기 위해 'AND의 천재성genius of the and'을 받아들였다(그림 3.24). 이 프로젝트는 원래 단일 분사 동안에 분사되는 연료의 세세한 정량화를 위해 디젤 엔진의 노즐 흐름률^{flow rate}을 측정할 필요에 의해 만들어졌다. 최종 프로젝트는 마지막 생산 테스트를 수행하기 위해 연료 분사 장치 제조업체가 전 세계적으로 사용할 수 있는 기구였다. 이 프로젝트의 목적은 현재 시장에서 사용 중인 다른 어떠한 기구보다 더 훌륭한 성능을 가진 저가의 임베디드 제품을 제공하는 것이었다.

루치아니 그룹은 연료 분사 장치라고 특징지을 수 있는 2개의 기본 파라미터, 즉 모든 샷에 대해 분사된 흐름률과 즉각적인 흐름률 차트를 정확히 결정할 수 있는 신뢰성 있는 제품을 설계했다. 이 기구는 회전당 최대 10회의 이벤트까지 발생(다중 분사로도 알려졌음)하는 각각의 단일 샷에 분사된 연료량에 대한 측정값을 제공한다. 3,000rpm에서 엔진의 동작을 시뮬레이션함으로써 매 회전에 대한 분사 판독 값이 시스템에 의해 쉽게 탐지될 수 있고, 이는 실시간으로 매 분사마다 연료량을 제공했다. 이 프로젝트가 가진 혁신적인 측면은 솔루션에서 사용된 미적분 알고리즘이었다. 시스템은 연료 분사 장치 기능의 신뢰성 있는 테스트 결과를 초당 50회의 순간치 비율까지 사용자에게 제공하기 위해 다양한 아날로그 신호를 획득하고, 실시간으로 신호를 처리했다. 시스템은 또한 얼마나 많은 연료를 매 분사마다 뿌려야 하는지 결정할 수 있었다. 이 정보는 연료 분사 장치의 특징화에 매우 중요한데, 그 이유는 배출 가스 규제가 점점 더 엄격해지고 있기 때문이다. 그 결과, 고수준의 연소를 얻고 환경에서 연료 소비 또는 오염 가스의 양을 줄이기 위해서는 제조업자에게 더 자세한 정보를 제공하는 것이 중요하다.

멕서스^{Mexus} 시스템의 핵심 요소 중 하나가 분사 연소실인데, 이곳은 제어 센서 설비가 있는 실린더와 연료가 분사되고 구체적인 측정이 수행되는 밸브로 구성된다. 분사 연소실과 이의 제어 시스템은 그래픽 설계와 시뮬레이션 소프트웨어를 이용해 모델로 만들어졌다. 또한 이 단계에서 시뮬레이션은 동일한 그래픽 시스템 설계 환경을 이용해 수행됐다. 프로토타이핑을 수행하는 동안 동일한 컴퓨터가 기능 특성화와 밸리데이션이 수행되는 데이터 획득 보드를 통해 유지됐다. 이렇게 중요한 프로젝트의 개발 단계에서는 더 정제된 연소실의 분사 모델이 필요했다. 이것은 동일 그래픽 시스템 설계 툴의 한 부분으로, 시스템 식별 소프트웨어를 이용해 결정됐으며, 이렇게 함으로써 분사 연소실의 전달 함수를 획득할 수 있었고, 그 결과로 적절한 제어 알고리즘을 설계할 수 있었다.

대규모 배포를 가능하게 만들기 위해 루치아니 그룹은 밤낮으로 동작할 수 있고, 간편한 형태 인자를 제공할 수 있으며, 산업 환경에 적절한 무고장^{failure-free} 기술을 가진 하드웨어 장치가 필요했다. 이 그룹은 샘플링 비율에 대한 요구 사항과 프로세스에 대한 실시간의 결정론적 제어를 충족한다는 것을 보장할 뿐만 아니라, 프로토타이핑에서 배포까지의 신속한 이전을 도울 수 있는 하드웨어를 선택했다.

멕서스^{Mexus}의 최종 제품은 테스트 동작에서 최상의 신뢰성을 보장했다. 측정의 정확성은 테스트가 가장 제한적인 규제를 준수한다는 것을 보장하는 혁신적인 작업 방법의 도입 덕분이었다. 모델링, 시뮬레이션, 프로토타이핑, 배포 기법을 이용함으로써 루치아니 그룹은 훌륭한 테스트 표준을 이행하는 혁신적인 제품을 자동차 세계에 제공했다.

여러분이 자신의 설계에 대해 유사한 권고를 따른다면 여러분은 이제 자신의 프로토타입과 임베디드 모델을 가지고, 시스템을 최적화하고, 정제하며, 테스트할 수 있다. 모든 개별적인 컴포넌트와 서브시스템이 테스트되고 검증되면 이들은 원래의 설계 요구 사항을 충족하는지 보장하기 위해 함께 결합되고 테스트된다. 일부 경우에 컨트롤러의 파라미터가 이 단계 동안 원래의 설계 요구 사항을 충족하기 위해 상세히 조정된다. 설계 프로세스에서 생성된 임베디드 모델이 완벽한 테스팅을 수행하지 못했을지라도 이는 생산 시스템을 릴리스하기 전에 요구되는 테스트의 양을 줄여줄 수 있는 몇 가지 기회를 제공한다. 이에 추가해 모델링 설계 기술은 최종 테스팅 프로세스의 자동화를 돕기 위해 현재 진화 중에 있다. 이 기간 동안 초기 툴 제공자들은 자동으로 테스트 벡터를 생성했고, 모델과 자동으로 생성된 코드 둘 모두를 확인하기 위해 스크립트 시퀀스를 실행했다. 제어 시스템의 모든 동작을 확인할 필요가 있기 때문에 이들 능력은 곧 실세계의 I/O 연결을 비롯해 물리적 테스트와 스크립트된 테스트 시퀀스로 확장될 것이다.

정리

임베디드 시스템에 대한 모델의 생성은 간단하거나 믿을 수 없을 정도의 복잡한 동적 제어 시스템을 개발하는 데 있어 시간과 비용 효과적인 접근법을 제공하며, 이 모든 것은 밀접하게 통합된 소프트웨어 집합에서 유지되는 단일 모델을 기반으로 한다. 최신 모델링 소프트웨어 툴을 이용해 여러분은 오프라인 시뮬레이션에서 설계할 수 있고, 초기 밸리데이션을 수행할 수 있다. 그런 다음 이 모델은 이어지는 모든 개발 단계의 베이시스basis를 형성한다. 주지하다시피 임베디드 설계에 대한 모델의 생성은 전통적인 설계 접근법에 많은 이점을 제공해준다. 하드웨어 프로토타이핑과 결합된 이러한 접근법을 이용해 여러분은 최종 테스팅 단계에서만 수행하는 대신 개발의 전 단계에 걸쳐 베리피케이션과 밸리데이션 테스팅을 수행함으로써 실수할 리스크를 줄이고 개발 주기를 단축할 수 있다. 기초로서 시스템 모델을 이용하면 설계 평가와 예측을 훨씬 더 신속하고 신뢰성 있게 만들 수 있다. 이러한 반복 접근법은 성능과 신뢰성 둘 모두의 면에서 향상된 설계를 가져다준다. 설계 팀, 설계 단계, 다양한 프로젝트 간 모델의 재사용성과 물리적 프로토타입에 대한 줄어든 종속성 때문에 자원 비용이 줄어든다. 개발 오류와 오버헤드는 자동화 코드 생성 기법의 이용을 통해 줄어들 수 있다. 이들 이점은 더 정확하고 강건한 제어 설계, 짧아진 시장 적시성, 줄어든 설계 비용으로 전환된다.

다음 단계: 시도하라!

이 책의 한 부분으로, 내셔널인스트루먼트의 랩뷰^{LabVIEW}와 오픈소스 기반의 모델리카^{Modelica}를 포함해 여러 가지의 모델링 패키지를 무료로 체험할 수 있게 제공한다. 이 책은 또한 여러분이 자신의 차후 임베디드 시스템 설계를 신속히 개발해 동작할 수 있도록 소수의 임베디드 튜토리얼과 코드도 제공한다.

3상에서 설명한 세어와 모델링 툴을 이렇게 사용하는지 배우기 위해 3시간 분량이 단기 과정을 다운로드하라.

내셔널인스트루먼트는 동적 시스템을 분석하고 시뮬레이션하며, 제어 시스템을 설계하고 배포하기 위해 공학자와 연구자를 위한 여러 가지 툴을 제공한다. 이들 툴은 현실적으로 유연하고 상호작용을 가진 실무의 경험적인 학습 환경을 촉진시킴으로써 선형 시스템과 제어 설계에 대한 개념을 더 잘 이해하게 도와준다.

3시간 분량의 단기 과정은 제어 설계 프로세스를 소개하는 강의식과 자기 학습식의 두 가지 방식으로 설계됐다. 이 과정은 모델로 만들기, 컨트롤러 설계하기, 컨트롤러 시뮬레이션하기, 랩뷰와 제어 설계 툴킷, 시뮬레이션 모듈을 이용한 컨트롤러 배포하기 등을 포함한다. 이 과정은 또한 프레젠테이션, 매뉴얼, 교육 훈련, 솔루션도 포함한다.

DC 모터를 이용한 폐회로 제어

자연 시스템과 인공 시스템을 이해하기 위해서는 제어 개념을 필수적으로 알아야 한다. 제어가 시스템 분야이기 때문에 제어를 충분히 알기 위해서는 이론과 애플리케이션 둘 모두 다룰 필요가 있다. 제어를 위해 요구되는 기술에는 모델링, 제어 설계, 시뮬레이션, 구현, 튜닝, 제어 시스템의 동작을 포함한다. 이 튜토리얼은 이들 개념이 랩뷰 매스스크립트^{MathScript} RT 소프트웨어를 가진 NI 랩뷰의 제어 설계와 시뮬레이션용 보드에 플러그인된 퀸서^{Quanser}의 DC 모터를 이용해 어떻게 배울 수 있는지 보여준다. 전통적으로 컨트롤러에 대한 튜닝은 완벽을 위해 다중 반복과 시행착오를 요구한다. 그러나 랩뷰는 실시간으로 컨트롤러를 튜닝하고, 그런 다음 하드웨어와의 완벽한 통합을 위해 바로 베리피케이션을 허용한다.

다운로드 가능 킷을 이용한 프로토타이핑 더 배우기

의료 장비부터 산업 기계까지, 그리고 자동화 테스트 시스템까지 프로토타입을 신속히 얻는 데 NI 툴의 유연성과 생산성이 매우 유용하다는 것이 입증됐다. NI의 랩뷰와 유연성 있는 규격을 가진 하드웨어를 비롯해 NI의 그래픽 시스템 설계 플랫폼은 공학자, 과학자, 학자에게 프로토타입에서 동작하는 가장 빠른 경로를 제공한다. 이 자원 킷에는 NI 툴을 이용해 프로토타입을 만드는 다양한 온라인 자원을 포함한다.

NI 상태 차트 모듈을 이용한 애플리케이션 설계

NI 랩뷰의 상태 차트 모듈을 이용하면 이벤트 기반 제어와 테스트 시스템을 개발하는 데 필요한 상태 차트를 랩뷰 소프트웨어에서 생성할 수 있다. 상태 차트 프로그래밍 모델은 데이터 흐름, 텍스트 수학, 동적 시스템 모델링, 형상 기반 개발을 위해 랩뷰 모델을 보완해준다. 여러분은 애플리케이션 요구 사항을 기반으로 자신의 시스템을 개발하기 위해 올바른 모델이나 모델의 조합을 선택할 수 있다.

브러시를 갖는 DC 모터의 H 브리지 회로의 설계와 시뮬레이션

NI의 멀티심^{Multisim}을 이용해 프로토타이핑 이전에 아날로그와 디지털 시스템에 대한 완전한 데스크톱 시뮬레이션을 구현할 수 있다. 디지털 FPGA 컨트롤러 로직과 트랜지스터 레벨의 전력 전자 컴포넌트의 폐회로 시뮬레이션이 현재 멀티심/랩뷰의 공동 시뮬레이션 특징을 이용해 가능해졌다. 이 튜토리얼은 브러시를 갖는 DC 모터의 H 브리지 회로를 개발하기 위해 어떻게 멀티심과 랩뷰를 이용할 수 있는지 보여준다. 이 기사에서는 폐회로 제어 시스템을 생성하기 위해 전기 기계, 전력 전자, 센서 피드백 블록을 어떻게 이용하는지 알려준다. 랩뷰 FPGA IP 핵심 개발과 디버깅도 간략하게 설명한다. 공동 시뮬레이션은 알고리즘을 보장하기 위해 전체 시스템의 공동 설계를 가능하게 하고, 랩뷰에서 FPGA를 위해 시뮬레이션된 코드는 아날로그 회로를 이용해 그 성능이 확인되며, 최소의 변경을 가진 하드웨어에서 직접 구현될 수 있다. 시뮬레이션에 의해 구동되는 향상된 멀티심 설계 접근법을 이용해 설계 흐름 초기에 성능을 더 정확하게 이해할 수 있다. 그 결과, 프로토타입에 대한 반복을 줄일 수 있고(PCB 반복을 3회로 줄임), 더 적은 컴파일을 가진 정확한 임베디드 코드를(컴파일당 4시간 정도 줄임) 가질 수 있다.

모델리카 모델을 이용한 다중 도메인의 물리적 모델링

모델리카^{Modelica}는 기계, 전기, 전자, 수력, 온도, 제어, 전력과 프로세스 지향의 하위 컴포넌트가 포함된 복잡한 물리 시스템을 편리하게 모델로 만들 수 있는, 개방되면서 객체지향의 방정식 기반 언어다. 모델리카 모델링 언어가 실제 문제를 해결하기 위해서는 모델링과 시뮬레이션 환경이 필요하다.

- 그래픽 사용자 인터페이스(합성 다이어그램/스키마틱 편집기^{schematic editor})를 이용해 편리하게 모델리카 모델을 정의하기 위해서며, 그래픽 편집 결과는 모델리카 형식에서 모델에 대한 (내부) 텍스트 기술서다.
- 정의된 모델리카 모델을 적절한 시뮬레이션 환경에서 효율적으로 시뮬레이션할 수 있는 형태로 변환하기 위해서다. 특히 이것은 정교한 상징적 변형 기법을 요구한다.
- 변환된 모델을 표준 수치 적분법을 이용해 시뮬레이션하고 그 결과를 시각화하기 위해서다.

참고 문헌

[1] http://www.irma-international.org/proceeding-paper/gathering-user-needs/32282/

[2] http://www.wired.com/science/discoveries/magazine/16-07/pb_theory

[3] http://www.carbonfibergear.com/is-the-carbon-fiber-787-dreamliner-safe-enough-to-fly/

임베디드 시스템을 위한
소프트웨어 설계 아키텍처와 패턴

브루스 더글라스(Bruce Douglass)

아키텍처와 설계 개요

아키텍트architect보다 아키텍처architecture에 대한 용어 정의가 더 많이 사용되고 있다는 것이 흥미롭다. 용어란 더(또는 덜) 포괄적으로 더(또는 덜) 상황에 맞게 지속적으로 재정의된다. 이러한 논의의 목적을 위해 여기서는 IEEE 1472000 '소프트웨어 집약 시스템의 아키텍처 기술을 위한 IEEE 권고 규정'에서 내린 정의에 크게 의존할 것이다(IEEE 컴퓨터 소사이어티, IEEE 1472000, 2000년).

아키텍처는 컴포넌트, 컴포넌트 간 관계, 환경, 설계와 진화에 대한 원칙을 포함하는 시스템의 기본 구조다.

이 정의가 무엇인지 이해하기가 약간 모호하거나 그 범위가 넓으므로, 왜 정의가 필요한지에 대해 먼저 다룬다. 소프트웨어가 수행하는 실제 작업은 결국 소스코드의 각 라인에 내장되는데, 왜 대규모 구조가 필요한가?

아키텍처는 시스템 전역 최적화에 관한 것이다

훌륭한 아키텍처가 되기 위한 요인 중 하나는 전체 시스템의 특징을 최적화하는 조직의 구성단위unit에 시멘틱semantic 요소를 구조화시키는 것이다. 조직의 구성단위가 서브시스템, 컴포넌트, 작업, 채널, 교육 훈련 같은 것이라면 시멘틱 요소는 소프트웨어 기능, 소스코드 라인,

데이터 구조, 클래스 같은 낮은 레벨의 기초적인 것이다. 설계의 제약 사항이라고 알려진 이들 최적화와 관련된 특징들은 실제 시스템의 기능적 요구를 충족시키기 위한 것이 아니라, 결국 시멘틱 요소를 충족시키기 위한 것이다. 이들 특징은 다른 것을 희생함으로써 시스템의 일부 양상을 최대화하기 위한 것이기 때문에 특정 관심 상황에 대해서는 가치가 덜 있는 것으로 고려된다.

일반적으로 말해 임베디드 시스템은 최적화를 위해 개선된 요구 사항이 있어야 한다. 몇 가지 최적화와 관련된 관심 사항은 다음과 같다.

- 성능
  - 최악 사례
  - 평균 사례
  - 평균 처리량
  - 버스트^{burst} 처리량
  - 대역폭
  - 예측 가능성
- 용량
- 스케줄 가능성
- 분포 가능성
- 유연성
- 확장 가능성
- 적응성
- 강건성
- 재사용성
- 유지 보수성
- 개발(비반복) 비용
- 제조(반복) 비용
- 사용의 편이성
- 의존성
  - 안전성
  - 신뢰성
  - 보안성
- 정확성과 충실도

종합적인 관점에서 고찰해보면 이들 설계의 제약 사항들은 종종 서비스의 품질^{QoS}과 관련된다.

아키텍처는 운용 상황에서 실행되는 특정 시스템에 중요한 설계의 제약 사항을 최적화하기 위해 소프트웨어의 시멘틱 요소를 구성하는 구성단위를 식별하려 한다. 최적화라는 용어에 대해 주목해야 할 사항은 최적화가 이들 모든 관심 사항의 가치를 동시에 최적화할 수 없다는 사실이다. 사실 일부 측면의 최대화는 항상 다른 측면을 최소화한다. 즉, 일부 시스템의 특징을 최적화하는 것은 시스템의 다른 특징을 최적화하지 못한다는 것이다.

예를 들어 다음과 같은 시스템을 고려해보자.

시스템은 센서로부터 데이터를 읽고 몇 가지 복잡한 수학적 계산을 수행하며, 그런 다음 계산 결과를 클라이언트 시스템에 되돌려준다. 알고리즘은 완료 시 중요한 데이터를 저장할 수 있는 저장장치를 요구한다.

시스템이 데이터의 표본을 자주 조사하지 못한다면(클라이언트가 얼마나 자주 데이터를 필요로 하는지와 관련해) 전체 성능은 클라이언트에게 보낸 데이터의 가치를 사전에 계산함으로써 향상될 수 있다. 이것은 많은 클라이언트의 요청을 처리하기 위해 오직 한 번만 계산을 수행하기 때문에 전체 성능을 최적화하는 것이다. 이와 반대로 데이터가 클라이언트에 의해 사용되는 주기보다 훨씬 자주 센서에 도착한다면 시스템은 클라이언트의 가치를 사전에 계산할 때 그 성능을 잃어버린다. 클라이언트의 가치를 (향상된 성능 관점에서) 사전에 계산하는 것이 이치에 맞는 경우조차도 클라이언트의 요청을 계속 유지해야 할 필요가 있기 때문에 중간 결과와 최종 결과를 저장하기 위해 더 많은 메모리가 요구될 것이다. 성능 최적화가 공간 최적화보다 더 중요하다면 사전에 계산하는 것은 이치에 맞을 것이다. 공간 최적화가 더 중요하다면 사전에 계산하는 것은 불필요할 것이다.

트레이드오프는 정확히 성능과 공간에 국한되지 않는다. 기타 일부 공통적인 트레이드오프에 대한 쌍이 표 4.1에 나타나 있다.

표 4.1 공통의 설계 트레이드오프

설계 특성	설계 특성	트레이드오프 고려 사항
유용성	보안성	시스템을 더 안전하게 만들기 위해서는 보통 보호 장벽에 대한 인증과 관리가 요구된다. 이는 인지된 시스템의 쉬운 사용에 종종 장애가 된다.
강건성	시장 적시성, 실행 시간 성능	시스템을 더 강건하게 만들기 위해서는 추가적인 실행 시간 테스트를 생성해야 하고, 사전 조건과 기타 변이 사항들을 검사해야 한다. 이러한 추가 소프트웨어를 생성하기 위해서는 더 많은 개발, 테스팅 시간과 노력이 요구된다.

(이어짐)

설계 특성	설계 특성	트레이드오프 고려 사항
성능	정확성	간단하지만 덜 정확한 알고리즘은 더 복잡한 알고리즘보다 더 적은 시간에 실행될 수 있지만, 더 정확한 알고리즘은 그렇지 않다. 더 정확한 알고리즘은 더 많은 시간이 요구되는 추가 수정에 대한 계산이 요구된다.
신뢰성	안전성	시스템이 절대 안전한 상태라면 오류 검출 시 해야 될 가장 안전한 일은 그 상태로 들어가는 것이다. 이것은 보통 덜 기능적이기 때문에 (서비스 가용성에 의해 측정된) 시스템의 신뢰성은 줄어든다.
예측 가능성	성능	주기 실행 스케줄링 알고리즘은 어떤 코드 라인이 언제 어떤 순서에 의해 실행되는지 매우 높은 확률로 예측할 수 있다. 그러나 주기 실행은 인입 이벤트에 대한 대응 관점에서 볼 때 예측 가능성이 낮은 비율 단조 우선순위 기반의 스케줄링 알고리즘보다는 명백히 최적이 아닌 차선이 된다.

다음 절은 설계 패턴상에서 설계의 트레이드오프를 어떻게 만드는지 다룬다. 이러한 논의를 감안해 훌륭한 아키텍처는 다음과 같이 표현할 수 있다.

훌륭한 아키텍처란 덜 중요한 특징은 희생하면서 시스템의 중요한 특징은 적절하게 최적화하는 아키텍처다.

세 가지 설계 레벨

설계 제약 사항에 대한 최적화는 대부분의 시스템에서 실제 세 가지 레벨로 발생한다. 아키텍처 설계란 전체 시스템의 특징 집합을 최대화하는 시스템의 전역 최적화에 대한 결정이다. 아키텍처 설계 결정은 4장의 후반부에서 볼 수 있듯이 연구 영역으로 분류될지도 모른다. 아키텍처 최적화는 전체로서 시스템의 설계 특징을 최적화해야 하지만, 사실 주어진 아키텍처 구성단위 내의 성능에 대해서는 최적이 아닌 차선이 될지도 모른다. 예를 들어 객체 중개 아키텍처는 전체로서 시스템을 위해 선택될 것이며, 이러한 메커니즘은 분산 소프트웨어 요소를 협력하게 하는 주요한 수단을 제공한다는 것을 의미한다. 그러나 이러한 결정은 전체 시스템의 설계가 시스템의 성능-공간-비용이라는 속성을 최적화하더라도 일부 특정한 높은 대역폭의 채널에서는 용납할 수 없는 성능의 오버헤드라는 결과를 가져온다. 이러한 경우 시스템은 데이터 일부가 성능이 빈약한 채로 운용되거나 아니면 그 데이터 경로만을 위한 전문화된 수송 수단을 구축할지도 모른다.

이에 반해 협력 레벨 설계는 (조화 프로세스^{Harmony process}에서 기계론적 설계로 알려져 있으며, 이 프로세스의 더 세부적인 설명은 참고 문헌 [1]을 참조하라) 아키텍처 구성단위 내의 협력을 위해 소프트웨어를 최적화한다. 이것은 각기 다른 특성을 위해 최적화될 다양한 협력을 허용하며, 설계 제약 사항을 효과적으로 충족하는 것과 관련해 많은 유연성을 제공한다. 이 정도 수준에서 임베디드 시스템의 패턴과 관련된 몇 권의 책이 있지만(이 범위에서 몇 가지 패턴은 참고 문헌 [2]를 참고하라), 협력 레벨 패턴을 위한 주요한 내용은 감마^{Gamma}와 동료들이 쓴 책에 나타나 있다.[3] 임베디드 시스템에 구체적이지 않지만, 이러한 많은 패턴은 같은 맥락에서 적용될 수 있다.

최종적으로 상세 설계는 데이터 구조, 기능, 개별 클래스 같은 기초적인 소프트웨어 구성단위를 최적화하는 데 주안을 둔다. 이것이 설계 최적화에 가장 공통적인 영역이지만, 보통 이것은 전체 시스템의 성능에 큰 영향을 미치지 않는다. 어쨌든 모든 경우에 있어 초점을 맞춰야 하는 것은 실제로 올바른 기능성을 성취하는 것이 아니라 오히려 그 기능성을 잘 성취하는 것이다. 설계 패턴은 세 가지의 추상화 레벨 전부에서 존재하고, 잘 알려진 최적화 특성과 함께 재사용 가능한 솔루션을 제공함으로써 설계자에게 가치를 가져다준다.

설계 패턴이란?

설계 패턴은 마법이 아니며, 모든 패턴이 다 어려운 것은 아니다. 설계 패턴을 적용하는 것은 (아키텍트를 포함해) 훌륭한 설계자 자신이 현재 무슨 일을 하고 있는지 인식하지 못할 때조차도 매일 언제라도 해야 하는 일이다. 훌륭한 설계자는 자신의 새로운 설계 문제를 조사하고, 과거에 유사한 문제의 해결을 위해 자신이 했던 것 또는 봤던 것에 대한 이유를 파악하기 위해 노력해야 한다. 이것이 명시적이기보다는 암묵적일지라도 설계 패턴을 적용하는 것과 다를 바 없다. 설계 패턴 중심의 설계 접근법이 하는 일은 특정 설계 상황에 대한 훌륭한 설계 솔루션과 이에 대한 애플리케이션 둘 모두에 대한 획득을 단순화하기 위해 다소나마 공식화하는 것이다.

설계 패턴은 흔히 발생하는 문제에 대한 솔루션을 일반화시킨 것이다. 설계 솔루션이 특별한 시스템의 아주 특정한 문제를 다룬다면 이것을 재사용 가능한 설계 패턴으로 추상화하는 것은 아무런 가치도 없을 것이다. 이와 유사하게 설계 패턴은 특별한 시스템의 특정 문제에서 벗어나는 방식으로 추상화해야 하며, 이렇게 함으로써 다른 상황에서 동작하는 다른 시스템에 쉽게 적용시킬 수 있을 것이다.

설계 패턴 각각은 패턴을 효과적으로 사용하기 위해 고려돼야 하는 다소간의 기본적인 양상을 갖고 있다. 첫째, 패턴은 필수 애플리케이션을 전달하는 이름을 가져야 한다. '중개자 아키텍처 패턴'이라는 이름은 서비스나 데이터의 식별과 전달에 중개자가 어느 정도 관여됐다는 것을 말해주며, 이에 반해 '관찰자 패턴'이라는 이름은 관찰된 소프트웨어 요소(패턴에서 '주제'라고 부름)가 있고, 관찰자('클라이언트'로 알려짐)가 해야 되는 요소가 있다는 것을 말해준다. '데이터 버스 패턴'은 공유 데이터에 대한 중심 저장소('버스')의 이미지를 떠오르게 한다.

많은 패턴은 성취를 위해 시도해야 하는 내용과 패턴의 동작 메커니즘과 관련한 간략한 추상화를 제공한다. 이 간략한 설명은 설계자가 자신이나 다른 사람의 문제에 대해 최상의 솔루션을 발견하게 많은 수의 패턴을 신속히 살펴볼 수 있게 해준다.

패턴의 다음 양상은 문제 상황인데, 이는 적절한 애플리케이션을 위해 요구되는 특징과 관련돼 있다. 즉, 패턴의 적절한 애플리케이션을 위해서는 어떤 시스템이 올바른가 하는 문제다.

패턴의 구조와 행위는 패턴의 세부적인 요소(클래스, 기능, 다양한 관계를 가진 데이터)와 이들 요소가 패턴의 의도를 성취하기 위해 어떻게 상호작용하는지 설명한다.

패턴의 결과는 적어도 패턴의 선택이라는 관점에서 가장 중요할 것이다. 이러한 결과에는 패턴의 이점과 패턴의 사용 비용을 모두 포함한다. 이것이 시스템의 집합이나 프로젝트의 최적화와 비최적화에 대한 최적의 설명이 될 것이다. 패턴이 메모리 사용 같은 추가 공간의 복잡성을 희생하면서 최악worst-case의 성능을 최적화해야 하는가? 패턴이 추가된 센서로 인해 발생하는 추가된 반복 비용을 희생하면서 안전성을 향상해야 하는가? 공통의 목적을 지원하는 패턴의 집합이 주어졌다면 그 결과는 특별한 시스템을 위해 최상의 선택을 하게 해줄 것이다.

마지막으로 패턴의 이용과 적용을 설명하는 사례가 자주 제공된다. 엄격히 요구되지는 않지만, 그러한 사례는 설계자가 패턴의 이용과 관련한 미묘한 사항을 이해하도록 크게 도움을 줄 것이다.

설계 패턴을 이용하기 위해 객체지향 기법을 이용해야만 하는가?

여러분이 패턴 관련 문헌을 읽는다면 설계 패턴이 객체지향 시스템을 위해서만 가용하고/적절하며/유용하다는 견해만 갖고 떠날 것이다. 이미 말했다시피 설계 패턴은 시스템의 특정 양상을 최적화한 설계 솔루션을 단순히 일반화시킨 것이다. 객체지향 설계와 프로그래밍이 많이 권고되고 있지만, 대부분의 임베디드 시스템은 여전히 C 언어로 작성된다. 이에 대해서는 많은 이유가 있는데, 그 이유는 타깃 컴파일러의 가용성과 컴파일러의 효율성부터 개발자 측의 보수적 성향까지 그 범위가 다양하다. 그럼에도 불구하고 설계 패턴은 객체지향 언어로 구현된 시스템에 적용하는 것만큼 C로 구현된 시스템에도 같이 적용된다(예를 들어 참고 문헌 [2]를 참고하라).

그렇기는 해도 일부 패턴은 원래부터 명확히 객체지향적이다. 프로그래밍 스타일과 관련해 패턴은 세 가지의 뚜렷한 스타일, 즉 구조적, 객체 기반, 객체지향 스타일로 그룹화될 수 있다. 이들 세 가지 스타일 모두 C에서 구현될 수 있지만, 구조적과 객체 기반 접근법은 C에서 더 명백히 구현된다.

구조적 프로그래밍 스타일 패턴은 표준 방식에서 C를 이용한다. 기본 요소는 헤더와 구현 파일이며, 유형, 상수, 변수, 기능, 컴파일러 지시문을 포함한다. 시스템 소프트웨어는 파일 집합으로부터 컴파일되고 링크된 목적 코드^{object code}다. 보기에는 모두 '표준 C'다. 구조적 스타일에 적용된 패턴은 설계 최적화를 구현하기 위해 이들 간단한 표제적^{programmatic} 요소를 함께 추가한 것이다. 코딩의 간단한 형태가 코드 리스트 4.1에 나타나 있다.

코드 리스트 4.1 구조적 코드

```
#ifndefine Motor_H
#define Motor_H

typedef enum Motorstate {MOFF, MSLOW, MFAST, MERROR} Motorstate;

/* variables */
int motorspeed;
int updateFrequency;
MotorState ms;

/* functions */
void setMotorSpeed(int s, Motorstate m);
int getMotorSpeed(void);
void init(void);
#endif
```

객체 기반 프로그래밍 스타일은 데이터와 기능성을 함께 합친다. 이것은 C struct와 typedef를 이용하면 꽤 간단해진다.

이러한 struct를 가지고 struct 유형에 대한 '객체' 변수(인스턴스)를 생성할 수 있다. 문체적으로 볼 때 구조적과 객체 기반 코드 사이에는 세 가지의 주요한 차이점이 존재한다. 첫째, 구조적 코드에서는 보통 단일 인스턴스('싱글톤^{singleton}')만 갖지만 struct에서는 보통 다중 인스턴스를 생성한다. 둘째, 기능을 관리하는 데이터를 식별하기 위해 struct의 데이터(지금은 종종 '클래스'로 언급됨)를 보통 수동으로 개조한다. 마지막으로 기능 수행에 어떤 인스턴스가 필요한지 식별하기 위해 me 포인터를 기능 인수 목록에 추가한다. 코드 리스트 4.1과 동등한 코드가 코드 리스트 4.2에 나타나 있다.

코드 리스트 4.2 구조적 코드

```
#ifndefine Motor_H
#define Motor_H

typedef enum Motorstate {MOFF, MSLOW, MFAST, MERROR} Motorstate;
typedef struct Motor {      /* class Motor */
        int motorspeed;               /* attributes */
        int updateFrequency;
        MotorState ms;
        };

/* functions */
void Motor_setMotorSpeed(const Motor* me, int s, Motorstate m);
int Motor_getMotorSpeed(const Motor* me);
void Motor_init(const Motor* me);
#endif
```

객체 기반 접근법을 이용하면 데이터와 기능을 더 쉽게 조종하도록 설계할 수 있다. 객체 기반 접근법은 서브클래싱^{subclassing} 개념을 추가해 확장한 접근법이다. 서브클래스는 다른 클래스의 모든 특징을 상속받은 클래스지만, 또 다른 클래스를 전문화시키거나 확장시킨다. 이 접근법은 정적인 방식에서 기능을 직접 참조해서는 안 되지만 이들 기능 호출을 추상화하는 함수 포인터^{pointers-to-function}를 이용하면 된다. 이 접근법은 또한 신규 기능에 대한 포인터를 가지고 원하는 만큼 그들을 대체함으로써 원래의 클래스 기능을 무효화할 수 있다.

이 접근법은 단순화된 네이밍^{naming}으로 이르게 하는 struct 내 기능의 범위를 정해주고(개조 불가), 동일 서명^{signature}으로 다양한 기능을 가리키기 위해 서브클래스에서 포인터를 대체하게 만들어준다(전문화). 또한 서브클래스에 새로운 속성과 기능을 추가할 수 있다(확장). 이것은 코드 리스트 4.3에 기술돼 있다. 객체지향 프로그래밍을 C에서 어떻게 수행하는가와 관련된 더 많은 정보는 다른 곳에서 발견할 수 있다.

코드 리스트 4.3 객체지향 코드

```
#ifndefine Motor_H
#define Motor_H

typedef enum Motorstate {MOFF, MSLOW, MFAST, MERROR} Motorstate;
typedef struct Motor {      /* class Motor */
        int motorspeed;                    /* attributes */
        int updateFrequency;
```

```
        MotorState ms;
        /* member functions */
        void (*setMotorSpeed)(const Motor* me, int s, Motorstate m);
        int (*getMotorSpeed)(const Motor* me);
        void (*init)(const Motor* me);
        };
#endif
```

일부 패턴은 다른 것보다 하나의 프로그래밍 스타일에서 더 쉽게 구현되지만, 궁극적으로 어떠한 패턴이든 여러분이 선택한 어떤 프로그래밍 언어에서도 구현될 수 있다.

아키텍처 사례

다음과 같은 시스템 설계 문제를 고려한다.

대규모 아키텍처 구성단위(서브시스템)는 이벤트와 데이터를 전송해 통신할 수 있게 연결돼야 한다. CORBA와 DDS를 비롯해 여러 가지의 미들웨어 솔루션이 이를 지원한다. 그러나 동일한 어드레스 공간 내에서(즉 미들웨어 없이) 도입돼야 할 뿐만 아니라, 다양한 미들웨어 플랫폼에서도 동일한 서브시스템을 지원해야 한다. 설계는 서브시스템 내 한 줄의 코드도 재작성하는 일 없이 이상적으로 최소 작업으로 미들웨어의 변경을 허용해야 한다. 다시 말해 재사용성과 이식성은 프로젝트의 성공을 최적화하는 매우 중요한 설계의 기준이다.

설계자에게 닥친 핵심 문제는 그러한 미들웨어 솔루션을 구현하는 가장 공통의 방식이 미들웨어에 특정한 인터페이스 정의 언어[IDL]에서 많은 코드를 작성해야 한다는 점이다. 이것은 다양한 서브시스템에 내장된 소프트웨어를 생성하지만, 코드는 본질적으로 미들웨어에 특정하다는 것이다.

이 문제는 수많은 방식으로 다룰 수 있다. 한 가지 방식은 다양한 타깃 미들웨어로 컴파일될 수 있는 새로운 IDL을 생성하는 것이다. 또 다른 솔루션은 분산 요소 간의 다양한 관계에 대해 어떻게든 태그를 붙이고 꼭 그 링크를 위해 IDL을 생성하는 것이다. 세 번째 솔루션은 서브시스템 사이에 있는 '인터페이스 커넥터 객체'를 생성하고 실행 시간에 통신 요청을 적절한 미들웨어 서비스로 변환하는 것이다. 이 마지막 패턴은 항공전자 비행관리시스템[FMS]과 의료 단층 촬영 스캐너 같이 다양한 서브시스템에 있는 그러한 종류의 문제를 위해 도움이 될 것이다. 이것이 포트 프록시 패턴[Port Proxy Pattern]이다(참고 문헌 [4]에서 개작함).

이름: 포트 프록시 패턴

요약

이 패턴은 모든 분산 지식을 결합하고 캡슐화하기 위해 아키텍처 구성단위 간의 연결 점point을 전문적으로 다룬다.

문제 상황

아키텍처 구성단위의 집합(서브시스템 또는 컴포넌트)은 이산 연결 점(포트)의 집합을 경유해 연결된다. 그러나 아키텍처 구성단위의 이식성과 재사용성을 지원하기 위해서는 통신 기반 구조의 독립성이 강하게 요구된다.

패턴 구조와 행위

패턴의 행동 메커니즘은 애플리케이션 서비스부터 네트워크 서비스까지, 반대의 경우도 마찬가지로 아키텍처 구성단위와 변환된 메시지와 서비스 사이에 있는 프록시 객체를 생성하는 것이다. 아키텍처 구성단위를 다양한 통신 기반 구조에 배포하기 위해서는 아키텍처 구성단위의 재생성이 아니라 프록시 객체의 재생성만을 요구한다.

기본적인 패턴 구조가 그림 4.1에 나타나 있다.

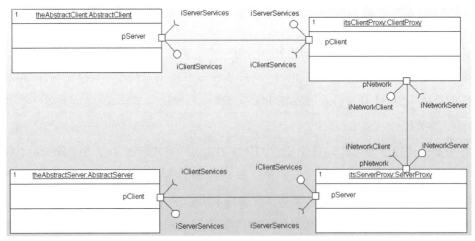

그림 4.1 포트 프록시 패턴 구조

AbstractClient와 AbstractServer 클래스 모두 '시멘틱'(애플리케이션 서비스) 인터페이스를 지원한다. 이들 모두 미들웨어가 없는 솔루션이 요구된다면 이 두 개의 클래스는 바로 함께 연결된다. 이 두 개의 클래스가 TCP/IP, CORBA, DDS 같은 통신 기반 구조 전체에 걸쳐 연결된다면 프록시는 시멘틱 인터페이스와 네트워크 특정 인터페이스 간의 양방향 변환을 수행한다. 이와 같은 과정이 그림 4.2에 나타나 있다.

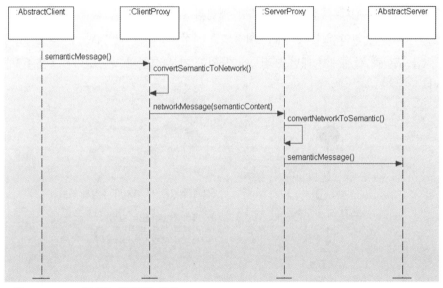

그림 4.2 포트 프록시의 상호작용 행위

결과

이것은 포트와 프록시 패턴의 간단한 조합이다. 네트워크 특성과 미들웨어 IDL을 비롯해 통신 기반 구조의 세부 사항으로부터 소프트웨어의 시멘틱 요소를 고립시킨다. 프록시는 다양한 종류의 서비스 품질(기껏해야 한 번, 적어도 한 번, 또는 정확히 한 번)과, 동기와 비동기 통신 모두를 지원하기 위해 작성될 수 있다. 다양한 통신 기반 구조상에서 클라이언트와 서비스 아키텍처 요소를 배포하기 위해서는 요소가 무엇이든지 관계없이 변경은 요구되지 않는다.

패턴의 단점은 각각의 통신 기반 구조를 위한 프록시 집합을 작성해야 지원받을 수 있다는 점이다. 이들 프록시는 상당히 복잡하며, 중요한 작업이 요구될지도 모른다. 게다가 일반화된 프록시의 사용은 통신 지연을 일으킬지도 모른다.

패턴 사용

패턴을 이용하는 세 가지 주요한 방식이 있다. 패턴 마이닝[mining]은 패턴의 생성과 관련된다. 이것은 유사한 특정 솔루션의 집합을 고찰하거나 패턴에서 공통성을 추상화시킴으로써 가장 자주 수행된다. 패턴 해칭[hatching]은 적절한 패턴을 패턴 라이브러리로부터 선정하는 것이다. 최근 구글렛 탐색기[Googlet search]는 '설계 패턴'이라는 용어에 대해 7,000,000개의 조회 수를 돌파했다. 아마존 탐색기는 2,000개에 조금 못 미치는 책 제목을 발견했다.

패턴에서 사용할 수 있는 많은 활동적인 작업이 있으며, 문자 그대로 선택해야 할 수천의 작업이 존재한다. 패턴의 마지막 사용법은 패턴 실체화^{instantiation}다. 이 활동은 특정 기준 대비 설계를 최적화하기 위해 특정 설계에 대한 패턴의 적용에 초점을 둔다.

패턴을 정의하는 일이 없는 한 패턴 해칭으로 시작해 계속해서 패턴 실체화를 수행한다. 아키텍처를 포함해 설계에서 패턴을 적용하기 위한 기본적인 워크플로우가 그림 4.3에 나타나 있다.

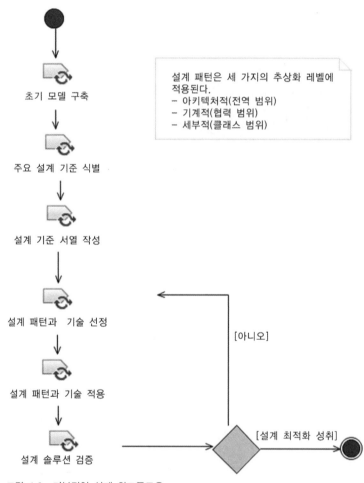

그림 4.3 기본적인 설계 워크플로우

첫 번째 단계는 초기 모델을 구축하는 것이다. 그때까지는 기능적으로 올바른 소프트웨어를 개발한다는 것을 의미한다. 개발에서 공통적으로 갖고 있는 문제는 시스템을 너무 일찍 최적화한다는 것이므로, 여기서 권고하는 사항은 소프트웨어가 기능적으로 올바르게 시연되기 전까지는 최적화를 연기하라는 것이다. 그렇긴 해도 이것은 프로젝트의 거의 초기에 몇 가지 아키텍처의 양상(서브시스템, 서브시스템의 책임과 인터페이스)을 식별하는 데 이점이 될 수 있으며, 특히 규모가 큰 팀이 포함됐을 때는 더욱 그럴 수 있다. 아키텍처 구성단위는 실행 시간의 조직 구성단위로서 뿐만 아니라 개발 팀 사이에서 작업을 분할하는 수단으로도 사용된다. 4장의 후반부에서 아키텍처의 다양한 분류와 뷰view에 대해 다룬다.

다음 단계는 중요한 설계 기준을 식별하는 것이다. 이것은 종종 무시되는 단계지만, 이 단계를 수행하지 않으면 시스템이 자신의 책임을 충족시키지 못하는 결과를 가져온다. 시스템의 일부 측면을 최적화할 때 항상 다른 측면은 비최적화된다는 점을 기억해야 한다. 적절한 설계 제약 사항을 명확히 식별하는 것만이 시스템의 니즈needs를 충족시키는 훌륭한 아키텍처를 생성할 수 있다.

물론 설계의 기준을 단순히 식별하는 것만으로는 충분하지 않으므로, 긴요도 순으로 서열을 매겨야 한다. 훌륭한 설계는 최소한의 비최적화를 희생해서 시스템의 가장 중요한 측면을 최적화하는 것이다. 긴요도를 이용해 가중치가 매겨진 설계 기준 목록은 다양한 대안에 대한 트레이드오프 분석을 수행하게 해준다.

다음 단계는 가중치가 매겨진 설계 기준 대비 다양한 잠재적 솔루션(패턴)을 평가하는 것이다. 이것은 전형적으로 트레이드오프 분석이나 간단히 '대안 분석'으로 알려져 있다. 트레이드오프 분석은 스프레드시트나 다른 툴을 이용해 비공식적으로(즉, 머릿속으로 상상해서) 또는 더 공식적으로 수행될 수 있다. 트레이드오프 분석을 수행하는 반공식적semi-formal인 방식은 다음 절에서 설명한다.

그런 다음 여러분이 이용하기 원하는 패턴에 대한 선정을 설계에 적용해야 한다. 설계 패턴은 두 가지 종류의 요소를 가진다. 패턴 요소는 패턴의 기능성을 제공하며, 패턴의 이점을 제공하기 위해 전체로서 패턴을 허용하는 접착제로서의 역할을 제공한다. 패턴의 공식 파라미터는 필요한 애플리케이션의 행위를 제공하기 위해 여러분의 기능 소프트웨어에서 요소에 의해 대체되는 요소다. 이것은 보통 작은 부분의 소프트웨어에 대한 재구성을 요구하는데, 이는 리팩토링refactoring으로 알려진 활동이다. 패턴 요소와 (소프트웨어에서 제공되는) 실제 파라미터는 모두 함께 설계 솔루션을 구성한다.

설계 최적화가 일단 준비되면 이것은 반드시 테스트돼야 한다. 첫째, 소프트웨어가 패턴에 추가되기 전에 기능적으로 올바르기 때문에 소프트웨어를 리팩토링하고 패턴을 실체화하는 작업이 소프트웨어에 장애를 일으키지 않는다는 점을 보장하기 위해 재테스트돼야 한다. 둘째, 패턴은 하나 또는 더 많은 시스템의 특징을 최적화하기 위해 추가된다. 그 결과로 나타나는 설계 솔루션은 요구되는 최적화가 성취됐는지를 보장하기 위해 테스트돼야 할 것이다.

패턴이 성능을 향상시키기 위한 것이었다면 그게 이제 (충분히) 좋아졌는가? 패턴이 메모리를 절약하기 위한 것이었다면 얼마나 많은 메모리가 확보됐는가? 패턴이 재사용성을 향상시킬 의도였다면 소프트웨어 재사용성은 평가돼야 할 것이다.

이 워크플로우가 선형으로 보이겠지만, 변함없는 사실은 이것을 반복적으로, 그리고 연속적으로 모두 수행할 수 있다는 점이다. 권고하는 사항은 한 시간을 넘지 않는 작은 주기에서 소프트웨어를 개발하고 테스트하라는 것이다(조화 프로세스에서 이것은 나노 주기^{nanocycle}로 알려졌다. 이 책의 후반부에 나오는 22장인 임베디드 시스템을 위한 애자일 개발뿐만 아니라 참고 문헌 [1]을 참조하라). 일단 소프트웨어가 기능적 요구 사항을 충족하면 그림 4.3에 설명된 워크플로우를 이용해 최적화를 시작할 수 있다. 결국 소프트웨어를 위해 네 가지의 뚜렷한 패턴을 실체화해야 하는데, 이것을 한 번에 하나의 패턴씩뿐만 아니라 하나의 패턴을 따로따로 실체화할 수도 있다.

트레이드오프 결정

최적화 결정을 훌륭하게 결정하기 위해 설계 기준은 기준의 긴요도에 따라 식별되고 서열이 매겨져야 한다. 그런 다음 가능한 솔루션 집합이 식별된다. 그 후 이들 솔루션은 각각의 기준에 따라 평가된다. 설계 기준을 최적화하는 주어진 솔루션의 정도는 그 기준에 대한 점수로 알려져 있다. 기준의 긴요도와 관련 점수의 외적을 합함으로써 패턴의 전체 효과성이 계산된다. 이것을 전체 가중치 점수라 부르는 가치다. 가장 높은 점수를 가진 솔루션이 승자며, 설계 솔루션에서 실체화된다.

스프레드시트는 패턴 대안의 집합을 위한 전체 가중치 점수를 계산하기 위해 간단한 툴을 제공한다. 표 4.2는 그러한 표가 어떻게 보이는지 나타낸다.

표 4.2 설계 트레이드오프 스프레드시트

설계 솔루션	설계 기준					전체 가중치 점수
	기준 1	기준 2	기준 3	기준 4	기준 5	
	가중치=7	가중치=5	가중치=3	가중치=2	가중치=1.5	
	점수	점수	점수	점수	점수	
대안 1	7	3	6	9	4	106
대안 2	4	8	5	3	4	95
대안 3	10	2	4	8	8	120
대안 4	2	4	9	7	6	84

표 4.2의 경우 다섯 가지의 다양한 기준이 있다. 가중치는 기준의 긴요도를 표현하는 가치다. 이 표에서 가중치는 0에서 10까지 범위 내에서 일반화된다. 이들 값은 스프레드시트에서 가운데 열^{column}이 된다.

행^{row}은 다양한 대안 패턴 솔루션의 점수를 나타내는데, 이 점수는 패턴의 각 양상에 대해 평가된 최적화 정도를 뜻한다. 예를 들어 대안 1은 기준 1(7)에 대해서는 비교적 좋지만, 기준 2에 대해서는 그렇지 못하다. 전체 가중치 점수는 간단히 점수와 가중치의 외적이 된다. 대안 1에 대해 이 값은 7×7+3×5+6×3+9×2+4×15=106이 된다. 최상의 솔루션은 전체 가중치 점수가 120을 갖는 대안 3이다. 이것이 실체화될 패턴이 된다.

패턴은 설계 최적화를 효과적으로 만드는 핵심 접근법이다. 첫째, 올바른 시스템의 기능 모델을 명확히 구축하라. 둘째, 최적화하기를 원하는 설계 기준을 식별하고 서열을 매겨라. 그런 다음 가장 중요하다고 여기는 양상을 최적화하는 설계 패턴을 선정하라. 마지막으로 지금까지 잘 수행했던 것들을 검증하라.

아키텍처는 설계의 가장 높은 레벨이다. 아키텍처 설계 패턴은 전체 레벨에서 전체 시스템을 최적화한다. 설계 패턴을 이용하는 것은 시스템의 구조를 최적화하고, 이 구조를 더 이해할 수 있게 만들며, 더 세부적인 설계 최적화가 일어날 수 있는 상황을 제공한다.

소프트웨어 아키텍처 범주와 뷰

아키텍처는 단일의 기초적인 문제가 아니다. 이것은 전체로서 시스템의 중요한 양상을 구성하고 조직하며 최적화하기 위해 함께 통합된 설계 패턴의 집합이다. 시스템 아키텍처의 복잡성과 폭으로 인해 관련 양상에 초점을 둘 범주를 정의해야 한다. 또한 이들 범주는 관련 양상에 대한 설계 결정을 표면화시킨다는 점에서 아키텍트^{architect}의 관점으로 고려될지도 모른다.

주 아키텍처 뷰

주 아키텍처 뷰^{view}는 다음과 같은 몇 가지 이유로 인해 핵심으로 간주된다. 첫째, 뷰는 일반적으로 임베디드 공간의 대부분 시스템에서 중요하다. 거의 모든 임베디드 시스템은 이들 관심 영역 내에서 몇 가지 최적화에 대해 정의해야 한다. 둘째, 뷰는 시스템의 전체 구조, 행위, 성능에 심대한 영향을 미친다. 다른 아키텍처 범주도 특정 시스템에 아주 중요할지도 모르지만, 이 범주는 보편적이지 않거나 시스템의 구조, 또는 행위에는 영향을 미치지 않을지도 모른다.

조화 프로세스는 그림 4.4에서 보이는 것처럼 다섯 가지의 중요한 아키텍처 범주를 갖고 있다. 이들 각 관점viewpoint은 임베디드 공간의 대부분 시스템이나 모든 시스템을 표현하며, 배포 시스템의 구조, 행위, 성능에 심대한 영향을 미친다. 이들 각 관점은 풍부한 어휘, 개념적 온톨로지ontology, 패턴 집합을 가진 상대적으로 독립된 주제다. 시스템 아키텍처는 이들 각 주제 영역에 대해 (주로) 하나 또는 그 이상의 패턴으로 구성된다.

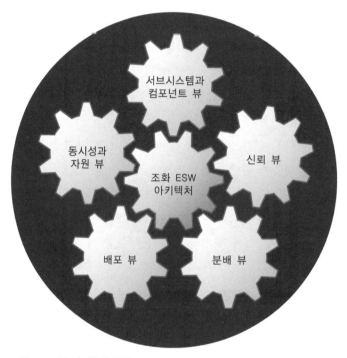

그림 4.4 주 아키텍처 관점

표 4.3은 이러한 관점을 설명한다.

표 4.3 주 아키텍처 관점

관점	설명	사례 패턴*
서브시스템과 컴포넌트 뷰	이 뷰는 시스템의 가장 큰 크기를 가진 구성단위, 서비스와 데이터의 상세한 책임과 할당, 요청했거나 요구되는 시스템의 특성화된 인터페이스를 식별한다.	계층형 패턴 마이크로커널 패턴 순환 방지 패턴 계층 제어 패턴 포트 패턴

(이어짐)

관점	설명	사례 패턴*
동시성과 자원 뷰	이 뷰는 동시성 구성단위와 관련된 동시성 메타데이터, 스케줄링 정책, 자원 공유 정책을 식별한다.	주기 운영 패턴 정적 우선순위 패턴 동적 우선순위 패턴 인터럽트 패턴 가드 호출 패턴 메시지 큐 패턴 랑데부 패턴
배포 뷰	이 뷰는 포함된 다양한 공학 학문 분야 (소프트웨어, 전자, 수력, 기압, 광학 등과 같은), 각각의 책임, 이들 학문 분야 간 인터페이스를 식별한다.	정적 할당 패턴 하드웨어 프록시 패턴 하드웨어 어댑터 패턴 중재자 패턴 디바운싱 패턴
분배 뷰	이 뷰는 다중 어드레스 공간(단일 또는 다중)에 걸쳐 있는 분산 소프트웨어에 대한 정책과 네트워크 토폴로지, 미들웨어, 통신 프로토콜을 포함해 통신 기반 구조 상에서 요소가 어떻게 서비스와 협동을 발견하는지 그 방법에 대해 식별한다.	공유 메모리 패턴 관찰자 패턴 프록시 패턴 포트 프록시 패턴 데이터 버스 패턴 중개자 패턴
신뢰 뷰	이 뷰는 안전성, 신뢰성, 보안성과 관련된 통합 관점과, 일반 기능과 예외 기능이 이들 이슈를 어떻게 처리해야 하는지 그 방법을 다룬다.	보호 단일 채널 패턴 동종 중복 패턴 이종 중복 패턴 CRC 패턴 스마트 데이터 패턴 프록시 기반 방화벽 패턴 안전 채널 패턴

* 이들 패턴에 대한 세부 사항은 저자의 실시간 설계 패턴[5]과 C에서의 임베디드 시스템을 위한 설계 패턴[2]이라는 책이나 기타 참고 문헌에서 발견할 수 있다.

이들 각 아키텍처의 관심 영역에 대해 간략히 알아보자.

서브시스템과 컴포넌트 뷰

이 범주에서의 아키텍처 결정은 시스템의 가장 큰 구성단위를 식별하고, 그들의 책임을 할당하며, 그들의 인터페이스를 특성화하고, 기존 소프트웨어 요소를 구조에 할당한다. UML 2에서 컴포넌트와 서브시스템은 시스템 내부에 대한 책임과 행위를 대표하는 구조화된 클래스 요소다(각각은 일반적으로 다른 클래스에 의해 규정된다). 이 때문에 컴포넌트 또한 기술서에 포함되며, 그러한 요소를 서브시스템으로 참조한다. 어떻게 서브시스템과 컴포넌트가 사용되는지에 대해 UML 표준은 꽤 유연한 사고를 제공한다. 컴포넌트 내에서 실행되는 작업에 따라 서브시스템이 시스템의 가장 큰 조각이고, 다음이 컴포넌트며, 그 다음이 기타 구조화된 클래스고,

마지막으로 단순(비구조화된) 클래스다(그림 4.5).

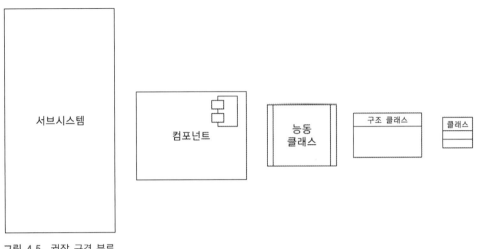

그림 4.5 권장 규격 분류

강건한 서브시스템은 상호 상대적으로 밀접하게 결합된 부분을 포함하며(좋은 응집력), 일관된 서비스 집합을 제공하고(일관성), 다른 서브시스템에 세부 구현 사항을 숨긴다(캡슐화). 서브시스템은 실행 시간의 구성단위로서 뿐만 아니라 팀의 분산 작업을 위한 수단으로도 활용된다. 각각의 서브시스템은 종종 수학 라이브러리, 미들웨어, 애플리케이션 컴포넌트 같은 컴포넌트의 집합으로 구축된다. 각 컴포넌트는 내부 실행을 위한 다중 스레드를 갖는다. 실제 작업은 궁극적으로 원시 클래스, 기능, 변수에 의해 수행되는데, 이러한 이유로 이들 작은 요소를 종종 시스템의 '시멘틱 요소'라 부른다.

서브시스템의 패턴은 시스템의 기능성과 지식이 어떻게 분할되고 연결되는지에 따라 달라진다. 예를 들어 계층형 패턴Layered Pattern은 추상화나 제어 계층의 집합으로서 서브시스템을 설정한다. 많은 시스템에서 이것은 시스템을 분할하는 유용한 방식이다. 하나의 계층이 애플리케이션의 개념을 처리할 수도 있는데, 이는 미들웨어, UI, 물리 모델을 포함하는 더 낮은 계층의 설비를 이용해 차례로 구현되며, 궁극적으로 하드웨어 측면에서 보면 가장 낮은 계층에서 구현된다. 이 패턴은 (더 낮은 계층을 대체함으로써) 다양한 하드웨어 플랫폼, 미들웨어, (미들웨어 계층을 대체함으로써) UI를 위해 또는 (상위의 애플리케이션 계층을 대체함으로써) 플랫폼 환경을 제공해 소프트웨어의 재사용성을 최적화한다. 계층형 패턴은 요청이 계층을 통해서만 위임되기 때문에 종종 성능에 오버헤드를 가져온다.

마이크로커널 아키텍처Microkernel Architecture가 시스템을 계층의 집합으로 구조화하지만, 이들 계층은 더 중요하거나 덜 중요한 특징으로 구성된다. 이러한 구조는 스택이라기보다는 양파에 더 가까운 것 같다. 핵심에는 중요한 특징 집합인 커널이 있다. 커널의 외부는 그 다음으로 중요한 특징 집합이 있다. 더 바깥쪽에는 약간 덜 중요한 특징 집합이 있다. 나머지는 이와 마찬가지로 구성된다. 이것은 다양한 족적을 가진 상이한 능력에 대한 다양한 제품 변이를 생성하게 해준다.

채널 패턴Channel Pattern은 시스템을 구성단위의 집합으로 구성하며, 구성단위 각각은 센서의 원 데이터를 획득하고, 일부 물리적 출력을 제어한다. 내부적으로 서브시스템(채널로 알려졌음)은 올바른 구동 신호를 계산하기 위해 일련의 데이터 변환을 수행한다. 채널 중 하나가 실패할지라도 전송 서비스가 이에 상응해 동작할 수 있는 다중 병렬 채널 생성이 간단한 문제이기 때문에 그러한 구조는 안전 필수 시스템과 고신뢰성 시스템에 매우 유용하다. 채널 패턴은 복제 하드웨어에 대한 필요성과 증가된 메모리의 요구 사항 때문에 보통 더 높은 반복 비용(발송 시스템당 비용)을 갖는다.

포트 패턴Port Pattern은 인터페이스 호환성을 기반으로 다양한 서브시스템을 연결하는 간단한 패턴이다. 포트는 간단히 하나 또는 그 이상의 인터페이스를 지원하는 연결점이다. 두 개의 포트가 포트 결합체라면, 즉 하나의 포트가 다른 포트에 의해 필요한 서비스를 요청하거나 이의 반대라면 두 개의 포트는 서로 연결될지도 모른다. 패턴은 서브시스템의 유형(클래스)을 기초로 하지 않고 오히려 특정 인터페이스에 순응함으로써 시스템이 함께 연결되도록 만든다. 그러나 포트 또한 일부 위임된 오버헤드를 추가한다. 때때로 이 오버헤드는 항상 그렇지는 않지만 최적화될 수 있다.

이들 모든 패턴(아니 그 이상)은 시스템의 일부 양상을 최적화하는 이점을 제공한다. 패턴 또한 다른 양상을 비최적화하는 비용을 제공한다. 그림 4.6은 이들 세 가지 패턴의 차이를 그림으로 보여준다.

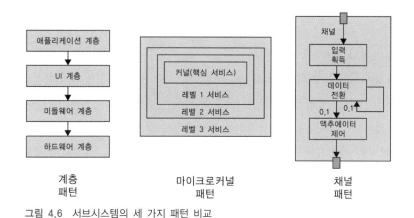

그림 4.6 서브시스템의 세 가지 패턴 비교

동시성과 자원 뷰

동시성과 자원 뷰$^{\text{concurrency and resource view}}$는 아키텍처의 또 다른 핵심 관점이다. 동시성은 작업, 스레드, 프로세스 같은 동시성 구성단위의 동시 실행과 관련된다. 각각의 동시성 구성단위는 (분기를 포함해) 알려진 실행 시퀀스를 가진 일련의 동작 실행을 포함한다. 그러나 동시성 구성단위 간의 동작 실행 순서는 명시적인 동기화 지점을 제외하고는 일반적으로 알려지지 않았다. 동시성 구성단위가 다양한 CPU에서, 그리고 다중 코어 프로세서의 다양한 코어에서 실제 병렬로 실행될 때 동시성은 발생한다. 아키텍처 뷰는 동시성 구성단위가 한 번에 하나씩 실행돼야 하는 모의 동시성$^{\text{pseudo-concurrency}}$에 관련되는데, 이는 대부분의 부품이 동시에 나타나지 않는다면 구성단위가 공통의 계산 자원을 공유하기 때문이다. 작업 또는 문맥 스위칭은 임베디드 시스템에서 중요한 고려 요소인데, 이는 작업이 너무 많으면('스레싱^{thrashing}'으로 알려짐) 성능을 잃어버리게 만들고, 작업이 너무 적으면('기아^{starvation}'로 알려짐) 올바른 시간 프레임에서 끝내지 못하는 작업을 만들어내기 때문이다.

동시성 구성단위의 실행이 실제 독립적이라면 설계 최적화 결정을 내려야 하더라도 설계는 아주 간단해진다. 동시성 구성단위가 직접적으로(예를 들어 비동기 이벤트 또는 기능 호출을 이용해) 아니면 간접적으로(예를 들어 공유 데이터 또는 기타 자원을 통해) 상호작용할 때 설계는 훨씬 더 복잡해진다.

동시성과 자원 아키텍처 범주에서 관심을 가져야 할 설계의 주 영역은 다음과 같다.

- 스케줄링은 작업이 실행될 때 별개로, 그리고 상호 관련성을 고려해 정의된다.
- '스레드 안전$^{\text{thread-safe}}$' 자원 공유는 자원이 다중 동시성 구성단위에 의해 사용될지도 모르는 수단을 정의한다.
- 교착상태^{deadlock} 회피는 어떻게 교착상태를 회피하는지에 대해 명시한다.

성능 이슈는 최악의 사례와 평균 사례 실행 시간, 대역폭, 처리량, 예측 가능성을 비롯해 설계 관심 영역의 모든 장소에서 나타난다.

UML에서 동시성 구성단위는 «active» 클래스로서 표현되며, 수행 작업은 클래스에 대한 인스턴스^{instance}다. 이들 클래스는 시멘틱 요소를 위해 이벤트와 메시지 큐를 운용하고 관리하는 스레드 생성에 대해 책임을 진다. 자원은 일반적으로 동시성 구성단위 내의 시멘틱 요소에 서비스나 데이터를 제공하는 클래스로서 모델화된다. 나쁜 결과로 진행되지 못하게, 또는 심지어 시스템 데이터에 오류가 생기지 않게 주의가 요구된다. 동시성 아키텍처를 표현하는 클래스 다이어그램은 보통 작업 다이어그램으로 알려져 있다. 하나의 사례가 그림 4.7에 나타나 있다.

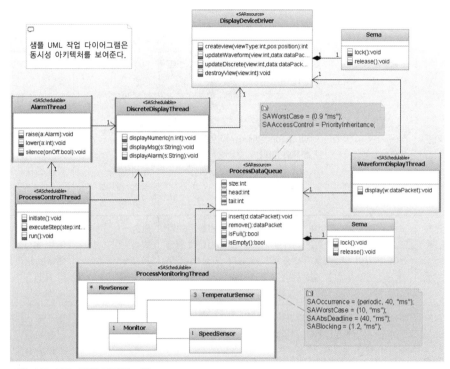

그림 4.7 UML 작업 다이어그램

이 사례에서 «active» 클래스는 두꺼운 경계선으로 표시되고, 스테레오타입stereotype은 «active»를 식별하며, 자원도 마찬가지로 식별한다. 세마포어semaphore와 데이터 큐가 명백히 나타나 있다. 이에 더해 작업 실행 특성을 기술하는 동시성 메타데이터는 제약 사항을 나타낸다.

스케줄링 정책은 언제 어떻게 작업이 계획돼 있는지에 초점을 맞춘 설계 패턴이다. 이것은 특히 동시성 구성단위가 공통의 단일 스레드 계산 하드웨어를 공유하는 모의 동시 발생 pseudo-concurrent 시스템에 중요하다(동시성은 객체가 동시에 실행된다는 것을 의미한다. 모의 동시 발생 객체는 외양적으로는 동시에 실행하는 것처럼 보이지만, 객체가 단일 스레드 계산 자원(CPU)상에서 실행되기 때문에 자원은 동시성 구성단위에 초점을 맞춰 변환해야 하고, 이에 따라 어떤 시점에도 실제로 하나의 객체만 실행된다). 다양한 스케줄링 패턴은 다양한 이점을 제공한다. 일부 공통 스케줄링 설계 패턴이 표 4.4에 나타나 있다.

표 4.4 일부 스케줄링 설계 패턴

패턴	설명	이점	비용
순환 실행 체제	스케줄러는 반복 주기에서 (각각을 완료하기 위해) 작업 목록을 같은 순서로 실행한다.	단순 공평 높은 예측	저대응성 불안정 차선의 성능 튜닝 요구
시간 기반 순환 실행 체제	각 주기가 시간 기반 에퍽(epoch)상에서 시작한다는 것을 제외하고는 순환 실행 체제와 같다.	단순 공평 높은 예측 참조 클록을 이용한 동기화	불안정 차선의 성능 튜닝 요구
비율 단조 스케줄링 (RMS)	모든 작업은 주기적이며, 기간의 끝에 마감 시간을 갖는다고 가정한다. 우선순위는 기간을 기초로 설계 시간에 할당된다. 기간이 짧을수록 우선순위는 더 높다. 가장 높은 우선순위 작업이 항상 실행된다.	안정 최적 강건	불공평 매우 복잡한 시스템에는 부적절 더 복잡 덜 예측
마감 시간 우선(EDF)	우선순위는 마감 시간에 가까운 정도(즉, 긴급성)를 기반으로 실행 시간에 할당된다. 작업을 기다리는 가장 높은 우선순위가 항상 실행된다.	최적 강건	불공평 단순 구현 스레싱 발생 불안정 더 복잡 낮은 예측

배포 뷰

임베디드 시스템의 개발에서 모든 구현이 소프트웨어로 기술되는 것은 아니다. 사실 이것은 시스템의 기능성을 완전히 실현하는 여러 가지의 다양한 공학 학문 분야로부터 가져온 요소들의 협력이라 할 수 있다. 여기에 포함된 학문 분야는 다음과 같다.

- 소프트웨어 공학
- 전자 공학
  - 아날로그
  - 디지털
- 기계 공학
  - 수리학
  - 기체역학
  - 구조학
- 광학

- 핵 공학
- 화학
- 생물학

배포 뷰[deployment view]는 여러 가지 이유로 인해 중요하다. 첫째, 다양한 학문 분야 요소에 대한 요구 사항과 기능성의 할당을 이해하는 것이 중요하다. 이것은 다양한 공학 팀에게 자기가 수행할 범위와 내용이 무엇인지 명확하게 해준다. 둘째, 인접 학문 분야 간에서 잘 정의된 인터페이스를 갖는 것이 매우 중요하다(인접 학문 분야는 다른 요소에 직접 연결되는 설계 요소를 포함하는 학문 분야다. 예를 들어 소프트웨어 공학이 자주 전자 공학을 제어하므로, 소프트웨어 공학과 전자 공학은 인접한다. 그러나 기압 펌프를 제어하기 위해서는 소프트웨어가 전자 부분을 제어하고, 이어 기계 부분을 제어해야 하므로 소프트웨어 공학과 기계 공학은 인접하지 않는다). 공통적인 문제는 이들 학제 간(여러 학문 분야가 관련된)의 인터페이스가 잘 정의되지 못했다는 것인데, 이는 장기간의 통합 시간과 값비싼 재작업을 야기하는 결과를 가져온다.

UML이 '배포 다이어그램'이라 부르는 일종의 다이어그램을 정의하지만, 표현력 측면에서는 매우 제한된다. 우리가 SysML(시스템 모델링 언어, UML 표준 프로파일[6]) 명세를 정의할 때 배포 뷰를 표현하기 위해 배포 다이어그램의 이용을 거부하지만, 대신 배포 아키텍처를 묘사하기 위해 블록 다이어그램(즉, 클래스 다이어그램)에 의존한다. 예를 들어 의료 가스 전송 시스템의 부분이 그림 4.8에 나타나 있다. 스테레오 타입은 요소가 속해있는 다양한 학문 분야를 식별한다. 보통 소프트웨어 요소가 비스테레오 타입이지만, 명확성을 위해 명확한 스테레오 타입이 그림 4.8의 사례에 추가됐다.

그러한 요소에 대한 인터페이스는 스테레오 타입과 연관된 UML 태그에서 식별될 수 있고, 각각의 분리 모델은 요소로 작성될 수 있다. 예를 들어 setAirflow(flow) 동작을 위한 세부적인 전자와 소프트웨어 인터페이스는 그 요소를 위해 정의된 태그에 의해 제공되며, 이 관계는 그림 4.9에 나타나 있다. 이들 세부 사항은 그 주소에 위치한 메모리 맵[memory-mapped] 인터페이스를 보여준다.

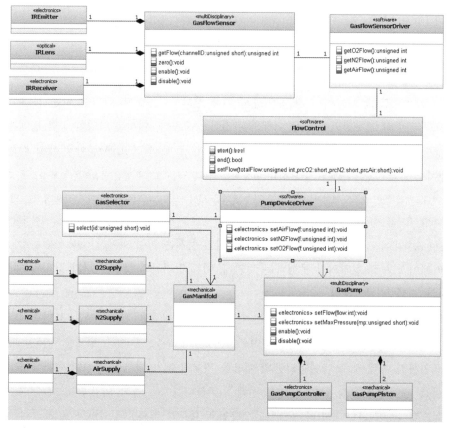

그림 4.8 배포 아키텍처 다이어그램

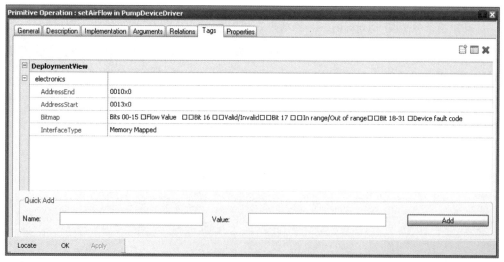

그림 4.9 setAirFlow() 동작을 위한 세부 전자장치 인터페이스

이 뷰에 대해 발표된 패턴 문헌은 주로 소프트웨어-전자 할당과 인터페이스에 초점을 맞추고 있다(표 4.5 참조).

표 4.5 일부 배포 패턴

패턴	설명	이점	비용
정적 할당	하드웨어-소프트웨어 인터페이스의 기능성이 설계 시간에 정의된다.	간단	결함 상태에서 강건성 제공 불가 사용 유연성 부족
대칭 할당	하드웨어-소프트웨어 인터페이스의 기능성이 동적으로 구성된다.	다양한 부하와 조건에 대해 유연성 제공 결함 상태에서 동적 재구성 가능	더 복잡 전형적으로 더 많은 하드웨어와 반복 비용 필요
하드웨어 프록시	프록시는 적절히 장치를 초기화하고 구성하며, 정지시킬 뿐만 아니라 장치에서 읽고 장치에 쓰는 서비스도 발행한다. 프록시는 클라이언트를 위한 인코딩과 연결-독립 인터페이스를 제공하며, 쉬운 변경은 장치 인터페이스나 연결 변경의 특징이다.	단순 유지 보수	실행 시간 성능에 대한 오버헤드
하드웨어 어댑터	이 패턴은 부정합 하드웨어-소프트웨어 인터페이스를 위해 어댑터를 제공한다. 기존 하드웨어와 소프트웨어가 신규 시스템의 문맥에 함께 제공될 때 유용하다.	개선된 이식성 개선된 재사용성	간접 수준 추가 성능에 부정적 영향
중개자	중개자 패턴은 특히 패턴의 행위가 잘 정의됐지만 복잡한 방식으로 조정될 때 다양한 하드웨어 요소를 관리하는 데 유용하다. 이 패턴은 복잡성을 구현에 적용할 수 있는 많은 특수화(서브클래싱)를 요구하지 않으므로, 특히 C 애플리케이션에 유용하다.	복잡한 제어 시스템에서 많은 요소의 단순 결합 가능 특히 지휘 통제(C2) 애플리케이션에 탁월	성능에 부정적 영향 요소 간의 양방향 통신 곤란

분포 뷰

대부분은 아니지만, 많은 임베디드 시스템은 다중 코어 CPU의 다양한 코어인지 아니면 다양한 CPU의 다양한 코어인지 관계없이 소프트웨어를 실행시키는 멀티프로세싱 구성단위를 갖는다. 현대의 임베디드 시스템이 갖고 있는 한 가지 과제는 효과적이며, 효율적으로 통신하고 협력시키기 위해 다양한 어드레스 공간에 걸쳐 분산된 소프트웨어를 가져오는 것이다. 우리는 이 아키텍처 뷰를 '분포 뷰distribution view'라 부른다.

분포 뷰는 다양한 어드레스 공간에서 데이터와 제어 메시지의 공유, 통신 시작과 종료를 비롯해 어떻게 소프트웨어를 통신시킬 것인지, 그리고 어떻게 통신의 품질 서비스를 관리하고 데이터 포맷을 연결하며, 공유 메모리, 소켓, 미들웨어, 통신 프로토콜을 이용할 것인지에 관한 아키텍처 결정 사항들을 포함한다.

이것은 오직 이에 대해서만 초점을 맞춘 많은 책에서 다루고 있는 중요한 주제다.

표 4.6은 이 아키텍처 관점에서의 일부 공통적인 패턴을 보여준다.

표 4.6 일부 분산 패턴

패턴	설명	이점	비용
공유 메모리	전역 데이터와 이벤트를 공유하기 위해 (종종 이중 포트라 부르는) 다중 포트 메모리를 이용한다.	규모가 큰 데이터 집합의 효율적 공유 낮은 실행 시간 성능의 오버헤드	동기화 관리를 위한 특정 하드웨어 필요 수많은 상호 연결에 대한 조정 곤란
관찰자	클라이언트에서 분리하기 위한 구독/비구독 기능성을 가진 서버를 측정한다.	적절한 클라이언트- 서버의 지식 유지 훌륭한 실행 시간 성능 다양한 통보 정책의 쉬운 구현	어느 정도 복잡한 서버
프록시	다양한 주소 공간에 걸쳐 관찰자 패턴을 구현한다.	애플리케이션 시멘틱에서 통신의 세부 수단 분리 네트워크 트래픽 최소화	꽤 복잡한 프록시
포트 프록시	모든 세부 통신 미디어를 연결 객체(포트)로 캡슐화한다. 여기서 객체는 메시지의 수집, 전송, 비수집을 관리한다.	통신 시멘틱에서 애플리케이션 시멘틱 분리 애플리케이션 소프트웨어 변경없이 네트워크 프로토콜 변경 가능 이식성과 재사용성 지원	다중 프록시 집합 작성 필요 복잡한 포트 프록시
데이터 버스	분포, 비결합 클라이언트, 서버를 추가하기 위해 데이터를 공통 저장소인 '버스'로 가상화한다. '푸시(push)'와 '풀(pull)' 변종에 관여한다.	데이터를 단일 위치로 국부화 규모가 큰 데이터 집합의 훌륭한 관리 많은 클라이언트의 훌륭한 조정 연결 토폴로지의 단순화	단일 지점 결함에 취약 복잡한 데이터 버스
중개자	연결을 유연하고 강건하게 만드는 클라이언트와 서버 저장소를 제공한다.	결함 허용 시스템의 쉬운 구현 대칭적 다중프로세싱의 훌륭한 지원	복잡한 중개자(상용 솔루션이 가용해도) 큰 규모의 메모리 족적과 심각한 성능 오버헤드

신뢰 뷰

신뢰성은 우리가 구축하려는 시스템에 대한 의존 능력을 나타낸다. 신뢰성에는 세 가지의 주요한 양상이 있다. 첫째는 '손해로부터의 자유'로 정의되는 안전성safety이다. 둘째는 시스템 서비스의 가용성에 대한 확률적 측정인 신뢰성reliability이다. 마지막 양상은 보안성security 또는

'외부의 영향, 침입, 절도로부터의 자유'다. 아키텍처에서 신뢰 뷰^{dependability view}의 중요성은 시스템이 더 스마트해지는 것만큼 아니면 시스템에 더 많은 역할을 부여하는 것만큼 계속해서 증가하고 있는데, 이 신뢰 뷰는 시스템 주변에 거주하는 사람에게 아주 큰 부정적 영향을 미칠 수 있는 사고와 관련된다.

때때로 다양한 양상에 대한 다양한 관심사들은 독립적이지만, 때때로 이들 관심사는 동시에 발생한다. 몇 가지 사례는 다음과 같다.

- 자동차 미디어 플레이어를 더 안전하게 만드는 것은 (그래서 미디어를 다운로드하기 위해 사용된 사용자의 신용카드 정보가 도용되지 않는다) 자동차의 안전성에 영향을 주지 않는다.
- 에어백의 파워 온^{power-on} 안전성 검사를 추가하는 것은 자동차를 더 안전하게 만들지만, 신뢰성은 줄어든다. 이는 실패를 야기하는 더 많은 컴포넌트가 자동차에 존재하기 때문이다.
- 자동차의 브레이크, 가속도, 조정 장치에 대한 기능성을 허용하기 전에 사용자에게 긴 패스워드를 로그인하라고 요구하는 것은 자동차를 훔치는 것을 더 어렵게 만들지만, 비상 상황에서는 안전성이 줄어든다.
- 추가적인 브레이크 페달의 위치 센서를 추가하는 것은 브레이크 페달에 대한 신뢰성을 향상시키면서 동시에 자동차를 더 안전하게 만들 수 있다.

모든 시스템은 다르다는 사실을 알아야 하며, 원래의 사용 의도에 맞는 특정 상황하에서 시스템에 의해 영향 받는 신뢰성 니즈^{needs}는 반드시 고려돼야 한다. 자동차가 (운전이 아닌) 라디오만 듣기 위해 사용된다면 대부분의 안전 관련 관심사는 없어질 것이다. (의료 인력이 가까이 있고 시스템이 모니터링되고 있는) 유인 환경에서의 심장 보조 장치는 무인 환경에서 사용되는 장치보다 매우 다양한 요구 사항 집합을 갖는다. 일반적으로 안전성 분석과 평가는 시스템에 대한 '안전성 사례'를 만들기 위해 많은 요소를 고려해야 한다.

신뢰성 시스템은 안전성, 보안성, 신뢰성을 제공하기 위해 다양한 방식에서 중복을 이용한다. 다양한 패턴은 비용의 정도에 따라 다양한 특정 관심사를 최적화하기 위해 이러한 중복을 구현한다. 표 4.7은 이러한 몇 가지 패턴을 보여준다.

표 4.7 일부 신뢰 패턴

패턴	설명	이점	비용
보호 단일 채널	보호 단일 채널 패턴은 데이터 검사가 하나 또는 그 이상의 구체적인 데이터 변환 단계에서 추가되는 간단한 패턴이다. 이는 경량의 중복을 제공하지만, 보통 결함 발견 시 서비스 제공을 지속할 수 없다.	낮은 설계 비용 낮은 반복 비용 입력과 계산의 정확성 검사에 쉬운 수단	결함 발생 시 계속 수행 불가(실패-안전 상태 필요)
동종 중복	병렬 또는 백업 방식에서 동작하는 동일 채널의 다중 인스턴스를 사용하며, 이로 인해 하나의 채널이 실패해도 시스템은 서비스 제공을 지속할 수 있다.	낮은 설계 비용 랜덤 결함 식별 결함 상태에서 지속 가능	높은 반복 비봉 체계적 결함은 식별 불가(예: 설계 또는 구현 오류)
이종 중복	병렬 또는 백업 방식에서 동작하는 각기 다른 설계 또는 구현 채널의 다중 인스턴스를 사용하며, 이로 인해 하나의 채널이 실패해도 시스템은 서비스 제공을 지속할 수 있다.	결함 상태에서 지속 가능 랜덤/체계적 결함 식별 가능	높은 설계 비용 높은 반복 비용
CRC	순환 중복 검사(CRC) 패턴은 오류 발생 여부를 검출하기 위해 데이터상에서 CRT 값이라 부르는 고정 길이의 이진 코드를 계산한다. 이 코드는 데이터에 추가해 저장되며, 데이터가 업데이트 시 설정되고, 데이터를 읽을 때 검사된다.	높은 신뢰도로 완벽한 확신을 가진 단일, 다중 비트 오류 식별	매 접속 시 데이터 검사를 위한 일부 계산 오버헤드 포함 겸함 탐지 시 지속 수행 불가 더 많은 메모리를 이용한 표 구현 더 많은 시간을 이용한 알고리즘 구현
스마트 데이터	데이터를 클래스로 캡슐화하고 사전, 사후 불변 조건을 검사하고, 조건 위반 시 예외 사항을 폐기하는 접근자에게 ·접속한다.	폭넓게 적용 가능 다양한 종류의 불변사항 검사를 쉽게 추가 가능	매 접속 시 불변사항 검증으로 성능 악화 필요시 제한된 데이터를 위해 추가 메모리 필요
프록시 기반 방화벽*	애플리케이션 특정 프록시는 입출력 네트워크 트래픽을 여과하고 차단한다.	네트워크 시스템용 주 위협 벡터를 다루는 애플리케이션 특정 위협 식별 명확히 예상되는 트래픽만 허용하고 기타 메시지는 거부	환경 변화에 추가 개발 비용 조정 곤란
보안 채널	변화에 민감한 통신이 공공 미디어 전체에 걸쳐 전송되고, 모든 데이터는 암호화돼 채널을 경유해 보내진다.	확보된 데이터가 해석될 수 없어도 보안성은 향상됨 보통 미들웨어 솔루션 가용	추가 설계 비용 암호와 해독에 성능 오버헤드 발생 대칭 프로세스 수행 능력 감소

* 프록시 기반 방화벽과 안전 채널 패턴은 참고 문헌 [7]에서 발견될 수 있다.

그림 4.10은 보호 단일 채널 패턴의 기본적인 구조를 보여준다. SensorDeviceDriver는 데이터를 획득한다. 연결된 ConcreteDataTransforms 집합은 계산 결과가 AcutatorDevice Driver를 경유해 일부 액추에이터를 구동하는 데 사용될 때까지 일련의 단계에서 데이터를 처리한다. '보호' 부분은 데이터의 중간 과정을 검사하기 위해 패턴에서 Abstract TransformCheckers로 알려진 데이터 검증기를 부착함으로써 시행된다. 이것은 데이터가 어떤 제한 범위 내에 있는지 보장하기 위해 수행될지도 모르며, 역방향 계산은 원래의 센서 값을 재생성할지도 모른다. 문제가 식별되면 적절한 안전 메커니즘이 적용된다.

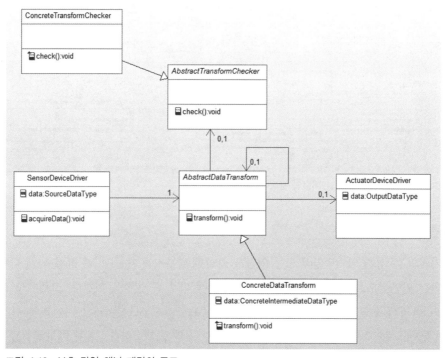

그림 4.10 보호 단일 채널 패턴의 구조

그림 4.11에 보호 단일 채널 패턴의 사용 사례가 나타나 있다. 이 경우 데이터는 두 개의 센서 클래스인 Thermometer와 FanSpeedSensor로부터 나오며, 요구 온도를 설정하는 장치인 Thermostat로부터 나온 데이터를 추가한다. 온도 데이터는 CheckTemperature 클래스에 의해 검사된다. ComputeHeatFlow 클래스는 실제 열 흐름을 계산하기 위해 두 개의 센서로부터 나온 데이터를 이용한다. 요구되는 열 흐름은 ComputeReqHeatFlow 클래스에 의해 계산된다. 이들 값은 실제 열 흐름과 요청 열 흐름 모두 적절한 제함 범위 내 있는지 보장하기 위해 HeatFlowLimits 클래스에 의해 검사된다. 실제와 요구 간 차이는 이 시스템에서 액추에이터가 있는 용광로를 구동하기 위해 파라미터를 계산하는 데 사용된다. 시스템에 대한 중간 검사

는 사전 조건과 사후 조건의 불변량이 사실이라는 것을 보장함으로써 안전성을 향상시킨다.

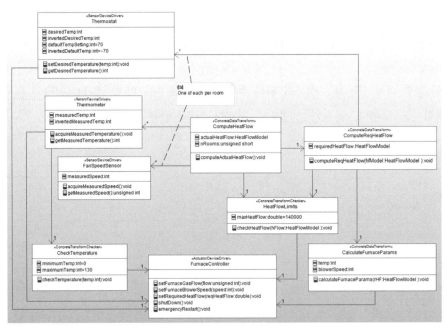

그림 4.11 보호 단일 채널 패턴의 사례

2차 관점

다섯 가지의 주 뷰가 아키텍처의 모든 양상을 확실히 다루지는 않는다. 주 뷰에 의해 다뤄지는 한 가지는 일반적으로 전체 시스템의 구조와 행위에 아주 큰 영향을 미친다. 그럼에도 불구하고 기타 아키텍처 최적화도 잘 수행돼야 한다. 중요할지도 모르는 기타 아키텍처 관점에는 데이터 관리, 예외 처리와 보고, 시스템 유지 보수 지원을 포함한다. 전체 아키텍처는 1차와 2차 모두를 포함해 모든 아키텍처의 결정 사항들을 합한 것이다.

정리

아키텍처는 가장 높은 레벨에서의 구성 집합이고, 설계 결정을 최적화한 것이다. 다양한 아키텍처의 결정은 동일한 기능성에도 불구하고 심각할 정도의 다양한 성능 특징을 초래할 수 있다. 아키텍처는 기술적, 정황적, 경제적, 배포의 이점을 위해 제품을 최적화해주기 때문에 중요하다.

아키텍처를 개발하는 가치 있는 접근법은 근본적인 설계 기준의 그룹화를 이해하는 것이다. 조화 프로세스에서 이들 그룹은 다음과 같다.

- 서브시스템과 컴포넌트 뷰
- 동시성과 자원 뷰
- 분산 뷰
- 신뢰 뷰
- 배포 뷰

이들 관점 각각은 다양한 기준 집합이고, 핵심 개념과 니즈를 정의한 다양한 문헌이다. 전체 아키텍처는 이들 분리된 각각의 측면에서의 설계 최적화의 집합이다.

이들 관점 각각에 대해 권고하는 아키텍처 최적화에 대한 접근법은 다음과 유사하다.

1. 중요한 최적화 기준을 식별하고 특성화해라.
2. 긴요도 또는 중요성에 따라 기준에 서열을 매겨라.
3. 최소의 비용으로 가장 중요한 기준을 최적화하는 설계 솔루션(패턴)을 식별하라.
4. 설계 솔루션을 적용하라.
5. 기능성이 적절히 유지되고 요구 최적화가 성취됐다는 것을 검증하라.

설계 패턴 워크플로우는 규모가 작은 휴대용 센서부터 규모가 큰 상호 연결된 항공 전자 시스템까지 수많은 시스템에서 성공적으로 사용돼왔다. 책과 웹상에 나와 있는 폭넓은 패턴의 가용성이 아키텍처에 대한 최적화 접근법을 더 향상시켰다.

참고 문헌

[1] B.P. Douglass, Real-Time Agility, Addison-Wesley, 2009.

[2] B.P. Douglass, Design Patterns for Embedded Systems in C by Bruce Powel Douglass, Elsevier Press, 2010.

[3] E. Gamma, R. Helm, R. Johnson, J. Vlissides, Design patterns: Elements of Reusable Object-Oriented Software, Addison-Wesley, 1994.

[4] B.P. Douglass, Real-Time UML Workshop for Embedded Systems, Newnes, 2006.

[5] B.P. Douglass, Real-Time Design Patterns, Addison-Wesley, 2003.

[6] Available from: http://www.omg.org/spec/SysML/1.2/PDF.

[7] M. Schumacher, E. Fernandez-Buglioni, D. Hybertson, F. Buschmann, P. Sommerlad, Security Patterns: Integrating Security and Systems Engineering, John Wiley, 2006.

5

실시간 빌딩 블록:
이벤트와 트리거

에리히 스타이거(Erich Styger)

이벤트와 트리거

실시간 시스템의 핵심 요소는 실세계와의 상호작용이다. 이는 실세계의 실시간이라는 의미다. 임베디드 시스템은 외부 세계의 이벤트와 동기화돼야 하며, 시스템 자체는 이벤트를 생성할 수 있다. 이벤트는 눌러진 버튼, 특정 값에 도달하는 센서, 시스템의 다른 부분에 상황을 알려주는 시스템 같은 것이다. 그러한 기반 구조는 실시간 운영체제RTOS에서 발견될지도 모른다. 그러나 운영체제가 요구되지 않든지 필요 없든지 간에 그러한 맥락에서 사람들은 기능성의 사용을 원할 것이다.

실시간 시스템의 다른 요소는 실시간이다. 일단 이벤트가 발생하면 시스템은 적시에 반응해야 한다. 시스템은 올바른 결과를 생산해야 할뿐만 아니라 올바른 시간에 올바른 결과를 생산해야 한다. 이를 위해서는 보장된 시간에 행동을 수행하는 메커니즘이 필요하다. 5장에서는 이러한 메커니즘을 위해 트리거trigger를 이용할 예정이며, 이는 주어진 (상대적) 시간에 무엇인가를 해야 하는 방식이다.

실내 온도 구성단위

이벤트의 필요를 설명하기 위해 여기서는 간단한 사례를 이용한다. 전형적인 동기화 이벤트는 눌러진 키 또는 스위치를 다루는 것이다.

원격 장치를 이용하는 공기 조절 시스템을 상상해보자(그림 5.1). 실내의 원격 장치는 버튼과 표시기다. 사용자는 버튼을 위로 올리거나 아래로 내려서 원하는 실내 온도를 증가시키거나 줄일 수 있다. 버튼이 눌러졌다고 애플리케이션이 탐지하면 새로운 요구 온도로 표시기를 업데이트하고, 새로운 요구 값을 난방 시스템으로 전송할 것이다(예를 들어 무선 통신 채널을 통해). 많은 경우 눌러진 스위치의 탐지를 증가시키기 위해 인터럽트를 걸지도 모른다.

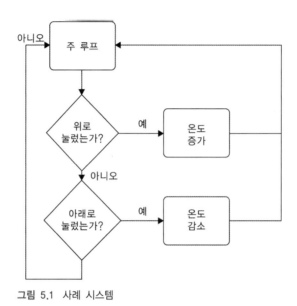

그림 5.1 사례 시스템

이러한 사용 사례를 처리하는 한 가지 접근법은 인터럽트 서비스 루틴에서 모든 것을 직접 처리하는 것이다(그림 5.2).

그림 5.2 에어컨(AC) 룸 구성단위 ISR

이 접근법은 간단하지만, 한 가지 문제점이 있다. 표시기 업데이트와 신규 값 전송에 수백 밀리초^{ms} 정도의 시간이 걸린다는 점이다. 마이크로컨트롤러와 인터럽트 시스템에 따라 기타 모든 인터럽트는 인터럽트가 실행되는 동안 지연된다. 따라서 이 접근법은 시스템이 중첩 인터럽트^{nested interrupt}를 허용하지 않는 한 인터럽트 지연 시간을 크게 증가시킬 것이다.

게다가 이 접근법은 인터럽트 서비스 루틴을 위한 다음과 같은 근본적인 설계 규칙을 위반할 것이다.

1. 인터럽트 처리기를 가능한 한 가장 작게, 그리고 가장 빠르게 유지하라.
2. 기다릴 수 없는 인터럽트 처리기에서만 일을 하라.

첫 번째 규칙은 주 프로그램에 대한 지연과 성능에 관한 것이다. 인터럽트 처리기가 더 오랜 동안 실행된다면 주 프로그램은 더 오랜 동안 인터럽트될 것이고, 이로 인해 정상적인 작업을 수행하지 못할 것이다. 이에 더해 이러한 사실은 다른 인터럽트의 지연에 영향을 줄 것이다. 지연은 인터럽트 발생(예를 들어 눌러진 스위치)부터 이에 상응하는 인터럽트(예를 들어 키보드 인터럽트)가 진입할 때까지 걸리는 시간으로 정의된다. 일부 시스템은 비중첩 인터럽트를 갖는다. 인터럽트 서비스 루틴을 실행하는 동안 다른 인터럽트가 발생하면 현재 실행되는 인터럽트 서비스 루틴이 종료될 때까지 기다려야 한다. 시스템이 중첩 인터럽트(다른 인터럽트가 이미 실행되는 동안에도 인터럽트 루틴이 실행될 수 있음)를 허용한다면 이것은 우선순위가 낮은 인터럽트가 여전히 기다려야 한다는 것을 의미한다.

표시기를 업데이트하는 것이나 무선으로 전송하는 것 모두 일반적으로 간단하거나 빠르지 않다. 다른 한편으로 표시기는 버튼이 눌러지면 같은 시간의 밀리초에서 업데이트되지 못하는데, 이 이벤트가 다음 100 내지 200밀리초 정도에서 발생한다면 이러한 사실은 사용자에게 허용될 수 있는 수치다. 새롭게 원하는 실내 온도에서 무선 전송은 훨씬 더 수 초보다 더 늦게 발생할 수 있다. 에어컨^{AC} 시스템은 매우 빠르게 반응하지 못하며, 약간 느린 시스템이다.

두 번째 규칙은 첫 번째 규칙에 대한 결과다. 일을 빠르게 유지하며, 실제 필요할 때만 일을 하고 기다리지 말라. 빠르게 일을 수행하기 위해 필요한 것은 버튼의 누름을 인지하는 것이다. 그래서 무엇인가를 빠르게 인지할 수 있는 메커니즘이 필요하고, 급하지 않은 일을 수행하기 위해 플래그를 설정할 수 있다. 그러한 플래그를 여기서 이벤트라 부른다. 그리고 이것이 바로 앞으로 구현해야 될 내용이다.

이벤트 시스템

이 절에서는 빠르게 처리될 필요가 있는 일은 빠르게 처리하고 기다릴 수 있는 일은 연기하는 시스템을 구현할 예정이다. 이를 위해 이벤트^{Event} 모듈을 구현한다. 먼저 인터페이스와 고수준의 개념을 기술하고, 그런 다음 세부 구현사항으로 들어간다.

여기서 제안한 이벤트 모듈은 인터럽트 서비스 루틴이 이벤트 플래그만 설정한다는 아이디어를 따른다. 이 플래그는 이벤트 처리기$^{event\ handler}$ 루프에 의해 비동기적으로 처리된다(그림 5.3).

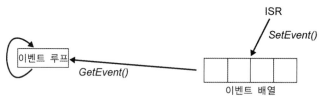

그림 5.3 이벤트 ISR 시스템

그렇게 하면 이벤트 서비스 루틴은 이벤트 알림만 설정하지만, 주 루프 또는 이벤트 처리기는 많은 작업을 수행한다. 이 접근법은 인터럽트에만 제한되지 않으며, 키를 조사하는 데도 사용된다(그림 5.4). 단일 이벤트는 다중 행동의 원인이 될 가능성이 있으며, 그렇지 않으면 이벤트는 추가 이벤트의 생성 원인이 될 수 있다. 그렇게 되면 이벤트와 행동의 순서가 생성될 수 있고, 그렇지 않으면 이벤트는 중첩될 수 있다.

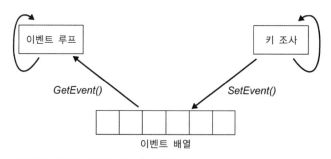

그림 5.4 이벤트 폴링(polling) 시스템

이러한 점을 염두에 두고 이벤트 모듈을 위한 인터페이스 정의를 시작할 수 있다.

- **정적 이벤트의 수** 이벤트의 수와 종류는 컴파일 시간에 알려진다.
- **특이성(Singularity)** 한 종류의 이벤트는 한 번만 존재할 수 있다. 같은 종류의 다중 이벤트

를 갖는 것은 불가능하다.

- **정적 메모리** 이벤트의 수가 알려지면 이벤트 디스크립터^{descriptor}의 배열^{array}을 이용한다. 효율성 때문에 리스트나 동적 메모리를 이용하지 않는다.
- **이벤트 처리** 이벤트 처리 또는 식별자^{identifier}로서 번호를 이용한다. 이벤트 디스크립터의 배열을 이용하면 이 이벤트 처리는 이벤트 배열의 지수^{index}가 된다.

이벤트 처리

첫째, 이벤트 처리를 위한 유형을 선언한다.

```
typedef uint8_t EVNT_Handle;

    /*!< We support up to 256 different events */
```

8비트 유형을 이용하면 256개의 다양한 이벤트를 이용할 수 있는데, 이 값은 대부분의 애플리케이션에 충분할 것이다. 코멘트가 /*!를 가지고 시작하는 것이 궁금할 것이다. 이것은 일반적인 코멘트이고, 소스 파일에 기반을 두고 문서를 생성할 수 있는 독시전^{doxygen} (www.doxygen.org) 컴파일러에 의해 특별한 방식으로 취급되는 코멘트다.

여기서 사용하려는 다양한 이벤트에 대한 리스트는 다음과 같다.

```
#define EVNT_INIT 0

    /*!< System Initialization Event */

#define EVNT_SW1_PRESSED 1

    /*!< SW1 pressed */

#define EVNT_SW2_PRESSED 2

    /*!< SW2 pressed */

#define EVNT_SW3_PRESSED 3

    /*!< SW3 pressed */

#define EVNT_SW4_PRESSED 4

    /*!< SW4 pressed */

#define EVNT_NOF_EVENTS 5
```

```
/*!< Must be last one! */
```

첫 번째 이벤트 처리는 0이라는 번호를 갖 시작한다. 다음은 애플리케이션 시작에서 설정될 초기화 이벤트를 정의한다. 이에 추가해 지원하려는 스위치의 수를 위해 이벤트를 정의한다. 게다가 다양한 이벤트 수를 제공하는 센티널^{sentinel} 이벤트 번호(EVNT_NOF_EVENTS)가 있다. 그렇지 않으면 다음과 같은 열거형^{enumeration type}을 이용할 수 있다.

```
typedef enum {

EVNT_INIT, /*!< System Initialization Event */

EVNT_SW1_PRESSED, /*!< SW1 pressed */

EVNT_SW2_PRESSED, /*!< SW2 pressed */

EVNT_SW3_PRESSED, /*!< SW3 pressed */

EVNT_SW4_PRESSED, /*!< SW4 pressed */

EVNT_NOF_EVENTS, /*!< Must be last one! */

} EVNT_Handle;
```

열거법을 이용하는 것이 더 고상한 방식이다. 그러나 enum이 ANSI-C에서 int로 정의되는 것처럼, 코드는 비효율적으로 될지도 모른다. 이것은 사용된 마이크로컨트롤러와 컴파일러에 의존한다. 8비트 마이크로컨트롤러는 더 효율적으로 8비트 유형을 처리할 것이며, 반면 32비트(또는 심지어 16비트) 컨트롤러는 int를 더 잘 처리할지도 모른다. 이에 추가해 표준 열거형을 사용자 정의 유형(예를 들어 unsigned 8비트 유형으로)으로 설정할 수 있는 많은 컴파일러가 있다.

이벤트에 번호가 매겨져 있다는 사실을 이용해 우선순위화 계획을 가지고 넘버링^{numbering} 또한 이용할 수 있다. 구현에 따라 이벤트 번호가 낮을수록 이벤트의 우선순위는 더 높을 것이다(또는 이의 반대도 마찬가지다).

이벤트 메소드

이벤트 모듈을 위한 인터페이스는 간단하다. 이 메소드는 이벤트를 설정하고 제거하며 검사하는 것이다. 이에 추가해 다음과 같이 어떠한 미결 이벤트가 있는지,그리고 어떤 것이 제공된 콜백^{callback}을 호출하는지 검사하는 메소드도 있다.

```
/*!

 * \brief Sets an event.

 * \param[in] event The handle of the event to set.

 */

void EVNT_SetEvent(EVNT_Handle event);
/*!

 * \brief Clears an event.

 * \param[in] event The event handle of the event to clear.

 */

void EVNT_ClearEvent(EVNT_Handle event);
/*!

 * \brief Returns the status of an event.

 * \param[in] event The event handler of the event to check.

 * \return TRUE if the event is set, FALSE otherwise.

 */

bool EVNT_GetEvent(EVNT_Handle event);
/*!

 * \brief Routine to check if an event is pending.

 * If an event is pending, the event is cleared

 * and the callback is called.

 * \param[in] callback Callback routine to be called.

 * The event handle is passed as argument to the callback.

 */

void EVNT_HandleEvent(void (*callback)(EVNT_Handle));
/*! \brief Event module initialization */
void EVNT_Init(void);
```

이벤트 데이터 구조

고수준의 인터페이스 집합을 이용한 세부 구현 사항으로 들어간다. 이전에 언급한 것처럼 이벤트 디스크립터^{descriptor} 배열을 이용해 이벤트를 구현할 예정이다. 이벤트 처리(EVNT_Handle) 로서 사용될 유형이 있으며, 이벤트는 설정될 수도 안 될 수도(해제될 수도) 있다. 따라서 여기서 필요한 모든 것은 비트 배열^{array}이다. 필요한 비트 수는 EVNT_NOF_EVENTS에 의해 정의된다. 이를 이용해 이벤트 비트를 바이트 배열로 집어넣은 이벤트 배열을 위해 다음과 같이 구현할 수 있다.

```
static uint8_t EVNT_Events[((EVNT_NOF_EVENTS-1)/8)+1];
```

```
/*!< Bit set of events */
```

이 구현은 최소의 메모리 이용이라는 이점이 있다. 그러나 나중에 알겠지만, 이벤트에 접근하기 위해서는 추가 비용이 소요된다. 성능이 관건이라면 추가적인 실행 시간 성능을 위해 메모리와 거래할 수 있다. 이러한 구현에 대한 대안으로는 각 이벤트에 대해 바이트를 이용하는 것이며, 이는 이벤트 배열에 대한 접근을 단순화시켜 줄 것이다. 이 대안은 RAM이 충분히 사용될 수 있고, 이벤트가 너무 많지 않다면 아주 가치 있는 구현 대안이 될지도 모른다. 모듈을 위해 제안한 인터페이스는 애플리케이션에 영향을 미치지 않고 구현을 변경하게 허용한다.

그림 5.5는 이벤트 처리 번호가 바이트 배열에서 어떻게 비트 번호로 매핑되는지 보여준다. 그림 5.5는 배열의 첫 번째 바이트를 보여준다.

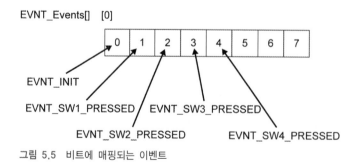

그림 5.5 비트에 매핑되는 이벤트

이벤트 설정을 위해 배열에서 이벤트 처리를 기반으로 대응되는 비트 번호에 접근하고 설정해야 한다. 이것은 다음과 같이 이벤트 배열상에서 분할, 이동, 모듈로 연산^{modulo operations}의 조합으로 얻을 수 있다.

```
EVNT_Events[event/8] |= 0 X 80>>(event%8);
```

/*!< Set the event */

이벤트 비트의 해제는 다음과 같은 유사 방식을 통해 얻어진다.

```
EVNT_Events[(event)/8] &= ~(0 X 80>>((event)%8))
```

/*!< Clear the event */

마지막으로 이벤트 설정 여부를 결정한다.

```
(bool)(EVNT_Events[(event)/8]&(0 X 80>>((event)%8)))
```

/*!< Return TRUE if event is set */

이를 이용해 이제 모듈에 대한 메소드를 구현할 수 있다.

```
void EVNT_SetEvent(EVNT_Handle event) {

    SET_EVENT(event);

}

void EVNT_ClearEvent(EVNT_Handle event) {

    CLR_EVENT(event);

}

bool EVNT_GetEvent(EVNT_Handle event) {

    return GET_EVENT(event);

}
```

재진입

남이 있는 한 가지 문제는 그림 5.3에 나타나 있는 것처럼 이벤트 배열의 데이터 구조는 주 프로그램과 ISR 모두에서 접근할 수 있다. 그 결과, 이벤트 배열에 대한 접근을 보호할 필요가 있다. 바꿔 말하면 데이터 구조에 대한 상호 배타적 접근을 부여할 수 있는 방식을 가질 필요가 있다. 여기서 필요한 것은 뮤텍스^{mutex}다. 기본적으로 뮤텍스는 다음과 유사하다.

1. 인트럽트 불능/가능
2. EnterCritical과 ExitCritical
3. SemaphoreTake와 SemaphoreGive

인터럽트 불능화^{disabling}와 가능화^{enabling}는 간단하지만, 인터럽트 상태(인터럽트가 가능화 될 것인지 아닌지)를 보존하지는 않는다. EnterCritical과 ExitCritical은 많은 마이크로프로세서에서 매크로^{macro}로 존재한다. 이들은 인터럽트 상태를 보존한다. 세마포어^{semaphore}는 운영체제가 제공하는 어떤 것인데, 항상 가용하지 않을 수도 있다.

인터럽트 불능과 가능

어떠한 루틴으로부터든 공통 데이터에 대한 접근을 보호할 필요가 있는 것처럼, 다른 루틴은 ISR로부터 데이터에 접근할 수 있으므로 가장 쉬운 방법은 데이터에 접근하기 전에 모든 인터럽트를 간단히 불능으로 만드는 것이며, 그런 다음 다시 인터럽트를 가능으로 만드는 것이다. HCS08 마이크로컨트롤러의 인터럽트 불능/가능은 다음과 같다.

```
#define EnableInterrupts() asm("cli")
#define DisableInterrupts() asm("sei")

DisableInterrupts();
/* critical section here */
EnableInterrupts();
```

이 접근법은 잘 동작하며 매우 효율적이다. 그러나 인터럽트가 이미 불능화됐다면 임계 구간 후에는 항상 가능화될 것이다.

EnterCritical과 ExitCritical

이전 문제의 해결을 위한 또 다른 접근법은 현재의 인터럽트 상태를 저장하고 회복시키는 것이다. HCS08 마이크로컨트롤러에서는 다음과 같다.

```
#define EnterCritical() \

    { asm PSHA; asm TPA; asm SEI; asm STA savedReg; asm PULA; }

#define ExitCritical() \

    { asm PSHA; asm LDA savedReg; asm TAP; asm PULA; }
```

```
EnterCritical();
/* critical section */
ExitCritical();
```

매크로가 이전 조건의 레지스터 내용(인터럽트 마스크 비트를 비롯해)을 저장하고 임계 구간 끝단에서 회복하는 것이 차이점이다. 레지스터의 내용이 저장되는 장소와 관련해서는 여전히 주의할 필요가 있다. 이것이 전역 변수라면 `EnterCritical()`과 `ExitCritical()`이 중첩되지 않는다는 점을 확실히 보장할 필요가 있다. 전역 메모리 대신, 스택상에서 레지스터 값을 저장하는 구현을 고려해야 한다.

세마포어

마지막으로 가장 중요한 것은, 운영체제를 이용할 예정이라면 운영체제가 제공하는 상호 배제mutual exclusion와 임계 구간에 대한 보호 방법을 이용하는 것이다. 상호 배제는 다중 스레드/프로세스/인터럽트가 동시에 코드 한 줄과 데이터 하나에 대한 배타적 접근을 보장하는 문제와 관련된다. '임계 구간'은 공유 자원에 접근하는 코드 한 줄이다. 보통 모든 운영체제는 세마포어나 유사한 수단을 이용해 임계 구간을 보호하는 일부 수단을 제공한다. 이전 방법과 비교해 이들은 더 강력하고 더 유연하지만, 더 많은 시스템 자원을 이용해야 한다. 이들을 현명하게 이용하는 일반적인 가이드라인은 임계 구간을 최소로 유지하는 것이다.

Enter/ExitCritical을 이용한 구현

실시간 운영체제RTOS에 독립적으로 되길 원한다면 다음과 같이 `EnterCritical()`과 `ExitCritcal()`을 이용해 임계 구간을 보호해야 한다.

```
void EVNT_SetEvent(EVNT_Handle event) {

    EnterCritical();

    SET_EVENT(event);

    ExitCritical();

}

void EVNT_ClearEvent(EVNT_Handle event) {

    EnterCritical();
```

```
    CLR_EVENT(event);

    ExitCritical();
}

bool EVNT_GetEvent(EVNT_Handle event) {

    bool isSet;

    EnterCritical();

    isSet = GET_EVENT(event);

    ExitCritical();

    return isSet;
}
```

이벤트 처리

이제 이벤트를 설정하고 해제하며 검사할 수 있다. 일반적으로 인터럽트 서비스 루틴에서
이벤트를 설정하며, 주 프로그램에서 이벤트를 다룬다. 그래서 필요한 것은 주 애플리케이션
루프에 미결 이벤트가 있는지 쉽게 검사할 수 있는 방법이다. 이를 위해 EVNT_HandleEvent()
함수를 구현할 예정이다. 이 함수는 이벤트 배열을 조사하고 어떠한 이벤트 집합이 있는지
검사한다. 이벤트 집합이 있다면 다음과 같이 이벤트를 해제하고 콜백을 호출한다.

```
void EVNT_HandleEvent(void (*callback)(EVNT_Handle)) {

    /* Handle the one with the highest priority.

    Zero is the event with the highest priority. */

    uint8_t event;

    EnterCritical();

    /* do a test on every event: */

    for (event=0; event<EVNT_NOF_EVENTS; event++) {

        if (GET_EVENT(event)) { /* event present? */

            CLR_EVENT(event); /* clear event */
```

```
            break; /* get out of loop */

        }

    }

    ExitCritical();

    if (event != EVNT_NOF_EVENTS) {

        callback(event);

    }

}
```

이 방법은 이벤트 비트 배열을 통해 반복된다. 첫 번째 이벤트 비트 집합을 위해 비트를 해제하고 루프를 빠져 나온다. 공유 데이터에 접근함에 따라 루틴은 임계 구역을 보호해야 한다. 이벤트가 집합으로서 발견된다면 제공된 콜백을 호출할 것이다.

통합

이제 모든 것이 어떻게 서로 잘 맞는지 알아볼 시간이다. 아래는 키보드 인터럽트가 이벤트 플래그를 설정하고, 그런 다음 주 애플리케이션 루프에 의해 처리되는 하나의 사례를 보여준다. 아래의 사례에서 main() 루틴은 스스로 초기 이벤트를 설정하며, 뒤이어 무한 루프가 이벤트를 다루고 처리한다.

```
void main(void) {

    EVNT_SetEvent(EVNT_INIT);

    for( ; ; ) {

        EVNT_HandleEvent(APP_HandleEvent);

    }

}
```

EVNT_HandleEvent()를 이용해 추가적인 콜백 함수 포인터인 APP_HandleEvent를 다음과 같이 전달한다.

```
void APP_HandleEvent(EVNT_Handle event) {

    switch(event) {

        case EVNT_INIT:

            /* write welcome message */

            LCD_WriteString("System startup. . .");

        case EVNT_SW1_PRESSED:

            SND_Beep(300); /* beep for 300 ms */

            /* changes desired temperature */

            ChangeTemperature(1); /* increase temperature */

            SendTemperature(); /* use transceiver */

            break;

        case EVNT_SW2_PRESSED:

            SND_Beep(300); /* beep for 300 ms */

            /* changes desired temperature */

            ChangeTemperature(-1); /* decrease temperature */

            SendTemperature(); /* use transceiver */

            break;

    } /* switch */

}
```

이제 빠트린 것은 이벤트를 설정하는 공간이다. AC 시스템에서 인터럽트는 키를 눌러 발생시킨다. ISR에서는 이벤트를 다음과 같이 간단히 설정할 수 있다.

```
void interrupt KeyISR(void) {

    ACK_KBI_INTERRUPT(); /* acknowledge interrupt */

    if (Key1Pressed()) {

        EVNT_SetEvent(EVNT_SW1_PRESSED);
```

```
    } else if (Key2Pressed()) {

        EVNT_SetEvent(EVNT_SW2_PRESSED);

    }

}
```

이벤트 모듈을 이용해 주 루프에서 비동기적으로 처리된 플래그를 설정하는 방식을 이제 알게 됐다. 이것은 인터럽트 서비스 루틴을 작고 효율적으로 유지하게 도와준다.

트리거

지금까지 이벤트를 플래그하고 주 루프에서 이를 처리하는 능력과 기반 구조를 배웠다. 빠트린 것은 시간 트리거$^{time-triggered}$ 방식에서 무엇인가를 하는 방식이다. 예를 들어 매 초마다 LED를 깜박이거나 또는 버튼이 눌러진 500밀리초 후 LED를 켜는 것이다.

이를 위해 트리거^{trigger} 개념을 소개한다. 트리거는 때때로 하드웨어 기능을 표시하는 데도 사용된다. 예를 들어 감시점^{watchpoint}으로도 알려진 기능을 구현하기 위해 마이크로컨트롤러 하드웨어는 프로세서를 중단하기 위해 읽기 또는 쓰기 접근상에서 트리거하기 위해 설정된다. 여기서는 약간 다른 방식으로 트리거를 이용한다. 미래 주어진 시간에 트리거하기 위해 애플리케이션이 필요하다.

LED 깜박이기

임베디드 애플리케이션에서 사용된 일반적인 일은 주어진 시간에 LED를 깜박이는 것이다. 예를 들어 애플리케이션이 계속 실행된다는 것을 표시하기 위해 매 500밀리초마다 LED를 깜박여보자. 여기서 깜박이는 LED를 종종 심장 박동이라 부른다. 이를 위한 쉬운 방식은 매 500밀리초마다 트리거되는 주기 타이머를 다음과 같이 설정하는 것이다.

```
interrupt void Timer500 ms(void) {

    LED_Neg(); /* toggle the LED */

}
```

이 일은 훌륭하지만, LED를 깜박이기 위해서는 타이머가 낭비된다. 이를 피하기 위해서는 기존 주기 타이머 중 하나를 재사용하는 것이 훨씬 더 좋을지도 모른다. 예를 들어 이미 10밀리초의 주기적인 틱 타이머^{tick timer}를 갖고 있다면 LED를 깜박이기 위해 다음과 같이 이 타이머를 재사용할 수 있다.

```
interrupt void Timer10 ms(void) {

    static uint8_t cnt = 0;

    /* blinking LED */

    cnt++; /* increment counter */

    if (cnt == 500/10) { /* 500 ms reached */

        LED_Neg(); /* toggle the LED */

        cnt = 0; /* restart counter */

    }

    /* other things to do every 10 ms follows here. . .*/

}
```

카운터^{counter}로서 static 지역 변수를 이용한다. 기술적으로 이것은 정상적인 전역 변수와 같지만 cnt 변수를 정의한 함수 안에서만 가시적이다. 이 솔루션은 10밀리초의 인터럽트 루틴에 작은 오버헤드를 추가한 경우에만 훌륭하다. 그러나 인터럽트 서비스 루틴에 무엇인가를 점점 더 추가하는 것은 시스템의 다른 것들에 대해 지연을 증가시킨다는 것을 명심해야 한다.

이 접근법이 멋있게 들리겠지만, 일단 이것이 확장을 시작하면 조금은 복잡해질 것이다. 또 다른 주기에서 두 번째 LED가 깜박이는가? 버튼이 눌러진 후 250밀리초당 LED가 번쩍이는가? 또는 500밀리초당 음향기가 켜지는가? 인터럽트 루틴에서 몇 가지 추가적인 if와 else if가 있다면 이 일은 점점 더 복잡해질 것이다. 그래서 구현될 더 융통성 있는 무엇인가가 필요하다.

설계 아이디어

첫째, 필요한 것을 수집하는 편이 좋을 것이다.

- 주기적 방식에서 일을 수행하기 위한 기반 구조
- '발사 후 망각^{fire and forget}'의 적합성: "850 밀리초(ms)에서 이 일을 수행하라" 같이 명시할

수 있고, 이것을 잘 처리해야 한다.

- 이것은 LED 깜박이기 같이 작은 일에 더 적합할 것이다. 더 무거운 일에 대해서는 무엇인가 다르거나 심지어 RTOS를 이용하는 것이 더 좋을 것이다.
- 이것은 가벼운 일일 것이며, 마이크로컨트롤러상에서 작은 자원을 이용한다.
- 처리하기를 원하는 그러한 일은 얼마 되지 않는다. 대략 열 가지에서 좀 더 많겠지만 수백 가지나 되는 일은 아니다.
- 이것은 사용하고 이해하기가 쉬울 것이다.
- 이것은 RTOS를 이용하거나 이용하지 않거나에 상관없이 두 가지 모두에게 적절할 것이다.

이것을 염두에 두고 Timer10 ms() 주기 인터럽트상에서 설계를 구상할 수 있을 것이다. 이것은 주기 인터럽트와 시간 기반을 제공한다. 인터럽트 루틴에서 이 일을 직접 구현하는 대신, 수행하기를 원하는 일이나 '트리거'를 유지하는 '트리거' 모듈을 이용하는 것이 아이디어다. 애플리케이션은 그러한 트리거를 더하거나 설정할 수 있으며, 주기 타이머 인터럽트 루틴은 실행해야 하는 어떠한 미결 '트리거'가 있는지를 간단히 검사할 수 있다.

잊지 않기 위해 필요한 것은 시스템의 나머지 부분에 대한 영향이다. 인터럽트를 경유해 실행할 때 시스템의 나머지 부분에 대해 지연이 증가되지 않게 유의할 필요가 있다. 그래서 또다시 신속하고 효율적으로 일을 수행할 필요가 있다. 그리고 '트리거'가 인터럽트 맥락에서 수행된다는 점을 항상 명심해야 한다.

틱 타이머

여기서는 매 10밀리초마다 발사되는 주기적 틱 타이머^{tick timer}를 갖는 것이 기본 아이디어다. 이것은 시간 기반인 틱 카운터^{tick counter}를 제공한다. 그런 다음 이 틱 카운터를 실행하길 원하는 트리거의 틱 카운터와 비교할 수 있다. 이것이 일치하면 트리거를 실행하고 ISR의 나머지 부분을 갖고 계속 실행한다(그림 5.6).

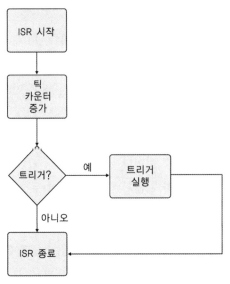

그림 5.6 틱 타이머 ISR 제어 흐름

이제 인터페이스에 관해 생각해 볼 시간이다. 첫째, 틱의 수를 가지고 트랙을 유지하려면 틱의 총 수를 계산하는 방법을 다음과 같이 정의해야 한다.

```
void TRG_IncTicks(void);
```

그런 다음 이 방법은 주기적 타이머 인터럽트로부터 호출될 것이다.

```
interrupt void Timer10 ms(void) {

    TRG_IncTicks(); /* inform about the new time */

    /* other things to do every 10 ms follows here. . .*/

}
```

그래서 TRG_IncTicks() 함수라 부르는 틱 인터럽트로부터 가져오는 것이 하나의 아이디어 며, 이것은 트리거가 있는지 검사하는 함수다. 즉, 무엇인가를 하는 데 있어 이제 시간이 다 됐다면 그 일이 수행된다는 것이다. 여기서 하나의 의문이 생기는데, 이것은 "트리거가 일단 발생했다면 실행될 수 있는가?"다. 이에 대한 대답으로는 기본적으로 다음과 같은 두 가지 선택 사항이 있다.

1. 트리거를 유지하라. 그러면 다시 트리거된다. 이것은 LED 번쩍이기 같이 주기적 트리거에 편리하다. 100밀리초에 실행되도록 트리거를 설정하면 100밀리초에 트리거될 것이며, 다

음 100밀리초에서 다시 트리거될 것이다.

2. 트리거를 해제하라. 이것은 일단 트리거가 실행됐다면 다시 트리거되지 않는다는 것을 의미한다. 트리거가 다시 실행되려면 트리거를 다시 활성화시켜야 한다.

이 접근법에서 우리는 더 확실한 접근법을 이용할 것이다. 이것은 구현을 더 간단하게 만들 것이며(5장의 후반부에서 다룰 것임), 이에 추가해 트리거가 재설치를 요구한다면 트리거는 또한 자기 스스로 재설치될 것이다.

트리거 인터페이스

이러한 일들이 어떻게 수행될지에 대한 아주 좋은 아이디어를 우리가 갖고 있기 때문에 다음과 같은 인터페이스를 제시할 수 있다.

```
/*!
 * \brief Initializes the trigger module
 */
void TRG_Init(void);
/*!
 * \brief Increments the tick counter,
 * called from an interrupt service routine.
 * Executes any pending triggers.
 */
void TRG_IncTicks(void);
/*!
 * \brief sets a trigger to be executed.
 */
void TRG_SetTrigger(uint16_t ticktime, callbackType callback);
```

이것은 초기 드래프트 버전이며, 나중에 정제해야 한다.

트리거 디스크립터

트리거 디스크립터descriptor를 이용해 필요한 데이터 구조에 대한 정의를 시작할 수 있다. 여기서 필요한 것은 다음과 같다.

- **트리거가 실행될 수 있는 시간** 틱을 이용해 시간을 측정하는 것처럼 엔티티도 마찬가지로 틱 카운터를 이용하는 것이 이치에 합당하다.
- **실행되길 원하는 것에 대한 정보** 이것을 구현하는 일반적인 방법은 함수 포인터를 이용하는 것이다.
- **함수 포인터를 위한 선택적 논거** 이것을 일반적으로 만들기 위해 어떠한 종류의 파라미터든 패스시키는 void 데이터 포인터를 이용할 수 있다.

```
typedef struct TriggerDesc {

    uint16_t triggerTicks; /* time to trigger */

    void (*callback)(void); /* callback function */

    void *data; /* parameter for callback */

} TriggerDesc;
```

위의 코드가 이미 훌륭히 보이겠지만, 아주 일반적이지 않을지도 모른다. 예를 들어 나중에 32비트 트리거 카운터를 이용할 수도 있다. 그런 다음 triggerTicks에 대해 uint16_t를 이용하는 것은 유연한 솔루션이 아니다. 대신 나중에 더 쉽게 변경될 수 있도록 우리만의 유형을 제시할 수 있다.

```
typedef void *TRG_CallBackDataPtr;
typedef void (*TRG_Callback)(TRG_CallBackDataPtr);
typedef uint16_t TRG_TriggerTime;
typedef struct TriggerDesc {

    TRG_TriggerTime ticks;

    TRG_Callback callback;

    TRG_CallBackDataPtr data;

} TriggerDesc;
```

데이터 할당

우리는 현재 단일 트리거를 위한 디스크립터를 보유하고 있다. 지금 트리거를 어떻게 저장하길 원하는지 결정해야 한다. 기본적으로 다음과 같은 방법이 있다.

- **동적** malloc()이나 이와 유사한 함수를 이용해 힙^{heap}상에서 트리거 디스크립터 할당
- **정적** 디스크립터에 대한 고정 배열 이용

동적 접근법을 이용하면 동적 트리거의 수를 허용할 수 있다. 다른 한편으로 할당과 재할당에 대한 성능의 영향이 관심사다. 이에 추가해 메모리 단편화^{fragmentation}와 발생할 가능성이 있는 메모리 누수^{leak}도 관심사다.

정적 접근법은 간단하지만 덜 유연하다. 그러나 여기서 사용되는 사례로 충분할 것이다. 따라서 여기서는 정적 배열을 이용해 구현한다.

그 결과, 배열을 정의하기 전에 트리거의 수를 알아야 한다. 여기서 사용하는 애플리케이션을 위해 다음과 같은 세 가지 기능을 구현한다.

1. 주어진 주기에서 LED를 깜박이기
2. (주어진 시간이 지나면) LED를 끄고, 버튼을 눌러 LED를 켜기
3. 주어진 시간이 지나면 버저를 끄기

위 기능은 트리거 식별을 위해 다음과 같이 열거형^{enumeration type}을 이용해 구현된다.

```
typedef enum {

    TRG_LED_BLINK, /*!< LED blinking */

    TRG_BTNLED_OFF, /*!< Turn LED off */

    TRG_BTNSND_OFF, /*!< Switch sounder off */

    TRG_LAST /*!< Must be last! */

} TRG_TriggerKind;

static TRG_TriggerDesc TRG_Triggers[TRG_LAST];

 /*!< trigger array */
```

SetTrigger

이제 트리거 설정을 위해 코드를 구현할 시간이다. 여기서 필요한 것은 설정을 위한 트리거며, 이는 시간을 명시하고 어떤 콜백이 선택적 데이터를 이용해 호출되는지 명시한다. 따라서 다음과 같은 인터페이스를 제공한다.

```
TRG_SetTrigger(TRG_TriggerKind kind, TRG TriggerTime ticks,

    TRG_Callback callback, TRG_CallBackDataPtr data);
```

여기서 ticks 파라미터가 현재의 틱 시간이나 절대 시간과 관계되는지가 한 가지 의문이다. 트리거가 어떻게 사용되는지는 다음과 같은 많은 경우가 있으므로, relative 시간을 이용하는 것이 이치에 합당할 것이다.

- 다음 30밀리초에 LED를 꺼라.
- 50밀리초에 버저를 사용하지 못하게 하라.
- 버튼이 눌러진 후 100밀리초 안에 상태를 다시 검사하라.

상대 개념을 이용하는 것이 상기 사용 사례에 대해 더 자연스럽다. 다음과 같은 일을 하길 원한다면 상황은 달라질 것이다.

- 오후 6시 35분에 알람을 울려라.
- 오전 3시에 관개용수기를 꺼라.

36비트 부호 없는 파라미터와 10밀리초 틱 카운터를 가정하면 이것은 대부분의 시스템에 적절한 65535×0.01초=5655.35초 또는 11분 정도로 시간을 구체적으로 명시할 것이다.

또 다른 의문은 데이터 구조에서 ticks 카운터가 상대적이냐 또는 절대적이냐 하는 것이다. 여기서 TRG_Triggers 배열 내부에 상대적인 ticks 뿐만 아니라 상대적인 ticks 파라미터를 저장한다면 이에 대한 구현은 다음과 같이 보일 것이다.

```
void TRG_SetTrigger(TRG_TriggerKind kind,

    TRG_TriggerTime ticks,

    TRG_Callback callback,

    TRG_CallBackDataPtr data)

{
```

```
    TRG_Triggers[trigger].ticks = ticks; /* relative */

    TRG_Triggers[trigger].callback = callback;

    TRG_Triggers[trigger].data = data;

}
```

절대적인 값을 저장한다면 이것은 다음처럼 변경돼야 할 것이다.

```
void TRG_SetTrigger(TRG_TriggerKind kind,

    TRG_TriggerTime ticks,

    TRG_Callback callback,

    TRG_CallBackDataPtr data)

{

    TRG_Triggers[trigger].ticks = TRG_CurrTicks1ticks;

    TRG_Triggers[trigger].callback = callback;

    TRG_Triggers[trigger].data = data;

}
```

그렇게 하는 것이 현재의 틱 카운터를 파라미터에 추가하는 방법이다. 이것은 매력적이지만 일부 오버헤드가 따라온다. 이러한 일을 간단히 유지하려면 데이터 구조에서 상대적인 틱 카운터의 이용을 고수하는 것이다. 지금까지 빠트린 것이 한 가지 있는데, 이것은 애플리케이션 코드와 인터럽트 코드 둘 모두 TRG_IncTick()을 통해 공유 데이터에 접근하는 것처럼, 구현을 위해서는 임계 구간을 보호해야 한다는 점이다.

```
void TRG_SetTrigger(TRG_TriggerKind kind,

    TRG_TriggerTime ticks,

    TRG_Callback callback,

    TRG_CallBackDataPtr data)

{

    EnterCritical();
```

```
    TRG_Triggers[trigger].ticks = ticks;

    TRG_Triggers[trigger].callback = callback;

    TRG_Triggers[trigger].data = data;

    ExitCritical();

}
```

그리고 미래의 확장이나 오류 처리를 위한 무엇인가를 준비하기 위해서는 오류 코드를 반환하는 인터페이스와 구현을 다음과 같이 확장시켜야 한다.

```
uint8_t TRG_SetTrigger(TRG_TriggerKind kind,

    TRG_TriggerTime ticks,

    TRG_Callback callback,

    TRG_CallBackDataPtr data)

{

    EnterCritical();

    TRG_Triggers[trigger].ticks = ticks;

    TRG_Triggers[trigger].callback = callback;

    TRG_Triggers[trigger].data = data;

    ExitCritical();

    return ERR_OK;

}
```

IncTicks

이제 의사코드^{pseudocode}가 다음과 같이 보이는 TRG_IncTick()의 구현에 접근할 수 있다.

```
void TRG_IncTick(void) {

    Increment Tick Counter;

    if HasTriggerForThisTickCount then
```

```
        removeTrigger;

        call callback with parameter;

    end if

}
```

첫째, 틱 카운터를 하나씩 증가시킨다. 배열로 데이터 구조를 구현했던 것처럼 다음과 같이 배열을 통해 반복할 필요가 있다.

```
void TRG_IncTick(void) {

    CurrentTickCounter++

    for all elements in array

        if ElementTickCount = = CurrentTickCounter then

            CallCallbackWithParameter

        end if

    end for

}
```

그런 다음 HasTriggerForThisTickCount의 조건을 검사한다. 이제 데이터 구조에서 상대적인 틱 카운터를 이용할 때의 또 다른 이점을 볼 수 있다. 여기서 절대적인 틱 카운터를 이용했다면 현재의 틱 카운터를 이용해 값을 비교할 수 있다. 그러나 다음과 같이 애플리케이션이 제로 틱 카운트를 갖고 TRG_SetTrigger만 호출했다면 어떤 상황이 발생할까?

```
TRG_SetTrigger(TRG_BTNLED_OFF, 0, MyLEDOff, NULL);
```

TRG_IncTick()의 시작에서 틱 카운터를 증가시켰다면 틱 카운터가 겹쳐질 때까지 그 트리거는 놓치게 될지도 모른다. 이 경우를 해결하기 위해서는 TRG_IncTick()의 끝까지 카운터의 증가를 지연시키는 것이 솔루션이 될 것이다.

데이터 구조에서 relative 틱 카운터를 이용한 것처럼 각 트리거마다 간단히 틱 카운터를 줄일 수 있다. 카운트가 제로면 이것을 콜백이라 부른다. 이에 더해 CurrentTickCounter와 비교할 필요가 없는 만큼 이것은 다음과 같이 제거할 수 있다.

```
void TRG_IncTick(void) {

    for all Elements in array

        ElementTickCount--

        if ElementTickCount is 0 then

            CallCallbackWithParameter

        end if

    end for

}
```

이제 오직 남은 문제는 트리거가 여전히 활동적인지 아닌지에 대해 아는 것이다. 이를 위해 데이터 구조에 enabled 플래그를 더할 수 있지만, 이것은 추가 메모리를 소비할 것이다. 대신 콜백 함수 포인터로부터 해결할 수 있다. 이것이 널^{NULL}이면 이것을 호출할 필요가 없다. 이러한 점을 염두에 두고, 최종적으로 다음과 같은 구현을 제시할 수 있다.

```
TRG_Callback callback;

TRG_CallBackDataPtr data;

TRG_TriggerKind i;

for(i = (TRG_TriggerKind)0; i<TRG_LAST; i++) {

    if (TRG_Triggers[i].ticks != 0) {

        TRG_Triggers[i].ticks--;

    }

    if ( TRG_Triggers[i].ticks = = 0

        && TRG_Triggers[i].callback != NULL)

    {

        callback = TRG_Triggers[i].callback;

        data = TRG_Triggers[i].data;

        TRG_Triggers[i].callback = NULL;
```

```
            callback(data);

        }

    } /* for */

}
```

이러한 구현은 배열에서 반복되며, 틱 카운터를 감소시킨다. 카운터가 제로이고 콜백이 유효하면 함수 포인터가 재설정되고 파라미터를 이용해 콜백을 호출한다. 그러나 여전히 두 가지 의문이 남는다. 콜백이 (현 시간에서) 상대적인 시간 제로에서 다시 트리거를 설정한다면 트리거를 놓치게 될지도 모른다. 이 경우를 해결하기 위해 다음과 같은 구현, 즉 콜백이 있는 한 분리된 함수를 호출하는 방법을 이용한다.

```
static bool CheckCallbacks(void) {

    TRG_TriggerKind i;

    TRG_Callback callback;

    TRG_CallBackDataPtr data;

    bool calledCallBack = FALSE;

    for(i = (TRG_TriggerKind)0; i<TRG_LAST; i++) {

        if ( TRG_Triggers[i].ticks = = 0

            && TRG_Triggers[i].callback != NULL)

        {

            callback = TRG_Triggers[i].callback;

            data = TRG_Triggers[i].data;

            TRG_Triggers[i].callback = NULL;

            callback(data);

            calledCallBack = TRUE;

        }

    } /* for */
```

```
        return calledCallBack;

    }

void TRG_IncTick(void) {

    TRG_TriggerKind i;

    for(i=0; i<TRG_LAST; i++) {

        if (TRG_Triggers[i].ticks != 0) {

            TRG_Triggers[i].ticks--;

        }

    } /* for */

    while(CheckCallbacks()) {}

}
```

재진입 만들기

한 가지 빠트린 사항이 있다. 중첩 인터럽트인 경우와 다른 인터럽트가 트리거를 설정하는 경우인데, 이들 경우에는 임계 구간 보호를 위해 코드를 삽입해야 한다. 첫째로 TRG_IncTick() 안에 EnterCritical()과 ExitCritical()을 다음과 같이 추가해야 한다.

```
void TRG_IncTick(void) {

    TRG_TriggerKind i;

    EnterCritical();

    for(i = (TRG_TriggerKind)0; i<TRG_LAST; i++) {

        if (TRG_Triggers[i].ticks != 0) {

            TRG_Triggers[i].ticks--;

        }

    } /* for */

    ExitCritical();
```

```
    while(CheckCallbacks()) {}

}
```

남은 것은 CheckCallbacks() 안에 EnterCritical()과 ExitCritical()을 이용해 다음과 같이 데이터 접근을 보호하는 것이다.

```
static bool CheckCallbacks(void) {

    TRG_TriggerKind i;

    TRG_Callback callback;

    TRG_CallBackDataPtr data;

    bool calledCallBack = FALSE;

    for(i = (TRG_TriggerKind)0; i<TRG_LAST; i++) {

        EnterCritical();

        if ( TRG_Triggers[i].ticks = = 0

            && TRG_Triggers[i].callback != NULL)

        {

            callback = TRG_Triggers[i].callback;

            data = TRG_Triggers[i].data;

            TRG_Triggers[i].callback = NULL;

            ExitCritical();

            callback(data);

            calledCallBack = TRUE;

        } else {

            ExitCritical();

        }

    } /* for */
```

```
    return calledCallBack;

}
```

초기화

이제 빠트린 것은 다음과 같이 트리거 모듈을 초기화하는 것이다.

```
void TRG_Init(void) {

    TRG_TriggerKind i;

    for(i = (TRG_TriggerKind)0; i<TRG_LAST; i++) {

        TRG_Triggers[i].ticks = 0;

        TRG_Triggers[i].callback = NULL;

        TRG_Triggers[i].data = NULL;

    }

}
```

다른 대안으로 TRG_IncTick()을 호출하는 주기적인 인터럽트를 또한 설정할 수 있다. 애플리케이션에서 이것은 애플리케이션 시작의 한 부분으로 호출되는 TMR_Init() 함수 안에서 구현될 것이다.

깜박이기!

LED를 깜박이기 위해 다음과 같이 트리거의 이용을 준비한다.

```
void main(void) {

    TMR_Init(); /* initialize periodic tick timer */

    TRG_Init(); /* initialize module */

    EnableInterrupts();

    /* install trigger to blink LED */

    TRG_SetTrigger(TRG_LED_BLINK, 0, LED_HeartBeat, NULL);
```

```
for( ; ; ) { } /* let the trigger do the work */
```

}

하드웨어와 소프트웨어 모듈을 초기화한 후 LED를 깜박이기 위해 트리거를 설정한다. 다음 틱 인터럽트인 LED_HeartBeat()가 콜백되면 바로 트리거하기 위해 다음 우선순위를 갖는 트리거를 설정한다. 추가적인 데이터 파라미터가 필요 없으므로, 널NULL을 패스시킨다.

LED_Heartbeat() 함수는 다음처럼 구현된다.

```
static void LED_HeartBeat(void *p) {

    (void)p; /* unused parameter */

    LED1_Neg();

    TRG_SetTrigger(TRG_LED_BLINK,

        1000/TRG_TICKS_MS, LED_HeartBeat, NULL);

}
```

다음 틱 타이머 인터럽트에서 TRG_IncTick()이 트리거 목록을 조사할 것이다. TRG_LED_BLINK가 기한이 됐다는 것을 발견할 것이며, LED_HeartBeat() 방법을 호출할 것이다. 이것은 LED를 끄고 트리거를 1,000밀리초 내에 다시 설정할 것이다.

그러나 다른 LED를 깜박이려고 한다면 어떻게 할 것인가? 여기서 추가적인 ledP 파라미터를 다음과 같이 이용할 수 있다. ledP 파라미터는 어떤 LED가 사용되고 있는지 트리거에게 알려준다.

```
static void LED_Blink (void *ledP) {

    if (*((uint8_t*)ledP) = = 1) {

        LED1_Neg();

        (*(uint8_t*)ledP)++;

    } else if (*((uint8_t*)ledP) = = 2) {

        LED2_Neg();

        (*(uint8_t*)ledP) = 1;

    }
```

```
TRG_SetTrigger(TRG_LED_BLINK,

1000/TRG_TICKS_MS, LED_Blink, ledP);

}
```

데이터 포인터를 트리거로 보낸다. 데이터가 항상 유효하다는 것을 알기 위해서는 특별한 주의가 요구된다. 다음 예는 동작하지 못한다.

```
void foo(void) {

    uint8_t led = 1;

    TRG_SetTrigger(TRG_LED_BLINK, 0, LED_Blink, &led);

}
```

여기서 지역 변수 주소가 패스되고, led 변수는 foo() 함수 안에서 머무는 한 사용할 수 있다. 이러한 문제를 해결하기 위해 다음과 같이 static 지역 변수를 이용할 수 있다.

```
void foo(void) {

    static uint8_t led = 1;

    TRG_SetTrigger(TRG_LED_BLINK, 0, LED_Blink, &led);

}
```

삐 소리 내기!

LED 심장 박동이 주기적 트리거면 비주기적 트리거를 위해 기반 구조를 이용할 수 있다. 이를 위해 주어진 시간에 트리거를 켜기 위해 다음과 같이 버저를 이용하며, 그런 다음 트리거는 자동으로 꺼지게 될 것이다.

```
static void Sounder(void *data) {

    uint16_t duration = *((uint16_t*)data);

    if (duration == 0) { /* off */

        BUZZER_Off();

    } else {
```

```
        BUZZER_On();

        *((uint16_t*)data) = 0;

        TRG_SetTrigger(TRG_SOUNDER, duration, Sounder, data);

    }

}

void SND_Beep(uint16_t ms) {

    static uint16_t time = ms/TRG_TICK_MS;

    TRG_SetTrigger(TRG_SOUNDER, 0, Sounder, &time);

}
```

위 사례에서 트리거를 패스한 메모리 주소가 항상 유효한지 보장하기 위해 다음과 같이 static 지역 변수를 이용한다. 이 변수는 사용할 RAM의 양을 증가시킨다. 여기서 파라미터 로서 값을 패스하길 원한다면 주소를 이용하는 대신, 값을 직접 패스하는 것이 가능할 것이다.

```
static void Sounder(void *data) {

    /* sizeof(int) = = sizeof(void*) */

    uint16_t duration = (int)data;

    if (duration = = 0) { /* off */

        BUZZER_Off(); /* stop sounder */

    } else {

        BUZZER_On(); /* start sounder */

        TRG_SetTrigger(TRG_SOUNDER,

        duration, Sounder, 0);

    }

}

void foo(void) {
```

```
    Sounder((void*)200/TRG_TICK_MS);
}
```

이를 이용해 간단한 Beep() 함수를 제시할 수 있다. Beep() 함수는 버저가 얼마나 오랫동안 켜져 있는지 확인하기 위한 인수를 받아들인다. 이것은 다음과 같이 버저를 간단하게 사용할 수 있도록 만들며, 트리거를 이용해 버저를 끌 트리거를 설정한다.

```
static void SoundOff(void *p) {

    BUZZER_Off(); /* turn buzzer off */

}

void Beep(uint16_t ms) {

    BUZZER_On(); /* turn buzzer on */

    TRG_SetTrigger(TRG_BTNSND_OFF,

    ms/TRG_TICKS_MS, SoundOff, 0);

}
```

실시간 양상

트리거를 사용할 준비가 돼 있다면 이에 대한 실시간 양상을 고려하는 것이 가치가 있을 것이다. 고려해야 할 한 가지는 트리거 모듈을 위해 사용되는 주기와 틱 타이머의 기간이다. 실시간 운영체제^{RTOS}에서 사용된 틱 타이머와 마찬가지로, 트리거를 위해 사용된 틱 타이머는 다음과 같이 문제 해결 방법을 정의한다. 틱 타이머가 100밀리초의 기간을 갖는다면 트리거 또한 100밀리초의 정확성을 갖는다. 틱 인터럽트 시간에 모든 것이 동기화될 것이다.

고려해야 할 또 다른 한 가지는 인터럽트 서비스 루틴의 문맥에서 실행되는 트리거다. 틱 타이머의 인터럽트 서비스 루틴은 트리거 모듈을 호출하며, 그 후 미결 트리거를 실행할 것이다. 이러한 점을 염두에 두고 다음 사항을 준수해야 한다.

- 가능한 한 적게 트리거의 수를 유지하라. 트리거 수가 더 많을수록 트리거 모듈이 목록을 조사하는 데 걸리는 시간이 더 길어질 것이다. 많은 수의 트리거가 있으나 한 번에 소수의 트리거만 활동적이라면 연결 리스트^{linked list}의 사례를 고려하라.
- 트리거 내에서 무엇을 하든 핀을 토글링^{toggling}하는 것처럼 인터럽트 서비스 루틴에서 하는

그 무엇이든 작게 될 것이다. 인터럽트 지연 시간을 증가시키는 것처럼 많은 시간을 소비하는 복잡한 일을 하려고 설계하지 않는다. 대신 이벤트 플래그의 설정만 고려하고, 인터럽트 서비스 루틴의 외부에 막중한 일을 맡게 만든다.

- 트리거가 인터럽트 서비스 루틴으로부터 수행되는 것처럼, 인터럽트 서비스 루틴과 주 애플리케이션 간 모든 공유 코드는 재진입이 필요하다. 공유 데이터가 있다면 수행해야 할 일들이 상호 접근 대비 적절히 보호됐는지 임계 구간을 이용해 보장해야 한다.

실시간 시스템의 핵심 요구 사항은 올바른 시간에 올바른 결과를 생산하는 것이다. 여기서 제시한 이벤트와 트리거는 이러한 것을 성취하는 데 도움을 준다. 트리거는 주어진 마감 시간에, 또는 마감 시간의 경계 내에서 일을 하도록 도움을 준다. 트리거가 주기적 타이머 인터럽트로부터 수행되는 것처럼 타이머는 요구되는 타이밍을 충족하도록 주의 깊게 구성돼야 한다. 이것은 타이머의 우선순위를 포함할 뿐만 아니라 구현상에 지연을 갖다 주기도 한다.

이벤트는 인터럽트 서비스 루틴에서 지연 시간을 줄이는 데 도움을 준다. 이벤트가 대기 가능하다면 이벤트는 인터럽트 서비스 루틴으로부터 수행해야 할 일들을 지연시키는 방식을 제공할 수 있으므로, 이벤트는 시스템의 대응성과 적시성을 향상시킬 수 있다. 수행해야 할 일들이 인터럽트에 의해 트리거된다면 이러한 일들을 실제 인터럽트 루틴의 외부로 지연시킬 수 있고, 이는 인터럽트 서비스 루틴의 부하를 줄여준다. 그러나 이벤트가 적시적 방식으로 처리될 수 있다는 것을 여전히 보장할 필요가 있다.

이러한 점을 계속 염두에 두면서 이벤트와 트리거 둘 모두를 모듈에 성공적으로 적용할 수 있다.

정리와 소스코드

정리하면 5장에서는 이벤트와 트리거의 두 가지 모듈을 구현했다.

이벤트는 주 프로그램에서 나중에 처리될 수 있는 플래그를 설정하기 위해 애플리케이션을 허용한다. 이것은 인터럽트 서비스 루틴의 작업 부하를 크게 줄여줄 수 있다. 이에 더해 실시간 운영체제가 유사한 기능성을 제공하지 못한다면 이벤트는 프로세스 간 통신에 사용될 수 있다.

트리거는 적시적 방식으로 일을 수행하게도록 지원하는 데 사용될 수 있다. 주기적 작업을 생성할 수 있으며, 또는 그 작업을 해제할 수도 있다.

이벤트와 트리거의 조합은 실시간 시스템을 위한 중요한 빌딩 블록을 제공한다.

이벤트와 트리거 소프트웨어에 대한 완전한 소스코드는 이 책에서 제공된 링크^{link}에서 찾아볼 수 있다.

6

임베디드 소프트웨어에 대한 하드웨어 인터페이스

게리 스트링햄(Gary Stringham)

소개

이 책에서는 하드웨어 동작과 관련된 아주 약간의 필요성만 제시하고, 나머지 대부분은 임베디드 소프트웨어에 대해 다룬다. 공동 개발과 마이크로프로세서에 대한 부분에서 하드웨어에 대해 어느 정도는 다룬다. 컴파일러가 사용된다면 프로세서의 세부 사항은 임베디드 소프트웨어 공학자에게는 거의 감춰질 것이다. 그러나 임베디드 소프트웨어도 어느 정도까지는 하드웨어에 직접 인터페이스가 되도록 작성된다. 6장은 하드웨어와 임베디드 소프트웨어 간의 인터페이스에 초점을 맞춘다.

실세계에서 하드웨어는 소프트웨어가 마지막 순간까지 변경되고 수정되는 것과 꼭 마찬가지로 마지막 순간까지 변경되고 수정될 수 있다. 그러나 이것은 분명히 현실적이지 못하다. 공동의 개발 툴과 기법은 임베디드 소프트웨어가 하드웨어 안에 내장되기 전에 시뮬레이트된 하드웨어^{simulated hardware}상에서 (소프트웨어가 컴퓨터에서 시뮬레이트되든지 또는 FPGA에서 시뮬레이트되든지 간에) 동작하게 해주며, 결국 임베디드 소프트웨어는 실제 하드웨어에서 동작된다. 실제 하드웨어에서 문제가 발생하면 그 문제가 하드웨어에서 발생했는지 아니면 소프트웨어에서 발생했는지, 그리고 그 문제를 어떻게 해결해야 하는지가 도전 과제가 된다. 이러한 점에서 임베디드 소프트웨어 공학자에게 그 문제를 고치거나 제2의 해결책을 제시해야 하는 압력이 가해진다. 잭 갠슬^{Jack Ganssle}은 이와 관련해 "품질은 펌웨어의 결점이다. 왜냐하면 이것을 수정하기에 하드웨어에서는 너무 늦기 때문이다."와 같이 유머러스하게 언급했다('펌웨어'와

'임베디드 소프트웨어'는 보통 같은 것이며, 상호 교환적으로 사용될 수 있다).

6장은 시스템에 영향을 미칠 수 있는 결함을 제거하고 오류를 줄이는 방법을 다룬다. 이 방법은 임베디드 소프트웨어 공학자가 하드웨어에 접근할 때 알아야 하는 잠재적인 문제를 요구할 것이다.

때때로 하드웨어 설계는 하드웨어와 인터페이스되는 임베디드 소프트웨어로 인해 아주 거추장스러운 일이 될 것이다. 임베디드 소프트웨어 공학자는 대부분의 시간을 하드웨어 설계에 매달려 있는데, 이는 하드웨어가 기성품이거나 이미 실리콘 안에 넣어진 상태이기 때문이다. 그러나 소프트웨어 팀이 하드웨어 팀에게 설계에 대한 권고를 제시할 수 있는 기회가 있다면 그렇게 하라. 6장은 하드웨어 성공 사례라는 형식으로 이들 몇 가지 권고된 하드웨어 설계 사례에 대해 다룬다. 이들은 하드웨어/펌웨어 인터페이스 설계에서 발간된 300가지의 성공 사례 집합 중 일부분이다. 이것은 게리 스트링햄[Gary Stringham]이 집필하고 엘스비어[Elsevier] 출판사에서 발간된 『임베디드 시스템 개발의 향상을 위한 성공 사례』라는 저서다. 이들 300가지의 성공 사례는 소프트웨어 공학 책자를 구입한 사람들에게 스프레드시트라는 형태로 제공된다. 6장에서는 이들 300가지의 성공 사례 중 하나와 관련된 '하드웨어 성공 사례 x.y.z'를 참조한다. 여기서 x.y.z는 스프레드시트와 하드웨어/펌웨어 인터페이스 설계 책에서의 성공 사례 번호다.

이들 성공 사례에 대해 내가 번호를 매기진 않았지만, 6장에서는 '임베디드 소프트웨어 성공 사례'에 나온 동일한 패턴을 따를 것이다.

6장에서는 다루는 주제는 다음과 같다.

- 하드웨어 팀과의 협업
- 유용한 하드웨어 설계 양상
- 하드웨어의 다중 버전 지원
- 어려운 하드웨어 상호작용
- 테스팅과 문제 해결

하드웨어 팀과의 협업

임베디드 시스템의 성공적인 제품은 하드웨어 팀과 임베디드 소프트웨어 팀을 비롯해 다양한 팀들의 성공적인 협업을 요구한다. 그러나 이들 두 팀 간의 협업은 본래부터 타고난 것은 아니다.

이들 두 팀은 각기 다른 툴 집합, 수명주기, 문화, 어휘를 갖고 있다. 이들은 각기 다른 빌딩이나 지리적 위치, 심지어 각기 다른 회사에 속해 있을 수도 있다. 그러나 작은 회사조차도 소수의 하드웨어와 소프트웨어 공학자가 같은 방에서 일하거나, 심지어 서로 잘 협업하지 않는다는 것을 공학자로부터 들어서 알고 있다.

하드웨어 구축에 요구되는 소요 시간 때문에 협업은 다양한 타이밍으로 인해 더 복잡해진다. 하드웨어 팀은 종종 소프트웨어 팀이 시작하기 전에 자신의 설계를 사용할 수 없다. 하드웨어 설계에 대한 영향을 소프트웨어 팀에게 주기 위해서는, 하드웨어 팀은 소프트웨어 팀보다 더 일찍 시작해야 하고, 심지어 하드웨어 팀이 실제로 큰 관련이 없다고 할지라도 더 일찍 시작해야 한다.

능동적 협업

휴렛팩커드Hewlett-Packard의 레이저젯 설계 연구실에서 임베디드 소프트웨어 공학자로 보냈던 초창기 시절에 우리, 즉 임베디드 소프트웨어 팀은 하드웨어 팀이 차세대 ASIC을 설계하는 동안 ASIC용 디바이스 드라이버를 개발하는 중이었다. 우리는 같은 층에 있었고, 불과 수백 피트밖에 떨어지지 않았다. 그러나 우리는 서로 충분히 얘기하지 못했다. 임베디드 소프트웨어 팀 중 일부는 때때로 하드웨어 팀에게 하드웨어 설계가 너무 늦어진다고 불평하면서 빨리 만들어 달라고 재촉했다. 그러나 하드웨어 팀은 차세대 ASIC을 설계하면서 하드웨어 설계에 대해 얘기하는 것은 너무 바쁘다고 불평했다. 우리도 또한 이전 세대의 ASIC용 디바이스 드라이버를 작성하는 데 너무 바빴다.

나는 하드웨어 팀에 속한 담당자와의 정규적 방문을 신속히 추진했다. 나는 하드웨어 팀의 설계 주기가 어느 위치에 속해 있는지 알았으며, 하드웨어 팀의 레지스터 문서가 만들어지면 복사해달라고 담당자에게 요청했다. 나는 복사된 문서를 읽고 고치는 데 시간을 투자했으며, 하드웨어 설계에 대한 질문이나 코멘트, 그리고 권고 사항들을 갖고 담당자와 다시 만났다. 그러나 이러한 일은 내 작업은 아니었다. 나는 현재의 ASIC용 디바이스 드라이버를 작성하는 작업에도 충분히 바빴고, 차세대 ASIC에 몰두하고 있는 하드웨어 팀과의 공동 작업에도 투자할 시간이 없었다. 그러나 어쨌든 나는 이 일은 마쳤고, 소기의 성과를 거뒀다. 1년 후, 새로운 ASIC이 내 책상에 도착했을 때 나는 그것이 무엇인지 알았고, 그에 대한 문제 몇 가지를 수정했다. 그런 다음 나는 짧은 기간에 차세대 ASIC용 디바이스 드라이버를 생산할 수 있었다.

임베디드 소프트웨어 성공 사례 블록과 이의 디바이스 드라이버, 이들 간의 상호작용을 논의하기 위해서는 블록을 설계하는 하드웨어 공학자와 일찍 접촉을 시작하라.

나는 이 접근법을 옹호한다. 그 결과, 개발 프로세스에서 변경이 이뤄지고, 임베디드 소프트웨어는 하드웨어 설계 수명주기의 다양한 체크포인트에서 승인돼야 하는 요구 항목이 된다. 예를 들어 마일스톤은 모든 블록에 대한 레지스터 문서를 임베디드 소프트웨어 팀이 승인해야 한다는 것을 요구한다. 이러한 형식상의 절차는 디바이스 드라이버를 작성하는 임베디드 소프트웨어 공학자에게 요구되는데, 이는 작업 기술서의 한 부분이 된다.

> **임베디드 소프트웨어 성공 사례** 하드웨어 설계 문서를 검토하라.
>
> **하드웨어 성공 사례 3.2.5** 수명주기에 걸쳐 하드웨어 체크포인트에 대한 검토와 승인을 펌웨어 팀이 제시했는지 확실하게 하라.

하드웨어 개발의 수명주기에 형식상의 절차를 성공적으로 추가했는지는 하드웨어 팀이 새로운 ASIC에 대한 고수준의 설계를 검토하기 위해 임베디드 소프트웨어 공학자에게 미팅을 요청했을 때 명확해진다. 이것은 하드웨어 팀이 알지 못했던 ASIC 변경의 필요성을 임베디드 소프트웨어 공학자가 알 수 있기 때문에 아주 생산적인 논의라는 결과를 가져왔다. 이것이 ASIC의 개발에서 아주 일찍 일어났기 때문에 변경은 이뤄질 수 있었다.

앰버서더

체크포인트 외에 레이저젯 연구소는 각 팀에 (이 이름이 사용되지 않았더라도) 앰버서더ambassador를 임명했다. 소프트웨어 팀의 누군가는 하드웨어 팀의 앰버서더로 임명됐고, 이 앰버서더는 미팅에 참석해서 스케줄 수정 사항을 기록하고, 혹시 있을지도 모르는 질문에 답했다. 하드웨어 팀의 누군가는 소프트웨어 팀의 앰버서더로 임명됐고, 이 앰버서더도 또한 같은 일을 수행했다. 이것은 각 팀에게 다른 쪽의 접촉점을 제공했고, 협업 노력에 굉장히 큰 도움을 제공했다.

> **임베디드 소프트웨어 성공 사례** 하드웨어 팀에 대한 엠버서더로서 임베디드 소프트웨어 팀의 인원을 지명하라.
>
> **하드웨어 성공 사례 3.1.2** 임베디드 소프트웨어 팀의 앰버서더로서 하드웨어 팀의 인원을 지명하라.

레지스터 설계 툴

하드웨어와 소프트웨어가 함께 작업을 수행하는 데 있어 가장 큰 도전 중 하나는 양측이 동일한 설계 명세서로 작업을 하는지 확실히 보장하는 것이다.

일반적으로 하드웨어 공학자는 어떤 레지스터가 어느 주소에 있고 어떤 위치에 어떤 비트가 포함돼 있는지가 명시된 문서를 작성한다. 그런 다음 하드웨어 공학자는 동일 정보를 다시 하드웨어 설계 파일에 집어넣는다. 소프트웨어 공학자는 이 문서를 읽고, 레지스터와 비트 정보를 소프트웨어 파일에 집어넣는다.

레지스터와 비트 정보가 무엇인가에 삽입될 세 번의 기회가 있다. 즉, 삽입될 인간의 오류에 대해 세 번의 기회가 주어진다. 이에 추가해 하드웨어 설계는 변경의 기회가 주어지지만, 문서나 소프트웨어는 그런 기회가 주어지지 않는다. 소프트웨어가 하드웨어에 삽입되면 이와 같은 일은 이뤄지지 못하며, 왜 이런 일이 벌어졌는지를 해결하기 위해 모든 시간을 소비해야 한다.

많은 설계 팀은 하드웨어와 소프트웨어 파일을 동기 상태로 유지시키는 자동화된 스크립트를 이용함으로써 이러한 문제를 해결하려고 시도한다. 그러나 회사 내부의 툴과 마찬가지로, 이것을 유지하고 현 상태로 유지하며, 필요한 특징을 추가하기에는 지원이 충분하지 못하다.

수년 전, 이러한 툴은 상용이나 오픈소스로 구할 수 있었다. 나는 이것을 니치niche 레지스터 설계 툴로 부른다. 공학자는 파일을 포함한 하드웨어, 파일을 포함한 소프트웨어, 문서 파일을 생성하기 위해 프로세스되는 입력 파일에 레지스터와 비트 정보를 삽입한다. 변경이 요구된다면 입력 파일은 수정되고 재프로세스되며, 그런 다음 새로운 출력 파일이 배포된다. 이것은 모든 것을 동시에 진행하게 만든다. 그림 6.1에 이와 같은 프로세스가 묘사돼 있다.

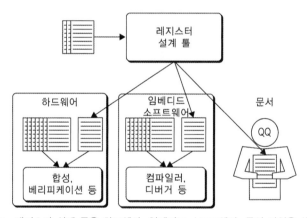

그림 6.1 레지스터 설계 툴은 하드웨어, 임베디드 소프트웨어, 문서 파일을 생성한다.

앞에서 언급한 것처럼 이것은 아직도 진화 중에 있는 새로운 니치 마켓이며, 상대적으로 덜 알려져 있다. 따라서 니치를 향상시키기 위해 상용과 오픈소스 제품에 대한 목록을 제공한다. 그러나 제품은 변동되거나 다른 회사에 의해 구입될 수도 있다. 그래서 다음에 나오는 목록은 이 책의 편집 끝 무렵까지 출시됐던 올바른 제품에 대한 예다.

- 세미포어Semifore 사의 CSRCompilert, 상용, http://www.semifore.com

- 척 벤즈Chuck Benz ASIC과 FPGA 설계의 csrGen, 오픈소스, http://asics.chuckbenz.com/#csrGen_-_generate_verilog_RTL_code_for
- 아그니시스Agnisys 사의 IDesignSpect, 상용, http://agnisys.com/products/ids
- 매기램Magillem의 매기램 레지스터 뷰MRV, 상용, http://www.magillem.com/eda/mrv-magillem-register-view
- 듀오로그Duolog 기술의 Socrates Bitwiset, 상용, http://www.duolog.com/products/bitwise/
- PDTi의 SpectaRegt, 상용, http://www.productive-eda.com/register-management/
- 베리풀Veripool의 Vregs, 오픈소스, http://www.veripool.org/wiki/vregs

여러분이 ASIC, SoC, FPGA 등의 설계를 위해 하드웨어 팀과 함께 작업하면서 하드웨어 팀이 현재 위와 같은 툴을 이용하지 못하고 있다면 위의 툴 중 한 가지라도 이용하도록 하드웨어 팀을 격려하라. 이것은 협업 노력을 향상시킬 것이다.

하드웨어 성공 사례 5.5.2 레지스터와 비트 정보를 블록 설계 파일로부터 생성하기 위해 자동화된 레지스터 설계 툴을 이용하라.

공동 개발 활동

레지스터 설계 툴과 비교해 공동 개발 툴은 매우 잘 알려져 있으며, 현재 여러 회사의 다양한 제품이 출시돼 있다. 공동 개발 툴은 다양한 플랫폼에서 사용되고 있으며, 다양한 특징을 갖고 있다. 그러나 공동 개발 툴의 주목적은 임베디드 소프트웨어가 시뮬레이트된 하드웨어에서 실행되도록 허용하는 것이다. 하드웨어는 소프트웨어와 FPGA 또는 기타 몇 가지 방법에서 시뮬레이트될지도 모른다. 이것은 아주 상세한 내용을 갖고 느리게 시뮬레이트되거나 매우 높은 수준에서 빠르게 시뮬레이트될지도 모른다. 이것은 최종 하드웨어가 구축되기 전에 동작되는 소프트웨어를 허용한다는 이점이 있으며, 심지어 너무 늦지 않게 하드웨어 문제를 발견해서 수정할 수 있게 해준다.

이들 툴의 일부가 현재 지원이 부족하거나 특징이 세부적이지 못해 여전히 성숙 중에 있지만, 이들 툴을 현명하게 이용하는 것은 공동 개발 활동을 촉진시킬 수 있다. 한 번에 획기적인 변경을 만들지 마라. 훌륭한 잠재력을 가진 것부터 하나씩 시작하고, 테스트하며, 배포하고, 추가하라.

하드웨어 성공 사례 3.2.6 물리적 칩이 도착하기 전에 코드를 개발하고 문제를 발견해서 해결하는 일에 관여된 펌웨어 공학자를 얻기 위해서는 가상 프로토타입, FPGA, 공동 시뮬레이션, 오래된 하드웨어 같은 공동의 개발 활동을 이용하라.

2장, 즉 임베디드 시스템 하드웨어/소프트웨어 공동 개발에서는 이러한 주제에 대해 더 자세히 다룬다.

시스템 통합

하드웨어와 임베디드 소프트웨어를 하나의 완벽한 시스템으로 함께 통합할 때 문제가 발생할 것이다. 이러한 문제는 시스템을 구축하면서 즉시 발생한다. 그리고 이러한 문제는 어떤 특정 조건하에서 20시간 테스트 후에 무엇인가 잘못된 점이 있을 때 최종 테스트 기간 동안에 발생할 것이다.

하드웨어 공학자는 시스템 레벨의 통합과 테스팅에서 소프트웨어 공학자를 도울 수 있도록 준비가 돼 있어야 한다. 문제의 근본적인 원인을 발견하는 것은 노력의 절반에만 해당된다. 그 외의 절반은 문제를 고치거나 제2의 해결책을 제시하는 것이다. 문제의 근본적 원인이 하드웨어에 있다면 하드웨어 공학자는 수백만 달러의 비용이 들고 3개월이나 지연되는 칩의 재스피닝^{respinning}을 피하기 위해 소프트웨어 해결책 결정에 도움을 줘야 한다.

> **하드웨어 성공 사례 3.3.6** 복잡한 결함에 대한 근본 원인을 결정하고 펌웨어 해결책을 설계하는 데 있어 하드웨어와 펌웨어 공학자 둘 모두를 포함시켜라.

유용한 하드웨어 설계 양상

이 절에서는 임베디드 소프트웨어 공학자에게 프로그래밍을 쉽게 만들어 주는 몇 가지 하드웨어 설계 양상에 대해 다룬다. 하드웨어 문서를 읽을 때 이들 양상을 고찰하고 이들 양상이 하드웨어 문서에 없다면 왜 없는지 찾아보라.

하드웨어 이벤트 통지

이벤트는 임베디드 소프트웨어가 인식될 필요가 있는 하드웨어에서 발생한다. 이벤트는 다음과 같은 두 가지의 일반적인 범주로 나눠질 수 있다.

1. **소프트웨어 시작 이벤트** 외부로 나가는 I/O 패킷의 전송 완료처럼 임베디드 소프트웨어에 의해 시작된 하드웨어 작업을 완료함으로써 나타난 이벤트
2. **외부 이벤트** 비동기 수신 I/O 패킷처럼 외부 트리거에 의해 나타난 이벤트

이들 두 가지 경우 모두 하드웨어는 소프트웨어에게 통지해서 소프트웨어가 적절한 행동을 취할 수 있게 해줘야 한다. 다음은 하드웨어가 이벤트를 임베디드 소프트웨어에게 통지하는

다양한 방법이다.

- **통지하지 않음** 이것은 최악의 경우다. 소프트웨어는 다음 단계를 택할 때 추측해야 한다.
- **시간 지연** 소프트웨어 시작 이벤트를 이용해 소프트웨어는 다음 단계를 택하기 전에 특정 시간 동안 기다리기 위해 타이머를 설정할 수 있다. 지연이 (수 초 또는 그 이상) 길어지거나 반응이 정확할 필요가 없다면 소프트웨어는 OS 타임아웃 지원을 사용할 수 있다. 그러나 시간 지연이 짧으면 소프트웨어는 하드웨어 지원 없이 얼마나 오랜 시간이 흘렀는지 알기가 매우 어렵다.
- **상태 비트** 하드웨어는 이벤트 발생 시 상태 비트를 설정한다. 소프트웨어는 상태 비트를 검사하고, 필요시 이벤트가 발생될 때까지 조사된다. 상태 비트는 곧 발생할 예정인 소프트웨어 시작 이벤트라면 훌륭하다. 그렇지 않다면 소프트웨어는 조사돼야 하고, 이벤트가 발생될 때까지 대역폭을 묶어 놓아야 한다.
- **인터럽트 비트** 이것은 하드웨어가 소프트웨어에게 이벤트를 통지하는 최상의 방법이다. 이것은 이벤트가 발생될 때까지 소프트웨어가 다른 작업을 할 수 있게 도와준다. 이것은 외부 이벤트와 완료에 얼마간의 시간이 요구되는 소프트웨어 시작 이벤트에 잘 동작한다.

하나의 ASIC 블록에서 나는 다음 단계로 진행하기 전에 재설정^{reset} 비트를 누른 후 짧은 시간 동안 대기했다. 대기가 종료됐을 때 내가 알 수 있는 상태 비트나 인터럽트 비트는 없었다. 비지 루프$^{busy\ loop}$를 통해 충분한 정도의 지연이 세 번 발생했다는 것을 나는 알았다.

대략 3년이 지난 후 새로운 세대의 제품상에 문제가 있었고, 그 프린터에 할당된 공학자는 프린터가 왜 잘 동작하지 않는지 밝혀내기 위해 시도하는 중이었다. 그 공학자는 수개월이 지났지만 무엇이 원인이었는지 밝혀내지 못했다. 결국 그 일은 나에게 할당됐다. 2주간의 조사가 끝난 후 나는 지연 루프$^{delay\ loop}$에 문제가 있음을 알아냈고, 왜 내가 그 일을 하게 됐는지 기억했다. 새로운 세대의 제품은 더 빠른 지연 루프를 야기하는, 즉 세 번의 패스로는 더 이상 충분하지 못한 다른 CPU를 사용했다는 것을 알았다.

내가 코드 구간을 아무리 잘 문서화했더라도(나는 그렇게 하지 않았지만) 문제에 대한 징후가 충분하지 못한 지연 루프 때문이었다고 결정하는 데는 오랜 시간이 소요됐다. 하드웨어에 상태 비트가 있었다면 수개월의 공학적 노력은 아마 피할 수 있었을 것이다.

하드웨어 성공 사례 7.1.1 펌웨어가 알아야만 하는 어떠한 이벤트나 조건에 대해서든 펌웨어에게 항상 지표를 제공하라.

여러분이 비지시적^{non-indicative}인 하드웨어 이벤트를 다룬다면 시간 지연에 최선을 다하고 어떤 이슈가 그 코드의 미래 관리자에게 경고를 주는지 코드 내에 명확한 코멘트를 달아라.

하드웨어에서의 작업 시작

소프트웨어가 하드웨어에서 작업을 시작할 필요가 있을 때 소프트웨어는 작업 종료 시 하드웨어가 비워지는 큐^{queue} 비트에 1을 쓴다(큐 비트는 기술적으로 R/W1S로 묘사되며, 이것은 읽기/쓰기를 1로 설정한다는 의미로, 소프트웨어는 비트를 설정하기 위해 1을 써야 하지만 비트를 해제할 수는 없다). 이것이 대부분의 시간을 사용하는 방법이다. 그러나 일부 설계에서는 소프트웨어가 비트를 설정하고, 그런 후 소프트웨어는 그 비트를 해제한다(R/W, 읽기/쓰기 비트). 이것은 다음과 같은 두 가지 이유로 위험하다.

하드웨어가 비트를 볼 기회도 갖기 전에 소프트웨어가 비트를 해제할 수 있다면 하드웨어는 작업이 제대로 동작되고 있는지 알지 못한다. 그러나 하드웨어는 소프트웨어보다 더 빠른데, 그렇지 않은가? 따라서 소프트웨어가 얼마나 빠른지에 상관없이 하드웨어가 그것을 볼 수 있을 것 같은데, 이 말이 옳은 것은 아닌가? 틀렸다. 나는 하드웨어의 상태 기계가 자신의 상태를 조사할 때 비트가 설정됐는지 아닌지 가끔 살펴봤던 경우를 알고 있다. 상태 기계는 때때로 외부 이벤트에 반응한다. 상태 기계가 외부 이벤트를 다루는 데 바빴다면 소프트웨어는 상태 기계가 되돌아오기 전에 그 비트를 설정하고, 그런 다음 그 비트를 해제할 수 있다는 사실을 발견했다. 나는 모든 조건하에서 이것을 알기 위해 하드웨어에 충분할 정도로 비트를 길게 설정했다는 것을 보장하기 위해 짧은 지연을 내 코드에 삽입했다.

또 다른 위험은 비트가 너무 길게 설정돼 떠나버리는 소프트웨어다. 하드웨어가 작업을 종료하고 비트가 설정됐다는 것을 알았을 때 과거 시간으로부터 비트를 계속 설정해서 그 작업을 다시 동작시키지 않아야 하는가? 그렇지 않으며, 비트를 해제하고 다시 설정해서 그 작업을 다시 동작시켜야 하는가? 소프트웨어는 적시적인 방식에서 그 비트를 해제하지 못하게 원인을 제공하는 더 높은 우선순위의 작업 때문에 지연될 수 있을 것이다.

이러한 잠재적인 문제 때문에 읽기/쓰기 비트가 아니라 큐 비트는 하드웨어 작업을 시작하기 위해 사용될 것이다. 큐 비트는 소프트웨어와 하드웨어 간 훌륭한 핸드셰이크^{handshake}를 제공한다.

- 소프트웨어는 큐 비트를 읽는다.
- 큐 비트가 제로라면 소프트웨어는 하드웨어가 작업을 하도록 알려주기 위해 비트를 설정할 수 있다는 것을 안다.
- 비트가 한 번 설정되면 소프트웨어는 비트가 해제될 때까지 하드웨어 비트를 조사할 수

있다. 비트가 한 번 해제되면 소프트웨어는 하드웨어가 비트를 보고 작업을 실행한다는 것을 안다.

- 하드웨어는 때때로 비트를 검사한다.
- 비트가 설정됐다는 것을 하드웨어가 한 번 알면 하드웨어는 작업을 실행시킬 수 있다.
- 하드웨어가 작업을 시작할 때 큐 비트는 해제된다.

하드웨어 성공 사례 8.5.3 블록에서 작업을 시작하기 위해 펌웨어를 설정하고, 그래서 하드웨어만 제거할 수 있도록 큐 비트를 제공하라.

R/W 비트를 이용해 하드웨어 작업이 시작되는 상황을 맞이한다면 발생될지도 모르는 문제가 너무 짧은지 또는 너무 긴지 상황을 아주 조심스럽게 조사하고, 그러한 문제를 어떤 소프트웨어가 다루고 있는지 문서화하라.

비트 필드 정렬

소프트웨어와 하드웨어의 관점에서 레지스터에 있는 (둘 또는 그 이상의 연속 비트의 그룹) 비트 필드 bit field의 위치와 장소는 보통 문제되지 않는다. 그러나 인간이 관여되기 때문에 문제가 된다. 그 이유는 인간이 비트를 읽고 해석하는 데 도움을 줘야 하기 때문이다. 관례상 우리는 4개의 비트로 묘사되는 각각의 문자를 가지고 일련의 16진수hexadecimal number로서 레지스터의 콘텐츠를 읽고 쓴다.

다음은 5개의 비트 필드인 A, B, C, D, E를 가진 32비트 레지스터다. 각각의 비트 필드는 3개의 비트로 구성된다. 이 레지스터의 콘텐츠는 다음과 같다.

비트	31 30 29 28	27 26 25 24	23 22 21 20	19 18 17 16	15 14 13 12	11 10 9 8	7 6 5 4	3 2 1 0
R/W	– – – –	– – – –	– – – –	– – – –	– E E E	D D D C	C C B B	B A A A
콘텐츠	0 0 0 0	0 0 0 0	0 0 0 0	0 0 0 0	0 0 0 1	0 1 0 0	1 1 1 0	0 1 0 1
16진수	0	0	0	0	1	4	E	5

인간의 가독성을 높여줄 목적으로 8비트가 1문자인 16진수, 즉 0x000014E5로 쓸 수 있다. 그러나 비트 필드 C의 콘텐츠에서 이것을 결정하기는 어렵다. 대신 부분적인 니블 필드nibble field를 채우기 위해 사용되지 않는 빈 공간을 추가함으로써 5개의 필드를 다음과 같이 만들 수 있다.

비트	31 30 29 28	27 26 25 24	23 22 21 20	19 18 17 16	15 14 13 12	11 10 9 8	7 6 5 4	3 2 1 0
R/W	– – – –	– – – –	– – – –	– E E E	– D D D	– C C C	– B B B	– A A A
콘텐츠	0 0 0 0	0 0 0 0	0 0 0 0	0 0 0 1	0 0 1 0	0 0 1 1	0 1 0 0	0 1 0 1
16진수	0	0	0	1	2	3	4	5

이 레지스터의 16진수 값은 이제 0x00012345가 되고, 필드 C는 이제 훨씬 더 쉽게 알 수 있으며, 이것은 우측에서 세 번째 니블에 위치하고, 그 값은 3이 된다. 이 사례에서 3비트 필드는 니블 정렬$^{nibble-aligned}$이다. 비트 필드가 5비트 또는 그 이상이라면 바이트 정렬이 된다.

하드웨어 성공 사례 8.2.5 비트 필드를 3내지 4비트의 니블 정렬, 5내지 8비트의 바이트 정렬, 9내지 15비트의 16비트 정렬 등으로 둬라.

첫 번째 사례와 같이 정렬에만 주안점을 둔다면 이 필드를 벗어나기 위해 프린트 루틴을 'E51, D52, C53, B54, A55' 같이 수정할 수 있다.

고정 비트 위치

변경된 레지스터의 비트를 갖고 하드웨어의 다양한 버전에 접근하는 소프트웨어를 돕기 위해서 하드웨어 설계 팀은 다음과 같은 성공 사례를 따라야 한다.

하드웨어 성공 사례 8.2.9 비트 할당을 하나의 블록 버전에서 다음 블록 버전으로 변경하는 것을 피하라.
하드웨어 성공 사례 8.2.10 기존 레지스터에서 해제된 비트의 비트 위치를 재사용하는 것을 피하라.

이를 설명하기 위해 블록 버전 A가 비트 0, 1, 2에서 비트 T, A, H를 각각 정의한다고 가정한다. 그러나 블록 버전 B에서 H 비트가 탈락하고 C 비트가 추가된다. 성공 사례 8.2.10에 따르면 C 비트는 H가 있었던 동일한 위치에 넣지 못한다. C 비트는 이전에 사용되지 않았던 위치인 비트 3에 넣는다. 소프트웨어는 다음 다이어그램에서 묘사된 것처럼 4개 비트 T, A, H, C 모두를 지원하기 위해 설정될 수 있다.

비트	...	5	4	3	2	1	0
블록 버전 A	...	–	–	–	H	A	T
블록 버전 B	...	–	–	C	–	A	T
소프트웨어 지원	...	–	–	C	H	A	T

블록 버전 A에서 소프트웨어는 위치 3에 있는 1을 결코 읽지 않을 것이며, 이에 따라 C 행동은 결코 호출되지 않을 것이다. 소프트웨어가 블록 버전 A에서 그 위치에 있는 1을 쓰려고 시도한다면 무시될 것이다.

C가 위치 2에 놓아졌다면 소프트웨어는 먼저 어떤 블록 버전을 이용할 것인지 결정할 것이고, 그런 다음 위치 2를 H나 C로 다루기 위해 스위치가 작동될 것이다.

블록 버전 번호

ASIC, SoC, FPGA 같은 다중 블록을 가진 칩들은 전형적으로 칩 버전 번호를 포함하는 하나의 레지스터를 갖는다. 이 레지스터는 어떤 칩 버전이 설치됐는지 식별하고, 버전 간의 차이점을 다룰 수 있도록 소프트웨어를 도와준다. 차이점에는 새로운 특징, 해제된 특징, 고쳐진 결함이 포함될 수도 있다.

이들 칩은 종종 USB 호스트 블록이나 MP3 디코더 같은 여러 가지 블록으로 구성된다. 새로운 버전의 칩이 출고되면 블록의 일부가 변경되지 않을지라도 칩 레벨의 버전 번호는 변경된다. 이것은 각각의 블록이 변경되지 않더라도 모든 디바이스 드라이버의 데이터베이스를 업데이트하도록 강제한다.

더 좋은 솔루션은 각각의 블록에 그 자신만의 레지스터 버전을 제공하는 것이다. 그런 다음 블록을 위한 디바이스 드라이버만이 업데이트되기 위해 변경된다.

예를 들어 USB 블록은 변경되지만 MP3 블록은 변경되지 않는다고 가정한다. 새로운 USB 버전을 가진 새로운 칩은 칩상에 무엇인가 다르기 때문에 새로운 칩 버전 번호를 가질 것이다. USB 블록 버전 번호는 변경되겠지만 MP3 블록은 변경되지 않을 것이다. MP3 드라이버는 변경할 필요가 없는데, 이는 MP3 버전 번호를 이미 인정했기 때문이다.

이것은 FPGA 콘텐츠가 자주 변경되는 FPGA 환경에서 특히 유익하다. 전반적인 FPGA 버전 번호는 각각의 새로운 혼합물에 대해 계속 변경될 것이지만, 변경되지 않는 그러한 블록은 디바이스 드라이버를 업데이트할 필요가 없다.

하드웨어 성공 사례 8.4.6 칩상의 각 블록에 대해 블록 레벨 ID와 레지스터 버전을 제공하라.

디버그 후크

잘 알려진 대로 완벽한 설계를 하는 것은 어렵다. 하드웨어에 임베디드 소프트웨어를 통합하려고 시도할 때 문제의 근본 원인이 하드웨어에 있는지 또는 소프트웨어에 있는지 아는 것이 도전이 될 것이다. 문제의 근본 원인이 어디에 있는지 찾으려고 시도할 때 소프트웨어는 이점을 갖는다. 디버거는 내부 변수와 실행 경로를 모니터링하기 위해 부착될 수 있다. 디버거 보고서는 코드에 추가될 수 있으며, 그런 다음 더 정확한 정보를 얻기 위해 하드웨어에서 재컴파일되고 재실행된다.

하드웨어는 그러한 사치스러움을 갖지 못한다. 한 번 실리콘에 넣어지면 하드웨어는 변경될 수 없고, 내부 신호는 조사될 수 없으며, 향후 진행이 어떻게 되는지 공학자가 직감으로만 알 수 있도록 하드웨어를 블랙박스로 만들어버린다. 이것은 특히 소프트웨어 공학자를 더 어렵게 만드는데, 이는 소프트웨어 공학자가 하드웨어 내부에서 어떻게 일이 진행되고 있는지 거의 알지 못하기 때문이다(이것이 바로 하드웨어 공학자와의 협업이 도움이 된다는 이유다).

디버그 후크^{debug hook}는 하드웨어 내에 구축되며, 문제의 진단에 아주 유용한 도움을 주기 시작하면 제거된다. 후크는 소프트웨어에게 추가적인 지원을 제공할 목적으로 여분의 비트와 레지스터로 구성된다. 그러나 이들 후크가 실리콘 공간을 사용하는 것에 대해서는 몇 가지 의문이 제기될 것이다. 일반적으로 하드웨어 공간이 아주 작다는 것은 사실이다. 이에 더해 후크를 추가하는 것은 자동차를 위해 보험에 가입하는 것과 마찬가지다. 자동차 사고를 계획하지 않았더라도 보험에는 가입할 수 있다. 그러나 자동차 사고를 당한다면 보험에 가입했었다는 것에 아주 좋아할 것이다. 디버그 후크도 마찬가지다. 문제가 발생한다면 후크를 가졌다는 것에 좋아할 것이다.

하드웨어 성공 사례 11.1.1 테스트와 디버그 후크를 위해 실리콘 공간을 할당하라.

다음은 몇 가지 가능한 후크의 예다.

- **내부 레지스터** 많은 핵심 레지스터에(또는 어떠한 플립플롭^{flip-flop}에도) 읽기 접근을 제공한다.
- **상태 기계의 상태** 상태 기계의 현 상태에 읽기 접근을 제공한다. 상태 기계 레지스터를 여러 번 읽어 상태 기계가 정지됐는지 또는 잘 동작하는지 알 수 있다.
- **신호** 내부의 핵심 신호에 읽기 접근을 제공한다. 여러 신호가 하나의 레지스터로 그룹화될 수 있다.
- **I/O 신호** I/O 신호에 읽기 접근을 제공한다. 이것은 이산 신호와 통신 프로토콜을 진단하는 데 도움을 준다.
- **DMA 컨트롤러 레지스터** DMA 컨트롤러의 주소와 바이트 카운트 레지스터에 읽기 접근을 제공한다. 여러 번의 연속적인 읽기는 데이터가 흐르고 있는지 또는 데이터가 어떤 이유로 정지했는지 알 수 있다.

소프트웨어를 하드웨어에 통합하려고 시도했던 과거의 도전에 대해 생각하라. 통합하는 동안 하드웨어 내의 어떠한 정보가 유용했었는지 자신에게 질문하라. 그런 다음 디버그 후크 같은 것들을 추가하는 데 대해 하드웨어 공학자에게 얘기하라.

또 다른 아주 유용한 디버깅 후크는 디버깅 목적에 사용할 수 있도록 하나 이상의 GPIO 핀을 갖는 것이다. 이 핀은 타이밍 문제, 활동 레벨, 드문 이벤트의 발생을 찾거나 기타 사용에 큰 도움이 된다.

하드웨어 성공 사례 11.5.2 디버깅과 최종 순간의 수정이 가능하게 여분의 할당되지 않은 GPIO 핀을 제공하라.

다시 말해 이들 후크는 하드웨어에서의 문제 발견뿐만 아니라 소프트웨어에서의 문제 발견에도 도움을 준다. DMA 레지스터를 읽는 것은 소프트웨어가 그들에게 올바른 값을 작성한다는 것을 보장하는 데 도움을 줄 것이다.

다중 하드웨어 버전 지원

나는 수년간 레이저젯 프린터의 생산 라인에 근무했었으며, 내가 작성했던 코드는 다양한 하드웨어 버전을 지원했다. 나는 대규모, 중규모, 소규모의 레이저젯 프린터, 컬러와 모노 프린터, 단일 기능과 다기능 프린터를 지원했다. 이에 더해 오래된 프린터와 신규 프린터를 지원했다. 우리가 팔았던 각각의 제품과 모든 제품에 대해 임베디드 소프트웨어의 다양한 버전을 지원하는 것은 법으로 금지됐다.

나는 다양한 프린터 버전을 지원하는 데 오직 하나의 소프트웨어 코드만 사용하려고 많은 노력을 경주했다. 이것은 결함을 발견하거나 코드를 수정할 때 이점이 있었고, 이 코드를 이용해 모든 제품을 수정했다. 하나의 제품에 새로운 특징이 추가되면 이 새로운 특징을 요구하는 모든 제품에 이 코드를 사용할 수 있었다. 그리고 하드웨어 버전 간에 존재하는 차이점을 식별하는 것은 매우 쉬웠다.

결국 한 시간 정도면 새로운 레이저젯 프린터를 쉽게 복사하는 핵심을 파악할 수 있었다.

임베디드 소프트웨어 성공 사례 하드웨어 플랫폼의 다중 버전을 지원하는 공통의 펌웨어 코드 기반을 유지하라.

다중 하드웨어 버전을 지원하는 코드는 버전 간의 차이점을 다루기 위해 스위치를 이용한다. 앞으로 다음과 같은 네 가지의 스위치 유형에 대해 알아본다.

- 컴파일 시간 스위치
- 빌드 시간 스위치
- 실행 시간 스위치
- 자가 적응 스위치

컴파일 시간 스위치

컴파일 시간 스위치는 C 전처리기^{CPP} 지시자인 #define, #undef, #if, #endif 등을 이용한다. 이것은 코드가 실행 시간에 전환될 필요가 없을 때 사용할 수 있다. 그리고 버전 간의 차이점이 작다면 사용할 수 있다.

참고 상수를 정의하기 위해 #define VAR 대신 상수 변수$^{const\ var}$를 이용하는 것처럼 대안 방법에 우호적이면서 CPP 지시자를 강하게 회피하려는 사람들이 있다. 이 두 가지 방법 모두 찬반양론이 존재한다.

하나의 특별한 모델에 적용된 상수 값을 구체적으로 명시하기 위해 #define을 이용하라. #define 지시자는 코드에서 하나 이상의 장소에 상수가 필요할 때 종종 사용된다. 그러나 상수가 하나의 장소에만 필요할 때도 사용될 수 있다. 이것이 한 번만 사용될지라도 하나의 장소에서 모든 버전에 특정한 상수를 통합할 때 #define를 이용하라. 이것은 포팅 노력을 경감시켜 줄 것이다.

이러한 논의를 위해 가상의 자동차 계기판의 컨트롤러 모듈이라는 사례를 이용한다. 이 모듈에서 소프트웨어는 몇 가지 다양한 SoC와 다양한 유형의 표시 패널에서 동작되며, 회사가 생산한 몇 가지 다양한 자동차 모델에서 사용될 것이다. 이상적으로는 모든 경우에 대해 동일한 소프트웨어를 사용하는 것이며, 필요한 경우 그 차이점을 처리할 수 있을 것이다.

표시 패널이 속도계 바늘을 목표 지점에 정확하게 위치시키기 위해 스텝 모터를 이용한다고 가정한다. 소프트웨어는 스텝 모터에 값을 제공해 바늘을 정확하게 위치시키고, 스텝 모터는 그 위치로 이동한다. 그러나 말하는 것처럼 스텝 모터의 바늘을 55mph에 정확하게 위치시키는 것은 그리 간단한 문제가 아니다. 스텝 모터에게 위치 번호 220으로 이동하라고 얘기해야 할 것이다. 바꿔 말하면 스텝 모터의 유닛은 mph 유닛당 1유닛이 필요 없을 것이다. 그리고 표시 유형은 스텝 모터 유닛에 있는 다른 표시 유형과는 다를 것이다. 그림 6.2는 속도계를 나타내며, 이 속도계에는 두 가지 중요한 번호, 즉 제로에서의 유닛(바늘을 제로에 맞추기 위해 어떤 값이 스텝 모터에 제공되는가)과 10mph당 유닛(10mph마다 바늘을 이동하기 위해 얼마나 많은 스텝 모터의 유닛이 택해졌는가)이 호출돼 있다.

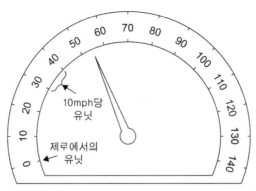

10mph당
유닛

제로에서의
유닛

그림 6.2 바늘을 목표 지점에 위치시키기 위해 상수를 이용한 가상의 속도계

표 6.1은 55와 88에 대해 계산된 값을 따라 이들 각각의 값을 이용하는 두 가지 가상 속도계를 나타낸다.

표 6.1 두 가지 속도계 모델에 대한 값

세부 사항	속도계	
	ABC	VRM
제로에서의 유닛(UAZ)	65	450
10mph당 유닛(UPT)	100	−75
55에 대한 스텝(mph로 표시)	615	38
88에 대한 스텝(kph로 표시)	945	−210

스텝 모터의 값을 계산하는 식은 다음과 같다.

$$Stepper = \frac{Speed \times UPT}{10} + UAZ$$

자동차가 55mph로 이동 중에 있다면 컨트롤러 모듈은 바늘을 55로 이동하길 원할 것이다. 이 모듈은 어떤 모델이 사용되는지에 상관없이 UAZ와 UPT를 이용하며, 615와 38이라는 값을 찾아내고 스텝 모터에게 바늘을 그 위치로 이동하라고 지시할 것이다. 그러나 운전자가 계기판에 미터법 단위를 넣었다면 속도는 88kph가 될 것이다. 여기서 숫자 88이 공식에 대입될 것이고, 숫자 945와 −210이 스텝 모터에 제공되는 값이 될 것이다.

리스트 6.1은 이러한 편차를 지원하는 한 가지 버전의 소프트웨어 코드를 갖기 위해 속도계 스위치가 어떻게 사용될 수 있는지 보여준다.

리스트 6.1 속도계 스위치: 사용된 속도계 모델을 기반으로 상수를 설정한다.

```
#if defined(SPEEDOMETER_ABC)
#  define UNITS_AT_ZERO 65
#  define UNITS_PER_TEN 100
#elif defined(SPEEDOMETER_VRM)
#  define UNITS_AT_ZERO 450
#  define UNITS_PER_TEN -75
#else
#  error Unknown speedometer model
#endif
```

속도계 모델이 명시되지 않으면 #else 절은 컴파일 경고의 원인이 된다는 점에 주의해야 한다. 이 기법은 속도계가 명시됐다는 것을 보장하는 새로운 제품에 코드를 포팅^{porting}할 때 매우 유용하다. 공학자는 이것이 ABC인지 또는 VRM 속도계인지 명시하는 것을 잊어버릴지도 모르며, 새로운 속도계가 현재 사용 중인지 아닌지, 그리고 속도계를 정의하는 데 상수가 필요한지 아닌지에 대해 잊어버릴지도 모른다.

임베디드 소프트웨어 성공 사례 C 전처리기에서 #if 스위치를 이용할 때 모든 알려진 경우를 테스트하는 데는 #elif를 이용하고, 그런 다음 예측하지 못하거나 불완전한 스위치의 분기를 파악하는 데는 #error를 가진 #else 경우를 포함시켜라.

이제 코드 이름이 감자(POTATO), 옥수수(CORN), 당근(CARROT)이고 2개의 속도계 모델을 이용하는 3대의 자동차가 있다고 가정한다. 리스트 6.2는 어떤 자동차가 어떤 속도계를 사용하는지 정확하게 파악하기 위해 어떻게 자동차의 스위치가 사용되는지 보여준다.

리스트 6.2 자동차 스위치: 각각의 자동차가 사용하는 속도계 모델을 명시한다.

```
#if defined(CAR_POTATO)
#  define SPEEDOMETER_ABC
#elif defined(CAR_CORN)
#  define SPEEDOMETER_VRM
#elif defined(CAR_CARROT)
#  define SPEEDOMETER_VRM
#else
#  error Unknown car
#endif
```

#else 절은 자동차가 명시되지 않으면 컴파일 경고의 원인이 된다는 점에 다시 한 번 주의해야 한다.

속도계의 스텝 모터가 달라진 유일한 양상은 아니다. VRM 속도계가 회전 속도계^{tachometer}도 지원한다고 가정해보자. 그러나 ABC 속도계는 그렇지 못하다. 어떠한 회전 속도계의 특정 코드든 VRM을 위해 컴파일돼야 한다. 그러나 회전 속도계에 #ifdef SPEEDOMETER_VRM를 이용하는 것보다 #ifdef TACHOMETER 같은 것을 이용하는 편이 더 좋다. 그런 다음 #define TACHOMETER는 속도계 스위치 구간의 #if SPEEDOMETER_VRM 스위치에 위치할 것이다. 이것은 스위치를 간단히 동작시키기 위해 회전 속도계를 지원하는 새로운 유형의 속도계를 허용한다.

연료 컴퓨터 또한 모든 모델은 아니지만, 일부 모델에 있는 특징이라고 가정한다. 마케팅에서는 자동차가 연료 컴퓨터의 특징을 가져야 하는지 아닌지를 결정할 것이다. 가능하다면 자동차 계기판 어디에선가 연료 컴퓨터를 지원할 것이다. 자동차 스위치에서 또 다른 #define이 연료 컴퓨터의 특징이 사용될 수 있는지 명시하기 위해 사용될 것이다. 리스트 6.3은 회전 속도계와 연료 컴퓨터의 추가된 양상을 보여준다.

리스트 6.3 회전 속도계와 추가된 연료 컴퓨터를 이용한 자동차와 속도계 스위치

```
/*** List of cars ***/
#if defined(CAR_POTATO)
#  define SPEEDOMETER_ABC
#elif defined(CAR_CORN)
#  define SPEEDOMETER_VRM
#elif defined(CAR_CARROT)
#  define SPEEDOMETER_VRM
#  define FUEL_COMPUTER // Only the Carrot gets the fuel computer
#else
#  error Unknown car
#endif
/*** List of speedometers ***/
#if defined(SPEEDOMETER_ABC)
#  define UNITS_AT_ZERO 65
#  define UNITS_PER_TEN 100
#elif defined(SPEEDOMETER_VRM)
#  define UNITS_AT_ZERO 450
#  define UNITS_PER_TEN -75
#  define TACHOMETER // Only VRM can support tachometer feature
#else
#  error Unknown speedometer model
#endif
```

자동차 또는 속도계와 관련된 어떠한 참고 문헌이든 이 절에 나타나 있는 코드에 대해서만 언급하고 있다. 이 절에서는 필요시 코드에서 사용되는 #define을 만든다. 코드를 깨끗하게 유지하는 것이 중요하다. 예를 들어 회전 속도계의 코드에 #ifdef CAR_<car_model>을 넣는 것은 다루기 힘들게 만든다. 다음이 실제로 발생될 일이다.

```
#if defined(CAR_CORN) || defined(CAR_CARROT) || <...list of all cars...>
    tachometer code...
#endif
```

새로운 자동차가 추가되면 목록은 더 길어지고, 이 목록을 정확히 유지하는 것도 점점 더 힘들어진다는 점이 문제다.

이제 코드 이름이 '완두콩(PEAS)'인 새로운 자동차를 추가해보자. 완두콩은 새로운 속도계 모델인 XLS가 장착돼 있지만, 그 외의 새로운 특징은 없다. 바꿔 말하면 지원을 위해 필요한 모든 코드가 준비돼 있다는 의미다. 자동차와 속도계 스위치가 포함된 코드 구간은 완두콩을 지원하기 위해 변경될 필요가 있는 유일한 장소며, 이와 같은 내용이 리스트 6.4에 나타나 있다.

리스트 6.4 코드 이름이 배인 자동차와 새로운 XLS 속도계에 대한 지원 추가하기
```
/*** List of cars ***/
#if defined(CAR_POTATO)
#  define SPEEDOMETER_ABC

#elif defined(CAR_CORN)
#  define SPEEDOMETER_VRM

#elif defined(CAR_CARROT)
#  define SPEEDOMETER_VRM
#  define FUEL_COMPUTER

#elif defined(CAR_PEAS)          // New car
#  define SPEEDOMETER_VRM        // Uses new speedometer
#  define FUEL_COMPUTER          // And gets the fuel computer

#else
#  error Unknown car
#endif

/*** List of speedometers ***/
```

```
#if defined(SPEEDOMETER_ABC)
# define UNITS_AT_ZERO 65
# define UNITS_PER_TEN 100


#elif defined(SPEEDOMETER_VRM)
# define UNITS_AT_ZERO 450
# define UNITS_PER_TEN -75
# define TACHOMETER


#elif defined(SPEEDOMETER_XLS)        // New speedometer
# define UNITS_AT_ZERO 32             // With its constants
# define UNITS_PER_TEN 80
# define TACHOMETER                   // It supports the tachometer


#else
# error Unknown speedometer model
#endif
```

이것이 이제 코드 이름이 완두콩인 자동차를 지원하기 위해 추가될 필요가 있는 모든 변경 사항들이다. 완두콩은 회전 속도계를 지원하는 XLS 속도계를 이용하며, 연료 컴퓨터는 이제 사용할 수 있게 된다. 그 외의 코드에서 더 이상의 변경 사항은 없다.

위에서 언급한 자동차와 속도계 스위치의 세부 사항에 대해 좀 더 명확한 실태가 표 6.2와 6.3에 나타나 있다.

표 6.2 자동차 세부 사항

세부 사항	자동차			
	감자	옥수수	당근	완두콩
속도계	ABC	VRM	VRM	XLS
연료 컴퓨터	아니오	아니오	예	예

표 6.3 속도계 세부 사항

세부 사항	속도계		
	ABC	VRM	XLS
제로에서의 유닛(UAZ)	65	450	32

(이어짐)

세부 사항	속도계		
	ABC	VRM	XLS
10mph당 유닛(UPT)	100	−75	80
회전 속도계	아니오	예	예

이제 한 가지 사항이 남았는데, 이는 코드를 구축하기 위해 어떤 자동차를 명시해야 하는가다. 한 가지 선택 사항은 컴파일러를 위해 다음 코드와 같이 커맨드라인상에 위치시키는 것이다.

```
cc . . . -DCAR_PEAS . . .
```

또 다른 선택 사항은 다음 코드와 같이 완두콩 디렉토리에 위치해 있는 #include 파일을 가리키는 것이며, 파일은 #define CAR_PEAS를 포함하고 있다.

```
Cc . . . -I/products/peas/inc . . .
```

다시 말해 이 기법은 큰 덩어리의 소스코드를 제어하는 데 사용될 수 없으며, 오히려 빌드 시간 스위치가 이런 일을 더 훌륭히 처리할 것이다.

빌드 시간 스위치

앞에 언급한 속도계 간의 차이점이 몇 가지 상수와 특징만큼 간단하지 않고, 그들에게 접근하기 위해 요구되는 소프트웨어 코드도 상당히 다르다고 가정한다. 이제 필요한 것은 그러한 차이점을 다루기 위해 서브루틴을 분리시키는 것이다. 서브루틴은 커질 수 있으며, 스위치를 앞뒤로 전환하기 위해 #ifdef/#endif를 이용하는 것은 좋은 아이디어가 아니다. 대신 각각이 속도계인 다음과 같은 세 가지 파일을 생성한다.

- speedometer_abc.c
- speedometer_vrm.c
- speedometer_xls.c

각각의 파일은 적어도 다음과 같은 두 가지 함수를 가질 것이다.

- DisplaySpeed (int speed)
- DisplayTachometer (int rpm)

자동차가 55mph로 이동 중이라면 주 코드는 DisplaySpeed(55)를 호출할 것이다. 그렇지 않고 미터법 모드라면 이 차는 88kph로 이동 중일 것이고 DisplaySpeed(88)을 호출할 것이다. 코드에 구축된 기능이 ABC, VRM, XLS 속도계의 어떤 기능이든지 간에 바늘을 원하는 위치에 정확하게 이동시키기 위해서는 필요한 것은 무엇이든지 수행할 것이다.

2700rpm(분당 회전수)을 회전 속도계에 표시하기 위해 주 코드는 DisplayTachometer(2700)을 호출할 것이다. VRM과 XLS 속도계는 이에 적절히 반응해서 회전수를 회전 속도계에 표시할 것이다. ABC 속도계는 회전 속도계를 지원하지 못하므로, ABC 속도계가 아무런 일도 수행하지 못하더라도 그냥 간단히 '수행 완료'라는 말만 주 코드에 남길 것이다.

주 코드는 어떤 속도계가 장착됐는지에 대해 전혀 걱정할 필요가 없다. 주 코드는 그냥 간단히 호출해서 어떤 코드가 그 안에 연결됐는지 보고 그에 대해 반응할 것이다.

연료 컴퓨터의 특징을 다루기 위해서는 분리된 소스코드 파일인 fuel_computer.c를 코드 안에 연결시킬 필요가 있다.

리스트 6.5는 네 대의 자동차에 대해 어떻게 코드가 구축될 수 있는지 보여준다.

리스트 6.5 자동차 코드를 위한 makefile의 일부분

```
potato:
        cc main.c speedometer_abc.c -o potato.exe

corn:
        cc main.c speedometer_vrm.c -o corn.exe

carrot:
        cc main.c speedometer_vrm.c fuel_computer.c -o carrot.exe

peas:
    cc main.c speedometer_xls.c fuel_computer.c -o peas.exe
```

적절한 속도계가 목록화되고, 필요시 이에 대한 연료 컴퓨터의 지원이 포함된다는 점에 주의해야 한다.

물론 빌드 시간 스위칭을 성취하는 또 다른 방법이 있겠지만, 이것은 구축 환경에 따라 달라질 것이다. 그러나 필요한 코드는 일부 시간에만 분리된 파일 안에 포함되고 필요한 경우에만 구축을 위해 포함된다는 것이 핵심이다.

실행 시간 스위치

이제 임베디드 소프트웨어가 포함된 자동차 계기판의 컨트롤러 모듈이 모든 자동차에 대해 같아질 필요가 있다고 가정한다. 바꿔 말하면 실행 시간 스위칭은 다양한 속도계와 그 외의 선택적인 컴포넌트를 수반해야 할 필요가 있다. 이를 위해서는 지원받은 모든 디바이스의 정보가 코드 안에 포함돼야 한다.

리스트 6.6은 이것이 어떻게 수행되는지 보여준다. 섹션section 1은 2개의 열거형enum 명세를 포함하는데, 하나는 자동차에 대한 것이고 또 다른 하나는 속도계에 대한 것이다. 섹션 2는 자동차와 속도계에 관련된 항목을 표로 표현한 내용이다. 섹션 3에서는 자동차 모델을 얻기 위해 함수를 호출하고, 구조를 이용하며, 필요한 상수를 얻는다. 섹션 4에서는 현재의 자동차 속도를 얻기 위해 함수를 호출하고, 상수를 이용하며, 필요한 스텝 모터의 값을 계산한다.

리스트 6.6 계기판을 위한 실행 시간 지원

```
/* Section 1: Set up enums */
enum cars {potato,
           corn,
           carrot,
           peas};

enum speedometers {abc,
                   vrm,
                   xls};

/* Section 2: Set up tables */
struct speedometerStruct   {int units_at_zero;
                            int units_per_ten;
                            boolean support_tach;
                            } speedometerStructs [ ] =
                            {{ 65, 100, false},    /* ABC */
                             {450, -75, true},     /* VRM */
                             { 32, 80, true}};     /* XLS */

struct carStruct {enum speedometers speedometer;
             boolean fuelComputer;
             } carStructs [ ] =
             {{abc, false},        /* Potato */
              {vrm, false},        /* Corn */
              {vrm, true},         /* Carrot */
```

```
                {xls, true}};           /* Peas */

/* Section 3: Get specific details for this car model */
enum cars car = getCarModel(); /* What car is this controller installed on? */
int uaz = speedometerStructs[carStructs[car].speedometer].units_at_zero;
int upt = speedometerStructs[carStructs[car].speedometer].units_per_ten;

/* Ccction 4: Cot the current speed, calculate the stepper motor value,
   and set the stepper motor */
int speed = getCurrentSpeed();
stepperValue = speed * upt / 10 + uaz;
setSpeedometerStepper (stepperValue);
```

위 리스트에서 코드를 작성하기 위해 배열array을 이용하는 것은 최상의 방법이 아니다. 포인터pointer를 이용하는 것이 더 일반적인 방법이다. 다음은 섹션 3에 대한 내용을 포인터를 이용해 재작성한 것이다. 필수적인 구조와 표에 대한 변경은 나타나지 않았다.

```
/* Section 3: Get specific details for this car model */
carStruct *pCar = getCarStruct(); /* Get pointer for this car */
int uaz = pCar->pSpeedometer->units_at_zero;
int up = 5pCar->pSpeedometer->units_per_ten;
```

분리된 함수가 요구된다면 적절한 함수가 선택될 것이며, 여기서는 다음과 같이 묘사될 것이다.

```
pCar->pSpeedometer->DisplaySpeed(55);
```

자가 적응 스위치

이전 사례에서 사람들은 필요한 상수를 코드 안에 작성했다. 이러한 행동은 오류를 발생시키는 경향이 있다. 또 다른 접근법은 상수를 속도계 안에 구축하는 것이며, 이 값을 얻기 위해 속도계에 쿼리query 코드를 내장한다. 이 방식은 (오래된 또는 새로운) 속도계가 어떻게 연결되든지 상관없이 그 코드에 적용될 것이다.

이러한 방법이 6장에서 제시한 속도계의 사례에서 필요 없게 될지라도 유닛에서 유닛으로 약간의 변화가 있는 상황에서는 유용하게 될지도 모른다. ABC 속도계의 제로 유닛에서 그 값이 55로 되는 대신, 64에서 하나의 유닛을 추가하고 66에서 또 다른 유닛을 추가해 교정될지도 모른다. 더 정교한 속도 표시는 이들 상수를 제공하는 하드웨어를 장착함으로써 가능해진다.

```
int uaz = GetSpeedometerUnitsAtZero();
int upt = GetSpeedometerUnitsPerTen();
stepperValue = speed * upt / 10 + uaz;
setSpeedometerStepper (stepperValue);
```

이미 제시했듯이 하나의 코드 기반이 여러 종류의 제품과 컴포넌트를 지원할 수 있는 다양한 방식이 있다. 이들 각각의 방식에 대해서는 찬반양론이 있다. 이러한 접근법을 이용하는 것은 코드를 계속해서 더 잘 유지할 수 있게 해준다.

임베디드 소프트웨어 성공 사례 하나의 임베디드 소프트웨어 코드 기반이 여러 유형과 버전의 하드웨어를 지원할 수 있게 스위치를 이용하라.

이제 남아 있는 어려운 부분은 무엇이 스위치가 될 것인지 또는 무엇이 스위치가 되지 못할 것인지를 결정하는 일일 것이다. 이러한 결정을 위해서는 이전 제품을 고찰하거나 미래의 제품이 무엇이 될 것 같은지를 알기 위해 기다려야 한다. 그러나 더 많은 제품을 지원하기 위해 추가되는 것처럼, 그러한 결정을 만드는 것도 상당히 쉬울 것이다.

어려운 하드웨어 상호작용

다음 절에서는 주의 깊게 다뤄지지 않으면 잠재적으로 위험하게 되는 하드웨어와의 몇 가지 공통적인 상호작용에 대해 검토한다. 이러한 영역에서 발생하는 문제들은 디버깅 구간을 아주 지루하게 만드는 결과를 초래할 것이다.

정확한 레지스터 접근

칩상의 대부분 레지스터는 하나의 디바이스 드라이버에 의해서만 접근되거나 실행 중에 있는 하나의 스레드에 의해서만 접근된다. GPIO와 글로벌 인터럽트 가능 레지스터 같이 소수의 레지스터는 하나 이상의 스레드에 의해 수정될 수도 있다. 특히 멀티스레드에 의해 공유되는 레지스터는 레지스터의 현 콘텐츠를 먼저 읽고, 원하는 비트로 수정하며, 그런 다음 수정된 콘텐츠를 다시 레지스터로 써넣어 수정한다.

레지스터의 콘텐츠를 수정하는 하나의 스레드가 레지스터의 수정을 또한 원하는 다른 스레드에 의해 인터럽트될 때 문제가 발생한다. 그림 6.3은 이러한 상황을 설명한다. 스레드 A는 0xBED를 가진 레지스터를 읽는다. 스레드 A가 0x400과 OR 연산을 통해 0xFED를 얻는다. 그러나 스레드 A가 레지스터에 다시 써넣기 전에 스레드 B가 인터럽트된다. 스레드 B는 레지스터를 읽고 0xBED를 얻는다. 그런 다음 ~0x040과 AND 연산을 통해 0xBAD를 얻고, 이 값을 레지스터에 써넣는다. 스레드 A가 다시 재개된다. 레지스터에 복사된 값이 오래됐지만 스레드 A는 그 값이 얼마인지 알지 못한다. 다음 단계는 레지스터에 복사된 오래된 수정된 값을 써넣는 것인데, 이는 스레드 B가 만들었던 변경상에 스레드 A가 (0xFED를) 겹쳐 쓰는 결과를 초래한다.

이렇게 형편없는 조건은 거의 드물다. 타이밍은 발생되는 것이 맞고, 결국엔 발생할 것이다. 타이밍이 발생되면 인터럽트를 겹쳐 쓰는 부작용으로 인해 스레드 변경은 광범위하게 변할 것이며, 문제의 식별을 더 어렵게 만들 것이다.

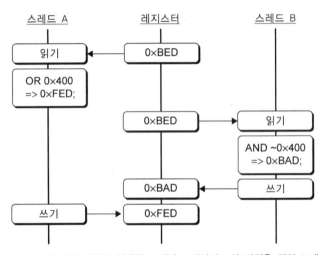

그림 6.3 스레드 A의 중간 작업이 인터럽트 되면 드라이버 B의 변경은 겹쳐 쓰게 될 것이다.

이러한 문제를 소프트웨어로 안전하게 해결하는 방법은 없다. 최상의 방법은 리스트 6.7에 나타나 있는 것처럼 코드의 읽기-수정하기-쓰기 부분에 일시적으로 인터럽트를 불가능하게 만드는 것이다.

리스트 6.7 소프트웨어가 레지스터의 겹쳐 쓰기를 피할 수 있는 (완전하지는 않지만) 최상의 방법

```
disableInterrupts ();
value = readReg (reg);      // Get the current register settings
value |= 0x400;             // Set the desired bit
writeReg (regA, value);     // Write it back out
enableInterrupts ();
```

메모리 맵memory-mapped 레지스터 같은 레지스터는 때때로 포인터를 이용해 정규 기억 장소를 가리키는 것처럼 포인터를 통해 접근된다. 리스트 6.8에서 보여주는 것처럼 3줄 코드를

1줄로 작성할 수 있다.

리스트 6.8 이 짧은 줄조차도 인터럽트를 불가능하게 할 필요가 있다.

```
disableInterrupts ();
*pReg |= 0x400;              // Set the desired bit
enableInterrupts ();
```

C에 1개의 줄만 있지만, 이 줄은 중간 작업을 인터럽트되도록 내버려 두면서 어셈블리 언어의 여러 단계를 통해 번역된다.

이 접근법이 갖고 있는 문제는 공학자가 레지스터에 대해 각각의 읽기-수정하기-쓰기 코드와 모든 읽기-수정하기-쓰기 코드가 인터럽트를 불가능하게 한다는 것을 보장해야 한다는 점이다. 하나의 구간이 그렇게 하지 못한다면 시스템은 계속해서 노출되는데, 그 이유는 더 높은 우선순위를 가진 구간이 그 구간을 계속 인터럽트시킬 것이고, 첫 번째 스레드가 재개될 때 겹쳐 쓰게 될 변경을 만들어내기 때문이다.

세마포어semaphore는 인터럽트 서비스 루틴이 포함되면 동작하지 않는데, 인터럽트가 실행되는 도중에 세마포어 get()을 호출해서는 리스크를 차단시키지 못하기 때문이다.

실패할 염려가 없는 유일한 시스템은 하드웨어로 구현된 정확한 레지스터를 갖는 것이다. 다음은 이에 대한 하나의 사례를 보여준다. 실제 2개의 레지스터 주소가 있다. 하나는 원하는 비트를 설정하기 위해 사용되며(주소 0x6000에 있음), 또 다른 하나는 원하는 비트를 해제하기 위해 사용된다(주소 0x6004에 있음). 비트는 기존 콘텐츠를 먼저 읽지 않거나 어떤 다른 스레드와 조정하지 않고도 원하는 대로 설정되고 해제될 수 있다. 주소는 읽기 위해 사용될 수 있고, 원한다면 현재 콘텐츠가 무엇이 들어 있는지 결정하는 데도 사용될 수 있다.

비트	MSB			GPIO 출력 레지스터 — R/W1S 0x6000, R/W1C 0x6004					LSB
	31 30 29 28	27 26 25 24	23 22 21 20	19 18 17 16	15 14 13 12	11 10 9 8	7 6 5 4	3 2 1 0
R/W1S	− − − −	− − − −	− − − −	− − − −	− − − −	− − − −	H G F E	D C B A
R/W1C	− − − −	− − − −	− − − −	− − − −	− − − −	− − − −	H G F E	D C B A
리셋	0 0 0 0	0 0 0 0	0 0 0 0	0 0 0 0	0 0 0 0	0 0 0 0	0 0 0 0	0 0 0 0

하드웨어 성공 사례 8.5.9 하나 이상의 디바이스 드라이버가 접근할 수 있도록 레지스터에 정확한 접근 방법을 제공하라.

동일 레지스터에서의 혼합 비트 유형

하드웨어 레지스터에서 일반적으로 사용하는 다음과 같은 다섯 가지 유형의 비트가 있다.

- **읽기/쓰기(R/W)** 이 비트는 보편적이다. 소프트웨어는 원하는 대로 하드웨어를 구성하기 위해 1과 0을 써서 이 비트를 설정하고 해제한다. 소프트웨어는 현재의 설정 상태를 결정하기 위해 이 비트를 읽을 수 있다.

- **읽기 전용(RO)** 이 비트도 또한 보편적이다. 하드웨어가 조건과 상태를 보고한다. 소프트웨어는 이 비트를 읽기만 할 수 있으며, 변경할 수는 없다. 이 비트에 대한 쓰기는 무시된다.

- **쓰기 전용(WO)** 이 비트는 보편적이지는 않지만, 하드웨어 공학자는 가능한 한 이 비트의 구현을 피해야 한다. 이 비트를 다시 읽을 수 없다면 써진 것이 무엇인지 소프트웨어가 검증하기가 너무 어렵다. 오히려 하드웨어 공학자가 이 비트를 R/W 비트로 만들어야 한다.

- **인터럽트(R/W1C)** 하드웨어가 비트를 설정하고 소프트웨어는 1을 써서 이 비트를 해제한다 (W1C = Write 1 Clear). 이 비트는 보통 인터럽트 조건을 보고하기 위해 하드웨어에 대해 사용된다. 소프트웨어는 어떤 인터럽트가 계류 중인지 결정하기 위해 레지스터를 읽으며, 그런 다음 인터럽트를 인정하기(ack) 위해 하나 이상의 계류 위치에 1을 쓴다. 0을 쓰는 것은 아무 의미도 없다. 소프트웨어는 이 비트를 해제만 할 수 있으며, 설정할 수는 없다.

- **큐(R/W1S)** 소프트웨어는 1을 써서 이 비트를 설정한다(W1S = Write 1 Set). 소프트웨어는 하드웨어에 있는 작업을 호출하기 위해 큐 비트를 이용한다. 하드웨어는 작업이 완료되기 전에 언젠가 이 비트를 해제할 것이다. 소프트웨어는 이 비트가 계속 설정돼 있는지 알기 위해 이 비트를 읽을 수 있다. 이 비트에 0을 쓰는 것은 아무 의미도 없다. 소프트웨어는 이 비트를 설정만 할 수 있으며, 해제할 수는 없다.

레지스터는 하나의 비트 유형만 가져야 한다. 동일 레지스터에서 유형을 혼합하는 것은, 주의 깊지 않다면 소프트웨어 공학자에게 문제를 일으킬 소지가 있다. 예를 들어 소프트웨어는 종종 R/W 비트를 읽고, 다른 비트는 변경하지 않고 내버려 두면서 R/W 비트를 원하는 비트로 수정하며, 그런 다음 이 비트에 다시 쓴다. 소프트웨어는 종종 인터럽트 비트를 읽고 인터럽트를 인정하기 위해 1을 쓰지만 기타 모든 비트 위치에 0을 써서 계류 중인 비트를 계류한 상태로 내버려둔다.

R/W 비트와 인터럽트 비트가 같은 레지스터에 있다면 다음과 같은 현상이 발생할 것이다. 읽기-수정하기-쓰기의 R/W 동작은 위험한데, 이는 (읽을 때 1을 반환하는) 어떠한 계류 인터럽트도 잘못 인정될 것이고(쓸 때 1이 제거됨), 그렇게 함으로써 인터럽트를 잃게 될 것이다. 인터럽트에 대한 응답으로 하나의 계류 비트 위치에 1을 쓰는 소프트웨어를 갖게 될 것이지만, 그

외의 다른 곳은 0을 쓰는데, 이는 R/W 장소에 있는 모든 비트를 재설정하는 것이다.

리스트 6.9는 동일 레지스터에 R/W 비트와 인터럽트 비트 둘 모두를 갖고 문제를 회피하는 여분의 단계를 보여준다.

리스트 6.9 R/W 비트와 인터럽트 비트를 가진 레지스터를 다루기 위해 여분의 단계가 요구된다.

```
#define READ_WRITE_BITS 0x0000007F  // Which bits are R/W bits
#define INTERRUPT_BITS 0x001F0000   // Which bits are interrupt bits

// Turn on bit 3 in regA
value = readReg (regA);             // Get the current register settings
value &= ~REG_A_INTERRUPT_BITS;     // Ignore any pending interrupts
value |= 0x8;                       // Set bit 3
writeReg (regA, value);             // Write it back out

// Look for any interrupts
value = readReg (regA);             // Get the current register settings
value &= ~REG_A_READ_WRITE_BITS;    // Ignore read/write bits

// Look at value and discover that interrupt 18 is pending
// Ack interrupt 18 but no other interrupt that may be pending while
// leaving the read/write bits unchanged
value = readReg (regA);             // Get the current register settings
value &= ~REG_A_INTERRUPT_BITS;     // Ignore any pending interrupts
value |= 0x40000;                   // Put in a 1 to ack interrupt 18
writeReg (regA, value);             // Ack intr 18, leaving r/w bits the same
```

쓰기 가능(읽기 전용이 아닌) 비트의 조합을 위해 유사한 단계가 요구된다.

하드웨어 성공 사례 8.2.13 동일 레지스터에서는 어떠한 조합에 의해서든 다양한 쓰기 가능 비트 유형을 혼합하지 마라.

에지와 레벨 인터럽트

인터럽트 모듈은 에지^{edge} 또는 레벨^{level}의 두 가지 방법 중 하나를 이용해 인터럽트를 트리거 ^{trigger}한다.

에지 트리거$^{edge-triggered}$ 인터럽트는 인터럽트 모듈이 입력 신호 라인상에서 에지를 볼 때 트리거되며, 비확증된 레벨에서 확증된 레벨로 변경된다. 일단 인터럽트가 계류되면 소프트웨어는 인터럽트를 인정하고, 입력 신호 라인이 계속 확증되더라도 인터럽트가 더 이상 계류

되지 않게 만든다.

레벨 트리거^{level-triggered} 인터럽트는 입력 신호가 확증될 때마다 인터럽트 모듈이 인터럽트를 트리거하는 인터럽트다. 신호가 계속 확증되는 한 인터럽트는 인정될 수 없다. 그렇게 하려고 시도하는 것은 단순히 인터럽트를 재트리거하는 것이다. 소프트웨어는 인터럽트를 인정하기 전에 인터럽트를 해제하기 위해 먼저 입력 신호를 얻어야 한다. 일부 입력 신호는 아주 짧게 지속되므로 인터럽트를 인정하기 전에 소프트웨어에 의한 추가적인 행동은 요구되지 않는다. 그러나 다른 입력 신호는 인터럽트가 인정되기 전에 버퍼나 오류 조건의 해제 같은 일부 추가적인 행동을 취하도록 소프트웨어를 요구할 수도 있다.

레벨 트리거 인터럽트는 먼저 입력 신호를 해제하라는 요구 사항 때문에 다루기가 더 어렵다. 따라서 하드웨어는 레벨 트리거 인터럽트를 구현하지 않고 에지 트리거 인터럽트만 구현하는 편이 이상적이다.

하드웨어 성공 사례 9.1.9 인터럽트 모듈을 에지 트리거로 만들어라.

테스팅과 문제 해결

개발의 대부분 시간은 일이 잘 진행될 것이라는 가정하에 보낸다. 불과 몇 시간 동안만 오류 조건을 처리하기 위해 보낸다. 초기에 수행되는 테스팅은 시뮬레이트된 플랫폼이나 불완전한 플랫폼에서만 수행될 것이다. 그러나 거의 최종 단계의 임베디드 소프트웨어가 거의 최종 단계의 하드웨어에 내장될 때는 힘든 작업이 시작되는데, 이는 모든 양상이 테스트된다고 보장되기 어렵기 때문이다.

임베디드 소프트웨어의 중요한 부분은 테스트를 수행하는 능력과 장착된 아주 작은 디버깅 하드웨어를 이용해 시스템의 문제를 해결하는 능력 두 가지다. 레이저젯 프린터를 개발하는 동안 장착했던 가장 중요한 것이 RS-232 포트였다. 이것은 프린터의 내부 활동에 대한 뷰를 우리에게 제공했다. 우리는 이 포트를 광범위하게 사용하고 있다.

일시적 후크

이상적으로 임베디드 소프트웨어는 하드웨어의 가능한 모든 동작을 적절히 다룰 수 있게 테스트돼야 한다. 정상적인 동작을 테스트하는 것은 쉽다. 그러나 하드웨어가 일부 비정상적으로 동작하는 경향이 발생하면 불가능하지는 않지만 테스트하기가 아주 까다로울 수 있다.

임베디드 소프트웨어로 적절한 반응을 테스트하기 위해 특이한 하드웨어 조건을 시뮬레이션하는 일시적 후크temporary hook를 추가하라. 예를 들어 하드웨어의 현 상태를 읽는 루틴에서 루프를 통해 10번 정도 정상적으로 읽고, 일부 오류 비트를 작동시켜 하드웨어로부터 반환되는 값을 수정하라. 바꿔 말해 하드웨어의 실제 반응을 드문 조건을 나타내는 가짜 반응으로 대체할 수 있는 일시적 후크를 추가하라. 그런 다음 소프트웨어가 적절히 반응하고 있는지 아닌지 관찰할 수 있다. 다음은 일시적 후크를 이용해 테스트할 수 있는 잠재적인 작업들의 목록이다.

- 카운트를 하나씩 증가 또는 감소시켜 오버플로와 언더플로 조건 확인하기
- 불법적 형상에 블록을 넣고 적절한 반응 테스트하기
- 다양한 오류 조건을 시뮬레이션하기 위해 입력 데이터 패킷을 나쁜 패킷으로 대체하기
- 시스템에 부하를 추가하기 위해 인공적으로 지연을 삽입하기

임베디드 소프트웨어 성공 사례 블록에 의해 보고된 드문 오류 조건 같은 어려운 테스트 사례인 디바이스 드라이버의 유닛 테스트를 위해 일시적 테스트 후크를 넣어라.

일시적 후크가 시스템을 엉망으로 만들고, 심지어 시스템을 부수더라도 괜찮다. 목표는 적절한 동작에 대해 뭔가를 테스트하는 것이다. 테스트된 구간이 일단 통과되면 시스템에 무슨 일이 발생하든 상관없다. 예를 들어 스택의 언더플로 조건을 테스트하는 것은, 시스템에 뭔가 합선을 일으켜 계속 기다리게 만들기 때문에 시스템을 정지시킬지도 모른다.

주의해야 할 것은 최종 제품이 선적되기 전에 나쁜 동작의 원인이 되는 일시적 후크가 시스템으로부터 제거됐는지 확인해야 한다는 점이다. `#if TEMPORARY_CODE` 또는 `/* TEMPORARY CODE Please Remove */` 같은 기법을 이용하면 일시적 코드를 쉽게 발견하는 데 도움을 줄 것이다.

임베디드 소프트웨어 성공 사례 제거될 일시적 후크를 쉽게 발견할 수 있게 코드에서 모든 일시적 후크를 마킹하라.

영구적 후크

시스템을 혼란스럽게 하는 일시적 후크는 제거돼야 한다. 그러나 영구적으로 시스템 내에 상주하는 몇 가지 테스팅 후크와 디버깅 후크가 있다. 레이저젯 문제를 해결하기 위해 우리 팀이 갖고 있는 가장 강력한 툴은 코드에 있는 영구적 후크permanent hook일 것이다.

영구적 후크는 자원적인 면에서 가장 가벼워야 하며, 정상 동작에서 실행되면서 간섭받지 않아야 한다. 그러나 호출되면 영구적 후크는 시스템에 부하를 줄 수 있고, 잠재적으로 시스템에 장애를 일으킬 수 있다. 다음은 영구적 후크에 대한 몇 가지 아이디어다.

- 디버거에 덤프될 수 있는 링 버퍼$^{ring\ buffer}$에 마지막 몇 개의 데이터 패킷을 로그한다.
- 링 버퍼에 마지막 몇 개의 인터럽트를 로그한다.
- 블록, 애플리케이션, 그 외의 다른 소스로부터 이벤드 순시를 로그힌다.
- 각각의 블록에서 링 버퍼, 소프트웨어 변수와 구조, 레지스터의 현 상태에 침입해서 덤프한다.
- 하드웨어 레지스터에 값을 찾기 위해 뒤질 수 있게 한다.

우리가 갖고 있는 영구적 후크는 디바이스 드라이버가 안정화된 이후에도 수개월 동안 광범위하게 사용됐다. 그 이유는 영구적 후크가 시스템의 다른 모듈로부터 초래된 시스템 레벨의 문제를 계속해서 확인할 수 있게 해줬기 때문이다.

임베디드 소프트웨어 성공 사례 디바이스 드라이버에 디버깅 후크를 설계하고, 인터럽트와 이벤트 로그 같이 소프트웨어 변수를 질의하며, 하드웨어 레지스터를 들여야 보고 원하는 것을 찾을 수 있는 능력을 갖춰라.

정리

6장의 가장 중요한 개념은 하드웨어 팀과의 협업이다. 6장에서 아무것도 기억하지 못한다면 하드웨어 팀과 밀접하게 일하라. 그러면 이들 이슈의 많은 부분이 처리될 것이다.

6장에서는 코딩 부분에서 임베디드 소프트웨어 공학자를 도와주는 몇 가지 하드웨어 설계 개념에 대한 윤곽을 제시했고, 하드웨어에 대한 특징 추가와 연관해 하드웨어 공학자를 방문하라고 소프트웨어 공학자를 격려했다. 그리고 하나의 임베디드 소프트웨어 버전이 어떻게 하드웨어와 컴포넌트의 다양한 버전을 지원할 수 있는지, 그리고 새로운 특징을 갖고 현 상태를 유지하면서 버그를 고치기 위해 코드를 어떻게 쉽게 만들 수 있는지에 대한 사례를 제공했다. 또한 주의해야 하는 어려운 하드웨어 상호작용과 테스팅과 문제 해결을 위한 몇 가지 팁도 다뤘다.

성공 사례

다시 말해 6장에서 목록화된 하드웨어 성공 사례는 300개 정도 되며, 이는 『하드웨어/펌웨어 인터페이스 설계: 임베디드 시스템 개발을 향상시키기 위한 성공 사례』라는 책에서 가져왔다. 6장에 소개된 많은 개념은 이 책에서 상세히 다루고 있다. 하드웨어/펌웨어 인터페이스 책에서 가져온 300개의 성공 사례에 대한 스프레드시트는 이 소프트웨어 공학 책을 구입하는 독자들에게 제공될 것이다.

7

임베디드 소프트웨어 프로그래밍과 구현 가이드라인

마크 크랠링(Mark Kraeling)

소개

소프트웨어 프로그래밍과 구현 가이드라인에 관련해 많은 것이 생각난다. 첫 번째는 코드가 어떻게 생겼고 어떻게 작성됐는가와 같은 구문 지향syntax-oriented이 될 수 있다. 두 번째는 코드를 깨끗하게 유지하기 위해 프로그래머가 반드시 따라야 하는 규칙rule이 될 수 있다. 소프트웨어를 작성하는 방법과 형식을 갖추는 방법은 개발자 사이에 뜨거운 논쟁을 불러일으킬 수 있다. 7장은 소프트웨어를 구현하는 특별한 방법을 제공하기 위해 작성되지는 않았지만, 그 대신 권고 사항에 주안점을 두고 작성돼 있으므로, 권고 사항이 포함됐는지 안 됐는지에 대한 결정을 내릴 수 있을 것이다. 포함된 요소가 많으므로 소프트웨어를 어떻게 구현하는지에 대한 한 가지 대답은 있을 수 없다.

첫 번째 요소는 프로젝트의 규모다. 프로젝트 구조, 전역 변수 이용, 기타 요소에 대한 논쟁은 몇 번이고 계속해서 있을 것이다. 프로젝트 크기(예를 들어 코드의 소스 라인)에 크게 의존하는 구현 가이드라인이 많이 있다. 30명의 소프트웨어 공학자가 어셈블리 언어만 사용하고, 암호 변수 이름을 이용하며, 모두 동일한 8비트 프로세서 공간에서 활동에 들어간다는 것은 별로 생산적이지 못한 일이 될 것 같다. 동일한 프로젝트에서 두 명의 소프트웨어 공학자가 작업을 하는 것이 좀 더 합리적일 것이다. 이들 가이드라인을 계속해서 읽을 때 프로젝트의 규모를 염두에 두는 것이 중요하다.

두 번째 요소는 프로그래머의 경험과 배경이다. 바라건대 팀의 어떤 인원이 일을 잘할 수 있는지 아니면 일을 잘 할 수 없는지를 기반으로 구현 가이드라인의 일부를 조정할 수 있는 자유도^{degree of freedom}가 있었으면 좋겠다. 다른 프로젝트에서 인원을 데려오거나 심지어 다른 회사/부서에서 인원을 데려와서 팀을 구성하는 것도 꽤 가능할 것이다. 팀의 나머지 구성원에게는 장점을 제공하면서 그룹을 편안하게 구성할 수 있는 구현 가이드라인과 표준이 있을지도 모른다. "항상 해왔던 방법이니 계속 그렇게 하라"와 같은 말을 믿게 만드는 오류를 범하지 마라. 올바른 시간에 할 수 있다면 지금까지 수행해왔던 프로그래밍과 구현에 대한 방법을 평가하는 편이 좋다. 프로젝트 인도 도중에 프로젝트의 방향을 변경하려고 시도하는 것은 적절하지 못하다. 오히려 프로젝트 초기, 또는 프로젝트의 주요한 릴리스 사이에 변경을 시도하는 것이 더 적절할지도 모른다.

세 번째 요소는 미래의 유지 보수성과 프로젝트의 기간이다. 프로젝트 기간이 짧으면 짧을수록, 또는 유지 보수성이 핵심 요소가 아니라면 프로젝트 구조에 많은 노력을 투입할 수 없거나 코멘트를 못할지도 모른다. 코드에 유용한 주석을 다는 것이 검토자에게 항상 좋을 것이라는 오해를 하지 말아야 하며, 심지어 주말이 끝나면 기억이 되살아 날 것이라는 오해는 하지 마라. 여기서 제안한 몇 가지 가이드라인을 읽고 난 후 프로젝트의 규모가 한 명의 프로그래머가 한 달 정도의 기간에 코드를 통합하는 정도라면 여기서 제안한 가이드라인 중의 일부는 완화시켜라.

그 외 안전 필수 코드의 개발, 제품으로 사용하기 위해 다른 사람에게 소프트웨어로 팔게 되는 소프트웨어, 제품 또는 마켓 세그먼트를 위한 산업 규제를 비롯해서 다른 요소들도 있다. 이들 모든 요소는 제품에 사용되는 소프트웨어 구현에 영향을 준다(심지어 강제할 수도 있다).

고품질 프로그래밍의 원칙

구현 가이드라인은 임베디드 시스템에서 고품질의 프로그래밍을 구동하기 위해 만들어졌다. 임베디드 시스템은 본래 컴퓨터의 처리 부분을 사용자에게 따로 설명할 필요가 없는 제품이나 시스템이다. 이 때문에 최종 고객의 품질 평가는 직접 소프트웨어를 대상으로 하는 것이 아니라 시스템 자체의 성능 특징을 대상으로 한다. 이러한 방식으로 품질은 각기 다른 다양한 방법에 의해 측정될 수 있다.

가독성

소프트웨어 프로그래밍에서 가독성^{readability}은 읽고 이해하기 쉬운 소프트웨어로 정의될 수 있다. 소프트웨어 가독성은 프로그래머에게 어느 정도 목표가 될 수 있다. '장인'이거나 자신의 경력 동안 하나의 프로젝트에서 다른 프로젝트로 이동한 프로그래머는 다양한 소프트웨어 코드를 읽는 데 곤란을 겪지 않는 경향이 있다. 그러나 소프트웨어를 더 가독성 있게 만드는 것이 평생 동안 소프트웨어를 검토하고 관리하는 데 더 도움을 준다. 로직의 단순성, 조건 문장, 코드 구조 등 이 모든 것이 가독성을 증가시키는 데 도움을 준다.

다음은 C 코드 조각의 예인데, 쉽게 읽기에는 어려운 코드다.

```c
// Check for stuff to proceed
if ( ( ! ( ( Engine_Speed != 0 ) || ( Vehicle_Speed != 0 ) ) ) ||
SecureTest != FALSE ) {

    // ABC...

}
```

가독성을 좀 더 향상시키면 위의 코드 조각을 다음과 같이 쓸 수 있을 것이다.

```c
// Check for secure testing to be running, or if vehicle is stopped
//   along with the engine not running. Then we can execute<ABC>
if ( ( Secure_Test == TRUE ) || \

( ( Vehicle_Speed == 0 ) && ( Engine_Speed == 0 ) ) )

{

    // ABC...

}
```

유지 보수성

프로그램 작성 후 코드를 관리하는 것은 아주 어려운 작업이다. 코드는 종종 코드를 보려는 다른 사람들이 이해하지 못한다. 이것은 부정확한 해석을 야기할 수 있고, 그래서 새로운 특징이 코드에 삽입되면 이 코드 주변의 기존 코드는 깨진다. 발생 가능한 또 다른 상황은 프로그램의 원래 작성자를 제외한 누군가가 코드에 들어와 코드를 변경한다는 점이다. 그 누군가가 프로그램의 기존 구조를 이해하지 못한다면 코드의 제일 윗부분을 변경시키지 않으려고 또 다른 'if' 조건을 코드의 제일 아랫부분에 넣을 것이다.

무엇인가 하겠다는 의도를 지니고 코드 내에 기술적 주석을 다는 것을 고려한다. 오래 지난 후 코드를 업데이트해야 하는데, 유지 보수자^{maintainer}가 코드 구조에 대한 확고한 참고 자료를 갖고 있지 못하다면 분명 이 주석은 코드 업데이트라는 전제적인 목적을 수행하는 데 큰 도움이 될 것이다. 예를 들어 "적절히 형식화되고 CRC가 검사된 핑 요청 메시지를 받는다면 타이머를 설정하라"와 같은 주석이 "타이머를 10초로 설정하라"라는 주석보다 훨씬 더 좋을 것이다.

테스트 가능성

훌륭한 소프트웨어 컴포넌트를 작성하는 핵심 컴포넌트 중의 하나가 테스트 가능성^{testability}을 염두에 두고 소프트웨어를 작성하는 것이다. 유닛 테스팅과 코드 디버깅 시 실행 가능한 각각의 라인을 테스트하거나 소프트웨어가 취할 수 있는 각각의 경로를 테스트하는 것이 중요하다. 조건 구문에 실행 가능한 라인을 결합시키는 것은 좋은 아이디어가 아니다. if 평가 내에서 방정식이나 수학 연산이 발생한다면 이 부분은 테스트되지 못할 것이다. 이 연산 부분은 평가 전에 테스트되는 것이 더 좋을 것이다. 이 방법은 단계를 진행하는 동안 어떤 경로를 선택해야 하는지에 대한 다양한 선택 사항을 택할 수 있게 프로그래머에게 유닛 테스트 케이스를 설정하거나 메모리를 수정하도록 허용한다.

다음과 같은 코드 조각을 고려한다.

```
if ( GetEngineSpeed() > 700 )
{

    // Execute All Speed Governor code

}
```

고수준의 소스코드 디버깅에서 디버깅을 하는 동안 엔진 속도가 얼마였는지는 명확하게 바로 나타나지 않을 것이다. 테스터는 반환 값을 위해 사용되는 특별한 레지스터를 분석할 수 있지만, 이것도 테스터의 눈앞에 확실히 보여주지 못할 것이다. 지역 변수를 이용하기 위해 코드를 재작성하는 것은 변수를 감시^{watch} 윈도우나 여타 소스 분석^{source analysis} 윈도우에 두도록 허용한다. 코드는 다음과 같이 재작성될 수 있다.

```
current_engine_speed = GetEngineSpeed();
if ( current_engine_speed > 700 )
{

    // Execute All Speed Governor code

}
```

이를 위한 하나의 인수는 프로그램의 효율성이 될 수 있다. 이것은 임베디드 컴파일러가 고수준의 소스코드를 택하고 이를 기계 명령어로 번역하는 데 아주 효율적이 못했던 수년 전에는 분명한 사실이었다. 이들 기회의 대부분은 코드의 다중 패스를 통해 최적화를 얻으려고 작성된 컴파일러 최적화기optimizer를 이용해 해결돼 왔다.

임베디드 프로그래밍이 일반 프로그래밍과 다른 점

임베디드 프로그래밍이 일반 프로그래밍과 다른 점이 무엇인지 평가하는 가장 쉬운 방법은 임베디드 프로그래머의 특성을 자세히 살피는 것이다. 더 훌륭한 임베디드 프로그래머는 하드웨어에 대한 지식을 갖고 작업한다. 임베디드 프로그래머는 또한 시스템에 병목현상을 가져올 수 있는 자원과 임무 수행에 필요한 다양한 함수와 관련된 속도에 대해서도 매우 의식적이다.

임베디드 시스템은 무엇인가에 대한 정의는 변하고 있지만, '프로세서의 존재가 사용자에게 쉽게 드러나지 않는 시스템'이라는 임베디드 시스템의 정의를 나는 가장 좋아한다. 프로세서processor 자체는 시스템 안에 숨겨져 있기 때문에 임베디드 프로그래머는 특정 작업을 완료하기 위해 성능 집합과 시스템 요구 사항에 집중해야 한다. 상황이 이러므로 소프트웨어 그 자체는 시스템의 한 부분이며, 임베디드 플랫폼의 나머지 부분도 또한 중요하다.

임베디드 소프트웨어 프로그래머는 다음 항목을 계속 염두에 둬야 한다.

1. **자원** 작성된 코드와 모듈의 모든 라인은 처리 시간에 면밀히 조사되며, 이때 사용될 (메모리 같은) 다른 자원의 양 뿐만 아니라 실행 시간도 조사된다. C++와 자바 같은 동적 할당 언어를 이용해 엄격한 임베디드 시스템을 작성하는 일은 C와 어셈블리 같은 프로그래밍 언어에 비해 더 어렵다.

2. **하드웨어 특징** 소프트웨어는 소프트웨어로만 구성된 아키텍처에 의해 소프트웨어를 분리하는 것이 아니라 소프트웨어를 더 효율적으로 실행시킬 수 있는 임베디드 시스템의 하드웨어 조각들 사이로 나눠진다. 인터럽트, DMA, 하드웨어 보조프로세서가 소프트웨어 설계의 핵심 컴포넌트다.

3. **성능** 임베디드 프로그래머는 하드웨어가 어떤 일을 할 수 있는지, 그리고 어떤 일을 할 수 없는지에 대한 예리한 감각을 가져야 한다. 부동소수점이 없는 프로세서는 고정소수점 연산을 이용해 수학 방정식과 수학 계산을 수행한다. 프로그래머는 또한 아주 작은 크기의 프로세스를 가진 수학 계산의 수행에 주안점을 두므로, 프로그래머는 16비트 프로세서상에서 32비트 계산의 수행을 회피해야 한다.

임베디드 소프트웨어 프로젝트 시작

오래 전에 작성된 프로젝트를 이어받아 수행하는 것보다는 실제로 임베디드 프로젝트를 새로 시작하는 것이 할 수 있는 일 중 가장 쉬운 일이다. 일반적으로 새로운 프로젝트를 시작하는 것은 흥분된 시간이며, 프로그래머는 뭔가 새로운 일을 시작한다는 기대를 가진다. 이전의 폐습을 반복하지 않는다는 약속을 프로그래머는 암송한다. 소프트웨어는 처음 올바르게 수행될 것이다! 얼마나 많은 프로젝트가 존재하는지, 또는 프로젝트의 킥오프 미팅이 어떤 특정 회사에서 이뤄지는지에 따라 이러한 이벤트는 아주 자주 발생하지 않을지도 모른다.

소프트웨어 팀이 어떻게 임베디드 소프트웨어를 개발해야 하는지 구성하고 결정하는 것 또한 가장 쉬우면서 가장 좋은 방법이다. 소스코드가 라이브러리에 있거나 핵심 모듈이 소프트웨어 베이스라인에서 끌어다 쓸 수 있을지라도 새로운 소스코드가 작성된 것은 아직 없다. 프로젝트를 어떻게 처리해야 하는지 결정하는 것이 최선의 방법이며, 이렇게 하기 위해서는 개발 주기에서 작업을 수행할 모든 프로그래머로부터 관련 아이디어나 접근 방법을 얻어야 한다.

프로젝트의 중간에 새로운 표준이나 개발의 관행들을 새롭게 도입하는 것은 프로젝트 수행을 훨씬 더 어렵게 만든다. 이러한 상황에 직면하면 일부 점증적인 배송이 이뤄지고 난 후 변경하는 것이 최선의 방법이다. 일반적으로 혼란을 더 야기하고 일을 더 어렵게 만드는, 즉 '소프트웨어 배송 몇 주 전'에 뭔가를 발생하게 만드는 표준은 변경하라. 프로젝트가 완전히 난장판이 되지 않는 한 프로젝트는 변경이 이뤄지기 전에 뭔가 주요한 일부 릴리스를 배송할 때까지 모든 사람이 멈추고, 함께 작업하며, 새로운 지시에 동의하고, 기다릴 수 있다.

다음 절부터는 팀에서 논의되고 동의했던 (그리고 작성됐던) 소프트웨어 항목에 대해 다룬다.

하드웨어 플랫폼 입력

7장이 소프트웨어 프로그래밍과 구현 가이드라인에 특별히 특화돼 있지만, 하드웨어 개발자에게 입력을 제공할 기회를 이미 가졌어야 했다는 것을 소프트웨어 측면에서 언급하는 것도 가치가 있다. 하드웨어 인터럽트 같은 항목들은 임베디드 소프트웨어의 구성과 성능 부분에서 핵심 역할을 담당하기 위해 인터럽트와 관련된 소스코드 라인을 요청한다. 또한 메모리 크기, 온칩과 오프칩 자원, 사용될 프로세서, 기타 하드웨어 I/O 인터페이스 같은 또 다른 입력 자원들도 임베디드 개발에 핵심적인 역할을 담당한다.

또 다른 핵심 양상은 특별한 프로세서가 갖고 있는 디버깅 인터페이스다. JTAG 같은 인터페이스는 하드웨어 검사에는 완벽할지 모르지만, 소프트웨어 프로그래머에 가용한 모든 기능을 갖고 있지 못할 수도 있다. (ARM™ 코어를 기반으로 하는 프로세서 같은) 많은 프로세서가 JTAG 인터페이스를 갖지만, 동일 칩상에 몇 줄을 추가시킨 소프트웨어 중심 유형의 디버깅 인터페이스도 가진다. 소프트웨어 개발 보드를 위해 헤더 파일에 디버깅 인터페이스를 만드는 것은 디버깅과 소프트웨어 동작에 대한 통찰력을 훨씬 더 쉽게 만든다.

7장이 소프트웨어 프로그래밍 가이드라인에 초점을 맞추기 때문에 이 주제와 관련해 더 이상 특별한 논의는 없을 것이다. 그러나 하드웨어 개발자와의 연결을 일찍 만들어야 한다는 것을 확실히 하라. 그렇지 않으면 소프트웨어 구현 가이드라인을 따르는 데 큰 어려움이 닥칠 수 있다!

프로젝트 파일/구성

프로젝트의 파일 구성을 시작하는 세 가지 핵심 컴포넌트가 있다. 첫 번째는 사용될 구성 관리 시스템에 있는 프로젝트의 종속성이다. 일부 구성 관리CM 툴은 특정한 방식을 고려하기 위해 디렉토리 구조를 더 선호하는데, 이렇게 함으로써 구성 관리 툴은 기존 시스템과의 더 나은 인터페이스를 제공할 수 있다. 두 번째 컴포넌트는 프로젝트에 사용될 컴파일러/디버거/링커의 집합이다. 일부 파일(라이브러리 같은)을 위한 디렉토리 구조는 특별한 방식으로 구성될 필요가 있다. 세 번째는 팀이 더 선호할 프로젝트의 파일 구성이나 동일 그룹, 또는 동일 회사에서 수행된 다른 임베디드 프로젝트와 똑같은 파일 구성이다.

개발을 더 쉽게 수행하기 위해 여기서 목록으로 제공된 다음 항목들 사이는 구분이 돼야 한다. 이렇게 구분할 수 있는 가장 흔하게 사용하는 방법은 하위 디렉토리를 이용하거나 개발 환경에 따라 폴더를 구분하는 것이다.

현지에서 작성된 소스 파일

이 디렉토리는 개발 팀에 의해 작성됐던 모든 소스 파일을 포함한다. 작성된 모듈의 수 또는 전체 코드의 크기에 따라 이 디렉토리를 더 작은 하위 디렉토리와 폴더로 다시 나눌 것인지 고려해야 한다. 멀티프로세서 시스템에서 ('1'과 '2' 같은) 프로세서에 의해 분리되는 것이 더 이치에 맞을 것이며, 양쪽 모두에 공통인 파일을 포함하는 동일 레벨에 또 다른 디렉토리를 가질 수도 있다.

대규모 소스 파일 디렉토리를 다시 나누는 추가적인 방법은 디렉토리를 기능성에 의해 다시 나누는 것이다. 주요한 특징 그룹을 '표시', '직렬 통신', '사용자 I/O' 같이 나누는 것이 이해하기가 더 쉬울 것이다. 좋은 프로젝트라는 표시와 소스코드를 위한 디렉토리의 구성은 많은 탐색을 하지 않고도 소프트웨어를 쉽게 특정한 범주에 속하게 만들거나 소프트웨어가

한 장소에 속하든지 또는 다른 장소에 속하든지 간에 논쟁이 된다는 것은 사실이다.

회사 라이브러리에서 가져온 소스 파일

이 디렉토리는 소프트웨어를 포함하거나 모든 프로젝트에 사용 가능한 소스 파일 라이브러리인 일반 저장소에 대한 링크를 포함한다. 링크를 수행할 때 무엇인가 제어를 준비하는 것이 중요하며, 이렇게 함으로써 소프트웨어가 작성될 때마다 새로운 파일이 나타나지 않는다. 버전 제어는 엄격하게 유지할 필요가 있다. 이렇게 해야 테스트된 베이스라인과 배포된 베이스라인 간에 변경을 기대하지 못하게 만들기 때문이다. 파일의 특정 버전에 링크를 만드는 것이 가장 최선이다. 파일이 아무런 링크도 없이 이 디렉토리에 물리적으로 복사된다면 어떤 버전이 복사됐는지(또는 작성됐는지) 기억하는 것이 아주 중요하다. 신규 업데이트나 수정된 버그의 릴리스를 위해 주기적으로 라이브러리를 검사하는 것도 이뤄져야 한다.

사용될 파일의 수에 따라 이와 똑같은 일을 이 디렉토리나 폴더에 적용하고, 이것을 하위 디렉토리나 하위 폴더로 더 세분화하는 것이 이해하기에 더 쉬울 것이다.

제3자에게서 가져온 라이브러리

제3자에 의해 사용된 라이브러리도 있을 수 있다. 이것은 또한 소스코드일 수도 있고, 여러분에게 제공됐던 운영체제나 네트워크 스택일지도 모른다. 다른 소스 파일로부터 분리된 디렉토리에 이런 파일들을 보유하는 것이 아주 중요하다! 프로그래머는 이들 파일이 변경되지는 않겠지만 소프트웨어 제공자에게서 제공된 것과 묶일 수 있다는 점을 알아야 한다. 이들 파일이 소프트웨어 팀에 의해 작성된 대중에게 많이 알려진 소스 파일과 혼합된다면 이 혼합된 파일은 불가피하게 변경될 수 있는 큰 리스크가 있을 것이다.

제3자에 의해 제공된 전형적인 파일이 있고, 이 파일은 변경될 여지가 있다. 이들 파일은 임베디드 시스템에 있는 부품들의 정의나 연결 부분을 포함할지도 모른다. 예를 들어 하나의 공통 엔트리는 실시간 운영체제RTOS를 위한 작업의 수를 정의한다. 변경될 여지가 있는 파일은 그룹 내에서 자신의 하위 디렉토리에 들어가거나 그룹이 작성한 소스 파일에 있는 폴더 안으로 갖다 대야 한다. 그런 다음 파일이 변경되지 않는다는 점을 확실히 하기 위해 '수정 불가/작성 불가' 같은 특권이 폴더에 적용될 가능성이 있다.

컴파일러/링커 툴 세트에서 가져온 라이브러리

컴파일러와 링커 툴 세트의 제공자가 위치시킬 수 있는 라이브러리의 위치에 대한 제한이 있을 수도 있다. 일반적으로 이들 라이브러리는 독자적인 위치에 넣어야 될 것이다. 어떤 라이브러리를 먼저 사용하게 될지에 대해서는 모든 개발자가 동의할 필요가 있다. 툴 세트

회사는 사용이 가능한 완전한 C stdlib를 포함할 수도 있고, 그렇지 않으면 그 대신 사용될 수 있는 더 작은 '마이크로' 라이브러리 같은 다른 대안을 포함할 수도 있다. 다양한 라이브러리 간의 트레이드오프, 즉 임베디드 시스템에 연결할 때 재진입 라이브러리 사용, 가용해진 기능성, 라이브러리 크기 같은 트레이드오프가 이뤄질 수 있다.

사용 중인 라이브러리를 완전히 제거하는 선택 사항도 있을 수 있다. 우리가 종종 제거하는 공통의 라이브러리는 부동소수점 링크 라이브러리다. 그래서 부동소수점 곱하기(fmul) 같은 라이브러리 함수는 시스템에 연결될 수 없다. 그래서 프로그래머가 이 라이브러리에 대한 링크를 시도하면 링크되지 못하고 오류는 수정될 수 있다.

팀 프로그래밍 가이드라인

시스템을 프로그램하는 데 어떻게 팀이 동의하는가, 그리고 다른 프로그래머의 소스코드를 평가하는 데 사용되는 기준은 무엇인가 등은 사전에 결정하는 것이 중요하다. 프로그래머가 소프트웨어 개발의 높은 표준을 고수한다면 모르지만, 이 프로그래머가 이미 코드를 설계하고 작성한 후 첫 번째 코드 검토에서야 이 표준이 명확해진다면 이때는 너무 늦은 것이다. 프로그래머가 코드 검토를 성공적으로 마치기 위한 기준은 사전에 이해돼야 하며, 이렇게 함으로써 코드를 재작성하고 다시 유닛 테스팅을 하는 데 시간이 낭비되지 않을 것이다.

가이드라인은 다양한 규칙이나 권고 사항 등을 포함할 수 있다. 가이드라인이 더 측정 가능하면 할수록 가이드라인은 더 성공적이게 될 것이다. 예를 들어 여러 기준 중 하나로 프로그래머에게 "코드는 복잡하지 않다"라는 가이드라인이 있다면 이것은 프로그래머의 그룹에 대단히 큰 주제가 될 수 있을 것이다. 사람들은 이것이 너무 복잡하다고 느낄지도 모르며, 다른 사람들은 그렇지 않을지도 모른다. 이러한 특별한 측정은 실제로 측정 가능해질 수 있다.

이 예에서 프로그래머의 그룹은 소프트웨어 모듈을 평가하기 위해 순환 복잡도cyclomatic complexity 측정을 사용하기로 결정할 수도 있다. 소프트웨어는 툴을 통해 동작되며, 모듈에 대한 복잡성 숫자를 생산한다. 공식에 따르면 더 높은 숫자는 더 복잡한 코드를 나타내며, 숫자가 더 낮으면 더 단순하다는 것을 의미한다. 복잡성 공식을 이용해 소프트웨어 프로그램에서 '에지'와 '노드'의 수를 측정하며, 이때 값 '1'로 대표되는 가장 간단한 복잡성은 'if'와 'for' 조건을 포함하지 않는 프로그램이며, 단일 진입점과 출구점을 갖는다. 프로그램에서 조건과 흐름의 수가 증가하는 것만큼 복잡성도 증가한다. 그래서 평가 기준이 "코드는 복잡하지 않으며, 순환 복잡도는 18보다 작거나 같다"라고 변경될 수 있다. 그러나 이 방법은 객관적이지 않다.

이것은 프로그래머가 검토를 위해 소프트웨어 코드를 작성하고 준비할 때 사용할 수 있는 일종의 '체크리스트'를 의미한다. 모든 사람이 따르고 수용할 수 있는 프로그래밍 가이드라인을 사전에 목록화하는 것은 사람들의 기대를 더 명확하게 만든다. 다음은 검토된 각각의 모듈을 평가할 수 있는 '소프트웨어 가이드라인 체크리스트'에 나타난 항목들의 예다.

- 구문 표준에 대한 순응
- 순환 복잡도 계산
- 함수당/파일낭 소스 라인의 수
- 주석의 수
- 주석당 소스 라인 수의 비율
- 코드 형식자formatter를 통한 실행
- 주석과 설계 문서에 대한 이해 가능성/코드 일치
- 구성 관리 제어하의 코드/'변경 요청'에 링크된 코드
- 컴파일 무경고
- 적절히 문서화된 예외 규칙(경고가 무시되거나 표준과 일치하지 않는 경우)
- 소스코드에 명확히 문서화된 #pragma 지시자
- 함수에 대한 비상수 포인터의 미제시
- 완전히 규정된 union 또는 struct의 총 구성원
- 명확히 문서화된 데이터 표현(스케일, 비트, 비트 할당)
- 사용되기 전에 정의되고 초기화된 데이터
- 올바른 루프 경계와 종료
- 올바른 수학 연산(0으로 나누지 않기, 오버플로)
- 무 교착상태, 우선순위 역전 현상, 재진입 결점

구문 표준

코딩 구문 표준을 둘러볼 수 있는 다양한 방법이 있다. 구문 표준은 소스코드로 작성할 때 코드에게 여백을 주고, 대문자화하며, 형식화하는 방법을 정의한다. 그룹에는 특별한 구문 표준을 이용해 코드를 작성하려는 많은 개인적 선호가 있다. 그룹이 프로젝트를 위해 협동할 수 있는 구문 규칙의 혼합도 있을 수 있는데, 이것은 의무적인 사항이 아니고 권고 사항이다. 이 절은 이러한 사항을 어떻게 볼 수 있는지에 대한 몇 가지 아이디어를 제시한다. 가장 중요한 일은 주어진 표준에 대해 개발자의 동의를 구하는 일과 개발자가 이 표준을 계속 준수하게 만드는 일이다. 프로젝트가 상당히 많은 양의 코드를 재사용한다면 기존 코드를 사용하는 표준을 선호할 수 있다.

이 절은 구문 표준이 어떻게 개발될 수 있는지에 대한 몇 가지 아이디어를 제공한다. 팀의 모든 개발자가 모두 뭔가 다른 일을 수행하지 않는 한 옳고 그른지 모른다. 이것은 코드를 검토하는 능력에 영향을 주며, 코드 안으로 들어가서 쉽게 변경할 수 있다. 코드가 동일 구문을 이용해 모든 팀 구성원에 의해 개발된다면 코드를 검토할 때 변경과 이해를 훨씬 더 쉽게 만든다.

완전한 코딩 구문 표준이 이 책의 부록에 실려 있다. 수많은 반복을 통해 이 특별한 표준이 만들어졌다. 원래 저자인 다니엘 문Daniel Moone은 그의 전 경력을 제어 시스템과 의료 장치의 임베디드 소프트웨어 개발에 전념했던 임베디드 소프트웨어 분야의 전문가다. 다른 사람들이 이 표준을 가져가 다양한 변경을 만들었다.

다음 절은 이 표준에서 발견되는 몇 가지 구문 지향의 코딩 표준 항목들을 설명한다.

코드 여백

다음은 코드 자체의 가독성을 증가시키기 위해 다양한 소프트웨어 라인에 어떻게 여백을 추가시킬 수 있는지를 보여주는 예다. 이들 모든 예는 운용상 동일하다. 즉, 이들은 동일 기계 코드를 생산한다. 여백의 양을 증가시키기 위해 리스트화했다.

```
int i;
for( i = 0; i < 20; i++ )
{

   printf( "%02u", i * 2 );

}
int i;
for ( I = 0; i < 20; i++ )
{

   printf( "%02u", i * 2 );

}
int i;
for ( i = 0; i < 20; i++ )
{

   printf( "%02u", i * 2 );

}
```

이 예는 다양한 운용자와 주어진 소스코드 줄 번호 사이에 있는 여백과 관계가 있다. 많은 연구 결과가 더 많은 여백이 소프트웨어 코드의 가독성을 증가시킨다고 말한다. 이것은 위에 나타난 세 번째 예를 이용하면 된다. 그러나 래핑wrapping을 판독하기가 아주 어려우므로, 증가된 여백의 양이 소프트웨어를 다음 라인까지 래핑시키는 원인이 된다면 이 래핑은 너무 많은 여백을 사용하는 것이 된다.

소스 파일에서의 탭

대부분의 구문 표준에서는 코드를 작성할 때 탭tap의 특성을 소스 파일에서 사용하지 않을 것이라고 얘기한다. 이것은 탭의 특성이 소스 편집 툴과 파일 뷰어에 의해, 또는 소스코드가 프린트될 때 다르게 해석될 수 있기 때문이다. 탭 특성은 또한 편집 시 손쉽게 보이지 않는다. 소스코드 편집기는 일반적으로 탭의 특성을 이용해 여백을 대체하는 방법을 제공한다. 그래서 프로그램을 작성하는 동안 탭 키를 누르면 x개의 여백을 가진 탭이 그곳에 자동으로 채워진다.

이것은 중요하다. 소스코드에서 탭 키 또는 들여쓰기indent 키가 눌러지면 얼마나 많은 여백이 나타나야 하는가? 대부분의 편집자들은 탭당 '3'이나 '4' 둘 중 하나가 될 것이라 얘기한다. 둘 중 어느 것이든 좋다. 이것은 일부 개인적 선호가 기반이 될 것이며, 또한 코드의 나머지 부분이 어떻게 형식화되느냐에 달려 있을 것이다. 앞의 예에서 'for' 루프에 여백을 주는 것 같이 다른 것에 사용되는 여백에 따라 들여쓰기 여백의 양도 더 잘 조정될지도 모른다.

소스 내 정렬

소스코드를 잘 조정하는 것도 가독성에 영향을 미친다. 운용상으로 코드 구간이 동등한 다음 두 가지 소스코드를 고려해보자.

```
int incubator = RED_MAX; /* Setup for Red Zone */
char marker = '\0'; /* Marker code for zone */

int incubator = RED_MAX /* Setup for Red Zone */
char marker = '\0'; /* Marker code for zone */
```

위의 두 번째 예에 사용된 여백은 변수의 이름, 초기화 값, 코드 블록의 동일 열에 있는 주석을 한 줄로 세우고 있다. 위는 여백을 가진 다양한 코드 구문이 어떻게 수행될 수 있는지 보여주는 간단한 예다. 훌륭한 임베디드 소프트웨어의 소스코드를 작성하는 데 일관성과 가독성이 핵심 컴포넌트가 된다.

소스코드에서의 안전성 요구 사항

안전 필수 소프트웨어를 작성할 때 소프트웨어의 소스코드를 위한 구현 가이드라인은 변경된다. 이 코드를 개발할 때 많은 고려 사항이 만들어질 것이다.

여러분의 시스템에 있는 모든 코드가 안전 필수와 관련된 코드인가? 시스템이 안전 필수 시스템이라면 실제로 모든 코드가 안전 필수가 될 필요는 없을 것이다. 시스템 자체는 고장 안전 동작fail-safe operation이 준비돼 있어야 하고, 그래서 시스템은 시스템의 장애 모드와 영향 분석FMEA에 의해 정의된 것만큼 최소한의 고장을 허용해야 한다. 독자적으로는 안전 필수가 요구되지 않는 로깅logging 같은 동작이 있을지도 모르지만, 이들 동작이 불안전한 방식으로 행동한다고 시스템의 안전 필수 코드를 야기하지는 않을 것이다.

코드의 안전 필수 구간을 문서화하는 것도 중요하다. 이 구간에는 다른 구간과 달리 특별한 주의와 고려가 표시돼 있어야 하며, 심지어 안전한 경우가 무엇인지 직접 언급된 주석이나 코드가 담겨있는 문서가 반드시 있어야 한다. 주석 구간에서 'SAFETY-CRITICAL CODE SECTION START' 같이 모두 대문자를 이용하는 것도 나중에 코드를 변경하려고 프로그램을 들여다보는 프로그래머나 이 구간에 뭔가 새로운 요구 사항을 추가하려는 프로그래머에게 확실한 경고가 될 것이다.

자동차 산업 신뢰성 협회MISRA의 'MISRA C'와 'MISRA C++' 같은 개발 표준은 안전한 방식에서 동작하는 코드의 작성을 촉진시키는 데 도움이 될 수 있다. 의료와 국방을 비롯해 자동차와 수송 산업의 외부 세계에는 표준을 이용하고 있는 많은 사용자가 있다. MISRA 규정을 준수하기 위해 소스코드를 검사할 수 있는 많은 툴도 있으며, 전체 소프트웨어 구축 프로세스의 한 부분으로 이러한 툴들을 포함시킬 수도 있다. MISRA 표준과 관련된 더 많은 정보는 http://www.misra.org.uk에서 발견할 수 있다.

코드의 안전 필수 구간을 위해 프로그래밍과 관련된 특별한 요구 사항이 있을 수도 있다. 구현될 안전 필수 코드 구간상에서 FMEA 소프트웨어의 수행을 포함하는 것 같은 별도의 개발 가이드라인 목록이 있을 수도 있다. 또한 코드 검토에서 안전 팀이나 안전 필수 코드의 개발을 전문으로 하는 소프트웨어 공학자의 대표자 같은 추가 검토자들도 있을지 모른다.

다음은 안전 필수 코드 개발의 한 부분으로 고려될 수 있는 추가적인 요소나 체크리스트 항목들이다.

- MISRA C 또는 C++ 같이 표준에 대한 엄격한 준수와 검사
- 명확히 표준으로 표시된 안전 구간
- 변수 이름에서 안전 필수라고 표시된 데이터

- 최소한의 관대한 상태로 초기화된 모든 안전 필수 변수
- 사용 후 오래된 그리고/또는 제거된 것으로 명확히 표시된 안전 필수 데이터
- 올바르게 처리된 안전 필수 데이터 간 비교
- 변수가 경로 결정에 사용 시 포함된 모든 경로
- 안전 필수 코드가 정시에 실행되는지 확실히 하도록 준비하는 검사
- 하드웨어의 정확성을 검사하기 위해 수행되는 주기적 신호 전송과 RAM 검사
- 규칙적 CRC 또는 데이터 통합 검사에 의해 보호된 안전 필수 데이터
- 올바르게 수행된 소프트웨어와 프로세서 간 '투표' 메커니즘
- 올바른 동작을 위해 주기적으로 검사된 (워치독watchdog 타이머 같은) 기능에 의존하는 안전성

안전 필수 소프트웨어의 개발에 대한 더 자세한 내용은 19장인 안전 필수 소프트웨어 개발에 소개돼 있다.

변수 구조

변수 선언

임베디드 소프트웨어 시스템을 개발하는 데 필요한 핵심 컴포넌트 중 하나는 시스템에서 어떻게 데이터를 선언하고 사용하는지 결정하는 일이다. 변수 선언의 각 유형을 토의하기 위해서는 변수를 유형으로 구분하는 것이 가장 좋을 것이다, 시스템에는 전역 변수, 파일 범위 변수, 기능 범위 변수라는 세 가지의 주요한 변수가 있다.

전역 변수

전역 변수는 단일 개발에서 시스템에 링크된 어떠한 컴포넌트에든 보이게 되는 변수다. 이 변수는 소스 파일의 맨 위에 선언될 수 있지만 변수가 선언되는 장소인 헤더 파일에도 또한 나타날 수 있고, 외부extern 변수로서 헤더 파일을 비롯한 어떠한 다른 파일에서든 보일 수 있게 해준다. 전역 변수의 이용과 관련한 철학이 있는데, 이는 일부 프로그래머가 전역 변수를 싫어한다는 점과 소프트웨어 논설에서 전역 변수의 사용을 금했던 내용이다.

전역 변수의 이용에는 다른 의견도 있다. 프로그래머는 규칙적이지 않은(스파게티) 코드의 생성을 억지로 돕지 않는 한 전역 변수의 이용을 정확하게, 그리고 올바른 방법으로 정의할 수 있다. 시스템에는 전역 변수를 허용하기 위해 사용될 수 있는 한두 가지의 가이드라인이 있으며, 이는 보통 캡슐화된 지역 데이터를 수정하려고 함수에 접근하지 않고서도 시스템의

성능을 증가시키는 데 도움을 줄 것이다.

첫 번째로 해야 할 일은 헤더 파일에 변수를 선언하는 일이다. 헤더 파일을 가진 어느 누구든 변수에 접근할 수 있지만, 전역 변수가 부호 없는 정수로 선언됐다면 모든 외부 참조가 일치된다는 점을 확실히 해주는 데도 도움이 될 것이다. 헤더 파일(ip.h)은 다음처럼 보일 것이다.

```
#ifdef IP_C
    #define EXT
#else
    #define EXT extern
#endif

EXT uint16_t IP_Movement_En
EXT uint16_t IP_Direction_Ctrl
#undef EXT
```

위의 예는 변수가 선언되려면 소스 파일 각각에 'filename_C'에 대한 정의가 선언될 필요가 있다는 점을 말해준다. 소스 파일(ip.c)은 다음과 같다.

```
#define IP_C
#include "ip.h"
#undef IP_C
#include . . . /* Rest of the include files needed by the source file */
```

헤더 파일에 변수를 선언함으로써 유형은 정확해질 것이고, 누가 헤더 파일을 포함하려는지 살펴보는 것도 이 변수를 기대하는 사람들에게는 좋은 출발점이 될 것이다. 이런 유형의 방법을 이용하면 소스 파일에 선언된 전역 변수는 없다는 점을 팀이 받아들이게 만들 수도 있다. 전역 변수는 이런 방식으로만 선언될 것이다.

전역 변수를 이용하기 위한 두 번째 권고 사항은 변수에 대한 '소유권'을 갖고 변수의 이름에 항상 접두사를 붙이는 것이다. 위의 예에서 IP는 '입력 프로세싱'의 약어다. 그래서 전역 범위 IP_xxx를 사용하는 어떠한 변수도 입력 프로세싱 헤더에 선언된 변수가 된다. 이것은 변수에 대해 다수의 무작위 이름을 갖고 있지 않기 때문에 도움을 준다.

전역 변수의 이용을 쉽게 만드는 데 도움을 줄 수 있는 세 번째 권고 사항은 위의 두 번째 권고 사항과 연결고리를 잘 만드는 것이다. 전역 변수가 헤더 파일에 선언된 후 이 변수를 수정할 수 있는 유일한 프로그램은 'ip.c' 같은 입력 프로세싱 소스 파일이 될 것이다. 다른 소스 파일은 변수에 대한 '읽기' 접근은 허용되지만 값의 변경은 허용되지 않는 파일이다.

물론 컴파일러는 프로그래머가 변수를 변경하게 허용한다. 하지만 이것이 규칙이었다면 변수의 사용을 원하는 프로젝트 팀은 코드 리뷰에서 변수를 발견하기가 쉬울 것이다. '소유권'을 갖고 접두사가 붙은 어떠한 변수의 인스턴스든 다른 프로그램에 의해 수정되지 않을 것이다. 출력 프로세싱(op.c)에서 다음과 같은 소스 라인을 고려한다.

```
if ( IP_Movement_En == TRUE )
{

    if (( IP_Direction_Ctrl == IP_FORWARD ) ||

        ( IP_Direction_Ctrl == IP_REVERSE ))
    {
    OP_Display_Movement = TRUE;

    IP_Display_Shown = TRUE; /* Unacceptable. . . */

    }

    else

    {

        OP_Display_Movement = FALSE;

    }
}
```

위의 예에서 우리는 세 번째 권고 사항에 따라 입력 프로세싱 변수가 수정되는 것을 정말로 원하지 않을 것이다. 바라건대 이것은 코드 인스펙션inspection 또는 코드 리뷰 동안 보는 것이 더 쉬울 것이다. 대신 이를 해결하기 위해 변수 OP_Display_Movement를 참조해서 입력 프로세싱을 갖는 것을 고려한다. 이것이 이뤄지지 않으면 여기서 입력 프로세싱 함수로 함수를 호출해 함수를 IP_Display_Shown으로 변경하면 동작할 것이다. 디버깅 목적을 위해서는 구성된 코드를 유지하기 위해 노력하고, 현재 준비된 규칙을 이용하면 전역 변수를 상당히 산뜻하게 만들 수 있을 것이다.

소스 파일 지시자에 접두어를 붙여 변수의 '소유권'을 나타내는 것 이외에 전역 변수를 위해 마지막으로 권고하는 사항은 변수 이름에 있는 각 글자를 대문자로 만드는 것이다. 이것은 변수가 전역 변수라는 것과 의미와 비율, 크기를 변경하는 것은 시스템 전체에 걸쳐 파급효과ripple effect를 가져올 수 있다는 것을 여러 장소에서 읽게 만듦으로써 모든 사람에게 알리는 것이다.

파일 범위 변수

파일 범위 변수는 단일 소스 파일에서 다중 함수 간 데이터를 공유하기 위해 사용된다. 파일 범위 변수는 전역 변수보다 훨씬 더 사용하기 쉬운데, 그 이유는 이 변수를 처음 작성할 때 특정 소스 파일에 보통 한 명의 소유자만 있기 때문이다. 파일 범위 변수는 스택상에서 변수 간 인수를 주고받음이 없이도 함수 간 데이터 공유를 쉽게 만들어준다.

핵심 권고 사항은 선언될 각각의 파일 범위 변수 앞쪽에 키워드인 'static'을 유지하는 것이다. 이 방법은 다른 파일이 파일 범위 변수를 사용하지 못하게 유지시켜 주고, 이 변수를 지역 변수로 유지하는 것이다. 이 변수와 관련해 한 가지 특별한 이슈는 맵 파일(또는 디버거)에서의 가시성^{visibility}이다. 컴파일러에서 변수가 다른 파일에 대한 가시성 없이 파일에서 선언된다면 링크를 위해 이 변수에 참조를 달 필요가 없을 것이다. 때때로 소스 라인을 디버깅하는 동안 변수를 확인할 수 있거나 시스템이 동작하는 동안 메모리를 들여다볼 수 있다면 좋을 것이다.

디버깅을 하는 동안 변수에 가시성을 주기 위해서는 다음 방식에 따라 소스 파일에 파일 범위 변수를 선언하는 것을 고려해야 한다.

```
STATIC uint32_t IP_time_count;
STATIC uint16_t IP_direction_override;
```

이 'STATIC'에 대한 정의는 시스템의 '마스터' 헤더 파일 중 하나에 위치할 것이다. 이런 유형의 헤더 파일에 대한 더 상세한 내용은 다음에 나오는 데이터 유형 부분에서 다룬다. 디버거 버전의 코드를 컴파일할 때 프로그래머는 소스 파일에 'DEBUG' 키워드를 정의할 수 있고, 코드의 배포 시기에는 'DEBUG' 키워드를 정의하지 않는다. 이 방법은 (초기화 때 마이크로컨트롤러 상에 디버거 함수를 작동시키는 것 같이) 수행할 필요가 있는 특정 설정 단계가 있을 때 특히 유용하다. 이런 유형의 설정을 이용하면 다음과 같은 라인이 공통의 헤더 파일에 나타날 것이다.

```
#ifdef DEBUG PROBABLY WANT TO CHECK FOR NOT STATIC TOO, CHECK

    #define STATIC

#else

    #define STATIC static

#endif
```

파일 범위 변수에 대한 또 다른 권고 사항은 대문자와 소문자를 이용하는 것이다. 동일한 '파일 이름'을 가진 모든 파일 범위 변수를 고려하거나 앞쪽의 특징 집합 지시자에 접두어를 붙이고 나머지 모든 글자는 소문자로 만드는 것을 고려하라. 이렇게 함으로써 전역 변수와 파일 범위 변수 간의 식별이 쉽게 될 것이다.

지역 변수

지역 변수는 모든 유형의 변수 중 가장 권고하기 쉬운 변수다. 첫 번째 권고 사항은 이전 두 개의 절에서 언급했던 접두어를 제거하는 것이다. 그 이유는 지역 변수는 함수에 대한 변수로만 존재해야 되기 때문이다. 두 번째는 수준이 어느 정도 괜찮은 주석을 이용하는 것으로, 이렇게 하면 실제로 지역 변수에 대한 변수 이름을 너무 서술적으로 만들 필요가 없어지기 때문이다. 내 견해로는 배열과 루프 변수를 색인하기 위해 지역 변수를 이용할 때 n, i, j 등의 변수 이름을 갖는 것도 괜찮을 것이다. 심지어 함수가 하려고 시도하는 것이 무엇인지 관찰자가 알 수 있는 주석이 있다면 'count' 같이 간단한 변수도 좋다.

함수에서 변수 앞쪽에 static 키워드를 갖는 변수가 지역 변수에 대한 또 다른 유형이다. 이 변수는 다중 함수 호출을 통해 데이터를 계속 보유할 필요가 있을 때 사용되지만, 파일에서 그 어떤 다른 함수에 의해서도 공유되지 않는다.

지역 변수는 모두 소문자로 유지돼야 한다는 것을 고려한다. 함수에서 선언된 static 변수의 경우 첫 번째 문자를 대문자로 만든다는 것을 고려한다. 이렇게 함으로써 함수를 통해 변수를 보거나 유지할 때 변수가 자신의 값을 보유한다. 다음은 어떻게 함수의 지역 변수를 볼 수 있는지에 대한 예다.

```
static void ip_count_iterations( void )

{

    uint16_t   i, j, n;

    static uint16_t Error_count_exec = 0;

    uint32_t   *reference_ptr;

    ...
```

데이터 유형

임베디드 시스템의 핵심 속성 중 하나가 자원에 대한 관리다. 이전 절에서 우리가 만들었던 선언은 유형 정의^{type definition}를 이용하는 것이었다. 임베디드 시스템을 다른 프로세서에서 휴대하기 쉽게 유지하고 자원을 억제하기 위해 유형 정의를 다양한 데이터 유형에 사용할 수 있다. 다음은 마스터 헤더 파일에서 선언될 수 있는 유형 정의에 대한 리스트로, 모든 소스 파일에 포함될 수 있다.

소스 파일에 포함돼 있는 'portable.h'라 부르는 다음 파일을 고려한다.

```
typedef unsigned char uint8_t;
typedef unsigned short int uint16_t;
typedef unsigned long int uint32_t;
typedef signed char int8_t;
typedef signed short int int16_t;
typedef signed long int int32_t;
```

'정수^{integer}' 크기가 마이크로컨트롤러의 아키텍처 크기에 종속적이기 때문에 프로그래머는 위에 제시한 유형 정의를 이용할 수 있고, 다른 플랫폼에 포팅됐다면 이 파일을 변경만 하면 된다. 라이브러리 탬플릿도 위에 제시한 유형 정의를 이용해서 작성될 수 있으며, 그래서 라이브러리 탬플릿이 플랫폼상에 들어 왔거나 이용됐을 때 탬플릿은 올바르게 동작할 것이다. 위에서 제시한 동일 개념에 대한 또 다른 변이는 소스 파일을 작성할 때 일부 여백을 절약하기 위해 유형 정의를 짧게 만드는 것이다. 위의 정의에 대한 변이는 다음과 같다.

```
typedef unsigned char UINT8;
typedef unsigned short int UINT16;
typedef unsigned long int UINT32;
typedef signed char INT8;
typedef signed short int INT16;
typedef signed long int INT32;
```

동일한 네이밍 규칙$^{naming\ convention}$을 기반으로, 구조가 선언될 때 유형 정의라는 것을 나타내기 위해 접미사 '_t'를 추가하는 것을 고려한다. 구조 선언에 대한 예는 다음과 같다.

```
#define DIO_MEM_DATA_BLOCKS 64
typedef struct
{
    UINT16 block_write_id;

    UINT16 block_write_words;

    UINT16 data[DIO_MEM_DATA_BLOCKS];

    UINT16 block_read_id;
```

```
    UINT16 startup_sync1;

    UINT16 startup_sync2;

} DIO_Mem_Block_t;
```

동일한 규칙에 따라 공용체 형^{union type} 정의를 다음과 같이 나타낼 수 있다.

```
typedef union
{
    UINT16 value;

    struct

    {

        UINT16 data:15;

        UINT16 header_flag :1;

    } bits;

} DIO_FIFO_Data;
```

앞의 struct와 union의 예에서 유형 정의는 앞에서 설명한 것처럼 데이터 크기를 위해 사용된다. 여백을 두는 것은 실제로 프로그래머의 의지에 달려 있지만, 모든 소스 파일 전체에 걸쳐 여백을 균일하게 유지하는 것은 유지 보수성을 추가하기 위한 것이다.

주목해야 할 또 다른 사항은 유형 정의에 'DIO_'라는 접두어를 붙이는 것으로, 이렇게 하면 대문자와 소문자가 혼합된다. 이것은 확실히 문체상의 선택이 되겠지만, 프로세스는 이 방식으로 선언될 헤더 파일에 유형 정의를 갖게 되고, 이렇게 함으로써 프로세스는 접두어를 붙일 필요 없이 모두 소문자가 되는 파일 범위의 유형 정의를 갖게 될 것이다. 앞에서 설명한 것처럼 이것은 구조가 범위 측면에서 전역 변수가 될지 아니면 단순히 지역 변수가 될지 모르는 경우 이를 이해할 수 있도록 검토자에게 도움을 제공할 수 있다.

정의

조건부 컴파일

임베디드 소프트웨어 개발에 대한 또 다른 주제는 소스코드에서 조건부 컴파일^{conditional compile}을 이용하는 것이다. 조건부 컴파일은 어떤 코드가 컴파일되고 어떤 코드를 컴파일하지 않고 건너뛸지 지시하도록 허용한다. 소프트웨어 공학을 위해 작성된 책들 중 조건부 컴파일이 코드에서 사용돼서는 안 된다고 추천한 책도 많다.

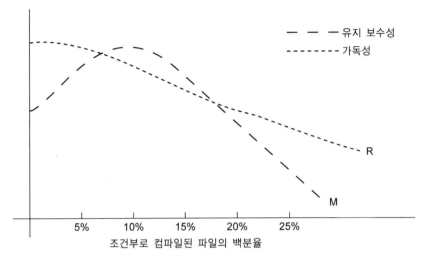

그림 7.1 조건부 컴파일 그래프

시스템의 멀티프로세서에서 작업하기 위해 작성된 하드웨어 지향 코드에서 '프로세서 A'와 '프로세서 B'를 구체적으로 명시한 조건부 컴파일이 있을 수도 있다. 소프트웨어 소스코드에 대해 소스코드의 15% 이상이 코드 안에 조건부 컴파일을 가진다면 코드를 쪼개서 하나의 파일에 공통 코드를 유지하고, 2개(또는 그 이상) 파일 간 조건부 컴파일의 원인을 분리시켜야 한다. 조건부 컴파일의 수가 증가하는 것만큼 가독성은 감소한다. 최소의 조건부 컴파일을 가진 파일은 분기되거나 분리된 파일보다 더 쉽게 유지되겠지만, 조건부 컴파일의 수가 15%를 지나면서 다시 증가하면 유지 보수성도 떨어질 것이다. 조건부 컴파일에 대한 다음 그래프를 고려한다.

PROCA와 PROCB로 명시된 2개의 프로세서에서 동작하기 위해 작성된 모듈에 대해 다음과 같은 소스코드 구간을 고려한다. 어떤 makefile이 선택되는가에 따라 컴파일러는 프로세서 타깃에 의존해 이들 두 가지 값 중 하나를 정의한다.

```
    frame_idle_usec = API_Get_Time();

#ifdef PROCA

    /* Only send data when running on processor B */

    ICH_Send_Data( ICH_DATA_CHK_SIZE, ( uint32_t * ) & frame_idle_usec );
```

```
#else
#ifdef PROCB

    /* Nothing to send with processor B in this situation */

#else

    /* Let's make sure if we ever add a PROCC, that we get error */

    DoNotLink();

#endif /* PROCA */
#endif /* PROCB */
```

앞에 제시한 코드에 대해 주의해야 할 한 가지 추가적인 사항이 있다. 이 예에서는 단순히 프로세서 A만 기대하지 않았고, 프로세서 A가 없으면 아무 일도 하지 않았다. 이 코드에 else 조건이 있는데, 이것은 프로세서 A나 B를 제외한 다른 프로세서에서 동작하는 경우에 허구 함수인 DoNotLink()가 호출되고, 이로 인해 컴파일러 경고와 링커 오류(함수가 존재하지 않음)라는 결과가 나타날 것이다. 이렇게 함으로써 또 다른 프로세서가 미래에 추가되면 이 새로운 프로세서를 위해 추가시킬 뭔가 특별한 예가 있는지 찾아보기 위해 소프트웨어 공학자에게 이 코드를 잘 살펴보도록 강제할 것이다. 이것은 소스코드 베이스라인에 존재할지도 모르는 다양한 조건부 컴파일을 얻기 위한 간단한 방어적 기법이다.

#define

C나 C++에서 일반적으로 사용되는 기호 상수symbolic constant 또는 전처리기 매크로preprocessor macro는 #define을 이용해 구현된다.

기호 상수는 프로그래머가 특별한 네이밍 규칙을 이용하게 만든다. 상수로 사용할 때 코드 전체에 걸쳐 존재하는 '매직 넘버'와는 대조적으로, 기호 상수는 더 나은 정의를 할 수 있게 해준다. 이것은 프로그래머에게 단일 장소에서 자주 사용되는 정의에 대한 공통집합을 생성하거나 코드의 가독성을 도와주기 위해 단 하나의 인스턴스instance를 생성하도록 허용한다.

다음과 같은 코드 조각을 고려해보자.

```
// Check for engine speed above 700 RPM
if ( engine_speed > 5600 )
{
```

코드 조각은 5600이라는 값을 검사한다. 그러나 이 값은 어디서부터 오는 것인가? 다음은 이 코드 조각을 좀 더 읽기 쉽게 만든 버전이다.

```
// Check for engine speed above 700 RPM
if ( engine_speed > ( 700 * ENG_SPD_SCALE ) )
{
```

위 코드 조각은 엔진 속도에 대한 부동소수점 스케일링을 위해 기호 상수를 이용한 좀 더 좋은 예로서 소프트웨어 코드 베이스라인 내내 사용된다. 동일 코드 베이스라인에 사용된 ENGINE_SPEED_SCALE과 ENG_SPD_SCALE이 가진 것 같은 특별한 값은 분명 다중 정의를 하면 안 된다. 이러한 스칼라 값 중 하나라도 변경된다면 혼란을 야기하든지 또는 호환성이 없게 될 것이다. 위에 제시된 코드 조각은 '700'이라는 숫자를 사용한다. 이 값이 사용된 다른 장소가 코드에 있었다면 어땠을까? 이 값은 무엇인가? 다음에 나오는 코드 조각은 더 유지 보수가 가능하고 더 읽기 쉬운 예다.

```
// Check for speed where we need to transition from low-speed to all-// speed governor
if ( engine_speed>LSG_TO_ASG_TRANS_RPM )
{
```

#define은 다중 파일에 대한 엔진 속도의 가시성을 위해 헤더 파일에 위치하며, 그렇지 않고 파일 범위 시나리오에만 사용된다면 소스 파일에 위치하게 된다. #define은 다음처럼 나타날 것이다.

```
// Transition from low-speed to all-speed governor in RPM
#define LSG_TO_ASG_TRANS_RPM (UINT16)( 700 * ENG_SPD_SCALE )
```

이것은 기호 상수가 부동소수점 값이고, 그래서 부동소수점 평가는 코드에서 이뤄지지 않는다는 점을 확실히 하기 위해 UINT16(4바이트 자연수 값)에 대한 추가적인 형 변환(변수의 형태 변환)를 갖는다. 이것은 전이 속도가 700.5RPM으로 정의됐거나 700.0이라는 값이 전이 속도로 사용됐다면 중요해질 것이다. 부동소수점 값이 한 번 코드에 나타나면 컴파일러는 부동소수점 연산을 이용해 어떠한 비교나 평가도 유지하려고 하는 경향이 있다.

전처리기 매크로는 공통적으로 사용되는 공식을 프로그래머가 코드 내내 개발하거나 단일 장소에 정의하게 허용한다. 다음과 같은 코드 조각을 살펴보자.

```
Area1 = 3.14159 * radius1 * radius1;
Area2 = 3.14159 * (diameter2 / 2) * (diameter2 / 2);
```

위에 제시한 코드 리스트는 코드 내 원의 면적을 만드는 것이 아니라 원의 면적을 계산하는 전처리기 매크로를 생성함으로써 더 향상될 수 있다. 또 다른 개선 사항은 PI에 대해 기호 상수를 사용하는 것인데, 이것은 코드가 프로그램 전체에 걸쳐 동일한 값을 이용할 수 있게 해준다. 추가적인 소수 자리(소숫점 이하의 자릿수)가 사용된다면 이 값은 한 장소에서만 변경될 수 있다. 다음은 소스 파일의 맨 위 또는 공통의 헤더 파일에 저장될 수 있는 코드다.

```
#define PI 3.14159
#define AREA_OF_CIRCLE(x) PI*(x)*(x)
```

이 코드는 다음과 같은 전처리기 매크로에서 사용될 수 있다.

```
Area1 = AREA_OF_CIRCLE(radius1);
Area2 = AREA_OF_CIRCLE(diameter2 / 2);
```

위에 제시한 코드 조각은 부동소수점 하드웨어를 가진 고급 마이크로컨트롤러나 부동소수점 라이브러리를 받아들일 수 있는 프로세서를 위해 사용될 수 있다. 또 다른 개선 사항은 표가 PI 값을 근사할 수 있는 고정소수점에 있을 것인데, 이렇게 함으로써 원래의 고정소수점 코드가 처리 시간을 증가시킬 수 있게 된다.

8

임베디드 운영체제

진 라브로스(Jean J. Labrosse)

실시간 시스템은 계산 값의 정확성과 적시성에 중심을 둔 시스템이다. 실시간 시스템은 하드 실시간과 소프트 실시간의 두 가지 유형이 있다.

하드 실시간 시스템과 소프트 실시간 시스템의 차이점은 마감 시간을 못 지켰을 때의 허용 tolerance 수준과 마감 시간을 못 지킬 때 발생되는 결과의 정도다. 마감 시간이 지난 후에야 올바르게 계산된 값은 종종 쓸모없어진다.

하드 실시간 시스템에서 마감 시간을 못 지키는 것은 선택 사항이 아니다. 사실 많은 경우 마감 시간을 못 지키는 것은 종종 자산의 손실이라는 결과를 가져오지만, 더욱 나쁜 것은 생명을 잃어버릴 수도 있다는 점이다. 그러나 소프트 실시간 시스템에서는 마감 시간을 못 지키는 것은 그리 심각한 일은 아니다. 예를 들어 200ms마다 표시기를 업데이트하는 것은 심각한 문제가 아닐 것이다(즉, 200ms이든 250ms이든 상관없다).

실시간 애플리케이션은 폭넓은 범위를 다루고 있지만, 많은 실시간 시스템은 임베디드 시스템이다. 임베디드 시스템은 컴퓨터를 시스템 안에 구축하며, 전형적으로 단일 사용자에 전용으로 허용된 시스템이다. 바꿔 말해 임베디드 시스템은 전용 기능을 수행하게 설계된 시스템이다. 다음 목록은 몇 가지 임베디드 시스템의 예를 보여준다.

- 오디오
  - MP3 플레이어
  - 증폭기와 튜너
- 자동차
  - 잠금 방지 브레이크 시스템ABS

- 실내 온도 제어
- 엔진 제어
- 내비게이션 시스템(GPS)
- 항공 전자기기
  - 비행 관리 시스템
  - 제트 엔진 제어
  - 무기 제어
- 사무 자동화
  - FAX 기계/복사기
- 홈 자동화
  - 에어컨 장치
  - 온도 조절 장치
  - 백색 가전제품
- 통신
  - 라우터
  - 스위치
  - 휴대폰
- 프로세스 제어
  - 화학 공장
  - 공장 자동화
  - 식품 가공
- 농업
  - 원형 베일러baler
  - 직각 베일러
  - 윈드로워windrower
  - 콤바인combine
- 비디오
  - 방송 장비
  - HD 텔레비전

실시간 시스템은 일반적으로 비실시간 시스템보다 설계, 디버그, 배포를 더 복잡하게 만든다.

포어그라운드/백그라운드 시스템

복잡하지 않으면서 규모가 작은 시스템은 그림 8.1과 같이 보통 포어그라운드/백그라운드 foreground/background 시스템이나 슈퍼 루프super loop 시스템으로 설계된다. 애플리케이션은 요구 동작(백그라운드)을 수행하기 위해 모듈(즉 태스크)로 부르는 무한 루프로 구성된다. 인터럽트 서비스 루틴ISR은 비동기 이벤트(포어그라운드)를 처리한다. 포어그라운드를 인터럽트 레벨로 부르며, 백그라운드는 태스크 레벨로 부른다. 인터럽트는 이벤트 발생 시(즉 비동기적으로) 마이크로 컨트롤러가 이벤트를 처리하도록 허용하며, 이벤트가 발생했는지 확인하기 위한 이벤트의 지속적인 폴링polling을 예방한다.

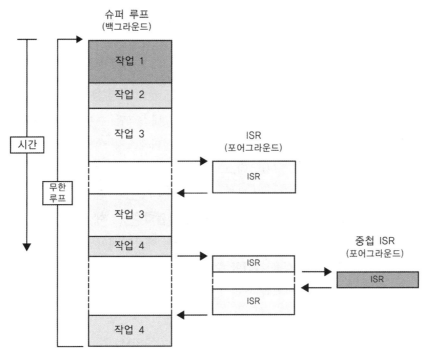

그림 8.1 포어그라운드/백그라운드 시스템

태스크 레벨에서 수행해야 하는 임계 동작critical operation은 불행하게도 적시적인 방식에서 다뤄져야 한다는 것을 보장하기 위해 ISR에 의해 다뤄져야 한다. 이러한 상황은 ISR이 원래 수행해야 하는 시간보다 더 오래 걸리게 만드는 원인이 된다. 이것이 다른 ISR의 민감성에 영향을 줄 것인가? ISR은 얼마나 많은 일을 수행해야 하는가? 이것이 ISR을 디버그하기가 더 어렵게 만들 것인가?

그러나 백그라운드에서 수행되기 위해 작업이 미뤄진다면 이 작업은 백그라운드 루틴이 실행 제어를 반환받을 때까지 처리되지 않을 것이며, 이것을 태스크 레벨 응답$^{task-level\ response}$이라 부른다. 최악의 태스크 레벨 응답 시간은 백그라운드 루프가 얼마나 오랫동안 실행되는가에 달렸다. 일반적인 코드에 대한 실행 시간이 상수가 아니므로, 루프 부분을 통한 연속적인 통과 시간은 비결정적^{nondeterministic}이다. 게다가 코드 변경이 이뤄진다면 루프의 타이밍이 영향을 받는다.

대부분의 다량 저비용 마이크로컨트롤러 기반 애플리케이션(즉 마이크로웨이브 오븐, 전화기, 잔납감 등)은 포어그라운드/백그라운드 시스템으로 설계된다.

실시간 커널

실시간 커널(또는 단순히 커널)은 마이크로프로세서, 마이크로컨트롤러, 디지털 신호 처리기^{DSP}의 시간과 자원을 관리하는 (잠재적으로 하드웨어 특권을 가진) 소프트웨어다. 커널이 제공하는 기능을 통해 프로세서의 작업은 기본적으로 태스크^{task}로 분리되며, 태스크 각각은 작업의 한 부분이 된다. 태스크(스레드라고도 부름)는 중앙처리장치^{CPU}를 가진 것으로 생각되는 간단한 프로그램이다. 단일 CPU에서는 주어진 어떠한 시간에든 하나의 태스크만 수행할 수 있다.

커널의 주 기능은 태스크를 관리하는 것으로, 이를 멀티태스킹^{multitasking}이라 부른다. 멀티태스킹은 스케줄링 프로세스이고, 여러 태스크 간 CPU를 스위칭한다. CPU는 여러 순차적 태스크 간 행동을 스위칭한다. 멀티태스킹은 여러 개의 CPU를 가진 것 같은 환상을 제공하며, CPU의 사용을 극대화한다. 멀티태스킹은 또한 모듈러^{modular} 애플리케이션의 생성에도 도움을 준다. 멀티태스킹의 가장 중요한 양상 중 하나는 애플리케이션 프로그래머에게 실시간 애플리케이션에 내재된 복잡성을 관리할 수 있게 허용하는 것이다. 애플리케이션 프로그램은 멀티태스킹을 사용할 때 설계와 관리가 더 쉬워진다.

대부분의 실시간 커널은 그림 8.2에 나타나 있는 것처럼 동작 준비가 된 가장 중요한 태스크를 항상 동작시킨다는 의미를 갖는 선점형^{preemptive} 커널이다.

1. 우선순위가 낮은 태스크가 실행된다.
2. 인터럽트가 발생하면 CPU는 인터럽트 디바이스를 서비스하는 데 책임을 지는 인터럽트 서비스 루틴^{ISR}에게 벡터 주소를 부여한다.
3. ISR은 인터럽트 디바이스를 서비스하지만, 실제로는 아주 적은 작업만 수행한다. ISR은 보통 인터럽트된 디바이스를 처리하는 데 대부분의 책임을 지게 될 우선순위가 높은 태스크에 신호를 보내거나 메시지를 전송한다. 예를 들어 인터럽트가 이더넷 컨트롤러로부터 온다면 ISR은 수신 패킷을 처리할 태스크에 간단히 신호를 보낸다.

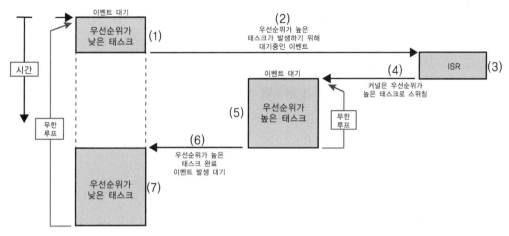

그림 8.2 선점형 커널

4. ISR 종료 시 커널은 ISR에 의해 더 중요한 태스크가 동작할 준비가 됐다는 것을 알아채고, 인터럽트 태스크를 반환하지 않을 것이지만, 그 대신 더 중요한 태스크로 문맥을 스위칭한다.

5. 우선순위가 높은 태스크가 실행되고 인터럽트 디바이스에 대응해 필요한 프로세싱을 수행한다.

6. 우선순위가 높은 태스크가 작업 완료 시 태스크 코드의 시작 시점으로 루프를 되돌리고 디바이스로부터 다음 인터럽트를 대기하기 위해 커널 함수를 호출한다.

7. 우선순위가 낮은 태스크가 언제 발생될지 알지 못하지만, 인터럽트된 그 시점에서 정확히 실행을 재개한다. 커널은 또한 태스크 간 통신과 시스템 자원(메모리와 I/O 디바이스)의 관리에도 책임을 진다.

커널에 의해 제공된 서비스는 실행 시간을 요구하기 때문에 커널은 시스템에 오버헤드를 추가시킨다. 오버헤드의 양은 이들 서비스가 얼마나 자주 호출되느냐에 달려 있다. 설계가 잘된 애플리케이션에서 커널은 CPU 시간의 2~4% 정도를 사용한다. 그리고 커널은 애플리케이션에 추가된 소프트웨어이므로, 커널은 여분의 ROM(코드 공간)과 RAM(데이터 공간)을 요구한다. 그러나 작은 양의 오버헤드에 대한 대가로 더 훌륭한 결정론determinism을 얻을 수 있고, 애플리케이션을 더 작고 더 관리 가능한 조각으로 분리할 수 있으며, 하드웨어에서보다 (심지어 동적으로 실행 시간에 우선순위를 조정하더라도) 소프트웨어에서 우선순위를 재할당하는 것이 훨씬 더 쉬울 것이고, 코드는 훨씬 더 휴대하기 쉬울 것이며, 각각의 태스크가 (할당된 우선순위를 기반으로) 동작 시 커널을 동적으로 결정하게 만듦으로써 애플리케이션을 더 잘 제어할 수 있을 것이다. 사실 우선순위가 낮은 태스크가 추가된다는 것은 일반적으로 우선순위가 높은 태스크에 대한 시스템의 민감성에는 큰 영향을 주지 못할 것이다.

실시간 운영체제(RTOS)

실시간 운영체제는 일반적으로 실시간 커널과 파일 관리, 프로토콜 스택, 그래픽 사용자 인터페이스GUI, 기타 컴포넌트 같은 고수준 서비스를 제공한다. 그리고 대부분의 추가적인 서비스들은 I/O 디바이스를 중심으로 돌아간다.

임계 구간

코드의 임계 구간critical section을 임계 영역critical region이라고도 부르며, 이는 불가분적으로 취급될 필요가 있는 코드다. 예를 들어 소프트웨어의 시각 계시기time-of-day clock를 수정하는 것은 ISR 또는 기타 태스크에 의한 인터럽트 없이도 초, 분, 시간 단위로 업데이트를 요구한다. 전형적인 커널에 포함된 코드는 많은 임계 구간을 갖고 있다. 임계 구간이 인터럽트 서비스 루틴ISR과 태스크에 의해 접근이 가능하다면 인터럽트를 불능으로 만드는 것이 임계 영역을 보호하는 데 필수적이다. 임계 구간이 태스크 레벨 코드에 의해서만 접근이 가능하다면 임계 구간은 선점형 록preemption lock을 이용해 보호될 수도 있다.

태스크 관리

실시간 애플리케이션의 설계 프로세서는 일반적으로 완료될 작업을 태스크로 분리하는 것을 포함하며, 이때 분리된 태스크 각각은 문제 일부에 대한 책임을 진다. 커널은 애플리케이션 프로그래머가 이러한 패러다임을 쉽게 채택할 수 있게 만들어준다. 태스크(스레드라고도 부름)는 중앙처리장치CPU를 가진 것으로 생각되는 프로그램이다. 단일 CPU에서는 주어진 어떠한 시간에든 하나의 태스크만 수행할 수 있다.

대부분의 커널은 멀티태스킹을 지원하며, 애플리케이션이 수많은 태스크를 가질 수 있게 허용한다. 태스크의 최대 숫자는 실제로 프로세서에서 허용할 수 있는 메모리(코드와 데이터 공간 둘 모두)의 양에 의해서만 제한받는다. 물론 선택된 프로세서에 의해 얼마나 많은 작업이 수행될 수 있는지에 대해서는 잠재적으로 제한될 것이며, 동력이 부족한 프로세서는 우선순위가 낮은 태스크의 동작을 막을 수도 있을 것이다. 이것을 기아starvation라 부른다. 멀티태스킹은 스케줄링 프로세스며, 여러 태스크 간 CPU를 스위칭한다(이것은 나중에 더 확장될 것이다). CPU는 여러 순차적 태스크 간의 행동을 스위칭한다. 멀티태스킹은 여러 개의 CPU를 가진 것 같은 환상을 제공하며, 실제로 CPU의 사용을 극대화한다. 멀티태스킹은 또한 모듈러 애플리케이션의 생성을 도와준다. 멀티태스킹의 가장 중요한 양상 중 하나는 애플리케이션 프로그래머가 실시간 애플리케이션에 내재된 복잡성을 관리할 수 있도록 허용하는 것이다. 애플리케이션 프로그램은 일반적으로 멀티태스킹을 사용할 때 설계와 관리가 더 쉬워진다.

태스크는 커널이 태스크에 관해 알 수 있게 생성돼야 한다. 태스크는 커널 서비스 (OSTaskCreate()와 같은) 중 하나를 호출해 생성되며, 다음과 같이 함수 호출에 대한 인수를 명시할 수 있다.

1. 태스크의 시작 주소. 이것은 C에서 태스크 코드를 형성하는 함수의 이름이다.
2. 태스크의 상대적 중요성을 기반으로 하는 태스크의 우선순위
3. 태스크에 의해 사용될 스택의 공간과 크기. 멀티태스킹 환경에서 각각의 태스크는 자신만의 스택 공간을 요구한다.
4. 명시될 수 있는 태스크에 특정한 파라미터가 있을 수 있다. 이들 파라미터는 커널의 구현에 크게 의존하지만 위에 설명한 세 가지 요소는 최소한의 인수다.

태스크가 생성되면 태스크는 태스크 제어 블록 또는 TCB라 부르는 것에 할당된다. TCB는 태스크에 대한 실행 시간 정보를 유지하는 데 사용된다. TCB는 커널에 의해 관리되며, 커널 사용자는 일반적으로 데이터 구조에 관해 걱정할 필요가 없다.

태스크는 자신의 것이든 또는 다른 태스크와 공유하는 것이든 변수, 데이터 구조, 테이블에 접근할 수 있다. 이들이 공유된다면 애플리케이션 프로그래머는 태스크가 이들 변수, 데이터 구조, 테이블에 대해 배타적인 접근을 갖는다는 점을 보장할 필요가 있다. 다행히도 커널은 그러한 공유 자원을 보호할 수 있는 서비스를 제공한다. 이에 대해서는 나중에 다룬다.

태스크는 자신의 것이든 또는 다른 태스크와 공유하는 것이든 I/O 디바이스에 접근할 수 있다. 기대하는 대로 커널은 이들 I/O 디바이스에 대해 배타적인 접근을 가능하게 만드는 서비스를 제공한다.

그림 8.3은 태스크가 상호 작용할 수 있는 요소를 보여준다. 스택은 컴파일러(함수 호출, 지역 변수 등)에 의해 관리되며, TCB는 커널에 의해 관리된다.

태스크는 입력을 모니터링하고, 출력을 업데이트하며, 계산과 제어를 수행하고, 하나 또는 그 이상의 표시기를 업데이트하며, 버튼과 키보드를 읽고, 다른 시스템과 통신하는 등의 정기적인 작업을 수행하는 데 사용된다. 태스크는 I/O 디바이스와 RAM을 소유하거나 다른 태스크와 공유한다. 그러나 다른 태스크와 공유할 때 애플리케이션 코드는 I/O 디바이스나 RAM에 대한 동시적 접근으로부터 각각의 태스크를 보호하기 위해 커널이 제공한 서비스를 이용해야 한다(이 부분에 대한 더 자세한 내용은 다음 절을 참조한다). 하나의 애플리케이션이 소수의 태스크를 포함할지도 모르지만, 반면 다른 애플리케이션은 수백 개의 태스크를 포함할지도 모른다. 태

스크의 수는 설계가 얼마나 좋게 될지 또는 얼마나 효과적이게 될지와는 별 관계가 없으나, 실제로 태스크의 수는 어떤 애플리케이션(또는 제품)이 요구되는지에 달렸다. 태스크가 수행하는 작업의 양은 애플리케이션에 달렸다. 하나의 태스크는 수행을 위해 수 마이크로초 microsecond 정도의 작업 양을 갖지만, 반면 다른 태스크는 수십 마이크로초의 작업 양을 요구할 지도 모른다.

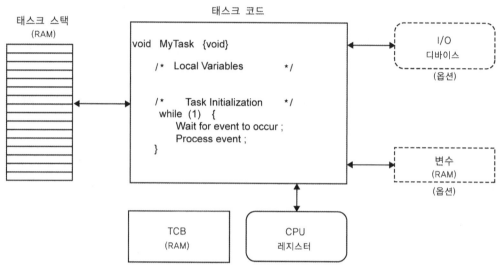

그림 8.3 태스크 자원

태스크는 몇 가지의 작은 차이점을 제외하고는 다른 C 함수와 꼭 같이 보일 것이다. 전형적으로 두 가지 유형, 즉 실행 완료run-to-completion(리스트 8.1) 태스크와 무한 루프(리스트 8.2) 태스크가 있다.

리스트 8.1 실행 완료 태스크
```
void MyRunToCompletionTask (void)
{
    /* Local variables                                      */

    /* Task initialization                                  */
    /* Task body ... do work!                               */
    /* Task calls a service provided by the kernel to 'terminate self' */
}
```

리스트 8.2 무한 루프 태스크

```
void MyInfiniteLoopTask (void)
{
    /* Local variables                                          */

    /* Task initialization                                      */
    while (1) {          /* Task body, as an infinite loop.     */
        :
        /* Task body ... do work!                               */
        :
        /* Must call a service to 'wait for an event'           */
        :
        /* Task body ... do work!                               */
        :
    }
}
```

대부분의 임베디드 시스템에서 태스크는 보통 무한 루프 형태를 취한다. 태스크는 커널에 의해 관리되는 (정칙 함수$^{regular function}$와 꼭 같은) '특별한' 함수이기 때문에 다른 C 함수와 마찬가지로 반환이 허용되지 않는다. 태스크가 정칙 C 함수로 주어진다면 태스크는 지역 변수로 선언될 수 있다.

실행 완료 태스크는 커널이 제공하는 서비스를 호출해 스스로 제거돼야 한다. 바꿔 말해 태스크는 시작해서 자신의 함수를 수행하고 종료한다. 실행 시간에 태스크를 '생성하는 것'과 '제거하는 것'에 연관된 일반적으로 높은 오버헤드 때문에 임베디드 시스템에서는 보통 그렇게 많은 태스크는 만들지 않는다.

태스크 몸체는 커널이 제공하는 다른 서비스를 호출할 수 있다. 특히 태스크는 다른 태스크를 생성할 수 있고, 다른 태스크를 잠정적으로 중지시키고 재개시킬 수 있으며, 다른 태스크에 신호나 메시지를 보낼 수 있고, 다른 태스크와 자원을 공유할 수 있다. 바꿔 말해 태스크는 '이벤트 대기' 함수 호출을 만드는 데 제한이 없다.

사람들은 태스크로부터 C나 어셈블리 언어 함수 중 하나를 호출할 수 있다. 사실 함수가 재진입하는 한 다른 태스크로부터 같은 C 함수를 호출하는 것은 가능하다. 재진입 함수는 다중 접근으로부터 보호되지 못하는 한(커널은 이를 위한 메커니즘을 제공한다) 정적 변수나 그렇지 않으면 전역 변수를 사용하지 않는 함수다. 공유되는 C 함수가 지역 변수만 사용한다면 이들 함수는 보통 재진입된다(컴파일러가 재진입 코드를 생성한다고 가정한다). 표준 라이브러리의 한 부분으로서 대부분의 C 컴파일러가 제공하는 일반적인 strtok() 함수가 비재진입$^{non-reentrant}$ 함수의 예다. 이 함수는 '토큰'을 위해 ASCII 문자열을 해석하는 데 사용된다. 첫 번째로 이 함수를 호출한다. 그리고 문맥 해석을 위해 ASCII 문자열과 토큰 구분자^{delimiter} 목록을 명시한다. 함수가 첫 번째 토큰에서 발견되자마자 바로 반환된다. 'remembers' 함수가 다시 호출되며, 이 함수는 추가적인 토큰을 추출한다. 2개의 태스크는 동시에 strtok() 함수를 이용할 수 없다. 이들 두 가지 문자열 위치 중 어떤 위치가 strtok() 함수를 기억할 것인지 문제가 되기 때문이다. 따라서 strtok() 함수는 비재진입 함수다.

무한 루프의 사용은 임베디드 시스템에서는 더 일반적이다. 이는 임베디드 시스템에서는 반복적인 작업(입력을 읽고, 표시기를 업데이트하며, 제어 동작을 수행하는 등)이 필요하기 때문이다. 이것이 태스크를 정칙 C 함수와 다르게 만드는 한 가지 양상이다. 'while (1)' 또는 'for (;;)' 함수 모두 같은 동작을 수행하기 때문에 무한 루프를 구현하기 위해 이들 두 가지 함수를 사용할 수 있다는 점에 주목해야 한다. 이들 함수 중 무엇을 사용하느냐는 단순히 개인 선호의 문제일 뿐이다. 무한 루프는 커널이 제공하는 서비스(즉 함수)를 호출해야 하는데, 이는 태스크가 이벤트 발생을 대기하게 만드는 원인이 되는 서비스다. 각각의 태스크는 이벤트 발생을 기다리거나, 그렇지 않으면 무한 루프 상태로 들어가며, 우선순위가 낮은 태스크를 실행시킬 쉬운 방법은 없을 것이다.

태스크가 기다리는 이벤트는 단순히 시간의 흐름이 될지도 모른다. 커널은 'sleep' 또는 'time delay' 서비스를 제공한다. 예를 들어 리스트 8.3의 의사코드^{pseudocode}에서 보는 것처럼 설계는 50밀리초마다 키보드를 스캔할 필요가 있다. 이 예에서는 키보드상에서 키가 눌러지면 단순히 태스크를 100밀리초 만큼 지연시킬 것이고, 어떤 키가 눌러졌는가를 기반으로 일부 행동을 수행할 것이다. 일반적으로 키보드 스캐닝 태스크는 눌러진 키에 유일한 '식별자^{identifier}'를 버퍼에 저장하고, 눌러진 키를 가지고 무엇을 할 것인지 결정하기 위해 다른 태스크를 이용할 것이다.

리스트 8.3 키보드 스캐닝

```
void KeyboardScanningTask (void)
{
    Setup the I/O devices needed for the keyboard scanning;

    while (1) {
        Call kernel to delay task 50 ms;      /* Suspend task execution for 50 ms */
        if (a key was pressed) {
            Determine which key it was;
            Place the scan-code of the key into a buffer;
        }
```

```
        }
    }
```

이와 유사하게 태스크가 기다리는 이벤트는 이더넷 컨트롤러로부터 온 패킷의 도착이 될 수 있다. 태스크는 패킷을 수신할 때까지 아무 일도 할 수 없을 것이다. 일단 패킷을 수신하면 태스크는 패킷의 내용을 처리하고, 네트워크 스택을 따라 패킷을 이동시킬 것이다. 커널은 신호 표시와 메시지 전달 메커니즘을 제공한다.

태스크가 이벤트를 기다릴 때 태스크는 어떠한 CPU도 소비하지 않는다는 점에 주목하자. 그 이유는 커널이 이벤트가 발생할 때까지 태스크를 특별한 대기 목록에 위치시키고, 다음으로 중요한 실행 준비가 된(즉 어떠한 이벤트도 기다리지 않는) 태스크를 선택해서 실행시키기 때문이다.

태스크 우선순위 할당

태스크의 우선순위를 결정하는 것은 때때로 명백하고도 직관적이다. 예를 들어 임베디드 시스템의 가장 중요한 양상이 어떤 형태의 제어를 수행하는 것이고, 이것이 대응돼야 할 제어 알고리즘이라고 알려졌다면 표시기와 운용 인터페이스 태스크에는 낮은 우선순위를 할당하고 제어 태스크에는 높은 우선순위를 할당하는 것이 가장 좋은 방법이다. 그러나 실시간 시스템의 복잡한 특성 때문에 태스크에 우선순위를 할당하는 대부분의 시간은 줄어들거나 없어질 수 없다. 대부분의 시스템에서는 모든 태스크가 필수적이라고 생각되지 않으며, 비필수적인 태스크에는 명백히 낮은 우선순위가 주어질 것이다.

비율 단조 스케줄링RMS이라 부르는 흥미로운 기법은 얼마나 자주 태스크가 실행되는지를 기반으로 태스크 우선순위를 할당한다. 간단히 말해 가장 높은 비율로 실행되는 태스크에 가장 높은 우선순위가 주어진다. 그러나 RMS는 다음과 같은 내용을 비롯해서 몇 가지 가정이 존재한다.

* 모든 태스크는 주기적이다(태스크가 규칙적인 간격으로 발생한다).
* 태스크는 다른 태스크와 동시에 발생하지 않으며, 자원을 공유하고 데이터를 교환한다.
* CPU는 우선순위가 가장 높은 실행 준비된 태스크를 항상 실행한다. 바꿔 말해 선점형 스케줄링이 사용돼야 한다.

RMS 우선순위가 할당된 n개의 태스크 집합이 주어지고 다음 부등식이 사실인 경우 모든 태스크는 항상 하드 실시간 마감 시간을 충족한다고 기초 RMS 이론에 언급돼 있다.

$$\sum_i \frac{E_i}{T_i} \leq n\left(2^{1/n} - 1\right)$$

여기서 E_i는 태스크 i의 최대 실행 시간에 해당되며, T_i는 태스크 i의 실행 주기에 해당된다. 바꿔 말해 E_i / T_i는 태스크 i를 실행시키기 위해 요구되는 짧은 CPU 시간에 해당된다.

표 8.1은 태스크 수를 기반으로 $n\left(2^{1/n} - 1\right)$에 대한 값을 보여준다. 무한 태스크 수의 상한 값은 $\ln(2)$ 또는 0.693으로 주어지는데, 이 값은 RMS를 기반으로 모든 하드 실시간 마감 시간을 충족한다는 것을 의미한다.

표 8.1 태스크 수 기반의 허용 가능한 CPU 용법

태스크 수	$n(2^{1/n}-1)$
1	1.000
2	0.828
3	0.779
4	0.756
5	0.743
...	...
무한	0.693

시스템에 시간 필수가 아닌 태스크를 여전히 가질 수 있다는 것과, 이에 따라 CPU 시간의 100%에 가깝게 사용할 수 있다는 점에 주의해야 한다. 그러나 CPU 시간의 100%를 사용한다는 것은 코드의 변경과 특징 추가를 허용하지 않는 것처럼 바람직한 목적은 아니다. 경험상으로 볼 때 항상 CPU의 60~70%보다 작게 사용되도록 시스템을 설계해야 한다.

RMS는 비율이 가장 높은 태스크가 가장 높은 우선순위를 갖는다고 말한다. 일부 경우에서는 비율이 가장 높은 태스크가 가장 중요한 태스크가 되지 않을지도 모른다. 애플리케이션은 우선순위를 할당하는 방법을 따라야 한다. RMS는 설계 시작 시 필수적인 경우가 아닐지도 모르지만, 태스크를 실행하기 전에 안다고 가정한다. RMS는 흥미로운 시작점이다.

스택 크기 결정

태스크에 의해 요구되는 스택의 크기는 애플리케이션에 특정적이다. 즉, 애플리케이션에 따라 다르다. 스택을 크기순으로 배열할 때 태스크에 의해 호출된 모든 함수의 중첩, 태스크에

의해 호출된 모든 함수에 의해 할당될 지역 변수의 수, (ISR이 태스크의 스택을 이용한다면) 중첩된 모든 인터럽트 서비스 루틴을 위한 스택의 요구 사항 등을 확인해야 한다. 이에 추가해 스택은 모든 CPU 레지스터를 저장할 수 있어야 하며, 프로세서가 부동소수점 유닛FPU이라면 FPU 레지스터도 저장할 수 있어야 한다. 게다가 임베디드 시스템에서의 일반적인 규칙에 따르면 반복적인 코드의 작성은 피해야 한다.

(반환 주소를 위해 각 함수 호출에 1 포인터가) 중첩된 모든 함수 호출에 의해 요구되는 모든 메모리, 이들 함수 호출에서 넘겨진 모든 인수에 의해 요구되는 모든 메모리, (CPU에 의존하는) 완전한 CPU 문맥을 위한 저장 공간, (CPU가 ISR을 처리하기 위해 분리된 스택을 가진다면) 각각의 중첩된 ISR을 위한 또 다른 완전한 CPU 문맥, 그러한 ISR에 의해 필요한 모든 스택 공간을 추가함으로써 시스템이 필요한 스택 공간을 수동으로 계산할 수 있다. 이 모든 것을 추가하는 일은 아주 지루한 작업이고, 그 결과로 나온 스택 공간의 수는 최소한의 요구 사항이 된다. 아마도 충분히 놀랄 정도의 정확한 스택의 크기는 만들 수 없을 것이다. 계산된 스택 공간의 크기는 아마도 1.25~3.0 사이가 될 어떤 안전성 요소를 곱해야 할 것이다. 이 계산은 항상 가능하지는 않지만, 코드의 정확한 경로가 항상 알려졌다고 가정한다. 특히 printf() 함수나 기타 일부 라이브러리 함수 같은 함수를 호출할 때 얼마나 많은 스택 공간이 printf()에 요구될지 추측하는 것조차 어렵게 되거나 거의 불가능하게 될지도 모른다. 이러한 경우 충분히 큰 스택 공간을 갖고 시작하고, 애플리케이션을 잠시 동안 동작시키고 난 후 얼마나 많은 스택 공간이 실제로 사용되는지 확인하기 위해 실행 시간에 스택의 이용을 모니터링한다.

링크 맵link map에서 이러한 정보를 제공해주는 정말 멋지고 영리한 컴파일러/링커compiler/linker가 있다. 각각의 함수에 대해 링크 맵은 최악의 스택 이용을 나타낸다. 이 특징은 각각의 태스크에 대해 스택의 이용을 분명히 더 잘 평가할 수 있게 해준다. 완전한 CPU 문맥과 (CPU가 ISR을 처리하기 위해 분리된 스택을 갖고 있지 않다면) 각각의 중첩된 ISR에 대한 또 다른 완전한 CPU 문맥을 위한 스택 공간, 그리고 그러한 ISR에 의해 요구되는 스택 공간을 여전히 추가할 필요가 있다. 안전한 그물망을 다시 한 번 허용하고 이 값에 어떤 요소를 곱하라. 여기서 요소는 제품의 유형에 의존한다. 안전 필수 시스템은 필요한 스택 공간의 3배를 할당하고, 산업 제어는 2배를 할당한다. 많은 부분은 애플리케이션에 대한 최악의 스택 요구 사항을 얼마나 잘 예측할 수 있는지에 달렸다.

제품을 개발하고 테스트하는 동안 스택의 오버플로가 종종 발생하는지, 그리고 어떤 이상한 동작으로 만들어내는지 확인할 수 있도록 실행 시간에 항상 스택의 이용을 모니터링하라. 사실 애플리케이션이 이상하게 동작한다고 누군가 언급할 때마다 염두에 둬야 할 첫 번째 일 중 하나가 충분치 못한 스택의 크기가 될 것이다.

태스크는 그림 8.4에 나타나 있는 것처럼 다섯 가지 상태 중 어느 하나에 속할 것이다.

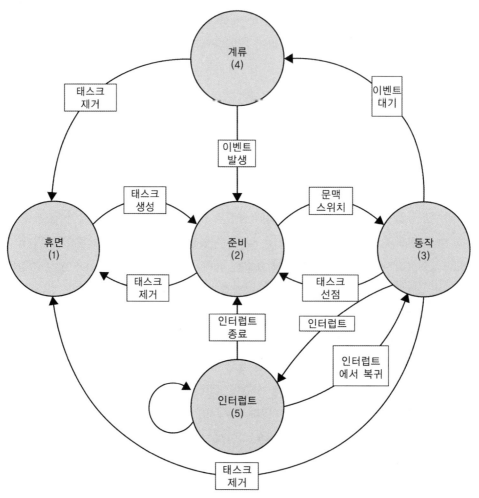

그림 8.4 태스크 상태

1. 휴면dormant 상태는 태스크가 메모리에 거주하지만 커널에서는 사용할 수 없는 상태다. 태스크 생성을 위해 함수를 호출하며, 이렇게 함으로써 커널은 태스크를 사용할 수 있게 된다. 태스크 코드는 실제로 코드 공간에 거주하지만 커널은 이에 대한 정보를 받아야만 한다. 태스크가 더 이상 필요 없게 되면 코드는 함수를 제거하기 위해 커널의 태스크를 호출할 수 있다. 코드는 실제로 제거되지 않으며, CPU가 접근하지 못하게만 할 뿐이다.

2. 태스크는 실행 준비가 되면 준비ready 상태에 있게 된다. 어떠한 수의 태스크든 준비 상태가 될 수 있으며, 커널은 준비 상태가 된 모든 태스크를 준비 목록에 계속 유지한다(이 부분은 나중에 다룬다). 준비 목록은 우선순위에 의해 정리된다.

3. 실행 준비가 된 가장 중요한 태스크는 동작^{running} 상태에 놓이게 된다. 단일 CPU에서는 주어진 시간에 하나의 태스크만 실행될 수 있다. CPU에서 실행을 위해 선택된 태스크가 우선순위가 가장 높은 실행 준비된 태스크라고 결정되면 커널에 의해 스위칭된다. 이전에 다룬 것처럼 태스크는 이벤트 발생을 기다려야 한다. 이벤트가 발생되지 않으면 태스크는 자신의 상태를 계류^{pending} 상태로 만드는 함수 중 하나를 호출해 이벤트를 기다린다.

4. 계류^{pending} 상태에 있는 태스크는 계류 목록(또는 대기 목록)이라 부르는 특별한 목록에 놓이게 된다. 여기서 계류 목록은 태스크가 기다리는 이벤트와 연관된 목록이다. 이벤트 발생을 기다릴 때 태스크는 CPU 시간을 소비하지 않는다. 이벤트가 발생하면 태스크는 다시 준비 목록에 놓이게 되고, 커널은 새롭게 준비된 태스크가 가장 중요한 실행 준비된 태스크인지 결정한다. 가장 중요한 태스크라면 현재 실행 중인 태스크는 선점될 것이며(준비 목록으로 다시 놓이게 된다), 새롭게 준비된 태스크는 CPU의 제어하에 놓이게 된다. 바꿔 말해 새롭게 준비된 태스크가 가장 중요한 태스크라면 즉시 실행될 것이다.

5. CPU 인터럽트가 사용 가능하다고 가정하면 인터럽트된 디바이스는 태스크 실행을 중단하고 인터럽트 서비스 루틴^{ISR}을 실행할 것이다. ISR은 보통 태스크가 기다리는 이벤트다. 일반적으로 말해 ISR은 이벤트 발생을 태스크에 알려주고 태스크가 이벤트를 처리하게 만든다. ISR은 가능한 짧아야 하며, 인터럽트된 디바이스를 다루는 대부분의 작업은 커널에 의해 관리될 수 있는 태스크 레벨에서 수행돼야 한다. 상태 다이어그램에서 표시된 것처럼 인터럽트는 다른 인터럽트를 인터럽트할 수 있다. 이것을 인터럽트 중첩^{nesting}이라 부르며, 대부분의 프로세서에서 인터럽트 중첩을 허용한다. 그러나 인터럽트 중첩은 적절히 관리되지 않으면 스택 오버플로로 쉽게 이어진다.

유휴 태스크

대부분의 커널은 유휴^{idle} 태스크라 부르는 내부 태스크를 생성한다. 유휴 태스크는 기본적으로 다른 애플리케이션 태스크가 실행될 수 없을 때 실행되는데, 이들 태스크가 기다리는 어떠한 이벤트도 발생되지 않기 때문이다. 유휴 태스크는 애플리케이션에서 우선순위가 가장 낮은 태스크며, 이벤트 대기를 위해 절대 함수를 호출하지 않는 실제 무한 루프 상태에 있게 된다. 이것은 대부분의 프로세서에서 아무것도 수행하지 않을 때 프로세서는 여전히 명령을 수행할 수 있기 때문이다.

후크^{hook} 함수(콜백^{callback}으로도 또한 알려진)는 일반적으로 애플리케이션 프로그래머에게 가용하며, 배터리로 작동되는 애플리케이션을 위해 저전력 모드에서 CPU에 두기 위해 사용될 수 있고, 이에 따라 에너지 소비를 막을 수 있다. 일반적으로 대부분의 프로세서는 인터럽트 발생 시 저전력 모드에서 빠져나간다. 그러나 프로세서에 따라 ISR은 CPU를 완전한 속도나 요구되는 속도로 되돌려놓기 위해 특별한 레지스터에 작성될지도 모른다. ISR이 우선순위가 높은 태스크로 깨어나면(모든 태스크는 유휴 태스크보다 우선순위가 더 높다) ISR은 즉시 인터럽트된 유휴 태스크로 돌아가는 대신 우선순위가 높은 태스크로 스위칭된다. 전력 관리는 아주 특별한 내용으로 8장의 범위를 벗어난 부분이다.

우선순위 레벨

모든 커널은 애플리케이션의 중요성을 기반으로 태스크에 우선순위를 할당할 수 있다. 일반적으로 낮은 우선순위 번호는 높은 우선순위를 의미한다. 바꿔 말하면 '우선순위 1'은 '우선순위 10'보다 더 중요하다. 우선순위의 다양한 레벨 수는 커널의 구현에 크게 의존한다. 우선순위의 다양한 레벨 수는 보통 256개이므로 커널은 태스크의 우선순위를 표현하기 위해 8비트 변수를 이용할 수 있다. 대부분의 커널은 '태스크 우선순위 변경' 서비스(즉 함수)를 통해 실행 시간에 태스크의 우선순위를 동적으로 변경시킬 수 있다.

대부분의 커널에서 애플리케이션은 동일 우선순위로 할당된 다중 태스크를 가질 수 있다. 이 우선순위가 가장 높은 우선순위로 바뀌게 되면 커널은 보통 라운드로빈^{round-robin} 방식으로 바뀐 우선순위를 갖고 각각의 태스크를 실행한다. 바꿔 말해 각각의 태스크는 구성 가능한 시간 이내에서 실행을 시작한다.

준비 목록

실행 준비된 태스크는 준비 목록^{ready list}에 놓이게 된다. 준비 목록은 우선순위에 의해 정렬돼 있다. 우선순위가 가장 높은 태스크는 목록의 시작 부분에 있고, 우선순위가 가장 낮은 태스크는 목록의 끝 부분에 위치한다. 준비 목록에 태스크를 넣고 제거하는 기법이 있다. 그러나 이것은 8장의 범위를 벗어난 부분이다.

선점형 스케줄링

실행 배정기^{dispatcher}라고도 부르는 스케줄러는 어떤 태스크가 다음에 실행될지를 결정하는 데 책임이 있는 커널의 한 부분이다. 대부분의 커널은 선점형^{preemptive} 방식을 이용해 구현된다. 선점형이라는 단어는 이벤트가 발생할 때 이벤트를 실행 준비된 가장 중요한 태스크로 만들고, 그런 다음 커널이 그 태스크에 CPU 제어를 즉시 보낸다는 것을 의미한다. 따라서 태스크가 우선순위가 더 높은 태스크에 신호를 보내거나 메시지를 전송할 때 현 태스크는 중단되며, 우선순위가 더 높은 태스크에 CPU 제어가 주어진다. 이와 유사하게 ISR이 우선순위가 더 높은 태스크에 신호를 보내거나 메시지를 전송한다면 메시지가 보내질 때 인터럽트된 태스크는 중단되고 우선순위가 더 높은 새로운 태스크가 재개된다. 선점형 스케줄링은 그림 8.5에 설명돼 있다.

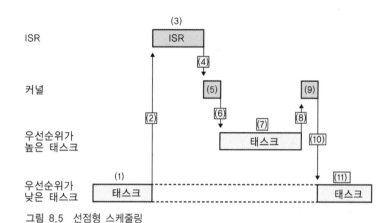

그림 8.5 선점형 스케줄링

1. 우선순위가 낮은 태스크가 실행되고, 이어 인터럽트가 발생한다.
2. 인터럽트가 사용 가능하게 되면 CPU는 인터럽트된 디바이스를 서비스하는 데 책임을 지는 ISR로 점프한다.
3. ISR은 디바이스를 서비스하고, 이 디바이스를 서비스하기 위해 기다리는 우선순위가 더 높은 태스크에 신호를 보내거나 메시지를 전송한다. 따라서 이 태스크는 실행 준비 상태가 된다.
4. ISR이 작업을 완료하면 ISR은 커널에 서비스 호출을 요구한다.
5. 실행 준비된 더 중요한 태스크가 있기 때문에 커널은 인터럽트된 태스크로 돌아가지 않기로 결정하지만, 더 중요한 태스크로 스위칭된다. 이것을 문맥 스위치라 부른다.
6. 우선순위가 더 높은 태스크가 인터럽트된 디바이스를 서비스하고, 서비스 종료 시 커널을 호출해 디바이스로부터 또 다른 인터럽트를 기다리고 있는지 문의한다.
7. 커널은 디바이스가 서비스를 필요로 하는 그 다음 시기까지 우선순위가 높은 태스크를 차단한다. 디바이스는 두 번 인터럽트되지 않기 때문에 커널은 원래 태스크(인터럽트됐던 태스크)로 스위치를 돌려놓는다.
8. 인터럽트된 태스크는 인터럽트됐던 그 지점에서 정확히 실행을 재개한다.

스케줄링 시점

스케줄링은 스케줄링 시점에 발생하며, 스케줄링이 아래 묘사된 몇 가지 조건을 기반으로 자동으로 발생되기 때문에 애플리케이션 코드에서 스케줄링을 수행하는 데는 특별히 문제될 것은 없다. 스케줄링은 커널 서비스(즉 API 호출) 내에서 발생한다. 이것은 간결성을 위한 부분적인 목록이 된다.

* 태스크는 다른 태스크에 신호를 보내거나 메시지를 전송한다.

  이것은 태스크가 다른 태스크에 신호를 보내거나 또는 메시지를 전송할 때 발생한다.

* 태스크는 특정 시간에 잠을 잔다.

  호출하는 태스크는 만료 시간을 기다리고 있는 목록에 위치하게 되므로 스케줄링은 항상 발생한다. 스케줄링은 태스크가 대기 목록에 삽입되자마자 바로 발생하며, 이 호출은 항상 동시에 실행 준비가 된 다음 태스크로 문맥 스위치가 되거나 잠을 자기 위해 위치하게 될 태스크보다 우선순위가 낮은 태스크로 문맥 스위치가 되는 결과를 가져온다.

* 태스크는 이벤트 발생을 기다리고, 이벤트는 아직 발생되지 않는다.

  태스크는 이벤트를 위한 대기 목록에 위치하게 되며, 비제로$^{non-zero}$ 타임아웃이 명시되면 태스크는 타임아웃을 기다리는 태스크 목록에 또한 삽입된다. 스케줄러는 다음으로 가장 중요한 실행될 태스크를 선택하기 위해 호출된다.

* 태스크가 생성된다면

  새롭게 생성된 태스크는 태스크 생성자^{creator}보다 더 높은 우선순위를 가질지도 모른다. 이러한 경우 스케줄러는 호출된다.

* 태스크가 제거된다면.

  태스크가 종료되고, 현 태스크가 제거되면 스케줄러는 호출된다.

* 태스크는 스스로 우선순위를 변경하거나 다른 태스크의 우선순위를 변경한다.

  스케줄러는 태스크가 다른 태스크(또는 자기 스스로)의 우선순위를 변경할 때 호출되며, 이때 이 태스크의 새로운 우선순위는 우선순위가 변경된 태스크보다 더 높다.

* 중첩된 모든 ISR의 끝단에서

  스케줄러는 중첩된 모든 ISR의 끝단에서 ISR 중 하나에 의해 가장 중요한 태스크가 실행 준비됐는지를 결정하기 위해 호출된다.

* 태스크는 커널 호출을 통해 자발적으로 CPU를 포기함으로써 시간 할당량을 포기한다.

  이것은 태스크가 동일 우선순위를 갖고 다른 태스크와 함께 실행 중에 있다는 것을 가정하며, 현재 실행 중인 태스크가 자신의 시간 할당량을 포기하고 다른 태스크가 실행될 수 있도록 결정한다.

라운드로빈 스케줄링

두 개 또는 그 이상의 태스크가 동일 우선순위를 가질 때 대부분의 커널은 태스크를 선택하기 전에 지정된 시간(시간 할당량이라 부른다)에 실행하는 하나의 태스크를 허용한다. 이 프로세스를 라운드로빈^{round-robin} 스케줄링 또는 타임 슬라이싱^{time slicing}이라 부른다. 태스크가 자신에게 주어진 전체 시간 할당량을 사용할 필요가 없다면 자발적으로 CPU를 포기할 수 있고,, 그렇게 되면 다음 태스크가 실행될 수 있다. 이것을 항복^{yielding}이라 부르며, 태스크는 커널에게 "내가 해야 할 작업이 종료됐으며, CPU를 다른 태스크에게 줘라"라고 알리는 (커널에 의해 제공되는) 특정 함수를 호출해야 한다.

문맥 스위칭

커널이 다른 태스크를 실행하기로 결정하면 현재 태스크의 문맥은 일반적으로 CPU 레지스터로 구성된 현재 태스크의 스택에 저장되고, 새로운 태스크의 문맥을 회복시켜 실행을 재개한다. 이러한 프로세스를 문맥 스위치^{context switch}라 부른다.

문맥 스위칭은 오버헤드를 추가하며, CPU가 더 많은 레지스터를 가지면 가질수록 오버헤드는 더 높아진다. 문맥 스위치를 수행하기 위해 요구되는 시간은 일반적으로 얼마나 많은 레지스터가 CPU에 의해 저장되고 회복되는지에 따라 결정된다. 문맥 스위치 코드는 보통 (일반적으로 C 또는 고수준 언어로 작성된) 커널을 프로세서 아키텍처에 적응시키는 프로세서 포트의 일부분이다. 후자, 즉 프로세서 아키텍처는 일반적으로 어셈블리 언어로 작성된다.

여기서는 그림 8.6에 나타나 있는 것처럼 가상 CPU를 이용해 포괄적인 관점에서 문맥 스위칭 프로세스를 다룬다. 가상 CPU는 16개의 정수 레지스터(R0에서 R15), 분리된 ISR 스택 포인터, 분리된 상태 레지스터^{SR}로 구성된다. 모든 레지스터는 32비트 크기고, 16개의 정수 레지스터 각각은 데이터나 주소 중 하나를 가질 수 있다. 프로그램 카운터(또는 명령 포인터)는 R15이고, 2개의 분리된 스택 포인터는 R14와 R14'의 레벨이 붙어 있다. R14는 태스크 스택 포인터^{TSP}를 나타내며 R14'는 ISR의 스택 포인터^{ISP}를 나타낸다. CPU는 예외 또는 인터럽트가 서비스되면 자동으로 ISR 스택으로 스위칭된다. 태스크 스택은 ISR로부터 접근할 수 있으며(즉 ISR에 있으면 태스크 스택에 요소를 넣고 뺄 수 있다), 인터럽트 스택도 태스크로부터 접근할 수 있다.

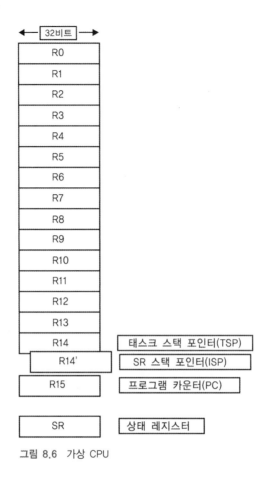

그림 8.6 가상 CPU

커널을 위한 태스크 초기화 코드(즉 태스크 생성 함수)는 인터럽트가 방금 발생되고 프로세서의 모든 레지스터가 그 위에 저장된 것처럼 보이게 만들려고 준비 태스크를 위해 스택 프레임을 설정한다. 태스크는 생성을 위해 준비 상태로 들어가며, 유사한 방식으로 태스크의 스택 프레임은 소프트웨어에 의해 사전에 초기화된다. 가상 CPU를 이용해 회복될 준비가 된 태스크의 스택 프레임이 그림 8.7과 같다고 가정할 것이다.

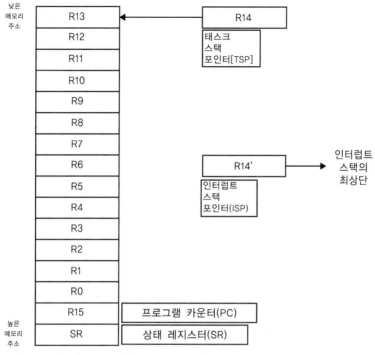

그림 8.7 준비 태스크를 위한 CPU 레지스터의 스택 순서

태스크 스택 포인터TSP는 태스크 스택에 저장된 마지막 레지스터를 가리킨다. 프로그램 카운터(PC 또는 R15)와 상태 레지스터SR는 스택에 저장된 첫 번째 레지스터다. 사실 이 두 가지는 예외 또는 인터럽트가 발생 시(인터럽트가 가능해질 것으로 가정한다) CPU에 의해 자동으로 저장되는 반면, 다른 레지스터는 예외 처리기에서 소프트웨어에 의해 스택으로 밀어 넣어진다. 스택 포인터(SP 또는 R14)는 실제 스택에 저장되지 않지만 대신 태스크 제어 블록TCB에 저장된다.

인터럽트 스택 포인터ISP는 다른 메모리 영역인 인터럽트 스택을 위한 스택의 현재 최상단을 가리킨다. ISR이 실행 시 프로세서는 R14'을 함수 호출과 지역 인수를 위한 스택 포인터로서 사용한다.

그림 8.8은 문맥 스위칭 동안 무슨 일이 발생할지를 보여준다.

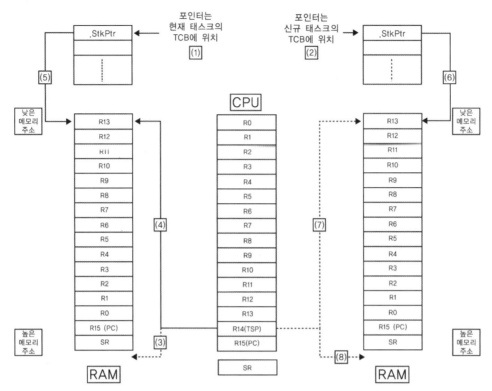

그림 8.8 문맥 스위치

1. 커널은 현재 태스크의 태스크 제어 블록[TCB]에 포인터를 유지한다.
2. 스케줄링을 통해 커널은 신규 태스크의 TCB 주소를 결정한다.
3. 프로세서의 스택 포인터는 스위치 아웃될 태스크의 현재 스택 최상단을 가리킨다.
4. 커널은 현 태스크의 스택에 (스택 포인터 자체는 제외하고) 모든 CPU 레지스터를 저장한다.
5. 그런 다음 커널은 CPU 스택 포인터의 현재 값을 현재 태스크의 TCB로 저장한다. 이 시점에서 중지될 태스크의 CPU 문맥이 완전히 저장된다.
6. 신규 태스크의 TCB는 실행될 신규 태스크의 최상단 스택 값을 포함한다.
7. 커널은 신규 태스크의 TCB로부터 CPU 스택 포인터 레지스터에 있는 신규 태스크의 최상단 스택으로 포인터를 밀어 넣는다.
8. 마지막으로 CPU 레지스터가 신규 태스크의 스택 프레임으로부터 넣어지고, 프로그램 카운터[PC]가 한 번 CPU로 넣어지면 CPU는 신규 태스크의 코드를 실행한다.

위의 프로세스에서 실행 시간은 저장되고 회복될 CPU 레지스터의 수에 크게 의존하며, 사실 이것은 한 커널부터 다른 커널까지 대략 같게 될 것이다. 또한 문맥 스위치는 보통 불능 인터럽트를 갖고 수행되므로 전체 프로세스는 매우 정확하게 처리된다. 많은 레지스터(정수,

부동소수점, DSP, 기타 특정 레지스터)를 가진 CPU는 코드 효율성 관점으로부터 이점을 제안할 수 있겠지만 그 대응성에 영향을 줄 것이다.

인터럽트 관리

인터럽트는 비동기 이벤트가 발생됐다는 것을 CPU에 알리기 위해 사용되는 하드웨어 메커니즘이다. 인터럽트가 인식되면 CPU는 그것의 문맥(즉 레지스터)을 부분(또는 전부) 저장하고, 인터럽트 서비스 루틴ISR이라 부르는 특정 서브루틴으로 점프한다. ISR은 이벤트를 처리하며, ISR이 종료되고 ISR이 우선순위가 가장 높은 실행 준비된 태스크를 만들었다면 프로그램은 인터럽트된 태스크나 우선순위가 가장 높은 태스크의 둘 중 하나로 돌아간다.

이전에도 언급했듯이 인터럽트는 이벤트가 발생할 때(즉 비동기적으로) 마이크로프로세서가 이벤트를 처리하게 허용하는데, 이는 마이크로프로세서가 이벤트가 발생했는지 알기 위해 이벤트를 연속적으로 폴링하는(살펴보는) 것을 예방한다. 이벤트에 대한 태스크 레벨 응답은 보통 폴링 모드와는 대조적으로 인터럽트 모드를 이용하는 편이 더 좋다. 마이크로프로세서는 2개의 특별한 명령, 즉 인터럽트 불능과 인터럽트 가능 명령을 이용해 인터럽트를 무시하거나 인식할 수 있다.

실시간 환경에서 인터럽트는 가능한 한 적게 불능화돼야 한다. 인터럽트 불능화는 인터럽트 지연에 영향을 미치며, 인터럽트를 놓치게 될 가능성도 갖고 있다. 프로세서는 보통 인터럽트의 중첩을 허용하는데, 이는 하나의 인터럽트가 서비스되는 동안 프로세서가 또 다른 인터럽트를 인식하고 (더 중요한) 인터럽트를 서비스한다는 것을 의미한다.

모든 실시간 시스템은 임계 구간이 완료되면 임계 구간 코드와 재가능 인터럽트를 조종하기 위해 인터럽트를 사용할 수 없게 만든다. 인터럽트가 더 오래 사용할 수 없게 되면 될수록 인터럽트 지연은 더 높아진다.

인터럽트 응답은 인터럽트 접수와 인터럽트를 처리하는 사용자 코드 시작 사이의 시간으로 정의된다. 인터럽트 응답 시간은 인터럽트를 처리하는 데 포함된 전체 오버헤드를 알아야 한다. 일반적으로 프로세서 문맥(CPU 레지스터)은 사용자 코드가 실행되기 전에 스택에 저장된다.

인터럽트 회복은 프로세서가 인터럽트된 코드나 ISR이 실행 준비된 태스크를 만들었다면 우선순위가 더 높은 태스크로 돌아가는 데 요구되는 시간으로 정의된다.

태스크 지연은 인터럽트가 발생한 시간부터 태스크 레벨 코드의 재개 시간까지 걸리는 시간으로 정의된다.

CPU 인터럽트 처리

오늘날의 마켓에는 대중적인 많은 CPU 아키텍처가 있으며, 대부분의 프로세서는 보통 많은 소스로부터 온 인터럽트를 처리한다. 예를 들어 UART는 문자를 수신하고, 이더넷 컨트롤러는 패킷을 수신하며, DMA 컨트롤러는 데이터 전송을 완료하고, 아날로그-디지털 변환기^{ADC}는 아날로그 변환을 완료하며, 타이머는 종료되는 등이다.

대부분의 예에서 인터럽트 컨트롤러는 그림 8.9에 나타나 있는 것처럼 프로세서에게 제시된 다양한 모든 인터럽트를 수집한다('CPU 인터럽트 가능/불능'은 보통 CPU의 한 부분이지만 여기서는 설명을 위해 분리해서 보여준다).

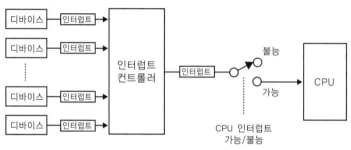

그림 8.9 인터럽트 컨트롤러

인터럽트가 걸린 디바이스는 인터럽트 컨트롤러에 신호를 보내고, 그런 다음 인터럽트의 우선순위를 정하며, CPU에 우선순위가 가장 높은 인터럽트를 제시한다.

최근 인터럽트 컨트롤러는 사용자가 인터럽트의 우선순위를 정할 수 있고, 어떤 인터럽트가 계속 계류 중인지 기억할 수 있는 내장 지능을 가지며, 많은 예에서 ISR 주소(또한 벡터 주소라고도 부른다)를 CPU에게 직접 부여하는 인터럽트 컨트롤러를 가진다.

'전역' 인터럽트(즉 그림 8.9의 스위치)가 사용할 수 없게 되면 CPU는 인터럽트 컨트롤러로부터 온 요청을 무시할 것이다. 그러나 인터럽트는 CPU가 인터럽트를 다시 가능으로 만들 때까지 인터럽트 컨트롤러에 의해 계류될 것이다.

CPU는 다음 두 가지 모듈 중 하나를 이용해 인터럽트를 처리한다.

1. 단일 인터럽트 처리기에 대한 모든 인터럽트 벡터
2. 인터럽트 처리기에 대한 각각의 인터럽트 벡터

이들 두 가지 모듈을 설명하기 전에 어떻게 커널이 CPU 인터럽트를 처리하는지 이해하는 것이 중요하다.

대부분의 예에서 인터럽트 서비스 루틴^{ISR}은 어셈블리 언어로 작성된다. 그러나 C 컴파일러가 즉시 처리[in-line] 어셈블리 언어를 지원한다면 ISR 코드는 직접 C 소스 파일에 위치하게 될 수 있다. 커널 이용 시의 전형적인 ISR을 위한 의사코드가 리스트 8.4에 나타나 있다.

리스트 8.4 커널은 인터럽트 서비스 루틴(ISR)을 인식한다.

```
MyKernelAwareISR:                                                        (1)
    ; ISR Prologue
    Disable all interrupts;                                              (2)
    Save the CPU registers;                                             (3)
    Increment ISR nesting counter;                                      (4)
    Save the CPU's stack pointer register value into the TCB of the current task;  (5)
    Clear interrupting device;                                          (6)
    Re-enable interrupts (optional);                                    (7)
    Call user ISR;                                                      (8)
    ; ISR Epilogue
    Notify the kernel that the ISR has completed;                      (9)
    Restore the CPU registers;                                         (10)
    Return from interrupt;                                             (11)
```

1. 앞에서 언급했듯이 ISR은 보통 어셈블리 언어로 작성된다. `MyKernelAwareISR()`은 인터럽트 디바이스를 처리할 처리기의 이름에 해당된다.

2. 앞으로 진행되기 전에 모든 인터럽트를 불능화하는 것이 중요하다. 일부 프로세서는 인터럽트 처리기가 시작할 때는 언제든지 인터럽트를 불능화한다. 기타 사항으로 여기서 보여주는 것처럼 사용자가 인터럽트를 명백하게 불능화하게 요구한다. 이 단계는 프로세서가 다양한 인터럽트 우선순위 레벨을 지원한다면 꽤 다루기 힘들지도 모른다. 그러나 이 문제를 항상 해결하는 방법은 있다.

3. 인터럽트 처리기가 해야 할 첫 번째 일은 인터럽트 태스크 스택에 CPU 문맥을 저장하는 것이다. 일부 프로세서에서는 이 일이 자동으로 발생한다. 그러나 대부분의 프로세서에서는 CPU 레지스터를 어떻게 태스크 스택에 저장하는지 아는 것이 중요하다. 완전한 CPU 문맥을 저장해야 하며, 사용된 CPU가 부동소수점 유닛[FPU]을 장착하고 있다면 FPU 레지스터를 포함할지도 모른다. 그러나 일부 태스크는 부동소수점 계산을 못할 가능성도 있으며, FPU 레지스터를 저장하기 위해 CPU 주기를 소비할 수도 있다. 운 좋게도 일부 커널에서는 (옵션을 생성하는 태스크를 통해) 태스크가 부동소수점 능력을 요구하지 않을 것이다.

    특정 CPU는 인터럽트(즉 인터럽트 스택)를 처리하기 위해 자동으로 특정 스택으로 스위칭된다. 이것은 보통 가치가 큰 태스크의 스택 공간을 다 소모해버리는 것을 피할 수 있게 만드는 이점이 있다. 그러나 대부분의 커널에서는 인터럽트된 태스크의 문맥은 그 태스크의 스택에 저장될 필요가 있다.

프로세서가 ISR을 처리하기 위해 전용의 스택 포인터를 갖지 못한다면 소프트웨어에서 구현이 가능할 것이다. 특히 ISR로 들어가자마자 현재의 태스크 스택을 저장하고, 전용의 ISR 스택으로 스위칭하며, ISR이 종료 시 스위치를 다시 태스크 스택으로 돌려놓아야 한다. 물론 이것은 추가적인 코드를 작성해야 한다는 것을 의미한다. 그러나 이점도 엄청 많은데, 그 이유는 인터럽트 중첩을 포함해 최악의 인터럽트 스택 사용을 수용하기 위해 태스크의 스택에 여분의 공간을 할당할 필요가 없기 때문이다.

4. 다음으로 ISR은 인터럽트 중첩을 계속 추적하기 위해 중첩 카운터를 증가시킬 것이다. 이것은 ISR이 완료되자마자 수행돼야 하는데, 그 이유는 커널이 태스크로 돌아갈 것인지 아니면 이전의 ISR로 돌아갈 것인지를 알아야 되기 때문이다.

5. 이것이 첫 번째 중첩 인터럽트라면 인터럽트된 태스크의 스택 포인터에서 현재 값을 TCB에 저장해야 한다.

이전 4개 단계를 ISR의 프롤로그prologue라 부른다.

6. 이 시점에서 ISR은 똑같은 인터럽트가 생성되지 않게 인터럽트 디바이스를 해제해야 한다. 그러나 대부분의 사람들은 C로 작성될 수 있는 사용자 ISR 처리기 내에서 인터럽트 디바이스의 해제를 미룬다.

7. 인터럽트 소스가 해제되고 중첩 인터럽트를 지원하려면 인터럽트를 재가능하게 만드는 것이 안전하다.

8. 이 시점에서 추가적인 처리는 어셈블리 언어로부터 호출된 C 함수까지 보류될 수 있다. 이것은 ISR 처리기에서 해야 될 상당한 양의 처리가 존재한다면 특히 유용한 방법이다. 그러나 보통 ISR을 가능한 한 짧게 유지한다. 사실 태스크에 간단히 신호를 보내거나 메시지를 전송하는 것과 태스크가 인터럽트 디바이스의 세부 서비스를 처리하게 내버려 두는 것이 최상이다.

ISR은 이벤트를 기다리는 태스크에 신호를 보내거나 메시지를 전송하기 위해 커널 함수를 호출해야 한다. 바꿔 말해 이벤트를 통지하기 위해 ISR을 기다리는 태스크를 설계하는 것이 좋을 것이다. ISR이 태스크에 신호를 보내거나 메시지를 전송할 필요가 없다면 다음 절에 묘사된 '비커널 인식 인터럽트 서비스 루틴' 같은 ISR의 작성을 고려해야 한다.

9. ISR이 완료되면 커널은 다시 한 번 통보받는다. 커널은 간단히 중첩 카운터를 감소시키고, 모든 인터럽트가 중첩되면 (즉 카운터가 제로에 도달하면) 커널은 신호를 보내거나 메시지를 전송한 태스크가 현재 가장 중요한 태스크인지 결정할 필요가 있다. 그 이유는 이 태스크가 인터럽트된 태스크보다 더 높은 우선순위를 갖거나 아니면 더 낮은 우선순위를 갖기 때문이다.

이 신호나 메시지를 기다리는 태스크가 인터럽트된 태스크보다 더 높은 우선순위를 가진다면 커널은 인터럽트된 태스크로 돌아가는 대신 우선순위가 더 높은 태스크로 문맥을 스위칭할 것이다. 후자의 경우 커널은 ISR에서 돌아오지 않겠지만 다른 경로를 택할 것이다.

10. ISR이 인터럽트된 태스크보다 우선순위가 더 낮은 태스크로 신호를 보내거나 메시지를 전송한다면 커널 코드는 ISR로 돌아오며 ISR은 이전에 저장된 레지스터를 회복한다.

11. 마지막으로 ISR은 인터럽트된 태스크를 재개하기 위해 인터럽트에서 돌아온다. 이들 마지막 3개의 단계를 ISR의 에필로그^{epilogue}라 부른다.

비커널 인식 인터럽트 서비스 루틴(ISR)

앞의 연속적인 과정은 ISR이 태스크에 신호를 보내거나 메시지를 전송한다는 것을 가정한다. 그러나 많은 경우 ISR은 태스크를 통보할 필요가 없으며, ISR 내에서 자신의 모든 일을 간단히 수행할 수 있다(일이 빠르게 수행될 수 있다는 것을 가정한다). 이 경우 ISR은 리스트 8.5에 보이는 것처럼 나타날 것이다.

리스트 8.5 비커널 인식 인터럽트 서비스 루틴

```
MyNonKernelAwareISR:                                    (1)
    Save enough registers as needed by the ISR;         (2)
    Clear interrupting device;                          (3)
    DO NOT re-enable interrupts;                         (4)
    Call user ISR;                                       (5)
    Restore the saved CPU registers;                    (6)
    Return from interrupt;                              (7)
```

1. 앞에 언급된 것처럼 ISR은 일반적으로 어셈블리 언어로 작성된다. 리스트 8.5의 MyNonKernelAwareISR()은 인터럽트 디바이스를 처리할 처리기의 이름에 해당한다.

2. 여기서 ISR을 처리하기 위해 요구되는 것만큼 충분한 레지스터를 저장한다.

3. 사용자는 동일 인터럽트의 발생을 예방하기 위해 ISR이 돌아오면 즉시 인터럽트 디바이스를 해제할 필요가 있다.

4. 이 시점에서 인터럽트를 재가능하게 만들지 않는다. 그 이유는 커널이 또 다른 인터럽트를 인식해서 우선순위가 더 높은 태스크로 문맥을 스위칭하게 강요하기 때문이다. 이것은 위의 ISR이 완료되겠지만 훨씬 나중에 완료된다는 것을 의미한다.

5. 이제 어셈블리 언어에서 인터럽트 디바이스를 처리할 수 있으며, 필요시 C 함수를 호출할 수 있다.

6. 일단 종료되면 저장된 CPU 레지스터를 회복한다.

7. ISR은 인터럽트된 태스크를 재개하기 위해 인터럽트에서 돌아옴으로써 완료한다.

다중 인터럽트 우선순위를 가진 프로세서

그림 8.10에서 보이는 것처럼 실제로 다중 인터럽트 레벨을 지원하는 몇 가지 프로세서가 있다.

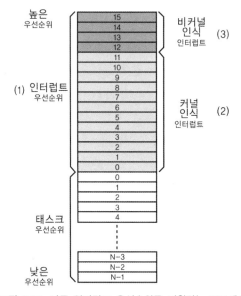

그림 8.10 다중 인터럽트 우선순위를 지원하는 프로세서

1. 여기서 프로세서가 16개의 다양한 인터럽트 우선순위 레벨을 지원한다고 가정한다. 우선 순위 0은 가장 낮은 우선순위고, 15는 가장 높은 우선순위다. 그림 8.10에서 보는 것처럼 (인터럽트를 사용할 수 있다고 가정한다면) 인터럽트는 태스크보다 우선순위가 항상 더 높다.

2. 제품 설계자는 인터럽트 레벨 0부터 11까지가 '커널 인식' 레벨이고, 따라서 이들 인터럽트 를 서비스하기 위해 할당된 태스크를 통보할 수 있을 것으로 결정한다. 태스크 인식 인터 럽트를 위해 인터럽트를 불능화시키는 것은 인터럽트 마스크를 레벨 12로 올린다는 것을 의미한다는 점에 주목하는 것이 중요하다. 바꿔 말해 인터럽트 레벨 0부터 11까지는 불능 화될 것이지만, 레벨 12와 그 이상은 허용될 것이다.

3. 인터럽트 레벨 12부터 15까지는 '비커널 인식' 레벨이고, 따라서 이 레벨에서는 어떠한

커널 호출을 만드는 것도 허용되지 않으며, 이에 따라 리스트 8.5에서 보는 것처럼 구현된다. 커널이 이들 인터럽트를 불능화시킬 수 없기 때문에 이들 인터럽트에 대한 인터럽트 지연은 아주 짧다는 것에 주목하는 것이 중요하다.

리스트 8.6은 프로세스가 다중 인터럽트 우선순위를 지원할 때 어떻게 비커널 인식 ISR을 구현하는지 보여준다.

리스트 8.6 다중 인터럽트 우선순위를 지원하는 프로세스를 가진 비커널 인식 ISR

```
MyNonKernelAwareISR:
    Save enough registers as needed by the ISR;
    Clear interrupting device;
    Call user ISR;
    Restore the saved CPU registers;
    Return from interrupt;
```

공통 장소에 대한 모든 인터럽트 벡터

인터럽트 컨트롤러가 대부분의 설계에 나타나 있더라도 일부 CPU는 공통 인터럽트 처리기에 여전히 벡터 주소를 갖고 있으며, ISR은 인터럽트 소스를 결정하기 위해 인터럽트 컨트롤러에 질의할 필요가 있다. 처음에는 이것이 어리석게 보일 것 같은데, 대부분의 인터럽트 컨트롤러가 CPU를 적절한 인터럽트 처리기로 직접 점프하게 강요할 수 있기 때문이다. 그러나 일부 커널에서는 각각의 소스를 위해 특별한 ISR 처리기에 벡터 주소를 부여하는 것보다 단일의 ISR 처리기에 인터럽트 컨트롤러 벡터 주소를 갖는 것이 더 쉽다는 것이 판명됐다. 리스트 8.7은 인터럽트 컨트롤러가 단일 장소에 벡터 주소를 넣도록 CPU를 강요할 때 수행되는 연속된 이벤트를 설명한다.

리스트 8.7 모든 인터럽트를 위한 단일 인터럽트 벡터

```
An interrupt occurs;                                        (1)
The CPU vectors to a common location;                       (2)
ISR Prologue;                                               (3)

The C handler performs the following:                       (4)
    while (there are still interrupts to process) {         (5)
        Get vector address from interrupt controller;
        Call interrupt handler;
    }
```

1. 인터럽트는 어떠한 디바이스에서든 발생한다. 인터럽트 컨트롤러는 CPU상에 있는 인터럽트 핀pin을 활성화시킨다. 첫 번째 이후 발생한 다른 인터럽트가 있다면 인터럽트 컨트롤러는 이들 인터럽트를 붙잡고 적절하게 우선순위를 매긴다.

2. CPU는 단일 인터럽트 처리기 주소에 벡터 주소를 부여한다. 바꿔 말해 모든 인터럽트는 인터럽트 처리기에 의해 처리된다.

3. ISR은 커널이 요구하는 'ISR 프롤로그' 코드(리스트 8.4 참조)를 실행한다.

4. ISR은 보통 C로 작성된 특별한 처리기를 호출한다. 이 처리기는 ISR을 계속 처리할 것이다. 이것은 코드를 쉽게 작성하게(그리고 읽게) 만든다. 이 시점에서 인터럽트는 재가능되지 않는다는 것에 주목해야 한다.

5. 커널 처리기는 인터럽트 컨트롤러에서 정보를 얻으며, "인터럽트의 원인은 누구인가?"라는 질의를 제시한다. 인터럽트 컨트롤러는 번호 0에서 N-1이나 우선순위가 가장 높은 인터럽트 디바이스의 인터럽트 처리기 주소 중 하나를 갖고 응답할 것이다. 물론 C 처리기가 해당 컨트롤러를 위해 구체적으로 작성됐기 때문에 특정 인터럽트 컨트롤러를 어떻게 다룰지에 대해서는 처리기가 알 것이다.

    인터럽트 컨트롤러가 0에서 N-1 사이의 번호를 제공한다면 C 처리기는 이 번호를 인터럽트 디바이스와 연관된 인터럽트 서비스 루틴의 주소를 포함하는 (ROM 또는 RAM에 있는) 테이블의 인덱스로서 사용한다. RAM 테이블은 실행 시간에 인터럽트 처리기를 변경하는 데 편리하다. 그러나 많은 임베디드 시스템에서 테이블은 ROM 안에 거주할지도 모른다.

    인터럽트 컨트롤러가 인터럽트 서비스 루틴의 주소를 가지고 응답한다면 C 처리기만이 이 함수를 호출할 필요가 있다.

    위의 두 가지 경우에 모든 인터럽트 디바이스를 위한 ISR은 다음과 같이 선언될 필요가 있다.

    ```
    void MyISRHandler (void);
    ```

    각각의 가능한 인터럽트 소스는 (명백하게 각각은 유일한 이름을 가진다) 하나의 처리기만 갖고 있다.

    'while' 루프는 서비스할 더 이상의 인터럽트 디바이스가 없으면 종료된다.

6. 마지막으로 ISR은 'ISR 에필로그' 코드(리스트 8.4 참조)를 실행한다.

특기할 만한 몇 가지 흥미로운 점은 다음과 같다.

- C 처리기가 인터럽트 컨트롤러에 질의할 기회도 갖기 전에 다른 디바이스가 인터럽트의 원인이 된다면 인터럽트 컨트롤러는 그 인터럽트를 붙잡을 것이다. 사실 두 번째 디바이스가 우선순위가 더 높은 인터럽트 디바이스라면 인터럽트 컨트롤러가 인터럽트에 우선순위를 부여하는 것처럼 두 번째 디바이스가 첫 번째로 서비스될 것이다.
- 루프는 계류된 모든 인터럽트가 서비스받기 전에는 종료되지 않을 것이다. 이것은 중첩 인터럽트를 허용하는 것과 유사하지만, ISR 프롤로그와 에필로그를 다시 할 필요가 없기 때문에 더 좋은 방법이다.

이 방법의 단점은 다른 인터럽트를 서비스하고 난 후 발생된 우선순위가 높은 인터럽트는 서비스를 받기 전에 다른 인터럽트가 완료될 때까지 기다려야 한다는 점이다. 따라서 우선순위에도 불구하고 처리 시간이 가장 긴 인터럽트를 처리하는 한 인터럽트의 지연이 발생될 수 있다.

유일 장소에 대한 모든 인터럽트 벡터

인터럽트 컨트롤러가 직접 적절한 인터럽트 처리기에 벡터 주소를 부여한다면 ISR 각각은 "CPU 인터럽트 처리하기"에서 설명된 것처럼 어셈블리 언어로 작성돼야 한다. 이 과정은 리스트 8.4에 나타나 있다. 물론 이에 대한 설계는 약간은 복잡할 것이다. 그러나 코드의 상당 부분이 같고, 어셈블리 언어 매크로 안에 숨겨 넣을 수 있으며, 실제 디바이스에 특정한 부분에 대해서만 변경하면 된다.

인터럽트 컨트롤러가 인터럽트 소스에 대해 사용자가 질의할 수 있게 허용된다면 동일 주소를 가리키게 모든 벡터를 설정함으로써 모든 인터럽트가 동일 장소에 벡터를 부여할 수 있는 모드를 시뮬레이션할 수 있을지도 모른다. 그러나 유일한 장소에 벡터를 부여하는 대부분의 인터럽트 컨트롤러는 인터럽트 소스에 대해 사용자가 질의하게 허용하지 않는다. 그 이유는 정의에 따라 모든 인터럽트 디바이스가 유일한 벡터를 갖는 것이 불필요하기 때문이다.

클록 틱(또는 시스템 틱)

커널 기반 시스템은 일반적으로 클록 틱clock tick 또는 시스템 틱system tick이라 부르는 주기적인 시간 소스를 요구한다.

10Hz에서 100Hz 사이의 비율로 인터럽트를 발생시키게 구성된 하드웨어 타이머timer는 클

록 틱을 제공한다. 틱 소스는 또한 AC 전력선(보통 50Hz 또는 60Hz)에서 인터럽트를 발생시켜 얻을 수도 있다. 사실 전력선의 부호 변환점^{zero crossing}을 탐지함으로써 100Hz 또는 120Hz를 쉽게 유도할 수 있다. 따라서 여러분의 제품이 전력선 주파수에서 사용되는 영역에서 사용될 대상이라면 어떤 주파수에서 사용하는가를 명시하는 사용자나 어떤 영역에 속해 있는지를 자동으로 탐지하는 제품을 가져야 할 필요가 있을지도 모른다.

클록 틱 인터럽트는 시스템의 심장으로 볼 수 있다. 비율은 애플리케이션에 따라 다르며, 시간 소스가 요구하는 해상도에 의존한다. 그러나 틱 비율이 빠르면 빠를수록 시스템에 부과되는 오버헤드는 더 높아진다.

클록 틱 인터럽트는 커널이 핵심적인 클록 틱을 위해 태스크를 지연하게(또한 잠^{sleep}이라 부른다) 허용하며, 태스크가 이벤트 발생을 기다릴 때 타임아웃을 제공한다.

공통적으로 생각하는 오해는 시스템 틱이 항상 커널을 필요로 한다는 점이다. 사실 많은 저전력 애플리케이션은 틱 목록을 유지하는 데 필요한 전력 때문에 시스템 틱을 구현하지 않을지도 모른다. 바꿔 말해 시스템 틱만을 유지하기 위해 계속해서 제품의 전력을 내리고 올리고 하는 것이 합리적이지 못하다는 의미다. 대부분의 커널이 선점형이기 때문에 틱 인터럽트 외에 이벤트는 키패드에서 키를 누른다든지 아니면 다른 수단에 의해 저전력 모드에 위치한 시스템을 깨울 수 있다. 시스템 틱을 가질 수 없다는 것은 사용자가 시스템 호출에서 시간 지연과 타임아웃을 이용하지 못한다는 것을 의미한다. 이것은 저전력 제품 설계자가 만들어야 하는 결정 사항이다.

그렇지 않으면 애플리케이션이 그것을 필요로 하지 않을 때, 그리고 필요할 때 그것을 다시 가져올 수 있을 경우 시스템 틱을 사용할 수 없게 만들 수 있다.

대기 목록

태스크는 커널 객체를 기다릴 때 대기 목록(계류 목록이라고도 부른다)에 위치한다. 커널 객체는 보통 세마포어, 메일박스, 메시지 큐 등과 같은 개념의 추상화를 제공하는 데이터 구조다. 태스크는 보통 다른 태스크나 ISR에 의해 신호를 받거나 게시받기 위해 이들 객체를 기다린다.

대기 목록은 준비 목록과 유사하다. 실행 준비된 태스크를 계속 추적하는 것을 제외하고 대기 목록은 신호를 받거나 게시된 객체를 기다리는 태스크를 계속 추적한다. 이에 추가해 대기 목록은 우선순위에 의해 정렬된다. 즉, 객체를 기다리는 우선순위가 가장 높은 태스크는 목록의 제일 위쪽에 위치하고, 객체를 기다리는 우선순위가 가장 낮은 태스크는 목록의 제일 아래쪽에 위치한다. 신호를 받거나 게시된 객체를 기다리는 태스크와 함께 커널 객체가 그림

8.11에 나타나 있다. 커널 객체의 다양한 유형은 앞으로 나올 절에서 고찰할 것이다.

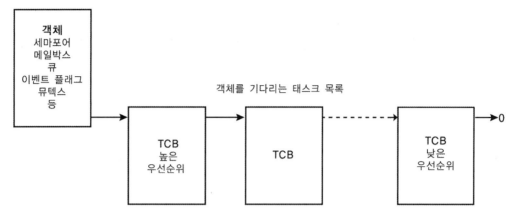

그림 8.11 신호를 받거나 또는 게시 받은 객체를 기다리는 태스크를 가진 커널 객체

시간 관리

커널은 일반적으로 애플리케이션 프로그래머에게 시간 관련 서비스를 제공한다. 이전에도 언급했듯이 커널은 시간 지연과 타임아웃을 계속 유지하기 위해 사용자에게 주기적인 인터럽트를 제공할 것을 요구한다. 이 주기적인 시간 소스를 클록 틱이라 부르며, 초당 10에서 1000번(또는 헤르츠) 사이에서 발생돼야 한다. 클록 틱의 실제 주파수는 애플리케이션에서 요구하는 틱의 해상도에 의존한다.

커널은 시간을 관리하기 위해 'N' 틱을 위한 지연(또는 잠), 몇 초 또는 몇 밀리초 내에서 사용자가 정한 시간의 지연, 현재의 틱 카운트 확보, 현재의 틱 카운트 설정 등과 같은 다수의 서비스를 제공한다. 이들 함수에 대한 커널 API의 예는 다음과 같다.

```
OSTimeDly() 또는 OSTaskSleep()

OSTimeDlySecMilli() 또는 OSTaskSleepSecMilli()

OSTimeGet() 또는 OSTickCntGet()

OSTimeSet() 또는 OSTickCntSet()
```

태스크는 일정량의 시간이 만기에 도달할 때까지 실행을 중단하기 위해 OSTimeDly()를 호출할 수 있다. 호출된 함수는 특정 시간이 만기에 도달할 때까지 실행될 수 없다. 리스트 8.8은 이 함수에 대한 전형적인 사용법을 보여준다.

리스트 8.8 일정 시간 동안의 태스크 지연(즉 잠을 잠)
```
void MyTask (void)
{
    :
    :
    while (1) {
        :
        ı
        OSTimeDly(2);            /* Suspend execution of this task until 2 tick passes by */
        :
        :
    }
}
```

실제 지연은 그림 8.12에서 묘사된 것처럼 정확하지 않다.

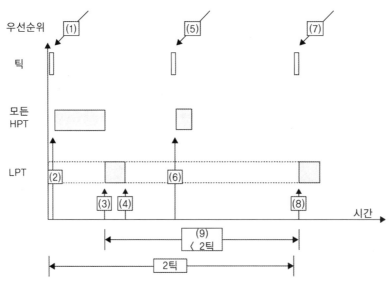

그림 8.12 시간 지연은 정확하지 않다.

1. 우리는 틱 인터럽트를 얻고 커널은 ISR을 서비스한다.

2. ISR 끝단에서 우선순위가 더 높은 모든 태스크^{HPT}가 실행된다. HPT의 실행 시간은 알려지지 않았으며 변할 수 있다.

3. 일단 HPT가 실행되면 커널은 리스트 8.8에서 보는 것처럼 OSTimeDly()를 호출하는 태스크를 동작한다. 논의를 위해 이 태스크를 우선순위가 더 낮은 태스크^{LPT}라 가정한다.

4. 태스크는 OSTimeDly()를 호출하고 2틱 동안의 지연을 명시한다. 이 시점에서 커널은 틱

목록에서 만기를 위해 2틱 동안 대기할 현재의 태스크에 위치한다. 지연된 태스크는 만기 시간을 위해 대기하는 동안 CPU 시간을 소모하지 않는다.

5. 다음 틱이 발생한다. 이 특별한 틱을 대기하는 HPT가 있다면 커널은 ISR 끝단에서 동작시키기 위해 이 HPT에 스케줄을 배정한다.

6. HPT가 실행된다.

7. 다음 틱 인터럽트가 발생한다. 이것은 LPT가 기다렸던 틱이며, 이제 커널에 의해 실행 준비 상태로 만들어진다.

8. 이 틱에서 실행할 HPT가 없기 때문에 커널은 LPT로 스위칭한다.

주어진 HPT의 실행 시간에 대해 시간 지연은 요청한 대로 정확히 2틱이 되지 않는다. 사실 요구한 틱의 수만큼 정확하게 시간 지연을 얻기란 거의 불가능하다. 2틱의 시간 지연을 요청할 수도 있겠지만, OSTimeDly()를 호출한 후 거의 바로 다음 틱이 발생할 수도 있다! 사실 모든 HPT가 실행에 더 오래 걸리고 그림 8.12의 (3)과 (4)를 더 오른쪽으로 민다면 무슨 일이 발생할지 상상해보라. 이 경우 지연은 실제로 2틱 대신 1틱만 나타날 것이다.

자원 관리

커널은 공유 자원을 관리하는 서비스를 제공한다. 공유 자원은 일반적으로 변수(정적 또는 전역), 데이터 구조, 테이블(RAM에서), I/O 디바이스의 레지스터다.

공유 자원을 보호할 때 8장의 나중에 언급하겠지만, 상호 배제 세마포어를 이용하는 것이 더 좋다. 기타 방법도 제시된다.

태스크는 단일 주소에 모든 태스크가 존재한다면 쉽게 데이터를 공유할 수 있고 전역 변수, 포인터, 버퍼, 링크 목록, 링 버퍼 등을 참조할 수 있다. 공유 데이터가 태스크 간 정보 교환을 쉽게 만들더라도 각각의 태스크는 논쟁과 데이터 손상을 피하기 위해 데이터에 대한 배타적 접근을 보장하는 것이 중요하다.

예를 들어 소프트웨어에서 간단한 시각 계시기 알고리즘을 수행하는 모듈을 구현할 때 모듈은 명확하게 시간, 분, 초를 계속 추적한다. TimeOfDay() 태스크는 리스트 8.9에 보이는 것처럼 나타날 것이다.

리스트 8.9 시각 계시기 태스크
```
int Hours;
int Minutes;
int Seconds;
```

```
void TimeOfDay (void)
{
    while (1) {
        OSTimeDlySecMilli(1, 0);        /* Suspend execution of task for 1 second */
        Seconds++;
        if (Seconds > 59) {
            Seconds = 0;
            Minutes++;
            if (Minutes > 59) {
                Minutes = 0;
                Hours++;
                if (Hours > 23) {
                    Hours = 0;
                }
            }
        }
    }
}
```

인터럽트 발생으로 인해 이 태스크가 다른 태스크에 의해 선점되고, 다른 태스크가 TimeOfDay()보다 더 중요하다고 상상해보자. Minutes를 0으로 설정한 후 인터럽트가 발생한다고 가정하자. 이제 우선순위가 더 높은 태스크가 시각 계시기 모듈로부터 현재의 시간이 얼마인지 알기 원한다면 무슨 일이 발생할지 상상하라. 인터럽트 이전에 시간은 증가되지 않았기 때문에 우선순위가 더 높은 태스크는 부정확하게 시간을 읽을 것이고, 이 경우 전체 시간은 부정확해질 것이다.

TimeOfDay() 태스크를 위해 변수를 업데이트하는 코드는 선점이 가능해질 때마다 모든 변수를 불가분적으로(또는 원자적으로) 취급해야 한다. 시각 계시기 변수는 공유 자원으로 고려되며, 그러한 변수에 접근하는 어떠한 변수든 임계 구간이라 부르는 것을 통해 배타적 접근을 가져야 한다. 모든 커널은 공유 자원을 보호하는 서비스를 제공하고 임계 구간의 쉬운 생성을 가능하게 한다. 불행히도 어떤 변수 또는 I/O 디바이스가 공유 자원으로 취급받을 필요가 있는지 아는 책임은 여러분의 양 어깨에 달려 있다. 그러나 태스크가 I/O 디바이스 또는 메모리 장소를 소유함으로써 종속성을 줄일 수 있으며, 다른 태스크에 서비스를 요청할 수도 있다. 바꿔 말해 클라이언트로서 태스크를 구현하고 서비스로서 다른 태스크를 구현하는 것이다.

공유 자원에 대한 배타적 접근을 획득하고 임계 구간을 생성하는 가장 공통적인 방법은 다음과 같다.

- 인터럽트 불능화
- 스케줄러 불능화
- 세마포어 이용
- 상호 배제 세마포어 이용(뮤텍스^{mutex}로 알려졌다)

사용된 상호 배제 메커니즘은 표 8.2에 나타나 있는 것처럼 코드가 얼마나 빨리 공유 자원에 접근할 것인지에 의존한다.

표 8.2 상호 배제 메커니즘

자원 공유 방법	언제 사용하는가?
인터럽트 불능/가능	공유 자원에 대한 접근이 아주 빠르고(몇 가지 변수를 읽거나 또는 작성하는 데 있어), 이 접근이 커널의 인터럽트 불능화 시간보다 더 빠를 때 사용한다. 인터럽트 지연에 대한 영향이 큰 곳에는 이 방법을 사용하지 말 것을 강력히 권고한다.
세마포어	공유 자원에 접근할 필요가 있는 모든 태스크가 마감 시간을 갖고 있지 않을 때 사용한다. 이것은 세마포어가 무한 우선순위 역전 현상을 일으킬지도 모르기 때문이다(이 부분은 나중에 설명한다). 그러나 세마포어 서비스는 (실행 시간에서) 상호 배제 세마포어보다 약간 더 빠르다.
상호 배제 세마포어	이것은 공유 자원을 접근하는 방법 중 가장 선호되는 방법으로, 특히 공유 자원에 접근할 필요가 있는 모든 태스크가 마감 시간을 갖는 경우에는 더 선호되는 방법이다. µC/OS-III 상호 배제 세마포어는 무한 우선순위 역전 현상을 피하는 자체적으로 작성된 우선순위 상속 메커니즘을 갖는다. 그러나 상호 배제 세마포어 서비스는(실행 시간에서) 세마포어보다 약간 더 느리다. 이는 소유자의 우선순위가 CPU 처리를 요구하게 변경될 필요가 있기 때문이다.

자원 관리, 불능/가능 인터럽트

공유 자원에 대한 배타적 접근을 얻는 가장 쉽고 가장 빠른 방법은 리스트 8.10의 의사코드에 나타나 있는 것처럼 인터럽트를 불능화하고 가능화하는 것이다.

리스트 8.10 공유 자원 접근을 위한 불능화와 가능화
```
Disable interrupts;
Access the resource;
Enable interrupts;
```

대부분의 커널은 특정 내부 변수와 데이터 구조가 원자적으로(또는 불가분적으로) 조종된다는 것을 보장하기 위해 이들 변수와 데이터 구조에 접근하기 위해 위의 기법을 이용한다. 이것이 태스크가 ISR을 이용해 변수나 데이터 구조를 공유할 수 있는 유일한 방법이라는 점에 주의해야 한다. 이 방법이 동작하겠지만, 실시간 이벤트에 대한 시스템의 민감성에 영향을 미치는

인터럽트 불능화는 피해야 한다.

자원 관리, 세마포어

세마포어는 원래 기계적인 신호 전송 메커니즘이다. 철도 산업계에서는 한 대 이상의 기차가 공유하는 철로에 대해 상호 배제라는 형태를 제공하려고 이 디바이스를 사용했다. 이러한 형태에서 세마포어는 현재 사용하고 있던 트래 구간에서 기차를 차단하기 위해 기계 필을 닫음으로써 기차에 신호를 보냈다. 트랙이 가용해지면 기계 팔은 위쪽으로 올라가고 대기했던 기차는 다시 전진할 수 있게 된다.

소프트웨어에서 상호 배제의 수단으로 세마포어를 이용하는 개념은 1959년 네덜란드의 컴퓨터 과학자인 에드거 다익스트라^{Edsger Dijkstra}에 의해 고안됐다. 컴퓨터 소프트웨어에서 세마포어는 대부분의 멀티태스킹 커널에 의해 제공되는 프로토콜 메커니즘이다. 세마포어는 원래 공유 자원에 대한 접근을 제어하기 위해 사용됐지만(나중에 설명), 현재는 동기화를 위해 사용된다. 그러나 세마포어가 어떻게 자원을 공유하기 위해 사용될 수 있는지 설명하는 것이 유용하다. 세마포어의 함정은 나중에서 설명한다.

세마포어는 원래 '잠금^{lock} 메커니즘'이며, 획득된 코드는 실행을 계속하기 위한 이 자물쇠의 '키^{key}'가 된다. 키를 획득한다는 것은 실행 중인 태스크가 잠긴 코드의 구간으로 들어가게 허가를 받았다는 것을 의미한다. 잠긴 코드 구간에 들어가는 것은 키가 가용해질 때까지 태스크가 대기하는 이유가 된다.

일반적으로 이진^{binary} 세마포어와 카운팅^{counting} 세마포어라는 두 가지 유형의 세마포어가 존재한다. 그 이름이 내포하고 있는 것처럼 이진 세마포어는 0과 1의 두 가지 값만 가질 수 있다. 카운팅 세마포어는 0부터 255, 0부터 65,535, 0부터 4,294,967,295 사이의 값을 허용하는데, 이는 세마포어 메커니즘이 각각 8비트, 16비트, 32비트를 이용해 구현되느냐에 따라 결정된다. 세마포어 값에 따라 커널에는 세마포어의 유효성을 위해 대기하는 태스크 목록이 들어 있다. 세마포어가 자원 공유를 위해 사용될 때만 태스크는 세마포어의 사용을 허용한다. ISR은 허용되지 않는다.

리스트 8.11은 세마포어가 어떻게 일반적으로 사용되는지 보여준다. 앞으로 알게 되겠지만, 세마포어 관리는 커널 구현기에 의해 제공되는 서비스로서 이 서비스를 어떻게, 그리고 언제 이용해야 하는지 알 필요가 있다.

애플리케이션은 필요한 모든 세마포어를 생성할 필요가 있으며, 대기^{wait}와 배포^{release} 함수와 관련된 공유 자원은 보호할 필요가 있다. 애플리케이션은 공유된 시각 계시기 클록에 대한 접근을 보호하기 위해, 다른 하나는 표시기에 대한 접근을 공유하기 위해, 다른 하나는 버퍼 풀에 대한 접근을 위해, 그 외의 많은 세마포어를 가질 수 있다.

리스트 8.11 공유 자원 접근을 위한 이진 세마포어의 이용

```
OS_SEM MySem;                                    (1)

void main (void)
{
    :
    OSInit();
    :
    :
    OSSemCreate(&MySem, 1);                      (2)
    :
    :
    OSStart();
}

void MyTask (void)
{
    while (1) {
        :
        :
        OSSemWait(&MySem);                       (3)
        Access the resource;
        OSSemRelease(&MySem);                    (4)
        :
        :
    }
}
```

1. 세마포어는 커널 객체이며, 애플리케이션은 어떠한 수의 세마포어든 가질 수 있다(RAM의 가용량에 의해서만 제한된다). 세마포어 객체는 세마포어가 보호하는 자원을 공유할 수 있는 모든 태스크에 전역적으로 접근할 수 있어야 한다.

2. 세마포어는 사용되기 전에 생성돼야 한다. 세마포어 생성은 커널이 제공하는 함수 호출로 수행된다. 세마포어를 생성할 때 최댓값을 명시할 필요가 있으며, 이는 세마포어가 보호하는 자원의 수를 나타낸다. 바꿔 말해 단일 변수나 데이터 구조를 보호하려면 카운트 1을 가진 세마포어를 생성해야 한다. 100개의 식별 가능한 버퍼 풀을 보호하려면 세마포어를 100으로 초기화해야 한다. 리스트 8.11의 코드에서 세마포어는 1로 초기화됐으며, 이런

유형의 세마포어를 일반적으로 이진 세마포어라 부른다.

커널 객체는 일반적으로 멀티태스킹이 시작되기 전에 생성된다.

3. 자원 획득을 원하는 태스크는 대기(또는 계류) 동작을 수행해야 한다. 세마포어가 가용하다면(세마포어 값은 0보다 크다) 세마포어 값은 감소되고 태스크는 (자원을 소유하면서) 실행을 계속한다. 세마포어 값이 0이면 세마포어에서 대기 중에 있는 태스크는 대기 목록으로 들어간다.

4. 태스크는 배포(또는 게시) 동작을 수행함으로써 세마포어를 배포한다. 세마포어를 기다리는 태스크가 없다면 세마포어 값은 그냥 증가한다. 적어도 하나의 태스크가 세마포어를 기다린다면 세마포어를 기다리는 우선순위가 가장 높은 태스크는 실행 준비가 되며, 세마포어 값은 증가되지 않는다. 준비된 태스크가 현재의 태스크보다 우선순위가 더 높다면(태스크는 세마포어를 배포한다) 문맥 스위치가 발생하고 우선순위가 더 높은 태스크가 실행을 재개한다. 현재의 태스크는 우선순위가 가장 높은 실행 준비된 태스크로 될 때까지 중단된다.

애플리케이션은 **OS_SEM** 유형의 변수로서 세마포어를 선언해야 한다. 이 변수는 다른 세마포어 서비스에 의해 참조될 것이다.

OSSemCreate()를 호출해 세마포어를 생성하고 주소를 (1)에서 할당한 세마포어로 보낸다. 세마포어는 다른 태스크에 의해 사용되기 전에 생성돼야 한다. 여기서 세마포어는 시동 코드(즉 main())에서 초기화된다. 그러나 세마포어는 태스크에 의해 초기화될 수도 있다(그러나 사용되기 전에 초기화돼야 한다).

세마포어에 ASCII 이름을 할당할 수 있으며, 이것은 세마포어를 쉽게 식별하기 위해 디버거 또는 μC/Probe에 의해 사용될 수 있다. ASCII 문자는 보통 ROM에 저장하는데, 일반적으로 RAM보다 용량이 더 크다. 실행 시간에 세마포어의 이름을 변경해야 한다면 문자를 RAM 배열에 저장할 수 있고 배열 주소를 OSSemCreate()로 그냥 보내면 된다. 물론 배열은 NUL로 종료돼야 한다.

세마포어는 태스크가 I/O 디바이스를 공유할 때 특히 유용하다. 2개의 태스크가 동시에 프린터로 문자를 보내는 것이 허용된다면 무슨 일이 발생할지 상상하라. 프린터는 각각의 태스크로부터 온 인터리브된 데이터를 포함할 것이다. 예를 들어 태스크 1로부터 'I am Task 1'이 출력되고 태스크 2로부터 'I am Task 2'가 출력된다면 그 결과는 'I Ia amm T Tasask k1 2'가 될 것이다. 이러한 경우 세마포어를 이용할 수 있고 세마포어를 1로 초기화한다. 규칙은 간단하다. 프린터로 접근하기 위해 각각의 태스크는 먼저 자원에 대한 세마포어를 얻어야 한다. 그림 8.13은 프린터에 대한 배타적 접근을 얻기 위해 세마포어를 위해 경쟁하는 태스크를 보여준다. 여기서 그림 8.13에 나타나 있는 키key는 상징적으로 세마포어를 묘사

한다는 것과, 각각의 태스크는 프린터 사용을 위해 이 키를 얻어야만 한다는 점에 주의해야
한다.

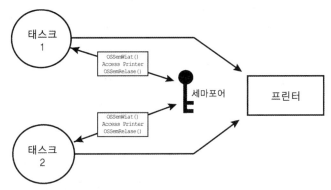

그림 8.13 공유 주변 장치에 대한 접근

위의 예는 각각의 태스크가 자원에 접근하기 위해서는 세마포어의 존재를 알아야 한다는
것을 내포한다. 임계 구간과 보호 메커니즘을 캡슐화하는 것이 거의 항상 좋다. 각각의 태스
크는 자원에 접근할 때 세마포어를 획득할 수 있을지 알지 못한다. 예를 들어 Print_Char(),
Print_Line(), Print_FF(), Print_Acquire(), Print_Release(), Print_File() 등과 같이
모듈을 작성하고 애플리케이션에 프린터 서비스를 요청할 수 있다. 이들 함수는 스스로 언제
세마포어에 접근해야 하는지 그 시점을 알아야 하며, 따라서 이들 서비스를 이용하는 사용자
에게는 세부 내용을 숨길 수 있다.

카운팅 세마포어는 자원 요소가 하나 이상의 태스크에 의해 동시에 사용될 수 있을 때 사용된
다. 예를 들어 카운팅 세마포어는 그림 8.14에서 보는 것처럼 버퍼 풀buffer pool 관리에 사용된다.

초기에 버퍼 풀에 10개의 버퍼가 포함돼 있다고 가정하자. 태스크는 BufReq()를 호출해서
버퍼 관리자로부터 버퍼를 획득한다. 버퍼가 더 이상 불필요할 때 태스크는 BufRel()을 호출
해 버퍼를 버퍼 관리자에게 돌려준다. 버퍼 관리자는 세마포어가 10으로 초기화됐기 때문에
처음 10개의 버퍼 요청에는 만족한다. 모든 버퍼가 사용될 때 버퍼를 요청한 태스크는 버퍼를
사용할 수 있을 때까지 중단된다(세마포어의 대기 목록에 위치한다). 태스크가 획득된 버퍼를 이용해
종료됐을 때 태스크는 버퍼를 버퍼 관리자로 돌려주기 위해 BufRel() 함수를 호출하며, 버퍼
는 세마포어가 신호를 받기 전에 링크 목록에 삽입된다. 대기 목록에 태스크가 있다면 버퍼를
기다리는 우선순위가 가장 높은 태스크에 버퍼가 할당된다. BufReq()와 BufRel()에서 버퍼
관리자에 대한 인터페이스를 캡슐화함으로써 호출자caller는 실제 구현에 대한 세부 사항을 고
려할 필요가 없다.

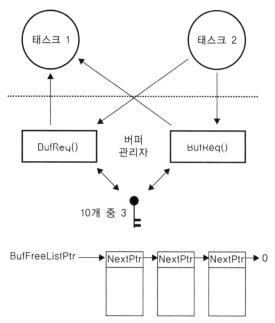

그림 8.14 동일 버퍼 풀에 접근하기 위한 카운팅 세마포어의 이용

자원 관리, 세마포어에 관한 주석

공유 자원 접근을 위한 세마포어의 이용은 인터럽트 지연을 증가시키지 않는다. 공유 데이터에 접근하는 동안 ISR 또는 현재 태스크가 우선순위가 가장 높은 실행 준비된 태스크를 만든다면 우선순위가 더 높은 태스크가 즉시 실행된다.

애플리케이션은 각기 다른 다양한 자원을 보호하기 위해 요구되는 것만큼의 많은 세마포어를 가질지도 모른다. 예를 들어 하나의 세마포어는 공유 표시기에 접근하는 데 사용될지도 모르며, 다른 하나는 공유 프린터에 접근하는 데, 다른 하나는 공유 데이터 구조에 접근하는 데, 또 다른 하나는 버퍼 풀을 보호하는 데 사용될지도 모른다. 그러나 후자의 경우 다음 절에서 설명되겠지만, 상호 배제 세마포어를 이용하기 때문에 메모리 장소에 대한 접근보다 I/O 디바이스에 대한 접근을 보호하는 데 세마포어를 이용하는 것이 더 바람직하다.

세마포어는 종종 남용해 사용된다. 간단한 공유 변수에 접근하는 데 세마포어를 이용하는 것은 대부분의 상황에서 오히려 효과를 반감시킬 수 있다. 세마포어를 획득하고 내보내는 데 포함된 오버헤드는 귀중한 CPU 시간을 낭비한다. 인터럽트를 불능화하고 가능화함으로써 작업을 더 효율적으로 수행할 수도 있지만, 인터럽트를 불능화하는 데는 간접 비용이 소요되며, 심지어 특정 자원을 공유하지 않는 우선순위가 더 높은 태스크는 CPU 이용이 차단된다. 예를 들어 2개의 태스크가 32비트 정수 변수integer variable를 공유한다고 가정하자. 첫 번째 태스크는 변수를 증가시키고, 반면 두 번째 태스크는 이를 해제한다. 이 두 가지 동작을 수행하는 데 프로세서가 얼마나 긴 시간을 소모할지를 고려할 때 세마포어가 변수에 대한 배타적 접근을 얻는 것이 불필요하다는 것은 이해할 만하다. 각각의 태스크는 변수상에서 자신의 동작을 수행하기 전에 인터럽트를 불능화하고, 동작이 완료되면 인터럽트를 가능화하면 된다. 변수가 부동소수점 변수이고 마이크로프로세서가 하드웨어 부동소수점 동작을 지원하지 않는 다면 세마포어를 이용해야 한다. 이 경우 부동소수점 변수를 처리하는 데 포함된 시간은 인터 럽트가 불능화된다면 인터럽트 지연에 영향을 미칠지도 모른다.

다음 절에서 설명하지만, 세마포어는 우선순위 전환이라 부르는 실시간 시스템에 심각한 문제가 있을지도 모른다.

자원 관리, 우선순위 전환

우선순위 전환inversion은 실시간 시스템의 문제이며, 우선순위 기반 선점형 커널preemptive kernel 을 이용할 때만 발생한다. 그림 8.15는 우선순위 전환 시나리오를 설명한다. 태스크 H(높은 우선순위)는 태스크 M(중간 우선순위)보다 높은 우선순위를 가지며, 태스크 L(낮은 우선순위)보다는 더 높은 우선순위를 가진다.

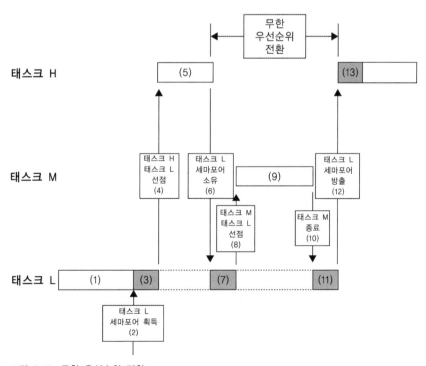

그림 8.15 무한 우선순위 전환

1. 태스크 H와 태스크 M은 모두 이벤트 발생을 기다리며, 태스크 L은 실행 중이다.

2. 어떤 시점에서 태스크 L은 공유 자원에 접근하기 전에 필요한 세마포어를 획득한다.

3. 태스크 L이 획득된 자원상에서 동작을 수행한다.

4. 태스크 H가 기다렸던 이벤트가 발생하면 태스크 H가 우선순위가 더 높기 때문에 커널은 태스크 L을 중단하고 태스크 H의 실행을 시작한다.

5. 태스크 H는 방금 수신한 이벤트를 기반으로 계사을 수행한다.

6. 이제 태스크 H는 현재 태스크 L이 소유한 자원에 접근하기를 원한다(즉 태스크 L이 소유한 세마포어를 얻으려고 시도한다). 태스크 L이 자원을 소유하고 있기 때문에 태스크 H는 세마포어가 가용해질 때까지 대기하는 태스크 목록에 위치하게 된다.

7. 태스크 L이 재개되고, 공유 자원에 대한 접근을 계속한다.

8. 태스크 M이 기다렸던 이벤트가 발생하면 태스크 L이 태스크 M에 의해 선점된다.

9. 태스크 M이 이벤트를 처리한다.

10. 태스크 M이 완료되면 커널은 태스크 L로 되돌리기 위해 CPU를 포기한다.

11. 태스크 L은 자원 접근을 계속한다.

12. 마지막으로 태스크 L은 자원을 이용해 작업을 완료하고 세마포어를 방출한다. 이 시점에서 커널은 우선순위가 높은 태스크가 세마포어를 기다리고 있다는 것을 알며, 문맥 스위치가 태스크 H의 재개를 위해 발생된다.

13. 태스크 H는 세마포어를 갖고 공유 자원에 접근할 수 있다.

여기서 발생한 사실은 태스크 H가 태스크 L이 소유했던 자원을 기다렸기 때문에 태스크 H의 우선순위가 태스크 L의 우선순위까지 감소했다는 것이다. 문제는 태스크 M이 태스크 L을 선점할 때 시작됐으며, 이것은 나아가 태스크 H의 실행을 지연시켰다. 이것을 무한 우선순위 전환^{unbounded priority inversion}이라 부른다. 이것은 어떠한 중간 우선순위의 태스크도 시간을 확장시킬 수 있고, 이에 따라 태스크 H가 자원을 기다려야 되기 때문에 무한이 된다. 기술적으로 중간 우선순위를 가진 모든 태스크의 최악의 주기적 행위와 유한 실행 시간이 알려졌다면 우선순위 전환 시간은 계산될 수 있을 것이다. 그러나 이 프로세스는 지루할지도 모르며, 우선순위가 중간인 태스크가 변경될 때마다 개정해야 될 필요가 있을 것이다.

이 상황은 태스크 L의 우선순위를 자원 접근에 걸리는 시간 동안에만 증가시킴으로써 올바르게 만들 수 있으며, 태스크가 종료되면 원래의 우선순위 레벨을 회복한다. 태스크 L의 우선순위가 태스크 H의 우선순위까지 증가될 수 있다. 사실 많은 커널은 특별한 유형의 세마포어를 포함하며, 이를 상호 배제 세마포어라 부른다.

자원 관리, 상호 배제 세마포어(뮤텍스)

일부 커널은 상호 배제 세마포어(뮤텍스^{mutex}로 알려졌다)라 부르는 특별한 유형의 이진 세마포어를 지원하는데, 이 세마포어는 무한 우선순위 전환을 제거하는 데 사용된다. 그림 8.16에서 뮤텍스를 이용해 어떻게 우선순위 전환이 제한되는지 보여준다.

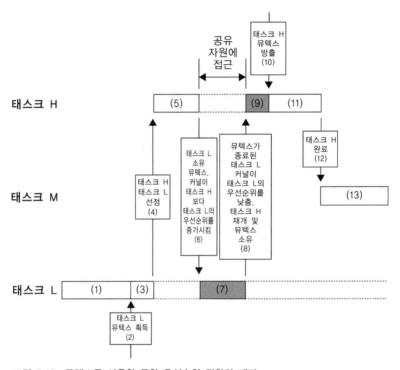

그림 8.16 뮤텍스를 이용한 무한 우선순위 전환의 제거

1. 태스크 H와 태스크 M은 모두 이벤트 발생을 기다리며, 태스크 L은 실행 중이다.
2. 어떤 시점에서 태스크 L은 공유 자원에 접근하기 전에 필요한 뮤텍스를 획득한다.
3. 태스크 L은 획득된 자원상에서 동작을 수행한다.
4. 태스크 H가 기다렸던 이벤트가 발생하면 태스크 H가 우선순위가 더 높기 때문에 커널은 태스크 L을 중단하고 태스크 H의 실행을 시작한다.
5. 태스크 H는 방금 수신한 이벤트를 기반으로 계산을 수행한다.
6. 이제 태스크 H는 현재 태스크 L이 소유한 자원에 접근하기를 원한다(즉 태스크 L로부터 뮤텍스를 얻으려고 시도한다). 태스크 L이 자원을 소유하고 있다는 점에서 커널은 태스크 L이 자원을 이용해 종료하고, 우선순위가 중간인 태스크에 의해 태스크 L이 선점당하지 않도록 예방되게 태스크 L의 우선순위를 태스크 H의 우선순위와 동일하게 증가시킨다.

7. 태스크 L은 자원의 접근을 계속한다. 그러나 이것은 태스크 H만큼의 동일 우선순위에서 실행된다. 태스크 H는 태스크 L이 뮤텍스를 방출할 때까지 기다리기 때문에 실제 실행되지 않는다는 것에 주의해야 한다. 바꿔 말해 태스크 H는 뮤텍스 대기 목록에 있게 된다.

8. 태스크 L이 자원을 이용해 작업을 종료하면 뮤텍스를 방출한다. 커널은 태스크 L이 우선순위를 증가시켰고, 그래서 태스크 L의 원래 우선순위는 더 낮다는 사실을 안다. 그런 후 커널은 뮤텍스가 방출되기를 기다렸던 태스크 H에 뮤텍스를 제공한다.

9. 태스크 H는 이제 뮤텍스를 가지며 공유 자원에 접근할 수 있게 된다.

10. 태스크 H는 공유 자원에 대한 접근을 종료하고 뮤텍스를 방출한다.

11. 실행을 위한 우선순위가 더 높은 태스크가 없으므로, 태스크 H는 실행을 계속한다.

12. 태스크 H는 완료되며, 이벤트 발생을 대기할 것인가 결정한다. 이 시점에서 μC/OS-III는 태스크 H 또는 태스크 L이 실행하는 동안 실행 준비가 됐던 태스크 M을 재개한다. 태스크 M은 자신이 기다렸던 인터럽트가 발생했기 때문에 (그림 8.16에서는 나타나지 않았지만) 실행 준비 상태가 된다.

13. 태스크 M이 실행된다.

우선순위 전환은 없고 자원 공유만 있다는 점에 주의해야 한다. 물론 태스크 L이 공유 자원에 더 빨리 접근하면 할수록 뮤텍스는 더 잘 방출된다.

커널은 완전한 우선순위 상속을 구현해야 한다. 따라서 더 높은 우선순위를 가진 태스크가 자원을 요청한다면 소유자 태스크의 우선순위는 신규 요청자의 우선순위까지 증가될 것이다.

태스크만이 상호 배제 세마포어의 이용이 허용된다(ISR은 허용되지 못한다). 프로그래머는 어떤 자원을 어떤 뮤텍스에 할당해야 하는지 정의해야 한다(프로그래머는 필요한 만큼 많은 수의 뮤텍스를 가질 수 있다). 세마포어를 이용하는 것처럼 시각 계시기(YYYY-MM-DD HH:MM:SS.T)를 보호하기 위해, 배열을 위해, 버퍼 풀을 위해 뮤텍스를 가질 수 있다.

자원 관리, 교착상태(또는 죽음의 포옹)

죽음의 포옹이라고도 역시 부르는 교착상태^{deadlock}는 2개의 태스크 각각이 서로 모른 채로 다른 태스크가 소유하고 있는 자원을 기다리고 있는 상황이다.

리스트 8.12의 의사코드에 나타나 있는 것처럼 태스크 T1이 자원 R1에 대한 배타적 접근을 갖고, 태스크 T2는 자원 R2에 대한 배타적 접근을 가진다고 가정한다.

리스트 8.12 교착상태(deadlock)

```
void T1 (void)
{
    while (1) {
        Wait for event to occur;            (1)
        Acquire M1;                         (2)
        Access R1;                          (3)
        :
        :
        \-------- Interrupt!                (4)
        :
        :                                   (8)
        Acquire M2;                         (9)
        Access R2;
    }
}


void T2 (void)
{
    while (1) {
        Wait for event to occur;            (5)
        Acquire M2;                         (6)
        Access R2;
        :
        :
        Acquire M1;                         (7)
        Access R1;
    }
}
```

1. 태스크 T1이 기다렸던 이벤트가 발생하고, 이제 T1이 실행돼야 하는 가장 높은 우선순위를 가진 태스크라고 가정한다.

2. 태스크 T1은 실행되고 뮤텍스 M1을 획득한다.

3. 자원 R1에 접근한다.

4. 태스크 T2가 태스크 T1보다 더 높은 우선순위를 가지므로 CPU를 태스크 T2로 스위칭하게 만드는 인터럽트가 발생한다.

5. ISR은 태스크 T2가 기다리는 이벤트이며, 따라서 태스크 T2는 실행을 재개한다.

6. 태스크 T2는 뮤텍스 M2를 획득하며, 자원 R2에 접근할 수 있게 된다.

7. 태스크 T2가 뮤텍스 M1을 획득하려고 노력하지만, 커널은 뮤텍스 M1이 다른 태스크에 의해 소유됐다는 사실을 안다.

8. 커널은 태스크 T2가 더 이상 계속되지 못하기 때문에 태스크 T1으로 다시 스위칭한다. 자원 R1에 접근하기 위해서는 뮤텍스 M1이 요구된다.

9. 태스크 T1은 이제 뮤텍스 M2에 접근하려고 노력하지만, 불행하게도 뮤텍스 M2는 태스크 T2가 소요하고 있다. 이 시점에서 2개의 태스크는 교착상태가 되며, 각각의 태스크가 다른 태스크가 원하는 자원을 소유하고 있기 때문에 어느 태스크도 계속 수행할 수 없게 된다.

교착상태를 회피하기 위해 사용된 일부 기법에서는 태스크를 위해 다음과 같은 작업을 수행한다.

- 작업을 계속 수행하기 전에 모든 자원을 획득한다.
- 항상 같은 순서로 자원을 획득한다.
- 요청 대기 중에 타임아웃을 이용한다(커널은 요청 대기 중에 타임아웃을 제공해야 한다).

동기화

이 절은 태스크가 인터럽트 서비스 루틴[ISR]이나 다른 태스크를 이용해 자신의 활동을 어떻게 동기화시킬 것인지에 초점을 맞춘다.

ISR이 실행될 때 ISR은 흥미로운 이벤트가 발생했다는 것을 태스크에 알리기 위해 신호를 태스크에 보낼 수 있다. 태스크에 신호를 보낸 후 ISR은 떠나며, 신호를 받은 태스크의 우선순위에 따라 스케줄러는 동작한다.

그런 다음 신호를 받은 태스크는 인터럽트 디바이스를 서비스하며, 그렇지 않으면 이벤트에 반응한다. 가능할 때면 언제든지 태스크 레벨로부터 인터럽트 디바이스를 서비스하는 것이 더 선호되는데, 이렇게 하는 것이 인터럽트를 불능화하는 데 걸리는 시간을 줄여주고 코드는 더 쉽게 디버거되기 때문이다.

동기화, 세마포어

이전에 설명했듯이 세마포어는 대부분의 멀티태스킹 커널에 의해 제공되는 프로토콜 메커니즘이다. 세마포어는 원래 공유 자원 접근을 제어하는 데 사용됐다. 그러나 뮤텍스는 이전에도 설명한 것처럼 공유 자원 접근을 보호하는 더 좋은 메커니즘이다.

세마포어는 그림 8.17에 나타나 있는 것처럼 태스크에 ISR을 동기화시키거나 그렇지 않으면 다른 태스크를 이용해 태스크를 동기화시키는 데 가장 잘 사용된다. 이를 일방 랑데부 unilateral rendezvous라 부른다.

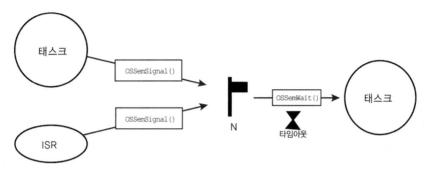

그림 8.17 동기화를 위해 신호 전송용 메커니즘으로 사용된 세마포어

세마포어는 신호를 이용해 이벤트의 발생을 알린다는 점을 표현하려고 깃발로 그려졌다는 사실에 주목해야 한다. 세마포어의 초기 값은 일반적으로 제로(0)이며, 이는 이벤트가 아직 발생되지 않았다는 점을 나타낸다.

깃발 옆에 'N'이라는 값은 세마포어가 이벤트 또는 크레딧을 축적할 수 있다는 것을 나타낸다. ISR(또는 태스크)은 세마포어에 여러 번 신호를 보낼 수 있고, 세마포어는 얼마나 많이 신호를 받았는지 기억할 것이다. 세마포어에 제로(0) 값이 아닌 다른 값을 이용해 초기화시킬 수 있는데, 이는 세마포어가 초기에 다양한 이벤트를 갖고 있다는 것을 나타낸다.

수신 태스크 옆에 있는 작은 모래시계는 태스크가 타임아웃을 명시하는 옵션을 가진다는 것을 나타낸다. 이 타임아웃은 태스크가 특정 시간 내에 신호를 받기 위해 세마포어를 기다릴 용의가 있다는 것을 나타낸다. 세마포어가 제시간 내에 신호를 받지 못하면 커널은 태스크를 재개하고, 세마포어가 신호를 받았기 때문이 아니라 타임아웃 때문에 태스크가 실행 준비됐다는 것을 나타내는 오류 코드를 반환한다.

몇 가지 흥미로운 점은 그림 8.17에 주목할 가치가 있다는 점이다. 첫째, OSSemWait()를 호출하는 태스크는 신호를 받을 때까지 어떠한 CPU 시간도 소비하지 않을 것이며, 우선순위가 가장 높은 실행 준비된 태스크로 된다. 바꿔 말해 태스크가 관심을 받는 한 태스크는 대기 중인 이벤트가 발생할 때 반환될 함수 OSSemWait()를 호출한다. 둘째, 신호가 발생하지 않으면 커널은 실행될 다음으로 가장 중요한 태스크를 선택함으로써 CPU의 이용을 극대화한다. 사실 신호는 수 밀리초 동안 발생하지 않을지도 모르며, 그 시간 동안 CPU는 다른 태스크상에서 작업할 것이다.

다시 한 번 말해 세마포어는 신호를 받거나 대기하기 전에 생성돼야 한다.

동기화, 크레딧 트래킹

이전에 언급했듯이 세마포어는 몇 번이나 신호를 받았는지 기억한다. 바꿔 말해 이벤트를 대기 중인 태스크가 우선순위가 가장 높은 태스크가 되기 전에 ISR이 여러 번 발생한다면 세마포어는 신호를 받은 횟수를 기억할 것이다. 태스크가 우선순위가 가장 높은 실행 준비된 태스크가 될 때 ISR 신호가 있는 것만큼 많이 차단되지 않고 실행될 것이다. 이것을 크레딧 트래킹credit tracking이라 부르며, 그림 8.18에 도시돼 있고 그 밑에 설명돼 있다.

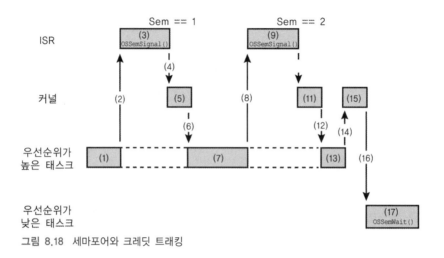

그림 8.18 세마포어와 크레딧 트래킹

1. 우선순위가 높은 태스크가 실행된다.

2. 이벤트는 (인터럽트가 가능화된다고 가정하면) 태스크를 선점하는 우선순위가 낮은 태스크가 발생함을 뜻한다. ISR은 실행되고 세마포어를 게시한다. 이 시점에서 세마포어의 카운트는 1이 된다.

3. 커널 API는 ISR이 우선순위가 더 높은 실행 준비될 태스크의 원인인지 아닌지 확인하기 위해 ISR의 끝단에서 요청된다. ISR이 우선순위가 낮은 태스크가 기다리는 이벤트였기 때문에 커널은 인터럽트가 걸린 정확한 시점에서 우선순위가 더 높은 태스크의 실행을 재개할 것이다.

4. 우선순위가 높은 태스크가 재개되고 실행을 계속한다.

5. 인터럽트가 두 번째 발생한다. ISR은 실행되고 세마포어를 게시한다. 이 시점에서 세마포어의 카운트는 2가 된다.

6. 커널은 ISR이 우선순위가 더 높은 실행 준비될 태스크의 원인인지 아닌지 확인하기 위해 ISR의 끝단에서 요청된다. ISR이 우선순위가 더 낮은 태스크가 기다리는 이벤트였기 때문에 커널은 인터럽트가 걸린 정확한 시점에서 우선순위가 더 높은 태스크의 실행을 재개한다.

7. 우선순위가 높은 태스크가 실행을 재개하고 실제 수행되고 있던 작업은 종료된다. 이 태스크는 이벤트 발생을 대기하기 위해 커널 서비스 중 하나를 요청할 것이다.

8. 커널은 다음으로 가장 중요한 태스크를 선택할 것이고, 이는 이벤트를 대기하는 태스크가 될 것이며, 그 태스크로 문맥 스위치가 이뤄질 것이다.

9. 새로운 태스크가 실행되며, 세마포어 카운트가 2이기 때문에 ISR이 두 번 발생됐다는 것을 알 것이다. 태스크는 이에 맞춰 이것을 다룰 것이다.

쌍방 랑데부

2개의 태스크는 그림 8.19에 보이는 것처럼 2개의 세마포어를 이용해 자신의 활동을 동기화시킬 수 있다. 이를 쌍방 랑데부^{bilateral rendezvous}라 부른다. 쌍방 랑데부는 2개의 태스크가 실행에 앞서 다른 태스크와 서로 동기화돼야 한다는 점만 제외하고는 일방 랑데부와 유사하다. 쌍방 랑데부는 ISR이 세마포어를 기다릴 수 없기 때문에 태스크와 ISR 사이에서 수행될 수 없다.

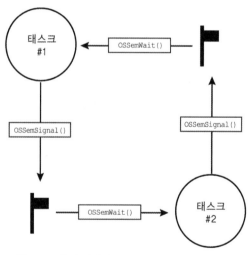

그림 8.19 쌍방 랑데부

쌍방 랑데부에 대한 코드가 리스트 8.13에 나타나 있다.

리스트 8.13 쌍방 랑데부 구현

```
OS_SEM MySem1;
OS_SEM MySem2;

void Task1 (void)
```

```
{
    while (1) {
        :
        OSSemSignal(&MySem2);                      (1)
        OSSemWait(&MySem1);                        (2)
        :
    }
}

void Task2 (void)
{
    while (1) {
        :
        OSSemSignal(&MySem1);                      (3)
        OSSemWait(&MySem2);                        (4)
        :
    }
}
```

1. 태스크 1이 실행 중이며, 세마포어 2로 신호를 보낸다.

2. 태스크 1은 세마포어 1을 기다린다. 태스크 2가 아직 실행되지 않았기 때문에 태스크 1은 신호가 보내질 세마포어에 대한 대기가 차단된다. 커널은 태스크 2로 문맥을 스위칭한다.

3. 태스크 2가 실행되고 세마포어 1로 신호를 보낸다.

4. 이미 신호가 보내졌기 때문에 태스크 2는 이제 태스크 1과 동기화된다. 태스크 1이 태스크 2보다 우선순위가 더 높다면 커널은 태스크 1로 다시 스위칭될 것이다. 그렇지 않다면 태스크 2는 실행을 계속한다.

메시지 패싱

태스크나 ISR은 때때로 다른 태스크와 정보를 주고받는 것이 필요하다. 이러한 정보 전송을 태스크 간 통신이라 부른다. 정보는 두 가지 방법, 즉 전역 데이터를 통하거나 메시지 전송을 통해 태스크 사이에서 정보를 주고받을 수 있다.

자원 관리 절에서 설명했듯이 전역 변수를 이용할 때 각각의 태스크나 ISR은 변수에 대한 배타적 접근을 보장해야 한다. ISR이 포함됐다면 공통 변수에 대한 배타적 접근을 보장하는 유일한 방법은 인터럽트를 불능화하는 것이다. 2개의 태스크가 데이터를 공유한다면 각각의 태스크는 인터럽트를 불능화하거나 세마포어를 이용해서, 그렇지 않으면 상호 배제 세마포어를 이용해서 변수에 대한 배타적 접근을 얻을 수 있다. 태스크는 전역 변수를 이용해 ISR과 정보를 서로 주고받을 수 있다는 점에 주의해야 한다. 태스크는 전역 변수가 ISR에 의해 변경될 때 ISR이 태스크에 신호를 보낼 때까지 인식하지 못하며, 태스크는 전역 변수의 내용을 주기적으로 조사한다.

메시지는 메시지 큐라 부르는 중간 객체에 보내질 수 있다. 다중 태스크는 메시지 큐에 도착하는 메시지를 기다릴 수 있으며, 커널은 보통 큐의 메시지를 기다리는 우선순위가 가장 높은 태스크에 수신 메시지를 제공한다. 태스크가 메시지 도착을 기다릴 때 CPU 시간은 소모되지 않는다.

메시지

메시지는 보통 실제 데이터를 복사하는 대신 데이터 포인터로 구성된다. 포인터는 데이터 영역이나 심지어 함수를 가리킬 수도 있다. 송신자와 수신자는 메시지의 내용과 의미에 대해 명백하게 서로 동의해야 한다. 바꿔 말해 메시지 수신자는 메시지를 처리할 수 있게 수신된 메시지의 의미를 분명히 알 필요가 있다. 예를 들어 이더넷 컨트롤러는 패킷을 수신하고 패킷을 어떻게 처리하는지 아는 태스크의 패킷에 포인터를 전송한다. 실제 데이터는 값에 의해서가 아니라 참조(즉 데이터에 대한 포인터)에 의해 전송되기 때문에 메시지의 내용은 항상 그 범위 내에 남아 있어야 한다. 바꿔 말해 전송된 데이터는 복사되지 않는다. 실제 메시지 내용을 위해 동적으로 할당된 메모리의 이용을 고려해야 하지만, 힙heap으로부터의 메모리 할당은 피해야 한다. 그 이유는 힙은 결국 메모리를 단편화시켜 메모리 요청을 만족시키지 못하기 때문이다. 이에 대한 대안으로 포인터를 전역 변수, 전역 데이터 구조, 전역 배열, 함수 등으로 넘길 수 있다.

메시지 큐

메시지 큐message queue는 애플리케이션에 의해 할당된 커널 객체다. 사실 어떤 수의 메시지 큐든 할당될 수 있다. 유일한 제한점은 허용 가능한 RAM의 용량이다. 사용자가 메시지 큐에서 수행할 수 있는 얼마간의 동작이 있지만, 대부분의 전형적인 동작에는 '큐를 생성하고', '큐를 통해 메시지를 보내며', '큐에 도착하는 메시지를 기다리는' 것 등이 있다. ISR은 큐에 메시지를 보낼 수만 있고 메시지를 기다릴 수 없다. 메시지 큐는 메시지를 보내기 전에 생성돼야 한다.

메시지 큐는 선입선출FIFO 파이프로 그려져 있다. 그러나 일부 커널은 메시지를 후입선출LIFO 순서로 보내는 것을 허용한다. LIFO 메커니즘은 태스크나 ISR이 '긴급' 메시지를 태스크로 보내야만 할 때 유용하다. 이 경우 메시지는 이미 메시지 큐에 있는 다른 모든 메시지를 우회한다. 메시지 큐의 크기(즉 처리를 기다리는 큐에 넣을 수 있는 메시지의 수)는 일반적으로 실행 시간이나 구성 시간에 구성할 수 있다.

그림 8.20은 메시지 큐에서 수행되는 전형적인 동작을 보여준다(큐의 생성은 나타나지 않았다). 수신 태스크 옆의 작은 모래시계는 태스크가 타임아웃을 명시하는 옵션을 가진다는 것을 나타낸다. 이 타임아웃은 태스크가 특정 시간 내에 메시지 큐에 보내질 메시지를 기다릴 용이가 있음을 나타낸다. 메시지가 그 시간 내에 보내지지 않으면 커널은 태스크를 재개하고 태스크가 수신된 메시지 때문이 아니라 타임아웃 때문에 태스크가 실행 준비됐다는 것을 나타내는 오류 코드를 반환한다. 무한 타임아웃을 명시할 수도 있고, 태스크가 메시지 도착을 영원히 기다릴 용의가 있다는 것을 나타낼 수도 있다.

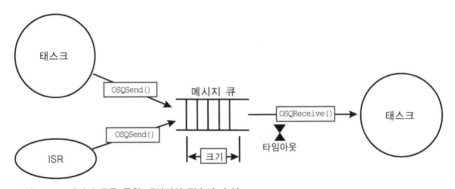

그림 8.20 메시지 큐를 통한 데이터의 전송과 수신

메시지 큐는 자신에게 보내질 메시지를 기다리는 태스크 목록을 또한 포함한다. 다중 태스크는 그림 8.21a에서 보이는 것처럼 메시지 큐에서 기다릴 수 있다. 메시지가 메시지 큐로 보내지면 메시지 큐에서 기다리는 우선순위가 가장 높은 태스크는 메시지를 수신한다. 선택적으로 송신자는 메시지 큐에서 기다리는 모든 태스크에 메시지를 방송할 수 있다. 이 경우 방송으로부터 메시지를 수신 받은 어떠한 태스크든 메시지를 전송하는 태스크보다(또는 메시지가 ISR에 의해 보내졌다면 인터럽트된 태스크보다) 더 높은 우선순위를 가진다면 커널은 대기 중인 우선순위가 가장 높은 태스크를 실행시킬 것이다. 모든 태스크가 타임아웃을 명시해야 한다는 것은 아니다. 일부 태스크는 영원히 대기하기를 원할지도 모른다.

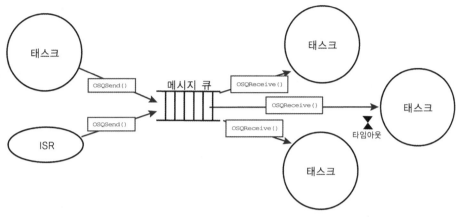

그림 8.21a   메시지를 기다리는 다중 태스크

제어 흐름

태스크와 태스크 간 통신은 종종 하나의 태스크로부터 다른 태스크로의 데이터 전송을 포함한다. 하나의 태스크가 데이터를 소비하는 동안 다른 태스크는 데이터를 생산한다. 그러나 데이터 처리는 시간이 걸리며, 소비자[consumer]는 데이터를 생산하는 것만큼 빨리 데이터를 소비하지 못할 것이다. 바꿔 말해 우선순위가 더 높은 태스크가 소비자를 선점하면 생산자[producer]는 메시지 큐를 넘치게 만들 수도 있다. 이 문제를 해결하는 한 가지 방법은 그림 8.21b에 보이는 것처럼 프로세스에서 제어 흐름을 추가하는 방법이다.

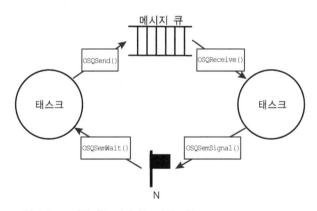

그림 8.21b   메시지를 기다리는 다중 태스크

여기서 카운팅 세마포어는 소비자가 수신할 수 있는 다수의 허용 가능한 메시지를 이용해 사용되고 초기화된다. 소비자가 10개 이상의 메시지를 큐에 넣을 수 없으면 카운팅 세마포어에는 10이라는 숫자가 들어 있다.

리스트 8.14의 의사코드에서 보는 것처럼 생산자는 메시지를 전송하기 전에 세마포어를 기다려야 한다. 소비자는 메시지를 기다리고, 처리되면 세마포어에 신호를 보낸다.

리스트 8.14 메시지 큐의 제어 흐름

```
OS_SEM MySem;
OS_Q MyQ;
int Message;

void MyProducerTask (void)
{
    while (1) {
        :
        OSSemWait(&MySem);
        OSQSend(&MyQ, (void *)&Message);
        :
    }
}

void MyConsumerTask (void)
{
    void *p_message;
    while (1) {
        :
        p_message = OSQReceive(&MyQ);
        OSSemSignal(&MySem);
        :
    }
}
```

클라이언트와 서버

메시지 큐의 또 다른 흥미로운 이용이 그림 8.22에 나타나 있다. 여기서 태스크(서버)는 다른 태스크나 ISR(클라이언트)에 의해 보내지는 오류 조건을 모니터링하기 위해 사용된다. 예를 들어 하나의 클라이언트는 회전 휠의 RPM이 초과됐는지 탐지하고, 다른 클라이언트는 온도 과부하가 존재하는지 탐지하며, 또 다른 클라이언트는 사용자가 정지 버튼을 눌렀는지 탐지한다. 클라이언트가 오류 조건을 탐지하면 클라이언트는 메시지 큐를 통해 메시지를 전송한다. 전송된 메시지는 탐지된 오류, 즉 초과된 임계값이나 오류 조건과 연관된 오류 코드를 나타낼 수 있으며, 오류를 처리할 함수의 주소를 제시할 수도 있다.

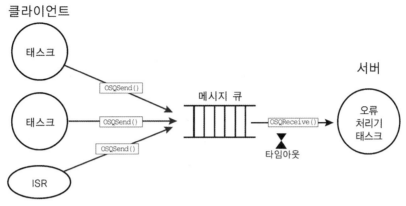

그림 8.22 메시지 큐를 이용한 클라이언트/서버

메모리 관리

애플리케이션은 어떤 ANSI C 컴파일러의 malloc()과 free() 함수를 각각 이용해서든 동적 메모리를 할당하고 해제할 수 있다. 그러나 임베디드 실시간 시스템에서 malloc()과 free() 함수를 이용하는 것은 위험하게 될지도 모른다. 결국 단편화fragmentation 때문에 단일의 인접 메모리 영역을 확보할 수 없을지도 모른다. 단편화는 분리된 다수의 자유 영역free area을 개발 하는 것이다(즉 전체 자유 영역이 작은 비인접 조각으로 단편화되는 것이다).

malloc()과 free() 함수의 실행 시간은 보통 비결정론적으로, malloc() 요청이 만족될 만큼 충분히 큰 자유 메모리의 인접 블록을 위치시키는 데 사용된다.

커널은 그림 8.23에서 설명하는 것처럼 인접 메모리 영역에서 만들어진 분할로부터 고정 크기의 메모리 블록을 얻기 위한 애플리케이션을 허용함으로써 malloc()과 free() 함수에 대한 대안을 제공한다. 모든 메모리 블록은 동일한 크기이며, 분할은 얼마간의 정수 블록을 가진다. 이들 메모리 블록에 대한 할당과 할당 해제는 상수 시간에 수행되며 결정론적이다. 분할 자체는 일반적으로 정적으로(배열로서) 할당되지만, 분할이 결코 해제되지 않는 한 malloc()을 이용해 할당될 수 있다.

그림 8.24에 나타나 있듯이 하나 이상의 메모리 분할은 애플리케이션에 존재할지도 모르고, 분할된 각각은 다양한 수의 메모리 블록을 가질지도 모르며, 다양한 크기가 될지도 모른다. 애플리케이션은 요구를 기반으로 다양한 크기의 메모리 블록을 얻을 수 있다. 그러나 특정 메모리 블록은 항상 처음 가져왔던 그 분할로 반환돼야 한다. 이런 유형의 메모리 관리는 메모리 블록이 고갈될 가능성을 제외하고는 단편화 대상이 아니다. 이것은 얼마나 많은 분할 을 가져야 하는지, 그리고 얼마나 큰 메모리 블록이 각각의 분할 내 있어야 하는지를 결정하는

애플리케이션에 의존한다.

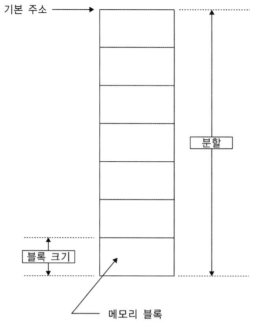

그림 8.23 고정 크기의 블록 메모리 분할

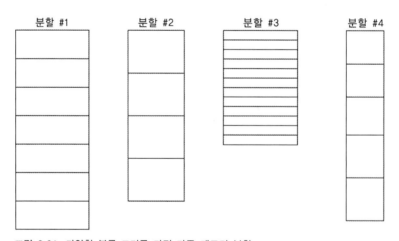

그림 8.24 다양한 블록 크기를 가진 다중 메모리 분할

정리

실시간 커널은 마이크로프로세서, 마이크로컨트롤러, 디지털 신호 처리기^{DSP}의 시간과 자원을 관리하는 소프트웨어다. 커널은 일련의 애플리케이션 프로그래밍 인터페이스^{API}를 통해 귀중한 서비스를 애플리케이션(제품)에 제공한다. 따라서 함수는 태스크를 관리하고, 공유 자원을 관리하며, 이벤트 발생을 태스크에 알리고, 태스크에 메시지를 전송하며, 사용자 특정 시간에 태스크의 실행을 중단하는 등의 기능을 수행할 수 있다.

커널은 CPU가 멀티태스킹하게 만든다. 멀티태스킹은 스케줄링(다음에 어떤 태스크가 동작할 것인지 결정하는)을 처리하고, 여러 태스크 간 CPU의 문맥을 스위칭(태스크에 CPU를 지정하는)하도록 허용한다. 멀티태스킹은 다중 CPU를 가진 것 같은 환상을 제공하며, 이렇게 함으로써 CPU의 사용을 극대화하고, 모듈러한 애플리케이션의 생성을 도와준다.

대부분의 실시간 커널은 선점형이며, 이는 커널이 항상 우선순위가 가장 높은 실행 준비된 태스크를 동작시킨다는 것을 의미한다.

세계에서 가장 대중적인 실시간 커널 중의 하나가 μC/OS-III(마이크로 C OS 쓰리라고 발음된다)라고 부르는 커널이다. μC/OS-III 커널은 마이크리움^{Micrium}에서 지원되며, 이 커널의 소스코드는 마이크리움에서 만들었으며, 현재 이를 사용할 수 있다. 여기서 소스코드를 사용할 수 있다는 것은 소스코드를 마이크리움의 웹사이트를 통해 다운로드할 수 있고 자유롭게 평가할 수 있다는 의미다. 그러나 μC/OS-III 커널을 상업적으로 사용하려면(즉 이익을 남길 의도로 사용된다면) 라이선스가 필요하다.

μC/OS-III 커널의 내부 구조는 마이크리움 출판사^{MicriumPress}에서 발간한 『μC/OS-III, 실시간 커널』이라는 책에 잘 설명돼 있다(www.micrium.com 사이트 참조). 사실 μC/OS-III 관련 책은 많은 버전이 있고, 이들 각각의 버전은 대중적인 다양한 CPU 아키텍처에서 μC/OS-III를 동작하는 예를 제공하고 있다(세부적인 책의 내용은 마이크리움의 웹사이트를 참조한다).

8장은 μC/OS-III 책에서 발췌했다.

9

임베디드 시스템에서 설계에 의한 소프트웨어 재사용

짐 트루도(Jim Trudeau)

9장의 기본적인 전제는 간단하다. 기존 소프트웨어를 확실하게 재사용할 수 있다면 시간과 돈이 절약된다는 것이다. 그 외의 중요한 이점이 있지만, 여기서는 비즈니스에서 활동하고 있는 사람들에게 정말 중요한 사항에 대해 바로 본론으로 들어간다.

부드럽게 표현하자면 소프트웨어 재사용은 사소지 않은 문제다. 많은 프로그래머와 프로그래머 팀은 "이 코드를 그냥 포팅할거야 …"라고 생각하면서 기존 소프트웨어를 채택하고는 다시는 결코 들어보지 못할 황무지 속으로 사라져 버린다.

9장에서는 임베디드 시스템에서 소프트웨어 재사용을 확실히 방해하는 몇 가지 과제에 대해 탐구한다. 여기서는 이러한 문제를 극복하는 다양한 역사적 해결책에 대해 탐구한다. 이것은 현재 우리가 알고 있는 것처럼 우리를 세계 각 도처로 데려다 줄 것이다.

다음에는 소프트웨어 컴포넌트의 팩토리factory에 대한 개념을 제시한다. 이 접근법은 하드웨어 불가지론과 운영체제 불가지론에서 소프트웨어 재사용에 대한 과제를 다룰 수 있고, 특히 임베디드 시스템의 문맥에서 이들 과제를 다룰 수 있다. 또한 이 접근법에 대한 이점과 제한 사항에 대해서도 고찰할 것이다. 컴포넌트 팩토리는 오늘날 소프트웨어 툴 공학과 개발의 최첨단을 대표한다. 이러한 팩토리는 실세계에 존재한다. 이것은 그냥 이론에 불가한 것이 아니다. 그러나 현재 이들 팩토리는 독점적이며 개별적인 반도체 제조업체를 지원하고 있다. 이는 성숙성 레벨에서 볼 때 개방형 소스도 없고 일반적 해결책도 존재하지 않는다.

소프트웨어 재사용이 문제가 되는 이유

현대 세계에서 소프트웨어 재사용이 의무적이라는 아이디어에 대해 사람들이 믿지 않을 것이라는 만약의 경우를 생각해고, 먼저 임베디드 소프트웨어의 개발 비용에 대해 잠시 고찰해본다. 그러나 뭔가 고전적인 문제를 다루는 척은 하지 않을 것이다. 비용 추정을 해결하는 많은 방법이 있다. 여기서는 『소프트웨어 공학 경제학(Software Engineering Economics)』이라는 책에서 베리 보엠Barry Boehm 박사가 원래 기술했던 코코모COCOMO 모델이라 부르는 비용 추정 방법을 이용할 예정이다.[1] 이 모델은 1995년에서 2000년 사이에 업데이트됐다. 개정된 모델은 『COCOMO II를 이용한 소프트웨어 비용 추정(Software Cost Estimation with COCOMO II)』이라는 책에 기술돼 있다.[2] 이 모델에서는 다음과 같은 소프트웨어 프로젝트의 다양한 양상을 제어하는 많은 파라미터 값을 설정한다.

- 프로그래머는 어떤 능력이 있는가?
- 타깃 플랫폼을 이용하는 팀은 어떤 경험이 있는가?
- 프로그래밍 언어와 툴을 이용하는 팀은 얼마나 많은 경험을 가졌는가?
- 팀이 여러 사이트에 걸쳐 나눠졌는가? 지역적으로 또는 국제적으로?
- 스케줄이 명목적으로 압력을 받는가?
- 얼마나 많은 소프트웨어를 CPU로 로드할 수 있는가?
- 소프트웨어 장애(예를 들어 인명 손실)로 인해 발생하는 결과는 무엇인가?
- 실시간 또는 재진입 소프트웨어를 작성할 것인가?
- 프로젝트에서 이해관계자 간의 관계를 어떻게 기술할 것인가?

일부는 잘 정의돼 있으나 일부는 명확히 정의되지 않은 많은 파라미터가 있다. 경험을 쌓은 소프트웨어 개발자로서 이들 파라미터가 '회사의 상사가 서로 잘 지낼 수 있을지' 같은 실제 생산성에 영향을 미치는 요소에 대해서는 아주 실제적인 질문이라는 점을 인식해야 한다. 이러한 모델(또는 선택한 어떠한 모델)을 기반으로 하는 훌륭한 추정 소프트웨어를 이용해 값들을 수정할 수 있고, 변화하는 소프트웨어 개발 비용을 주시할 수 있다. 주행거리는 처해있는 상황과 설정한 가정을 기반으로 변할 것이다. 그림 9.1에 추정 사항이 나타나 있다. 이는 대부분 명목적 추정을 기반으로 했으며, 실세계 임베디드 개발을 위해 조정됐다. 내 경험을 기반으로 스케줄은 명목상보다 압박을 덜 받았고, 신뢰성은 명목상보다 더 높게 책정됐으며, 테스팅 데이터는 (같은 이유로) 명목상보다 더 높았고, 복잡성은 아주 높았으며(재진입 코드를 위한 모델의 정의), 코드는 어느 정도 재사용될 것이라고 말할 수 있다. 이러한 합리적인 중도 성향의 파라미터는 설계, 구현, 테스트를 포함해 프로젝트의 모든 양상을 포함하고 있으며, 1,500라인의 코드가 정규직원^{FTE}이 1년에 작업해야 할 노력이라고 말하는 것은 경험에 근거한 규칙의 결과가 될 것이다. 여러분이 경험이 없는 프로그래머이고 비공식적인 생산 시스템을 갖고 있다면, 또는 인명 손실에 필수적인 코드를 갖고 있다면 상황은 더욱더 악화될 것이다. 또한 프로젝트 규모가 더 커지는 것만큼 노력에 들어가는 레벨의 규모도 더 빨라질 것이다. 즉 3,000라인의 코드는 1,500라인의 코드보다 23배나 더 많은 노력을 요구할 것이다.

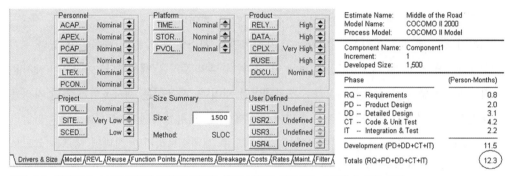

그림 9.1 임베디드 소프트웨어의 합리적 개발을 위해 가정을 기반으로 추정한 노력의 레벨

나는 코드 라인이 생산성 측정에 이상적이지 않다는 점에 동의하는 첫 번째 사람일 것이다. 메트릭^{metric}으로서 코드 라인 값이 무엇이든지 간에 근본적인 원칙은 계속 유효하다. 신뢰성 있으면서 고수준의 소프트웨어를 생산하기 위해서는 아주 큰 비용이 소요된다. 여러분이 훌륭한 소프트웨어를 갖고 있다고 가정하고 소프트웨어를 재사용한다면 시간과 돈(아마 이 두 가지 모두)을 절약할 수 있다. 1,500라인의 코드당 FTE를 절약할 수 있다면 이는 스스로 계산하라.

이는 프로그래머의 비용을 절약하는 것 그 이상을 의미한다. 또한 일을 더 빨리 끝낼수록 마켓으로 더 빨리 내보낼 수 있을 것이다. 이것이 정말 가치 있는 일이라고는 말할 수 없지만, 비스니스 세계에서 성공과 실패 사이의 모든 차이점을 만들기 위한 잠재력은 가질 것이다.

기다려라. 더 있다. 좀 더 구체적인 가설을 제시한다. 코드의 재사용이 여러분의 소프트웨어에 대한 휴먼 인터페이스를 포함한다고 하자. 재사용에 대해서는 아주 큰 마켓상의 이점이 있다. 즉, 여러분이 만든 소프트웨어에 대한 고객의 즉각적인 인식이며, 이는 줄어든 학습 곡선과 수용 준비라는 결과를 가져올 것이다.

아주 효과적인 휴먼 인터페이스를 만들기 위해 들어가는 노력은 사소하지 않다. 사다리를 올라가고 고객의 세계로 나아가려는 마이크로컨트롤러같이 소프트웨어를 이용한 인간과의 상호 작용은 점점 더 중요해지고 있다.

가정의 온도 조절 장치를 제어하고 사용자 인터페이스를 어떻게 사용하는지 어린이에게 뭔가 교육적으로 이해시킬 수 있는 세계적 수준의 간단하면서 깨끗하고 교육적인 사용자 인터페이스^{UI}를 설계한다는 가설을 세워보자. 이것은 회사에서 가장 주요한 차별적인 출력장치 differentiator가 될 것이다. 그 이유는 진짜로 간단한 난방 환기 공기 조절^{HVAC} 장치에 대한 프로 그램이 만들어졌기 때문이다! 이제 동일한 인터페이스를 선택하고 이것을 조명 시스템, 관수 제어, 보안 시스템 등에 적용해보자. 여러분은 새로운 제품과 플랫폼 전체에 걸쳐 성공할 수 있을 것이다.

애플의 다중 플랫폼인 MP3 플레이어, 모바일 폰, 신규 태블릿 컴퓨터에 걸쳐 있는 iOS 인터페이스에 대한 재사용을 알아보자. 분명히 잘될 것이다.

여기서 탐구하려는 이러한 위업에는 실제적이면서 사소하지 않은 장애물들이 있다.

설명하기에 앞서 재사용의 이점에 관해 한 가지 더 나의 주장을 제시한다. 여러분이 재사용 하려는 소프트웨어는 훌륭한 품질의 소프트웨어일 것이다. 사용이든 재사용이든 일단 자리를 잡으면 다중 인스턴스와 구현이라는 측면에서 이에 대한 역량을 실험해야 한다. 이렇게 알려 진 코드 몸체는 새로운 애플리케이션에서 지속적으로 재테스트하기만 한다면 새로운 코드보 다 결점을 숨길 확률을 더 적게 만들 수 있을 것이다. 그러나 다른 측면도 있다. 즉, 새로운 문맥에서 소프트웨어 재사용은 확실히 새로운 시나리오를 포함할 것이며, 이전에 숨겨졌던 결점이 드러날지도 모른다. 또한 새로운 환경에 조정하기 위해 코드를 변경한다면 결점이 나타날 수도 있다. 테스팅은 여전히 요구될 것이며, 그래서 이것은 진정한 이점이 아니고 현실 이 될 것이다.

수십 년 동안 소프트웨어 재사용의 궁극적인 목표를 공학자가 왜 추구해왔는가는 다음과 같은 이유로 아주 명백해진다.

- 비용 절감
- 마켓 적시성
- 마켓 수용
- 코드 품질

그렇게 많은 소프트웨어가 왜 여전히 아무런 정보도 없이 작성되는가?

소프트웨어 재사용의 제한 사항

세계에서 가장 좋은 HVAC 휴먼 인터페이스 설계를 이용해 홈 제어 마켓을 정복한다고 꿈꾸 는 것은 여러 가지 심각한 문제가 있다. 이들 중 어셈블리 언어, 하드웨어 종속성, 운영체제(소 프트웨어) 종속성의 세 가지 사항에 대해 살펴보자.

코드 재사용의 첫 번째 장벽은 임베디드 개발의 역사적 이상인 어셈블리 언어다. 여기서는 하드웨어 특정 언어로서 '어셈블리 언어'를 생각한다. 어셈블리 언어는 모두 특별한 프로세서를 위한 명령 집합용 연상 기호를 갖는다. 각각의 프로세서는 이식성^{portability}에서 서로 다르다.

C 같은 고급 언어는 이식이 가능하다. 즉, 주어진 어떠한 프로세서에서든 컴파일러는 코드를 어셈블리^{assembly}로 번역한다. 순수주의자들은 어떠한 컴파일러도 마스터 같이 원래의 어셈블리를 작성할 수 없으며, 오히려 손으로 작성한 코딩이 더 빠르고 더 작으며 더 훌륭한 코드를 사람들에게 제공할 것이라고 여전히 반박하고 있다. 나는 이점에 대해서는 반박하지 않을 것이다.

문제는 수십 개의 마이크로컨트롤러 아키텍처와 명령 집합이 존재한다는 점이다. 하나의 명령을 위해 어셈블리를 작성한다면 하나의 명령에 대해서만 작성하면 된다. C 코드로 작성한다면 이들 모두에 대해 가상적으로 작성하면 된다. 일단 C 언어를 배우면 코드 규모와 속도라는 관점에서 (아마) 어느 정도의 비용은 들겠지만, 어떠한 플랫폼에서든 C 언어를 이용할 수 있다.

좋은 소식은 역사상 프로세서 용량의 증가가 코드 성능의 요구를 상쇄해왔다는 것이다. 이것은 고객에게 영향을 미치지 않고 대부분의 경우에 대해 대부분의 개발자가 고급 언어로 이동하고 어셈블리 언어를 회피하게 도와줬다. C 언어는 플랫폼 불가지론^{agnosticism}이며, 불가지론은 코드를 재사용할 때 훌륭한 방법이다.

코드 재사용의 두 번째 장벽은 하드웨어 종속성^{dependency}이다. 임베디드 시스템을 위한 코드, 심지어 고수준의 코드도 특별한 플랫폼을 위해 종종 작성된다. 코드는 자신이 동작될 하드웨어에 대해 뭔가는 알아야 한다. 코드는 직접 레지스터를 건드릴 것이고, 그렇지 않으면 플랫폼의 능력을 활용하기 위해 주변장치에 관한 가정을 만들어야 한다. 코드 예제 9.1에 있는 코드는 클록 설정을 위해 레지스터 마스크$^{register\ mask}$와 비트 시프팅$^{bit\ shifting}$으로 채워져 있다.

코드 예제 9.1 하드웨어 특정 코드는 필수적이며, 심지어 고수준의 언어도 마찬가지다.

```
while (MCG_S & MCG_S_IREFST_MASK)();      // wait for reference clock status
                                          // bit to clear

while (((MCG_S & MCG_S_CLKST_MASK) >> MCG_S_CLKST_SHIFT) != 0x2)();  //wait for clock
                                          // status bits to show clock source is ext ref clk

// The crystal frequency is used to select the PRDIV value. Only even
// frequency crystals are supported
// This will produce a 2MHz reference clock to the PLL.
MCG_C5 = MCG_C5_PRDIV(24);
```

```
// Ensure MCG_C6 is at the reset default of 0.
MCG_C6 = 0;

// Set system options dividers
SIM_CLKDIV1 =      SIM_CLKDIV1_OUTDIV1(0) |    // core/system clock
                   SIM_CLKDIV1_OUTDIV2(1) |    // peripheral clock;
                   SIM_CLKDIV1_OUTDIV3(1) |    // FlexBus clock driven to the
                                               // external pin (FB_CLK).
                   SIM_CLKDIV1_OUTDIV4(3);     // flash clock
```

이러한 하드웨어 특정 종속성은 플랫폼에 대해 효과적으로 코드를 잠근다. 여러분이 다른 플랫폼으로 옮기길 원한다면 이 코드는 깨진다. 임베디드 소프트웨어는 그러한 코드로 가득 차 있다.

이것은 코드를 멍청하게 작성한 프로그래머 때문이 아니다. 완전히 그 반대다. 이것은 국제적인 설계 문제가 될 것이다! 우선 한 가지 이유는, 임베디드 소프트웨어가 '금속' 옆에서 동작하고 설정 코드를 요구한다는 점이다. 일부 소프트웨어는 하드웨어를 설정해야 하며, 저절로 동작하지 않는다.

동작 중인 하드웨어를 잠그는 소프트웨어에 대해 주목할 만한 또 다른 마켓 주도 이유가 있다.

제품은 성능 요구 사항을 만족시켜야 한다. 고객은 변화에 즉각 대처하는 민감성을 요구한다. 설계자는 제품의 비용이 계속 감소될 수 있도록 최소한의 코드 족적을 요구한다. 실세계에서 마켓은 플랫폼 특정 변경이 요구되는 최적화라는 압력을 받고 있으며, 이러한 마켓이 받는 압력은 일반적인 솔루션을 설계하는 데 필요한 '이론적인' 열망을 무시한다. 내년에 코드를 복사하려는 잠재적 욕구가 현재의 목표 성능을 만족시키려는 즉시적 요구보다 훨씬 더 크다. 이러한 현실은 빠른 시일 내에 해소될 것으로는 보이지 않는다.

나는 '결코 해소되지 않을 것'이라고 말하고 싶지만, '결코'라는 것은 상당히 절대적인 단어다. 증가하는 마이크로컨트롤러의 파워란 우리가 프로세서의 수용 능력에 도달해 더 이상 성능 최적화가 문제되지 않는다는 것을 의미한다. 지금까지 수용 능력에서의 증가란 수용 능력에 더 많은 특징을 넣을 수 있다는 것을 의미했지만, 최적화는 여전히 어려운 요구 사항으로 남아 있다. 나는 우리가 곧 열반으로 들어갈 것으로는 생각하지 않는다.

코드 재사용의 두 번째 장벽이 하드웨어 잠금locking이라면 코드 재사용에 대한 세 번째 장벽은 소프트웨어 레벨에서의 유사성analogous이다. 임베디드 소프트웨어를 최초로 설계하려는 분석가와 아키텍트는 먼저 운영체제를 선택해야 한다. 이것은 자가 제작 스케줄러 같이 간단한 운영체제이거나 아니면 고성능의 상용 실시간 운영체제^{RTOS}일지도 모른다. 운영체제가 복잡성 영역의 어디에 있든지 시스템에 있는 소프트웨어는 그 운영체제로 작성된다. 이것이 핵심이 되며, 소프트웨어에 관한 모든 것에 RTOS가 스며들게 조종된다.

전형적인 RTOS는 인터럽트 스케줄링, 다양한 스키마를 이용한 태스크 우선순위화, 메시지(세마포어와 뮤텍스) 전송 등과 같은 다양한 능력을 제공할 것이다. 소프트웨어가 이러한 서비스를 더 많이 이용하면 할수록 RTOS는 더 잘 잠길 것이다.

예를 들어 여러분이 작성한 드라이버 코드가 임계 구간에 들어가려 한다면 인터럽트를 꺼야 한다. 나금속$^{bare-metal}$ 환경에서는 일반적으로 설정해야 할 레지스터가 있다. RTOS 환경에서는 다양한 내부 단계가 요구될 수 있으므로 API를 호출해야 한다. 마이크리움^{Micrium}의 μCOS에 대해 여러분은 OS_CRITICAL_ENTER()와 OS_CRITICAL_EXIT() 매크로를 호출해 균형을 맞춰야 한다. RTOS가 변경되면 위의 두 가지 호출은 변경돼야 한다. MQX RTOS는 ENTER_CRITICAL_SECTION()과 EXIT_CRITICAL_SECTION()의 두 가지 호출을 갖고 있다.

여러분이 이용하는 RTOS의 서비스 횟수에 이것을 곱하라. 그러면 여러분은 문제의 규모를 이해할 것이다. 여러분이 변경하면 새로운 RTOS는 여러분이 사용했던 서비스를 지원하지 않을지도 모르며(아마 뮤텍스를 구현하지 않는다), 여러분은 심각한 포팅 이슈에 빠질 수 있을 것이다.

이에 대한 솔루션은 RTOS에 대한 추상화 계층을 생성하는 것이다. 모든 RTOS 호출은 이 계층으로 갈 것이며, 그런 다음 실제 RTOS로 다시 전송될 것이다. 이러한 전략은 다음 절에서 다루며, 여기서는 계층에 의한 재사용의 구현에 대해 논의한다. 두 가지 패널티가 있다. 첫째는 추상화 계층을 생성해야만 되고, 둘째는 규모와 속도에서 간접적인 성능 비용을 지불해야 된다.

이러한 현실에 비춰 특별한 플랫폼(프로세서, 보드, 주변장치, 드라이버, 터치 센싱 라이브러리, 운영체제 등)을 위해 맞춤식으로 설계된 모든 실질적인 목적에 사용되는 소프트웨어를 어떻게 선택하고, 다중 임베디드 설계를 위해 어떻게 이동해야 하는가? 이들 각각에 대해서는 다양한 프로세서와 다양한 표시기 기술을 가진 경우가 있을지도 모르며, 다양한 능력을 가진 다양한 모델이 있을지도 모른다. 잘될 수 있을 것인가?

소프트웨어 재사용의 종류

소프트웨어 재사용에 대한 가장 간단하면서도 첫 번째 사례는 대략 "이봐, 내가 진짜 멋진 알고리즘을 갖고 있어, 이 코드 여기 있어"라는 것이 될 것이다. 나는 이것을 잘라 붙이는 $_{cut-and-paste}$ 프로그래밍이라 부른다. 이것이 현실이고, 유효하며, 가치 있다. 이들을 함께 단일 문제 도메인에 넣어라. 그러면 여러분은 소프트웨어 라이브러리를 가질 수 있다. 이것을 문서화하고, 깨끗한 패키지에 포장하며, 이것이 다중 컴파일을 이용해 잘 동작할 것이라고 보장한다. 그러면 여러분은 뭔가 이뤄낼 것이다.

대표적인 사례가 표준 C 라이브러리다. 이 라이브러리는 완전히 구현된 상태로 메모리 할당, 스레드 조작, 표준 수식, 부동소수점 동작, 문자열 조작 등의 함수를 갖고 있다.

퀵 검색quick search은 사용자 인터페이스 장치, 오디오와 비디오 코덱, 천체 역학 같은 다양한 주제에 대해 도메인 특정 라이브러리를 찾게 해줄 것이다.

어느 정도 함수와 연관된 간단한 집합부터 C++에서 설계된 확장 가능한 추상 클래스 아키 텍처를 가진 고도로 구조화된 프레임워크에 이르기까지 소프트웨어 라이브러리에 대한 광택 연속체continuum가 있다. 이것이 결국 전부이고, 필수적이며, 소프트웨어 라이브러리와 이들 각각은 여러분이 재사용할 수 있는 코드 몸체를 대표한다.

많은 소프트웨어 라이브러리는 하드웨어에 종속되지 않는 순수한 소프트웨어다. 간단히 재컴파일하라. 괜찮을 것이다. 그리고 플랫폼이 라이브러리를 지원하는 자원을 갖고 있다고 가정하라(예를 들어 부동소수점이 요구된다면 플랫폼은 이를 지원해야 한다).

하드웨어 종속성이 있고 설계가 잘된 라이브러리가 반영되며, 모든 종속성을 특정 장소에 넣는다면 여러분은 특별한 하드웨어에 대한 라이브러리를 변경하고 조정할 수 있다. 어떠한 훌륭한 RTOS도 이러한 설계를 따를 것이다. 그 이유는 지원되는 하드웨어 영역이 너무 넓을 것이기 때문이다. 현재 진행 중인 노력 중 하나가 욕토 프로젝트Yocto Project다. 이 프로젝트는 임베디드 개발을 위해 고객 맞춤용 리눅스 기반 시스템을 가능하게 한다. 이 프로젝트는 보드 지원 패키지를 위한 공통의 구조를 정의하므로, 하드웨어 지원이 표준화되고 쉽게 이해하도록 만든다.

전형적인 설계는 분리된 파일 안으로 하드웨어 특정 코드를 반영하는 것으로, 이들 파일은 OS가 새로운 플랫폼에 포팅될 때면 언제나 재작성된다. 이것은 하드웨어 추상화 계층이 아니다. 쉽게 식별될 수 있게 하드웨어를 건드는 코드를 단순히 분리(팩토링)시키는 것이다. 여러분이 코드를 포팅한다면 하드웨어를 건드리는 부분은 재작성돼야 한다. 이러한 모든 소프트웨어를 한 장소에 유지함으로써 변경을 제어해야 하는 이러한 영역을 유지할 수 있다. 그림 9.2에 이러한 개념이 나타나 있다.

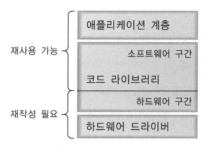

그림 9.2 분리된 코드 라이브러리는 하드웨어 종속 코드에 대한 쉬운 재사용을 도와준다.

계층에 의한 재사용 구현

하드웨어 추상화 계층[HAL]은 재사용 가능한 하드웨어 인터페이스를 소프트웨어 안에 구현한 것이다. 여러분은 HAL을 RTOS의 '하드웨어 구간'이라 생각할 수 있고, 또는 하드웨어 계층에 접근하는 다중 목적의 API를 일반화시킨 코드 라이브러리라고도 생각할 수 있다. RTOS 또는 애플리케이션(필요시)은 하드웨어를 건드리지 않고 HAL을 호출할 수 있다. HAL은 하드웨어 세부 사항에 대한 지식이나 종속으로부터 모든 코드를 격리시켜 보호하는 버퍼로서 행동한다. 그림 9.3에 이 개념이 블록 다이어그램으로서 어떻게 보이는지 나타나 있다.

그림 9.3 하드웨어 추상화 계층은 재사용성을 증가시킨다.

이론적으로 HAL 자체는 완전히 재사용 가능하며, 새로운 하드웨어에 포팅할 때 재작성할 필요가 없다. 실제로 HAL은 신규 플랫폼이 가진 일부 독특한 특성을 수용하기 위해 일반적으로 수정을 요구하지만, 안정된 API로서 HAL은 더 높은 레벨의 소프트웨어 관점에서 변경되지 않는다. 소프트웨어 재사용 관점에서 이것이 의미하는 것은 신규 하드웨어에 코드를 포팅할 때 하드웨어 민감 코드에 대한 안과 밖으로의 모든 접근은 변경되지 않는다는 점이다. 이론적으로 여러분은 어떠한 하드웨어 계층에서든 바꿀 수 있으며, 이것은 계속 동작할 것이다.

좋다. HAL을 이용함으로써 하드웨어로부터 우리가 속박 당하지 않게 도울 수 있다는 것을 우리는 이론적으로 안다. RTOS 종속성은 어떤가? 소프트웨어 레벨에서 재사용의 가장 근본적인 장벽 중 하나가 RTOS에 대한 코드의 잠금이다. 이에 관해 우리는 무엇을 할 수 있을까?

이에 대한 대답은 똑같은 수법이지만, RTOS 추상화 계층이다. 근본적인 기법은 간접적 행동이나 조치다. 직접 OS를 호출하는 대신, 추상화 계층에서 유사 함수를 호출하는 것이다 (이것을 포팅 계층이라 부른다). 포팅 계층은 RTOS를 호출한다(그림 9.4).

그림 9.4 포팅 계층의 구현은 RTOS에 대한 종속성을 허용한다.

초기 소프트웨어에서 RTOS 포팅 계층을 구현하지 못했을지라도 구현 이후에는 이 기법에 대한 장점을 계속 가질 수 있다. 마술사의 교묘한 속임수같이 RTOS의 API를 모방한 헤더 파일을 대체한다. 코드가 RTOS 호출을 만드는 곳에서 새로운 헤더 파일은 호출을 자신의 함수로 다시 보낸다. 새로운 함수는 필요시 어떤 설정을 수행하거나 아니면 래핑 작업을 수행하며, 이 작업을 수행하기 위해 새로운 운영체제의 병렬 함수를 호출한다.

이것이 세상에서 가장 간단한 포팅 기법이고 재사용 요령일 것이다. 이 방법에서는 대체로 코드를 재작성할 필요가 없다. 적절한 헤더 파일에서 링크만 하고, 필요한 코드는 제공하며, 새로운 RTOS를 이용하면 된다.

이것을 처음부터 다시 고안할 필요는 없을 것이다. 이 전략을 따르는 상업적인 시도도 있다. 그 중 하나의 사례가 마푸소프트MapuSoft로서, VxWorks, pSOS, Nucleus, POSIX, micro-ITRON 등과 같은 여러 OS로부터 포팅할 수 있는 툴을 제공했다.

이 전략에 대한 이점은 명백하다. 이제 더 이상 RTOS에 갑작스럽게 속박 당하지 않으며, 단 한 줄의 코드도 변경할 필요가 없다. 와우, 이제 공짜 점심에 대해 얘기해보자!

단점도 있는데, 그렇게 상당히 명확하지는 않지만 처해 있는 상황에 따라 수용할 가치는 있을지도 모른다.

포팅 계층은 간접 계층을 추가하므로 어떤 점에서는 비효율적이다. 적어도 이들 사이를 건너뛰는 함수 호출은 있어야 한다. 그리고 코드의 복잡성과 규모에 대한 증가가 있을지도 모른다. 그 결과, 성능상에 일부 영향이 있을지도 모른다. 그러나 새로운 OS에 대한 포트는 종종 새로운 하드웨어에 대한 포트로서 동시에 발생하며, 새로운 프로세서는 꽤 멋지게 성능 요구 사항을 수용할지도 모른다. 또한 새로운 RTOS가 본질적으로 더 효율적일지도 모른다. 사실 더 좋아질지도 모른다!

더 중요한 사실은 모든 운영체제가 동등하게 만들어지지 않았다는 점이다. 함수는 정확하게 병렬이 되지 않으며, 그래서 번역은 정확하게 1:1이 되지 않을 것이다. 예를 들어 인터럽트 처리 스키마가 다를 수도 있다. 우선순위 큐를 처리하는 새로운 RTOS가 어떻게 변경될 수 있는가. 여러분은 주의 깊게 이에 대한 기능성과 품질을 테스트해야 할 것이다.

그럼에도 불구하고 이것은 여러분의 코드가 운영체제에 복잡하게 묶여야 되는 압박으로부터 스스로를 자유롭게 만드는 하나의 전략이 될 것이다. 유일한 대안이 완벽하게 재작성되면 이는 사람들에게 크게 호응을 받을 것이며, 더 신속하게 설계 목적을 달성할 수 있을 것이다.

다음 레벨로 이동

지금까지 다뤘던 것은 우리가 아는 대로 임베디드 소프트웨어 개발에 대한 사항이다. 이는 실용적 중간물의 세계다. 요구 사항을 충족시키는 코드를 얻기 위해 하드웨어에서 가능한 한 모든 주기를 짜내야 한다. 하드웨어를 최적화하며, 소프트웨어를 하드웨어에 고정시킨다. 이렇게 함으로써 최소한의 재사용에 대해 우리 스스로가 비판할 수 있다.

우리는 이것을 싫어한다. 우리는 어리석지 않다. 우리는 재사용의 가치를 안다. 그러나 일반적인 재사용 가능 코드는 임베디드 시스템에서 '최소한의 공통분모'와 성능에 대한 압력을 뜻한다. 1년 또는 2년 후 하드웨어가 선택의 여지없이, 그리고 명령에 의해 변경된다면(보통 프로세스에서 더 성능이 좋아질 것이다) 새로운 플랫폼으로 이동하라. 그러면 우리는 뿌린 대로 거둘 것이며, 그러한 하드웨어와 RTOS의 종속성 때문에 비용은 초래된다.

여러분이 뛰어난 소프트웨어 설계에 참여하고 여기서 설명했던 기법을 잘 이용한다면 충격을 완화시킬 수 있고 소프트웨어의 재사용성을 향상시킬 수 있다. 이러한 비법과 요령에는 장점과 단점이 함께 있다.

여러분은 언제든지 HAL 또는 RTOS 추상화 계층을 생성할 수 있다. 어떠한 제조업자, 플랫폼, 제품, 프로세서에서든 종속성은 없다. 이것은 확실히 시간과 공학적인 노력이 소요될 것이다.

또한 이 기법은 간접적인 조치나 코드의 부풀릴 가능성, 특별한 플랫폼에 최적화되지 않는 코드를 이동할 때 항상 만날 수 있는 어려움 등을 내포하고 있다. 이것은 고용 보장의 형태지만, 공학자로서 더 좋은 방법이 있다는 것을 우리는 안다. 우리는 훌륭한 공학자이고, 우아한 설계를 좋아한다. 이러한 단점은 더 나은 해결책에 대한 욕구를 불러일으킨다. 도전인 것은 분명하다.

하드웨어에 최적화되지만 하드웨어와 운영체제에 불가지론인 재사용 가능한 소프트웨어 컴포넌트를 어떻게 생성할 수 있는가?

이것은 절대적으로 사소한 문제가 아니다. 이것은 다뤄졌었지만 오직 기업적인 독점 툴만 있을 뿐이다. 그럼에도 불구하고 나는 다음과 같은 두 가지 이유에서 탐구할 가치가 있다고 믿는다.

첫째, 이것은 최신 소프트웨어 개발을 고찰할 수 있는 유용한 활동이다. 지금까지 우리가 다뤘던 것은 알려진 상황이었다. 좀 더 앞으로 나아가 여러분에게 알려지지 않았을지도 모르는 단계로 데려가려 한다. 여러분이 새로운 개념을 이해한다면 여러분은 자신의 세계로 나아 갈 수 있다. 이러한 아이디어는 공공의 도메인으로 정제될지도 모르며, 일반적으로 더 유용해질지도 모른다.

둘째, (다양한 특징과 유용성에 대해) 독점 해결책을 구현하는 기업들이 임베디드 시장의 큰 구간을 차지한다는 점이다. 여러분이 이들 툴을 인식한다면 여러분은 자신의 일에 이 툴이 유용하다는 것을 발견할지도 모른다.

컴포넌트 팩토리 소개

여러분이 하드웨어에 불가지론인 재사용 가능한 소프트웨어를 명확하게 생성하길 원한다면 소프트웨어를 사전에 작성할 수 없다. 하드웨어 기술서 가운데 여러분은 파라미터 집합을 정의해야 한다. 프로젝트의 변경을 정의하는 파라미터의 경우 하드웨어는 변경될 수 있다. 이들 파라미터는 플랫폼에 요구되는 코드를 생성하는 전문가 시스템을 공식적으로 통지한다. '마법', 이러한 것이 있다면 이것은 모든 변종에서 전문가 시스템에 구축되는 필수 소프트웨어 일 것이다.

전문가 시스템은 컴포넌트 팩토리factory다. 여러분이 입력을 변경한다면 팩토리는 출력을 변경한다. 출력은 여러분이 정의한 시스템을 위해 생성하는 소프트웨어다. 시스템은 특별한 칩을 위한 초기화 코드만큼 작게 될 수 있으며, 또는 전체 RTOS를 캡슐화할 수 있다. 컴포넌트는 최대의 재사용성을 조장하기 위해 모듈화돼야 한다. 컴포넌트는 더 큰 소프트웨어 구조를 구축할 수 있는 빌딩 블록이다.

컴포넌트 팩토리의 기본적인 특징을 고찰하고, 그런 다음 실세계 구현에 대해 고찰한다. 프리스케일Freescale에서 작업하면서 나는 프로세서 전문가 시스템에 가장 친숙했기 때문에 컴포넌트 팩토리를 기본 본보기로 사용할 것이다. 소프트웨어 재사용에 대한 이런 접근법에 대한 장점과 단점을 요약해 제시할 것이다.

팩토리 메타포metaphor는 꽤 적절하다. 팩토리는 구성 가능한 기계 집합을 가진다. 우리는 요구 출력을 생산하는 기계를 구성하기 위해 많은 레버lever를 당기고 버튼을 누른다. 그런 다음 우리는 기계를 동작시키려고 버튼을 누른다. 컴포넌트 팩토리는 이러한 일반적인 흐름과 일치한다. 하드웨어를 이해하는 전문가 시스템이 있다. 이에 대한 더 자세한 레벨로 들어가 보자.

팩토리 하드웨어 구성

팩토리factory에 대한 첫 번째 이용 사례는 하드웨어 구성을 목표로 한다. 복잡성이 증가함으로써 실리콘 참조 매뉴얼은 수천 페이지까지 그 규모가 커졌다. 프로세서를 어떻게 초기화하는지 이해하는 것은 어려운 문제다. 실리콘 벤더들은 드라이버 라이브러리나 이러한 목적을 위한 사례 코드를 제공했지만, 이것은 종종 최소의 공통분모 코드가 된다.

구성 툴로 들어가보자. 이는 종종 전문가 시스템이 된다. 표 9.1은 일부 선택 사항에 대한 비표준 목록을 보여준다.

표 9.1 일부 컴포넌트 팩토리의 툴

툴	제공자	타깃	툴
PSoc Creator	Cypress	PSoC3, PSoC5	Keil, Code Sourcery
Grace	TI	MSP430	CodeComposer Studio
DAvE	Infineon	XC800, C500/800, C166/CX166, XE166, XC2000, TriCore	DAvE Bench
Processor Expert Software	Freescale	S08/RS08, S12, DSC, Power Architecture, Coldfire, Coldfire1, Kinetis(ARM Cortex-M4, Cortex-M01), Vybrid	CodeWarrior, IAR, Kiel, GCC

이들 툴 각각은 하드웨어 구성 툴보다 더 간단하다. 이러한 사례를 선택한 이유는, 이들 각각의 소프트웨어 패키지가 전문가 시스템이면서 (적어도) 기본 컴포넌트 팩토리이기 때문이다. 이들 툴 각각은 여러분이 선택한 구성에 일치하는 프로세서를 구성하기 위해 요구되는 소스코드를 생성할 것이다. 생성된 코드는 꽤 광범위할 것이다. 코드 예제 9.2는 사이프레스

Cypress에서 제작한 PSoC Creator의 PWM 코드에서 가져온 적은 분량의 발췌 부분을 보여준다. 이것은 칩 개정에 따른 다양한 대기 주기wait cycle를 설정하는 것으로, 정확하게는 전통적인 방법으로 참조 매뉴얼을 이용할 때 쉽게 잘못을 저지를 수 있는 섬세한 실리콘의 세부 사항에 관한 것이다.

코드 예제 9.2 전문가 시스템은 기술적 세부사항에서 미묘한 차이를 확인하는 코드를 생성한다.

```
{
    ...

    /* Save current flash wait cycles and set the maximum new one */
    cyPmBackup.flashWaitCycles = (CY_PM_CACHE_CR_CYCLES_MASK &
CY_PM_CACHE_CR_REG);

    /* Device is PSoC 3 and the revision is ES3 or later */
    #if(CY_PM_PSOC3_ES3)

        CyFlash_SetWaitCycles(45u);

    #endif /* End of (CY_PM_PSOC3_ES3) */

    /* Device is PSoC 3 and the revision is ES2 or earlier */
    #if(CY_PM_PSOC3_ES2)

        CyFlash_SetWaitCycles(49u);

    #endif /* End of (CY_PM_PSOC3_ES2) */
```

이 부분이 전형적인 소프트웨어 개발 프로세스에서 벗어나는 지점이다. 사전에 작성된 대표적인 재사용 소프트웨어는 클록 소스 같은 것에 대해 최소한의 공통분모 가정을 만들어야 한다. 그러한 가정이 잘 동작하지 않으면 일반적으로 헤더 파일에 용어를 정의하거나 시동 기간 동안 레지스터에 값을 설정함으로써 여러분이 작성한 코드를 이용해 이를 무시해야 한다. 구성 유틸리티에 옵션으로 명시된 컴포넌트 팩토리를 이용해 시스템은 자동으로 코드를 생성할 것이다. 그림 9.5는 프리스케일Freescale 사의 프로세서 전문가 시스템 툴을 보여준다.

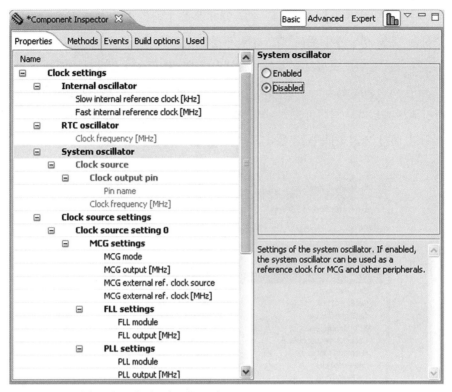

그림 9.5 하드웨어 구성 툴의 시스템 클록 구성

여러분은 필요한 하드웨어의 모든 부분에 대해 이 프로세스를 반복한다. 이것은 거의 마법이 아니지만, 전문가 시스템은 경이로운 보조제다. 전문가 시스템은 모든 레지스터, 모든 칩상의 모든 핀, 모든 주변장치가 이들 핀에 어떻게 사용되는지에 대한 방법, 모든 가능한 충돌요소 등을 이해해야 한다. 충돌 요소가 있다면 어떠한 소프트웨어도 만들기 전에 여러분이 시스템을 구성한 것처럼 경고를 해줘야 한다. 일단 여러분이 선택한 모든 구성을 만들었다면 코드를 생성하기 위해 버튼을 누른다. 전문가 시스템은 적절한 코드를 생성하는 데 요구되는 모든 변종의 소프트웨어를 포함한다. 선택된 구성을 기반으로 시스템은 정확하게 (코드 예제 9.2에서 본 것과 같은) 올바른 소프트웨어를 내놓는다.

팩토리 소프트웨어 구성

훌륭한 팩토리에서 하나의 크기가 모든 것을 충족시키지 않는다. 일반적인 주변장치가 여러 가지 기능을 갖지만, 여러분은 구현을 위해 그 모든 것을 필요로 하진 않는다. 다시 말해 모든 드라이버가 모든 기능을 갖는 표준 '드라이버 라이브러리' 전달 시스템에서 벗어나는데, 그 이유는 누군가가 원하는 것을 여러분이 결코 알지 못하기 때문이다. 팩토리 시스템에서 여러분은 원하는 것을 생산하기 위해 팩토리를 구성한다.

여러분은 어떤 함수를 포함시킬 것인지 결정한다. 그럴 필요가 없다면 그것을 포함시키지 말라. 그러면 여러분의 코드 크기는 최소화된다. 여기에 훌륭하고 실제적인 사례가 있다. 프로세서 전문가 팩토리는 타이머 드라이버^{Timer driver}를 포함한다. 이 드라이버는 그림 9.6에서 보는 것처럼 여러 가지 기능을 갖는다.

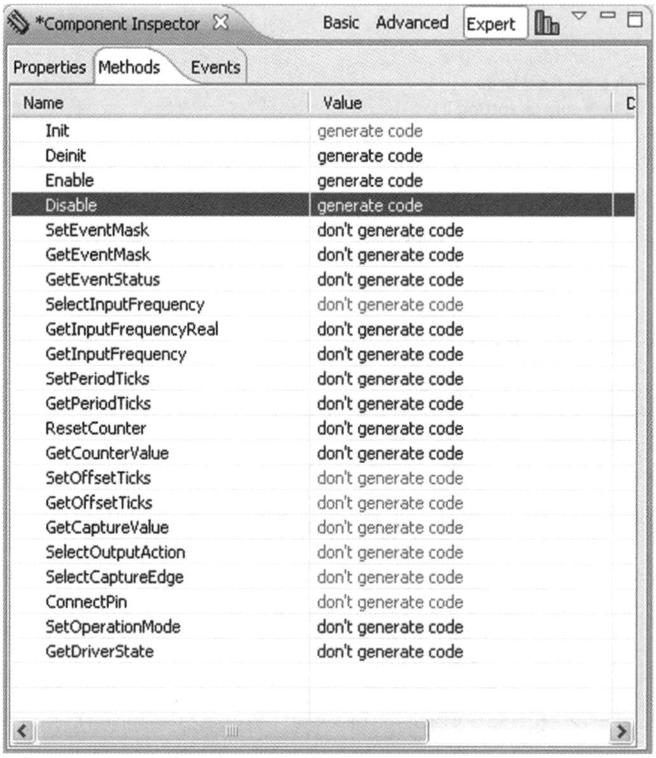

그림 9.6 타이머 드라이버에서 가용한 구현 관련 방법

여러분이 코드를 생성하려고 선택한다면 팩토리는 이를 따를 것이다. 그렇지 않다면 코드는 없을 것이다(이런 종류의 제어가 모든 컴포넌트 팩토리에서 가용한 것은 아니다). 버튼을 누르면 여러분이 선택한 하드웨어에서 작업하기 위해 만든 선택 사항과 일치시키기 위해 헤더와 소스 파일이 나타난다.

컴포넌트 팩토리는 드라이버 라이브러리가 아니고, 드라이버 라이브러리의 여러 구현을 모아 놓은 것도 아니다. 팩토리는 다음과 같다.

• 드라이버 라이브러리를 구축하기 위해 사용할 모든 것들의 모음

- 드라이버 구현 내에서 특별한 기능의 선택 방법을 비롯해 여러분이 원하는 모든 것을 선택하고 구성할 수 있는 인터페이스
- 충돌 요소에 대한 경고 사항을 제공할 수 있게 (핀 사용 같이) 그들 모두가 서로 어떻게 관련되는가에 대한 지식
- 요구 코드를 생성하는 버튼

팩토리가 재사용성을 지원하는 방법

새로운 플랫폼에 포팅할 때 동일한 모든 변경 사항에 대해 코드는 여전히 조정돼야 한다. 여기서 '새로운 플랫폼'은 다양한 I/O 주변장치 집합과 다양한 마이크로컨트롤러의 파생물이 될 수 있고, 심지어 완전히 서로 다른 MCU가 될 수 있다. 클록 소스는 무엇인가? 버스 속도는 어떤가? GPIO를 위해 어떤 핀을 사용할 것인가? ADC 드라이버에 어떤 방법이 필요한가? 모두 똑같은 질문이 발생할 것이다.

변경 사항에 대해 어떻게 조정하는가와 어디서 조정하는가는 다른 문제다. 소프트웨어를 재작성하는 대신, 팩토리를 재구성할 것이다. 훌륭한 팩토리 구현 사항(훌륭한 보조 시스템, 훌륭한 UI, 훌륭한 전문가 시스템)을 이용하면 소프트웨어를 재작성하는 것보다 팩토리를 구성하는 것이 훨씬 더 쉬울 것이고, 실수도 덜 범할 것이다.

이제 실세계는 우리 이론에 나쁜 영향을 미친다. 팩토리를 재구성하는 데 요구되는 작업은 여러분의 새로운 플랫폼이 원래 플랫폼과 어떻게 다른지에 달렸다. 이것은 현재 시행되고 있는 팩토리 개념에 대한 주요한 현실적 제한 사항에 직면하는 부분이다.

타깃 플랫폼은 전문가 시스템에 포함돼 있어야 하며, 시스템은 벤더에 특정적이다.

컴포넌트 팩토리를 생성하기 위해 필요한 공학적 작업의 양을 상상하는 것은 많은 노력이 들지 않을 것이다. 가용한 것은 실리콘 제조업체에서 나오지만, 제조업체의 생산 라인(또는 그것의 어느 부분)에는 제한 사항이 있다. 보편적인 해결책은 없다.

새로운 플랫폼인 벤더의 툴에 의해 처리되지 못하면 여러분은 9장의 시작 부분에서 언급한 전문적 기술이나 기법에 의존해야 한다. 즉, 하드웨어에 구축된 잘 반영된 코드와 RTOS 추상화 계층 등이다.

팩토리가 새로운 플랫폼을 처리한다면 별 문제가 없을 것이다. 시스템이 유사하다면 재구성은 사소한 문제가 될지도 모른다. 그것이 상당히 다르다면 재구성은 어떤 작업을 요구할지도 모른다. 훌륭한 전문가 시스템은 새로운 플랫폼에 동기화되지 않는 모든 것에 대해 여러분에게 경고해야 한다. 일단 새로운 하드웨어 시스템이 재구성되면 버튼을 눌러라. 그러면 새로운 코드를 갖게 될 것이다.

나는 팩토리의 재구성을 하찮아 보이게 만들려고 시도하지 않는다. 새로운 플랫폼을 근본적으로 수용하기 위해 요구되는 중요한 전문 지식과 작업은 여전히 존재한다. 그러나 팩토리 안에 구축된 전문가 시스템은 설계 시간에 잦은 실수를 예방하도록 도와줄 것이다.

우리는 하드웨어와 소프트웨어 구성에 대해 논의했다. 내가 탐구하길 원하는 컴포넌트 팩토리에 대한 두 가지 양상이 더 있다. 즉, RTOS 불가지론과 임의 확장성이다. 이들은 오늘날 진정으로 소프트웨어 개발의 최첨단에 있는 기술이다.

RTOS 불가지론

9장의 초기에 지적한 바와 같이 RTOS 불가지론agnosticism을 생성하는 전통적인 시도는 간접적인 조치에 달렸거나 이러한 조치를 요구하고 있다. 여러분은 헤더 파일을 포팅 계층을 호출하는 전용의 RTOS로 대체할 수 있다. 이 작업은 비효율성을 가져올지도 모른다. 이상적인 것은 하드웨어 계층의 구성 용이성을 모방하는 것이다. 진짜로 잘 설계된 컴포넌트 팩토리에서 하나의 재구성 가능한 항목은 "나는 여기서 RTOS 서비스를 이용할 필요가 있다"가 될 것이다.

예를 들어 주변의 드라이버 컴포넌트는 버퍼 또는 가능/불가능 인터럽트를 위해 메모리 할당을 요구할지도 모른다. '나금속' 환경에서 이것은 직접 이뤄진다. 여러분이 RTOS를 이용하려 한다면 RTOS 호출을 대신할 필요가 있고, 따라서 RTOS 추상화 계층이 필요하다.

이상적인 팩토리에서 코드 생성 프로세스는 더 좋을 수 있다. RTOS 어댑터는 모든 RTOS 종속성을 인식한다. 코드 생성 시간에 RTOS 어댑터는 주어진 시점에서 드라이버 로직이 RTOS 서비스를 필요로 한다는 것을 안다. 코드 생성기는 그 시점에서 올바른 RTOS 호출을 자동으로 대체한다.

코드 예제 9.3은 '자생적인', 즉 RTOS 어댑터를 이용하지 않는 GPIO 드라이버의 할당 메모리 부분을 보여준다. 호출 부분이 강조돼 있다.

코드 예제 9.3 RTOS 어댑터를 이용하지 않는 메모리 할당

```
LDD_TDeviceData* GPIO1_Init(LDD_TUserData *UserDataPtr)
{
/* Allocate LDD device structure */
    GPIO1_TDeviceData *DeviceDataPrv;

    /* {Default RTOS Adapter} Driver memory allocation: Dynamic allocation is
    simulated by a pointer to the static object */
    DeviceDataPrv = &DeviceDataPrv__DEFAULT_RTOS_ALLOC;
```

코드 예제 9.4는 RTOS 어댑터를 이용해 생성된 동일한 코드를 보여준다.

코드 예제 9.4 RTOS에 대한 직접 호출은 메모리 할당에 사용된다.

```
LDD_TDeviceData* GPIO1_Init(LDD_TUserData *UserDataPtr)
{
    /* Allocate LDD device structure */
    GPIO1_TDeviceData *DeviceDataPrv;

    /* {MQX RTOS Adapter} Driver memory allocation: RTOS function call is
    defined by MQX RTOS Adapter property */
    DeviceDataPrv = (GPIO1_TDeviceData
*)_mem_alloc_system((_mem_size)sizeof(GPIO1_TDeviceData));
    #if MQX_CHECK_MEMORY_ALLOCATION_ERRORS
    if (DeviceDataPrv == NULL) {
        return (NULL);
    }
    #endif
```

이것은 간접적인 조치가 아니라 직접적인 대체다. RTOS 어댑터는 RTOS에 특정적이다. 그래서 FreeRTOS 어댑터는 RTOS에 적절한 호출을 삽입한다. MQX RTOS 어댑터는 자신의 호출을 삽입한다. μCOS 어댑터는 자신의 호출을 삽입한다. 개발자는 단순히 "나는 이 RTOS를 이용할 예정이다."라고 말하면 되고, 나머지 부분은 자동이다.

여기서 소프트웨어 계층은 없다. "메모리 할당을 위해 이곳으로 와라, 여러분이 RTOS를 이용하려 하든지, 그리고 어떤 RTOS를 이용하든지에 따라 나는 올바른 일을 할 것이다."라고 말하는 이 방법에 대한 호출은 없다.

이것은 애플리케이션 소프트웨어에서 RTOS API에 대한 어떠한 직접적인 호출도 제거하지 않는다는 점에 주의해야 한다.

그럼에도 불구하고 이것은 재사용 가능한 컴포넌트 설계에서 진짜 RTOS 종속에 대한 시작점을 나타낸다. 이 차이가 실제 핵심적인 부분이다.

팩토리의 개념은 일반적으로 보드 지원 패키지라 부르는 것, 즉 주변의 드라이버와 프로세서 구성 같은 하드웨어를 건드리는 소프트웨어에 대한 이식성 정도를 훨씬 더 크게 만들 수 있게 해준다. 이것은 애플리케이션 소프트웨어를 목표로 하지 않는다. 팩토리의 초점이 하드웨어 이식성인 반면, 이것은 순수한 소프트웨어를 지원할 수 있다.

임의 확장성

팩토리의 핵심 요소는 컴포넌트 라이브러리다. 여러분이 재사용 가능한 컴포넌트를 갖고 있다면 이들 각각을 벽돌brick이나 모듈로 생각할 수 있다. 여러분이 구축한 소프트웨어는 여러분이 구축할 수 있는 컴포넌트의 집합만큼 훌륭하다. 이들 컴포넌트는 일반적으로 프로세서에서 IP 블록과 연관된 드라이버를 대표하며, 보드를 위한 주변의 드라이버는 팩토리를 구축하는 제조업자에 의해 제공된다.

제공자는 훌륭한 컴포넌트 집합을 여러분에게 줄 것이다. 이 글에 기록된 팩토리는 수백의 컴포넌트 아니면 수십의 컴포넌트를 가질 것이다. 이 양은 충분하지 않다. 여러분이 필요한 것을 놓치게 될 가망성이 꽤 있다. 결국, 승산은 자신의 보드를 구축하는 것이다. 훌륭한 팩토리는 확장이 가능해야 한다.

예를 들어 DAvE는 시스템 추가에 사용되는 플러그인plugin을 생성하기 위해 SDK를 갖는다. 프로세서 Expert는 시스템을 위한 임의의 소프트웨어 컴포넌트를 생성하기 위해 연관 애플리케이션인 컴포넌트 개발 환경CDE을 갖는다. 소프트웨어 컴포넌트는 하드웨어 종속성이 아니다.

인피니언Infineon의 SDK나 프리스케일Freescale의 CED를 이용해 소프트웨어 모듈을 캡슐화하는 임의의 컴포넌트를 생성할 수 있다. 이제 소프트웨어 컴포넌트를 생성할 수 있는 자유를 가진다. 내가 알고 있는 비상용 웹사이트 중 하나는 FreeRTOS, FAT 파일 시스템, USB 부트로더, 텍스트 그래픽 표시기, 보편적인 LED 드라이버, 저수준의 SD 카드 드라이버, S19 파일 해석기, 일반 BitIO, 기타 많은 것을 캡슐화하는 컴포넌트를 갖는다.

컴포넌트로서 소프트웨어 기능성을 생성하는 능력은 점점 더 재사용을 고무시킬 것이다. 적절한 환경과 적절한 설계를 이용하면 그들은 하드웨어 불가지론뿐만 아니라 RTOS 불가지론이 될 수 있다. 여러분이 그러한 컴포넌트로부터 애플리케이션을 구축하려고 시작한다면 팩토리는 또한 애플리케이션에 포팅하는 문제에 대해 유익한 영향을 미치기 시작할 것이다.

정리

컴포넌트 팩토리는 임베디드 시스템에서 소프트웨어 개발로 이동하는 주요한 패러다임을 대표한다. 여러분은 자신의 코드를 생성하기 위해 기계를 이용한다! 이것은 어셈블리 프로그래밍에서 C로 이동했을 때 임베디드 개발자가 했던 도약보다 더 큰 도약이 될 것이다.

팩토리에서 임베디드는 막대한 코드다. 팩토리는 '드라이버 라이브러리'였던 모든 코드를 그 안에 포함한다. 라이브러리를 제공하는 대신, 최소한의 공통분모 스타일인 팩토리는 구성 가능한 데이터베이스를 갖는다. 팩토리는 잠재적 드라이버 라이브러리의 가상 무한성virtual infinity에 대해 여러분이 요청한 것을 제공할 것이다. 일단 그것이 설정되면 팩토리는 여러분에게 개인화되고 최적화된 드라이러 라이브러리를 제공한다.

여러분은 설계 시간에 새로운 소프트웨어를 작성하는 것보다 선택 사항을 구성함으로써 변경을 성취한다. 팩토리는 하드웨어에 대한 첨단 지식을 기반으로 여러분을 위해 소프트웨어를 작성한다. 팩토리 시스템의 아름다움은 하드웨어와 RTOS 종속성을 무시한다는 점이다. 여러분은 하드웨어를 변경하고, 선택 구성 사항을 변경하며, 버튼을 누르고, 새로운 코드를 갖는다. 대부분의 소프트웨어 공학자는 더 이상 고수준의 하드웨어 전문 지식이 필요 없으며, '포팅'도 훨씬 쉽게 이뤄질 것이다.

또한 적절히 구성된 하드웨어 종속 컴포넌트는 팀 전체에 걸쳐 공유될 수 있기 때문에 소수의 시스템 전문가가 다수의 소프트웨어 공학자를 지원할 수 있게 된다. 하드웨어 전문가는 하드웨어 변경을 설정하고 다룰 수 있으므로, 컴포넌트를 소프트웨어 개발 팀 전체에 걸쳐 공유하게 할 수 있다.

마지막으로 여러분은 잘 설계되고 캡슐화된 '순수한' 소프트웨어 컴포넌트를 생성하고, 이들을 팩토리 안으로 합칠 수 있다. 요청한 대로 기능을 가능하게 하거나 불능하게 만드는 능력을 갖고, 코드는 데드 스트리핑dead-stripping 링커에 의존함이 없이 크기를 정하기 위해 최적화될 수 있다. 재사용 가능한 소프트웨어 컴포넌트 라이브러리는 팀, 회사, 커뮤니티의 계획과 니즈에 반영될 수 있다.

결국, 컴포넌트는 기둥과 트러스, 벽돌같이 단단하고 단조로우며 신뢰할 수 있어야 한다. 이를 이용해 우리는 소프트웨어 대성당을 구축할 수 있다.

컴포넌트 팩토리에 대한 명확한 이점에도 불구하고, 현실은 각각의 컴포넌트가 독점적인 영역이 있어야 한다는 것이다. 여러분은 팩토리를 이용하고, 특정 제조업자와 결부된다.

이러한 제한에는 명확한 마켓 원리가 있다. 하드웨어 초기화의 어려움과 소프트웨어를 플랫폼 전체에 걸쳐 이동해야 하는 필요성이 실제 필요성을 만들어낸다. 실리콘 벤더는 경쟁적인 이점을 얻기 위해 자신의 제품에 필요한 것을 채워야 하는 마켓 장려책을 갖는다. 이것이 거대한 투자를 유도하고, 컴포넌트 팩토리에게 주어졌던 소프트웨어 혁신의 경계로 밀어붙이게 만든다.

미래에 이러한 개념이 비독점적인 해결책으로 이어지는지 볼 수 있는지는 시간만이 말해줄 것이다.

참고 문헌

[1] B. Boehm, Software Engineering Economics, Prentice-Hall, Englewood Cliffs, NJ, 1981.

[2] B. Boehm, C. Abts, A. Winsor Brown, S. Chulani, B.K. Clark, E. Horowitz, et al., Software Cost Estimation with COCOMO II, Prentice-Hall, Englewood Cliffs, NJ, 2000.

비용 추정

[3] Personal analysis using CoStar 7.0 from SoftStar Systems to create cost estimates based on COCOMO II. <www.softStarSystems.com>.

[4] Available from: http://en.wikipedia.org/wiki/Barry_Boehm.

[5] Available from: http://en.wikipedia.org/wiki/COCOMO.

[6] Available from: http://sunset.usc.edu/csse/research/COCOMOII/cocomo_main.html.

결점 테스팅

[7] Available from: http://en.wikipedia.org/wiki/Software_testing.

[8] Available from: http://www.ece.cmu.edu/Bkoopman/des_s99/sw_reliability/.

라이브러리

[9] Available from: http://en.wikipedia.org/wiki/Library_(computing).

[10] Available from: http://en.wikipedia.org/wiki/C_standard_library.

10

임베디드 시스템을 위한 소프트웨어 성능 공학

로버트 오샤나(Robert Oshana)

임베디드 시스템은 종종 성능과 관련된 하나 또는 그 이상의 요구 사항을 갖는다. 현대의 임베디드 소프트웨어 시스템이 갖고 있는 복잡성으로 인해 이러한 성능 목표를 달성하기 위해서는 체계적인 접근법이 필수적이다. 애드혹^{ad hoc} 프로세스는 마감 시간을 맞추지 못하는 시스템이나 빈약한 성능의 시스템을 만들 수 있고, 또한 프로젝트를 취소시키는 결과를 만들수도 있다. 다중의 실시간 성능 요구 사항에서 시스템을 정의하고 관리하며 전달하는 데 필요한 성숙도^{maturity}가 있다.

성능 프로세스 성숙도^{PPM}는 능력 성숙도 모델^{CMM}과 유사하게 등급으로 측정할 수 있고, 기타 연관된 등급으로도 측정할 수 있다. 그림 10.1은 성능 공학을 위한 유사한 등급을 보여준다.[1] 이러한 성숙도 레벨은 다음과 같이 기술될 수 있다.

- **성숙도 레벨 0: 애드혹 장애 제거** 이 레벨에서는 성능과 연관된 운용적 양상에만 초점이 맞춰져 있다. 성능과 연관돼 존재하는 어떠한 요구 사항이든 필요한 기본 능력만을 명시하며 정량적으로 명시하지 않는다. 이 레벨에서 성능 이슈는 개발 프로세스의 초기, 즉 프로토타이핑 또는 초기의 반복 단계 동안에 발견된다. 이러한 성능 이슈는 코드를 최적화해 애플리케이션을 조정함으로써 해결한다. 이 접근법은 점증적인 향상만 제공한다.
- **성숙도 레벨 1: 체계적 성능 해결** 성숙도 레벨 1에서 소프트웨어 팀은 다음과 같은 전형적인 접근법을 이용해 성능에 대한 병목현상을 처리하는 등 좀 더 체계적인 성능 해결 프로세스를 갖는다.

- 발견
- 검출
- 격리
- 해결

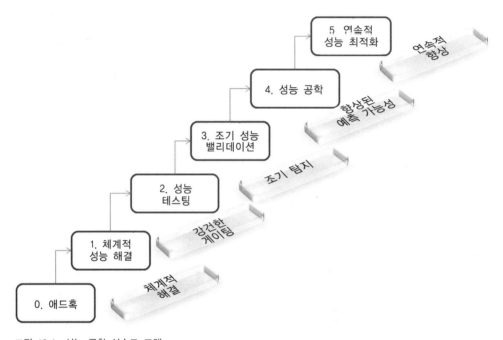

그림 10.1 성능 공학 성숙도 모델

이 접근법은 병목을 식별하고 이를 적절히 조정해 성능을 해결하는 데만 초점을 맞춘다. 이 접근법을 위해서는 성능 이슈를 해결하는 데 도움을 줄 수 있는 도메인 전문가가 요구된다. 그러나 이 레벨에서도 성능 문제를 조기에 식별할 수 있는 프로세스는 여전히 존재하지 않는다.

- **성숙도 레벨 2: 성능 테스팅** 레벨 2에서 소프트웨어 팀은 임베디드 시스템에 대한 성능 데이터를 수집하기 위해 일정 수준의 자동화를 가질지도 모른다. CPU 사용 효율, I/O, 메모리, 전력 같은 임계 자원에 대한 관리를 체계적으로 다루기 위해서는 일반적으로 적극적인 노력이 있어야 한다. 그러나 이 성숙도 레벨에서도 시스템이 성능 결함을 수리하기 위해 노력의 대부분을 개발에 쏟아 부을 때까지는 운영체제나 기타 하드웨어 형상 조정에 제한 사항을 갖는다.

- **성숙도 레벨 3: 조기 성능 밸리데이션** 이 레벨에서는 성능 평가와 성능 기획이 개발 프로세스의 필수적인 부분이 된다. 성능 요구 사항은 모델링 접근법과 프로파일링 툴을 이용해 좀

더 공격적으로 관리된다. 성능에 대한 반응 시간 비용은 애플리케이션에 걸쳐 할당되며 적절히 관리된다.

- **성숙도 레벨 4: 성능 공학** 레벨 4에서는 소프트웨어 성능 공학의 근본적인 실천이 진행되며, 수명주기 내내 관리된다.
- **성숙도 레벨 5: 연속적 성능 최적화** 이 레벨의 프로세스 성숙도에서는 시스템에 대한 변경 제안이 최종 사용자에 대한 영향을 기준으로 평가되며, 적절하고 중요한 자원 활용에 대한 영향도 평가된다. 이에 대한 트레이드오프는 익히 알려져 있고 합리적이다. 과도한 최적화는 목적의 이해를 통해 예방되며, 너무 빠른, 즉 시기상조의 최적화는 없다. 시스템의 전체 비용은 시스템의 전체 성능이라는 관점에서 익히 알려져 있다. 즉, 투자 수익률^{ROI}이라는 관점에서 볼 때 이러한 최적화의 성취 비용 대비 핵심 성능에 대한 최적화의 이점을 합리화시키기 위해서는 준수해야 할 규율이 있다는 의미다.

소프트웨어 성능 공학^{SPE}은 성능 공학 프로세스의 성숙도를 향상시킬 수 있는 폭넓은 시스템 공학 영역 내에서 준수해야 할 규율이다. SPE는 성능 목표에 적합한 소프트웨어 시스템을 구축하는 체계적이며, 정량적인 접근법이다. SPE는 소프트웨어 지향 접근법이다. 즉, SPE는 아키텍처, 설계, 구현의 선택 사항에 초점을 맞춘다. SPE는 시스템의 성능 관련 요구 사항을 충족시키기 위해 소프트웨어가 아키텍처화되고 구현된다는 것을 보장하려고 임베디드 소프트웨어 개발의 수명주기 전 단계에 적용되는 활동, 기법, 산출물에 초점을 맞추며, 특히 이의 반응성^{responsiveness}과 확장성^{scalability}에 초점을 맞춘다.

반응성은 시스템의 목표를 충족시키기 위한 반응 시간과 처리량 같은 시스템의 능력이다. 종단 시스템에서 사용자 관점으로부터 정의되기 위해서는 태스크의 완료 시간, 시간 단위당 트랜잭션의 수, 이벤트에 대한 빠른 반응 속도 등이 정의돼야 한다. 한 가지 사례가 대략적으로 이더넷 포트 같은 주변 대역폭의 '라인 비율'인 패킷 처리량으로 기대되는 임베디드 네트워킹 애플리케이션이 될 것이다.

확장성은 증가하는 소프트웨어 기능의 수요만큼 반응 시간이나 처리량 목표를 계속해서 충족시키는 시스템의 능력이다. 예를 들어 팸토^{Femto} 기지국에서 휴대폰의 호출 숫자가 증가하는 것만큼 소프트웨어는 증가하는 사용자 수에 대한 처리 요구 사항을 충족시키기 위해 적절히 확장돼야 한다.

이와 같이 시스템에서의 성능 장애는 비효율적인 코딩과 구현보다는 거의 대부분 근본적인 하드웨어/소프트웨어 아키텍처 또는 소프트웨어의 설계 요소에 기인한다. 시스템이 바라는 (또는 요구하는) 성능 속성을 보여줄 수 있는지 없는지는 아키텍처가 선택된 시기에 의해 결정된다. 개발 주기 초반에 성능 관련 요소를 무시하는 것과 프로그램이 올바르게 동작한 후 성능을 조정하는 것은 적시에, 그리고 예산 범위 내의 배포를 실패로 만드는 임베디드 시스템의 가장 근본적인 원인인 '나중에 고치자'는 사고방식이다.

소프트웨어 성능 공학SPE의 몇 가지 주요한 목표는 다음과 같다.[3]

- 성능 이슈로 인해 지연된 임베디드 시스템 배치 제거
- 성능 이슈로 인해 회피 가능한 시스템 재작업 제거
- 회피 가능한 시스템 조정과 최적화 노력 제거
- 성능 목표 충족에 필수적인 추가적이고 불필요한 하드웨어 비용 회피
- 제품에서 성능 문제로 인해 증가하는 소프트웨어 유지 보수 비용 절감
- 고정된 애드혹 성능으로 영향 받은 소프트웨어로 인해 증가하는 소프트웨어 유지 보수 비용 절감

SPE 프로세스는 다음 단계를 포함한다(그림 10.2 참조).[3]

1. 성능 리스크 접근
2. 임계 유스케이스 식별
3. 핵심 성능 시나리오 선택
4. 성능 목표 확립
5. 성능 모델 구축
6. 소프트웨어 자원 요구 사항 결정
7. 컴퓨터 자원 요구 사항 추가
8. 모델 평가
9. 모델 확인과 검증

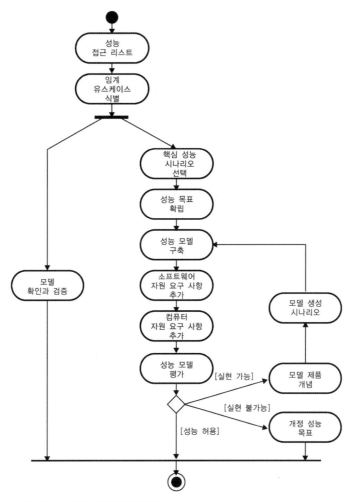

그림 10.2 SPE 모델링 프로세스

SPE 프로세스는 임베디드 프로젝트와 조직의 목적을 기반으로 필요한 만큼 맞게 만들 수 있다. 그림 10.3은 성능 공학 활동에 맞게 만든 프로세스를 보여준다. 이 프로세스에서 성능 계산기는 애플리케이션을 위해 중요한 성능 유스케이스를 모델로 만드는 데 사용된다. SoC 아키텍처는 기존 하드웨어 벤치마킹(P2020 하드웨어)에서의 데이터뿐만 아니라 이 프로세서의 입력도 될 수 있다. 성능 목표는 소프트웨어 작업 기술서SOW에서 문서화를 위해 사용되는 성능 보고서를 생성하는 데 사용된다. 이 작업 기술서는 시스템 개발 프로세스에 기여하는 제3의 벤더를 위한 요구 사항 문서로 사용될 뿐만 아니라 내부 문서화를 위해서도 사용된다. 소프트웨어 구현은 구현 단계를 통해 초기 아키텍처 설계로부터 성능 목표를 충족시키는 데 초점을 맞춘다. 성능 분석은 목적이 충족되는지를 보장하기 위해 프로젝트의 각 주요 단계에서 공식적으로 수행된다. 이 애플리케이션을 위한 소프트웨어 아키텍처가 그림 10.4에 나타나 있다. 점선으로 된 박스 내에 있는 소프트웨어 컴포넌트는 제3의 벤더에 의해 개발됐고 성능 요구 사항을 충족시키기 위해 관리돼야만 하는 핵심 성능 유스케이스다.

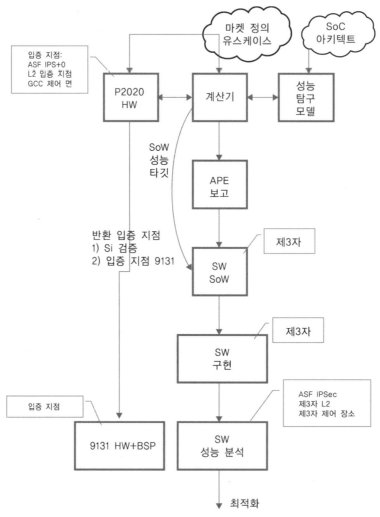

그림 10.3 성능 메트릭 관리를 위해 성능 계산기를 이용한 프로세스 흐름 사례

SPE는 프로젝트 관리, 성능 모델링, 성능 측정 영역의 모범 사례를 포함한다. 프로젝트 관리의 모범 사례는 성능 리스크의 조기 평가 수행, 성능 공학에 대한 비용과 이점 추적, 전체 시스템의 성능 리스크를 기반으로 한 SPE에 대한 노력 수준의 일치, 임베디드 소프트웨어 개발 프로세스로의 SPE 통합, 정량적 성능 목표의 확립, 이들 목표를 충족시키기 위한 개발 프로세스의 관리, 최악의 성능 유도 시나리오에 초점을 맞춘 임계 성능과 관련된 유스케이스 식별 등을 포함한다.

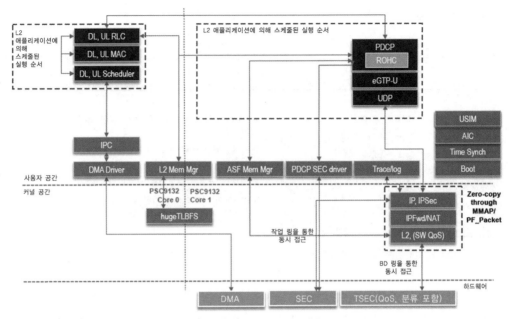

그림 10.4 성능 계산기 결과를 기반으로 한 소프트웨어 아키텍처 분할

모델링은 SPE의 중요한 양상이다. 성능 모델링의 일부 모범 사례에는 소프트웨어 코딩과 구현 단계를 시작하기 전에 소프트웨어 아키텍처와 설계 대안을 평가하는 성능 시나리오에 대한 사용법을 포함하고 있다. SPE는 시스템 아키텍처, 설계, 구현에 대한 계획 수립 시 발생하는 문제 식별의 가장 간단한 모델 개발과 분석부터 시작한다. 각 단계에 대한 세부적인 사항은 소프트웨어가 점점 더 분명해지면 추가된다. 그림 10.5는 팸토 기지국 애플리케이션에 대해 기대되는 성능 목적을 모델링하는 데 사용되는 성능 유스케이스의 사례를 보여준다. 형상 관리[CM] 사례는 소프트웨어 변경에도 계속 동기화되는 성능 모델의 베이스라인을 생성하는 데 이용될 수 있다. 그림 10.6은 팸토 기지국의 소프트웨어 프로젝트에서 성능 프로그램을 관리하기 위해 확립된 형상 관리에 대한 분기 사례를 보여준다. 여기서 자원 관리 평가를 위한 최상과 최악의 사례는 예상 성능에 가깝게 만들기 위해 사용된다.

유스케이스 정의

sectors	Band	Frame Config	UL UEs + DL UEs	UL	DL	DL Mbps	UL Mbps	SR/ACK/CQ info (per TTI over PUCCH)	RACH Root seq	Sounding UE (per TTI)	Device	SC3850 Freq.	#Device
1	20	FDD	32+32(6+6 shced per TTI)	1x2	2x2	102	51	1/32/1	1	1 wide band	PSC9131	1000MHz	1

SC3850 코어와 MAPLE PE 로드

Total MCPS	563
SC3850 코어 로드	56%
	54%
FTPE	25%
PUPE	5%
eTVPE	54%
DEPE	5%
PDPE	21%

➤ 1GHz 코어 주파수에서의 예상 평균 코어 로드는 56%임

➤ 스케줄링은 MAPLE과 FAPI 제어라는 오버헤드를 포함함

➤ 번호는 독립된 컴포넌트 프로파일링을 기반으로 함

➤ 332명의 적극적 사용자를 고려하며, TTI당 6UL + 6DL의 예정 사용자로 번역됨

그림 10.5 소프트웨어 성능 공학 모델링에 사용된 성능 시나리오와 유스케이스

SPE의 또 다른 중요한 영역이 성능 측정이다. 성능 측정은 결과가 전형적이면서도 생산적이라는 것을 보장하기 위해 계획 수립에 대한 측정 실험을 포함한다. 소프트웨어 또한 SPE 데이터 수집을 촉진시키기 위해 기능화돼야 한다. 마지막으로 소프트웨어의 성능 필수 컴포넌트가 일단 식별되면 이 컴포넌트는 종종 구축된 모델을 검증하고 예상 산출물을 일찍 검증하기 위해 조기에 측정된다. 팸토 기지국 프로젝트에서 이 프로세스를 이용해서 나온 결과 사례는 그림 10.7과 10.8을 참조한다.

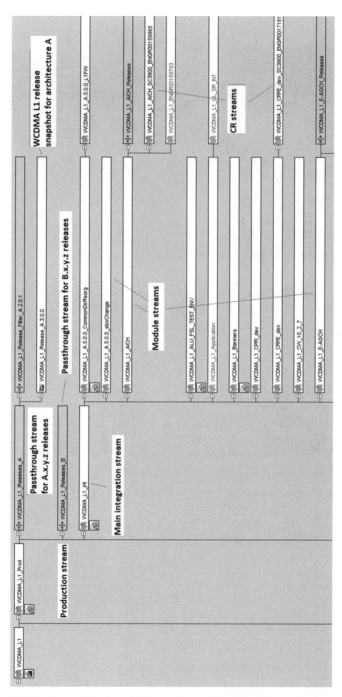

그림 10.6 형상 관리 스트림은 팸토 기지국 프로젝트의 성능 향상 관리를 지원하는 데 사용된다.

• 유스케이스 정의

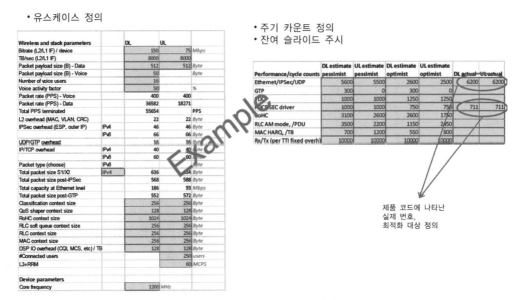

그림 10.7 주기 카운트 기반의 성능 시나리오에 영향을 주는 핵심 파라미터

• 계산기 출력

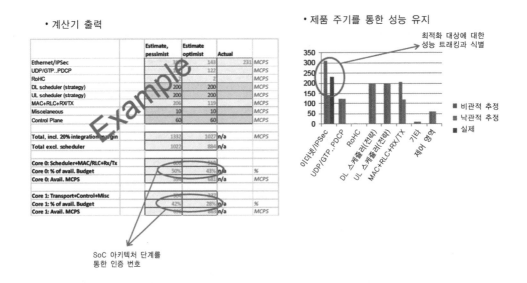

그림 10.8 '성능 계산기' 출력은 핵심 성능 시나리오를 식별하고 추적하는 데 사용된다.

로이드 윌리엄스Lloyd Williams는 성능 향상을 위해 다음과 같은 다섯 가지 단계를 제시했다.[2]

1. **있어야 할 장소를 결정하라** 시스템은 "가능한 빨라야 한다"와 같은 요구 사항이나 요구는 거절하라. "패킷 처리량은 IP 포워딩forwarding을 위해 초당 600K 패킷이 돼야 한다"와 같은 정량적 조건을 사용하라. 시스템의 잠재적인 미래 유스케이스를 이해하고 이러한 유스케

이스를 다루기 위해 필수적인 확장성을 설계하라. 그림 10.9는 이러한 성능 목적을 어떻게 정의하는지에 대한 사례를 보여준다. 이를 적절히 수행하기 위해 취해야 할 첫 번째 단계는 시스템 차원을 식별하는 것이다. 이것은 문맥적이며, '무엇what'에 대해 정립하는 것이다. 그런 다음 핵심 속성이 식별된다. 이것은 시스템이 어떻게 잘 "해야 한다shall be"를 식별하는 것이다. 그런 다음 "어떻게 알 것인가How we'll know"를 결정하기 위해 메트릭이 식별된다. 이 메트릭은 '예상Should' 값과 '필수Must' 값을 포함해야 한다. 그림 10.9의 사례에서 IP 포워딩은 시스템 차원이다. 네트워킹 애플리케이션 영역에 주안점을 둔 핵심 측정 요소가 바로 IP 포워딩이다. 핵심 속성은 '신속성fast'이다. 얼마나 많은 패킷이 시스템을 통해 포워드될 수 있는지를 기반으로 시스템은 측정된다. 핵심 메트릭은 초당 수천 패킷 (Kpps)이 된다. 시스템은 600Kpps를 성취할 수 있어야 하며, 최소의 시스템 요구 사항을 충족시키기 위해서는 적어도 550Kpps에 도달해야 한다.

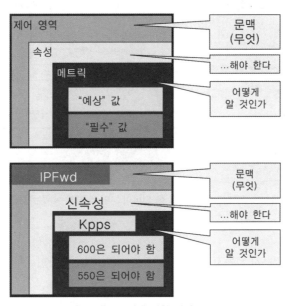

그림 10.9 정량적 성능 목적에 대한 정의

2. **현재 어디에 있는지 결정하라** 시스템의 어떤 유스케이스가 성능 문제의 원인인지 아닌지 이해하라. 가용한 툴과 측정 장치를 이용해 정량화하라. 그림 10.10은 성능 분석과 튜닝tuning을 위해 가시성 '후크hook'를 디바이스에 제공할 수 있는 다중 코어 SoC를 위한 디버그 아키텍처를 보여준다. 그림 10.11은 임베디드 시스템에서 성능 문제를 정량화해 필요한 정보를 수집하기 위해 SoC에 가시성을 제공하는 임베디드 프로파일링과 분석 툴을 이용하는 전략을 보여준다. 소프트웨어 아키텍처가 성능 목표를 지원할 수 있는지 없는지를 결정

하기 위해 시스템에 대한 적절한 평가를 수행하라. 성능 이슈를 표준 소프트웨어 튜닝과 최적화 방법을 이용해 해결할 수 있는가? 이것은 중요한 문제다. 그 이유는 이러한 튜닝 접근법을 이용해 목적을 성취할 수 없는지, 그리고 더 근본적인 변경이 요구되는지만 나중에 결정하기 위해 애플리케이션을 튜닝하는 데 수개월을 소비한다는 것은 바람직하지 않기 때문이다. 궁극적으로 이 단계에서는 성능 향상이 재설계에 요구되는지, 또는 튜닝이 충분한지를 결정해야 한다.

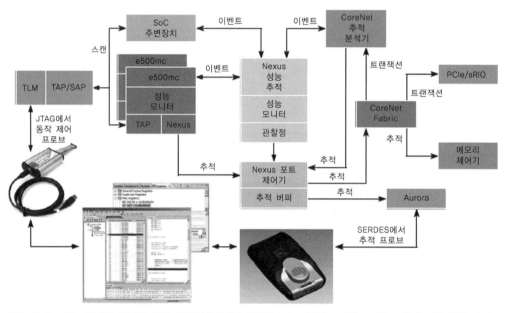

그림 10.10 성능 분석과 튜닝을 위해 가시성 '후크'를 디바이스에 제공할 수 있는 다중 코어 SoC를 위한 디버그 아키텍처

3. **목표를 성취할 수 있는지 없는지 결정하라** 성능 최적화는 간단한 것부터 더 복잡한 것까지 다음과 같은 여러 범주가 있다.

   ○ **저비용/낮은 ROI 기법** 이 기법은 보통 자동화된 최적화 옵션을 포함한다. 임베디드 시스템에서 공통적인 접근법은 임베디드 소프트웨어에 대한 더 공격적인 최적화를 가능하게 만들기 위해 컴파일러 옵션을 사용한다.

   ○ **고비용/높은 ROI 기법** 임베디드 소프트웨어 아키텍처를 재사용하거나 리팩토링refactoring 한다.

   ○ **중간 비용/중간 ROI 기법** 이 범주는 더 효율적인 구축을 이용하기 위해 소프트웨어 보완 접근법뿐만 아니라 최적화 알고리즘과 데이터 구조(예를 들어 DFT 대신 FFT를 이용하는 것)를 포함한다.

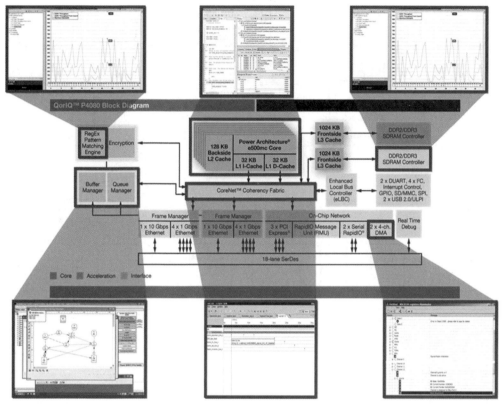

그림 10.11 임베디드 시스템에서 성능 문제를 정량화해 필요한 정보를 수집하기 위해 SoC에 가시성을 제공하는 임베디드 프로파일링과 분석 툴을 이용하는 툴 전략

4. **목표를 성취할 수 있게 계획을 개발하라** 첫 번째 단계는 투자 수익률ROI을 기반으로 다양한 제안 솔루션에 대해 파레토 랭크pareto rank를 매긴다. 모델링과 벤치마킹을 포함해 자원 요구 사항을 평가하는 다양한 방법이 있다. 일단 성능 목표가 결정되면 튜닝 단계는 목표를 충족할 때까지 반복된다. 그림 10.12는 DSP 임베디드 소프트웨어를 최적화하는 데 사용되는 프로세스 사례를 보여준다. 이 그림에서 보는 것처럼 반복적 단계를 기반으로 애플리케이션을 최적화하는 정의된 프로세스가 존재한다.

○ 애플리케이션에 대한 핵심 성능 시나리오를 이해한다.

○ 성능, 메모리, 전력에 대한 핵심 최적화를 위해 목적을 설정한다.

○ DSP 애플리케이션과 성능 요구 사항을 일치시키기 위해 프로세서 아키텍처를 선택한다.

○ 시스템에서 핵심 알고리즘을 분석하고 필요시 알고리즘 변환을 수행한다.

○ 핵심 벤치마크를 위해 컴파일러 성능과 출력을 분석한다.

○ 고수준 언어(예를 들어 C)에서 독창적으로 코드를 작성한다.

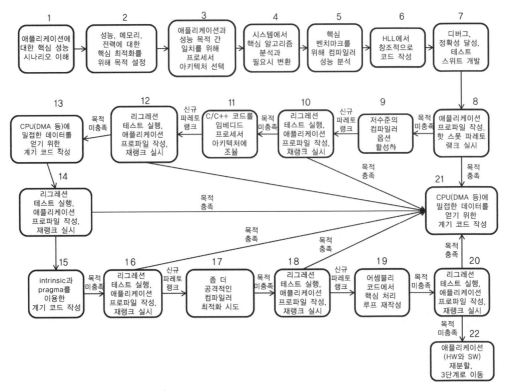

그림 10.12 임베디드 DSP 애플리케이션의 성능을 관리하는 프로세스

○ 디버깅을 실시하고 정확성을 달성하며, 리그레션 테스트를 개발한다.

○ 애플리케이션에 대한 프로파일을 작성하고 '핫 스폿hot spot'에 대한 파레토 랭크를 매긴다.

○ 컴파일러를 이용해 저수준의 최적화로 변환한다.

○ 리그레션 테스트를 실행하고 애플리케이션 프로파일을 작성하며, 재랭크를 실시한다.

○ C/C11 코드를 하드웨어 아키텍처에 연결시키기 위해 조율한다.

○ 리그레션 테스트를 실행하고 애플리케이션 프로파일을 작성하며, 재랭크를 실시한다.

○ DMA와 기타 기법을 이용해 가능한 한 CPU에 밀접한 데이터를 얻기 위해 계기 코드를 작성한다.

○ 리그레션 테스트를 실행하고 애플리케이션 프로파일을 작성하며 재랭크를 실시한다.

○ 인트린식intrinsic과 프라그마pragma를 이용해 컴파일러에 링크를 제공하는 계기 코드를 작성한다.

○ 리그레션 테스트를 실행하고 애플리케이션 프로파일을 작성하며, 재랭크를 실시한다.

○ 컴파일러 지시자를 이용해 더 높은 수준의 최적화로 변환한다.

○ 리그레션 테스트를 실행하고 애플리케이션 프로파일을 작성하며, 재랭크를 실시한다.

○ 어셈블리 언어를 이용해 핵심적인 내부 루프를 재작성한다.

○ 리그레션 테스트를 실행하고 애플리케이션 프로파일을 작성하며, 재랭크를 실시한다.

○ 목적을 충족하지 못하면 하드웨어와 소프트웨어에서 애플리케이션을 재분할하고 프로세스를 다시 시작한다.

○ 각 단계에서 목적을 충족하면 문서화하고 빌드 설정과 컴파일러 스위치 설정을 위한 코드를 저장한다.

5. **이러한 계획을 기반으로 경제적인 프로젝트 분석을 수행하라** 첫 번째 단계는 분석을 지원하는 데 사용될 수 있는 데이터를 수집하는 것이다. 제한 사항은 없지만 이 데이터는 성능 분석, 소프트웨어 변경 요구, 필요시 하드웨어 비용, 소프트웨어 구축과 배포 비용을 완수하는 데 필요한 시간과 비용을 포함한다. 다음 단계는 성능 향상에 영향을 미치는 데이터를 수집하는 것이다. 여기에는 연기되거나 단계의 비용을 절감할 수 있는 하드웨어 업그레이드 같은 내용을 포함한다.

성능 공학은 임베디드 소프트웨어 개발 프로세스의 각 단계에 적용될 수 있다. 예를 들어 내셔널Rational 통합 프로세스RUP는 그림 10.13에서 보는 것처럼 다음과 같은 4개의 핵심 단계를 갖는다.

- 도입inception
- 정련elaboration
- 구축construction
- 전이transition

RUP는 내셔널 소프트웨어(현재 IBM)가 만든 반복 소프트웨어 개발 프로세스에 대한 프레임워크다. RUP는 단일의 구체적인 규범적 프로세스가 아닌 적응적 프로세스 프레임워크다. 이것은 소프트웨어 개발팀 니즈needs에 적합한 프로세스 요소를 선택하기 위해 맞춤식으로 만들어졌다. 그래서 이 프로세스에 소프트웨어 성능 공학SPE 컴포넌트를 추가하는 것은 상대적으로 쉽다.

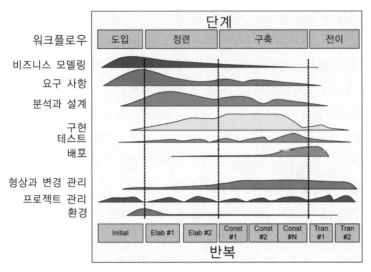

그림 10.13 내셔널 통합 프로세스(RUP)

로이드 윌리엄스Lloyd Williams는 다음과 같은 방법으로 RUP 프로세스에 SPE를 일치시켰다.[4]

- **도입 단계** 도입 단계의 주목표는 초기 비용과 예산을 검증하는 기초로서 적절하게 시스템의 범위를 설정하는 것이다. SPE 관점에서 시스템의 성능에 영향을 줄지 모르는 고수준의 리스크가 식별되고 기술된다.

- **정련 단계** 이 단계의 주목표는 분석에 의해 식별된 핵심 리스크 항목을 이 단계의 마지막 부분까지 완화시키는 것이다. 이 단계에서 문제 도메인은 분석되고 프로젝트 아키텍처는 기본 형태로 획득된다. 이 단계는 필수적인 비즈니스 프로세스가 필수적인 유스케이스로 분해되는 장소다. SPE와 관련된 요구 사항의 유형은 유스케이스에 제한받지 않는 비기능적 요구 사항NRF이다.

기능적 요구 사항과 비기능적 요구 사항 간 주요한 차이는 다음과 같다.

- **기능적** "임베디드 소프트웨어는 … 할 것이다(감시, 제어 등)"
  기능적 = 시스템은 무엇을 할 것인가.

- **비기능적** "임베디드 소프트웨어는 … 돼야 한다(빠르게, 신뢰성 있게, 확장성 있게 등)"
  비기능적 = 시스템은 언제 그리고/또는 어떻게 그것을 잘 할 것인가.

임베디드 시스템의 비기능적 요구 사항NRF에 대한 집합을 표현하기 위해 시도한 한 가지 접근법이 'SCRUPLED' 약어를 이용한 것이다.

- **보안성(Security), 라이선싱, 설치** 특권에 대한 접근, 보안 요구 사항, 요구 사항 설치와 라이선싱

- **저작권(Copyright), 법적 공지, 기타 항목** 요구되는 기업의 진술과 법적 보호

- **신뢰성(Reliability)** 결함, 평균 고장 간격, 가용성

- **사용성(Usability)** 요구 사항 제안 설계 가이드라인, UE 표준, 접근성 표준, 교육 훈련 표준, 시트^{sheet}, 지원 시스템 등의 쉬운 사용

- **성능(Performance)** 정량적 성능 요구 사항

- **지역화와 국제화(Localization and internationalization)** 외국어 운영체제, 지역화 가능화, 특정 지역화

- **필수 표준(Essential standard)** 산업 표준, 산업 규제, 기타 외부에서 부과된 표준

- **설계 제약 사항(Design constraint)** 시스템 또는 개발 기술에 대한 기타 제약 사항. 위임 프로그래밍 언어와 표준, 플랫폼, 공통 컴포넌트 등

초기 모델은 특정 시간 동안에 걸친 전체 시스템의 부하를 기술하기 위해 생성되며, 시간 유닛당 핵심 트랜잭션(네트워킹 패킷, 비디오 프레임 등)의 각 유형이 얼마나 많이 실행될 수 있는지를 정의한다.

- **구축 단계** 구축 단계의 주목표는 소프트웨어 시스템을 구축하는 것이다. 이 단계에서는 시스템 컴포넌트와 기타 특징에 대한 개발이 주요한 초점이다. 여기서 코딩의 대부분이 발생한다. 유스케이스를 관리 가능한 세그먼트로 분할하기 위해 여러 번의 반복적인 구축이 이뤄질지도 모르며, 이는 입증이 가능한 프로토타입을 생성한다. SPE는 이 단계에 몇 가지 활동을 추가한다. 성능 툴 관련 활동은 이 단계에서 완료된다. 예를 들어 컴포넌트 개발과 유닛 테스팅을 위해 프로파일링 툴을 명시하는 것은 필수적이다. 자동화된 프레임워크는 개발 중인 컴포넌트와 성능 측정을 구동하기 위해 필요하다.

- **전이 단계** 이것은 개발에서 제품으로 시스템을 '전이'하는 단계다. 이 단계는 최종 사용자와 유지 보수자에 대한 교육 훈련과 최종 사용자의 기대에 반해 시스템을 검증하는 베타 테스팅 같은 활동을 포함한다. 제품도 또한 도입 단계에서 설정한 품질 수준에 반해 검사된다. SPE 관점에서 이 단계는 운영체제, 네트워크, 성능 테스트 계획에서 식별된 메시지 큐잉 소프트웨어와 기타 최적화를 구성하는 시기다. 여기서 필수적인 모든 성능 모니터링 소프트웨어가 개발되고 배포되며 구성됐다는 것을 보장하는 것이 중요하다.

사례: eNodeB 애플리케이션에서 지연과 처리량

임베디드 컴퓨터의 성능은 사용된 시간과 자원에 대비해 컴퓨터 시스템에 의해 성취된 유용한 작업량으로 특징지어진다. 정황에 따라 훌륭한 컴퓨터의 성능은 다음과 같은 하나 또는 그 이상의 특징을 포함할 수도 있다.

- 주어진 작업에 대한 짧은 반응 시간
- 높은 처리량(작업 처리 비율)
- 컴퓨팅 자원의 낮은 이용률
- 컴퓨팅 시스템 또는 애플리케이션의 높은 가용성

낮은 지연과 높은 성능을 모두 제공하는 시스템을 설계하는 것은 사실 어렵다. 그러나 (Media, eNodeB 등 같은) 실세계 시스템은 이 두 가지 모두를 요구한다. 예를 들어 그림 10.14를 참조하자. 이 eNodeB 시스템은 다음과 같은 두 가지 기본 NRF를 다룰 수 있어야 한다.

- **낮은 지연** 1ms의 주기적 인터럽트가 시스템을 통해 중요한 호출을 스케줄링하는 데 사용된다.
- 웹 서핑과 문자 메시지 송수신을 위한 데이터 전송 같은 고객의 핵심 유스케이스를 지원하기 위해 필요한 최대의 데이터 처리량은 100Mbps 다운링크와 50Mbps 업링크다.

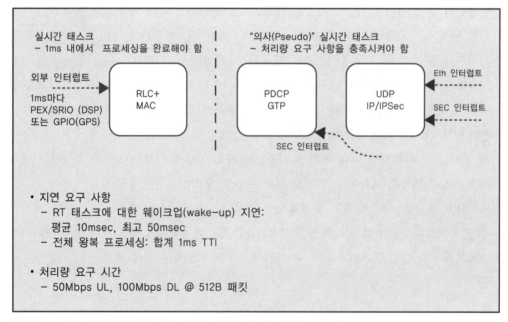

그림 10.14 팸토 애플리케이션에 대한 지연과 처리량 모두를 포함한 유스케이스

이것은 지연과 성능의 올바른 균형을 위해 설계자가 시스템을 조정하는 데 필요한 사례다. 이는 다음과 같은 기본적인 결정 사항을 포함한다.

- 하드웨어 코어와 하드웨어 가속 간 애플리케이션 분할. 임베디드 시스템은 보통 도메인 특정 프로그램을 실행하는 프로세서로 구성된다. 기능성의 많은 부분이 소프트웨어에서 구현되며, 이는 단일 또는 다중의 일반 프로세서에서 동작된다. 고성능의 기능은 하드웨어 에서 구현될지도 모른다. 전형적인 사례에는 TV 세트, 휴대폰, eNodeB 기지국, 프린터 등 이 있다. 이들 시스템의 대부분은 비디오와 오디오 디코더같이 멀티미디어, 그리고/또는 통신 애플리케이션에서 동작된다.
- 그림 10.5는 eNodeB 애플리케이션에 요구되는 핵심적인 성능 집약적 기능에 대해 요약된 내용을 보여준다. 이들 기능 중 어떤 것은 하드웨어 가속을 위한 이용, 기능에 할당된 주기 적 예산, 각 기능에 대한 코어 로딩률 등이 있다.

기능	가속	할당 주기 예산 (MHz)	코어 로딩
전송, S1/X2	Sec (IPSec) TSEC (Qos)	132	13%
GTP, PDCP	SEC (F8, F9)	58	6%
RLC, MAC		106	11%
Scheduler		200	20%
기타 + 타이머 처리		12	1%
L3+RRM		72	7%
합계 코어 0 (1GHz)			56% (1G)

그림 10.15 애플리케이션을 SoC 프로세서에 할당하기 위한 프로세서 코어와 가속기 이용 사례

- 애플리케이션에서 요구되는 NRF를 성취하기 위해 프로그램 작동이 가능한 코어 전반에 걸친 소프트웨어 애플리케이션의 분할. 그림 10.14는 실시간 태스크가 2개의 가용한 코어 중 하나에 어떻게 할당되는지 그리고 비실시간 태스크가 다른 프로세싱 코어에 어떻게 할당 되는지 보여준다.
- NRF 지원을 위한 적절한 소프트웨어 아키텍처의 설계. 그림 10.16은 리눅스 소프트웨어

스택에서 eNodeB 프로세싱을 위해 요구되는 패킷의 제로 복사 전송을 수행하거나 리눅스 스택에 대해 불필요한 오르락내리락 거리는 행동을 위해 요구되는 여분의 오버헤드를 회피하기 위한 추가적인 소프트웨어 지원을 보여준다.

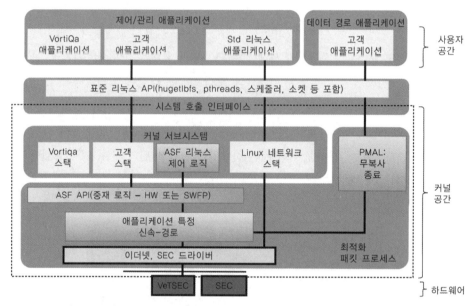

그림 10.16 '신속 경로' 소프트웨어 우회 기술을 이용한 리눅스 소프트웨어 스택의 바이패싱

SPE가 프로젝트의 단계와 각 반복 구간에서 적절히 적용됐다면 여러분은 시스템이 요구하는 성능 목적을 충분히 달성할 것으로 기대할 것이다. 어떤 이유든 간에 규정 준수를 위해 조정될 수 없는 유스케이스가 있다면 리펙토링될 시스템의 부분 또는 최악의 경우 하드웨어와 소프트웨어 간 재분할될 시스템의 부분을 고려하는 것이 필수적이다. 어떤 경우에는 추가 하드웨어를 이용해 문제를 해결할 수 있겠지만, 하드웨어를 더 추가하는 것은 암달의 법칙 Amdahl's Law에서 제안한 것처럼 수확 체감이 빠르게 진행될 것이다(그림 10.17 참조).

SPE는 수명주기를 통해 관리돼야 한다. 크롤 차트crawl chart는 그림 10.18에서 보는 것처럼 실제적이고 실험적인 성능 목표를 보여주며, 실행을 위한 프로젝트로서 성능 상태를 관리하고 보고하는 데 사용될 수 있다. 이는 성능에 대해 핵심 이해관계자와 의사소통을 수행하는 투명한 방법이 될 수 있으며, 또한 SPE 프로세스가 어떻게 잘 동작하는지 측정하는 방법이 될 수 있다. 소프트웨어 배포에 대한 반복은 SPE를 이용하며, 이러한 반복은 각 소프트웨어 반복마다 성능 목적으로 보여주는 크롤 차트를 이용해 추적할 수 있다.

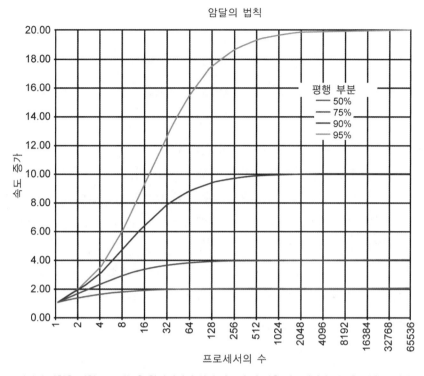

그림 10.17 암달의 법칙은 선형으로 성능을 향상시키기 위해 반드시 더 많은 하드웨어가 필요한 것은 아니라고 얘기한다.

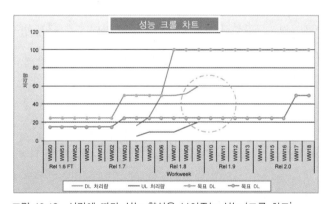

그림 10.18 시간에 따라 성능 향상을 보여주는 성능 '크롤 차트'

올바르게 계획되지 않았다면 성능 데이터 수집은 어려울 수 있다. 데이터 측정에 영향을 줄지도 모르는 요소가 다음과 같이 많다.

- 시스템 교란
- 포획 비율
- 시스템 오버헤드

- 측정 타이밍
- 복제 결과
- 대표 기간
- 전형적인 행동 평균
- 작업 부하 생성

분석을 위해 시의석설하면서노 성확한 네이터를 생성하기 위헤시는 개발 중인 소프트웨어에 탐색기probe를 설계하는 것이 효과적인 한 가지 접근법이다. 이 접근법은 소프트웨어 설계자가 시스템 아키텍처를 설계하는 동안 측정 요구 사항과 탐색 지점에 대한 정의를 훨씬 쉽게 만들어준다. 탐색기가 설계에 통합돼 있다면 데이터 수집과 분석에 소요되는 프로세싱 오버헤드가 덜 발생되는 경향이 있다.

코니 스미스Connie Smith와 로이드 윌리엄스Lloyd Williams는 성능 프로그램을 개발하고 관리하는 데 도움을 줄 수 있는 분석 원칙을 기술했다.[4] 임베디드 시스템 개발에 가장 적절한 몇 가지 원칙은 다음과 같다.

- **성능 제어의 원칙(performance control principle)** 이 원칙을 이용해 핵심 시스템에 대한 성능 시나리오를 위해 특정적이고 정량적이며 측정 가능한 성능 목표를 정의하는 것이 중요하다. 목적 충족 시 알아야 하거나 측정이 어려운 모호하거나 정성적인 성능 목표는 피하라. 그림 10.19에서 '경쟁으로부터 유도'라고 돼 있는 라인line은 근본적으로 이러한 애플리케이션에 대한 IP 포워딩의 핵심 측정을 위해 필요한 정량적인 성능 목적이다.
- **계기 측정의 원칙(instrumenting principle)** 이 원칙은 시스템이 작업 부하 시나리오, 자원 요구 사항, 성능 목표 준수를 측정하고 분석할 수 있게 구축된 것처럼 공학은 이러한 시스템의 요소를 측정하기 위해 노력해야 된다고 명시하고 있다.
- **중심의 원칙(centering principle)** 이 원칙은 지배적인 작업 부하 기능(자주 사용되는 기능을 '지배적인 작업 부하 기능'이라 부른다)을 식별하고 이러한 처리를 최소화하는 데 주안점을 둔다. 가장 큰 영향을 갖는 시스템의 그러한 부분에 관심과 집중이 돼야 한다. 일반적으로 80/20 규칙이 이 원칙에 적용된다. 그림 10.20은 eNodeB 애플리케이션에 대한 고수준의 소프트웨어 아키텍처를 보여준다. 계층 1, 2, 3 소프트웨어는 지배적인 작업 부하 기능이 존재하고 있는 영역을 강조하고 있다. 이들 영역은 관심의 대부분이 집중돼 있는 장소다.

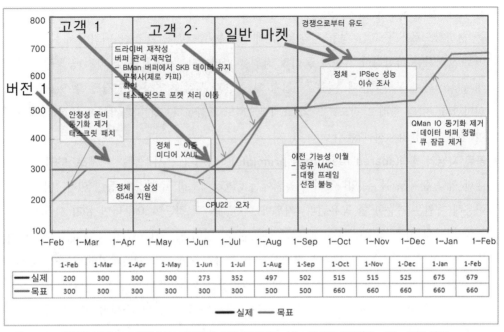

	1-Feb	1-Mar	1-Apr	1-May	1-Jun	1-Jul	1-Aug	1-Sep	1-Oct	1-Nov	1-Dec	1-Jan	1-Feb
실제	200	300	300	300	273	352	497	502	515	515	525	675	679
목표	300	300	300	300	300	300	500	500	660	660	660	660	660

━━ 실제 ━━ 목표

그림 10.19 점증적 릴리스 프로세스를 지원하기 위해 증가하는 성능 향상을 보여주는 성능 크롤 챠트

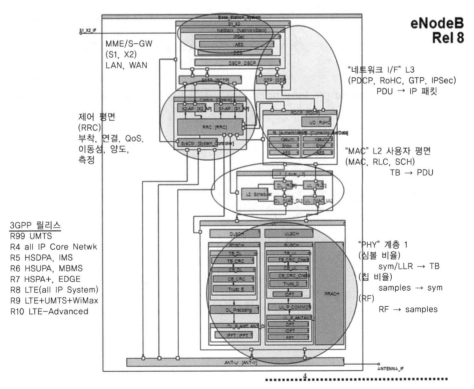

그림 10.20 특별한 성능 관심이 필요한 MIPS 기능을 식별하는 eNodeB 계층 1/2/3 소프트웨어 아키텍처의 고수준 모델

- **지역성의 원칙(locality principle)** 지역성의 원칙은 물리적 자원에 가까운 행동, 기능, 결과를 생성함으로써 중요한 성능 향상을 위해 사용될 수 있다. 이러한 맥락에서 '근접성'은 이를 생성하는 바람직한 기능과 물리적 자원을 나타낸다. 지역성의 몇 가지 공통된 형태에 캐시 최적화가 포함되는데, 이는 '근접성'이 공간과 시각 지역성에 연결될 수 있다는 것을 의미한다. 이외 형태로 정도^{degree}와 효과^{effectual}도 포함한다. 성능 최적화에 대한 11장에서 이 원칙을 더 자세히 다룬다.

- **공유 자원의 원칙(shared resources principle)** 임베디드 시스템은 대체로 희귀 자원에 대한 할당 문제로 볼 수 있다. 희귀 자원에는 CPU, 메모리, 주변장치 등이 있다. 이 원칙을 이용해 자원은 가능한 한 공유된다. 자원에 대한 배타적 접근이 요구되면 유지 시간과 스케줄링 시간의 합을 최소화하는 것이 목적이 된다. 임베디드 시스템에서 자원은 제한되며, 소프트웨어 프로세스는 그 사용에 경쟁적이다. 공유는 가능하고 예측되지만, 공유는 관리돼야 한다. 세마포어^{semaphore}는 희귀 자원을 관리하는 데 사용되는 공통 기법이지만, 주의 깊게 사용돼야 한다. 세마포어는 운영체제를 다루는 장에서 더 자세히 설명한다.

- **병렬 프로세싱의 원칙(parallel processing principle)** 병렬 프로세싱의 원칙은 프로세싱 가속 오프셋에 통신 오버헤드가 있거나 자원 논쟁에 지연이 있는 경우에만 병렬로 프로세싱을 실행하는 것이 목적이다. 이 원칙은 대체적으로 암달의 법칙$^{Amdahl's\ Law}$을 이해하고 적용해야 한다(그림 10.17 참조). 이 원칙은 다중 코어 소프트웨어 개발이라는 장에서 더 자세히 다룬다.

- **부하 분산의 원칙(spread the load principle)** 이 원칙에서 서로 모순되는 부하는 서로 다른 시간에, 또는 서로 다른 장소에서 처리해서 가능한 한 부하를 분산해야 한다. 이 원칙의 목적은 어떠한 주어진 시간에서든 자원이 필요한 프로세스의 수를 줄임으로써 자원 논쟁의 지연을 처리하고 핵심 시스템의 지연을 줄이는 것이다. 부하 분산의 원칙은 SoC에서 여러 프로세싱 요소에 걸쳐 소프트웨어 애플리케이션을 분할하게 도와주는 데 사용될 수 있다. 예를 들어 그림 10.21은 다음과 같은 다양한 프로세싱 요소를 포함하는 SoC를 보여준다.

  ○ 프로그램 작동이 가능한 DSP 코어

  ○ 베이스밴드 하드웨어 가속기

  ○ 마이크로코드화된 네트워크 가속기

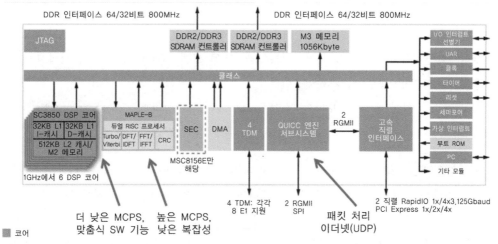

그림 10.21 실시간 애플리케이션을 분할하는 데 사용되는 DSP 코어, 베이스밴드 가속기, 네트워크 가속기를 포함하는 임베디드 SoC

　　DSP에 맞춤식 소프트웨어 기능성을 요구하는 더 낮은 MIPS 기능을 할당하고, 높은 MIPS 요구 사항을 가지고 베이스밴드 하드웨어 가속기에 낮은 복잡성의 소프트웨어 기능을 할당하며, 마이크로코드화된 네트워크 가속기에 패킷 프로세싱 이더넷 프로세싱을 분산함으로써 '부하 분산의 원칙'에 따라 애플리케이션을 분할할 수 있다.

　　이들 중요한 원칙을 사용하기 위한 몇 가지 핵심 가이드라인이 있다.

1. 시스템의 성능에 아주 중요한 소프트웨어 컴포넌트에 이러한 원칙을 적용하라.
2. 개선이 일관적인지 보장하기 위해 전체 성능상에 개선 효과를 정량화하는 성능 모델이나 벤치마킹을 이용하라.
3. 잘 정의된 성능 목표를 준수할 때까지 이러한 원칙을 적용하라.
4. 성능 목표가 현실적인지 확인하고, 이 목표를 성취하기 위해서는 비용 효과적이 돼야 한다.
5. 애플리케이션 도메인에 특정한 각 원칙에 대해 맞춤식 사례 목록을 생성하라. 이 목록을 널리 알려라. 그러면 이 도메인에 있는 다른 사람들이 이점을 가질지도 모른다.
6. 이들 원칙을 이용해 성능 개선을 문서화하고 설명하라. 그러면 개발 팀의 다른 사람들은 이 영역에서 또한 지식을 얻을 수 있다.

성능 패턴과 안티 패턴

소프트웨어 패턴은 소프트웨어 설계의 다양한 많은 문맥에서 발생하는 문제에 대한 공통의 솔루션이며, 주어진 문맥 내에서 공통적으로 발생하는 문제에 대한 재사용 가능한 솔루션이다. 소프트웨어 패턴은 완전히 끝난 설계가 아니다. 이것은 다양한 많은 상황에서 사용될 수 있는 문제를 어떻게 해결할 것인지에 대한 기술서 또는 템플릿이다. 패턴은 프로그래머가 애플리케이션에서 스스로 구현해야만 하는 공식화된 모범 사례로 고려된다. 산업계에서는 소프트웨어 패턴을 모범 사례로 이용한다.

성능 패턴은 설계 패턴이기보다는 더 높은 레벨에서의 추상화abstraction다. 스미스Smith와 윌리엄스Williams에 의해 제안된 몇 가지 성능 패턴은 다음과 같다.[4]

- **신속 경로 패턴(fast path pattern)** 이 성능 패턴은 지배적인 작업 부하를 처리하는 데 걸리는 작업량을 줄이기 위해 사용된다. 이 패턴에 대한 모범 사례는 현금 자동 인출기ATM에서의 디폴트 인출 기능이다. 이러한 공통 기능을 위해서는 사용자에게 몇 번의 선택 기회를 제공해 사용자를 강제하기보다는 사용자가 직접 공통의 요청을 할 수 있도록 그 기회를 제공하는 것이다. 이 패턴에 대한 소프트웨어 구현이 그림 10.16에 나타나 있다. 이러한 애플리케이션에 특정한 신속 경로ASF는 특정한 패킷 흐름을 식별하고 리눅스 스택(사용자 공간에는 먼 길이다)을 통해 가는 대신에 리눅스 사용자 공간에 '신속 경로'를 제공하는 소프트웨어 알고리즘이다. 초기에 설명한 중심의 원칙은 이러한 지배적인 기능에 대한 프로세싱을 최소화하기 위해 사용될 수 있다. 그림 10.16에 나타나 있는 사례는 중요한 데이터가 자주 필요한 경우와, 이의 획득을 위해 요구되는 프로세싱을 최소화하는 경우의 두 가지를 인식한다.

- **최긴요 우선 패턴(first things first pattern)** 이 성능 패턴은 중요한 태스크는 완료되고 필요 시 덜 중요한 태스크는 생략된다는 것을 보장하기 위해 프로세싱 태스크에 대한 우선순위화에 초점을 맞춘 패턴이다. 임베디드 스케줄링 기법은 정적 우선순위와 동적 우선순위 모두를 포함하며, 적절한 스케줄링 기법은 애플리케이션에 의존한다. 임베디드 시스템은 보통 일시적인 오버헤드를 유도할 수 있는 버스티bursty 행동, 즉 데이터가 갑자기 집중적으로 한 번씩 소규모로 발송되는 행동을 보인다. 이러한 오버헤드 조건은 적절히 관리돼야 한다. 이를 위한 한 가지 공통적인 접근법은 다중 태스크가 반드시 완료돼야 하는 경우에 대한 스케줄링 기법으로, 비율 단조 분석RMA과 비율 단조 스케줄링RMS을 이용하는 것이다. 이 두 가지 기법의 목적은 오버헤드 조건하에서 성능 향상과 저하를 부드럽게 만드는 것이다. 비율 단조 스케줄링은 정적 우선순위 스케줄링 알고리즘을 이용해 (보통 실시간 운영체제RTOS에서 지원되는) 실시간 시스템에서 사용하는 스케줄링 알고리즘이다. 정적 우선순위는 작업 순환 기간을 기초로 할당된다. 순환 기간이 짧으면 짧을수록 작업 우선순위는 더 높아진다. 이러한 알고리즘을 포함하는 RTOS는 보통 선점형preemptive이며, 반응 시간과 관련된 결정론적인 보장을 갖는다. 비율 단조 분석은 임베디드 애플리케이션에 대한 스케줄링 보장을

제공하기 위해 이 시스템과 함께 사용된다.

- **슬렌더 순환 기능 패턴(slender cyclic function pattern)** 이 패턴은 규칙적인 간격에서 발생돼야만 하는 프로세싱을 위해 사용된다. 이런 유형의 프로세싱은 임베디드 실시간 시스템(센서 읽기)에서는 흔한 일이며, 순환 기능이나 주기 기능에 적용될 수 있다. 주요한 문제는 이벤트의 동시 발생 소스가 있는 경우, 또는 다른 프로세싱이 발생될 필요가 있는 경우에 발생한다. 규칙적인 간격에서 반복적으로 실행되는 기능을 식별하는 것과 이러한 프로세싱 요구 사항을 최소화하는 것이 핵심 단계다. 이 단계의 목적은 프로세싱 사슬에서 큐잉 지연 queuing delay을 줄이는 것이다. 예를 들어 그림 10.22를 참조한다. 이 그림은 임베디드 시스템의 사례에서 슬렌더 순환 기능을 처리하는 두 가지의 각기 다른 트레이드오프를 보여준다. 단일 샘플 접근법은 들어오는 데이터 샘플의 지연을 줄일 수 있지만, 매우 인터럽트 집약적으로 되기 때문에 인터럽트 처리 시 프로세싱 오버헤드가 증가될 수 있는 단점이 있다. 모터 제어와 잡음 제거 같은 특정 애플리케이션의 경우에는 이 접근법이 최선이 될지도 모른다. 휴대폰과 무선전화 기반 시설 같은 다른 애플리케이션의 경우에는 완충 접근법이 더 좋을지도 모른다. 이 접근법은 버퍼링 때문에 지연이 증가될 수도 있지만 계산적으로는 더 효율적이다.

단일 샘플:

- ◆ 다음 입력 샘플이 발생하기 전 출력 발생
- ◆ 최소 지연(인 투 아웃 시간)
- ◆ 인터럽트 집중
- ◆ 애플리케이션: 모터 제어, 잡음 제거

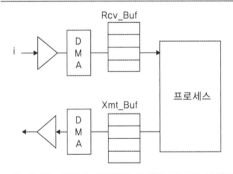

블록 프로세싱:

- ◆ 다음 입력 버퍼가 채워지기 전 출력 버퍼 발생
- ◆ 샘플을 버퍼로 전송하기 위해 DMA 이용
- ◆ 증가된 지연
- ◆ 계산적으로 효율적
- ◆ 애플리케이션: 무선 전화, 비디오, 통신 기반 구조

그림 10.22 지연과 처리량의 트레이드오프를 가지고 입력 샘플을 처리하는 두 가지 접근법

- **안티 패턴(anti-pattern)** 이 패턴은 보통 많이 사용되지만 실제로는 비효과적이고 역효과를 갖는 패턴으로 정의된다. 안티 패턴은 소프트웨어 개발 동안에 흔히 있는 실수다. 안티

패턴은 단순한 실수나 어떤 반복적인 행동 패턴을 나타내는 실수 또는 유익할 것으로 초기에 나타나는 프로세스와는 다르지만, 궁극적으로 유익한 결과보다는 더 나쁜 결과를 만들어내는 실수이며 존재하는 대안 솔루션을 분명히 문서화돼야 하고 실무에서 그리고 (사용되지 않지만) 반복적으로 입증돼야 한다.

잘 알려진 안티 패턴 중의 하나가 'God' 클래스^{GC}다. God 클래스는 종종 진화 과정에 걸쳐 중앙 소프트웨어 컴포넌트에 기능성이 짐증적으로 추기되는 것 같은 우연에 의해 생성된다. 이 컴포넌트는 결국 잡다한 많은 것을 처리하기 위한 쓰레기 하차장으로 전락한다. 한 가지 징후가 상태 정보를 저장하기 위해 너무 많은 전역 변수를 이용하는 것이다. God 클래스는 하나의 클래스가 프로세싱을 독점하고, 다른 클래스는 주로 데이터를 캡슐화하는 설계상에서 발견된다. 이러한 안티 패턴의 결과는 상당히 많은 수의 방법과 속성 또는 두 가지 모두를 가진 컴포넌트, 모든 작업 또는 대부분의 작업을 수행하는 단일 컨트롤러 클래스, 유지 보수성 이슈, 어려운 재사용과 성능(메모리) 이슈를 포함한다.

교통 체증 이런 유형의 안티 패턴은 자원보다 교통량이 더 많은 경우, 또는 이것이 경계에 더 가까운 경우(예를 들어 오스틴^{Austin}과 댈러스^{Dallas} 간 고속도로)에 발생할 수 있다. 일시적 행동은 넓은 변동성을 가진 반응 시간을 생산하며, 이는 정상 동작으로 되돌아오는 시간을 더 오래 걸리게 만든다. 이에 대한 솔루션은 부하를 분산시키거나 일부 부하를 억제하는 것이다 (대체 가능 경로 또는 가변적 시간제가 도움이 될지도 모른다). 개발자는 시스템을 구축하기 전에 이의 확장성에 따른 제한 사항을 반드시 알아야 하고 오버헤드 상황을 부드럽게 다룰 수 있도록 계획을 세워야 한다.

안티 패턴의 또 다른 사례는 성능 공학 영역에서 발견될 수 있다. '하나의 차선 교량'은 하나의 경로(또는 하나의 차선 교량)를 통해 지나가는 모든 프로세싱/데이터에 요구되는 안티 패턴이며, 이는 성능을 감소시킬 것이다. 이 문제는 추가 경로를 제공함으로써 해결된다. 그림 10.23은 이에 대한 하나의 사례다. 즉, 특별한 접근 경로 또는 통행료 태그를 가진 차량에 여분의 경로를 제공함으로써 현금 라인에서 돈을 내기 위해 기다리지 않아도 된다. 임베디드 소프트웨어도 동일한 솔루션을 제공할 수 있다. 그림 10.24는 리눅스 커널 주위에 분리된 경로를 제공하는 또 다른 소프트웨어 사례이며, 커널을 통해 갈 필요가 없는 데이터 패킷은 커널 주변으로 이동해 사용자 공간으로 직접 갈 수 있다. 이러한 솔루션은 사용될 우회도로 기술의 유형에 따라 성능을 7배까지 증가시킬 수 있다.

그림 10.23 향상된 성능과 지연을 위한 '신속 경로'의 현실적 사례

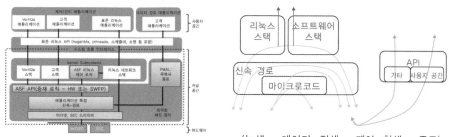

(녹색 - 데이터, 적색 - 제어, 청색 - 종료)

그림 10.24 신속 경로 아키텍처(좌측)가 어떻게 지정된 데이터 흐름을 단락시키는지, 그리고 어떻게 성능을 향상시키는 지를 보여주는 데이터 흐름

바트 스말더스[5]는 소프트웨어 성능 최적화에서 공통적으로 발생하는 몇 가지 실수에 대해 다음과 같이 요약했다.

1. **프로젝트 끝단에서 성능 결정하기** 성능 목적 또는 벤치마크 표현에 대한 실패와 프로젝트에서 성능 이슈를 측정하고 다룰 때까지 기다리는 것은 거의 프로젝트의 지연이나 그렇지 않으면 프로젝트의 실패로 끝날 가능성이 있다.

2. **잘못된 일을 측정하고 비교하기** 공통적인 실수는 잘못된 일을 벤치마킹하는 것이며, 이는 나중에 놀랍게 변화될 것이다. 경쟁적인 현실을 무시하지 마라.

   스말더스는 좋은 벤치마킹을 다음과 같이 정의했다.

   ○ 반복적이어야 한다. 그래야 비교 실험이 상대적으로 쉽고 합리적인 정밀도를 갖고 수행될 수 있다.

   ○ 관찰이 가능해야 한다. 성능이 빈약하다고 관찰되면 개발자는 빵부스러기를 갖고 시작한 것이나 다름없다. 복잡한 벤치마크를 한 번에 전달해서는 안 된다. 이는 개발자에게 성능

문제가 일어날 수 있는 곳에 대한 추가 정보를 제공하지 못하게 만드는 결과를 초래한다. 임베디드 마이크로프로세서 벤치마크 컨소시엄EEMBC은 벤치마크 결과뿐만 아니라 사용된 컴파일러 옵션과 소프트웨어 버전 등도 제공했다. 이러한 추가적인 데이터는 벤치마크 비교 시 유용하다.

- 이식성이 돼야 한다. 경쟁자와의 비교, 심지어 여러분 자신의 이전 배포판과의 비교도 수행돼야 한다. 이전 배포판의 성능에 대해 그 이력을 유지하는 것은 여러분 자신의 개발 프로세스를 이해하는 귀중한 툴이 된다.

- 쉽게 이해돼야 한다. 관련된 모든 이해관계자는 간략한 프레젠테이션을 통해 그 비교를 이해할 수 있어야 한다.

- 현실적이어야 한다. 측정 결과는 고객 체험 현실과 유스케이스에 반영돼야 한다.

- 적합해야 한다. 모든 개발자는 변경에 대한 영향을 신속히 확인해야 한다. 성능 결과를 얻는 데 며칠이 걸린다면 이런 일은 자주 발생해서는 안 된다. 실제 고객을 대변하지 않는 그런 벤치마크의 선택은 회피하라. 여러분의 팀이 잘못된 행동을 최적화하는 방향으로 갈지도 모르기 때문이다. 현실을 반영하지 못하고 '느낌으로만 좋은' 근시안적인 벤치마크의 최적화라는 유혹에는 저항하라.

3. **알고리즘적 반감** 알고리즘을 선택하는 일은 직관이나 기타 추측보다는 실제 데이터를 기반으로 현명한 결정을 내리는 데 도움이 될 수 있도록 현실적인 벤치마크와 작업 부하를 포함해야 한다. 성능 분석 작업을 하는 데 가장 좋은 시기는 프로젝트의 초기 단계다. 이것은 보통 실제 발생하는 것의 정반대다. 현명한 컴파일 옵션과 C 레벨 최적화는 특히 큰 n값에 대해 $o(n^2)$ 알고리즘을 처리할 때 비효과적이다. 빈약한 알고리즘을 선택하는 것은 소프트웨어 시스템의 성능을 빈약하게 만드는 주원인이 된다. 그림 10.25는 $o(n^2)$의 알고리즘 복잡성을 가진 DFT 알고리즘과 $o(n \log n)$의 알고리즘 복잡성을 가진 FFT 알고리즘의 비교를 보여준다. 그림에서 보는 것처럼 FFT 알고리즘의 성능이 데이터 포인트의 수에 따라 향상됨을 알 수 있다.

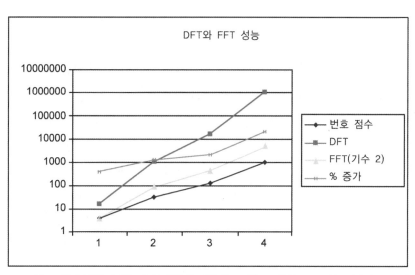

그림 10.25 알고리즘 복잡성이 성능에 큰 영향을 미친다는 것을 보여주는 DFT 알고리즘과 FFT 알고리즘

4. **소프트웨어 재사용하기** 소프트웨어 재사용은 훌륭한 목적이지만, 개발에 참여하는 인원은 재사용되는 소프트웨어 개발 기간 동안 만들어내는 가정 사항에 대해 그 위반 여부를 반드시 인식해야 한다. 소프트웨어가 향후 사용될 유스케이스에 대해 설계되지 않거나 최적화되지 않는다면 개발 프로세스에서 나중에 놀라게 될 것이다.

5. **컴퓨터가 잘 하는 것을 반복하기** 예를 들어 너무 자주 통계를 계산하는 것 같이 임베디드 애플리케이션이 작업에 불필요하거나 인정받지 못한다면 그러한 낭비적인 애플리케이션은 제거하는 것이 성능 작업에 이득이 된다. 가장 중요한 것은 프로그램의 최종 상태이지 그 상태에 도달하기 위해 사용되는 일련의 정확한 단계가 아니라는 것을 명심해야 한다. 목적에 더 신속히 도달할 수 있게 허용하는 지름길도 종종 존재한다. 스말더스[Smaalders]는 이것을 차의 경주 속도를 높이는 것보다 차의 경주 거리를 줄이는 것 같다고 기술했다. 여기에는 메모리 사전 패치 명령을 올바르게 사용하는 것 같은 몇 가지 예외가 있으며, 소프트웨어를 더 빨리 만드는 유일한 방법은 이러한 단계를 줄이는 것이다.

6. **시기상조의 과도한 최적화** 주의 깊게 조정되고 최적화된 소프트웨어는 훌륭하지만, 핸드 언롤 루프[hand-unrolled loop], 레지스터 선언, 인라인 기능, 어셈블리 언어 내부 루프, 기타 최적화 관련 소프트웨어는 시스템 성능 향상에 적은 부분만 기여할 뿐이며(이러한 최적화 관련 소프트웨어는 보통 소프트웨어 유스케이스의 핵심 경로상에 있지 않기 때문이다), 오히려 시간 낭비이고 ROI 측면에서는 큰 가치가 없다. 이러한 조정 노력에 집중하기 전에 문제 영역이 무엇인지 이해하는 것이 중요하다. 때때로 시기상조의 최적화는 실패나 파이프라인 고착을 일으키기에 충분할 정도의 명령어 캐시를 증가시키거나 컴파일러에서 레지스터 할당기[allocator]를

혼란스럽게 만들기 때문에 실제 성능에 역효과를 가져올 수 있다. 스말더스가 언급했듯이 저수준의 주기 쉐이빙cycle shaving은 성능 노력의 끝단에서 뿐만 아니라 초기 코드 개발 동안에도 유지돼야 한다. 도널드 커누쓰Donald Knuth는 "시기상조의 최적화는 모든 나쁜 일의 근원이다"라고 말했다. 과도한 최적화는 그리 나쁘지 않다. 최적화와 연관된 수확 체감diminishing returns이 존재한다. 개발자는 자신이 멈출 시기가 언제인지, 즉 목적이 언제 충족되느지, 그리고 언제 제품을 배포해야 하는지 등을 이해할 필요가 있다. 그림 10.26은 이에 대한 사례를 보여준다. 이 알고리즘 성능 벤치마크는 독창적인 C 코드를 갖고 521 주기에서 시작하며, 알고리즘이 인트린식intrinsic, 내부 루프에 대한 핸드 어셈블리, 완전한 어셈블리를 이용해 더 최적화되는 만큼 점차적으로 그 성능이 더 좋아질 것이다. 개발자는 곡선이 언제 평평해지는지 이해해야 하고, 앞으로 원하는 성능을 얻기가 더 어려워질 것이라는 것을 이해할 필요가 있다.

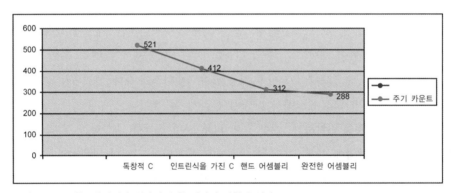

그림 10.26 성능 최적화와 연관된 수확 체감의 법칙이 있다.

7. **문제 자체보다는 볼 수 있는 것에 집중하기** 애플리케이션 최상위 레벨에서 코드의 각 라인은 보통 소프트웨어 스택의 아래쪽 어딘가에 있는 대규모 작업의 원인이 된다. 그 결과, 최상위 계층에서의 비효율성은 이러한 영향을 크게 확대시킬 수 있으며, 스택의 최상단을 속도 증가를 기대하는 훌륭한 장소로 만든다.

8. **소프트웨어 계층화** 소프트웨어 개발자는 소프트웨어에서 다양한 레벨의 추상화를 제공하기 위해 계층화를 이용한다. 이것은 가끔 유용하지만 그 결과에는 책임이 뒤따른다. 부적절한 추상화는 호출 오버헤드뿐만 아니라 스택의 데이터 캐시와 변환 색인 버퍼TLB의 실패를 증가시킬 수 있다. 너무 많은 데이터 은닉data hiding은 또한 추가적인 인수argument를 유지하기 위해 신규 구조에 대한 잠재적인 생성뿐만 아니라 함수 호출에 대한 과도한 수의 인수를 유발할 수 있다. 이 문제는 이러한 상황이 고쳐지지 않거나 소프트웨어가 시장에 배포되면 상황이 더 악화된다. 새로운 소프트웨어 계층에 대한 다중 사용자가 존재한다면

이에 대한 수정은 상황을 더 어렵게 만들 것이며, 성능 트레이드오프는 시간이 지남에 따라 축적되는 경향을 보일 것이다.

9. **과도한 수의 스레드** 소프트웨어 스레드^{thread}는 임베디드 개발자에게는 친숙하다. 공통적인 실수는 계류 중인 작업의 각 유닛에 각기 다른 스레드를 적용하는 것이다. 이것이 비록 단순 구현 프로그래밍 모델이 될 수 있겠지만, 이것이 극한으로 받아들여진다면 성능 문제를 유발할 수 있다. 이의 목적은 스레드의 수를 합리적인 수(CPU의 수)로 제한하는 것이며, 임베디드 시스템을 위한 다중 코어 소프트웨어라는 장에서 언급된 일부 프로그래밍 가이드라인을 사용하는 것이다.

10. **비대칭 하드웨어 활용하기** 임베디드 CPU는 CPU에 연결된 메모리 시스템보다 훨씬 빠르다. 최근에 설계된 임베디드 프로세서는 메모리 접근 지연을 숨기기 위해 다중 레벨의 캐시를 이용하며, 다중 레벨의 변환 색인 버퍼^{TLB}는 임베디드 시스템에서 더 흔해지고 있다. 이러한 캐시와 TLB는 캐시 전체에 걸쳐 애플리케이션 부하를 분산하기 위해 다양한 정도의 연관성^{associativity}을 이용하지만, 이 기법은 종종 다른 성능 최적화에 의해 우연치 않게 실패로 나타나기도 한다. 반복과 분석은 시스템 성능에 대한 이러한 잠재적인 부작용을 이해하는 데 중요하다.

11. **공통 사례에 대해 최적화하지 않기** 이에 대해서는 초기에 언급했듯이 중요한 성능 드라이버 상에서 성능 유스케이스를 식별하고 최적화하는 노력에 집중하는 것이 중요하다.

참고 문헌

[1] S.K. Doddavula, N. Timari, A. Gawande, A maturity model for application performance management process evolution. A model for evolving organization's application performance management process, SOA World Mag. (June 23, 2011).

[2] L.G. Williams, C.U. Smith, Five steps to solving software performance problems, Softw. Eng. Res. Perform Eng. Serv. (2002).

[3] L. Lavagno, G. Martin, B. Selic (Eds.), Software performance engineering, in: UML for Real: Design of Embedded Real-Time Systems, Kluwer, 2003.

[4] L.G. Williams, C.U. Smith, Performance Solutions: A Practical Guide to Creating Responsive, Scalable Software, Addison-Wesley, 2001.

[5] B. Smaalders, Performance Anti-Patterns. Want Your Apps to Run Faster? Here's What not to Do, Sun Microsystems, 2006.

11

임베디드 소프트웨어의
성능 최적화

로버트 오샤나(Robert Oshana)

코드 최적화 프로세스

최적화 프로세스를 시작하기 전에 먼저 기능적 정확성을 확인하는 것이 중요하다. 표준 기반 코드(예를 들어 음성이나 비디오 코더)의 경우 이미 가용한 참조 벡터가 있을지도 모른다. 그렇지 않다면 적어도 최적화 이전에 베이스라인^{baseline}이 획득돼야 하다는 것을 보장하기 위해 일부 기본적인 테스트가 작성돼야 한다. 이것은 최적화를 수행하는 동안 오류가 발생됐다는 것, 즉 부정확한 코드의 변경이 프로그래머에 의해 수행됐다든지 또는 컴파일러에 의해 너무 공격적인 최적화가 수행됐다는 것을 쉽게 식별할 수 있게 만든다. 일단 테스트가 준비되면 최적화를 시작할 수 있다. 그림 11.1은 기본적인 최적화 프로세스를 보여준다.

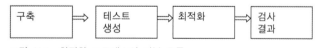

그림 11.1 최적화 프로세스의 기본 흐름

개발 툴 이용

개발 툴이 유용하면서도 시간 절약적인 많은 특징을 제공한다는 등의 개발 툴 특징을 잘 이해하는 것이 중요하다. 최근 컴파일러는 임베디드 소프트웨어에 대한 작업을 점점 더 잘하고 있고, 요구되는 개발 시간의 절감에 대해서도 주도적인 역할을 하고 있다. 링커, 디버거, 툴 체인 등의 컴포넌트가 유용한 코드 빌더와 디버깅 특징을 갖겠지만, 11장에서는 제시하고자 하는 목적을 위해 컴파일러 자체에 대해서만 초점을 맞춘다.

컴파일러 최적화

컴파일의 관점에서 볼 때 애플리케이션 컴파일에는 전통적 컴파일과 전역적(교차 파일) 컴파일의 두 가지 기본 방법이 있다 전통적 컴파일에서 각각의 소스 파일은 분리돼 컴파일되고, 그런 다음 생성된 객체는 함께 링크된다. 전역적 최적화에서 각각의 C 파일은 사전에 처리되고 동일 파일에 있는 최적화기optimizer로 넘겨진다. 이것은 컴파일러가 프로그램의 가시성을 완료하게 하거나 외부 함수와 참조에 관한 보존 가설을 만들지 못하게 하는 것 같은 더 훌륭한 최적화(내부의 절차적 최적화)를 가능하게 만든다. 그러나 전역적 최적화는 몇 가지 결점이 있다. 이 방법에서 컴파일된 프로그램은 컴파일에 더 많은 시간이 소요될 것이며, 디버거는 (컴파일러가 함수의 경계를 제거하고 변수를 이동시키는 것처럼) 더 어려워질 것이다. 전역적으로 구축할 때 컴파일러 버그의 경우 이를 고립시키거나 작업하기가 더 어려워질 것이다. 전역적 또는 교차 파일 최적화는 모든 함수에 대한 완전한 가시성 제공이라는 결과를 가져오며, 속도와 규모 면에서 훨씬 더 좋은 최적화를 가능하게 만든다. 그러나 이 최적화의 단점은 최적화기가 함수의 경계를 없애고 변수를 제거할 수 있다는 것이며, 코드는 디버그하기가 더 어려워진다는 것이다. 그림 11.2는 이들 각각에 대한 컴파일 흐름을 보여준다.

기본 컴파일러 구성

먼저 기본 컴파일러를 구성하기 이전에 몇 가지 기본 구성을 갖추는 것이 필수적이다. 프로젝트에 수반되는 개발 툴이 기본적인 구성 옵션이 될 것이다. 그렇지 않다면 각각의 구성은 다음 항목을 검사해야 한다.

- **목표 아키텍처** 올바른 목표 아키텍처를 명시하는 것은 최적의 코드를 생성하도록 허용할 것이다.
- **엔디안(Endianness)** 벤더는 아마 하나의 엔디안만으로 실리콘을 팔 것이며, 실리콘은 아마 구성될 수 있을 것이다. 이것은 디폴트 옵션이 될 것으로 보인다.
- **메모리 모델** 각기 다른 프로세서는 각기 다른 메모리 모델 구성에 대한 옵션을 가질지도 모른다.
- **초기 최적화 레벨** 초기에 최적화를 사용하지 못하게 하는 것이 최선이다.

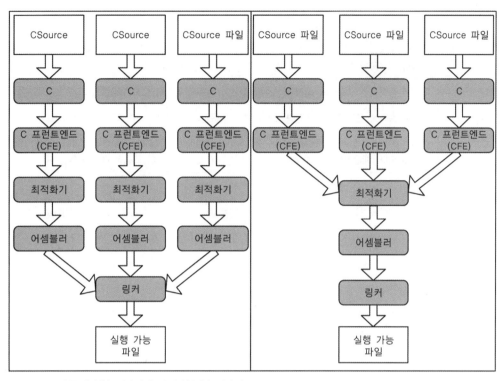

그림 11.2 전통적(좌측) 컴파일과 전역적(우측) 컴파일

최적화 보장 활동

최적화 레벨이 명시되지 않을 때 자동으로 최적화를 사용하지 못하게 될지도 모르며, 새로운 프로젝트가 만들어지거나 코드가 커맨드라인에 구축되는 두 가지 경우에도 최적화를 사용하지 못할지도 모른다. 그러한 코드는 디버깅만을 위해 설계된다. 최적화를 사용하지 못한 상태에서 모든 변수는 작성되고 스택으로부터 읽혀지며, 프로그래머는 소프트웨어가 멈출 때 디버거를 경유해 어떠한 변수 값이든 수정할 수 있다. 코드는 비효율적이며, 제품 코드에서 사용돼서는 안 된다.

프로그래머에게 가용한 최적화 레벨이 벤더에서 벤더로 변하겠지만, 보통 0부터 3까지의 네 가지 최적화 레벨이 있으며, 이중 세 가지 레벨은 최적화 코드를 만들어낸다(표 11.1 참조). 최적화를 끄면 많은 디버거^{debugger}가 최적화된 코드나 스케줄이 잘못된 코드를 갖고 힘든 시간을 보내겠지만, 이럴 경우 코드는 분명 훨씬 느려지거나 커질 것이기 때문에 디버깅은 더 간단해질 것이다. 최적화 레벨이 증가하는 것만큼 컴파일러의 특징은 점점 더 활성화될 것이고, 컴파일 시간은 더 길어질 것이다.

표 11.1 임베디드 최적화 컴파일러를 위한 최적화 레벨 예

설정	설명
O0	최적화를 사용할 수 없다. 출력은 최적화되지 않은 어셈블리 코드다.
O1	목표에 종속적인 고수준의 최적화가 수행되지만, 목표에 특정적인 최적화는 없다.
O2	목표에 종속적이고 목표에 특정적인 최적화가 수행된다. 출력은 비선형의 어셈블리 코드다.
O3	전역저 레지스터 할당을 이용해 목표에 종속적이고 특정적인 최적화가 수행된다. 출력은 비선형 어셈블리 코드다. 애플리케이션에 속도에 민감한 부분이 있는 경우 이 최적화 레벨을 추천한다.

일반적으로 최적화 레벨은 프라그마pragma를 이용해 프로젝트, 모듈, 기능 레벨에 적용할 수 있으며, 이는 다양한 최적화 레벨에서 컴파일되는 다양한 함수를 허용한다.

추가 최적화 구성

게다가 어떠한 최적화 레벨에서도 명시될 수 있는 규모별 구축을 위한 옵션도 일반적으로 존재할 것이다. 실제로 O3(속도에 대한 완전 최적화)와 O3Os(규모에 대한 최적화) 같은 몇 가지 최적화 레벨이 종종 사용된다. 일반적인 애플리케이션에서 핵심 코드는 속도에 대해 최적화되며, 코드의 대부분은 규모에 대해 최적화될지도 모른다.

프로파일러 이용

개발 환경의 많은 부분이 프로파일러profiler이며, 이는 프로그래머에게 주기가 소비되는지 분석할 수 있게 해준다. 이를 위한 가치 있는 툴이 있으며, 이는 핵심 영역을 발견하는 데 사용할 수 있다. 기능 프로파일러는 IDE에서 동작하며, 커맨드라인 시뮬레이터를 이용할 수 있다.

배경: 임베디드 아키텍처 이해

자원

임베디드 프로세서에 대한 코드를 작성하기 전에 아키텍처 자체를 평가하고 가용한 자원과 능력을 이해하는 것이 중요하다. 최근의 임베디드 아키텍처는 처리량을 최대화하는 많은 특징을 갖고 있다. 표 11.2는 프로그래머가 이해해야 하는 몇 가지 특징과 질의해야 하는 몇 가지 질문을 보여준다.

표 11.2 임베디드 아키텍처의 특징

명령어 집합	증가된 상태인가 아니면 증가 후 추가됐는가?
아키텍처	포화(상태)가 암시적인가 아니면 명시적인가? 어떤 데이터 유형(8, 16, 32, 40)이 지원되는가? SIMD 연산에 분수와/또는 부동소수점이 지원될 것이다. 현재? 컴파일러가 자동으로 벡터화되는가? 인트린식 함수를 경유해 사용되는가?
레지스터 파일	얼마나 많은 레지스터가 있고 이들이 무엇을 위해 사용되는가? 함의: 레지스터 압력으로 인해 성능이 악화되기 전에 몇 번이나 루프가 전개될 수 있는가?
예측	아키텍처에 얼마나 많은 예측이 지원되는가? 함의: 예측이 더 많다는 것은 코드 성능을 더 잘 제어할 수 있다는 것을 의미한다.
메모리 시스템	어떤 종류의 메모리가 가용하고 이들 사이 속도 트레이드오프는 무엇인가? 얼마나 많은 버스가 있는가? 얼마나 많은 읽기/쓰기가 병렬로 수행될 수 있는가? 비트 반전된 주소 지정이 수행될 수 있는가? 하드웨어에서 순환 버퍼를 지원하는가?
기타	제로 오버헤드 루핑

기본 C 최적화 기법

이 절은 모든 임베디드 프로세서를 위해 작성된 코드에 이득이 될 기본적인 C 최적화 기법을 포함한다. 중심 아이디어는 컴파일러가 아키텍처의 모든 특징을 활용한다는 것을 보장하는 것과, C에서 통신되지 않는 프로그램에 대한 추가 정보를 컴파일러와 통신하는 것이다.

올바른 데이터 유형 선택

코드 작성을 시작하기 전에 코어에서 다양한 유형의 크기를 배우는 것이 중요하다. 컴파일러는 요구되는 모든 유형을 지원하도록 요구받지만, 하나의 유형을 선택해야만 하는 성능상의 영향과 이유가 있을지도 모른다.

예를 들어 프로세서는 32비트 곱셈을 지원하지 않을지도 모른다. 곱셈에서 32비트 유형을 이용하는 것은 컴파일러에게 일련의 명령어를 생성하게 만들 것이다. 32비트의 정밀성이 필요 없다면 16비트를 이용하는 편이 더 좋을 것이다. 이와 유사하게 프로세서에서 원래 지원되지 않는 64비트를 이용하는 것은 32비트 연산을 이용해 64비트 산술을 구축하는 것과 유사한 결과를 가져올 것이다.

임베디드 프로세서 특징을 활용하기 위한 인트린식 사용

인트린식intrinsic 함수 또는 짧게 말해 인트린식은 C에서 표현하기에 편하거나 가능하지 않은 연산 또는 목표에 특정적인 특징을 표현하는 한 가지 방법이다(표 11.3 참조). 맞춤식 데이터 유형과 결합된 인트린식은 비표준 데이터의 크기나 유형을 이용할 수 있다. 이런 인트린식은 또한 컴파일러에 의해 ANSI C로부터 자동으로 생성될 수 없는 애플리케이션 특정 명령어(예를 들이 비터비viterbi 또는 비디오 명령어)를 얻기 위해 사용될 수 있다. 이 인트린식은 함수 호출 같이 사용되지만 컴파일러는 의도된 명령어나 일련의 명령어를 이용해 이 인트린식을 대체할 것이다. 함수 호출에 대한 오버헤드는 없다.

표 11.3 인트린식 사례

인트린식 (C) 사례	생성된 어셈블리 코드
d = L_add(a, b);	iadd d0, d1

인트린식을 경유해 접근이 가능한 몇 가지 특징은 다음과 같다.

- 포화saturation
- 분수 유형fractional type
- 인터럽트 불능/가능

예를 들어 FIR 필터는 인트린식을 이용해 작성될 수 있으며, 이에 따라 프로세서 연산을 명시할 수 있다(그림 11.3). 이러한 경우 인트린식 L_mac(오랫동안의 곱셈 누적)을 이용해 곱셈과 덧셈 연산을 대체하려면 한 가지로 두 연산을 대체하고 DSP 산술이 적절히 다뤄진다는 것을 보장하기 위해 포화 함수를 추가한다.

```
short SimpleFir1(
    short *x,
    short *y)
{
    int i;
    long acc;
    short ret;

    acc = 0;
    for(i=0;i<16;i++)
        // multiply, accumulate and saturate
        acc = L_mac(acc,x[i],y[i]);
    ret = acc>>16;

    return(ret);
}
```

그림 11.3 인트린식을 이용한 간단한 FIR 필터

함수 호출 관례

각각의 프로세서나 플랫폼은 각기 다른 호출 관례calling convention를 가질 것이다. 일부는 스택 기반일 것이고 다른 것은 레지스터 기반이나 이 두 가지의 조합이 될 것이다. 일반적으로 자동적 호출 관례는 중단될 수 있지만 유용할 것이다. 자동적 호출 관례에 부적합한 함수에 대해서는 호출 관례를 변경해야 하며, 이것은 많은 인수를 가질 것이다. 이러한 경우 호출 관례는 비효율적이 될 수도 있다.

호출 관례를 변경하는 이점에는 스택에서보다 레지스터에서 더 많은 인수를 넘겨주는 능력이 포함된다. 예를 들어 일부 임베디드 프로세서의 경우 맞춤식 호출 관례는 애플리케이션 구성 파일과 프라그마pragma를 통해 어떠한 함수에 대해서든 명시될 수 있을 것이다. 이것은 2단계 프로세스다.

맞춤식 호출 관례는 애플리케이션 구성 파일(컴파일에 포함된 파일)을 이용해 정의된다(그림 11.4).

```
configuration
 call_convention mycall (
  arg [1 : ( * $r9 , $d9),
     2 : ( * $r1 , $d1),
     3 : ( * $r2 , $d2),
     4 : ( * $r3 , $d3),
     5 : ( * $r4 , $d4),
     6 : ( * $r5 , $d5) ];    // argument list
  return $d0;                // return value
  saved_reg  [
          $d6, $d7,       // callee must save and restore
          $d8,
          $d10, $d11,
          $d12, $d13,
          $d14, $d15,
          $r6, $r7,
          $r8,
          $r10, $r11,
          $r12, $r13,
          $r14, $r15,
          $n0, $n1,
          $m0, $m1,
          $n2, $n3,
          $m2, $m3
          ];
  deleted_reg [              // caller must save/restore
          $d0, $d1, $d2, $d3, $d4, $d5,
          $r0, $r1, $r2, $r3, $r4, $r5
          ];
  save = [ ];
 )
              view default
              module "main" [
                      opt_level = size
                      function _GoofyBlockChar [
                              opt_level = O3
                              ]
      ]
          end view
          use view default
      end configuration
```

그림 11.4 호출 관례 구성

유스케이스 정의

Sectors	Band	Frame config	ULUEs + DLUEs	UL	DL	DL Mbps	UL Mbps	SR/ACK/CQI info (per TTI over PUCCH)	RACH Root seq	Sounding UE (per TTI)	Device	SC3850 freq.	#Device
1	20	FDD	32+32 (6+6 sched per TTI)	1×2	2×2	102	51	1/32/1	1	1 wide band	PSC9131	1000MHz	1

SC3850 코어와 MAPLE PE 로드

전체 MCPS	563
SC3850 코어 로드	56%
FTPE	25%
PUPE	5%
eTVPE	54%
DEPE	5%
PDPE	21%

➤ 1GHz 코어 주파수에서의 예상 평균 코어 로드는 56%임

➤ 스케줄링은 MAPLE과 FAPI 제어라는 오버헤드를 포함함

➤ 번호는 독립된 컴포넌트 프로파일링을 기반으로 함

➤ 32명의 적극적 사용자를 고려하며, TTI당 6UL + 6DL의 예정 사용자로 번역됨

그림 11.5 팸토 애플리케이션을 위한 사례 정의

호출 관례는 필요시 프라그마를 경유해 호출된다. 프로젝트의 나머지 부분에서는 자동적 호출 관례를 계속해서 사용할 것이다. 그림 11.6과 11.7에 있는 사례에서 호출 관례는 함수 TestCallingConvention에 대해 적용된다.

```
char TestCallingConvention (int a, int b, int c, char d, short e)
{
  return a+b+c+d+e;
}
#pragma call_conv TestCallingConvention mycall
```

그림 11.6 호출 관례 적용

포인터와 메모리 접근

정렬 보장

디지털 신호 처리기DSP 같은 일부 임베디드 프로세서는 버스 전반에 다중 데이터 값의 로딩을 지원하는데, 이는 산술 함수 유닛을 계속 동작시키도록 유지시키는 데 필수적이다. 이러한 움직임을 다중 데이터 이동(이것을 포장packed 또는 벡터 이동과 혼동하면 안 된다)이라 부른다. 이들은 각기 다른 레지스터의 메모리에 있는 인접 값으로 이동한다. 게다가 많은 컴파일러 최적화는 모든 함수 유닛을 계속 동작시키고 이동시켜야 되는 너무 많은 데이터를 갖고 있기 때문에 다중 레지스터 이동을 요구한다.

The generated code shows the parameters passed in registers as specified:

```
;*******************************************************************************
;**
;*                                                                            *
;* Function Name:        _TestCallingConvention                               *
;* Stack Frame Size:     0 (0 from back end)                                  *
;* Calling Convention:   14                                                   *
;* Parameter:        a  passed in register d9                                 *
;* Parameter:        b  passed in register d1                                 *
;* Parameter:        c  passed in register d2                                 *
;* Parameter:        d  passed in register d3                                 *
;* Parameter:        e  passed in register d4                                 *
;*                                                                            *
;* Returned Value:       ...                                                  *
;*                                                                            *
;*******************************************************************************
;**
        GLOBAL     _TestCallingConvention
        ALIGN2
_TestCallingConvention   TYPE    func OPT_SIZE
        SIZE _TestCallingConvention,F_TestCallingConvention_end-_TestCallingConvention,2
;PRAGMA stack_effect _TestCallingConvention,0
   tfr    d9,d0          ;[30,1]
   add    d0,d1,d0       ;[33,1]
   add    d2,d0,d0       ;[33,1]
   add    d3,d0,d0       ;[33,1]
   add    d4,d0,d0       ;[33,1]
   rtsd                  ;[33,1]
   sxt.b  d0,d0          ;[33,1]
```

그림 11.7 수정된 호출 관례를 가진 함수에 대해 생성된 코드

그러나 일반적으로 컴파일러는 자신의 접근 폭 메모리에 있는 변수를 정렬한다. 예를 들어 짧은 배열(16비트) 데이터는 16비트로 정렬된다. 그러나 다중 데이터 이동을 활용하려면 데이터는 더 높은 크기로 정렬돼야 한다. 예를 들어 두 개의 16비트 값을 한 번에 로드하려면 데이터는 32비트로 정렬돼야 한다.

제한과 포인터 대역

포인터를 동일 코드 조각에 사용할 때 포인터가 동일 메모리의 위치(에일리어스alias)를 가리키지 않도록 보장해야 한다. 컴파일러가 에일리어싱aliasing되지 않는 포인터가 있다는 것을 알면 컴파일러는 메모리에 접근하기 위해 포인터를 병렬로 놓아 메모리를 가리킬 수 있고, 이는 성능을 크게 향상시킨다. 그렇지 않으면 컴파일러는 포인터가 에일리어싱될 수 있다고 가정한다. 컴파일러와의 통신은 다음과 같은 두 가지 방법 중 하나를 이용한다. 즉, 제한 키워드를 이용하는 방법과 프로그램 어디서든 에일리어싱되는 포인터가 없다는 정보를 컴파일러에게 알려주는 방법이다(그림 11.8).

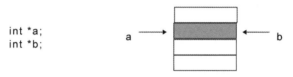

그림 11.8 포인터 에일리어싱의 예

제한 키워드는 포인터, 참조, 배열에 적용될 수 있는 수식자qualifier의 유형이다(표 11.4와 11.5). 이 키워드는 포인터 선언의 범위 내에 있는 프로그래머에 의한 보장을 나타내는 데 사용되며, 포인트되는 객체는 그 포인터에 의해서만 접근될 수 있다. 이러한 보장을 위반하면 불확실한 결과를 야기할 수 있다.

표 11.4 제한 키워드가 파라미터에 추가되기 전 루프 사례(DSP 코드)

루프 사례	생성된 어셈블리 코드
`void foo (short * a,short * b,int N) {`	`doen3 d4`
`  int i;`	`    FALIGN`
`  for (i=0; i<N; i++) {`	`    LOOPSTART3`
`  b[i] = shr(a[i], 2);`	`    move.w (r0)+,d4`
`  }`	`    asrr #<2,d4`
`  return;`	`    move.w d4,(r1)+`
`}`	`    LOOPEND3`

표 11.5 제한 키워드가 파라미터에 추가된 이후 루프 사례

추가된 제한 수식사를 가진 루프 사례. 참고: 포인터 a와 b는 에일리어싱되면 안 된다(데이터가 분리돼 위치한다는 것을 보장해야 한다).	생성된 어셈블리 코드. 참고: 지금 a와 b를 위한 접근은 동시에 이슈가 될 수 있다.
```void foo (short * restrict a, short * restrict b, int N) int i; for (i=0; i<N; i++) { b[i] = shr(a[i], 2); } return; }```	```move.w (r0)+,d4 asrr #<2,d4 doensh3 d2 FALIGN LOOPSTART3 [move.w d4,(r1)+ ; parallel move.w (r0)+,d4 ; accesses] asrr #<2,d4 LOOPEND3 move.w d4,(r1)```

루프

통신 루프 카운트 정보

프라그마^{pragma}는 루프 최적화를 도와주는 루프 바운드$^{loop\ bound}$에 관한 정보를 컴파일러와 통신하기 위해 사용할 수 있다. 예를 들어 루프의 최솟값과 최댓값이 알려지면 컴파일러는 더 공격적인 최적화를 수행할 수 있을지도 모른다.

```
{
    long int L_tmp = 0;
    int i;


    for (i = 0; i < N; i++)
#pragma loop_count (4,512,4)
        L_tmp = L_mac (L_tmp, vec1[i], vec2[i]);
    *result = round (L_tmp);

}
```

그림 11.9 루프 카운트를 명시하기 위해 사용된 프라그마

그림 11.9의 사례에서 프라그마는 컴파일러에 대한 루프 카운트 바운드를 명시하기 위해

사용된다. 이러한 문맥에서 파라미터는 각각 최소, 최대, 다중 값을 갖는다. 0이 아닌 최솟값이 명시된다면 컴파일러는 0이 반복되는 값비싼 검사 코드의 생성을 회피할 수 있다. 컴파일러는 가능하다면 몇 번이나 루프가 전개될 수 있는지 알기 위해 최대와 다중 파라미터를 이용할 수 있다.

하드웨어 루프

하드웨어 루프는 버퍼 내의 루프 몸체를 유지하거나 프리패칭prefetching함으로써 (대부분의 경우) 오버헤드가 없는 루핑을 허용하는 일부 임베디드 코어를 구축하는 메커니즘이다. 하드웨어 루프는 더 적은 흐름 변경 오버헤드를 갖기 때문에 일반적인 소프트웨어 루프(감산 계수기와 분기)보다 더 빠르다. 하드웨어 루프는 보통 루프의 반복 횟수와 동등한 카운트를 갖고 시작하고, 매 반복마다 1이 감소되며(스텝 사이즈가 -1), 루프 카운트가 0이면 종료되는 루프 레지스터를 이용한다(그림 11.10).

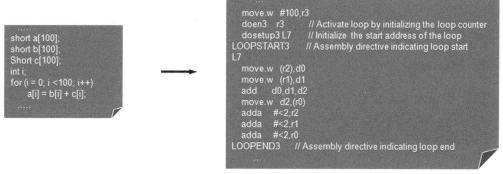

그림 11.10   임베디드 프로세서에서의 하드웨어 루프 카운팅

    컴파일러는 루프 카운트나 루프 구조가 복잡하더라도 C로부터 하드웨어 루프를 자동으로 가장 자주 생성한다. 그러나 컴파일러가 하드웨어 루프(컴파일러/아키텍처에 따라 변한다)를 생성하기 위해서는 어떠한 특정 기준이 있어야 할 것이다. 일부의 경우 루프 구조가 생성을 금하겠지만 프로그래머는 이에 관해 알 것이며, 소스는 수정될 수 있으므로 컴파일러는 하드웨어 루프 기능성을 이용해 루프를 생성할 수 있다. 하드웨어 루프가 생성되지 않았다면(컴파일러 피드백), 컴파일러는 프로그래머에게 상태를 알려주는 특징을 가질지도 모른다. 그 대신 프로그래머는 하드웨어 루프가 임계 코드를 위해 생성됐다는 것을 보장하기 위해 생성된 코드를 검사해야 한다.

    하나의 사례로 StarCore DSP 아키텍처는 네 개의 하드웨어 루프를 지원한다. 어셈블러 지시자directives인 LOOPSTART와 LOOPEND 마킹이 루프 몸체의 시작과 종료를 각각 마킹한다는 것에 주목해야 한다(그림 11.11).

```
doensh3  #<5

move.w  #<1,d0

LOOPSTART3

[  iadd     d2,d1

   iadd     d0,d4

   add      #<2,d0

   add      #<2,d2   ]

LOOPEND3
```

그림 11.11 StarCore DSP 아키텍처

추가 팁과 비법

다음은 더 나은 코드 최적화를 위해 이용할 수 있는 몇 가지 추가 팁과 비법을 설명한다.

메모리 충돌

데이터가 메모리에 위치하면 데이터가 어떻게 접근되는지 알아야 한다. 두 개의 버스가 지역/뱅크region/bank에서 데이터 트랜잭션에 관해 논쟁이 발생된다면 메모리 유형에 따라 이 두 개의 버스는 충돌을 일으킬 수 있거나 패널티의 원인이 될 수 있다. 이러한 논쟁을 회피하기 위해 데이터는 적절히 분리돼야 한다. 이러한 논쟁의 원인이 되는 시나리오는 디바이스에 종속적인데, 그 이유는 메모리 뱅크 구성과 인터리빙interleaving이 디바이스마다 각기 다르기 때문이다.

비정렬 접근 사용

일부 임베디드 프로세서에서 디바이스는 비정렬 메모리 접근을 지원한다. 이러한 기능은 특별히 비디오 애플리케이션에 유용하다. 예를 들어 프로그래머는 메모리 영역의 시작 부분에 1바이트로 상쇄되는 4바이트 값을 로드해야 될지도 모른다.

캐시 접근

캐시에서 데이터는 메모리에 나란히 붙어 함께 사용될 수 있도록 위치시켜야 한다. 그래야 캐시에 접근하기 전에 캐시에 대한 프리패칭prefetching을 통해 데이터를 더 잘 획득할 것 같기 때문이다. 게다가 캐시 프리패치와 같이 루프의 연속적 반복을 위한 데이터 로딩이 동일 차원에서 발생한다는 점을 보장해야 한다.

소수 함수의 인라인(즉시 처리)

컴파일러는 보통 적은 수의 함수를 인라인 처리, 즉 그때마다 즉시 처리하지만, 어떤 이유에선지 이러한 상황이 발생하지 않는다면(예를 들어 크기 최적화가 활성된다면) 프로그래머는 이 함수를 인라인으로 처리할 수 있다. 적은 수의 함수에서 저장, 회복, 파라미터 패싱 오버헤드는 소수 함수 자체에 대한 주기 횟수와 관련해 중요해질 수 있다. 따라서 인라이닝inlining은 유익하다. 또한 인라이닝 함수는 이전의 호출 함수에 순차적이고 프리패치될 가능성이 있기 때문에 명령 캐시의 부적중 기회를 줄일 수 있다. 인라이닝 함수는 코드의 크기를 줄일 수 있다는 점에 주목해야 한다. 일부 프로세서상에서 프라그마 인라인은 인라인될 모든 함수의 호출을 강제한다(그림 11.12).

```
int foo () {

#pragma inline

...

}
```

그림 11.12 프라그마 인라인 강제

벤더 실행 시간 라이브러리 사용

임베디드 프로세서 벤더는 일반적으로 공통의 실행 시간 루틴을 위해 FFT, FIR, 복잡한 연산 같은 최적화된 라이브러리 함수를 제공한다. C 언어를 이용해서도 여전히 성능 향상이 가능하겠지만, 보통 이들 함수는 어셈블리 언어를 이용해 손으로 직접 작성된다. 이들 함수는 또한 루틴 같이 손으로 작성할 필요 없이 공개된 API를 이용해 프로그래머가 직접 호출할 수 있으며, 이는 시장 적시성을 높일 수 있다.

일반 루프 변환

이 절에서 설명하는 최적화 기법은 전반적으로 현실적인 기법이다. 이들 기법은 최신 다중 ALU 프로세서를 활용하기 위해 필수적이다. 최신 컴파일러는 이러한 많은 최적화 기법을 수행할 것이며, 동시에 수행할 것이다. 게다가 이들 기법은 C 또는 어셈블리 레벨에서 모든 플랫폼에 적용될 수 있다. 따라서 이 절 전반에 걸쳐 사례가 C와 어셈블리 언어에서 일반적인 용어로 제시될 것이다.

루프 언롤링

배경

루프 언롤링loop unrolling은 루프 몸체가 한 번 또는 여러 번 중복되게 하는 기법이다. 그런 다음 루프 카운트는 이에 대한 보상으로 동일 요소에 의해 감소된다. 루프 언롤링은 다음과 같은 여러 최적화 기법을 수행할 수 있다.

- 다중 샘플링multisampling
- 부분 합partial summation
- 소프트웨어 파이프라이닝software pipelining

일단 루프가 펼쳐지면 코딩에서 유연성이 증가한다. 예를 들어 원래 루프의 각 복사본은 약간의 변경이 일어날 수 있다. 각기 다른 레지스터가 각각의 복사본에 사용될 수 있다. 이러한 이동은 초기에 수행될 수 있으며, 다중 레지스터의 이동이 사용될 수 있다.

언롤링 절차:

루프 몸체를 N번 복제한다.

루프 카운트를 N배만큼 감소한다.

언롤링 전 루프	두 배만큼 언롤링 후 루프

```for (i=0; i<10; i++)```
```   operation();```
	```for (i=0; i<5; i++) {```
	``` operation();```
	``` operation(); }```

구현

그림 11.13은 두 배만큼 언롤링된 후의 내부 루프 상관관계에 대한 사례를 보여준다.

```
loopstart1

[ move.f (r0)+,d2 ; Load some data

move.f (r7)+,d4   ; Load some reference

mac d2,d4,d5      ; Do correlation

]

[ move.f (r0)+,d2 ; Load some data

move.f (r7)+,d4   ; Load some reference

mac d2,d4,d5      ; Do correlation

]

loopend1
```

그림 11.13 내부 루프 상관관계

다중 샘플링

배경

다중 샘플링multisampling은 입력 소스 데이터 값에서 겹쳐지는 독립적인 출력 값을 계산하기 위해 병렬로 다중 ALU 실행 유닛의 활용을 최대화하는 기법이다. 다중 샘플링 구현 시 둘 또는 그 이상의 출력 값이 입력 소스 데이터 값의 공통성을 활용해 병렬로 계산된다. 부분 합과 다르게 다중 샘플링은 중간 계산 과정에서 출력 값의 오류에 민감하게 반응하지 않는다.

다중 샘플링은 다음과 같은 형태를 가진 어떠한 신호 처리 계산에든 적용될 수 있다.

$$y[n] = \sum_{m=0}^{M} x[n+m]\,h[n]$$

여기서 다음과 같다.

$$y[0] = x[0+0]h[0] + x[1+0]h[1] + ... + x[m+0]h[M]$$
$$y[1] = x[0+1]h[0] + x[1+1]h[1] + ... + x[M-1+1]h[M-1] + x[M+1]h[M]$$

따라서 출력 값 계산을 위한 내부 루프를 C 유사 코드를 이용해 작성하면 다음과 같다.

```
tmp1 = x[n];
for(m = 0; m<M; m += 2)
{
    tmp2 = x[n+m+1];
    y[n]   += tmp1*h[m];
    y[n+1] += tmp2*h[m];
    tmp1 = x[k+m+2];
    y[n]   += tmp2*h[m+1];
    y[n+1] += tmp1*h[m+1];
}
tmp2 = x[n+m+1];
y[n+1] += tmp2*h[m];
```

구현 절차

다중 샘플링된 버전은 N 출력 샘플에서 동시에 동작한다. 커널을 다중 샘플링된 버전으로 변환하기 위해서는 다음과 같은 변경이 이뤄져야 한다.

- N만큼 다중 샘플링을 반영하기 위해 외부 루프 카운트를 변경한다.
- 출력 데이터를 축적하기 위해 N 레지스터를 이용한다.
- 공유된 N개의 샘플을 계산할 때 공통의 데이터 요소를 허용하기 위해서는 N번만큼 내부 루프를 언롤링한다.
- N만큼 언롤링을 반영하기 위해서는 내부 루프 카운트를 N배만큼 줄인다.

구현

두 개의 MAC DSP에서 구현된 다중 샘플링 사례가 그림 11.14에 나타나 있다.

```
[ clr d5 ; Clears d5 (accumulator)

clr d6 ; Clears d6 (accumulator)

move.f (r0)+,d2 ; Load data

move.f (r7)+,d4 ; Load some reference

]

move.f (r0)+,d3 ; Load data

InnerLoop:

loopstart1

[ mac d2,d4,d5 ; First output sample

mac d3,d4,d6 ; Second output sample

move.f (r0)+,d2 ; Load some data

move.f (r7)+,d4 ; Load some reference

]

[ mac d3,d4,d5 ; First output sample

mac d2,d4,d6 ; Second output sample

move.f (r0)+,d3 ; Load some data

move.f (r7)+,d4 ; Load some reference

]

loopend1
```

그림 11.14 MAC DSP에서 구현된 다중 샘플링의 사례

부분 합

배경

부분 합partial summation은 하나의 출력 합을 계산하기 위해 여러 개의 작은 합이나 부분 합으로 나누는 최적화 기법이다. 부분 합은 알고리즘 끝단에서 함께 더해진다. 부분 합에서는 일부 순차적인 종속성이 동작하지 않으므로 더 많은 병행성의 이용을 허용한다.

부분 합은 다음과 같은 형태를 가진 어떠한 신호 처리 계산에든 적용될 수 있다.

$$y[n] = \sum_{m=0}^{M} x[n+m] h[n]$$

여기서는 다음과 같다.

$$y[0] = x[0+0]h[0] + x[1+0]h[1] + x[2+0]h[2] + ... + x[m+0]h[M]$$

부분 합을 수행할 때 각각의 계산은 여러 가지의 작은 합으로 나눠진다. 예를 들어 M = 3이라 가정하면 최초의 출력 샘플은 다음과 같이 세 가지의 작은 합으로 나눠진다.

sum0 = x[0 + 0]h[0] + x[1 + 0]h[1]

sum1 = x[2 + 0]h[0] + x[3 + 0]h[1]

y[0] = sum0 + sum1

여기서 부분 합은 전체 계산의 어떤 부분으로 선택될 수 있다는 점에 주목해야 한다. 이 사례에서 보면 두 개의 합이 첫 번째 + 두 번째, 세 번째 + 네 번째 계산을 수행하기 위해 선택된다.

참고 부분 합은 포화 산술 오류의 원인이 될 수 있다. 여기서 포화saturation는 결합이 아니다. 예를 들어 포화 $(a * b) + c$는 포화 $(a * b + c)$와 같지 않을지도 모른다. 이와 같은 차이가 프로그램에 영향을 주지 않는다는 것을 보장하도록 많은 주의가 요구된다.

구현 절차

부분 합의 구현은 N 부분의 합에서 동시에 동작한다. 커널을 변환하기 위해서는 다음과 같은 변경이 이뤄져야 한다.

- N 부분 합을 축적하기 위해 N 레지스터를 이용한다.
- 내부 루프의 언롤링은 언롤링 요소가 구현에 의존하는 것과 어떻게 값이 재사용되고, 어떻게 다중 레지스터의 이동이 사용되는지 필요하다.
- 언롤링을 반영하기 위해서는 내부 루프의 카운터를 변경한다.

구현

그림 11.15는 2-MAC(곱셈/누적) DSP에서 구현된 부분 합을 보여준다.

```
[ move.4f (r0)+,d0:d1:d2:d3 ; Load data - x[..]
move.4f (r7)+,d4:d5:d6:d7 ; Load reference - h[..]
]
InnerLoop:
loopstart1
[ mpy d0,d4,d8 ; x[0]*h[0]
mpy d2,d6,d9 ; x[2]*h[2]
]
[ mac d1,d5,d8 ; x[1]*h[1]
mac d3,d7,d9 ; x[3]*h[3]
move.f (r0)+,d0 ; load x[4]
]
add d8,d9,d9 ; y[0]
[ mpy d1,d4,d8 ; x[1]*h[0]
mpy d3,d6,d9 ; x[3]*h[1]
moves.f d9,(r1)+ ; store y[0]
]
[ mac d2,d5,d8 ; x[2]*h[2]
mac d0,d7,d9 ; x[4]*h[3]
move.f (r0)+,d1 ; load x[5]
]
add d8,d9,d9 ; y[1]
[ mpy d2,d4,d8 ; x[2]*h[0]
mpy d0,d6,d9 ; x[4]*h{1]
moves.f d9,(r1)+ ; store y[1]
]
[ mac d3,d5,d8 ; x[3]*h[2]
mac d1,d7,d9 ; x[5]*h[3]
move.f (r0)+,d2 ;load x[6]
]
add d8,d9,d9 ; y[2]
[ mpy d2,d4,d8 ; x[3]*h[0]
mpy d0,d6,d9 ; x[5]*h[1]
moves.f d9,(r1)+ ; store y[2]
]
[ mac d3,d5,d8 ; x[4]*h[2]
mac d1,d7,d9 ; x[6]*h[3]
move.f (r0)+,d3 load x[7]
]
add d8,d9,d9 ; y[3]
moves.f d9,(r1)+ ; store y[3]
loopend1
```

그림 11.15 2-MAC (곱셈/누적) DSP에서 구현된 부분 합

소프트웨어 파이프라이닝

배경

소프트웨어 파이프라이닝^{software pipelining}은 명령 시퀀스를 여러 사본의 파이프라인으로 변환시키는 최적화 기법이다. 그런 다음 이 시퀀스는 가용한 아키텍처 병행성을 더 잘 활용하기 위해 병렬로 동작한다. 명령 시퀀스는 필요한 만큼 복제될 수 있으며, 각 시퀀스는 각기 다른 레지스터 집합으로 대체된다. 그런 다음 이들 명령 시퀀스는 뒤섞일 수 있다.

다음과 같이 종속 연산 시퀀스 a, b, c가 주어졌다고 가정해보자.

```
a = operation( );
b = operation(a);
c = operation(b);
```

소프트웨어 파이프라이닝은 다음과 같이 주어진다(동일 선상에 있는 연산은 병렬화될 수 있다).

```
a0 = operation( );
b0 = operation(a); a1 = operation( );
c0 = operation(b); b1 = operation(a1);
c1 = operation(b1);
```

구현

세 개의 단순 종속 명령 시퀀스는 쉽게 소프트웨어 파이프라인이 될 수 있다. 예를 들어 세 개의 시퀀스가 소프트웨어 파이프라인으로 된 사례가 그림 11.16에 나타나 있다. 초기 (그룹으로 묶여진 세 개의 명령어보다 적을 때) 파이프라인이 채워지고 있는 코드 시퀀스는 프롤로그^{prologue}다. 이와 유사하게 그룹화된 3개의 명령어보다 적은 코드 시퀀스의 끝단은 에필로그^{epilogue}다. 3개 명령어를 병렬로 그룹화하는 것은 그림 11.17에서 보는 것처럼 루프 커널로 변환될 수 있다.

참고 소프트웨어 파이프라이닝은 코드의 크기를 증가시킬 것이다. 최적화가 크기 증가보다 더 가치 있다는 것을 보장해야 한다.

```
sub d0,d1,d2
impy d2,d2,d2
asr d2,d2
```

그림 11.16 소프트웨어 파이프라인된 루프 커널

```
sub d0,d1,d2 ; Prologue
[ impy d2,d2,d2 ; Prologue
sub d3,d4,d5
]
[ asr d2,d2 ; Can be transformed into loop
impy d5,d5,d5
sub d6,d7,d8
]
[ asr d5,d5 ; Epilogue
impy d8,d8,d8
]
asr d8,d8 ; Epilogue
```

그림 11.17 소프트웨어 파이프라인된 루프 에필로그

최적화 기법 애플리케이션 사례: 교차 상관관계

앞의 기법을 이용한 최적화에서 교차 상관관계cross-correlation 알고리즘을 구현하는 것이 이에 대한 훌륭한 사례연구의 예가 될 것이다. 교차 상관관계는 두 개의 연속이 어느 정도의 상관관계를 갖는지에 대한 정도를 평가하는 표준화된 방법이다. 이 방법은 공급 입력 벡터 내에서 가장 잘 매칭되는 공급 참조 벡터를 계산한다. 가장 높은 교차 상관관계(오프셋)의 위치가 그림 11.18에 나타나 있는 것처럼 반환된다.

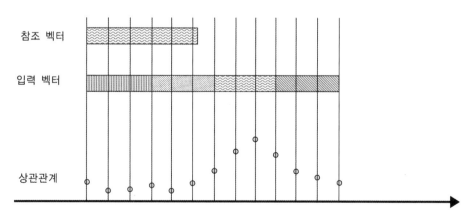

그림 11.18 교차 상관관계 알고리즘

준비

교차 상관관계 함수는 입력 벡터와 참조 출력 벡터를 가진 테스트 하네스^{harness}로 구성된 프로젝트에서 설정된다. 테스팅은 각기 다른 두 개의 입력 집합, 즉 입력 벡터 길이 24와 참조 벡터 길이 4, 입력 벡터 크기 32, 참조 벡터 크기 6을 이용해 수행된다. 성능 측정을 위해 StarCore를 위한 CodeWarrior 10 툴 체인에 있는 프로파일러^{profiler}가 사용된다. 최소와 최대 함수 실행 시간이 측정된다(이 경우 최소와 최대 함수 실행 시간은 더 짧은 벡터와 더 긴 벡터에 각각 대응된다). 이를 쉽게 설명하기 위해 세 가지의 각기 다른 교차 상관관계 구현을 제시하면 다음과 같다.

초기 포트
1단계: 분수 연산을 위한 인트린식
2단계: 정렬의 구체적 명시와 다중 샘플링 기법을 이용한 최적화
3단계: 어셈블리에서 최적화

최초 구현

최초 구현은 ANSI C로 작성된다(그림 11.19). 이것은 두 개의 중첩 루프$^{nested\ loop}$, 즉 외부 루프와 내부 루프로 구성된다. 외부 루프는 각각의 상관관계 값(예를 들어 매칭)을 계산하고, 내부 루프는 상관관계 값의 부분을 형성하는 각각의 추정을 계산한다. 따라서 외부 루프는 입력 벡터를 통해 움직이며, 내부 루프는 참조 벡터를 통해 움직인다.

성능 분석(프리스케일^{Freescale}의 StarCore SC3850 코어 사례)
가정: 제로 대기 상태 메모리(모든 캐시에서). 코어만 벤치마킹된다.

| Test 1 (short vector) | 734 주기 |
| Test 2 (long vector) | 1258 주기 |

C 구현	생성된 어셈블리

// Receives pointers to input and reference vectors
 	
short CrossCor(short *iRefPtr, short *iInPtr)
 	
{
 	
  long acc;
 	
  long max = 0;
 	
  int offset = –1;
 	
  int i, j;
 	
// For all values in the input vector
 	
 for(i=0; i<(inSize-refSize+1); i++)
 	
 {
 	
  acc = 0;
 	
// For all values in the reference vector
 	
  for(j=0; j<refSize; j++)
 	
  {
 	
// Cross-correlation operation:
//Multiply integers Shift into fractional representation
 	
//Add to accumulator
 	
   acc += ((int)(iRefPtr[j] * iInPtr[j])) << 1;
 	
  }
 	
  iInPtr++;
 	
  if(acc > max)
 	
  {
 	
// Save location (offset) of maximum correlation result
 	
   max = acc;
 	
   offset = i;
 	
  }
 	
 }
 	
 return offset;
 	
}
	3 cycle inner loop shown:
	
	 FALIGN
	
	 LOOPSTART3
	
	[
	
	 move.w (r14)+,d4
	
	 move.w (r4)+,d3
	
	]
	
	[
	
	 impy d3,d4,d5
	
	 addl1a r2,r3
	
	]
	
	 move.l d5,r2
	
	 LOOPEND3

그림 11.19 초기 ANSI C 구현

1단계: 분수 연산을 위한 인트린식 사용과 루프 카운트 명시

첫 번째 단계에서는 최적의 코드가 생성되는지 보장하는 분수 연산을 명시하기 위해 인트린식 함수를 사용한다. 예를 들어 Starcore SC3850 코어에서 곱셈 연산 이후 좌측으로 이동하거나 덧셈 연산 이후 포화되는 곱셈 누적 명령이 있다. 이것은 많은 연산을 하나의 연산으로 결합한다. 내부 루프 몸체를 L_mac 인트린식으로 대체하는 것은 `mac` 어셈블리 명령이 생성된다는 것을 보상할 것이나(그림 11.20).

성능 분석(프리스케일의 StarCore SC3850 코어 사례)

가정: 제로 대기 상태 메모리(모든 캐시에서). 코어만 벤치마킹된다.

Test 1 (short vector)	441 주기
Test 2 (long vector)	611 주기

2단계: 데이터 정렬 명시와 다중 샘플링 알고리즘 수정

최종 단계에서 교차 상관관계 알고리즘을 변환하기 위해 다중 샘플링 기법을 사용한다. 교차 상관관계 코드는 수정되고, 두 개의 인접 상관관계 샘플이 동시에 계산된다. 이것은 샘플 간 데이터의 재사용과 메모리로부터 로드된 데이터의 축소를 허용한다. 게다가 벡터를 정렬하고 다중 샘플링을 위해 2의 배수를 사용하는 것은 데이터가 로드 시 2의 배수로 정렬이 계속 남아 있다는 것을 보장하며, 이러한 경우 다중 레지스터를 이동할 때 동시에 두 개 값이 사용 될 수 있다는 것을 의미한다(그림 11.21). 요약하면 변경은 다음과 같이 이뤄진다.

- **다중 샘플링** 루프당 각 상관관계에 대해 두 개의 상관관계 계산을 수행한다. 첫 번째 상관관계에서 제로를 채우고 두 번째 상관관계에서 곱셈을 수행한다(그런 다음 루프 외부에서 마지막 곱셈을 계산한다).
- **데이터 재사용** 두 개의 인접 상관관계 계산이 일부 동일 값을 사용하므로 재사용될 수 있으며, 제거를 위해서는 메모리로부터 데이터를 재패치[refetch]해야 한다. 게다가 반복간 재사용 된 하나의 값은 임시 변수에 저장된다.

C 구현	생성된 어셈블리

long acc;
 	
　long max = 0;
 	
　int offset = -1;
 	
　int i, j;
 	
for(i=0; i<inSize-refSize+1; i++) {
#pragma loop_count (24,32)
 	
　　acc = 0;
　　for (j=0; j <= refSize+1; j++) {
　　　　　#pragma loop_count (4,6)
 	
　　　acc = **L_mac**(acc, iRefPtr[j],
iInPtr[j]);
 	
　　}
　　iInPtr++;
　　if(acc > max) {
　　　max = acc;
　　　offset = i;
　　}
　}
　return offset;
	One Inner Loop Only shown:
	
	　skipls　; note this was added due to
	pragma loop count. Now if zero, skips loop
	
	　FALIGN
	　LOOPSTART3
	DW17 TYPE debugsymbol
	[
	　mac　　d0,d1,d2
	　move.f　(r2)+,d1
	　move.f　(r10)+,d0
	]
	　LOOPEND3

그림 11.20 최적의 코드가 생성되는지 보장하기 위해 분수 연산의 명시에 사용된 인트린식 함수

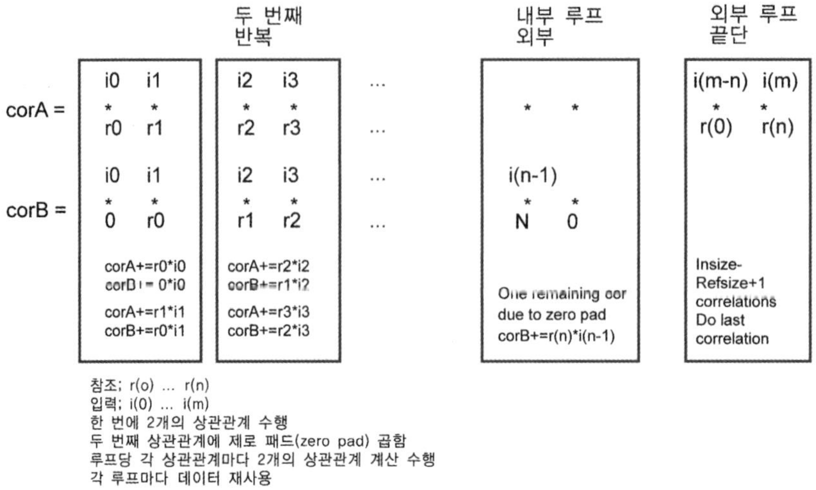

		두 번째 반복			내부 루프 외부		외부 루프 끝단	
corA =	i0 i1 * * r0 r1	i2 i3 * * r2 r3	...		* *		i(m-n) i(m) * * r(0) r(n)	

corA =

i0 i1	i2 i3	...
* *	* *	
r0 r1	r2 r3	...

corB =

i0 i1	i2 i3	...
* *	* *	
0 r0	r1 r2	...

내부 루프 외부

i(n-1)
* *
N 0

One remaining cor
due to zero pad
corB+=r(n)*i(n-1)

외부 루프 끝단

i(m-n) i(m)
* *
r(0) r(n)

Insize-
Refsize+1
correlations
Do last
correlation

corA+=r0*i0
corB = 0*i0
corA+=r1*i1
corB+=r0*i1

corA+=r2*i2
corB+=r1*i2
corA+=r3*i3
corB+=r2*i3

참조; r(0) ... r(n)
입력; i(0) ... i(m)
한 번에 2개의 상관관계 수행
두 번째 상관관계에 제로 패드(zero pad) 곱함
루프당 각 상관관계마다 2개의 상관관계 계산 수행
각 루프마다 데이터 재사용

그림 11.21 다중 샘플링 기법 다이어그램

InSize-refSize+1 상관관계가 필요하고 벡터가 짝수이므로, 루프 외부를 계산하는 한 가지 남은 상관관계가 있을 것이다(그림 11.22).

데이터 집합(심지어 벡터라도)에 관해 내린 일부 가정을 활용하기 위해서는, 좀 더 공격적인 최적화가 C 레벨에서 수행될 수 있다. 이러한 최적화는 성능을 위해 일부 유연성을 포기한다는 것을 의미한다.

성능 분석(프리스케일의 StarCore SC3850 코어 사례)

가정: 제로 대기 상태 메모리(모든 캐시에서). 코어만 벤치마킹된다.

Test 1 (short vector)	227 주기
Test 2 (long vector)	326 주기

C 구현	생성된 어셈블리
	Both loop bodies shown:
#pragma align *iRefPtr 4	skipls PL001
#pragma align *iInPtr 4	]
long accA, accB;	FALIGN
long max = 0;	LOOPSTART3
short s0,s1,s2,s3,s4;	FALIGN
int offset = -1;	LOOPSTART2
int i, j;	[
for(i=0; i<inSize-refSize; i+=2) {	tstgt d12
#pragma loop_count (4,40,2)	clr d8
	clr d4
accA = 0;	clr d5
accB = 0;	suba r5,r5
s4 = 0;	move.l d13,r8
	]
for(j=0; j<refSize; j+=2) {	[
#pragma loop_count (4,40,2)	tfra r1,r2
	jf L5
s0 = iInPtr[j];	]
s1 = iInPtr[j+1];	[
s2 = iRefPtr[j];	tfra r0,r3
s3 = iRefPtr[j+1];	addl1a r4,r2
accA = L_mac(accA, s2, s0);	]
accB = L_mac(accB, s4, s0);	[
accA = L_mac(accA, s3, s1);	move.2f (r2)+,d0:d1
accB = L_mac(accB, s2, s1);	move.2f (r3)+,d2:d3
	]
s4 = s3;	[
	mac d8,d0,d4
}	mac d2,d0,d8
s0 = iInPtr[j];	tfr d3,d5
accB = L_mac(accB, s4, s0);	suba #<1,r8
	tfra r9,r5
	]
	doensh3 r8
	FALIGN
	LOOPSTART3

그림 11.22 InSize−refSize+1 상관관계가 필요하고 벡터가 짝수이므로, 루프 외부를 계산하는 한 가지 남은 상관관계가 있을 것이다.

Left column (C code):

```
    if(accA > max) {
        max = accA;
        offset = i;
    }
    if(accB > max) {
        max = accB;
        offset = i+1;
    }
    iInPtr +=2;
}
accA = 0;
accB = 0;
for(j=0; j<refSize; j+=2) {
#pragma loop_count (4,40,2)
    accA = L_mac(accA, iRefPtr[j],
iInPtr[j]);
    accB = L_mac(accB,
iRefPtr[j+1], iInPtr[j+1]);
}
accA = L_add(accA, accB);
if(accA > max) {
    max = accA;
    offset = i;
}
return offset;
```

Right column (assembly code):

```
[
    mac     d3,d1,d8
    mac     d2,d1,d4
    move.2f (r2)+,d0:d1     ; packed
moves
    move.2f (r3)+,d2:d3
]
[
    mac     d2,d0,d8
    mac     d5,d0,d4
    tfr     d3,d5
]
    LOOPEND3
[
    mac     d2,d1,d4
    mac     d3,d1,d8
]
[
    cmpgt   d9,d8
    tfra    r1,r2
    adda    r4,r5
]
[
    tfrt    d8,d9
    tfrt    d11,d10
    addl1a  r5,r2
    adda    #<2,r4
]
    move.f  (r2),d1
    mac     d5,d1,d4
    cmpgt   d9,d4
[
IFT addnc.w  #<1,d11,d10
IFA tfrt     d4,d9
IFA add      #<2,d11
]
    LOOPEND2
```

그림 11.22 (앞에서 이어짐)

3단계: 어셈블리 언어 최적화

성능이 중요한 경우 어셈블리 언어가 여전히 사용된다. 이 사례에서는 초기에 교차 상관관계를 택하고, 이에 대한 어셈블리 언어를 작성하며, 이를 C 프레임워크로 통합하고, 그런 다음 최적화한다(그림 11.23).

```
어셈블리 통합 사례

;
; Function :    CrossCor
;
; Prototype:    extern short CrossCor(short *iRefPtr, short *iInPtr) ;
;
; Description :  Cross-correlated input data stream with smaller reference
;               sample stream. Input arguments passed through function
;               global variables.  Return in d0 the offset from the
;               beginning of the input data stream where the highest value
;               was found.
;
; Inputs :      inSize (global variable) -number of samples in input
;                   data stream.
;               refSize (global variable) -number of samples in the
;                   reference stream.
;               refPtr (param 0 -r0) -pointer to the reference
;                   sample stream.  Reference samples are
;                   16-bits.
;               inDataPtr (param 0 -r1) -pointer to the input
;                   sample stream.  Input samples are 16-bits.
;
; Outputs :     d0 -Offset from inDataPtr where the max value can be
;                   found.
;
; Assumptions :  Uses stack for temporarily holding cross correlation values.
;
;***********************************************************************
;
    align $10
    global _CrossCor
_CrossCor: type func
                        ; RefPtr   passed in register r0
    tfra r0,r9                      ; save a copy
                        ; InDataPtr   passed in register r1
    tfra r1,r2                      ; save a copy
    dosetup0 CrossCorTopLoop
    move.w _inSize,d0               ; load the data size into d0
    move.w _refSize,d1              ; load the reference data size into d1
```

그림 11.23 초기에 교차 상관관계를 위한 어셈블리 언어를 작성하고 최적화 이전에 C 프레임워크로 통합한다.

```
[
    sub d1,d0,d0              ; iterate the loop inSize-refSize+1 times
    clr d11                   ; cor index
    clr d12                   ; current index.
]
[
    clr d10                   ; cor max
    add #1,d0                 ; iterate the loop inSize-refSize+1 times
]
    doen0 d0
    loopstart0
CrossCorTopLoop:
  [
    tfra r9,r0                ; reset refPtr to start
    doensh1 d1                ; do the inner loop refSize times
    clr d2                    ; d2 is the accumulator. clear it.
  ]
  [
    move.f (r1)+,d3           ; load data value before loop
    move.f (r0)+,d4           ; load reference value before loop
  ]
CrossCorInnerLoop:
  loopstart1
  [
    mac d3,d4,d2              ; ref[i]*data[i]
    move.f (r1)+,d3           ; load data value
    move.f (r0)+,d4           ; load reference value
  ]
  loopend1
CrossCorInnerLoopEnd:
  cmpgt d10,d2                ; if d2>d10, SR:T set
  [
    tfrt d2,d10               ;save max corr
    tfrt d12,d11              ; save new max index
    adda #2,r2,r2             ; increment InPtr start by 2 bytes
    adda #2,r2,r1             ; increment InPtr start by 2 bytes
    add #1,d12
  ]
    loopend0
  CrossCorReport:
    tfr d11,d0                ; save max index
        global F_CrossCor_end
F_CrossCor_end
  rts
```

그림 11.23 (앞에서 이어짐)

성능 분석(프리스케일의 StarCore SC3850 코어 사례)

가정: 제로 대기 상태 메모리(모든 캐시에서). 코어만 벤치마킹된다.

Test 1 (short vector)	296 주기
Test 2 (long vector)	424 주기

12

임베디드 소프트웨어의 메모리 최적화

마이클 브로지올리(Michael Brogioli)

소개

타깃 아키텍처에서 컴파일 코드를 위한 최적화 메트릭이 클록 주기의 실행 결과로 항상 측정되는 것은 아니다. 무선 네트워크 연결 장치나 위성 신호 지상 분배 장치인 백홀backhaul 기반 구조 위에서 실행 가능한 코드가 다운로드될 수도 있는 최근 휴대폰이나 무선 장치를 고려해 보자. 이 경우 컴파일러는 무선 장치에 다운로드돼야 하는 컴파일 코드의 크기를 줄이는 데 종종 이점을 가질 것이다. 즉, 다운로드에 필요한 코드 크기를 줄임으로써 다운로드되는 각 무선 지점에서 요구되는 대역폭을 절감할 수 있다.

컴파일 코드의 메모리 시스템 성능 같은 최적화 메트릭은 종종 개발자에게 중요한 또 다른 메트릭이 된다. 이들 메트릭은 타깃 프로세서에 있는 컴파일 코드뿐만 아니라 기본적인 메모리 시스템, 캐시, DRAM, 버스 등의 동적인 실행 시간 동작과도 상관관계가 있는 메트릭이다. 애플리케이션 내의 데이터를 효율적으로, 또는 더 명시적으로 정렬함으로써 데이터와, 이와 동등한 데이터 구조의 명령이 실행 시간에 동적으로 애플리케이션에 의해 접근되며, 중요한 성능 향상을 메모리 시스템 레벨에서 얻을 수 있다. 게다가 벡터화 컴파일러는 SIMD 명령어 집합이 제시되거나 변화하는 메모리 시스템의 정렬 조건이 충족되면 데이터의 공간 구역성 spatial locality 때문에 성능 향상도 이뤄질 수 있다.

다음 절은 애플리케이션의 코드 크기를 향상시키는 데 사용될 수도 있는 최적화 기법에 대해 설명한다. 제시된 첫 번째 기법은 '플래그 마이닝flag mining' 컴파일러의 범주에 속하며,

이것은 생성된 코드에서 원하는 결과를 얻기 위해 컴파일 시간 옵션을 가진 다양한 치환 permutation이 사용된다는 것을 의미한다. 게다가 자원 제약 시스템이 있는 곳에서 코드 크기를 더 많이 줄여야 되는 차량처럼 애플리케이션 바이너리 인터페이스와 다중 인코딩 명령어 집합의 아키텍처 같이 더 낮은 수준의 상세한 시스템을 제시한다.

코드 크기 최적화

컴파일러 플래그와 플래그 마이닝

타깃 아키텍처에서 실행하기 위한 소스코드를 컴파일함에 있어, 결과로 나타나는 코드 크기를 가능한 한 많이 줄이는 것이 종종 바람직하다. 이에 대한 원인은 프로그램 실행 시간에 코드가 차지할 메모리에서의 공간의 양과 장치에 의해 요구되는 명령어 캐시에서의 잠재적인 절감이라는 두 가지 모두와 관련된다. 실행 가능한 코드 크기를 줄임에 있어, 많은 요소가 이를 수용하기 위해 컴파일 프로세스 동안 수정될 수 있다.

일반적으로 사용자는 크기 최적화 프로그램을 구축하기 위해 현재 GNU GCC 컴파일 버전 4.5에서 가용한 -Os 같은 컴파일러 커맨드라인 옵션을 자주 이용해 우선 컴파일러 구성을 시작할 것이다. 코드 크기 구축 시 종종 코드 실행 시간 성능에 향상을 가져다주는 다른 최적화들이 불능화되는 것은 컴파일러에서는 흔히 있는 일이다. 이와 같은 사례로는 루프 언롤링 loop unrolling이나 소프트웨어 파이프라이닝software pipelining 같은 루프 최적화가 될 수 있으며, 이것은 일반적으로 컴파일 코드 크기의 비용이 증가하는 상황에서 코드의 실행 시간 성능을 증가시키려는 시도를 통해 수행된다. 이것은 컴파일러가 소프트웨어 파이프라이닝 경우 프롤로그와 에필로그 코드 같은 최적화 루프에, 또는 루프 언롤링 경우 루프 몸체의 추가 복사 같은 최적화 루프에 추가 코드를 삽입할 것이라는 사실 때문이다.

사용자가 모든 최적화의 불능화를 원하지 않거나 사용 가능한 코드 크기 최적화를 가진 최적화 레벨 -O0에서 배타적으로 구축하기를 원하지 않는 이벤트에서, 사용자는 구축 툴 시스템과 지원 기능성에 따라 컴파일러 커맨드라인 옵션이든지 아니면 컴파일러 프라그마이든지 둘 중 하나를 경유하는 함수 인라이닝inlining 같은 기능성에 대해서는 불능화를 원할 수도 있다. 이것은 높은 수준의 프로그램 최적화에서, 특히 프로그램의 실행 시간 성능을 위해 최적화할 때 종종 발생하는 사례다. 그리고 컴파일러는 함수의 인라인 복제inline copy를 시도할 것이며, 이를 통해 함수의 코드 몸체는 호출을 만들기 위해 요구되는 호출 절차가 피호출 절차로 인라인되기보다는 호출 절차로 인라인되고, 이는 프로그램의 흐름 변경과 명백한 시스템의 파급 효과를 야기한다. 커맨드라인 옵션 또는 고객의 컴파일러 프라그마를 경유해 명시함으로써 사용자는 자신의 의도와 상관없이 컴파일된 애플리케이션의 전체 코드 크기를 증가시키는 결과를 가져올 수 있는 다양한 함수의 인라이닝으로부터 툴을 예방할 수 있다.

개발 팀이 제품 배포를 위해 코드를 구축할 때, 또는 사용자 사례 시나리오에서 실행 가능한 코드에 더 이상 디버깅 정보가 필요 없을 때 디버깅 정보와 기호표symbol table 정보를 제거하는 데 이득이 될지도 모른다. 이를 통해 객체 파일의 크기와 실행 가능한 파일의 크기에 중요한 절감이 이뤄질 수 있다. 게다가 모든 레벨의 정보를 제거함에 있어 프로그램 내에서 호출되는 다양한 함수의 역공학에 어려움을 갖는 사용자에게도 몇 가지 IP 보호 레벨이 제공될 수도 있다.

크기와 성능 트레이드오프를 위한 타깃 ISA

임베디드 공간에서 입력 애플리케이션의 코드 크기를 줄이는 시도를 할 때 다양한 타깃 아키텍처는 추가적인 자유도degrees of freedom를 제공할 수도 있다. 이것은 시스템 개발자가 알고리즘의 복잡성과 그 코드에 대한 소프트웨어 아키텍처뿐만 아니라 요구되는 산술 유형과 그 산술 유형이 얼마나 잘 어울리는가를 고려할 때 꽤 자주 유익할 것이며, 시스템 요구 사항은 근본적인 타깃 아키텍처에 더 잘 어울릴 것이다. 예를 들어 32비트 산술 연산을 많이 사용하는 애플리케이션은 16비트 산술을 위해 주로 튜닝되는 아키텍처에서 기능적으로 올바르게 실행될지도 모른다. 그러나 32비트 산술을 위해 튜닝되는 아키텍처도 성능, 코드 크기, 전력 소비의 관점에서 몇 가지 향상되는 사항을 제공할 수도 있다.

가변 길이Variable-length 명령 인코딩은 전체 코드 크기를 줄이기 위해 구축 툴을 이용해 효과적으로 활용되거나 주어진 타깃 아키텍처가 지원할 수도 있는 하나의 특별한 기술이다. 가변 길이 명령 코딩 스키마에서 타깃 프로세서의 ISA 내에 있는 특정 명령들은 '고급 인코딩'으로 불리는 무엇인가를 가질 수도 있으며, 이를 통해 공통으로 사용되는 대부분의 명령들은 축소된 이진 범위에서 표현될 수 있다. 이에 대한 하나의 사례가 32비트 임베디드 파워 아키텍처 장치며, 여기서 정수 덧셈 같이 자주 사용되는 명령들은 16비트 고급 인코딩을 이용해 표현할 수 있다. 원시 애플리케이션이 크기 최적화를 위해 컴파일될 때 구축 툴은 결과적으로 생성된 실행 가능한 파일의 전체 범위를 줄이려는 시도로서 고급 인코딩 대상에 가능한 한 많은 명령을 일치시키려고 시도할 것이다.

프리스케일Freescale 반도체 사는 자사의 DSP 스타코어StarCore 라인에서 뿐만 아니라 임베디드 컴퓨팅을 위한 파워 아키텍처 코어에서도 이러한 특징들을 지원하고 있다. ARM 리미티드와 텍사스 인스트루먼트의 DSP에서 만든 것 같은 또 다른 임베디드 프로세서 설계들도 결과적으로 발생한 실행 가능한 파일의 코드 크기 범위를 줄이기 위한 고급 명령들을 위해 가변 인코딩 포맷을 채택하고 있다.

프리스케일 파워 아키텍처 사례에서 프리스케일은 플래시 페이지 크기의 접근 베이시스에 있는 실행 가능한 파일 내에서 표준 32비트 코드와 고급 인코딩된 16비트 코드 모두 상호 교환적으로 혼합될 수 있다고 언급하고 있다. 심지어 또 다른 아키텍처들은 코드 혼합의 우수한 레벨까지도 허용하는 접두사 비트 포맷 내에서 인코딩을 명시하기 위해 선택될 수도 있다.

가변 길이 인코딩 아키텍처에서 축소된 범위의 고급 명령 인코딩보다 축소된 기능성의 비용을 더 자주 접하게 된다는 점을 알아야 한다. 이것은 명령 인코딩에서 제공될 비트 수의 축소 때문이며, 종종 32비트에서 16비트로 축소된다. 비고급 인코딩 명령과 고급 인코딩 명령의 한 가지 사례가 정수 연산인 ADD 명령이 될 수 있다. 비고급 인코딩 명령 변이에서 ADD 명령의 소스와 목적지 연산은 타깃 아키텍처의 레지스터 파일 내에 있는 일반 목적의 정수 레지스터가 될 수 있다. 고급 인코딩 명령 사례에서는 인코딩 공간의 16비트에서만 제공되지만, 고급 인코딩 ADD 명령은 소스와 레지스터 목적지 인코딩에서 사용된 비트 수를 축소하기 위해 소스와 목적지 레지스터로서 R0~R7의 이용을 허용할지도 모른다. 이것이 애플리케이션 프로그래머에게는 분명히 쉽게 보이진 않겠지만, 이것은 미묘하면서도 약간이든 성능의 감소라는 결과를 가져올 수 있다. 이것은 고급 인코딩 변이에 위치한 제한 사항 때문에 어셈블리 스케줄에서 소스와 목적지 연산이 인접 명령 주변으로 이동하는 데 요구될 수 있는 추가적인 복제 명령 때문이다.

코드 크기의 축소를 위한 추진체로서 가변 길이 인코딩 명령 아키텍처를 이용하는 이점과 잠재적 결점에 대한 증거를 위해 파워 아키텍처 장치를 목표로 하고 일반적인 임베디드 코드에 대한 벤치마킹을 실시한 결과, 표준 파워 아키텍처 코드가 코드 성능에서 5% 정도의 축소만 보였던 것에 비해 VLE 또는 가변 길이 인코딩은 대략 30% 정도 더 축소된 성능을 보였다. 코드 성능에서 결과적으로 발생한 사소한 성능 저하는 일반적이었으며, 이는 축소된 명령 인코딩 포맷을 이용할 때 기능성 측면에서 제한 사항을 갖기 때문이었다.

부동소수점^floating-point^ 산술과 산술 에뮬레이션은 코드 크기를 폭발적으로 증가시키는 뭔가 또 다른 애매한 원천이 될지도 모른다. 하드웨어에 부동소수점 기능성이 부족한 아키텍처를 목표로 할 때 사용자 소스코드에 부동소수점 산술의 집약적 루프가 포함된 사례를 고려하자. 기능적으로 부동소수점 산술을 지원하기 위해 구축 툴은 종종 프로그램 실행 시간에 부동소수점 산술 에뮬레이션을 수행하기 위해 코드 대체가 필요할 것이다. 이것은 일반적으로 부동소수점 나눗셈 같이 요구 기능성을 제공하는 부동소수점 에뮬레이션 라이브러리에 대한 트래핑^trapping^을 수반하며, 타깃 아키텍처에서 원래 지원되던 기존의 비부동소수점 명령을 이용한다.

예측해보자면 부동소수점 동작을 에뮬레이션하기 위해 부동소수점 에뮬레이션 루틴이 수백 타깃 프로세서의 클록 주기에 요구된다는 것은 드문 일이 아니며, 수백의 부동소수점 에뮬레이션 명령이 없다면 수십의 목표 프로세서에서 실행될 것이다. 이는 하드웨어에서 지원되던 원래의 부동소수점을 가진 목표 프로세서 코드에 비해 명백한 성능 오버헤드가 발생할 것이고, 그 외에도 부동소수점 에뮬레이션 라이브러리나 즉시 처리가 가능한 부동소수점 에뮬레이션 코드가 포함되기 때문에 코드 크기에 대한 증가가 심각할 정도로 발생할 것이다. 목표 아키텍처에 대한 근본적인 하드웨어 지원을 이용하는 소스 애플리케이션에 포함된 산술 유형을 올바르게 일치시킴으로써 결과적으로 발생하는 실행 가능한 파일의 전반적인 크기를 축소시킬 수 있다.

코드 크기를 위한 ABI 튜닝

소프트웨어 공학에서 애플리케이션 이진 인터페이스ABI는 주어진 프로그램과 운용체제 사이, 주어진 프로그램과 시스템 라이브러리 사이, 심지어 프로그램 자체 내 통신 모듈 사이에서 발생하는 낮은 수준의 소프트웨어 인터페이스다. ABI는 주어진 시스템이 데이터 유형, 데이터 크기, 데이터 요소와 구조에 대한 정렬, 호출 관례, 관련된 동작 모드 같은 항목들을 어떻게 표현하는지 설명한 명세서다. 게다가 ABI는 객체 파일의 이진 포맷과 프로그램 라이브러리를 명시할지도 모른다. 호출 관례와 정렬은 특정 애플리케이션에서 맞춤식 호출 관례를 이용해 애플리케이션의 전체 코드 크기를 축소하기 원하는 사람들에게는 흥미로운 영역이 될지도 모른다.

주어진 타깃 프로세서와 이와 관련된 ABI는 종종 기본적인 운영체제, 실행 시간 라이브러리 등의 호출뿐만 아니라 애플리케이션 내의 함수 간에 사용되는 호출 관례도 명시할 것이다. 벤더에게는 자동적인 호출 관례를 명시하는 것이 종종 바람직할 일이 될 것이며, 이는 애플리케이션 내의 호출과 피호출 절차 간 호출을 만들 때 일반적인 사용 사례를 위해 합리적인 수준의 성능을 제공할 것이다. 이와 동시에 이러한 자동적인 호출 관례는 호출자와 피호출자 둘 모두에서 기계 레벨 상태의 일관성을 유지하기 위해 호출과 피호출 절차 둘 모두에서 발생되는 코드 크기에 대해 합리적인 축소를 만들려는 시도를 할지도 모른다. 그러나 종종 이것은 코드 크기에서의 엄격한 제약을 요구하거나 또는 다른 사례지만 호출 그래프 내의 핵심 경로에 대한 핵심적인 시스템 커널에서 높은 수준의 컴파일된 코드 성능을 요구하는 애플리케이션 개발자들에게는 이상적인 일이 아닐 수도 있다.

그림 12.1에 정의된 함수의 사례를 살펴보자. 이 함수는 16비트 정수 값을 호출 절차에서 피호출 절차로 전달하는 기능을 갖고 있다.

```
void caller_procedure(void)

{

    short tap_00, tap_01, tap_02, tap_03,
        tap_04, tap_05, tap_06, tap_07;
        long callee_result;


    // some computation occurs, setting up taps

    callee_result = callee_procedure(tap_00, tap_01,
                                     tap_02, tap_03,
                                     tap_04, tap_05,
                                     tap_06, tap_07);


    // subsequent computation occurs based on results

}



long callee_procedure(short tap_00, short tap_01,
                      short tap_02, short tap_03,
                      short tap_04, short tap_05,
                      short tap_06, short tap_07)

{

    long result;
    // do computation.
    return result;

}
```

그림 12.1 호출과 피호출 절차에 대한 C 언어 사례

이 사례를 고찰해보면 호출 절차는 입력 파라미터를 피호출 절차로 전달해야 되는 16비트 값을 계산한다는 것을 알 수 있다. 그런 다음 피호출 절차는 차후 계산에서 이를 사용하기 위해 호출 절차로 다시 전달하는 데 사용되는 어떤 결과를 계산하기 위해 이 입력 값을 이용할 것이다.

이러한 실제 사례를 간단명료하게 설명하기 위해 어느 정도 사소한 ABI를 취급한다고 가정 하자. ABI는 32비트 일반 목적의 레지스터 파일을 가진 16비트 일반 목적의 임베디드 아키텍 처라고 가정한다. 이 ABI에 대한 자동적인 호출 관례에서 피호출 절차로 전달되는 첫 번째 두 개의 char, short, 또는 integer 값은 스택을 경유해 호출자에서 피호출자로 전달될 차후 파라미터를 이용해 일반 목적의 레지스터 R00와 R01에서 전달받는다. 이것은 성능과 코드 크기 둘 모두에 민감한 모바일 임베디드 장치를 목표로 하는 프로세서에게는 일반적인 일이 될 것이다. 결과적으로 나타난 어셈블리 코드는 그림 12.2에서 보는 것과 같을 것이다.

```
;*****************************************************************
;* NOTE:  Using default ABI, R00 and R01 can be used to pass
;*        parameters from caller to calle, all other parameters
;*        must be passed via the stack.
;*
;* SP+TAP_00 contains tap_00
;* SP+TAP_01 contains tap_01
;* SP+TAP_02 contains tap_02
;* SP+TAP_03 contains tap_03
;* SP+TAP_04 contains tap_04
;* SP+TAP_05 contains tap_05
;* SP+TAP_06 contains tap_06
;* SP+TAP_07 contains tap_07
;*
;*********************************************************************,
__caller_procedure:

        ;* some computation setting tap_00 .. tap_07 in local memory
        ;* and various bookkeeping.

        ;* all parameters that can not be passed via default ABI
        ;* configuration must be pushed onto the stack.
        ;*
        LOAD   R00,(SP+TAP_03);
        PUSH   R00;                        ;* SP+=4
        LOAD   R00,(SP+TAP_04);
        PUSH   R00                         ;* SP+=4
        LOAD   R00,(SP+TAP_05);
        PUSII  R05                         ;* SP+=4
        LOAD   R00,(SP+TAP_06);
        PUSH   R00                         ;* SP+=4
        LOAD   R00,(SP+TAP_07);
        PUSH   R00                         ;* SP+=4
```

그림 12.2 호출 절차(비최적화) 기반의 어셈블리 언어 사례

```
;*******************************************************************
;* R00 contains tap_00
;* R01 contains tap_01;
;* tap_02 through tap_07 have been passed via the stack, as seen
;* previously being setup in caller_procedure via the push operations.
;* Upon entry, callee_procedure must transfer all of the input parameters
;* passed via the stack into registers for local computation.  This
;* requires additional instructions both on the caller side (to put on
;* the stack) as well as the callee size (to restore from the stack).
;*
;* NOTE:  INSERT PROS AND CONS
;*
;*
;*
;*******************************************************************
__callee_procedure:


        ;* ADJUST STACK POINTER TO NOW POINT TO CALLEE'S STACK FRAME
        ;* SO WE CAN ACCESS DATA PASSED STACK IN ABI COMPLIANCE
        ;*
        POP     R07;            ;* tap_07 into R07, SP-=4
        POP     R06;            ;* tap_06 into R06, SP-=4
        POP     R05;            ;* tap_05 into R05, SP-=4
        POP     R04;            ;* tap_04 into R04, SP-=4
        POP     R03;            ;* tap_03 into R03, SP-=4
        POP     R02;            ;* tap_02 into R02, SP-=4


        ;* perform local computation on input paramters now stored
        ;* in registers R00-R07, storing result into
        ;* SP+RESULT_OFFSET
        ;*
```

그림 12.2 (앞에서 이어짐)

여기서 우리는 caller_procedure()와 callee_procedure()로 각각 이름 붙여진 호출 절차와 피호출 절차 간 통신을 위한 추진체로서 자동 ABI를 사용했다는 것을 알 수 있다. caller_procedure를 위해 생성된 어셈블리 코드를 고찰해보면 caller_procedure 내에서 계산된 지역 변수, 즉 tap_00에서 tap_07은 지역 절차 내의 메모리로부터 로드되며 피호출 루틴, 즉 callee_procedure로 변수를 전달하기 위해 스택에 복제된다. 이 사례에서 ABI는 명시된 자동 호출이라는 관례 때문에 첫 번째 2개의 char, short 또는 integral 유형의 파라미터가 호출 절차에서 피호출 절차로 레지스터를 경유해 전달하게 될지도 모르며, 컴파일러는 목표 프로세서의 레지스터 R00와 R01을 각각 이용해 전달되는 tap_00과 tap_01을 선택할 수 있다고 언급하고 있다.

스택을 경유해 전달되는 파라미터보다 레지스터를 경유해 전달되는 파라미터를 설정하는 것이 오히려 더 적은 수의 명령만을 요구한다는 점에 주목할 필요가 있다. 게다가 더 많은 중요한 명령이 호출 루틴 내의 지역 계산을 위해 호출 함수로부터 레지스터로 스택 복제를 경유해 전달되는 파라미터를 회복하기 위해 컴파일러를 이용해 피호출 절차로 삽입돼야 한다는 것을 피호출 절차로부터 알 수 있다. 이 방법이 호출과 피호출 루틴 간 매우 훌륭한 계산상의 추상적 개념을 제공하지만, 결과적으로 발생되는 실행 가능한 코드 크기의 축소를 사용자가 분명히 바란다면 호출과 피호출 루틴 간 대체 가능한 통신 수단을 고려하는 것도 좋을 것이다.

이것은 맞춤식 호출 관례가 성능을 더 크게 향상시키기 위해서거나 또는 이 사례의 경우에는 코드 크기를 더 많이 축소하거나 성능을 또한 증가시키기 위해 주어진 ABI를 이용할지도 모른다는 점이다. 이제 이들 두 가지 절차를 이용하기 위해 사용자가 ABI 내 호출 관례를 변경한다고 가정하자. 사용자에 의해 명시된 새로운 호출 관례를 '사용자 호출 관례 user_calling_convention'라 부른다. 스택을 경유해 전달될 연속적인 파라미터를 이용해 호출 함수로부터 레지스터의 피호출 함수로 첫 번째 두 개의 파라미터만을 전달하기보다는 user_calling_convention은 레지스터를 경유해 R00~R07이라 이름 붙여진 여덟 개의 파라미터를 호출 함수로부터 피호출 함수로 전달할 수도 있다. 이를 위해 툴은 파라미터 패싱passing과 호출/피호출 세계의 모두에게 요구되는 북키핑bookkeeping에 사용될 추가적인 레지스터를 처리할 필요가 있을 것이다. 호출에서 피호출로 많은 수의 파라미터를 전달하는 사용자 사례에서는 몇 가지 이점을 얻을 수 있을 것이다. 그림 12.3은 개발자에 의해 명시된 맞춤식 user_calling_convention을 이용해 사용자가 어떤 어셈블리 코드의 생성을 기대할 수 있는지 설명하고 있다.

```
;*************************************************************
;* NOTE:  Using default ABI, R00 and R01 can be used to pass
;*        parameters from caller to calle, all other parameters
;*   ·    must be passed via the stack.
;*
;* SP+TAP_00 contains tap_00
;* SP+TAP_01 contains tap_01
;* SP+TAP_02 contains tap_02
;* SP+TAP_03 contains tap_03
;* SP+TAP_04 contains tap_04
;* SP+TAP_05 contains tap_05
;* SP+TAP_06 contains tap_06
;* SP+TAP_07 contains tap_07
;*
;***********************************************************************:
__caller_procedure:
        ;* some computation setting tap_00 .. tap_07 in local memory
        ;* and various bookkeeping.

        ;* all parameters that can not be passed via default ABI
        ;* configuration must be pushed onto the stack.
        ;*
        LOAD   R00,(SP+TAP_03);
        PUSH   R00;                        ;* SP+=4
        LOAD   R00,(SP+TAP_04);
        PUSH   R00                         ;* SP+=4
        LOAD   R00,(SP+TAP_05);
        PUSH   R05                         ;* SP+=4
        LOAD   R00,(SP+TAP_06);
        PUSH   R00                         ;* SP+=4
        LOAD   R00,(SP+TAP_07);
```

그림 12.3 (최적화된) 호출 절차 기반의 어셈블리 언어 사례

```
;****************************************************************
;*
;* R00 contains tap_00
;* R01 contains tap_01;
;* tap_02 through tap_07 have been passed via the stack, as seen
;* previously being setup in caller_procedure via the push operations.
;* Upon entry, callee_procedure must transfer all of the input parameters
;* passed via the stack into registers for local computation.  This
;* requires additional instructions both on the caller side (to put on
;* the stack) as well as the callee size (to restore from the stack).
;*
;*
;*
;*
;*
;****************************************************************
__callee_procedure:


        ;* ADJUST STACK POINTER TO NOW POINT TO CALLEE'S STACK FRAME
        ;* SO WE CAN ACCESS DATA PASSED STACK IN ABI COMPLIANCE
        ;*
        POP     R07;            ;* tap_07 into R07, SP-=4
        POP     R06;            ;* tap_06 into R06, SP-=4
        POP     R05;            ;* tap_05 into R05, SP-=4
        POP     R04;            ;* tap_04 into R04, SP-=4
        POP     R03;            ;* tap_03 into R03, SP-=4
        POP     R02;            ;* tap_02 into R02, SP-=4


        ;* perform local computation on input paramters now stored
        ;* in registers R00-R07, storing result into
        ;* SP+RESULT_OFFSET
        ;*
```

그림 12.3 (앞에서 이어짐)

그림 12.3에 의하면 컴파일러에 의해 생성된 어셈블리 코드가 자동 호출 관례를 이용해 생성된 어셈블리 코드와는 상당한 차이점이 있다는 것을 user_calling_convention을 이용함으로써 알 수 있다. 레지스터를 이용해 호출과 피호출 함수 간 추가적인 파라미터를 전달하는 구축 툴을 허용함으로써 각각의 절차로부터 생성된 명령 수에서 급격한 축소 현상이 뚜렷이 나타났다. 특히 caller_procedure는 callee_procedure를 호출하기 전에 스택으로 훨씬 적은 이동이 요구된다는 것을 알 수 있다. 이것은 추가적인 하드웨어 레지스터가 이제 호출 관례로 제공된다는 사실 때문이며, 이를 통해 호출 메모리 공간에서 받은 값은 레지스터로 로드되기보다는 호출 전에 레지스터로 단순히 로드돼 스택에서 복제될 것이다(아마 스택 포인터의 조정도 명백히 가능할 것이다).

이와 유사하게 callee_procedure에 의하면 다수의 명령이 이전 사례에서 생성된 어셈블리 코드로부터 제거됐다는 것을 알 수 있다. 다시 말해 이것은 파라미터가 이제 스택으로 밀어 넣거나 스택에서 빠지는 대신에 호출로부터 피호출 함수로 레지스터 파일을 경유해 전달된다는 사실 때문이다. 따라서 피호출 함수는 지역 계산을 위해 스택으로부터 레지스터로 지역 복사본을 복제해야 하는 추가적인 명령 오버헤드가 불필요해진다. 이러한 특별한 사례에서 실행 시간에 동적으로 실행하는 데 요구되는 더 적은 수의 명령 때문에 성능 향상이 발생할 것 같을 뿐만 아니라 실행 가능한 코드에서 정적으로 감소되는 명령 때문에 코드 크기도 또한 축소될 것 같다.

이 사례에서 맞춤식 호출 관례가 코드 크기를 줄이고 메모리의 최적화에 맞추기 위해 임베디드 시스템의 더 큰 ABI의 한 부분으로서 어떻게 사용될 수 있는지 볼 수 있겠지만, 이와 같은 역할을 또한 수행할 수도 있는 여러 가지의 다른 개념도 존재한다. 컴파일러에 의한 스필 코드spill code 삽입, PUSH/POP 스타일 명령보다는 스택 프레임으로/에서의 표준 MOVE 명령을 활용하기 위한 스택 프레임 크기에 대한 컴파일러의 계산 능력, 증가된 명령 밀도를 획득하기 위한 스택으로의 SIMD 스타일 이동 명령, 더 좋은 성능 증가와 코드 크기에 대한 오버헤드 감소 같은 주제가 앞으로 읽어야 할 내용으로 남아 있지만, 이러한 주제는 이 사례의 범위를 넘어서는 것으로 생각된다.

캐비앳 엠프토르: 코드 크기에 직교적인 컴파일러 최적화!

제품 배포를 위해 코드를 컴파일할 때 개발자는 종종 최고의 성능을 얻기 위해 소스코드에 대한 컴파일 시간 최적화를 가능한 한 많이 이용할 수 있기를 원한다. -Os라는 옵션을 가진 프로젝트가 최적의 코드 크기를 위해 코드를 조정하는 동안 코드 크기의 증가라는 결과를 발생시키는 최적화 때문에 컴파일러에 의해 수행되는 최적화의 양 또한 제한될지도 모른다.

따라서 사용자는 루프 중첩 주변에서 일반적으로 발생된 잘못된 최적화를 계속 살펴보기를 원할지도 모르며, 전체 프로젝트의 구축을 위해 최적화를 불능화하기보다는 일대일 유스케이스상에서 최적화를 선택적으로 불능화하기를 원할지도 모른다. 대부분의 컴파일러는 컴파일 시간 행위를 제어하기 위해 삽입될 수 있는 프라그마^{pragma} 목록을 유지한다. 이러한 프라그마 사례는 타깃 프로세서의 구축 툴을 위한 문서에서 발견될 수 있다.

소프트웨어 파이프라이닝^{software pipelining}은 변환 루프의 루프 몸체 이전과 이후에 삽입되는 추가 명령 때문에 코드 크기의 증가를 가져올 수 있는 최적화 방법이다. 컴파일러나 어셈블리 프로그래머의 소프트웨어가 루프를 병렬 처리할 때 주어진 루프 중첩의 중복 반복은 루프 몸체의 이전과 이후에 삽입되는 연관된 '설정^{set up}' 코드와 '해제^{tear down}' 코드를 동시에 스케줄링한다. 설정과 해제 또는 컴파일러 커뮤니티에서 종종 참조되는 프롤로그와 에필로그에서 삽입되는 추가 명령들은 명령의 수와 코드 크기에 대한 증가를 가져올 수 있다. 일반적으로 컴파일러는 주어진 루프 중첩을 위한 소프트웨어 파이프라이닝이나 소스코드 파일 내에 주어진 루프를 불능화시키기 위해 '#pragma noswp' 같은 프라그마를 제공할 것이다. 사용자는 성능 필수가 되지 않을지도 모르는 선택된 루프와 연관된 코드 크기의 증가를 줄이기 위해 루프와 루프 베이시스^{basis}상에서나 애플리케이션의 지배적인 실행 시간 경로^{path}상에서 프라그마의 활용을 원할지도 모른다.

루프 언롤링^{loop unrolling}은 종종 실행 시간에 루프 중첩의 성능을 증가시키는 또 다른 기본적인 컴파일러 루프의 최적화 방법이다. 루프가 언롤링됨으로써 루프 몸체에 있는 루프의 다중 반복과 추가적인 명령 레벨의 병렬성이 목표 프로세서에 스케줄링되기 위해 컴파일러에게 보인다. 게다가 분기 지연 슬롯을 가진 더 적은 수의 분기가 루프 중첩의 전체적인 반복 공간을 다루기 위해 실행돼야 하며, 이렇게 함으로써 잠재적으로 루프의 성능을 증가시키게 된다. 루프의 다중 반복이 컴파일러에 의해 복제되고 루프 몸체로 삽입되기 때문에 루프 중첩 몸체는 일반적으로 언롤 요소의 배수로서 성장한다. 보통 정도의 코드 크기를 유지하길 원하는 사용자는 컴파일된 코드의 실행 시간 성능을 희생하면서 자신의 코드 제작 내의 특정 루프를 위해 루프 언롤링을 선택적으로 불능화하기를 바랄지도 모른다. 애플리케이션의 성능 필수 경로상에 있지 않을지도 모르는 루프의 중첩을 선택함으로써 애플리케이션의 지배적인 실행 시간 경로를 따라 성능에 영향을 미침이 없이 코드 크기에서 절감할 수 있다. 일반적으로 컴파일러는 최소의 루프 반복 개수나 컴파일러에 전달되는 다양한 언롤 요소 같은 루프 언롤링 관련 행위를 제어하기 위해 프라그마를 지원한다. 프라그마를 경유해 루프 언롤링을 불능화하는 사례는 종종 '#pragma nounroll'의 형태다. 이와 관련된 올바른 문맥이나 관련된 기능성은 지역의 컴파일러 문서를 참조하기 바란다.

절차 인라이닝procedure inlining은 컴파일된 코드 크기를 희생하면서 컴파일된 코드의 성능을 향상시키려는 목적을 가진 또 다른 최적화 방법이다. 절차가 인라인될 때 호출 절차의 피호출 사이트의 목표가 되는 피호출 절차는 호출 절차의 몸체로 물리적으로 인라인된다. 그림 12.4에 나타나 있는 사례를 고려하자.

```c
int caller_procedure(void)
{
    int result, a, b;

    // intermediate computation
    result = callee_procedure();
    return result;
}

int callee_procedure(void)
{
    return a + b;
}
```

그림 12.4 인라이닝 유스케이스의 후보 함수

caller_procedure()를 매번 호출해서 callee_procedure()에 호출을 만드는 대신 컴파일러는 함수 호출과 연관된 오버헤드를 회피하기 위해 직접 callee_procedure의 몸체를 caller_procedure의 몸체로 대체하려는 경향이 있다. 이러한 작업을 할 때 작업 명령 a + b는 함수 호출에 대한 오버헤드를 제거하고 명령 캐시에 대한 향상된 성능을 제공함으로써 실행 시간 성능의 향상을 바라면서 caller_procedure의 몸체로 대체될 것이다. 이러한 인라이닝이 애플리케이션 내의 모든 callee_procedure의 호출 사이트를 위해 수행된다면 다중 인라이닝이 애플리케이션 크기에서, 특히 callee_procedure가 하나의 단순 덧셈 명령보다 더 많이 포함하고 있는 사례에서 어떻게 신속하게 폭증을 유발할 수 있었는지 알 수 있을 것이다. 따라서 사용자는 자신의 전체 애플리케이션을 위해서나 컴파일러 제공 프라그마를 경유한 선택적인 절차를 위해서 수동으로 함수 인라이닝을 불능화시키키 바랄 것이다. 일반적으로 프라그마는 '#pragma noinline'의 형태를 가지며, 컴파일러 시간에 마킹된 절차의 인라이닝으로부터 툴의 사용을 방지할 것이다.

메모리 레이아웃 최적화

충분한 수준의 성능을 얻기 위해 애플리케이션 개발자와 소프트웨어 시스템 아키텍트는 자신들의 애플리케이션 내에 적절한 알고리즘을 선택해야 할뿐만 아니라 그러한 애플리케이션을 구현시킬 수 있는 수단도 마찬가지로 선택해야 한다. 이것은 최적의 시스템 성능을 얻기 위해 데이터 구조 설계, 레이아웃, 메모리 분할을 꽤 자주 간섭하게 될 것이다. 고급 개발자들은 종종 알고리즘과 시스템의 복잡성 두 가지 모두와 메모리 최적화와 데이터 구조 최적화를 위한 비법과 요령이 적혀 있는 툴박스에 대해서도 깊은 통찰력을 가져야 할 것이다. 이와 동시에 대부분의 임베디드 소프트웨어 공학의 프로젝트 범위는 시간, 자원, 비용의 제약 때문에 매뉴얼 코드와 데이터 핸드^{data hand} 최적화를 금지하고 있다. 따라서 개발자들은 종종 일반 유스케이스를 최적화하고 핸드 레벨의 튜닝을 다시 고치며, 최초 개발 이후 성능 필수적인 병목 구간상에서 성능을 변경하기 위해 가능한 한 툴에 많이 의존해야 한다. 최적화의 마지막 부분에서는 종종 성능 필수적인 병목 구간을 결정하기 위해 다양한 시스템 프로파일링 메트릭의 이용, 적절한 인트린식이나 어셈블리 코드를 이용한 수작업에 의한 애플리케이션 부분의 최적화, 어떤 경우에 있어서는 성능 필수적인 커널 알고리즘과 이와 관련된 데이터 구조의 재작성 등을 수반한다. 이 절은 앞에 언급된 주제와 관계있는 임베디드 시스템 개발자에게 유용하게 사용될 수도 있는 여러 가지 설계 결정에 대해 상세히 설명한다.

메모리 최적화 개요

다양한 유형의 메모리 최적화는 종종 실행 시간 성능뿐만 아니라 심지어 주어진 임베디드 애플리케이션에 대한 소비 전력에도 이점을 가진다. 이전에 언급한 것처럼 이들 최적화는 종종 컴파일러, 어셈블러, 링커, 프로파일러 등과 같은 애플리케이션 구축 툴에 의해 다양한 수준으로 수행될 수 있다. 그렇지 않으면 이것은 종종 애플리케이션을 준비하는 개발자에게 가치가 있을 것이며, 주어진 성능 목표나 개발 주기의 연속적 단계에서 자동화 툴의 최적화를 준비하는 소프트웨어 아키텍처의 설계를 위해 수동으로 성능을 조정하거나 사전에 메모리 시스템의 최적화를 고려해 설계하는 것에도 가치가 있을 것이다.

주어진 애플리케이션을 튜닝할 때 베이스라인이나 독창적인 애플리케이션이 꽤 자주 개발될 수 있다. 일단 기능성이 온라인에 뜨면 개발 팀이나 공학자는 더 좋은 최적화를 위해 요구되는 병목 구간에 대한 애플리케이션 개요를 작성하려고 이들 기능성을 선택할지도 모른다. 시스템 정의 동안 스프레드시트 또는 펜과 종이 연습에 의해 결정된 것처럼 애플리케이션 내의 특정 커널이 주어진 클록 주기 내에 실행돼야 한다면 이것은 종종 프로파일링이 불필요한 것으로 알려져 있다. 일단 핵심 커널이 분리되거나 핵심 데이터 구조가 분리되면 최적화는 일반적으로 소프트웨어 최적화 기법과 컴파일러 최적화, 하드웨어 목표, 하드웨어 목표 명령 집합의 세부 사항 모두에 대한 전문 지식을 가진 전문가에 의해 시작된다.

최적화 노력에 집중

암달의 법칙Amdahl's law은 완전한 애플리케이션 스택의 최적화에 흥미로운 역할을 하지만, 소프트웨어 시스템 개발자에게서는 이 법칙이 항상 인정받지는 못한다. 연속적으로 실행돼야 하는 90%의 동적 실행 시간 대비 주어진 애플리케이션의 동적 실행 시간의 10%만 SIMD나 명령 레벨 병렬 최적화로부터 이점을 얻을 수 있다면 코드의 10%를 병렬화하는 데 소요되는 과도한 노력은 보통 정도 수준의 성능 향상만을 여전히 가져올 것이다. 이와 반대로 전체 애플리케이션의 동적 실행 시간의 90%가 코드 영역에서 많은 명령 레벨 병행성과 데이터 레벨 병행성을 나타내는 데 사용된다면 이들 영역으로부터 동적 실행 시간에 대한 향상된 성능을 얻기 위해서는 병렬화에 대한 공학적 노력을 더 집중하는 것이 더 가치 있는 일이 될지도 모른다.

동적 애플리케이션의 실행 시간을 결정하는 코드 부분을 결정함에 있어 자동화 툴 최적화에 대한 적용 가능성을 위해 핸드 최적화나 핸드 조정 중 하나가 최선의 후보가 될 수 있으며, 애플리케이션 개발자들은 일반적으로 실리콘 타깃이나 소프트웨어 기반 시스템 시뮬레이션과 함께 소프트웨어 프로파일러profiler를 이용할 것이다. 인텔의 VTUNE는 프로파일링 프레임워크의 한 가지 사례다. 다른 대안인 GNU GCC 컴파일러와 GPROF는 동적인 실행 시간 정보를 제공하는 개방형 소스 솔루션이다. 프리스케일 반도체와 텍사스 인스트루먼트 같은 많은 실리콘 벤더들은 자신들의 개별적 실리콘 목표를 위한 독점적 솔루션을 제공하고 있으며, 이러한 제공은 소프트웨어 기반 시뮬레이션 플랫폼에서 수집된 추적이나 원래의 실리콘 타깃에서 수집될 수 있는 더 큰 규모의 애플리케이션 레벨 추적을 가능하게 만들 것이다.

벡터화와 동적 코드: 비율 계산

루프의 벡터화vectorization는 단일 벡터 명령으로 결합될 수 있는 다중 루프 반복에서 계산이 이뤄지는 최적화 방법이며, 애플리케이션의 동적 실행 시간 행위 내에서 효과적으로 명령 계산 비율을 증가시키는 방법이다. 그림 12.5에 나타나 있는 사례를 고려하자.

```
short a[16], b[16], c[16];
for(iter=0; iter<16; ++iter)
{
    // results in single 16-bit MPY instruction
    // generated in assembly listing
    //
    a[iter] = b[iter] * c[iter]
}


short a[16], b[16], c[16];
for(iter=0; iter<16 iter+=4)
{
    // with high level compiler vectorization,
    // results in 4-WAY parallel 4x16-BIT multiply
    // vector instruction, effectively performing the
    // computation of four iterations of the loop in
    // a single atomic SIMD4 instruction.
    //
    a[iter:iter+4] = b[iter:iter+4] * c[iter:iter+4];
}
```

그림 12.5 루프 레벨의 벡터화 사례

첫 번째 루프 중첩에서 루프의 각 반복은 출력 결과가 a[] 배열로 작성되는 16비트 곱하기 16비트의 단일 곱셈 명령을 포함한다. 루프의 각 반복에 대해 하나의 곱셈 명령이 수행되며, 그 결과는 열여섯 개의 16비트 곱셈이 된다. 그러나 두 번째 루프는 컴파일러나 애플리케이션 개발자가 16비트 정수 요소 위에서 네 가지 방식의 SIMD 곱셈 명령을 지원하는 아키텍처를 대상으로 할 때 어떻게 루프를 벡터화하는지 이에 대한 의사코드를 보여준다. 이 사례에서 컴파일러는 두 번째 루프 중첩에 array[start_range:end_range]로 표시된 것처럼 루프의 다중 반복을 곱셈 명령으로 함께 벡터화한다. 이제 루프의 각 반복에 대해 루프 카운트가 벡터화 길이에 따라 증가된다는 것에 주의해야 한다. 분명한 것은 루프의 각 반복이 출력 벡터의 네 가지 요소를 병렬로 계산하는 단일 벡터 곱셈 명령을 포함하는 것처럼 루프상에 네 가지 반복만이 결과적으로 발생하는 a[] 출력 배열의 계산을 위해 필요하다는 사실이다.

코드를 수동으로 벡터화하는 것은 많은 이점이 있다. 이것은 애플리케이션 개발자가 타깃 아키텍처에 대해 적절한 인트린식을 이용하는 경우나 컴파일러가 코드를 직접 벡터화하는 경우에 사용할 수 있다. 여기서 한 가지 분명한 이점은 성능의 향상인데, 코드가 전용의 SIMD 하드웨어를 활용하는 것만큼 벡터화는 근본적인 SIMD 벡터 하드웨어와 유사한 벡터화 루프 상에서 종종 향상의 증가라는 결과를 제공한다는 점이다. 또 다른 이점은 코드 크기의 축소인데, 루프가 코드 크기의 폭발적 증가를 더 이상 용납하지 않는 것만큼 벡터화는 원자 스칼라 명령 대신에 더 밀집된 벡터 포맷 명령을 이용한다는 점이다. 이것은 또한 메모리 밖으로 나가는 명령 패치 트랜잭션 수의 절감이라는 두 번째 이점을 가질지도 모른다. 마지막으로 애플리케이션 내에서 수행되는 계산을 위해 동적으로 이슈가 되는 전반적인 명령 비율도 또한 증가된다는 점이다.

루프 레벨에서 코드의 벡터화를 시도할 때 개발 툴과 애플리케이션 개발자 모두에게 해당되는 몇 가지 도전적인 과제가 있다. 한 가지 과제는 벡터화의 후보가 되는 루프 중첩의 코드 형태다. 일반적으로 구축 툴은 루프의 루프 반복 공간을 이해할 필요가 있으며, 따라서 컴파일러 벡터화 기술의 발전에 따라 실행 시간의 계산 값 대신 일정한 루프 바운드$^{loop\ bound}$를 이용하는 것이 이점을 가질지도 모른다. 두 번째로 루프 중첩 내에서 수행된 계산 유형은 벡터화를 따라야 한다. 예를 들어 위의 사례에서 단순 16비트 정수 곱셈은 가정된 네 가지 방식의 16비트 SIMD 곱셈 명령을 지원하는 타깃 아키텍처를 위해 수행된다. 근본적인 목표 아키텍처가 8비트 SIMD 곱셈만을 지원한다면 벡터화가 요구되는 어디서든 가능하면 16비트 곱셈을 회피하는 것이 이점을 가질지도 모른다.

컴파일러가 루프 변환의 안전성을 증명할 수 있어야 하는 것처럼 루프 중첩이 벡터화되거나 병렬화될 때 루프 종속성에 대한 분석도 또 다른 관심사가 된다. 루프 종속성 분석은 컴파일러나 종속성 분석기^{analyzer}가 배열 접근과 데이터 수정, 다양한 데이터 축소 패턴, 코드의 루프 독립성 부분에 대한 단순성, 루프 몸체 내에서 다양한 조건부 실행 문장의 관리와 관련해 루프 몸체 내 문장이 종속성을 형성하는지 결정하는 수단이 된다.

한 가지 사례로 그림 12.6에 나타나 있는 C 언어 코드의 단편을 고려해보자.

```
for(iter_a=0; iter<LOOP_BOUND_A; ++iter_b)
  for(iter_b=0; iter_b<LOOP_BOUND_B; ++iter_b)
    a[iter_a+4-iter_b] =
        b[2*iter_a-iter_b]+ iter_a*iter_b;
```

그림 12.6 C 언어 코드의 단편

위의 루프에서 컴파일러의 데이터 종속성 분석기는 배열 b[]를 읽고 배열 a[]에 쓰는 문장 사이의 모든 종속성을 발견하려고 시도할 것이다. 데이터 종속성 분석기에 대한 과제는 배열 a[]에 쓰고 배열 b[]로부터 읽는 문장 사이의 모든 가능한 종속성을 발견하는 것이다. 안전성을 보장하기 위해 데이터 종속성 분석기는 안전성을 증명할 수 있다는 점을 명백하게 보장해야 한다. 다시 말해 거짓^{false}으로 증명될 수 없는 어떠한 종속성도 안전성 보장을 위해 사실^{true}이라고 추정돼야 한다.

데이터 종속성 분석은 배열 a[]와 배열 b[]에 대한 두 개의 문장 인스턴스가 배열 a[]에 있는 동일 장소에 접근하거나 수정하지 않는다는 것을 입증함으로써 참조 간 독립성을 보여준다. 종속성이 발견된 이벤트에서 루프 중첩상의 일부 최적화 유형이 여전히 가능하고 유익하게 될 수도 있는 것처럼 루프 종속성 분석은 종속성의 특성을 파악하려고 시도할 것이다 이것은 또한 종속성의 제거를 위해 더 많은 루프 중첩의 변환을 가능하게 할 수도 있다.

요약해서 말하면 루프 중첩을 작성함으로써 배열 참조 간 존재하는 최소한의 데이터 종속성이 벡터화에 이점을 가져다 줄 것이고, 다른 루프 변환도 가능한 최대의 이점을 가져다 줄 것이다. 데이터 종속성과 벡터 하드웨어를 위한 자동 벡터화 연속 코드를 분석하는 데 사용되는 컴파일러 기술은 슈퍼컴퓨팅 커뮤니티로부터 유래됐지만, 고질적인 데이터 종속성과 루프 구조를 위해 부적절하게 작성된 코드는 최첨단의 툴 집합을 이용한 벡터화 노력을 여전히 방해할지도 모른다. 고수준에서 벡터화기vectorizer와 데이터 종속성 분석기가 프로그래머가 의도하는 바가 무엇인지를 쉽게 인식할 수 있는 것처럼 인간을 가장 쉽게 이해시키기 위해 간단히 작성된 코드는 일반적으로 벡터화기를 가장 쉽게 이해시키는 코드를 생산한다. 바꿔 말해 근본적인 타킷 아키텍처에 대한 사전 지식을 갖고 직접 조정된 고수준의 코드는 툴 수준에서 봤을 때 자동 벡터화를 위한 최상의 후보가 아니라는 점이다.

애플리케이션 개발자들은 구축 툴에 의한 자동 벡터화라는 의도를 갖고 코드를 개발할 때 지속적으로 살펴보길 원하는 몇 가지 사항들이 있다.

C의 포인터 에일리어싱

벡터화기와 데이터 종속성 분석을 위한 한 가지 과제는 C 언어에서의 포인터 사용자다. 데이터가 파라미터로서 포인터를 경유해 함수에 전달될 때 다양한 포인터에 의해 가리켜진 메모리 영역이 계산된 루프의 상호작용 공간에서 겹쳐지지 않는다고 데이터 종속성 분석기와 벡터화기로 장담하기에는 종종 어렵거나 불가능할 것이다. C 표준이 시간이 흐르면서 발전한 것처럼 '제한된' 키워드에 대한 서비스가 그림 12.7에 나타나 있는 사례처럼 추가됐다.

```
void restrict_compute(restrict int *a, restrict int
*b, restrict int *c)
{
    for(int i=0; i<LIMIT; ++i)
        a[i] = b[i] * c[i];
}
```

그림 12.7 C 표준의 '제한된' 키워드

프로시저procedure로 전달된 포인터상에 제한된 키워드 식별 수식자qualifier를 위치시킴으로써 컴파일러는 제한된 키워드를 갖고 주어진 포인터에 의해 접근된 데이터가 다른 포인터를 이용해 수정될 수도 있는 함수 이외에는 에일리어싱되지 않는다는 점을 보장한다. 이것은 애플리케이션의 전역적 범위가 아니라 지역적 범위에 있는 함수에게만 적용된다는 점에 주의해야 한다. 이것은 배열이 기타 파급 효과를 가진 참조에 의해 에일리어싱되거나 수정되지 않는다는 것을 데이터 종속성 분석기가 인식할 수 있게 허용하며, 다른 최적화 속에 있는 벡터화를 비롯해 루프 중첩에 대한 더 공격적인 최적화도 허용한다.

데이터 구조, 데이터 구조 배열, 합산

커널을 설계하기 전에 커널에서 계산되는 데이터 구조를 직질히 신댁하는 깃은 고성능 임베디드 DSP 코드를 다룰 때 심각한 영향을 미칠 것이다. 이것은 종종 12장에서 이미 상세히 설명했던 SIMD 명령과 최적화 컴파일 기술을 지원하는 타깃 프로세서에 대해서는 특히 더 그렇다. 하나의 예로 이 절에서는 일반적으로 사용되는 데이터 구조에 대해 구조 배열array of structure 요소의 이용과 배열 구조structure of array 요소의 이용 간 다양한 트레이드오프에 대해 상세히 설명한다. 여기서는 한 가지 데이터 구조의 사례로 그림 12.8에 상세히 기술돼 있는 배열 구조와 구조 배열 같이 주어진 데이터 구조 내에 저장된 6차원 점집합을 고려할 것이다.

/* array of structures*/	/* structure of arrays */
struct {	struct {
float x_00;	float x_00[SIZE];
float y_00;	float y_00[SIZE];
float z_00;	float z_00[SIZE];
float x_01;	float x_01[SIZE];
float y_01;	float y_01[SIZE];
float z_01;	float z_01[SIZE];
} list[SIZE];	} list;

그림 12.8 배열 구조

　그림 12.8의 좌측에 기술돼 있는 것처럼 구조 배열은 부동소수점 유형의 6개 범위field를 가진 구조로서, 각 범위는 3차원 공간의 각 줄 끝에 3개의 좌표를 갖고 있다. 이 구조는 SIZE 요소의 배열로서 할당된다. 그림 우측에 나타나 있는 배열 구조는 부동소수점 데이터 유형의 여섯 개 배열을 비롯한 단일 구조를 생성하며, 각 배열은 SIZE 요소의 구조로서 할당된다. 위에 설명한 모든 데이터 구조는 기능적으로는 동일하지만 메모리 시스템의 성능과 최적화와 관련해서는 다양한 시스템 파급 효과를 가진다는 점에 주의해야 한다.

앞에 설명한 구조 배열의 사례를 고찰해보면 목록의 다음 요소로 이동하기 전에 정해진 struct 요소의 모든 요소에 접근하는 것으로 알려진 해당 루프 중첩에 대해 훌륭한 데이터 지역성locality of data이 나타날 것이라는 점을 알 수 있다. 이것은 데이터 캐시 라인이 메모리로부터 데이터 캐시로 패치fetch되는 것처럼 데이터 구조 내의 인접 요소가 메모리로부터 인접해서 패치되고 훌륭한 지역적 재사용을 보인다는 사실 때문이다.

그러나 구조 배열의 데이터 구조를 이용할 때의 불리한 점은 데이터 구조의 모든 필드 요소를 다루는 루프 내에서 각 개별 메모리 참조가 단위 메모리 페이스를 나타내지 못한다는 점이다. 예를 들어 그림 12.9의 루프 예를 살펴보자.

```
for(i=0 i<SIZE; ++i)
{
        local_struct[i].x_00 = 0.00;
        local_struct[i].y_00 = 0.00;
        local_struct[i].z_00 = 0.00;
        local_struct[i].x_01 = 0.00;
        local_struct[i].y_01 = 0.00;
        local_struct[i].z_01 = 0.00;
}
```

그림 12.9 루프 예

위의 루프에서 각 필드는 구조 인스턴스 내의 각기 다른 필드에 접근하며, 컴파일 레벨에서 자동 벡터화autovectorization에 도움이 될 수 있는 단위 페이스unit stride의 메모리 접근 패턴을 나타내지 못한다. 게다가 구조 목록을 가로지르고 주어진 구조 인스턴스 내에서 하나 또는 소수의 필드에만 접근하는 어떠한 루프도 데이터 요소를 포함하는 메모리의 캐시 라인 패칭이 루프 중첩 내에서 참조되지 못할 것이기 때문에 오히려 사례 내의 데이터에 대한 빈약한 공간적 지역성을 드러낼 것이다. 그림 12.10의 루프 중첩에서 기술된 것처럼 구조 배열 포맷에서 배열 구조 포맷으로 이동함으로써 앞에 기술된 꽤 고정된 형태의 유스케이스와 비교할 수 있을 것이다.

```
for(i=0 i<SIZE; ++i)
{
    local_struct.x_00[i] = 0.00;
    local_struct.y_00[i] = 0.00;
    local_struct.z_00[i] = 0.00;
    local_struct.x_01[i] = 0.00;
    local_struct.y_01[i] = 0.00;
    local_struct.z_01[i] = 0.00;
}
```

그림 12.10 루프 중첩

배열 구조 형태의 데이터 구조를 채택함으로써 루프 중첩 내의 각 필드는 루프 반복 전체에 걸친 단위 페이스의 메모리 참조를 보여준다. 이것은 대부분의 사례에서 구축 툴에 의한 자동 벡터화에 훨씬 더 도움이 된다. 게다가 루프 중첩 내의 다중 배열 스트림에 걸친 훌륭한 데이터 지역성을 여전히 보게 될 것이다. 또한 이전 시나리오와 비교해 하나의 필드만이 주어진 루프 중첩에 의해 접근되더라도 로드된 캐시 라인을 위해 사전 패치되는 배열 내의 차후 요소 때문에 캐시 내의 지역성이 성취된다는 점에 주목해야 한다.

이전에 제시했던 사례에서 애플리케이션 개발자의 니즈needs에 가장 적합한 데이터 구조의 선정이 아주 중요하다고 상세히 소개했지만, 개발자나 시스템 아키텍트가 메모리 시스템의 성능에 가장 적절한 데이터 구조의 선정을 위해서는 전반적인 애플리케이션의 논쟁 부분에 대해 더 많은 연구가 진행돼야 할 것으로 생각된다. 연구 결과가 흑과 백이라는 명확한 경우로 밝혀지지는 않겠지만, 다중 데이터 구조 포맷을 이용하는 솔루션이 권고될 수도 있을 것이다. 이러한 경우 개발자는 배열 구조와 구조 배열 포맷 간의 혼합돼 잘 짜맞춰진 하이브리드 유형의 접근법을 이용할 수도 있다. 게다가 12장의 범위를 벗어나지만 다양한 이유로 인해 내부 데이터 구조에 강하게 결합된 레거시 코드 기반을 위해 다양한 포맷 간에 필요한 만큼만 실행 시간에 변환하는 것도 더 가치가 있을지도 모른다. 하나의 포맷에서 다른 포맷으로 변환하는 데 요구되는 계산이 사소하지는 않지만, 일단 변환이 수행되면 성취되는 메모리 시스템의 성능 향상에 의해 변환 오버헤드가 극적으로 상쇄되는 유스케이스가 있을 것이다.

메모리 성능을 위한 루프 최적화

컴파일러 기술을 자동 벡터화시킴으로써 타깃 능력에 대한 루프 구조화와 루프가 계산되는 데이터 구조의 맞춤화 이외에도 애플리케이션의 메모리 시스템 성능에 이점을 가져다 줄 루프 변환도 또한 존재한다. 이 절은 애플리케이션 개발자에 의해 수동으로 수행되거나 아니면 시스템 성능을 향상시키는 개발 툴에 의해 자동으로 수행되는 다양한 루프 변환에 대해 상세히 설명한다.

데이터 정렬 파급 효과

임베디드 타깃의 메모리 시스템 내에서 데이터 정렬data alignment은 특정 유스케이스를 최적화하는 개발 툴의 능력뿐만 아니라 코드 성능에도 파급 효과를 미칠 수 있다. 많은 임베디드 시스템에서 기본적인 메모리 시스템은 비정렬 메모리의 접근을 지원하지 않거나 접근을 위해서는 특정한 성능 페널티가 지불돼야 지원된다. 사용자가 메모리 시스템의 레이아웃 내에서 데이터 정렬을 적절히 관리하지 않으면 성능을 잃어버릴 수 있다. 요약해서 말하면 데이터 정렬은 컴퓨터 메모리 시스템 내에서 데이터가 접근하는 방식을 상세히 열거한 것이다. 프로세서가 메모리를 읽거나 메모리에 쓸 때 이 방식은 32비트 시스템의 4바이트 크기가 되는 컴퓨터 단어 크기를 해결하는 데 종종 사용될 것이다. 데이터 정렬은 컴퓨터 단어 크기의 몇 배가 되는 오프셋에 데이터 요소를 집어넣는 프로세스이기 때문에 다양한 필드가 효율적으로 접근될 것이다. 그렇기 때문에 주어진 프로세서 타깃에 데이터를 정렬할 때 기본적인 ABI와 데이터 유형의 관례에 따라 사용자가 데이터 구조에 추가하거나 툴을 이용해 자동으로 데이터 구조에 추가하는 것이 필요할지도 모른다.

정렬은 컴파일러와 벡터화 같은 루프 최적화에 영향을 미칠 수 있다. 가령 컴파일러가 주어진 루프 몸체 내의 다중 배열에서 발생하는 계산을 벡터화하는 시도를 한다면 SIMD 이동 명령에 대한 효율적 사용을 위해 데이터 요소가 정렬됐는지 아닌지를 알 필요가 있으며, 비정렬 데이터 요소에서 실행되는 루프 중첩의 특정 반복이 없어져야 하는 것도 또한 알 필요가 있을 것이다. 데이터 요소가 정렬됐는지 아닌지를 컴파일러가 결정할 수 없다면 루프를 벡터화하지 않는 것으로 거의 선택할 것이며, 이렇게 함으로써 스케줄에 맞게 순차적으로 루프 몸체를 빠져나갈 수 있게 된다. 이것은 분명 실행 가능한 최상의 성능이라는 측면에서는 바람직한 결과가 아닐지도 모른다. 이에 대한 대안으로 컴파일러는 루프 실행 시간에 데이터 요소가 정렬됐는지 아닌지를 결정하는 실행 시간 테스트를 가진 루프 중첩의 다중 버전을 생성하기 위한 결정을 내릴지도 모른다. 이러한 경우 벡터화된 루프 버전의 이점이 얻어지겠지만, 실행 시간에 동적 테스트에 대한 비용이 발생할 것이고, 루프 중첩의 다중 버전으로 인해 컴파일러에 의해 삽입되는 실행 가능한 코드 크기가 증가할 것이다.

사용자는 종종 자신의 데이터가 정렬됐는가를 확신하기 위해 중복적인 일을 수행할 수 있다. 예를 들어 데이터 구조 내에 요소를 추가하는 것과 다양한 데이터 필드가 적절한 단어 경계상에 놓여 있는가를 보장하는 것이다. 많은 컴파일러는 주어진 요소가 정렬됐는지를 표시하기 위해 프라그마 집합을 지원한다. 그렇지 않으면 사용자는 루프 실행의 특별한 버전 이전에 주어진 경계상에서 데이터 필드가 정렬됐는지 아닌지를 실행 시간에 계산하기 위해 자신의 코드 내에 다양한 논점을 넣을 수도 있다.

큰 성과를 위한 데이터 유형 선정

애플리케이션 개발자가 앞서 언급한 최적화 전략에 추가해 자신의 성능 필수 커널을 위해 적절한 데이터 유형을 선택하는 것도 중요하다. 최소의 허용 가능한 데이터 유형이 계산을 위해 선정될 때 커널 성능에 이득이 될 수 있는 몇 가지 이차 효과를 가질 수도 있다. 예를 들어 데이터 범위에 대한 애플리케이션 프로그래머의 지식으로 인해 32비트 정수 계산이나 16비트 정수 계산 중 하나에서 구현될 수 있는 성능 필수 커널을 고려해보자. 애플리케이션 개발자가 'short int'같은 2바이트의 내장built-in C/C++ 언어 데이터 유형 중 하나를 이용해 16비트 계산을 선정한다면 다음과 같은 이점을 시스템 실행 시간에 얻게 될 것이다.

32비트 데이터 요소 위에서 16비트를 선정함으로써 더 많은 데이터 요소가 단일 데이터 캐시 라인으로 들어갈 수 있다. 이것은 계산 단위당 가져오는 더 적은 수의 캐시 라인을 허용하며, 데이터 요소를 가져올 때 계산에 사용되는 메모리의 병목현상을 완화시키는 데 도움이 된다. 게다가 목표 아키텍처가 SIMD 스타일 계산을 지원한다면 프로세서 내의 ALU는 대응되는 32비트 대비 다중 16비트 계산을 병렬로 지원할 수 있는 확률이 매우 높을 것이다. 예를 들어 상용에서 가용한 많은 DSP 아키텍처들은 ALU당 16비트의 SIMD 명령을 지원하며, 32비트 데이터 요소 대비 16비트 데이터 요소를 이용할 때 2배 이상의 계산 처리량을 효과적으로 지원할 것이다. 주어진 데이터 요소에 대해 추가적인 데이터 요소가 캐시 라인당 채워지거나 증가하는 계산의 효율성과 결합해 사용자 관리의 스크래치패드scratchpad 메모리에 위치시킬 수 있으며, 캐시 라인을 채우기 위해 요구되는 줄어든 데이터 메모리의 패치 때문에 시스템의 전력 효율성을 향상시키는 것도 가능해진다.

13

임베디드 소프트웨어의 전력 최적화

로버트 오샤나(Robert Oshana)

소개

임베디드 프로젝트의 제품 수명주기에서 가장 중요한 고려 사항 중 하나가 디바이스의 전력 소비power consumption를 이해하고 최적화하는 것이다. 전력 소비는 배터리의 전력이 재충전되는 동안 최소의 활용과 유휴 시간이 보장돼야 하는 휴대형 기기에서 더 뚜렷이 나타난다. 의료 장비, 테스트, 측정, 미디어, 무선 기지국 같은 기타 임베디드 애플리케이션도 소비 전력에 매우 민감한데, 이는 증가하는 강력한 프로세서의 열 분산, 전력 지원 비용, 에너지 소비 비용 등을 관리해야 할 필요가 있기 때문이며, 이렇기 때문에 전력 소비는 절대 간과될 수 없다는 것이 정설이다.

전력 요구 사항을 설정하고 유지하는 책임이 하드웨어 설계자에게 종종 주어지겠지만, 소프트웨어 프로그래머도 마찬가지로 전력 최적화에 큰 기여를 할 수 있다. 그러나 종종 디바이스의 전력 소비에 미치는 소프트웨어 공학자의 영향이 간과되거나 저평가된다.

이 절의 목적은 전력 소비의 구성 방법을 기초로 시작해서 전력 소비의 최적화를 위해 소프트웨어를 어떻게 사용할 수 있는지, 전력 소비를 어떻게 적절히 측정할 수 있는지, 알고리즘 레벨, 하드웨어 레벨, 데이터 흐름 레벨 각각에서 소프트웨어를 이용해 전력 소비를 어떻게 최소화할 수 있는지에 대해 알아보는 것이다. 이 절은 전력을 줄이는 데 있어 특정 방법이 어떻게 효과적인지 왜 효과적인지, 이 두 가지 모두에 대해 다양한 기법의 시연과 설명을 포함하기 때문에 독자들은 자신의 애플리케이션에 올바른 방식을 선택하고 적용할 수 있을 것이다.

전력 소비의 이해

전력 소비 기초

일반적으로 전력 소비를 논의할 때 디바이스에 관해 논의되는 네 가지 주요한 요소는 애플리케이션, 주기, 전압, 프로세스 기술이며, 이에 따라 이들 요소가 왜 그렇게 중요한지 정확히 이해할 필요가 있다.

애플리케이션이 너무나 중요하기 때문에 두 가지의 휴대용 기기에 대한 전력 프로파일은 서로 완전히 반대되는 전력 최적화 전략을 만들어낸다는 점에서 다를 수 있다. 전력 최적화 전략에 대한 더 자세한 설명은 나중에 다루겠지만, 이 절에서는 이에 대한 기본적인 아이디어를 충분하게, 그리고 명확하게 소개한다.

휴대용 미디어 플레이어와 휴대폰의 사례를 택해 설명한다. 휴대용 미디어 플레이어는 비디오(무삭제 영화), 오디오 등을 표시하는 데 충분히 긴 정도의 시간 동안 100% 이용률로 실행될 필요가 있다. 이 점은 나중에 다루겠지만, 이런 종류의 디바이스를 위한 일반적인 전력 소비 프로파일은 저전력 모드의 효율적인 이용보다는 알고리즘과 데이터 흐름 전력 최적화에 더 중점을 둬야 한다.

휴대용 미디어 플레이어를 휴대폰과 비교해 통화 시간 동안 사용자가 상대적으로 더 적은 %의 시간만을 통화에 사용하면서 유휴 시간에 어느 쪽이 대부분의 시간을 소비하는지 알아보자. 이렇게 적은 시간의 비율 동안 프로세서는 음성을 인코딩/디코딩하고 데이터를 전송/수신하기 위해 과부하될지도 모른다. 통화 시간의 나머지 부분에서 휴대폰은 핵심적인 특징 패킷을 무선 통신망에 보내는 것 같은 절차를 수행하면서 비통화 중에도 휴대폰이 여전히 통신망에 연결돼 있다는 것을 사용자에게 알게 해줌으로써 사용자에게 '편안한 잡음'을 제공하면서도 그렇게 과부하되지는 않는다는 것이 사실이다. 이런 종류의 프로파일에 대해 전력 최적화는 가능한 한 최대의 전력을 줄이기 위해 프로세서의 수면 상태를 최대화하는 데 가장 먼저 초점을 맞춰야 하며, 그런 다음 데이터 흐름과 알고리즘 접근법에 대해 초점을 맞춰야 한다.

프로세스 기술의 경우 현재 최첨단의 임베디드 코어는 이전 모델인 65nm 기술에서 크기가 줄어든 45nm를 기반으로 하며, 가까운 미래에 28nm 기술을 가질 예정이다. 이렇게 더 작아진 프로세스 기술은 더 작아진 트랜지스터transistor를 제공한다. 더 작아진 트랜지스터는 더 적은 전력을 소비하고 더 적은 열을 생산하므로 이전 모델과 비교해 분명한 이점을 가진다.

더 작아진 프로세스 기술은 일반적으로 더 높은 클록 주파수를 또한 가능하게 만드는데, 이는 분명히 긍정적인 요소로서 프로세싱의 능력을 더 좋게 만들지만, 한편으로 더 높은 주파수는 더 높은 전압을 수반하므로 더 높은 전력 드로우power draw에 대한 비용을 치러야 한다.

전압^{voltage}은 물리(EE101)에서 배운 것처럼 가장 명백한 값이며, 전력^{power}은 전압에 전류^{current}를 곱한 값이다. 따라서 디바이스가 더 큰 전원 공급이 필요하다면 전력 소비는 어쩔 수 없는 현실이 된다.

전력 $P = V \times I$에서 전류가 클록 속도의 직접적인 결과가 되므로 주파수도 또한 직접적으로 이 방정식의 한 부분이 된다. 물리와 EE101에서 배운 또 다른 내용을 보면 전압을 콘덴서^{capacitor}에 적용할 때 콘덴서가 등가 전위$^{equivalent\ potential}$에 도달할 때까지 전류는 전압 소스로부터 콘덴서로 흐를 것이라는 사실이다. 이것이 지나치게 단순화된 측면이 있지만, 코어 내의 클록 네트워크는 이와 같은 방식으로 전력을 소비한다는 것을 상상할 수 있다. 따라서 매 클록 에지$^{clock\ edge}$에서 전위가 변할 때 전류는 다음 안정 상태에 도달할 때까지 디바이스를 통해 흐른다. 클록이 더 빠르게 스위칭되면 될수록 전류는 더 많이 흐르게 되므로, 더 빠른 클록킹^{clocking}은 임베디드 프로세서에 의해 더 많은 전력을 소비한다는 점을 내포하고 있다. 디바이스에 따라 클록 회로가 동적 디바이스 전력의 50~90% 사이에서 전력 소비에 대한 책임을 지므로 클록을 제어하는 방법이 13장에서 다루는 가장 중요한 주제가 될 것이다.

정적과 동적 전력 소비

전체적인 전력 소비는 동적과 정적 소비(정적 누설로도 또한 알려짐)이라는 두 가지의 전력 유형으로 구성되므로, 전체적인 디바이스 전력은 다음 식으로 계산된다.

$$P_{total} = P_{Dynamic} + P_{Static}$$

바로 앞에서 설명한 것처럼 클록 전이는 동적 소비$^{dynamic\ consumption}$의 큰 부분에 해당되지만, 과연 '동적 소비'란 것이 무엇인가? 기본적으로 소프트웨어에서 동적 소비는 제어되지만, 정적 소비는 제어되지 못한다.

정적 전력 소비

안정 상태에서조차 디바이스의 Vin에서 그라운드로 (트랜지스터의 터널 전류, 역 다이오드 누설 등을 경유해) 낮은 '누설' 전류 경로가 존재하기 때문에 누설 소비$^{leakage\ consumption}$ 전력이란 디바이스가 어떠한 활동이나 태스크에서든 독립적으로 코어가 실행될 때 소비되는 전력을 말한다. 누설 소비에 영향을 주는 유일한 요소에는 공급 전원, 온도, 프로세스가 있다.

13장의 소개 부분에서 전압과 프로세스에 대해 이미 다뤘다. 온도라는 면에서 고찰해보면 왜 열이 누설 전류를 증가시키는지 이해하는 것은 꽤 직관적인 사실이 될 것이다. 열은 전자의 흐름을 증가하게 유도하는 전자 전달체$^{electron\ carriers}$의 이동성을 증가시키며, 이는 정적 전력 소비를 크게 증가시키는 원인이 되기도 한다. 13장에서는 소프트웨어에 초점을 맞추고 있으므로, 정적 전력 소비 이론에 대해서는 더 이상 설명하지 않는다.

동적 전력 소비

임베디드 프로세서의 동적인 전력 소비에는 코어와 코어의 서브시스템, DMA, I/O(라디오, 이더넷, PCIe, CMOS 카메라), 메모리, PLL과 클록 같은 주변기기를 능동적으로 이용하는 디바이스에 의해 소비되는 전력을 포함한다. 낮은 레벨에서 보면 동적 전력은 커패시턴스capacitance를 충전하고 방출하는 트랜지스터를 스위칭함으로써 소비되는 전력이라고 바꿔 말할 수 있다.

동적 전력은 시스템의 더 많은 요소, 더 많은 코어, 더 많은 산술 유닛, 더 많은 메모리, 더 높은 클록 비율, 그렇지 않으면 트랜지스터 스위칭의 양이나 스위칭의 속도를 증가시키는 어떠한 것이라도 이용하는 것만큼 증가된다. 동적 소비는 온도에는 독립적이지만 전압 공급 레벨에는 여전히 종속적이다.

최대, 평균, 최악, 일반 전력

전력을 측정하거나 시스템에 대한 전력 사용율을 결정할 때 고려해야 하는 네 가지의 주요한 전력 유형에는 최대 전력, 평균 전력, 최악 전력 소비, 일반 전력 소비가 있다.

최대 전력과 평균 전력은 디바이스의 전력 소비상에서 소프트웨어 또는 기타 변수의 영향보다는 전력 측정 자체를 기술하기 위해 사용되는 일반적인 용어다.

간단히 말해 최대 전력은 일정 시간 동안에 걸쳐 측정된 값에서 읽은 가장 높은 순시 전력instantaneous power이다. 이런 종류의 측정은 (신뢰 가능한 동작을 위해 요구되는) 신호 통합의 적절한 레벨을 유지하기 위해 디바이스에 의해 요구되는 강결합 커패시턴스의 양을 나타내는 데 유용하다.

평균 전력은 기술적으로 일정 시간 동안에 소비되는 에너지의 양을 그 시간으로 나눈다는 점, 즉 시간의 흐름에 따라 평균적으로 읽은 전력이라는 점에서 직관적이다. 공학자는 시간이 흐름에 따라 소비되는 평균 전류를 계산하고 전력을 발견하기 위해 이 평균 전력을 사용한다. 평균 전력은 배터리나 전원 공급이 시간의 흐름상에서 애플리케이션을 수행하기 위해 프로세서에 얼마나 많을 전력을 제공할 수 있는지를 결정하는 요소로서 최적화에 초점을 맞춘 것이며, 이것은 또한 디바이스의 열 프로파일heat profile을 이해하는 데도 사용된다.

최악과 일반 전력수power number 모두 평균 전력에 대한 측정을 기반으로 한다. 최악 전력이나 최악 전력 프로파일은 디바이스가 100% 이용률로 주어진 기간에 걸쳐 소비할 수 있는 평균 전력의 양을 말한다. 여기서 100% 이용률이란 가용한 최대의 프로세싱 유닛(코어, 가속기,

비트 마스킹 등에 있는 데이터와 주소 생성 블록), 메모리, 주변기기를 동시에 이용하는 것을 말한다. 이것은 주기당 6개 또는 그 이상의 명령을 수행하는 무한 루프 안에 코어를 넣음으로써 시뮬레이션이 될지도 모르며, 이에 반해 다중 DMA 채널은 연속적으로 메모리로부터 읽고 메모리에 쓰며, 주변기기는 끊임없이 데이터를 전송하고 수신한다. 최악 전력수는 최악의 모든 조건하에서 시스템의 기능성을 보장하는 적절한 전력 공급을 제공하기 위해 시스템 아키텍트나 보드 설계자에 의해 사용된다.

실제 시스템에서 가능하다면 애플리케이션이 오랜 시간 기간 동안에 모든 프로세싱 요소, 메모리, I/O를 이용하지 않는 것처럼 디바이스는 최악 전력을 거의 사용하지 않는다. 일반적으로 디바이스는 시스템에서 일부분만 필요하지만, 다양한 많은 I/O 주변기기를 제공하고 있으며, 디바이스 코어는 작은 시간 기간 동안에 메모리의 한 부분에 접근이 가능할 정도의 엄청난 크기의 계산을 수행하기 위해 필요하게 될지도 모른다. 일반 전력 소비는 프로세서의 가용한 하드웨어 컴포넌트를 한 번에 어떠한 장소에서든 50%에서 70% 정도 사용할 수 있을지도 모르는 가정된 '일반 유스케이스' 사례의 애플리케이션을 기반으로 할지도 모른다. 이것은 전력 소비의 최적화를 위해 이점을 가질 수도 있는 소프트웨어 애플리케이션의 주요한 양상이다.

이 절에서는 정적 전력과 동적 전력, 최대 전력과 평균 전력, 전력상에서의 프로세스 효과, 전력상에서의 코어와 프로세싱 전력 효과의 차이점에 대해 설명했다. 지금까지 다뤘던 전력 소비가 무엇인지 이에 대한 사항을 기반으로 해 전력 최적화 기법에 대한 더 자세한 사항으로 주제를 넘어가기 전에 전력 소비 측정에 대해 알아본다.

전력 소비 측정

지금까지는 배경, 이론, 어휘 등에 대해 다뤘지만, 앞으로는 전력 측정에 대해 다룬다. 이 절에서는 (정적 전력과 동적 전력 읽기 같은) 다양한 유형의 전력 읽기에 사용되는 측정 유형에 대해 다루며, 이 책의 나중에 사용될 최적화 방법을 테스트하기 위해 이들 방법을 이용할 예정이다.

전력 측정은 하드웨어에 종속적이다. 일부 임베디드 프로세서는 자신의 내부에서 전력을 측정할 수 있는 능력을 제공한다. 프로세서 제조자는 몇 가지의 전력 정보를 제공할 수 있는 '전력 계산기'를 또한 제공한다. 다양한 형태의 전력 측정을 제공하는 몇 가지 전력 공급 컨트롤러 IC가 있다. VRM^{전압 조정기 모듈}으로 불리는 일부 전력 공급 컨트롤러는 주변기기의 인터페이스상에서 전력을 읽을 수 있도록 내부에 이런 능력을 갖고 있다. 마지막으로 전류계^{ammeter}를 핵심 전력 공급에 직렬로 연결시킨 전통적인 방법도 있다.

전류계를 이용한 전력 측정

전력을 측정하는 '전통적인' 방법은 전류계의 양극 단자에 직렬로 연결된 외부의 전력 공급을 이용해서 전력을 측정하는 방법으로, 그림 13.1에서 보는 것처럼 음극 커넥터를 경유해 DSP 디바이스의 전력 입력 단자에 연결된다.

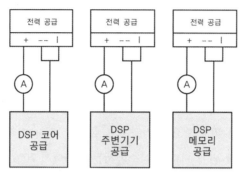

그림 13.1 전류계를 이용한 전력 측정

그림 13.1에서 보는 것처럼 단일 프로세서에 대해 세 가지 각기 다른 설정 방법이 있다는 점에 주의한다. 이것은 일반적으로 (다중 공급이 가능한) 코어, 주변기기, 메모리 간 프로세서의 전력 입력이 서로 격리돼 있다는 사실 때문이다. 이것은 각기 다른 디바이스 컴포넌트가 각기 다른 전압 요구 사항을 갖는 것처럼 하드웨어에서 설계를 통해 수행되고 개별 컴포넌트의 전력 프로파일을 격리시키는 데 (점차적으로 최적화시키는 데) 유용한 방법이다.

전력 소비를 적절히 측정하기 위해서는 각 컴포넌트에 대한 전력이 적절히 격리돼야 하며, 이러한 경우 보드에 대한 보완과 특정 점퍼 설정 등이 요구될지도 모른다. 가장 이상적인 상황은 외부의 공급 장치/전류계 조합을 프로세서의 전력 입력 핀에 가능한 한 가깝게 연결시키는 것이다.

그렇지 않으면 전력 공급 장치와 프로세서의 전력 핀에 직렬인 (분로) 저항의 양 끝단에 걸쳐 전압 강하를 측정해야 될지도 모른다. 저항의 양 끝단에 걸쳐 전압 강하를 측정함으로써 전류는 $I = V/R$을 계산해서 간단히 찾을 수 있다.

홀 센서 유형 IC를 이용한 전력 측정

효율적인 전력 측정을 단순화하기 위해 많은 임베디드 벤더들은 홀 효과[Hall-effect] 기반 센서를 이용하는 보드를 구축하고 있다. 홀 센서가 디바이스의 전력 공급 장치에 대한 전류 경로에 있는 보드에 위치해 있다면 홀 센서는 오프셋 값에 일부 계수를 곱한 전류에 동등한 전압을

생성한다. 프리스케일의 MSC8144 DSP 애플리케이션 개발 시스템 보드의 경우 알레그로
Allegro 사의 ACS0704 홀 센서는 이러한 측정이 가능하게 보드에 제공된다. 이 보드를 이용해
사용자는 간단히 보드에 대한 범위를 정할 수 있으며, 시간 경과에 따른 전압 신호를 확인할
수 있고, 그림 13.2에서 보는 것처럼 알레그로 사의 전류 대비 전압 그래프를 이용해 평균
전압을 계산하는 데도 이용할 수 있다.

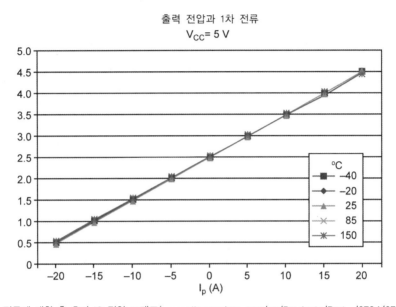

그림 13.2 전류에 대한 홀 효과 IC 전압 그래프(www.allegromicro.com/en/Products/Part.../0704/0704-015.pdf)

그림 13.2를 이용해 V_{out}에 대한 측정 전위를 기반으로 다음과 같이 디바이스에 대한 입력
전류를 계산할 수 있다.

$$I = (V_{out} - 2.5) \times 10A$$

VRM(전압 조정기 모듈 전력 공급 장치 IC)

마지막으로 다양한 전위에서 개별 입력 소스에 전력을 공급하기 위해 큰 입력 전압을 여러
개의 작은 전압으로 분리하는 데 사용되는 일부 VRM(전력 공급 장치 컨트롤러 IC)은 전류/전력
소비를 측정하고 레지스터에 있는 값을 사용자가 읽을 수 있게 저장한다. VRM을 경유해
전류를 측정하는 데는 별도의 장비가 요구되지 않지만, 때때로 정확성과 실시간 측정에 대한
대가를 수반한다. 예를 들어 파워원PowerOne의 ZM7100 시리즈 VRM(또한 MSC8144ADS에서도
사용됨)은 각각의 전력 공급 장치에 대해 읽은 전류 값을 제공하지만, 이 전류 값은 0.5에서

1초마다 수정되고 읽을 때의 정확성이 ~20% 정도이기 때문에 최대 전력에 대한 순간 값을 읽기가 불가능하고, 이를 위한 미세 조정과 최적화는 해당 디바이스를 이용해서는 가능하지 않을지도 모른다.

일반적으로 전력을 측정하는 데 있어 특정한 방법을 결정하는 것 외에도 동적 전력 소비와 정적 누설 소비를 측정하는 데 사용되는 다양한 방법도 있다. 정적 누설 소비와 관련된 데이터는 저전력 예상치의 크기를 정하고, 실제 애플리케이션이 얼마나 많은 전력을 사용하는지, 어떤 디바이스가 유휴 시간에 전력을 사용하는지를 이해하는 데 유용하다. 그런 다음 프로세서가 사용하는 동적 소비를 결정하기 위해 측정하고, 이를 최소화하기 위해 사용된 전력을 전체 전력 소비에서 제외시킬 수 있다. 이 영역에 도움을 줄 수 있는 다양한 툴은 산업계에서도 찾아 볼 수 있다.

정적 전력 측정

프로세서의 누설 소비는 보통 디바이스가 저전력 모드에 놓여 있는 동안 모드가 모든 핵심 서브시스템과 주변기기에 대한 클록을 정지시킨다는 가정하에 측정돼야 한다. 클록이 저전력 모드에서 정지되지 않는다면 PLL은 우회 상태가 될 것이고 입력 클록은 정지될 것이기 때문에 모든 클록은 정지되고 클록과 PLL 전력 소비는 정적 누설 측정에서 제거된다.

게다가 누설이 온도에 따라 변하기 때문에 정적 누설은 다양한 온도에서 측정돼야 한다. 온도(그리고 전압)를 기반으로 정적 측정 집합을 생성한다는 것은 애플리케이션이 이들 온도/전압 점에서 얼마나 많은 동적 전력을 실제로 소비하는지 결정하는 데 있어 아주 중요한 참조점을 제공한다.

동적 전력 측정

전력 측정은 시스템의 특정 구성이 시스템의 전력 소비에 어떻게 영향을 미치는지에 대한 정보를 공학자에게 제공하기 위해 디바이스 내 주요한 각 모듈의 효과와는 분리돼야 한다. 앞에서 언급한 대로 동적 전력은 (주어진 온도에서) 전체 전력을 측정하고 주어진 온도에서 초기의 정적 측정을 이용해 누설 소비를 제거함으로써 간단히 발견된다.

초기의 동적 측정 테스트는 실행 중 수면 상태 테스트, 디버그 상태 테스트, NOP 테스트를 포함한다. 수면 상태와 디버그 상태 테스트는 사용자에게 시스템 내의 특정 클록을 가용하게 만드는 비용에 대한 통찰력을 제공할 것이다. NOP 명령 루프에서와 같이 NOP 테스트는 주로 디바이스의 패치[fetch] 유닛에 사용할 때 코어 소비에 대한 동적 읽기에 대한 베이스라인을 제공하겠지만, 산술 유닛, 주소 생성, 비트 마스크, 메모리 관리 등에 대해서는 그렇지 못하다.

특정한 소프트웨어 전력 최적화 기법과 비교할 때 그 기법의 영향을 결정하기 위해서는 각 기법에 대한 전력 소비 이전과 이후를 비교해야 한다.

애플리케이션의 전력 소비 프로파일링

전력 관련 애플리케이션을 최적화하기 이전에 프로그래머는 최적화될 코드 구간에 대한 전력 읽기와 연관된 베이스라인을 먼저 획득해야 한다. 이 베이스라인은 최적화를 측정하는 데 참조 점을 제공하며, 코드의 변경이 사실 전체 전력을 감소시키고 그 반대의 경우에는 감소시키지 않는다는 것을 또한 보장한다. 이를 위해 프로그래머는 테스트될 코드 세그먼트의 스냅샷snapshot으로 동작하게 될 샘플 전력 테스트를 생성할 필요가 있다.

이러한 전력 테스트 케이스 생성은 프로세싱 요소와 사용된 메모리의 백분율에 대한 어떤 이해 기반을 얻기 위해 고급 프로파일러profiler를 활용한 코드 성능의 프로파일링을 통해 수행될 수 있다. 이러한 생성은 표준 툴인 IDE(많은 제품이 있음)에서 프로파일러의 허용하에 새로운 프로젝트를 생성하고, 그런 다음 컴파일링하며, 마지막으로 프로젝트를 실행시킴으로써 시연할 수 있다. 애플리케이션은 사용자가 프로파일러의 뷰를 선정하고 여러 가지 통계치를 얻는 지점에서 처음부터 끝까지 동작할 것이다.

사용된 ALU, 사용된 AGU 코드 핫스팟, 접근될 메모리 지식 같은 관련 데이터를 이용해 코드가 대부분의 시간을 사용할 (그리고 코드가 대부분의 전력을 소비할) 장소에 대한 일반적인 아이디어를 얻을 수 있다. 이 아이디어는 무한 루프에서 동작하는 기본적인 성능 테스트를 생성하는 데 사용할 수 있으며, 중요한 코드 세그먼트의 평균적인 '일반' 전력에 대한 프로파일링을 가능하게 해준다.

한 가지 사례로 두 개의 주 함수인 func1과 func2를 이용해보자. 사례 코드의 프로파일링은 대부분의 주기가 func1 루틴에서 소비되는 그림 13.3에서 볼 수 있다. 이 루틴은 M2 메모리에 위치하며, 캐시가 가능한(L1과 L2 캐시에 후기입write back 접근의 원인이 될 가능성이 있다는 것을 뜻함) M3에서 데이터를 읽는다. (그림 13.4에 따라) 프로파일러를 이용함으로써 ALU 백분율이나 AGU 백분율과 관련된 정보를 추출할 수 있다. 이러한 추출은 코드를 무한 루프로 바꾸고 I/O를 조정하며, 동일 최적화 레벨에서 컴파일링하고 동일한 성능 고장을 알 수 있는 검증을 수행함으로써 효과적으로 시뮬레이션할 수 있다. 또 다른 옵션은 정확하지 않고 개별 최적화의 테스팅을 더 어렵게 만들겠지만, 프로파일과 일치시키려고 특정 ALU/AGU 사용 모델을 강제하기 위해 어셈블리 코드에서 사례 테스트를 작성하는 것이 될 것이다.

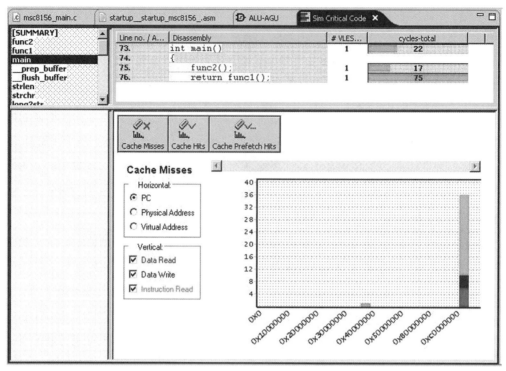

그림 13.3 핫스팟을 위한 프로파일링

Function_Name	Num_VLSE	DALU_Parallelism	AGU_Parallelism	4 ALU / 2 AGU	4 ALU / 1 AGU	4 ALU / 0 AGU	3 ALU / 2 AGU
func2	7	0.14	0.86	0.00% / 0 VLES	0.00% / 0 VLES	0.00% / 0 VLES	0.00% / 0 VLES
func1	3958	0.20	0.80	0.00% / 0 VLES	0.00% / 0 VLES	0.00% / 0 VLES	0.00% / 0 VLES
main	7	0.00	1.00	0.00% / 0 VLES	0.00% / 0 VLES	0.00% / 0 VLES	0.00% / 0 VLES
prep_buffer	5	0.40	1.60	0.00% / 0 VLES	0.00% / 0 VLES	0.00% / 0 VLES	0.00% / 0 VLES

SUMMARY:

DALU Parallelism (0-4)	DALU Counter	AGU Parallelism (0-2)	AGU Counter
0.20	785	0.80	3173

% / No. VLES	4 ALU	3 ALU	2 ALU	1 ALU	0 ALU	Total AGU
2 AGU	0.00% / 0 VLES	0.00% / 0 VLES	0.00% / 0 VLES	0.00% / 0 VLES	0.00% / 0 VLES	0.00% / 0 VLES
1 AGU	0.00% / 0 VLES	0.00% / 0 VLES	0.00% / 0 VLES	0.00% / 0 VLES	80.17% / 3173 VLES	80.17% / 3173 VLES
0 AGU	0.00% / 0 VLES	0.00% / 0 VLES	0.00% / 0 VLES	19.83% / 785 VLES	0.00% / 0 VLES	19.83% / 785 VLES
Total ALU	0.00% / 0 VLES	0.00% / 0 VLES	0.00% / 0 VLES	19.83% / 785 VLES	80.17% / 3173 VLES	100.00% / 3958 VLES

그림 13.4 코어 컴포넌트(% ALU, % AGU) 활용

그런 다음 중단점을 설정하고 애플리케이션을 재동작시킬 수 있으며, 디바이스의 사용 프로 파일이 원래 코드를 이용해 즉시 처리되고 있는지 확인할 수 있다. 그렇지 않다면 원래 애플리 케이션에 일치될 때까지 컴파일러의 최적화 레벨이나 코드를 조정할 수 있다.

이 방법은 다양한 부하에 대한 코어의 전력 소비를 측정하는 데 신속하고 효과적이며, 프로 파일러를 적절히 이용해 원래의 애플리케이션이 반영된다면 프로파일러가 명령과 VLES 활 용뿐만 아니라 전체 주기 카운트의 정보를 제공하는 것처럼 이 방법은 지연과 기타 파이프라 인 이슈에 대해 책임을 져야 한다. 무한 루프를 이용함으로써 낮은 수치를 얻을 수 있다는 기대를 갖고 최적화 코드와 비최적화 코드의 정상 전류 값을 간단히 비교하는 것처럼 테스팅은 훨씬 더 쉬워진다. 이 방법은 시간에 따른 평균 전력, 명령당 평균 전력, 주기당 평균 전력, 특정 시간 t에 대한 주울joule 에너지(전력 * 시간) 같은 다양한 메트릭을 측정하는 데 사용할 수 있다. 특정 알고리즘과 전력 절감 기법을 측정하기 위해 유사 방법을 이용해 적은 루틴을 형성할 것이며, 그런 다음 시간의 경과에 따라 전력 절감을 최적화하고 이를 측정할 것이다.

이 절은 정적 전력과 동적 전력을 측정하는 데 사용되는 몇 가지의 다양한 방법과 애플리케이션을 위해 어떻게 전력을 프로파일링하는지 설명했다. 또한 프로세서 제조자로부터 생성된 전력 계산기의 유효성도 다뤘는데, 이는 전력 추정 프로세스를 때때로 더 빠르게 만들지도 모른다. 이러한 툴을 이용하는 것은 다음 절에서 공유할 지식을 효과적으로 측정하고 확인하는 것을 가능하게 만들 것이고, 이를 위해 전력 소비를 최적화하는 데 사용되는 소프트웨어 기법을 다룰 것이다.

전력 소비 최소화

여기에서 다루는 전력 최적화에는 하드웨어 지원 특징, 데이터 경로 최적화, 알고리즘 최적화라는 세 가지의 주요한 유형이 있다. 알고리즘 최적화는 명령이나 루프가 어떻게 다뤄지는지와 같이 코어가 데이터를 어떻게 프로세스하는가에 영향을 미치는 코드의 변경과 관련돼 있지만, 하드웨어 최적화는 하드웨어에서 제공하는 클록 제어와 전력 특징을 어떻게 최적화하는지에 더 초점을 맞추고 있다. 데이터 흐름 최적화는 다양한 메모리, 버스, 주변기기를 활용하는 전력 비용을 최소화하는 작업에 초점을 맞추고 있으며, 여기서 데이터는 관련된 특징과 개념을 이용해 저장될 수도 있고 전송될 수도 있다.

하드웨어 지원

저전력 모드(디바이스 소개)

DSP 애플리케이션은 보통 패킷이나 프레임, 또는 하나의 덩어리인 청크chunk에 있는 태스크에서 작업한다. 예를 들어 미디어 플레이어에서 비디오 데이터 프레임은 디코딩 시 초당 60프레임이 소요될지도 모르지만, 실제 디코딩 작업에서 프로세서는 1초에 60분의 1보다 더 적은 크기를 소요하는데, 이는 절전 모드sleep mode를 활용하거나 주변기기를 정지시키고 메모리를 조직화하는 데 사용자에게 기회를 제공할 것이고, 이러한 기회 모두는 전력 소비를 줄이거나 효율성을 극대화시키는 데 사용된다.

또한 전력 소비 프로파일이 애플리케이션에 따라 변한다는 것을 기억해야 한다. 예를 들어 두 가지의 서로 다른 휴대용 디바이스인 MP3 플레이어와 휴대폰은 두 가지 모두 매우 다른 전력 프로파일을 가질 것이다.

휴대폰은 대부분의 시간을 유휴 상태에서 소비하며, 프로세서의 클록 주기라는 면에서 보면 말할 때 보통 시간이 오래 걸리는 잠시 멈추는 동작이 있는 것처럼, 휴대폰도 호출 시 호출의 전 기간 동안 전력을 다해 동작하지는 않을 것이다.

이들 두 가지의 전력 프로파일에 대해 소프트웨어 가능 저전력 모드(모드/특징/제어)는 전력 절감에 사용되며, 이것을 어떻게 효율적으로 사용할 수 있는가가 프로그래머에게 대한 질문이 될 것이다. 독자를 위해 간략히 요약하면 저전력 모드, 전력 절감 모드, 전력 제어 모드 등과 같은 다양한 방식으로 전력을 게이팅gating하는 것, 즉 전력을 차단하는 것과 전력을 스케일링scaling하는 것, 즉 전력을 조정하는 것처럼 다양한 디바이스 문서는 이 절에서 다루는 다양한 특징과 관련돼 있을지도 모른다. 허용 가능한 가장 공통적인 모드는 전력 게이팅, 클록 게이팅, 전압 스케일링, 클록 스케일링으로 구성된다.

전력 게이팅

전력 게이팅power gating은 준비 모드 동안에 전력 공급 장치 레일power supply rail로부터 회로를 차단하거나 회로를 사용하지 않을 때는 정적 누설을 제거하기 위해 현재의 스위치를 이용한다. 전력 게이팅을 이용하면 회로에서 상태와 데이터의 손실을 초래하는데, 이것은 전력 게이팅을 이용하면 활동 메모리에 필수적인 문맥/상태 데이터를 저장할 필요가 있다는 것을 의미한다. 임베디드 프로세서가 많은 주변기기를 이용해 완전한 SoC 솔루션을 향해 점점 더 이동해 나가는 것만큼 일부 주변기기는 특정 애플리케이션에서는 불필요하게 될지도 모른다. 전력 게이팅은 시스템 내의 비사용 주변기기를 완전히 차단할 수 있으며, 전력 게이팅에서 획득한 전력 절감은 문제가 되고 있는 특정 디바이스의 특정 주변기기에 달려있다.

일부 경우에서 문서가 전력 게이팅과는 다른 클록 게이팅clock gating을 경유해 주변기기의 전력 차단과 관련돼 있다는 것에 주목하자. 디바이스 요구 사항에는 독립적이면서 전력 공급선에는 종속적으로 그라운드에 특정 블록의 전력 공급 장치를 연결시켜 주변기기를 차단하는 것이 가능할지도 모른다. 보드/시스템 레벨 전력이 온보드 IC, 즉 I²C 버스 인터페이스를 경유해 프로그램될 수 있거나 업데이트될 수 있는 IC에 의해 제어되는 특정 상황에서는 전력 차단이 소프트웨어를 통해 가능할 것이다. 예를 들어 그림 13.5에 나타나 있는 MSC8156 DSP는 MAPLE DSP 베이스밴드 가속기 주변기기와 M3 메모리 부분에 대해 이러한 옵션을 갖고 있다.

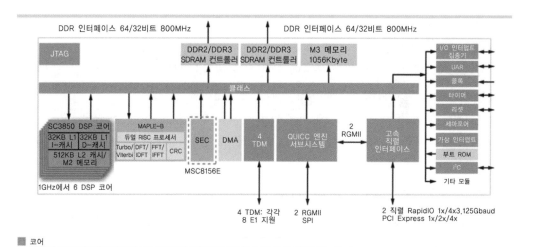

DDR 인터페이스 64/32비트 800MHz　　　　DDR 인터페이스 64/32비트 800MHz

그림 13.5　8156 6코어 DSP 프로세서

클록 게이팅

이름에서 나타나 있듯이 클록 게이팅clock gating은 디바이스 회로나 클록 트리 부분의 클록을
차단한다. 동적 전력이 (13장의 소개 부분에서 다룬 것처럼) 클록 토글링clock toggling에 의해 트리거돼
상태가 변경되는 동안 소비되는 것처럼 클록 게이팅은 단일(또는 소수) 명령을 이용해 프로그래
머가 동적 전력을 차단할 수 있게 해준다. DSP 같은 프로세서 코어를 클록킹clocking하는 것은
보통 주요한 클록 PLL을 코어, 메모리, 주변기기 설계에서 요구되는 다양한 클록 도메인으로
트리의 줄기를 분리시키는 것이며, DSP는 보통 전력 절감 솔루션을 원하는 대로 만들기 위해
클록 게이팅의 레벨을 가능하게 만든다.

저전력 모드 사례

예를 들어 프리스케일 사의 MSC815x DSP는 코어 서브시스템과 주변기기 영역에서 클록
게이팅의 다양한 레벨을 제공한다. 코어에 대한 클록 게이팅은 STOP과 WAIT 명령 형태에서
수행될지도 모른다. STOP 모드는 STOP 상태를 깨우는 데 사용되는 내부 로직을 제외한 DSP
코어와 전체 코어의 서브시스템(L1과 L2 캐시, M2 메모리, 메모리 관리, 디버그, 프로파일 유닛)에 대한
클록을 차단한다.

　STOP 모드로 안전하게 진입하기 위해서는 사람들이 상상하는 것처럼 메모리에 대한 접근
보장을 위해 반드시 주의가 요구되며, 캐시는 모두 완벽해야 하고, 패치나 프리패치prefetch가
더 이상 진행되지 않아야 한다.

　권고된 프로세스는 다음과 같다.

- 개방된 L2 프리패치에 대한 어떠한 활동이라든 중단한다.
- M2/L2 메모리에 대한 모든 내부 접근과 외부 접근은 중지한다.
- 코어 서브시스템의 슬레이브slave 포트에 일반 형상 레지스터를 작성함으로써 서브시스템의 슬레이브 포트 윈도우(M2 메모리에 대한 주변기기 접근 경로)를 잠근다.
- 슬레이브 포트가 레지스터 읽기에 의해 잠겨 있는지 확인하고, 또한 슬레이브 포트에 대한 접근을 테스팅한다(이 시점에서 코어의 슬레이브 포트에 대한 어떠한 접근이든 인터럽트를 발생시킬 것이다).
- 서브시스템을 확인하기 위해 일반 상태 레지스터에서 주장하는 STOP ACK 비트가 STOP 상태에 있는지 보장한다.
- STOP 모드로 들어간다.

STOP 상태는 인터럽트를 걸어 빠져나갈 수 있다. 외부 신호를 통해 리셋하거나 디버그 등을 비롯해 STOP 상태로부터 빠져나가는 다른 방법도 있다.

WAIT 상태는 더 큰 전력 절감은 희생하지만, WAIT 상태로 신속하게 진입하고 빠져나오는 것이 가능한 인터럽트 컨트롤러, 디버그와 프로파일 유닛, 타이머, M2 메모리를 제외하고는 코어와 코어의 서브시스템 일부에 대해 클록을 차단한다. WAIT 상태로 들어가기 위해 프로그래머는 코어를 위해 단순히 WAIT 명령을 이용할 수도 있다. STOP과 같이 WAIT 상태를 빠져나오기 위해 인터럽트를 경유해 빠져나올 수도 있다.

특별히 이들 저전력 상태가 가진 좋은 특징은 STOP 모드와 WAIT 모드 둘 다 인터럽트 가능이나 불능 중 하나를 경유해 빠져나올 수 있다는 사실이다. 인터럽트 가능을 경유해 잠을 깨우는 것wake-up은 다음과 같은 표준 인터럽트 처리 절차를 따른다. 코어가 인터럽트를 택하고, 완전 문맥 스위칭을 수행하며, 프로그램 카운터는 WAIT(또는 STOP) 명령을 수행하는 코드 세그먼트의 다음 명령으로 돌아오기 전에 인터럽트 서비스 루틴으로 점프한다. 이를 위해서는 비교적 큰 주기의 오버헤드가 요구되며, 이는 인터럽트 웨이킹에 대한 불능을 꽤 편리하게 만든다. WAIT 또는 STOP 상태 중 하나로부터 빠져나오기 위해 인터럽트 불능을 이용할 때 인터럽트는 코어의 글로벌 인터럽트 우선순위 레벨IPL의 관점에서 '인터럽트 가능'이 아닌 인터럽트 우선순위를 이용해 코어에 신호를 보내며, 코어가 이를 깨울 때 문맥 스위칭 또는 어떠한 ISR도 수행함이 없이 인터럽트를 중단하는 실행을 재개한다. MSC8156를 깨우기 위해 인터럽트 불능을 이용하는 사례는 이 절의 마지막 부분에서 소개한다.

주변기기에 대한 클록 게이팅도 가능하며, 사용자는 필요에 따라 개별적으로 특정 주변기기를 차단할지도 모른다. 이 기능은 MSC8156의 직렬 인터페이스, 이더넷 컨트롤러QE, DSP 가속기MAPLE, DDR에서 사용할 수 있다. 이들 중 어떠한 인터페이스에서든 클록을 차단할 때

STOP 모드를 이용하는 것처럼 프로그래머는 사전에 모든 접근이 완벽하다는 것을 확실히 해야 한다. 그런 다음 이들 주변기기 각각에 대한 클록은 시스템 클록 제어 레지스터를 거쳐 차단될지도 모른다. 클록 게이팅 모드에서 나오기 위해서는 리셋 상태에서 전력이 필요한데, 이것은 그때그때 봐 가면서 대충 수행하거나 수행하지 않거나 하는 그런 것이 아니기 때문에 시스템 구성 시간에 결정해서 설정하는 편이 오히려 더 좋을 것이다.

이에 추가해 부분적인 클록 게이팅이 고속의 직렬 인터페이스 컴포넌트(SERDES, OCN DMA, SRIO, RMU, PCI Express)와 DDR에서 가능하기 때문에 전력 절감을 위해 일시적으로 이들 컴포넌트를 '잠이 든 상태doze state'로 넣을 수도 있지만(외부 로직에 의해 접근될 때 내부 또는 외부 버스의 잠금을 방지하기 위해) 접근 사실의 인정을 제공하는 기능성은 계속해서 유지돼야 한다.

텍사스 인스트루먼트 C6000 저전력 모드

마켓에서 인기 있는 또 다른 DSP 패밀리에는 텍사스 인스트루먼트TI 사의 C6000 시리즈 SDP 가 있다. C6000 패밀리의 TI DSP는 C6000 세대에 따라 몇 가지 클록 게이팅 레벨을 제공한 다. 예를 들어 이전 세대인 C67x 부동소수점 DSP는 '전력 차단 모드'라 부르는 저전력 모드 를 갖고 있다. 이들 모드는 PD1, PD2, PD3, '주변기기 전력 차단'을 포함하며, 이들 각각은 실리콘에서 다양한 컴포넌트에 대해 클록킹을 차단한다.

예를 들어 PD1 모드는 C67x CPU(프로세서 코어, 데이터 레지스터, 제어 레지스터, 인터럽트 컨트롤러를 제외한 코어 내 모든 것)에 대해 클록을 차단한다. C67x는 코어에서 인터럽트를 경유해 PD1에서 깨어날 수 있다. C67x에서 전력 차단 모드인 PD1(또는 PD2/PD3)에 들어가기 위해서는 (CSR에 대한) 레지스터 작성을 거쳐 수행된다. PD1 상태로 들어가는 비용은 ~9 클록 주기에 CSR 레지스터에 접근하는 비용을 더한 것이다. 이러한 전력 차단 상태가 (캐시 메모리가 아니고) 코어에만 영향을 주기 때문에 이것은 프리스케일 사의 STOP 또는 WAIT 상태와 비교할 수 없다.

전력 차단의 좀 더 깊은 레벨인 PD2와 PD3는 전체 디바이스(내부 클록을 이용하는 모든 블록: 내부 주변기기, CPU, 캐시 등)에 대한 클록을 효과적으로 차단한다. PD2와 PD3 클록 게이팅에서 깨우는 유일한 방법은 리셋을 경유하는 것이므로 PD2와 PD3가 중간 애플리케이션을 이용하는 것은 아주 불편하거나 효율적이지 못할 것이다.

클록과 전압 제어

일부 디바이스는 전압이나 클록의 크기를 일정한 비율로 증가시키거나 줄이는 능력을 갖고 있으며, 이는 디바이스와 애플리케이션의 전력 스키마를 최적화하는 데 도움을 줄지도 모른 다. 전압 스케일링은 이름에서도 알 수 있듯이 전력을 줄이거나 증가시키는 프로세스다. 전류를 측정하는 절에서 VRM을 한 가지 방법으로 소개했다. VRM(전압 조정기 모듈)의 주요 목적은 디바이스에 대한 전력/전압 공급 장치를 제어하는 것이다. VRM을 이용할 때 전압 스케일링은 전압 ID^{VID} 매개변수를 모니터링하거나 업데이트를 통해 수행될지도 모른다.

일반적으로 전압이 낮아지면 낮아질수록 주파수와 프로세서의 속도가 희생되므로, DSP 코어나 특정 주변기기의 소요가 줄어들 경우에는 전압은 일반적으로 더 낮아질 것이다.

텍사스 인스트루먼트 사의 TI C6000 디바이스는 SmartReflex®라 부르는 전압 스케일링을 제공한다. SmartReflex®는 VRM에 VID를 제공하는 핀 인터페이스를 통해 자동 전압 스케일링을 가능하게 만든다. 핀 인터페이스가 내부적으로 관리된다는 점에서 소프트웨어 공학자는 이 부분에 큰 영향을 받지 않을 것이므로, 핀 인터페이스와 관련된 어떠한 프로그래밍 사례도 이 절에서는 다루지 않는다.

클록 제어는 많은 프로세서에서 사용될 수 있으며, 실행 시간에 다양한 PLL 값의 변경을 허용한다. 어떤 경우에서는 내부 PLL을 업데이트하기 위해 PLL의 재락킹^{relocking}을 요구하는데, 이럴 경우 시스템에 있는 일부 클록은 정지될 수도 있으며 이는 (내부 코어를 재설정하는) 소프트 재설정 이후에 수행돼야 한다. 이러한 잠재적인 지연 때문에 클록 스케일링은 정상적으로 동작되는 장기 운용에는 실현 가능성이 전혀 없지만 (무선 기지국에서 운용되는 프로세서에 대한 야간 시간대의 낮은 호출량과 같이) 장기간에 걸쳐 프로세서의 요구 사항이 줄어든다면 이를 고려할 수도 있다.

클록 스케일링을 고려할 때 다음 사항을 유념해야 한다. 클록과 전력 게이팅을 전혀 사용하지 않는다는 가정하에 정상 운용을 하는 동안 낮은 클록에서 프로세서가 실행되면 더 낮은 동적인 전력 소비를 만들어낸다. 실제로 더 높은 주파수에서 프로세서가 실행되면 더 많은 '자유^{free}' 주기를 만들어내는데, 이는 이전에도 언급한 것처럼 저전력/수면 모드에서 디바이스를 유지하는 데 사용될 수 있으며, 이에 따라 이러한 클록 스케일링의 이점은 상쇄된다.

이에 더해 맞춤식 경우에 클록을 업데이트하는 것은 시간 소비적인 일이 되겠지만, 어떤 프로세서에서는 전혀 선택 사항이 아닐 수도 있는데, 이는 클록 주파수가 디바이스 재설정/전력 온$^{power-on}$ 시간에 결정돼야 한다는 의미다. 따라서 경험에서 도출된 일반적인 법칙을 얘기하자면 앞으로 실행될 실시간 애플리케이션에 대해 일부 추가적인 헤드룸^{headroom}을 가진 충분한 클록 주기가 가능하다는 점과, 다른 전력 최적화 기법을 이용할 수 있다는 점이다. 헤드룸의 양을 정하는 것은 프로세서부터 프로세서까지, 그리고 애플리케이션부터 애플리케이션까지 다양한데, 이런 점에서 패킷/프레임에 요구되는 주기 수와 이 시간 기간 동안의 코어 활용을 이해하기 위해서는 애플리케이션을 프로파일링하는 것이 타당할 것이다.

이런 점이 일단 이해되면 13장의 앞부분인 전력 프로파일링 부분에서 시연했던 것처럼 위의 프로파일에 대한 전력 소비의 측정이 가능해질 것이다. 주요한 주파수 옵션에서 평균 전력 소비를 측정한다. (예를 들어 800 MHz와 1GHz에서 측정하고) 그런 다음 최상의 전력 소비에 대한 대접전$^{head-to-head}$ 비교를 구하기 위해 헤드룸 슬롯 위에서 유휴 전력 상태의 평균 전력 소비를 측정한다.

저전력 모드 사례의 고려와 이용

이 절에서는 저전력 모드를 이용하기 위한 주요 고려 사항을 요약하고, 그런 다음 실시간 멀티미디어 애플리케이션에서 저전력 모드의 이용을 설명하는 코딩 사례를 제시함으로써 이 절을 마칠 예정이다.

저전력 모드에서 가용한 블록 기능성을 다음과 같이 고려하자.

- 저전력 모드에서 특정 주변기기가 외부 주변기기에 대해 가용하지 않는다는 점과 주변기기 버스가 또한 영향을 미칠지도 모른다는 점을 기억해야 한다. 이 절의 초반부에 언급한 것처럼 디바이스는 이런 점에 주의해야 하지만, 이런 일이 항상 일어나지는 않는다. 전력이 블록을 차단한다면 외부 버스, 클록, 핀 공유와 관련해 특별한 주의가 요구된다.
- 이에 추가해 메모리의 상태와 데이터의 유효성을 고려해야 한다. 이 두 가지 경우는 다음 절에서 캐시와 DDR을 설명할 때 다룰 것이다.

저전력 모드에 들어가고 나갈 때의 오버헤드를 고려하자.

- 전반적인 전력 절감뿐만 아니라 저전력 모드에 들어가고 나갈 때 프로그래머는 실제적으로 저전력 모드에 들어가고 나올 때 주기 오버헤드$^{cycle\ overhead}$가 실시간 제약 사항을 어기지 않는다는 점을 보장해야 한다.
- 주기 오버헤드는 또한 직접적인 코어 명령과는 대조적으로 레지스터 접근에 의해 저전력 모드를 시작하는 잠재적인 차이에 의해서도 영향 받을 수 있다.

저전력 사례

저전력에 대한 이용을 설명하기 위해 Motion JPEG^{MJPEG} 애플리케이션을 참고한다. 이 애플리케이션에서 미가공 이미지 프레임은 이더넷상에서 PC로부터 임베디드 DSP로 보내진다. 각각의 이더넷 패킷은 1블록의 이미지 프레임을 포함한다. 완전한 미가공 QVGA 이미지는 하나의 헤더가 더해진 ~396 블록을 사용한다. DSP는 실시간에서(초당 1에서 301 프레임까지 조정이 가능함) 이미지를 인코딩하며, 인코딩된 Motion JPEG 비디오는 이더넷상에서 PC의 데모 GUI에서 동작되도록 다시 전송된다. 이러한 GUI에 대한 전송 흐름과 스크린 숏이 그림 13.6에 나타나 있다.

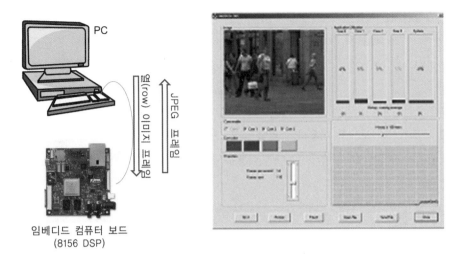

PC

열(row) 이미지 프레임

JPEG 프레임

임베디드 컴퓨터 보드
(8156 DSP)

그림 13.6 DSP 운영체제의 Motion JPEG 애플리케이션

GUI는 인코딩된 JPEG 이미지뿐만 아니라 (허용 가능한 최대의 코어 주기 비율로서) 코어 이용까지도 표시할 것이다. 이 애플리케이션에서 JPEG 프레임을 인코딩하는 데 얼마나 많은 주기가 소비되는지 이해할 필요가 있다. 이를 이용하면 사용할 수 있는 최대의 프레임 비율을 결정할 수 있으며, 저전력 모드를 이용하기 위해 가져야 하는 최대의 고장 시간도 결정할 수 있다. 실시간 애플리케이션을 위해 최대의 코어 이용에 도달한다면 저전력 모드를 이용하는 것은 이치에 맞지 않는 일이 될 것이다(실시간 제약 사항을 어길지도 모른다).

12장에서 지적한 바와 같이 이미지 프레임당 실제로 얼마나 많은 주기가 소비됐는지 알기 위해 애플리케이션을 간단히 프로파일링할 수도 있지만, 이것은 OCE(온 칩 에뮬레이터)에 있는 코어 주기 카운터를 이용해 MJPEG 데모 코드에서 이미 다뤘었다. OCE는 코어 프로파일링에서 사용할 수 있는 코어 주기 카운트를 획득하기 위해 프로파일러가 이용하는 DSP의 하드웨어 블록이다.

이 경우 MJPEG 코드는 실제 작업(진입 중인 이더넷 인터럽트 처리, 데이터 디큐잉dequeueing, 데이터 블록의 JPEG 포맷 인코딩, 이더넷상에서의 데이터 인큐잉/반송)을 수행하면서 코어가 소비한 주기 수를 카운트한다.

데이터의 단일 블록 인코드를 처리하는 데(그리고 배경 데이터의 이동을 지원하는 데) 필요한 코어 주기 수는 대략 13,000 주기로 측정된다. 완전한 JPEG 이미지(~396 이미지 블록과 이더넷 패킷)에 대해 이것은 대략 5백만 주기가 된다.

따라서 모든 이더넷 I/O, 인터럽트 문맥 스위치 등을 처리하는 데 1GHz의 코어가 필요할 것이라고 가정한다면 초당 1 JPEG 프레임은 코어의 잠재적인 처리 능력의 0.5%가 될 것이다.

$$Cycles_{Block\,Mgmt\,Encode} = 13{,}000$$

$$Cycles_{JPEG\,Frame} = Cycles_{Block\,Mgmt\,Encode} \times 396 = 5{,}148{,}000$$

$$Core\,Utilization_{30FPS}(\%) = 30\,\frac{100 \times OCECount}{1{,}000{,}000{,}000} = 15.4\%$$

이 사례에서 DSP는 여섯 개의 코어까지 갖지만, 오직 하나의 코어만 이더넷 I/O를 관리한다. 완전한 다중 코어 시스템에서 코어당 이용은 3에서 7%의 범위까지 떨어진다. 마스터 코어는 시스템 관리자로서 행동하며, 이더넷 I/O, 코어 간 통신, JPEG 인코딩을 관리한다. 이에 비해 마스터 코어의 슬레이브 코어는 JPEG 프레임을 인코딩하는 데만 오직 초점을 맞추게 프로그래밍돼 있다.

이러한 코어 간 통신과 관리 때문에 한 개 코어부터 네 개나 여섯 개의 코어에서 소비되는 주기 감소는 비선형적이다.

OCE의 주기 카운트를 기반으로 수면 상태를 시간의 85%에서 이용하는 단일 코어 시스템과 수면 상태를 시간의 95%까지 이용하는 다중 코어 시스템에서 동작할 수 있다.

이 애플리케이션은 또한 SoC 주변기기(이더넷, JTAG, 단일 DDR, M3 메모리)의 일부분에서만 이용된다. 따라서 전체 HSSI 시스템(직렬 신속 IO, PCI 익스프레스), MAPLE 가속기, 제2 DDR 컨트롤러를 차단함으로써 전력을 절감할 수 있다. 추가적으로 GUI 데모에 대해서는 네 개의 코어만 보이기 때문에 이 데모에 영향을 주지 않고 코어 4와 5를 또한 차단할 수 있다.

위의 내용을 기반으로 해서 이 절에서 설명했던 사항과 앞으로 수행해야 할 계획은 다음과 같다.

- **애플리케이션 시작 단계에서**

클록은 비사용 MAPLE 가속기의 블록을 차단한다(MAPLE은 13장의 후반부에서 설명한다).

참고:

MAPLE의 전력 핀은 코어 전압과 전력 공급 장치를 공유한다. MAPLE에 대한 전력 공급 장치가 공유되지 않으면 전력을 완전히 차단할 수 있다. 개발 보드상의 공유 핀 때문에 할 수 있는 가장 효과적인 선택은 MAPLE 클록을 차단하는 일이다.

MAPLE은 자동으로 휴면 상태doze state에 들어가며, 이는 사용하지 않을 때 블록에 대한 클록의 일부분을 차단한다. 이러한 이유 때문에 완전히 차단된 MAPLE로부터 얻을 수 있는 전력 절감은 크지 않을 수도 있다.

클록은 비사용 HSSI(고속의 직렬 인터페이스)를 차단한다.

참고:

MAPLE을 휴면 상태로 넣을 수 있지만, 이는 클록의 일부분만을 차단한다. 이들 주변기기의 어떤 부분도 이용하지 않을 것이기 때문에 클록을 완전히 차단하는 것은 오히려 전력 효율성에는 더 좋을 것이다.

클록은 비사용의 제2 DDR 컨트롤러를 차단한다.

참고:

VTB를 이용할 때 운영체제는 제2 DDR 메모리에 VTB를 위한 버퍼 공간을 위치시킬 것이므로 이것이 필요하지 않다는 것을 확실히 할 필요가 있다.

● **애플리케이션 실행 시간 동안**

실행 시간에 QE(이더넷 컨트롤러), DDR, 상호 연결 장치, 코어 1-4가 활성화될 것이다. 이들 컴포넌트에 대해 고려해야 할 사항은 다음과 같다.

이더넷 컨트롤러는 정지되거나 저전력 상태로 들어갈 수 없다. 이더넷 컨트롤러는 인코딩을 위해 새로운 패킷(JPEG 블록)을 수신하는 블록이다.

이더넷 컨트롤러의 인터럽트는 저전력 모드로부터 마스터 코어를 활성화시키는 데 사용될 수 있다.

코어의 저전력 모드를 활성화한다.

WAIT 모드는 WAIT에서 빠져나오기 위해 불능 인터럽트 신호를 이용함으로써 단지 몇 주기 내에 코어를 휴면 상태로부터 깨울 수 있게 허용하면서 이와 동시에 코어의 전력 절감을 가능하게 한다.

STOP 모드는 (M2를 포함한) WAIT보다 더 많은 서브시스템을 정지시킴으로써 코어의 전력을 크게 절감할 수 있지만, 불능에서 다시 가능으로 해야 될 더 많은 하드웨어 때문에 휴면 상태에서 깨우는 데 좀 더 많은 시간이 요구된다. 데이터가 높은 비율로 들어오거나 깨어있는 시간이 너무 긴 경우 패킷을 잃어버리는 오버플로 조건으로 들어갈 수 있다. 이것은 애플리케이션에 요구되는 데이터 비율 때문에 여기서는 원치 않는 결과다.

제1 DDR은 프로그램 코드와 데이터 부분을 포함하며, 이더넷 처리 코드 부분도 포함한다 (이것은 프로그램의 .map 파일을 살펴봄으로써 신속히 검사되고 검증될 수 있다). 이더넷 컨트롤러가 WAIT 상태로부터 마스터 코어를 깨우게 될 것이고, 코어가 이 상태로부터 빠져나오기 위해 해야 할 첫 번째 일이 이더넷 컨트롤러를 동작시키는 것이기 때문에 DDR0을 수면 상태로 넣지 않을 것이다.

실시간 운영체제^{RTOS}에 지장을 주지 않으면서 이러한 변경을 적용하기 위해서는 애플리케이션에 있는 주요한 배경 루틴을 이용할 수 있다. 이러한 코드 세그먼트는 전력 차단 관련 코드를 포함하고 있으며 그림 17.3에 나타나 있다.

```
static void appBackground(void)

{

    os_hwi_handle hwi_num;


    if (osGetCoreID() == 0)

    {

        *((unsigned int*)0xfff28014) = 0xF3FCFFFB;//HSSI CR1

        *((unsigned int*)0xfff28018) = 0x0000001F;//HSSI CR2

        *((unsigned int*)0xfff28034) = 0x20000E0E; //GCR5

        *((unsigned int*)0xfff24000) = 0x00001500; //SCCR

    }

    osMessageQueueHwiGet(CORE0_TO_OTHERS_MESSAGE, &hwi_num);

    while(1)

    {

        osHwiSwiftDisable();

        osHwiEnable(OS_HWI_PRIORITY10);

        stop();//wait();

        osHwiEnable(OS_HWI_PRIORITY4);

        osHwiSwiftEnable();

        osHwiPendingClear(hwi_num);

        MessageHandler(CORE0_TO_OTHERS_MESSAGE);


    }
}
```

그림 13.7 전력 차단 관련 코드를 포함하고 있는 코드 세그먼트

이러한 레지스터가 시스템 레벨이면서 모든 코어에 의해 접근이 공유되기 때문에 클록 게이팅은 하나의 코어에서만 수행돼야 한다는 점에 주목해야 한다.

앞의 코드 사례는 프로그래머가 STOP이나 대기 상태에서 회복하기 위해 실제로 문맥 스위칭을 요구함이 없이 운영체제를 이용해 인터럽트 API를 어떻게 이용할 수 있는지 그 방법을 보여준다. 앞에서 언급한 것처럼 MJPEG 플레이어에서 미가공 이미지 블록은 (인터럽트를 통해) 이더넷을 경유해 수신되며, 그런 다음 (인터럽트를 통해) 공유 키를 경유해 공유된다. 마스터 코어가 여기서 새로운 이더넷 프레임을 읽으려면 문맥 스위칭을 이용해야 하지만, 슬레이브 코어는 깨어 있어야 하고 MessageHandler 함수로 가야만 한다.

수면 상태로 가기 전에 다음과 같이 더 높은 우선순위의 인터럽트를 가능화시킴으로써 이러한 사실을 이용해야 한다.

```
osHwiSwiftDisable();
osHwiEnable(OS_HWI_PRIORITY10);
```

그런 다음 슬레이브 코어가 수면 상태일 때 새로운 큐 메시지가 인터럽트에 도달하면 코어는 (문맥 스위치에서) 깨어 있게 될 것이고, 표준 인터럽트 우선순위 레벨은 다시 저장될 것이다. 그런 다음 코어는 MessageHandler() 함수를 호출함으로써 문맥 스위치에 대한 오버헤드 없이 새로운 메시지로 가서 관리할 것이다. 전력 절감을 확인하기 위해서는 적절한 전력 공급을 최적화하기 전에 베이스라인 전력 읽기를 선택하고, 그런 다음 각 단계에서 증가하는 전력 절감을 측정한다.

프로세서 보드는 데이터 수집을 단순화하는 동일 전력 공급 장치에 연결돼 있는 코어, 가속기, HSSI, M3 메모리를 위해 전력을 갖는다. 이들 공급 장치와 DDR이 최적화해야만 하는 유일한 블록이기 때문에 이들 공급 장치만을 기반으로 성능이 향상됐는지 측정하는 것도 좋을 것이다.

그림 13.8은 앞에서 사용된 전력 차단 단계에 걸쳐 적절한 전력 공급 장치(1V: 코어, M3, HSSI, MAPLE 가속기, DDR)에 의해 소모된 상대적 전력을 시각적으로 제공한다. 여기서는 잠재적인 비공개 이슈를 피하기 위해 실제 전력수power number는 제공되지 않는다는 점에 주의해야 한다.

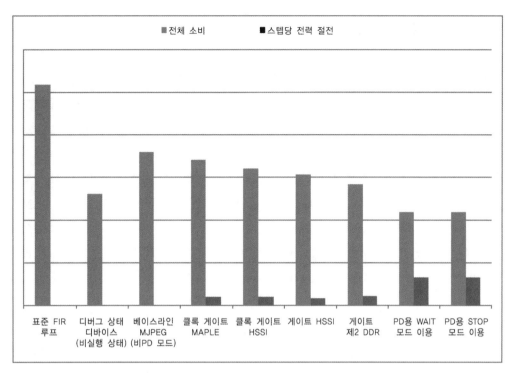

그림 13.8 PD 모드에서의 전력 소비 절감

첫 번째 왼쪽부터 2개의 막대그래프는 루프 내의 표준 FIR 필터를 이용해 이들 공급 장치에 대한 전력 소비와 코어가 (어떠한 명령도 수행하지는 않지만 저전력 모드 상태는 아닌) 디버그 상태에 있을 때의 전력 소비를 표시하는 참조 점을 제공한다. 세 번째인 모션 JPEG^MJPEG 데모에서 적절한 공급 장치를 이용할 때 전력 소비에서 거의 50%의 절감이 있었음을 알 수 있으며, STOP과 WAIT 전력 모드를 제외하고 그림에 펼쳐져 있는 것처럼 각 단계마다 ~5%의 전력 절전이 있었다는 것을 알 수 있고, 이에 반해 STOP과 WAIT 모드는 거의 15-20%의 절전이 있었음을 알 수 있다.

한 가지 기억해야 할 사항은 MJPEG 데모가 저전력 모드를 설명하는 데 완벽한 사례가 되겠지만, 이것은 아주 코어 집약적이지 않기 때문에 다양한 최적화 기법을 통해 진행해야 하며, 타당하다고 생각되면 다른 사례도 이용해야 할 것이다.

데이터 흐름 최적화

메모리 접근을 위한 전력 소비 줄이기

클록은 코어 컴포넌트뿐만 아니라 버스와 메모리 셀에서도 활성화돼야 하기 때문에 메모리 관련 기능성이 전력을 꽤 많이 사용하겠지만, 운이 좋게도 메모리 접근과 데이터 경로는 전력 절감을 위해 최적화될 수 있다. 이 절에서는 DDR과 SRAM 메모리 유형에 대한 하드웨어 설계 지식을 이용해서 이들 메모리에 대한 메모리 접근과 연관된 전력 소비의 최적화 방법을 다룬다. 그런 다음 SoC 레벨에서 또 다른 특정 메모리의 설정을 이용하는 방법도 다룬다. 그리고 가장 중요하거나 많이 사용되는 데이터와 코드의 지역성을 최대화하기 위해서는 이들 데이터와 코드를 가능한 한 많이 캐시 내에 위치시켜 메모리를 최적화하는 것이 가장 흔한 방법이 될 것이다. 캐시 부적중 또는 캐시 접근 실패는 코어 정지에 대한 페널티를 초래할 뿐만 아니라 더 많은 버스 활동이 필요하거나 더 높은 레벨의 메모리(내부 디바이스 SRAM이나 외부 디바이스 DDR)가 활성화되고 전력을 소비하는 것만큼 전력에 대한 페널티도 마찬가지로 초래할 것이다. 대개 DDR과 같이 더 높은 레벨의 메모리에 접근하는 것은 내부 메모리에 접근하는 것처럼 일반적인 상황이 아니므로 더 높은 레벨의 메모리에 접근하려면 그 만큼 계획을 더 세우고, 그런 다음 이들 메모리를 최적화하는 것이 더 쉬운 방법이 될 것이다.

DDR 개요

앞으로 다룰 가장 높은 레벨의 메모리는 외부의 DDR 메모리다. 소프트웨어를 이용해 DDR 접근을 최적화하기 위해서는 DDR SDRAM으로 구성된 메모리의 하드웨어를 먼저 알아야 한다. 여기서 DDR(듀얼 데이터율)은 이름에서도 알 수 있듯이 데이터를 전송하기 위해 DDR 클록 소스의 양 끝단을 이용하기 때문에 데이터 읽기와 쓰기가 발생할 때 효과적으로 데이터 율을 두 배로 끌어 올릴 수 있다는 이점이 있다. DDR은 전체적인 전력 이용에 영향을 미칠지도 모르는 다양한 종류의 특징을 제공한다. 즉, EDC(오류 탐지), ECC(오류 수정), 다양한 유형의 버스팅bursting, 프로그램 가능한 데이터 재생률, 물리적 뱅크 인터리빙bank interleaving을 허용하는 프로그램 가능한 메모리 구성, 다중 칩 선택에 걸친 페이지 관리, DDR에 특정한 수면 모드 등이다.

- 논의돼야 할 핵심 DDR 어휘
  - **칩 선택(Chip Select)(물리적 뱅크로도 또한 알려져 있음)** 메모리 컨트롤러에 접근하기 위해 연결된 ('랭크rank'로 명시된) 메모리 칩 집합을 선택한다.

○ **랭크(Rank)** DIMM(듀얼 인라인 메모리 모듈)에서 한 번에 접근해야 할 칩 집합을 명시한다. 예를 들어 이중 랭크 DIMM은 칩 선택에 의해 구별되는 2개의 칩 집합을 가질 것이다. 2개의 칩 집합이 동시에 접근할 때 각 랭크는 64비트(또는 ECC로는 72비트) 폭의 데이터 접근을 고려해야 한다.

○ **열(Row)** 데이터 집합에 접근할 수 있는 주소 비트로서 '페이지page'로도 알려져 있다. 따라서 열과 페이지는 서로 호환해서 사용이 가능하다.

○ **논리적 뱅크(Logical bank)** 열 비트와 같이 메모리의 특정 세그먼트에 접근이 가능하다. 표준 관행에 따라 열 비트는 DDR의 MSB 주소 비트가 되고, 다음에 논리적 뱅크를 선택하는 비트가 이어지며, 마지막으로 행 비트가 따라 붙는다.

○ **행(Column) 비트** 읽거나 쓰기를 위해 특정 주소를 선택하고 접근하는 데 사용되는 비트다.

DSP와 같이 일반적인 임베디드 프로세서에서 DSP의 DDR SDRAM 컨트롤러는 DIMM이나 분산 메모리 칩 중 하나에 연결되며, 이는 다중 메모리 컴포넌트(칩)를 포함한다. 각각의 분산 컴포넌트/칩은 메모리를 읽거나 메모리에 쓸 수 있게 접근을 제공하는 다중의 논리적 뱅크, 열, 행을 포함한다. 분산 DDR3의 메모리 칩 레이아웃에 대한 기본적인 아이디어가 그림 13.9에 나타나 있다.

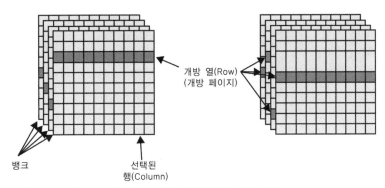

그림 13.9 분산 DDR3의 메모리 칩의 열/행에 대한 기본 도면

표준 DDR3의 분산 칩은 보통 8개의 논리적 뱅크로 구성되며, 그림 13.9에 나타나 있는 것처럼 주소에 의해 지시할 수 있는 주소 가능도addressability를 제공한다. 이들 뱅크는 근본적으로 열과 행으로 구성된 테이블이다. 열을 효과적으로 선택하는 동작은 주소로 배치될 논리적 뱅크를 위해 열(페이지)을 개방하는 것이다. 각기 다른 열이 각기 다른 논리적 뱅크에서 동시에 개방될 수 있으며, 이는 그림에서 굵게 표시된 활성화 열이나 개방 열로 묘사된다.

행 선택은 적절한 뱅크 내에서 열의 한 부분으로 접근되도록 한다.

메모리의 칩 집합을 고려할 때 칩을 선택한다는 것은 방정식에 이를 추가한다는 개념이다. '물리적 뱅크'로도 알려져 있는 칩 선택을 이용하면 컨트롤러는 메모리 모듈(예를 들어 프리스케일 사의 MSC8156 DSP는 1GB까지, MSC8157 DSP는 2GB까지)의 특정 집합에 한 번에 접근할 수 있다. 일단 칩 선택이 가능해지면 칩 선택을 가진 선택된 메모리 모듈에 대한 접근이 페이지 선택 (열), 뱅크, 행을 이용해 활성화된다. 2개의 칩 선택에 대한 연결도가 그림 13.10에 나타나 있다.

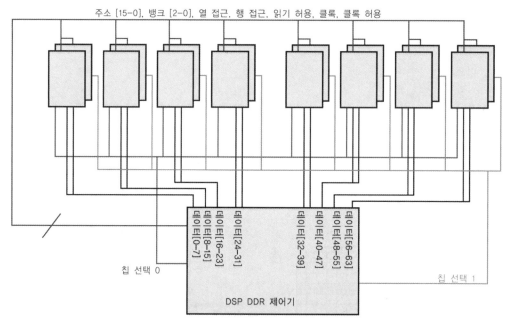

그림 13.10 단순화 뷰: 2개의 칩 선택이라는 메모리 연결을 가진 DDR 컨트롤러

그림 13.10에 DDR 메모리에 접근할 의도를 가진 DSP 디바이스가 나타나 있다. 이 그림에서 좌측에는 칩 선택 0이 있고 우측에는 칩 선택 1이 있으며, 이 두 개의 칩 선택에는 전체 16개의 칩이 연결돼 있다. 이 16개의 분산 칩은 쌍으로 돼 있고, 이들 칩 쌍은 칩 선택 핀을 제외하고 동일 신호(주소, 뱅크, 데이터 등)를 공유한다(관심 사항: 각각의 '칩 쌍'이 단일 칩 내에 존재하는 것을 제외하고 이것은 기본적으로 듀얼 랭크 DDR이 어떻게 구성됐는지에 대한 사항이라 할 수 있다). 64개의 데이터 비트가 있다. 단일 칩 선택에서 DDR에 접근해서 64개의 인접 데이터 비트를 DDR 메모리 공간에 작성한다고 할 때 DDR 컨트롤러는 다음과 같은 일을 수행한다.

- 주소(예를 들어 0)를 기반으로 칩 선택을 선정한다.
- 열 접근 단계를 수행하는 동안 DDR 주소 비트를 이용해 여덟 개의 모든 칩상에서 각각의

뱅크를 위해 동일 페이지(열)를 개방한다.

- ACTIVE 명령을 경유해 새로운 열이 개방되며, 이는 신속 접근을 위해 열에서 '열 버퍼row buffer'로 데이터를 복사한다.
- 이미 개방된 열은 활성화 명령에 불필요하며, 이 단계는 생략한다.
- 다음 단계를 수행하는 동안 DDR 컨트롤러는 여덟 개의 모든 칩상에서 동일 행을 선택한다. 이것은 행 접근 단계다.
- 마지막으로 DDR 컨트롤러는 각각 여덟 개의 입력 비트를 가진 분리된 각각 여덟 개의 DDR 칩에 대해 64바이트를 새롭게 개방된 열 버퍼에 작성할 것이다.

열을 개방하는 명령이 있는 것처럼 열을 닫는 명령인 PRECHARGE도 있는데, 이 명령은 칩 내에서 DDR 모듈에게 열 버퍼로부터 실제 DDR 메모리로 데이터를 저장하라는 지시를 내리며, 이에 따라 열 버퍼가 개방된다. 따라서 단일 DDR 뱅크에서 하나의 열로부터 다음 열로 스위칭될 때 개방된 열을 닫기 위해 PRECHARGE 명령을 내리며, 그런 다음 열이 ACTIVATE되고 접근이 시작된다.

ACTIVATE 명령의 부작용은 메모리가 자동으로 읽혀지고 써지는 것, 즉 메모리가 REFRESHing된다는 것이다. DDR에서 열이 PRECHARGED되면 데이터를 유효하게 유지하기 위해 주기적으로 재생(동일 데이터로 읽기/재작성)돼야만 한다. DDR 컨트롤러는 프로그래머가 이를 수행할 수 있게 자동 재생 메커니즘을 갖고 있다.

전력용 DDR 데이터 흐름 최적화

지금까지는 DDR 접근에 대한 기초 사항만을 다뤘지만, 이제부터는 최소의 전력 소비를 위해 DDR 접근이 어떻게 최적화될 수 있는지에 대해 다룬다. 흔히 있는 경우지만 최소의 전력 소비를 위해 최적화한다는 것은 성능에서도 유익할 것이다.

DDR은 모든 상태에서 심지어 CKE(클록 가능 – 어떤 동작을 수행하기 위해 DDR을 가능하게 하는 것)가 불능일 때라도 최소이긴 하지만 전력을 소비한다. DDR 전력 소비를 최소화하는 한 가지 기법은 전력을 크게 절감하는 CKE 핀을 주장하지 않는 전력 절감 모드를 가진 일부 DDR 컨트롤러를 사용 가능하게 만드는 것이다. 일부의 경우에서 이것을 동적 전력 관리 모드라 부르며, 이는 DDR_SDRAM_CFG[DYN_PWR] 레지스터를 경유해 가능해질 수 있다. 이 특징은 메모리 재생이나 접근이 예정돼 있지 않을 때는 CKE를 강하게 주장하지 않는다. DDR 메모리가 자가 재생 능력이 있다면 재생이 DDR 컨트롤러에서 요구되지 않는 한 이러한 전력 절감 모드는 오래 지속될 것이다.

이러한 전력 절감 모드는 새로운 접근이 예정될 때 CKE에 잠재적 지연이 추가되는 한 어느 정도까지는 성능에 영향을 미칠 것이다.

마이크론Micron의 DDR 전력 계산기power calculator와 같은 툴은 DDR에 대한 전력 소비를 측정하는 데 사용될 수 있다. -125 속도 등급을 가진 1GB x8 DDR 칩을 선택한다면 DDR에서 전력 소비의 주요한 활동에 대해 추정할 수 있다. 비유휴non-idle 동작에 대한 전력 소비가 추가되며, 이에 따라 전체 전력은 유휴 전력에 비유휴 동작을 더하는 것이 될 것이다.

열 개방이 없고 CKE가 낮은 유휴 전력은 4.3mW(IDD2p)로 나타난다.

열 개방이 없고 CKE가 높은 유휴 전력은 24.6mW(IDD2n)로 나타난다.

열 개방이 있고 CKE가 낮지 않는 유휴 전력은 9.9mW(IDD3p)로 나타난다.

열 개방이 있고 CKE가 높은 유휴 전력은 57.3mW(IDD3n)로 나타난다.

ACTIVATE와 PRECHARGE의 소비 전력은 231.9mW로 나타난다.

REFRESH는 3.9 mW로 나타난다.

WRITE는 46.8 mW로 나타난다.

READ는 70.9 mW로 나타난다.

동적 전력 관리 모드를 이용하면 32mW의 전력까지 절감할 수 있다는 것을 알 수 있으며, 이는 DDR 이용이라는 문맥에서 볼 때 꽤 상당한 양에 해당된다. 소프트웨어 공학자는 또한 주요한 전력 기여자가 돼야 한다. 즉, 소프트웨어 공학자는 ACTIVATE, PRECHARGE, READ, WRITE 동작으로부터 전력을 가능한 한 최소화하게 전력에 기여해야 한다.

DDR이 메모리 배열로부터 열 버퍼로 데이터를 전송하고 뒤이어 실제 ACTIVATE 명령과 주소를 디코딩함에 있어 상당한 양의 전력을 소비할 필요가 있는 한 열 활성화row activation/선충전precharge으로부터 전력 소비는 일어날 것으로 생각된다. 이와 마찬가지로 PRECHARGE 명령 또한 열 버퍼에서 메모리 배열로 데이터를 재작성하는 도중에 상당한 양의 전력을 소비할 것이다.

타이밍에 의한 전력 최적화

열 활성화 명령인 t_{RC} 간 타이밍을 변경함으로써 시간에 따라 ACTIVATE 명령에 의해 소비되는 최대 '평균 전력'을 최소화할 수 있다. 여기서 t_{RC}는 프로그래머가 DDR 컨트롤러를 시작할 때 설정할 수 있다. DDR 열 활성화 간 요구되는 시간을 확장시킴으로써 활성화에 요구되는 전력의 최대치가 퍼지므로, 일정한 수의 접근 동안에 전력량이 똑같이 남을지라도 주어진 시간 기간 동안 DDR이 사용하는 전력량은 줄어들게 된다. 여기서 주목해야 할 중요한 사항은 디바이스에 의해 나타나는 최대(최악) 전력을 제한하는 데 이러한 사항이 도움을 줄 수 있다는 점과, 특정한 하드웨어 제한(전력 공급 장치, 보드상의 DDR 공급 장치에 대한 제한된 비동조 정전 용량 등)이라는 한계 내에서 작업을 할 때도 이러한 사항이 도움이 될 수 있다는 점이다.

인터리빙을 이용한 최적화

이제 DDR상에서 전력 소비의 주요한 원인이 (전력과 성능 둘 모두에 대한) 활성화/선충전 명령이라는 것을 이해했으며, 이에 따라 이들 명령에 대한 필요성을 최소화하는 계획을 강구할 수 있다. 여기서 고찰해야 할 몇 가지 사항이 있는데, 첫째는 인터리빙interleaving을 다루는 것인데, 이는 칩 선택(물리적 뱅크)을 경유하거나 추가적으로 논리적 뱅크를 인터리빙해 ACTIVATE/ PRECHARGE 명령 쌍을 줄이는 방법이다.

DDR 컨트롤러에 대한 주소 공간을 설정함에 있어 열 비트와 칩 선택/뱅크 선택 비트가 DDR의 인터리빙을 가능하게 만들기 위해 서로 교환될지도 모르며, 이에 따라 고차원의 주소 변경이 칩 선택(물리적 뱅크)을 변경하고, 그런 다음 열을 변경하기 전에 논리적 뱅크를 변경하는 동안 DDR 컨트롤러가 동일 페이지상에서 머무는 것이 가능해진다. 소프트웨어 프로그래머는 대부분의 경우 레지스터 구성을 통해 이러한 방법을 가능하게 만들 수 있다.

메모리 소프트웨어 데이터 구성 최적화

DDR 내의 메모리 구조에 대한 레이아웃을 또한 고려해야 한다. 예를 들어 규모가 큰 핑퐁 ping-pong 버퍼를 이용한다면 각 버퍼는 자신의 논리적 뱅크 안에 있도록 구성될지도 모른다. DDR이 인터리빙되지 않는다면 이 방식은 버퍼 쌍이 단일 열(페이지)보다 큰 경우 불필요한 ACTIVATE/PRECHARGE 명령 쌍을 여전히 회피할 수 있을 것이다.

일반 DDR 구성 최적화

프로그래머에게 가용한 또 다른 특징이 있는데, 이는 전력에 긍정적으로 또는 부정적으로 영향을 미칠 수 있는 '개방/폐쇄open/closed' 페이지 모드라 할 수 있다. 폐쇄 페이지 모드는 각각 읽기 접근이나 쓰기 접근 이후 열상에서 자동 선충전을 수행하는 특정 컨트롤러에서 가능한 특징이다. 이것은 물론 프로그래머가 동일 열을 10번씩 접근해야 할 필요가 있기 때문에 DDR에서 불필요하게 전력 소비를 증가시킬 수도 있다. 예를 들어 폐쇄 페이지 모드는 적어도 아홉 개의 불필요한 PRECHARGE/ACTIVATE 명령 쌍을 만들어낼 것이다. 앞에서 설명했던 DDR 레이아웃의 사례에서 보면 이것은 여분의 $231.9\,mW \times 9 = 2087.1\,mW$ 전력을 소비할 수 있다. 기대하는 것처럼 이것은 메모리 PRECHARGE와 ACTIVATE 동안 발생된 정지 때문에 성능상에 똑같이 부정적 영향을 미칠 것이다.

DDR 버스트 접근 최적화

DDR 기술은 각 세대를 지나면서 점점 더 제한적으로 변해가고 있다. 예를 들어 DDR2는 4박자^{beat} 버스트와 8박자 버스트를 허용하는 반면, DDR3은 8박자 버스트만 허용한다. 이것은 DDR3이 8박자(여덟 번의 접근 길이를 가진 버스트)로서 모든 버스트 길이를 다룬다는 것을 의미한다. 여기서 다루는 8바이트(64비트) 폭의 DDR 접근을 위해서는 8바이트의 8박자 또는 64바이트의 길이가 요구된다.

메모리에 대한 접근이 64바이트 폭이 아니라면 하드웨어 설계 때문에 멈추게 될지도 모른다. 이것은 DDR 메모리가 한 번에 32바이트의 데이터를 읽기 위해서만(또는 쓰기 위해서만) 접근된다면 하드웨어가 오직 32바이트만 사용된다고 할지라도 완전한 8박자 버스트를 위해 읽기/쓰기 동작이 여전히 수행될 것이라는 것과 마찬가지로, DDR은 50%의 효율성만 갖고 동작한다는 것을 의미한다. DDR3이 이러한 방식으로 운용되기 때문에 메모리에서 32바이트 길이의 버스트가 수행되든지 또는 64바이트 길이의 버스트가 수행되든지 간에 똑같은 양의 전력이 소비된다. 따라서 똑같은 양의 데이터에 대해 4박자(32바이트) 버스트가 수행된다면 DDR3은 전력의 거의 두 배를 소비하는 셈이 된다.

전력 효율성을 최대화하기 위해 여기서 권고하는 사항은 DDR에 대한 모든 접근을 완전한 8박자 버스트로 만드는 것이다. 이를 위해 프로그래머는 DDR에서 데이터 패킹^{packing}을 확실히 보장해야 하며, 이에 따라 DDR에 대한 접근은 적어도 64바이트 폭의 큰 양 안에 있어야만 한다. 데이터 패킹, 즉 64바이트 정렬이나 그 외의 다른 정렬은 프라그마^{pragma}를 이용해 수행될 수 있다.

데이터 패킹의 개념은 사용된 메모리의 양을 줄이는 데도 사용될 수 있다. 예를 들어 여덟 개의 단일 비트 변수를 단일 문자로 패킹하는 것은 메모리 점유 면적을 줄이고 사용 가능한 데이터의 양을 증가시키며, 코어 또는 캐시는 단일 버스를 이용해 읽을 수 있다.

데이터 패킹에 추가해 메모리에 대한 접근은 정렬된 8바이트(또는 버스트 길이로 정렬된 바이트)가 필요하다. 예를 들어 메모리에 대한 접근이 버스트 길이로 정렬되지 않는다면 8바이트 접근을 4바이트 오프셋을 갖고 시작한다고 가정한다. 그러면 첫 번째와 두 번째 접근은 효과적으로 4박자 버스트가 될 것이고, (64바이트 경계로 정렬되고 하나의 단일 버스트를 이용해 데이터를 읽는 대신) 대역폭의 이용률은 50%로 줄어들 것이다.

전력을 위한 SRAM과 캐시 데이터 흐름의 최적화

오프칩$^{off-chip}$ DDR의 이용과 관련된 또 다른 하나의 최적화는 회피^{avoidance}라 할 수 있다.

외부의 오프칩 메모리의 이용을 회피하고 내부의 온칩 메모리에 대한 접근을 최대화하는 것은 내부 디바이스 버스와 클록뿐만 아니라 오프칩 버스, 메모리 배열 등을 활성화할 때 발생하는 추가적인 전력 드로우를 절감시켜 준다.

DSP 프로세서 코어에 인접된 고속 메모리는 캐시의 형태로 기능을 발휘하든지 또는 지역의 온칩 메모리로서 기능을 발휘하든지 간에 일반적으로 SRAM 메모리다. SRAM은 (ACTIVATE/PRECHARGE가 없거나 REFRESH 개념이 없는 것 같이) 몇 가지 방식에서 SDRAM과 다르지만, 데이터 패킹과 메모리 정렬을 경유해 메모리에 대한 파이프라이닝 접근 같은 전력 절감을 위한 몇 가지 원칙은 여전히 적용하고 있다.

SRAM 접근의 최적화를 위한 일반적인 규칙은 접근이 더 높은 성능을 위해 최적화돼야 한다는 점이다. 디바이스가 더 적은 수의 클록 주기를 메모리 동작에서 소비하면 할수록 메모리, 버스, 코어가 메모리 동작을 위해 모두 활성화되는 데 더 적은 시간을 사용할 것이다.

SRAM(모든 메모리)과 코드 크기

프로그래머는 프로그램과 데이터 구성 모두에 영향을 미칠 수 있다. 프로그램은 최소의 공간만을 소비하기 위해 (컴파일러나 사람의 손에 의해) 최소의 코드 크기로 최적화될지도 모른다. 규모가 더 작은 프로그램은 프로그램을 읽기 위해 활성화되는 데 있어 더 적은 메모리가 요구된다. 이것은 SRAM뿐만 아니라 DDR과 어떠한 유형의 메모리에든 마찬가지로 적용된다. 다시 말해 규모가 더 작은 메모리는 접근할 때 더 작은 양의 전력 드로우가 있음을 암시한다.

컴파일러 툴을 이용해 코드를 최적화하는 것을 제외하고, 일부 임베디드 코어 아키텍처에서 가용한 명령 패킹 같은 다른 기법은 규모가 최대인 코드를 최소의 공간 집합에 일치시킬 수 있다. VLES(가변 길이 실행 집합) 명령 아키텍처는 가변 크기의 다중 명령을 단일 명령 집합으로 패킹할 수 있도록 프로그램을 허용한다. 실행 집합이 128비트의 정렬된 크기를 요구하지 않는 한 명령은 해당 크기에 일치하게 꽉 차게 패킹될 수 있으며, 프리패치prefetch, 패치fetch, 명령 디스패치dispatch 하드웨어는 명령을 읽고 각 명령 집합의 시작과 끝을 식별하는 방법을 다룰 것이다.

이에 추가해 공통 태스크에 대한 기능을 생성함으로써 코드에서 그 크기를 절약할 수 있다. 태스크가 유사하다면 소프트웨어 다중 시간에 코드를 중복하는 대신 실행을 위해 그 코드의 변이를 결정하려고 코드 내로 매개변수를 넘겨야 하는데, 이러한 매개변수를 이용하는 동일한 기능에 대해서도 그 이용을 고려해야 한다.

하드웨어에서 가용한 결합 기능combined function에 대한 이용도 마찬가지로 확실히 해야 한다. 예를 들어 프리스케일 사의 스타코어StarCore 아키텍처에서 파이프라이닝된 하나의 주기를 택해 곱셈 누적(MAC) 명령을 이용하면 분리된 다중 덧셈 명령을 이용하는 것과 비교해볼 때 전력 뿐만 아니라 공간과 성능까지도 절약할 수 있다.

일부 하드웨어는 컴파일 시간에 코드 압축을 제공할 뿐만 아니라 계속해서 코드 압축까지도 해제하므로, 사용자가 취급하는 하드웨어에 따라 이러한 기능은 선택 사항이 될지도 모른다. 이러한 전략이 가진 문제점은 압축 블록의 크기와 관련돼 있다는 사실이다. 데이터가 작은 블록으로 압축된다면 압축 최적화가 가능하지는 않겠지만 다른 대안보다는 여전히 더 바람직할 것이다. 코드 압축을 해제하는 동안 코드가 많은 분기나 점프를 포함한다면 프로세서는 거의 사용하지 않는 큰 블록을 밴드 폭, 주기, 전력에 대한 압축 해제에 소비하면서 종료할 것이다.

코드 크기를 최소화하는 일반적인 전략이 가진 문제점은 성능과 공간 최적화 간에 내제하고 있는 충돌이라 할 수 있다. 일반적으로 성능 최적화는 항상 가장 최소의 프로그램을 생산하지 못하기 때문에 전력 소비를 최소화하기 위한 이상적인 코드 크기와 주기 성능에 대한 결정은 어느 정도의 균형과 프로파일링이 요구된다. 여기서 제안하는 일반적인 조언은 실시간 요구 사항을 충족하는 프로그램 성능에 타격을 입히지 않으면서도 코드 크기의 최소화가 가능한 트릭을 이용하는 것이다. 코드 크기의 남은 80%를 최적화하는 동안 작업의 80%를 수행하는 20% 코드에 대해서만 성능 최적화를 적용하는 80/20 법칙은 여기서 따를 수 있는 좋은 관행이라 할 수 있다.

SRAM 전력 소비와 병렬화

활성화된 SRAM에서 주기를 줄이기 위해 데이터 접근을 최적화하는 것, 메모리에 대한 파이프라이닝 접근을 최적화하는 것, 연속해서 접근이 가능할지도 모르는 데이터 구성을 최적화하는 것도 전력 소비에 있어 바람직한 사항이 될 것이다. MSC8156과 같은 시스템에서 코어/L1 캐시는 128비트 폭의 버스를 경유해 M2 메모리에 연결된다. 데이터가 적절히 구성돼 있다면 이것은 M2 SRAM에서 접근된 128비트의 데이터가 각각 하나의 클록 주기에서 수행될 수 있다는 것을 의미하며, 성능과 전력 소비라는 관점에서 M2에 대한 16개의 독립적인 8비트 접근과 비교해볼 때 이점이 명백하게 존재할 것이다.

단일 명령 집합VLES에서 128비트의 데이터를 메모리에 재작성하는 데 어떻게 이동(move) 명령을 이용하는지를 보여주는 사례가 아래에 나타나 있다.

```
[
MOVERH.4F d0:d1:d2:d3,(r4)+n0
MOVERL.4F d4:d5:d6:d7,(r5)+n0
]
```

단일 명령에서 (앞에서와 같이 2개의 이동 명령 모두를 병렬로 수행하는 것처럼) 메모리 접근을 병렬로 만들 수 있으며, 심지어 접근이 메모리나 메모리 뱅크를 분리할지라도 단일 주기 접근은 2주기 접근에서 두 개의 독립적인 명령을 수행하는 것보다 여전히 전력을 덜 소비할 것이다.

또 다른 참고 DDR 이용과 같이 SRAM 접근에서 버스를 완전히 이용하기 위해서는 버스 폭에 정렬시킬 필요가 있다.

데이터 전이와 전력 소비

SRAM의 전력 소비는 애플리케이션에서 사용된 데이터의 유형에 의해 영향을 받을지도 모른다. 전력 소비도 메모리에서 데이터의 전이 수(0에서 1로)에 의해 영향을 받는다. 이러한 전력 효과는 코지마^{Kojima} 등에 의해 발견된 사항과 마찬가지로 DSP 코어 프로세싱 요소로 조금씩 흘러 들어간다. 상수를 이용한 수학적 프로세싱 명령은 동적 변수를 이용하는 것보다 코어에서 전력을 덜 소비한다. 많은 디바이스에서 참조 전압에 대해 메모리를 선충전하는 것이 SRAM 메모리에서는 흔히 일어나는 사항이기 때문에 전력 소비도 메모리가 높은 상태에서 선충전되는 한 제로^{zero}의 수에 비례하게 된다. 이러한 지식을 이용해 가능한 상수를 재사용하면서 불필요하게 메모리가 삭제되는 일을 회피하는 것이 일반적으로 프로그래머에게 어느 정도의 전력을 절감시켜준다는 것은 말할 필요도 없다.

캐시 활용과 SoC 메모리 레이아웃

캐시를 이용하는 것은 프로그램 설계 시 DDR을 이용하는 것과는 반대되는 방식이라고 생각할 수 있다. 캐시와 관련해 흥미로운 사항은 캐시의 크기가 증가하면 할수록 동적 전력과 정적 전력도 증가하겠지만, 동적 전력이 정적 전력에 비해 그 증가하는 크기가 작다는 점이다. 정적 전력이 증가한다는 것은 중요한 의미가 있으며, 이는 더 적은 특징 크기에 대해서는 점점 더 적절해질 것이다. 이것은 디바이스에 가용한 실제적인 캐시 크기에는 큰 영향이 없겠지만, 이것이 제공될 때는 위의 사항을 기반으로 가능한 범위 내에서 이를 사용하는 것은 소프트웨어 프로그래머의 의무라 할 수 있다.

SoC 레벨의 메모리 구성과 레이아웃을 위해 가장 많이 사용되는 루틴을 최적화하고 이를 코어 프로세서의 가장 가까운 캐시에 위치시키는 것은 가장 좋은 성능을 제공할 뿐만 아니라 더 좋아진 전력 소비도 마찬가지로 제공할 것이다.

지역성 설명

앞의 내용이 사실이라는 이유는 캐시가 일하는 방식 때문이라 할 수 있다. 다양한 캐시 아키텍처가 어느 정도는 있겠지만, 이들 아키텍처 모두 지역성의 원칙principle of locality이라는 이점을 취하고 있다. 지역성의 원칙은 기본적으로 하나의 메모리 주소가 접근되는 경우 이 주소와 가까운 곳에 있는 주소가 곧 접근될 확률이 상대적으로 높아진다는 사실을 의미한다. 이와 같은 사실을 기반으로 캐시 부적중miss이 발생하면, 즉 코어가 캐시로 가져오지 못하는 메모리에 접근하려고 시도하면 캐시는 높은 레벨의 메모리에서 한 번에 한 라인씩 요청된 데이터를 읽을 것이다. 이것은 코어가 캐시로부터 1바이트의 문자를 읽으려고 시도하고 데이터가 캐시에 없다면 이 주소에서 캐시 부적중이 발생한다는 것을 의미한다. 캐시가 더 높은 레벨의 메모리로 이동할 때 (온칩 메모리에 있든지 또는 외부 DDR 등에 있든지 간에) 8비트 문자에서 읽지 못할 것이지만, 완전한 캐시 라인에서는 읽을 것이다. 캐시가 256바이트의 캐시 크기를 이용한다면 메모리의 동일 라인에서 발생되는 255개의 더 많은 바이트에 따라 캐시 부적중은 1바이트의 문자를 읽을 것이다.

이것을 올바른 방식으로 사용할 수 있다면 전력 소비를 줄이는 데 매우 효과적인 방법이 될 것이다. 캐시 라인의 크기에 정렬된 문자 배열을 읽을 경우 일단 첫 번째 요소상에서 캐시 부적중이 생길 것이며, 데이터의 첫 번째 라인에서 읽을 캐시는 전력과 성능에서 어느 정도의 대가를 치르겠지만, 남아 있는 문자 배열의 255바이트는 캐시 안에 있게 될 것이다. 이미지나 비디오 샘플을 처리할 때 단일 프레임은 일반적으로 데이터의 큰 배열 안에서 이러한 방식으로 저장될 것이다. 프레임상에서 압축이나 해제를 수행할 때 전체 프레임이 짧은 시간 동안에 접근될 것이기 때문에 이것은 일시적으로나 공간적으로나 지역적으로 된다.

여섯 개의 코어를 가진 MSC8156 DSP SoC의 사례를 다시 한 번 사용한다. 이 SoC에서 여섯 개의 DSP 프로세서 코어 각각은 두 가지의 캐시 레벨을 갖고 있다. 즉, (32KB의 명령과 32KB의 데이터 캐시로 구성된) L1 캐시와 L2 캐시 또는 M2 메모리로 구성될 수 있는 512KB의 L2 메모리가 여기에 해당된다. SoC 레벨에 M3으로 부르는 모든 코어에 의해 공유되는 1MB의 메모리가 있다. L1 캐시는 코어 프로세서의 속도(1GHz)로 동작되며, L2 캐시는 같은 속도(버스 폭의 2배, 주기의 반)로 데이터를 효과적으로 관리하고, M3은 400MHz까지 동작된다. 메모리 계층을 이용하는 가장 쉬운 방법은 L2를 캐시로 만들고 데이터의 지역성을 이용하는 것이다. 앞에서 다뤘던 것처럼 이것은 데이터가 높은 지역성을 이용해 저장될 때 동작된다. 또 다른 선택 사항은 DMA 데이터를 (비캐시 모드로 구성된) L2 메모리에 넣는 것이다. 이 문제는 나중에 다룬다.

M3나 DDR에 저장된 큰 덩어리의 데이터를 가진다면 MSC8156은 이 데이터를 캐시를

통해 동시에 끌어 올 수 있다. L1과 L2 캐시는 연결돼 있어 L1으로부터의 캐시 부적중은 L2로부터 256바이트의 데이터를 끌어 올 것이고, L2로부터의 캐시 부적중은 요청된 더 높은 레벨의 메모리(M3나 DDR)로부터 한 번에 64바이트의 데이터(64B 라인 크기)를 끌어 올 것이다. L2 캐시를 이용하는 것은 M3이나 DDR로 직접 가는 것 이상으로 두 가지의 이점을 가진다. 첫 번째는 L1 캐시와 마찬가지로(여기서 약간의 지연이 있겠지만 이는 무시된다) L2 캐시가 동일한 속도에서 효과적으로 동작된다는 것이고, 두 번째는 지역적이고 신속하게 되는 것 외에도 L2가 L1보다 열여섯 배까지 더 커지게 될 수 있다는 것으로, 이는 L1 단독으로 사용될 때보다 훨씬 더 지역 메모리에서 유지되도록 허용된다는 점이다.

집합 연관도 설명

MSC8156에 있는 모든 캐시는 여덟 가지 방식의 집합 연관도^{set-associativity}를 가진다. 이것은 캐시가 여덟 개의 각기 다른 구역('방식^{way}')으로 분리된다는 것을 의미한다. 각 구역은 더 높은 레벨의 메모리로 접근하기 위해 사용되는데, 예를 들어 M3에 있는 단일 주소가 L2 캐시의 여덟 개의 각기 다른 구역(방식) 중 하나로 저장될 수 있음을 의미한다. 이렇게 고려되는 가장 쉬운 방법은 캐시의 각 구역(방식)을 더 높은 레벨의 메모리로 x번 덮어씌울 수 있다는 점이다. 따라서 L2가 모든 캐시와 마찬가지로 설정된다면 L2 메모리의 각 집합이 M3로 얼마나 많이 덮어씌우게 될지는 다음 식을 이용해 계산한다.

$$\# \text{ of overlayes} \quad O = \frac{M3\,size}{(L2\,size\,/\,8\,ways)} = \frac{1MB}{(512KB\,/\,8)} = 16384 \text{ overlayes}$$

MSC8156에서 L2 캐시의 단일 방식은 64KB 크기며, 주소는 16진수의 0x0000_0000부터 0x0001_0000까지다. 캐시의 각 방식이 개별적으로 고려된다면 L2의 단일 방식이 어떻게 M3 메모리로 매핑될 수 있는지 설명할 수 있다. M3 주소는 0xC000_0000부터 시작된다. M3 주소인 0xC000_0000, 0xC001_0000, 0xC002_0000, 0xC003_0000, 0xC004_0000 등(16K 번까지)은 캐시 방식의 동일 라인에 모두 매핑된다. 따라서 L2 캐시의 #1 방식이 M3 주소 0xC000_0000에 대해 유효한 데이터를 가지고 코어 프로세서가 다음 접근 주소인 0xC001_0000를 원한다고 하면 앞으로 어떤 일이 일어날 것인가?

캐시가 한 가지 방식의 집합 연관도만 가진다면 0xC000_0000 주소를 포함하고 있는 캐시 라인은 캐시를 저장하기 위해 다시 비워지고 0xC001_0000 주소를 캐시에 저장하기 위해 재사용될 것이다. 그러나 8가지 방식의 집합 연관도 캐시에서는 캐시가 가진 기타 7 × 64KB 구역(방식)에 대한 이점을 가질 수 있다. 그렇기 때문에 잠재적으로 #1 방식에 저장된

0xC000_0000 주소를 가질 수 있으며, 기타 캐시의 7가지 방식에서 캐시의 첫 라인은 공란이 될 것이다. 이러한 경우 #2 방식에 저장된 0xC001_0000 주소에 접근하는 새로운 메모리를 저장할 수 있다.

그렇다면 0xC000_0040 주소에 접근할 때 무슨 일이 일어날 것인가?(0 X 40 == 64B). 이에 대한 대답은 앞의 사례에서 캐시의 첫 번째 라인을 고려했던 것처럼 0xC000_0040 주소가 비어 있는지 알기 위해 L2 캐시의 각 방식에 있는 두 번째 캐시 라인을 자세히 살펴보는 것이다. 따라서 데이터(또는 프로그램) 라인을 저장하는 데는 이제 여덟 가지 이상의 잠재적인 장소가 존재하게 된다.

그림 13.11은 M3에 연결돼 있는 네 가지 방식의 집합 연관도 캐시를 보여준다. 이 그림에서 M3의 모든 라인이 캐시의 네 가지 가능한 라인(각 방식마다 하나)에 매핑된다는 점을 알 수 있다. 따라서 라인 0xC000_0040은 캐시에 있는 각 방식의 두 번째 라인(두 번째 '집합')에 매핑된다. 코어가 0xC000_0040을 읽기 원하지만 첫 번째 방식이 자기 안에 0xC000_0100을 가진다면 캐시는 두 번째 라인이 비어 있다면, 즉 유효하지 않다면 코어의 요청을 다른 세 가지 방식 중 어떤 것에든 적재시킬 수 있다.

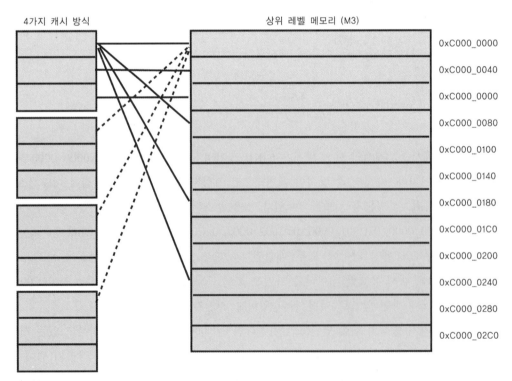

그림 13.11 캐시 라인에 의한 집합 연관도: 네 가지 방식의 집합 연관도 캐시

캐시의 집합 연관도를 논의하는 이유는 (사람들이 상상하는 것처럼) 이것이 전력 소비에 어느 정도는 영향을 미친다는 사실 때문이다. 캐시를 이용할 때 전력 소비와 성능을 최적화하는 목적은 부적중의 원인이 되는 외부 버스와 하드웨어에 대한 접근을 최소화하기 위해 적중률을 최대화하는 것이다. 집합 연관도는 보통 하드웨어에 의해 결정되지만, 프로그래머가 집합 연관도를 변경시킬 수 있다면 집합 연관도 캐시는 직접 캐시에 매핑되는 것보다 더 높은 적중률을 유지할 수 있고 이에 따라 더 낮은 전력을 끌어올 수 있다.

캐시를 위한 메모리 레이아웃

여덟 가지의 집합 연관도 아키텍처가 통계적으로 적중률과 전력 소비의 개선에 이점을 가져다 줄 수도 있겠지만, 소프트웨어 프로그래머는 또한 캐시에서 직접 적중률을 개선하려고 할지도 모르며, 이에 따라 캐시 내에서 충돌을 회피하기 위해 더 낮은 전력을 원할지도 모른다. 캐시 내의 충돌은 코어가 다시 필요로 하게 될 현재의 유효한 데이터를 이용해 캐시 라인을 대체할 데이터를 필요로 할 때 발생한다.

몇 가지 다양한 방식에서 이러한 충돌을 회피하기 위해 메모리를 구성할 수 있다. 동시에 필요할 메모리 세그먼트에 대해서는 캐시가 가진 방식의 크기에 주목하는 것이 중요하다. 여덟 가지의 방식을 가진 L2 캐시에서 각 방식은 64KB 크기다. 이전에 논의했던 것처럼 동일한 더 낮은 16비트의 주소(0 × 0000_xxxx)를 이용해 여덟 개의 캐시 라인을 동시에 적재시킬 수 있다.

또 다른 사례는 64KB의 데이터를 가진 아홉 개의 배열을 동시에 동작시키는 경우다. 각각의 배열을 인접하게 구성한다면 데이터는 모든 배열이 동일한 64KB의 오프셋을 공유하는 것처럼 끊임없이 되풀이될 것이다. 각 배열의 동일한 인덱스가 동시에 접근된다면 버퍼를 삽입시킴으로써 일부 배열의 시작을 상쇄시킬 수 있고, 이에 따라 각각의 배열은 캐시 방식 내에서 동일한 오프셋(집합)에 매핑하지 못한다.

데이터 크기가 단일 방식보다 더 커질 때 그 다음 단계는 한 번에 캐시 안으로 끌어올 수 있는 데이터의 양을 줄이는 것, 즉 한 번에 더 적은 양의 데이터를 처리하는 것을 고려하는 것이다.

후기입과 연속 기입 캐시

일부 캐시는 '후기입write-back'이나 '연속 기입write-through' 캐시 중 하나로 설계되며, MSC815x 시리즈 DSP 같은 다른 캐시들은 이들 중 하나로 구성된다. 후기입과 연속 기입 버퍼링은 기입할 때 어떻게 데이터가 코어로부터 캐시에 의해 관리되는가에 따라 달라진다.

후기입 캐시는 데이터가 캐시에 대해서만 작성되는 기입 스키마를 가진 캐시다. 주 메모리는 캐시에 있는 데이터가 대체될 때 업데이트된다. 연속 기입 캐시의 기입 스키마에서 데이터는 캐시와 메모리에 동시에 작성된다. 소프트웨어에서 캐시를 설정할 때 이들 각각의 이점에 가중치를 둬야 한다. 다중 코어 시스템에서 캐시의 일관성^{coherency}이 어느 정도는 영향을 미치겠지만, 성능과 전력이 더 큰 영향을 미칠 것이다. 일관성은 주 메모리에 있는 최신 데이터가 어떻게 캐시와 비교되는지를 나타낸다. 내부의 코어 캐시와 시스템 레벨의 메모리 간 가장 높은 레벨의 다중 코어 일관성은 연속 기입 캐싱을 통해 획득되며, 캐시에 작성되는 모든 데이터가 즉시 시스템 메모리로 다시 작성될 것이므로 이를 최신화해서 유지하는 것이 필요하다. 연속 기입 캐싱에 대해서는 다음과 같은 몇 가지의 부정적인 면이 있다.

- 코어는 더 높은 레벨의 메모리로 작성하는 동안 정지된다.
- 시스템 버스상에 버스 트래픽이 증가된다(더 높아진 논쟁 가능성과 시스템 레벨의 정지).
- 더 높은 레벨의 메모리와 버스가 모든 단일 메모리 작성을 위해 활성화되는 한 전력 소비는 증가된다.

또 다른 한편으로 후기입 캐시 스키마는 시스템 레벨의 일관성은 희생하면서 위에 나열된 모든 단점은 회피할 수 있다. 최적의 전력 소비를 위한 공통적인 접근법은 후기입 모드에서 캐시를 이용하는 것이며, 시스템이 신규 데이터를 이용해 업데이트될 필요가 있을 때 캐시 라인/세그먼트를 전략적으로 깨끗하게 만드는 것이다.

캐시 일관성 기능

후기입과 연속 기입 스키마에 더해 특정한 캐시 명령도 고려돼야 한다. 이와 같은 명령에는 다음을 포함한다.

- **무효화 스위프(invalidation sweep)** 유효하고 비합법적인 비트를 확실하게 함으로써 데이터 라인을 무효화한다('공란'으로 캐시 라인을 효과적으로 다시 레이블링한다).
- **동기화 스위프(synchronization sweep)** 어떠한 신규 데이터도 캐시로 재작성하고 비합법적인 레벨은 제거한다.
- **플러시 스위프(flush sweep)** 어떠한 신규 데이터도 캐시로 재작성하고 데이터 라인은 무효화한다.
- **패치(fetch)** 데이터를 캐시로 패치한다.

일반적으로 이들 옵션은 캐시 라인과 캐시 세그먼트에 의해 수행되거나 전역적 동작으로서 수행될 수 있다. 가까운 미래에 큰 덩어리의 데이터가 캐시에서 필요하게 될 것이라고 예측될 때 더 큰 세그먼트에서 캐시 스위프의 기능을 수행하는 것은 완전한 버스 대역폭의 이용을 더 좋게 만들고, 코어의 정지 횟수를 더 적게 줄여준다. 메모리 접근 모두가 어느 정도 초기의 메모리 접근 설정 시간을 요구하는 한 그렇지만, 설정 이후에 버스트가 완전한 대역폭에서 흐르는 한 코어가 실제로 프리패치를 사용하기 전에 데이터의 스래싱^{thrashing}을 회피하기 위해 이를 전략적으로 수행하는 동안은 더 큰 프리패치를 이용하는 것이 동일한 데이터 라인의 양을 정확하게 읽는 것과 비교해 볼 때 전력을 더 절감시킬 수 있다.

이들 중 어떠한 명령이라도 이용하기 위해서는 이용하려는 명령이 캐시의 나머지 부분에 어떠한 영향을 미치는지 고려해야 한다. 예를 들어 더 높은 레벨의 메모리에서 캐시로 패치 명령을 수행하는 것은 캐시에 현재 남아있는 콘텐츠의 대체를 요구할지도 모른다. 이것은 캐시에 있는 데이터를 스래싱하는 결과와 패치되는 데이터에 공간을 만들어 주기 위해 캐시를 무효화하는 결과를 초래할 수도 있다.

컴파일러 캐시 최적화

앞의 사항을 지원하기 위해 컴파일러가 메모리나 메모리 접근을 제구성함으로써 캐시의 전력 소비를 최적화하기 위해 사용될지도 모른다. 여기서 사용할 수 있는 두 가지의 주요한 기법에는 다음에 설명된 배열 병합$^{array\ merging}$과 루프 교환$^{loop\ interchanging}$이 있다.

배열 병합은 메모리를 구성하므로 동시에 접근되는 배열은는 방법의 시작부터 각기 다른 오프셋(각기 다른 '집합')에 있게 될 것이다. 다음에 나와 있는 두 가지의 배열 선언을 고려해 보자.

```
int array1[ array_size ];
int array2[ array_size ];
```

컴파일러는 이들 두 개의 배열을 다음과 같이 병합할 수 있다.

```
struct merged_arrays
{
    int array1;
    int array2;
} new_array[ array_size ]
```

더 높은 레벨의 메모리가 캐시로 읽혀지는 방법을 재구성하고 스래싱 기회를 줄이기 위해 더 적은 데이터 덩어리에서 읽으려면 루프 교환이 사용될 수 있다. 다음과 같은 코드를 고려한다.

```
for (i = 0; i<100; I = i + 1)
   for (j = 0; j<200; j = j + 1)
      for (k = 0; k<10000; k = k + 1)
         z[ k ][ j ] = 10 * z[ k ][ j ];
```

두 번째와 세 번째의 중첩 루프를 교환함으로써 컴파일러는 가장 안쪽의 루프에 있는 동안 불필요한 스레싱의 가능성을 줄이는 다음과 같은 코드를 생산할 수 있다.

```
for (i = 0; i<100; I = i + 1)
   for (k = 0; k<10000; k = k + 1)
      for (j = 0; j<200; j = j + 1)
         z[ k ][ j ] = 10 * z[ k ][ j ];
```

주변기기/통신 활용

데이터 읽기와 쓰기를 고려할 때도 물론 메모리 접근에 대해서만 생각할 수 없다. 데이터를 장치 안으로 끌어 들이고, 또한 장치 밖으로 끌어낼 필요도 있다. 보통 말하는 그런 데이터 경로 최적화의 최종 부분을 위해 여기서는 공통적으로 사용되는 임베디드 프로세서의 (I/O) 주변기기에서 전력 소비를 어떻게 최소화해야 하는가를 살펴볼 것이다.

고려해야 할 내용에는 주변기기의 버스트 크기, 속도 등급, 전송 폭, 일반적인 통신 모드 등이 포함돼 있다. 임베디드 프로세서용 주변기기 통신의 주요한 표준 형태에는 DMA(직접 메모리 접근), SRIO(직렬 신속 I/O), 이더넷, PCI 익스프레스, RF 안테나 인터페이스가 있다. I²C와 UART도 또한 대부분 초기화와 디버그 목적에 사용되지만 일반적으로 많이 사용되고 있다.

통신 인터페이스가 보통 자신의 PLL/클록을 요구하는 것은 개별적인 전력 소비에 미치는 영향을 증가시킬 수 있다. 주요한 전력 소비자로서 고려해야 할 필요가 있는 더 높은 클록을 사용하는 주변기기에는 DMA, SRIO, 이더넷, PCI 익스프레스가 있다. 이들 주변기기에 대한 클록 게이팅과 주변의 저전력 모드는 13장의 저전력 모드 부분에서 다뤘기 때문에 이 절에서는 실제 이용을 위해 어떻게 최적화할 것인가에 대해서만 다룰 것이다.

I/O 주변기기와 내부 DMA의 프로토콜이 각각 다를지라도 이들이 데이터의 읽기/쓰기에 사용된다는 사실은 이들 모두가 서로 공유하고 있는 내용이다. 주변기기가 효율성과 시간을 극대화하기 위해 활성화 상태에 있는 동안 그 처리량을 극대화하는 것이 보통 말하는 하나의 기본적인 목적이 되겠지만, 주변기기와 디바이스가 저전력 상태에 있을 수 있으므로 활성화된 클록 시간은 최소화해야 한다.

이렇게 최소화하기 위한 가장 기본적인 방법이 전송과 버스트의 크기를 증가시키는 것이다. DMA에 대해 프로그래머는 시작/종료 주소에 더해 버스트 크기와 전송 크기를 통제해야 한다(그리고 데이터 경로 최적화라는 초기의 세부 절에서 논의했던 정렬과 메모리 접근에 대한 규칙을 따를 수 있어야 한다). 프로그래머는 DMA를 이용해 데이터의 정렬뿐만 아니라 데이터의 전송 '형태'(여기서 적당한 말이 없어 전송 형태라 해둔다)도 결정할 수 있다. 이것이 의미하는 바는 프로그래머가 DMA를 이용해 2차원, 3차원, 4차원의 데이터 덩어리 모양에서 블록을 전송할 수 있고, 이에 따라 전송되는 데이터 유형은 불필요하게 전송되는 데이터 주기를 소비하지 않고 프로그래머에 의해 선택된 정렬상에서 특정 애플리케이션에 한정된다는 사실이다. 그림 13.12는 3차원 DMA의 데이터 구조를 보여준다.

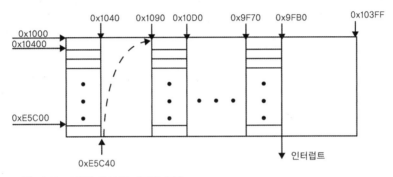

그림 13.12 3차원 DMA의 데이터 포맷

사용자는 데이터의 시작 주소, 첫 번째 차원에 대한 길이, 두 번째 차원에 대한 오프셋, 전송 수, 뒤이어 세 번째 차원에 대한 오프셋과 전송 수를 설정한다. 모든 전송이 끝난 시점에 프로그래머는 또한 데이터 전송 완료라는 신호를 내보내기 위해 코어를 인터럽팅하는 DMA를 설정할지도 모른다. 사용자 애플리케이션에 필요한 포맷과 구성에 있어 데이터를 현명하게 이동시키는 DMA를 가진다는 것은 특정 포맷에서 데이터를 재구성하거나 특정 포맷에서 데이터를 최적화는 알고리즘을 변경하기 위해 코어의 필요성을 회피시킴으로써 데이터의 흐름과 코어 프로세싱을 최적화하는 데 도움을 준다. 이것은 또한 프로그래머가 데이터 구조의 각 차원이 어디서 시작하는지 결정할 수 있는 한 특정 정렬에 대한 유지 관리를 단순화시켜 준다.

기타 고속의 주변기기는 보통 데이터 이동을 위해 시스템 DMA가 되든지 또는 주변기기 자신의 개인용 DMA가 되든지 간에 DMA를 또한 이용한다. 이전에 다뤘던 MSC8156의 경우에서 보면 SRIO, PCI 익스프레스, 이더넷 컨트롤러 모두 데이터 전송을 위해 시스템 DMA로부터 분리된 자기 자신의 DMA를 가진다.

기본적인 사항은 여기서도 여전히 적용된다. 즉, 데이터 전송이 오랜 기간 동안(긴 버스트)

되길 원하고 버스 접근이 정렬화되길 원하며, 이에 추가해 한 가지 더 원하는 사항은 시스템 버스에 최적의 접근이 돼야 한다는 점이다. 시스템 버스의 최적화에 대해서는 이 절의 후반부에서 다룬다.

데이터 DMA와 CPU

DMA 주제 중에 코어가 내부 코어 메모리로부터 데이터를 이동해야 하는지 또는 전력을 절감하기 위해 DMA를 이용해야 하는지를 고려할 필요가 있다. DMA 하드웨어가 데이터의 이동 목적을 위해서만 최적화되는 한 코어보다 더 적은 전력을 소비하면서 데이터가 이동하게 될 것이다. 즉, 코어는 일반적으로 DMA보다 훨씬 더 높은 주파수에서 동작한다. 코어가 데이터의 이동만을 의도하지 않고 더 높은 주파수에서 동작되는 한 코어는 외부 메모리에 접근할 때 상당히 큰 정지라는 불이익의 상황을 초래하면서까지도 더 많은 동적 전력을 이용한다.

DMA 설정 시 일부 외부 메모리에 대한 접근과 정지가 주변기기의 레지스터에 작성하는 동안 발생되는 것처럼 DMA의 이용을 정당화하기 위해 데이터 접근이 너무 작거나 드물게 발생되는 지점이 또한 존재한다. 일반적으로 전력 소비와 코어 성능을 최적화하기 위해 예측 가능한 방식에서 큰 덩어리의 데이터 또는 데이터를 이동 시 DMA는 전력 절감과 애플리케이션의 효율성을 극대화하기 위해 이용돼야 한다.

DMA를 정당화하기에는 충분히 크지 못한 트랜잭션과 I/O에 대해서는 캐싱caching을 고려할 수 있는데, 여기서 캐싱은 코어의 정지를 지원하고 가상적으로 코어의 간섭을 요구하지 않는다. 일반적으로 말해 캐시를 이용하는 것은 DMA를 이용하는 것보다 훨씬 더 간단하기 때문에 캐싱은 보통 예측이 불가능한 데이터 I/O에 대한 솔루션으로 받아들여지며, 이에 비해 DMA는 훨씬 더 큰 메모리 전송을 위해 사용돼야 한다. DMA를 프로그램으로 만드는 데 드는 오버헤드와 애플리케이션당 데이터가 가진 유일한 특징 때문에 전력 절감, 성능, DMA부터 캐시까지의 프로그램 복잡성 간의 트레이드오프는 사항별로 개별적으로 다뤄져야 한다. 자신의 DMA를 가진 주변기기는 보통 주변기기의 상호작용을 위해 그러한 DMA를 이용하는 프로그래머가 필요하며, 이는 방금 설명했던 것처럼 프로그래머를 강제하는 좋은 습관이 된다.

코프로세서

DMA 주변기기가 데이터 이동을 위해 최적화되고 고주파 임베디드 코어보다 더 적은 전력 소비를 이용해 효율적으로 최적화될 수 있는 것과 마찬가지로, 코어보다 더 효율적으로 특정 기능의 수행이 가능한 코프로세서coprocessor로 동작하는 다른 주변기기도 또한 존재한다.

MSC8156의 경우 온보드 베이스밴드 코프로세서(가속기)는 고속 푸리에 변환^{FFT}, 분산 푸리에 변환^{DFT}, 터보 비터비$^{turbo\ Viterbi}$를 위한 하드웨어를 포함하고 있다. 일련의 변환이 전송 데이터와 변환 크기의 비용에 따라 가속기로 분담^{offload}될 수 있을 때 시스템은 코프로세서가 코어보다 훨씬 더 작은 주기에서 동작하고, 단일 기능에서 목표로 한 더 적은 프로세싱 요소를 가지며 코프로세서가 변환을 처리하지 않을 때 사용되는 자동화된 저전력 모드를 갖는 한 이러한 작업을 수행하기 위해 코어를 분담하고 코프로세서를 보유함으로써 전력과 주기를 절감할 수 있다.

시스템 버스 구성

버스에서 우선순위가 낮아 정지한 시스템 버스는 시스템이 적절히 설정되지 않을 때 여분의 주기 동안 주변기기를 불필요하게 능동적으로 대기하게 만드는 원인이 될 수 있다. 이러한 여분의 능동적인 대기 주기는 전력을 더 소비한다는 것을 의미한다. 임베디드 프로세서는 보통 버스 발생 장치 포트당 프로그래머가 우선순위와 중재를 구성하게 허용하는 시스템 버스 구성 레지스터를 갖는다. MSC8156의 경우 (CLAA로 부르는) 시스템 버스는 열한 개의 발생 장치 포트와 여덟 개의 대상 포트(메모리와 레지스터 공간)를 갖는다. 프로그래머가 애플리케이션에서 I/O의 필요성을 이해할 때 버스에서 여분의 대역폭이 필요한 발생 장치를 위해 우선순위를 적절히 설정하는 것이 가능하기 때문에 발생 장치는 정지를 최소화하면서도 메모리와 레지스터 공간에 접근할 수 있다.

이를 위한 요령은 그리 많지 않다. I/O 이용을 기반으로 단순하게 우선순위를 설정하면 된다. MSC815x 시리즈 DSP같은 일부 디바이스는 프로그래머가 각 대상에 대한 발생 장치 포트당 접근 횟수를 제어할 수 있는 버스 프로파일링 툴을 제공한다. 이 툴은 적절히 버스를 구성하고 조정하기 위해 혼잡과 병목 구간이 어디서 발생하는지 프로그래머가 알 수 있게 허용한다. 프로파일링 툴은 또한 얼마나 많은 '우선순위 업그레이드'가 포트당 필요한지를 프로그래머가 알 수 있게 허용한다. 이것은 프로그래머가 각 포트에 일시적으로 테스트 우선순위를 할당할 수 있고, 일부 포트가 우선순위 업그레이드를 끊임없이 요구한다면 프로그래머는 이들 포트의 시작 우선순위의 레벨을 한 단계 끌어 올리고 재프로파일의 설정을 결정할 수 있다는 것을 의미한다.

주변기기 속도 등급과 버스 폭

시스템 버스 접근을 이용하는 것과 유사하게 주변기기의 외부 인터페이스는 실제 시스템의 필요에 따라 설정돼야 한다. I/O 주변기기가 가진 딜레마(catch-22)는 일부 주변기기에 항상 전력이 들어와 있어야 한다는 점이다(따라서 저전력 모드의 사용 없이도 전력을 최소로 사용할 수 있다). SRIO 같은 통신 포트가 프로세싱을 위해 진입하는 데이터 블록을 수신하는 데만 전용으로 사용된다면 진입하는 데이터가 없을 때 SRIO 포트를 위한 클록과 저전력 모드는 더 이상 옵션이 아니고 필수적인 일이 될 것이다. 이럴 때 사람들이 보통 얘기하는 처리해야 할 균형 게임이 존재할 것이다.

소프트웨어와 전력 소비를 테스트함에 있어 40%의 효율성(~4Gbps의 데이터)을 갖고 3.125GHz에서 SRIO의 네 가지 레인에서 동작하거나, 그렇지 않으면 50%의 효율성(똑같은 데이터 처리량)을 가지고 2.5GHz에서 SRIO의 네 가지 레인에서 동작하는 것이 전력의 상당한 양을 소비한다는 것을 MSC8156상에서 발견됐다. 따라서 사용자는 현명한 결정을 내리기 위해 다양한 경우를 테스트하거나 디바이스 제조업자의 전력 계산기를 사용할 필요가 있다. 이와 같은 경우 자동 유휴$^{auto-idle}$ 특징을 가진 주변기기는 수면 시간을 최대화하기 위해 더 높은 속도의 버스를 이용해야 한다.

SRIO, PCI 익스프레스, SGMII의 이더넷, 일부 안테나 인터페이스는 동일한 직렬 I/O 하드웨어를 이용하며, 이에 따라 유사한 주의가 여기서 취해져야 한다. 이 모든 것은 '디바이스 기상^{wake}'의 형태로서 그렇지 않으면 DSP 코어에 신호를 보내기 위해 활성화 모드에서 동작되게 요구될 수 있고, 이것은 위에 나열한 디바이스가 수면 모드로 들어가는 것을 제한시킬지도 모른다. 안테나 신호의 경우 활성화된 안테나의 RF 인터페이스가 신호를 방출하기 위해 항상 전력을 소비하는 한 이것은 특히 유해로울 것이다. 가능하다면 안테나상에 유휴 모드와 수면 모드를 가능하게 하기 위해 코어를 깨우는 대체 가능한 방법을 사용하는 것이 이상적이다.

핵심 통신에 대한 주변기기

디바이스 기상과 코어 I/O에 대한 일반적인 주변기기를 고려해볼 때 주변기기가 코어 프로세서와 어떻게 상호작용하는가를 고려해야만 한다. 코어는 데이터가 가용한지를 어떻게 알 수 있을까? 코어는 데이터가 가용한지를 얼마나 자주 통보받을 수 있을까? 코어는 주변기기에 데이터가 전송되는 시기를 어떻게 알 수 있을까? 이를 관리하기 위한 세 가지 주요한 방법에는 폴링^{polling}, 시간 기반 프로세싱, 인터럽트 프로세싱이 있다.

폴링

폴링은 데이터가 준비돼 있는지를 알기 위해 항상 깨어있거나 (활성화 전류를 소비하는) 고주파 클록 주기를 통해 기록되는 코어를 갖고 있는 한 코어와 주변기기 간 상호작용에 대해서는 단연코 가장 효율적인 방법이라 할 수 있다. 이 방법을 이용하는 유일한 이점은 프로그래머가 전력 소비에 대해 관심을 두지 않을 때 발생한다. 이 경우 폴링은 인터럽트 프로세스를 처리하는 동안 발생하는 문맥 스위칭을 코어가 회피할 수 있게 해주며, 이를 위해 데이터에 좀 더 빠르게 접근하기 위해 일정한 주기를 절감시켜 준다. 일반적으로 이 방법은 실제 애플리케이션에서 사용되는 것과는 대조적으로 최대의 주변기기 대역폭을 테스트하는 데만 사용될 뿐이다.

시간 기반 프로세싱

시간 기반 프로세싱은 데이터가 항상 특정 간격에서 가용하게 될 것이라는 가정하에 동작한다. 예를 들어 프로세서가 GSM 음성 코덱(AMR, EFR, HR 등)을 처리한다면 코어는 샘플이 매 20ms에 도착하게 될 것이고, 그래서 코어가 이러한 시간 베이시스상에서 새로운 오디오 샘플을 기대할 수 있다는 사실을 안다는 점이다. 이 프로세스는 코어가 수면에 들게 허용하고, 기능적으로 깨우기 위해 타이머를 이용하며, 뒤이어 데이터 프로세싱을 수행한다. 이 방법이 가진 불리한 점은 이 모델이 복잡하고 융통성이 없다는 점이다. 즉, 이 방법을 설정하고 동기화하는 데는 프로그래머의 관점에서 더 많은 노력이 요구되며, 단순 인터럽트 프로세싱을 이용한 것과 마찬가지의 효과에 도달한다는 점이다.

인터럽트 프로세싱

최종적인 코어와 주변기기 간 통신 메커니즘도 복잡한 소프트웨어 아키텍처 없이 시간 기반 프로세싱의 이점을 허용하는 가장 보편적으로 사용되는 방법 중 하나다. 저전력 모드 절에서도 수면 상태에서 코어를 깨우는 방법으로 인터럽트 프로세싱을 이용하는 방법을 간단히 설명했다. 신규 데이터가 샘플링되고 패킷이 프로세싱을 위해 진입할 때 코어는 신규 데이터에 대한 프로세싱을 시작하기 위해 주변기기에 의해 인터럽트된다(그리고 수면 상태에서 깨어날 수 있다). 주변기기는 또한 자신이 새로운 데이터를 전송할 준비가 돼 있을 때 코어를 인터럽트하는 데도 사용될 수 있으므로 코어는 데이터가 전송될 준비가 돼 있는지 알기 위해 부하가 상당히 크게 걸려 있는 주변기기를 항상 폴링하지는 않는다.

베이스라인 MJPEG와 PD를 위한 WAIT 이용, 그리고 PD 모드를 위한 STOP 이용과 비교해서 폴링과 인터럽트 프로세싱의 결과로 나타난 전력 소비가 그림 13.8에 나타나 있다. WAIT와 STOP 모드를 이용하지 않는 경우에 애플리케이션은 자신에게 속한 엄청나게 큰 유휴 시간을 이용하지 않고도 신규 버퍼를 항상 검사해야 한다.

알고리즘

여기서 다룬 전력 최적화의 세 가지 주요한 영역 중에서 알고리즘 최적화는 대부분의 작업을 특정한 전력 절감 동안에 수행된다. 알고리즘 최적화는 코어 애플리케이션 레벨에서의 최적화, 코드 구조화, 데이터 구조화(어떤 경우에 이것은 데이터 경로 최적화로서 고려될 수 있다), 데이터 조작 처리, 최적화 명령 선택을 포함한다.

컴파일러 최적화 레벨

데이터 경로 절에서 컴파일러가 어떻게 최소의 크기로 코드를 최적화하는 데 사용될 수 있는지에 대해 간략히 설명했다. 컴파일러도 최대의 성능, 즉 주기당 최대의 프로세싱 유닛을 이용하고 동작되는 시간 코드의 양을 최소화하기 위해 코드를 최적화하는 데 사용될 수 있다. 여기서 핵심 질문은 성능을 최적화하는 것이 과연 전력 소비를 줄일 수 있는가 하는 여부다. 일반적으로 프로세싱 유닛의 수가 증가하면 할수록 주기당 소비되는 전력도 마찬가지로 증가하겠지만, 시간에 걸쳐 수행되는 기능과 관련된 전체 전력은 그 기능을 수행하기 위해 줄어든 주기 수만큼 오히려 더 줄어들 것이다. 성능과 코드 크기를 위한 최적화를 언제 할 것인가에 대한 질문은 일반적으로 80/20 규칙(80%의 주기 시간이 20%의 코드에서 소비된다)을 여전히 적용할 수 있으므로, 데이터 경로라는 절에서 이미 언급했던 것처럼 여기서 말하는 일반적인 규칙은 성능 관련 코드의 주기-기아$^{cycle-hungry}$(20%) 부문을 최적화하고, 나머지 부문은 코드 크기의 최소화에 초점을 맞추는 것이다. 이것을 잘 조정하는 것은 프로그래머의 일이며, (이 절의 초기에 언급한 것처럼) 전력 측정이 요구될 것이다. 이 절의 나머지 부분에서는 구체적인 알고리즘 최적화에 대해 다루며, 이중 일부는 컴파일러에서 성능 최적화기^{optimizer}에 의해 수행될 수도 있다.

명령 패킹

명령 패킹$^{instruction\ packing}$은 앞에서 설명한 데이터 경로 최적화에 포함돼 있지만, 명령 패킹이 메모리 접근 방법뿐만 아니라 코드의 구성 방법까지도 포함돼 있는 한 알고리즘 최적화로서 목록에 있을지도 모른다.

루프 언롤링 재고

이전에 캐시 이용을 최적화하기 위해 코드 내에서 루프의 변경을 이용하는 방법에 대해 간략히 다뤘다. 초기에 설명했던 것처럼 임베디드 프로세서에서 성능과 전력 모두를 최적화하는 또 다른 방법은 루프 언롤링$^{loop\ unrolling}$을 경유하는 것이다. 이 방법은 다음과 같은 코드 조각에 나타나 있는 것처럼 부분적으로 루프를 효과적으로 풀어준다.

```
Regular loop:
for (i = 0; i<100; I = i + 1)
    for (k = 0; k<10000; k = k +1)
        a[i] = 10 * b[k];

Loop unrolled by 4x:
for (i = 0; i<100; I = i + 4)
    for (k = 0; k<10000; k = k + 4)
    {
        a[i] = 10 * b[k];
        a[i + 1] = 10 * b[k + 1];
        a[i + 2] = 10 * b[k + 2];
        a[i + 3] = 10 * b[k + 3];
    }
```

이 방식에서 언롤링된 코드, 즉 풀어진 코드는 단지 한 번의 반복 대신에 루프 반복마다 컴파일러가 네 가지의 MAC(곱셈 누적)를 이용할 수 있게 만들어주기 때문에 프로세싱 병렬화와 코드 효율성 모두 증가할 것이다(주기당 프로세싱이 더 많아졌다는 것은 수면 모드와 저전력 모드에서 가용한 휴면 주기가 더 많아졌다는 것을 의미한다). 위의 경우에 루프의 병렬화가 네 배나 증가해서 1/4의 주기 시간에 똑같은 양의 MAC를 수행할 수 있기 때문에 이 코드를 위해 필요한 효과적이면서도 능동적인 클록 시간은 4X만큼 줄어들 것이다. MSC8156을 이용해 전력 절감을 측정해보면 위의 사례에서 최적화(한 번 대신에 주기당 네 개의 MAC를 이용함으로써 25%의 주기 시간을 절감하는 방법)는 코어가 이 루틴이 실행되는 시간 동안 ~48%까지의 전체적인 전력 절감이 가능하다는 것을 발견할 수 있다.

완전히 언롤링된 루프는 데이터 경로 절에서 다뤘던 코드 크기의 최소화 노력에 역효과를 가져오는 한 바람직하지 않을 것이며, 이는 여분의 메모리 접근과 캐시 부적중 불이익 확률의 증가라는 결과를 초래할 것이다.

소프트웨어 파이프라이닝

임베디드 프로세서의 성능 최적화와 임베디드 프로세서의 전력 최적화 둘 모두에 공통적으로 사용되는 또 다른 기법은 소프트웨어 파이프라이닝software pipelining이다. 소프트웨어 파이프라이닝은 프로그래머가 일반적으로 한 번에 하나씩 수행돼야 하는 상호 의존적인 명령 집합을 분리시켜 DSP 코어가 매 주기에서 다중 명령에 대한 프로세싱을 시작할 수 있게 하는 기법이다. 단어에 대한 설명보다 이 기법을 소개하는 가장 쉬운 방법은 다음 사례를 살펴보는 것이다.

다음과 같은 코드 세그먼트를 가진다고 하자.

```
Regular Loop:
for (i = 0; i<100; I = i + 1)
{
    a[i] = 10 * b[i];
    b[i] = 10 * c[i];
    c[i] = 10 * d[i];
}
```

지금 당장 루프당 발생하는 세 가지 명령을 가진다고 할지라도 컴파일러는 이들 명령이 상호 의존적이고, 이에 따라 첫 번째 명령이 두 번째 명령에 의존하기 때문에 두 번째 명령을 이용해서는 파이프라이닝이 될 수 없고, 이와 마찬가지로 세 번째 명령을 이용해서는 두 번째 명령이 파이프라이닝이 될 수 없다는 사실을 알 것이다. 즉, a[i]는 b[i]가 동시에 c[i]에 설정되는 한 b[i]에 설정될 수 없고, 나머지도 마찬가지라는 사실이다. 이제 DSP 프로세서는 코어 루프에서 MAC에 의해 수행되는 전체 300회의 주기(최적의 경우) 동안 주기당 (매우 효율적이지 않은) 세 가지의 개별적인 명령을 수행하는 매회 반복을 이용해 위의 루프를 100번 실행해야 한다. 소프트웨어 파이프라이닝을 이용해 다음과 같은 방식으로 이것을 최적화할 수 있다.

첫째, 어느 정도까지는 루프의 언롤링을 통해 위의 코드를 병렬화할 수 있다.

```
Unrolled loop
a[i] = 10 * b[i];
b[i] = 10 * c[i];
c[i] = 10 * d[i];
a[i + 1] = 10 * b[i + 1];
b[i + 1] = 10 * c[i + 1];
c[i + 1] = 10 * d[i + 1];
    a[i + 2] = 10 * b[i + 2];
    b[i + 2] = 10 * c[i + 2];
    c[i + 2] = 10 * d[i + 2];
        a[i + 3] = 10 * b[i + 3];
        b[i + 3] = 10 * c[i + 3];
        c[i + 3] = 10 * d[i + 3];
```

위의 코드를 이용하면 특정 명령이 상호 의존적이 아니라는 것을 알 수 있다. 배열 'a'의 첫 번째 할당이 원래 배열 'b'에 의존하는데, 이것은 기타 명령 어떤 것이라도 수행하기 전에 잠재적으로 a를 완전히 할당할 수 있다는 것을 의미한다. 만약 이렇게 한다면 이것은 배열 'b'가 완전히 종속에서 자유로울 수 있다는 것을 의미하며, 원래 배열 'b'는 배열 'c'에 완전히 할당될 수 있다는 것을 의미한다. 이것은 또한 배열 'c'에 대해서도 마찬가지로 이끌어낼 수 있다.

이와 같은 아이디어는 코드를 분리하는 데 사용할 수 있고, 사전에 어떤 할당을 수행할 때 병렬로 동작할 수 있는 명령을 함께 대체함으로써 병렬화도 마찬가지로 추가할 수 있다.

첫째, 첫 번째 명령(병렬화가 아님)을 다음과 같이 수행해야 한다.

```
a[i] = 10 * b[i];
```

그런 다음 하나의 주기에서 수행되는 2개의 명령을 다음과 같이 가질 수 있다.

```
b[i] = 10 * c[i];
a[i + 1] = 10 * b[i + 1];
```

여기서 첫 번째와 두 번째 라인이 서로 종속적이지 않다는 것을 알 수 있으며, 이에 따라 위 2개의 라인을 하나의 실행 집합으로서 병렬로 동작시키는 데도 문제가 없다.

최종적으로 루프에서 다음과 같은 3개의 명령이 모두 하나의 주기에서 수행돼질 지점에 도달한다.

```
c[i] = 10 * d[i];
b[i + 1] = 10 * c[i + 1];
a[i + 2] = 10 * b[i + 2];
```

이제 루프가 어떻게 병렬화되고 파이프라이닝되는지 알 수 있으며, 파이프라이닝된 최종 소프트웨어는 먼저 어떤 '설정'을 가질 것이고, 이는 파이프라인의 적재로서도 알려져 있다. 이것은 위에서 수행된 첫 번째 명령 집합으로 구성된다. 이러한 과정을 수행한 이후에는 다음과 같은 파이프라이닝된 루프를 갖는다.

```
//pipeline loading - first stage
a[i] = 10 * b[i];
//pipeline loading - second stage
b[i] = 10 * c[i];
a[i + 1] = 10 * b[i + 1];
//pipelined loop
for (i = 0; i<100-2; i = i + 1)
{
c[i] = 10 * d[i];
b[i + 1] = 10 * c[i + 1];
a[i + 2] = 10 * b[i + 2];
```

```
}
//after this, we still have 2 more partial loops:
c[i + 1] = 10 * d[i + 1];
b[i + 2] = 10 * c[i + 2];
//final partial iteration
c[i + 2] = 10 * d[i + 2];
```

루프 파이프라이닝을 통해 컴파일러가 MAC의 주기 수를 전체 104주기 또는 대략 실행 시간의 1/3 기간 동안에 300부터 다음과 같이 줄이는 것이 가능해지므로, 코어 클록이 동일 기능성을 위해 3X까지 활성화돼야 시간의 양을 줄일 수 있다.

파이프라인 적재를 위해 2주기에서 수행될 수 있는 3MAC

루프의 코어에서 100주기(각각 3MAC)

파이프라인 적재를 위해 2주기에서 수행될 수 있는 3MAC

루프 언롤링의 경우와 유사하게 파이프라이닝의 경우는 실질적으로 루틴이 실행되는 시간에 전체 전력의 ~43%까지 절감할 수 있게 해준다.

반복 제거

오버헤드된 기능의 호출을 줄이기 위해 사용할 수 있는 흥미로운 기법은 반복적인 절차 호출을 제거하는 것이다.

반복적인 절차 호출은 각각의 호출을 이용하는 스택에 밀어 넣기 위해 함수의 일반 문맥 등을 요구한다. 이에 따라 전통적인 계승^{factorial} 사례인 (n!)의 경우 이것은 다음 식과 같이 함수 반복을 이용해 계산될 수 있다.

$$fn!(0) = 1 \ For \ n == 0$$

$$fn!(n) = fn!(n-1); \ For \ n > 0$$

반복적인 계승 함수가 n = 100을 가지고 호출된다면 (프로그램 카운터와 소프트웨어 스택에 영향을 미치는 루틴 흐름에 변경을 가져오는) 서브루틴에 백 개의 분기가 포함돼 총 100회까지의 함수 호출이 발생할 것이다. 각각의 명령 흐름에 대한 변경은 실행 동안에 붕괴되는 코어 파이프라인이 있다는 것뿐만 아니라 분기마다 적어도 하나의 반환 주소가 호출 스택에 추가되기 때문에 실행보다 시간이 더 오래 걸린다는 점이다. 추가적으로 다중 변수가 넘겨진다면 이 변수 또한 스택으로 밀어 넣어져야 된다.

이것은 메모리에 대한 읽기/쓰기가 파이프라이닝되지 않고 100X개의 파이프라인이 흐름 변경으로 인해 정지하는 한 반복적인 서브루틴은 물리적 메모리와 관련된 정지 부분에 대해 100X개의 개별적인 쓰기가 요구된다는 것을 의미한다.

이러한 사항은 다음과 같이 단순 루프로 이동함으로써 최적화될 수 있다.

```
int res = 1;
for(int I = 0; i < n; i++)
{
res* = i;
}
```

이 함수는 호출과 점프 함수가 없는 한 스택과 물리적 메모리에 대한 실제적인 쓰기는 요구하지 않는다. 이 함수가 단 하나의 곱셈만을 포함하는 한 이것은 특정 디바이스에 '단기 루프'로서 자격을 가질 것이고, 이로 인해 이 루프는 하드웨어에서 완전히 처리될 것이다. 이러한 특징 덕분에 흐름 변경에 대한 페널티나 루프에 대한 오버헤드가 발생하지 않을 것이며, 이에 따라 이것은 (메모리 비용은 제외하고) 곱셈에 대해 완전히 언롤링된 루프와 같이 효과적으로 동작할 것이다.

반복적인 루틴과 비교해 100이라는 계승 루프를 이용하는 것은 대략적으로 다음과 같은 절감 효과를 갖는다.

- 100회의 흐름 변경(파이프라인 주기 페널티)
- 스택에 100회 이상 밀어 넣기(100X회의 메모리 접근)

위의 사례에서 반복 절감을 피하는 방법을 다음과 같이 추정할 수 있다.

코어 하드웨어에 가용한 어떠한 분기 예측이라도 존재한다면 파이프라인의 붕괴를 피하는 것에서 얻을 수 있는 루프 방법의 흐름 변경에 대한 절감은 파이프라인의 길이에 의존한다. 12단계를 가진 파이프라인의 경우 이를 재충전하기 위해서는 잠재적으로 12주기의 페널티가 주어질 수 있다. 분기 대상에 대한 예측이 일부 프로세서에서 가용하는 한 주어진 페널티의 일부를 상당히 줄일 수도 있겠지만, 완전히 줄일 수는 없을 것이다. 추정된 정지 페널티는 계승(반복)에 의해 곱해질 수 있으며, 이것은 추가적인 능동적 코어 클록과 반복에 기인한 코어에서의 능동적 전력 소비를 나타낼 것이다.

100회 이상의 개별적인 스택 접근의 원인이 되는 반복 비용은 매우 클 것이며, 내부의 디바이스 메모리조차도 잠재적으로는 초기 접근에 대한 초기 지연 페널티를 갖고 있다. 이들 스택 접근이 파이프라이닝되지 않는 한 초기의 메모리 지연은 반복 호출 수만큼 곱해진다. 스택에 코어의 속도에서 동작되는 저지연low-latency 내부 메모리가 저장돼 있다고 가정한다면 초기 지연은 어떤 곳이든 8주기부터 20주기까지 순으로 여전히 볼 수 있다. 초기 접근에 대한 10주기 지연은 그 다음 접근이 파이프라이닝됐다면 문제가 되지 않을 것이며, 이는 100회의 읽기가 10주기의 전체 코어 정지 시간을 가진다는 것을 의미한다. 그러나 반복의 경우에는 파이프라이닝되지 않는 접근을 갖기 때문에 10 × 100의 정지 시간 또는 능동적인 클록 소비 전력에 대해 1000이라는 추가적인 코어 주기를 가진다.

위의 사례에서 반복을 제거하는 것과 루프로 이동하는 것은 반이 조금 못되는 계승 함수를 완료하기 위해 프로세서에 의해 소비되는 전체 에너지(시간에 따른 전력)를 줄여준다.

정확성 줄이기

프로그래머는 종종 너무 많은 정확성(너무 많은 정밀성)을 동원해 수학적 함수를 실제보다 더 크게 계산하는 습관을 가지고 있는데, 이는 더 많은 기능적 유닛과 더 많은 주기를 요구하는 프로그램을 더 복잡하게 만들도록 잘못 유도할 수 있다.

16비트 정수가 신호 프로세싱 애플리케이션으로써 사용될 수 있다면 이것은 더 많은 잡음을 견뎌낼 수 있다. 그렇지 않고 32비트 정수가 대신 사용된다면 이것은 아주 기본적인 곱셈에 추가적인 주기가 소요되는 원인이 될 수 있다. 16비트에 16비트를 곱하는 것은 대부분의 아키텍처에서 하나의 주기 내에 완료될 수 있겠지만, 32비트에 32비트를 곱하는 것은 더 많은 주기가 요구될 것이다. 이것은 SC3400 DSP 코어의 경우처럼 하나의 주기 대신에 두 개의 주기를 요구하는데, 이에 따라 프로그래머는 불필요한 동작(코어가 능동적인 동적 전력을 소비하는 비효율적인 프로세싱과 추가적인 클록 주기)을 수행하기 위해 두 배의 주기 시간을 사용해야 한다.

저전력 코드 시퀀스와 데이터 패턴

또 다른 제안 사항은 동작이나 알고리즘을 위해 사용되는 특정 명령을 고찰하는 것이다. 각기 다른 명령을 가진 동일 함수를 정확히 분석해서 수행하는 것이 아주 시간 소비적인 문제일 뿐만 아니라 세부적인 사항까지도 중요시하게 여겨야 하는 일이 되겠지만, 프로그래머는 전력을 절감하면서도 각기 다른 명령을 가진 동일 함수를 정확히 수행할 수 있을지도 모른다.

각기 다른 명령은 각기 다른 기능적 유닛을 활성화시키므로 각기 다른 전력 요구 사항을 가질 것이다. 이를 정확하게 사용하기 위해 프로그래머는 전력 트레이드오프를 이해하기 위한 동등한 명령을 프로파일링해야 한다. 이와 관련된 명확한 사례로는 곱셈 기능성만이 유일하게 요구될 때 MAC를 이용하는 것이 될 수 있다.

하드웨어가 레지스터의 승인을 어떻게 시작하는지를 내부적으로 알지 못하는 한 프로그래머는 레지스터를 승인하기 위해 차감을 이용하는 방법과, 그렇지 않으면 실제의 명확한 명령을 이용하는 것 사이의 전력 소비 차이와 같이 덜 명확한 비교에 대해서는 프로그래머는 각 명령에 대한 전력 소비를 프로파일링해야 한다.

정리

13장에서는 전력 소프트웨어의 최적화와 관련된 툴을 독자에게 제공하기 위해 저전력 모드, 전류와 전압 제어, 메모리 최적화, 데이터 경로 최적화, 알고리즘 전략이라는 영역에서 30개 이상의 다양한 최적화 기법을 다뤘다. 이러한 기법에 대한 요약을 표 13.1에 나타냈다.

표 13.1 전력 최적화 기법 요약

범주	기법	영향
하드웨어 지원	전력 게이팅: VRM 경유 또는 프로세서 지원 인터페이스, 디바이스의 특정 로직이나 주변기기에 대한 전류 차단	높음
하드웨어 지원	클록 게이팅: 디바이스의 저전력 모드로서 종종 제공되며, 애플리케이션을 위해 정지될 수 있는 클록의 양 최대화	높음
하드웨어 지원	전압과 클록 스케일링: 주파수와 전압 축소	프로세서 의존
하드웨어 지원	주변기기의 저전력 모드: 주변기기에 대한 전력/클록 차단	중간-높음
데이터 흐름	DDR 최적화 타이밍: ACTIVATE 명령 간 타이밍 증가	낮음
데이터 흐름	DDR 인터리빙: PRECHARGE/ACTIVATE 조합의 축소에 사용	높음
데이터 흐름	소프트웨어 구성의 DDR 최적화: PRECHARGE/ACTIVATE 명령 회피를 위해 논리적 뱅크에 적합하게 버퍼 구성	중간
데이터 흐름	DDR 일반 구성: 개방/폐쇄 페이지 모드 같은 모드 이용 회피, 이는 매 쓰기 후 PRECHARGE/ACTIVATE 명령 강요	높음
데이터 흐름	DDR 버스트 접근: DDR 버스트 크기의 완전 사용을 위해 메모리 구성. 이는 정렬과 데이터 패킹을 포함	중간
데이터 흐름	코드 크기: 컴파일러 툴 경유, 최소 크기를 위한 코드와 데이터 최적화	애플리케이션 의존
데이터 흐름	코드 크기: 코드 패킹	중간
데이터 흐름	코드 크기: 공통 태스크를 위한 함수 생성	애플리케이션 의존
데이터 흐름	코드 크기: 혼합 함수 명령(하나의 함수에 다중 명령, 크기와 주기 절감) 이용	프로세서 의존

(이어짐))

범주	기법	영향
데이터 흐름	코드 크기: 실행 중 압축을 위한 툴 이용	프로세서 의존
데이터 흐름	메모리에 대한 병렬화와 파이프라인 접근	중간
데이터 흐름	상수 이용과 메모리 삭제 회피	프로세서 의존
데이터 흐름	캐시: 캐시 집합의 결합성을 이용하기 위한 메모리 레이아웃	애플리케이션 의존
데이터 흐름	캐시: 애플리케이션에 타당하거나 가용 시 후기입 모델 이용	애플리케이션 의존
데이터 흐름	캐시: 사전에 데이터를 가져오기 위해 프리패칭 이용, 캐시 부적중 페널티와 여분의 비사용 클록 주기 회피	애플리케이션 의존
데이터 흐름	캐시: 배열 병합	애플리케이션 의존
데이터 흐름	캐시: 교환	애플리케이션 의존
데이터 흐름	메모리 이동을 위한 DMA 이용	중간
데이터 흐름	코프로세서: 코어 대신 함수의 수행에 이용	중간
데이터 흐름	시스템 버스 구성: 정지와 병목 현상의 최소화를 위해 버스 구성	애플리케이션 의존
데이터 흐름	주변기기의 속도 등급과 버스 폭: 이용 니즈마다 최적화	애플리케이션 의존
데이터 흐름	핵심 흐름에 대한 주변기기: 가용 시 인터럽트 프로세싱 이용	높음
알고리즘	컴파일러 최적화 레벨: 임계 영역에서의 주기 시간 최소화와 코드 크기의 최적화를 위해 성능 최적화를 위한 컴파일러 최적화 툴 이용	중간
알고리즘	명령 패킹: 기능적 효율성을 위한 코드 최대화	중간
알고리즘	루프 언롤링: 병렬성의 최대화, 능동적 클록 시간의 최소화	높음
알고리즘	소프트웨어 파이프라이닝: 병렬성의 최대화와 능동적 클록 시간의 최소화를 위한 또 다른 방법	높음
알고리즘	반복 제거하기: 함수 호출 오버헤드로부터 주기 시간 절감	높음
알고리즘	정확성 줄이기: 계산 시간 단축을 통해 주기 절감	애플리케이션 의존
알고리즘	저전력 모드 시퀀스: 명령의 저전력 집합을 경유한 동일 함수 이용	프로세서 의존

14

임베디드 시스템을 위한 인간 요소와 사용자 인터페이스 설계

로버트 오샤나(Robert Oshana)

사용자 인터페이스 설계는 다음과 같은 핵심 영역에 초점을 맞춘다.

- 다양한 소프트웨어 컴포넌트 간 인터페이스 설계
- 소프트웨어와, 기타 비인간 생산자와 정보 소비자 간 인터페이스 설계
- 인간과 컴퓨터 간 인터페이스 설계

그래픽 사용자 인터페이스GUI는 수년에 걸쳐 수많은 최악의 인터페이스 문제를 제거하는 데 도움을 줘왔다. 그러나 많은 GUI는 여전히 배우기 어렵고 사용하기 힘들며, 혼란스럽고 직관적이 아니면서도 불편하고 불만스러웠다.

벤 슈나이더만Ben Shneiderman은 다음과 같이 요약되는 '인터페이스 설계의 여덟 가지 황금법칙Golden Rules'을 제공했다. [1]

1. **일관성을 위해 노력하라**   일관적인 행동의 연속은 유사한 상황에서 요구돼야 한다. 동일한 전문 용어는 지체 없이 메뉴와 도움 화면을 통해 사용돼야 한다. 일관적인 명령은 처음부터 끝까지 사용돼야 한다.

2. **빈번한 사용자에게 지름길을 이용할 수 있게 하라**   사용 주기가 증가하는 만큼 사용자는 상호작용의 횟수는 줄이고 상호작용의 속도는 증가하기를 원한다. 약어, 기능 키, 숨은 명령, 매크로 설비 등은 전문적인 사용자에게도 매우 도움이 된다.

3. **유익한 피드백을 제공하라**   모든 운용자의 행동에 대해 어느 정도 시스템 피드백이 있어야

한다. 자주 발생하지 않으면서도 주요한 행동에 대해서는 그 반응이 더 구체적이어야 하지만, 자주 발생하면서도 사소한 행동에 대해서는 그 반응은 아주 조심스러워야 한다.

4. **종결되도록 대화를 설계하라** 행동의 연속은 시작, 중간, 끝이라는 그룹으로 구성돼야 한다. 행동 그룹의 완료 단계에서 제공된 유익한 피드백은 운용자에게 성취감과 안도감, 마음으로부터 긴급 사태와 옵션을 철회하겠다는 신호, 다음 행동 그룹에 대한 준비가 명확하다는 조짐 등을 제공한다.

5. **간단한 오류 처리 방법을 제공하라** 가능한 범위 내에서 시스템을 설계하라, 그러면 사용자는 심각한 오류를 범하지 않을 것이다. 오류가 발생하면 시스템은 오류를 검출할 수 있어야 하며, 간단하고 이해할 수 있는 오류 처리 메커니즘이 제공돼야 한다.

6. **쉬운 행동의 번복을 허용하라** 사용자는 오류가 해결될 수 있다는 것을 알기 때문에 이 특징은 사용자에게 불안감을 해소시켜 준다. 따라서 이 법칙은 익숙지 않은 옵션을 탐구하도록 조장한다. 가역성reversibility의 단위는 단일 행동과 데이터 입력, 그렇지 않으면 완벽한 행동 그룹이 될지도 모른다.

7. **내부 통제성을 지원하라** 경험을 가진 운용자는 자신이 시스템을 책임지며, 시스템은 자신의 행동에 반응한다는 의향을 강력히 원하고 있다. 사용자가 행동의 개시자가 돼야지 반응자가 되지 않도록 시스템을 설계하라.

8. **단기간의 메모리 적재를 줄여라** 단기간에 인간 정보를 처리하기 위해서는 표시기의 표시는 단순하게 유지해야 하고, 다중 페이지 표시는 통합적이어야 하며, 윈도우 동작 주기는 줄여야 하고, 충분한 교육 훈련 시간을 코드, 기호, 행동의 연속에 할당시켜야 한다는 제한 사항이 있어야 한다.

ISO 9241은 사용자 인터페이스의 '느낌feel'을 제공하는 사용자 인터페이스의 동적 양상과 관련해 다음과 같은 여러 가지 원칙을 기술하고 있다.

- **태스크에 대한 적합성** 주어진 태스크에 대한 효과적이고 효율적인 완료를 위해 사용자를 지원하는 능력
- **자기 묘사성** 사용자 인터페이스는 각 단계가 시스템에서 피드백을 통해 즉시 이해할 수 있을 때나 요청에 의해 사용자에게 설명될 때 자기 묘사적이 된다.
- **제어 가능성** 사용자는 목적에 대처해왔던 그 지점까지 상호작용의 방향과 속도를 시작하고 개시할 수 있다.
- **사용자 기대 순응성** 사용자 인터페이스는 일관적이며, 태스크의 지식, 교육, 경험, 공통적으로 허용되는 관습과 같은 사용자의 특성에 부합한다.

- **오류 감내성** 입력에 오류가 있음에도 불구하고 의도한 결과가 사용자에게서 최소의 행동이나 그렇지 않으면 전혀 그러한 행동을 요구함이 없이 성취된다면 사용자 인터페이스는 그 오류를 감내한다.
- **개별화를 위한 적합성** 사용자 인터페이스는 태스크의 니즈, 개별적 선호, 사용자의 기술에 적합하게 수정될 수 있다.
- **학습에 대한 적합성** 사용자 인터페이스는 사용자가 시스템의 이용을 학습할 수 있게 지원하고 안내한다.

사용자 인터페이스 개발 모델은 그림 14.1에서 보여준다.

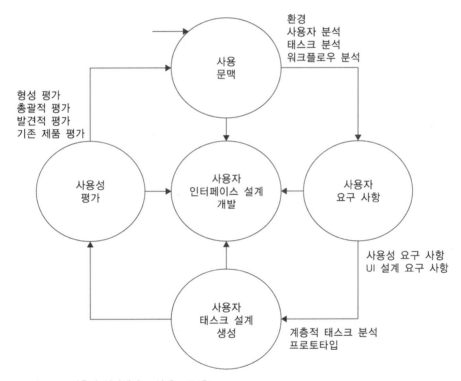

그림 14.1 사용자 인터페이스 설계 프로세스

이 모델은 다음과 같은 네 가지의 주요한 단계를 가진다.

1. **사용 문맥에 대한 이해** 이 단계는 시스템과 상호작용할 다양한 사용자의 프로파일에 초점을 맞춘다. 이 단계는 사용자, 태스크, 콘텐츠와 작업 환경에 또한 중심을 둔다. 공학자는 외부로부터 인지하는 것과 같이 시스템 기능의 다양한 모델을 연구하며, 시스템 기능을 성취하는 데 요구되는 인간과 컴퓨터 지향 태스크를 묘사한다.

2. **사용자 요구 사항 개발** 사용자가 성취해야 할 태스크를 정의하고, 유스케이스와 기타 요구 사항 수집 기법 같은 기법을 이용해 태스크의 구조를 정의한다.

3. **사용성 평가 수행** 인터페이스를 검증하기 위해 대표 사용자를 포함한 사용자 인터페이스를 평가한다. 이것은 보통 사용자에 의해 평가될 수 있는 프로토타입을 갖고 시작한다.

4. **사용자 인터페이스 설계 개발, 사용자 태스크 설계 생산, 인터페이스 설계** 이 단계는 적절한 화면 묘사뿐만 아니라 인터페이스 객체와 행동 집합을 정의한다. 이에 따라 사용자는 시스템을 위해 정의된 모든 사용성 목적에 대처하는 방식으로 정의된 모든 태스크를 수행할 수 있다.

사용자 인터페이스 설계는 아래 제시돼 있는 반복적 프로세스를 따르며, 그림 14.2에 그 모델이 설명돼 있다. 이 책에 제시돼 있는 사용자 인터페이스 설계와 관련된 사례연구는 다음과 같은 고수준의 흐름을 따를 것이다. 이러한 주제는 14장의 나머지 부분을 통해 더 자세히 다룰 예정이다.

1. 태스크 분석
2. 페이퍼 프로토타입
3. 사내 사용자 테스팅
4. 컴퓨터 프로토타입
5. 발견적(휴리스틱) 평가
6. 구현
7. 사용자 테스팅

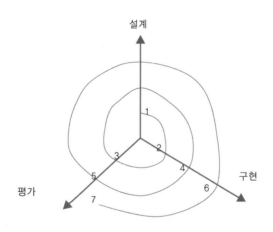

그림 14.2 사용자 인터페이스 설계의 나선형 모델

사용자 인터페이스가 분석되고 설계될 때 다음과 같은 네 가지의 각기 다른 모델이 작동되기 시작한다.

1. **사용자 프로파일 모델** 이 모델은 인간 공학자나 소프트웨어 공학자에 의해 설정된다.
2. **설계 모델** 이 모델은 소프트웨어 공학자에 의해 생성된다.
3. **구현 모델** 이 모델은 소프트웨어 구현 담당자에 의해 생성된다.
4. **사용자 멘탈 모델** 이 모델은 애플리케이션과 상호동작 시 사용자에 의해 개발된다.

인터페이스 설계자의 역할은 이러한 차이점을 조정하고 인터페이스에 대한 일관적인 표현을 유도하는 것이다. 다음은 이들 각각의 모델에 대해 더 자세히 표현한 것이다.

1. **사용자 프로파일 모델** 이 모델은 시스템에 대한 최종 사용자의 프로파일을 기술한다. 이 모델은 나이, 성별, 물리적 능력, 교육, 문화와 인종적 배경, 동기, 목적, 성격 같은 사용자의 특징을 기반으로 한다. 사용자 모델은 또한 사용자의 구문론적 지식에 초점을 맞추는데, 이를 위해 인터페이스를 효과적으로 사용하는 데 요구되는 상호작용 메커니즘을 기술한다. 사용자 모델은 사용자의 의미론적 지식도 마찬가지로 고려한다. 의미론적 지식은 애플리케이션에 의해 수행되는 기능에 대한 사용자의 이해와 시스템의 전반적인 목표에 초점을 맞춘다. 사용자 모델은 보통 시스템에 대한 약간의 구문론적 또는 의미론적 지식을 보유한 초심자, 시스템에 대한 어느 정도의 의미론적 지식은 보유하지만, 낮은 기억 능력의 구문론적 지식을 보유한 간헐적 사용자, 훌륭한 구문론적과 의미론적 지식을 보유한 빈번한 사용자(지름길과 진전된 작업을 보유한 빈번한 사용자)로 분류한다.
2. **설계 모델** 이 모델은 요구 사항 분석 단계에서 유도되며, 데이터, 아키텍처, 절차, 소프트웨어 인터페이스 양상을 고려한다. 이 설계 모델은 시스템 사용자를 특징짓는 요구 사항 명세서의 정보를 바탕으로 유도된다.
3. **구현 모델** 이 모델은 사용자 인터페이스의 인상과 느낌, 그리고 시스템의 구문과 의미를 기술하는 데 함께 작업되는 도움 파일과 튜토리얼 같은 지원 정보를 기술한다. 구현 모델은 사용자의 멘탈 모델에 맞춰 조정돼야 하며, 이를 통해 사용자는 사용자 인터페이스에 편해지는 느낌을 받고 이를 효과적으로 사용할 수 있게 된다. 구현 모델은 설계 모델에 대한 번역이고, 사용자 프로파일 모델뿐만 아니라 사용자 멘탈 모델에 포함된 정보의 실현까지도 제공한다.
4. **멘탈 모델** 메타포어^{metaphor}는 보통 실세계에 있는 하나의 장소나 환경으로부터 디지털 세계와 같이 다른 환경에 있는 의미를 전달하는 개념이나 정보의 이용을 포함한다. 이들 메타포어의 일부는 스프레드시트나 파일 캐비닛 같은 물리적 유추법^{analogies}을 기반으로 한

다. 메타포어는 또한 인종이나 언어 같은 문화적 표준을 기반으로 할 수 있다. 메타포어는 사용자의 인지적 부하를 줄이는 데 도움을 준다. 사용자 인터페이스 설계에서 메타포어의 사용은 사용자의 멘탈 모델에 대한 이해를 기반으로 한다. 사용자 인터페이스를 통해 사용자와 의사소통하는 것은 사용자 인터페이스 설계자의 책임이다(그림 14.3).

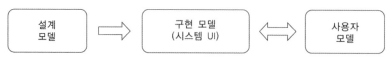

그림 14.3 설계 모델과 사용자 모델

메타포어의 사례는 다음을 포함한다.

- 형식 작성(메타포어로서의 페이퍼 기반 형식)
- 디지털 카메라 소프트웨어(메타포어로서의 사진 앨범)
- GUI의 탭(메타포어로서의 물리적 파일 시스템)
- 라디오 버튼(메타포어로서의 전용의 AM/FM 선정)
- 동작, FF, REW, 중지 기호(전자장치로부터 차용)
- 입력 디바이스(단순 버튼이나 조이스틱이 아닌 비디오 게임)

사용자 인터페이스 설계를 개발할 때 요구되는 세부적인 태스크와 산출물이 아래에 목록으로 제시돼 있다. 14장의 나머지 부분은 이들 단계 각각을 다룬다. 임베디드 시스템에 적용할 때 사용자 인터페이스의 사례연구는 이들 각 단계에 대한 세부 사항을 보여준다.

사용자 인터페이스 설계의 분석 단계

1. 비전 기술
2. 메타포어와 사용될 멘탈 모델 기술
3. 추출과 태스크 분석
   a. 시스템 데이터 모델 개발
   b. 태스크 목록 개발
   c. 적절한 사용자 프로파일 개발
   d. 사용자 시나리오 개발
   e. 적절한 유스케이스와 시나리오 개발
   f. 계층적 태스크 분석[HTA] 개발

g. 의견 일치된 태스크 트리 개발

첫 번째 설계 반복

- 가상 윈도우를 이용한 첫 번째 설계 생성
- 가상 윈도우를 검증하기 위한 CREDO(생성-읽기-편집-제거-개관) 매트릭스 개발
- 핸드 스케치를 이용한 첫 번째 프로토타입 개발(저성능의 손으로 작성된 실물 모형)
- 설계에서 사용될 형태(게슈탈트) 식별
- 형태가 사용자 태스크에 어떻게 적절한지 기술
- 데이터, 기능, 도메인에 사용되는 멘탈 모델 기술
- 미래 사용자와 함께 첫 번째 프로토타입에 대한 사용성 테스트 수행
  - 프로토타입에서 발견적(휴리스틱) 평가 수행
  - '문제 계산' 분석 수행
  - 결함 목록 생성

두 번째 프로토타입 개발(고성능 툴로 작성된 실물 모형)

- 기능 프로토타입(화면 프로토타입) 개발
- 기능 설계 개발
- 가상 윈도우에 의미와 탐색 기능 첨부
- 회복 메커니즘 정의
- 가상 윈도우를 실제 화면으로 변환
- 화면에 항법 기능 추가
- 프로토타입에 적절한 색상 추가
- 기능을 위한 표현 형식 선택
- 초심자에서 전문가로 전이 지원
- 각 부분을 프로토타입에 끼워 맞추기
- 사용성 테스트와 결함 수정
- 테스트 로그와 테스트 보고서 생성
- 사용자 문서를 포함한 제품 지원 계획 개발

사용자 분석 단계를 수행하는 동안 사용자의 분석을 이끌어내는 데 도움이 되는 다음과 같은 여러 가지 개방적 형태의 질문이 있다.

1. 사용자가 훈련받은 전문가, 기술자, 사무직인가, 그렇지 않으면 제조업 종사자인가?

2. 평균 사용자의 정규 교육 수준은 어느 정도인가?

3. 사용자는 작성된 문서를 통해 스스로 학습할 수 있는가, 그렇지 않으면 교실 훈련에 대해 열의를 가지고 있는가?

4. 사용자가 전문적인 타이피스트인가, 그렇지 않으면 키보드 공포증이 있는가?

5. 사용자 커뮤니티의 연령대는 어느 정도인가?

6. 사용자가 대부분 하나의 성을 대표하는가?

7. 사용자는 자신이 수행한 일에 대해 어떻게 보상받는가, 그렇지 않으면 자원 봉사자인가?

8. 사용자는 정상적인 업무 시간에 일을 하는가, 그렇지 않으면 요구되는 일이 생길 때마다 일을 하는가?

9. 소프트웨어가 사용자가 수행하는 작업의 필수 부분인가, 그렇지 않으면 가끔씩만 사용되는가?

10. 사용자가 대화하는 주 언어는 무엇인가?

11. 사용자가 시스템을 이용하던 중 실수를 한다면 어떤 결과가 주어지는가?

12. 사용자가 시스템에 의해 처리될 주제와 관련해 전문가인가?

13. 사용자는 인터페이스를 다루는 기술에 대해 알고 싶어 하는가?

필수 유스케이스

필수 유스케이스는 기술과 구현에 독립적인 방식에서 사용자의 의도를 포착하는 단순화되고 추상적이며 일반화된 유스케이스다. 필수 유스케이스는 애플리케이션 도메인과 사용자 언어로 표현된다. 그러나 기술된 내용은 태스크나 상호작용에는 더 추상적이며 기술에 의존하지 않는다(즉 구현에 독립적이다). 필수 유스케이스는 시스템 반응에 이어 사용자 의도와 요구를 나타낸다. 필수 유스케이스는 사용자/시스템 레벨에서만 존재한다. 필수 유스케이스는 설계 프로세스의 후반까지 구현 지향적 논의를 따르는 데 사용된다.

사용자 분석 시나리오

초기의 시스템 워크플로우에 대한 분석에서 수집된 정보상에서 구축된다. 시나리오는 기능적 레벨이나 태스크 레벨 위에서 더 자세히 초점을 맞출 수 있다. 다음의 설명과 유사하게 고수준의 시나리오는 신규 제품에 대한 분석 단계에서 사용된다. 더 상세한 시나리오는 나중의 신규 제품 분석 단계나 기존 제품을 재분석하는 단계에서 사용된다.

시나리오는 보통 개별적이며 워크플로우 데이터의 허구적인 설명이다. 시나리오는 특별한 목적을 성취하기 위해 제품을 이용하는 사람들의 모습을 기술한다. 시나리오는 특별한 환경 상황에서 하나 또는 그 이상의 태스크를 기술함에 있어 그러한 이야기를 말해주는 묘사다.

시나리오 개발은 실세계에서 제품의 이용에 대한 중요한 양상을 식별한다. 시나리오는 사용자 인터페이스 설계 단계를 통해 유용하며, 사용성 테스트를 위해 태스크 기술을 개발하는 데도 또한 유용하다.

계층적 태스크 분석

사용자 인터페이스 설계에서 계층hierarchy이란 태스크 기반 요소의 구성으로 생각할 수 있다. 이러한 태스크 기반 요소는 계층의 더 높은 곳에서 나타나는 단일 행위를 성취하기 위해 사용자가 택한 경험에 대한 경로로 묘사된다. 사용자 인터페이스 설계자는 위에서부터 아래로 태스크를 구분하며, 그 결과 태스크의 계층적 관계가 만들어진다. 그런 다음 그림 14.4에 나타나 있는 것처럼 자세한 설명이 밑에서부터 위로 차례로 기술돼 있다.

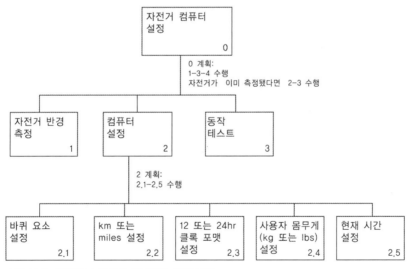

그림 14.4 임베디드 자전거 컴퓨터를 위한 HTA

사용자의 인지, 지각, 학습의 제한사항 극복을 위한 설계 접근법

사용자 인터페이스 설계에 대한 인지적 접근법은 인간 두뇌의 능력과 감각적 지각을 고려하고, 최종 사용자를 지원할 사용자의 인터페이스 개발에 이용하는 것이다.

고려해야 할 또 다른 인지적 이슈는 사용자의 주의 지속시간attention span이다. 주의 지속시간은 이용 환경과 특정 태스크를 완료하는 데 포함돼 있는 지각된 정신적인 작업 부하를 기반으로 달라진다. 사용자는 보통 한 번에 하나의 태스크에 더 잘 집중할 수 있다.

작업 부하는 주어진 순간에 각기 다른 감각 시스템(시각, 청각 등)과 의사소통하는 정보의 양으로 측정된다. 이에 대한 훌륭한 사례가 어도비 플래시^{Adobe Flash}다. 일부 사용자 인터페이스는 사용자에게 깊은 인상을 심어주기 위해 시스템에 어도비 플래시를 포함하고 있다. 그러나 플래시의 프레젠테이션이 직접 사용자의 태스크를 지원하지 못한다면 사용자의 주의는 산만해질지도 모르며, 그렇지 않으면 너무 많은 청각과 시각 정보로 인해 과부하될지도 모른다. 사용자 메모리의 과부화는 사용자 인터페이스에 있어 공통적인 문제다

오류 메시지

오류 메시지는 사용자 인터페이스 설계에서 매우 중요하다. 훌륭한 오류 메시지의 특징은 다음을 포함한다.

1. **문제** 발생된 문제에 대해 진술한다.
2. **원인** 문제가 왜 발생됐는지 그 이유를 설명한다.
3. **해결책** 사용자가 문제를 해결할 수 있게 해결책을 제공한다.

게다가 훌륭한 오류 메시지는 어떤 면에서는 다음과 같은 상황으로 제시돼야 한다.

- **적절하게** 메시지는 사용자가 관심을 가지는 문제를 제시한다.
- **행동이 가능하게** 사용자는 메시지의 결과로서 행동을 수행하든지 또는 자신의 행위를 변경하든지 해야 한다.
- **사용자 중심으로** 메시지는 코드가 불만족스럽다는 면에서가 아니라 대상 사용자의 행동이나 목적이라는 면에서 문제를 기술한다.
- **간결하게** 메시지는 가능한 한 짧게, 그러나 너무 짧지 않게 제시한다.
- **명확하게** 메시지는 대상 사용자가 쉽게 이해할 수 있도록 쉬운 말로 쓴다.
- **구체적으로** 메시지는 구체적인 이름과 장소, 포함된 객체의 가치가 주어지게 구체적인 언어를 이용해 문제를 기술한다.
- **정중하게** 사용자는 지탄받지 않아야 하고 바보 같다는 느낌이 들지 않아야 한다.
- **드물게** 메시지는 드물게 전시돼야 한다. 너무 자주 전시되는 오류 메시지는 나쁜 설계의 상징이다.

ISO 9241은 사용자의 피드백과 안내를 위해 다음과 같은 추가적인 가이드라인을 제공한다.

- 전시된 다른 정보와는 쉽게 구별돼야 한다.
- 현재의 사용 문맥을 위해 구체적이어야 한다.
- 프롬프트는 시스템이 입력을 위해 가용하다는 사실을 명백하게(구체적 프롬프트) 또는 함축적으로(포괄적 프롬프트) 표시해야 한다.
- 피드백은 사용자 입력에 관한 정보를 적시적으로, 지각이 가능하게, 방해받지 않게 표시해야 한다.
- 상태 정보는 애플리케이션의 연속적인 상태, 시스템의 하드웨어와 소프트웨어 컴포넌트, 사용자의 활동을 표시해야 한다.
- 오류 관리는 오류 예방, 오류 수정, 오류 관리를 위한 사용자 지원, 오류 메시지를 포함해야 한다.
- 온라인은 현재의 사용 문맥을 위한 구체적인 정보를 이용해 시스템 개시와 사용자 개시 요청을 지원해야 한다.

가상 윈도우

소렌 루센Soren Lauesen[3]은 사용자 인터페이스 설계를 다음과 같이 세 가지의 주요한 활동으로 구성된다고 기술했다.

1. 데이터를 윈도우나 프레임 집합으로 구성
2. 사용자가 시스템을 제어하게 기능을 정의
3. 윈도우와 기능에 대한 그래픽 모습을 설계

    이러한 세 가지의 설계 활동은 계층적 태스크 분석과 데이터 모델링 같은 이전의 분석 결과를 기반으로 구축된다. 이들 활동은 또한 리뷰와 사용성 테스트 같은 검사 활동을 포함한다. 이 프로세스의 목적은 학습하기 쉽고, 이해하기 쉬우며, 이에 더해 사용자의 태스크를 효율적으로 지원할 수도 있는 사용자 인터페이스를 생성하는 것이다.

    이 접근법은 그동안 꽤 광범위하게 사용돼 왔던 다음과 같은 두 가지의 체계적인 접근법을 이용한다.

1. **데이터 지향 접근법**   이 접근법은 시스템이 관리해야만 하는 데이터의 기술로부터 시작하며, 데이터 모델(엔티티 관계 다이어그램, ERD)은 이를 생성하기 위해 사용될 예정이다. ERD를 이용해 사용자 인터페이스 설계자는 모든 데이터가 가시화되도록 윈도우 집합을 정의한다. 함수는 보통 데이터를 생성하고 데이터를 업데이트하며 데이터를 제거하는 데 사용되는 표준 함수다.

2. **태스크 지향 접근법** 사용자 인터페이스 설계를 위한 전통적인 접근법은 이전 절에서 다뤘다.

　가상 윈도우 기법은 위의 두 가지 기법을 함께 합치는데 사용된다. 이 접근법은 데이터와 태스크를 동시에 사용한다. 이 접근법은 기능을 완전히 정의하기 전에 사용자 인터페이스의 그래픽 모습을 설계하고 테스트하는 데 사용된다.

　루센은 가상 윈도우를 최적화된 화면상에 있는 그림으로 기술한다. 이렇게 최적화된 화면이나 윈도우는 데이터를 보여주지만 위젯(버튼, 메뉴 등)은 갖고 있지 않다. 형태(게슈탈트)는 이들 가상 윈도우에 있는 데이터의 포맷을 만들고 구성하는 데 사용된다.

엔티티 관계 다이어그램(ERD)을 이용한 데이터 모델

엔티티 관계 다이어그램^{ERD}은 생성되고 저장돼 컴퓨터 시스템에 의해 사용되는 정보를 나타내는 그림이다. 여기서 엔티티^{entity}, 속성^{attribute}, 관계^{relationship}가 ERD의 핵심 컴포넌트다.

　엔티티는 보통 유사한 종류의 정보를 표현한다. 속성은 엔티티에 대한 세부 사항을 기술한다. 엔티티 간 그려져 있는 라인은 데이터 간 관계를 보여준다.

　ERD 기호는 엔티티의 인스턴스^{instance}가 다른 엔티티의 한 인스턴스 또는 많은 인스턴스와 관계될 수 있는 그 시기를 나타낼 수 있다.

　다음에 나오는 세 가지 단rP는 ERD를 생성하기 위해 사용된다.

　1단계 엔티티를 식별한다. 정보의 주요 범주를 식별한다. 가능하다면 데이터 저장, 외부 엔티티, 데이터 흐름을 위한 프로세스 모델을 검사한다. 유스케이스로부터 주요한 입력과 출력을 검사한다. 시스템에서 발생하는 엔티티에 대해 하나 이상의 인스턴스가 있음을 검증한다.

　2단계 적절한 속성을 추가한다. 개발 중인 시스템에 적절한 엔티티의 속성을 식별한다. 데이터 흐름과 데이터 저장에 관한 세부 내용을 위해 프로세스 모델의 저장소 목록을 검사한다. 요구 사항 정의에 대한 요구 사항을 검사한다. 지식 사용자와 인터뷰한다. 현재 사용되는 형태와 보고서에 관해 문서 분석을 수행한다.

　3단계 관계를 그린다. 하나의 엔티티로 시작하고 관계를 공유하는 모든 엔티티를 식별한다. 적절한 동사구$^{verb\ phrase}$로 관계를 기술한다. 지식 사용자와의 비즈니스 규칙에 대한 논의를 통해 카디널리티^{cardinality}와 모달리티^{modality}를 결정한다.

　카디널리티는 하나의 엔티티에 있는 인스턴스가 다른 엔티티에 있는 인스턴스와 관련될 수 있는 횟수를 나타낸다. 다음과 같은 세 가지 유형의 카디널리티가 있다.

- (1:1) – '**일대일**' 엔티티에 있는 하나의 인스턴스가 관련 엔티티에 있는 하나의 인스턴스와 관련된다.

- (1:N) – '**일대다**' 엔티티에 있는 하나의 인스턴스가 관련 엔티티에 있는 하나 이상의 인스턴스와 관련된다.

- (M:N) – '**다대다**' 엔티티에 있는 하나 이상의 인스턴스가 관련 엔티티에 있는 하나 이상의 인스턴스와 관련된다.

임베디드 시스템을 위한 ERD의 생성 사례로서 임베디드 추적 툴의 능력을 위한 다음과 같은 사례를 고려한다. 이 사례는 그림 14.5에서 보여준다. 임베디드 프로세서의 개발 플랫폼은 표준 JTAG 연결뿐만 아니라 디버그 추적 포트 연결도 함께 제공한다. 사용자는 소프트웨어 애플리케이션이 임베디드 플랫폼에서 수행되는 동안 디버그 정보뿐만 아니라 프로그램 카운터의 정보까지도 추출할 수 있다.

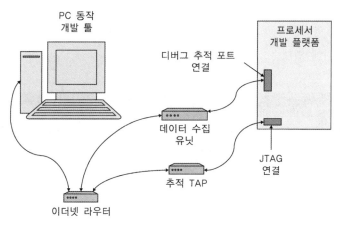

그림 14.5 임베디드 추적 능력

사용자 인터페이스에서 요구되는 핵심 데이터는 다음과 같다.

- C 소스코드 정보
- C 코드와 관련된 어셈블리 코드
- 타깃 디바이스에서 나온 디버그 정보

이 정보는 그림 14.6에 나타나 있는 것처럼 ERD를 이용해 표현될 수 있다. 핵심 엔티티는 C 소스코드, 어셈블리 명령, 디버그 메시지다. C 소스코드와 어셈블리 명령 사이에는 관계가 존재한다. C 코드의 각 라인은 하나 이상의 어셈블리 명령이 될 수 있다. 그림 14.6에 이

관계가 나타나 있다. 코드의 각 어셈블리 라인은 하나 이상의 디버그 메시지와 또한 관련될 수 있다. 이 관계도 역시 그림 14.6에 나타나 있다.

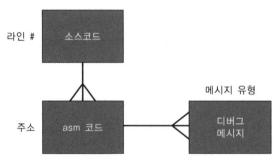

그림 14.6   임베디드 추적 데이터를 위한 ERD

어셈블리 코드와 디버그 메시지 간 관계뿐만 아니라 C 소스코드와 어셈블리 코드 간 밀접한 관계는 사용자 인터페이스에서 반드시 보존돼야 한다. 이 내용은 그림 14.7에 나타나 있다. C 소스코드, 어셈블리 코드, 디버그 메시지는 이러한 정보를 분석하기 위한 끊임 없는 사용자 경험을 위해 연대순으로 나타나 있다.

그림 14.7   ERD 모델을 위한 표시기 표시 현황

CREDO 매트릭스를 이용한 가상 윈도우 분석

CREDO는 '생성, 읽기, 편집, 제거, 개관'을 뜻하며, 시스템에 있는 데이터 위에서 각기 다른 동작을 나타낸다. 각기 다른 데이터 유형에 대한 사용자 인터페이스 윈도우(이 점에서는 가상 윈도우)를 비교함으로써 시스템에 있는 데이터가 적절한 동작을 모두 갖고 있는지 검사할 수 있다.

발견적(휴리스틱) 평가

제이콥 닐슨Jakob Nielsen[2]은 사용자 인터페이스 설계를 평가하는 열 개의 원칙을 생성했다. 이것을 '발견적(휴리스틱)'이라고 하는데, 이는 열 개의 원칙이 특정한 사용성 가이드라인이 아니라 필수적으로 경험에 근거한 규칙이기 때문이다. 발견적 평가는 사용성을 위한 사용자 인터페이스 설계의 체계적인 인스펙션inspection이다. 발견적 평가는 설계에서 사용성 문제를 발견하는 데 도움을 줄 수 있기 때문에 사용성 문제는 반복적 설계 프로세스의 한 부분으로 해결할 수 있다. 소수의 평가자로 이뤄진 그룹이 사용자 인터페이스를 조사하고 이러한 사용성 원칙을 준수하는지 평가한다.

열 개의 휴리스틱은 다음과 같이 요약된다.

1. **시스템 상태의 가시성** 시스템은 합리적인 시간 내에 적절한 피드백을 이용해 시스템 상태에 대한 정보를 사용자가 받도록 유지해야 한다.
2. **시스템과 실세계 간 조화** 시스템은 시스템 지향 용어가 아니라 사용자에게 친숙한 단어, 구, 개념으로 이뤄진 언어로 말해야 한다. 사용자 인터페이스 설계는 실세계의 관습을 따라야 하며, 정보는 자연스럽고 논리적 순서로 나타나야 한다.
3. **사용자 통제와 자유** 사용자는 가끔 실수로 시스템의 기능을 선택할 것이며, 확장된 대화를 거치지 않고 원치 않은 상태에서 떠나기 위해 '비상구'를 분명히 표시할 필요가 있다.
4. **일관성과 표준** 사용자는 각기 다른 단어나 상황, 또는 같은 것을 의미하는 행동인지 아닌지를 결정하는 부담을 가져서는 안 된다.
5. **오류 예방** 먼저 발생하는 훌륭한 오류 메시지와 세심한 설계 예방 문제는 사용자 인터페이스 설계의 주목적이다. 오류 발생이 쉬운 조건은 제거돼야 하며, 그렇지 않으면 시스템은 이들 조건을 검사해서 사용자가 어떤 행동을 저지르기 전에 확인할 수 있는 옵션을 사용자에게 제시해야 한다.
6. **기억보다는 인식** 사용자의 메모리 적재는 객체, 행동, 옵션을 가시화함으로써 최소화돼야

한다. 사용자는 인터페이스의 한 부분부터 다른 부분까지 걸쳐있는 모든 정보를 기억하지 말아야 한다. 시스템을 이용하는 명령은 명백해야 하고 그렇지 않으면 쉽게 되돌릴 수 있어야 한다.

7. **유연성과 사용의 효율성** 핫키, 단축키, 아이콘 같은 가속기는 전문 사용자를 위한 상호작용의 증속을 위해 사용돼야 하며, 이에 따라 시스템은 비경험자와 경험자 모두의 기대에 부응할 수 있게 된다. 사용자는 빈번한 행동을 잘 조정해야 한다.

8. **심미적 설계와 최소주의 설계** 사용자와의 대화에는 관련이 없거나 거의 필요가 없는 정보는 포함돼서는 안 된다. 불필요한 대화, 즉 '잡음'은 제거돼야 한다.

9. **사용자 인식 지원, 진단, 오류 회복** 오류 메시지는 이해하기 쉬워야 하고, 쉬운 말로 전해져야 하며, 문제를 정확히 나타내야 하고, 해결책이 건설적으로 제안돼야 한다.

10. **도움과 기록** 도움과 기록은 필요시 제공돼야 하지만 나쁜 설계에 대한 핑계로서 제공돼서는 안 된다. 이 정보는 탐색하기가 쉬워야 하며 사용자의 태스크에 초점을 맞춰야 한다. 이 정보가 수행되기 위해서는 구체적인 단계에 의해 열거돼야 하며, 너무 크거나 장황해서는 안 된다.

형태(게슈탈트)

형태(게슈탈트^{gestalts}) 심리학의 운영 원칙은 두뇌를 전체론적, 병렬적, 아날로그적으로 기술하고 두뇌가 자기 구성 경향을 갖는다고 보는 데 있다. 형태 원칙은 인간의 눈이 개별적 부분을 인지하기 전에 전체로서 객체를 본다는 점을 유지한다. 형태 심리학자는 지각이 다양한 자극 가운데서의 복잡한 상호작용의 산물이라는 사실을 믿는다. 이 사실은 행동주의 심리학자의 접근법과는 다르며, 인지 프로세스의 요소를 이해하는 데 그 기반을 둔다. 다른 한편으로 형태는 자신의 구성에 대한 이해를 고려한다. 이러한 형태 심리학이 주는 영향은 단순한 선이나 곡선의 수집이라기보다는 필수적으로 모습이나 전체 형태의 시각적 인식에 관해 우리의 감각이 보유하고 있는 형태를 생성하는 능력이 될 것이다.

이에 대한 세 가지의 주요한 원칙은 다음과 같은 형태와 연관된다.

- 그룹(근접성, 유사성, 연속성, 폐쇄성)
- 형의 우수성
- 모습/배경 관계

사용자 인터페이스 설계에서 사용된 핵심 형태는 다음과 같이 요약된다(그림 14.8).

- **유사성(Similarity)** 단일 그룹으로 인지되는 경향을 가진 유사 요소(예를 들어 색상, 크기, 모양)를 이용해 설계한다. 여기서 색상이 가장 강력한 그룹 영향의 결과를 가져온다.

- **근사성(Proximity)** 함께 가까이 위치해있는 요소는 서로 관련이 있는 것으로 인지된다.

- **폐쇄성(Closure)** 인간은 다중의 개별적 요소라기보다는 단일의 인식 가능한 패턴으로서 개별적 요소의 집합으로 인지되는 경향이 있다. 흥미를 유발하고 단순성을 강조하는 데 사용된다.

- **부드러운 연속(Good continuation)** 정렬된 요소는 서로 관련이 있는 것으로 인지된다. 관련 요소를 나타내는 데 사용된다.

- **형의 우수성(Goodness of figure)** 설계 요소는 모습(관심 객체)이나 바탕(배경) 중 하나로 인식된다.

- **공통 운명(Common fate)** 공통 운명의 형태 법칙은 꽤 간단한 개념이다. 이것은 기본적으로 설계나 레이아웃 내의 시각적 방향 선을 나타낸다.

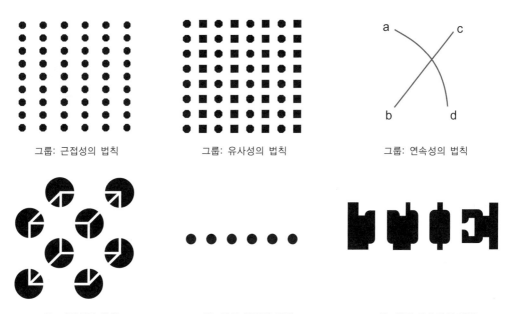

그룹: 근접성의 법칙 　　　 그룹: 유사성의 법칙 　　　 그룹: 연속성의 법칙

그룹: 폐쇄성의 법칙 　　　 그룹: 공통 운명의 법칙 　　　 그룹: 형의 우수성의 법칙

그림 14.8 형태 법칙(Gestalt law)

MVC 아키텍처를 이용한 사용자 인터페이스 설계

모델 뷰 컨트롤러^{Model View Controller}는 소프트웨어 공학에서 사용되는 아키텍처 패턴이다. 패턴은 독립적 개발을 허용하고(관심사 분리) 각각을 테스팅하고 유지하는 사용자 인터페이스(입력과 프레젠테이션)로부터 '도메인 논리'(사용자를 위한 애플리케이션 논리)를 분리시킨다. 모델이 갖고 있는 핵심 책임에는 다음을 포함한다.

- 애플리케이션 도메인의 행위와 데이터를 관리한다.
- (일반적으로 뷰^{view}로부터 나온) 상태에 관한 정보 요청에 대응한다.
- (일반적으로 컨트롤러로부터 나온) 상태 변경에 대한 명령에 대응한다.

이벤트 주도 시스템에서 모델은 정보 변경 시 관찰자(보통 뷰)가 반응할 수 있게 통지한다. 뷰는 일반적으로 사용자 인터페이스 요소인 상호작용에 적절한 형태를 모델로 제공한다. 다중 뷰^{multiple view}도 다양한 목적을 위한 단일 모델을 위해 존재할 수 있다. 뷰포트^{viewport}는 일반적으로 표시면^{display surface}과 일대일 대응 관계를 가지며, 그것을 어떻게 제공하는지 알고 있다.

컨트롤러는 입력을 받아들이고 모델 객체에 호출을 만들기 위해 대응을 개시한다. 컨트롤러는 사용자로부터 입력을 받아들이고 입력을 기반으로 행동을 수행하기 위해 모델과 뷰포트에 지시한다. MVC 애플리케이션은 각기 다른 UI 요소에 대해 책임을 지는 모델/뷰/컨트롤러의 집합이 될지도 모른다.

모델 뷰 컨트롤러^{MVC}의 제어 흐름은 다음과 같이 동작한다.

- 사용자는 어떻게 해서든 사용자 인터페이스에 상호작용을 한다(예를 들어 버튼을 누른다).
- 컨트롤러는 사용자 인터페이스, 즉 레지스터 처리나 콜백^{callback}으로부터 들어오는 입력 이벤트를 처리하며, 이 이벤트를 모델에 대해 이해할 수 있는 적절한 사용자 행동으로 전환한다.
- 컨트롤러는 모델 상태의 변경을 가져오는 사용자 행동에 대한 모델을 통지한다(예를 들어 컨트롤러는 사용자 모드를 업데이트한다).
- 뷰는 적절한 사용자 인터페이스를 생성하기 위해 모델을 조회한다.
- 뷰는 모델로부터 자신의 데이터를 받는다(예를 들어 컨트롤러는 자기 스스로 데이터를 제공하기 위해 일반적인 명령을 뷰로 발부할지도 모른다). 하지만 뷰는 화면 업데이트가 요구되는 상태(관찰자)에서 변경된 모델에 의해 자동으로 통지받는다.
- 사용자 인터페이스는 더 많은 사용자 상호작용을 위해 대기하며, 이는 주기를 재시작하도록 만든다.

MVC 소프트웨어 아키텍처의 상황

많은 컴퓨터 시스템의 목적은 데이터 저장소로부터 데이터를 검색하고 검색된 데이터를 사용자에게 표시하는 것이다. 사용자가 데이터를 변경한 이후에 시스템은 업데이트된 데이터를 데이터 저장소에 저장한다. 정보의 핵심 흐름이 데이터 저장소와 사용자 인터페이스 간이기 때문에 코딩의 양을 줄이거나 애플리케이션의 성능을 향상시키기 위해서는 이들 두 가지, 즉 데이터 저장소와 사용자 인터페이스를 함께 묶는 방향으로 갈지도 모른다. 그러나 외견상으로 보기에 자연스러운 이 같은 접근법은 일부 중요한 문제를 내포하고 있다. 한 가지 문제는 사용자 인터페이스가 데이터 저장 시스템보다 훨씬 더 자주 변경되는 경향이 있다는 점이다. 또 다른 문제는 데이터와 사용자 인터페이스의 결합과 관련된 문제인데, 비즈니스 애플리케이션이 데이터 전송을 훨씬 벗어나 비즈니스 로직을 포함하는 경향을 가진다는 점이다.

MVC 소프트웨어 아키텍처의 문제와 영향력

영향력force은 문맥 내 시스템에 영향을 주며 문제의 해결을 고려하는 한 조화를 이뤄야 한다. 모델 뷰 컨트롤러MVC 패턴을 위해 사용자 인터페이스 논리는 소프트웨어의 다른 부분보다 훨씬 더 자주 변경되는 경향이 있다.

프레젠테이션 코드와 애플리케이션 논리가 단일 객체에서 결합된다면 사용자 인터페이스가 변경될 때마다 애플리케이션 논리를 포함하고 있는 단일 객체는 수정해야만 한다. 이것은 오류를 일으킬 가능성이 있으며, 사용자 인터페이스에 아주 사소한 변경이라도 발생된 그 이후에는 모든 애플리케이션 논리를 매번 재테스트해야만 한다.

일부 경우에 애플리케이션은 동일한 데이터를 다양한 방식으로 표시한다. 예를 들어 분석가가 특정한 데이터 뷰를 선호할 때 다른 사용자는 다른 포맷을 더 선호한다. 일부 사용자 인터페이스는 동일 데이터의 다중 뷰를 동시에 보여준다. 사용자가 하나의 뷰에서 데이터를 변경하면 시스템은 자동으로 데이터의 다른 모든 뷰를 업데이트해야만 한다.

MVC를 이용한 해결책

모델 뷰 컨트롤러MVC의 패턴은 도메인 모델링, 프레젠테이션, 사용자 입력 기반 행동을 다음과 같이 세 가지의 분리된 클래스로 분리한다(그림 14.9).

- **모델** 모델은 애플리케이션 도메인의 행위와 데이터를 관리하고, (일반적으로 뷰로부터 나온) 상태에 관한 정보 요청에 대응하며, (일반적으로 컨트롤러로부터 나온) 상태 변경에 대한 명령에 대응한다.

- **뷰** 뷰는 정보의 전시를 관리한다.
- **컨트롤러** 컨트롤러는 사용자로부터 나온 마우스와 키보드 입력을 해석하고, 이를 적절히 변경하기 위해 모델과 뷰에 통지한다.

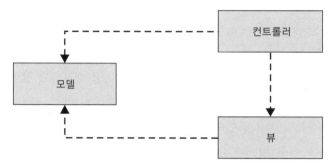

그림 14.9 모델 뷰 컨트롤러(MVC) 아키텍처의 고수준 상황

그림 14.10은 MVC에 대한 애플리케이션 분할의 사례를 보여준다.

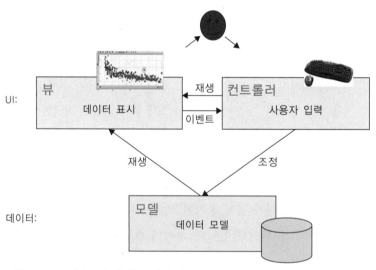

그림 14.10 모델 뷰 컨트롤러(MVC)의 애플리케이션 분할

안전 필수 사용자 인터페이스

사용자가 갖는 인터페이스에 대한 상호작용의 양은 규모^{scale}로 나타낼 수 있다. 규모는 다음과 같이 요약된다.

- 인간이 모든 일을 한다.

- 컴퓨터는 인간에게 가용한 선택 사항을 말한다.
- 컴퓨터는 인간에게 가용한 선택 사항을 말하며, 이중 한 가지를 제안한다.
- 컴퓨터는 행동을 제안하고, 요청이 있다면 이것을 구현한다.
- 컴퓨터는 행동을 제안하고, 인간에게 알리며, 시간에 맞춰 멈추지 않는다면 이것을 구현한다.
- 컴퓨터는 시간에 맞춰 멈추지 않는다면 행동을 선택하고 구현하며, 인간에게 알린다.
- 컴퓨터는 행동을 선택하고 구현하며, 요청이 있다면 인간에게 말한다.
- 컴퓨터는 행동을 선택하고 구현하며, 설계자가 말해야 될 인간을 결정한다면 인간에게 말한다.
- 컴퓨터는 인간의 어떠한 관여도 없이 행동을 선택하고 구현한다.

다음과 같은 적절한 설계 기법을 통해 오류를 줄이는 것도 가능하다.

- 오류의 존재를 추정한다.
- 연속적으로 피드백을 제공한다.
- 연속적으로 운용자와 효과적인 방법을 통해 상호작용한다.
- 가능한 최악의 상황을 허용한다.

표준 프로세스는 태스크 분석, 시뮬레이션, 설계, 평가를 포함한다. 안전 필수 시스템에서 시스템의 위험 분석은 높은 리스크를 가진 태스크와, 잠재적으로 안전 필수 운용자의 오류를 식별하는 데 사용된다.

안전한 HMI 설계 프로세스

안전 필수 사용자의 인터페이스를 설계하기 위한 프로세스가 그림 14.11에 나타나 있다.

안전 필수 사용자의 인터페이스는 태스크가 인간의 특성과 일치돼야 한다. 태스크는 인간을 변경시키기 위해 시도하기보다는 인간의 특성과 가변성을 고려해야 한다. 여기서 핵심 목적은 태스크를 인간에게 일치시키는 것으로, 이것은 인간의 문제 해결 능력을 이용하고 사고를 유발시키는 인간의 행동 횟수를 줄여준다. 시스템은 인간이 결코 지름길을 택하지 않거나 규칙을 어기지 않는 완벽한 인간에 의해 운용될 것이라고 추정해서는 안 된다. 시스템이 너무 많이 자동화되면 인간은 오류 없이 실행하기가 너무 어렵게 될 여러 가지 종류의 태스크 집합을 떠맡게 된다. 인간의 특성을 기반으로 한 안전 필수 사용자의 인터페이스 설계는 다음과 같은 세 가지의 기본적인 이슈가 있다.

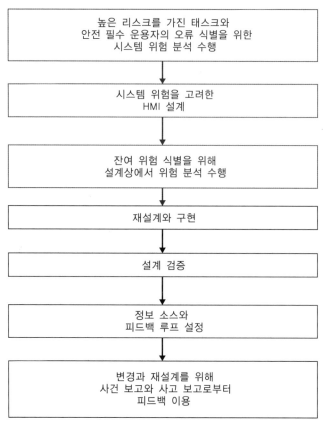

그림 14.11 안전 필수 사용자의 인터페이스를 위한 프로세스 흐름

- **기민성(alertness)** 루틴 태스크는 악화되는 경향이 있다. 자동화는 이런 경우에 대한 해결책이 아니다. 태스크의 양을 줄이는 것은 가능하지만 태스크의 품질은 아니다. 이것은 심지어 자동 제어 시스템을 모니터링하기 위해 더 부담스럽고 힘든 태스크를 생성하게 만든다. 인간의 인식이 증가하는 한 잠재적인 사고는 줄어든다. 운용과 연관된 높은 리스크에 대한 인식은 리스크 레벨 자체에 대한 증가보다는 잠재적인 사고에 대한 더 좋은 측정치를 제공한다. 정상적이면서 늘 있는 일에 대해 안주하려는 태도는 실제 리스크를 증가시킨다. 목표는 도전을 소개하는 것이다. 목표나 팀의 이벤트를 소개한다. 이 방법은 안일함을 줄이는데 좋다. 또 다른 접근법은 의사결정을 내리기 위한 범위를 제공하는 것이다.

- **태스크 할당(task allocation)** 안전 필수 사용자의 인터페이스는 생산성과 수용력을 위해 자동화돼야 한다. 인간이 어떤 자격으로 안전 필수 '제어 루프'에 포함돼 있다면 시스템에 대한 정확한 멘탈 모델이 있어야만 한다. 여기서 핵심 도전은 얼마나 자주 관여되는지 그리고 어떤 유형이 관여됐는지를 아는 것이 된다. 인간과 기계에 걸쳐 태스크가 어떻게 할당돼야 하는가?

안전 필수 사용자의 인터페이스를 설계할 때 이해돼야만 하는 태스크 할당과 연관된 여러 가지의 설계 고려 사항이 있다. 예를 들어 의사결정을 내리고 의사결정을 단순화하기 위해 컴퓨터를 이용하는 것은 상당한 주의가 필요하다. 의사결정을 너무 많이 단순화하면 추가적인 오류를 유발할 수 있다. 전체적인 성능은 과거에 수행했던 것뿐만 아니라 현재 수행하고 있는 것에도 종속적이다. 인간의 성능은 시간에 따라 변하며, 태스크 요구도 또한 시간에 따라 변한다. 전반적인 시스템의 리스크를 줄이기 위해 사용자의 의사결정과 입력이 무기 발사에 대한 결정뿐만 아니라 타깃 선정 같은 위험한 작전을 위해서도 필요하다. 운용자가 루프에 있을 때 전체적인 작업 부하는 반드시 고려되고 분석돼야만 한다.

작업 부하의 유형도 또한 중요하다. 시각 정보의 간헐도intermittency는 사용자의 전체 작업 부하에 영향을 줄 수 있다. 사용자가 단일 기구로 모니터링하든지 많은 기구로 모니터링하든지 이 또한 중요한 문제다. 인간은 안전 필수 시스템을 제어하는 데 있어 충분한 연습뿐만 아니라 긴 탐지 시간도 요구한다.

안전 필수 시스템을 설계할 때 할당을 결정하는 것도 중요하다. 여기서 핵심이 되는 질문은 누가 할당을 하고 언제 할당을 하는가이다.

선택 사항 1 사용자는 책임을 지며 원할 때 도움을 요청한다. 컴퓨터에 운용자가 선택한 아직 수행되지 않은 태스크가 할당된다. 이 시나리오에서 운용자의 작업 부하가 추가적으로 요구된다. 사용자가 최종 결정을 내리지만 컴퓨터는 사용자에게 자신의 생각을 제안한다.

선택 사항 2 컴퓨터가 태스크 할당을 책임진다. 사용자의 능력은 무시된다. 이것은 사용자가 태스크를 수행할 수 있는 최상의 자원을 갖고 있든지 또는 컴퓨터가 갖고 있든지 간에 이의 여부에 따라 태스크가 할당되므로 더 동적인 할당 스키마가 된다.

- **오류 감내(error tolerance)** 인간의 오류는 성공적인 문제 해결을 위한 필수 조건이다. 인간은 또한 문제를 해결하고 학습하기 위해 실험을 사용한다. 이러한 이유로 늘 있는 의사결정은 제거해야 하는데, 이는 오류가 피할 수 없는 결과이기 때문이다. 수동 제어를 이용하면 인간은 행동의 수정에 필요한 충분한 피드백을 수 초 내에 받을 수 있다. 그러나 되돌릴 수 없거나 수정이 불가능하거나 관찰이 불가능한 행동은 오류를 감안해야 한다.

여기서의 목적은 오류에 관한 피드백을 제공하는 것이다. 오류에 관한 피드백을 제공함으로써 관찰이 가능한 오류를 만들어라. 예를 들어 사용자에게 오류의 특징을 반복해서 다시 상기시키는 것이다. 프로세스 제어 설계에 적용된 동일 피드백 원칙은 인간의 행위에도 적용된다. 태스크 설계는 자신 스스로가 감시되도록(예를 들어 조종사를 위한 전자 체크리스트) 운용자의 능력을 반드시 고려해야 한다.

피드백은 다음과 같은 네 가지 오류 유형에 따라 제공돼야 한다.

1. 현재의 항목이 무엇인지 잊어버리는 것과 그것을 무심코 건너뛰는 것
2. 인터럽트나 주의 산만으로 인해 항목을 건너뛰는 것
3. 항목을 의도적으로 건너뛰는 것과 그것으로 돌아가는 것을 잊어버리는 것
4. 끝나지 않았는데 항목이 완료됐다고 진술하는 것

안전한 인간–기계 인터페이스 설계 가이드라인

마지막으로 안전한 인간–기계 인터페이스 설계를 위한 몇 가지 가이드라인을 요약해서 소개한다.

- 인간의 능력을 대체하는 것이 아니라 강화하기 위해 HMI를 설계하라.
- 운용자를 고려한 설계 프로세스를 시작하고 프로세스 내내 그 관점을 지속하라.
- 개발하는 동안 설계 결정과 안전 분석에는 운용자를 포함시켜라.
- 태스크가 어떻게 성취되는지에 관해서는 운신의 폭을 허용하라.
- 도움을 제공하는 것과 떠맡는 것은 구별하라. 운용자의 태스크를 지나치게 단순화하지 마라.
- 오류 감내를 설계하라.
  - 관찰이 가능한 오류를 만들어라(행동과 시스템 상태에 관한 피드백을 제공하라).
  - 그것을 뒤바꿀 시간을 제공하라.
  - 보상(반전) 행동을 제공하라.
- 수동 개입이나 멘탈 모델의 업데이트 방식을 유지하라.
- 안전성 향상 행동은 쉽고 강건하게 만들어라. 불안전한 이벤트의 정지는 단일 키스트로크 keystroke를 이용해서 가능해져야 한다.
- 잠재적으로 위험한 행동은 어렵거나 불가능하게 만들어라.
- 태스크에 대한 필수적인 행동은 통합하라.
- 안전에 필수적인 운용 스텝은 점증적으로 만들어라.
- 고정 관념과 문화적 규범을 설계하라.
- 루프 내에서 운용자를 보호하기 위해 적절한 피드백을 제공하라.
- 운용자가 자동화 시스템을 모니터링한다면 독자적 정보를 제공하라.
- 장애로부터 프로세싱을 식별하라. (센서와 액추에이터의 상태 같은) 시스템의 내부 상태 정보,

시스템의 제어 행동, 시스템 상태 관련 가정에 따라 자동화 제어 시스템이 운영되는 실시간 징후를 제공하라.

- 운용자가 실험하고 멘탈 모델을 업데이트하며 시스템에 관해 배울 수 있게 편의 시설을 제공하라. 비상 상황 시 의사결정을 내리고 개입이 가능하게 운용자의 능력 개선을 위해 설계하라.
- 운용자에게 너무 많은 정보를 심어주지 마라. 특별한 상황에서 요구되는 정보가 무엇인지 설계자가 미처 예측하지 못한 추가적인 정보를 운용자가 획득할 수 있는 방법을 제공하라.
- 운용자가 수동 개입을 지속적으로 유지하고 멘탈 모델을 업데이트하며, 기술을 유지하고 자신감을 지속할 수 있게 허용하라.
- 운용자 지원을 설계하고, 그 일을 떠맡지 마라.
- 시스템 관련 피드백과 상호작용을 제공하라.
- 자극이 되고 상황에 따라 다양하며, 훌륭한 피드백을 제공하고, 대부분의 운용에서 운용자의 능동적 개입을 요구하는 태스크를 설계하라.
- 수동적이거나 반복적인 동작을 요구하는 활동을 최소화하라.
- 불안전한 상태에서 안전한 상태로 변경하는 다양한 방법을 제공하라.
- 의도하진 않았지만 잠재적으로 위험한 인간의 동작을 예방하는 연동 장치를 제공하라.
- 안전 필수 상태나 비안전 필수 상태의 오류를 식별하는 오류 메시지를 제공하라.
- 안전 필수와 비안전 필수 오류 또는 위험 조건의 무효화를 식별하라.
- 타임아웃 또는 기타 사유로 인해 취소된 (실행되지 않은) 명령에 대한 피드백을 운용자에게 제공하라.
- 컴퓨터 표시기로부터 더 이상 쓸모가 없는 정보를 제거하기보다는 중요한 정보 옆에 표시하라. 그것을 명확하게 또는 암암리에 제거해야 하는지 사용자에게 요구하라.
- 운용자가 명령을 제시하기 전이나 후에 중요한 정보가 아주 짧은 기간에 변경된다면 운용자가 그러한 변경을 인식하고 있는지 확실하게 하라.
- 안전 필수 컴포넌트나 변수의 상태를 강조하고 명확한 방식으로 완전 상태 관련 정보를 제시하라.
- 로봇 시스템에서 기계에 전원이 들어오면 주변의 구경꾼에게 신호를 주라. 위험 지역에 들어갈 때 경고를 주라. 인간이 로봇의 영역에 들어가지 않을 것이라고 가정하지 마라.
- 자동화 시스템이 불안전한 조건을 검출하면 검출된 시스템의 이상 상태, 취해야 할 동작, 현재의 시스템 구성 상황을 운용자에게 제공하라.
- 모든 데이터가 전시될 때까지, 운용자가 그것을 알았다는 인식을 갖게 될 때까지는 잠재적

으로 안전 필수 장애 또는 상태 데이터의 제거를 무효화하게 허용하지 마라.

- 비상 상태가 멈춘 후 완전한 재시작 시퀀스를 조사하도록 운용자에게 요구하라.
- 안전 연동 장치가 무효화되는 동안 연동 장치 상태는 표시돼야 한다. 정상적인 동작이 재개되기 전에 연동 장치가 회복됐다는 확인이 설계상에서 요구돼야 한다.
- 예외 관리를 요구하거나 격려하는 설계는 회피하라.
- 현 프로세스 상태에서 지속적으로 운용자를 업데이트하라.
- 컴퓨터 전시가 오류를 일으키는 경우에 핵심 정보에 대한 대체 자원을 제공하라.
- 운용자를 위해 안전 필수 정보를 검사할 수 있는 독립적 수단을 제공하라.
- 동작을 선택하는 것부터 안전한 시스템 상태를 유지하고 위험을 회피하는 것까지 단일 하드웨어 장애 또는 소프트웨어 오류가 운용자를 방해할 수 없다는 것을 확신하기 위한 다양한 물리적 디바이스와 논리적 경로를 제공하라.
- 오작동을 처리하는 운용자 지원 기기는 오작동 자체에 의해 불능화돼서는 안 된다.
- 허위 신호와 경고를 최소화하라. 결함을 가진 기기로부터 위험을 식별하기 위한 간단한 검사 방법을 운용자에게 제공하라.
- 안전 필수 경고는 일상적인 경고와는 구별돼야 한다. 경고 형식에는 긴급의 필요성이 표시돼야 한다.
- 경고 표시에 대한 책임 조건을 명확히 표시하라.
- 이벤트와 상태 변경에 관한 시간 정보를 운용자에게 가능한 한 많이 제공하라.
- 운용자가 패턴 인식을 이용해 진단할 수 있는 정밀 검사 표시를 제공하라. 적절하다면 패턴을 쉽게 알아볼 수 있는 형식으로 정보를 제공하라.
- 개략적 설명보다는 그룹 표시 방법을 이용하라. 다양한 화면상에서 병렬로 정보를 제시하는 방법을 고려하라.
- 단일 의사결정 프로세스를 위해 필요한 모든 정보를 동시에 보이게 만들어라(예를 들어 하나의 표시기에 넣어라).
- 절댓값 표시는 피하라. 변경은 보이게 하고, 더 적절하다면 디지털 표시 대신에 아날로그 표시를 이용하라. 판단을 위한 참고 사항을 제공하라.
- 설계는 정상적인 경향과 예상을 반영해야 한다. 표준 해석을 가진 아이콘을 이용하라. 반드시 설계자가 아닌 사용자에게 의미 있는 아이콘을 선택하라.
- 인터페이스 표시와 멘탈 모델 간의 의미 거리semantic distance는 최소화하라.
- 어휘 컴포넌트의 의미와 구조적으로 유사한 어휘 컴포넌트의 물리적 형식을 만들어라(조음 거리articulatory distance는 최소화하라).

- 우선순위를 적용하라. 1. 상대적 위치, 2. 모양, 3. 색상, 4. 라벨
- 라벨은 간단하면서 굵고, 단순하면서 명확하게 만들어라.
- 안전 필수 정보를 위해 색상 코딩, 강조, 기타 주의 요구 기기를 이용하라.
- 도움이 된다면 일관되게 이용하라. 그러나 그 도움을 남용하지 마라.
- 자주 사용하는 표시는 중앙에 두고 함께 사용하는 정보의 그룹 표시를 만들어라.
- 경고 표시는 간단하고 단순하게 만들어라.
- 플랜트나 시스템의 물리적 레이아웃을 모의하는 제어 패널을 설계하라.

참고 문헌

[1] B. Schneiderman, Designing the User Interface: Strategies for Effective Human-Computer Interaction, fifth ed., Addison-Wesley Computing.

[2] J. Nielsen, Usability Engineering.

[3] S. Lauesen, M.B. Harning, Virtual windows: linking user tasks, data models, and interface design, IEEE Softw (July/August 2001).

관련 문헌

J. Johnson, Designing with the Mind in Mind: Simple Guide to Understanding User Interface Design Rules.

S. Lauesen, User Interface Design: A Software Engineering Perspective.

15

임베디드 소프트웨어 품질, 통합, 테스팅 기법

마크 피치포드(Mark Pitchford)

소프트웨어 테스트란?

'테스트test'라는 단어가 소프트웨어 개발이라는 맥락에서 어떻게 사용되는가에 대해서는 약간의 의견 불일치가 있다. 일부 해설자들에 의하면 '소프트웨어 테스트software test'는 소프트웨어에 대한 실행과 개발 팀이 의도했던 것만큼 수행됐든지, 또는 그렇지 않든지 간에 그 결과로 나타나는 확인까지 내포한다고 말한다. 이러한 정의는 소스코드에 대한 인스펙션inspection이나 분석analysis이라 생각된다. 즉, 소프트웨어의 한 부분이라기보다는 소프트웨어 테스트와 대비적이라 할 수 있다.

15장의 목적을 위해 '테스트'라는 단어는 옥스퍼드 영어사전에 나온 다음과 같은 정의를 적용한다. 테스트는 '특히 무엇인가가 광범위하게 사용되기 전에 그것에 대한 품질, 성능, 신뢰성을 규명하기 위한 의도를 가진 절차'다.

따라서 위의 정의에 일치하는 어떠한 활동이든 코드 실행을 포함하든지 아니든지 간에 소프트웨어 테스트로서 간주될 수 있다.

일반적인 용어인 '정적 분석static analysis'은 코드를 실행하지 않으면서 소프트웨어를 분석하는 소프트웨어 테스트의 한 분과를 묘사하는 데 사용된다. 이와 반대로 '동적 분석dynamic analysis'은 실제 코드를 실행하면서 소프트웨어를 분석하는 소프트웨어 테스트의 한 분과를 묘사하는 데 사용된다.

소프트웨어를 테스트해야 하는 이유

'테스트'의 정의를 되돌아보면 소프트웨어란 '품질, 성능, 신뢰성'을 규명하기 위해 테스트되는 것이라고 보면 된다. 즉, 테스팅 자체는 이러한 특성을 규명할 뿐이지, 소프트웨어가 어떤 특별한 기준에 일치한다고 보장하지 않는다.

따라서 소프트웨어 테스트의 목적은 소프트웨어의 표준을 계량화하는 것이다. 표준이 충분히 좋은지 아닌지는 소프트웨어가 배치될 맥락, 즉 전후 상황에 아주 크게 의존한다.

테스팅에 충분한 양

코딩 규칙에 맞게 엄격하게 검사하는 것이나 특별한 품질 메트릭metric을 성취하는 것은 일반적으로 쉬운 일이다. 코드는 규칙에 맞거나 안 맞거나 둘 중 하나일 것이며, 규칙에 맞지 않다면 코드는 그럴 만한 이유가 있거나 아니면 수정돼야 할 것이다.

동적 테스팅은 꽤 사소한 애플리케이션에조차도 적용하기가 쉽지 않다. 가능한 모든 시나리오가 올바르게 처리된다는 사실을 입증하는 것이 완전히 비현실적이라는 사실은 데이터 가치와 가능한 실행 경로의 순열 조합을 통해 충분히 알 수 있을 것이다.

이것은 소프트웨어 테스트를 수행하는 데 있어 어느 정도의 시간이 소비돼야 하는가는 거의 무시되며, 이것은 리스크risk 요소가 여전히 입증되지 못한 상태로 남아 있는 시나리오의 잠재적 장애와 관련돼 있을 것이라는 의미다. 따라서 무엇을 테스트하고 얼마나 테스트해야 되는가에 대한 결정은 비용 대비 식별된 리스크 결과에 영향을 미친다는 문제가 된다. 그러한 리스크 결과는 소프트웨어 장애에 대한 리스크뿐만 아니라 상용 제품의 출시 지연과 시장에서 경쟁자에게 선수의 양보라는 리스크 같은 요소도 포함된다.

테스팅은 값싼 활동이 아니며 공수man-hours와 고려해야 하는 연관 테스트 툴에 대한 비용도 함께 포함돼 있다. 이 방정식의 반대쪽에는 결함 소프트웨어에 대한 결과가 놓여 있다. 장애의 비용은 얼마인가? 시스템을 죽일 것인가? 불구로 만들 것인가? 일시적인 불편을 초래하는가? 그렇지 않고 가끔씩 애플리케이션을 재시작만 하면 되는 단지 대수롭지 않은 골칫거리일 뿐인가?

분명한 점은 이들 시나리오 각각에 대해 건강과 안전성 측면에서 수용할 수 있는 리스크의 레벨에 크게 차이점이 있다는 사실과, 방정식에 상용 리스크의 요소가 추가돼 있다면 이에 대한 분석이 점점 더 복잡해진다는 사실이다.

IEC 61508('표준 설정' 참조) 같은 일부 표준은 평가를 위해 구조적 접근법을 정의하고 있다. 이 표준에서 $10^{-5} \sim 10^{-6}$의 요구 장애 확률이 허용되는 연속적 사용에서는 소프트웨어 통합 레벨SIL 1이 시스템의 구성 요소에 할당된다. SIL은 할당된 번호가 높으면 높을수록 수요가 덜하다는 것이고, SIL 2는 수용 가능한 요구 장애 확률이 $10^{-6} \sim 10^{-7}$이라는 것을 나타내며, SIL 3은 $10^{-7} \sim 10^{-8}$을, SIL 4는 $10^{-8} \sim 10^{-9}$을 나타낸다.

표준은 이들 SIL 각각을 위해 많은 기법을 추천하는데, 이는 최대의 허용 가능한 리스크 레벨은 초과되지 않을 것이라는 사실을 제안하는 데 있어 특정 기법에 능숙한 애플리케이션이 충분한 증거를 제공할 것이라는 사실을 기반으로 한다.

그렇기 때문에 결정은 궁극적으로 소프트웨어가 적절한 품질을 갖기 위해 어떻게 소프트웨어가 입증할 수 있는가에 관한 것이다. 많은 경우에 이러한 정신은 소프트웨어 요소 각각의 임계 상태에 따라 프로젝트의 다양한 요소에 적용될 각기 다른 SIL 레벨을 허용한다. 물론 이러한 원칙은 고집적 애플리케이션의 외부 영역까지 확장될 수 있다. 애플리케이션의 가장 핵심적인 부분에 더 엄격한 테스트를 적용해야 한다는 것은 항상 합당한 말이다.

테스팅 시점

어느 정도까지는 시작점에 달려 있다. 처리해야 할 레거시 코드가 있다면 분명한 것은 개발 초기에 테스팅을 시작하는 것이 더 이상 옵션이 아니라 필수라는 사실이다. "빠를수록 좋다"라는 사실은 경험에 근거한 합리적인 규칙이다.

일반적으로 말해 제품 개발에서 결함을 더 늦게 발견하면 할수록 결함 수정에 들어가는 비용은 더 많아진다. 이 개념은 1975년 브룩스[Brooks]라는 교수가 저술한 『공수의 미신(Mythical Man Month)』이라는 책에서 처음 확립됐으며, 이 개념은 다양한 연구를 통해 여러 번 입증됐다 (그림 15.1).

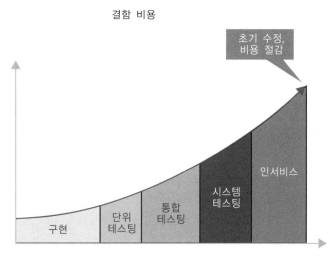

그림 15.1 결함을 더 늦게 확인하면 할수록 결함 수정에 들어가는 비용은 더 커진다.

프로세스 자동화는 정당성의 역학 관계를 변경시킨다. 즉, 주어진 테스트 툴 중 일부가 훨씬 더 실현 가능한 단위 테스트를 초기에 만들 수 있다는 점에서 특히 더 사실이다.

누가 결정하는가?

테스트를 무슨 이유로, 언제, 왜, 어떻게, 얼마나 많이 수행해야 하는가를 결정하기 위해 상호 연관된 무수히 많은 판단은 그렇게 해야만 하는 이유에 크게 의존한다는 점은 명확한 사실이다.

이러한 결정에 대한 판단은 외부의 기관이나 단체가 포함돼 있다면 상대적으로 더 쉬울 것이다. 예를 들어 항공기용 제어 시스템을 개발하는 개발자는 자신이 만든 제품이 국제 공역에서 상용으로 사용할 수 있도록 DO-178B(최근에는 DO-178C) 표준을 고수할 것이다. 제품이 판매를 위한 것이라면 표준에 적합한 테스트 레벨을 수행해야 한다는 사실은 명약관화하다. 이러한 표준은 사용될 툴에 대한 자격이나 인증에도 확장된다. 이것은 하나의 표준에서 다른 표준으로 꽤 의미 있게 변화될 수 있지만, 무엇이 필요한지와 관련된 요구 사항에 대해서는 보통 규정된 가이드라인이나 설명서가 있게 마련이다.

이와 반대로 소프트웨어 품질을 향상시키고 공동의 평판을 향상시키며, 리콜 비용을 줄이기 위해서는 회사 내부에서 뽑은 조종사를 항공기 조종사로 선택할 수 있다. 이러한 경우 본질적 부분은 연관된 작업과 툴에 얼마나 많은 투자를 해야 적절한지 판단을 내리는 사람, 즉 관리를 위한 결정이 될 것이다.

이용 가능한 기법

인터넷 검색 엔진 어디에서든 '소프트웨어 테스트'라는 관용구를 치면 테스트 기법과 테스트 툴이라는 범위에서 그 변화폭이 너무 커 사람을 주눅 들게 만든다. 정적 분석, 코딩 표준, 품질 메트릭, 소스코드 커버리지, 목적 코드 커버리지, 동적 분석, 메모리 누수 프로파일링, 요약 해석 등등 전문 용어와 기법이 겉으로 보기에도 끝없을 정도다.

여기서 만들어진 혼란은 다양한 기법과 접근법 간의 경계가 보통 사람들이 말하는 칼로 벤 것처럼 명확하지 않다는 사실 때문에 더 복잡해진다. '정적 분석'은 서로 다른 관찰자에게 서로 다른 것을 의미한다는 용어의 아주 좋은 사례다.

정적과 동적 분석

'정적 분석'은 코드의 실행 없이 소프트웨어 분석이 수행되는 것을 나타낼 때 사용하는 일반적인 용어며, 이에 비해 '동적 분석'은 실제 코드가 실행되는 것을 나타낸다. 따라서 소스코드에 대한 간단한 동료 리뷰peer review와 기능 테스트는 '정적 분석'과 '동적 분석'이라는 정의에 각각 적합한 용어라 할 수 있다. 정적 분석이 동적 행위를 예측하는 데 사용될 수 있다는 사실을 이해하게 될 때 이들 간의 경계는 점점 더 모호해진다. 그 결과, 어떤 맥락에서 보면 정밀한 툴이 되겠지만, 다른 맥락에서 보면 아직 툴에 유사한 근사치일 뿐이다.

이런 모호한 전문 용어는 생략하고, 분석에 관해 다섯 가지의 핵심 요소를 고려하는 편이 유용하다. 이들 다섯 가지 핵심 요소 모두 분석 툴에 의해 한 가지 형태나 다른 형태로 배치되겠지만, 대부분의 요소는 종종 첫 번째 원칙에서 구현될 수 있고 보통 기법에 대한 '툴 키트'를 제공하기 위해 이들 요소들은 결합될 것이다.

이들 요소의 처음 세 번째는 정적 분석 접근법이다. 이들 속성이 정적 분석 툴의 범주를 포괄적으로 묘사하지 않았다는 점, 많은 툴이 이들 속성 중 하나 이상을 포함한다는 점, 툴을 전혀 사용하지 않고도 이들 속성의 각각을 근사치로 계산할 수 있다는 점에 주목해야 한다.

코드 리뷰

코드 리뷰code review는 전통적으로 코딩 스타일과 네이밍naming 규약이 지시된 코딩 규칙을 시행하기 위해 동료 리뷰 프로세스의 형태를 취하며, 종종 안전한 부분집합을 위해 개발자가 이용할 수 있는 명령을 제한하는 기법이다. 소프트웨어 소스코드의 동료 리뷰는 툴이 자동화되기 훨씬 이전에 효과적인 코드 리뷰를 수행하기 위해 만들어졌으며, 동료 리뷰는 오늘날 여전히 효과적인 방법이다. 효과적인 동료 리뷰를 위한 핵심은 상호 지원 가능한 환경을 만드는 것이며, 이에 따라 '비순응 높이기'가 부정적 비판으로 해석되지 않는다.

MISRA 표준 같이 수동적인 동료 리뷰를 염두에 두고 채택한다면 조직을 개발하는 데 있어 가장 중요하게 고려되는 규칙의 부분집합이 최상의 결과를 만들어 낼 수 있는 가능성도 있다.

소프트웨어 테스트의 많은 툴은 검사될 규칙의 수와 복잡성이라는 측면에서, 그리고 속도와 반복성이라는 측면에서 이점을 가진 유사한 기능을 제공하기 위해 이 접근법을 자동화한다.

코드 리뷰는 동적 행위를 예측하지 못한다. 그러나 코딩 표준에 따라 작성된 코드는 동적 장애를 유발할지도 모르는 결함이 더 적게 포함될 수 있다고 예상할 수 있으며, 가독성과 유지 보수성이라는 측면에서 보면 자신의 이점을 가져다 줄 개별적인 사항으로부터 일관된 접근법의 보장을 포함하고 있다고도 예상할 수 있다.

코드 리뷰는 개발 중인 코드가 신규 프로젝트를 위해서든지, 개선을 위해서든지, 기존 코드를 이용한 신규 애플리케이션을 위해서든지 간에 모두 적용될 수 있다. 레거시 애플리케이션에 있어 자동화 코드 리뷰는 더 향상된 개발을 목적으로 애플리케이션이 어떻게 동작하는가를 이해시키기 위해 코드의 로직과 레이아웃을 표현하는 데 특히 더 효과적이다. 또 다른 한편으로는 신규 개발에서 분석은 완벽한 시스템은 고사하고 컴파일된 코드 집합조차 기다릴 필요

없이 어떠한 코드이든 작성되면 바로 시작할 수 있다.

이론 증명

이론 증명^{theorem proving}은 원하는 컴포넌트의 행위와 개별 실행 시간의 요구 사항을 정의한다. 이론 증명 툴의 이점을 어느 정도 제안하기 위해서는 소스코드 내에서 assertion을 이용한다. 알고리즘 전후에 놓여진 assertion은 알고리즘을 통해 전달된 데이터가 특별한 기준에 맞거나 특별한 경계 내에 있는지 검사하는 데 사용될 수 있다.

이들 assertion은 C++ 같은 언어에서 제공되는 assert 함수에 대한 호출 형태나, 오류 메시지를 일으키거나 시스템을 안전한 상태로 설정하는 사용자 정의 메커니즘의 형태를 택할 수 있다.

자동화된 이론 증명 툴은 종종 모국어에서 특히 형식화된 논평(또는 '주석')에 사용된다. 이들 논평은 코드가 정의를 정확히 반영했는지를 확인하기 위해 통계적으로 분석될 수 있으며, 표준 컴파일러에서는 무시된다. 이러한 주석 때문에 베리피케이션^{verification}은 베리피케이션 조건, 즉 코드가 일부 사전 조건하에서 언제 시작하고 그런 코드 조각을 언제 실행하는지, 사후 조건이 앞으로 어떻게 충족될지를 검사하는데 집중할 수 있다.

주석을 작성하는 것은 노동 집약적이 될 수 있으며, 이에 따라 이 툴은 기능적 통합이 그 어떠한 재정적 고려 사항보다도 절대적으로 중요한 고도의 안전 필수 애플리케이션(예를 들어 비행 제어 시스템)에서는 제한되는 경향이 있다.

정적 분석을 통한 동적 행위의 예측과는 다르게 고수준의 코드, 특히 형식화된 주석이라는 형태에서 종종 '계약에 의한 설계^{design by contract}' 원칙을 이용하는 것은 예상되는 소스코드의 실행 시간 행위를 정확하게 공식화하고 검증할 수 있다.

이 접근법은 공식적이고 구조적인 개발 프로세스, 교과서적인 스타일, 비타협적인 정밀성을 요구한다. 따라서 레거시 코드에 대해 이 접근법을 회고적으로 응용하기 위해서는 완벽한 코드의 재작성이 포함돼야 한다.

정적 분석을 통한 동적 행위 예측

정적 분석을 통한 동적 행위에 대한 예측은 정적 분석에서 생성되는 실행 가능한 개연성 있는 행위를 예측하기 위해 수학적으로 고수준의 코드를 모델링한다. 수학적 모델을 통해 나온 모든 실행 가능한 경로는 시뮬레이션되며, 어디서 어떻게 데이터 객체가 생성되고 사용되며 제거되는지와 연관된 해당 경로상에 있는 로직 흐름에 매핑된다.

이의 최종 결과는 취약성과 실행 장애를 야기하고 실행 시간에 데이터 손상을 초래할 수 있는 이례적인 동적 행위의 예측으로 구성된다.

이 기법을 정확히 수동으로 수행하는 실질적인 방법이 없을지라도, 소스코드 내에서 assertion을 이용하는 것의 몇 가지 이점을 다시 한 번 더 제안한다. 알고리즘 전후에 놓여진 assertion은 알고리즘을 통해 전달된 데이터가 특별한 기준에 맞거나 특별한 경계 내에 있는지 검사하는 데 사용될 수 있다. 즉, assertion은 일반적으로 이러한 툴에 의해 찾아냈던 유형에 대해 실행 시간 오류의 원인이 될지도 모르는 상황 검사까지 포함한다.

앞서와 마찬가지로 이들 assertion은 C++ 같은 언어에서 제공되는 assert 함수에 대한 호출 형태나 사용자 정의 메커니즘의 형태를 취할 수 있으며, 장애가 가장 잘 발생할 것 같은 어렵고 복잡한 대부분의 알고리즘에서 assertion을 이용하는 것은 가장 실용적인 방법이다.

툴을 사용할 수 있다면 동적 행위에 대한 정적 예측은 기존 코드를 위해서나 덜 엄격히 개발된 애플리케이션에서 잘 동작할 것이다. 이 방법은 형식적인 개발 접근법에 의존하지 않으며, 현재 상태 그대로, 심지어 심층적인 지식이 없을 때조차도 간단히 소스코드에 적용시킬 수 있다. 이 능력은 (아마 시간 비율은 짧지만 파국적이고 예측 불가능한 실행 시간의 오류가 시스템 테스트 동안 발생해서 계속 진행되고 있을 때) 이런 개발 방법론으로 궁지에 몰려있는 개발 팀에게 매우 매력적으로 보이게 만들어준다.

그러나 덜 긍정적인 면도 있다. 코드 자체는 실행되지 않지만, 대신 코드 자체를 수학적 모델을 위한 베이시스basis로서 사용하고 있다는 점이다. 1930년대에 처치Church, 괴델Gödel, 튜링Turing의 작업에서 입증된 것처럼 코드에 대한 정밀 표현은 수학적으로는 거의 설명할 수 없지만 가장 보잘 것 없는 예라고 보면 된다. 다시 말해 중요한 프로그램에서 모든 결함을 발견하는 것은 근사치를 허용하지 않는 한 도달할 수 없는 목표가 되며, 이는 주어진 정의에 따라 '긍정 오류false positive'의 경고로 이어질 것이다.

수학적 모델의 복잡성 또한 분석 중에 있는 코드 샘플의 크기를 불균형적으로 증가시킬 수 있다. 더 큰 코드 샘플에 대해서는 종종 더 단순한 수학적 모델링을 적용해 처리할 수 있으며, 합리적인 경계 내에서 프로세싱 시간이 유지된다. 그러나 결과 해석에 요구되는 시간 상에 심각한 영향을 미치는 '긍정 오류'의 수가 증가하면 복잡한 애플리케이션에서는 이 접근법을 사용할 수 없게 된다.

'핵심 속성'의 마지막 두 가지는 동적 분석과 관련된다. 이들 속성은 동적 분석의 범주를 포괄적으로 기술하지 않으며, 많은 툴이 하나 이상의 속성을 포함하고 있다는 사실에 주목해야 한다.

정적 분석과 동적 분석 간의 오버랩overlap은 동적 행위를 고려해야 한다는 요구 사항이 있을 때 나타난다. 그 시점에서 컴파일되고 링크되며 실행되는 코드의 동적 분석은 정적 분석을 통해 동적 행위를 예측하는 데 한 가지 대안을 제안한다.

동적 분석은 전체로서든지 또는 단편적 기준으로든지 소스코드에 대한 컴파일과 실행을 포함한다. 다시 말해 다양한 많은 접근법이 포함될 수 있겠지만, 이들 특성이 근본적인 '기법의 툴박스'를 형성하는 다섯 가지 핵심 속성의 목록을 완성시킨다는 점이다.

구조적 커버리지 분석

구조적 커버리지 분석SCA, Structural Coverage Analysis은 컴파일되고 링크된 코드의 부분이 코드 계측 장비인 '탐색기probe'에 의해 종종 실행됐다는 것을 상세화시켜 주는 기법이다. 가장 단순한 형태로서 이들 탐색기는 수동으로 삽입된 프린트 문장을 이용해 선택된 프로그래밍 언어에 적절하게 구현될 수 있다. 이 접근법이 테스트 중인 코드에 대해 심층적인 지식을 요구하거나 잠재적인 인간의 오류를 수반하겠지만, 더 작은 프로젝트나 대단히 중요한 애플리케이션의 부분집합에 경험을 가진 프로젝트에서는 이 접근법이 존재한다.

자동화 테스트 툴은 컴파일 전에 고수준의 소스코드에 자동으로 탐색기를 추가한다.

계측 장비인 탐색기의 추가는 테스트 중인 코드를 명백히 변경시키며, 코드를 더 크고 더 느리게 만든다. 따라서 탐색기가 성취할 수 있는 것과, 특히 타이밍 오류가 관심사가 될 때는 탐색기가 사용될 수 있는 환경에도 제한이 있다. 그러나 적절한 경계 내에서 탐색기의 이용은 매우 성공적이었으며, 특히 민간 항공기의 훌륭한 안전 기록 소프트웨어에 탐색기가 크게 기여했다.

시장에서 더 정교해진 테스트 툴은 단위unit, 모듈, 통합 테스팅과는 별개로, 또는 결합해서 구조적 커버리지 분석SCA을 수행할 수 있다.

단위, 모듈, 통합 테스팅

단위, 모듈, 통합 테스팅(이후 '단위 테스팅'이라 함)은 모두 예상과는 달리 테스트 데이터(또는 '벡터')가 명시되고 검사될 수 있게 소프트웨어 코드의 작은 부분을 컴파일하고 링크하며 구축하는 접근법을 묘사한다.

전통적으로 단위 테스팅unit testing은 테스트 중인 코드의 부분집합이 명시된 대로 동작하는지 확인하기 위해 테스터가 원하는 파라미터에 노출될 수 있는 환경을 제공하는 테스트 '하네스harness' 개발을 포함한다. 여기서 테스트 하네스란 시스템 및 시스템 컴포넌트를 테스트하는 환경의 일부분으로, 테스트를 지원하는 목적하에 생성된 코드와 데이터를 말한다. 현대의 개발 환경에서 대개 이런 기법은 자동화 툴이나 반자동화 툴을 이용해서 성취된다. 그러나 더 작은 프로젝트인 경우, 또는 애플리케이션의 핵심 부분에 대해서만 숙련된 프로젝트인 경우에는 수동적 접근법이 여전히 존재한다.

일부 선도적인 자동화 단위 테스트 툴은 자체 기능에 테스트 벡터를 자동으로 정의하는 기능을 포함시켜 확장될 수 있다.

단위 테스팅과 SCA는 실행 애플리케이션의 동작과 동적 분석의 양상에 초점을 맞춘다. 단위, 통합, 시스템 테스트는 개발 중인 애플리케이션에 의해 사용되는 유사 환경에서 컴파일되고 실행되는 코드를 이용한다.

단위 테스팅은 전통적으로 단위를 먼저 테스트하고, 그런 다음 다른 테스트 단위와 통합되는 상향식 테스팅 전략을 채택한다. 그러한 테스팅 과정에서 개별 테스트 경로는 SCA를 이용해서 조사될 것이다. 분명한 것은 이와 같이 초기 테스트를 다루는 데 완성된 코드 집합이 필요하지 않다는 사실이다.

단위 테스팅은 하향식 테스팅의 형태로 기능 테스팅^{functional testing}에 의해 보완된다. 기능 테스팅은 시스템 또는 서브시스템 레벨에서 시뮬레이터상에서나 목표 환경에서 기능 테스트 케이스를 실행한다.

이러한 동적 접근법은 소스코드뿐만 아니라 컴파일러, 링커, 개발 환경까지 테스트하며, 잠재적으로는 심지어 목표 하드웨어에서도 테스트된다. 정적 분석 기법은 오류가 적은 고품질의 코드를 생산하는 데 도움을 주지만, 올바른 기능성의 제공에 관한 한은 동적 분석을 사용하는 수밖에 별도리가 없을 것이다. 단위 테스트 또는 시스템 테스트는 실제적으로 소프트웨어가 해야만 할 것을 제공하기 위해 동적 분석을 사용해야 한다.

정적 분석에 의해서든 동적 분석에 의해서든 동적 행위의 테스팅에 관해 가장 중요한 논점은 테스트되는 대상이 정확히 무엇이냐는 것일 것이다. 직감적으로 판단해 볼 때 원래부터 목표 환경에서 컴파일되고 실행되는 코드와 비교해 근사치를 내재한 수학적 모델이 불확실성에 대해서는 한결 더 많은 여지를 제공할 것이다.

요구 사항이 코드에 대한 깊은 이해가 없이도 대부분의 문제를 발견할 수 있는 일부 레거시 코드에 대한 빠른 해결책을 위한 것이라면 정적 분석을 경유해 동적 분석을 예측하는 것이 더 이점을 가질 것이다. 이와 유사하게 이 접근법은 필드에서 가끔 동적 장애의 대상이 되는 완성된 코드에 대해 신속한 결과를 제시할 수 있다.

그러나 코드의 기능성과 강건성을 제공할 뿐만 아니라 논리적이고 일관성 있는 개발 환경과 통합되고 혁신적인 개발 프로세스까지 제공할 필요가 있다면 이 접근법은 동적 단위와 시스템 테스팅을 이용하는 것이 더 현명할 것이다. 이 접근법은 코드가 강건하다는 증거와 궁극적으로 운용될 환경에서 해야 될 것이 무엇인지를 제공한다.

요구 사항 추적성

모든 밸리데이션^{validation}과 베리피케이션^{verification} 태스크의 근거로서 모든 고품질 소프트웨어는 요구 사항 정의부터 시작해야 된다. 이것은 고수준 소프트웨어의 각 요구 사항이 저수준의 요구 사항, 설계, 구현과 매핑된다는 것을 의미한다. 목표는 완성된 시스템이 정의된 대로 구현됐다는 것을 보장하기 위한 것이다. 이것이 소프트웨어 공학 실무의 근본적인 요소다.

요구 사항 분해 트리, 설계, 구현에서 고수준의 요구 사항이 뭔가 확실한 것에 매핑된다는 것만을 단순히 보장하는 것으로는 충분하지 않다. 시스템 요구 사항에 대한 완전한 집합은 고수준 요구 사항, 저수준 요구 사항, 파생된 요구 사항을 포함해 여러 가지 소스로부터 나온다. 그림 15.2에서서 보여주는 것처럼 고수준 요구 사항부터 소스코드까지는 거의 일대일 매핑이 이뤄지지 않으므로 추적성 메커니즘은 요구 사항 분해 트리 전체에 걸쳐 요구 사항에 대한 의존 관계를 매핑하고 기록해야 한다.

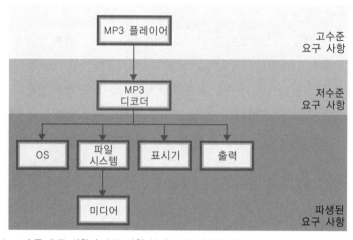

그림 15.2 고수준 요구 사항이 요구 사항 분해 트리 전체에 걸쳐 일대다 매핑 사례임을 보여준다.

설상가상으로 요구 사항의 각 레벨은 각기 다른 메커니즘을 이용해 캡처해야 될지도 모른다. 예를 들어 저수준 요구 사항은 PDF에서 캡처되고 파생 요구 사항은 스프레드시트에서 캡처되지만, 공식 요구 사항 캡처 툴은 고수준 요구 사항에 사용될지도 모른다.

현대의 요구 사항 추적성을 위한 솔루션들은 소스코드와 관련된 베리피케이션 태스크에 꼭 맞게 이들 세 가지 레벨, 즉 고수준 요구 사항, 저수준 요구 사항, 파생 요구 사항 레벨 전체에 걸쳐 매핑을 가능하게 만든다. 그림 15.3의 스크린샷은 이에 대한 하나의 사례를 보여준다. 이런 유형의 요구 사항 추적성 툴을 이용하면 얼마나 많은 요구 사항 계층과 설계, 구현 분해가 사용되든지 간에 100% 요구 사항 커버리지라는 메트릭 목표가 분명히 측정될 수 있을 것이다. 이것은 모니터링 시스템을 완성하는 데 있어 그 진행 활동을 아주 쉽게 만들어주는 역할을 한다.

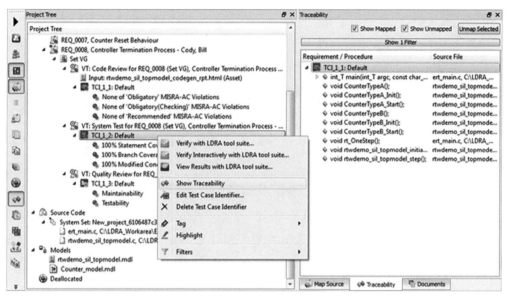

그림 15.3   고수준 요구 사항부터 소스코드와 베리피케이션 태스크까지의 추적성

대부분의 테스트 툴이 소프트웨어 개발에 필요한 요구 사항 요소를 무시하지만, 사실은 최상의 정적 분석과 동적 분석 자체만으로는 소프트웨어가 자신의 요구 사항을 실현한다는 사실을 입증하지 못한다.

우수 개발 사례로 널리 인정된 요구 사항 추적성은 모든 요구 사항이 구현된다는 사실과 모든 요구 사항 산물이 하나 이상의 요구 사항을 역추적할 수 있음을 보장한다. 양방향 추적성을 요구하는 자동차 ISO 26262나 의료 IEC 62394같은 현대 표준은 위의 한 가지로부터 개발 티어tier에 대한 파생의 필요성을 끊임없이 강조한다.

ISO 26262 표준은 다음과 같이 명시하고 있다. "이 양방향 추적성이 갖는 의도는 제품 분해의 각 레벨에 대해 양방향 요구 사항 추적성을 유지하는 것이다. 요구 사항이 잘 관리되면 추적성은 소스 요구 사항부터 저수준 요구 사항까지, 그리고 저수준 요구 사항부터 다시 소스 요구 사항까지 잘 수립될 수 있다. 이러한 양방향 추적성은 모든 소스 요구 사항이 완전히 다뤄진다는 사실과 모든 저수준 요구 사항이 유효한 소스를 추적할 수 있다는 사실을 결정하는 데 도움을 준다. 요구 사항 추적성은 또한 중간과 최종 작업 산물, 설계 문서 변경, 테스트 계획과 같은 다른 엔티티와의 관계를 다룬다."

이 접근법은 처음에 자동화 코드 리뷰를 수행하고 뒤이어 단위 테스트를 수행하며, 그 뒤에는 모든 코드 함수, 심지어 타깃 하드웨어 자체까지도 요구 사항 그대로 기술됐다는 사실을 보장하는 실행 추적 능력을 가진 시스템 테스트를 이용하는 연속적이면서 혁신적인 모델에 적합한 방법이다. 그리고 여기서 기술된 요구 사항은 대부분의 표준보다 더 엄격한 수준이다.

이 방법은 항상 칭찬할 만한 원칙으로 테스트 동안 식별된 문제를 올바르게 고치기 위해 수행했던 요구 사항이지만, 코드에 대한 마지막 순간의 변경은 이상적인 상황을 혼란스럽게 만드는 경향이 있다.

좋은 의도에도 불구하고 많은 프로젝트는 일관성 없는 소프트웨어 개발이라는 패턴에 빠져 버리는데, 이는 요구 사항, 설계, 구현, 산물에 대한 테스팅이 고립된 개발 단계에서 만들어진 다는 것을 의미한다. 이러한 고립은 요구 사항, 개발 단계, 개발 팀 간의 보잘 것 없는 결과로 이어진다.

소프트웨어 개발에 대한 전통적인 뷰를 살펴보면 각 단계는 다음 단계로 이어지고 초기 단계로 다시 피드백되며, 이들 단계의 주위에는 형상 관리와 프로세스(예를 들어 애자일^{Agile}, RUP) 프레임워크로 둘러싸여 있다. 추적성은 단계 간 관계의 한 부분으로 여겨진다. 그러나 현실은 그렇지 않다. 즉, 각각의 개별 단계는 효율적으로 수행될지도 모르지만, 이들 개발 티어 간의 연결은 프로젝트 기간 전체에 걸쳐 유지 보수를 점점 더 빈약하게 만든다.

이 난제에 대한 해답은, 이 해답이 설령 식별되지 않았더라도 프로젝트의 핵심 부분에 위치한 요구 사항 추적성 매트릭스^{RTM}에 놓여 있다(그림 15.4 참조). 링크가 물리적으로 기록되든지 혹은 관리되든지 간에 링크는 여전히 존재한다. 예를 들어 개발자는 설계 명세서를 읽어 간단히 링크를 생성하고, 구현을 위해 이 링크를 이용하는 것이다.

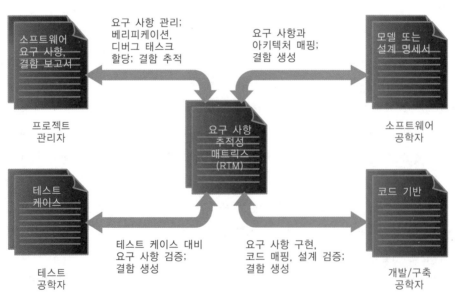

그림 15.4 RTM은 개발을 위한 설계, 코드, 테스트, 베리피케이션 단계 간의 상호작용을 정의하고 기술하는 프로젝트의 핵심에 위치한다.

안전 필수 표준은 요구 사항이 고수준의 코드까지 추적돼야 하고, 어떤 경우에는 목적 코드까지 추적돼야 한다고 지시하지만, 실용주의에서는 보통 더 많은 것을 요구한다. 전체로서의 프로젝트, 그리고 개별 프로젝트 내의 임계성criticality에 따라 세부 수준이 변하는 어떠한 프로젝트에서든 이와 유사한 접근법을 택할 수 있다. 중요한 요소는 상황에 적절한 추적성의 수준을 제공하는 것이다.

이 개발 환경의 또 다른 중요한 뷰는 RTM에 결부돼야 하는 중요성이다. 이러한 RTM의 근본적인 구심성centrality 때문에 프로젝트 관리자는 RTM 구축을 위한 툴 제작 투자에 충분한 우선순위를 둘 필요가 있다. RTM은 또한 그림 15.5에 나타나 있는 것처럼 자신의 중요성을 강조하기 위해 어떠한 수명주기 모델에서든 명백히 표현돼야 한다. 이렇게 높아진 관심을 갖고 RTM은 효율적으로, 그리고 정확하게 구축되고 관리된다.

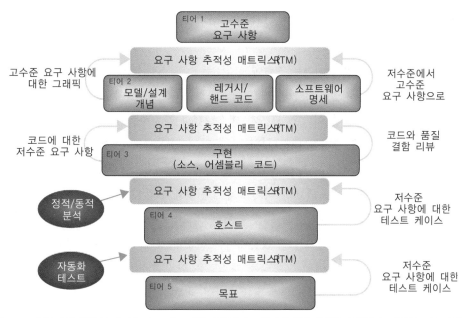

그림 15.5 요구 사항 추적성 매트릭스(RTM)는 개발 수명주기 모델에서 중심 역할을 수행한다. 개발의 모든 단계에서 산출물은 요구 사항 매트릭스에 직접 연결되고, 각 단계 내의 변경은 RTM을 자동으로 업데이트한다. 이에 따라 전반적인 개발 진행은 설계부터 코딩과 테스트를 거쳐 명확해진다.

RTM이 개발 프로세스의 중심이 될 때 RTM은 고수준 요구 사항부터 설계의 모든 단계까지 영향을 미친다. 안전 필수 애플리케이션에서는 각각의 티어가 전부 구현될 것 같지만, 그 원칙에 대한 실용적 해석은 어떤 프로젝트든 적용될 수 있다.

티어 1의 고수준 요구 사항은 개발될 시스템의 결정적 명세서definitive statement로 구성될 수 있다. 이 티어는 시스템의 규모와 복잡성에 따라 세분화될지도 모른다.

티어 2는 티어 1에서 정의된 시스템 레벨에 대한 설계를 기술한다. 특히 이 레벨은 티어 레벨 1과의 연결과 추적성에 대한 계획이 수립돼야 하며, 요구 사항 추적성 매트릭스^{RTM}를 구축하는 프로세스로 시작한다. 티어 2는 설계와 구현에 구체적인 저수준 요구 사항에 대한 캡처를 포함하며, 시스템의 기능적 기준에는 영향을 주지 않는다.

티어 3의 구현은 티어 2에 따라 개발된 소스/어셈블리 코드와 관계된다. 베리피케이션 활동은 코드에 대한 규칙 검사와 품질 분석을 포함한다. 이 레벨에서는 소스코드 파일에 대한 요구 사항 추적이 충분히 구체적이지 않을 수도 있고, 개발자도 개별 기능에 대한 연결을 할 필요가 있는 것처럼 RTM 유지 보수에는 많은 도전이 수반될 것이다.

많은 경우에 시스템은 다양한 기능을 포함할 것이다. 티어 2 요구 사항으로 돌아가 이들 각 기능에 대한 추적성은 다대소 관계를 갖는다. 수동으로 관리되는 매트릭스에서는 한 가지 이상의 이런 관계를 간과하는 것이 아주 쉬울 수 있다.

티어 4에서는 공식적인 호스트 기반 베리피케이션이 시작된다. 일단 코드가 자동화 코드 리뷰를 이용해 적절한 코딩 표준을 충족한다고 입증됐다면 하향식과 상향식 또는 이 두 가지 방식의 혼합이 될 수도 있는 테스트 전략에 단위, 통합, 시스템 테스트가 포함될지도 모른다. 소프트웨어 시뮬레이션 기법은 자동화 테스트 하네스를 생성하는 데 도움을 주며, 필요시 테스트 케이스 생성기와 실행 이력은 코드가 테스트됐다는 수준에 대한 증거를 제공한다.

필요시 그런 테스팅은 강건한 테스팅으로 보완될 수 있는데, 이에는 단위 테스트 벡터에 대한 자동 정의나 동적 행위에 대한 정적 예측의 이용을 통해 보완될 수 있을 것이다.

티어 4의 테스트 케이스는 필요시 티어 5에서 반복돼야 한다.

이 단계에서는 소프트웨어가 개발 환경 내에서 의도한 대로 기능이 잘 수행되고 있다는 것을 확인해야 하며, 설사 보장이 되지 않을지라도 타깃 환경에 있을 때는 모두 다 잘 처리될 것이다. 그러나 호스트 환경에서 수행되는 테스팅은 타깃 환경에서 테스트가 잘 유지되고 있다는 것을 간단히 확인하는 정도의 시간 소모적인 타깃 환경에 대한 테스트를 먼저 허용해야 한다.

티어 5의 타깃 기반 베리피케이션은 타깃상에서 테스팅되는 공식 베리피케이션이다. 일부 테스트가 타깃 환경 자체에서만 적용되더라도 타깃 기반 베리피케이션은 이전에 수행된 호스트 기반 베리피케이션이 타깃 환경에서 중복될 수 있는 간단한 확인으로 종종 구성된다.

신뢰성이 가장 중요하며, 예산이 허용되는 곳에서는 전 범위의 데이터 집합을 이용한 동적 행위에 대한 정적 분석은 의심할 여지도 없이 그러한 접근법을 위해 상호 보완적인 툴을 제공할 것이다. 그러나 동적 분석은 프로세스에 대한 핵심으로 여전히 남을 것이다.

코딩 표준에 엄격한 정적 분석

품질에 영향을 미치는 가장 기본적인 코드 속성 중 하나가 가독성readability이다. 코드 조각을 읽는 것이 더 쉬울수록 코드를 테스트하기가 더 쉬울 것이다. 코드 조각을 테스트하기가 더 쉬우면 쉬울수록 합리적인 완료 레벨에서 테스트할 가능성이 더 높아질 것이다. 불행하게도 혼란스러운 C 코드 국제 대회(The International Obfuscated C Code Contest)에서 시연된 것처럼 아주 간단한 애플리케이션조차 복잡하고 읽기 힘든 코드를 생성하는 데는 수많은 방법이 있다. 이 메트릭은 프로젝트 내에서 생성된 모든 코드에 대해 최소한의 가독성 수준이라는 규칙을 설정함으로써 코드의 품질을 향상시키는 데 도움을 주는 기본적 코딩 표준의 채택에 관한 내용이다.

그러나 현대의 코딩 표준은 가독성만을 다루는 방식을 훨씬 넘어서고 있다. 창안자의 지혜와 경험을 캡슐화함으로써 자동차 산업 소프트웨어 신뢰성 협회MISRA의 C와 C++ 코딩 표준, JSF 항공기의 C++ 표준, 네트리노Netrino의 임베디드 C 코딩 표준과 같은 코딩 표준은 국제 표준화 기구ISO의 표준 상태가 정의되지 않았든지, 또는 구현에 특정적이든지 이 두 가지 중 하나인 C나 C++ 영역과 같은 전반적인 코드 품질과 신뢰성에 영향을 줄 수 있는 특정한 코드 구축을 확인한다.

CERT-C 또는 C++ 안전 코딩 표준과 공통 취약점 목록CWE 같은 코딩 표준은 코드에서 잠재적으로 부당하게 이용 당할 수 있는 취약점으로 이어질 수 있는 코드 구축의 확인에도 도움을 준다.

프로젝트를 위한 최적의 코딩 표준은 프로젝트의 목표에 달려 있을 것이다. 그림 15.6에 나오는 표는 다양한 코딩 표준에 대한 개략적인 목표를 제공한다.

코딩 표준	언어	목표/애플리케이션
MISRA	C & C++	고신뢰성 소프트웨어
JSF 항공기 C++ 표준	C++	고신뢰성 소프트웨어
네트리노 임베디드 C 표준	C	결함 제로 임베디드 C 코드
CERT 안전한 C 코딩 표준	C	안전한 소프트웨어

그림 15.6 다양한 코딩 표준의 개략적 목표

실제로 대부분의 프로젝트는 이들 중 하나 또는 그 이상을 기준치로 사용하거나 특별한 요구 사항에 맞게 표준을 수정해서 자기 자신만의 맞춤식 표준을 생성할 것이다. 매우 신뢰적이고 안전한 소프트웨어가 종종 바람직하다는 것은 명백한 사실이다.

특히 이러한 신뢰성과 안전성 지향 코딩 표준이 훌륭한 분야는 일단 제품이 출시되고 나면 스스로 드러나지 않으면서 정상적인 소프트웨어 베리피케이션 프로세스 기간 동안 검출되지 않는 결함인 잠재적 결함을 초래하는 코드 구축을 확인하게 해준다. 다음과 같은 코드를 고려하자.

```
1 #include<stdio.h>
2 #include<stdint.h>
3
4 #define MAX_SIZE 16U
5
6 int32_t main(void)
7 {
8 uint16_t theArray[MAX_SIZE];
9 uint16_t idx;
10 uint16_t *p_var;
11 uint16_t UR_var;
12
13 p_var = &UR_var;
14
15 for(idx = 0U; idx <= MAX_SIZE; idx += *p_var;)
16 {
17 theArray[idx] = 1U;
18 }
19
20 for(idx = 0U; idx < MAX_SIZE; idx++)
21 {
22 printf(" %d", theArray[idx]);
23 }
24
25 return(0);
26 }
```

이 코드는 GCC와 마이크로소프트의 비주얼 스튜디오^{Visual Studio}에서 경고 없이 컴파일된다(비주얼 스튜디오는 2010 이전 버전을 위해 사용자에게 stdint.h 구현을 제공한다). 점검을 통해 경험 있는 프로그래머는 경계 오류(라인 15에서 변수 idx == MAX_SIZE일 때 하나의 오류로 떨어져 있는)를 벗어난 배열과 비초기화 변수의 참조(라인 13에서 루프 카운트가 연산자를 증가하는 것 같은)를 모두 포함하는 꽤 간단한 코드에서 오류를 발견할 수 있다. 실제 코드가 이와 같이 간단하지는 않겠지만, 심지어 이 사례에서는 포인터 에일리어싱^{pointer aliasing}이 UR_var 변수의 참조에 사용되는 것처럼 후자의 이슈로부터 일부 고립이 있을 것이다.

가장 기본적으로 경계 오류를 벗어난 배열은 합법적인 C와/또는 C++ 코드라 할지라도 버퍼 오버플로buffer overflow가 된다. 안전 관련 코드에서 버퍼 오버플로는 최악의 이용 가능한 유형, 즉 임의 코드 실행을 초래하는 가장 공통적으로 이용되는 취약점 중의 하나다.

비결정성non-determinism 또한 비초기화 변수와 결부된 문제다. 알고리즘에 나타나 있는 변수의 값을 보장할 수 없을 때 이 알고리즘의 동작을 예측하는 것은 불가능하다. 이 이슈를 더 악화시키는 것은 일부 컴파일러가 디폴트 값을 실제로 비초기화 변수에 할당하는 상황이다! 예를 들어 마이크로소프트의 비주얼 스튜디오 컴파일러는 디버그 모드에서 값 0xCCCC를 변수 UR_var에 디폴트로 할당한다. 이 값이 알고리즘의 문맥에서 무의미한 반면 결정론적이며, 따라서 코드는 항상 같은 방식으로 동작한다. 그러나 배포 모드release mode로 스위칭되면 그 값은 확실하지 않을 것이고, 그 결과 비결정적 동작이 된다(그림 15.7).

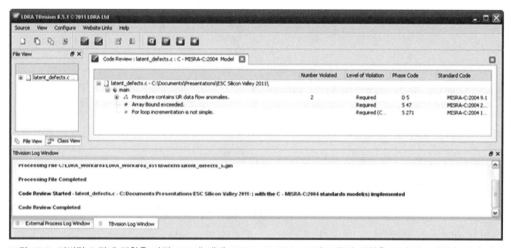

그림 15.7 리빌링 2 잠재 결함을 가진 코드에 대해 MISRA-C: 2004 코딩 표준의 시행을 보여주는 정적 분석의 결과

잠재 결함을 식별하고 제거하는 명백한 이점에 추가해 코딩 표준 시행을 위해 정적 분석 툴을 이용하는 가장 중요한 추가적인 이점은 동료 리뷰peer review에 대한 생산성에 도움을 준다는 점이다. 동료 리뷰를 위해 제출된 코드 조각이 법에 정해져 있는 것처럼 명시된 코드 표준을 위반하지 않았다는 것(즉 이런 유형의 위반이 배포 코드에 존재하지 않는다는 것)을 보장함으로써 동료 리뷰 팀은 자질구레한 사항에 대한 집중으로부터 벗어날 수 있고, 자신들이 가장 잘 할 수 있는 것에 집중할 수 있게 된다. 바꿔 말해 점검 중인 구현이 목적에 적합한지, 그리고 그들이 할 수 있는 것이 최선인지를 보장해줄 수 있다는 점이다.

실제로 코딩 표준에 대한 정적 분석 시행이 탁월한 또 다른 영역은 불필요한 코드의 복잡성을 식별하는 영역이다.

코드에서 가장 공통적인 결함 소스 중의 하나가 바로 불필요한 복잡성 때문에 실제로 테스트가 불가능한 영역이다. 복잡성 자체는 나쁜 것이 아니다. 복잡한 문제는 복잡한 해결책을 요구한다. 그러나 문제는 복잡한 코드가 필요하지 않는 장소에서 사용될 때 일어난다. 이것은 불필요하게 읽기 어렵고, 심지어 테스트하기가 더 어려운 코드 구간을 유발하며, 그 결과 동등한 구현이지만 읽기 더 쉽고 테스트하기 더 쉬운 코드보다 더 높은 결함율을 초래한다. 따라서 불필요한 복잡성은 회피해야 한다.

일부 코딩 표준은 전반적인 코드 품질을 향상시키기 위한 측정치로서 최대 코드 복잡성 한계를 포함한다. 다음에 나오는 사례연구는 순환 복잡도^{cyclomatic complexity}와 제어 흐름의 교차 지점인 노트 메트릭^{knots metrics}을 소개하며 함수가 얼마나 복잡한지를 보여주는데, 이들 요소가 어떻게 이용될 수 있는지에 대해 설명한다. 사례연구는 먼저 필수 순환 복잡도와 노트 메트릭이 함수가 구조적 방식에서 작성됐는지 아닌지를 나타내는 데 어떻게 이용될 수 있는지를 설명함으로써 시작하며, 이에 따라 이들 요소는 불필요한 복잡성의 지표를 제공하는 데 사용될지도 모른다.

필수 노트와 필수 순환 복잡도 사례연구

기본 블록과 제어 흐름 분기

초기부터 고수준의 소프트웨어 코드 구축을 어떻게 기술할 수 있는가를 고려하는 것이 바람직하다.

기본 블록은 소스 프로그램에서 하나 이상의 연속적이고 실행 가능한 문장의 연속이며, 여기서 연속이란 시작점과 종료점을 가지고 내부 분기는 없는 것을 말한다.

바꿔 말해 기본 블록에서 첫 번째 실행 가능한 문장이 일단 실행되면 동일한 기본 블록의 모든 후속 문장은 차례차례로 실행된다고 추정할 수 있다.

제어 흐름 분기와 자연적 천이는 기본 블록 간의 연결을 제공한다.

제어 흐름 그래프

소스코드에 대한 정적 분석을 수행하는 동안 소스코드와 연계된 로직의 구조를 검출하고 이해하는 것이 가능하다.

이 로직은 그래픽 다이어그램에 의해 흐름 그래프로 묘사될 수 있는데, 여기서 제어 흐름 그래프는 의사결정 경로('링크'로 부름)로 묘사되는 화살표를 가진 선과, 이 선과 상호 연결되는 소수의 기본 블록('노드'로 부름)으로 구성된다(그림 15.8).

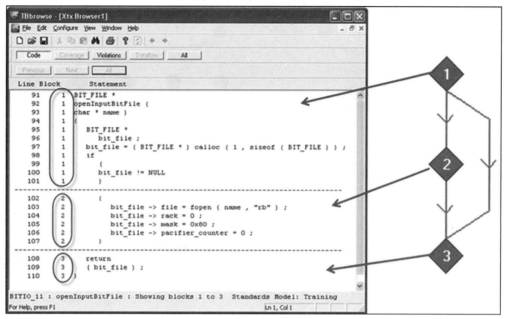

그림 15.8 새로 포맷된 코드에 분기('링크')로 연결된 기본 블록('노드')이 보인다.

이 흐름 제어 그래프는 코드 구조를 보여주는 데만 사용되는 기본적인 정적 흐름 그래프와, 소스코드의 부분이 실행됐다는 것을 보여주기 위해 실행 이력 정보와 겹쳐진 동적인 흐름 그래프로 구성된다.

C와 C++ 같은 언어에서 라인당 하나의 명령만을 보여주기 위해 코드를 새로 포맷하는 것이 종종 필수적이다. 이것은 소스코드의 단일 라인 내에서 발생하는 결정 포인트와 명령을 식별하기 위한 명명법 문제를 피하게 해준다.

노트 값 계산

노트knot는 두 개의 제어 흐름이 교차되는 지점이다(그림 15.9). 노트 자체로는 '나쁜 것'이 아니다. 사실 노트는 필연적으로 발생하며, for, while, if/else, switch, exception 같이 충분히 수용 가능한 많은 구조에서 나타난다.

노트가 선택된 프로그래밍 스타일과 고수준 언어의 함수이기 때문에 함수에서 노트의 개수는 프로그램 이행 결과로서 추가된 복잡성 지표를 나타낸다.

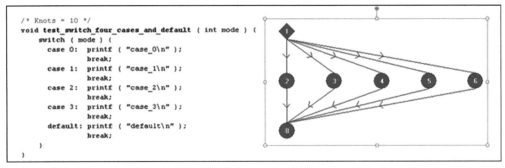

```
/* Knots = 10 */
void test_switch_four_cases_and_default ( int mode ) {
    switch ( mode ) {
      case 0:   printf ( "case_0\n" );
                break;
      case 1:   printf ( "case_1\n" );
                break;
      case 2:   printf ( "case_2\n" );
                break;
      case 3:   printf ( "case_3\n" );
                break;
      default: printf ( "default\n" );
                break;
    }
}
```

그림 15.9 switch 문장은 일반적으로 많은 수의 노트를 생성한다.

순환 복잡도 값 계산

순환 복잡도는 함수가 얼마나 복잡한지 나타내는 또 다른 측정치다. 이것은 함수에 대한 정적인 흐름 그래프의 기하학으로부터 유도된 값이다. 따라서 절댓값 자체는 약간 추상적이고 별개로는 무의미하지만, 하나의 함수와 또 다른 함수에 의해 해결할 문제에 대한 상대적 복잡성을 보여주는 비교기comparator를 제공한다.

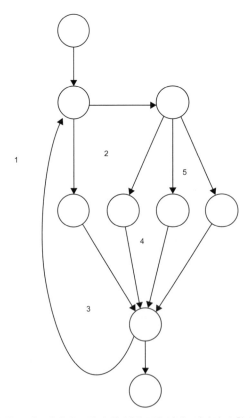

그림 15.10 정적 흐름 그래프에서 유도된 순환 복잡도의 사례, 여기서 순환 복잡도 값 V(G)=5다.

순환 복잡도는 명명법 V(G)에 의해 대수적으로 묘사되고 다양한 방식으로 유도될 수 있으며, 가장 간단한 방식은 정적 흐름 그래프에서 링크와 노드에 의해 분리된 '영역region'의 수를 계산하는 것이다(그림 15.10).

구조적 프로그래밍 템플릿 식별: 구조적 분석

'구조적' 프로그래밍의 개념은 1960년대 무렵부터 시작됐으며, 특히 뵘Bö hm, 야코피니Jacopini, 에드가 다익스트라Edger Dijkstra의 작업에서 출발했다. 현대에서 '구조적 요소'는 코드 내에서 구축된 요소로 정의하고 있으며, 그림 15.11에 묘사된 것처럼 여섯 개의 '구조적 프로그래밍 템플릿' 중 하나를 고수하고 있다.

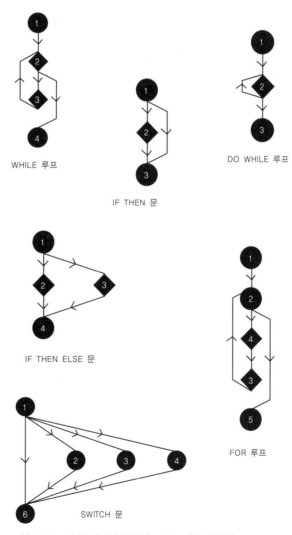

WHILE 루프

IF THEN 문

DO WHILE 루프

IF THEN ELSE 문

FOR 루프

SWITCH 문

그림 15.11 여섯 가지의 구조적 프로그래밍 템플릿

구조적 분석은 반복 프로세스며, 정적 흐름 그래프는 구조적 프로그래밍 템플릿 중 하나가 원래의 정적 흐름 그래프에 적용할 수 있는지 없는지를 확인하기 위해 사용된다. 적용이 가능하다면 템플릿에 매칭되는 그래프의 부분은 그림 15.12에 묘사된 것처럼 단일 노드로 "접어진다."

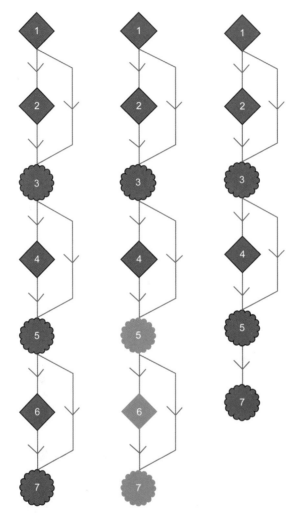

그림 15.12 구조적 분석 수행하기

템플릿 매칭의 결과로 나타난 변경된 정적 흐름 그래프에 대해 동일 프로세스가 적용되고, 더 이상의 템플릿이 매칭될 수 없을 때까지 반복적으로 수행되며, 이렇게 해서 구조적 분석은 완료된다.

필수 노트와 필수 순환 복잡도

노트와 순환 복잡도 계산이 구조적 분석의 산물인 변경된 정적 흐름 그래프에 적용될 때, 그 결과로 발생하는 메트릭은 필수 노트와 필수 순환 복잡도로 각각 알려져 있다.

정적 흐름 그래프에 단 하나의 노드만 있다면 노트는 없고 영역은 하나만 있게 된다. 이것은 구조적으로 완전한 함수가 항상 필수 노트는 없고 순환 복잡도는 1이라는 것을 의미한다.

이 '완전한' 결과의 정반대는 필수 측정치가 각각 0과 1보다 더 클 것이며, 코드가 비구조적이고 이에 따라 코드 구조가 불필요하게 복잡해질지도 모른다는 것을 즉시 나타낸다.

동적 분석의 이해

앞서 언급했던 것처럼 동적 분석은 대체적으로 애플리케이션 소스코드의 일부나 전체에 대한 실행을 포함한다. 다음 절에서는 이 도메인의 범위에 들어가는 널리 사용되는 몇 가지 기법을 소개하고 알아본다.

동적 분석 기법 중 한 가지는 그 어떤 것보다도 가장 오래된 테스트 장르인 시스템 레벨 기능 테스트일 것이다. 이 기법은 코드가 작성되고 완료될 때 애플리케이션은 샘플 데이터를 이용해 테스트되고, 테스터는 모든 작업이 제대로 수행됐는지 확인하는 방법이다.

이 접근법을 독립적으로 적용할 때 발생하는 문제는 얼마나 많은 코드가 실제로 테스트됐는지 알 수 있는 방법이 없다는 점이다. 구조적 커버리지 분석^{SCA}은 애플리케이션 소스코드의 어떤 영역이 테스트 데이터에 의해 테스트됐는지, 더 중요하게는 어떤 영역이 테스트되지 않았는지, 이에 대한 결과를 보고함으로써 이런 문제를 처리한다. 가장 단순한 형태로서의 SCA는 구문 커버리지 형태로 보고된다. 더 정교한 보고 메커니즘이 구축될 수 있는데, 이는 의사 결정 포인트에 대한 커버리지와 심지어 제어 흐름 경로를 보고하기 위해서다.

단위 테스트는 동적 분석 기법에 널리 사용되는 기법이며, 거의 소프트웨어 개발 그 자체라고 할 수 있다. 가장 기본적으로 이 기법의 초석은 각각의 애플리케이션 빌딩 블록(단위), 즉 개별 프로시저, 함수, 클래스가 구축되고, 애플리케이션의 나머지로부터 그 어떤 혼란스러운 입력 없이도 무엇을 해야 할지를 확실히 하기 위해 테스트 데이터를 가지고 독립적으로 실행된다.

이 프로세스에서 필수적인 독립적 상태를 제공하기 위해서는 하네스 프로그램이 필요한데, 여기서 하네스 프로그램은 단위를 호출하고 포함된 파일을 상세히 열거하며, 단위에 의해 호출되는 프로시저를 '스텁^{stub}'하고 테스트 중의 단위^{UUT}를 위한 데이터 구조를 준비하는 홀딩 메커니즘$^{holding\ mechanism}$으로 동작한다.

하네스는 제1 원칙으로부터 많은 시간과 노력을 요하는 태스크의 생성뿐만 아니라 많은 기술까지도 택해야 한다. 대개 하네스 프로그램은 적어도 테스트 중인 단위만큼 많은 테스팅을 요구한다.

더 중요한 사실이지만, 소프트웨어 테스팅의 근본적인 요구 사항은 소프트웨어 목표와 독립적 뷰를 제공하는 것이다. 하네스를 수동으로 구축하기 위해 요구되는 아주 친숙한 코드 지식은 테스트의 정당성을 위태롭게 하는 테스트 프로세스의 독립성과 절충된다.

고집적 시스템의 유물

의료, 철도, 항공, 국방 산업 분야에 대한 애플리케이션 개발에서 단위 테스트는 소프트웨어 개발 수명주기의 필수적인 부분이다. 즉, 필요악이다. 이러한 고집적high-integrity 시스템에서 단위 테스트는 의무적이며, 가능한 한 가장 효율적인 방식에서 어떻게 이 단위 테스트를 완료할 수 있는지가 유일한 질문이다. 따라서 그러한 효율성을 제공하기 위해 툴을 개발하는 많은 회사가 틈새시장niche market으로 성장하게 된 것은 우연의 일치가 아니다.

안전 필수가 아닌 환경에서 단위 테스팅은 원칙적으로 훌륭한 아이디어지만, 상업적으로는 정당화가 되지 않는다. 그런 입장에서 중요한 요소는 프로젝트 시작 시점에서 넘쳐나는 자연스런 낙관주의다. 그 단계에서 사람들은 왜 단위 테스팅에 돈을 소비해야 하는 걸까? 팀에는 훌륭한 공학자가 있고 설계는 튼튼하며 건실한 관리가 준비돼 있다. 무엇이 잘못될 수 있을까?

일은 벌어질 수 있고 잘못될 수 있으며, 단위 테스트가 성공은 보장할 수 없지만 장애를 최소화하는 데는 확실히 도움을 줄 수 있다. 따라서 고집적 시스템에서 신속하고 쉬운 단위 테스트를 제공하기 위해 설계되고 입증된 툴들을 고찰해보면 똑같은 단위 테스트가 다른 소프트웨어에서 동작하는 테스트에도 확실한 솔루션을 제공하는 것은 이치에 맞는 얘기일 것이다.

단위, 모듈, 통합 테스트 정의

'단위 테스트'란 용어와 '모듈 테스트'는 동의어다. '단위unit'란 용어는 단일 프로시저에서의 테스팅을 의미하며, 이에 비해 '모듈module'은 관련 프로시저의 집합을 암시하며, 아마도 애플리케이션 내의 일부 특별한 목적을 수행하기 위해 설계된다.

후자의 정의를 이용해보면 수동으로 개발된 모듈 테스트가 단위 테스트보다 더 쉽게 구축될 것 같고, 특히 모듈이 애플리케이션 자체의 기능적 양상을 묘사한다면 더욱 쉽게 구축될 것이다. 이 경우 프로시저에 대한 대부분의 호출은 서로 관련되며, 코드는 관련 데이터 구조에 접근하고, 이것은 더 쉬운 하네스 코드를 준비하게 만든다.

테스트 툴은 단위 테스트와 모듈 테스트 간의 중복을 구별하게 만든다. 단일 프로시저를 독립적으로 테스트하는 것은 완전히 가능한 일이며, 정확하게 동일 프로세스를 이용해 다중 프로시저, 파일 또는 프로시저의 다중 파일, (적절한 장소에서는) 클래스, 전체 시스템의 기능적 부분집합을 테스트하는 것도 똑같이 가능한 일이다. 그 결과 단위 테스트와 모듈 테스트 간 구별은 '단위 테스트'라는 용어가 양쪽의 개념을 모두 포함하는 정도까지 점점 더 무관해질 것이다.

이러한 유연성은 혁신적인 통합 테스팅을 촉진시킨다. 프로시저는 먼저 단위를 테스트하고 그런 다음 서브시스템의 한 부분으로 수집되며, 이것은 차례로 시스템 테스트를 수행하기 위해 함께 합쳐진다.

덜 필수적인 애플리케이션에 대해 실용적 접근법이 요구될 때 이것은 또한 옵션을 제공한다. 단일 테스트 케이스 집합은 명시된 프로시저에 대해 테스트할 수 있으며, 그림 15.13에 묘사돼 있는 것처럼 모든 프로시저는 단일 프로시저의 수행 결과로서 호출된다. 전체 호출 체인의 기능성을 입증하는 테스트 케이스의 이용은 쉽게 구축된다. 다시 말해 리뷰 중인 코드의 중요도에 따라 프로세스의 '짜 맞추기'가 쉬워진다.

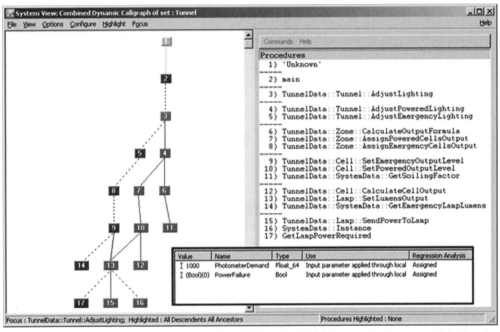

그림 15.13 단일 테스트 케이스(그림 내에 삽입된 표)는 연관된 호출 체인의 일부나 전부를 테스트할 수 있다. 이 사례에서 'AdjustLighting'은 적색으로 테스트된 코드가 붉은색으로 강조됐음을 나타낸다.

구조적 커버리지 분석 정의

구조적 커버리지 분석^{SCA} 접근법은 대체적으로 시스템의 품질 목표를 충족시키기 위해 충분한 테스팅이 시스템에서 수행됐는지를 보장하는 것이다.

가능한 가장 완벽한 테스팅에서 테스트 중인 코드를 통해 가능한 모든 실행 경로가 적어도 한 번은 실행됐음을 보장하는 것은 필수다. 실제로 이것은 이룰 수 없는 목표다. 1976년, 마이어스$^{G.J.\ Myers}$가 수행했던 관찰은 이것이 왜 이룰 수 없는 목표인지 설명하고 있다. 마이어스는 10^{18}개의 유일 경로를 가진 100라인의 프로그램에 대해 설명했다. 비교 목적을 위해 마이어스는 우주의 나이가 4×10^{17}초 정도밖에 안된다고 언급했다. 이러한 관찰을 통해 마이어스는 소프트웨어 실행 경로에 대한 완벽한 테스팅은 불가능하며, 테스팅의 완벽성에 접근하기 위해서는 근사적 선택과 또 다른 메트릭이 요구된다고 결론을 내렸다.

테스팅의 효과성을 평가하는 데 있어 구조적 커버리지 분석^{SCA}이 훌륭한 기법이라는 사실이 입증됐다. 이상적인 100% 실행 경로에 대해 가장 밀접한 SCA 메트릭은 선형 코드 시퀀스와 점프^{LCSAJ}라는 소프트웨어 분석 기법이나 점프 투 점프 경로$^{JJ-path}$ 커버리지를 기반으로 한다. LCSAJ 분석 기법은 간격이라 부르는 단일 입력 경로와 단일 출력 경로를 가진 코드 구간을 식별한다. 각각의 간격 내에서 가능한 각각의 실행 경로가 식별된다. 그런 다음 간격 내에서 가능한 실행 경로를 측정함으로써 SCA 메트릭이 결정된다.

이러한 모든 메트릭 중에서 SCA의 측정을 위해 툴을 이용하는 것은 측정의 효율성, 효과성, 정확성을 크게 증가시킨다. 게다가 결과를 시각화하는 것은 전반적인 커버리지 측정을 개선하는 데 있어 어떤 추가적인 테스트 케이스가 요구되는지에 대해 훌륭한 피드백을 제공한다. 예를 들어 그림 15.14와 15.15 모두 동일한 커버리지 정보를 나타내고 있으며, 여기서 빨간색은 코드가 실행됐다는 것(즉 '핫^{hot}' 경로)을 나타내고, 파란색은 코드가 아직 실행되지 않았다는 것(즉 '콜드^{cold}' 경로)을 나타내는 데 사용된다.

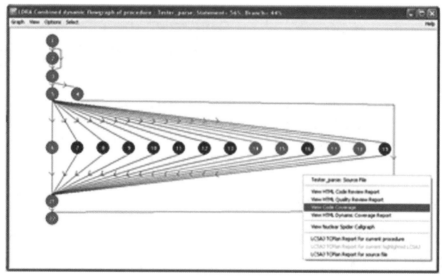

그림 15.14 제어 흐름 그래프 대비 커버리지 분석 결과의 예

```
        case 'w' :
                BarcodeReader_barcode ( 12350w ) ;
                break ;
        case 'c' :
                Keyboard_cancel ( ) ;
                break ;
        case 'e' :
                Keyboard_end ( ) ;
                break ;
        case 's' :
                Keyboard_start ( ) ;
                break ;
        case 'r' :
                randomShopping ( ) ;
                break ;
        case 'q' :
                goodbye ( ) ;
                break ;
        case '\n' :
                /* ignore crif */
        case '\r' :
                /* ignore crif */
        break ;
                /* For any another character, display the help message */
        default :

                Tester_help ( ) ;
                break ;
```

그림 15.15 소스코드 대비 제시된 커버리지 분석 결과의 예

이러한 결과로부터 남아 있는 '콜드cold' 경로를 테스트하기 위해 어떤 테스트 데이터를 생성하는 것이 필요한지 결정하는 것은 아주 쉬운 일이며, 이것은 극히 간단한 증명을 위해 요구되는 품질 지향 보고를 생성하는 능력을 만들어낸다.

탠덤에서 단위 테스트와 시스템 테스트에 의한 코드 커버리지 성취

전통적으로 많은 애플리케이션은 테스트 데이터를 얼마나 주의 깊게 선택했는지에 상관없이 기능적 수단에 의해서만 테스트돼 왔으며, 실제로 테스트된 코드율은 매우 제한될 수밖에 없었다.

이런 이슈는 이런 방식으로 테스트된 프로시저가 현재의 애플리케이션 범위와 테스트 환경 내에 있는 데이터만 처리할 것 같은 사실에 의해 더욱 악화됐다. 약간이라도 변경 사항이 있다면(아마 애플리케이션이 사용된 방식에서, 그렇지 않으면 코드에 대한 약간의 변경의 결과로서) 애플리케이션은 필드에서 완전히 테스트되지 못한 채 동작할 수 있다.

물론 시스템의 모든 부분이 단위 테스트되고 통합 테스팅을 통해 단편적 기준을 기반으로 점차적으로 분석된다면 이런 일은 발생하지 않을 것이다. 하지만 테스트 기간과 자원이 그런

테스트를 허용하지 않는다면 어떻게 될까?

더 정교한 단위 테스트 툴은 계측 코드에 대한 기능을 제공한다. 이 계측 코드는 '트랙' 실행 경로를 갖추고 있으며, 실행 동안 테스트됐던 애플리케이션 부분에 대한 증거를 제공한다. 이 접근법은 그림 15.16에서 묘사된 것 같은 데이터를 생성하기 위해 정보를 제공한다.

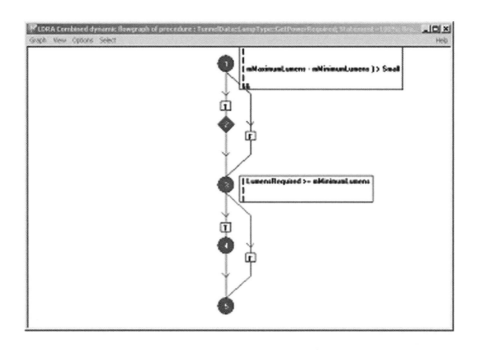

그림 15.16 시스템 테스트 이후 대부분의 기능은 테스트되지만 방어적 프로그래밍과 연관된 분기는 테스트되지 않고 남게 된다.

코드 커버리지는 테스팅 프로세스에서 중요한 부분이며, 테스트를 하는 동안 테스트되고 입증된 코드의 백분율을 보여준다. 모든 코드가 올바르게 테스트됐다는 입증을 단위 테스트 단독으로 할 필요는 없다. 이 목적을 달성하기 위해 일부 단위 테스트는 전체로서 시스템을 위해 요구되는 실행 커버리지 레벨을 제공하기 위해 시스템 테스트와 결합해서 사용될 수 있다.

이것은 시스템 테스팅이 애플리케이션 동작에서 일반적으로 테스트되지 않을 수도 있는 코드를 테스트시키기 위해 단위 테스트에 의해 보완될 수 있음을 의미한다. 여기서 포함할 수 있는 사례로는 방어적 코드(예를 들어 의도치 않게 0으로 나누는 것으로 인한 고장을 예방하기 위해), 예외 처리, 인터럽트 처리가 있다.

탠덤에서의 단위 테스트와 시스템 테스트 사례연구

C++로 작성된 조명 시스템에서 다음과 같은 함수를 고려한다. 일곱 번째 라인은 방어적 코드를 포함하고 있으며, 0으로 나누는 오류가 발생할 수 없게 설계돼 있다.

```
1 Sint_32 LampType : : GetPowerRequired(const Float_64 LumensRequired) const
2 /* Assume a linear deterioration of efficiency from HighestPercentOutput lm/W output from each lamp at
3 maximum output, down to LowestPercentOutput lm/W at 20% output. Calculate power required based on
4 the resulting interpolation. */
5 {
6   Sint_32 Power = 0;
7   if (((mMaximumLumens-mMinimumLumens)>Small) && LumensRequired >= mMinimumLumens))
8   {
9       Power = (Sint_32)(mMinimumPower + (mMaximumPower - mMinimumPower)*
10              ((LumensRequired - mMinimumLumens)/(mMaximumLumens - mMinimumLumens)));
11  }
12  return Power;
13 }
```

시스템 테스트 이후 이 함수에 대한 동적 흐름 그래프는 대부분의 문장과 제어 흐름 결정이 시스템 테스트의 한 부분으로서 테스트됐다는 것을 보여준다. 그러나 올바르게 구성된 시스템에서 mMaximumLumens와 mMinimumLumens의 값은 테스트된 코드에 대한 방어적 양상을 강제하기에 충분할 정도로 절대 비슷하지 않을 것이다.

단위 테스트는 시스템 테스트를 수행하는 동안 달성되는 코드 커버리지를 보완하기 위해 사용될 수 있으며, 이는 방어적 분기를 강제하게 만든다(그림 15.17).

그런 다음 단위 테스트와 시스템 테스트의 커버리지가 결합될 수 있으며, 이에 따라 완전한 커버리지가 증명된다(그림 15.18).

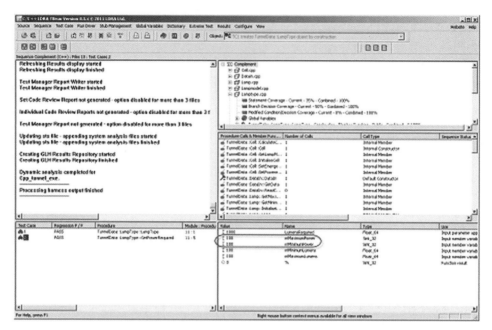

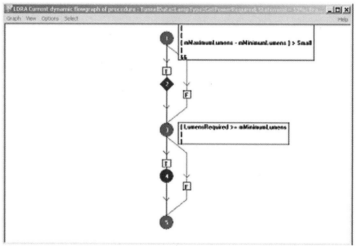

그림 15.17 단위 테스트는 시스템 테스트에 의해 테스트되지 못하고 남아 있는 방어적 분기를 테스트한다.

리그레션 테스트를 통한 기능성 유지

개발 과정 동안 너무 자주 계속되는 발전은 완전성이 고려되는 소프트웨어의 기능성과는 절충돼야 한다.

이런 이유로 소프트웨어가 계속 발전하는 한 기존 테스트를 계속해서 재적용하고 사전에 결정된 예상 결과와 비교해 차후 테스트 결과를 추적 관찰하는 일은 필수적이다. 이것이 리그레션 테스팅regression testing으로 알려진 프로세스다. 이 리그레션 테스트는 종종 테스트 시퀀스를 저장하기 위해 테스트 케이스 파일을 이용함으로써 성취되며, 그런 다음 절충된 원래의 기능성이 하나도 없다는 것을 입증하기 위해 개정된 어떤 코드에든 이 테스트 시퀀스를 재현하고 재적용하는 것은 가능한 일이다.

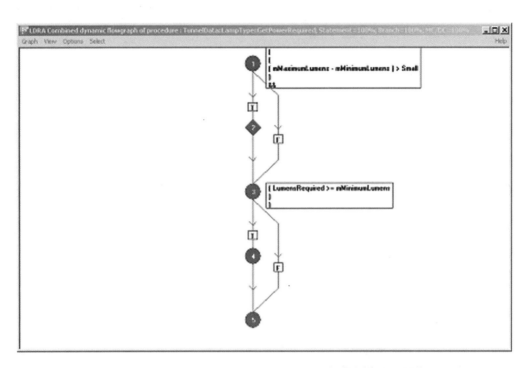

그림 15.18 완전한 커버리지가 시스템 테스트와 단위 테스트의 결합에 의해 증명된다.

일단 구성되면 더 정교한 리그레션 테스트 프로세스가 백그라운드 태스크로서 시작될 수 있으며, 매일 밤마다 동작할 수 있을 것이다. 초기 테스트 동작에 의해 생성된 출력에 변경이 있다면 이 변경을 강조해서 보고할 수 있다. 이런 방식으로 애플리케이션 동작에 의도치 않은 변경을 초래하는 그 어떠한 코드 변경이든 즉시 식별되고 수정될 수 있으며, 다른 동시 처리 테스트 프로세스에 대한 리그레션 테스트의 영향도 최소로 유지할 수 있다.

현대의 단위 테스트 툴은 사용하기 쉽고 직관적인 사용자 친화적 포인트앤클릭point-and-click 그래픽 사용자 인터페이스GUI를 갖추고 있다. 그러나 실물 크기의 개발에서 요구될 가능성이 있는 수천의 테스트 케이스를 구현하는 데 있어서는 이 GUI 인터페이스가 항상 가장 효율적인 방식은 아니라는 사실이다. 이러한 사실을 인식하면서 마이크로소프트 엑셀 같은 애플리케이션에서 직접 개발되는 테스트 케이스 파일을 허용하기 위해서는 더 정교한 테스트 툴이 설계돼야 한다. 앞서와 마찬가지로 테스트 케이스 파일이 보유하고 있는 테스트 케이스를 동작시키기 위해 '리그레션 테스트' 메커니즘을 사용할 수 있다.

단위 테스트와 테스트 주도 개발

개발된 코드를 입증하기 위해 단위 테스트 툴을 사용하는 것 외에도 여전히 개념 단계에 머물러 있는 코드에 대한 테스트 케이스 개발에도 이 단위 테스트 툴을 사용할 수 있다(테스트 주도 개발TDD, Test Driven Development로 알려져 있는 접근법이다). 그림 15.9에서 보여주는 것처럼 TDD는 사용자가 바라는 향상이나 새로운 기능을 정의하기 위해 사전에 작성된 단위 테스트 케이스를 기반으로 짧은 개발 반복을 이용하는 소프트웨어 개발 기법이다. 각각의 반복에서는 소프트웨어에 특정한 테스트 집합을 통과시키는 데 필요한 코드를 생산한다. 프로그래머나 팀은 변경을 수용하기 위해 기존 코드를 재작성한다.

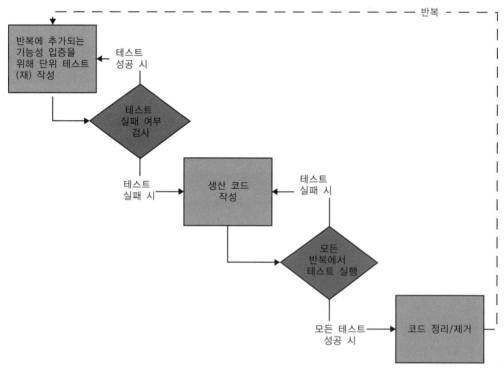

그림 15.19 단위 테스트 툴은 소스코드가 가용되기 전에 테스트 케이스를 작성하는 메커니즘을 제공함으로써 테스트 주도 개발(TDD)에 아주 적절하다.

테스트 케이스 자동 생성

단위 테스트는 보통 요구 사항에 충실한가를 보여주기 위해 수행되며, 코드의 구성 요소가 설계된 대로 자신의 기능을 제대로 수행하고 있는지를 보여준다.

일반적으로 단위 테스트를 통해 생성된 출력 데이터는 그 자체로 중요하지만, 모든 경우에 항상 필수적이라고는 할 수 없다.

단위 테스트가 성공적으로 완료됐다는 사실이 테스트 데이터 자체보다 더 중요할 때도 있다. 이러한 상황을 가능한 한 더 효율적으로 처리하기 위해 더 정교해진 단위 테스트 툴은 테스트 중인 소프트웨어에 대한 초기의 정적 분석에서 획득한 정보를 기반으로, 자동으로 테스트 케이스를 생성할 수 있다. 예를 들면 다음과 같다.

- 소스코드가 강건한 테스트를 통과하기 위해 요구될 수 있다.
- 소스코드의 기능성이 이미 입증될 수도 있겠지만 요구되는 코드 커버리지 레벨은 불만족스러울 수 있다.
- 소스코드의 '성격 프로파일personality profile'이 소스코드의 변경 이전에 요구될 수 있다. 연속된 테스트 케이스가 변경되지 않은 코드를 기반으로 생성될 수 있으며, 소스가 변경됐을 때 기존 기능성에 해로운 영향이 의도치 않게 미치지 않았음을 입증하기 위해 다시 테스트될 수 있다.

이런 방식으로 생성된 테스트 케이스를 조정하기 위해 툴들은 고려돼야 하는 코드의 다양한 양상을 허용하기 위해 옵션의 범위를 제공한다. 예를 들어 옵션은 다음을 포함할 수 있다.

- 상위와 하위 경계 값 테스트를 위한 테스트 케이스 생성
- 최소/평균/최댓값 생성
- 코드 커버리지의 최대화를 위한 최적의 테스트 케이스 수 생성

경고의 글

잠재적인 '은 탄환silver bullet'으로서 테스트 케이스의 자동 생성을 보이는 것은 쉬울 것이다. 여기서 은 탄환이란 최소의 노력으로 가능한 모든 테스트에 대한 질문에 답할 수 있는 것을 말한다.

이것은 (예를 들어 테스트 케이스가 무한 루프나 널NULL 포인터를 발생하지 않는다는 것을 보장하기 위해 주의가 요구되더라도) 확실히 테스트 케이스를 생성하는 쉬운 방법을 보여준다.

그러나 기본 전제에는 고유한 타협이 존재한다. 테스트 자체는 외부의 그 어떤 요구 사항도 아니고 소스코드를 기반으로 한다. 기법을 비난하는 자들은 자동으로 생성된 테스트 케이스는

소스코드가 작성된 그대로 수행되고 있다는 사실만을 입증할 뿐이고 요구 사항에 대한 해석에서 근본적인 결함이 포함돼 있다면 아무 것도 입증하지 못할 것이라고 주장할지도 모른다.

그러한 테스트 프로세스가 테스트 독립성의 원칙과 절충된다는 것은 분명한 사실이지만, 자동으로 생성된 테스트가 시스템에서, 혹은 단위 테스트 레벨 중 하나에서 기능 테스팅을 대체할 수 있거나 대체해야 한다고 제안하는 것은 확실히 그렇지 않다.

그러나 선도적인 테스트 툴에서 일단 테스트 케이스가 생성됐다면 테스트 툴의 기능성은 관례상 정의된 단위 테스트를 위해 제공되는 기능과 동일하다는 사실에 주목해야 한다. 각각의 테스트 케이스에 대한 입력과 출력은 인스펙션inspection을 위해 가용하며, 이에 따라 필요하다면 소프트웨어부터 생성된 각각의 케이스까지 반응의 정확성을 확인할 수 있다.

표준 설정

최근 품질에 대한 관심사는 많은 산업체에게 소프트웨어 개발의 품질을 향상시키는 방법을 심각하게 고찰하게 만들었다. 놀랄 것도 없이 각기 다른 부문에는 소프트웨어 품질에 뚜렷한 차이가 있다. 자동차 산업은 데이터베이스에 모든 요구 사항을 목록화하는 임무를 훌륭히 완수했는데, 이는 원래 MISRA 소프트웨어 코딩 가이드라인이었다. 그러나 철도 산업과 프로세스 산업은 모든 요구 사항을 추적할 필요성과 더불어 전기, 전자, 프로그램 가능한 전자 시스템의 전체 개발 주기를 관리하는 오랜 표준을 갖고 있었다. 자동차 분야는 최근에서야 포괄적broad-based 접근법과 유사한 표준 초안을 소개했다.

이와 대조적으로 의료 소프트웨어 가이드라인은 일반적으로 리스크가 낮은 애플리케이션과 좀 더 유사한데, 이것은 심지어 소프트웨어 장애 발생 시에 심각한 물리적 손상이나 죽음이라는 결과를 초래할 수도 있다. 의료 소프트웨어와 다른 안전 필수 표준 간의 명백한 차이점이 있음에도 불구하고, 표준 준수와 요구 사항 추적 프로세스를 통해 소프트웨어가 신뢰성이 있다고 입증됐던 경우에는 더 강제하게 될 것이다.

표준 용어

쉽게 말해 어떻게 프로세스가 관리돼야 하는지 정의돼 있는 문서가 있으며, 코드 작성 프로세스에서 프로그래머에 의해 사용되는 명령어와 스타일이 지시돼 있는 표준도 있다.

이들 그룹은 더 나눌 수 있다. 예를 들면 자신들의 노력에 대해 효율적으로 승인 받기를 기대하는 개발 팀에서 사용할 수 있는 많은 명령 집합이 있다. 그렇다면 이러한 규칙 집합을 총괄적으로 무엇이라 불러야 하는가?

불행하게도 이런 문서를 실제로 어떻게 불러야 되는지에 대해 책임 있는 위원회조차 이 용어에 대한 의견 일치가 거의 이뤄지지 않고 있다.

예를 들어 MISRA C:2004 문서에는 '필수 시스템에서 C 언어를 이용하는 가이드라인'이라 는 제목이 붙어 있으며, 이에 따라 이 문서의 개별적인 코딩 명령 각각은 '가이드라인'이 된다.

이와 반대로 HICC++ 문서는 '코딩 표준 매뉴얼'로 알려져 있으며, 각각의 개별적인 명령을 '규칙'이라 부른다.

이 두 문서가 본래 유사하더라도 이들 문서에 대한 논의를 계속 유지하기 위해서도 어느 정도 용어에 대한 정의를 결정할 필요가 있다.

그러한 이유로 15장은 처음부터 끝까지 '프로세스 표준', '코딩 표준', '코딩 규칙'을 참조하 고 있으며, 조직 내에서 사용되는 '내부 표준internal standard', 예를 들어 전문 위원회에 의해 수립된 '공인 표준recognized standard'과는 구별된다.

공인 프로세스 표준의 진화

의료 소프트웨어 표준인 IEC 62304에 대한 진화를 고려하는 것은 흥미로운 일이 될 것인데, IEC 62304가 다른 많은 부문이 갖고 있던 초기의 경험을 잘 반영해서 만든 표준이기 때문이 다(그림 15.20).

선두적인 안전 필수 표준

항공 전자	DO-178B(1992년 첫 출판) / DO-178C
산업	IEC 61508(1998년 첫 출판)
철도	CENELEC EN 50128(2001년 첫 출판)
핵	IEC 61513(2001년 첫 출판)
자동차	ISO 26262(2011년 첫 출판)
의료	IEC 62304(2006년 첫 출판)
프로세스	IEC 61511(2003년 첫 출판)

그림 15.20 많은 안전 필수 표준은 일반 표준인 IEC 61508에서 진화됐다. 이 분야에서 상대적으로 후발 주자인 부문(강 조된 부문)들은 자신의 목적 달성에 도움이 되는, 인정받고 입증된 툴의 가용성에 의해 이점을 갖는다.

미국 정부는 이런 상황의 부조화를 잘 인식하고 있으며, 마약과 의료장비 책임 법령 (http://www.govtrack.us/congress/bill.xpd?bill=s111-882)을 이용해 이의 대처 방법을 고려하고 있다.

최근 미국식품의약국^{FDA}에서는 백스터 건강관리센터^{Baxter Healthcare}와 그들의 주입 펌프에 대한 응징 행동, 즉 이 회사를 강제로 소환할 수 있는 행동을 채택했다(http://www.fda.gov/NewsEvents/ Newsroom/PressAnnouncements).

최종 결론은 상업적 압력의 결과로 인해 많은 의료장비 공급자가 그들의 소프트웨어 개발 프로세스를 향상시키려는 움직임을 보였다는 사실이다. 간단히 말해 의료장비 공급자들이 그렇게 방향을 선회한 것은 자신들의 '최종 결과'에 영향을 미치기 때문이었다.

안전 필수 부문에 적용된 표준에서 공통적인 개념은 개발 중인 시스템 내의 각 기능에 대한 긴요도^{criticality}를 결정하는 데 티어로 구성된 리스크 기반 접근법을 사용한다는 점이다. 전형적으로 알려진 '안전성 통합 레벨^{SIL, Safety Integrity Levels}'에서는 보통 전체 시스템이나 시스템 컴포넌트의 불합리한 잔여 리스크를 회피하기 위해 필수 안전 대책을 구체적으로 명시하는 데 사용되는 네 가지 혹은 다섯 가지의 등급이 있다. SIL은 상황 빈도, 가능한 피해의 영향, 제어되거나 관리될 수 있는 상황의 정도를 기반으로 발생되는 위험 이벤트^{hazardous event}의 리스크를 기반으로 할당된다(그림 15.21).

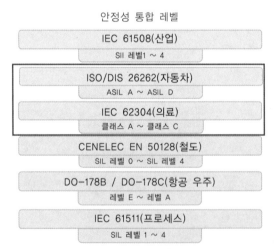

그림 15.21 레벨 묘사에 사용되는 용어가 변할지라도, 적용된 표준 모두 안전성 통합 레벨의 개념이 적용된다. 다시 말해 원칙은 그림의 강조된 부문, 즉 최신 표준에 적용된다.

공인된 소프트웨어로 전이하려는 회사는 자사의 설계에 표준 관련 기술적 안전 요구 사항을 통합해야 한다. 설계가 표준을 따른다는 사실을 보장하기 위해 회사에서는 코딩, 테스팅, 베리피케이션을 통해 설계로부터 이들 안전 요구 사항을 성취할 수 있음을 나타낼 수 있어야 한다.

이 표준의 채택을 용이하게 하고 요구 사항 이행을 관리하기 위해 많은 회사가 갭 분석^{gap analysis}을 이용한다. 갭 분석은 비즈니스의 현 상황과 미래 비전 간의 차이(갭)를 알아내기 위해 데이터를 수집하고 분석함으로써 시작한다. 갭 분석은 운용 프로세스와 생성된 산물을 조사하며, 평가를 위해 보통 제3자를 활용한다. 갭 분석 결과, 어떤 회사나 어떤 개별 프로젝트가 그런 역할을 할 것인지 발견한다.

ISO 26262 인증 프로세스 표준 사례연구

의료 부문에서의 IEC 62304 같이 ISO 26262도 상대적으로 자동차 산업 부문에서는 신규 표준이다. 따라서 이 표준은 향후 표준을 어떻게 구현해야 할지에 대한 사례로서 좋은 도움을 제공할 것이다.

자동차 산업 내에서 증가하는 전자 시스템의 사용에 대응하고, 특히 안전 필수 기능에 대한 애플리케이션을 인식해서 ISO 26262는 도로를 주행하는 차량의 전기/전자/프로그램 가능 전자E/E/PE 시스템의 애플리케이션 부문 특정 니즈를 준수하기 위해 만들어진 표준이다.

IEC 61508 속성 표준에서 가져온 기반 외에 이 표준은 DO-178B/DO-178C 표준과 마찬가지로 우주항공 애플리케이션에서 훨씬 더 많이 나타났다. 특히 MC/DC(변경된 조건/결정 커버리지 - 다중 조건을 가진 코드 라인을 적절히 테스트하는 데 요구되는 테스트를 지시한 기법)에 대한 요구 사항과 구조적 커버리지 분석 프로세스는 매우 유사하다.

안전성은 자동차 시스템 개발에서는 이미 중요한 요소다. 운전자 지원, 제동과 조향 시스템, 안전 시스템 같은 영역에서 계속 증가하는 E/E/PE의 사용으로 인해 이 안전성의 중요성은 계속 증가할 것이다.

표준은 안전 필수든 필수가 아니든 간에 자동차 시스템과 그 장치에 대해 요구되는 모든 소프트웨어 생산을 위해 상세한 산업 특정 가이드라인을 제공한다. 이 가이드라인은 리스크 등급(자동차 안전성 통합 레벨, ASIL)에 대한 결정을 비롯해 리스크 관리 접근법을 제공한다.

불합리한 잔여 리스크를 회피하기 위해 필수 안전 대책을 구체적으로 명시한 네 가지의 ASIL 레벨(ISO 26262의 A-D)이 있으며, 여기서 D는 가장 긴박한 레벨을 나타낸다.

ASIL은 전체 시스템이나 시스템 컴포넌트에 대한 특성이 아니라 주어진 안전 기능에 대한 특성이다. 안전 관련 시스템에서 각각의 안전 기능은 다음 속성을 기반으로 평가되는 각 위험 이벤트에 대한 리스크로 할당된 적절한 ASIL을 가질 필요가 있다.

- 상황 빈도(또는 '노출 정도')
- 가능 손실에 대한 영향(또는 '심각도')
- 제어 용이도

이들 세 가지 속성 값에 따라 주어진 기능 결함에 대해서는 적절한 자동차 안전성 통합 레벨[ASIL]이 평가되며, 주어진 안전 기능에 대해서는 전반적인 ASIL이 결정된다.

ISO 26262는 이들 안전성 레벨을 개발 프로세스 동안 충족돼야만 하는 안전 특정 목표로 번역한다. 따라서 할당된 ASIL은 표준 준수 여부 증명을 위해 요구되는 노력 수준을 결정한다. 이것은 자동차의 연속 안전 동작에 필수적인 시스템(예를 들어 전자 제어 조향 시스템)을 생산하는 데 드는 노력과 비용이 장애 발생 시 미약한 영향만 미치는 시스템(예를 들어 자동차 내의 엔터테인먼트 시스템) 생산에 요구되는 비용보다 필연적으로 더 높다는 의미다.

표준은 표준에 구체적으로 명시된 요구 사항에 초점이 맞춰진 성숙한 개발 환경을 요구한다. ISO 26262의 준수를 주장하기 위해서는 요구 사항이 적용되지 않거나 불이행이 받아들여지는 예외 경우를 제외하고는 대부분의 요구 사항들은 공식적으로 검증될 필요가 있다.

이 표준의 4부는 시스템 레벨에서의 제품 개발과 관련되며, 표준의 6부는 소프트웨어 레벨에서의 제품 개발과 관련된다. 이들 레벨에서의 개발의 범위는 잘 알려진 'V' 모델 같은 프로세스 다이어그램에 매핑될지도 모른다(그림 15.22).

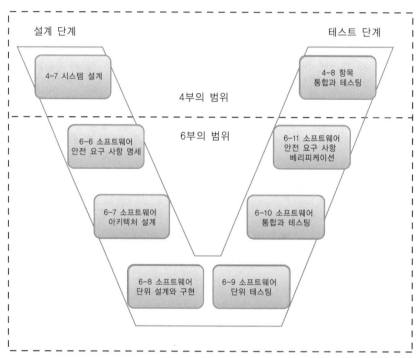

그림 15.22 잘 알려진 'V' 모델에 매핑된 ISO 26262의 4부와 6부의 범위

소프트웨어 분석과 요구 사항 추적 툴 모두 비용 민감 프로젝트에서는 필수적이다. ISO 26262 애플리케이션이 점점 더 넓게 퍼지고 있는 만큼, 알려진 전문 지식 기반의 툴 선정도 똑같이 필수적이다.

ISO 26262 프로세스 목표

ISO 26262는 소프트웨어 안전성과 보안성이 소프트웨어 개발 수명주기^{SDLC}의 전반에 걸쳐 체계적인 방법으로 반드시 처리돼야 한다는 것을 인정한다. 이것은 소프트웨어와 소프트웨어가 기여하는 E/E/PE 시스템 양쪽 모두에서 정확성, 제어, 신뢰 보장을 위해 사용되는 안전 요구 사항 추적, 소프트웨어 설계, 코딩, 베리피케이션 프로세스를 포함한다.

ISO 26262(4부)의 핵심 요소는 시스템 설계에서 기술적 안전 요구 사항을 할당하는 부분과 향후 항목 통합, 테스팅 계획, 차후 테스트를 유도하는 설계 개발 부분이다. 이 표준은 향후 V 모델에서 다뤄질 하드웨어와 소프트웨어 개발 부분에 대한 명시적 구분을 가진 시스템의 소프트웨어 요소도 포함한다.

ISO 26262(6부)는 제품이 포함하고 있는 소프트웨어 양상에 대한 개발에 더 구체적으로 관련된다. 이 표준은 다음과 같은 사항을 고려한다.

- 소프트웨어 레벨에서의 제품 개발 시작
- 시스템 레벨로부터의 소프트웨어 안전 요구 사항 도출(4부 이후)과 안전 요구 사항에 대한 차후 베리피케이션
- 소프트웨어 아키텍처 설계
- 소프트웨어 단위 설계와 구현
- 소프트웨어 단위 테스팅
- 소프트웨어 통합과 테스팅

추적성(또는 요구 사항 추적성)은 시스템 요구 사항을 소프트웨어 안전 요구 사항까지, 그런 다음 소프트웨어 안전 요구 사항부터 설계 요구 사항까지, 그리고 소스코드와 소스코드에 연관된 테스트 케이스까지 연결시키는 능력을 나타낸다. 추적성이 텍스트 본문에서 요구 사항으로 명확히 식별되진 않았을지라도 7.4.2절에서 필수적으로 여겨지는 검증 가능성^{verifiability}을 보장하는 데는 확실히 도움이 된다. 게다가 '양방향 추적성'(또는 하류/상류 추적성)의 필요성도 같은 절에서 언급된다(자동 추적 툴을 이용하지 않고 충족시키는 것은 아주 어려울 것이다).

베리피케이션 태스크

ISO 26262 시스템의 개발에서 사용된 방법은 명시된 ASIL의 레벨에 따라 달라진다. 이 방법은 표 형식으로 제시된 베리피케이션 태스크 권고 사항을 참조함으로써 설명될 수 있다.

6부의 5.4.7절에 있는 표 1은 설계와 코딩 가이드라인으로서 MISRA C 코딩 표준을 사용하고, 사례로 인용할 것을 권고한다(그림 15.23). 이 표에는 모델링과 설계 가이드라인에 의해

다뤄질 다수의 주제들이 목록화돼 있다. 예를 들어 모든 ASIL에 대해 낮은 복잡성을 갖고 시행할 것을 이 표준은 적극 권고한다.

주제		ASIL			
		A	B	C	D
1a	낮은 복잡성의 시행	++✔	++✔	++✔	++✔
1b	언어 부분집합의 이용	++✔	++✔	++✔	++✔
1c	강한 타이핑 시행	++✔	++✔	++✔	++✔
1d	방어적 구현 기법의 이용	O	+✔	++✔	++✔
1e	설정된 설계 원칙의 이용	+✔	+✔	+✔	++✔
1f	명백한 그래픽 표현의 이용	+✔	++✔	++✔	++✔
1g	스타일 가이드의 이용	+✔	++✔	++✔	++✔
1h	네이밍 관례의 이용	++✔	++✔	++✔	++✔

'++' 이 방법은 해당 ASIL에 대해 적극 권고된다.

'+' 이 방법은 해당 ASIL에 대해 권고된다.

'o' 이 방법은 해당 ASIL에 대해 권고되지 않거나 사용을 반대한다.

✔ 테스트 툴의 이용을 통해 효율성에 대한 잠재력을 얻는다.

그림 15.23 테스트 툴의 이용을 통한 효율성에 대한 잠재력과 'ISO 26262 6부 표 1: 모델링과 코딩 가이드라인에 의해 다뤄질 주제'와의 매핑

현대의 테스트 툴은 각 ASIL에 대한 모든 필수 요소를 다루는 잠재성뿐만 아니라 표준 요구가 적은 동일 프로젝트에서 핵심 코드의 설정을 덜 허용하는 유연성까지도 마찬가지로

갖고 있다. 이 원칙은 혼합된 C와 C++까지 확장되며, 확장에 따라 적절한 표준이 각 파일에 할당된다.

6부 9절에 있는 표 12는 측정된 문장 커버리지가 모든 ASIL에 대해 적극 권고되며, 분기 커버리지는 ASIL A에 대해서는 권고되고 모든 ASIL에 대해서는 적극 권고된다는 사례를 보여준다(그림 15.24). 가장 높은 ASIL D에 대해서는 MC/DC가 또한 적극 권고된다.

	주제	ASIL			
		A	B	C	D
1a	문장 커버리지	++✓	++✓	+✓	+✓
1b	분기 커버리지	+✓	++✓	++✓	++✓
1c	MC/DC(변경 조건/결정 커버리지)	+✓	+✓	+✓	++✓

'++'	이 방법은 해당 ASIL에 대해 적극 권고된다.
'+'	이 방법은 해당 ASIL에 대해 권고된다.
'o'	이 방법은 해당 ASIL에 대해 권고되지 않거나 사용을 반대한다.
✓	테스트 툴의 이용을 통해 효율성에 대한 잠재력을 얻는다.

그림 15.24 테스트 툴의 이용을 통한 효율성에 대한 잠재력과 'ISO 26262 6부 9절 표12: 소프트웨어 단위 레벨에서의 구조적 커버리지 메트릭'과의 매핑

문장, 분기, MC/DC 커버리지는 테스트 툴을 이용해 모두 자동화될 수 있다. 일부 패키지 또한 탠덤에서 운용될 수 있으며, 이에 따라 커버리지는 동적 시스템 테스트를 통해 대부분의 소스코드에 대해 생성될 수 있고, 방어적 코드와 정상적인 시스템 동작 중에 접근하기 어려운 다른 양상들을 테스트하기 위해 단위 테스트를 이용해 보완될 수 있다.

이와 유사하게 10.4.6절에 있는 표 15는 소프트웨어 아키텍처 레벨에서의 구조적 커버리지에 대한 메트릭을 보여준다(그림 15.25).

주제		ASIL			
		A	B	C	D
1a	기능 커버리지	+✔	+✔	++✔	++✔
1b	호출 커버리지	+✔	+✔	++✔	++✔

'++' 이 방법은 해당 ASIL에 대해 적극 권고된다.

'+' 이 방법은 해당 ASIL에 대해 권고된다.

'o' 이 방법은 해당 ASIL에 대해 권고되지 않거나 사용을 반대한다.

✔ 테스트 툴의 이용을 통해 효율성에 대한 잠재력을 얻는다.

그림 15.25 테스트 툴의 이용을 통한 효율성에 대한 잠재력과 'ISO 26262 10.4.6절 표 15: 소프트웨어 아키텍처 레벨에서의 구조적 커버리지 메트릭'과의 매핑

적절한 표준 선택의 자유

모든 개발 조직이 애플리케이션마다 프로세스 집합 또는 클라이언트나 규제 기관에 의해 규정된 코딩 표준을 따를 의무는 없다. 정말로 대다수가 그런 위치에 있지 않다고 얘기하는 것이 더 합리적일 것이다.

그러나 모든 사람은 자신의 소프트웨어가 가능한 한 합리적으로 훌륭하고 강건하게 되기를 원한다. 심지어 소프트웨어가 1회성 유틸리티 같이 작성자 스스로 사용하는 사소한 애플리케이션이라 할지라도 개발자 어느 누구든 자신의 애플리케이션이 잘못되기를 원치 않는다. 더 폭넓게 사용되는 애플리케이션까지 확장해보면 어느 누구든 자신의 제품이 리콜 당하는 것을 원치 않는다. 또한 어느 누구든 제품에 대한 불만 사항들에 대해 격분한 고객들과 논쟁하기를 원치 않는다. 심지어 외부의 모든 요소까지 완전히 제거했을지라도 대부분의 사람들은 효율적인 방식에서 일을 잘 해낼 수 있다는 만족감을 원할 것이다.

따라서 안전성이나 보안성 이슈에서 소프트웨어가 강건성과 신뢰성을 가져야 한다는 규칙을 지켜야 할 때 프로세스의 이용과 코딩 표준이 적절하다면 애플리케이션 실패 시 사람들의 행복이 위협받지는 않을지라도 적절한 표준을 채택하는 것이 더 합리적이라는 결론이 나온다. 일단 표준이 설정되면 그러한 표준을 택해야 하는 형식을 결정하기 위해서는 훌륭한 실용적 접근법이 요구된다.

내부 프로세스 표준 설정

이상적으로 인증된 많은 표준은 대부분 규모가 큰 조직 내에서 사용된다. 모든 사람이 같은 사무실에 근무하는 둘이나 셋 이상의 사람들로 구성된 많은 소프트웨어 개발 팀이 있다. 전 세계로 퍼져있는 수백 명의 개발자들이 모인 높은 충실도의 팀에서 똑같은 툴과 기법을 사용하는 것은 분명 너무 지나친 일이 될 것이다.

그렇긴 하지만 15장의 초기에 설명한 요구 사항 추적성 매트릭스^{RTM}의 원칙은 그 어떠한 경우에든 계속 유효할 것이다. 다만 차이점은 요구 사항 추적성을 확인하기 위해 사용되는 메커니즘의 규모와 기법에 있다. 이런 이유로 인해 적절한 인증 프로세스 표준은 환경의 요구가 덜한 상황에서 유사 원칙에 대한 실용적 애플리케이션의 가이드라인으로서 아주 유용하게 입증될 수 있다.

내부 코딩 규칙 집합을 위한 공통 토대 설정

내부 표준의 기초로서 인증 표준을 이용하는 원칙은 코딩 표준의 영역에까지 확장된다.

걱정해야 할 레거시 코드가 더 이상 없더라도 개발 팀에는 종종 심각한 무력감이나 타성이 존재한다. 심지어 괄호를 치는 등의 간단한 합의조차도 관례를 더 선호하는 사람들 가운데서는 큰 논쟁거리가 될 수 있다.

이러한 상황하에서 코딩 규칙을 위해 모든 사람이 동의하는 공통의 토대를 설정하는 것은 시작을 위해서는 훌륭한 일이 될 것이다.

예를 들어 C 또는 C++ 소스코드에서 goto 문장의 이용을 옹호하는 사람은 실제 아무도 없다. 코딩 규칙으로 goto 문장의 이용을 금지하는 것은 모든 이해관계자로부터 지원받을 수 있는 확률이 크다. 그 결과, 이 규칙은 공통 토대가 되는 규칙의 한 부분으로 포함시키기에 논란의 여지가 별로 없을 것이다.

아무것도 없는 상태에서 그와 같은 규칙 집합을 설정한다는 것은 쉬운 일이 아니며, 배운 조직이 정기적으로 그런 일에 대해 대처하고 있다는 것을 감안하면 분별 있게 자원을 사용하는 것도 그렇게 쉬운 일은 아닐 것이다. 따라서 이상적인 세상에서 조직이 열망하는 인증 표준으로부터 내부 표준을 도출하는 것이 더 합당할 것이다. 이것은 언젠가 그 표준을 완전히 준수하기 위해 개발 조직 측의 의도를 반드시 암시하고 있는 것은 아니지만, 부분집합의 한 부분으로 사용된 규칙이 일관성 있고 상호 보완적이며, 적절한 산업 영역을 염두에 두고 선택될 것이라는 점을 시사한다.

기존 코드 베이스 처리

이 원칙은 레거시 코드 기반을 다룰 때 좀 더 도전적인 일이 될 것이다.

레거시 코드에 대해 MISRA C: 2004 같이 인증된 코딩 표준을 소급해서 시행하는 것은 너무 부담되는 일이며, 이에 따라 타협을 선호할 확률이 더 커질 것이다. 이 경우 요구가 단순히 덜하거나, 말하자면 특히 확률적 이슈에 초점이 맞춰진 사용자 정의 규칙을 적용하는 것이 가능할 것이다.

레거시 코드가 연속 개발의 목표가 되는 곳에서는 신규 배포마다 더 많은 규칙을 주기적으로 추가시킴으로써 더 높은 이상으로의 점진적인 전이가 이뤄질지도 모르며, 이에 따라 점증적인 기능 향상에 대한 영향은 최소로 유지될 것이다.

가능한 한 효율적으로 그러한 규칙을 충실히 지키기 위해 테스트 툴은 코드에 대한 수정을 가능하게 만든다. 더 정교한 툴은 보고서에 나타나 있는 침해적 표현과 적절한 코드 라인상에 공개된 에디터 간의 연결을 제공하기 위해 '드릴다운^{drill down}' 접근법을 이용한다. 여기서 드릴다운이란 더 많은 정보를 찾기 위해 관련 텍스트나 아이콘 등을 클릭해 마치 뚫고 들어가듯이 검색하는 방법을 말한다.

맞춤식 소프트웨어 개발을 위한 내부 코딩 표준 유도 사례연구

임베디드 소프트웨어 발전을 위해 노력 중인 많은 분야, 즉 자동차, 항공기, 전화, 의료 장비, 무기 분야에서 소프트웨어 수명주기^{life-cycle}는 소프트웨어 설계와 개발을 위한 제품의 수명주기, 생산 준비, 대량 생산 등의 분야에 기여하고 있다. 맞춤형 공장이나 기계의 제어 시스템 같은 일부 분야에서 이뤄지고 있는 복제는 예외적이며 규칙이 아니다. 이런 복제는 소프트웨어 개발에 독특한 어려움을 가져온다.

대형 엔지니어링 회사 내에서 세 명이나 네 명의 개발자로 이뤄진 소프트웨어 팀이 있는 상황을 생각해보자. 전형적인 계약이라는 맥락 내에서 소프트웨어의 실제 가치가 아주 적을지도 모르겠지만, 개발 작업이 완료됐을 때 클라이언트가 만족하는지를 보장하는 데는 소프트웨어가 아주 핵심적인 요소로 작용될 것이다.

원래의 코드가 변경이 가능하도록 설계됐지만, 판매가 영업 팀에 의해 이뤄지는 한 거래를 매듭짓기 위해 그 제품의 기능은 신규 특징을 포함해 확장된다. 영업 팀은 전체 계약으로부터 얻는 커미션(수수료)에 의해 동기가 부여되므로, 이것은 소프트웨어 기능에 대한 변경이 영업 팀에게 있어서는 주 관심 사항이 아니라는 의미다.

소프트웨어 팀의 개발자들은 종종 다른 분야의 산물로부터 엄청난 압력하에 놓여 있는 신규 계약을 위해 기능을 확장해서 구현하라는 임무를 지시받는다. 이렇게 상업적 용도의 마일스톤이 이들 불운한 소프트웨어 팀의 개발자들에게 크게 닥쳐왔는데, 그 이유는 이들 소프트웨어 팀의 개발자들이 프로젝트의 전반적 가치에 대해 작은 기여를 했음에도 불구하고 주어진 마일스톤에 맞추기 위해서는 이들 소프트웨어 개발자가 담당했던 부분에 장애가 발생하면 임금 지불 단계에서의 지연이나 계약서의 위약 조항을 촉발시키는 등의 결과를 초래할 수 있기 때문이었다.

문제를 더욱 악화시키게 만드는 것은 수많은 소프트웨어 개발자가 수년에 걸쳐 팀에 합류했다가 떠난다는 점이다. 소프트웨어 개발자 각자가 자기 자신만의 스타일과 선호가 있고 그 어느 누구든 자신들이 수행했던 내용을 철저하게 문서화할 시간이 별로 없다는 점이다.

실제 예로서 작은 장치의 생산 기계를 제어하기 위해 설계된 코드 베이스 개발자들이 그들 자신의 소프트웨어 품질을 수립하고 계속해서 소프트웨어 품질을 향상시키라는 임무를 부여받았다고 고려해보자.

공통 토대 설정

적절한 규칙 집합을 설정하는 첫 번째 단계는 관련된 인증 표준을 참조 기준으로 선택하는 것이며, 이 경우에는 MISRA C++:2008이 참조 기준이 될 것이다.

테스트 툴을 이용해 이미 적절한 표준의 각 부분을 발견하기 위해 코드 베이스가 분석될 수 있다. 심지어 규칙과 관련 있는 정보를 포함시킴으로써 코드가 지켜지는 표준의 부분집합을 즉시 유도할 수 있을 것이다(그림 15.26).

전형적으로 테스트 툴에서의 환경설정 설비들은 참조 표준의 신규 집합에 벗어나지 않았던 규칙들과 매핑하기 위해 사용될 수 있으며, 위반된 규칙은 그림 15.27에서 보여주는 것처럼 사용할 수 없게 된다.

공통 토대 구축

이 규칙에 반해 미래 배포될 각각의 코드를 검사하는 것 이상으로 성취할 것이 아무것도 없더라도 선택된 참조 표준의 고수라는 측면에서 코드 표준이 더 이상 나빠지지 않을 것이라는 것은 확실하다.

그러나 코드 표준을 향상시키는 것이 목적이라면 위반된 규칙을 리뷰[review]하는 것도 적절한 전략일 것이다. 위반된 규칙이 훨씬 적다면 이것은 개별적인 위반일 것이며, 때때로 테스트 툴은 요약 정보에 대한 유용한 내역을 생성할 수 있다(그림 15.28).

Number of Violations	LDRA Code	Required Standards	MISRA-C++:2008 Code
0	9 S	Assignment operation in expression.	MISRA-C++:2008 5-0-1,6-2-1
2	11 S	No brackets to loop body.	MISRA-C++:2008 6-3-1
9	12 S	No brackets to then/else.	MISRA-C++:2008 6-4-1
0	32 S	Use of continue statement.	MISRA-C++:2008 6-6-3
0	36 S	Function has no return statement.	MISRA-C++:2008 8-4-3
0	41 S	Ellipsis used in procedure parameter list.	MISRA-C++:2008 8-4-1
0	43 S	Use of setjmp/longjmp.	MISRA-C++:2008 17-0-5
7	44 S	Use of banned function or variable.	MISRA-C++:2008 17-0-1,18-0-2,18-2-1,18-4-1,19-3-1
0	47 S	Array Bound exceeded.	MISRA-C++:2008 5-0-16
1	48 S	No default case in switch statement.	MISRA-C++:2008 6-4-6
9	49 S	Logical conjunctions need brackets.	MISRA-C++:2008 5-0-2,5-2-1
0	51 S	Shifting value too far.	MISRA-C++:2008 5-8-1
0	52 S	Unsigned expression negated.	MISRA-C++:2008 5-3-2
0	53 S	Use of comma operator.	MISRA-C++:2008 5-18-1
0	54 S	Sizeof operator with side effects.	MISRA-C++:2008 5-3-4
0	56 S	Equality comparison of floating point.	MISRA-C++:2008 6-2-2
0	58 S	Null statement found.	MISRA-C++:2008 6-2-3
0	59 S	Else alternative missing in if.	MISRA-C++:2008 6-4-2
0	61 S	Switch contains default only.	MISRA-C++:2008 6-4-8
1	62 S	Switch Case not terminated with break.	MISRA-C++:2008 6-4-5
0	66 S	Function with empty return expression.	MISRA-C++:2008 8-4-3
0	67 S	#Define used in a block.	MISRA-C++:2008 16-0-2
0	68 S	#undef used.	MISRA-C++:2008 16-0-3,17-0-1
0	71 S	Pointer assignment to wider scope.	MISRA-C++:2008 7-5-2
			MISRA-C++:2008 9-6-4
			MISRA-C++:2008 9-5-1
			MISRA-C++:2008 16-0-1
			MISRA-C++:2008 16-3-1
			MISRA-C++:2008 16-0-6
			MISRA-C++:2008 16-2-2
			MISRA-C++:2008 5-0-19

그림 15.26 소스코드 위반을 이용한 준수된 규칙 식별 보고하기. 이 보고서에서 적색으로 강조된 규칙만이 위반됐다.

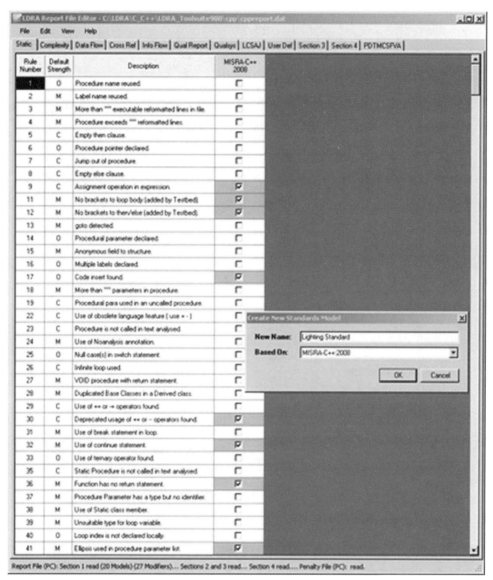

그림 15.27 내부 표준의 베이시스로서 인증 표준으로부터 비위반 규칙 이용하기

경우에 따라 어떤 규칙들은 적절하지 않기 때문에 표준에서 제외시키는 것도 정당하다는 결론에 도달할 수도 있다.

남아 있는 규칙에 우선순위를 매기는 것은 가장 중요한 동기 여부에 따라 변할 수 있다. 예를 들어 표준에 대한 고수를 향상시킬 수 있도록 40에서 50번 발생하는 위반보다는 오히려 한 번 발생하는 위반을 처리하는 것이 명백히 더 빠를 가능성이 있다. 그러나 위반이 수정돼야 한다면 초기에 코드 베이스에서 알려져 있는 이슈를 다루는 특별한 위반에 초점을 맞추는 것이 더 이치에 맞을 것이다.

위반 표준의 주기 — 현 모델(MISRA-C++:200*) — Cpp_tunnel_exe	344
#define으로 보호되지 않는 파일이 포함됨	51
DU의 변칙, 변수 값을 사용하지 않음	42
기본 유형의 선언을 사용함	37
배열이 포인터에 의해 쇠퇴함	18
선언이 배열을 명시하지 않음	17
향후 사라질 ++ 또는 -- 연산자의 이용이 발견됨	16
C 유형의 형 변환(cast)을 이용함	15
지역 변수가 상수(const)로 선언돼야 함	15
클래스 데이터가 명백히 비공개적임	11
멤버 함수가 상수로 선언돼야 함	11
파라미터가 상수로 선언돼야 함	10
then/else에 괄호가 없음	9
변수의 범위가 줄어들 수 있음	9
논리적 접속사에 괄호가 필요함	9
표현에 괄호가 필요함	8
주석에 아마도 코드가 포함됨	8
금지된 함수나 변수를 이용함	7
#include가 비preproc 지시어를 수반함	5
표현이 불리언(Boolean)이 아님	5
프로시저에 UR 데이터 흐름 변칙이 포함됨	5
식별자가 인쇄상 모호함	4
파라미터가 * const로 선언돼야 함	4
형 변환(cast) 없이 유형이 변환됨	4
포인터 파라미터가 상수로 선언돼야 함	3
형 변환(cast) 없이 Float/integer로 변환됨	3
혼합 모드 연산을 이용함	3
루프에 하나 이상의 제어 변수가 있음	3
이름이 사례에 따라 달라짐	2
루프 몸체에 괄호가 없음	2
배열이 실제 파라미터로 넘겨짐	2
마스터 예외 처리기가 없음	1
switch 문에 디폴트 사례가 없음	1
using 명령을 이용함	1
Switch Case가 break로 종료되지 않음	1
도달할 수 없는 코드가 발견됨	1
근본적인 enum 표현 값을 이용함	1

그림 15.28 샘플 코드 집합에서 규칙 위반 내역을 보여주는 요약 표

우선순위화의 기준이 무엇이든지 간에 더 높은 이상으로의 혁신적인 전이는 신규 배포 시마다 더 많은 규칙을 주기적으로 추가시킴으로써 이룰 수 있을지도 모르며, 이에 따라 점증적인 기능성 향상에 영향을 미치는 범위가 최소로 유지될 것이다.

특이 상황 처리

자동 생성 코드 작업

IBM의 랩소디^{Rhapsody}와 매스워크^{MathWork}의 매트랩^{Matlab}(그림 15.29) 같은 많은 소프트웨어 설계 툴은 UML이나 이와 유사한 설계 모델로부터 자동으로 고수준의 소스코드를 생성하는 능력을 갖고 있다.

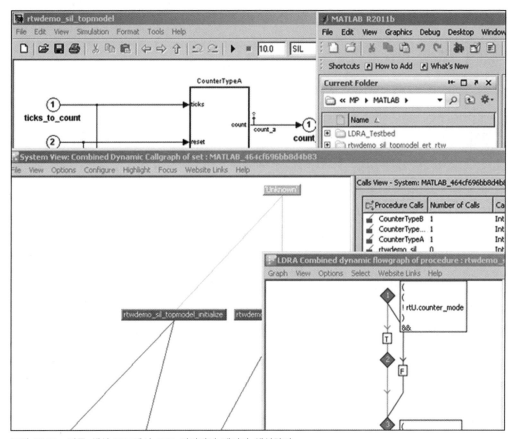

그림 15.29   자동 생성 코드에서 코드 커버리지 데이터 생성하기

소스코드 레벨에서 자동 생성 코드를 테스트하는 것이 처음에는 무의미해 보일지도 모른다. 그러나 그렇지 않다.

코드가 수동으로 생성된 코드에 의해 보완되지 못한다고 추정하더라도 자동 생성 코드에 존재할 수 있는 문제점이 많다. 예를 들어 PC에서의 모델 시뮬레이션부터 타깃에서의 부동소수점 연산까지 부동소수점 연산으로의 전환이 잘못될 수도 있으며, 이에 대한 테스트도 요구된다.

코드 커버리지의 특정 레벨이 성취돼야 한다고 표준이 요구한다면 코드가 실제 실행되는 소스 레벨(그리고 생각할 수 있는 바로는 시스템 레벨에서)에서 입증할 필요가 있다.

이것은 때때로 중복 코드를 생성하려는 지동 생성 코드의 본질이며, 많은 표준은 그러한 지동 생성 코드의 포함을 공식적으로 인정하지 않고 있다. 소스코드에 대한 정적과 동적 분석은 그런 불필요한 코드 추가를 드러내게 만들 수 있고 제거도 허용된다.

생성된 소스코드가 MISRA C: 2004 같은 코딩 표준을 고수할 것으로 예상되는 상황도 또한 있다. 코드 생성 스위트가 그러한 표준을 충족한다고 주장하지만, 생성된 코드에 대한 독립적인 증명도 종종 요구된다.

레거시 코드와 작업

소프트웨어 테스트 툴은 전통적으로 우수한 개발 프로세스의 사례에 따라 코드가 설계됐고(되고 있거나), 개발됐다는 기대를 갖고 설계됐다.

레거시 코드는 이상적인 프로세스를 완전히 뒤집어 생각하게 만든다. 레거시 코드가 가치 있는 자산이라 할지라도 일련의 '전문가guru'에 의해 실험적이고 임시방편적ad hoc으로 개발됐을 가능성이 있다. 여기서 전문가라 함은 끝도 없는 일을 깔끔하게 해치울 수 있고, 애플리케이션 자체도 잘 알고 있다고 스스로 자부심을 갖고는 있지만, 현대의 개발 사고를 준수하는 데는 그렇게 전문가는 아니고, 완벽한 문서를 제공하는 데는 싫증을 느끼는 전문가를 말한다. 이것은 DO-178B 같은 표준 요구 사항에는 맞지 않다.

종종 이러한 레거시 소프트웨어, 즉 알려지지 않은 내력을 가진 소프트웨어SOUP는 신규 개발의 기초를 형성한다. 그 결과, 초래된 도전이 꼭 확장된 기능성에서만 비롯되는 것은 아니다. 그러한 개발은 현대의 코딩 표준을 충족시키고 업데이트된 타깃 하드웨어와 개발 툴 체인을 사용할 필요가 있으며, 심지어 변경되지 않는 기능성을 입증한 것으로 추정할 수는 없음을 의미한다.

SOUP 가치의 활용 필요성은 그 자체적으로 독특한 도전을 야기한다.

SOUP의 위험

많은 SOUP 프로젝트는 초기에 기능적 시스템 테스팅의 대상만 돼 왔고, 많은 코드 경로는 테스트되지 않은 상태로 남겨져 왔으며, 코드 수정을 위한 서비스에는 큰 비용을 유발시켜 왔다. 실제 현장에서는 그렇게 많은 코드를 테스트하는 데 요구되는 상황이 다시는 발생하지 않을 가능성이 매우 클 것 같고, 따라서 그런 애플리케이션이 실제 현장에 사용됨으로써 기능적 시스템 테스팅의 확장보다는 좀 더 지속돼 왔다.

진행 중인 레거시 코드에 대한 개발 요구 사항이 있을 때 이전에 테스트되지 않은 코드 경로들은 이전에 결코 경험하지 못했던 데이터 조합들에 의해 호출될 가능성이 있다(그림 15.30).

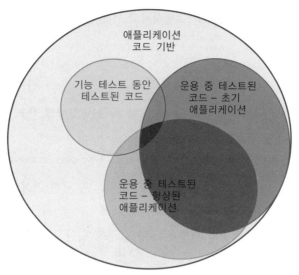

애플리케이션
코드 기반

기능 테스트 동안
테스트된 코드

운용 중 테스트된
코드 - 초기
애플리케이션

운용 중 테스트된
코드 - 향상된
애플리케이션

그림 15.30 사이트에서, 그리고 기능 테스팅에 의해서 모두 테스트된 코드는 입증되지 못한 많은 실행 경로를 포함할 가능성이 있다. 코드 보강은 이전에 테스트되지 않은 경로들을 운영 중에 호출할 경향이 있다.

재작성이 배제된 동일한 상업적 압력은 다음과 같은 모든 옵션에 대한 이용을 배제할 가능성이 있다. 레거시 코드는 여전히 애플리케이션이나 애플리케이션의 하부 영역에 대한 긴요도에 따라 선택적으로 사용될 수 있다.

SOUP의 정적과 동적 분석

SOUP 향상에서 기존 코드는 문서보다는 종종 시스템의 기능성을 정의한다. 코드 향상에서 기능성이 고의적으로 변경된다면 이것은 치명적이다. 심지어 모든 소스코드가 계속 똑같다면 새로운 컴파일러나 타깃 하드웨어는 잠재적으로 비참한 결과를 가져올 기능성에 대한 변경을 무의식적으로 초래할 수 있다.

도전은 SOUP의 효율적인 향상을 지원하기 위해 적절한 시퀀스로 사용될 수 있는 테스트 툴 내의 빌딩 블록을 식별하는 것이다.

다섯 가지의 주요한 고려 사항이 있다.

이해 수준 향상

현대의 많은 테스트 툴에 의해 제공되는 시스템 시각화 설비는 대단히 강력하다. 정적 호출 그래프는 애플리케이션과 시스템 엔티티에 대한 계층적 도해를 제공하며, 정적 흐름 그래프는 프로그램 블록 전체에 걸친 제어 흐름을 보여준다.

그러한 호출 그래프와 흐름 그래프는 코드에서 사용되는 모든 파라미터와 데이터 객체에 대한 포괄적 분석을 위해 사용된다. 이 정보는 특히 기능성 향상이라는 작업을 시작할 때 영향을 받은 프로시저와 데이터 구조를 고립시키고 이해시키는 것을 가능하게 하는 데 필수적인 역할을 한다.

신규 표준 시행

새로운 개발이 기존 SOUP를 기반으로 할 때 그때 표준은 향상될 가능성이 있다. 코드 리뷰 분석은 규칙을 위반하는 코드를 강조할 수 있다.

국제적으로 인정된 코딩 표준을 SOUP에 시행하는 것은 너무 부담스러우며, 이에 따라 부분적 타협이 선호된다. 이 경우 요구가 간단해질 수 있으며, 특히 이식성 이슈에 초점을 맞출 수 있는 사용자 정의 규칙을 적용할 수 있다.

레거시 코드에 대한 신규 표준의 시행은 코딩 표준에 대한 사례연구에서 더 자세히 다룰 것이다.

적절한 코드 커버리지 보장

이전에 설정한 것처럼 운용 중에 입증된 코드는 확장된 '기능 테스팅'에서만 종종 효과적으로 다뤄져왔다.

구조적 커버리지 분석은 이 이슈를 소스 전체에 걸친 동일한 테스팅을 통해 처리하는데, 이때 소스를 통한 각각의 경로는 똑같이 테스트될 기회를 갖는다고 가정한다.

완벽한 솔루션을 제공하진 않겠지만 시스템 전역에 대한 기능 테스팅은 많은 경로를 테스트하며, 이에 따라 시작을 위한 논리적 장소를 제공한다.

보통 테스트 툴은 테스트 중인 코드에 대해 사본을 만들지도 모르며, 실행 동안 테스트되는 경로를 식별하기 위해 추가적인 프로시저 호출('계측')을 코드에 이식한다. 문자 형태의 코드 커버리지 보고는 그림 15.31에 묘사된 것처럼 종종 색상 형태의 그래프로 보완되며, 이는 테스트된 코드와 추가 커버리지를 보장하기 위해 요구되는 데이터의 특성에 대한 통찰력을 제공한다.

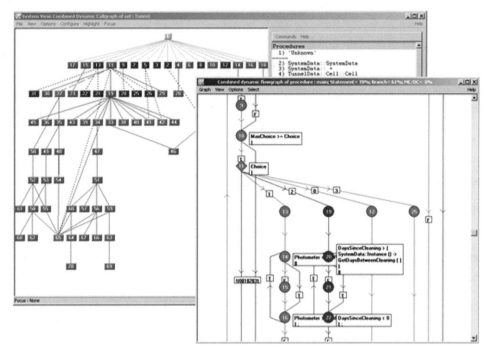

그림 15.31 색상 형태의 그래프 정보는 테스트되지 않은 코드를 명확히 식별한다.

수동으로 구축된 단위 테스트는 코드의 각 부분이 독립적으로 올바르게 자신의 기능을 수행하고 있는지를 보장하는 데 사용될 수 있다. 그러나 코드 컴파일을 허용하기 위해 하네스 harness를 구축하는데, 이때 포함된 시간과 기술은 고려될 수 있다.

더 개선된 현대의 단위 테스트 툴 중 일부는 GUI 환경 내에서 자동으로 하네스 코드를 구축하고, 사용자가 값을 할당할 수도 있는 입력과 출력 데이터에 대해 상세한 변수를 제공함으로써 오버헤드를 줄이고 있다. 그 결과 호스트나 타깃 머신 중 한 곳에서만 테스트될 수 있다.

시스템 테스트를 보완하기 위해 코드 계측을 단위 테스트에 적용할 수 있고, 이에 따라 아직 입증되지 못한 코드의 부분들을 테스트할 수 있다. 이것은 예외 처리기 같이 정상적인 상황하에서는 접근하기 어려운 코드에 대해서도 마찬가지로 적용할 수 있다.

이러한 일련의 테스트 케이스는 저장될 수 있으며, 진행 중인 개발이 입증된 기능성에 부정적인 영향을 주지 않도록 정기적으로 보장하기 위해 테스트 케이스는 자동으로 테스트된다.

절충 모듈성 처리

일부 SOUP 애플리케이션에서 구조와 모듈성은 그 코드의 기능적 또는 구조적 하부 영역에 대한 테스팅이라는 도전으로 인해 어려움을 겪을지도 모른다.

그러나 많은 단위 테스트 툴은 아주 유연해 질 수 있으며, 테스트 케이스를 구동하기 위해 구축된 하네스 코드는 종종 필요한 만큼의 훨씬 많은 소스코드 베이스를 포함해서 구성될 수 있다. 이런 능력은 테스트 목적에 맞게 충분할 것이다.

전반적인 소프트웨어 품질을 향상시키려는 장기적인 목적을 갖고 있다면 계측 코드를 이용하는 것은 독립적이든지, 아니면 호출 트리의 더 넓은 문맥에서든지 둘 중 하나의 프로시저로 다양한 입력 파라미터가 넘겨질 때 실행 경로가 선택된다는 것을 이해하는 데 도움을 줄 수 있다.

올바른 기능성 보장

SOUP 기반 개발의 가장 중요한 양상은 아마 코드 변경에도 불구하고 컴파일러나 타깃 하드웨어에 대해, 또는 애플리케이션에 의해 처리되는 데이터에 대해 예상한 대로 소프트웨어 기능의 모든 양상을 보장하는 것이다.

테스트 툴의 도움에도 불구하고 전체 코드 베이스를 위해 단위 테스트를 생성하는 것은 예산이 허용하는 것보다 더 많은 작업이 포함될지도 모른다. 그러나 여기서 주된 목표는 각각의 프로시저가 특정한 방식에서 행동한다는 것을 검사하는 것이 아니고, 기능성에 대해 의도하지 않은 변경은 없음을 보장하는 것이다.

코드를 통계적으로 분석함으로써 테스트 툴은 테스트 케이스 생성에 중요한 도움을 제공하며, 마켓에 나온 더 정교한 툴은 테스트 케이스의 일부 유형에 대해 프로세스를 완전히 자동화할 수 있다. 이것을 부분적으로 자동화하든지 또는 완전히 자동화하든지 간에 이러한 지원은 코드를 통해 높은 비율의 제어 흐름 경로를 테스트하는 데 도움이 될 것이다. 사용되는 툴의 능력에 따라 완전히 자동화되거나 부분적으로 자동화된 수단을 통해 입력과 출력 데이터를 생성할 수 있다. 이 데이터는 후일의 사용을 위해 계속 보유하게 된다.

보유 중인 데이터에 대한 미래의 가장 중요한 사용은 리그레션 테스트에 대한 응용 분야가 될 것이다. 리그레션 테스트의 주요한 기능은 동일 테스트가 개발 중인 코드에서 동작 중일 때 예상치 못한 변경은 더 이상 없음을 보장하는 것이다. 리그레션 테스트는 원래 소스코드의 기능성에 본래의 상호 참조를 제공하고, 전체로서 단위 테스트 프로세스의 주요한 이점 중 하나를 형성하는 것이다. 보통 말하는 더 특색 있는 단위 테스트 툴은 종종 배치 프로세싱을 지원하는 능력을 통해 리그레션 테스트의 효율성과 처리량을 촉진시킨다.

목적 코드 베리피케이션(OCV)을 통한 요구 사항 추적

장애가 심각한 결과를 초래할 수 있는, 즉 인간의 삶이 위험에 빠질 수 있고 비즈니스에 심각한 영향을 초래할 수 있는 애플리케이션에서는 대부분의 요구 사항 추적성이 불완전한 목적 코드에서 멈춘다는 사실이 사람들 간에 점차 인식되고 있다. 따라서 소스코드 작성자에 의해 표현된 의도와 컴파일된 목적 코드의 충실한 고수 간에는 암묵적 의존이 존재한다.

산업 표준이 시행되는 장소에서 개발 팀은 보통 목적 코드 베리피케이션^{OCV}을 포함하고 있는 애플리케이션 관련 일부 표준에 대해서만 고수할 것이다. 이와는 달리 애플리케이션의 핵심 부분은 목적 코드에 의해 위태롭게 되지 않는다는 점을 보장하기 위해 설계되며, 이것은 원칙적으로 소프트웨어의 목적이 무엇이든지 소프트웨어를 위해서는 바람직한 결과가 된다.

산업 표준과 소프트웨어 인증

산업과 그 산업에서 안전 표준의 성숙성에도 불구하고, 표준 준수와 요구 사항 추적 프로세스를 통해 신뢰적으로 입증되고 인증됐던 소프트웨어 사례는 늘 주목받고 있다.

요구 사항 추적성 매트릭스^{RTM}가 개발 프로세스의 중심이 될 때(그림 15.32) 고수준 요구 사항부터 타깃 기반 배포와 목적 코드 베리피케이션^{OCV}까지 설계의 모든 단계에 영향을 미친다. 티어 6은 요구 사항 추적성 매트릭스와 그에 대한 확장의 일부분으로서 목적 코드와 소스코드의 비교를 결부시키기 위해 목표 기반 작업을 한 단계 더 진전시킨다.

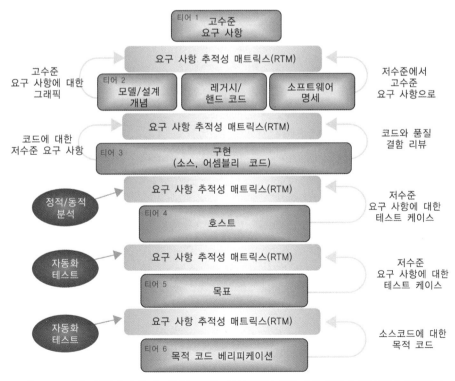

그림 15.32 요구 사항 추적성 매트릭스(RTM)는 티어 6에서 목적 코드 베리피케이션까지 확장될 수 있다.

목적 코드 베리피케이션(OCV)

목적 코드 베리피케이션이 무엇인가? 항공우주 DO-178B 표준 관련 부분에서는 다음과 같이 이 기법에 대해 기술하고 있다.

구조적 커버리지 분석은 소프트웨어가 레벨 A이고 컴파일러가 소스코드 문장을 직접 추적하지 못하는 목적 코드를 생성할 때까지 소스코드에서 수행될지도 모른다. 그 다음에는 이렇게 생성된 코드 시퀀스의 정확성을 확인하기 위해 목적 코드에서 추가 베리피케이션이 수행돼야 한다. 목적 코드에서의 컴파일러 생성 배열 한계 검사는 소스코드를 직접 추적하지 못하는 목적 코드의 한 가지 사례다.

DO-178B 표준 (6.4.4.2 구조적 커버리지 분석)

목적 코드 베리피케이션[OCV]은 컴파일러 생성 목적 코드의 제어 흐름 구조가 파생된 애플리케이션 소스코드의 제어 흐름 구조와 얼마나 많이 다른지에 전적으로 달려 있다.

목적 코드 제어 흐름과 소스코드 제어 흐름

목적 코드 제어 흐름과 소스코드 제어 흐름에 대한 차이를 설명하기 위해서는 예를 드는 것이 유용하다. 다음과 같은 아주 간단한 소스코드를 고려해보자.

```
void f_while4( int f_while4_input1, int f_while4_input2 )
{
    int f_while4_local1, f_while4_local2 ;
    f_while4_local1 = f_while4_input1 ;
    f_while4_local2 = f_while4_input2 ;
    while( f_while4_local1 < 1 || f_while4_local2 > 1 )
    {
        f_while4_local1++;
        f_while4_local2 -;
    }
}
```

위의 C 코드는 다음과 같은 단일 함수 호출로서 100%의 소스코드 커버리지를 얻을 수 있다는 것을 보여준다.

```
f_while4(0, 3);
```

그리고 다음과 같이 라인당 단일 연산으로 다시 구성할 수 있다.

```
1   void
1   f_while4 (
1   int f_while4_input1 ,
1   int f_while4_input2 )
1   {
1       int
1            f_while4_local1 ,
1            f_while4_local2 ;
1       f_while4_local1 = f_while4_input1 ;
1       f_while4_local2 = f_while4_input2 ;
--------------------------------------------------------------
2       while
2           (
2           f_while4_local1 < 1
2           ||
--------------------------------------------------------------
3           f_while4_local2 > 1
--------------------------------------------------------------
4           )
--------------------------------------------------------------
5           {
5                f_while4_local1++ ;
5                f_while4_local2 -- ;
5           }
--------------------------------------------------------------
6   }
```

이들 재구성된 코드 라인 각각에 붙은 접두사는 '기본 블록', 즉 직선 코드의 연속을 식별한
다. 결과로 나타난 함수의 흐름 그래프는 소스코드의 구조와 흐름도의 노드상에서 식별된
기본 블록을 가진 테스트 케이스에 의해 획득된 커버리지를 모두 보여준다(그림 15.33).

컴파일러에 의해 생성된 목적 코드는 최적화 설정, 컴파일러 벤더, 타깃과 호스트 관련 다른
이슈들에 의존한다. 다음은 상용으로 가용한 컴파일러를 폭넓게 사용함으로써 생성된 결과
(재구성된) 어셈블러 코드로, 꼭 그와 같은 사례를 보여준다.

```
39  _f_while4:
40      push    fp
41      ldiu    sp,fp
42      addi    2,sp
43      ldi     *-fp(2),r0    ; |40|
44      ldiu    *-fp(3),r1    ; |41|
```

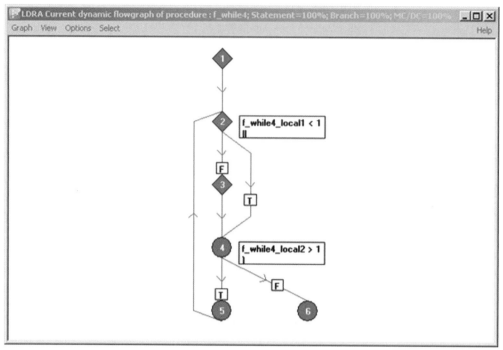

그림 15.33 단일 함수 호출을 통해 테스트된 소스코드를 보여주는 동적 흐름 그래프

```
45      sti     r0,*+fp(1)     ; |40|
46      sti     r1,*+fp(2)     ; |41|
47      ble     L3             ; |43| New test 2
48 ;* Branch Occurs to L3       ; |43|
49      ldiu    r1,r0
50      cmpi    1,r0           ; |43|
51      ble     L5             ; |43|
52 ;* Branch Occurs to L5       ; |43| New test 3
53
54 L3:
55      ldiu    1,r0           ; |45|
56      ldiu    1,r1           ; |46|
57      addi    *+fp(1),r0     ; |45|
58      subri   *+fp(2),r1     ; |46|
59      sti     r0,*+fp(1)     ; |45|
60      cmpi    0,r0           ; |43|
61      sti     r1,*+fp(2)     ; |46|
62      ble     L3             ; |43| New test 1
63 ;* Branch Occurs to L3       ; |43|
64      ldiu    r1,r0
65      cmpi    1,r0           ; |43|
```

```
66      bgt       L3                  ;  |43|
67 ;* Branch Occurs to L3   ;  |43|
68
69 L5:
70      ldiu      *-fp(1),r1
71      bud       r1
```

생성된 컴파일러나 어셈블러 코드에는 아무 이상이 없다는 것이 강조돼야 한다. 그러나
흐름 그래프는 어셈블러 코드와는 완전히 다르며, 특히 동일 테스트 케이스를 이용하는 것은
외양적 측면에서, 더 중요하게는 커버리지 측면 모두에서 완전히 다른 흐름 그래프를 생성한
다(그림 15.34).

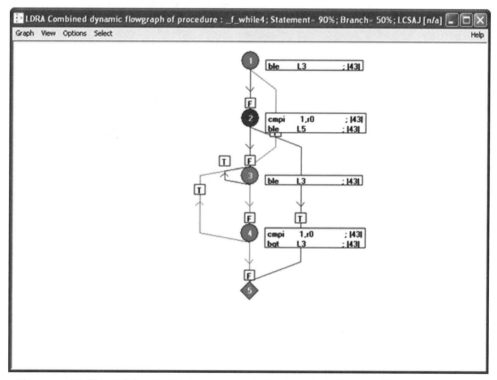

그림 15.34 단일 함수 호출을 통해 테스트된 어셈블러 코드를 보여주는 동적 흐름 그래프

100% 코드 커버리지를 얻기 위해 더 많은 테스트가 필요하다는 것은 차트와 어셈블러 코드
에서 분명해진다.

• 신규 테스트 1. 라인 62. 블록 3의 끝. L3으로 분기
  여기서 푸른색 분기는 항상 기존 테스트 데이터가 거짓인지 평가한다. 이는 루프가 오직

한 번만 테스트되기 때문이며, 이에 따라 두 가지 가능한 결과 중 오직 하나만이 계속되는지 아닌지를 확인하기 위해 테스트로부터 결과로 나타난다. 참인 경우와 거짓인 경우 모두 테스트되는 루프가 두 번 끝나는지를 보장하기 위해 신규 테스트 케이스가 추가된다. 다음과 같은 적절한 사례가 제공될 수 있다.

```
f_while4(-1, 3);
```

- 신규 테스트 2. 라인 47. 블록 1의 끝. L3으로 분기
  이 코드는 while 루프 조건에서 'or' 문을 포함한다. 기존 테스트 케이스 모두 다음 코드에서 '참' 값을 돌려주는 결과로 나타난다.

```
f_while4_local1 < 1
```

'거짓' 값을 돌려주기 위해 신규 테스트 케이스를 추가하기 위해 다음 코드를 처리한다.

```
f_while4(3, 3);
```

- 신규 테스트 3. 라인 52. 블록 2의 끝. L5로 분기
  남아 있는 테스트되지 않은 분기는 'while' 문의 초기 조건이 만족되지 않아 루프 내의 코드가 모두 ble 분기를 경유해 우회된다는 사실로부터 나온 결과다. 따라서 추가된 최종 테스트는 다음과 같은 상황을 제공한다.

```
f_while4(3, 0);
```

이들 세 가지의 추가 테스트는 어셈블러 코드에 대한 100% 문장 커버리지와 분기 커버리지라는 결과로 나타난다(그림 15.35).

- 따라서 어셈블러 코드에 대해 100% 커버리지를 얻기 위해서는 다음과 같은 네 가지 테스트가 필요하다.

```
f_while4(0, 3);
f_while4(-1, 3);
f_while4(3, 3);
f_while4(3, 0);
```

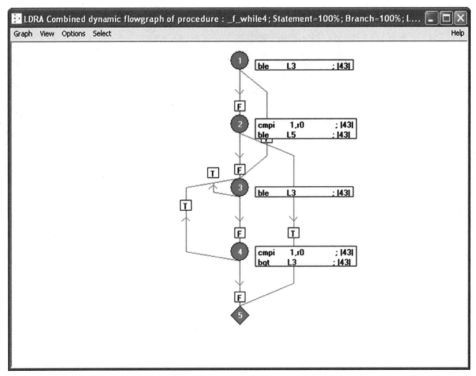

그림 15.35 추가 함수 호출을 통해 테스트된 100% 어셈블러 코드를 보여주는 동적 흐름 그래프

소스코드 커버리지를 목적 코드 베리피케이션으로 확장

구조적 커버리지 분석SCA이 중요한 분석 기법으로 받아들여지면 목적 코드 베리피케이션OCV 또한 고려할 가치가 있다는 결론이 나온다.

일반적인 경우 SCA는 모든 코드 베이스가 테스트됐다는 증거를 제공한다. 이 접근법은 장애 리스크를 줄여준다고 입증됐으며, 그 결과 대부분은 아니더라도 안전성과 관련 있는 산업 표준에는 이 기법이 구체적으로 명시돼 있다.

SCA는 소프트웨어가 강건하고 안전하다는 것을 보장하기 위한 입증된 메커니즘을 제공한다. 그러나 모든 소스코드를 단순히 테스트하는 것만으로는 모든 목적 코드가 이와 유사하게 테스트되고 입증됐다는 것을 증명하지 못한다는 점을 이미 알고 있다.

사실 목적 코드를 통해 테스트되지 않은 경로는 시스템 장애를 초래할 것이지만, 충분히 안전한 시스템이면서 상업적으로, 또는 임무가 중요한 시스템이라면 덜 위험한 리스크조차도 허용될 수 없다는 것이 맞는 사실일 것이다.

간단히 말해 리스크는 얼마나 클까?

게다가 최적화 불능 컴파일러에서 생성된 소스코드와 목적 코드의 흐름 차트 간에 불일치가 있다는 사실을 고려하자. 이러한 더욱 많은 차이는 컴파일러 해석과 최적화의 결과일 가능성이 높다. 전통적인 구조적 커버리지 기법이 소스코드 레벨에 적용되는 동안 목적 코드는 프로세서에서 실행되므로, 이것은 실제 별문제가 되지 않는다.

이들 소스코드와 목적 코드 간에서 제어 흐름 구조의 그 어떤 차이도 테스팅 프로세스에서는 중요하면서도 허용돼서는 안 되는 갭을 만들 수 있다.

일부 산업에서는 이들 갭이 인정되고 다뤄져왔다. 예를 들어 우주항공 분야에서 DO-178B 표준은 레벨 A(안전 필수) 분류를 갖는 애플리케이션 요소를 위해 개발자가 OCV 시설을 시행할 것을 요구한다. 이것은 종종 전체로서 애플리케이션의 부분집합이 되겠지만, 이것이 전통적으로 상당한 양의 테스팅 노력을 수반하므로 상당한 양의 자원이 항상 요구된다.

자동화되고 컴파일러에 독립적인 프로세스를 시행하는 기회는 대단히 큰 차이로서 전반적인 개발 비용을 줄이는 데 도움 줄 수 있으며, 이와는 정반대로 다른 분야에서는 상업적으로 정당한 OCV 기법을 만들 수 있다.

자동화 OCV

자동화 OCV 솔루션은 단위 레벨에서 시스템과 통합 레벨까지 소스코드와 목적 코드 둘 모두를 위해 완벽한 SCA 솔루션을 제공할 수 있다(그림 15.36).

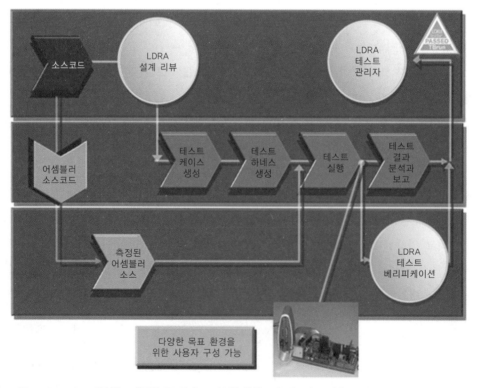

그림 15.36 OCV 자동화는 대단히 큰 차이로 필요한 양만큼의 테스팅 노력을 줄일 수 있다.

전형적인 솔루션들은 고수준과 목적 수준(어셈블러)의 코드 분석 툴 모두를 결합하는데, 여기서 목적 수준 툴은 애플리케이션 동작에 요구되는 목표 프로세서에 따라 결정될 툴의 변형까지도 포함한다. 이에 대한 전형적인 사례로는 요구 커버리지 메트릭을 제공하기 위해 함께 팀으로 구성되는 C/C++와 파워PC의 어셈블러 분석 툴에서 살펴볼 수 있다.

단위 레벨에서의 OCV

일부 자동화 툴은 고수준 소스에 대한 구조적 커버리지를 위해 사용자가 테스트 케이스를 생성할 수 있게 해주며, 상응하는 목적 코드에 대한 구조적 커버리지를 동일한 테스트 케이스에 정확히 적용시킬 수 있다.

드라이버driver 프로그램은 전체 테스트 환경을 캡슐화하는 단위 테스트 툴에 의해 생성되며, 초기에는 테스트 베리피케이션을 통해, 그 이후에는 회귀 분석을 통해 테스트 케이스를 정의하고 실행하며 모니터링한다. OCV에 사용할 때 이 드라이버는 고수준 소스 단위나 연관된 목적 코드 중의 하나에 연결될지도 모른다. 그렇게 함으로써 사용자는 균일한 테스트 프로세스를 적용할 수 있고, 어떠한 불일치성이나 결함 사항을 결정하기 위해서든 코드를 비교할 수 있다(그림 15.37).

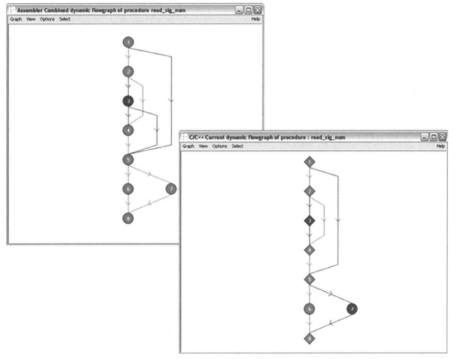

그림 15.37 목적 코드와 소스코드 제어 그래프는 고수준과 저수준 코드의 구조와 커버리지를 묘사하며, 이에 따라 이들 사이의 불일치를 묘사한다.

구조적 커버리지의 불일치성이나 결함 사항이 목적 수준에서 식별된다면 사용자는 테스트 프로세스에서 이들 사이의 갭을 줄이기 위해 추가 테스트 케이스를 정의하는 기회를 제공받게 된다. 초기 개발 단계에서 올바른 행동을 식별하고 적용하는 명백한 이점은 바로 테스트 프로세스가 훨씬 더 쉬워지고 비용도 줄어든다는 것이다. 또한 코드의 품질과 전반적인 테스트 프로세스의 품질도 상당히 증가하며, 테스트 프로세스의 후반부인 통합과 시스템 테스팅에서도 이점을 가질 것이고, 애플리케이션을 현장에 적용 시에는 줄어든 장애 비율과 유지 보수 비용의 형식으로 계속 이어질 것이다.

이에 비해 고도로 자동화되고 비용 효과적인 방식에서 필요한 OCV 요구 사항을 포함해 코드가 여전히 개발 중이라면 개발자는 또한 상당한 양의 추가적인 테스트 피드백으로부터 이점을 얻을 수 있다. 더 많은 코드와 설계 결함이 식별되고 수정될지도 모르는 가능성과, 전체로서 더 나은 애플리케이션의 품질이 향상될지도 모르는 가능성을 갖고 이러한 분석 설비에 대한 결과들은 개발 팀에 다시 보내질 수 있다.

비용 정당화

OCV가 항상 상당한 양의 오버헤드를 포함하고 있다는 것과, 심지어 항공우주 영역에서는 요구가 가장 많은 안전 통합 레벨에 대한 요구 사항으로서만 이 OCV를 시행하고 있다는 것은 확실한 사실이다. 그래도 이 애플리케이션에서 목적 코드 베리피케이션을 위해 지명된 요소들이 보통 전체로서 애플리케이션의 부분집합을 나타내는데, 이는 사실 니치niche 전문가 라 할 수 있다.

그러나 이런 상황에 대한 선례는 항상 있다. 바로 최근까지도 항공기와 원자력 산업에서는 단위 테스트를 아주 많이 고려해왔다. 더 최근에는 단위 테스트가 자동차, 철도, 의료 애플리케이션에서도 발견됐으며, 현재 자동화 단위 테스트 툴의 지속적인 증가와 쉬운 사용으로 인해 리스크가 더 낮은 분야에서조차도 이 기법에 대한 상업적인 정당한 이유가 소개되고 있다.

대부분의 애플리케이션들은 소프트웨어에 핵심 요소를 포함하고 있다. 여기서 핵심 요소란 특히 애플리케이션 성공의 필수 부분이자 애플리케이션 요구 사항에서 식별될 수 있는 코드의 부분집합을 말한다. OCV를 요구하는 소프트웨어는 요구 사항 추적성 매트릭스에 대한 확장을 통해 식별되고 추적될 수 있다.

요구 사항 추적성부터 바로 OCV까지 프로세스 전체를 자동화하는 툴의 출현은 포함된 오버헤드가 매우 드문 상황에서만 그 기법을 정당화할 수 있다는 개념에 도전이 된다. 그 전의 단위 테스트처럼 훨씬 다양하고 폭넓은 상황에서 OCV가 상업적으로 정당화될 수 있는 시기가 다가오고 있다.

테스트 솔루션 환경 구현

실용적 고려 사항

비즈니스 세계에서의 다른 작업과 마찬가지로 테스트 환경을 위해 사용될 예산도 궁극적으로는 상업적 정당성의 여부에 달려있다. 현재 고려 중인 프로젝트가 판매를 목적으로 표준을 준수해야 할 필요가 있다면 그 정당성에 대한 고려는 아주 간단해진다. 이것이 비용 절감과 줄어든 리콜의 결과로 인해 향상된 평판에만 전적으로 의존한다면 그 정당성의 여부는 훨씬 덜 명확할 것이다.

개발자들이 자신이 좋아하는 것을 뽑고 선택한 자신의 첫 번째 프로젝트에서 작업한다고 벤더들이 가정해서 발표할지라도, 이는 종종 그런 경우가 아니다. 많은 개발 프로젝트가 레거시 코드를 향상시키고 기존 애플리케이션에 인터페이스되며, 클라이언트 조직의 개발 방법과 계약 의무의 대상이 되거나 혹은 시간과 예산의 제약을 받는다.

미래 프로젝트를 위해 조직이 가져야 하는 근본적인 방향은 다음과 같은 선택에 영향을 미친다.

- 이것이 운용 중에 있는 문제 프로젝트를 쉽게 고칠 수 있는가? 이것이 최종 테스트에서 수수께끼 같고 가끔씩 발생하는 실행 시간 오류 충돌을 해결할 수 있는 소프트웨어 테스트 툴에 대한 탐색인가?
- 아주 오래된 클라이언트를 위해 단 한 번의 변경만을 요구하는 레거시 코드가 포함된 회계 장부 정도의 개발은 있겠지만, 그것 이상으로 사용될 가능성은 매우 낮을 것이다.
- 기존 레거시 코드가 다시 작성될 수는 없겠지만, 신규 개발이나 기존 코드 베이스에 대해 지속적으로 소프트웨어 개발의 품질을 향상시키려는 바람과 지시는 있을 것이다.
- 그렇지 않으면 고려하고 있는 신규 프로젝트가 있을 수도 있겠지만, 과거 문제 프로젝트로부터 얻은 교훈이 제시하는 것은 소프트웨어 개발 프로세스를 지속적으로 향상시키는 것이 유익하다는 사실이다.

특별한 상황을 다루기 위해서는 초기에 위의 다섯 가지 핵심 속성의 각각을 개발 프로세스에 어떻게 적응시킬 것인가를 고려하는 것이 유용하다.

대안 고려

일반적으로 벤더들이 자신들의 제안이 충분하지 않다는 것을 강조하진 않을지라도 그런 결정에 어떻게 도달했는지에 대해 어느 정도의 통찰력을 갖고 있는 것은 확실히 유용하다.

그림 15.38에 있는 다이어그램은 전통적인 'V' 개발 모델에 다양한 분석 기법을 겹쳐 놓은 것이다. 특별한 프로젝트는 분명 다른 개발 모델을 이용할지도 모른다. 사실 분석은 모델 불가지론model-agnostic적이며, 이와 유사한 표현으로 다른 개발 프로세스 모델인 폭포수 모델, 반복적 모델, 애자일agile 모델 등을 생각할 수 있다.

개발 주기의 모든 요소를 다루는 데 요구되는 바람직한 정도는 개발의 초기 상태와 원하는 결과에 크게 의존한다.

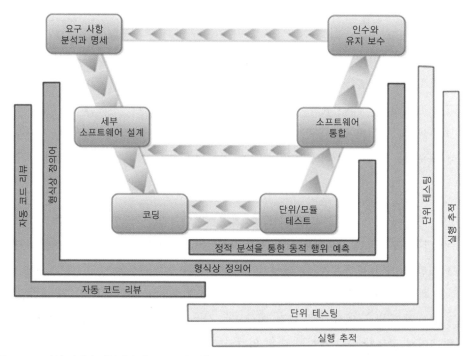

그림 15.38 다섯 가지의 기본적인 테스트 툴 속성은 설계, 코드, 테스트, 베리피케이션 등 특정한 개발 단계에 직접 관련된다.

다섯 가지의 테스트 툴 속성은 자기 자신만의 이점을 각각 갖고 있다.

전통적인 정형 방법론을 지원하는 견실한 이론도 있지만, 이 접근법에 대한 개발의 오버헤드와 이 접근법을 소급해서 기존 코드에 적용하는 데 수반되는 어려움 등으로 인해 고도로 안전 필수가 요구되는 마켓에 대해서는 이 접근법의 유용성이 제한된다.

자동 코드 리뷰는 코딩 표준의 준수 여부를 검사하며, 거의 모든 개발 환경에서 매우 유용할 것이다.

남아 있는 접근법 중에서 동적 분석 기법은 기능 테스팅을 제공하는 수단뿐만 아니라 동적 분석의 정적 예측보다도 훨씬 더 최종 애플리케이션을 대표하는 테스트 환경을 제공한다.

관리되고 제어되는 개발 환경 내에서 요구 사항 추적성이 핵심인 곳에서는 자동 코드 리뷰에 뒤이어 실행되는 단위, 통합, 시스템 테스트에 대한 혁신적인 본질이 대부분의 현대 표준이 가진 전반적인 티어 개념 내에서 잘 조정되고 있다. 이것은 또한 목표 환경에서 코드를 테스트하는 데 필요한 빈번한 요구 사항이나 권고 사항도 이행한다.

강건한 테스팅이 바람직하고 정당한 것으로 여겨지는 곳에서는 단위 테스트 벡터에 대한 자동 정의나 동적 행위에 대한 정적 예측의 이용을 통해 제공될 수 있다. 이들 기법은 각각 자기 자신만의 이점을 갖고 있는데, 전자(단위 테스트 벡터에 대한 자동 정의)는 타깃 환경에서 코드를 테스트하며 후자(동적 행위에 대한 정적 예측의 이용)는 이산 테스트 벡터보다는 오히려 완전한 데이터 집합을 테스트하는 수단을 제공한다. 예산 제약이 인정되는 곳에서는 이들 상호 배타적인 이점들이 두 가지 기법 모두에 대한 애플리케이션을 정당화할 수 있다. 그렇지 않으면 가용한 많은 단위 테스트 툴의 다중 기능적 본질이 이것을 비용 효과적인 접근법으로 만들 것이다.

현재의 모범 사례를 공동 프로세스로 발전시키려는 이차적인 바람이 있다면 자동 코드 리뷰와 동적 분석 기법 모두 요구 사항 관리와 추적성에 대해 핵심 역할을 담당할 것이며, 특히 후자는 코드가 기능 목표를 충족시킨다는 것을 보여주는 데 필수적이다.

운영 중에 문제 애플리케이션에 나타나는 몇 가지 이슈를 제거하는 실용적 솔루션을 발견하는 것이 목적이라면 각각의 강건한 기법들, 즉 동적 행위에 대한 정적 분석이나 단위 테스트 벡터에 대한 자동 정의는 효율적인 방식에서 까다로운 문제를 분리시키는 잠재력을 갖고 있다.

단위 테스트는 언제가 정당한가? 사례연구

어디에 투자하는 것이 좋을지 결정할 때 적용되는 사고 프로세스thought process를 묘사하기 위해서는 다섯 가지 속성 중 하나를 고려하는 것이 유용할 것이다.

단위 테스팅은 항상 정당화될 수 없다. 그리고 단위 테스팅은 아직까지는 어떠한 테스트 툴의 지원도 전혀 받지 않고도 첫 번째 원칙으로부터 단위 테스트를 수행하는 것이 가끔은 가능할 것이다.

수행돼야 할 실용적인 판단이 있다.

때때로 판단은 쉽다. 소프트웨어가 실패한다면 예상되는 결과나 영향은 무엇인가? 항공기의 비행 통제 사례에서 사람들이 기대했던 대로 누군가가 죽임을 당할 것인가? 연속 플라스틱 생산 공장의 전형적인 사례처럼 상업적 영향이 불균형적으로 높을 것인가? 그렇지 않으면 자동차의 엔진 컨트롤러에서 발생하는 리콜 비용이 굉장히 높은가? 이러한 사례에서 확장적인 단위 테스팅은 필수적이며, 따라서 이런 목적에 도움이 될지 모르는 그 어떠한 툴들이든 합당할 것이다.

반면에 소프트웨어가 완전히 내부 용도로만 개발됐거나, 그렇지 않고 프로토타입이라고 한다면 단위 테스팅에서 가장 치명적인 오버헤드는 금지돼야 할 것이다.

기대했던 대로 중간 영역도 존재한다. 팔린 디바이스의 양이 적고 사용된 영역이 지역적으로 한정된 기계적 측정 장치를 애플리케이션 소프트웨어가 제어한다고 가정하자. 여기서 질문은 다음과 같다. 간헐적 장애가 단위 테스트의 오버헤드보다 더 허용돼야 하는가?

이러한 상황에서 필수적인 부분이든 복잡한 부분이든 둘 중 하나의 소프트웨어 부분을 우선순위화하는 것이 유용하다. 소프트웨어 오류로 인해 이상하게 화면에 색이 나타난다든지, 아니면 때때로 이 오류가 재부팅을 초래한다든지 하면 아주 불편해지겠지만 그것 자체로 단위 테스팅을 위한 정당성이 있다고는 보진 못한다. 반면 기계 컴포넌트가 허용된 범위 내에 있는지 아닌지를 보여주는 보고서 생성 코드에 대해서는 단위 테스트가 필수적일 것이다. 따라서 DO-178B 같은 선도 표준에 의해 이미 지지받은 것처럼 중요한 이점은 엄격한 단위 테스트를 필수 부분집합이나 애플리케이션 코드의 부분집합에 적용하는 결정을 통해 성취될지도 모른다.

단위 테스트 툴은 언제가 정당한가?

다시 말해 이것은 결국 비용에 관련된 문제다. 제품 개발에서 결함이 늦게 발견되면 될수록 결함을 수정하는 데 드는 비용은 더 많아진다. 이 개념은 1975년 브룩스[Brooks]의 『공수의 미신(Mythical Man Month)』이라는 책에서 처음 정립됐으며, 다양한 연구를 통해 여러 차례 그 개념이 입증됐다.

프로세스의 자동화는 상업적 정당성에 대한 역학을 변경한다. 특히 주어진 테스트 툴이 단위 테스트를 초기에 훨씬 더 실현 가능하게 만든다는 것은 사실이다. 그 결과 현대의 단위 테스트가 소수의 프로시저가 포함될 때까지 테스트 툴을 이용한다는 것은 거의 기정사실이다.

그런 단위 테스트 툴의 핵심 기능은 주요하고 연관된 호출 기능이나 프로시저를 제공하는 하네스 코드의 생성과 유지를 지원하는 것으로, 이 프로세스를 완전히 자동화할 수 있는 마켓에서 판매하는 더 정교한 툴을 이용해 수행한다. 하네스 자체는 편집을 가능하게 하며, 단위 테스팅이 발생하게 허용한다.

툴은 하네스 자체를 제공할 뿐만 아니라 쉽게 이해할 수 있는 형태로 입력과 출력 파라미터나 전역 변수 각각에 대한 세부 사항을 제공하기 위해 소스코드를 통계적으로 분석한다. 단위 테스팅이 분리된 일부 코드에서 수행되는 한 호출된 프로시저는 단위 테스팅의 중요한 양상이 될 수 있다. 이것은 또한 접근법의 효율성을 더 향상시키기 위해 종종 부분적으로나 완전하게 자동화될 수 있다.

현대의 단위 테스트 툴에 의해 제공되는 고수준의 자동화는 간단한 프로세스로 테스트 중인 프로시저에 가치를 할당하며, 이로 인해 테스트 툴 운용자 측에는 코드 지식을 거의 요구하지 않는다. 이것은 테스트 프로세스를 코드 개발 프로세스와 분리시키고 실용적 관점에서 단위 테스트 개발에 요구되는 기술 수준을 실질적으로 낮춰주기 때문에 단위 테스트의 객관적 타당성을 만들어준다.

이 툴은 사용하기가 매우 쉬운데, 이것이 주는 의미는 이제 단위 테스트가 코드 작성 시점에 각각의 프로지서를 목표로 해 개발이라는 화살집에 들어 있는 실행 가능한 화살로 고려될 수 있다는 것이다. 이런 초기 단위 테스트가 취약 코드를 식별할 때 개발자의 마음에 원래 의도가 아주 생생하게 남아있는 한 취약 코드는 수정될 수 있을 것이다.

정리

소프트웨어 테스팅에 관련된 수백 권의 책이 있으며, 이들 중 많은 책은 특별한 양상만을 다룬다. 따라서 15장에서는 전체 주제를 상세히 다루지는 못했다.

소프트웨어 테스팅의 일부 요소에 대해서는 여기서 언급하지 않는다. 테스팅 관련 스택 오버플로가 무엇인가? 타이밍 고려 요소는? 그리고 잠재적으로 문제가 많은 레이스와 치명적인 수용 조건을 가진 멀티스레드 애플리케이션은 무엇인가?

그러한 모든 문제를 피상적으로 다루기보다는 우선적으로 특별한 상황에서 그 가치를 충분히 조명하기 위해 15장에서 기술한 기법, 즉 주제를 '드릴다운'하는 기법은 정상적이며, 테스트 기법조차 아직 가용하지 않지만 남아 있을 것이다. 따라서 이 기법은 여기서 상세히 다루지 않았던 문제들에 대해 적용할 수 있다.

각각의 경우 이들은 사용될 수 있는 기법이거나 따를 수 없는 상황이 될 것이다. 소프트웨어 테스트 기법과 툴의 모든 장르는 스패너, 해머, 스크루드라이버를 집어넣는 툴박스와 마찬가지로 툴 키트로 구성된다.

집 안팎의 잔 솔질을 하는 일 잘하는 사람의 친구와 마찬가지로, 때때로 기법이나 테스트 툴이 유용한지 여부를 건성으로 힐끗 보고서도 알 수 있는 반면, 다른 때는 아주 상세히 조사해야 할 필요도 있을 것이다.

핵심은 특별한 경로를 따르기 위해서는 충분한 지식을 기반으로 결정해야 한다. 조사를 위해 시간을 내고 고려 중인 솔루션이 특별한 상황에 대해 올바른 솔루션이 된다는 입증을 확실히 해야 한다.

개발 중인 내부 테스트에 대한 옵션을 고려하고, 상업적으로 내놓은 테스트 툴을 고려할 때는 평가본에 대한 요청을 확실히 해야 한다.

잘못된 기법이나 잘못된 툴을 선택하는 것은 아주 많은 비용이 소요될 수 있으며, 실수는 정말로 우리를 당황스럽게 만들 것이다.

16

임베디드 시스템용 소프트웨어 개발 툴

카탈린 단 우드마(Catalin Dan Udma)

디버깅 툴 소개

디버깅은 소프트웨어 개발 프로세스에서 필수적인 단계다. 디버깅을 시작하기 전에 개발자 각자는 현재 가용한 디버깅과 분석 툴에는 무엇이 있는지, 그리고 하드웨어 플랫폼과 소프트웨어 타깃 플랫폼의 요구 사항이 무엇인지를 명확히 이해해야 한다. 올바른 디버깅 툴을 선택하는 것은 개발 시간, 생산성, 시스템 성능에 영향을 미치는 또 다른 중요한 단계다. 임베디드 플랫폼, 프로세서의 복잡성, 하드웨어 인터페이스, 타깃에서 실행되는 운영체제, 개발 단계에 따른 각종 툴들은 최상의 이점을 가져다 줄 것이다. 여기 디버깅 툴을 선택하기 위한 약간의 가이드라인을 소개하며, 세부 내용은 16장의 후반부에서 설명한다.

- **초기 보드 브링업(bring-up), 하드웨어 밸리데이션, OS 개발, 타깃상에서 OS가 없는 애플리케이션 개발** 디버깅을 위한 첫 번째 옵션은 JTAG 또는 ARM SWD/SWO 인터페이스를 기반으로 외부 디바이스를 이용하는 것이다. 전형적으로 이들 디바이스는 디버거 소프트웨어 번들인 소스코드 디버거를 수반한다.
- **타깃상에서 OS 서비스를 이용한 고수준의 애플리케이션 개발** 여기서는 리눅스 사용자 공간의 애플리케이션 개발이 전형적인 사례다. 이에 대한 옵션은 타깃의 운영체제 API를 다루기 위해 특별히 설계된 타깃에서 실행되는 에이전트 기반의 디버깅 툴이 될 것이다. 가장 공통적인 사례가 GDB다.

- 특별한 타깃 요구 사항은 특별한 디버깅 툴이 필요하다. 표준 디버거는 모든 시나리오를 다루지 못할지도 모르며, 타깃과 애플리케이션의 요구 사항에 적합하게 자신만의 디버깅 툴을 설계할 수 있다.
- 소프트웨어 개발에서의 개선, 최적화, 분석. 소프트웨어 제품을 개발하는 도중이거나 혹은 소프트웨어 제품을 완료한 후 애플리케이션을 조정하기 위해 메모리 디버거, 정적과 동적 분석 툴을 이용할 수 있다.
- 마지막으로 타깃 프로세서에 대한 지원이 컴파일러, (JTAG 또는 에이전트 기반) 디버거, 타깃 운영체제와 애플리케이션, (하드웨어와 소프트웨어 지원을 제공하는) 추적과 프로파일링 툴을 비롯해 통합된 개발 툴셋으로 제공할 때 가끔 디버거는 올바른 툴이 될 것이다.

소프트웨어 개발 툴에 대해 얘기할 때 첫 번째로 기억해야 할 것은 현재 실행 지점에서, 혹은 프로그램이 장애를 일으킨 순간 프로그램 내부에 무엇이 있는지 알려주는 소프트웨어 툴인 소스코드 디버거source-code debugger에 대한 것이다. 디버거는 프로그램 소스코드의 위치, 스택 프레임, 프로그램 메모리, 변수와 기타 요소 같은 프로그램의 현 상태에 관한 많은 정보를 보여줄 수 있다. 디버깅 프로세스에서 프로그래머는 라인별 또는 어셈블러 명령별로 코드 라인을 시작하고, 기능을 시작하거나 빠져나오며, 프로그램을 중지하거나 계속 진행시키고, 중단점을 삽입하거나 제거하며, 예외 사항이나 프로그램 오류를 검출할 수 있다.

소스코드 디버거는 타깃이 심지어 (JTAG 또는 ARM SWD/SWO 인터페이스를 기반으로 하는) 외부의 디버깅 디바이스나 디버그 에이전트를 통해 접근될 때조차도 동일한 기본 능력을 제공한다. 다음은 가장 인기 있고 널리 사용되는 디버거 중 하나인 GDB - GNU DeBugger를 사례로 들어 임베디드 시스템에 적용하면서 기본적인 디버거의 특징을 제시할 것이다. GDB는 무료 소프트웨어 재단Free Software Foundation에서 제공하는 무료 소프트웨어며, GNU의 일반 공공 라이선스GPL에 의해 보호된다.

그러나 타깃에서 실행되는 디버그 에이전트를 가진 GDB 같은 표준 소스코드 디버거들은 모든 디버깅 시나리오를 다루지 않는데, 임베디드 타깃이 특별한 요구 사항을 갖거나 자원이 제한될지도 모르기 때문이다. 이런 시나리오는 특별한 디버거 에이전트를 사용한다. 더 중요하게는 이들 디버그 에이전트가 특정 타깃의 요구 사항에 적합하게 설계돼야 하고, 디버깅 프로세스를 향상시키기 위해 필수 툴을 제공해야 한다는 점이다. 그런 디버그 에이전트가 소스코드 디버거가 될 필요는 없지만, 작은 디버그 루틴으로 시작할 수도 있고, 그런 다음 완전한 특징을 갖춘 디버거로 진화될 수 있다. 가장 기초부터 디버그 에이전트를 어떻게 설계하고 설계의 핵심 요소를 어떻게 가리키는지 보여줄 것이다.

타깃에서 디버그 에이전트 소프트웨어를 이용하는 디버거의 제한 사항은 JTAG 인터페이스를 이용해 해결이 가능하며, 외부의 디바이스는 디버거를 직접 타깃에 연결하는 데 사용되는데, 이는 디버거가 타깃과 타깃의 자원을 완전히 제어하게 허용하기 때문이다. JTAG를 이용하는 디버깅은 많은 이점이 있는데, 특히 초기의 빠른 보드 브링업이 그 중 한 가지다. 각각의 디버깅 시나리오에 대해 디버그 에이전트나 JTAG를 이용한 디버그 솔루션은 장단점이 있으며, 올바른 솔루션의 선택은 능력, 유연성, 가격 간의 상호 보완적인 측면을 갖고 있다.

디버깅 솔루션에 대한 오늘날의 훌륭한 대안으로는 오픈소스 무료 소프트웨어가 될 수 있다. 오픈소스 소프트웨어만 이용하면 통합 개발과 표준 디버그 능력을 제공하는 디버깅 툴을 가질 수 있다. 그러한 솔루션 중 하나가 그래픽 사용자 인터페이스를 위해 이클립스^{Eclipse}를 이용하고, 디버거를 위해 GDB를 이용하며, 타깃에서 실행되는 디버그 에이전트로서 GDBserver나 KGDB를 이용하는 것이다.

디버거가 얼마나 훌륭한지에 상관없이 디버거는 프로그래밍 오류 전부를 모두 다 탐색할 수는 없다. 분석과 추적 툴은 타깃에서 프로그램 실행을 분석함으로써 실행 시간 오류를 발견하는 데 도움을 주는 또 다른 개발 툴이다. 이 범주에서 동적 메모리 할당의 부정확한 이용, 시스템 호출 디버거, 계측 코드 관련 정보를 제공하는 메모리 디버거에 대한 얘기를 할 수 있다. 분석 툴에 대한 완벽한 기술은 16장의 범위를 벗어나지만, 디버거가 수행했던 탐색을 보완하기 위해 이들 툴이 제공하는 것이 무엇인지, 그리고 어떻게 사용할 수 있는지에 대한 요약을 제시할 예정이다.

전체적으로 볼 때 임베디드 시스템용 소프트웨어를 개발할 때 타깃 프로세서에 대한 하드웨어 능력, 가용한 디버깅과 분석 툴, 이들 툴의 능력 등에 대해 미리 파악하는 것은 항상 훌륭한 일이다. 이 방식을 이용하면 최소의 시간으로 최대의 이점을 획득하기 위해 언제 어떻게 올바른 툴을 이용할 수 있는지 선택할 수 있다.

GDB 디버깅

GDB는 리눅스/유닉스 시스템에서 임베디드 소프트웨어에 널리 사용되는 디버거다. 현재 GDB는 매우 다양한 종류의 타깃 프로세서를 지원하고 있다. 그 중에서 파워PC, ARM, MIPS, 스팍^{SPARC}, 콜드파이어^{ColdFire}가 가장 널리 사용되는 프로세서다.

GDB 패키지는 특정 아키텍처를 위해 다운로드되고 구성될 수 있는 오픈소스 소프트웨어다. GDB는 단일 애플리케이션(gdb)으로 사용될 수 있다. 디버깅 호스트 애플리케이션 사례에서 가장 흔히 사용되거나 gdb-gdbserver 모드에서 두 가지 애플리케이션으로 구분될 수 있다. 임베디드 애플리케이션을 디버깅할 때 gdb-gdbserver 모드는 일반적으로 사용돼야 하는 모드다. GDB는 호스트 컴퓨터에서 실행되며, 임베디드 애플리케이션인 GDBserver는 타깃에서 실행된다. GDB와 GDBserver는 GDB 원격 프로토콜, TCP, 시리얼 기반을 이용해 통신한다.

임베디드 프로그래머가 어떻게 GDB를 이용할지 결정할 때 고려해야 하는 gdb-gdbserver 모드에 대한 몇 가지 이점을 소개하면 다음과 같다.

- GDBserver는 작고 경량의 타깃 애플리케이션으로 GDB 요청에 따른 기본 태스크를 수행하고 GDB에 이벤트 통지를 전송한다. 프로세싱을 위한 GDBserver 애플리케이션 요구 사항은 GDB와 비교해 볼 때 크기는 작고 메모리는 적다.
- 다른 한편으로 호스트 컴퓨터에서 실행되는 GDB는 대부분의 프로세싱, 즉 타깃 애플리케이션 EFL 심볼 파싱, 메모리 덤프, 소스 파일 상관 작용, 사용자 인터페이스, 기타 태스크 등을 수행한다.
- 소스코드 디버거로서 GDB는 (스트립되지 않은) 디버그 심볼로 컴파일된 타깃 애플리케이션과 애플리케이션 소스코드에 접근할 필요가 있다. 이들 애플리케이션과 소스코드는 호스트 컴퓨터에만 위치해야 한다. (디버그 심볼 없이) 스트립된 애플리케이션 혹은 (GDB 명령 로드를 이용한) 바이너리 파일은 타깃에 전송돼야 한다.
- 호스트 컴퓨터에서 그래픽 인터페이스는 더 사용자 친화적인 디버거를 제공하기 위해 GDB와 함께 사용될 수 있다.

GDB 디버거 구성

다음 단계는 GDB 디버거를 구성하고 설치하는 것이다. 일반적으로 말해 GDB가 이미 컴퓨터의 운영체제상에 설치됐다면 디버그 애플리케이션이 호스트 컴퓨터에 구성됐을 가능성이 가장 클 것이다.

따라서 타깃 프로세서에 따라 자신의 타깃을 위해 GDB 디버거를 구성해야 한다. GDB 구성과 설치 단계는 다음과 같다.

- GDB 배포본을 다운로드한다(http://www.gnu.org/software/gdb/download/). gdb-x.y.z.tar.gz. 여기서 x.y.z는 gdb 버전이다(예를 들어 gdb-7.3.1.tar.gz).
- 아카이브를 풀면 폴더 gdb-x.y.z가 생성될 것이다.

  ```
  $ tar xvfz gdb-x.y.z.tar.gz
  ```

- GDB 호스트 교차 플랫폼 컴파일과 GDB 타깃 컴파일을 위해 폴더를 생성한다. 다양한 플랫폼에 대해 GDB를 이용할 필요가 있으므로 타깃의 유형 또한 명시해야 한다. 예를 들어 <target-type>은 파워PC와 arm 또는 다른 프로세서의 유형이 될 수 있다.

  ```
  $ mkdir gdb-x.y.z-host-<target-type>
  ```

```
$ mkdir gdb-x.y.z-target-<target-type>
```

- 호스트 GDB를 구성한다. 환경 변수인 TARGET은 구성 이전에 설정돼야 한다. 이 값은 타깃에 대해 사용되는 교차 구축 툴 체인으로부터 선택돼야 한다. 예를 들어 TARGET은 powerpc-linux-gnu, powerpc-linux, arm-linux가 될 수 있다.

```
$ export TARGET = powerpc-linux
$ cd gdb-x.y.z-host-<target-type>
$ /gdb-x.y.z/configure .target = $TARGET -prefix5/usr/local/gdb-x.y.z-<target-type>
```

- 타깃 GDB를 구성한다.

```
$ export TARGET = powerpc-linux
$ cd gdb-x.y.z-target-<target-type>
$ ../gdb-x.y.z/configure .target = $TARGET -host = $TARGET -prefix=<target rootfs>/usr/local
```
여기서 <target rootfs>는 컴파일 후 GDB가 설치돼야 하는 타깃의 위치다. 교차 컴파일 툴의 위치가 경로에 추가돼야 한다는 점에 주의해야 한다.

- 타깃과 호스트 폴더에 있는 다음과 같은 명령을 실행시켜 타깃과 호스트를 위한 GDB를 컴파일하고 설치한다.

```
$ make; make install
```

GDB 시작

타깃이 리눅스 운영체제에서 실행되고 디버그될 타깃 프로그램이 사용자 공간의 타깃 리눅스 애플리케이션에 있다고 가정한다. GDBserver 또한 리눅스 사용자 공간 애플리케이션에 있다고 가정한다.

타깃 프로그램에 대한 디버깅을 시작하기 위해서는 GDBserver와 타깃 프로그램을 타깃 시스템에서 사용할 수 있어야 한다. 이 두 가지는 타깃 시스템의 램디스크ramdisk상에 설치될 수 있거나 FTP, TFTP, SCP, 기타 파일 전송 프로토콜을 이용해 나중에 타깃 시스템으로 복사시킬 수 있다. 타깃 프로그램은 호스트 컴퓨터의 GDB만이 디버그 심볼을 다루기 때문에 공간을 절약하기 위해 스트립될 수 있다.

GDB와 GDBserver는 TCP 연결을 경유하거나 타깃 시스템과 호스트 컴퓨터 간의 직렬 라인을 경유해 통신한다.

GDBserver를 시작시키기 위한 몇 가지 방법이 있다. 즉, TCP나 직렬 연결을 이용하는 방법, 타깃 프로그램을 시작시키는 방법, 실행 인스턴스를 부착시키는 방법이다. 일반적인 문법은 다음 중 하나를 따른다.

```
target$ gdbserver COMM PROGRAM [ARGS . . .]
```

```
target$ gdbserver COMM -attach PID
```

여기서 COMM, PROGRAM, ARGS, PID는 다음과 같다.

- COMM은 GDB 원격 시리얼 프로토콜을 위해 사용될 연결 유형을 식별한다. 여기서 연결 유형에는 시리얼 디바이스(예를 들어 /dev/ttyS0) 혹은 TCP 연결 host: <tcp port number>(예를 들어 host:12345)가 있다. 호스트는 현재 무시된다.
- PROGRAM은 디버그될 타깃 프로그램이다.
- ARGS는 (옵션으로) (존재한다면) 타깃 프로그램의 인수다.
- PID는 디버그될 실행 프로세스의 프로세스 ID(PID 번호)다.

다음은 몇 가지 예다.

```
target$ gdbserver :12345 myTargetProgram
target$ gdbserver /dev/ttyS0 myTargetProgram
target$ gdbserver :1234 2934
```

여기서 2934는 myTargetProgram에서 실행되는 PID 번호다.

```
target$ gdbserver :1234 'pidof myTargetProgram'
```

다음 스텝은 호스트 측의 GDB에서 GDBserver로 연결하는 것이다. 스트립되지 않은 타깃 애플리케이션은 파라미터로서 GDB에 넘겨지게 되거나 GDB 명령 파일을 이용해 나중에 로드될 수 있다. 교차 구축 툴을 이용해 컴파일된 타깃의 라이브러리 위치는 명령 set sysroot나 일명 set solib-absolut-prefix를 이용해 설정돼야 한다. 이 명령은 호스트 GDB가 -with-sysroot 옵션을 이용해 컴파일되지 않는다면 임베디드 애플리케이션의 디버깅에는 의무적으로 사용해야 한다. 그렇지 않으면 GDB는 표준 라이브러리 위치를 이용할 수도 있으므로 타깃 라이브러리 대신 호스트 라이브러리를 이용해야 한다. 이 경우 반환된 경고는 오해를 일으킬지도 모르며, 때때로 애플리케이션이나 (또는 코어 덤프는) 디버그될 수 없다. 타깃이 스트립되는 도중에 타깃 라이브러리는 호스트상에 디버그 심볼도 가져야 한다. GDBserver에 연결하기 위해 어떻게 GDB를 실행시키는지 그 예는 다음과 같다.

```
$ gdb
(gdb) file myTargetProgram
(gdb) set sysroot /home/cross-tool/rootfs
(gdb) target remote 192.168.0.1:12345
```

`target remote` 명령은 GDBserver에서 사용되는 연결 파라미터와 일치해야 한다. 이 예에서 파라미터는 GDBserver가 실행 중인 타깃의 IP 주소에 의해 식별된 TCP 연결이며, 포트 번호는 GDBserver에서 사용된다.

애플리케이션 컴파일

디버그 프로세스는 디버그 정보를 이용해 컴파일될 타깃 애플리케이션이 필요하다. 이를 기반으로 디버거는 함수와 변수의 이름을 위치시키며, 소스 파일에서 라인 번호를 이용해 명령의 상관관계를 만든다. GNU-GCC 교차 구축 툴 체인을 이용하는 가장 간단한 시나리오에서 애플리케이션 컴파일 시 디버그 정보는 -g 옵션을 이용해 추가된다. 그 예는 다음과 같다.

```
$ powerpc-linux-gcc -g hello.c -o hello
```

-g 옵션은 프로그램을 더 크게 만들며, 디버그 정보의 보완된 크기는 많은 소스 파일과 라이브러리를 가진 큰 프로젝트에 대해 중요해질지도 모른다. 그러나 이 결점은 임베디드 타깃을 위해 회피될 수 있다. 즉, 디버그 정보(예를 들어 `hello.unstripped`)를 가진 프로그램의 복사판을 생성하고, 이를 호스트 컴퓨터의 GDB와 함께 이용한다. 반면 타깃에서는 디버그 정보가 없는 스트립된 애플리케이션을 이용한다. 애플리케이션은 다음 예처럼 스트립될 수 있다.

```
$ powerpc-linux-strip hello
```

그러나 -g 옵션을 전체 작업에 항상 추가할 수는 없다. -g 옵션을 이용할 때는 디버그 프로세스에 영향을 줄지도 모르는 다른 GCC 옵션을 고찰하는 것이 중요하다. 이들 옵션은 많은 플래그와 구성 옵션을 가진 Makefile을 이용할 때 때때로 간과되기도 한다.

- **(-O, -O2. . .) 최적화** GCC에 대해 -g와 -O 옵션을 함께 이용할 수 있다. 최적화 코드를 디버그할 수는 있겠지만, 컴파일러는 최적화 프로세스를 통해 프로그램 코드를 재정렬하기 때문에 실행 경로는 소스 파일에서와 마찬가지로 동일한 경로를 따르지 않을지도 모른다. 예를 들어 단계적 운영이 항상 다음 라인으로 가지 않음을 알지도 모르며, 일부가 최적화에 의해 제거됐기 때문에 모든 변수를 볼 수는 없을 것이다.
  종합적으로 말해 가능하다면 최적화 없이 디버깅하는 것을 추천한다. 최적화는 대부분의 디버그가 완료된 이후 나중에 추가될지도 모른다. 다른 한편으로 앞에 기술된 결점이 있지만 최적화 코드를 디버깅하는 것도 가치 있는 일이다.
- **-fomit-frame-pointer** 이 옵션은 프레임 포인터를 저장하고 설정하며 되돌리기 위해 명

령을 회피하고 많은 함수에서 가용한 여분의 레지스터를 만든다. 최적화와 마찬가지로 이 옵션은 디버그 프로세스에 영향을 미치기 때문에 -g 옵션과 함께 사용하지 않기를 추천한다.

- **-s** 이 옵션은 컴파일러에게 모든 심볼 테이블과 재배치 정보를 실행 가능한 것으로부터 제거하라고 알려주기 때문에 -g 옵션을 이용해 생성된 모든 디버그 정보는 무시된다. 따라서 이 옵션이 사용된다면 -g 옵션은 효과가 없게 된다.

-g 옵션 없이 컴파일하는 것과 비교해 볼 때 GCC 같은 일부 컴파일러에서 디버그 정보를 추가해도 심볼 값은 변경되지 않는다. 이런 요령은 일부 디버깅 분야의 사례에서 성공적으로 사용될 수 있다. 이미지를 배포하고 디버그 심볼 없이 컴파일하며, 이것이 결함을 생성한다고 가정해보자. 이것은 생성된 코어 덤프를 잠그거나 부수게 된다. 디버그 심볼 없이는 실제로 디버거를 이용할 수 없다. 따라서 -g 옵션을 단순히 추가시킴으로써 배포된 소스 파일을 재컴파일하거나 결함을 디버그하기 위해 스트립되지 않은 EFL를 이용하는 것이 훌륭한 솔루션이 될 것이다. 물론 이것은 프로젝트를 재구축할 때 배포했던 것과 마찬가지로 정확히 똑같은 조건에서 재생성할 수 있다고 가정해야 한다. 전송된 각각의 배포본에 태그를 추가하는 것과 똑같이 소스의 버전 관리는 반드시 수행돼야 한다. 이 요령은 컴파일러가 디버그 정보를 추가한 이후 동일한 심볼 테이블을 생성하는 경우에만 사용될 수 있다. 심볼 테이블을 생성할 수 있고 다음과 같이 readelf 명령을 이용해 이것이 여전히 똑같은지 검사할 수 있다.

```
$ powerpc-linux-readelf -s targetProgram>symbol_table.txt
```

애플리케이션 디버깅

일단 이전 단계가 완료되면 타깃 애플리케이션에 대해 디버깅을 시작할 수 있다. GDB 디버깅과 관련된 완전한 매뉴얼은 16장의 범위를 벗어나며, 이와 관련된 많은 문서도 있다. 이 절에서는 대부분의 전형적인 디버그 프로세스를 다루는 가장 유용한 명령 집합에 대해 초점을 맞춘다. 애플리케이션에 대한 디버깅 단계를 철저히 살펴볼 목적으로 다음과 같은 아주 간단한 데모 프로그램을 이용한다.

```
1 #include<stdio.h>
2 struct data_t {
3        int a;
4        char b;
5 };
6 struct data_t my_data[10];
7 void compute_data(int number);
```

```
8 struct data_t* get_next_data();
9
10 int main() {
11      int i;
12      for (i = 0; i<100; I++)
13          compute_data(i);
14      return 1;
15 }
16 void compute_data(int number) {
17      struct data_t *p_data = get_next_data();
18      p_data->a = number;
19      p_data->b = number % 256;
20 }
21 struct data_t* get_next_data() {
22      static int cnt = 0;
23      if (cnt<10)
24          return &my_data[cnt++];
25      return NULL;
26 }
```

프로그램을 수행하면 세그먼테이션 결함이 발생하므로 다음과 같이 GDB를 이용해 조사돼야 한다. GDB와 GDBserver는 위에 설명한 대로 시작되며, continue 명령 이후 오류는 GDB 출력에서 나타난다.

```
(gdb) c
Continuing.
Program received signal SIGSEGV, Segmentation fault.
0X10000488 in compute_data (number = 10) at data.c:18
18      p_data->a = number;
```

오류가 발생하면 GDB는 오류의 원인이 되는 소스 파일과 라인 번호를 자동으로 보여준다. 따라서 GDB 명령을 이용해 더 심층적인 조사를 계속 수행할 수 있다.

backtrace 명령은 main 함수부터 현재 함수까지 스택 프레임의 추적이나 전체 함수 호출 트리를 표시한다. 단축키인 bt를 이용할 수 있다.

```
(gdb) backtrace
#0 0X10000488 in compute_data (number = 10) at data.c:18
#1 0X10000424 in main () at data.c:13
```

다음과 같은 명령을 이용하면 스택 프레임을 통해 더 많이 돌아다닐 수 있다. up 또는 down

명령은 프레임을 다음 위의 위치나 또는 다음 아래의 위치로 이동시키며, frame<frame_number> 명령은 프레임을 특정 프레임 번호로 이동시키고, frame 명령은 현재의 프레임 위치를 보여준다. 각 프레임상에서 GDB 명령을 이용해 스택, 변수, 파라미터, 메모리 또는 레지스터를 검사할 수 있다.

참고 스택 프레임을 통해 돌아다니는 동안 메모리와 레지스터의 내용은 유일무이하며, 스택의 현 위치에 의존하지 않는다. 메모리와 레지스터의 내용은 디버거가 프로그램 실행을 멈췄을 때 그 순간의 스냅샷이 된다.

소스 파일의 내용을 보기 위해서는 스택의 현 위치에서 list 명령을 이용한다. 이 명령은 현 위치에서 소스 파일로부터 사전에 구성된 얼마간의 라인을 전시한다.

데이터 검사

데이터(변수, 메모리, 레지스터)를 검사하는 것은 디버깅과 조사 과정에서 필수적이며, GDB는 많은 구성 옵션을 가진 아주 훌륭한 명령 집합을 제안한다.

파라미터와 변수 값을 얻기 위해서는 print 명령을 이용한다. 여기서 프린팅은 10진법, 16진법, 2진법 등 많은 포맷이 있다. 이 명령은 단순한 유형에 사용될 수 있으며, 구조와 배열을 위해서도 사용될 수 있다. 다음은 간단한 예다.

```
(gdb) print /d my_data[0]
$4 = {a = 0, b = 0}
(gdb) print /x i
$5 = 0xa
(gdb)print /x my_data
```

더 일반적으로 print 명령은 파일이나 함수로 변수의 내용을 다음과 같이 구체적으로 명시하게 허용한다. print 'file_name'::varName 또는 print function_name::varName.

```
(gdb) print 'data.c'::my_data[0]
$6 = {a = 0, b = 0 '\000'}
(gdb) print get_next_data::cnt
$7 = 10
```

변수의 유형 정보를 표시하는 명령은 아주 유용하다. 소스코드를 목록으로 나열하지 않고도 변수의 유형을 볼 수 있으며, 변수 유형에 대한 정의도 볼 수 있다. 이 명령은 특히 많은 파일을 가진 큰 프로젝트를 디버깅할 때 아주 훌륭한 단축키가 된다. 이 명령은 다음과 같은 예에서 사용되는 whatis와 ptype이다.

```
(gdb) whatis get_next_data::cnt
type = int
(gdb) whatis my_data
type = struct data_t [10]
(gdb) ptype my_data
type = struct data_t {
    int a;
    char b;
} [10]
```

메모리 내용도 마찬가지로 다음 명령을 이용해 점검할 수 있다. 즉, 프린트와 유사한 x (검사), 타깃 메모리와 파일 간의 데이터를 복사하는 dump 또는 restore 명령이다.

```
(gdb) x /4X 0xbfb08e60
0xbfb08e60: 0xbfb08e80 0X10000424 0X0000000a 0X4802f534
(gdb) dump binary memory file_dump.bin 0X170d24f0 0X170d4000
(gdb) restore file_dump.bin binary 0X170d24f0
```

더 나은 검사를 위해서는 낮은 레벨에서 세부 내용을 조사할 수도 있다.

- 레지스터는 info registers [specific register] 명령으로 읽을 수 있다.
- **스택의 내용** 스택 레지스터의 값을 읽고 그 주소로부터 메모리를 읽는다.
- **분해** 낮은 레벨에서 디버그는 분해된 기계 명령을 보기 위해 disassembly 명령을 이용한다.

중단점 이용

디버거는 중단점breakpoint을 이용해 프로그램의 실행을 중단시키는 능력을 제공한다. 중단점은 함수 초반에 파일의 특정한 라인 번호나 특정한 주소에 설정할 수 있다. 구문은 다음과 같이 아주 간단하다. break <functionName>, break <fileName:lineNumber>, break *<address>.

조건부 중단점은 특정 조건을 만나는 경우에만 프로그램의 실행을 중단한다. 조건은 다음과 같이 중단점을 설정할 때 추가될 수 있다. break <functionName> if <condition>. 그렇지 않으면 다음과 같은 명령을 이용해 나중에 추가될 수 있다. <condition> #<breakpoint id> <condition>. 다음은 몇 가지 예를 보여준다.

```
(gdb) break get_next_data
Breakpoint 3 at 0X100004d4: file data.c, line 23.
```

```
(gdb) condition 3 cnt = = 8
(gdb) break data.c:14 if i = = 5
Breakpoint 4 at 0X1000043c: file data.c, line 14.
```

info 명령을 이용해 현재 중단점의 정보를 볼 수 있으며, 다음 명령을 이용해 중단점을 제거하거나 가능 또는 불능으로 만들 수 있다.

```
(gdb) info breakpoints [breakpoint id]
(gdb) delete breakpoints [breakpoint id]
(gdb) disable breakpoints [breakpoint id]
(gdb) enable breakpoints [breakpoint id].
```

스텝 구축

어떠한 표준 디버거에서든 사용할 수 있는 기본적인 스텝 작업은 다음과 같다.

- **step over** 다음 코드 라인을 실행한다. GDB 명령은 next다.
- **step into** 다음 코드 라인이 함수라면 디버거는 이 함수의 첫 번째 라인에서 멈출 것이고, 그렇지 않으면 step over를 실행한다. GDB 명령은 step이다. 단일 타깃에 대한 기계 명령을 수행하기 위해서는 GDB 명령인 stepi를 이용한다.
- **step out** 디버거는 현재의 함수를 실행하며, 현재의 함수가 호출 당한 코드 라인 이후엔 즉시 멈춘다. GDB 명령은 finish다.

프로그램 변경

프로그램을 디버깅하는 동안 이슈를 어떻게 고치는지 관찰해야 하는 많은 상황이 있으며, 그게 싫으면 사람들은 프로그램 실행을 그냥 변경하길 원한다. GDB는 변수, 메모리, 레지스터를 즉시 변경하고, 함수를 호출하며, 함수로부터 반환되거나 프로그램이 디버그되는 동안 프로그램 카운터를 수정하는 가능성을 제공한다. 이것은 표준 솔루션과 비교할 때 어느 정도의 시간이 절약될 수도 있다. 여기서 표준 솔루션이란 코드를 수정하고 컴파일하며, 타깃에서 프로그램을 실행시키고 동일한 오류 조건을 재생산하며, 새로운 프로그램 변경에 대해 테스트하는 것을 말한다.

프로그램 실행을 변경할 때는 주의해서 수행해야 하며, 프로그램 카운터를 비롯해 레지스터를 직접 변경할 때는 실행에 심각한 오류를 유발시킬지도 모르기 때문에 특히 더 주의해야 한다.

프로그램 실행은 다음 방법에 따라 변경될 수 있다.

- 지역 변수와 전역 변수의 값을 변경한다. 11을 변수 i에 할당한다.

  ```
  (gdb) set variable i = 11
  ```

- 메모리를 변경한다. 메모리 **0xbfc45400**에 값 37을 설정하고 int로 변환한다.

  ```
  (gdb) set {int}0xbfc45400 = 37
  ```

- 레지스터의 값을 변경한다.

  ```
  (gdb) set $r0 = 0X10
  ```

- 실행 주소를 변경한다. 프로그램 카운터가 변경된다. 다음 실행 제어 명령(run, continue, step, next)이 새로운 프로그램 카운터 주소로부터 실행될 것이다.

  ```
  (gdb) set $pc = 0X80483a7
  (gdb) set $pc = &compute_data
  ```

- 각기 다른 주소에서 계속한다. 특정한 라인이나 특정한 주소에서 실행을 재개한다.

  ```
  (gdb) jump data.c:19
  Continuing at 0X80483a7.
  (gdb) jump *0X80483a7
  Continuing at 0X80483a7.
  ```

- 함수로부터 반환된다. 현 위치에서 현재의 함수 실행을 취소한다. 인수가 return 명령으로 넘겨지면 이것은 함수의 반환 값으로 사용된다.

  ```
  (gdb) return 1
  ```

- 함수를 실행한다.

  ```
  (gdb) call get_next_data(0)
  $5 = (struct data_t *) 0X8049600
  (gdb) call get_next_data(1)
  $6 = (struct data_t *) 0X8049608
  ```

코어 덤프 분석

코어 덤프는 무엇인가? 코어 덤프는 프로그램이 비정상적으로 종료될 때 완전한 애플리케이션 상태(메모리, 레지스터, 스택, 수신 신호)로 구성되는 운영체제(예를 들어 리눅스)에 의해 생성되는 2진 파일이다.

코어 덤프는 어떻게 가능한가? 애플리케이션이 시작될 콘솔상에서 명령이 실행되면 리눅스 셸 명령인 ulimit는 코어 덤프를 가능하게 만드는 데 사용된다.

```
$ ulimit -c unlimited
```

코어 덤프는 어떻게 분석되는가? GDB는 다음 명령을 이용해 코어 덤프를 분석할 수 있다.

```
$gdb<executable><core dump>
```

  그런 다음 실행 제어 명령(run, continue, stepping, call, return)을 제외하고 모든 GDB 명령을
이용할 수 있다.

디버그 에이전트 설계

이전 절에서 임베디드 애플리케이션을 디버그하고 조사하기 위해 어떻게 표준 디버거를 이용
하는지에 대해 살펴봤다. 표준 디버거가 널리 사용되고는 있지만 모든 디버깅 시나리오를
처리하지는 못한다. GDB-GDBserver가 훌륭한 디버거지만 GDB를 타깃 시스템에서 실행할
수 없는 경우에는 어떻게 될까? 일반적으로 임베디드 타깃이 특별한 요구 사항을 갖고 있고
자원의 제약을 가진 한 이것은 꽤 흔한 일이다. 여기 일부 사례가 있다. 타깃이 리눅스 운영체
제에서 실행되지 못하고, 시리얼 인터페이스나 이더넷 인터페이스가 없으며, 일부 자원의 제
한으로 인해 디버그 에이전트에 포팅하지 못하는 경우다. 이것은 GDB뿐만 아니라 타깃에서
실행되는 디버그 에이전트debug agent를 이용하는 모든 디버거에서도 마찬가지다.

  이러한 제약 사항을 명심해야 하며, 각각의 특정한 디버깅 시나리오는 특별한 디버깅 툴이
필요할 수도 있고, 프로그래머는 적어도 디버깅 프로세스의 일부분을 개선하고 최적화하기
위해 이러한 툴을 이용할 수도 있다. 이런 목적을 위해 디버그 에이전트 프레임워크, 즉 특별
한 타깃의 요구 사항에 적합한 디버그 에이전트에 대한 정의를 어떻게 시작해야 하는지 일반
적으로 기술된 프레임워크를 정의하는 프로세스를 고려해야 한다.

  정의에 따르며 디버그 에이전트는 타깃의 애플리케이션이다. GDBserver와 마찬가지로 디
버그 에이전트는 에이전트를 이용해 데이터를 교환하고 데이터를 처리하며, 사용자 친화적
포맷으로 데이터를 전시하는 호스트 디버거와 함께 사용된다. 그림 16.1은 호스트 디버거,
디버그 에이전트, 그리고 이들 사이의 상호작용을 보여준다.

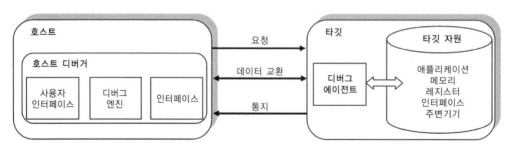

그림 16.1 디버그 에이전트

디버그 에이전트는 임베디드 타깃에서 낮은 수준의 동작을 수행하며, 인터럽트나 호스트 디버거로부터 온 요청과 같은 이벤트에 의해 트리거된다. 디버그 에이전트는 디버그될 애플리케이션과 (읽기와 쓰기 연산을 가진) 메모리 같은 타깃의 자원에 접근하며, 레지스터와 주변기기 구성 요소에 접근한다. 물리적 타깃 인터페이스나 주변기기는 호스트 디버거와의 통신을 위해 사용돼야 한다. 대다수의 디버거에 관해 말하면 이것은 시리얼 인터페이스나 이더넷 인터페이스일 필요는 없다. 즉, 메모리를 공유할 수 있거나, 이벤트를 호스트 디버거로 전송하거나, 수신할 수 있는 GPIO 같은 가장 간단한 에이전트면 된다.

호스트 디버거는 대부분의 프로세싱이 실행되는 호스트 애플리케이션이다. 가장 복잡한 시나리오에서 호스트 디버거는 다양한 인터페이스와 코어 디버그 엔진 위에서 통신 프로토콜을 처리하는 인터페이스 모듈을 가지며, 사용자에게 그 결과를 표시하는 그래픽 사용자 인터페이스를 가진다.

일반적으로 통신 프로토콜은 세 가지 유형, 즉 타깃의 특정 동작을 수행하기 위해 호스트 디버거로부터 오는 요청 메시지, 메모리 콘텐츠를 타깃에서 검색하거나 타깃으로 넘길 수 있는 데이터 교환 메시지, 호스트 디버거에게 타깃의 비동기 이벤트에 관한 정보를 제공하기 위해 디버그 에이전트로부터 오는 통지 메시지를 가진다.

다음 절에서는 디버그 에이전트의 사용 예와 설계에 관해 초점을 맞춰 알아본다. 호스트 디버거를 위해서는 GDB 같이 기존 호스트 디버거를 이용하거나 아주 간단한 디버거를 이용할 수도 있다.

사용 사례

디버거는 대부분 스택, 메모리, 레지스터에 접근할 수 있는 소스코드 디버거로서, 그리고 스텝, 정지, 계속, 중단점, 기타 메커니즘을 이용해 프로그램을 제어할 수 있는 소스코드 디버거로서 활동한다. 그러나 또 한편으로 디버그 에이전트는 다양한 시나리오에서 사용될 수 있다. 이 디버그 에이전트는 메모리에 무엇인가를 배치하는 작은 디버그 루틴으로 시작할 수 있고, 완전한 특징을 갖춘 소스 코드 디버거로 진화할 수 있다.

여기서는 에이전트가 프로그래머에 의해 직접 개발될 수 있고, 특히 애플리케이션의 니즈를 목적으로 설계될 수 있는 일부 실용적인 디버그 에이전트에 대한 사용 사례를 제공한다. 이들 사용 사례는 디버그 에이전트를 개발하는 기본 단계로 볼 수 있다.

단순 디버그 에이전트

아주 간단한 시나리오에서 기본적인 디버그 에이전트는 타깃에서 실행되며, 호스트 디버거는 없고 호스트와 타깃 간의 통신 프로토콜도 없다. 디버그 에이전트는 디버그 이벤트로 트리거되며, 디버그 에이전트 코드는 실행되고, 다음과 같은 간단한 동작을 수행한다.

- 디버그된 애플리케이션 문맥을 저장한다. 애플리케이션의 현재 상태가 저장되므로 애플리케이션 실행은 정확히 동일 조건에서 나중에 재개될 수 있다. 일반적으로 범용 레지스터, 프로그램 카운터, 스택 레지스터, 링크 레지스터 같이 특별한 레지스터가 저장된다. 이 절차를 수행하는 동안 디버그 에이전트에 의해 변경될 레지스터를 저장하는 것은 의무적인 사항이다.

- 애플리케이션 문맥을 덤프한다. 문맥은 프로세서와 애플리케이션 설계의 세부 내용에 의존하는 정보의 집합을 의미한다. 즉, 정보를 해석하는 사람과 관련된다. 이것은 레지스터, 스택, 주변기기나 인터페이스 상태, 메모리 크기, 기타 애플리케이션 특정 데이터를 포함한다. 데이터는 메모리 안에 저장될 수 있으며, 파일 시스템이 가용하다면 파일 안에 저장될 수도 있다. 데이터는 검색될 수 있고 나중에 해석될 수 있다.

- 외부 이벤트를 트리거한다. 저수준의 임베디드 애플리케이션에서 일부 정보는 메모리 내에 단순히 저장될 수 없다. 임베디드 시스템의 다양한 집적회로(마이크로제어기, FPGA, ASIC) 사이, 또는 타깃 신호 출력(예를 들어 GPIO) 사이의 논리적 신호는 디버그 에이전트 루틴에서 생성된 외부 이벤트(예를 들어 GPIO)에 의해 트리거되는 외부 디바이스를 이용해 읽을 수 있다. 예를 들어 디버그 에이전트로부터 나온 GPIO 신호에 의해 일단 트리거되면 이 신호를 수집하기 위해 오실로스코프^{oscilloscope}나 논리적 분석기 디바이스가 사용될 수 있다. 외부 이벤트가 트리거된 후 디버그 에이전트는 특정 기간 동안 기다릴 수 있고, 수집이 요구되는 한 기다릴 수 있으며, 애플리케이션 문맥으로 스위치를 되돌리기 전까지 기다릴 수 있다.

- 애플리케이션 문맥을 재저장한다. 저장된 애플리케이션 문맥은 재저장되며, 애플리케이션은 동일한 조건에서 재시작된다.

디버그 이벤트, 즉 디버그 에이전트 코드에 문맥 스위치를 적용하는 트리거는 인터럽트며, 일반적으로 디버그 인터럽트라 부른다. 타깃 프로세서에 따라 인터럽트는 각기 다른 예외 상황하에서 디버그 인터럽트를 생성하기 위해 구성될 수 있다. 디버그 이벤트는 또한 외부 신호에 의해 트리거되는 외부 인터럽트가 될 수도 있다.

사용자는 또한 디버그 이벤트를 수동으로 트리거할 수 있다. 예를 들어 타깃에 있는 버튼을 누름으로써, 또는 외부 인터럽트 발생시켜 외부 신호를 가져옴으로써 트리거할 수 있다. 이것은 애플리케이션 문맥이 덤프되고 오실로스코프 캡처가 트리거되는 디버거의 '중지' 명령으로 볼 수 있다.

이것은 어느 정도까지는 생각해볼 수 있는 아주 간단한 디버그 에이전트의 사례이며, 애플리케이션 코드, 예를 들어 애플리케이션의 디버그 인터럽트 처리기로 통합될 수 있다. 이것이 가능은 하지만 권고되지는 않는다. 디버그가 애플리케이션의 기능성에 영향을 미칠 수도 있겠지만 효율적인 디버그는 디버그 목적상 애플리케이션 코드에 대한 변경 없이 디버거가 수행돼야 한다. 독립된 애플리케이션에서 디버그 에이전트를 가진다는 것은 언제든지 애플리케이션에 대한 제약 사항 없이 에이전트 코드를 업데이트하거나 향상시킬 수 있음을 의미한다. 심지어 디버그 에이전트는 다양한 팀에 의해 개발될 수 있으며, 더 다양한 디버거로 더 향상될 수도 있다.

단순 통신 프로토콜

앞에서 살펴본 간단한 시나리오에서 디버그 정보를 검색하고 타깃에서 실행 중인 디버그 에이전트를 제어하기 위해 더 좋은 방법을 추가할 수 있다.

가장 간단한 시나리오에서 최소한의 호스트 디버거와 아주 기본적인 명령을 지원하는 통신 프로토콜을 갖고 시작할 수 있다. 호스트 디버거는 아주 간단한 통신 프로토콜을 기반으로 아무런 사전 준비나 지식 없이 구현될 수 있다. 예를 들어 요청-응답 기반 프로토콜은 다음과 같이 정보 교환을 허용한다.

- **제어 명령** 호스트 디버거는 다음을 수행하기 위해 에이전트 코드로 요청을 전송할 수 있다.
  - **애플리케이션 정지** 에이전트는 이 요청을 수신함으로써 트리거되며, 애플리케이션 코드로부터 에이전트로 문맥을 스위칭한다. 에이전트는 호스트 디버거로부터 온 더 많은 요청을 기다린다.
  - **애플리케이션 계속** 디버그 에이전트는 애플리케이션 문맥으로 스위치를 되돌린다.
- **데이터 교환 명령**
  - 애플리케이션 문맥(레지스터, 스택, 애플리케이션 특정 데이터)을 검색한다.
  - 메모리를 읽고 쓴다.

또한 디버그 에이전트는 통신 프로토콜의 구현이 요구된다. 타깃에서 호스트와의 통신을 위해서는 물리적 인터페이스를 보유해야 하는데, 예를 들면 시리얼, 이더넷, USB 또는 기타 인터페이스가 있고, 이 인터페이스는 디버그 에이전트에 의해 제어돼야 한다. 디버그 에이전트는 인터페이스의 수신 측에 있는 인터럽트 처리기를 구현하는데, 이 인터럽트는 디버그 이벤트 트리거로서 사용된다.

이 솔루션은 디버그 능력이라는 관점에서는 매우 기본적이지만 개발 시간에서 이점을 갖는다. 디버그 에이전트에 대한 기본적인 제어와 데이터 교환 능력을 추가하는 이점이 디버깅 프로세스에서 중요한 개선 사항이 되겠지만, 단순 시나리오를 기본적인 통신 프로토콜을 이용해 업데이트하는 개발 시간은 짧아진다.

GDB 이용

이러한 사용 사례를 위해서는 완전한 소스코드 디버거가 필요하며, 아무런 사전 준비 없이 이 디버거를 개발하길 원한다면 복잡한 태스크인 특별한 호스트 디버거에 대한 애플리케이션이 필요하다. 그러나 호스트 디버거를 개발하는 대신 때때로 디버그 에이전트에서 표준 통신 프로토콜을 구현하고, 호스트에서 그에 상응하는 표준 디버거를 이용하는 것도 가치가 있다.

가장 공통적인 사례가 GDB다. gdb-gdbserver 모드에서 호스트 디버거는 GDB이며, 디버거 에이전트는 GDBserver이고, 통신 프로토콜은 GDB 원격 프로토콜, TCP, 시리얼 기반 프로토콜이다. 여기서는 GDB와 GDB 원격 프로토콜을 이용할 것이다. 디버그 에이전트는 또한 GDB 원격 프로토콜을 구현할 것이며, 이런 방법으로 호스트와의 인터페이스에서는 이것은 GDBserver로 보인다.

디버거 에이전트를 위한 요구 사항 구현을 검토해보면 이 사용 사례는 이전의 사용 사례와 매우 유사하다. 물론 요구되는 저수준 구현을 따라 통신 프로토콜에 대한 완전한 특징 집합을 개발하는 것은 작은 작업이 아니지만, 완전한 특징을 갖춘 GDB 디버거를 갖는다는 점은 이런 작업을 가치 있게 만든다.

다중 코어

이번 시나리오는 더 복잡한 시나리오며, 효율적인 디버깅 솔루션을 제공하기 위해 이전에 기술된 시나리오를 어떻게 이용하는지 사례로서 제공한다.

이 시나리오에서 다중 코어multicore 프로세서는 첫 번째 코어에서 실행되는 리눅스와 함께 이용되며, 반면에 두 번째 코어로 불리는 다른 코어에서는 (운영체제 없이) 실시간 베어보드 bare-board 애플리케이션이 실행된다. 이의 목적은 두 번째 코어에서 실행되는 애플리케이션을 위해 디버깅 솔루션을 제공하는 것이다.

GDB를 기반으로 하는 이 솔루션의 주요한 컴포넌트를 그림 16.2에서 보여준다.

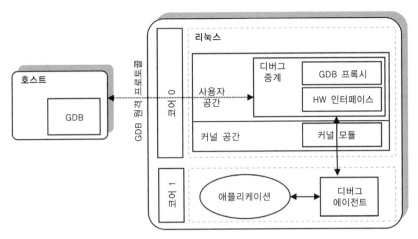

그림 16.2 GDB를 이용한 다중 코어 디버깅

타깃에서 디버그 에이전트는 2차 코어에서 실행된다. 에이전트는 대칭적 다중 처리^{SMP,} Symmetric MultiProcessing 애플리케이션이 될 수 있다. 즉, 2차 코어에서 모두 실행되는 단일 ELF이 거나 각 타깃의 세부 사항에 따라 각각의 코어에서 실행되는 분리된 ELF 애플리케이션이 될 수 있다.

1차 코어에서 실행되는 리눅스에서 디버그 중계^{debug relay}는 GDB 호스트 애플리케이션과 2차 코어에서 실행되는 디버그 에이전트 간의 중계 역할을 하는 리눅스 사용자 공간 애플리케 이션이다. 디버그 중계와 호스트의 GDB 간 통신은 TCP 기반의 GDB 원격 프로토콜이 수행 한다. 각각의 디버그 에이전트는 분리된 TCP 포트에서 처리된다.

내부적으로 디버그 중계는 GDB 프록시^{proxy}, 즉 독점적 구현이 추가된 타깃 특정적인 인터 페이스를 허용하는 오픈소스 GDB 프록시를 기반으로 할 수 있다. GDB 프록시는 호스트 GDB(GDB 원격 프로토콜)와의 통신을 구현하므로, 제기된 시나리오에 대해 타깃 특정적 인터페 이스만이 처음부터 구현돼야 한다. 그림 16.2에서 이것은 HW 인터페이스 모듈로 묘사된다.

디버그 중계와 디버그 에이전트 간의 통신은 타깃 프로세서에서 사용 가능한 코어 간 통신 메커니즘을 기반으로 한다. 예를 들어 데이터 교환을 위한 공유 메모리에 더해 코어 간 신호 메커니즘(예를 들어 메일 박스 또는 도어 벨)이 이용될 수 있다.

호스트 디버거는 GDB이며, 필요시 이것이 그래픽 사용자 인터페이스^{GUI}로 사용될 수 있다면 GDB는 호환성을 갖는다. 호스트로부터 디버그 중계와 디버그 에이전트는 분리된 TCP 포트에 서 실행되고 각 2차 코어마다 하나씩 실행되는 다중 GDBserver 애플리케이션으로 보인다.

이 시나리오는 이전의 사용 사례와 비교해 볼 때 다음과 같은 몇 가지 이점을 가진다.

- 이 솔루션은 완전한 기능을 갖춘 GDB 디버거를 제공하지만 호스트의 GDB와 타깃의 GDB

프록시를 이용함으로써 개발 시간은 줄어든다. 타깃에 특정적인 모듈, 즉 디버그 에이전트와 디버그 중계를 가진 통신 프로토콜만이 구현된다.

- 이전의 사용 사례에서 하드웨어 자원은 호스트 디버거와의 통신을 위해 사용될 디버그 에이전트를 위해 예비된다. 현재의 솔루션에서 이더넷 포트가 다른 리눅스 애플리케이션과 공유될 수 있는 한 그러한 제약 사항은 없다.

디버그 에이전트 개요

앞 절에서 디버그 에이전트를 어디서 어떻게 이용하는지 알아봤듯이, 이번 절에서는 디버그 에이전트 구현에 대한 세부 사항을 더 자세히 알아보며, 설계를 위한 핵심 요소에 대해서도 살펴본다.

디버그 에이전트는 운영체제 없이 타깃에서 직접 실행되는 베어보드 애플리케이션으로, 리눅스나 어떤 운영체제에 대해서도 알 필요가 없다. 디버그될 애플리케이션 또한 운영체제를 인식할 필요가 없는 베어보드 애플리케이션으로 보인다.

애플리케이션 자체는 리눅스의 예와 같이 운영체제가 될 수 있으며, 디버그 에이전트는 단순한 베어보드 애플리케이션처럼 리눅스를 다루는 리눅스 커널 디버그의 일을 할 수 있다.

여기서는 호스트 디버거가 GDB고, 이 GDB가 GDB 원격 프로토콜과 GDB 프록시를 이용하거나 GDB 프록시를 통해 에이전트와 통신한다고 가정할 것이다. 이것은 GDB에 의해 제공되는 특징을 기반으로 에이전트 설계에 대한 완전한 묘사를 허용한다. 반면에 디버그 에이전트 설계 원칙은 동일하며, 호스트 디버거의 유형에 의존한다.

그림 16.3은 디버그 에이전트가 타깃에서 디버그된 애플리케이션과 어떻게 상호작용하는지를 보여준다.

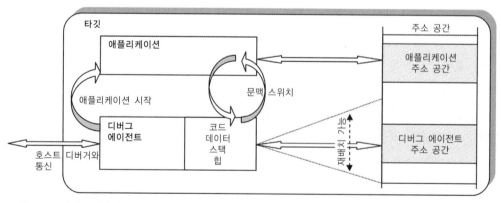

그림 16.3 디버그 에이전트 개요

디버그 에이전트는 자기 자신의 코드, 데이터, 스택, 힙^{heap} 세그먼트를 갖고 있는 분리된 ELF 애플리케이션이다. 애플리케이션의 메모리 공간은 디버그 에이전트의 메모리 공간과 겹쳐지지 않는다. 게다가 아주 가치 있는 특징으로서 디버그 에이전트의 코드는 위치 독립 실행 가능^{position-independent executable} 코드로 만들어져야 한다. 이것은 에이전트의 코드가 실행되는 장소로부터 메모리 주소가 변경될 수 있음을 의미한다. 이런 방법으로 사용자는 자기가 원하는 장소에서 디버그 에이전트의 실행 주소를 구성할 수 있다.

각각의 특정한 디버그 시나리오에 따라 디버그 에이전트는 애플리케이션을 로드하고 시작할 수 있으며, 그렇지 않으면 이미 실행 중인 애플리케이션의 인스턴스^{instance}에 간단히 부착시킬 수 있다. 어떠한 경우에든 디버그 에이전트는 애플리케이션 ELF를 해석하지 못하며, 이것은 호스트 디버거에 의해 수행된다.

애플리케이션 시작은 디버그 에이전트부터 애플리케이션까지의 문맥 스위치로 볼 수 있으며, 깨끗한 애플리케이션 문맥으로 시작한다.

이 문맥 스위치는 디버그 이벤트에 의해 트리거되며, 다음과 같은 기능을 한다.

- 애플리케이션에서 예외로 인해 생긴 디버그 인터럽트가 될 수 있다. 이 경우 문맥은 애플리케이션에서 에이전트로 스위치된다.
- 내부적으로 인터럽트(예를 들어 수신 데이터 준비 인터럽트)를 생성하는 호스트 디버거에서 나온 요청이 될 수 있으며, 요청에 따라 문맥 스위치가 애플리케이션(예를 들어 '계속' 명령)으로 트리거되거나 디버그 에이전트(예를 들어 '정지' 명령)로 트리거된다.

디버그 에이전트는 애플리케이션의 주소 공간으로 접근할 수 있어야 한다. 이것은 데이터, 스택, 힙에 대한 읽기와 쓰기 접근이 필요하므로 호스트 디버거는 애플리케이션의 변수를 읽고 쓸 수 있으며, 스택 프레임을 읽을 수 있고, 메모리에 읽고 쓸 수 있다.

이에 대한 핵심 요점을 이제부터 자세히 알아보자.

애플리케이션 시작

하나의 가능한 사용 사례가 디버거를 이용해 애플리케이션을 로드하고 시작하는 장소다. 이것은 애플리케이션 실행을 첫 번째 명령으로부터 디버그할 수 있는 방법이다. 애플리케이션을 시작하기 전에 다음과 같이 충족돼야 할 몇 가지 사전 조건이 있다.

- 애플리케이션은 디버그 심볼로 컴파일되며 ELF 파일은 호스트 디버거에서 사용할 수 있다.
- 디버그 에이전트는 타깃에서 실행되며 호스트 디버거와의 연결은 잘 작동되고 있다.

- 호스트 디버거는 다운로드 능력을 지원해야 한다. GDB에서 이것은 '로드load' 명령으로 구현된다.

이 프로세스를 통해 몇 가지 단계는 호스트 디버거에 의해 수행되며, 또 몇 가지 단계는 디버그 에이전트에 의해 수행된다. 디버그 에이전트에 대한 설계를 이해하고 요구 사항을 구현하기 위해, 호스트 디버거로부터 에이전트까지 애플리케이션의 다운로드 프로세스를 통해 단계적으로 진행할 것이다.

'로드' 명령을 실행하면 다음과 같은 행동이 수행된다.

- 애플리케이션의 이진 영상이 타깃 메모리로 복사된다. 이것은 '메모리 작성write memory' 요청을 디버그 에이전트로 전송함으로써 수행되며, 이진 데이터와 데이터가 작성돼야 하는 타깃 메모리의 주소를 포함한다.
- 프로그램 카운터 레지스터PC가 애플리케이션 진입점entry point으로 설정된다. 여기서 진입점은 첫 번째 애플리케이션 명령이 수행돼야 하는 메모리 주소다. '메모리 작성' 요청이 에이전트로 보내지며, 이때 레지스터의 번호와 설정 값이 포함된다.
- 이제 애플리케이션을 시작할 준비가 됐다. 다른 명령인 '계속continue'을 이용해 시작할 수 있다.

아는 바와 같이 디버그 에이전트는 메모리를 작성하고 레지스터에 값을 할당하는 것 같은 간단한 행동을 수행한다. 복잡한 태스크는 호스트 디버거에서 수행되며, 이렇게 분리된 솔루션(디버거 호스트 + 디버그 에이전트)을 이용할 때의 이점을 다시 확인할 수 있다.

또 다른 사용 예로는 디버거가 디버그 에이전트를 통해 연결하기 전에 시작했어야 하는 애플리케이션의 위치다. 부착 프로세스에서 호스트 디버거는 디버그 에이전트로 디버그 이벤트를 트리거하며, 애플리케이션에서 디버그 에이전트로 문맥 스위치가 시작된다.

문맥 스위치

문맥 스위치 프로세스에서 애플리케이션 ELF에서 디버그 에이전트 ELF로, 또는 그 역으로 실행이 변경된다. 문맥은 나중에 동일 지점에서 동일한 조건으로 애플리케이션을 재시작하는 데 필수적인 현재의 애플리케이션 상태를 나타낸다. 전형적으로 범용 문맥 레지스터에서 프로그램 카운터, 스택 레지스터, 링크 레지스터가 저장된다. 디버그될 애플리케이션은 디버그 에이전트에 관해 알지 못하며, 이에 따라 문맥 스위치를 처리하지 못한다. 애플리케이션 문맥을 저장하고 회복시키는 것은 디버그 에이전트 코드에서 수행되며, 디버그 인터럽트나 호스트 디버거의 요청에 의해 트리거된 인터럽트 같은 디버그 이벤트에 의해 트리거된다.

일반적으로 애플리케이션에서 디버그 에이전트로의 문맥 스위치 프로세스는 다음과 같은 단계로 구성된다.

- 디버그 이벤트에 의해 트리거되며, 디버그 이벤트의 인터럽트 처리기가 호출된다.
- 애플리케이션 문맥을 저장한다. 범용 레지스터와 특수 레지스터는 스택에 저장된다. 파워 PC 아키텍처를 위한 어셈블러 코드의 예는 다음과 같다.

```
stwu r1, -16(r1)d
stw r3, 4(r1)
stw r4, 8(r1)
mflr r3
stw r3, 12(r1)
```

stwu(단어 저장과 업데이트) 명령은 4개의 레지스터, 즉 스택, r3, r4, 링크 레지스터(스택에 저장되기 전 일시적으로 r3로 이동)에 대해 16바이트를 저장하기 위해 스택(r1 레지스터)에 공간을 할당한다. 특수한 링크 레지스터(LF)는 함수 호출이 완료되면 반환되기 위한 주소를 갖고 있다. 예를 들어 일반 처리기 루틴으로 점프하기 전에 LR 업데이트 명령(예를 들어 blrl 명령)을 이용해 분기 전에 스택에 저장돼야 한다.

- 애플리케이션 문맥이 재개돼는 명령 주소를 저장한다. 이 주소는 아키텍처에 종속인 특수 레지스터에 저장된다. 이 레지스터는 인터럽트의 원인이 되는 명령 주소나 디버그 이벤트 인터럽트가 발생되는 순간의 애플리케이션 프로그램 카운터를 가진다.

  일부 아키텍처에서는 인터럽트의 유형, 즉 디버그, 기계 검사, 필수 인터럽트에 따라 다양한 레지스터가 있을 수 있다. 이에 상응하는 상태 레지스터는 어떤 유형의 인터럽트가 호출됐는지, 그리고 어떤 레지스터가 저장됐는지 알기 위해 읽혀져야 한다.

- 디버그 에이전트를 위해 스택을 초기화한다. 애플리케이션과 디버그 에이전트는 분리된 스택을 가진다. 인터럽트 처리기에서 스택 레지스터는 애플리케이션 스택에 설정된다. 더 개선된 고수준의 프로세싱을 위해 디버그 에이전트는 자기 자신의 스택을 이용해야 하며, 이에 반해 문맥에 저장된 애플리케이션과 마찬가지로 애플리케이션 스택은 애플리케이션 디버깅을 위해 사용돼야 한다. 디버그 에이전트 스택은 다음 예와 같이 초기화될 수 있다.

```
lis r1, _stack_addr@ha
addi r1, r1, _stack_addr@l
```

디버그 에이전트가 다중 코어에서 실행되는 SMP 애플리케이션이라면 각 코어에 대해 분리된 스택이 사용돼야 하며, 여기서 스택 초기화가 그에 맞춰 수행돼야 한다.

- 디버그 에이전트가 실행되는 동안 인터럽트를 처리한다. 애플리케이션의 기능성에 따라 일부 인터럽트가 사용될 수 있으며, 문맥이 디버그 에이전트로 스위칭되면 일부 에이전트는

사용할 수 없게 된다. 이런 동작은 디버그 에이전트에서 구성돼야 한다.

- 실행이 디버그 에이전트의 주프로그램 루프, 즉 C 코드의 고수준 처리기로 넘겨진다. 애플리케이션의 스택 값이 파라미터로서 넘겨지며, 각각의 프로세서 아키텍처에 대해 어셈블러에서 C 코드로 파라미터를 넘기기 위한 특정 레지스터가 존재한다. 직접 분기 명령이나 LR 명령은 (bl, blrl)이 사용될 수 있거나 대응 레지스터가 (LR 또는 인터럽트 저장/회복 레지스터로) 설정된 이후 인터럽트 호출(rfi)로부터 반환된다.

고수준 처리기가 호출된 이후 문맥 스위치가 완료된다. 이제 디버그 에이전트가 실행되며, 호스트 디버거와 통신하고, 다음과 같은 기본적인 디버그 기능을 수행할 수 있다.

- **읽기와 쓰기 레지스터** 호스트 디버거 요청 시 디버그 에이전트는 레지스터에 접근할 수 있다. 실제로 실제 레지스터에 접근하지는 않지만 애플리케이션 문맥이 저장된 이후 레지스터 값이 검색되는 일시적 위치에 접근한다. 레지스터에 작성 시 애플리케이션 문맥이 회복된 이후에는 물론 새로운 값이 적용될 것이다.
- **읽기와 쓰기 메모리와 스택** 레지스터와 다르게 스택을 포함한 메모리는 읽고 쓰는 연산을 위해 직접 접근한다. 디버그 에이전트는 전체 메모리 공간에 접근할 수 있다. 스택 레지스터의 값은 저장된 애플리케이션 문맥(예를 들어 r1 레지스터)으로부터 검색된다.
- **중단점** 디버그 에이전트의 구현에서 소프트웨어 중단점^{breakpoint}을 설정하다는 것은 애플리케이션의 코드 메모리 구역을 쓴다는 것을 의미한다. 애플리케이션 ELF에서 기호^{symbol} 정보를 기반으로 호스트 디버거는 특정 기호나 특정 라인 번호에서 중단점 위치에 대응하는 주소를 발견한다. 중단점이 설정되면 호스트 디버거는 이 주소를 타깃에 보낸다. 디버그 에이전트는 디버그 예외를 생성하는 특수 명령을 이용해 이 주소에 있는 어셈블러 명령을 교체한다.
- **실행 제어** 스테핑^{stepping}, 계속^{continue}. 스테핑은 다음 명령에 대한 중단점과 계속 명령으로 구현될 수 있다. 계속 명령은 문맥 스위치를 디버그 에이전트로부터 애플리케이션 문맥이 회복되는 애플리케이션으로 트리거한다.

문맥 회복에서 디버그 에이전트는 문맥 저장과 유사한 단계를 수행한다. 애플리케이션 레지스터는 사용자 요청에 의해 변경됐을지도 모르는 일시적 위치로부터 회복된다. PC가 직접 설정되지 않으나 저장/회복 레지스터는 회복된다. 문맥 회복은 인터럽트 호출로부터 반환돼 완료된다.

위치 독립 실행 가능자

위치 독립 코드[PIC, Point Independent Code]와 위치 독립 실행 가능자[PIE, Point Independent Executable]는 거주 메모리에서 위치에 독립적으로 실행할 수 있게 만든다. 동일한 ELF 파일 내의 동일 코드는 어떤 메모리 주소에든 복사될 수 있으며, 변경 없이 실행될 수 있다.

이것은 디버그될 애플리케이션과 디버그 에이전트가 서로 겹쳐지지 않는 독립적인 메모리 주소를 갖고 있음에서 알 수 있듯이 매우 중요한 문제다. 사례를 보기 위해 디버그 에이전트가 하드 코드[hard-coded]된 메모리 주소, 즉 데이터를 쉽게 변경할 수 없게 기록된 메모리 주소(위치 종속 실행 가능자)로부터 실행되기 위해 컴파일된다고 가정하자. 애플리케이션의 메모리 요구 사항이 변경되고 주소 공간이 디버그 에이전트의 메모리 공간과 겹쳐진다면 디버그 에이전트는 실행 주소를 새로운 메모리 주소로 조정하기 위해 재구축될 필요가 있다. 이것은 실용적이지 못하며, 애플리케이션 디버그를 수행하는 프로그래머는 메모리 공간이 변경될 때마다 매번 디버그 에이전트를 재구축하지 않는 쪽을 선호할 것이다. 이에 더해 디버그 에이전트가 소스 코드 없이 제공된다면 이것은 하드 코드된 실행 주소를 가진 문제가 된다.

위치 독립 실행 가능자가 디버그 에이전트를 위해 어떻게 구현되는지 살펴보자. 먼저 컴파일러는 위치 독립 실행 가능자를 지원하는 것이 바람직하다. 이것은 엄격한 요구 사항이 아니다. 코드는 분기와 데이터 구간을 위해 절댓값을 이용하지 않고도 위치 독립이 되도록 특별히 작성될 수 있다. 가능하다면 이것은 적은 수의 코드 라인에 대해서만 권고된다.

GCC 빌드 툴 체인에 대해 위치 독립 실행 가능자는 컴파일러와 링커에 옵션 -fPIE를 추가함으로써 가능해진다. 이 옵션을 이용해 함수는 호출되며, 데이터 변수에 대한 접근은 전역 오프셋 테이블[GOT, Global Offset Table]이라고 이름 붙여진 간접 테이블을 통해 이뤄진다. GOT 테이블은 모든 함수의 주소와 전역 변수를 저장한다. 위치 독립 실행 가능자를 위해 GOT 테이블로부터 온 주소만이 실행 시간에 프로그램의 현재 적재 주소에 대응해 업데이트되며, 프로그램의 나머지 부분은 변경 없이 유지된다.

컴파일 시간에 지원되는 빌드 툴 체인과 마찬가지로 디버그 에이전트 코드로부터 실행되기 위해서는 실행 시간을 위한 몇 가지 다른 요구 사항이 있다. 즉, 프로그램의 현재 적재 주소를 계산하고, 이 값에 따라 GOT 테이블을 업데이트하는 것이다.

현재 적재 주소는 일반적으로 링크 시간 주소와는 다르다. 이 주소는 실행 시간에 계산되는데, 예를 들어 파워PC 아키텍처를 위해 다음과 같은 샘플 코드를 이용한다.

```
0x . . 0100:      bl __compute_PIC
   __compute_PIC:
0x . . 0104:      mflr 19
```

```
0x . . 0108:        lis  20,     __compute_PIC @ha
0x . . 010C:        addi 20, 20, __compute_PIC @l
0x . . 0110:        sub  19, 19, 20
```

위의 샘플 코드는 현재 실행 주소와 링크 주소 간의 오프셋을 계산하며, 이 값을 레지스터 r19에 놓는다. 코드가 주소 0x0에서 링크됐고 다른 주소인 0x0120.0000에서 실행된다고 가정하자. 계산된 오프셋은 0x0120.0000이 된다. 이 사례에서 샘플 코드는 주소 0x0000.0100에서 시작된다. 레벨 __compute_PIC는 컴파일 시간과 실행 시간에 값 0x0104을 갖는다. 오프셋을 계산하는 단계는 다음과 같다.

- 링크 레지스터를 이용해 분기 명령인 bl(분기 후 링크)을 수행한다. 분기 주소는 현재 명령 주소에 명령 코드로 쓰여진 오프셋을 더한 값이다. __compute_PIC의 절댓값이 이 명령에서 사용되지 않는다는 점을 알 것이다. 분기 실행 시간에 실행될 때 명령 주소는 0x0120.0100이 될 것이며, 오프셋은 컴파일 시간의 경우 동일 값인 0x4(레벨 __compute_PIC에 대한 상대적 오프셋)를 갖는다. 따라서 실행은 다음 라인인 0x0120.0104로 이동된다. LR 또한 업데이트되므로 bl 명령 다음에 나오는 명령 주소는 링크 레지스터에 놓이게 된다. 따라서 LR은 0x0120.0104로 설정된다.
- LR이 읽혀지고 이 값이 레지스터 r19(mflr 19)에 위치하게 되므로 r19 = 0x120.0104가 된다.
- __computer_PIC의 기호 값은 r20 레지스터에 위치한다. 이것은 컴파일 시간에 대한 값이므로 r20 = 0x0000.0104가 된다.
- 오프셋 값은 r19에 위치한다. r19 = r19 - r20. 따라서 오프셋은 r19 = 0x0120.0000이 된다.

GOT 테이블을 업데이트한다. 일단 오프셋이 계산되면 GOT 테이블은 현재 적재 주소에 대응해 실행 시간에 업데이트된다. 초기에 GOT 테이블은 주소 0x0와 관련된 사례와 같이 함수와 전역 변수의 컴파일 시간 주소를 포함한다. GOT 테이블 업데이트란 각각의 요소가 기존 값에서 계산된 오프셋을 추가시켜 현재 주소에 업데이트된다는 것을 의미한다.

GOT 테이블의 시작과 끝은 GOT 테이블의 시작 시점과 다음 구간의 시작 시점에 기호를 정의함으로써 식별할 수 있다. 이것은 __got1_start와 __dynamic_start가 GOT 테이블의 시작과 끝을 확인하는 다음 예와 마찬가지로 링커 제어 파일LCF, Linker Control File에서 수행된다.

```
got1            : {
__got1_start = .;
*(.got1)
}
.got2           : { *(.got2) }
```

```
.dynamic    : {
__dynamic_start= .;
*(.dynamic) }
```

아래에 나타나 있는 샘플 코드는 주소가 GOT 테이블에서 어떻게 업데이트되는지를 보여준다. 오프셋은 사전에 계산됐으며, r19 레지스터에 놓인다고 가정한다.

```
register int offset = 0;
asm ("mr %0, 19" : "=r" (offset));

volatile unsigned int* got_start =
(unsigned int*)((unsigned int)&__got1_start + offset);

unsigned int count =
((unsigned int)&__dynamic_start -
(unsigned int)&__got1_start)/sizeof(unsigned int);

for (int i = 0; i<count; ++i)
    got_start[i] + = offset;
```

위치 독립 코드를 사용 가능하게 만들 때 GOT 테이블을 통해 접근하는 함수와 데이터 변수 때문에 성능에 약간의 지장이 초래된다. 따라서 이런 특징을 갖는 것이 항상 좋은 아이디어는 아니며, 특히 실시간 애플리케이션에는 더욱 그렇다. 이것은 디버그 에이전트에 대해서는 이슈거리가 아니다.

애플리케이션으로부터 나온 디버그 이벤트

애플리케이션으로부터 나온 디버그 이벤트는 디버그 인터럽트며, 예외 사항(중단점이나 애플리케이션 오류)이 발생할 때마다 트리거된다. 가장 간단한 시나리오에서 예외 사항이 발생하면 디버그 에이전트의 디버그 인터럽트가 호출되고, 이전 절에서 살펴본 바와 같이 문맥은 애플리케이션에서 디버그 에이전트로 스위치된다.

원칙은 간단하지만 실제 실행은 때때로 어려울 수도 있다. 디버깅된 애플리케이션에 대한 설계는 디버그 에이전트와의 통합을 위해 뭔가 특별한 것을 수행할 것이라고는 생각되지는 않는다. 따라서 애플리케이션은 디버그 인터럽트를 위한 오프셋과 인터럽트 벡터 테이블에 대한 정상적인 초기화를 수행할 것이다. 애플리케이션이 디버그 에이전트 없이 실행될 때 디버그 예외 사항이 발생하면 애플리케이션의 디버그 인터럽트 처리기는 호출된다. 이때 처리기는 애플리케이션 코드에 있게 된다.

디버그 에이전트를 이용해 애플리케이션을 디버깅할 때 무엇인가가 변경되므로 디버그 이벤트에서 에이전트의 디버그 인터럽트 처리기가 호출될 것이다. 애플리케이션은 기타 모든 인터럽트를 이용할 수 있을 것이지만, 디버그 인터럽트만을 위해 에이전트 처리기가 호출될 것이다. 디버그 인터럽트만을 위해 구성 가능한 인터럽트 벡터 주소를 구체적으로 명시할 수 있다면 이것은 아주 간단한 솔루션이 될 수 있다. 즉, 시작 시 처리기가 디버그 에이전트를 가리키도록 디버그 인터럽트 주소를 설정할 수 있다. 불행하게도 이것은 많은 프로세서상에서는 가능하지 않다. 다만 인터럽트 테이블에 대한 기반 주소와 각각의 인터럽트 유형에 대한 오프셋만을 구체적으로 명시할 수 있다.

이러한 시나리오에 대해 애플리케이션 디버그 인터럽트가 호출된다는 사실과, 솔루션은 분기 명령을 통해 애플리케이션 인터럽트 처리기로부터 디버그 에이전트 인터럽트 처리기로 실행을 이동시켜야 한다는 사실은 명확하다. 물론 이것은 디버그 인터럽트 처리기에 있는 하드 코드 분기의 애플리케이션 코드에 요구 사항을 추가시키지는 않는다. 게다가 디버그 에이전트의 적재 주소는 컴파일 시간에 알지 못한다. 이에 대한 솔루션은 디버그 에이전트가 애플리케이션의 디버그 인터럽트 처리기에 겹쳐 쓰는 것이며, 이렇게 됨으로써 그림 16.4에서 보여주는 것처럼 원하는 분기가 실행된다.

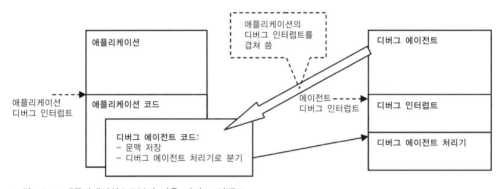

그림 16.4 애플리케이션으로부터 나온 디버그 이벤트

파워PC 프로세서에 대해 애플리케이션의 디버그 인터럽트를 겹쳐 쓰기 위해 사용된 샘플 코드는 다음과 같다.

```
1 app_handler_start:
2         stwu 1, -16(1)
3         stw 3, 4(1)
4         stw 4, 8(1)
5         mflr 3
6         stw 3, 12(1)
7         lis 4, debug_agent_handler@h
```

```
8        ori 4, 4, debug_agent_handler@l
9        mtlr 4
10       blrl
11 app_handler_end:
12       nop
```

먼저 이 루틴에서 변경된 모든 레지스터, 즉 스택 레지스터, 링크 레지스터, r3 레지스터, r4 레지스터를 저장하기 위해 필수적인 공간이 스택에 할당된다. 그런 다음 절대 주소에서 LR을 통해 디버그 에이전트 인터럽트 처리기 주소로 분기가 실행된다. 분기 후 debug_agent_handler에 저장된 레지스터가 문맥 저장 프로시저에서 사용돼야 한다.

디버그 에이전트는 위 코드를 애플리케이션의 디버그 인터럽트 벡터 주소에 복사할 것이다. 실제 메모리는 이들 라인이 컴파일된 후 그 결과로 나타나는 명령 코드에 겹쳐 쓰게 된다. 이것은 에이전트 코드에서 수행될 수 있으며, 예는 다음과 같다.

```
void* app_handler_start_addr = &&app_handler_start;
void* app_handler_stop_addr = &&app_handler_stop;
int size = app_handler_start_addr - app_handler_start_end;

memcpy((void*)app_debug_int_addr, app_handler_start_addr, size);
```

변수 app_debug_int_addr은 애플리케이션의 디버그 인터럽트 주소다.

디버그 에이전트가 위치 독립 실행 가능자라고 위에 기술돼 있는 경우를 또한 고려해보자. 디버그 에이전트의 컴파일 시간에 애플리케이션 디버그 처리기의 코드가 컴파일되고 명령 코드로 변환된다. 이때 함수 debug_agent_handler는 애플리케이션의 적재 주소를 알기 전에 사전에 정해진 오프셋을 가진다. 그런 다음 명령 코드가 애플리케이션의 메모리에 쓰일 때 라인 7과 8의 명령은 여전히 함수의 컴파일 시간 값을 보유할 것이므로 이것은 예상되는 실행 시간 값이 아니게 된다.

에이전트 디버그 처리기의 올바른 값은 다음을 기반으로 계산된다.

- 에이전트 코드에서 디버그 처리기 함수의 주소는 GOT 테이블이 현재 적재 주소를 갖고 업데이트되는 한 실행 시간에 실시간 값을 가진다.
- 라인 7과 8에서 디버그 처리기의 주소를 설정하는 어셈블러 명령은 처리기의 실행 시간 주소를 반영하기 위해 업데이트될 필요가 있다. 명령의 정의를 고찰해보면 주소는 명령의 최하위 16비트에서 설정된다.

다음 코드는 디버그 처리기의 주소를 올바른 실행 시간 값으로 업데이트하는 코드다.

```
unsigned int relocated_addr = (unsigned int)& debug_agent_handler;
unsigned int *instr_addr = ((unsigned int *) app_debug_int_addr + 5);
*instr_addr = ((*instr_addr) & 0xFFFF0000) |
        ((relocated_addr≫16) & 0xFFFF);

++instr_addr;
*instr_addr = ((*instr_addr) & 0xFFFF0000) |
        ((relocated_addr) & 0xFFFF);
```

명확하게 해야 할 것이 한 가지 더 있다. 애플리케이션의 디버그 인터럽트 벡터의 주소(app_debug_int_addr)를 어떻게 발견하느냐는 것이다. 각각의 사용 사례에 대한 시나리오에 따라 이 주소를 획득하는 여러 가지 방법이 있다.

- 디버그 에이전트가 애플리케이션의 실행 인스턴스에 이미 부착돼 있는 경우 인터럽트 벡터는 애플리케이션에 설정된다고 가정한다. 디버그 인터럽트의 주소는 몇 가지 특수 레지스터를 읽어서 계산될 수 있다. 예를 들어 파워PC 아키텍처에 대해 주소는 레지스터 IVPR(기반 인터럽트 주소)과 IVOR15(디버그 인터럽트 오프셋)에 있는 값의 합이 된다.
- 위의 경우는 애플리케이션에 인터럽트를 벡터를 설정하기 전인 애플리케이션 디버그의 초기 시점에 사용될 수 없다. 이런 경우 디버그 에이전트는 자신의 주소 공간을 가리키기 위해 인터럽트 벡터를 설정할 수 있다. 이 경우 디버그 인터럽트 주소는 디버그 에이전트에 의해 선택될 것이다.
- 완전한 솔루션은 애플리케이션의 디버그 인터럽트 주소를 이용해 디버그 에이전트를 구성하는 것이다. 이 경우 다양한 방법으로 구현될 수 있다. 예를 들면 다음과 같다.
  - 이 값을 하드 코드된 레지스터에 설정해 시작 파라미터로서 주소를 통과시킨다.
  - 호스트 디버거로부터 파라미터를 설정한다. GDB 호스트 디버거의 경우 monitor 명령은 디버그 에이전트에 대한 특수 요청의 전송을 허용한다. 주소는 명령 monitor debug_addr<address>를 이용해 전송될 수 있다.

다중 코어

디버그 에이전트는 단일 코어나 다중 코어 프로세서에서 실행될 수 있다. 설계 원칙은 동일하지만, 다중 코어에서는 몇 가지 고려해야 할 사항이 있다. 디버그 에이전트는 SMP 실행 가능자와 모든 코어를 위해 실행되는 단일 ELF 파일이 될 수 있으며, 각 코어에서 실행되는 개별 ELF가 될 수도 있다. 선호되는 접근법은 모든 코어에 대해 단일 SMP 실행 가능자를 갖는 것으로, 이는 디버그 에이전트의 이용에서 좀 더 유연함을 가진다. ELF 파일은 오직 한 번만 적재되고, 코드 구간은 모든 코어에 대해 재사용되며, 예약된 메모리 공간은 압축되고, 개발과 빌드 프로세스는 더 단순해진다. SMP 애플리케이션조차 코어는 코드를 독립적으로 실행할 수 있다. 일부 코어는 다른 코어가 실행되는 동안 잠시 중지될 수 있다.

각각의 코어에서 디버그 에이전트가 자신의 스택을 사용할 것이고 애플리케이션은 각각의 코어(스택과 레지스터)에 대해 각기 다른 문맥을 갖기 때문에 문맥 스위치는 다중 코어 프로세서를 위해 올바르게 처리돼야 한다.

16장에서 제시된 사용 사례 중 하나가 하나의 코어에 운용체제를 갖는 유연성을 이용해 다중 코어 능력을 결합하는 다중 코어 시나리오다. 이 시나리오는 리눅스가 첫 번째 코어에서 실행하고, 두 번째 코어는 (운영체제 없이) 실시간 베어보드 애플리케이션에서 실행되는 경우다. 이와 같은 사례에 대해 디버그 에이전트는 다음을 기반으로 리눅스에서 실행되는 디버그 중계를 이용해 통신이 구현돼야 한다.

- 디버그 에이전트와 리눅스의 디버그 중계 사이 데이터 교환은 공유 메모리 구역을 통해 수행된다. 메모리는 에이전트와 중계 모두에 의해 읽기와 쓰기 연산을 이용해 접근될 수 있다. 간단한 접근법은 읽기와 쓰기 포인터를 갖고 원형의 메모리 버퍼를 이용하는 것이다.
- 다양한 코어로부터 공유 메모리 구역으로의 접근은 스핀 락 메커니즘spin lock mechanism에 의해 보호돼야 한다. 여기서 스핀 락이란 다른 스레드가 락을 소유하고 있다면 그 락이 반환될 때까지 계속 루프를 돌며 확인하면서 기다리는 것을 말한다. 예를 들어 스핀 락 테스트-설정 메커니즘은 공통 접근을 보호하는 데 사용돼야 한다. 구현은 프로세서의 동기화 메커니즘(예를 들어 메모리 장벽)에 달려 있다.
- 코어 간 신호 메커니즘inter-core signaling mechanism은 데이터가 공유 메모리에 가용하다는 것을 다른 코어에게 알려주기 위해 구현돼야 한다. 이것은 인터럽트 기반 메커니즘interrupt-based mechanism이 된다. 예를 들어 애플리케이션에서 디버그 에이전트로 문맥 스위치를 트리거할 수 있는 메커니즘이 돼야 하기 때문에 폴링polling은 유효한 솔루션이 아닐 것이다. 그래서 폴링이 디버그 에이전트 코드에서 구현될 수 있지만, 애플리케이션 문맥이 실행되고 있으면 이것은 솔루션이 아니다.
- 프로세서는 하나 이상의 코어 사이 신호 메커니즘을 제공할지도 모른다. 일부 메커니즘은 다른 코어로부터 나온 이벤트를 처리하기 위해 특수한 인터럽트를 이용한다. 예를 들어 도어 벨 코어 간의 인터럽트는 특수한 도어 벨 인터럽트 처리기를 가진다. 디버그 에이전트가 이 인터럽트를 이용하면 도어 벨 인터럽트는 애플리케이션에서 더 이상 사용할 수 없으며, 이는 디버그 에이전트를 이용해 디버깅 시 몇 가지의 자원 제약 사항을 추가시킨다. 가능하다면 디버그 인터럽트 기반의 코어 간 인터럽트는 더 훌륭한 선택이 될 것이다.

디버그 에이전트 시작

앞에서는 디버그 에이전트를 이용해 어떻게 애플리케이션과 디버깅을 시작하는지 살펴봤다. 다음은 어떻게 디버그 에이전트를 시작하는지 알아본다.

일부 타깃은 커맨드라인 인터페이스를 이용해 다른 실행 가능자를 적재할 수 있는 부트 로더boot loader나 모니터 프로그램을 갖고 있을지도 모른다. 부트 로더의 사례가 유-부트u-boot 다. 이 경우 디버그 에이전트의 적재는 부트 로더에 의해 처리된다.

타깃이 부트 로더 프로그램을 갖고 있지 않다면 디버그 에이전트 바이너리는 비활성 메모리, 예를 들어 NOR, NAND, SPI 플래시 메모리로 복사돼야 한다. 플래시 메모리로부터 부팅할 때 프로그램은 RAM 메모리로부터의 부팅과 비교해 뭔가 추가적인 스텝이 있어야 한다. 이러한 추가적인 스텝에는 재설정 주소에서 점프jump를 플래시 내의 프로그램 코드에 설정하는 것, 플래시로부터 RAM으로 바이너리 재배치를 수행하는 것, RAM으로부터 실행하는 것 등이 있다. 이것은 플래시로부터 실행 가능한 어떠한 부팅에 대해서든 효력을 갖는다.

첫 번째 코어에서 실행 중인 리눅스를 이용한 다중 코어 시나리오에서 디버그 에이전트를 적재하고 시작하기 위해 다양한 접근법을 이용할 수 있다. 프로세스는 디버그 에이전트에 대한 어떠한 요구 사항도 없이 리눅스로부터 완벽히 수행된다. 디버그 에이전트 프로그램에 대한 적재는 원하는 메모리 주소에서 에이전트 바이너리를 메모리로 복사함으로써 이뤄진다. 리눅스 애플리케이션은 디버그 에이전트 프로그램이 적재돼야 하는 물리적 메모리 위치에 접근할 수 있어야 한다. 바이너리는 메모리로 직접 복사될 것이다. 디버그 에이전트가 위치 독립 실행 가능자라면 디버그 에이전트는 복사될 수 있으며, 어떠한 메모리 위치에서든 실행될 수 있다. ELF 파일에서 바이너리로의 전환은 빌드 툴 체인이라는 유틸리티를 이용해 수행될 수 있으며, 리눅스 애플리케이션은 이 전환을 처리할 수 있다.

디버그 에이전트의 시작은 디버그 에이전트의 적재보다는 좀 더 복잡하다. 첫 번째 코어에서 실행 중인 리눅스는 다른 코어의 레지스터에 접근할 수 없으며, 첫 번째 코어에서만 명령을 실행할 수 있다. 실행 시작은 리눅스가 SMP 시나리오에서 두 번째 코어에서 시작하는 방법과 유사하게 수행될 수 있다. 유-부트 부트 로더는 두 번째 코어를 위한 부트 코드를 공급하므로 두 번째 코어는 가용해지자마자 바로 스핀 루프spin loop로 들어갈 수 있다. 두 번째 코어 각각은 특정 메모리 주소가 루프로 점프하는 주소를 갖고 쓰일 때까지 스핀 루프에서 대기한다. 따라서 두 번째 코어에서 디버그 에이전트를 시작하기 위해 리눅스 적재 애플리케이션은 에이전트의 진입점 값을 스핀 루프의 점프 주소로 써넣는다. 그런 다음 두 번째 코어는 스핀 루프에서 빠져나갈 것이며, 디버그 에이전트 코드를 실행하기 시작할 것이다.

디버그 에이전트를 적재하고 시작하는 또 다른 가능성은 JTAG 탐색기probe를 이용하는 것이다. 다음 절에서는 어떻게 JTAG를 이용하는지 알아본다.

JTAG를 이용한 디버깅

JTAG이라는 이름은 합동 테스트 수행 그룹^{Joint Test Actiob Group}에서 왔으며, 나중에 IEEE 표준 1149.1 - 표준 테스트 접근 포트^{Standard Test Access Port}와 경계 스캔 아키텍처^{Boundary-Scan Architecture}로 표준화됐다. 이것은 초기에 경계 스캔을 이용해 집적회로를 테스트하기 위해 설계되고 사용됐다. 현재 JTAG의 유용성은 회로와 경계 스캔 테스팅, 프로세서와 FPGA 회로를 포함한 임베디드 시스템의 디버깅, 회로의 내부 플래시 메모리로의 데이터 전송, 플래시 프로그래밍, 추적과 분석을 비롯해 더 넓은 범위로 확장되고 있다.

다음부터는 임베디드 시스템을 디버깅하기 위한 JTAG의 이용에 대해 초점을 맞출 것이다. 호스트 디버거 소프트웨어는 읽기와 쓰기 레지스터, 읽기와 쓰기 메모리 같은 임베디드 시스템의 자원에 접근하기 위해 JTAG 탐색기를 이용하며, 실행, 계속, 스테핑 같은 연산을 이용해 타깃에 대한 제어를 완전히 실행하고 있다. JTAG의 이용을 통해 호스트 디버거는 개발자가 타깃에 대한 브링업과 디버깅을 하는 동안 개발 시간을 절약시켜 주는 디버깅 능력에 대한 특징 집합을 제공한다. 운영체제 인식(예를 들어 리눅스 커널 인식), 커널 모듈 드라이버, 리눅스 사용자 공간과 커널 공간 디버깅, 하이퍼바이저^{hypervisor} 인식 같은 고수준의 디버깅 능력은 호스트 디버거에 의해 제공되는 특징이며, 이에 비해 JTAG는 호스트와 타깃 간의 기본적인 명령만 실행한다.

물리적으로 JTAG는 외부 디바이스다. JTAG는 특수 JTAG 케이블을 관통해 특수 JTAG 핀 헤더 커넥터를 경유해 타깃에 연결된다. 호스트 USB에 대한 연결을 위해서는 이더넷이나 병렬 포트 또는 직렬 포트가 사용될 수 있다.

JTAG와 마찬가지로 외부 탐색기를 통해 디버깅을 할 수 있는 또 다른 인터페이스가 있다는 것을 여기서 언급하는 것은 가치가 있다. 하나의 사례는 ARM Cortex-M 디버그 인터페이스 직렬 와이어 디버그^{SWD}로서 2개의 핀과 단일 비트 직렬 와이어 출력^{SWO}만을 이용해 저비용으로 인터페이스가 가능한 인터페이스다. 이 인터페이스는 ARM 디버그 모듈 계측 추적 매크로셀^{ITM}과 임베디드 추적 매크로셀^{ETM}을 이용한다. 완전한 명령 추적을 위해 ETM 모듈은 4비트 고속 포트 위에 실시간 추적을 제공한다. 전반적으로 이 인터페이스는 더 낮은 핀 개수라는 이점을 갖고, 더 강력한 디버그 능력을 제공한다.

디버깅 원칙은 이들 디버그 인터페이스에 대해서도 동일하며, 일반성을 위해 이제부터는 JTAG에 대해 알아보겠다.

JTAG 이용의 이점

JTAG를 이용한 디버깅에 대해 얘기할 때, JTAG를 통한 타깃 제어 능력과 마찬가지로 특별한 호스트 디버거의 소프트웨어를 비롯해 완전한 디버깅 솔루션에 대해 언급한다.

JTAG를 이용한 디버깅의 주요한 이점에는 임베디드 시스템의 애플리케이션에 대한 짧은 개발 시간과 초기의 보드 브링업, 밸리데이션, 개발을 위한 저수준의 지원 등이 있다.

JTAG를 이용한 이점을 더 잘 이해하기 위해서는 임베디드 개발자가 신규 타깃을 제공받고 타깃에서 보드를 밸리데이션하며 애플리케이션을 개발해야 한다고 가정한다. 개발자가 어떻게 애플리케이션을 개발하고 디버깅하기 시작할까? 물론 이런 작업은 결국에는 디버거를 이용함이 없이 수행될 수 있을 것이다. 이에 반해 디버거는 아주 빠른 개발 시간을 제공할 것이다. 또한 디버그 에이전트 소프트웨어는 타깃에서 실행하기 위해 개발될 수 있으며, 사용자 애플리케이션에 대한 디버깅도 허용될 수 있음을 알 수 있다. 그러나 디버그 에이전트 자체를 개발하는 데 얼마나 많은 시간이 소요될까? 그리고 디버그 에이전트를 개발하는 동안 어떤 디버깅 툴이 이용될 수 있을까? 이러한 경우 JTAG를 이용한 디버깅 솔루션이 그 핵심이 될 수 있다. 즉, 애플리케이션을 디버깅하기 위해 기존 추가 소프트웨어(예를 들어 디버그 에이전트)를 개발하거나 이용할 필요가 없다는 점이다. 이것은 애플리케이션에 대한 탐색을 시작하는 데 있어 완벽한 디버깅 툴셋을 제공하며, 심지어 초기 보드 브링업에도 툴셋을 제공한다.

게다가 JTAG를 이용한 디버깅은 다음과 같이 호스트 디버거 인터페이스를 통해 몇 가지 다른 능력들을 제공한다.

- **초기화 파일** 디버거는 전원 구동 후 즉시 타깃의 초기 설정을 비롯한 타깃 초기화 파일의 이용 가능성을 제공한다. 예를 들어 디버거는 메모리 제어기 설정, 레지스터 설정, RAM 메모리 초기화 등을 포함할 수 있다.
- 타깃은 타깃에서 소프트웨어를 실행시킴이 없이 완벽히 제어될 수 있다. 레지스터와 메모리는 특수 JTAG 인터페이스를 통해 직접 접근될 수 있으며, 프로세서나 코어가 실제로 명령 코드를 실행하도록 요구하지 않는다. 이것은 코어를 사용할 수 없을 때조차도 레지스터나 메모리가 접근될 수 있는 한 중요한 점이다.
- 타깃 재설정, 초기화 파일, RAM 메모리로의 애플리케이션 다운로드를 비롯한 통합 베어보드 애플리케이션의 개발
- 프로세서의 내부 플래시 메모리에 대한 읽기와 쓰기 접근
- JTAG 디버깅은 디버깅될 애플리케이션에서는 비간섭non-intrusive적이다.

JTAG를 이용한 보드 브링업

임베디드 시스템의 초기 보드 브링업bring-up을 위해서 JTAG를 이용해 실시하는 디버깅은 아주 빠른 타깃 밸리데이션과 애플리케이션의 개발을 허용한다. 브링업 타깃에 대한 특수한 설정은 전형적으로 초기화 파일에서 수행된다. 디버거는 신규 파일이 타깃에 다운로드될 때마다 초기화 파일에 대한 재사용을 허용한다. 초기 보드 브링업에서 JTAG를 이용한 디버깅의 이점은 초기화 파일을 이용하는 점이다. 이를 기반으로 타깃은 프로세서상에서 코드를 실행하지 않고도 JTAG를 통해 제어될 수 있다. 타깃 특정의 초기화 설정에 대한 몇 가지 예는 다음과 같다.

- 메모리 관리 유닛(MMU) 초기화
- **변환 색인 버퍼**TLB **초기화** 가상의 물리적 메모리 주소 변환은 TLB에 저장된다). DDR 메모리와 다른 메모리 매핑 주변기기를 위한 TLB는 여기서 정의돼야 한다.
- **지역 접근 윈도우 설정(LAW)**(일부 프로세서에서만 명시됨)
- **DDR 제어기 설정** 타이밍, 버스 주기 구성
- **인터럽트 벡터 초기화**
- **플래시 메모리 같은 주변기기를 위한 레지스터 구성**
- **타깃 특정의 레지스터 초기화**
- **디버그 인터럽트와 (JTAG를 위한) 외부 디버그 모드의 권한 부여 같은 디버그 레지스터 설정**
- **다중 코어 프로세서를 위한 코어 초기화** 자동으로 두 번째 코어가 불능화된다. 두 번째 코어를 위해 초기화가 수행돼야 하는 것이 첫 번째 코어다. 이 경우 초기화 파일을 이용해 디버깅을 수행함으로써 이뤄진다.

디버그 에이전트와의 비교

JTAG를 이용한 디버깅과 타깃에서 실행되는 디버그 에이전트를 이용한 디버깅의 두 가지 모두 임베디드 시스템의 개발에 폭넓게 사용된다. 각각의 솔루션 모두 어느 정도의 이점을 가지며, 이를 기반으로 각각의 솔루션은 다음과 같은 특정한 상황에 종종 사용된다.

- 초기 보드 브링업을 위한 JTAG, 초기 애플리케이션 디버그와 디버그 에이전트 소프트웨어가 가용하지 않을 때 전형적으로 운영체제 없이 베어보드 애플리케이션을 위한 경우
- 고수준 디버그를 위한 디버그 에이전트, 전형적으로 어느 정도의 운영체제 서비스가 디버그 에이전트를 위해 가용한 이후다. 공통적으로 사용할 수 있는 사례가 GDB/GDBserver를 이용한 리눅스 사용자 공간의 애플리케이션 디버그다.

다음은 JTAG를 이용한 디버깅이나 디버그 에이전트에 대한 약간의 실제 사례다.

- 초기의 리눅스 커널 디버그를 위해서는 JTAG 디버깅을 이용하는 것이 더 좋은 솔루션이다. 이 경우 커널은 첫 번째 명령으로부터 디버깅될 수 있으며, JTAG는 커널에 비간섭적이고, 커널은 완전히 디버깅될 수 있다. 즉, 커널 코어와 모든 드라이버다. 다른 한편으로 KGDB를 이용한 디버그 에이전트 솔루션은 너무 제한적이다. 즉, 커널은 KGDB 모듈이 적재된 이후에만 디버깅될 수 있으며, 커널의 일부분만 디버깅될 수 있다. 이것은 간섭적 디버깅 방법으로 KGDB 모듈의 실행은 커널의 기능성에 영향을 미칠지도 모른다.

- JTAG 디버깅은 리눅스 커널과 사용자 공간 인식 같은 강력한 특징을 제공할 수 있으며, 이는 리눅스 사용자 공간 애플리케이션과 커널을 동시에 디버깅하게 허용한다. 프로그램 실행은 사용자 공간 애플리케이션에서 커널 공간으로 시스템 호출이나 커널 모듈 함수를 통해 이동되는 동안 디버깅될 수 있다.

- 베어보드 디버그 에이전트는 호스트 디버거와의 통신을 위해 남겨둔 하드웨어 자원(예를 들어 직렬이나 이더넷 포트)을 필요로 한다. JTAG 디버깅을 위해 JTAG 인터페이스가 호스트 디버거와의 통신에만 사용되는 한 아무런 제한이 없다. GDB/GDBserver 같은 일부 디버그 에이전트를 위해 호스트 디버거에 대한 통신 채널(IP 인터페이스)은 다른 사용자 공간 애플리케이션과 공유될 수 있다.

- JTAG 디버깅을 위해 레지스터와 메모리는 직접 접근될 수 있으며, 가용하게 될 프로세서를 위해서나 명령 코드를 실행하기 위해서는 요구되지 않는다. 이것이 초기의 보드 브링업을 위한 주요한 이점이다.

- **원격 접근** 디버그 에이전트는 일반적으로 이더넷 통신의 지원을 받으며 원격으로 접근될 수 있다. 이더넷의 원격 접근을 이용한 JTAG 디바이스는 매우 고가일 것이다. USB JTAG 디바이스에 대한 트레이드오프로는 원격 접근 이슈를 해결하기 위해 장비 근처에 있는 컴퓨터를 이용하는 것이다.

- 일부 시나리오에서 JTAG 디버깅은 실제적인 솔루션이 아니다. 각각 독립된 하드웨어에서 실행 중인 세 개 또는 여섯 개의 구간 제어기를 장착한 디버그 기지국 장비가 필요하다는 사례를 가정한다. 각각의 구간 제어기에 연결된 세 개 또는 여섯 개의 JTAG 디바이스를 가진다는 것은 실제적인 솔루션이 아니다. 다른 한편으로 디버그 에이전트 소프트웨어는 구간 제어기에 장착될 수 있으며, 이 또한 원격 디버깅을 허용한다.

- JTAG 디버깅은 랩에서 가장 많이 사용될 것으로 보이며, 이에 반해 소프트웨어는 개발 중이거나 조사 중에 있다. 최종 제품이나 현장에 설치된 장비에 대해 JTAG를 연결한다는 것은 어렵거나 불가능할지도 모른다. JTAG 핀 헤더 커넥터는 컴퓨터의 주 회로기판인 마더

보드 장비에 위치하며, 장비 상자는 JTAG 디바이스에 연결하기 위해 개방된다. 물론 현장의 모든 장비에 연결된 JTAG 디바이스를 가질 수는 없다.

- 현장에 설치된 장비에 대해 GDB 같은 디버그 에이전트는 신뢰할 만한 솔루션을 제공한다. 원격 접근이 가용하다면 애플리케이션은 원격으로 디버깅될 수 있으며, 원격 접근이 안 되면 애플리케이션의 크래시 덤프crash dump가 오프라인으로 분석될 수 있다.

- JTAG 디버깅은 프로세서가 JTAG의 지원을 받고 JTAG 핀 헤더가 하드웨어에 가용한 경우에만 사용될 수 있다. 몇 가지 장비에서는 공간의 제약, 전력 소비, 전자기 준수 등으로 인해 하드웨어는 JTAG 핀 헤더 없이 설계된다. 이 경우 JTAG 핀 헤더를 이용한 보드 개발은 초기의 보드 브링업을 이용해야 하며, 소프트웨어가 안정화된 이후 개발은 최종 하드웨어에서 계속될 수 있다. 디버깅은 디버그 에이전트 솔루션을 기반으로 계속될 수 있다.

- 일부 JTAG 디바이스, 특히 원격 접근(이더넷, 기가비트)을 이용한 디바이스는 고가일 수 있으며, 특히 디버거 소프트웨어를 위해 라이선스가 필요한 곳에서는 비용이 더 많이 들 수 있다. 사람들이 디버깅 방법을 선택할 때는 항상 가격과 능력 간의 트레이드오프를 기반으로 한다.

GDB와 JTAG

앞에서 JTAG를 이용한 디버깅의 이점뿐만 아니라 오픈소스 GDB 디버거의 유연성에 대해서도 살펴봤다. 임베디드 시스템의 디버깅을 위해 GDB는 보통 타깃에서 실행되는 GDBserver 같이 디버그 에이전트를 이용한다. 그러나 GDB 유연성은 GDB와 JTAG 디바이스의 통합을 허용한다.

가장 보편적으로 이용되는 사례 중 하나가 초기의 리눅스 커널 디버거다. 앞에서 언급한 것처럼 JTAG를 이용한 디버깅은 완전하면서도 신뢰성 있는 디버그를 허용할 것이며, 이에 반해 KGDB 솔루션은 커널 디버깅의 일부분만 다루는 간섭적 솔루션이다. JTAG를 이용한 GDB 디버깅의 솔루션은 다음을 기반으로 한다.

- 타깃에서 실행 중인 디버그 에이전트는 없을 것이다. 타깃은 JTAG를 통해서만 접근될 수 있다.

- 호스트에서 GDB 호스트 디버거는 임베디드 타깃의 교차 디버깅을 위해 컴파일될 것이다. 옵션으로서 가용한 그래픽 사용자 인터페이스GUI는 그 무엇이라도 정상적인 GDB 디버깅과 마찬가지로 사용될 수 있다. JTAG 디바이스와의 통합을 위해 GDB에서는 어떠한 변경도 요구되지 않는다.

- GDB 중계 소프트웨어 프로그램은 GDB 호스트 디버거와 JTAG 간의 중계 역할로서 행동

할 것이다. GDB 중계는 호스트 애플리케이션(예를 들어 리눅스 사용자 공간 애플리케이션)이며, GDB로서 동일 호스트에서나 다른 호스트에서 실행될 수 있다. GDB 중계는 GDB와의 인터페이스에서 GDB 원격 프로토콜을 구현하므로 GDB 호스트 디버거로부터 GDB 중계는 GDBserver로서 보인다.

- JTAG와의 통신은 GDB 중계 소프트웨어에서 구현된다. 이것은 지원되는 각각의 JTAG 디바이스에 특정적이다. JTAG는 원격으로(이더넷) 또는 지역적으로(USB) 접근될 수 있다.
- 내부적으로 GDB 중계는 GDB 프록시에 기인할 수 있다. 여기서 GDB 프록시는 독점적 구현을 이용한 타깃 특정적인 인터페이스의 추가를 허용하는 오픈소스 GDB 프록시다. GDB 프록시는 호스트 GDB(GDB 원격 프로토콜)와의 통신을 구현하며, JTAG와의 통신을 위한 인터페이스만이 구현돼야 한다.

특수한 JTAG 명령은 GDB '모니터monitor' 명령을 이용해 넘겨질 수 있다. GDB 초기화 파일(.gdbinit)은 JTAG 초기화 파일을 위해 사용될 수 있다.

현재 많은 오픈소스 솔루션이 GDB와 JTAG와의 통합을 위해, 그리고 많은 프로세서와 다양한 JTAG 디바이스와의 통합을 위해 이미 사용 중에 있다.

이클립스와 GDB를 이용한 디버깅 툴

이 절에서는 통합 개발과 리눅스 사용자 공간 애플리케이션 디버그와 리눅스 커널 디버그를 위해 표준 디버그 능력을 제공하는 디버깅 툴의 획득을 위해 어떻게 무료 오픈소스 소프트웨어를 이용하는지에 대한 사례를 제시한다. 여기서는 다음과 같은 오픈소스 소프트웨어를 이용한다.

- **임베디드 타깃에서 애플리케이션 디버깅을 위한 저수준 지원 GDB/GDBserver** 앞에서 타깃에 대해 GDB를 어떻게 다운로드하고 컴파일하며 구성하고 이용하는지 살펴봤다.
- **KGDB** 이것은 원격 호스트로부터 직렬 라인이나 이더넷 위에서 디버그될 커널을 허용하는 커널의 기능이다. 원격 호스트는 KGDB가 제공하는 인터페이스를 통해 타깃에서 실행 중인 커널에 연결시키기 위해 GDB를 이용한다.
- **이클립스(Eclipse)** 이클립스는 소프트웨어를 디버깅하고 배치하며 관리하기 위한 툴과 실행 시간, 그리고 확장형 프레임워크를 위한 개방형 개발 플랫폼의 구축에 초점을 맞춘 오픈소스 커뮤니티다. 이클립스는 편집기에서의 소스 뷰, 스택 프레임을 이용한 디버그 윈도우, 메모리 뷰, 레지스터 뷰, 변수와 기타 등등의 GDB를 위한 그래픽 사용자 인터페이스도 제공한다.

다음 절의 예에서는 C/C++ 개발자를 위해 이클립스 IDE를 이용할 것이다(http://www.eclipse.org/downloads/).

GDB를 이용한 리눅스 애플리케이션 디버그

이 예에서는 리눅스 사용자 공간의 애플리케이션 디버그를 위해 디버깅 환경을 어떻게 설정하는지 알아본다. 환경 구성을 시작하기 전에 몇 가지 사전 조건을 준비해야 한다.

- GDB와 GDBserver는 임베디드 타깃을 위해 컴파일되고 구성돼야 한다. GDBserver는 타깃에서 수동으로 시작될 것이며, GDB는 교차 플랫폼 디버깅을 위해 호스트에서 실행되고 컴파일될 것이다.
- C/C++ 개발자를 위해 이클립스 IDE는 호스트 컴퓨터에 설치돼야 한다.

이클립스 IDE는 GDB와 GDBserver를 이용해 리눅스 애플리케이션 디버그를 수행하는 데 필요한 지원을 가져야 하며, 이클립스에 대한 디버그 개시를 어떻게 설정하는지 제시한다. 리눅스 애플리케이션을 디버깅하는 이클립스 프로젝트는 예를 들어 다음 예처럼 생성될 수 있다.

- **신규 프로젝트의 생성을 위해 이클립스 위저드(wizard) 이용하기** 옵션인 '교차 컴파일 프로젝트'는 교차 빌드 툴 체인을 이용해 애플리케이션의 컴파일을 허용하므로 애플리케이션은 임베디드 타깃에서 실행되기 위해 컴파일된다.
- **이미 컴파일된 타깃 애플리케이션 가져오기**

디버그 구성이라는 하위 메뉴에서 C/C++ 원격 애플리케이션의 개시 설정을 이용할 예정이다. '디버거' 설정은 그림 16.5에 나타나 있다.

- 우선적인 개시 장치로는 디버거 서비스 프레임워크DSF를 이용해 통합된 GDB 디버그의 제어하에 원격에 위치한 타깃에서 수동으로 시작됐던 애플리케이션을 디버그하는 데 사용됐던 'GDB (DSF) 매뉴얼 원격 디버깅 개시 장치'가 될 것이다.
- 'Main' 색인표에서 교차 플랫폼 GDB 디버거는 GDB 디버거로서 설정되는데, 예를 들면 powerpc-linux-gdb 또는 arm-linux-gdb다.
- 동일 색인표에서 GDB 명령 파일이나 초기화 파일의 위치를 설정한다. 파일은 타깃에 특정적인 설정 사항이 포함돼야 한다. 예를 들면 타깃의 루트 파일 시스템의 설정 등이다.
- '공유 라이브러리Shared Library' 색인표에서 애플리케이션에 따라 디버깅될 공유 라이브러리

를 추가할 수 있다. 적재된 공유 라이브러리의 기호는 자동으로 사용될 수 있게 해야 한다.

- 'Connection' 색인표에서 GDBserver가 시작됐고, GDBserver의 수신 포트가 위치한 타깃의 IP 주소를 설정한다.

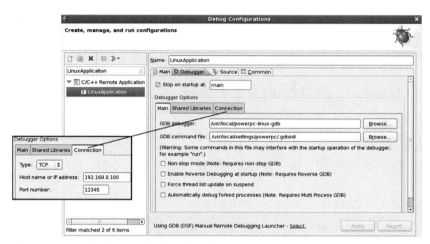

그림 16.5 이클립스의 리눅스 애플리케이션 디버그

KGDB를 이용한 리눅스 커널 디버그

리눅스 애플리케이션 디버그의 경우와 동일한 방법으로 리눅스 커널 디버그에 대해서도 타깃의 교차 플랫폼 디버깅을 위해 GDB가 구성돼야 하며, 호스트 컴퓨터에 C/C++ 개발자를 위한 이클립스 IDE가 설치돼야 한다.

커널 디버깅을 위해서는 GDBserver를 대신해 KGDB가 사용돼야 한다. 커널을 디버깅하는 것은 쉬운 태스크가 아니며, 커널에 대해 아주 잘 이해하고 있어야 한다. 여기서는 KGDB 디버깅을 이용해 시작할 수 있는 구성 단계에 대해서만 제시할 것이다. KGDB는 표준의 리눅스 구성 툴인 'make menuconfig'를 이용해 리눅스 커널에서 사용할 수 있다. 다음 항목은 Kernel Hacking이라는 하위 메뉴에서 사용될 수 있다.

- 커널 디버깅
- 디버그 정보debug info를 이용한 커널 컴파일
- **KGDB** 원격 GDB를 이용한 커널 디버깅과 직렬 라인상의 KGDB 옵션이나 이더넷의 KGDB 옵션 중 한 가지 선택

부트 로더(예를 들어 u-boot)는 직렬이나 이더넷 연결을 위해 KGDB 파라미터를 커널에 전송한다. 이들 파라미터는 다음과 같이 실행 중인 리눅스 커널에서 검사되거나 변경될 수 있다.

```
/sys/module/kgdboc/parameters/kgdboc
/sys/module/kgdboe/parameters/kgdboe
```

옵션인 kgdbwait는 초기의 커널 부트 단계에서 GDB 연결을 위해 KGDB를 기다리게 만든다. 커널은 kernel_init() 함수에서 멈추며, 호스트 컴퓨터로부터 GDB 연결을 위해 대기한다. 초기의 커널 디버그를 위해 KGDB 지원은 모듈로서가 아니라 커널 내부에서 컴파일돼야 한다.

이클립스 IDE에서 리눅스 커널을 디버깅하는 프로젝트는 커널이 컴파일됐던 위치로부터 vmlinux 커널 파일을 들여와 생성돼야 한다.

이클립스에서 표준 GDB 지원은 허용되지 않는데, 예를 들면 이더넷 위에서 KGDB를 위해 요구되는 것과 마찬가지로 UDP 연결을 이용해 타깃에 연결하는 것이다. 이런 목적을 위해 인디고^{Indigo}(http://download.eclipse.org/releases/indigo)에서 획득 가능한 '이클립스 C/C++ GDB 하드웨어 디버깅' 확장판의 이용을 제안한다.

'디버그 구성'이라는 하위 메뉴에서 'GDB 하드웨어 디버깅'이라는 개시 구성을 이용할 것이다. 구성 사항에 대한 설정은 그림 16.6에 나타나 있다.

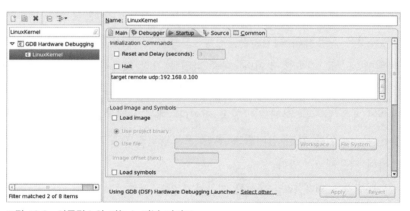

그림 16.6 이클립스의 리눅스 커널 디버그

- 디버거 색인표에서 설정은 리눅스 애플리케이션의 디버그를 위해 사용된 개시 사항과 유사하다.
  - 교차 플랫폼 GDB 툴은 설정돼야 하는데, 예를 들면 powerpc-linux-gdb와 armlinux-gdb 등이다.
  - (원격 타깃을 이용한) JTAG 설정은 사용할 수 없다. 타깃에 대한 연결은 KGDB를 기반으로 스타트업^{Startup} 색인표에서 설정된다.
- 스타트업 색인표에서 초기화 명령은, 예를 들면 UDP 연결과 GDB 명령인 target remote

udp:<target IP addr>을 이용해 타깃에 대한 연결을 허용한다.

계측 코드

애플리케이션에 대한 디버깅 프로세스에서 이슈와 관련된 정보의 탐색과 발견을 위해 GDB 같은 소스코드 디버거를 이용하는 것이 항상 최상의 솔루션은 아니다. 소스코드 디버거에 대한 한 가지의 대안 솔루션은 계측 코드를 기반으로 하는 추적trace을 이용하는 것이다.

GCC는 컴파일 시간 옵션으로 계측 코드의 특징을 제공한다. 컴파일러 옵션인 -finstrument-functions는 함수 진입과 출구를 위한 계측기를 생성한다. GCC 컴파일러는 함수 진입 직후에, 그리고 함수 출구 직전에 호출되는 다음과 같은 두 가지의 프로파일링 함수를 정의한다.

```
void __cyg_profile_func_enter (void *this_fn, void *call_site);
void __cyg_profile_func_exit (void *this_fn, void *call_site);
```

함수 인자function argument는 현재 함수의 주소(기호 테이블의 함수 주소)와 함수가 호출되는 위치의 주소를 나타낸다.

컴파일러 옵션인 -finstrument-functions를 이용해 컴파일할 때 프로파일링 함수를 정의하고 구현하는 것은 사용자의 책임이다. 전형적으로 이들 함수는 함수 호출에 대한 추적을 메모리나 파일에 로그로 기록할 것이다. 다중 파일을 가진 프로젝트에서는 계측 코드에 대한 옵션을 파일의 일부로 넘길 것이다. 함수는 속성인 no_instrument_function을 줄지도 모르는데, 이 경우에 계측 함수는 수행되지 않을 것이다. 예를 들면 이것은 위에 나열된 프로파일링 함수, 높은 우선순위를 가진 인터럽트 루틴, 프로파일링 함수가 안전하게 호출될 수 없는 함수 등을 위해 사용될 수 있다.

GDB가 문제 해결을 위해 많은 단서를 제공하지 않는 상황에서 계측 코드의 추적이 도움을 줄 수도 있는지 살펴보자. 세그먼테이션 결함이 발생할 때 GDB 디버거는 스택과 모든 변수와 파라미터를 전시할 수 있다. 그러나 다음과 같은 두 가지 유형의 이슈가 있을 수 있다.

- 호출 스택call stack은 호출된 함수에 관련된 적절한 정보를 제공하지 않고 비종료 함수에 관한 정보만 전시한다. 다음과 같은 의사코드를 고려하자.

```
base_function () {
    if (condition1)
        function1();
    if (condition2)
        function2();
```

```
        function3();
    }
```

위 코드의 function3에 문제가 발생하면 GDB의 호출 스택은 다음과 같이 보일 것이다.

```
#0 function3 () at file.c:xx
#1 0x. . . in base_function () at file.c:yy
```

base_function()의 시작과 function3의 호출간 무엇이 발생할지에 관해서는 정보가 없다. (function1과 function2 같은) 실행이 종료된 함수는 호출 스택에 나타나지 않는다.

- 스택이 손상됐으므로 GDB는 호출 스택에 관한 정보를 보여줄 수 없다. 이와 유사한 경우로 메모리 손상으로 인해 GDB가 현재의 메모리 내용만 보일 수 있고 손상은 이로부터 발생되지 않았던 경우다.

일반적으로 이러한 이슈는 메모리나 스택 손상이 발생할지도 모르며, 예상치 못하거나 올바르지 못한 함수 호출이 될지도 모른다.

계측 코드의 옵션은 애플리케이션 성능에 큰 영향을 미친다. 이 옵션은 타깃 애플리케이션에 대해서는 주의 깊게 사용돼야 하며, 특히 실시간 임베디드 애플리케이션에는 더욱 주의 깊게 사용돼야만 한다.

실제 사례

다음은 계측 코드와 GDB를 이용한 조사에서 비교를 통해 실제 사례를 제시한다.

다음과 같은 사례를 이용해 스택 손상을 일으키는 예상치 못한 함수가 호출되는 사례를 가정한다.

```
File stack.c
1 #include,stdio.h.
2 #include,string.h.
3 struct data_t {
4       int a;
5       char b;
6 };
7 struct data_t my_data[10];
8 void compute_data(int number);
9 struct data_t* get_next_data();
10
11 int main() {
12      int i;
13      for (i = 0; I <20; I++)
```

```
14          compute_data(i);
15      return 1;
16 }
17 void compute_data(int number) {
18      struct data_t *p_data = get_next_data();
19      p_data->a = number;
20 }
21 struct data_t* valid_data(int cnt) {
22      return &my_data[cnt];
23 }
24 struct data_t* invalid_data(int cnt) {
25      memset(&cnt, 2000, 0xAB);
26      return NULL;
27 }
28 struct data_t* get_next_data() {
29      static int cnt = 0;
30      if (cnt < 10)
31          return valid_data(cnt++);
32      return invalid_data(cnt++);
33 }
```

함수 invalid_data에서 라인 25에 스택 손상이 발생한다.

GDB 조사

세그먼테이션 결함 오류가 일어난 프로그램을 실행한다. GDB를 이용한 조사는 다음과 같다.

```
Program received signal SIGSEGV, Segmentation fault.
0X080485ef in get_next_data () at stack.c:33
33 }
(gdb) backtrace
#0 0X080485ef in get_next_data () at stack.c:33
Cannot access memory at address 0xd0d0d0d4
(gdb)
```

스택은 라인 25의 손상 때문에 올바르게 전시될 수 없다.

계측 코드 조사

계측 코드에 대한 조사는 옵션인 finstrument-functions를 이용한 컴파일과 다양한 파일에서의 프로파일링 함수의 구현을 가정하며, 그 예는 다음과 같다.

```
File instr.c
1 #include,stdio.h.
2 #include,time.h.
3 void __attribute__((no_instrument_function))
4 __cyg_profile_func_enter (void *this_fn, void *call_site);
5 void __attribute__((no_instrument_function))
6 __cyg_profile_func_exit (void *this_fn, void *call_site);
7
8 void __cyg_profile_func_enter (void *this_fn, void *call_site) {
9       printf("%lu 0 %p %p\n", time(NULL), call_site, this_fn);
10 }
11 void __cyg_profile_func_exit (void *this_fn, void *call_site) {
12      printf("%lu 1 %p %p \n", time(NULL), call_site, this_fn);
13 }
```

이를 단순화하기 위해서는 프로파일링 함수에 대한 구현을 가능한 한 간단하게 만들어야 한다. 실제 이 함수를 구현할 때 타깃의 요구 사항을 반드시 고려해야 한다. 즉, 프린팅은 파일이나 메모리에 대해 콘솔에서 수행돼야 하며, 타이밍 정보는 추가 오버헤드를 더하고, 애플리케이션은 멀티스레딩multi-threading이다. 프로세싱은 실행 시간에 가능한 한 많이 최소화 해야 하며, 반면에 추가적인 프로세싱은 실행 동안에 생성된 출력을 기반으로 오프라인에서 수행될 수 있다.

프로그램은 다음 명령을 이용해 컴파일된다.

```
powerpc-linux-gcc -o stack -Wall -g stack.c instr.c -finstrument-functions
```

애플리케이션 출력은 간단한 C 프로그램이나 배시 스크립트bash script를 이용해 오프라인으로 처리될 수 있으며, 다음을 기반으로 한다.

- 주소에서 함수로의 번역과 addr2line 리눅스 셸 명령을 이용해 수행되는 라인 번호
- 더 사용자 친화적인 전시를 위해 호출 스택으로 전시되는 출력, 함수 진입을 위해 증가하는 인덴테이션indentation, 함수 출구를 위한 줄어드는 인덴테이션
- 사용자 친화적 포맷으로 전시되는 시간(시간, 분, 초, 필요시 나노초)

처리된 로그log는 다음처럼 보일 것이다(->은 함수 진입이며, <-은 함수 출구다).

```
. . . . . . . . . . . . . . .
14:49:18 __<- main (stack.c : 13)
14:49:18 ____-> compute_data :called from main (stack.c : 13)
```

```
14:49:18 _____-> get_next_data :called from compute_data (stack.c : 18)
14:49:18 _____-> valid_data :called from get_next_data (stack.c : 31)
14:49:18 _____<- get_next_data (stack.c : 31)
14:49:18 ____<- compute_data (stack.c : 18)
14:49:18 __<- main (stack.c : 13)
14:49:18 ____-> compute_data :called from main (stack.c : 13)
14:49:18 _____-> get_next_data :called from compute_data (stack.c : 18)
14:49:18 _____-> invalid_data :called from get_next_data (stack.c : 32)
14:49:18 _____<- get_next_data (stack.c : 32)
14:49:18 ____<- ?? (?? : 0)
```

함수 호출에 대한 추적은 모든 함수를 보여주며, GDB 조사와 결합되고, 프로그램 오류를 확인할 수 있는 적절한 정보를 제공할 것이다.

프로파일링 함수의 구현에서 또 다른 개선 사항이 있을 것이며, 예를 들면 다음과 같다.

- 함수 추적은 사전에 구성된 크기를 가지고 원형 버퍼의 메모리로 저장된다.
- 콘솔이나 파일에 프린트하는 것은 결함(예를 들면 세그먼테이션 결함)이 발생될 때만 수행된다. 이것은 프린트를 수행할 특정 리눅스 신호를 위한 단일 처리기를 설정함으로써 수행된다.
- 함수는 멀티스레딩으로 확장될 수 있다. 각 스레드를 위한 함수 호출은 분리된 메모리 버퍼로 저장된다. 상호 배제^{mutual exclusion} 메커니즘이 사용돼야 한다.

분석 툴

분석 툴은 소스코드 디버거를 이용해 탐색하는 것과는 달리 오류에 대한 또 다른 실행 시간의 유형을 발견하는 데 도움을 주는 개발 툴이다. 타깃의 프로그램 실행을 분석함으로써 실행 시간 툴은 동적 메모리 할당의 올바르지 못한 이용, 애플리케이션의 시스템 호출, 메모리 누수 조사 등과 관련된 정보를 제공할 수 있다.

이것이 분석 툴에 대한 완전한 설명은 되지 못하지만, 이들 툴이 무엇을 제공할 수 있고 디버거를 이용해 수행했던 조사를 어떻게 보완해 사용할 수 있는지에 대한 요약은 제공할 것이다. 다음 절에서는 strace, mtrace, valgrind 툴에 대해 설명한다. 일부 프로그래밍 오류를 드러낼 수 있는 동적 분석과 (실행 시간이 아닌) 정적 분석 모두에 사용할 수 있는 또 다른 툴도 있다.

Strace

strace는 프로세스에 의해 호출되는 시스템 호출과 프로세스에 의해 수신된 신호를 차단하고 기록함으로써 프로그램 실행을 추적하는 리눅스 셸 명령이다. 시스템 호출은 커널로부터 서비스를 요청하는 프로그램에 의해 사용되는 특수 함수다. 시스템 호출에서 커널은 프로그램의 실행, 요청 태스크의 프로세스, 애플리케이션 실행의 재전송 같은 기능을 넘겨받는다. strace는 사용자 공간과 커널 공간 간의 조사를 도와주는 아주 간단하고 실용적인 디버깅 툴이다.

타깃 애플리케이션에 대해 기본적인 조사가 필요한 상황이 있다. strace는 소스코드 디버거로 조사하기 위한 설정을 준비하지 않고도 사용될 수 있다. 여기서 준비해야 될 설정으로는 디버거에 대한 준비, 직렬이나 이더넷으로 호스트를 타깃에 연결하는 것, 소스코드를 사용할 수 있어야 하는 것, 프로그램이 디버그 심볼을 이용해 컴파일 돼야 하는 것 등이 있다. strace를 이용한 디버깅은 간단히 strace를 호출하고 뒤이어 프로그램의 이름을 호출함으로써 수행된다. strace는 디버그 심볼을 이용해 컴파일될 애플리케이션을 요구하지 않는다. strace는 디버그될 프로그램을 시작할 수 있거나 옵션인 -p <pid>를 추가함으로써 실행 중인 프로세스에 추가시킬 수 있다.

strace를 이용해 메시지를 할당하고 프린트하며 포인터를 반납하는 간단한 프로그램을 분석해보자. 이 명령은 다음과 같다.

```
$ strace ./strace_test
```

strace 출력의 각 라인은 모든 인자와 반환 값을 가진 시스템 호출을 포함한다.

```
execve("./strace_test", ["./strace_test"], [/* 37 vars */]) = 0
brk(0) = 0X99e7000
access("/etc/ld.so.preload", R_OK) = -1 ENOENT (No such file or directory)
open("/etc/ld.so.cache", O_RDONLY) = 3
fstat64(3, {st_mode = S_IFREGj0644, st_size = 46210, ...}) = 0
mmap2(NULL, 46210, PROT_READ, MAP_PRIVATE, 3, 0) = 0xb7f58000
close(3) = 0
```

시스템 호출 인자는 사용자 친화적인 포맷으로 전시된다. 즉, 가능한 이름이 수치 값 대신에 전시되고, 이 구조는 확장되므로 모든 하위 요소가 눈에 보이게 된다. 그리고 예상 파일이 개방되고 폐쇄됐는지, 올바른 라이브러리가 적재됐는지, 시스템 호출이 올바른 인자를 갖고 있는지를 검사할 수 있다.

strace 툴은 사용자 커널의 인터페이스, 파일의 입력/출력, 커널 모듈의 ioctl 인터페이스, 시스템 호출의 올바른 인자와 반환 값, 현재 프로세스에 대한 메모리 매핑 등을 조사할 때 권고된다. strace의 이용은 또한 사용자 공간 애플리케이션이 커널로부터 온 서비스를 어떻게 요청하는지를 이해하는 데 있어 훌륭한 학습 훈련이 된다.

Mtrace

mtrace 툴은 동적 메모리 할당을 조사하는 데 사용될 수 있다. 여기서 메모리란 반납되지 않고 할당된 메모리(소위 메모리 누수라 부름)와, 할당되지 않고 반납된 메모리를 말한다. mtrace 툴은 GNU C 라이브러리를 포함한다.

mtrace는 다음과 같이 두 가지의 주요한 부분으로 구성된다.

- **실행 시간 루틴** 애플리케이션에서 사용될 수 있을 때 mtrace는 애플리케이션이 타깃에서 실행 시 메모리 할당 로그를 생성할 malloc, realloc, free를 위한 처리기를 설치한다.
- **정적 루틴** 이것은 애플리케이션 실행 동안 mtrace에 의해 생성된 로그를 해석하고 사용자 친화적 포맷으로 결과를 나타내는 간단한 펄[perl] 스크립트(mtrace)다. 이것은 타깃에서나 호스트 컴퓨터(호스트를 더 선호함)에서 실행될 수 있다.

실행 시간에 mtrace는 애플리케이션으로부터 디버그 심볼을 이용하지 않으므로 애플리케이션은 타깃에서 제거될 수 있다. 심볼의 주소만이 로그에 프린트된다. 정적 루틴은 주소로부터 파일 이름, 함수 이름, 라인 번호로 변환시키기 위해 디버그 심볼에 접근해야 한다.

mtrace는 다음과 같이 애플리케이션의 소스코드를 변경함으로써 사용할 수 있다.

- mcheck.h 파일을 포함시킨다. 헤더 파일이 표준 GNU C 라이브러리에 포함된다.
- 메모리 추적을 시작하기 원하는 애플리케이션의 소스코드에서 mtrace() 함수를 호출한다. mtrace는 프로그램 내의 어디에든 추적 시작점을 위치시킬 수 있다는 이점을 가진다. 이것을 main의 시작 부분에 위치시킬 필요는 없다. 규모가 큰 애플리케이션에 대해서는 전체 애플리케이션에 대해 메모리 검사를 하기 전에 함수당 또는 함수 모듈당 메모리 검사를 실시할 수 있다.
- 추적을 멈추기 원하는 애플리케이션 소스코드에서 muntrace() 함수를 호출한다. mtrace() 와 마찬가지로 muntrace()는 프로그램 어디에든 위치시킬 수 있다.

필수 단계는 메모리 추적을 저장하기 위해 로그 파일을 구체적으로 명시하는 것이다. 환경 변수인 MALLOC_TRACE는 원하는 파일 위치에 설정돼야 한다. 이것은 애플리케이션이 시작되는 콘솔과 타깃에서 수행돼야 한다. 이에 대한 예는 다음과 같다.

```
$ export MALLOC_TRACE = /var/log/my_memory_log.txt
```

프로그램이 실행된 후 생성된 로그 파일은 mtrace 프로그램을 이용해 분석되는 호스트 컴퓨터에 복사된다.

```
$ mtrace<application elf><memory log file>
```

간단한 프로그램의 예는 다음과 같다.

```
File test_mtrace.c
1 #include<stdio.h>
2 #include<stdlib.h>
3 #include<mcheck.h>
4 int main() {
5     int *a, *b;
6     char *c;
7     a = (int *)malloc(sizeof(int));
8
9     mtrace();
10    b = (int *)malloc(sizeof(int));
11    c = (char *)malloc(100*sizeof(char));
12    free(a);
13    muntrace();
14
15    free(c);
16    return 1;
17 }
```

소스코드에서 주의해야 할 다음과 같은 몇 가지 문제점이 있다.

- 변수 a가 올바르게 할당되고 반납되겠지만, 추적은 변수가 할당된 이후 시작된다. 이것은 실제 메모리 할당의 문제가 아니며, 할당을 수행하는 라인이 추적에 포함되지 않았기 때문에 mtrace에 의해 보고만 될 뿐이다.
- 변수 b는 결코 반납되지 않는다(메모리 누수).
- 변수 c는 올바르게 할당되고 반납되겠지만, 추적은 반납되기 이전에 멈춘다. 이것은 첫 번째 경우와 동일하며, 보고된 mtrace 이슈일 뿐이지 실제 이슈는 아니다.

따라서 mtrace 출력은 이들 이슈와 관련된 모든 것을 보여준다.

```
$ mtrace test_mtrace malloc_trace.txt
- 0X090fa008 Free 4 was never alloc'd /home/work/test_mtrace.c : 13
Memory not freed:
--------------------

Address Size    Caller
```

```
0X090fa388   0X4   at /home/work/test_mtrace.c : 10
0X090fa398   0X64     at /home/work/test_mtrace.c : 11
```

mtrace는 또한 할당됐던 메모리의 양을 size 행에서 바이트로 전시한다.

mtrace의 결점은 C++ 애플리케이션에 대해 mtrace가 아주 제한적으로만 이용된다는 점이다. C++에서 new와 delete 연산자를 이용할 때 mtrace는 libstdc++ 라이브러리에서 new와 delete 연산자의 구현으로부터 항상 malloc, realloc, free의 위치를 추적한다. 따라서 C++ 애플리케이션에 대해 그 결과를 볼 수는 있지만, 메모리 문제가 발생된 소스 파일의 위치는 볼 수 없다.

Valgrind

Valgrind는 GNU의 일반 공중 라이선스GPL 버전 2의 오픈소스 무료 소프트웨어다. Valgrind는 메모리 관리 오류 탐지, 스레딩 이슈, 호출 그래프 생성 캐시, 분기 예상 프로파일러, 힙 프로파일러 등을 지원하는 동적 분석 툴의 계측 프레임워크다

Valgrind는 여러 가지의 임베디드 플랫폼을 지원한다. 현재 Valgrind는 x86, amd64, ppc32, ppc64, s390x를 지원하고 있다.

Valgrind 툴의 메모리 관리 분석 능력을 시연하기 위해 아래에 몇 가지 사례를 제시할 예정이다. 실행 시간에 Valgrind는 유효하지 않은 메모리의 접근, 초기화되지 않은 메모리의 접근이나 메모리 누수를 탐지할 수 있다.

몇 가지 메모리 접근 오류를 가진 다음과 같은 간단한 예를 이용해서 Valgrind 로그를 검사해보자.

```
File test_valgrind.c
1 #include<stdio.h>
2 #include<stdlib.h>
3
4 int main() {
5     int *a, b, *c;
6
7     a = (int *)malloc(sizeof(int));
8     *a = b;
9     printf("*a = %d \n", *a);
10    c = (int *)malloc(10*sizeof(int));
11    printf("c[11] = %d \n", c[11]);
12    return 1;
13 }
```

프로그램은 디버그 정보(-g)를 이용해 컴파일되며, **Valgrind** 툴은 다음과 같은 파라미터를 이용해 시작된다.

```
$ valgrind .tool = memcheck .leak-check = yes ./test_valgrind
```

소스코드에서 다음과 같은 오류를 관찰할 수 있고 **Valgrind**에 의해서도 보고된다.

- 변수 b는 접근 전에는 초기화되지 않는다. 초기화되지 않은 값이 변수 a를 통해 printf에 접근할 때 **Valgrind** 툴은 비초기화 데이터에 접근을 알린다.

```
==20699== Use of uninitialised value of size 4
==20699==    at 0X2B1BFB: _itoa_word (in /lib/libc-2.5.so)
==20699==    by 0X2B5390: vfprintf (in /lib/libc-2.5.so)
==20699==    by 0X2BCE42: printf (in /lib/libc-2.5.so)
==20699==    by 0X80483F0: main (test_valgrind.c:9)
==20699==
==20699== Conditional jump or move depends on uninitialised value(s)
==20699==    at 0X2B1C03: _itoa_word (in /lib/libc-2.5.so)
==20699==    by 0X2B5390: vfprintf (in /lib/libc-2.5.so)
==20699==    by 0X2BCE42: printf (in /lib/libc-2.5.so)
==20699==    by 0X80483F0: main (test_valgrind.c:9)
```

- 변수 c에 대해 10의 정수 크기만큼의 메모리 용량이 할당되며, 다음 라인에서 메모리는 할당 영역의 외부에서 접근된다. **Valgrind**는 이 오류를 다음과 같이 보고한다.

```
= =20699= =  Invalid read of size 4
= =20699= =  at 0X8048406: main (test_valgrind.c:12)
= =20699= =  Address 0X401608C is 4 bytes after a block of size 40 alloc'd
= =20699= =  at 0X40053C0: malloc (vg_replace_malloc.c:149)
= =20699= =  by 0X80483FC: main (test_valgrind.c:11)
```

- 변수 a와 변수 c는 할당되지만 결코 반납되지 않는다. **Valgrind**는 메모리 누수를 다음과 같이 보고한다.

```
= =20699= =  4 bytes in 1 blocks are definitely lost in loss record 1 of 2
= =20699= =  at 0X40053C0: malloc (vg_replace_malloc.c:149)
= =20699= =  by 0X80483D0: main (test_valgrind.c:7)
= =20699= =
= =20699= =  40 bytes in 1 blocks are definitely lost in loss record 2 of 2
= =20699= =  at 0X40053C0: malloc (vg_replace_malloc.c:149)
= =20699= =  by 0X80483FC: main (test_valgrind.c:11)
```

이런 오류의 유형은 GDB 같은 표준 디버거로는 탐지되지 않는다. 분석 툴은 더 넓은 범위의 전형적인 프로그래밍 오류를 다루기 위해 디버거와 함께 사용돼야 한다.

하드웨어 능력

임베디드 시스템을 디버깅할 때 프로세서의 하드웨어 능력을 이해하고 그 능력을 이용하는 것이 중요하다. 이것이 프로세서의 아키텍처, 특징, 능력을 리뷰하고 디버깅 프로세스에 도움이 될 만한 모든 것을 기억하기 위해 항상 훌륭한 아이디어가 있어야 하는 이유다.

일부 프로세서는 디버깅, 추적, 분석, 프로파일링을 위해 내장된 많은 하드웨어 능력을 제공한다. 일부 간단한 능력에 대해서는 아래에 나타내겠지만 하드웨어 중단점breakpoint과 하드웨어 감시점watchpoint 같은 더 일반적인 능력에 대해서도 나타낼 예정이다. 많은 디버거는 하드웨어 중단점과 감시점을 지원한다. 이들 하드웨어의 능력은 물리적 디버그 인터페이스에 의존하지 않으며, 디버그 에이전트와 JTAG 탐색기 둘 모두에 사용될 수 있다.

하드웨어 중단점

두 가지 유형의 중단점이 있다. 프로세서의 하드웨어 능력을 기반으로 하는 하드웨어 중단점과 소프트웨어 중단점이다. 이들 두 가지 유형의 중단점에 대해 디버거는 분명히 유사한 행동을 취한다. 중단점을 추가할 때 디버거는 중단점을 삽입할 주소를 알아야 한다. 사용자 인터페이스에서 사용자는 심볼 테이블을 기반으로 직접 소스 파일에 대한 주소, 함수 이름, 라인번호를 구체적으로 명시할 수 있으며, 디버거는 중단점 주소를 결정한다. 소프트웨어와 하드웨어 중단점에서, 중단점에 도달할 때 디버거 인터럽트는 생성되고 디버거는 중단점 주소에서 멈춘다. 이들 간의 차이는 디버거가 요구 주소에 중단점을 어떻게 삽입하는가에 달려 있다.

소프트웨어 중단점에서 디버거는 프로그램 코드를 변경한다. 디버거는 중단점 주소에 위치한 명령을 일시적으로 저장하며, 각각의 프로세서에서 특별한 명령 코드를 이용해 이 명령을 겹쳐 쓴다. 프로그램이 중단점 주소에 도달할 때 디버그 인터럽트를 생성할 특수 명령을 실행하고, 디버거를 중단점 주소에서 멈추게 만든다. 중단점이 제거될 때 디버거는 중단점 주소에서 일시적으로 저장된 명령을 원래대로 회복시킨다. 중단점을 벗어나기 위해 디버거는 중단점을 제거하며, 중단점 주소에서 명령을 실행하고 그런 다음 중단점을 재삽입한다. 소프트웨어 중단점에 대해 디버거가 해야 할 한 가지 요령이 더 있다. 중단점이 가용한 동안 디버거를 통해 중단점이 설정됐던 주소에 대한 읽기 연산을 위해 일시적으로 저장된 명령이 항상 반환되지만, 현재 중단점 주소에 있던 명령은 아니다. 따라서 중단점 주소에서 메모리를 읽는 것은 특수 중단점 명령을 결코 반환시키지 못할 것이다.

소프트웨어 중단점의 개수에는 제한이 없다. 이 개수는 디버거 소프트웨어에서 얼마나 많은 중단점이 허용되는가에 달려 있다. 소프트웨어 중단점은 간섭적 방법이다. 이것은 항상 코드를 변경하며, 이런 목적을 위해 디버거는 중단점 주소에 대한 접근을 작성해야 한다. 이것으로부터 소프트웨어 중단점에 대한 제한이 발생한다. 즉, 프로그램이 (ROM이나 플래시 같이) 읽기 전용 위치에서 동작할 때 중단점을 사용할 수 없다는 것이다.

다른 한편으로 하드웨어 중단점은 프로세서의 하드웨어 능력에 의존한다. 일반적으로 프로세서는 하드웨어 중단점을 위해 몇 가지의 전용 레지스터를 갖고 있다. 하드웨어 중단점을 삽입하기 위해 디버거는 이들 전용 레지스터 중의 하나에 중단점 주소를 작성한다. 나머지의 전용 레지스터는 프로세서에 의해 수행된다. 중단점 주소에 있던 명령이 실행될 때 디버그 인터럽트가 생성되고 제어가 디버거로 전환된다. 하드웨어 중단점의 개수는 프로세스에서 가용한 전용 레지스터의 개수에 의해 제한되며, 일반적으로 두 개 또는 네 개다.

하드웨어 감시점

감시점^{watchpoint}은 데이터 중단점으로 불리며, 주소를 이용한 중단점과는 다르다. 중단점에서 주소는 코드 주소를 나타내며, 이 주소를 실행할 때 디버그 인터럽트가 트리거된다. 감시점에서 주소는 메모리 주소를 나타내며, 읽기 또는 쓰기 연산에 의해 이 주소에 접근할 때 디버그 인터럽트가 트리거된다. 따라서 중단점이 코드 주소, 함수, 라인 번호와 관련되지만, 감시점은 메모리 주소, 데이터 주소, 변수 주소와 관련된다.

감시점은 감시점 주소가 읽혀지거나 쓰여질 때마다 프로그램 실행을 멈추는 데 사용된다. 감시점이 변수로 설정된다면 중단점과 마찬가지로 디버거는 디버그 심볼 테이블을 기반으로 변수를 주소로 번역한다.

소프트웨어 감시점은 하드웨어 지원이 없으므로 이를 완벽하게 처리하기 위해서는 디버거가 있어야 한다. 디버거는 프로그램의 단일 스텝 실행에 의해 소프트웨어 감시점을 구현하며, 주소 값이 매 스텝 이후 변경됐는지 검사한다. 이것은 아주 비효율적이며, 성능에 심각한 영향을 미친다. 때때로 프로그램의 어떤 부분이 메모리 주소를 변경시켰는지에 관한 생각을 갖고 있다면 소프트웨어 감시점을 이용하는 것이 더 가치가 있을지도 모른다.

하드웨어 감시점은 프로세서의 하드웨어 능력에 의존한다. 중단점에서 프로세서는 하드웨어 감시점을 위해 전용 레지스터를 가진다. 하드웨어 감시점을 설정할 때 이들 전용 레지스터 중 하나가 감시점 주소를 이용해 설정되며, 읽기, 쓰기, 읽기-쓰기 등의 접근 유형도 구체적으로 명시된다. 감시점을 위해 단일 주소뿐만 아니라 메모리 지역도 명시할 수 있다. 이 경우 메모리의 시작 주소와 종료 주소가 감시점 레지스터에 설정된다. 하드웨어 감시점은 성능에 영향을 미치지 못하므로 프로세서가 이를 지원한다면 소프트웨어 감시점 대신 하드웨어 감시점을 이용할 것을 항상 추천한다. 하드웨어 감시점의 개수는 프로세스의 감시점 레지스터의 개수에 의해 제한된다.

디버깅 비법과 요령

디버깅은 지식, 방법론, 직관력, 참을성, 기타 많은 아이디어가 요구되는 문제 해결 프로세스다. 여기서는 디버깅 프로세스에서 도움을 줄 수 있는 몇 가지 아이디어를 소개한다.

- 배포 애플리케이션이 디버그 정보를 이용해 컴파일되지 못했다면 이 애플리케이션을 여전히 디버그할 수 있다. GCC 같은 일부 컴파일러에서 디버그 정보를 추가하는 것은 -g 없는 컴파일과 비교해 심볼의 값을 변경시키지 않는다. 디버거에서 배포 애플리케이션을 이용해 타깃을 디버깅하는 동안 디버그 심볼을 이용해 ELF 파일을 적재해야 한다. 똑같은 방법으로 배포 애플리케이션에 의해 생성된 코어 덤프를 분석할 수 있다.

- 배포 애플리케이션에서 애플리케이션이 제거됐을 때조차 코어 덤프를 사용할 수 있도록 하는 것은 항상 훌륭한 생각이다. 애플리케이션이 손상된 경우 코어를 얻을 수 있고 코어를 오프라인으로 분석할 수 있다. 이것은 디버거를 직접 연결시킬 수 없는 현장에 있는 애플리케이션에서는 특히 더 유용하다.

- 전체 시스템에 대해 코어 덤프 생성을 가능하게 만들 필요는 없다. 아래에 나타나 있는 예처럼 애플리케이션 소스코드로부터 코어 덤프 생성을 가능하게 만들 수 있다.

```
struct rlimit set;
set.rlim_cur = 0xFFFFFFFF;
set.rlim_max = 0xFFFFFFFF;
setrlimit(RLIMIT_CORE, &set);
```

- 코어 덤프의 생성을 원할 때는 오류 신호를 위해 정의된 리눅스 신호 처리기를 절대로 가져서는 안 된다. 이것은 코어 덤프를 생성하지 못하게 기본 처리기에 겹쳐 쓰기 때문이다.

- 신뢰성 있는 방법으로 애플리케이션의 고장을 처리하기 위해서는 애플리케이션 감시 프로그램인 감독자supervisor를 생성할 수 있다. 감독자는 애플리케이션이 여전히 동작하고 있는지 안하는지 그 여부를 검사하며, 애플리케이션에 고장이 있는 경우에는 애플리케이션을 재시작시켜 정지 시간down-time을 최소화시킬 것이다. 또한 애플리케이션이 막혀 있는지, 고장을 당했는지, 고장으로 더 큰 문제가 있는지 등의 여부를 검사하기 위해 감독자를 감시자watchdog 서비스로 확장시킬 수도 있다.

- 애플리케이션 상태에 대한 스냅샷을 코어 덤프로 저장할 수 있다. 물론 코어 덤프는 사용이 가능해야 한다. 이것은 애플리케이션이 막혀 있을 때, 그리고 반응이 없을 때(예를 들면 교착상태^{deadlock}에서) 유용하며, 디버거로 직접 연결시킬 수 없다(예를 들면 애플리케이션이 현장에서 실행 중일 때). 이에 대한 솔루션은 애플리케이션을 재시작하는 것이며, 이는 전체 상태를 코어 덤프로 저장하게 된다. 오류 신호를 애플리케이션으로 보낸 경우 애플리케이션은 종료될 것이고, 이는 코어 덤프를 생성하게 만든다. 그러면 코어 덤프를 얻을 수 있고 디버거를 이용해 오프라인으로 코어 덤프를 분석할 수 있다. 코어 덤프는 다음 명령으로 생성된다.

  ```
  $ kill -SIGSEGV<application pid>
  ```

- 이전에 제기했던 아이디어를 다음과 같이 확장시킬 수 있다. 언제든 리눅스 신호를 이용해 애플리케이션으로부터 일부 상태 정보를 얻을 수 있다. 이것은 애플리케이션이 관리 인터페이스(CLI, 텔넷)를 갖지 못한 경우에 유용하다. 애플리케이션에서 신호(예를 들면 SIGUSR1)를 위해 기본 신호 처리기에 겹쳐 써야 하며, 이 처리기를 몇 가지 상태의 정보 제공을 위해 사용해야 한다. 상태는 겹쳐 쓴 신호를 애플리케이션에 전송(kill - SIGUSR1 <application pid>) 함으로써 덤프된다.

- 실시간 애플리케이션(예를 들면 운영체제가 없는 베어보드 애플리케이션)에서 디버거가 항상 훌륭한 솔루션은 아니다. 심지어 콘솔의 printf 메시지는 시간 소비적일 수 있으며, 프로그램의 실시간 기능에 영향을 미칠지도 모른다. 이러한 애플리케이션에는 오실로스코프를 이용하는 것이 더 가치가 있을 것이다. 오실로스코프에 다양한 이벤트를 트리거하기 위해서는 GPIO를 이용한다. 이 GPIO는 인터럽트 루틴에 함수를 프로파일링할 때도 사용할 수 있다. GPIO 레벨은 루틴에 진입할 때 높게 설정되며, 루틴에서 종료할 때 낮게 설정된다. 오실로스코프에서 지속 시간과 발생률을 확인할 수 있다. 더 많은 GPIO 핀을 이용해 다양한 루틴에 대한 분포를 확인할 수 있다.

- 실시간 애플리케이션에서는 일부 특수 조건하에서 디버그 정보가 캡처돼야 한다. 디버그 정보를 캡처하는 동안 몇 가지 인터럽트가 발생하는 경우 데이터는 손상되거나 아니면 상관 없을지도 모른다. 예를 들면 이것은 몇 가지의 카운터(수신/전송 바이트 또는 패킷)를 관련시키려 고 할 때 발생할지도 모른다. 따라서 데이터를 캡처하기 전에 인터럽트를 불능화시켜야 하며, 일단 캡처가 종료되면 다시 인터럽트를 가능화시켜야 한다.

- 메모리에 접근하는 것이 데이터를 저장하는 가장 빠른 방법이다. 실시간 애플리케이션에서 애플리케이션이 실행되는 동안 디버그 데이터를 호스트 컴퓨터에 전송하는 것은 애플리케이션의 기능성에 영향을 미칠지도 모른다. 이런 경우 디버그 데이터는 메모리에 저장될 수 있으며, 나중에 오프라인으로 이 데이터를 검색하고 분석할 수 있다.

- 개발과 디버깅 프로세스에서는 컴파일(모든 경고 사항들에 대한 검사), 정적 분석 툴, 실행 시간 분석 툴(예를 들면 메모리 관리 툴), 디버거 등에 유의해야 한다.

17

임베디드 시스템용
다중 코어 소프트웨어 개발

17장은 다중 코어 협회의 다중 코어 프로그래밍 실무 가이드(MPP)에
나와 있는 자료를 이용한다.

Dave Steware, Max Domeika, Scott A. Hissam, Skip Hovsmith, James Ivers,
Ross Dickson, Ian Lintault, Stephen Olsen, Hyunki Baik, Francois Bodin, Robert Oshana

1부: 분석과 고수준 설계

알고리즘의 의도와 다중 코어 환경에서 실행되기 위해 전환될 프로그램에 대한 직렬 구현을
모두 이해하는 것이 중요하다. 이 절은 병렬 행위$^{parallel\ behavior}$와 이 병렬 행위의 제약 사항인
종속성의 이용 기회를 제공하는 데 사용되는 프로그램의 분석 기법에 대해 알아본다. 분석
결과는 대표적인 벤치마크의 이용과 현실적인 작업 부하에 의해 큰 영향을 받는다. 알고리즘
의 선택, 플랫폼 아키텍처의 선정, 적절한 병렬 설계 패턴의 확인을 비롯해 고수준 설계 결정
사항들은 성능, 전력, 입지, 유지 보수성, 확장성 같은 중요한 애플리케이션 메트릭에 대처할
수 있게 다중 코어 구현을 최적화하도록 만든다.

분석

다중 코어 자원을 효율적으로 이용하기 위해서는 프로그램을 결국 병행성^{parallelism}으로 만들어
야 한다. 병행성을 위해서는 적어도 두 가지 방법이 있다. 다음은 몇 가지 예다.

- **비디오** 스크린 위치를 기반으로 하나의 알고리즘을 몇 개의 알고리즘으로 분리시키는 것이 가능하다.
- **네트워크 프로세싱** 이런 유형의 애플리케이션은 각기 다른 프로세서에 각기 다른 함수를 실행시킴으로써 병행성이 되게 한다.

그러나 병행성을 소개하기 전에 택해야 할 여러 가지 단계가 있다. 이 절은 프로그램의 직렬 성능을 개선하고 프로그램을 이해시키는 두 가지 활동에 대해 기술한다.

이 절 전체에 걸쳐 프로그램을 다중 코어로 전환하는 주목적을 성능의 개선(단대단 시간)에 둔다고 가정한다. 물론 전력 소비의 향상과 같이 다중 코어로 이동시키는 또 다른 이유도 있다. 실제 향상을 목적으로 적용될 수 있는 많은 지침이 있지만, 여기서는 주요한 메트릭을 성능으로 한다.

직렬 성능 향상

다중 코어 자원을 이용하기 위해 프로그램을 재설계하는 첫 번째 단계는 이의 직렬 구현을 실제로 최적화하는 것이다. 이것은 여러 이유를 위해 가장 먼저 수행돼야 한다. 직렬 성능 조정이 일반적으로 가장 쉽고, 그 다음이 시간 소비 문제이며, 가장 덜 쉬운 문제가 버그bug에 대한 소개다. 직렬 향상은 현재의 상황과 성능 목적 간의 갭을 줄일 것이며, 이는 병렬화에 대한 요구가 줄어든다는 것을 의미한다. 이것은 또한 직렬과 병렬 이슈의 혼합보다는 병렬 행위에 초점을 맞추는 병렬화도 허용한다.

그리고 직렬 최적화가 최종 목적이 아니라는 것을 기억하는 것도 중요하다. 사람들은 주의 깊게 최적화되고 병렬화를 촉진시킬 변경에 대해서만 적용시키며, 병렬화를 가져올 수 있는 성능 향상만을 원한다. 특히 병렬화를 방해하거나 제한시키는 직렬 최적화는 회피돼야 한다. 이에 대한 사례로는 불필요한 데이터의 종속성을 야기하는 것과, 단일 코어 하드웨어의 아키텍처(예를 들어 캐시 용량)의 세부 사항을 이용하는 것 등이 있다.

성능 조정을 위해 잘 훈련된 접근법

개발자들은 프로그램의 직렬 성능을 향상시키는 데 사용될 수 있는 많은 요령과 비법에 친숙하다. 사실 도움을 제공받을 수 있는 공공 자료(예를 들어 기사, 책, 툴, 축적된 지혜)는 풍부하다. 그러나 계획도 없이 애플리케이션을 향상시킨다는 것은 일반적으로 나쁜 아이디어다.

프로그래머는 프로그램의 중요치 않은 부분에 대해 생각하고 걱정하며 속도를 늘리기 위해 많은 시간을 소비한다. 그리고 이러한 시도는 실제로 디버깅과 유지 보수를 고려할 때 아주 부정적인 영향을 미친다. 시간의 97%를 얘기하는 작은 효율성에 대해서는 잊어야 한다. 미숙한 최적화는 모든 악의 근원이다. [1]

그 대신 직렬 성능을 효율적으로 조정하기 위한 핵심은 바로 훈련이다. 의사결정을 지도하기 위해서는 측정과 주의 깊은 분석을 이용하고, 한 번에 한 가지씩만 변경하며, 변경 확인을 위해 꼼꼼하게 재측정해야 한다. 이에 대한 아이디어로는 그림 17.1에 나타나 있는 단계별 반복적 접근법을 이용하는 것이다.

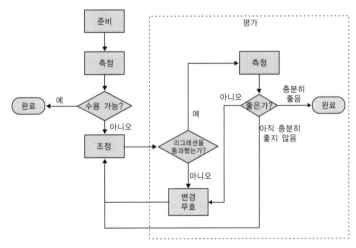

그림 17.1 직렬 성능 조정 접근법에 대한 요약

- **준비** 프로그램 성능을 향상시키기 위한 리그레션 테스트와 벤치마크 자료를 수집하라. 최상, 평균, 최악을 대표하는 모든 경우가 수집됐는지를 보장하기 위해 프로그램 벤치마크에 사용되는 데이터 집합을 주의 깊게 고려하라.
- **측정** 프로파일링이나 시뮬레이션을 통해 성능 데이터를 수집하라. 성능이 적정하다면 중지하라.
- **조정** 측정을 검토하라. 프로그램이 어디서 시간을 소비하는지, 그리고 이것이 적정한지 아닌지를 이해하라. 성능을 향상시킬 수 있으며 단일 변경으로 만들 수 있는 병목구간을 발견하라.
- **평가** 변경이 긍정적인지 아닌지를 결정하라. 변경이 부정적이었다면 변경 전으로 되돌아가고 시도를 다시하기 전에 이해를 향상시켜라. 변경이 긍정적이었지만 불충분하다면 조정 단계로 되돌아가고, 그런 다음 병목구간을 찾아라. 일부 변경이 성능을 직접적으로 향상시킬 수 없다는 점과 향후 더 나은 성능 향상을 유발시킬 수 있는 차후 변경을 가능하게 할 수 있다는 점에 주목하라.

다음 절은 이 접근법의 단계에 대한 간단한 내용을 제공한다. 각 주제는 17장에서 적절히 다룰 수 있는 그 이상으로 풍부하며, 독자는 각 영역에서 필요한 만큼 뭔가 더 많은 정보를 찾아내길 바란다. 성능 분석과 성능 조정에 유용한 많은 작업이 있으며, 이들 대부분은 (병렬화 변경의 영향이 변경 적용 시의 요청보다 더 민감할지라도) 다중 코어를 준비할 때 적용될 수 있다.

준비

변경에 대한 고려를 하기 전에 목표가 무엇인지를 먼저 생각하고, 그런 다음 그 목표를 효율적으로 신뢰성 있게 성취하는 데 도움을 줄 수 있는 자원을 수집하라. 그런 후 다음 질문을 따라 시작하라.

- 목적이 무엇인가? 프로그램의 성능을 향상시키는 것은 매우 복잡하고 시간 소모적이며 오류 발생이 쉬운 태스크가 될 수 있다. '충분히 좋음'이라는 결과를 얻을 때 태스크를 중지한다.
- 어떤 운용 시나리오가 가장 중요한가? 성취된 어떠한 개선 사항도 프로그램의 실행 과정을 관찰하면서 획득한 데이터를 기반으로 하겠지만, 어떤 시나리오가 가장 중요한가? 여러분은 안정적 상태 운영, 과부하 조건, 오류 회복 시나리오, 이런 시나리오에 대한 일부 균형 등에 대해 초점을 맞출 수 있다.
- 어떤 성능 메트릭이 프로그램을 더 적합하게 만들까? 작업 단위를 처리하는 시간이거나 시간 단위 내에 완료된 작업 단위의 수가 될지도 모른다. 무엇을 측정해야 할지 알아야 하며, 이를 통해 목적을 양자화할 수 있고 어떻게 대처했는지 알 수 있다.

성능 데이터를 수집할 벤치마크 집합을 (구체적인 데이터와 운영상에 있는 프로그램을 이용해서) 구축하라. 모든 최적화는 벤치마크에 상대적이므로 어떤 성능이 개선에 가장 필요한지를 결정하기 위해 시나리오를 주의 깊게 선택해야 한다. 또한 작업 부하가 상황에 따라 달라지는 사례를 포함시키는 것이 훌륭한 아이디어이므로 성능을 어떻게 조정할지를 알 수 있다(선형과 비선형 스케일링 간의 구분을 위해서는 적어도 세 개의 데이터 포인트가 필요하다).

병렬화를 시작할 때 기계 구성 집합을 선정하는 것도 또한 중요하다. 각기 다른 환경에서 변경에 대한 영향을 더 잘 이해하기 위해서는 다양한 아키텍처와 각기 다른 코어 카운트를 선택하는 것도 좋은 아이디어가 될 수 있다. 특히 오래 사용되는 프로그램은 다양한 환경에서 실행된다고 기대할 수 있다. 넓은 범위의 환경에 걸쳐 프로그램 행위를 이해하는 것은 특별한 환경에 대한 지나친 최적화를 예방하는 데 도움을 준다.

어떤 종류의 변경이 용납되지 않는가? 성능 최적화는 종종 메모리 소비, 코드의 유지 보수성이나 이식성 같은 기타 일부의 관심 사항과는 상호 보완적이다. 이들 영역 중 그 어떠한 것에서든 어느 정도로 타협해야 하는지 알아야 한다. 이와는 상관없이 버그를 발생시키지 마라! 신속하지만 잘못된 것은 전혀 훌륭한 선택이 아니므로 시작 전에 사용할 수 있는 훌륭한 리그레션 스위트를 반드시 가져야 한다(시작 전에 프로그램이 모든 테스트를 통과해야 한다는 것은 두말할 나위도 없다).

직렬 성능 조정은 프로그램의 반복 실행을 포함하는 반복 프로세스로, 이는 성능 측정뿐만 아니라 올바른 기능성이 보존된다는 것도 보장해주므로 이러한 활동을 위해서는 훌륭한 자동 지원 체계를 꼭 보유해야 한다.

측정

준비가 완료된 후 첫 번째 해야 할 작업은 벤치마크 대비 프로그램의 기준 성능을 이해하는 것이다. 성능 측정을 위해서는 일반적으로 프로파일러^{profiler}라고 부르는 개발 툴을 이용한다. 프로파일러는 다른 프로그램의 실행을 관찰하고 그 성능의 측정치를 수집하는 프로그램이다. 다음과 같이 프로파일링을 이용하는 여러 가지의 다양한 접근법이 있다.

- **샘플링** 샘플링 프로파일러는 일정한 간격으로 측정된다(측정 결과에 대한 편차를 보상하기 위해 전체 실행 시간이 적어도 샘플링 간격보다 두 배 이상의 더 큰 크기에서 매우 빈번하게 실행되는 흥미로운 영역으로 Grotker, Holtmann, Keding, Wloka가 추천된다).
- **계측 장비** 계측 장비 기반의 프로파일러는 일반적으로 측정을 위한 프로그램에 추가 명령을 컴파일하거나 링크한다.
- **에뮬레이션 또는 시뮬레이션** 이 접근법은 실행 환경을 (예를 들어 해석을 통해) 에뮬레이션하거나 시뮬레이션하는 환경에서 프로그램을 실행한다.

성능 데이터의 품질은 다양한 방식에서 달라지는데, 이 중 두 가지가 '실제 성능'에 대한 완전성^{completeness}과 유사성^{resemblance}이다. 샘플링은 일정한 간격에서만 측정되며, 프로그램의 행위에 불완전한 통찰력을 생성한다. 비샘플링 접근법은 측정 입상도에 대해 완전한 데이터를 생성한다. 그러나 어떠한 프로파일링 접근법이든 측정이 없는 경우 얼마나 실행에 밀접하게 유사한지에 대해 일정 부분 영향을 미친다. 오버헤드가 낮은 접근법은 계측 장비나 해석 같은 오버헤드가 높은 접근법보다 기본적인 실행에 더 가깝게 유사하며, 이는 주목할 만한 방법으로 프로그램의 타이밍 특성을 변경할 수도 있다.

출력은 툴의 이용에서 입상도와 포맷 두 가지 모두 툴과는 다르다. 프로파일러는 일반적으로 함수와는 상대적으로 데이터를 측정하는데, 이때 각각의 함수가 호출되고 반환이 발생되는 시간에 간단히 측정된다. 일부 프로파일러는 작은 단위의 입상도에서 정보를 캡처하거나 (예를 들어 특히 흥미로운 루프 근처에서) 사용자가 계측 지점을 추가하는 것을 허용한다.

프로파일러의 출력은 간단한 보고서에서 복잡한 GUI까지 상당히 크게 달라지며, 필터링과 분류에 대한 제어를 이용한다. 공통적으로 사용되는 출력의 두 가지 형태는 다음과 같다.

- **평판 프로파일(flat profile)** 평판 프로파일은 함수로 구성된 표 형태의 통계 보고서인데, 여기에는 얼마나 많은 실행 시간이 (%와 시간 단위로) 함수 내 있었는지, 그리고 얼마나 많이 함수를 호출했는지와 같은 내용이 담겨져 있다.
- **호출 그래프(call graph)** 호출 그래프는 실행 시간을 보여주며, 함수에 의해 다시 보여주고, 호출 체인에는 상대적이다. 호출 그래프는 어떤 함수가 주어진 함수에 의해 호출됐는지, 얼마나 많이 호출됐는지, 얼마나 많은 실행 시간이 사용됐는지를 보여준다.

일반적으로 사람들은 출력의 두 가지 형태를 모두 이용하길 원한다. 평판 프로파일은 시간의 큰 부분이 소모된 장소(예를 들어 시간의 60%를 소모하는 단일 함수)를 신속히 발견하는 데 훌륭한 방법이다. 호출 그래프는 함수가 사용된 장소를 확인하는 데 훌륭한 방법이다.

프로파일러의 선택은 가용성/비용, 타깃 플랫폼, 경험 등과 같은 어느 정도의 일반적인 기준을 근거로 한다. 그리고 더 많은 완벽한 성과를 수집하기 위해 프로그램 외부에서 (예를 들어 시스템 호출에서) 얼마나 많은 실행 시간이 소모됐는지를 측정하는 한 가지의 프로파일러를 적어도 이용해야 한다. 임베디드 시스템을 개발할 때 타깃 하드웨어가 가용되기 전이나 혹은 타깃 디바이스에서 측정을 위한 영속적인 저장 장치의 부족을 보완하기 위해 에뮬레이션이나 시뮬레이션 기반 프로파일러를 이용할 필요가 있을지도 모른다.

프로그램의 성능을 측정할 때마다 동일한 툴과 동일한 벤치마크를 이용해야 한다. 사람들은 성능의 개선이 실제 개선으로 이뤄진다는 것을 보장받길 원한다. 어떠한 변경도 만들기 전에 먼저 측정치 집합을 수집하라! 이것이 기준선이다. 어떠한 코드 변경도 기준선보다는 더 훌륭한 결과가 나타나야 한다.

조정

성능 조정에서 중요한 경험 법칙은 '한 번에 하나씩만 변경하는 원칙'이다. '한 번에 하나씩'이라는 정의에서 이는 코드 라인이나 함수가 될 수 있다. 이것은 실제 애플리케이션, 반복 시마다 변경되는 코드의 양, 코드의 복잡성, 기타 요소에 의존적이다. 조정을 반복할 때마다 합리적으로 성취할 수 있는 가장 큰 개선을 기대하기 위해서는 프로파일링을 통해 수집된 측정치를 이용해야 한다(이것이 직렬 성능 조정에 사용되는 한 가지의 공통적인 접근법이지만 유일한 옵션은 아니다. 어떤 경우에서는 단일의 중요한 핫스팟으로 고립시키는 것도 어려울 수 있다. 그러한 경우에는 프로그램 전체를 통해 더 작아진 다수의 비효율적인 요소들을 처리함으로써 '모든 곳을 검토하는 것'도 가능할 수 있다). 늘 그렇듯이 상식을 이용하는 것이 너무 분명한 사실이므로 말할 필요가 없어야 한다. 변경이 0.5%의 시간만 절약되고 몇 개월씩의 노력이 소요된다면 이는 훌륭한 아이디어가 아닐 것이다. 프로그램을 병렬화할 때는 상당한 수준의 변경이 수반되므로, '가장 쉬운 작업이나 가장 쉽게 달성할 수 있는 목표low-hanging fruit'를 고수하는 것이 일반적으로 훌륭한 아이디어라든지 또는 직렬 프로그램의 성능을 개선할 때는 큰 성공이 있어야 한다는 점을 기억하라. 예를 들어 대수적이기보다는 선형으로 크기를 조정하는 데는 시간의 큰 부분을 소비하는 알고리즘을 변경하는 것이 변경을 가치 있게 만드는 훌륭한 사례가 될 것이다.

핫스팟을 위해서는 측정치의 검토로 시작하라. 핫스팟은 프로그램 내에 있는 영역으로 실행 시간의 불균형적인 비율을 이용하며, 평판 프로파일을 이용해 발견될 수 있다. 빈번히 실행되는 코드에서 성능을 개선하는 것이 빈번히 실행되지 않는 코드에서 이와 유사하게 성능을 개선하는 것보다 성능 개선을 전반적으로 더 잘 할 수 있을 것이라는 단순한 이유로 인해 핫스팟을 이용해 시작하라. 즉, 전체 실행 시간의 50%를 이용해 함수에서 10%의 개선을 보인 것은 전체적으로는 5%의 성능 개선이 이뤄진 것이며, 전체 실행 시간의 5%를 이용해 함수에서 10%의 성능 개선을 보인 것은 전체적으로는 0.5%의 성능 개선만을 이룬 것이다. 수확 체감diminishing returns을 주의하라. 30%의 프로그램 개선을 이룬 후에는 차후의 모든 개선도 마찬가지로 30% 줄어들지도 모른다.

조사를 위해 일단 핫스팟을 선정하면 왜 그렇게 많은 시간을 소비해야 하는지, 그리고 그것이 합리적인지 그렇지 아닌지에 대해 생각하라. 높은 수준에서 볼 때 옵션은 꽤 간단하다. 즉, 시간이 소모된다는 점이다.

- **계산하기** 생각해야 할 첫 번째 일이 명령에 대한 실행이다. 적절한 알고리즘이 사용됐는지 아닌지를 생각하라. 스케일링이 기대했던 대로 수행됐는지를 확인하기 위해 각기 다른 작업 부하에 대해 프로파일링 데이터를 검토하라.

- **모든 계산이 필요한지 아닌지를 생각하라.** 계산을 루프 밖으로 끌어내거나 그렇지 않으면 계산을 줄이기 위해 참조 표를 이용할 수도 있다.

- **올바른 유형과 데이터 구조를 이용하고 있는지 아닌지를 생각하라.** 더 큰 메모리 덩어리를 주변으로 이동시키는 것은 일반적으로 더 긴 시간이 소요된다(예를 들어 float를 이용하는 것이 종종 double을 이용하는 것보다 더 빠르다). 플랫폼에 구축된 각기 다른 언어의 영향을 고려하라(예를 들어 예외 처리를 지원하기 위해 필요한 오버헤드).

- **프로그램 분해가 잘됐는지 아닌지를 생각하라.** 실행 시간이 호출/반환 오버헤드보다 심각할 정도로 크지 않은 함수를 갖고 있다면 함수 본문 자체를 함수를 호출한 위치에 삽입해 함수 호출 시 즉시 처리하는 인라이닝inlining 방법이나 프로그램의 기능은 변하지 않으면서 프로그램의 내부 구조를 개선하는 리팩토링refactoring 방법이 훌륭한 아이디어다.

- **지속적인 전략에 대해 생각하라.** 데이터 구조(또는 클래스)의 재초기화와 재사용은 새로운 것을 생성하는 것보다 더 효율적이 될 수도 있다.

- **기다리기** 일부 연산은 기다리기에 시간을 소비하는데, 특히 직렬 프로그램에서 그런 문제가 있다. 네트워크나 파일 시스템 접근 같은 I/O 연산은 사용자의 상호작용과 마찬가지로 많은 시간이 걸린다. 이에 대한 어느 정도의 개선을 위해 캐싱^{caching} 전략을 조사할 수도 있지만, 병행성^{concurrency}을 이용하는 것도 일반적인 솔루션이다. 이 시점에서 병행성에 대한 소개는 하지 않겠지만 종속성은 주의하라. 이것이 병렬화 전략의 요소가 될 것이다.

- **데이터 이동하기** 큰 데이터 집합을 갖고 작업하는 것은 프로그램에서 종종 데이터를 메모리 안이나 밖으로 이동시키는 원인을 야기할 수 있다. 불필요한 메모리의 이동을 줄이는 것은 큰 도움이 될 수 있다. 메모리 프로파일러는 메모리의 사용을 이해하고 개선하는 훌륭한 툴이다.

- **직렬 성능을 개선할 수도 있지만, 지역성(locality)을 위해 데이터를 재구성하는 것은 피해야 한다 (즉, 여러 번의 작은 이동 대신 한 번의 이동을 허용할 수 있도록 메모리 근처에서 함께 사용되는 데이터를 유지하라).** 이런 종류의 최적화는 캐시 폭과 정책 같은 요소가 고려될 때 병렬화의 부분으로서 더 잘 수행된다.

개별 핫스팟을 조사하는 동안에는 다양한 정보 소스를 이용하라. 분명히 코드가 존재한다. 그러나 프로파일러에 의해 생성된 호출 그래프에서 많은 정보를 또한 신속하게 얻을 수 있다. 함수에 의해 만들어진 호출과 함수로 만들어진 호출을 자세히 살펴봄으로써 그 호출을 어떻게 사용할지, 그리고 그 호출이 무엇인지에 대해 더 많은 통찰력을 얻을 수 있다. 특히 호출 그래프의 위쪽(함수 호출자)으로 다시 올라가 봄으로써 호출 그래프의 잎 노드가 아닌 핫스팟으로 사람들의 생각을 유도할 수 있다.

핫스팟에서 소비된 시간이 합리적일 것 같다면 다음으로 이동하라. 그렇지 않다면 근본적인 비효율성을 해결할 수 있는 변경에 대해 주의 깊게 고려하라. 이때 변경은 가능한 한 작게 만들고, 병렬화는 방해받지 않게 하라. 일반적으로 데이터 공간은 최소화하면서 계산을 줄이는 변경을 촉진하라. 이 단계에서는 올바르게 기능을 수행할 필요가 있는 필수 계산에 대해 프로그램을 줄이도록 초점을 맞춰야 한다.

또한 일부 변경이 성능 메트릭을 일시적으로 악화시킬지도 모르지만, 이러한 변경이 전반적으로 개선된 성능을 유도하는 추가 변경을 가능하게 만든다는 점도 고려하라. 이러한 접근법을 지원하는 몇 가지의 소프트웨어 아키텍처에 대한 더 많은 지식이나 느낌을 얻기 위해서는 성능 공학^{performance engineering} 관련 장을 참조하라. 변경의 순서 또한 중요할 수도 있다. 일부 변경은 추가 변경을 억제하는 시스템에 대해 제약을 주기도 한다. 모든 조건이 그대로라면 먼저 추가 변경을 만드는 능력을 최소한으로 제약하는 변경을 촉진하라.

평가

프로그램에 대한 변경을 할 때마다 변경이 훌륭하게 됐는지 아닌지를 확인하기 위해 프로그램을 멈추고 평가해야 한다. 최소한으로 봤을 때 '좋은 변경'이란 버그를 유발시키지 않으며, 직접적으로 또는 간접적으로 준비 단계Prepare step에서 확인될 성능 메트릭을 향상시키는 추가 변경을 가능하게 만드는 변경을 말한다. '충분히 좋은' 변경이 되기 위해서는 프로그램의 변경을 정당하게 만들기에 충분하게 변경이 중요해져야 한다는 의미다. "못 쓸 정도가 아니라면 그대로 써라"라는 격언을 여기서 사용할 수 있다. 예를 들어 변경이 3% 정도의 프로그램 속도 증가를 가져왔다고 가정하자. 그러나 이 프로그램은 수년 전에 작업됐던 레거시 코드다. 신규 오류에 대해 코드를 공개하는 것이 3%의 가치가 있을까? 리스크 또한 마찬가지로 고려해야 한다.

리그레션 스위트를 재실행하고 벤치마크를 이용해 프로그램을 재측정함으로써 이들 기준을 평가해야 한다.

리그레션 테스트가 실패하거나 성능이 변경 전보다 더 나빠진다면 여러분은 프로그램이나 혹은 변경에 대해 무엇인가 잘 이해하지 못하고 있는 것이다. 프로그램을 다시 공부하고, 변경 전과 변경 후에 왜 그러한 결과를 얻었는지 이해하라. 프로그램을 고칠 수 있고 여전히 훌륭한 변경일 것 같다면 다시 시도하라. 그렇지 않다면 변경에서 빠져나와 조정 단계Tune step로 되돌아가라. 핫스팟을 다시 살펴보고 다른 변경에 대해서도 생각하라. 다른 합리적인 변경을 발견하지 못한다면 다음 핫스팟으로 이동하고 조정을 계속하라.

리그레션이 통과되고 성능이 개선됐다면 이제 다른 관심 부분과 관련해 이 변경을 받아들일 수 있는지 아닌지 그 여부를 확실히 하라. 예를 들어 이식성이 중요하다면 프로그램이 무엇인가와 함께 시작되는 이식성의 특성이 보존돼야 한다. 자동화 방법으로 그러한 기준을 검증하는 것이 종종 더 어려워지겠지만, 그러한 기준은 체크리스트의 한 부분이 돼야 한다.

애플리케이션의 이해

애플리케이션을 연속적으로 처리하는 것에서 동시적으로 처리하는 것으로 전환하는 데 사용되는 기법이 있음에도 불구하고, 먼저 해결돼야 하는 문제를 철저히 이해해야 하는 것은 반드시 수반돼야 하는 일이다. 이러한 문제에 대한 이해는 요구 사항, 문서화, 애플리케이션 개발자와의 토의, 프로파일링 데이터를 비롯해 다양한 방법을 통해 얻을 수 있다.

다음 절에서 다루겠지만, 애플리케이션 행위의 일부 양상은 특히 계산과 데이터 종속성의 철저한 이해 같은 병렬화와 관련이 있다. 훌륭한 애플리케이션 분석은 어떤 종속성이 문제 해결에 본질적인지, 그리고 일부 직렬 최적화의 부분으로서 소개되고 있는 그 어떤 것이 인위 적인지 아닌지를 결정하는 데 도움이 될 것이다.

속도 증가를 위한 기대 설정

일반적으로 병렬화를 위해 애플리케이션을 분할하고 다시 아키텍처로 만드는 데는 두 가지 이유가 있다. 즉, 속도 증가와 큰 문제의 해결이다. 속도 증가는 실행 시간을 최소화하기 위해 코어 전반에 걸친 부하 균형 작업을 통해 효과적으로 성취된다. 큰 문제의 해결은 코어 전반에 걸쳐 작업을 분배시키는 것뿐만 아니라 (때때로) 단일 프로세서가 처리하기에는 문제를 너무 크게 만드는 엄청난 크기의 데이터로 말미암아 프로세서 전반에 걸쳐 작업을 분배시킴으로써 성취된다(이것이 전통적인 HPC 영역에 있지 않더라도 멀티프로세서 시스템 또는 다중 코어 시스템에서는 사실일 수 있으며, 그러나 이 지침이 제시하는 초점은 아니다). 여기서 다룰 주요한 동인은 바로 속도 증가가 될 것이다.

속도 증가를 위해서는 목적을 설정하는 것이 중요하다. 속도 증가는 실행 시간의 최소화를 위해 코어 전반에 걸친 부하 균형 작업을 통해 효과적으로 성취되겠지만, 무엇이 합리적인지 에 대해 제한 사항이 존재하는 것은 사실이다. 예를 들어 일부 코드 세그먼트는 효과적으로 병렬화될 수 없다. 암달의 법칙Amdahl's law(6장 참조)은 애플리케이션 부분을 개선하기 위한 최대 의 기대 혜택을 표현한다. 애플리케이션 부분의 직렬 실행 시간이 전체 시간의 80%를 차지하 고, 그 부분이 여덟 개 코어에 걸쳐 나눠 진행된다면 그 결과는 기껏해야 3.3배 더 빨라지게 될 것이다. 애플리케이션의 똑같은 부분이 직렬 실행 시간의 20%만 차지한다면 이와 동일한 병렬화는 기껏해야 1.2배 더 빨라지게 될 것이다. 이것이 최대로 기대되는 향상이다. (예를 들어 조정을 위한) 여러 가지의 오버헤드 요소는 앞으로 그 이점이 줄어들기만 할 것이다.

애플리케이션을 병행성으로 만드는 노력은 애플리케이션에 대해 주어진 객관적 분석, 변경 을 만드는 데 요구되는 노력, 노력에 대한 현실적 기대감에 균형을 맞춰야 한다.

프로세싱의 본질

애플리케이션의 프로파일로부터 다른 부분보다 계산적으로 더 집약적인 애플리케이션 부분을 발견하는 것이 가능하다(예를 들어 직렬 애플리케이션의 측정에서 생성된 평판 프로파일로부터 식별된 핫스팟 이 그렇다). 덜 집약적인 다른 부분보다 더 집약적인 부분에 더 집중하는 것을 권고하며, 이는 더 높은 이득율이 가장 큰 계산량이 수행되는 곳에서 대부분 성취되는 것과 마찬가지 논리일 것이다. 애플리케이션의 이러한 부분에 대한 계산적 본질은 함수 병렬이나 데이터 병렬이라 는 두 가지 형태의 일반적인 병렬 분해 중 한 가지로 귀결될 수 있다.

함수 병렬 분해는 문제 해결이 동시에 완료될 수 있는 단계 순으로 계획될 수 있는 분해 형태다. 이들 단계는 함수가 수행되는 순서에 상관없이 동일한 결과를 성취하기 위해 절대적으로, 혹은 상대적으로 서로 독립적이다. 서로가 절대적으로 독립적이 된다는 것은 함수가 데이터를 공유하지 않고 (아주 드물게) 발생하는 데 요구되는 단계 간 동기화가 이뤄지지 않는다는 점을 의미한다. 서로가 상대적으로 독립적이 된다는 것은 더 흔한 경우로, 함수가 데이터를 공유하며 이따금씩 함수가 어떤 동기화되는 방식에서 활동을 조정할 필요가 있다는 것을 의미한다. 함수 병렬 분해의 한 가지 사례가 이미지 프로세싱과 캡처 애플리케이션이다. 이 애플리케이션에서는 카메라로부터 온 비트맵bitmap이 수신되며, 애플리케이션은 다음과 같은 세 가지 연산을 수행한다.

- 이미지에 있는 독특한 색상의 수를 계산한다.
- 비트맵을 JPEG으로 변환한다.
- 이미지를 디스크에 저장한다.

직렬화된 애플리케이션에서 이들 활동은 차례차례 그리로 교대로 발생할 것이다(그림 17.2의 좌측 참조). 동일한 애플리케이션에 대한 병렬화된 버전의 함수에서 이들 함수 간 종속성이 없기 때문에 두 가지 함수가 병렬로 수행될 수 있지만(그림 17.2 우측 참조), 이미지가 저장된 세 번째 함수는 비트맵이 JPEG로 변환된 후에만 수행될 수 있으므로 인코딩을 수행하는 함수 간, 그리고 이미지를 저장하는 함수 간의 동기화가 요구된다. 애플리케이션이 JPEG로 변환되지 않고 카메라로부터 캡처된 원래의 비트맵만을 저장하기 위해 요구된다면 이들 함수 간 종속성은 절대적으로 없게 될 것이고, 이들 세 가지 함수 모두 병렬로 수행될 수 있다.

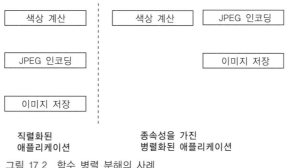

그림 17.2 함수 병렬 분해의 사례

데이터 병렬 분해는 문제에 대한 솔루션이 주요한 데이터 구조(예를 들어 배열)를 더 작게 세그먼트화하고 분해하는 것과, 서로가 독립적이고 동시적으로 처리될 수 있는 독립적인 데이터 덩어리를 포함하는 분해 형태를 말한다. 이러한 형태의 한 가지 간단한 사례가 행렬에서 이뤄지는 스칼라 곱셈 연산이다. 직렬화된 애플리케이션에서 연산은 루핑 구조(그림 17.3 참조)의 도움을 통해 종종 연속적으로 수행된다. 이 사례에서 각각의 셀cell은 행렬의 다른 셀 위에서 다른 연산과 완전히 독립적으로 동작될 수 있다. 게다가 연산은 어떠한 순서로든 발생될 수 있으며, 연산의 결과로 나타나는 행렬은 어떠한 경우에도 동일할 것이다. 직렬 루프 구조에 의해 부과된 순서화는 주어진 루프 구조의 시멘틱에 인위적이다. 동일 행렬 연산의 병렬 형태는 제약 사항에 얽매이지 않는다. 예를 들어 행렬의 각 셀은 병렬화 노력의 분산 형태가 될 수 있다. 행렬가 2×2라면 각각에 해당되는 셀에서 스칼라 곱셈을 수행하기 위해 할당된 네 가지의 함수가 될 수 있다.

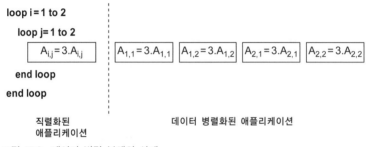

그림 17.3 데이터 병렬 분해의 사례

(함수 병렬화와 데이터 병렬화 형태의) 어떤 경우에든 종종 하나의 형태가 다른 형태를 통지하는 경우가 될 것이다. 대부분의 문제는 분해의 두 가지 형태 모두에 의해 잘 처리될 것이다. 즉, 어떤 형태가 가장 적절한지 아는 것만이 해결해야 하는 문제를 철저히 이해하는 이유가 될 수 있다(알란 케이Alan Kay는 "관점은 IQ 80점의 가치다"[2]라고 말했다). 이것은 다른 문제들(예를 들어 스칼라 곱셈 문제)이 데이터 분해에 더 잘 받아들이지만 (이미지 프로세싱과 캡처된 애플리케이션 문제 같은) 일부 문제는 함수 분해에 대해 더 잘 받아들이기 때문이다. 그러나 양쪽 모두의 형태에서 데이터 구조는 설계돼야 하며, 이에 따라 함수 병렬 분해로부터 온 태스크는 자신의 계산을 수행하고 요구 결과를 얻기 위해 진행될 수 있고, 그렇지 않으면 데이터 병렬 분해의 결과로 나타난 독립적인 데이터의 덩어리를 조종하기 위해 태스크는 생성돼야 할 것이다.

종속성

종속성은 직렬화된 애플리케이션 내의 연산 간 순서화의 형태나 그런 연산 간 데이터 종속성(예를 들어 공유 메모리)의 형태가 될 수 있다. 일부 프로파일링 툴은 호출 그래프를 생성하는 능력을 깃고 있다. 그러한 그래프는 연산의 순서화와 주기, 그리고 애플리케이션 내 함수의 증거를 발견하는 데 도움을 줄 수 있다. 직렬화된 애플리케이션 형태는 그러한 순서가 무엇이 될지에 대해 어느 정도의 통찰력을 만들어낼 수 있다. 그러나 단일 코어 프로세서에 대해 직렬화된 애플리케이션을 최적화하기 위해 일부 절충안이 만들어질 수도 있다는 것과, 그러한 순서가 다른 (이전의) 목표를 성취하기 위해 인위적이 될 수도 있다는 것을 가능하다면 기억해야 한다. 이러한 내용은 코드 안에 잘 문서화가 돼 있어야 한다. 따라서 직렬화된 형태로부터 분리해서 애플리케이션의 잠재적 병렬화에 관해 통찰력과 시각을 보유하는 것은 연산간의 거짓 순서를 식별하고 병렬화에 대한 기회를 제시하는 데 도움을 줄 수 있다. 예를 들어 위의 이미지 프로세싱과 캡처 애플리케이션의 사례에서 비트맵에 있는 독특한 색상의 수를 계산하는 것이 먼저 일어나야 한다.

코드의 서로 다른 (아마 큰) 부분 간 공유 데이터의 종속성이 이들 호출 그래프와는 구별돼서 식별될 수도 있겠지만, 소스코드에 대한 인스펙션은 그러한 데이터의 종속성을 확인하든지 혹은 부인하든지 할 필요가 더 있어야 할 것 같다. 정적 분석 툴과 메모리 프로파일링 툴은 코드의 큰 영역에 대해 데이터의 종속성을 식별하는 데 도움을 줄 수도 있다(예를 들어 많은 코드 라인이나 소스코드 파일에 걸쳐 전역 변수와 공유 메모리 영역 등에 접근하기 위한 탐색). 그러한 툴은 언어에 종속적이거나 심지어 플랫폼에 종속적일 것이기 때문에 특정 타깃에 적합한 툴을 발견하기 위해서는 어느 정도의 시간이 소요될 수가 있다.

애플리케이션 내에 기술돼 있는 동작 간의 종속성을 이해하는 것도 중요하다. 직렬 애플리케이션을 분석할 때도 마찬가지로 중요한 것은 동작 내에 존재할지도 모르는 종속성이다(예를 들어 계산적으로 집중된 루프의 결과인 핫스팟). 루프는 어느 정도의 속도 증가를 얻을 수 있게 병렬 실행이 가능하도록 설계될 수 있기 때문에 그러한 핫스팟은 병렬화 후보가 된다. 그러나 이러한 활동을 수행하기 위해서는 관심 루프가 분석되고 재설계돼야 하며, 이렇게 함으로써 루프의 각 반복을 독립적으로 만들 수 있다. 즉, 루프의 각 반복은 어떠한 순서에서든 안전하게 실행될 수 있으며, 어떠한 종속성도 각각의 반복에서 수행되지 않는다. 제거보다도 더 어려운 누적 계산이나 다른 연관된 연산을 수행하는 것 같이 반복 간 종속성을 가져야만 하는 직렬화된 애플리케이션에서 사용되는 루프도 또한 존재한다.

이 절은 짧은 시간에 수행된 모든 작업을 얻는 방식으로 모든 코어를 효과적으로, 그리고 효율적으로 이용함으로써 속도 조정과 분석의 주목표를 식별하는 것으로 시작한다. 이를 성취하기 위해 (함수 병렬이나 데이터 병렬 같은) 작업 수행이 요구되는 태스크의 분해, 순서화, 설계, 구현에 대해서는 타깃 플랫폼을 고려해야 할 것이며, 이렇게 함으로써 태스크를 위해 생성된 작업은 코어를 바쁘게 유지하기에 충분할 정도의 크기가 될 것이고, 다중 코어 간의 균형도 올바르게 유지될 것이다. 스칼라 곱셈 연산 이전에 태스크가 설계 연산을 수행하기 위해 행렬의 각 요소에 대해 태스크가 생성될 수 있다는 점도 설명했다. 이러한 특정 사례(더해서는 카운터 사례)에 대해 다음과 같은 다양한 이유로 인해 여기서는 수행되지 않을 것이다.

- 실용적 크기의 행렬 각 셀에 대해 코어 중 하나로 태스크를 할당하는 것은 그렇게 간단하지 않을 것이다(이것은 특수화된 작업 큐와 스레드 풀이 프로세서를 바쁘게 유지하기 위해 생성되지 않는다고 가정한다).
- 병렬화에 따라 초래된 오버헤드는 원래의 직렬화된 코드보다 더 나은 결과를 만들어내지 못할 것이다.

이것은 두 가지의 중요한 점을 강조하고 있다. 첫 번째로 중요한 점은 작업 자체의 적절한 크기(혹은 입상도)를 조정하는 것이 사소한 일이 아니라는 것을 결정하는 것이다. 이러한 활동을 처음 수행하는 소프트웨어 공학자를 위해 이러한 결정은 몇 가지의 사소한 양상을 포함할 것이며, 오류는 애플리케이션의 병렬화 이후에 올바르게 보일 것이다. 타깃 플랫폼, 병렬화 라이브러리, 병렬화 노력에 사용되는 언어에 사용 가능한 입상도의 평가에 대해 도움을 줄 수 있는 발견적 방법도 또한 있다. 예를 들어 스레드 빌딩 블록은 10,000에서 100,000 명령 크기의 '결정입도^{grainsize}'를 권고하고 있지만, 이것은 애플리케이션에 따라 달라진다(http://www. threadingbuildingblocks.org/). 여기서 결정입도란 태스크 몸체에서 수행되기 위해 사용되는 명령 개수에 대한 입상도 메트릭이다.

마지막으로 강조하고 있는 점은 병렬화 이후 테스트가 소스코드에서 수행됐는지, 속도 증가라는 기대 결과를 확인하기 위해 그림 17.1의 평가 루프에 대한 재방문이 실제로 발생했는지, 애플리케이션을 위해 개발된 리그레션 테스트가 통과됐는지 등이다.

고수준 설계

알고리즘의 의도와 프로그램의 직렬 구현에 대한 훌륭한 이해가 일단 갖춰지면 애플리케이션의 병렬 구현을 위해 고수준의 설계를 시작하는 것이 적절하다. 고수준 설계 단계에서의 의도는 작업을 병렬로 실행할 수 있도록 애플리케이션을 분리된 영역으로 분할하는 것이다. 영역 간 종속성은 본질적으로 병행성을 제한할 것이다. 이에 더해 타깃이 가진 실행 시간이라는 특성은 병렬로 실행될 수 있는 작업의 양을 실제적으로 제한할 것이다. 따라서 병렬 실행 시간이라는 환경에 효율적으로 매핑될 수 있는 적절한 분해 입상도를 선택하는 것이 중요하다.

이 절은 함수와 데이터 분해, 데이터의 종속성, 병행성을 제한하는 실행 시간 특성, 실행의 효율성을 최대화하기 위한 병렬 자원 간 작업 부하 균형의 중요성에 대해 다룬다. 일부 공통적인 고수준 설계 패턴의 개념을 설명하기 위해 사례를 이용한다.

병렬 분해

고수준 설계의 근본적인 목표는 애플리케이션을 병렬로 실행될 수 있는 분리된 영역으로 분해하는 것이다. 분해는 함수 병렬과 데이터 병렬 모두에서 나타날 수 있다.

함수 병렬 분해

함수 병렬 분해는 각기 다른 함수를 병렬로 실행할 수 있게 해준다. 각기 다른 함수는 공유 데이터를 읽을지도 모르지만, 그들 각각은 독립적인 결과를 생산한다. 그림 17.4에 묘사된 사례는 이미지 인식을 위한 애플리케이션을 보여준다.

그림 17.4 함수 병렬 이미지 프로세싱

네 가지의 분리된 식별 함수는 동일한 입력 이미지의 데이터를 공유한다. 각각의 함수는 이미지의 각기 다른 객체를 식별하기 위해 전문화된다. 일단 네 가지 함수 모두가 완료되면 모아진 데이터는 하위 연산에 의해 처리된다.

주어진 프로세싱 플랫폼에 대해 각각의 함수는 각기 다른 실행 시간을 가질 수도 있다는 점에 주목해야 한다. 네 가지 함수 모두가 병렬로 실행될 수도 있겠지만, 단어, 사물, 장소를 식별하는 것이 사람을 식별하는 것보다 각각 세 배가 더 빠르다면 느린 사람을 식별하는 태스크와는 병렬로 단어, 사물, 장소를 식별하는 함수를 차례로 실행시키는 것이 더 합리적일 것이다. 이런 유형의 부하 균형은 가용한 프로세싱 자원을 가장 잘 효과적으로 이용하기 위해 함수 병렬 분해를 어떻게 적절히 스케줄링해야 하는지에 대한 사례가 된다. 그리고 모든 종속성이 최종 함수의 시작 전에 대처됐는지를 확인하기 위해 어떤 메커니즘을 사용해야 되는지에 대해서도 이해할 필요가 있다.

데이터 병렬 분해

데이터 병렬 분해는 입력 데이터를 분리된 영역으로 분할하는 것에 초점을 맞춘다. 동일한 함수는 각기 다른 데이터의 영역에서 병렬로 실행된다. 그림 17.5에 묘사된 사례는 분리된 영역으로 분할돼 있는 이미지의 인식 애플리케이션을 보여준다.

그림 17.5 데이터 병렬 이미지 프로세싱

출력 이미지의 각 픽셀은 입력 픽셀에 대응되는 조합을 이용해 계산된다. 출력 픽셀의 계산이 이웃에 있는 입력 픽셀과 공유되겠지만, 각각의 출력 픽셀은 다른 모든 픽셀과는 독립적으로 계산될 수 있다.

각 픽셀이 병렬로 계산될 수도 있지만, 분해 입상도는 가용한 자원과 일치돼야 한다. 예를 들어 여덟 개의 논리적 프로세서 코어가 있다면 이미지를 여덟 개의 각기 다른 영역으로 자르는 것이 합리적일 것이다. 픽셀은 영역 내에서 직렬로 계산될 것이지만, 영역 자체는 모두 병렬로 계산될 것이다.

데이터 분해에 대한 본질적인 부하 균형에 대해서도 주목해야 한다. 계산될 함수가 픽셀당 동일한 시간양을 가진다면 정적 작업 부하에서 부하에 균형을 맞추도록 데이터를 동일한 덩어리로 분할하는 것은 쉬운 일이다.

SIMD 프로세싱

현대 프로세서의 대부분은 일종의 벡터 연산 형태인 단일 명령의 다중 데이터SIMD 연산을 포함한다. SIMD 명령은 동일한 연산을 병렬로 다중 데이터 항목에 적용시킬 수 있다. 이 명령에 대한 예는 4쌍의 8비트 데이터 값을 곱해 4개의 16비트 데이터 값에 그 결과를 저장하는 것이다. 이런 유형의 저수준 병렬화는 반복마다 더 많은 작업을 수행하기 위해 종종 루프 내에서 사용된다. 할 수만 있다면 이러한 명령어 수준의 병행성이 먼저 적용돼야 하고, 뒤이어 태스크 수준의 데이터 분해가 적용돼야 한다.

파이프라인 분해

파이프라인 분해는 하이브리드 함수-데이터 분해로 고려될 수도 있는 공통적인 분해다. 각각의 태스크는 각기 다른 함수 단계로 분해될 것이다. 각각의 단계는 전체 데이터의 부분집합을 처리하며, 그 결과를 다음 단계로 보낸다. 각각의 단계가 데이터를 직렬로 처리하겠지만, 모든 단계는 처리 성능을 증가시키기 위해 병렬로 실행된다.

이미지의 경계선 탐지 애플리케이션을 고려해보자. 애플리케이션은 그림 17.6에 나타나 있는 것처럼 픽셀 수정, 이미지 스무딩smoothing, 소벨Sobel 경계선 탐지와 같은 여러 가지 단계로 구성될 것이다.

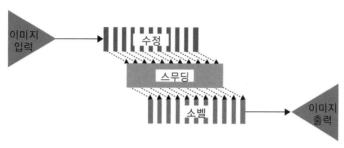

그림 17.6 파이프라인 경계선 탐지

파이프라인 분해를 이용하면 픽셀 블록은 올바르게 파이프라인으로 들어가며, 소벨 이후에는 이 블록이 나타나게 된다. 첫 번째 단계에서 두 번째 단계로 데이터 블록이 이동하는 동안에는 다음 데이터 블록은 첫 번째 단계로 들어갈 것이다. 이들 세 가지 단계 모두 병렬로 실행될 수 있으며, 각각의 단계는 각기 다른 데이터 블록에서 알고리즘의 각기 다른 단계에서 동작된다.

이런 유형의 분해는 가용한 자원에 매우 민감하다. 단계의 개수는 가용한 프로세싱 자원에 일치돼야 한다. 파이프라인의 전체 처리량도 파이프라인의 가장 늦은 단계에 의해 제한받는다. 앞의 사례에서 보면 스무딩 함수가 전체 작업 중 가장 많은 시간을 소비한다. 각각의 데이터 블록에서 수정과 소벨 함수는 스무딩 함수가 종료될 때까지 가동되지 않아야 한다. 스무딩 함수의 속도는 병렬 구현의 전체 성능을 결정한다. 재귀적으로 스무딩 함수를 병행성으로 만드는 것은 실행 시간을 단축시킬 것이고, 파이프라인의 균형을 더 잘 맞출 것이다.

데이터 종속성

알고리즘을 직렬로 구현할 때 연산은 잘 정의된 순서를 갖는다. 이러한 연산 집합에 대해 순서는 매우 중요하다. 이전의 경계선 탐지 사례에서 소벨은 주어진 데이터 블록에 대해 스무딩 함수가 종료될 때까지는 계산되지 않을 수 있다. 다른 연산 집합에 대해 순서는 별 문제가 되지 않을 것이다. 예를 들어 수정 함수 내에서 픽셀이 수정되는 순서는 전혀 중요하지 않을 것이다.

데이터 읽기와 쓰기 간의 종속성은 계산의 반 순서(부분 순서라고도 부름)를 결정한다. 순서를 제한하는 세 가지 유형의 데이터 종속성이 있다. 즉, 그림 17.7에서 보여주는 것처럼 참 데이터 종속성true data dependency, 반종속성anti-dependency, 출력 종속성output dependency이다.

데이터 종속성	반종속성	출력 종속성
A = 4 * C + 3; B = A + 1; A = 3 * C + 4;	A = 4 * C + 3; B = A + 1; A = 3 * C + 4;	A = 4 * C + 3; B = A + 1; A = 3 * C + 4;
쓰기 후 읽기	읽기 후 쓰기	쓰기 후 쓰기

그림 17.7 종속성의 유형

참 데이터 종속성은 데이터 값이 작성된 이후까지 어떤 데이터 값이 읽혀지지 않을 것인지에 대한 연산 간의 순서를 나타낸다. 이것은 알고리즘에서의 기본적인 종속성이다. 알고리즘은 이러한 데이터 종속성에 대한 영향을 최소화하기 위해 재정의될 수도 있지만, 궁극적으로 데이터 값은 계산되기 전에는 사용될 수 없다.

반종속성은 상반 관계를 갖는다. 반종속성에서 데이터 값은 이전 데이터 값이 읽혀질 때까지는 작성될 수 없다. 위의 가운데 사례에서 A에 대한 최종 할당은 B가 할당되기 전에는 발생될 수 없는데, 이는 B가 이전의 A 값을 필요로 하기 때문이다. 이런 유형의 종속성은 변수 재명명renaming에 의해 제거될 수 있다. 최종 할당에서 변수 A가 변수 D로 재명명됐다면 B와 D에 대한 할당은 순서가 바뀔 것이다.

코드로서 변수 오버랩의 수명이 병행성으로 된다면 리네이밍은 신규 변수를 도입할 때 저장이라는 요구 사항을 증가시킬 것이다. 반종속성은 순차 코드에서 흔히 발생한다. 예를 들면 루프 외부에 정의된 중간 변수가 루프의 매 반복 시 사용될 수도 있다. 이것은 연산이 직렬로 발생할 때 좋은 방법이다. 동일한 변수 저장은 반복적으로 재사용될 것이다. 공유 메모리를 사용할 때 모든 반복이 병렬로 실행됐다면 그들 모두 동일하게 공유된 중간 변수 공간을 위해 경쟁하게 될 것이다. 한 가지 솔루션은 반복마다 자기 자신의 지역 중간 변수를 갖는 것이다. 적절한 검사를 통해 변수의 수명을 최소화하는 것은 이러한 유형의 종속성을 피하게 해주는 데 도움이 된다.

종속성의 세 번째 유형은 출력 종속성이다. 출력 종속성에서 명령이 완료될 때 남아있던 변수의 최종 값이 변경된다면 변수에 쓰는 것은 그 순서가 바뀌지 않게 될 것이다. 그림 17.7의 우측 사례에서 A에 대한 최종 할당은 첫 번째 할당 위로는 이동되지 않을 것이며, 이는 재명명 값이 올바르지 않을 것이기 때문이다.

통신과 동기화

데이터 종속성은 적절한 실행을 보장하기 위해 실시돼야 하는 순서화 요구 사항에 대한 집합을 정립시킨다. 각기 다른 병렬 프로그래밍 모델은 적절한 순서화를 보장하기 위해 각기 다른 기법을 이용한다.

공유 메모리

초기에 설명한 것처럼 공유 메모리 시스템에서 모든 프로세싱 유닛은 동일한 데이터 메모리를 공유한다(그림 17.8).

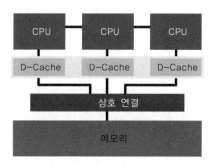

그림 17.8 프로세싱 유닛은 동일한 데이터 메모리를 공유한다.

개별적인 프로세싱 유닛들이 지역 캐시 메모리를 가질 수도 있지만, 공유 메모리의 일관된 뷰view는 프로세서 간 유지돼야만 한다. 캐시 라인이 프로세서 간에 공유돼야만 한다면 캐시를 이용해 메모리의 일관된 뷰를 유지하는 비용은 아주 크게 될 수 있다. 메모리의 적절한 데이터 레이아웃이 이러한 패널티를 최소화시킬 수 있다.

실행에서의 멀티스레드는 다중 태스크를 동시에 실행시키는 데 사용된다. 태스크 간 공유되는 데이터도 종속성 관계를 적절히 유지시키기 위해서는 적절히 동기화돼야만 한다.

그림 17.9는 두 가지 스레드인 T0와 T1을 보여주는데, 이 두 가지 스레드 모두 변수 A를 읽고 쓰는 데 필요하다. 동기화가 없이는 이 두 가지 스레드 간에 읽고 쓰는 순서를 예측하기가 곤란하며, 그 결과 세 가지의 서로 다른 결과가 나타날 수 있다.

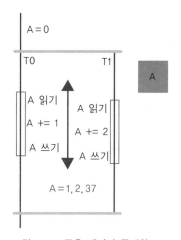

그림 17.9 공유 데이터 동기화

잠금장치lock와 세마포어semaphore를 통한 상호 배제mutual exclusion는 한 번에 하나의 스레드만이 특정 임계 종속성을 포함하고 있는 코드를 실행한다는 것을 보장하는 공통적인 기법이다. 하나의 스레드가 임계 구역에서 잠금장치를 점유하고 있는 동안 다른 스레드는 임계 구역으로 들어가는 것이 차단 당하고, 그렇지 않고 허용된다면 구역 간에 공유되는 데이터를 포함해 종속성이 위반될 수 있다. 이전의 사례에서 임계 구역을 적절하게 잠그는 것은 A가 항상 최종 값으로 3을 얻게 된다는 것을 보장받는 것이다.

일반적으로 각각의 프로세서는 한 번에 하나의 스레드만을 실행한다. 더 많은 스레드가 프로세서에 걸쳐 생성될 수도 있다. 하나의 스레드가 잠금장치를 대기하기 위해 차단 당할 때 또 다른 읽기 스레드는 해당 장소를 택하기 위해 깨어 있어야 될지도 모른다.

잠금장치를 획득하고 해제하는 비용은 중요하게 될 수 있다. 잠금장치는 코드를 직렬화하기 때문에 큰 임계 구역을 잠그는 것은 병행성을 억제시킬 것이다. 반면에 빈번히 저수준의 잠금장치를 이용하는 것은 동기화에 큰 불이익을 가져올 것이다. 완료된 태스크를 생성하고 파괴하는 비용도 또한 중요하므로, 태스크의 입상도와 잠금장치를 잠그는 것은 가용한 자원에 일치돼야 한다.

분산 메모리

분산 메모리 시스템에서 메모리는 시스템 사이에 공유되지 않는다. 각각의 프로세서는 자기 자신의 지역 메모리를 관리한다(그림 17.10).

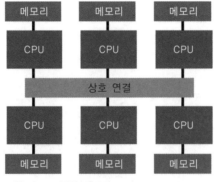

그림 17.10 분산 메모리

각기 다른 프로세서에서 실행되고 있는 태스크 간의 데이터 통신은 태스크 사이에서 데이터를 송신하고 수신함으로써 완료되며, 이 방법을 종종 메시지 전달message-passing이라 부른다. 이 모델에서 데이터는 태스크 간에 명백히 공유돼야 한다. 태스크 간의 동기화는 동기 송신-수신 시멘틱에 의해 성취될 수 있다. 수신되는 태스크는 송신되는 데이터를 사용할 수 있을 때까지 차단될 것이다. 그 대신 비동기 송신-수신 시멘틱은 데이터가 차단됨이 없이 사용될 수 있을 때 수신되는 태스크가 검사될 수 있거나 통지될 수 있는 장소에서 사용될 수 있다. 이것은 계산과 통신의 심대한 오버랩을 허용하며, 중요한 성능상의 이득을 가져다 줄 것이다.

공유 메모리와 비교해보면 이것은 메시지의 설정과 해제에서, 그리고 데이터의 명백한 복제에서 통신상에 더 큰 오버헤드를 초래할 것이며, 이에 따라 메시지 전달은 이 두 가지 비용 모두에 대해 최적화돼야 한다.

스레드 프로그래밍 모델이 공유 메모리에 적합하지만, 메시지 전달 모델은 분산 메모리나 공유 메모리 시스템 중 하나의 시스템에서 사용될 것이다.

부하 균형

계산당 작업량은 고정되거나 입력 데이터에 의존할 수 있다. 변함이 없고 데이터 값에 독립적인 작업을 정적 작업 부하라 부르며, 이 작업은 설계 기간 동안에 분할될 수도 있다. 이전에 다뤘던 경계선 탐지의 예를 고려해보자.

데이터 분해에서 작업 부하는 모든 픽셀에 동등하다. 이미지를 똑같은 크기의 영역으로 분할하는 것은 작업을 균등하게 나누는 것이다. 이런 유형의 병행성은 가용한 프로세서 전반에 걸쳐 그 크기를 쉽게 조정할 수 있다.

스무딩 함수smoothing function의 실행 시간이 입력 데이터에 의존적인 경우 어떤 상황이 벌어질지 이에 대해 고려해보자. 예를 들어 천천히 변화하는 픽셀 값을 가진 영역은 스무딩에 더 적은 계산 주기를 가질 수도 있지만, 빠르게 변경되는 픽셀 값을 가진 영역은 여분의 프로세싱을 더 요구할 수도 있다. 이런 유형의 작업 부하는 픽셀 값에 따라 동적으로 변한다. 이제 똑같은 크기의 픽셀 영역도 아주 다른 작업 부하를 포함할 수도 있다. 위쪽 반은 폭넓게 변하는 픽셀을 갖고 있고, 아래쪽 반은 균일한 색상을 갖고 있는 이미지를 고려해보자. 작업이 두 가지의 태스크인 위쪽과 아래쪽 사이에서 분리된다면 아래쪽 반은 위쪽에 앞서 잘 종료될 것이며, 아래쪽 프로세서는 유휴 상태가 될 것이다.

예측이 곤란한 작업 부하에서 스케줄은 정적으로만 최적화될 수 있다. 이 경우 작업을 더 작은 영역으로 나누는 것은 자기 이웃에 위치한 작업 부하 간의 차이가 적게 될 것이기 때문에 프로세싱의 효율성을 향상시킬지도 모른다. 작업이 더 작은 태스크로 나눠지는 한 이들 간의 통신 비용은 태스크의 실행 시간에 중요한 부분이 될 수 있으며, 따라서 최적의 태스크 크기를 결정할 때에는 이 점을 반드시 고려해야만 한다. 스레드 풀이나 작업 가로채기stealing를 이용한 실행 시간은 동적 부하 균형을 위해 빌트인built-in 지원을 제공한다.

태스크, 데이터, 파이프라인 분해는 영역 간 작업 부하의 균형을 어떻게 맞출지 항상 고려해야 한다. 정적인 작업 부하는 분석하기가 쉬운 반면 동적인 작업 부하는 가용한 자원에 일치하는지, 그리고 작업 부하의 불일치를 스무딩하는지 이 두 가지 모두에 대한 훌륭한 수준의 입상도를 발견하기 위해서 통계적인 고려 사항을 요구할 것이다.

알고리즘 선택

알고리즘 병렬화는 종속성을 인정하는 것과 가용한 자원에 병행성을 적절히 일치시키는 것 이 두 가지 모두를 요구한다. 매우 높은 수준의 데이터 종속성을 가진 일부 알고리즘은 병렬화를 효과적으로 수행하지 못할 것이다(이는 종속성에 의존하는데, 알고리즘이 MPEG2 알고리즘 같이 쉽게 세그먼트화될 수 있다면 이것은 그리 큰 이슈가 아니다). 모든 반종속성이 제거되고 분할이 여전히 허용할만한 수준의 성능을 만들지 못할 경우에는 병행성을 더 잘 받아들일 수 있는 알고리즘을 이용해서 이와 동등한 수준의 결과를 발견하기 위한 알고리즘의 변경에 대해서도 고려해야 한다.

이것은 엄격히 규정된 알고리즘을 이용해 표준을 구현할 경우에는 가능하지 않을 수도 있다. 다른 경우에는 이와 유사한 결과를 얻는 효과적인 방법이 있을 수 있다.

분해 접근법

고수준 설계 프로세스는 데이터 종속성, 통신과 동기화 요구 사항, 구현을 위한 효율적 분할을 정립시키는 부하 균형 등을 고려해 알고리즘을 분리된 프로세싱 영역으로 분해한다.

하향식과 상향식의 두 가지 주요한 접근법이 있다. 하향식 접근법에서 알고리즘은 분리된 영역으로 분해된다. 일부 영역은 직렬로 남겠지만, 다른 영역은 함수, 데이터, 파이프라인 분해를 이용해 분해될 수 있다. 고수준의 분석에서 나온 프로파일링 정보는 분해를 위해 가장 이익이 될 만한 영역을 식별하는 데 사용돼야 한다. 매 분해 후 병렬 성능은 추정될 수 있다. 충분치 못한 성능이 얻어지면 영역은 추가적인 병행성을 발견하기 위해 더 많이 나눠질 수 있다.

일부 영역은 아주 작은 범위의 영역으로 아주 쉽게 분해될 것이다. 이미지를 픽셀로 분해하는 데이터는 극단적인 사례가 될지도 모른다. 가용한 코어의 수, 태스크 생성과 파괴에 드는 오버헤드, 통신과 동기화가 중요한 값이 될 것이다. 최적의 선택은 이들 값에 대한 분해 입상도의 균형에 따라 달라질 것이다.

상향식 접근법은 가장 작은 단위의 병행성 수준에서 시작하며, 그런 다음 위쪽으로 이동한다. 다시 말해 높은 수준의 분석에서 나온 프로파일링 정보는 초점을 맞춰야 할 가장 중요한 핫스팟 영역을 식별하는 데 사용돼야 한다. 핫스팟이 실행 시간의 상당한 양을 소비한다면 이들을 먼저 병행성으로 만드는 것이 가장 중요한 이점을 얻을 것이다. 진짜 상향식 접근법은 핫스팟 영역을 위해 가장 작은 단위의 분할로 시작해서 매 단계마다 더 큰 영역을 포함시키기 위해 위쪽으로 이동할 것이다. 초기에 너무 작은 단위로 분할됐다면 오버헤드는 허용되지 않을 수도 있다. 분해는 입상도의 큰 범위에서 시작하기 위해 수준을 올릴 것이다. 일단 시작을 위한 적절한 입상도가 정립되면 더 큰 영역은 만족스럽게 추정된 성능 수준이 얻어질 때까지 더 작은 영역으로부터 병렬로 수집될 수 있다.

일반적으로 권고되는 규정은 먼저 가능한 한 높은 수준에서 분할하고 핫스팟 영역을 분해하며, 만족스러운 오버헤드 비용과 추정된 성능을 검사하는 방법이다. 더 나은 성능이 요구된다면 복잡성이나 오버헤드 비용에 너무 많은 비용이 들지 않는 더 작은 범위의 병행성을 고려하라. 마지막으로 코드의 덜 중요한 영역을 분해함으로써 병렬 영역에 대한 확장성을 고려하라.

하이브리드 분해

분해는 가용한 프로세싱 자원에 가장 잘 일치시키기 위해 계층적으로 적용될 수 있다. 예를 들어 2단계의 파이프라인 분해를 고려하고, 첫 번째 단계가 두 번째 단계보다 6배 더 느리다고 가정한다. 초기의 파이프라인 분해는 더 늦은 첫 번째 단계로 인해 제한받게 될 것이다. 그렇게 되면 두 번째 단계는 5~6배 시간 정도의 유휴 상태로 될 것이다.

첫 번째 단계가 데이터 분해를 이용할 수 있다면 첫 번째 단계를 통해 여섯 개의 데이터 블록을 병렬로 실행시킬 수도 있을 것이다. 그리고 여섯 개의 데이터 블록은 파이프라인의 균형과 처리량의 최적화를 효과적으로 수행하기 위해 두 번째 단계를 통해 동일한 시간양에서 직렬로 실행될 수도 있다. 그러나 이것은 병렬 실행을 위해 가용한 일곱 개의 프로세싱 자원이 있어야 한다고 가정된다는 점에 주의해야 한다(그림 17.11).

그림 17.11 하이브리드 분해

1부 정리

다중 코어 환경에서 실행되기 위해 전환될 알고리즘의 의도와 프로그램의 직렬 구현이라는 이 두 가지 모두에 대해 이해하는 것이 중요하다. 프로파일링 기법은 코드의 전반적인 구조와 실행의 핫스팟 영역을 이해하는 데 사용돼야 한다. 직렬 코드를 최적화한 후 최적화된 프로파일 정보와 분석 기법은 병렬 행위를 이용하기 위한 기회와 병렬 행위를 제한하는 종속성을 밝혀내는 데 사용된다. 분석이 주로 동적이므로, 최상의 결과를 얻기 위해서는 대표적인 벤치마크와 현실적인 작업 부하를 이용해야 한다. 알고리즘의 선택, 플랫폼 아키텍처의 개념, 적절한 병렬 설계 패턴의 식별을 비롯해 고수준의 설계 결정은 성능, 전력, 공간, 확장성 같은 중요한 애플리케이션 메트릭에 맞추기 위해 다중 코어 구현이 최적화되도록 만들어져야 한다.

2부: 구현과 저수준 설계

일단 고수준의 분석과 설계 결정이 이뤄지면 병렬 구현은 뒤따라온다. 구현은 플랫폼 아키텍처에 강하게 종속적이다. 2부에서는 대표적인 아키텍처 집합에서 스레딩이나 메시지 패싱 접근법 같은 병렬 구현 기술과 점증적 정제와 순차적 등가 같은 권고된 구현 기법에 대해 알아본다. 훌륭한 구현은 고수준 설계에 대한 메트릭을 적절히 인식하고 디버깅을 쉽게 하며 잠재적인 버그를 줄여준다.

스레드 기반 구현

스레드thread는 소프트웨어 프로그램에서 병행성을 표현하는 기본적인 수단이다. 스레드는 운영체제에 내장된 특정 메커니즘을 경유해 생성하고 관리하며 파괴하는 경량의 프로세스로 생각할 수 있다. 메커니즘과는 별도로, 스레드의 목적은 애플리케이션의 반응성을 향상시키고, 프로그램의 구조와 효율성을 향상시키는 동안 더 효율적으로 멀티프로세서를 가진 기계를 이용하는 것이다. 역사적으로 볼 때 특정 플랫폼이나 사용자 요구 사항에 일반적으로 초점을 맞춘 스레딩 시스템에 대한 많은 구현이 이뤄져 왔다. 두 가지의 기본적인 스레딩 모델, 즉 사용자 레벨 스레드ULT와 커널 레벨 스레드KLT를 다음과 같이 기술할 수 있다.

사용자 레벨 스레드(ULT)

- 커널은 프로세스를 관리하지만 스레드를 인식하지 못한다.
- 사용자는 스레드를 스케줄링하고 관리하는 데 책임이 있다.

- ULT가 커널을 호출하면 전체 프로세스는 차단될 것이다.

커널 레벨 스레드(KLT)

- 커널은 각각의 스레드에 관한 정보를 유지한다.
- 커널은 각각의 스레드를 스케줄링해야 한다.
- 프로세스의 차단은 스레드당 수행된다.

하이브리드 ULT/KLT 스레딩은 리눅스와 솔라리스^Solaris 같은 플랫폼에서 구현된다. 그림 17.12는 그러한 메커니즘을 설명한다.

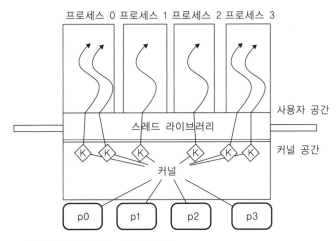

그림 17.12 하이브리드 스레딩 모델

스레드는 생성, 파괴, 동기화, 스케줄링, 프로세스 상호작용을 위해 함수 호출을 경유해서 생성되고 제어된다.

스레드가 가진 그 외의 다른 특성은 다음과 같다.

- 스레드는 어떤 스레드가 그것을 생성했는지 알지 못한다.
- 동일한 프로세스에서 모든 스레드는 동일한 주소 공간을 공유한다.
- 동일한 프로세스에 있는 스레드는 명령, 데이터, 파일 기술자, 신호와 신호 처리기를 공유한다.
- 각각의 스레드는 유일한 스레드 ID, 레지스터와 스택 포인터 집합, 지역 변수와 반환 주소를 위한 스택, 신호 마스크, 우선순위와 그에 대한 반환 값을 가진다.

커널 스케줄링

커널은 기계의 내부 스케줄링 알고리즘에 따라 기계상에서 프로세스와 스레드를 스케줄링하기 위해 프로그램된다. 스레드에 대한 커널 스케줄링으로부터 미칠 수 있는 특정한 영향은 다음과 같이 관찰될 수 있다는 것에 주목해야 한다.

- 커널은 스케줄링 알고리즘과 기계 상태를 기반으로 스레드 간의 제어를 스위칭할 것이다.
- 커널은 문맥 스위치라고 알려진 스레드 문맥을 저장하고 회복시킬 것이다. 이것은 내재적인 오버헤드로 인해 소프트웨어 성능에 유해한 영향을 미칠 것이다. 문맥 스위칭의 부산물로 인해 마이크로프로세서와 캐시 상태에는 나쁜 영향이 미칠 것이다.
- 커널 스케줄링은 비결정론적non-deterministic이 될 수도 있으며, 어떠한 특정 순서로 스레드를 스케줄링하는 데 있어 항상 의존적이 아닐 수도 있다.
- 일부 스케줄링 제어가 프로그래머에게 주어지겠지만, 적절한 알고리즘을 설계하고 입력 데이터와 실행 조건의 영역에 걸쳐 설계된 알고리즘에 대해 성능을 검증하는 것이 최선책이 될 것이다.

POSIX 스레드(Pthreads)

Pthreads는 POSIX 1c의 준말이며, 스레드의 확장(IEEE Std 1003.1c-1995)이다. Pthreads는 스레드를 생성하고 관리하는 애플리케이션 프로그래밍 인터페이스API다. 이 표준은 선택적 컴포넌트와 구현 종속 시멘틱을 이용해 대략 100개의 기초 요소를 정의하고 있다. 이 API에 대한 구현은 솔라리스Sloaris, MAC OS X, HP-UX, FreeBSD, GNU/리눅스 등을 포함해 대부분의 POSIX 순응 플랫폼에서 가능하다. 윈도우도 마찬가지로 PPthreads-w32 프로젝트로부터 이익을 얻고 있으며, API의 부분집합[3]을 지원한다. API는 보통 사용자와 커널 간의 계층을 형성하는 라이브러리로 제공된다. Pthreads는 C, C++, 포트란Fortran 등을 비롯해 많은 프로그래밍 언어에 의해 사용될 수 있다. 17장은 C++ 언어에 대한 사례를 특별히 포함하고 있다. 그러나 Pthreads 라이브러리는 C와 포트란 같은 다른 언어에서도 접근할 수 있다.

POSIX 순응 플랫폼이 Pthreads를 포함하고 있더라도 모든 구현이 완전하거나 명세를 따른다는 것은 아니다. 일부 API 호출은 기본적인 운영체제 커널 지원을 갖지 않거나 주어진 플랫폼의 라이브러리에서도 나타나지 않을 수 있다. 스레드 소프트웨어를 개발하면서 호출된 Pthreads에 대한 플랫폼 문서를 검사하는 것이 현명한 일이다.

17장 이외에 Pthreads에 대해 아주 깊이 다루고, 심지어 온라인 튜토리얼을 제공하는 권위 있는 다양한 교재도 있다. [4,5,6]

PPthreads 이용

C나 C++로 쓰여진 PPthreads는 API 함수를 사용하기 위해 다음과 같이 Pthreads 헤더 파일을 포함해야 한다.

```
#include <pthread .h>
```

대부분의 유닉스 같은 플랫폼에서 라이브러리는 전형적으로 다음 명령을 이용해 사용자 이진 파일과 연결돼야 한다.

```
-l pthread
```

각각의 PPthreads 함수 호출은 함수 파라미터로서 불투명한 변수(객체)를 택한다. 이 파라미터는 객체/자원 상태를 추적하기 위해 스레드 라이브러리에 의해 사용된다. 가령 pthread_create 호출은 다른 것들 가운데서도 스레드 ID를 포함하고 있는 pthread_t 유형을 택한다. 이 ID는 pthread_self 호출을 경유해 검색될 수 있다.

대부분의 Pthreads 함수는 성공, 실패, 호출 상황을 나타내는 값을 반환한다. 이들 값을 검사하고 적절하게 처리하는 것이 현명하다.

Pthreads 함수에 대한 범주가 표 17.1에 그 윤곽이 나타나 있다. 여기서는 이 API의 대부분에 대해 소개하며, 17장의 뒷부분에서는 API의 적용 가능성에 대해 소개한다.

표 17.1 Pthreads 함수

함수 접두어	함수
pthread_	스레드 관리
pthread_attr_	스레드 속성
pthread_mutex_	뮤텍스
pthread_mutexattr_	뮤텍스 속성
pthread_cond_	조건 변수
pthread_condattr_	조건 변수 속성
pthread_key_	스레드 특정 데이터
pthread_rwlock_	읽기/쓰기 잠금장치
pthread_barrier_	장애

스레드 안전성 처리

코드가 스레드 안전thread-safe이 되기 위해서는 공유 자원의 접근으로부터 멀티스레드를 예방할 수 있는 특정한 예방책을 가져야 한다.[7]

1. 모든 접근은 자원에 영향이 없어야 한다.
2. 모든 접근은 멱등원idempotent이다(연산의 순서는 결과에 영향이 없어야 한다).
3. 한 번에 하나의 접근만이 허용된다.

하나 이상의 실행 스레드에 의해 부딪히게 될 공유 메모리의 어떠한 장소든 하나의 스레드를 제외한 모든 스레드가 자원 접근으로부터 상호 배제되는 쓰기용 동기화 메커니즘에 의해 보호돼야 한다. 하나 이상의 스레드가 자원에 (외견상으로는) 동시 접근할 때, 그리고 한 명의 작성자가 있을 때 그 결과가 각 스레드에 대한 상대적인 실행 순서에 의존하기 때문에 경쟁 조건race condition이 발생할 것이다.

상호 배제에 의해 동기화되고 보호돼야 하는 코드의 어떠한 부분이든 임계 구역critical section이라 부른다. 게다가 그림 17.13과 같이 보호 메커니즘을 구축해야 하며, 이렇게 함으로써 모든 스레드는 임계 구역으로 들어가거나 나오기 전에 반드시 입력 루틴과 출력 루틴을 실행해야 한다.

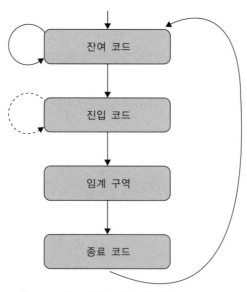

그림 17.13 임계 구역 보호 요구 사항

명확하게 말해 Pthreads에서 비보호 전역 변수나 정적 변수는 특히 골칫거리며, 이는 반드시 회피돼야 한다. 스택상에 메모리를 할당하는 스레드는 자동 프라이버시를 제공하는 스레드 스택 공간의 이점을 가질 수 있다. 많은 함수는 스택 데이터에 대한 포인터를 반환하는데, 이것이 문제가 될 수도 있다. 이것은 힙^{heap}상에 메모리를 할당하고 포인터를 반환함으로써 개선될 수 있다. 스레드 안전을 이용한 라이브러리 함수 호출에 대한 변이도 마찬가지로 권고된다. 게다가 어떠한 제3의 라이브러리든 스레드의 안전성을 위해 조사돼야 하며 스레드 안전 호출은 채택돼야 한다.

동기화와 상호 배제 구현

상호 배제는 동시에 두 개의 스레드가 임계 구역에 있지 않을 때 시행된다. 추가적으로 상호 배제는 교착상태^{deadlock}의 자유와 기아^{starvation}의 자유가 유지돼야 함을 의미한다. 표 17.2는 이런 문제를 기술하고 있다. [7] 초기의 많은 시도가 이런 문제를 해결하려고 했으며(다익스트라 Dijkstra와 데커^{Dekker} 알고리즘)[8,9,10], 그 이후의 노력들도 호평 받았고[11,12,13], 그 중 가장 호평을 받았던 시도는 피터슨^{Petersen}의 알고리즘[9]이었다. 뮤텍스 알고리즘 미신에 대한 흥미로운 취급은 알라가사미^{Alagarsamy}[14]에서 발견됐다.

표 17.2 상호 배제의 특성

상호 배제	두 개의 프로세스가 동시에 임계 구역에 있을 수 없다.
교착상태의 자유	하나의 프로세스가 임계 구역에 들어가려고 시도하면 같은 프로세스일 필요는 없지만 일부 프로세스는 결국 임계 구역에 들어간다.
기아의 자유	하나의 프로세스가 임계 구역에 들어가려고 시도하면 이 프로세스는 결국 임계 구역에 들어가야 한다.

스레드는 자원을 위해 경쟁하며, 자원을 공유하기 위해 협력하거나 특정 결과를 보장하기 위해 일부 통신 방법의 형태를 경유해 자원 가운데 협력한다. 스레드 간의 상호작용에 따라 경쟁 조건, 교착상태, 기아에 빠지지 않기 위해 프로그래머에게 많은 기회가 주어진다.

교착상태[15]는 두 개의 스레드 모두 자원을 계속해서 점유하면서 다른 스레드가 자원을 방출할 때까지 기다릴 때 발생하는 현상이다. 그러나 내부의 간섭 없이는 자원을 방출할 가능성은 없다. 이것을 순환 대기$^{circular\ waiting}$라 부른다. 이것은 보통 잠금장치의 순서를 확인해서 예방할 수 있다. 여기서 잠금장치의 순서화는 잠금장치를 얻고 방출하는 순서다. 하나의 경험 법칙은 오름차순으로 잠금장치를 얻고 내림차순으로 잠금장치를 방출하는 것이다. C++를 이용할 때 RAII$^{Resource\ Acquisition\ Is\ Initialization}$ 같은 개념, 즉 계층화된 잠금과 잠금장치 가드/범위의 잠금장치는 잠금장치의 분실을 회피하는 데 도움을 줄 수 있다. [16] 알고리즘 1은 공통의 잠금 기법을 설명한다. 객체가 범위를 벗어날 때 파괴된다. ScopeLock 클래스 파괴 장치는 스택이 서서히 줄어드는 한 뮤텍스 잠금 해제가 객체의 파괴 장치에서 호출되기 때문에 객체가 파괴될 때 뮤텍스가 잠금에서 해제된다는 것을 보장한다.

알고리즘 1 C++ 범위 잠금장치(Scope Lock)

```
class ScopeLock {
private:
    pthread_mutex_t &lock_;

public:
    ScopeLock(pthread_mutex_t &lock)  :  lock_(lock) {
        pthread_mutex_lock(&lock_);
    }
    ~ScopeLock() {
        pthread_mutex_unlock(&lock_);
    }
};
```

 기아는 심하게 다투고 있는 임계 구역에서 상호 배제를 시행하기 위해 시도할 때 발생될 수 있다. 커널은 세 번째 스레드가 공유 자원을 위해 무기한 대기하게 만드는 방식으로 두 개의 스레드를 스케줄링할 수도 있는데, 이렇게 함으로써 기아가 발생한다(그림 17.13). 세 번째 스레드는 진행되지 못한다. 따라서 특정 잠금장치의 목적 중 하나는 공평해야 되며, 이렇게 됨으로써 기아는 예방된다.

뮤텍스, 잠금장치, 중첩 잠금장치

Pthreads를 이용할 때 특정 Pthreads 호출을 이용해 동기화와 상호 배제를 구현할 수 있다. 이것을 뮤텍스^mutex라 부르며, 임계 구역을 효과적으로 보호할 것이다(그렇다 하더라도 적절한 구현 없이 뮤텍스는 여전히 교착상태와 기아의 대상이 된다). 공유 자원에 대한 모든 이용이 뮤텍스에 의해 보호된다는 것을 보장하는 것은 프로그래머의 책임이다. Pthreads에서 하나의 스레드만이 동시에 뮤텍스 객체를 잠글지도 모른다. 뮤텍스 객체를 잠그려고 시도하는 어떠한 스레드이든 뮤텍스를 점유하는 스레드가 객체를 방출할 때까지 차단될 것이다. 이 점에서 스레드 중 하나가 (첫 번째로 도착된 스레드일 필요는 없지만) 임계 구역으로 들어가는 것이 허용될 것이다.

 임계 구역에 대한 경험 법칙은 다음과 같다.

- **시간** 가능한 한 작고 짧게 임계 구역을 만들어라(일부 명령은 실행보다 더 오랜 시간이 걸릴 것이다).
- **공간** 잠금장치가 걸려 있는 동안 최소의 명령으로 실행하라(최소의 명령 개수로 실행하라).
- 비결정론적으로 실행되는 코드의 어떠한 구역도 잠그지 마라.
- 데이터를 점유하고 있는 컨테이너를 처리할 때 전체 컨테이너와는 대조적으로 가능할 때마다 데이터 항목과 구조에 대한 잠금을 선호하라(입상도의 관심사와는 균형을 유지하라).

뮤텍스

뮤텍스를 이용하기 위해서는 먼저 뮤텍스를 초기화하고, 종료 시에는 뮤텍스를 파괴하는 것이 필요하다. 이 자원 초기화/파괴 패러다임은 보통 Pthreads 내내 이뤄진다.

뮤텍스를 이용해 임계 구역을 초기화하고 잠그는 부분적인 사례가 알고리즘 2에 나타나 있다.

알고리즘 2 뮤텍스(mutex)의 예

```
#include <pthread.h.
....

pthread_mutex_t mutex;
int global;

main()
{
pthread_mutex_init(&mutex, NULL); // dynamic initialization

// some code to create and join threads

pthread_mutex_destroy(&mutex);
}

void thread_one()
{
//some code for thread one
pthread_mutex_lock(&mutex);
++global;
pthread_mutex_unlock(&mutex);
// some other code for thread one
}
```

```
void thread_two()
{
// some code for thread two
pthread_mutex_lock(&mutex);
--global;
pthread_mutex_unlock(&mutex);
//some other code for thtead two
}
```

조건 변수

조건 변수는 변수의 변경을 기반으로 상호 배제를 시행하는 방법이다. 예를 들어 알고리즘 3에 기술된 것처럼 두 개의 조건 변수와 하나의 뮤텍스를 이용해 경계 버퍼, 공유 큐, 소프트웨어 FIFO를 생성할 수 있다. 이 예에서 C++ 클래스는 잠금장치의 규칙을 시행하기 위해 표준 라이브러리 queue 객체를 래핑하고 (표준 C 클래스인) ScopeLock 클래스를 이용해 생성된다.

알고리즘 3 두 개의 조건 변수와 하나의 뮤텍스를 이용한 간단한 병행 큐

```
class IntQueue
{
private:
    pthread_mutex_t mutex_;
    pthread_cond_t more_;
    pthread_cond_t less_;
    std::queue<int> queue_;
    size_t bound_;

public:
    IntQueue(size_t bound)  :  bound_(bound) {
        pthread_mutex_init(&mutex_, NULL);
        pthread_cond_init(&less_, NULL);
        pthread_cond_init(&more_, NULL);
    }
    ~IntQueue() {
        pthread_mutex_destroy(&mutex_);
        pthread_cond_destroy(&more_);
        pthread_cond_destroy(&less_);
    }
```

```
    void enqueue(int val) {
        pthread_mutex_lock(&mutex);
        while(queue_, size() >= bound_)
                pthread_cond_wait(&less_, &mutex_);
        queue_.push(val);
        pthread_cond_signal(&more_);
        pthread_mutex_unlock(&mutex);
    }
    int dequeue() {
        pthread_mutex_lock(&mutex);
        while(queue_.size() == 0) {
            pthread_cond_wait(&more_, &mutex_);
        }
        int ret = queue_.front();
        queue_.pop();
        pthread_cond_signal(&less_);
        pthread_mutex_unlock(&mutex);
        return ret;
    }
    int size() {
        ScopeLock lock(mutex_);
        return queue_.size();
    }
};
```

입상도

입상도^{granularity}는 병렬 프로그램에서 통신하기 위한 계산 비율이다. 기본적으로 프로그램은 계산 구역과 통신 구역을 가질 것이다. 이 경우 통신은 스레드의 제어, 잠금, 파괴와 관련돼 있다. 병렬 컴퓨팅에서 입상도는 근본적으로 작은 범위^{fine-grained}와 큰 범위^{coarse-grained}의 두 가지 기본 유형이 있다.

작은 범위

작은 범위의 병행성은 통신대 산출 비율이나 통신대 낮은 계산 비율에 비례해 수행된 작업의 작은 양이다. 이것은 부하 균형을 용이하게 해줄 수 있다. 그러나 상당한 양의 시간을 이벤트를 조정하고 이 이벤트의 출력을 다른 스레드와 통신하는 데 소비할 것이다. 작은 범위의 병행성은 또한 계산보다 더 통신할 수 있는 상황까지 만들 수 있다. 예를 들어 프로그램은 시간의 대부분을 뮤텍스나 조건 변수를 처리하는 커널에서 소비한다.

큰 범위

큰 범위의 병행성은 작은 범위의 병행성과는 반대되는 개념이다. 즉, 작업의 상당한 양이 적은 통신과 관련되거나 통신대 계산 비율이 높다는 것을 의미한다. 이것은 성능이 증가할 것이라는 것을 지적하는 것 같이 보일 것이다. 그러나 알고리즘의 구현에 따라 주어진 기계에서 합리적인 부하 균형을 얻기 위해서는 더 많은 노력이 요구될 수도 있다.

접근법

유용한 경험 법칙은 통신 비용을 분할 상환하는 데 충분할 정도로 일을 해야 한다는 것이다. 큰 범위의 접근법을 이용해 시작하고 작은 범위의 병행성을 구현할 기회를 찾는 것이 더 좋을 것이다. 병행성이 더 많은 것이 보통 더 좋지만, 이것 단독으로 성능을 결정하기에는 충분한 요소는 아니다. 이에 대한 균형은 보통 스케줄링 전략, 알고리즘 구현, 통신대 계산 비율에 달려 있다.[17] 최대의 성능은 상당한 수준의 실험과 성능 조정을 적용한 이후에야 실현된다. 이에 덧붙여 동시 작업 항목의 개수도 기계의 코어 개수에 근접해야 한다.

   Pthreads의 기초 요소를 이용할 때 라이브러리는 커널에게 태스크 수행을 도울 것을 요청할 것이며, 이는 자기 자신의 문제를 야기하는 원인이 될 것이다. 따라서 Pthreads 호출에 대한 상대적 오버헤드를 알고 있는 것이 좋을 것이다. 소프트웨어에서 잠재적 동시성의 이해와 결부된 이러한 지식(암달/구스탑슨의 법칙[18])은 프로세스를 최적화하는 데 도움을 줄 것이다.

태스크 병행성 구현

태스크 병행성은 병행성을 구현하는 기본적인 방법이다. 이것은 각각의 태스크가 분리된 스레드를 이용해 실행되고, 스레드는 병렬 컴퓨터에서 각기 다른 프로세서나 노드에 매핑된다는 의미를 내포한다. 스레드는 프로그램 구조의 부분으로서 데이터를 전달하기 위해 서로 통신할 수도 있고, 혹은 그렇지 않을 수도 있다. 태스크는 다르고 알고리즘은 제어와 데이터 흐름 종속성을 가능한 도입할 것이므로 태스크를 순서화하고 병행성의 양을 제한해야 한다. Pthreads를 이용해 태스크의 병행성을 구현하는 것은 필수적이다.

- 태스크로서 사용될 프로그램 함수 그룹을 생성하거나 식별하기(스레드 함수 호출)
- 스레드 함수를 실행할 스레드 생성하기와 필수 데이터를 함수로 전달하기

- 필요하다면 스레드 함수로부터 반환된 결과를 연결하고 검색하기
- 적어도 모든 임계 구역은 보호돼야 한다(공유 자원이 있는 장소는 적어도 하나의 스레드에 의해 변경되고 다른 스레드에 의해 접근될 것이다).

생성과 연결

스레드는 pthread_create와 pthread_join 호출을 이용해 생성되고 연결된다.

스레드는 또한 서로에게 정보를 전송하고 수신할 수 있다. 이러한 메커니즘은 스레드가 서로 통신할 수 있게 허용한다. 알고리즘 4는 스레드의 생성과 연결을 설명한다. 여기서는 스레드에게 스레드 번호를 전달할 수 있음을 주목해야 한다. 이 예에서는 작은 변경으로도 스레드 함수에서 pthread_exit 호출을 이용하고 두 번째 파라미터인 pthread_join을 이용해서 반환된 값을 검색할 수 있다.

알고리즘 4   pthreads 생성과 연결

```
#include <pthread.h>
#include <stdio.h>
#include <stdlib.h>
#include <string.h>
#define NUM_THREADS 5

void *print_hello( void *threadid )
{
    printf("\n%d: Hello World!\n", ( int ) threadid );
    pthread_exit( NULL ); // potenitally return some value here
}

int main()
{
    static pthread_t threads[ NUM_THREADS ];
    int rc, t;
    for ( t = 0; t < NUM_THREADS; t++ ) {
        printf( "Creating thread %d\n", t );
        rc = pthread_create( &threads[ t ], NULL, print_hello, ( void * ) t );
        if ( rc ) {
            printf( "ERROR; pthread_create() returned %d\n", rc);
            printf( "Error string: \"%s\"\n", strerror( rc ) );
            exit( -1 );
```

```
        }
    }
    for ( t = 0; t < NUM_THREADS; t++ ) {
        printf( "Wainting for thread %d \n", t );
        rc = pthread_join( threads[ t ], NULL); // potentially get a return value here
        if ( rc ) {
            printf( "ERROR; pthread_join() returned %d \n", rc );
            printf( "Error string: \"%s \" \n", strerror( rc ) );
            exit( -1 );
        }
    }
    return 0;
}
```

병렬 파이프라인 계산

파이프라인은 기본적으로 연속 실행되는 태스크의 집합이다. 첫 번째 태스크의 입력은 일부 데이터 소스로부터 획득되며, 한 단계의 결과는 다음 단계의 입력이 된다. 파이프라인의 각 블록은 각각이 하나의 병렬 태스크를 대표한다. 파이프라인은 다음과 같은 세 가지의 분리된 단계로 구성된다.

수신 태스크가 입력이다.
계산 태스크상에서 일부 계산이 수행된다.
전송 태스크를 다음 단계로 전송한다.

그림 17.14는 병렬 파이프라인 시스템에서 나타나는 시간적 데이터의 종속성을 설명한다. 파이프라인은 초기에 소개된 큐^{Queue} 개념을 이용해 생성될 수 있으며, 파이프라인의 각 단계는 큐 객체에 의해 분리된다. 각 단계는 이전 큐로부터 데이터 항목이 제거된 하나 또는 그 이상의 스레드를 가지며, 일부 작업을 수행하고, 데이터 객체를 다음 블록의 큐에 위치시킨다.

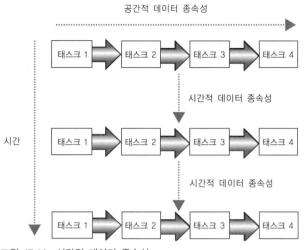

그림 17.14 시간적 데이터 종속성

마스터/작업자 스키마

마스터/작업자 스키마는 동적 태스크 분포를 가진 태스크 풀task pool 기법이다. 마스터 스레드는 작업자 스레드에게 작업에 손을 떼게 만들며, 그 결과를 수집한다. 이 스키마에서 다대일 통신 시스템은 마스터가 결과를 수집할 때마다 새로운 작업을 작업자에게 공급시켜 작업을 균등하게 분포하도록 허용한다. 이 스키마는 또한 부하 균형에 영향이 없게 작업자에게 많은 태스크를 제공할 수도 있다. 그림 17.15에는 이 스키마에 대한 기본적인 전제가 설명돼 있다.

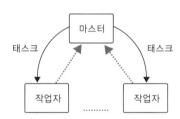

그림 17.15 마스터/작업자 스키마

마스터/작업자 시스템은 기본적으로 마스터 스레드의 원활한 연산에 상대적으로 의존한다. 이는 결과의 수집과 태스크의 방출에 책임을 진다. 다수의 작업자가 이용할 때 마스터 스레드는 명백한 이유로 인해 과부하가 될 수도 있다.

이와 반대로 더 많은 작업(큰 범위의 접근법)을 수행하기 위해 작업자 스레드를 허용하는 것은 시스템의 동적 본질에 제한을 가하고 부하 균형에 영향을 미칠 수도 있다.

이러한 문제를 해결하기 위해서는 내부 노드로서 하위 마스터와 작업자 프로세스의 잎을 갖고, 트리로서 마스터/작업자 스레드 시스템을 설정하는 것도 가능할 것이다.

분할 정복 스키마

분할과 정복은 많은 분류, 계산 기하학, 그래프 이론, 수리학적 문제를 해결하는 데 사용되는 중요한 알고리즘 표현이다. 알고리즘은 다음과 같이 세 가지의 뚜렷한 단계를 갖는다.

- **분할 단계** 문제가 하나 또는 그 이상의 독립적인 작은 크기의 하위 문제로 분리된다.
- **정복 단계** 각각의 하위 문제가 재귀적으로, 또는 직접적으로 해결된다.
- **결합 단계** 최종적으로 하위 솔루션이 최초의 문제 인스턴스에 대한 솔루션에 결합된다.

분할과 정복 모델에서 하나 또는 그 이상의 스레드는 동일한 태스크를 병렬로 수행한다 (SPMD 모델). 마스터 스레드는 없으며 모두 독립적으로 동작된다. 재귀적 호출은 프로그램 메모리의 서로 다른 부분에 호출이 작성되는 경우에만 동시적으로 만들 수 있다. 분할과 정복 알고리즘은 하위 문제가 균일하지 않을 때 부하 균형 문제의 대상이 된다. 가능한 경우 이들 하위 문제는 줄일 수 있다.

태스크 스케줄링 고려 사항

태스크의 입상도를 결정하는 것은 분할과 관련된 문제다. 프로그램은 병렬 실행에 적절한 태스크 집합으로 분할돼야 한다.[19] 분할의 크기는 태스크로서 구성된 일련의 명령으로서 정의될 수 있다. 언어에 따라 이들 크기는 함수나 루프의 몸체가 될 수도 있다.

병렬 시스템에서 가용한 자원을 효율적으로 이용하기 위해서는 태스크를 병렬로 실행시킬 수 있는 프로세서 코어 전체에 걸쳐 확산시킬 만큼의 충분한 태스크가 요구된다.

프로그래머는 최단 실행 시간을 제공할 최적의 태스크 크기를 결정해야 한다. 태스크의 크기가 크면 클수록 주어진 기계상에 존재하는 병행성은 더 줄어든다. 더 작아진 태스크의 크기는 더 커진 병렬 오버헤드(통신과 동기화)의 결과로 나타날 것이다.

입상도 문제의 일반적인 솔루션은 NP-완전NP-complete[20] 문제이지만, 하위 문제에 대한 근최적 솔루션을 발견할 가능성도 있다.[21]

태스크 패킹task packing[22,23] 같은 기법과 작업 가로채기work stealing[24,25]도 조율된 스케줄링 알고리즘에 도달하는 데 이익이 된다.

스레드 풀링

스레드 풀thread pool은 주어진 함수나 태스크를 실행하는 스레드의 집합이다. 풀의 역학 관계와 크기는 프로그래머에 의해 제어되거나, 종종 태스크나 프로세서의 개수 같은 시스템의 상태에 의존할지도 모른다. 풀은 주어진 부하와 기계의 특성에 대해 최상의 성능을 제공하기 위해 조율된다. 이 기법은 주로 프로그래머가 스레드를 재사용하고, 스레드의 다중 시간을 생성하고 파괴하는 오버헤드를 회피하게 만들어준다.

친화력 스케줄링

알고리즘, 자원 획득과 관리 스키마, 작업 부하에 따라 특정 스레드는 친화력affinity 집합을 갖는 것부터 특정 프로세서까지 이점을 가질 수 있다. 일부 인스턴스에서 운용체제 커널은 전력, 캐시, CPU나 기타 자원을 기반으로 스레드 스케줄링을 지원할 수 있다. 예를 들어 커널은 스레드가 캐시 이용을 기반으로 주어진 프로세서에서 연속 실행으로부터 이점을 가질 수 있는지에 대한 여부를 검출할 수도 있다. 이러한 캐시 인식 버전을 캐시의 친화력 스케줄링affinity scheduling이라 부른다.

그러나 대부분의 프로세서 아키텍처에서 캐시, 메모리나 프로세서의 경계에 걸친 스레드의 이전은 고가(TLB 플러시flush, 캐시 무효화)이며, 프로그램의 성능은 줄어들 수 있다. 프로그래머는 공유 캐시, 인터럽트 처리, 데이터를 이용한 매칭 계산(집약성)의 이점을 택하기 위해 특정 스레드에 대한 친화력을 설정할 수 있다. 이에 추가해 단일 CPU에 친화력을 설정하고 그 CPU를 이용해 다른 스레드를 배제시킴으로써 스레드가 효과적으로 프로세서를 소유하게 된다.

Pthreads 친화력

친화력은 각기 다른 호출을 이용해 다양한 운영체제에서 설정된다. 리눅스에서는 sched_setaffinity와 pthread_setaffinity_np(np는 비휴대용을 나타냄)이며, 솔라리스에서는 processor_bind다. 둘 모두 유사한 시멘틱을 가진다.

친화력은 sched_setaffinity 호출을 이용해 설정될 수 있으며, 이는 스레드를 프로세서에 묶어 놓을 것이다. 마스크mask는 그림 17.16에 설명돼 있는 것처럼 기계에 있는 모든 코어의 비트맵이다. 알고리즘 5는 캐시의 친화력 스케줄링을 위해 함수 호출을 보여주는 코드의 작은 정보다. sched_setaffinity가 각기 다른 마스크 값을 이용해 나중에 다시 호출되면 운영체제는 스레드를 요청 프로세서로 이전시킬 것이다.

알고리즘 5 sched_setaffinity 사례

```
unsigned long mask = 1; /* processor 0 */

/* bind the calling process to processor 0 */
if (sched_setaffinity(0, sizeof(mask), &mask) <0)
{
```

```
    perror("sched_setaffinity");
}
```

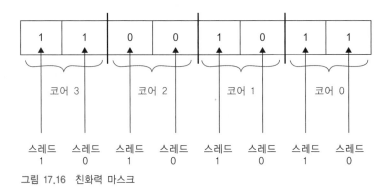

그림 17.16 친화력 마스크

이벤트 기반 병렬 프로그램

이벤트 기반 조정 사례는 다음과 같다.

- 태스크 정의^{Task definition}
- 이벤트 흐름^{Event flow}
- 배치^{Ordering}

루프 병행성 구현

루프 병행성(데이터 병행성)은 최상의 속도 증가와 확장성은 성취하면서도 잠재적으로는 가장 쉽게 구현되는 기법이다. 프로세서의 개수에 의해 루프의 반복 공간을 구분함으로써 각각의 스레드는 작업에 대해 각자 동일한 양의 일을 갖는다. 루프 반복이 종속성이 아니고 반복 공간이 충분히 크다면 훌륭한 확장성을 얻을 수 있다. 이에 추가해 이것은 루프의 각 반복이 상대적으로 동일한 시간양을 가질 것이며, 이에 따라 프로그램은 부하 균형 문제에서 자유로워질 수 있다는 것을 내포한다. pthreads를 이용한 루프 병행성의 사례는 알고리즘 6에 설명돼 있다.

알고리즘 6   루프 병행성 - 부분 사례

```
#include <pthread.h>
```

```
struct ThreadParam {
    int startIndex_;
    int endIndex_;
    int threadNb_; // thread number
    phread_t threadID_; // pthreads thread object
    VectorsStruct *vectors_; // vectors we're going to claculate
};

static void *threadFunction(void *paramPtr) {
    ThreadParam *param = (ThreadParam *)paramPtr; // get our "instructions"
    std::cout<<"Thread: "<<param->threadNb_<<" from "<<param->startIndex_<<" to "
        <<param->endIndex_<< std::end;
    compute(param->vectors,param->startIndex_, param->endIndex_); // compute the vectors
    return NULL;
}

main()
{
    int nthreads = 8; // Adjucted for the witdth of the machine
    ThreadsParam* paramPtr[nthreads]; // each thread needs it's set of "instructions"
    VectorsStruct vectors(A, B, C); // need something to calculate

    /* Creation of the threads, */
    for(int i = 0; i < nthreads; ++i)
    {
        int startIndex  = (size * i) / nthreads; // each thread gets its own start index
        int endIndex = (size * (i + 1)) / nthreads; // each thread gets its own end index
        ThreadParam *paramPtr[i] = new ThreadParam(startIndex, endIndex, i+1, vextors);
        int status = pthread_create(&paramPtr->threadID_, NULL, threadFunction, paramPtr);
        // check status
    }

    // join on the threads and delete ThreadsParam array.
}
```

계산과 집약성 정렬

성능 지향 코드에 대한 핵심 고려 사항 중 하나가 집약성^{locality}이다. 메모리에 대한 접근 지연이 프로세서의 주기 시간과 관련해 늘어나는 한 애플리케이션의 성능은 점점 더 메모리의 성능에 의해 제한받는다. 계산을 수행하는 프로세서에 가깝게 데이터를 유지하는 것이 중요하다. 이와 동등하게 프로그램은 마이크로프로세서 캐시가 메모리의 이용을 가장 잘 효율적으로 수행하는 것을 허용하는 방식으로 구조화돼야 한다.

집약성에는 다음과 같은 두 가지의 유형이 있다.

- **일시적 집약성** 사용된 메모리의 장소가 다시 사용될 가능성이 있는 장소
- **공간적 집약성** 데이터 항목이 참조된다면 이웃에 위치한 데이터 장소 또한 사용될 수 있다.

코드의 집약성 최적화에 대해서는 많은 기법이 있다. 캐시 블로킹^{cache blocking}은 마이크로프로세서 캐시에 적절한 데이터 객체를 재구성한다. 루프 틸링^{loop tiling}도 루프의 반복 공간을 더 작은 블록으로 나누는 기법으로, 관심 데이터를 캐시에 머무르게 하는 것을 보장하는 기법이다.

불균일 메모리 접근(NUMA) 고려 사항

최근 전체 메모리 공간은 공유되지만 각각의 프로세서가 전용의 메모리 컨트롤러를 이용해 노드에 연결된 마이크로프로세서를 많이 사용한다(그림 17.17 참조). 이것은 기계 설계자에게는 더 커진 기계를 구축할 수 있게 허용하지만, 프로그래머에겐 데이터와 메모리 친화력에 더 많은 주의를 요구하게 만든다. 노드 밖에 있는 데이터의 접근 시간이 노드 내의 접근 시간보다 훨씬 더 클 것이기 때문에 메모리에 대한 접근 시간은 항상 균일하지 않다. 특정 코드의 최적화는 성능 보장이 필요하다. 이러한 아키텍처를 NUMA, 즉 불균일 메모리 접근이라 부른다.

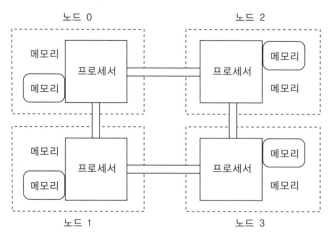

그림 17.17 각각의 프로세서는 전용 메모리를 가진 노드에 연결돼 있다.

첫 터치 배치

첫 터치first-touch 배치는 메모리에 첫 번째로 터치(작성)하는 프로세서를 포함하고 있는 NUMA 상에 메모리를 할당한다. 첫 터치 메모리의 배치 정책은 첫 터치 배치를 이용해 각 프로세서에 로컬 메모리 영역을 주로 만드는 데이터 접근 애플리케이션의 성능을 크게 향상시킬 수 있다. 첫 터치 배치는 대부분의 유사 유닉스 운영체제에서는 기본 사항이며, 보통 배치 정책에 대한 조정을 허용하는 API를 갖고 있다.

프로그래머는 계산을 수행할 스레드를 이용해 데이터의 구조를 초기화하는 데 주의해야 한다. 이것은 스레드 실행 시 메모리가 노드에 가깝게 배치됐다는 것을 보장할 것이다. 이에 추가해 스레드는 관심 메모리가 위치해 있는 노드상의 프로세서에 고정돼야 한다. 이것은 최상의 메모리 성능을 보장할 것이다.

메시지 전달 구현

다중 코어 협회MCA는 다중 코어 시스템에 있는 CPU 사이의 프로세스 간 통신 영역을 다루기 위해 두 가지의 명세를 생성했다. 이들 명세는 다중 코어 통신 APIMCAPI와 다중 코어 자원 관리 APIMRAPI를 포함하고 있다.

MCAPI가 여러분의 시스템에 어떻게 적합한지 이해하기 위해서는 운영체제와 CPU 사이의 시스템과 그 자원을 어떻게 분리해야 하는지를 먼저 고찰해야 한다. 시스템 자체는 하드웨어와 소프트웨어 두 가지 모두를 염두에 두고 설계돼야 한다. 시스템에서 요구하는 내용은 무엇인가? 데이터그램datagram을 처리하는 데 요구되는 최소의 대기시간은 얼마인가? 무엇을 고수하기 위해 요구되는 어떠한 결정론적인 요구 사항이 존재하는가? 내 애플리케이션이 병렬화될 수 있는가?

비대칭 멀티프로세싱AMP과 대칭 멀티프로세싱SMP 간의 차이점에 주의하는 것이 중요하다. 일부 상황에서 SMP 가능SMP-capable 하드웨어는 SMP 가능 모든 코어에 걸쳐 단일 운영체제의 동작에 사용되는 것이 최상이다. 그러나 그런 경우가 항상 그렇지 않을 수 있다. 때때로 AMP 시스템과 유사한 여러 운영체제의 인스턴스를 이용해 SMP 가능 시스템으로 분리하는 것이 오히려 이점을 가져다 줄 수도 있다. 이것은 CPU에서 운영체제 없이 애플리케이션을 직접 동작시키는 것을 포함하는데, 이것을 '나금속bare-metal' 애플리케이션이라 부른다.

AMP의 이용이 이점이 있고, 이것이 시스템 설계의 요구 사항으로 간주된다고 일단 결정된다면 그러한 인스턴스 사이의 메시지 전달을 위해서는 프로세스 간 통신IPC 메커니즘이 있어야만 한다. 이전에 언급한 것처럼 MCA는 CPU 간 IPC의 니즈를 다루는 두 가지 명세인

MCAPI와 MRAPI를 가진다. MCAPI는 시스템에 있는 노드 간 메시지 전달의 필요성을 구체적으로 다룬다. MRAPI는 운영체제의 인스턴스 간 공유 메모리와 동기화 객체 같은 자원을 다룬다.

MCAPI

먼저 노드, 종단점, 채널의 개념을 분석함으로써 MCAPI를 상세히 살펴보자.

첫 번째 개념은 노드다. 노드는 CPU, 운영체제의 인스턴스, 스레드, 프로세스다. MCAPI는 이들 노드 간 메시지 전달을 다룬다. 각 노드가 구축되며, 노드 간 통신을 위해 종단점 집합이 생성된다. 무엇이 적절한지 결정하는 것은 여러분과 시스템 설계자에게 달려 있다. 노드는 시스템에서 모두 똑같지 않을 것이다. 예를 들어 분리된 CPU 조합에서 나란히 동작하는 두 개의 운영체제를 가질 수 있다. 첫 번째 운영체제에서는 CPU에서 동작하는 다섯 개의 프로세스를 원할 수도 있으므로, 첫 번째 운영체제에는 다섯 개의 노드가 존재한다. 두 번째 운영체제에서는 단일 노드로서 전체의 운영체제를 고려할 수도 있다.

노드 간 통신에는 무연결connection-less과 연결connected의 두 가지 유형이 있다. 무연결 종단점은 많은 다양한 노드로부터 언제라도 통신을 수신할 수 있다. 채널은 두 개의 뚜렷한 종단점 간 통신이 전달될 때 연결된다. 채널이 연결된 이후에는 어떠한 다른 노드도 종단점에 연결될 수 없다.

채널은 메시지 전달에서 모든 메시지가 전송되는 순서로 나타나는 '소켓과 유사socket-like'하거나 간단한 정수 메시지가 종단점 사이에서 전달되는 '스칼라 기반scalar-based'일 수 있다. 예를 들어 비디오 프레임은 데이터그램으로서 전부 전달될 수 있으며, 명령은 스칼라로서 전달될 수 있다.

운영체제 간 메시지 전달을 위해 아주 낮은 계층에서 MCAPI를 이용함으로써 애플리케이션으로부터 모든 하드웨어의 차이점과 특이성을 무시할 수 있다.

MCAPI의 프로그래밍 소스코드의 사례가 그림 17.18에 나타나 있다.

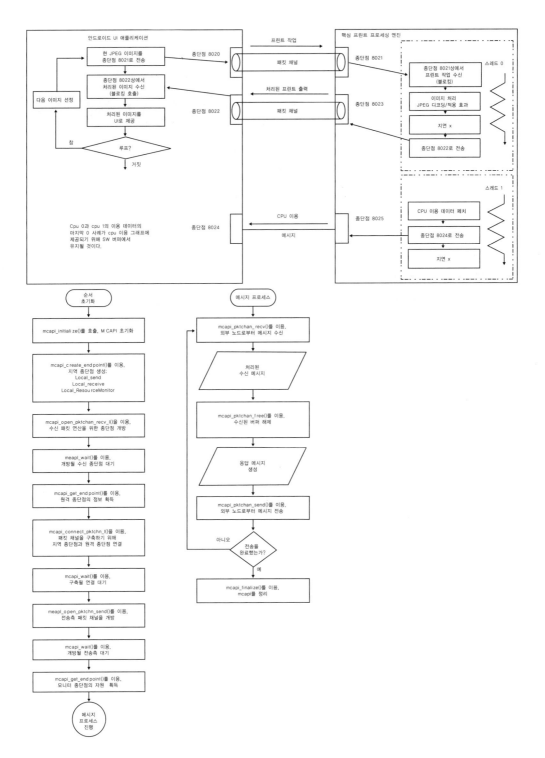

그림 17.18 MCAPI 프로그래밍 소스코드

이 사례에는 다음과 같은 여러 가지의 사례 함수가 제시돼 있다.

```
/***************
* Include Files
***************/
...
/* IPC */
#include        "mcapi/inc/mcapi.h"

/*************
IPC connection
*************/

/* MCAPI definitions */
#define          LOCAL_NODEID  1
#define          REMOTE_NODEID     0

static const struct

[**UNRESOLVED****UNRESOLVED****UNRESOLVED****UNRESOLVED**]ports[2]= {
[**UNRESOLVED**],[**UNRESOLVED**]};

mcapi_pktchan_recv_hndl_t      send_handle;
mcapi_pktchan_recv_hndl_t      recv_handle;
mcapi_endpoint_t               local_rm_endpoint;
mcapi_endpoint_t               remote_rm_endpoint;

/***********************************************************************
*
* FUNCTION
*
*       Initialization
*
* DESCRIPTION
*
*       This task initializes the IPC.
*
***********************************************************************/
void Initialization()
    {mcapi_version_tmcapi_version;mcapi_status_tmcapi_status;mcapi_endpoint
_tlocal_send_endpoint;mcapi_endpoint_tlocal_recv_endpoint;mcapi_endpoint_trem
```

```
ote_recv_endpoint;mcapi_request_trequest;size_tsize;/* Initialize MCAPI
*/mcapi_initialize(LOCAL_NODEID, &mcapi_version, &mcapi_status);/* Create a
local send endpoint for print job processing. */if(mcapi_status ==
MCAPI_SUCCESS)[**UNRESOLVED**]

    /* Create a local receive endpoint for print job processing. */
    if(mcapi_status == MCAPI_SUCCESS)

[**UNRESOLVED**]
    /* Create a local send endpoint for resource monitor. */
    if(mcapi_status == MCAPI_SUCCESS)

[**UNRESOLVED**]
    /* Open receive side */
    if(mcapi_status == MCAPI_SUCCESS)

[**UNRESOLVED**]
    /* Wait for the rx side to open. */
    mcapi_wait(&request, &size, &mcapi_status, 0xFFFFFFFF);
    /* Wait till foreign endpoint is created */
    if(mcapi_status == MCAPI_SUCCESS)

[**UNRESOLVED**]
    /* Connect node 0 transmitter to node 1 receiver */
    if(mcapi_status == MCAPI_SUCCESS)

[**UNRESOLVED**r]
    /* Wait for the connect call to complete. */
    mcapi_wait(&request, &size, &mcapi_status, 0xFFFFFFFF);
    printf("Connected \r\n");
    /* Open transmit side */
    if(mcapi_status == MCAPI_SUCCESS)

[**UNRESOLVED**]
    /* Wait for the tx side to open */
    mcapi_wait(&request, &size, &mcapi_status, 0xFFFFFFFF);
    /* Get the remote resource monitor endpoint */
    remote_rm_endpoint = mcapi_get_endpoint(REMOTE_NODEID,
    ports[REMOTE_NODEID].rm_rx, &mcapi_status);
    if(mcapi_status == MCAPI_SUCCESS)
```

```
[r**UNRESOLVED**]
}


/*************************************************************************
*
* FUNCTION
*
*       Sample
*
* DESCRIPTION
*
*   This task receives a job and responds to job over MCAPI.
*
*
*************************************************************************/
void Sample()
    {STATUSstatus;mcapi_status_tmcapi_status;UINT32size;UINT32bytesReceived
,type,cmd;unsigned char *in_buffer;unsigned char
out_buffer[MAX_SIZE];mcapi_uint64_ttmp;/* Receive image from foreign node
*/mcapi_pktchan_recv(recv_handle, (void **)in_buffer,(size_t*)&size,
&mcapi_status);/* Do something with MCAPI buffer */… /* Free MCAPI buffer
*/if(mcapi_status == MCAPI_SUCCESS)[**UNRESOLVED**]

    …

    /* Respond to message with data to send in out_buffer */
    mcapi_pktchan_send(send_handle, out_buffer, MAX_SIZE, &mcapi_status);
    if(mcapi_status != MCAPI_SUCCESS)
[n]
    if ( /* Complete then clean up */ )
        {/* Finalize current nodes MCAPI instantiation
*/mcapi_finalize(&mcapi_status);if(mcapi_status != MCAPI_SUCCESS)[n]
    }
}
```

부하 균형

MCAPI의 한 가지 장점은 애플리케이션이나 실행 스레드를 하나의 노드에서 다른 노드로
이동시키는 능력이다. 이 능력은 이미 시스템이 구축된 이후 시스템의 부하 균형 시 이점이
될지도 모른다. 한 가지 시나리오는 모든 스레드를 제시간에 처리할 수 없기 때문에 시스템의
나머지 부분이 계속 처리되지 못하고 기다려야 되는 CPU나 운영체제가 될지도 모른다. 또
다른 상황은 병렬로 실행되는 각각의 운영체제나 코어의 집합에 다양한 스레드를 갖고 있는

방식으로 애플리케이션이 분리되는 장소가 될 수도 있지만, 더 높은 우선순위를 가진 실행 스레드가 코어에서 동작하기 때문에 이 방식은 가용할 수도 있고 아직 가용되지 않을 수도 있다. 부하 균형을 이용해 CPU 대역폭이 가용한 시스템에서 이러한 유형의 문제는 컴파일/빌드 시간에 다른 코어로 이전될 수도 있다.

MRAPI

MRAPI는 프로세스 노드 간 메모리 공유와 동기화 API를 제공한다. 메모리 공유 API는 단일 메모리 블록을 허용하고, 하나의 운영체제에 의해 소유되며, 시스템에 있는 여러 노드 가운데 공유된다. 이들 API는 언제든지 메모리 블록에 접근할 수 있는 하나의 작성자나 다중 독자에게만 시행할 수 있다.

동기화 API는 각기 다른 노드에서 동작되는 애플리케이션에게 애플리케이션의 활동을 동기화하는 능력을 제공한다. MRAPI 세마포어^{semaphore}는 시스템의 어떤 노드에서든 접근될 수 있는 시스템 전역 세마포어이며, 공유 자원에 대한 다중 노드의 접근을 방지한다.

다중 코어 시스템의 MCAPI와 MRAPI

노드 사이의 필수적인 통신 간 프레임워크를 제공하기 위해 어떤 MCAPI/MRAPI가 다중 코어 시스템에서 사용될 수 있는지 여러 측면에서 살펴보자. 이 사례에서는 각각의 코어가 주 메모리로부터 일정한 양의 메모리 집합이 할당된 4개의 코어를 갖는다. 이에 추가해 모든 코어에 의해 공유되는 공유 메모리 영역이 존재한다.

첫 번째로 MRAPI는 시스템의 노드 간 접근될 수 있는 어떠한 공유 메모리 영역도 초기화한다.

다음으로 MCAPI 초기화 동안에 MRAPI 공유 메모리는 각각의 종단점 가운데나 각각의 노드 간 정립됐던 채널 가운데서 분리된다. 그러한 노드는 지역적이거나 원격적이 될 수 있다. 그러나 공유 메모리의 조각은 노드 간 메시지를 전달하기 위해 사용돼야 한다. 인터럽트는 높은 우선순위를 갖는 통신에서 시스템의 지연을 최소화하기 위해 처리되는 현재의 노드를 인터럽트하는 데 사용될지도 모른다.

MCAPI와 MRAPI를 함께 이용하는 조합은 비동기 다중 코어 프로세싱 시스템에서 구현되지만, 특별한 시스템에서는 많은 노드에 걸쳐 구현되는 완전한 특색을 갖춘 API를 허용하는 설득력 있는 접근법이다. 이것은 심지어 다른 모든 노드에게는 지역적이 아닌 노드를 포함하지만, 경로를 설정해서 갈 필요가 있는 장소를 통해 데이터를 획득하기 위해 중간 노드를 통해 전달될 필요가 있다. 시스템이 구축되는 방식이 시스템을 통해 메시지를 효율적으로 전달할 수 있거나 아니면 악화시키는지에 대해 주의하는 것이 중요하다.

플레잉 카드 인식과 분류 사례

섞여진 카드 한 벌을 선택해서 분류하는 애플리케이션 사례에서 우리는 이 애플리케이션을 여러 가지의 태스크로 분리할 수 있다. 첫 번째 태스크는 아주 간단한 결정을 내리는 것으로, 카드가 빨간색인지 검은색인지를 결정하는 것이다. 두 번째 태스크도 꽤 간단한데, 이것은 카드가 다이아몬드나 하트면 빨간색으로 결정하고, 카드가 클로버나 스페이드면 검은색으로 결정하는 것이다. 세 번째 이후 나머지 태스크들은 모두 동일한 작업을 수행하는데, 즉 각각의 태스크에 할당된 카드가 무엇인지에 상관없이 이들 카드를 2-10, 잭[Jack], 퀸[Queen], 킹[King], 에이스[Ace] 순서로 위치시키는 것이다.

이제 각각의 카드에서 카드가 어떤 의상인지 어떤 계급인지를 해독하는 이미지 프로세싱과 같은 좀 더 복잡한 작업에 대해 살펴보자. 이것은 각각의 단계에서 카드를 비트맵으로 처리해야 하는데, 이를 위해서는 각각의 태스크가 각 카드 위에 나타나 있는 몇 가지 정도의 정보에 접근해야 한다.

그림 17.19에 기술돼 있는 에지 검출[edge-detection] 알고리즘을 이용하면 각각의 항목이 어디에 있는지 처리할 수 있고, 카드 위에 나타나 있는 의상과 계급 간의 차이도 해독할 수 있다. 각각의 태스크를 병렬로 동작시킬 수 있는가? 원래의 데이터 집합을 갖고 있고 이들 복사본을 처리나 평가를 위해 각각의 노드로 전달할 수 있는 경우에는 병렬로 동작시킬 수 있다. 일단 카드의 배치, 색상, 의상, 계급이 완전히 결정되면 카드의 이미지는 올바른 위치에 적절히 위치하게 될 것이다.

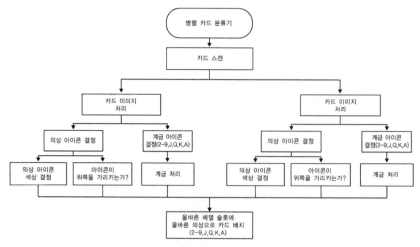

그림 17.19 플레잉 카드 인식과 분류 사례

이제 여러 벌의 카드를 처리하는 좀 더 복잡한 사례를 살펴보자. 여기서는 카드의 이동을 확실히 하기 위해 여러 벌의 카드 간 동기화가 필요하다. 카드가 없어진 경우나 일부 데이터가 처리하기에 너무 긴 경우는 어떻게 해야 되는가? 이러한 조건은 발생할 수 있으며, 반드시 다뤄져야 한다.

마지막으로 4개의 동일한 실행 스레드가 있는 태스크에 대해 살펴보자. 이들 태스크 모두 이전 태스크에서 결정된 각기 다른 데이터 집합에서 동작한다. 이들 새로운 태스크는 카드의 계급을 결정해야 하며, 카드를 순서대로 위치시켜야 한다. 계급은 같지만 의상은 다르다. 알고리즘은 동일하며, 고도로 병렬이다. 이들을 4개의 분리된 노드나 멀티스레드를 지원하는 단일 노드 사이로 분리시키는 것이 더 이치에 맞는가? 이것이 부자연스러운 사례가 될지도 모르겠지만, 시스템을 어떻게 분해해야 원하는 결과를 얻을 수 있는지를 이해하는 데 도움을 줄 것이다.

카드의 이미지를 코어 컴포넌트에서 먼저 처리하고, 계급이 무엇인지, 의상이 무엇인지를 해독하는 DSP를 갖기 원할 수 있다. 일단 데이터가 알려지면 이 데이터는 첫 번째 스레드로 전달될 수 있다. 이 데이터가 빨간색인가 검은색인가? 그 다음은 노드를 분리시키기 위한 것으로 카드가 위쪽을 가리키는가? 그렇지 않은가? 계급의 이미지는 계급을 처리하는 세 번째 노드로 전달될 수 있다. 세 번째 노드는 처리에 더 많은 시간을 소요할 것이므로 여러 개의 노드에서 동작시킬 것을 권한다. 가능한 한 신속하게 알고리즘을 처리하는 것이 목적이라는 사실을 기억하라. 세 번째 태스크가 완료될 시 카드는 완전히 정의될 것이며, 분류 순서대로 올바르게 위치하게 될 것이다.

하이브리드 접근법 이용

노드 내의 표준 POSIX 스레드를 이용하고 노드 간 MRAPI를 가진 MCAPI를 이용해서 MCAPI/MRAPI와 POSIX의 두 가지 모두를 지원하는 시스템에 높은 이식성portability을 허용하는 시스템 아키텍처를 개발할 수 있다. 이 아키텍처는 다양한 시스템 간의 이식성을 허용한다. 그러나 실행 스레드가 다른 노드로 이전돼야 하는 노드 간의 부하 균형은 과거에 지역적이었던 것이 지금은 원격적이 되거나 아니면 그 반대이기 때문에 API에서 변경의 원인이 될 수도 있다. 이에 대한 솔루션은 스레드뿐만 아니라 노드 간의 모든 메시징에 대해 MCAPI/MRAPI를 이용하는 것이다. 노드에서 통신을 못하는 경우 MCAPI/MRAPI 계층은 노드의 POSIX 같이 원래의 메시지 패싱으로 번역될 수 있다. 단일 노드에서 MCAPI/MRAPI를 이용해 추가된 추상화 계층도 있지만, 노드에 걸쳐 부하 균형이 가능하게 추가된 이점은 모든 유형의 노드 내 또는 노드 간 통신의 이점을 위해 공통 API로서 MCAPI/MRAPI를 이용하게 만든다. 이것은 모든 CPU 주기를 환경 밖으로 쥐어짜기 위해 노력할 때까지다. 그런 다음 시스템 아키텍처에서 미래의 유연성을 위해 허용된 통신 계층으로서 MCAPI/MRAPI를 이용하는 것도 속도의 필요성을 대체하는 것이 될 수 있다.

위의 사례를 선택하고 단일 노드나 다중 노드 중 하나를 이용해 단일 운영체제 인스턴스에서 MCAPI/MRAPI API를 이용하고 적절한 모든 종단점을 생성하며, 적절한 모든 태스크와 알고리즘을 설정할 수 있다. 이것은 가용한 다중 코어 하드웨어를 갖기 전에 단일 코어 운영체제 노드에서 애플리케이션을 테스트하는 데 쉬운 방법이다. 모든 병렬 스레딩을 테스트하지는 못하겠지만 논리적 본질의 알고리즘은 테스트될 수 있다.

참고 문헌

[1] D. Knuth, Structured programming with go to statements, Comput. Surv. 6 (1974) 268.

[2] Available from:

http://folklore.org/StoryView.py?project5Macintosh&story5Creative_Think.txt.

[3] R. Johnson, Open Source POSIX Threads for Win32, Redhat, 2006.

[4] D.B. Bradford Nichols, J.P. Farell, Pthreads Programming, O'Reilly & Associates, 1996.

[5] C.J. Northrup, Programming with UNIX Threads, John Wiley & Sons, 1996.

[6] D.R. Butenhof, Programming with POSIX Threads, Addison-Wesley, 1997.

[7] G. Taubenfeld, Synchronization Algorithms and Concurrent Programming, Prentice Hall, 2006.

[8] E.W. Dijkstra. Cooperating sequential processes (Techniche Hogeschool, Eindhoven, 1965). Reprinted in: F. Genuys (Ed.), Programming Languages (1968) 43.

[9] G.L. Peterson, Myths about the mutual exclusion problem, Inf. Process Lett. 12 (1981) 115116.

[10] E. Dijkstra, Solution of a problem in concurrent programming control, Commun. ACM (Jan. 1965).

[11] J.H. Anderson, A fine-grained solution to the mutual exclusion problem, Acta Informatica 30 (1993) 249265.

[12] M. Raynal, Algorithms for Mutual Exclusion, MIT Press, 1986.

[13] J.H. Anderson. Lamport on mutual exclusion: 27 years of planting seeds. PODC: Twentieth ACM SIGACT-SIGOPS Symposium on Principles of Distributed Computing. 12, 2001. pp. 312.

[14] K. Alagarsamy, Some myths about famous mutual exclusion algorithms, SIGACT News 34 (2003) 94103.

[15] T.A. Cargill, A robust distributed solution to the dining philosophers problem, Softw. Pract. Exp. 12 (1982) 965969.

[16] M. Suess, C. Leopold, Generic locking and deadlock-prevention with C11, Parallel Comput.: Architectures, Algorithms Appl. 15 (2008) 211218.

[17] D.K. Chen, H.M. Su, P.C. Yew. The impact of synchronization and granularity on parallel systems. Proceedings of the Seventeenth International Symposium on Computer Architecture, June 1990, pp. 239249.

[18] M.D. Hill, M.R. Marty, Amdahl's law in the multicore era, IEEE Comput. (Jan. 2008) 16.

[19] V. Sarkar, Partitioning and Scheduling Parallel Programs for Execution on Multiprocessors, Pitman, 1987.

[20] O. Sinnen, Task Scheduling for Parallel Systems, John Wiley & Sons, 2007.

[21] M. Garey, D.S. Johnson, Computers and Intractability: A Guide to the Theory of NP-Completeness, Freeman, 1979.

[22] J. Beck, D. Siewiorek. Automated processor specification and task allocation for embedded multicomputer systems: the packing-based approaches. Symposium on Parallel and Distributed Processing (SPDP '95), Oct. 1995, pp. 4451.

[23] J.E. Beck, D.P. Siewiorek, Modeling multicomputer task allocation as a vector packing problem, ISSS (1996) 115120.

[24] K. Agrawal, C. Leiserson, Y. He, W. Hsu, Adaptive work-stealing with parallelism feedback, Trans. Comput. Syst. (2008) 26.

[25] M. Michael, M. Vechev, V. Saraswat. Idempotent work stealing. PPoPP '09: Proceedings of the Fourteenth ACM SIGPLAN Symposium on Principles and Practice of Parallel Programming, Feb. 2009.

18

안전 필수 소프트웨어 개발

마크 크랠링(Mark Kraeling)

소개

판매됐거나 업그레이드됐던 임베디드 시스템은 마켓과 사용 의도를 기반으로 여러 가지의 안전 표준을 준수해야 할지도 모른다. 이들 표준은 또한 국제 표준을 기반으로 충족돼야 할 요구 사항에 대한 개요를 나타낼 수도 있다. 국제전기표준회의[IEC]에 기반을 둔 표준들은 공통의 표준 집합을 개발하려는 시도를 해왔었기 때문에 개별 국가나 마켓을 위해 완전히 분리된 요구 사항은 갖고 있지 않은 상태다.

18장은 다양한 안전 요구 사항에 사용될 수 있는 여러 가지의 안전 필수 소프트웨어 개발 전략을 고찰하는 데 전념한다. 이 중 일부 전략은 특별한 제품이나 마켓의 세그먼트에는 적절하지 않을 수 있다.

18장의 첫 번째 부분은 안전 필수 프로젝트에 대한 사전 프로젝트 기획을 위해 사용될 수 있는 몇 가지 기본 전략을 검토한다.

두 번째 부분은 결점, 위험, 리스크 분석에 대해 다룬다. 안전 필수 프로젝트에서는 어떤 결점 시나리오가 존재하는지, 장애 발생 시 위험이 발생할 수 있는지, 제품이나 환경에 어떤 리스크가 제기되는지에 대해 초기에, 그리고 계속해서 초점을 맞춰야 한다.

세 번째 부분은 사용됐던 기본적인 안전 필수 아키텍처와 이들 각각의 장단점을 검토한다.

마지막 부분은 소프트웨어 개발 전략과 구현 전략에 집중한다. 앞으로 대처해야 될 다양한 표준에 대한 선명한 이미지를 얻으려면 목록화된 적절한 구현 전략을 따르고 인증 킬러('killer')를 검토하는 것이 안전 필수 제품을 더 성공적으로 출시하는 데 도움을 줄 것이다.

어떤 안전 요구 사항인가?

안전 필수 소프트웨어를 개발하는 데 있어 가장 중요한 측면 중 하나가 어떤 요구 사항과 어떤 표준이 뒤따라야 하는가를 결정하는 일이다.

제품이나 의도한 마켓에 대한 안전 요구 사항의 이해 여부에 따라 어떤 니즈^{needs}가 충족돼야 하는지를 결정하기 위해서는 외부의 도움이 필요할 수도 있다. 안전성에 대한 인증 노력에 있어 도움이 되는 다음과 같은 몇 가지 단계를 고려해보자.

1. **고객과의 상호작용** 신규 마켓에 진입 시 그 마켓에 대해 의도된 고객들은 어떤 안전 요구 사항이 충족돼야 할 필요가 있는지 그 시작 시점을 알 수도 있다. 고객들은 이와 유사한 표준에 대해 이미 충족된 안전 표준 관련 정보를 제공할 수도 있다. 그러나 최종 고객이 많은 기술적 배경이 없이도 제품을 바로 이용할 수 있다면 이 단계는 생략돼야 한다.

2. **의도한 동일 마켓에서의 유사 제품** 어떤 안전 요구 사항과 표준이 유사 제품에 적합한지 확인하는 것은 더 쉬울 수도 있다. 예를 들어 여러분의 회사나 동료가 의료 장비를 동일 마켓에 이미 팔았고, 그리고 여러분의 제품이 이와 유사하다면 이것은 시작하기에 좋은 시점이 될 수도 있다.

3. **경쟁적 지능** 인터넷에서 혹은 마케팅 자료로부터 완전히 자유롭고 가용한 개방형 정보로부터 기본적인 탐색을 시작하는 것은 훌륭한 시작 시점을 결정하는 데 도움을 줄 수 있다. 어떠한 특정 표준이 충족됐는지를 에이전시에 제출하기 위해 종종 문서 작업이 필요한 경우도 있다.

4. **전문적 지원** 각 마켓이나 마켓 세그먼트는 보통 어떤 표준이 충족돼야 하는지를 결정하는 데 도움을 줄 수 있는 에이전시나 계약 기관을 가진다. 어느 정도 먼저 지원하는 것, 특히 위의 1~3번째 단계로부터 필요한 정보를 얻은 후에는 이 특별한 네 번째 단계는 성과를 확보하는 데 결국 도움이 될 것이다.

이러한 정보를 획득한 후에는 어떤 표준이 충족돼야 하는지에 대해 훌륭한 아이디어를 가져야 한다. 이 조사 기간 동안 자기 인증 활동, 표준화된 평가 활동, 필요한 자격을 다 갖춘 독립적 평가 인증에 대한 여부 또한 결정해야 한다.

팀은 충족돼야 하는 요구 사항 집합에 대해 전략을 개발하고, 그 요구 사항을 어떻게 준수해야 되는지에 대한 초기 분석을 수행해야 한다. 이것은 설계에 의한, 분석에 의한, 테스팅에 의한 규정 준수가 될 수 있음을 의미한다.

설계에 대한 한 가지 사례로 중복과 관련된 요구 사항이 될 수도 있다. 설계는 이중 프로세서 설계나 중복적인 의사소통 경로를 포함할 수 있다. 분석에 대한 한 가지 사례로 특정 비트 오류율이 탐지될 필요가 있다면 적절한 길이의 CRC가 계산될 수 있다. 수학 방정식을 통해 비트 오류율이 결정될 수도 있다. 목록화된 요구 사항의 각각이 그에 상응하는 테스트 계획과 절차를 갖는 한 규정 준수의 수단으로 테스팅을 이용하는 것은 따로 설명할 필요 없이 꽤 타당한 방법이다.

마지막으로 팀은 증거가 어떻게 구성되고 제시되는지를 결정해야 한다.

자기 인증, 감사관, 자격을 제대로 갖춘 평가가 수행될 필요가 있는지의 여부와는 상관없이 모든 표준과 날짜는 목록화되고 동의돼야만 한다. 이러한 특정 목록이 계약이 돼서 서명된다면 팀을 보호하기 위해 무엇인가가 수행돼야 한다. 이러한 유형의 문서가 목록화된 고객과의 계약이 없다면 프로젝트 팀과 관리 사이에는 합의서가 작성될 수 있다.

독립적인 평가자(보통 제품 팀에 의해 대가를 지불하는)가 활용된다면 먼저 문서의 집합, 규정 준수 수단, 제공될 필요가 있는 증거에 동의해야 한다. 또한 초기 프로젝트 단계 동안 신규 표준이 배포됐는지의 여부를 어떤 단체가 결정할 것인지에 대해서도 동의해야 한다. 또한 프로젝트 가 충분히 진척돼서 표준 목록과 명세 날짜가 동결될 수 있을 때에 대해서도 원칙적으로 (그리 고 문서로) 동의해야 한다. 이러한 사항이 모두 사전에 논의되고 합의된다면 안전 인증은 훨씬 더 쉬워질 것이다.

인증 킬러

안전 인증 프로세스를 수행하는 동안 주의해야 할 항목도 있다. 이들 중 많은 항목은 과거 역사적으로 다중 프로젝트와의 전쟁을 치르면서 소실됐다. 다중 제품과 감사관 제공자들을 통해 틀림없이 인증 노력을 방해받거나 심지어 사라지는 항목들도 있을 것이다.

- 안전 요구 사항에 대한 사실적 인식 장애
- 불명확한 요구 사항이나 사전에 결코 동의될 수 없는 요구 사항
- 규정 준수에 대한 명확한 증거 부족
- 과제의 사전 미수행과 개발 프로세스에 걸쳐 충족돼야 할 더 많은 안전 표준의 미발견
- 전용 자원이나 프로젝트 간 이동되는 자원의 부족
- 범위와 요구 사항의 은근한 증가
- 경계 다이어그램의 미개발과 모든 사람의 동의하에 이뤄지지 않은 너무 많은 일에 대한 안전 인증 노력
- 안전 사례의 문서화와 요구 사항 기반 테스트 수행에 충분한 자원의 미확인
- 감사관과의 연결에 단일 창구 미이용(너무 많은 사공!)
- 제안 시스템의 약점에 대한 솔직하지 않은 설명

- 문서 제출의 최종 순간까지의 대기
- 제품이 배포될 지역 국가와의 관계 개발 실패
- 인증 태스크의 적절한 순서화 실패
- 적정 안전 레벨에 대한 소프트웨어 툴과 운영체제의 자격

프로젝트 기획 전략

다음에 나오는 규칙들은 안전 필수 소프트웨어에 대한 개발 프로젝트의 지원에 적용될 수 있다. 나열된 전략들은 보통 소프트웨어를 작성하기 전인 프로젝트 개발 수명주기의 아주 초기에 검토된다. 이들 전략은 다중 제품의 인증을 위해 노력하는 동안 개발되고 정제되며, 전반적인 노력에 있어 비용과 자원 소비를 줄이는 데 도움이 된다.

전략 1: 초기에 프로젝트의 인증 범위 결정

이전 절인 '어떤 안전 요구 사항인가?'에서 나열된 가이드라인과 지시 중 몇 가지는 어떤 표준이 여러분의 제품에 충족되는지를 식별한다. 고객의 제품인지, 그리고 공공에 대한 안전성에 영향을 미치는지 등을 결정하는 것과, 특별한 인증에 대해 고객을 만족시키는 것이 이 단계의 가이드라인이 된다.

전략 2: 인증의 타당성 결정

제품과 솔루션이 기술적으로, 그리고 상업적으로 타당성이 있는지의 여부에 대한 질문을 사전에 답하라. 가장 높은 수준에서의 안전성 위험과 안전성 목표를 평가함으로써 기본적인 방어 전략을 사전에 개발할 수 있다. 방어 전략을 충족시키는 데 필요한 아키텍처의 유형을 결정하는 데 공학자를 포함시켜라. 기본 제품과의 급격한 아키텍처의 차이는 리스크와 비용을 증가시킨다.

전략 3: (사용한다면) 독립적 평가자 선정

여러분의 마켓 세그먼트에 경험을 가진 평가자를 발견하라. 평가자 각각은 산업과 영역에 전문성을 갖고 있으므로 평가자가 여러분의 산업에서 제품 인증에 경험을 갖고 있는지 발견하라. 평가자가 일단 여러분의 전반적인 프로세스와 개발 절차를 마음에 들어 하면 여러분의 차후 제품에 대한 인증은 훨씬 더 쉬워진다.

전략 4: (사용한다면) 평가자의 역할 이해

평가자의 임무는 표준과 규범 준수와 관련해서 여러분의 제품을 평가하는 것이다. 여러분의 시스템 설계에 도움을 주는 평가자에게 의존하지 마라. 평가자는 책임도 없고 여러분이 잘못된 경로로 진행하는 것에 대해 여러분에게 말하지도 않는다! 평가자의 역할은 요구 사항이 충족됐는지를 결정하는 것이며, 프로젝트의 끝맺음에 있어 요구 사항과의 일치 보고서를 만드는 것이다.

전략 5: 평가 의사소통이 핵심

여러분의 팀과 충족해야 될 표준을 통제하는 그룹 간에 명확한 의사소통 라인을 갖는 것이 아주 중요하다. 모든 회의와 동작에 대한 항목을 문서화하라. 문서는 개발 프로세스 동안 상호 결정된 결정 사항이므로 평가자와 팀은 문서를 같이 이해해야만 한다. 불명확한 이슈나 요구 사항에 대한 입장은 가능한 한 일찍 요청하라. 향후 사용될 문서 각각에 대한 승인서를 주장하라.

전략 6: 인증의 베이시스 정립

문서의 이슈 날짜를 포함해 여러분의 제품이 준수해야 될 필요가 있는 모든 표준과 지시를 목록화하라. 여러분의 평가와 함께 단락별로 동의하거나 부동의하고 변경하라. 규정 준수 매트릭스에 모든 요구 사항의 배치를 고려하라. 그러면 프로젝트 팀이 요구 사항을 추적할 수 있다. 마지막으로 필요하다면 '규정 준수에 대한 대안 수단'의 제안을 두려워하지 마라.

전략 7: 제품의 '적합성과 목적' 정립

사전에 적합성과 목적을 정립하는 것은 미래의 골칫거리를 예방할 것이다! 제품에 대한 '적합성'은 팔려고 계획하는 공간이다. 천장 크레인의 컨트롤러를 팔려고 한다면 사전에 천장 크레인의 상태를 기술하고 천장의 조명장치에 요구되는 요구 사항은 포함시키지 마라. '목적'은 제품이 수행해야 하는 것이나 사용되는 방법이다. 시스템의 경계와 전체 시스템과 제품의 어떤 부분이 인증에 포함되는지를 명확히 정의해서 도와주라. 사용자 환경, 운영 환경, 타 제품과의 통합 같은 일들을 고려하라. 또한 온도와 고도 같은 고려 사항들은 회로 설계에 영향을 미칠 수 있으므로, 성공적인 제품 인증을 위해서는 사전에 이러한 고려 사항들을 잘 정의해야 한다.

전략 8: 인증의 블록 다이어그램 정립

모듈과 프로세싱 블록 같은 주요한 컴포넌트들과 함께 하드웨어 블록 다이어그램을 생성하라. 블록 간 정보 흐름에 대한 간략한 요약뿐만 아니라 모든 통신 경로를 포함시켜라. 다이어그램 상의 시스템에 대한 '인증 경계'를 비롯해서 모든 외부 인터페이스를 식별하라.

전략 9: 의사소통의 통합 목표 정립

시스템을 설계하기 전에 각각의 디지털 통신 경로에 대한 '잔존 오차'율 목표를 먼저 결정하라. 경로에 대한 CRC와 해밍 거리$^{Hamming\ distance}$에 대한 요구 사항을 결정하는 것 또한 요구되는 통합 레벨을 결정하는 데 도움을 준다. 또한 특정한 설계 제약 사항이나 필수적인 특징이 강요되는 한 사전에 잔존 오차율이 어떻게 계산되는지를 평가자와 논의하라.

전략 10: 인증 경계의 모든 인터페이스 식별

경계 '인터페이스 제어 문서'를 사전에 생성하라. 이 문서로부터 인터페이스 각각에 대해 요구되는 모든 안전 통합 레벨을 식별하라. 이 시점에서 인터페이스의 다른 측면을 소유하고 있는 잠재적 상대자들이 규정을 준수할 수 있는지 여부를 확실히 하기 위해 그들과의 연구를 시작할 수 있다. 허용 가능한 범위, 크기, CRC 요구 사항, 오류 체킹을 비롯해 인터페이스를 수량화하고 자격을 정하라.

전략 11: 핵심 안전 방어 전략 식별

프로그램의 안전성 목표를 성취하기 위해 사용된 안전성 방어 전략을 식별하고 확보하라. 결점 탐지, 결점 수용, '실패 안전' 상태 같은 핵심 용어를 정의하라. 최초의 아키텍처와 설계 기간 동안, 발생 가능성이 있는 초기 장애 시나리오를 계속해서 파악하라. 프로젝트에서 이들 장애 모두를 초기에 발견하는 것은 어렵지만, 아키텍처와 시스템 설계에 대한 변경은 프로젝트의 앞부분에서 더 쉽게 수행된다.

전략 12: 빌트인 테스트(BIT) 능력 정의

초기화, 주기적, 조건적, 사용자 개시를 포함해 계획된 빌트인 테스트^{BIT} 커버리지를 식별하라. 최종 사용자에게 제품을 배달하기 전에 핵심적인 안전성 하드웨어 컴포넌트를 검사하기 위한 제조 테스트 전략을 정의하라. 이들 빌트인 기능의 각각을 식별한 후 평가자와 리뷰하고 합의를 이뤄라.

전략 13: 결점 경보 커버리지 정의

시스템과 사용자 인터페이스를 유념하면서 어떤 결점이 알려져야 하는지 정의하라. 결점이 운용자에게 언제 알려져야 하는지, 또는 로그에 기록돼야 하는지 결정하라. 최종 사용자에게 주어지는 정보의 수준과 로그되는 정보가 무엇인지 결정하라. 결점이 발생하는 조건을 정의하고, 무엇이 특정 결점을 명확하게 만드는지 정의하라. 결점의 경보 색상, 텍스트, 음성 등에 대해 정의하라. 이것이 정의된 후에는 평가자와의 동의를 확실히 하라!

전략 14: 운용자/사용자의 의지와 기대 정의

시스템의 안전을 유지하기 위해 운용자나 사용자에게 주어진 의지에 대해 명확히 정의하라. 사용자의 성능과 기술 레벨, 안전성과 경계심을 포함해 인간의 요소를 결정하라. 안전성에 대한 사용자의 기대가 정해지면 최종 사용자가 평가에 대해 동의하는지 확실히 하라. 이미 언급한 것처럼 평가자가 이에 동의하는지도 확실하게 하라.

전략 15: 적절한 통합 레벨에서의 소프트웨어 개발 계획 정의

각각의 정형적인 방법에서 인증하고 싶은 적용 가능 표준 요소의 각각에 대한 준수 여부가 무엇인지 다뤄라. 소프트웨어의 안전성 전략은 통합에 대한 제어와 프로그래밍 방어 전략에 대한 애플리케이션 모두가 포함돼야 한다. 계획은 코딩 표준, 계획된 테스트 커버리지, 상용제품COTS의 이용, 소프트웨어 개발 규칙, 운영체제 통합 요구 사항, 개발 툴이 포함돼야 한다. 마지막으로 사전에 소프트웨어 성능 메트릭을 정의하고 동의하라.

전략 16: 규정 준수의 증거로서 사용될 인공물 정의

시스템의 안전성 사례의 한 부분으로 만들려고 계획했던 모든 문서와 인공물들을 목록화하라. 목록화된 부분을 시스템에서 상호 참조하기 위해 어떻게 계획하는지 목록화하라. 규정 준수의 증거로서 사용된 어떠한 문서든 형상 제어 프로세스를 경유해 배포 승인을 받았는지 확실히 하라. 문서에 대한 테스트는 테스트 사례 각각에 대한 승인과 테스트 날짜가 반드시 있어야 한다. 무엇보다도 여러분의 문서와 인공물에 대한 계획을 사전에 평가자가 동의하는지 확실히 하라.

전략 17: 노동 집약 분석 계획

아주 노동 집약적인 장애 모드와 영향 분석FMEA의 한 부분을 수행하기 위한 계획을 세워라. 또한 시스템 수준의 FMEA와 소프트웨어 오류 분석을 계획하라. 핵심적 방어 전략의 정당화와 시스템적 장애 처리를 위한 방법으로 확률적 결점 트리를 추천한다. FMEA에 대한 더 많은 정보는 '위험 분석'이라는 절을 참고하라.

전략 18: 사용자 레벨 문서 생성

시스템 묘사, 정상적 운영 절차, 비정상적 운영 절차, 비상 절차, 안전성 경고 같은 정보를 포함한 사용자 매뉴얼을 만들 계획을 세워라. 또한 안전성 관련 유지 보수, 요구되는 인스펙션 inspection과 간격, 수명 제한 컴포넌트, 비활동 상태의 제거 태스크, 소프트웨어 적재와 정상 적재 유효화 명령 같은 정보가 포함된 종합적인 유지 보수 매뉴얼을 포함시켜라.

전략 19: 잔여 활동 계획

인증 형상에 대한 변경은 무엇이든 안전성 인증에 미치는 영향을 반드시 평가해야 된다. 원래 제품에 추가된 특징도 있을 수 있고 안전성 사례에 영향을 미치는 부분도 수정할 필요가 있다. 또한 일부 안전성 인증은 제조와 품질보증 그룹에 대한 독립적 인스펙션을 매년 요구하기도 한다. 잔여 활동(그리고 잔여 비용)은 이러한 인증 노력이 종료된 후 발생할 것이다.

전략 20: 명확한 인증 계획 발간

이전의 모든 규칙, 이벤트 연대표, 자원, 상호 의존이 포함된 인증 계획을 문서화하라. 개발 프로세스를 통해 참조될 수 있는 인증 '로드맵'을 포함시키고, 요구 인증 프로세스에 요구되는 문서에 대한 간략한 정보를 가져라.

결점, 장애, 위험, 리스크 분석

일단 프로젝트의 프로젝트 기획 단계가 완료되면 설계된 시스템의 어디에서 리스크가 발생하는지 평가하는 것이 중요하다. 제품의 전반적인 리스크를 측정하기 위해서는 리스크 분석을 수행해야 한다. 리스크 평가를 수행하기 전에 안전 필수 용어에 대한 목록이 탐구될 것이다.

결점, 오류, 장애

결점fault은 시스템 오류를 유발시킬 수 있는 임베디드 시스템의 특성이다. 결점의 한 가지 사례는 특정 조건하에서 올바르게 초기화되지 않는 소프트웨어 포인터pointer로, 이 포인터를 이용하면 시스템 오류가 유발될 수 있다. 또한 스스로 오류로서 결코 드러나지 않으면서도 최종 사용자에게 꼭 드러날 필요가 없는 결점도 소프트웨어 내에 존재한다.

오류error는 예상치 못한 시스템의 잘못된 동작, 즉 최종 사용자가 기대하지 않는 동작이다. 이것은 결점이나 다중 결점이 발생할 때마다 나타나는 시스템 동작이다. 오류의 한 가지 사례로는 올바르게 초기화되지 않는 소프트웨어 포인터로부터 시스템 내에서 실행이 중지되는 하위 프로세스가 될 수 있다. 오류가 시스템의 장애를 꼭 유발시킨다고 볼 수는 없다. 특히 하위 태스크가 실행 중이고 필요시 하위 태스크가 재시작하는지를 확인하는 검사 프로세스를 가짐으로써 오류가 완화될 수 있다면 더욱 그렇다.

임베디드 시스템에서 장애failure란 적절한 시점에서 제시간 내에 사용자가 기대하는 의도된 기능이나 서비스를 수행하지 못한 시스템의 이벤트라고 하는 것이 가장 잘 설명된 정의다. 장애가 사용자의 지각이나 시스템의 이용에 가장 크게 의존하므로, 장애의 이슈는 초기의 시스템 요구 사항이나 고객의 명세가 될 수 있으며, 소프트웨어 자체는 아니라고 볼 수 있다. 그러나 장애는 개별적 오류나 시스템 내의 다중 오류를 기반으로 한 잘못된 시스템의 기능성을 기반으로 해서도 발생될 수 있다. 위의 사례에 따르면 소프트웨어 포인터의 초기화 결점은 하위 태스크의 실행 오류라는 결과를 초래할 수 있으며, 이 소프트웨어 포인터가 실패 시 시스템의 고장이나 올바르게 수행되지 못하는 사용자의 인터페이스 같은 시스템 장애의 원인이 될 수 있다.

중요한 측면은 이들 용어가 다음 단계로 어떻게 진행하느냐는 것이지만, 이들 용어가 다음 수준에서 꼭 나타나지 않을 수도 있다. 초기화되지 못한 소프트웨어 포인터는 결점이지만, 이 포인터가 결코 사용되지 않는다면 오류는 발생하지 않을 것이다(그리고 장애도 나타나지 않을 것이다). 또한 다음 상태로 진행되기 위해서는 결점 트리와는 완전히 다르겠지만, 결점과 오류의 다중 인스턴스가 될 필요는 있을 것이다. 그림 18.1에 결점, 오류, 장애에 대한 진행 과정이 나타나 있다.

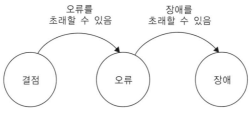

그림 18.1 결점, 오류, 장애로의 진행

안전 필수 시스템에서는 결점에서 오류로, 오류에서 장애로의 진행을 최소화하는 데 사용될 수 있는 기법이 있다. 이들 기법 모두는 시스템의 신뢰성에 영향을 미치며, 이에 대한 내용은 다음 절에서 다룬다.

가용성과 신뢰성

가용성과 신뢰성은 서로 연관된 용어지만 동일한 용어는 아니다. 가용성^{availability}은 임베디드 시스템이 기대하는 설계 서비스가 얼마나 많이 실행되고 전달되는지 측정한다. 고가용성 시스템의 사례에는 음성과 데이터용 네트워크 스위치, 전력 분배 장치, 텔레비전 전송 시스템이 포함된다. 신뢰성^{reliability}은 임베디드 시스템이 제시간에 주어진 시점에서 요청된 서비스를 전달하는 확률이다. 이들 두 가지 용어가 서로 관련이 있다고 하더라도, 고가용성 시스템이 높은 신뢰를 반드시 가져야 할 필요는 없다.

가용성은 높지만 신뢰성이 낮은 시스템의 사례에는 결점을 가진 홈 네트워크 시스템이 있다. 이 사례에서 매 100개의 패킷이 제거되는 경우 이것이 연결을 위한 재시도의 원인을 야기하겠지만, 사용자에게는 아주 그럴 듯한 시스템으로 보일 것이다. 이 경우 전체적인 정전이 어떠한 기간에서도 발생하지 않는다고 할지라도 패킷을 재전송해야 하는 백그라운드에서의 정전 기간은 존재한다. 결점은 재시작을 위해 프로세스를 기다리는 지연과 같은 오류의 원인이 될 수 있다. 시스템 자체는 깨어 있고, 브라우저나 사용자 인터페이스는 무엇이든지 계속 실행 중에 있으므로, 사용자는 그것이 시스템 장애인지 인지하지 못한다.

안전 필수 시스템은 고신뢰성 시스템의 사례이며, 다른 안전 필수 시스템을 감시하는 시스템은 고가용성 시스템이 된다. 시스템이 고신뢰성과 고가용성 모두를 가진 경우를 우리는 신뢰할 수 있다고 말한다. 신뢰성 시스템은 사용자가 믿는 대로 사용자가 무엇인가를 하길 원할 때 시스템이 원하는 대로 수행될 것이라는 신뢰를 사용자에게 제공하는 시스템이다. 시스템의 장애를 유발시킬 수 있는 결점을 어떻게 처리해야 하는지를 다루는 것이 바로 시스템 신뢰성에 대한 근본적인 이유다.

결점 처리

안전 필수 시스템의 한 부분으로 평가돼야 하는 네 가지 측면의 결점이 있다. 이 네 가지 결점의 유형은 회피, 허용, 제거, 예측이다.

안전 필수 시스템에서 결점 회피$^{fault\ avoidance}$는 대체적으로 소프트웨어와 하드웨어 결점이 시스템 안으로 유입되는 것을 예방하는 데 도움을 주는 시스템 개발 시의 활동이다. 정형적인 설계와 개발 연습이 개발자가 결점을 회피하는 데 도움을 준다. 결점 회피의 한 가지 접근법은 멀티태스킹 선점형$^{multi\text{-}tasking\ pre\text{-}emptive}$ 유형의 태스크 스케줄링과는 대조적으로 단일 실행 스레드를 가진 소프트웨어 시스템을 설계하는 것이다. 이것은 병행성이나 코드의 한 구역이 다른 뭔가에 의해 부정적인 방법으로 영향 받는 경우에 발생할 수 있는 타이밍 이슈를 회피하는 데 도움을 준다. 이 사례에서는 모든 타이밍 측면이나 정상적인 시스템 테스팅의 한 부분인 순서^{order}를 포함시키는 것은 비합리적인 일이 될 것이다. 결점 회피를 목표로 하는 '소프트웨어 구현 전략'이라는 절에서 목록화된 안전 필수 프로그래밍에 대한 관례가 있다.

결점 허용^{fault tolerance}은 시스템에서 발생하는 결점을 '가로챌^{intercept}' 수 있는 소프트웨어 계층으로, 이렇게 함으로써 결점은 시스템의 장애로 발전되지 않는다. 안전 필수 시스템의 중요한 한 가지 측면은 결점 허용 시스템이 훌륭한 결점 탐지 능력을 가진다는 특성이다. 일단 개별적 하드웨어나 소프트웨어 컴포넌트가 '실패^{fail}'로 평가된다면 시스템은 적절한 행동을 취할 수 있다. 소프트웨어의 높은 수준에서 결점 탐지를 수행하는 것은 다중 변수가 결점을 결정하기 위해 평가될 필요가 있을 때에만 수행돼야 한다. 훌륭한 결점 탐지의 한 가지 사례가 온도 센서에 대한 평가다. 센서가 A/D 컨버터로 들어오는 '범위 밖'의 낮거나 높은 값을 가진다면 소프트웨어는 분명히 이 값을 이용해서는 안 된다. 시스템에 대한 입력의 긴요도에 따라 (더 높은 긴요도를) 사용해야 되는 중복 센서가 있을지도 모른다. 입력이 시스템에 긴요하지 않으면 이 입력에 대한 근사치로서 또 다른 온도 센서를 이용하기 위해 또 다른 가능한 솔루션이 있을 수 있다. 아키텍처, 하드웨어, 소프트웨어 설계 모두 앞으로 결점이 허용될 시스템의 능력에 영향을 미친다.

결점 제거^{fault removal}는 결점 조건의 이유가 되는 시스템 상태의 변경이나 디버깅과 테스팅을 통한 결점의 제거로 구성된다. '동적' 결점 제거의 가장 어려운 측면은 이를 어떻게 수행해야 하는가를 안전하게 결정하는 것이다. 결점의 변경은 보통 안전 필수 시스템의 한 부분인 비긴요 데이터를 이용해 수행된다. 위에 기술된 사례를 기반으로 안전 필수 시스템은 (어떠한 제어 루프나 결정문에서도 사용되지 않는다면) 나중의 환경 평가를 위해 온도 값을 간단히 기록한다. 사례의 온도 센서가 환경 센서이고, 이 센서가 실패한다면 이 센서는 정확성이 떨어지는 하드웨어로 통합되는 환경 센서의 이용을 위해 스위치를 변경한다. 로그에서 보면 덜 정확한 온도를 갖는 것이 환경 온도를 전혀 갖지 않는 것보다는 더 좋았던 것으로 평가된다. 결점 제거를 위해 안전 필수 시스템이 주안을 두는 최대의 관심사는 시스템 자체에 대한 테스팅과 디버깅이다. 시스템 테스트 절차는 안전 필수 시스템에 대한 모든 기능성을 다루며, 실행과 입력의 다양한 조합뿐만 아니라 종종 시스템 코드에 대한 100% 커버리지도 요구한다. 이러한 방식에서 결점을 재확인하고 다루는 것은 결점을 동적으로 처리하는 복잡성보다 훨씬 더 쉬울 것이다.

마지막으로 결점 예측^{fault prediction}은 종종 안전 필수 시스템의 손실된 측면이다. 미래에 발생할지도 모르는 결점을 예측하고 이것을 유지 보수 인력이나 유지 보수자에게 알린다는 것은 시스템의 종속성을 증가시키는 아주 가치 있는 일이다. 이의 사례에는 비논리적 범위 밖의 값을 가질 수도 있는 센서가 포함되는데, 이 센서는 시스템 실행을 유지하기 위해 이 값을 버릴 것이다. 그러나 이 범위 밖의 값 개수가 매일 발생하는 전형적인 값에서 매분 발생하는 값으로 증가한다면 이것은 실패한 센서를 갖는 쪽으로 점점 다가가게 될 것이다. 시스템이 안 좋아지고 있다는 사실을 사용자가 예상하는 동안 결점 발생 사실을 알리고 결점을 수리하는 것이 센서가 실패하고 가용하지 못하게 될 시스템의 원인이 되는 것보다 훨씬 더 신뢰적일 것이다.

위험 분석

안전 필수 시스템에 대한 설계는 중대한 사고나 원치 않는 손실을 초래하는 시스템 장애의 원인이 되는 위험hazard을 다뤄야만 한다. 위험은 손실의 원인이 되는 잠재적 장애. 안전 필수 시스템은 시스템 운영이 항상 안전하게 설계돼야 한다. 심지어 시스템의 특정 측면이 실패하더라도 시스템은 안전한 상태에서 계속 운영돼야 한다.

'안전장치가 돼 있는fail safe' 것이란 시스템이 뭔가 크게 잘못되더라도 시스템이 항상 안전한 상태를 유지하는지 그 결과를 설명하는 데 사용되는 용어다. 기관차 열차의 안전 상태는 정지된 상태일 것이다. 전자식 비행 조종장치를 가진 항공기 같은 일부 시스템은 안전장치가 돼 있는 상태를 갖지 못한다. 이러한 유형의 시스템을 다룰 때 다중 레벨의 중복과 장애의 단일 지점에 대한 제거를 시스템 설계의 한 부분으로 나타나도록 해야 한다.

위험 분석hazard analysis 수행은 안전 필수의 임베디드 시스템을 설계하는 핵심이다. 이 분석은 임베디드 시스템에 존재하는 위험에 대한 식별을 포함한다. 이것은 기초적 형태에서의 단순 스케치라 하더라도 이전에 개발됐던 기초적인 설계나 아키텍처를 기반으로 해서 분석된다.

이 위험 분석 프로세스에서는 안전 필수 시스템을 위한 아키텍처가 제안되며, 현 시점에서 볼 때 앞으로 나타날 수도 있는 위험을 완화하는 데 있어 아키텍처가 고도로 신뢰성 있고 이용이 가능하게 지원될 때까지 반복된다. 이 분석이 일단 완료되면 안전 필수 시스템의 모든 측면을 더 자세히 수행하기 위해 추가적인 위험 분석이 필요할 것이다.

서브시스템을 설계하는 동안 위험 분석은 계속해서 수행될 것이다. 위험 분석보다 더 자세한 내용을 알고 싶을 때 수행되는 효과적인 방법에는 장애 모드와 영향 분석FMEA이 있다. 이 방법은 시스템에 존재하는 각각의 장애를 수치적으로 평가하는 체계적인 접근법이며, 그 결과 장애 각각에 대한 유형이나 범주를 명확하게 제공한다. 일단 장애에 대한 영향이 이해되면 장애를 완화하기 위한 탐지나 제거, 그리고 조건 완화를 위한 시스템 내로의 기능적 추가 등이 수행된다.

FMEA를 수행해서 나온 작업 산출물의 사례가 그림 18.2에 나타나 있다.

기능	잠재적 장애	잠재적 장애 영향	강도율	잠재적 원인	발생률	완화 계획	탐지율	RPN
차량 속도 센서	센서 실패 (센서 범위 초과)	정속 주행 장치의 폭발	5	센서 고압 측의 높은 단락	2	센서 연결 부분에 과부하 추가	3	30

그림 18.2 FMEA 품목명 사례

FMEA에서는 각각의 장애 조건이 평가되며, 평가 조건에는 얼마나 자주 발생하는지, 발생 시 결과의 강도는 얼마인지, 발생 시 얼마나 자주 탐지될 수 있는지 등이 있다. 이들 조건은 보통 1부터 10까지의 등급이 매겨지며, 그런 다음 각 조건의 등급을 모두 곱함으로써 장애의 전체 점수(리스크의 우선순위 번호)가 계산된다. 이 번호가 어떤 장애를 먼저 평가해야 될지에 대한 순서를 매기는 데는 도움을 주겠지만, 어떠한 장애라 할지라도 결코 무시해서는 안 된다! 규칙은 설정돼야 하고 탐지될 수 없거나 발생 시 심각한 결과를 초래하는 장애에 대해서는 규칙이 설정돼 실시돼야만 한다. FMEA의 또 다른 중요한 측면은 다중 장애가 동시에 발생할 때 더 큰 이슈가 발생할 수 있는 개별적 장애에 초점을 맞추는 경향을 가진다는 것이다.

결점 트리 분석fault-tree analysis은 위험 분석을 수행하는 하향식 접근법이다. 이 분석은 얼마나 다양한 개별 결점의 조합이 시스템 장애를 초래하는 원인이 되는지를 식별하는 데 도움을 주는 방법이다. 결점 트리는 소프트웨어에 대해서만 초점을 맞추지 않고 장애 발생의 원인이 될 수 있는 하드웨어와 사용자 상호 작용까지도 포함한다. 하향식 접근법은 결점 자체를 갖고 시작하며, 최종 장애가 어떻게 발생할 수 있는지를 다루기 위해 연속된 논리적 경로를 조합한다.

그림 18.3은 결점 트리를 나타낸다.

이벤트 트리 분석event-tree analysis은 결점 트리 분석과는 반대되는 방법으로, 위험 분석에 대한 상향식 접근법이다. 이 분석은 장애 자체를 갖고 시작하며, 특정 장애가 어떤 결점 조합으로부터 발생될 수 있는지를 분석한다. 이 유형은 '엔진 실행 중 정지' 같은 원치 않는 이벤트를 갖고 시작하며, 그런 다음 이것이 개별 결점과 발생된 오류를 갖고 어떻게 발생할 수 있는지를 결정한다.

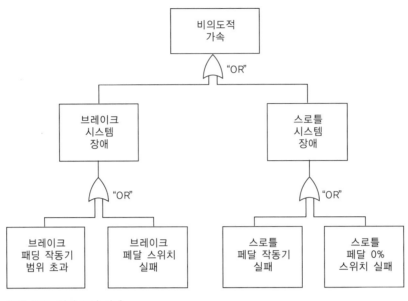

그림 18.3 결점 트리 사례

그림 18.4는 해당 분기가 얼마의 확률로 발생되는지가 숫자로 표시돼 있는 이벤트 트리의 예를 보여준다.

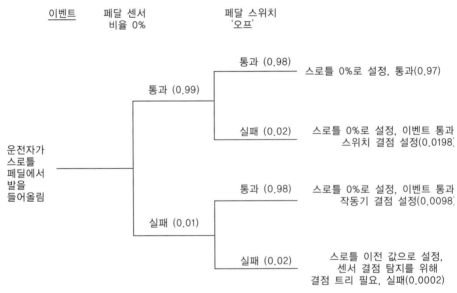

그림 18.4 이벤트 트리 사례

안전 필수 시스템에서 사고, 손실, 손해의 결과를 초래하는 위험은 리스크[risk]로 분류되며, 이러한 위험은 리스크 분석이 수행돼야 된다.

리스크 분석

리스크 분석risk analysis은 식별된 위험의 각각을 더 주의해서 평가하는 표준 방법이다. 이 프로세스의 일부로서 각각의 위험은 발생 시의 잠재적 손실이나 손해와 함께 장애 발생 가능성을 기반으로 평가된다. 리스크 분석은 주어진 위험이 허용할 수 있는 수준인지, 얼마나 많은 위험을 기꺼이 수용하려는지, 장애를 완화하거나 재설계할 필요가 있는지 등을 결정하는 데 도움을 준다.

리스크 분석의 초기 단계는 평가다. 이 스텝에서 FMEA로부터 온 입력은 분류가 올바른지 아닌지를 확인하는 데 사용된다. 확률과 같은 것들, 전체 시스템의 예측된 리스크, 강도 등이 평가된다.

FMEA는 주로 특이한 많은 장애를 조사하는 경향이 있고, 리스크 평가는 다중 요소를 검토하기 때문에 평가될 단일 장애에 대한 논의는 요구되는 한 계속돼야 한다. 일단 평가가 완료되면 장애에 대한 허용 가능성 비율이 주어질 것이다. 이 비율은 허용 불가, 허용, 허용 가능에 대한 값을 가질 수 있다. 허용 불가unacceptable란 재설계나 더 나은 설계 노력을 요구하기 위해 장애는 반드시 제거돼야 함을 의미한다. 허용acceptable이란 팀이 현재 설계된 것(허용 리스크)처럼 위험과 그 완화에 대해 허용한다는 것을 의미한다. 세 번째 유형인 허용 가능tolerable이란 장애를 완화하거나 제거하기 위해 리스크에 대한 더 신중한 평가가 필요하다는 것을 의미한다.

리스크 분석의 또 다른 단계는 이전 절에서 다룬 것처럼 결점 트리나 이벤트 트리 분석의 수행을 포함해 위험 분석과 같은 동일한 툴을 이용하는 것이다. FMEA가 개별적인 장애를 검토하는 경향이 있는 반면 리스크 분석은 장애를 시스템 차원 전체에서 검토하기 때문에 FMEA에 비해 추가적인 이점을 가진다. 전체 시스템의 아키텍처 변경이나 심지어 서브시스템의 아키텍처 변경은 식별된 리스크의 제거나 완화를 요구할 수 있다. 아키텍처에서 리스크의 제거나 완화에 도움을 주는 핵심 전략은 중복의 개념이다.

중복이란 단순히 똑같은 일을 한 가지 이상의 방법으로 수행한다는 것을 의미한다. 이것은 두 개의 프로세서, 멀티프로세서, 심지어 하드웨어와 소프트웨어의 조합에서 동작하는 똑같은 소프트웨어의 조합을 포함할 수 있다. 다음 절은 리스크의 완화에 사용될 수 있는 다양한 안전 필수 아키텍처에 대해 다룬다.

안전 필수 아키텍처

안전 필수 시스템 생성의 대부분은 사용될 예정인 시스템/소프트웨어 아키텍처에서 결정된다. 그림 18.5에 나타나 있는 프로세서의 아키텍처를 고려해보자.

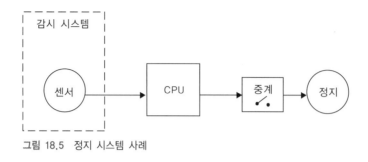

그림 18.5 정지 시스템 사례

이 구성에서 안전 필수 소프트웨어가 동작 중에 프로세서가 뭔가 기대하지 않는 일을 수행할 때 어떤 일이 발생할까? 프로세서가 뭔가 정상적인 메모리 장소에서 동작하지 않거나 일정 기간이 지난 후에만 나타나는 잠재적 장애가 있다면 어떻게 될까?

이 프로세서는 실제로 안전 필수 시스템을 저절로 만족시킬 수는 없을 것이다. 프로세서가 병렬로 수행될 수 없다면 요구되는 안전 기능을 병렬로 수행하기 위해 안전 수준에 따라 프로세서 주변에 추가될 수 있는 외부 컴포넌트가 있을 수도 있다. 인터페이스의 복잡성이 증가함에 따라 회로를 복제하는 것은 시스템에서 발생할 수 있는 장애를 완화시키지 못할 것이다. 이것은 특히 필수 데이터가 연속 메시지나 이더넷 프레임 내에 포함돼 있다면 사실일 것이다. 안전 필수 데이터의 양이나 안전 메커니즘의 개수가 증가할 때가 바로 각기 다른 아키텍처를 가질 때다.

다음 절은 안전 필수 시스템에서 사용될 수 있는 다양한 아키텍처에 대한 개요를 보여준다. 각각의 아키텍처는 긍정적 측면과 부정적 측면을 포함해 다양한 측면을 포함하고 있다는 것에 주목해야 한다.

행위자(Do-er)/검사자(check-er)

그림 18.6에 나타나 있는 아키텍처에서 첫 번째 프로세서는 임베디드 시스템 작업의 대부분을 계속해서 수행한다. 이 경우 안전 관련 데이터에 대한 평가를 수행하기 위해 이 데이터를 검토할 수 있는 두 번째 프로세서가 추가된다. 이 프로세서는 주프로세서의 출력을 검토하며, 주프로세서가 정해진 작업을 제대로 수행하고 있는지 여부를 결정한다.

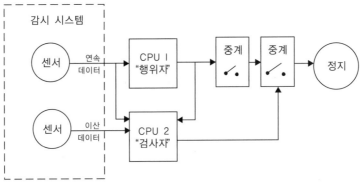

그림 18.6 기본적인 행위자 검사자 다이어그램

한 가지 예를 들면 '정지STOP'를 의미하는 연속 스트림 정보가 있고, '정지'를 또 의미하는 분리된 이산 입력 신호도 있다. 이 두 가지 프로세서 모두 양쪽 데이터 모두에게 가시성visibility을 갖게 설계될 수 있다. 주프로세서는 수행 중인 기타 모든 연산과 마찬가지로 안전 필수에 대한 '정지' 로직을 처리할 것이다. 두 번째 프로세서는 간단히 정지하라고 명령받은 주프로세서가 이 데이터를 기반으로 처리되는지 여부를 확인하기 위해 살펴볼 것이며, 주프로세서가 그렇게 처리하지 않으면 조치를 취할 것이다. 두 번째 프로세서는 (동력 전달 장치의 시동을 끄는 것과 같이) 뭔가 좀 더 갑작스럽게 정지할 것이며, 주프로세서는 더 부드러운 방식으로 정지할 것이다.

이 아키텍처는 안전 상태가 있는 시스템에 적합하다. 두 번째 프로세서 측의 복잡성이 시스템의 안전성 기능으로 제한되기 때문에 또한 좋다. 주프로세서는 기타 모든 비안전성 코드에도 여전히 동작된다(두 번째 프로세스는 그렇지 않다).

안전성 사례의 복잡성이 증가할 때 또는 안전 필수 레벨이 증가할 때 데이터 처리를 위해서는 각기 다른 아키텍처가 필요하다.

두 개의 프로세서

그림 18.7에 나타나 있는 아키텍처에는 시스템의 안전성 측면을 다루는 동일한 두 개의 프로세서가 존재한다. 프로세서 각각에는 'A'와 'B' 라벨이 붙어 있으며, 동일한 연산을 수행하고 동일한 데이터를 처리한다. 'C' 라벨이 붙어 있는 다른 프로세서는 시스템의 안전성 측면과는 아무런 상관이 없고, 태스크를 정리하며 코드를 실행한다. 두 개의 안전성 프로세서는 동일한 데이터상에서 동작한다.

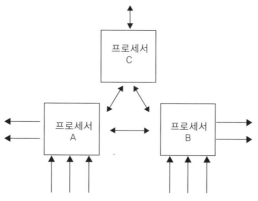

그림 18.7 두 개의 안전성 프로세서 다이어그램

두 개의 프로세서를 약간 다르게 만들 수도 있는 다양한 비결이 위 두 개의 프로세서에서 수행될 수 있다. 먼저 프로세서를 위한 메모리 맵을 이동시킬 수 있다. 이는 하나의 프로세서에서 메모리와 관계되는 소프트웨어 오류가 다른 프로세서의 동일한 메모리에는 없게 될 것이다.

이들 프로세서는 또한 각기 클록되고 동작된다(이들 두 개의 프로세서는 서로 정확히 같은 방식이나 비율로 명령을 실행시킬 필요는 없을 것이다). 이 아키텍처에서 프로세서가 서로 일치하지 않으면 시스템은 스스로를 위해 '안전 상태'로 돌아갈 것이다. 이 아키텍처와 이전 아키텍처에서는 임베디드 시스템을 위한 '정지' 또는 '안전' 상태가 있다고 추정한다. 시스템이 동작을 계속해야 한다면 더 복잡한 시스템 아키텍처가 요구될 것이다.

투표자

그림 18.8에 나타나 있는 아키텍처는 시스템의 '투표자Voter' 유형을 보여준다. 이런 유형의 시스템에서 프로세서는 실제 다음에 어떻게 조치해야 할지에 대해 투표한다. 정보는 이들 모두 간에 비교되고 투표가 가장 많았던 곳이 결정된다. 프로세서가 결정하지 못한 것은 로그되고 신호로 알려지게 되므로 관리가 시스템에서 수행될 수 있다. 또한 투표 메커니즘의 해석에 대한 주기적 검사가 요구되므로 투표 메커니즘 자체가 작업이고 잠재적 장애는 없는 것으로 알려져 있다.

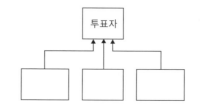

그림 18.8 안전성 투표자 프로세서 다이어그램

이런 유형의 아키텍처는 복잡성에서 큰 변화가 있다. 이러한 시스템을 평가하기 위해 수행돼야 하는 많은 테스트 케이스가 있으며, 그 가능성의 개수는 격증하고 있다. 임베디드 공학자는 이와 같은 시스템의 복잡한 사항을 처리하며 일생을 보내고 있고, 개발자는 시간적인 측면에서 답답해하거나 심지어 일상적이지도 않을 것이다.

안전성 요구 사항을 기반으로 사전에 올바른 아키텍처를 선정하는 것도 아주 중요하다. 개발이 시작된 이후 하나의 아키텍처에서 다른 아키텍처로 이동하는 것은 비용이 많이 소유되며, 상황을 더 복잡하게 만든다.

소프트웨어 구현 전략

프로젝트의 계획 수립, 위험/리스크 분석, 아키텍처가 완료된 이후 어떤 요구 사항이 안전에 필수적인지 이에 대한 올바른 이해가 있어야 한다. 소프트웨어 개발에서 이러한 사항들을 특수하게 취급하는 것이 중요하며, 심지어 다음에 나오는 분리된 프로세스가 올바르게 설계되고 코딩되며, 단위 테스팅이 제대로 이뤄지는지를 확실히 해야 한다.

모든 유형의 안전 필수 애플리케이션이나 프로젝트에 적합한 단일 프로세스를 갖는 것은 어려운 일이다. 이 절의 의도는 개발 수행 시 다양한 전략을 고려해야 한다는 것을 알려주기 위한 것이다. 프로젝트에서 안전성 요구 사항은 여기서 목록화된 많은 항목을 요구할 것이며, 이 절은 이러한 사항을 고려하는 데 있어 좋은 출발점을 제공할 것이다. 독립적인 평가자가 활용된다면 여기에 포함돼야 할 특정적이고 구체적인 항목들이 있을 수도 있다.

전략 1: 명확하고 반복적인 동료 리뷰 프로세스가 있는가

안전 필수 소프트웨어에 대한 가장 중요한 프로세스 항목 중 하나가 잘 정의된 동료 리뷰peer-review 프로세스를 갖는 것이다. 동료 리뷰를 위한 프로세스가 돼야 하며, 회의 전 검토를 위해 어떤 정보가 제공되는지, 그리고 어느 정도의 시간이 가용한지에 대해서도 일관성이 있어야 한다. 검토자는 시스템, 시스템 테스트, 안전성, 형상 관리 등을 포함시켜야 한다.

검토자가 동료 리뷰를 위해 준비할 충분한 시간을 갖지 못했다면 이러한 사항도 동료 리뷰 리더에 의해 인지돼야 한다. 이 경우 회의 스케줄은 조정돼야 한다. 안전 필수 코드의 개발과 코드 구역에 있어 소스코드에 대한 독립적 평가가 정말 중요하므로, 개인은 평가자들의 의견이 개입될 수 있는 코드를 통해서는 활동하지 못한다. 이러한 독립적 평가는 조직 외부의 개인이 될 수 있거나 조직 내의 다양한 명령 계통에서 보고하는 그 누군가도 될 수 있다.

소프트웨어 동료 리뷰 프로세스의 사례가 그림 18.9에 나타나 있다.

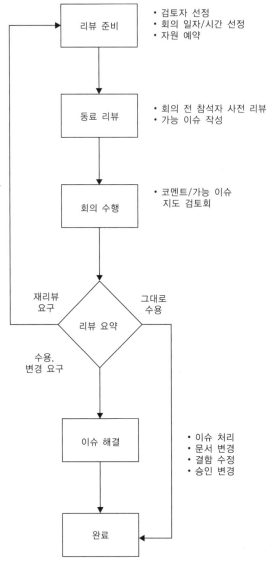

그림 18.9 동료 리뷰 프로세스 사례

전략 2: 기존 안전 코딩 표준에 대한 이용 고려

여기에 나열돼 있는 전략에 추가해서 안전 필수 코드를 구현할 때 따라야 하는 프로그래머를 위한 규칙이 정의돼 있는 안전 표준이 존재한다.

안전 필수 애플리케이션에서 C를 이용하기 위해 MISRA C라고 부르는 한 가지 특별한 표준은 초기에 127개의 가이드라인으로 정립됐다. 이 표준은 C 프로그래밍 언어를 이용할 때 일어날 수 있는 오류를 완전히 '법적'으로 검사하지만, 실제 실행 시 의도하지 않은 결과가 발생했다. 영국에 기반을 둔 자동차 산업 소프트웨어 신뢰성 협회^{MISRA}는 자동차 설계 영역은 안전성이 아주 중요하다는 것을 깨달았다. 협회의 첫 번째 표준은 1989년에 개발됐으며, 127개의 전체 가이드라인 중 93개의 필수 규칙을 포함시켰고, 남아 있는 34개의 규칙은 권고 규칙으로 만들어졌다.

MISRA 표준은 가이드라인이 추가돼 2004년에 업데이트됐다. 이 표준은 121개의 필수 규칙과 20개의 권고 규칙을 가져 전체 141개의 규칙으로 증가됐다. 이 신규 버전의 표준은 또한 '실시간 장애' 같이 규칙을 범주별로 구분했다. MISRA C 표준 문서는 웹사이트인 http://www.misrac.com에서 찾아볼 수 있다. 그리고 MISRA C++ 문서와 분리해 C++을 위한 가이드라인 집합도 같은 웹사이트에서 찾아볼 수 있다.

이 규칙의 한 가지 사례에 "모든 코드는 허용된 확장 없이는 ISO 9899 표준 C를 따라야 한다."가 있다. 이 간단한 용어에서 볼 때 확장이나 인라인 어셈블리를 이용하는 것은 이 규칙을 따르지 않는 것으로 고려될 수 있음을 의미한다. 그러나 이 규칙에 의하면 다음과 같은 논평이 달려 있다. "어느 정도의 언어 확장을 허용하기 위해서는, 예를 들어 하드웨어에 구체적인 특징을 지원하기 위해서는 그 편차를 증가시키는 것도 필요할 수 있다는 것을 인정한다." 이와 마찬가지로 표준은 낮은 수준의 하드웨어가 국한된 영역, 표준 영역, 반복적인 방식에서 수행되는 영역에 있는 한 하드웨어의 조작이나 인터럽트 루틴의 처리를 허용한다는 것은 명확한 사실이다. 이 특별한 표준은 이미 임베디드 시스템에 작성돼 있다!

93개의 필수 규칙 모두 정적 코드 분석기를 이용해 분석될 수 있다(다음에 제시돼 있는 '전략 16: 정적 코드 분석' 부분을 참고하라). 많은 임베디드 컴파일러 벤더들은 다양한 규칙 검사 표준에 대한 지원을 포함하고 있다. 또한 순응을 검사하고 소프트웨어 모듈에 대한 보고서를 프린트할 수 있는 소스 파일의 각각이 작성되는 동안 동작될 수 있는 분리된 프로그램까지도 포함하고 있다. 소프트웨어를 조사할 수 있는 MISRA 인증 프로세스가 없는 경우에만 순응을 위해 이들 툴의 동작이 조사된다.

전략 3: 입력 데이터의 모든 조합 처리

안전 필수 시스템에 의해 처리되는 데이터에 대해서는 외부 데이터와 중간 데이터 모두를 비롯해서 입력 값의 모든 조합을 다루고 확인하는 것이 중요하다.

시스템에 들어가는 외부 데이터에 대해 가능한 모든 값을 검사하는 것은 확실히 이치에 맞는 말이다. 다른 시스템과의 인터페이스를 위해 작성된 인터페이스 명세가 특정 데이터 항목이 특정 값만을 가진다는 것을 나타낼 수도 있지만, 나타나는 각기 다른 값을 모두 검사하는 것이 중요하다. 이것은 분명히 다른 하나의 시스템 베이스라인이 신규 소프트웨어로 업데이트되지만 놓칠 수도 있는 제품의 수명주기 후반에 발생할 수도 있다. 그렇지 않으면 인터페이스 구현 명세에 대한 양 당사자 중 한쪽에 의한 잘못된 해석으로 인해 발생할 수도 있다.

예를 들어 데이터 요소가 '정지'를 뜻하는 '0'의 값을 갖고 '진행'을 뜻하는 '1'의 값을 가진다고 할 때 변수가 다른 값을 가진다면 어떤 일이 발생할까? 누군가가 나중에 "주의해서 진행하라"는 뜻을 가진 '2'라는 새로운 값을 추가할 수도 있을 것이다. 이러한 경우 각각의 값을 구체적으로 검사하기 위해 로직에 합해져야 하며, 다른 경우를 마찬가지로 발견할 수 있는 로직도 가져야 한다. 이러한 상황에서 누군가에게 로깅이 잘못됐다고 알려주는 것이 미래의 상황을 올바르게 만드는 데 도움을 줄 것이다. 이에 대한 하나의 예는 다음과 같다.

```
if ( input_data_byte == 0 )
{
   Movement = STOP;
}
else if ( input_data_byte = = 1 )
{
   Movement = GO;
}
else
{
   Movement = STOP; // Most restrictive case here
   Log_Error( INP_DATA_BYTE_INV, "Unknown Value" );
}
```

이 시스템에서 선언된 중간 변수에 대해 동일한 유형의 검사를 수행하는 것 또한 중요하다. 모든 'if' 문은 'else'를 가져야 하며, 모든 'switch' 문은 예상치 못한 값을 모두 아우르는 디폴트 사례를 가져야 한다. 'if' 문에 대한 좀 더 복잡한 조건의 조합은 동일한 'else' 조건을 가져야 한다. 절대 실행돼서는 안 되는 대체 경로를 갖는 것은 시스템을 전체로서 더 잘 이해하는 데 도움이 된다. 이것은 또한 존재할지도 모르는 대체 경로와 곤란한 경우를 프로그래머가 분석하는 데 도움을 준다.

전략 4: 특정 변수 값 검사

안전 필수 소프트웨어의 코드 작성 시 기대되는 허용 조건에 대한 특정 값을 검사하는 것이 중요하다. 다음 코드를 고려한다.

```
if ( relay_status != RELAY_CLOSED )
{
```

```
    DO_Allow_Movement(); // Let the vehicle move, everything OK
}
else
{
    DO_Stop(); //The relay isn't positioned correctly, stop!
}
```

위의 사례에서 코드는 이동을 허용하기 위해 오픈된 중계를 기대할 것이다. 변수 relay_status는 RELAY_OPEN과 RELAY_CLOSED의 두 값을 가진다. 그러나 선언된 변수의 크기에 따라 실제로 더 많은 값을 가질 수 있다! 메모리가 실제로 다른 값을 가진다면 어떻게 될까? 위의 코드에서 이동은 허용될 것이다. 이것이 좋은 관행은 아니다. 대부분의 허용 상태에서 단일 값은 항상 검사하라(또는 적절한 경우 그 범위를 검사하라). 다음 코드는 이러한 코드 블록을 작성하는 올바른 방법이다.

```
if ( relay_status = = RELAY_OPEN )
{
    DO_Allow_Movement(); // Let the vehicle move, everything OK
}
else if ( relay_status = = RELAY_CLOSED )
{
    DO_Stop(); // It is closed, so we need to stop
}
else // This case shouldn't happen -
{
    DO_Stop(); //The relay isn't positioned correctly, stop!
    Log_Error( REL_DATA_BYTE_INV, "Unknown Value" );
}
```

코드 블록을 작성할 수 있는 또 다른 방법은 코드의 구성 방법을 기반으로 실행 시작 시점에 코드 내에 가장 제한적인 경우를 설정하는 것이다. 그런 다음 특정한 단계가 선택되고 이동을 허용하기 위해 값이 검사된다. 위의 간단한 코드 블록에서 DO_Stop()은 조건부 if 문의 외부로 이동될 것이며, 그런 다음 코드는 특정 검사가 통과되면 이동을 허용할 것이다.

전략 5: 안전 필수 코드 구역 표시

코드 내의 안전 필수인 코드 구역에서 이 코드 구역을 표시하는 특별한 방법이 있어야 한다. 이것은 나중에 있을 코드의 관리에 대한 것이며, 그렇지 않으면 코드는 나중에 있을 프로젝트를 위해 다른 그룹에 의해 사용된다. 실제 안전 필수 구역은 왜 이것이 안전 필수인지 논평을 이용해 표시돼야 하며, 또한 작성된 구체적인 안전 요구 사항에 대해서는 다시 언급돼야 한다. 이것은 또한 이미 작성된 안전 분석 문서를 참고하는 데 있어 적절한 장소가 될 것이다.

다음은 안전 필수 코드 구역을 위해 사용될 수 있는 헤더^{header}의 예다.

```
/*******************************************************
*******************************************************
** SAFETY-CRITICAL CODE SECTION
** See SRS for Discrete Inputs for Requirements
** Refer to Document #20001942 for Safety Analysis
**
** This code is the only place that checks to make
** sure the lowest priority task is being allowed
** to run. If it hasn't run, then our system is
** unstable!
*********** START SAFETY-CRITICAL SECTION **********/
// LOW_PRIO_RUN is defined as 0x5A3C
if ( LP_Flag_Set = = LOW_PRIO_RUN )
{
    LP_Flag_Set = 0;
}
else
{
    // The system is unstable, reset now
    Reset_System();
}
/*********** STOP SAFETY-CRITICAL SECTION **********/
```

위의 사례에서 시스템이 재설정만 됐다는 것을 확인할 수 있다. 이것은 시스템의 어떤 태스크가 수행 중인지, 그리고 그 태스크가 어디에 설치되는지에 따라 적절하지 못할 수도 있다. 이와 같은 코드는 메시지를 통해 전달되는 안전 필수 데이터를 가진 메시지 프로토콜 변환 장치에는 적절할 수도 있지만, 차량에는 그다지 적절하지 못할 것 같다!

전략 6: 타이밍 실행 검사

안전 필수 코드가 동작되는 프로세서에서 의도하는 모든 소프트웨어가 적절한 시점에 동작할 수 있다는 것을 검사하는 것이 중요하다. 태스크 기반 시스템에서 우선순위가 가장 높은 태스크는 우선순위가 더 낮은 다른 모든 태스크가 동작할 수 있는지를 확실히 하기 위해 검사돼야 한다. 타임 블록이 다른 태스크를 위해 생성될 수 있으므로, 우선순위가 더 낮은 하나의 태스크가 10ms마다 동작하고 다른 태스크가 1s마다 동작한다면 이에 대한 검사는 적절히 이뤄질 것이다. 한 가지 방법은 태스크가 의도된 실행률보다 20%보다 더 늦거나 더 빠르게 동작하지 않는지를 확실히 하기 위해 검사하는 것이다.

태스크 타이밍이 검사되는 비율은 검사된 태스크의 안전성 측면에 달려 있을 것이다.

또 다른 하나의 시스템 검사는 시스템의 전체 클록 속도가 느려졌는지, 그리고 전체 소프트웨어 베이스라인을 속였는지를 확실하게 검사하는 것이다. 이와 같은 검사는 오프코어$^{off-core}$ 타이밍의 근원을 고찰해야 하므로 클록과 실행률이 비교될 수 있다. 얼마나 다양한 타이머가 시스템에 클록되는지에 따라 이것은 온다이$^{on-die}$ 내부 검사에서 비롯될 수 있지만, 검사 대상이 동일한 마스터 클록의 입력에서 계속 동작하지 않을 때만 그렇다. 한 가지 사례는 외부의 크리스털이나 다른 입력에서 계속 동작한다면 칩상의 실시간 클록과 비교해 태스크의 실행 타이밍을 검사하는 것이다. 이 경로로 진행할 때 소스코드는 RTC 칩에서 어떻게 클록 입력을 변경시키는지 모르는(또는 매칭이 되지 않는) 요구 사항이 될 수도 있다.

전략 7: 진부한 데이터

시스템의 또 다른 안전 필수 측면은 시스템에서 진부한 데이터를 갖지 않았다는 것을 확실히 하기 위해 연산을 수행하는 것이다. 기대보다 더 오래된 데이터에 대해 결정하는 것은 동작 중에 심각한 결과를 초래할 수도 있다!

이에 대한 한 가지 사례는 프로세서와 FPGA 같은 외부 로직 장치 간 인터페이스다. 로직 장치는 병렬 메모리 버스를 통해 액세스되며, 프로세서는 메모리 버퍼로부터 온 입력 데이터를 읽기 위해 인터페이스를 이용한다. 데이터가 안전 필수 검사에 대한 입력으로 사용된다면 이 데이터가 진부해지는 것은 그 어느 누구도 바라지 않을 것이다. 이와 같은 사례는 프로세스가 FPGA 정지상에서 데이터를 수집하거나 입력 측에 하드웨어 결점을 갖는 경우에 발생할 수 있다. 인터페이스는 데이터 블록을 위해 카운터 같은 것이 추가되거나 메모리를 읽은 후 깨끗이 정리되는 핸드셰이킹^{handshaking} 프로세스를 가져야 한다. 메모리 블록이 요청 이후 깨끗하게 정리됐는지를 확실하게 확인하는 검사 방식을 가진 프로세서와 마찬가지로 추가적인 검사도 있어야 한다.

대체로 데이터가 어떻게 진입하고 어디로부터 진입하는지에 기반을 두고 진부한 데이터를 제거하는 방법도 많이 있다. DMA나 메모리 액세스로 채워진 원형 버퍼도 그 중 한 가지다. 이 경우 데이터가 계속 들어오고 있는지를 확실히 하기 위해 검사하는 것은 중요한 일이다. 그리고 특정 메모리 장소에 다시 배치된 연속 데이터도 있을 수 있다. 안전성 애플리케이션이 들어오고 이 연속 데이터상에서 동작된다. 여기서 고려해야 할 몇 가지 사항은 다음과 같다.

- 첫째, 일단 안전 필수 코드가 동작되고 출력을 생성하면 진입 데이터를 제거하기 위한 방식이 있는지 그 여부를 결정하라. 메모리 공간을 깨끗하게 정리하는 것이 기능이 다시 동작하기 전에 데이터가 제거됐는지를 확실하게 검사하는 가장 좋은 방법이다.
- 둘째, 연속 데이터나 데이터 집합을 처리할 때 데이터의 순서를 정하는 순차 번호의 이용을 고려하라. 이 방법은 소프트웨어가 어떤 집합을 마지막에 처리해야 하는지를 기억할 수 있게 해줄 것이므로 예상되는 순차 번호의 증가는 데이터가 점점 더 새로워진다는 것을 나타낼 것이다.
- 셋째, 전체 메모리 공간을 정리하기에는 비현실적으로 큰 데이터 블록에서 순차 번호는 없고 작업은 좀 더 어려울 것이다. 이 큰 블록에서 데이터가 올바른지 확실히 하기 위해서는 CRC나 데이터 자체에 대한 오류 검사를 수행해야 한다. 이 큰 데이터를 처리 후 선택적으로 변경된 다중 바이트는 CRC 불일치를 생성하는 데 도움을 줄 수 있다. 이에 대한 가능성은 존재하겠지만, 그렇다고 데이터가 변경되고 CRC가 여전히 훌륭한 그런 개연성이 있는 상황은 아닐 것이다.

전략 8: 출력 비교

사용될 프로세서의 아키텍처에 따라 하나 이상의 프로세서가 있을 때 안전 필수 함수의 출력은 교차적으로 검사돼야 한다. 이러한 검사는 아키텍처에 있는 각각의 프로세서가 입력을 기반으로 다른 프로세서가 적절한 행동을 취하는지 그렇지 않은지에 대한 확인을 허용할 것이다.

더 쉬운 한 가지 방식은 다른 프로세서의 입력이 되는 하나의 프로세서의 출력이 또한 병렬로 동작되는 방식이다. 이것은 다른 프로세서가 동일한 데이터를 갖고 제시된 예상대로 수행하는지를 확실히 하기 위해 아키텍처에 따라 한 번 더 검사돼야 한다. 연속 데이터를 가진 출력에서 이것은 의도한 타깃에서 병렬로 동작될 수 있을 뿐만 아니라 다른 프로세서의 입력으로도 피드백될 수 있다. 그림 18.10에 나타나 있는 것처럼 다른 프로세서가 여러분의 프로세서와 동일한 일을 수행하고 있는지를 다시 확실히 검사하기 위해 비교가 수행될 수 있다.

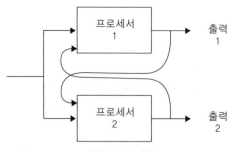

그림 18.10 프로세서의 검사 활동

이것이 발생할 수 있는 또 다른 방식은 연속 데이터나 메모리 일치 데이터를 두 개의 프로세서 사이로 직접 전송하는 것이다. 이것은 다른 프로세서의 출력이 나타날 때와는 대조적으로 소프트웨어 프로세스의 중간 단계에서 수행되는 더 많은 검사를 허용한다. 안전 필수 출력 중의 하나가 '점화ignite'라면 이를 위해 검사될 다른 프로세서에게는 약간 늦어진다. 이 경우 프로세서 사이에 더 많은 검사를 수행하는 것은 최종 출력을 얻기 전에는 언제라도 이익이 된다. 프로세서 간 통신 채널의 잠복성은 검사의 규칙성과 주기성에 직접적으로 일치된다. 그림 18.11은 이러한 연속 통신이나 메모리 일치 통신의 기초를 보여준다.

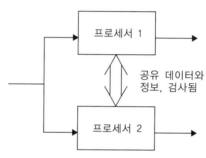

그림 18.11 프로세서 공유와 정보 검사

전략 9: 최소 허용 상태로 데이터 초기화

최소 허용 상태로 데이터를 초기화하는 것은 소프트웨어와 소프트웨어의 아키텍처가 어떤 상태이든지 간에 최소 허용 상태보다 더 허용이 가능하게 용납하는지에 대한 여부를 계속적으로 결정하도록 강요한다. 안전 필수 시스템에서 최소 허용이란 특정 시스템에 대해 '가장 안전한 조건'이 된다는 것을 의미한다. 이것은 코드의 초기화로 시작된다(이것은 어떠한 입력이나 진입 데이터가 없이도 안전 상태에서 시작하기 위해 설정돼야 한다). 일단 입력이 처리되고 결정이 내려지면 대부분 다시 제한적인 상태로 되돌아가는 내부 변수의 설정에 대해 고려해야 한다. 소프트웨어가 그 다음 시기에 동작될 때 "우리는 제한적이 아니다. 그러면 어떻게 해야 하는가?"라고 표시된 로직을 갖는 것과는 대조적으로 "입력을 기반으로 더 허용될 수 있는가?" 같은 어느 정도의 결정을 내려야 한다.

제한적 상태에서 시작한 아키텍처는 더 제한적으로 돼야 하는 사례를 찾아서 갖는 것과는 대조적으로 로직이 뒤이어 따라 나올 때 더 쉽게 이해되는 경향이 있다.

이러한 경우 마지막 출력 상태가 무엇이었는지 기억하기 위해 변수를 이용하는 것이 허용되겠지만, 코드가 ("Output_State")를 생성하는 출력과는 대조적으로 이들 변수는 입력으로서 로직 ("last_output_state")에 사용돼야 한다.

전략 10: 실행 순서

다른 사람들 앞에서 동작 중인 하나의 코드 구역에 대한 요구 사항이 있다면 이것이 발생됐는지를 확실히 하기 위해서는 안전성 검사가 준비돼 있어야 한다. 이것은 소프트웨어가 각기 다른 실행 스레드에서 동작할 때, 또는 태스크와 RTOS가 아마 포함돼 있을 때 확실히 작동하기 시작할 것이다.

간단한 안전 필수 애플리케이션에서 비가공 데이터를 택해 이를 여과하거나 더 의미 있는 데이터의 집합으로 변환시키는 태스크가 있다. 그리고 그런 데이터를 택해 계산을 수행하고 임베디드 시스템의 출력을 만들어내는 태스크도 있다. 이러한 경우 적절한 출력을 찾아내려고 시도하기 전에 입력 데이터를 먼저 처리하는 것이 더 좋을 것이다.

이를 위해 검사는 준비돼 있어야 하며, 실행 순서를 확실히 정할 수 있는 더 복잡한 활동은 기대하는 대로 정확해야 한다. 종종 순서대로 실행되지 않아 장애가 발생한다면, 그리고 이 장애가 적절히 처리되지 않는다면 예상하지 못한 동작이 초래될 수 있다. 이것은 원할 때 실행하는 (또는 실행하지 않는) 인터럽트를 통해 발생될 수 있다. 이들 세 가지 유형의 오류는 시간에 크게 종속되는 경향이 있다(따라서 이것은 '매 X번' 발생되는 그 어떤 것이든 될 수 있고 따라잡기가 아주 어렵다).

이것을 완화하는 한 가지 방법은 일이 순서대로 진행됐는지를 확실히 하기 위해 검사자를 함께 두는 방법이며, 지시받은 다른 태스크가 동작하기 전에 (이것이 요구 사항이라면) 태스크의 완료를 허용할 것이다. 이것은 간단한 태스크의 순차 번호를 이용해 수행될 수 있으며, 이 순차 번호는 적절한 완료 시점에 태스크를 실행할 수 있는지를 다음 태스크에게 알려주는 고정된 값으로 설정된다. (이러한 순서가 중요한) 다음 태스크는 값을 검사하고 그 값이 예상된 값과 일치하는 경우에만 진행한다.

또 다른 완화 방법은 지시된 실행을 돕기 위해 RTOS의 더 많은 특성을 이용하는 것이다. 세마포어semaphore와 플래그flag의 이용은 그 대안이 될 수 있다. 이런 유형의 솔루션을 이용할 때는 주의해야 한다(안전 사례에서 의존하는 특징이 증가하면 할수록 운영체제의 종속성도 마찬가지로 증가하기 때문이다).

코드가 가진 안전성 본질에 따라 마지막 아이디어는 간단한 타이머를 이용하고 간단히 작성한 스케줄러를 이용해 프레임에서 태스크를 동작시키는 것이다. 모든 태스크의 우선순위가 같고 '즉시 동작'이 필요한 코드의 인터럽트 작성이 편안하다고 느껴진다면 실행 순서에 대한 보증은 함수 호출만큼 간단해진다.

전략 11: 휘발성 데이터 검사

프로세서의 다른 소스에서 수신된 데이터는 무결점 검사가 수행돼야 한다. 이를 위한 일반적인 방법으로는 변수 길이에 대한 CRC순환 중복 검사 검사를 포함시키는 것이다. 소프트웨어의 안전성 비판 여론에 따라 이미 설정된 표준을 제외한 각기 다른 CRC가 다음에 기술돼 있는 것처럼 필요하게 될지도 모른다.

임베디드 네트워크에서 CRC에서 가장 고찰해야 될 파라미터는 해밍 거리Hamming distance다. 이 특성은 CRC 계산에 의해 검출되지 않고 메시지 내로 삽입될 수 있는 최소 인버전inversion 비트 수다. 주어진 메시지 비트 길이에서 해밍 거리가 4라면 CRC 계산에 의해 탐지되지 않을 수 있는 비트 오류의 조합은 4비트 이상 돼야 하므로, 메시지 내에서 1, 2, 3비트 오류의 조합은 없다는 것을 의미한다. 16비트와 더 적은 CRC, 메시지 길이의 영향, 해밍 거리와 관련해 가장 크게 참조할 만한 논문은 [1]이다.

시스템 내로 진입하는 데이터에 CRC와 다른 유형의 데이터 검사를 이용하는 것은 이상적인 방법이다. 데이터가 도착하면 그 데이터를 메모리에 위치시키기 전에 훌륭한 메시지인지 확인하는 검사가 수행될 수 있다. 이에 더해 데이터를 메모리에 위치시킨 후 잘못된 포인터나 메모리 조건에 의해 그 데이터가 변경되지 않았는지 여부를 주기적인 검사를 통해 수행돼야 한다.

한 가지 전략으로 안전 필수로 고려되는 모든 휘발성 데이터는 검사돼야 하며, 이것은 시스템의 안전성 메커니즘이 휘발성 데이터의 값에 따라 변경될 수 있다는 것을 의미한다. 계산에 의해 변경되는 데이터는 계산 전에 최소 허용 상태로 설정돼 있거나, 그렇지 않으면 변수가 기대된 대로 실행 도중에 변경됐는지를 확인하는 검사가 있어야 한다. 이것은 데이터를 무효한 상태로 설정하는 것과 데이터가 무효한 상태인지 확인하기 위해 코드의 끝단에서 실시하는 데이터 검사를 포함할 수도 있다.

안전 필수로는 고려되지만 계산에 의해서는 변경되지 않을 수도 있는 데이터에 대해서는 이 데이터와 연관된 변수를 CRC를 이용해 검사해야 한다. 예를 들어 운영 유지 포트에 출력 데이터를 'on'으로 설정한 테스트 변수가 있다고 하자. 원격 툴은 이 변수를 요청한 대로 'on' 이나 'off'로 설정할 수 있다. 이 휘발성 메모리의 영역이 붕괴되면 어떤 일이 발생할까? 계산 함이 없이 올바른 값으로 재변경하기 위해 데이터를 운영 유지 포트로 내보내기 시작할 수 있다. 이 변수가 원래 안전 필수라면 이것을 미연에 방지하기 위해 검사할 필요가 있다. 이 변수와 다른 변수를 포함하고 설정을 위해 CRC를 갖는 것은 이 메모리가 잘못된 포인터나 기타 상황으로부터 붕괴될 것인지를 확인하는 데 있어 훌륭한 방법이다. 그런 다음 프로그램은 CRC가 올바르게 설정됐는지 알기 위해 이 데이터 블록에 대한 CRC를 주기적으로 검사할 수 있다. 이미 언급한 것처럼 데이터 블록이 연속적으로 업데이트되지 않는 데이터에는 데이터 블록에 CRC 계산을 갖는 것이 특히 중요하다.

마지막으로 안전 필수 데이터는 코드를 통해 계산에 사용되기 전에 온전하게 검사돼야 한다. 이것은 현재 함수의 외부로 영향을 줄 수 있는 변수나 특히 다른 실행 스레드에 의해 변경되는 변수보다는 하나의 값이나 다른 값을 위해 이전 문장에서 방금 설정된 변수를 포함하지 않을 것이다. 예를 들어 호출된 함수가 6번마다 코드 구역을 실행하길 원한다고 하자. 이것은 (줄어드는 로직에 따라) 최대 5나 6으로 설정되며, 함수가 호출될 때 줄어든다. (0의 값) 태스크를 수행해야 하는지 아닌지를 결정하는 코드를 실행하려고 한다면 무엇을 또한 검사해야 하는가? '현재'와는 다르다는 것을 확실히 하기 위해 이 값의 '마지막' 값을 기억하는 것이 이치에 합당한가? 현재 변수가 6보다 더 높지 않은 값이 설정됐는가를 확실히 하는 것이 분명히 이치에 더 맞을 것이다!

휘발성 데이터의 큰 부분은 애플리케이션의 안전 필수성에 따라 검사된다. 이 전략은 진부하거나 붕괴되거나 비유효 데이터의 처리 기회를 더 낮춘다는 것을 명심하라.

전략 12: 비휘발성 데이터 검사

비휘발성 데이터는 변경되지 않기 때문에 검사하는 것이 좀 더 쉽다. 유용한 전략은 구축 시 프로그램 이미지에 대한 CRC를 계산하는 Makefile의 보유를 고려하는 것이다. 전체 이미지에 대해 단일 CRC가 이미지 길이에 대한 비트 오류를 검사하기에 충분할 정도로 제공되지 않는다면 다양한 코드 공간 구역을 위한 다중 CRC를 이용하라. 한 가지 접근법은 이미지의 첫 3분의 1을 커버하는 CRC, 첫 3분의 2를 커버하는 CRC, 전체 이미지를 커버하는 CRC를 각각 갖는 것이다. 이에 대한 다양한 변이도 사용될 수 있다.

이와 같이 다중 CRC를 이용하는 가장 근본적인 이유는 CRC 길이를 프로세싱 유닛의 원자 크기와 동일하게 유지시킬 수 있다는 것이다. 이것은 CRC 프로세싱의 속도에 도움이 된다.

안전 사례는 얼마나 자주 이미지가 검사돼야 하는지로 이끌 것이다. 안전 사례에 대한 입력은 포함된 하드웨어의 MTBF 데이터, 시스템의 실행 주기, 단일 프로세서에 존재하는 코드의 안전 필수성 등을 포함한다. 이미지 검사가 (일반적이지만) 가장 낮은 우선순위의 태스크에 할당된다면 이 태스크가 실행될 수 있는지, 그리고 예상 시간 내에 완료될 수 있는지를 확실히 하기 위해 이미지는 더 높은 우선순위에서 검사돼야 한다.

비휘발성 데이터 검사에 대한 또 다른 관점은 이 데이터가 동작되기 전에 이미지 검사를 수행해야 한다는 것이다. 일부 종류의 부트로더^{bootloader}나 초기 프로그램 함수는 초기화 중에 CRC를 검사해야 하며, 데이터의 무결성이 입증되는 경우에만 동작돼야 한다.

전략 13: 전체 시스템이 동작할 수 있는지 확인

안전 필수 시스템에서 이것이 실시간 운영체제RTOS에서 동작한다는 것은 이치에 맞지 않을지도 모른다. 작성된 소프트웨어에 대한 안전성 요구 사항에 따라 추가된 복잡성이 도입된 RTOS를 포함하는 것은 너무 비용 소비적이며 복잡할 수도 있다. 간단한 스케줄러도 들어오고 나가는 시간 필수 데이터를 처리하기 위한 인터럽트를 이용해 니즈needs에 대처할 수 있다. 어떤 시스템의 작업 유형이 사용됐는지에 상관없이 시스템은 모든 것이 올바르게 동작되고 있다는 것을 확실히 하기 위해 검사될 필요가 있다.

태스크 기반 RTOS 유형의 시스템에서 이것은 모든 태스크가 동작을 위해 허용됐다는 것을 확실히 수행한다는 것을 포함한다. 가장 낮은 우선순위의 태스크가 동작하는지를 확실히 하기 위해 높은 우선순위의 태스크를 갖는 것은 쉬운 일이다. 시스템의 모든 태스크가 올바르게 동작하는지, 동작하기에 충분한 시간을 갖는지, 예상 밖으로 무엇인가가 계속 수행되는지를 확실히 아는 것은 좀 더 어려울 것이다. 동작 유형에 대한 더 많은 검사는 태스크 내에서 안전 필수 코드를 가진 태스크를 이용해 수행될 필요가 있다. 안전 필수나 안전 사례의 일부분이 아닌 코드가 포함된 태스크는 그렇게 많은 검사를 할 필요는 없을 것이다.

종료 시점의 프레임을 위해 루프 대기의 끝부분에 일종의 지연을 가진 상수 루프에서 코드가 동작되는 간단한 스케줄러 시스템에서 모든 것이 동작할 수 있는지 여부를 검사하는 것은 좀 더 쉬울 것이다. (안전 필수 시스템에 대해 'const' 수식자를 가진) 함수 포인터가 사용된다면 검사는 좀 더 어려워질 것이다. 이런 유형의 소프트웨어 아키텍처가 영원히 주 루프의 코드 장소에서 꼼짝달싹 못하기 때문에 주 코드가 동작할 수 있다는 것을 확실히 하기 위해 주기적인 인터럽트 검사를 수행하는 것이 중요하다.

이 두 가지 유형의 시스템 모두에서 동작을 완전히 정지시키는 코드가 나타난다면 시스템을 재설정할 수 있는 (또는 다른 행동을 택할 수 있는) 외부의 워치독watchdog 회로를 갖는 것이 항상 훌륭한 아이디어다.

실행의 또 다른 측면은 예상 타이밍이 실제 사실인지 아닌지를 확실하게 하는 것이다. 바꿔 말해 중요한 코드 시퀀스가 동작하고 10ms마다 이 동작이 요구된다면 이 시스템이 실제 10ms에 동작하는지, 플러스/마이너스로 약간의 차이가 있는지 어떻게 알까? 이런 유형의 사례에서 검사를 위해 참조 자료를 제공하는 외부의 타이밍 회로를 갖는 것도 훌륭한 아이디어가 될 것이다. 일치 여부를 확실히 하기 위해 프로세서의 입력 파형waveform이 검사될 수 있다. 예를 들어 10ms마다 동작되는 간단한 스케줄러를 가진다면 10ms 주기로 신호를 받을 수 있다. 이때 '충분히 정확한' 수학적 계산이 되기 위해서는 루프 시작 시 얼마나 많이 잇달아 '낮게' 또는 '높게' 읽혀지는가에 대한 허용 가능한 차이를 기반으로 이 계산이 수행될 수 있다. 입력이 읽혀질 때 이 값은 수 개의 연속적 샘플에 대해 낮거나 또는 높게 될 것이며, 연속적인 수 개의 샘플에 대해서는 다른 값으로 변경될 수 있다. 연속적인 샘플보다 입력이 더 자주 변경되는 조건을 작은 시간 변경이 요구되는 사례로 구성할 수 있는데, 이는 클록 입력이 루프 타이밍으로 동기화되기 때문이다.

타이밍 정확성이 어느 정도의 융통성을 갖고 있다면 RC 회로를 충전하기 위해 주 루프의 시작 지점에서 출력을 이용하는 것도 사용할 수 있다. 내성과 정확성을 기반으로 RC 회로가 출력을 통해 재충전되지 않는다면 입력은 재설정 인수가 없는 외부의 워치독 회로와 유사하게 시간 만료를 보여주기 위해 연결될 것이다.

이러한 방법이나 다른 방법도 마찬가지로 사용될 수 있다. 그러나 모든 코드가 동작될 수 있다는 것을 확실히 하는 것과 실행률이 요구된 대로 일치한다는 것을 검사하는 것이 중요하다.

전략 14: '불필요' 코드 제거

또 다른 전략은 현재 시스템에 의해 호출되지 않는 코드와 함수를 제거하는 것이다. 이렇게 하는 이유는 이들 함수가 뜻하지 않게 실행을 시작하지 않도록 보장하는 것이다. 이러한 함수들은 테스팅만으로는 처리할 수 없기 때문에 이것은 확실히 예상치 못한 결과를 초래할 수도 있다!

현재 실행되지 못하는 '불필요^{dead} 코드'를 제거하는 가장 쉬운 방법은 코드 블록 주변에 조건부 컴파일을 삽입하는 것이다. 이것은 내부 빌드를 위해 포함된 특별한 버그나 단위 테스트 코드일 수 있으며, 배포 시 이들 코드는 최종 제품에서 제거돼야 한다. 다음과 같은 코드 블록을 고려해보자.

```
#if defined (LOGDEBUG)
    index = 20;
    LOG_Data_Set( *local_data, sizeof( data_set_t ));
#endif
```

이 코드 블록은 디버그 버전이 생성될 때마다 생성되며, 빌드 시간에 조건부 정의인 LOGDEBUG가 정의된다. 그러나 개발자가 다른 목적을 위해 다른 곳에 정의하는 경우에도 이와 같은 상황이 발생할 수 있으며, 이러한 경우 코드는 예측하지 못한 값을 포함하게 된다! 내부 배포와 연관된 다중 조건부 컴파일을 가진 상황에서 다음에 나오는 코드 블록을 고려해보자.

```
#if defined (LOGDEBUG)
#if !defined(DEBUG)
    neverCompile
```

```
#else
    index = 20;
    LOG_Data_Set( *local_data, sizeof( data_set_t ));
#endif
#endif
```

이 블록은 다중 조건부 컴파일이 각기 다른 특징을 위해 존재할 수도 있을 때 도움을 줄 수 있다. LOGDEBUG가 정의되고 이 정의가 전체 DEBUG 빌드의 한 부분이 아니라면 이 정의는 컴파일 시 컴파일 오류를 유발시킬 것이다. DEBUG가 외부 배포 소프트웨어 제품에 정의되도록 허용되지 않는 한 코드 세그먼트가 최종 제품에 포함되지 않도록 확실히 하는 것도 좋은 방법이다. 이것은 조건부 컴파일에 여분의 안전장치를 추가시키는 훌륭한 방법이 된다.

전략 15: 비사용 메모리 작성

프로그램 코드를 포함하고 있는 비휘발성 메모리에서 의미 있는 데이터를 이용해 비사용 메모리를 채우는 것은 좋은 아이디어다. 하나의 오래된 프로세서 패밀리에서 '무연산' 명령어와 동일한 기계 연산 코드^{opcode}를 '0xFF'로 할 것을 결정했고, 이것은 클록 주기를 이용할 것이며, 그런 후 다음 명령어로 실행을 계속할 것이다! 심지어 프로세서 아키텍처 그 어떤 것조차도 비유효 주소로 프로그램 카운터가 설정되는 예기치 못한 조건에서는 스스로 안전장치를 갖는 것이 훌륭한 방법이 될 것이다.

프로그램 이미지가 구축되고 연결될 때 프로세서를 재설정하게 만드는 명령어로 메모리를 채우는 것은 좋은 전략이다. 불법적인 인터럽트나 정의되지 않은 인터럽트를 유발시키는 데 사용될 수 있는 연산 코드도 있다. 따라서 예기치 않은 인터럽트가 이러한 것을 실행하는 코드를 가질 수 있기 때문에 인터럽트 루틴을 갖고 프로세서를 재설정해야 한다. 그렇지 않으면 프로세스 코어에 따라 소프트웨어를 재설정하는 명령어도 이용할 수 있다. 유효하지 않은 장소에서 실행하는 것은 안전 사례에 대해서는 좋은 상황이 아니므로 이러한 경우 최상의 행동 방침을 결정해야 한다!

전략 16: 정적 코드 분석

안전 필수 코드의 개발을 이용하는 마지막 전략은 코드 컴파일 시 정적 코드 분석기를 동작시키는 것이다. C와 C++에는 각기 다른 많은 정적 코드 분석 패키지가 있으며, (이 절의 전략 2에서 논의했던) MISRA C 같은 발간 표준에서도 또한 확인할 수 있다. 정적 코드 분석의 일부분으로 수행된 검사를 이용하는 경우 분석 완료 시에는 어떠한 경고도 없어야 한다.

정적 코드 검사기는 전형적으로 코드의 특정 경고를 '무시하는' 방법을 포함하고 있다. 수행된 많은 검사가 '선택적'이거나 '좋은 관례'로 고려될 수 있기 때문에 작성된 코드가 실제 그대로의 방식을 의미하고 있을 때에는 인스턴스가 될 수도 있으며, 검사 표준과 일치시키기 위해 코드를 고치는 것은 최적의 방법이 아니다. 이러한 상황에서는 그러한 방식으로 왜 그렇게 했는지에 대해 코드를 정확히 문서화하고, 그런 다음 이전의 문제되는 코드 라인에 적절한 '무시하기' 지시를 즉각 포함시키는 것도 중요하다.

참고 문헌

[1] J. Ray, P. Koopman, Efficient high hamming distance CRCs for embedded applications, DSN06 June(2006) <http://www.ece.cmu.edu/Bkoopman/roses/dsn04/koopman04_crc_poly_embedded.pdf>.

19

지적 재산

피트 윌슨(Pete Wilson)

배경

지적 재산^{Intellectual property}이란 보통 여러분이 만든 발명품 또는 발명품이나 디자인 등을 여러분(여기서 '여러분'은 여러분의 개인이나 회사를 의미한다)이 보호하기 위해 축적했던 특허나 기타 법적 보호의 두 가지 중 하나를 의미한다. 따라서 '개인의 지적 재산 허가하기'에 관해 논의할 것이며, 이것은 ARM이 자사의 프로세서와 기타 디자인을 판매하는 것이나 그린 힐^{Green Hills} 같은 툴 회사가 자사의 컴파일러와 운영체제 제품을 판매하는 것과 마찬가지로 여러분이 특허 받은 아이디어의 활용을 위해 누군가에게 라이선스를 판매하는 것이나 제품의 구축, 배포, 이용을 위해 누군가에게 라이선스를 판매하는 것을 의미한다.

19장에서는 첫 번째 의미, 즉 여러분이 만든 저작물의 법적 보호를 다루는 일에 좀 더 집중할 것이며, 다음과 같은 두 개의 주요한 절에서 기본적인 사항을 다룬다. 첫째는 여러분이 작성했거나 샀던 소프트웨어를 여러분이 실제 소유하고 있다는 것을 확실히 하기 위해 여러분이 해야 할 필요가 있는 상황으로, '오픈 소프트웨어'의 역할을 포함해 그 소프트웨어를 팔거나 다른 사람에게 특허를 허가해줄 때 여러분이 해야 할 필요가 있는 상황에 대한 이슈를 다루며, 두 번째는 여러분의 소프트웨어와 그 소프트웨어에 내재된 기타 가치 있는 발명품들을 확보할 수 있는 다양한 법적 보호에 대해 다룬다.

진행에 앞서 경고할 것이 있다. 지적 재산권을 둘러싼 법은 복잡하고 혼란스럽다. 그 결과 지적 재산권과 관련된 이슈가 무엇인지, 법이 무엇을 허용하고 요구하는지, 해야 될 것이 무엇인지 종합적인 설명을 제공하는 것은 전혀 가능하지 않다는 점이다. 제한된 가용 공간 내에서 우리가 할 수 있는 최선의 방법은 여러분이 법적 조언을 구할 수 있게 실제적인 안내를 제공하기 위해 핵심 이슈에 대한 핵심 요소를 이해시킬 수 있는 배경 정보를 제공하는 것이다.

보호 이슈에 관한 절에서는 기본적인 보호 메커니즘, 즉 저작권의 이용, 특허 획득하기, 발간하기, 기업 비밀(상표권에 대해서는 고려하지 않을 것이다)로서 저작물 유지하기 등을 다룬다. 이들 다양한 메커니즘은 서로 상이한 비용을 가지며, 각기 다른 메커니즘에 대해 각기 다른 보호를 제공한다. 이들 각각에 대해 동일한 기본 구성을 유지하면서 먼저 저작권과 특허에 대해 다룬다.

저작권 이슈

- 저작권이 무엇이고, 무엇을 보호하는가?
- 여러분의 저작물에 대해 어떻게 저작권을 확보하는가?
- 여러분의 소프트웨어에 대한 타인의 악용을 어떻게 검출할 수 있는가?
- 저작권 침해 혐의로부터 여러분 스스로를 어떻게 보호할 수 있는가?

특허 이슈

- 특허가 무엇이고, 무엇을 보호하는가?
- 특허의 대상을 어떻게 결정하는가?
- 특허를 어떻게 확보하는가?
- 여러분의 소프트웨어에 대한 타인의 악용을 어떻게 검출할 수 있는가?
- 특허 침해 혐의로부터 여러분 스스로를 어떻게 보호할 수 있는가?
- 특허 허가하기

그런 다음 기업 비밀로서 저작물을 발간하거나 유지하기 위해 왜 선택해야 하는지 그 이유에 대해 알아본다.

마지막으로 경고의 글로 종료하는데, 그 경고의 글은 여기서도 제공한다. 법(특허, 규약, 명세서 ...)은 공식적 체계가 아니다. 법의 규칙은 입증할 수 없으며, 규칙에서 사용된 용어는 의심할 여지없이 올바른 단일 해석을 갖지 못할 것이다. 그리고 법의 해석은 사실 (비공식적인) 견해의 문제다. 즉, 이것이 소송이 아니라면 (예를 들어) 특정 제품이 특허에서 구체적인 요구를 침해했는지에 대한 여부를 결정하기 위해 법정으로 가져갈 필요가 전혀 없다는 것이다. 이러한 불확실성을 다루는 것은 보통 법적 조언에 돈을 소비한다는 것을 의미한다. 즉, 그들이 필요로 하기 전에 적절한 자원을 식별하는 것이 훌륭한 아이디어다.

소프트웨어가 자신의 것인 경우

소프트웨어 획득

수익을 적어도 소프트웨어에 부분적으로 의존하는 회사(아마도 몇 가지 하드웨어를 파는 개발 시스템 회사나 조언을 파는 자문회사)로서, 자신이 개발했다고(또는 샀다고/허가받았다고) 생각하는 소프트웨어가 실제로는 다른 누군가에 속해 있다는 것을 발견하는 것은 대단히 반갑지 않은 충격일 수 있으며, 그렇다면 회사는 상당한 양의 돈과 함께 회사가 내건 조건을 다른 사람이 동의하지 않을 경우에 대비해 법정에서, 그리고 변호사에게 더 많은 돈을 지출할 수밖에 없는 처지와 함께 자신의 소프트웨어를 다른 사람으로부터 돌려받길 원할 것이다.

이런 일이 어떻게 일어날 수 있을까?

아주 간단하다. 현재 법은 작품의 저작권이 저자에게 속해 있다는 디폴트 사례를 기본으로 명시하고 있다. 하지만 그렇지 않은 경우도 있다. 예를 들어 저작물에 대해 돈을 지불한 사람이다.

여기 한 가지 시나리오가 있다. 가치 있는 소프트웨어의 개발을 희망해서 밤늦게까지 혼자 고되게 일하는 소프트웨어 천재를 상상해보자. 늘 있는 고통과 고뇌를 수반하고서야 작품이 만들어진다. 몇 명의 친구와 함께 회사를 설립하기로 결정한 것은 아주 좋은 일일 것이다. 회사는 어떻게든 ROM에 내장되고 툴 킷으로 판매/허가되는 어떤 소프트웨어이든지 간에 상품화하고 성공적으로 그렇게 하려고 할 것이다. 그러나 회사가 저작자에 의해 설립됐음에도 불구하고 회사는 저작자와는 분리된 법적 개체나 독립체다. 회사와 개인 간의 적절한 계약이 없는 경우에 저작권은 저작자에게 속해 있다. 후에 중역 회의실에서 언쟁이나 다툼이 있고 어느 모로 보나 저작자가 나쁜 감정을 갖고 그 자리를 떠났다면 저작자는 자기의 권리를 강하게 주장하고 소프트웨어에 대한 상품화를 회사가 중지해줄 것을 요구할 것이며, 허가되지 않은 소프트웨어의 선사용에 대해서는 큰 액수의 돈을 지급해달라고 결정할지도 모를 것이다.

저작자가 작품에 대한 저작권을 소유하기 때문에 저작자가 이길 공산이 클 것이다.

따라서 상근 고용원이 아닌 다른 사람에 의해 작성된 소프트웨어를 회사가 사용할 때는 소프트웨어에 대한 모든 필수적인 사용 권리가 이전됐는지를 보장하는 계약이 제대로 준비돼 있는가를 확실히 해야 한다. 더 나아가 법은 계약이 명확했는지, 그리고 서면 계약이 있었는지를 요구한다. 이메일, 트위터, 기록된 구두 합의 등은 그런 계약에서 최고 수준의 증거로 간주되지 않는다. 그러한 계약이 필요한 사람들에는 독립적 계약자, 작품을 만드는 독립적 계약자를 고용해 주문형 소프트웨어를 작성하는 회사, 소프트웨어를 판매하는 회사를 포함한다. 독립된 팀에 의해 만들어진 작품을 처리할 때 그 팀의 모두가 작품에 기여했다면 여러분은 그 팀에 속해있는 모두와 계약해야 할 필요가 있을 것이다. 물론 다른 회사로부터 소프트웨어를 구입할 때 그 회사가 여러분에게 저작권을 넘겨주거나 양도하는 권리를 그들이 갖고 있는지를 알기 원할 것이다. 여러분은 '직무 저작물Work for Hire'의 계약을 기대해야 한다. 여기서 직무 저작물이란 고용원이나 계약자에 의해 만들어진 작품이 여러분의 것이고 그들의 것이 아니라는 것을 명시해주는 것을 말한다. 위키피디아Wikipedia는 이에 대해 일부 도움이 될 만한 통찰력을 http://en.wikipedia.org/wiki/Work_for_hire에서 제공하고 있다.

여기서 법적 조언을 제공할 수는 없지만, 도움이 되는 일부 모델 계약은 웹을 찾아보면 발견할 수 있다. 여기 한 가지 예는 http://www.rocketlawyer.com/document/ confidential-information-and-invention-assignment-agreement.rl에서 볼 수 있다.

종래와 마찬가지로 법적 조언을 받기 위해서는 수완이 있는 변호사와 접촉하라.

여러분의 목적과 선에 대한 견해의 이해가 벤더의 견해와 충돌할지도 모른다. 예를 들어 독립적 계약자가 수년 동안 (컴파일러 같은) 툴상에서 작업을 해왔고 내부 메커니즘, 그리고 소스 언어, 어셈블러 구문론, 타깃 머신 의미론의 목표를 변경하는 능력을 작지만 독립적 계약자만이 정제해왔던 상황을 처리할 때 독립적 계약자는 계속해서 돈을 벌기 위해 그 작품이 필요하므로 작품에 대한 완전한 권리를 여러분에게 양도하기를 매우 꺼려할 것이다. 따라서 계약 조건이 명확하고 필요한 사항을 양측 모두에게 제공하는 것이 매우 중요하다.

저작권 보호

저작권copyright이란 만들어진 작품의 특정 클래스를 위한 구체적이면서도 명확한 보호 장치다.

§102 • 저작권의 주제: 일반

a. 이 제목에 따라 저작권 보호는 현재 알려져 있거나 나중에 개발됐든지 간에 인지되거나 재생산될 수 있고, 직접적이든 기계나 장치의 도움으로든 의사소통될 수 있는 것으로부터 유형의 표현 매개체로 정해져있는 원저자의 원저작물에 유효하다. 원저자의 저작물에는 다음 범주를 포함한다.

1. 문학 작품
2. 대사 수반을 포함한 음악 저작물
3. 음악 수반을 포함한 극 저작물
4. 팬터마임, 안무 작품
5. 그림, 그래픽, 조각물
6. 영화, 기타 영상 저작물
7. 음향 기록물

   8. 건축물

b. 원저자의 원저작물에 대해 저작권 보호는 저작물이 기술되고 설명되며 묘사되고 구현된 형식에 구애받지 않고 아이디어, 절차, 프로세스, 시스템, 운영 방법, 개념, 원칙, 발견에까지 확장돼 서는 안 된다.

이런 맥락에서 '문학 작품'은 다음과 같이 정의된다.

'문학 작품'은 영상 저작물을 제외한 저작물로서 도서, 간행물, 원고, 음향 기록물, 영화, 테이프, 디스크, 카드 같이 구현돼 있는 유형물의 본질에 구애받지 않고 대사, 숫자, 기타 구두나 숫자 기호나 표시로 표현된다.

따라서 소프트웨어는 문학 작품이다.

위의 (b) 라벨이 붙어 있는 절을 이해하는 것이 가치가 있다. 즉, 저작권에 의해 제공되는 보호는 저작물의 형태이지 의미는 아니다. 저작권 보호는 소프트웨어의 본문은 보호하지만, 소프트웨어의 그 어떠한 발명품도 보호하지 않는다(또는 나머지 시스템 - Verilog는 프로그램 언어이므로 Vreilog의 RTL 설계는 정교한 사용자 인터페이스나 C로 작성된 RTOS와 마찬가지로 동일한 보호를 받는다). 저작물에 대한 컴파일 형태는 동일 미디어상에 저장된 숫자로 표현할 수 있으며, 따라서 저작 권을 통해 이 역시 보호받을 수 있다.

따라서 문학 작품에 대한 저작권을 여러분이 소유하고 있다면 여러분이 할 수 있는 일은 무엇일까? 여러분은 다음과 같은 권리를 갖는다.

1. 저작물에 대한 복사나 음향 기록으로 재생산
2. 저작물을 기반으로 파생 저작물 준비
3. 저작물의 복사나 음향 기록을 판매, 기타 소유권 이전, 사용, 임대, 대여 등을 통해 일반 대중에 배포

저작권의 소유자로서 여러분이 선택한 누구든지 간에 저작권이 등록된 소프트웨어를 팔고 허가하며 대여하고 임대할 수 있으므로, 여러분은 원하는 만큼 많이 복사할 수 있고, 원저작물 을 기본으로 하지만 원저작물과는 다른 버전의 파생 저작물을 준비할 수 있다. 그리고 특정한 권리가 주어진 서면 계약서에 여러분이 서명할 때까지 저작권에 대한 소유가 없이는 어떤 누구라도 침해 외에는 이러한 권리를 행사할 수 없다.

위의 발췌된 부분을 비롯해서 적절한 모든 저작권법의 포스팅과 관련한 가벼운 읽을거리로 는 http://copyright.gov/title17/을 참조하라.

저작권 얻기

저작물이 '작성'되자마자, 즉 잘 알려진 텍스트 편집기로 저장된 파일에 있는 것과 마찬가지로 저작물이 유형의 형태로 저장되자마자, 그 저작물이 '독창성'을 포함하고 있다는 것이 제공되면 저작자는 자동으로 그 저작물에 대한 저작권을 소유한다. 신규 파일에 복사해서 붙이기를 통해서는 셰익스피어Shakespeare 작품에 대한 저작권을 보호할 수 없다. 즉, 저작권이 보호되기 위해서는 유사한 저작물과의 차별성을 가져야만 한다. 저작물의 저작권에 관해 어떠한 동의도 이뤄지지 않았을 경우 어떤 것이 차별화돼야 하고, 독창성이 무엇으로 이뤄졌는지에 대해서는 토론의 요소가 될 가능성이 많으며, 국가 간 서로 다른 경향을 갖고 있을 수도 있다.

그러나 누군가가 여러분의 저작권 권리를 침해했다는 것을 발견하면 여러분은 그들을 고소해야 할 것이다. (미국에서) 고소를 할 수 있기 위해서는 먼저 여러분의 저작물을 등록해야 한다. 저작물에 대한 원형 공개 3개월 전에, 또는 어떠한 침해도 받기 전에 여러분이 저작물을 등록했다면 여러분은 법정 손해 배상과 수임료에 대해 고소할 수 있다. 등록이 늦었다면 실손해에 대해서만 고소할 수 있다. 저작물의 등록은 아주 쉽고, 법정 대리도 불필요하며, 비용도 많이 들지 않는다. 등록 프로세스에 대한 설명은 다음 주소를 참조하라.

http://www.copyright.gov/help/faq/faq-register.html

미국에서 저작권은 저자 사후에도 70년간 유지된다.

특허

저작권이 저작물의 외형이나 표현을 보호하는 것과는 달리 특허patent는 발명품을 보호한다. 특허를 얻는 것은 저작권을 얻는 것보다 시간과 돈의 측면에서 훨씬 비싸다. 그러나 특허는 회사가 창작물로부터 만들 수 있는 수익 증가에 사용될 수 있다(사용된다).

특허는 무엇인가?

미국 특허청에서 정의한 특허에 대해 가장 잘 설명한 내용은 다음 주소에 나타나있다.

http://www.uspto.gov/patents/resources/general_info_concerning_patents.jsp

발명품에 대한 특허는 발명자에게 준 재산권의 허가로, 미국 특허청(USPTO)에서 발행된다. 일반적으로 신규 특허의 기간은 특허의 애플리케이션이 미국 특허청에 철해진 날짜거나 특별한 경우 관리비 지불을 조건으로 초기 관련 애플리케이션이 철해진 날짜로부터 20년이다. 미국의 특허 허가는 미국, 미국 영토, 미국 재산 내에서만 유효하다. 특정 환경하에서 특허의 기간 연장이나 조정이 가능할 수도 있다.

법규나 허가 자체의 말을 빌리자면 특허 허가에 의해 수여된 권리는 미국에서 '판매를 위해 발명품을 만들고 이용하며 제공하는 것이나 매각하는 것' 또는 미국으로 발명품을 '수입하는 것'에서 다른 사람을 배제하는 권리다. 허가받은 것은 판매, 매각, 수입을 위해 만들고 이용하며 제공할 권리는 아니지만, 발명품의 판매, 매각, 수입을 위해 만들고 이용하며 제공하는 것에서 남을 배제시킬 수 있는 권리다. 일단 특허가 제기되면 특허권자는 USPTO의 도움 없이 특허를 시행해야 한다. 세 가지 유형의 특허가 있다.

1. 실용 특허(Utility patent)는 새롭고 유용한 프로세스, 기계, 제조품, 합성물이거나 그것의 새롭고 유용한 개선을 위해 발명하거나 발견하는 사람 누구에게도 허가될 수 있는 특허다.

2. 의장 특허(Design patent)는 제조품을 위해 새롭고 독창적이며, 장식용의 디자인을 발명하는 사람 누구에게도 허가될 수 있는 특허다.

3. 전매 특허(Plant patent)는 발명이나 발견하는 사람 누구에게나 허가될 수 있는 특허로, 다른 것과 뚜렷하며 새로운 여러 가지의 전매를 무성적으로 재생산할 수 있다.

이 논의에서는 실용 특허에 대해서만 다룬다. 특허로 될 수 있는 것은 무엇인가? 다시 한 번 USPTO의 정보를 살펴보자.

법규의 말을 빌리자면 법 조건과 요구 사항을 전제로 '새롭고 유용한 프로세스, 기계, 제조품, 합성물 또는 그것의 새롭고 유용한 개선을 위해 발명하거나 발견하는' 사람은 그 누구든 특허를 확보할 수 있다. '프로세스'란 단어는 법에 의해 프로세스, 행동, 방법으로 정의되며, 주로 산업 프로세스나 기술 프로세스를 포함한다. 법규에서 사용되는 '기계'라는 용어에 대해서는 더 이상의 설명이 필요 없다. '제조품'이란 용어는 만들어진 규약을 참조하고, 모든 제조물을 포함한다. '합성물'이란 용어는 화학 조성물과 관련되며, 재료의 혼합물뿐만 아니라 새로운 화학 합성물도 포함할 수 있다. 종합하면 이들 주제의 클래스는 실제적으로 사람이 만든 모든 것과 제품을 만들기 위한 프로세스를 포함한다.

....

법원의 법규 해석에 의하면 특허가 될 수 있는 주제의 범위가 제한돼 있으므로, 법의 본질, 물리적 현상, 추상적 아이디어 등은 특허를 줄 수 있는 주제가 아니라는 것으로 간주돼왔다.

무엇이 특허를 받을 수 없는가? 추상적 아이디어가 그렇다. 대중에게 이미 알려졌거나 묘사됐던 것도 그렇다. 해당 분야의 전문가가 보기에 너무나 명백한 것도 그렇다. 더 자세한 내용은 다음을 참조하라.

특허가 될 수 있는 발명품이 되기 위해서는 특허법에 정의돼 있는 것처럼 새로운 것이어야 하며, 다음과 같은 조건을 갖는 발명품은 특허가 될 수 없다. "(a) 특허 출원인에 의해 발명되기 전,

국내에서 다른 사람에 의해 알려졌거나 사용됐던 발명품 또는 국내나 해외에서 인쇄된 출판물로 특허를 받았거나 묘사됐던 발명품, (b) 미국에서 특허로 출원되기 전 1년 이상 국내에서 공공으로 사용됐거나 판매된 경우 또는 국내나 해외에서 인쇄된 출판물로 특허를 받았거나 묘사됐던 발명품 . . ."

발명품이 전 세계 어느 곳에서라도 인쇄된 출판물로 묘사됐거나 출원인이 자신의 발명품을 만들기 전까지 국내에서 다른 사람에 의해 알려졌거나 사용됐다면 특허는 획득할 수 없다. 발명품이 어느 곳에서라도 인쇄된 출판물로 묘사됐거나 특허 출원인이 국내에서 특허를 제기하기 전까지 1년 이상 국내에서 공공으로 사용됐거나 판매됐다면 특허는 획득할 수 없다. 이런 연유로 발명품이 만들어졌던 시기나 인쇄된 출판물 또는 공공의 사용이 발명자 자신이었든 또는 다른 사람 누구에 의해서였든지는 중요하지 않다. 발명자가 인쇄된 출판물로 발명품을 묘사하거나 공공적으로 발명품을 이용하거나 판매를 위해 내놓는 경우 발명자는 그로부터 1년이 지나기 전에 특허를 출원해야 하며, 그렇지 못할 경우 특허에 대한 모든 권리를 잃게 될 것이다. 발명자는 공공이 이용하거나 공개되는 그 날짜에 특허를 출원해야 하며, 많은 해외 국가에서 특허권을 보존하기 위해서는 그렇지 않을 수도 있다.

특허가 되기 위한 주제가 정확히 선행 기술로 나타나지 않았거나, 그리고 이미 알려진 거의 가장 유사한 것과 하나 또는 그 이상의 차이점을 포함하고 있을지라도 그 차이점이 명백해진다면 특허는 계속 거부 당할 수도 있다. 특허가 되기 위한 주제는 발명품과 관련된 기술 영역에서 일반적 기술을 가진 사람에게 누가 봐도 그 발명품이 명백하지 않다고 말하기 전에 발명품이 사용됐거나 묘사됐던 것과는 충분히 달라야만 한다. 예를 들어 다른 색으로의 대체나 크기의 변경은 정상적으로는 특허가 되지 못한다.

옛날에는 이전에 특허를 받지 않았다면 유일한 단일 요소도 특허를 받을 수 있었다. 예를 들어 이전에는 별개의 칩으로만 구현됐던 것을 단일 칩 함수로 통합함으로써 특허를 획득할 수 있다. 이런 종류의 '결합' 특허(명백한 세트를 제공하기 위해 두 가지의 알려진 것을 결합하는 것)는 기본적으로 요즘에는 특허가 될 수 없다.

이제는 물질이나 물건을 결합할 수 있다. 하지만 창의적인 단계가 요구될 때만이 그렇다(예를 들어 마이크로컴퓨터와 스테퍼가 이전에 할 수 있었던 어떤 일을 하기 위해 기계식 스테퍼 모터를 일반 CMOS 칩으로 통합하는 정교한 방법을 글로 써서 폭로할 수도 있다). 그러한 일이 가능했다면 그것은 확실한 진보성inventive step을 요구할 것이다(CMOS 칩상에 스테퍼 모터를 구현하는 것은 꽤 어렵게 들리며, 그렇게 하는 방법을 기술하는 것은 정말로 진보성이 될 것이다).

이슈가 법정에 제소되면 제소된 발명품이 충분히 명백하지 않은가에 대한 여부를 결정함에 있어 일곱 가지의 '그라함 요소Graham Factor'를 이용할 수 있다. 그라함 요소는 다음 주소에서 참조한다.

http://en.wikipedia.org/wiki/Inventive_step_and_non-obviousness

그라함 요소(Graham factor)

미국에서 명백성을 결정할 때 법원이 자세히 검토할 요소에 대해서는 미국 연방대법원의 Graham et al. v. John Deere Co. of Kansas City et al., 383 U.S. 1 (1966)에서 그 윤곽이 나타나 있으며, 보통 '그라함 요소'로서 언급된다. 명백성은 다음 항목을 검토함으로써 결정돼야 한다고 법원은 간주한다.

1. 선행 기술의 범위와 내용
2. 관련 기술에서의 일반 기술 수준
3. 선행 기술과 제소된 발명품과의 차이
4. 비명백성의 객관적 증거

이에 추가해 법원에서는 '비명백성의 객관적 증거'를 보여주는 요소들의 사례를 다음과 같이 제시했다.

1. 상업적 성공
2. 오랫동안 요구됐지만 해결이 안 된 니즈
3. 타인의 실패

이 뿐만 아니라 다른 법원에서는 추가적인 요소도 고려했다. (비명백성의 지표로서 발명되기 전에 회의론이나 불신감을 고려하면) Environmental Designs, Ltd. v. Union Oil Co. of Cal., 713 F.2d 693, 69798, 218 USPQ 865, 869 (Fed. Cir. 1983)를 참조하라. (비명백성의 지표로서 복사, 찬사, 예상치 못한 결과, 산업 허용을 고려하면) Allen Archery, Inc. v. Browning Mfg. Co., 819 F.2d 1087, 1092, 2 USPQ2d 1490, 1493 (Fed. Cir. 1987)을 참조하라. (비명백성의 지표로서 복사를 고려하면) Diversitech Corp. v. Century Steps, Inc., 850 F.2d 675, 679, 7 USPQ2d 1315, 1319 (Fed. Cir. 1988)를 참조하라.

특허는 왜 존재하는가?

독점은 보통 아주 나쁜 것으로 간주된다. 특허는 확장된 기간 동안 독점을 부여한 것처럼 보인다. 그렇다면 특허는 왜 존재하는가?

이에 대한 간단한 대답으로 사회란 형편이 좋아질 때 전체로서 개선된다는 것이다. 형편은 잘 알려진 것의 개선을 통해, 그리고 완전히 새로운 것의 생성을 통해 더 좋아질 수 있다. 그렇게 하는 새로운 방법(비용은 줄이고, 효율은 개선하며, 성능은 증가시키는)이 널리 알려진다면 개선된 방법은 전체로서 사회에 이익을 준다. 따라서 그러한 개선과 발명을 장려함으로써 정부에게도 이익을 줄 것이다.

그러나 누군가가 뛰어나고 새로운 아이디어를 복사할 수 있다면 발명자는 자신의 노력에 대해 아무것도 얻지 못할 것 같다. 따라서 공공의 복지를 향상시키기 위한 출판과 발명자 자신의 창조성과 힘든 일로부터의 이익 추구 사이에는 팽팽한 긴장 상태가 존재한다.

정부는 이 문제를 특허의 개념으로 해결한다. 특허는 여러분의 발명품을 재생성하고 재생산할 수 있는 경쟁자 누구에게도 충분히 자세히 설명하게 허용하겠지만, 여러분의 발명품에 대한 이론이 여지가 없는 설명과 발명품에 대한 통지 일자는 정부에 반드시 등록해야 한다.

그런 다음 발명품에 부여된 특허를 일단 여러분이 보유하게 되면 정부는 발명품이 상당한 주의를 갖고 얻은 성과였고, 실제로 확인될 수 있을 때까지 여러분이 정말 이 발명품의 발명자며, 이 발명품은 참신하고 유용하며 명백하지 않다고 말한다. 그리고 여러분은 발명품을 사용할 독점권을 가진다고 말한다. 그 어느 누구도 여러분의 허가를 얻지 않고서는 그와 같은 권리를 가질 수 없다.

그런 기대와 함께 일부 합리적인 (일반적으로 재정적인) 협정에 대한 답례로서 여러분은 발명품에 대한 권리와 사용을 다른 사람에게 허가해줄 수도 있다.

이렇게 됨으로써 여러분은 발명을 하게 된다. 사회도 여러분의 발명품을 구축하거나 사용하는 많은 사람을 보유하게 된다. 그리고 여러분은 직접적으로 (여러분 스스로 발명품에 대한 개발을 결정한다면) 또는 간접적으로 (여러분이 발명한 것을 개발하거나 사용하기 위해 다른 사람이 여러분에게 면허료를 지불하는 한) 대가를 받게 된다.

특허 결정

여러분이 임베디드 시스템 관련 사업을 하고 있으며, 몇 가지 정교한 소프트웨어의 사용을 통해 구현된 훌륭하고도 새로운 제어 알고리즘, FPGA에서 구현된 허가 받은 합성 프로세서 코어와 몇 가지 하드웨어를 보유하고 있다고 가정하자. 여러분이 이 도메인의 전문가이고, 본인이 아는 바로는 전에 이러한 일을 그 어느 누구도 하지 못했다고 하자. 즉, 여러분의 시스템은 요구 명령 값의 0.1% 이내, 즉 전에 수행됐던 그 어떤 것보다 10배 더 빠르게 결정되고, 더 적은 트랜지스터와 코드 라인을 이용할 수 있다.

자, 이제 특허를 받으려면 무엇을 해야 하는가?

첫째, 알고리즘 자체로는 특허를 받을 수 없을 것이다. 알고리즘은 추상적 아이디어다. 알고리즘을 구현하는 그 소프트웨어를 실행하는 컴퓨터 시스템, 프로세서 없이 알고리즘을 구현하는 하드웨어, 작업을 분리해서 하드웨어에서 충분한 참신성과 비명백성을 제공하는 콤보 시스템 등은 특허를 받을 수 있을 것이다.

그렇다면 특허를 받아야 하는가?

받아야 한다면 여러분은 돌파구가 된 접근법과 구현 방법을 정확히 게재해야 할 것이다. 이것은 비용이 소요된다. 외부의 특허변리사를 고용해 특허를 받으려고 발명품을 준비하는 것은 무료가 아니다. 아마 10,000 ~ 100,000달러 정도(미국 내에서만 허용되는 간단한 특허를 대상으로 해서 이 수치를 낮추면 낮출수록, 전 세계를 대상으로 하는 권리에 대해서는 이 수치가 더 높아질 것이다)의 직접 비용과 특허국이 당신의 면전에서 선행 기술을 제시했을 때 특허변리사에게 발명품을 설명하고 특허국과의 논쟁을 지원하는 미지의 시간에 대해 예산을 수립해야 한다. 특허변리사에게 있어 발명품에 대한 특허는 평균적으로 변호사 기소 시간의 대략 20~25시간 정도 소요될 것 같다.

그렇다면 (수년의 기간이 걸릴지도 모르는 특허가 부여된다면) 예정된 '관리비'를 지불하면서 명목상 20년 동안 그 수명을 유지시켜야 한다. 종합적으로 볼 때 전 세계적으로 특허의 수명 기간 동안 대략 150,000달러 정도의 유지 비용이 든다.

미국 특허국USPTO은 http://www.uspto.gov/web/offices/ac/qs/ope/fee092611.htm에 특허에 대한 유지 비용 목록을 게재했다. 더 작은 회사는 큰 독립체(그러한 크기 조정은 특허변리사에 의해서는 거의 관찰되지 않는다)가 지불한 가격의 거의 50%까지 가격을 인하해준다.

여러분이 발명품에 대해 성공적으로 특허를 받는다면 보통 누군가가 자신의 특허를 침해하고 있다는 것을 발견할 때 행동할 준비가 돼 있어야 한다. 이것을 발견하는 방법과 여러분에게 개방된 상환 청구에 대해서는 나중에 다룬다. 그러나 법정으로 가져 간다면 그 비용을 감당하기 위해서는 100만이나 200만 정도의 예산을 수립해야 한다. 이것은 작은 회사로서는 아주 부담스럽고 힘든 일이 될 수 있다.

여러분은 완전히 다른 목적을 염두에 두고 발명품에 대해 특허를 신청해야 될지도 모른다. 즉, 구매 가능성이 있는 (아마 더 큰) 구매자의 눈으로 볼 때 여러분의 회사를 더 가치 있게 만들어야 한다는 점이다. 여러분의 발명품으로부터 라이선싱 전략을 통해 어떻게 돈을 벌 수 있는지에 대해서는 나중에 다룰 것이다.

그렇다면 특허를 받으려면 무엇을 해야 하는가? 이것은 여러분의 노력 여하에 달려 있다. 즉, 이것은 사업가적 결정이지 기술적 결정이 아니다. 그리고 결정을 내릴 때 고려해야 할 요소에는 특허를 방어할 여력이 있는지, 즉 침해 사실을 발견할 때 고소하는 것과 같은 간단한 사항을 포함할 수 있다. 그렇지 않고 여러분을 폐업으로 내쫓는 높은 리스크를 감당할 것인가?

특허 신청

특허는 어떻게 신청해야 하는가?

이에 대한 대략적인 대답은 'http://www.uspto.gov/patents/resources/types/utility.jsp에 나타나 있는 지시를 따르는 것'이다.

실제적인 대답은 '특허 관련 변호사나 변리사에게 가는 것'이다. 미국에서는 변호사나 변리사 모두 특허 신청에서 제3자를 대표하는 유자격자로 인정되며, 이 둘 간의 차이점은 특허변리사가 변호사로서의 자격을 갖지 못한다는 것이고, 이에 반해 특허변호사는 자격을 갖는다는 것이다. 위키피디아^Wikipedia에 나와 있는 특허변호사에 대한 설명은 다음을 참조하라.

http://en.wikipedia.org/wiki/Patent_attorney.

특허에는 무엇이 있는가?

허가된 특허는 많은 어려움 없이 원문의 부문이나 청구 내용 등을 발췌하기 위해 적어도 특허의 원문 형식(즉, 본문이지 다이어그램이나 형식화된 것은 아니다. Micropatent와 Innography 같은 서비스를 구독하거나 (Google Patents 같은) 일부 소스로부터 pdf 파일을 획득해서 출판된 특허의 본문 형식의 버전을 얻을 수 있으며, 본문이 발췌될 수 있게 어도비 아크로뱃^Adobe Acrobat이나 기타 OCR 소프트웨어 같은 툴에서 동작된다)을 분석할 수 있는 충분히 구조화되고 구체적인 형태를 갖춰 출판된다.

미국 특허에는 많은 부문이 있다. 발명품의 특허 신청을 위해 준비해야 될 작업을 고려해본다면 다음과 같은 세 가지의 핵심 영역이 존재할 것이다.

- 선행 기술
- 명세서
  - 그림
  - 설명
- 청구
  - 청구 영역은 발명품에 대한 내용이다. 초기 자료는 꼭 필요한 배경 자료다.

청구를 준비하기 위해 특허변호사를 활용한다면 다른 세부 사항에 전혀 관심을 가질 필요가 없다.

특허 선행 기술 부문

여러분은 여러분이 인식하고 있는 적절한 선행 기술을 특허조사관의 관심으로 끌고 가져올 의무가 있다. '선행 기술'은 기술적인 용어로서, '적절하고 유사한 관련된 모든 것'을 의미한다. 선행 기술은 보통 특허 목록으로 출판된 서류나 서적 또는 발명품에 관해 언급된 논문이 될 것이다. 철저한 탐색을 할 필요는 없겠지만, 여러분의 발명품 분야에서 알기를 기대하는 경쟁자와 현재 활동하는 사람의 출처를 밝히기를 보장한다는 것은 좋은 관례가 된다.

발명품의 특허 자격에 심각한 그림자를 드리우는 기술을 여러분이 인식하고 있다면, 그것이 발명품 분야에 종사하는 사람들이 인식하길 기대하는 자료라면, 여러분이 그 자료를 밝히지 않는다면, 여러분의 특허가 주어졌다면, 누군가가 나중에 그 특허가 출판됐다고 발견한다면, 여러분은 본질적으로 미국 특허국을 속였던 것이 드러나는 상황을 처리해야 할 것이며, 이는 일어나서는 안 될 불안한 상황이 될 것이다. 이에 더해 여러분의 특허는 무효화될 것이며, 많은 시간과 돈을 소비해야 할 것이다.

명세

특허는 발명품을 복제할 수 있는 관련 분야의 경쟁자 누구에게든지 발명품이 어떻게 왜 동작하는지 상세하고도 유용한 설명을 출판물에 게재한 대가로, 여러분에게 그 발명품의 사용에 대해 독점권을 허용한다. 물론 여러분이 복제에 대해 동의하지 않는 한 그 어느 누구한테도 복제를 허용하진 않지만, 여러분이 특허에 대해 충분히 자세히 설명하라는 요구 사항은 남아 있게 된다.

따라서 여러분의 발명품이 무엇인지 설명할 수 있어야 한다. 일반적으로 사전에 결코 행해지지 않았거나, 나쁘게 또는 받아들이기 어려울 정도로 또는 비효율적으로 행해졌던 것에 대해 여러분의 발명품이 해결한 것이 어떤 문제나 이슈였는지를 설명하고, 이전에 바람직하지 않은 해결책이 어떻게 동작했는지에 대해서도 같이 설명해주는 것이 도움이 될 것이다.

그런 다음 여러분은 발명품이 하는 일에 대해 높은 수준에서의 개요를 얻게 된다.

그런 다음 여러분은 그림과 본문으로 구성된 발명품의 세부 사항에 들어가게 된다.

그림

발명품에 대한 설명에는 다이어그램의 제공이 요구되며, 특별한 양식에서 그려지고 분류될 것을 요구받는다. 그림은 발명품에 따라 회로 스키마, 실리콘 프로세스 단면도, 기계 제도, 테이블, 업무 흐름도 등이 될 수 있고, 이들 간의 적절한 조합이 될 수도 있다. 그림은 청구 내용에서 언급된 모든 특징을 보여줘야 된다. 위에 기술된 요구 사항과 특허 신청을 위한 연결에는 그림 규정이 포함돼야 하며, 특허변호사는 제출된 그림이 공식 요구 사항에 적합한지 보장할 수 있어야 한다. 여러분의 역할은 그림이 만들어질 수 있고, 비공식적으로는 보통 특허 전문 작성자를 이용한 프로세스를 통해 정제될 수 있다는 사실을 충분히 잘 이해하는 것이 될 것이다.

결과로 나타난 문양에는 발명품의 동작 방법을 설명하는 데 필요한 모든 요소마다 유일한 참조 번호가 주어질 것이다. 명세서의 원문 부분에는 "A/D 변환기(97)는 입력 데이터와 최대 45KHz까지 저대역 필터(73)에 의해 제한된 대역폭을 샘플링하며, 전도체(56)상에 17비트의 2의 보수 값의 직렬 스트림으로써 디지털화된 결과를 제공한다." 같은 절과 함께 동작 방법에 대한 설명이 주어질 것이다.

다행히도 발명품에 대한 명확한 기술을 고려해 볼 때 그림 그리기, 번호 매기기, 설명하기 모두 여러분의 특허변호사에 의해 작성될 것이다.

불행히도 이런 힘든 기술을 검사하는 것이 사실 올바르겠지만, 여러분은 (아마 놀라겠지만) 몇 번에 걸친 초안 작성을 통해서야 알아낼 수 있을 것이다.

명세서 본문

명세서 본문은 발명품이 어떻게 동작되는지 설명된 부문이다. 발명품(그리고 그림)은 청구된 모든 사항을 '지원할 수 있는' 내용이 포함돼야 한다.

청구 사항 중 하나가 '프로세서와 A/D 변환기가 포함된 시스템에서, x, y, z로 구성된 하향 변환기를 이용해 정확성에 대한 손실 없이 17비트 표본을 5비트로 줄이는 방법'이라면 여러분은 하향 변환기가 무엇인지, 그리고 정확성에 대한 손실 없이 17비트 표본을 5비트로 줄이기 위해 무엇을 해야 하는지에 대한 설명을 하는 것이 좋을 것이다.

변호사(와 여러분)는 청구를 위해 가장 넓고 가능성 있는 범위를 알아내길 원할 것이다. 따라서 발명품을 기술할 때 그 일을 어떻게 일반화할 수 있을지 고려하라. 그러한 마법을 수행하기 위해 Z80과 5비트 A/D 변환기를 고려할 수 있겠지만, 어떤 종류의 프로세서나 A/D 변환기에도 여러분이 기술한 것을 적용할 수 있다면 그것은 훨씬 더 가치 있는 일이라는 것은 거의 틀림없이 흥미로울 것이다. 변호사가 일반화된 표준 문안에 작성하겠지만, 막연한 주장보다 몇 가지의 주요한 주장을 (특히 다양한 버전의 무어의 법칙Moore's law이 전개되는 미래를 고려해) 기술할 수 있다면 더욱 단단한 기반을 가질 것이다. 그렇긴 하지만, 모든 가능한 조합과 미래의 추세를 기술하려고 하지 마라. 그렇게 하는 것은 더 많은 비용이 소요되며 더 이상 가치 있는 일도 아닐 것이다.

청구

명세서는 해당 분야를 이해하려는 누군가에게 여러분의 저작물을 복재할 수 있을 정도로 여러분의 발명품이 어떻게 동작하는지 충분하면서도 자세하게 알려주는 문서다. 그러나 보호된 발명품은 청구에 의해 보호된 것이지, 그 이상도 그 이하도 아니다.

훌륭한 특허변호인의 가치가 분명해진다는 것은 청구의 구성 요소에 씌어져 있다.

다음과 같은 두 종류의 청구가 있다.

- 독립적 청구
- 종속적 청구

독립적 청구^{independent claim}는 발명품 자체로만 별도로 이뤄진다. 보통은 발명품의 몇 가지 정도의 특별한 양상에 대해서만 청구할 것이다. 그것은 다음과 같은 표현을 가질 것이다(미국 특허 US6754752에서 발췌).

1. 멀티프로세싱 시스템의 구성
   - 둘 또는 그 이상의 프로세싱 요소의 그룹으로 구성, 각 그룹의 각 프로세싱 요소는 상호 연결돼 결합되며, 각 그룹의 각 프로세싱 요소는 단일의 통신 프로토콜에 따라 정보를 주고받는다.
   - 메모리는 각각의 프로세싱 요소 내에 포함된다. 그런 점에서 둘 또는 그 이상의 그룹 중 어느 하나의 그룹에서라도 설정되면 메모리의 일관성은 각 그룹 내에서 독립적으로 유지된다. 각각의 프로세싱 요소는 거래 유형 필드와 대상 주소 필드로 구성된 첫 번째 거래 방식을 이용해서 정보를 주고받는다.
   - 시스템의 인터페이스 회로는 각각의 프로세싱 요소 내에 포함된다. 시스템의 인터페이스 회로는 프로세싱 요소와의 내부 통신을 위해 두 번째 거래 방식을 생성한다. 두 번째 거래 방식은 첫 번째 거래 방식보다 더 많은 정보를 갖는다. 두 번째 거래 방식은 소스 주소 필드와 대상 주소 필드로 구성된다.

독립적 청구는 공식적 구조를 갖는다. 전문은 첫 번째 부문(1. 멀티프로세싱 시스템의 구성)이며, 맥락을 설정한다(여기서 청구는 멀티프로세싱 시스템에 관한 것이다). 전문에서 언급된 그 어떤 것이 청구에서 다시 언급된다면 전문이 말하는 사실은 그 어떤 것이 중요하다는 것이다. 다시 언급되지 않는다면 그 주제 영역은 엄격한 제한이라기보다는 안내서처럼 생각하면 된다.

청구의 요소는 청구의 나머지 부분에서 언급된 부분이다. 아이디어는 이러한 것들이 실제 명세서에 기술된 것에서부터 비합리적으로 벗어남이 없이 가능한 일반적으로 만드는 것이다. 청구를 침해하는 그 어떤 것이든 청구에서 기술된 모든 요소, 운영되거나 연결되는 요소, 청구가 기술하는 모든 요소를 가져야만 한다. 늘 그렇듯 언어적 함정은 있다. 이 청구가 (예를 들어) '연결'보다는 '결합'(각 그룹의 각 프로세싱 요소는 상호 연결돼 결합된다)이란 절을 사용한다는 것을 알게 될 것이다. '연결'의 합리적인 해석은 "프로세싱 요소를 직접 연결하는 선이 있거나 신호 전송 전선관이 있다"는 것이다. 현실 세계에서는 버스 브릿지와 프로세싱 요소 간에 삽입된 것 같은 것을 가질 수도 있다. 그렇지 않으면 신호를 프로세싱 요소에서 칩 가장자리로 전송하기 위해 칩 가장자리에 있는 드라이버와 수신기일 수도 있고, 그 뒤의 칩일 수도 있다. 따라서 '결합'이 더 좋은 단어일 것이다. 이의 합리적인 해석은 A가 B에 결합될 때 가장 중요한 요소를 A에서 B까지 얻을 수 있지만, 사실은 다른 대리인을 경유해서이지 직접 그럴 필요는 없다는 점이다. 일반적으로 가능한 한 넓은 의미를 가진 용어를 사용하길 원한다. "이들 두 가지 항목은 함께 붙어 있다"라고 말하면 접착제만이 다뤄진다. "함께 붙어 있다 또는 어떤 다른 접착 방법을 이용해 함께 부착돼 있다"라고 말하고 싶을 것이다.

종속적 청구^{dependent claim}는 독립적 청구를 개선한 것이며, 그렇게 함으로써 종속적 청구의 범위를 좁아지게 만든다. 즉, 종속적 청구를 더 넓지 않게, 그리고 더 제한을 두게 만든다는 의미다. 다음은 청구 1과 똑같은 특허에서 가져온 사례다.

2. 상호 연결된 청구 1의 멀티프로세싱 시스템은 그룹 식별이 가능한 로직 회로와 선택된 프로세싱 시스템으로 구성된다.

종속적 청구는 우선 청구권(독립적 또는 종속적)의 구성 요소를 언급함으로써 시작되며, 구체적으로 보호되는 것에 관해서는 좀 더 자세히 제공한다. 여기서 청구 2는 상호 연결된 것이 가진 것을 상세히 명시함으로써 청구 1에서 청구된 완전한 시스템을 정제한다(그 시스템은 그룹(등)을 식별할 수 있는 회로를 갖는다).

실제로는 독립적 청구에 대한 초안을 가능한 한 넓게 작성하려고 시도하는 것이 합리적일 것이며, (청구의 범위가 너무 넓다고 판명되는 경우와 나중에 발견될 선행 기술로 인한 무효화에 대비해서) 백업으로 좀 더 좁은 범위의 종속적 청구를 제공한다.

이에 추가해 두 가지 종류의 청구가 있을 수 있는데, 다음과 같은 두 가지의 중요한 청구 유형이 있다.

- 장치 청구
- 방법 청구

장치 청구^{apparatus claim}는 위의 청구 1이나 2와 같다(이것은 실제 장치를 기술한다). 방법 청구^{method claim}는 제안한 그대로 무엇인가를 성취하기 위한 특정 방법을 기술하는 청구다. 종종 여러분은 장치 청구뿐만 아니라 실제로 방법 청구도 원할 것이며, 여러분의 특허는 발명품의 유사한 양상으로 장치와 방법이라는 두 가지 각도에서 잘 다뤄질 것이다. 그러나 방법 청구와 장치 청구가 발명품과 똑같은 양상을 다룬다고 할지라도 분리될 필요는 있다. 각각의 유효한 청구는 다른 모든 청구로부터 구별될 수 있어야 한다. 여기 위와 똑같은 사례에서 가져온 방법 청구에 대한 한 가지 사례가 있다.

5. 메모리의 일관성을 선택적으로 구현하기 위한 방법의 구성
   - 프로세싱 요소의 둘 또는 그 이상의 그룹을 제공해 멀티프로세싱 시스템을 생성한다. 각각의 프로세싱 요소는 거래 유형 필드와 대상 주소 필드로 구성된 첫 번째 거래 방식과 각각의 프로세싱 요소에 외부 통신을 위한 두 번째 거래 방식을 이용해 자체 내에서 정보를 주고받는다. 두 번째 거래 방식은 첫 번째 거래 방식보다 더 많은 필드로 구성되며, 출력 거래가 라우팅될 장소, 출력 거래가 구현되는 운영 유형, 메모리의 일관성이 최종 프로세싱 요소에 의해 유지되는지 여부를 지정한다.
   - 각 그룹의 각 프로세싱 요소는 둘 또는 그 이상의 프로세싱 요소 그룹의 모든 프로세싱 요소 가운데 단일 통신 프로토콜을 이용해 정보를 주고받는 상호 연결에 의해 결합된다.
   - 각 프로세싱 요소 내에서 메모리가 제공됨. 둘 또는 그 이상의 프로세싱 요소 그룹 중 어느 누구도 일관성있는 메모리를 가진다면 그런 점에서 메모리의 일관성이 선택적으로 결정된다. 둘 또는 그 이상의 그룹 중 어느 하나라도 설정되면 각 그룹 내에서 독립적으로 유지된다.

앞으로 어떤 일이 발생할지 이해하기 위해서 여러분은 이런 일에 대해서만 알면 된다. 여러분의 변호사가 이런 모든 일에 대해 자세히 알 것이다.

평균 합 기능 청구

옛날에는 발명품을 어느 정도 상세히 기술할 수 있었고, 그런 다음 특정 메커니즘에 관해 얘기하기보다는 뭔가를 하기 위한 '수단'을 적용하고, 더 이상 구체적으로 명시함이 없이 뭔가 했던 것을 얻기 위해 몇 가지 방식으로 기술됐던 것을 지원하는 청구를 작성했다.

언젠가 세계는 뭔가 했던 것을 얻기 위해 하나 또는 두 가지 방식으로 기술하는 사이, 청구는 그것을 하는 모든 방식을 다룬다는 사실을 깨달았다. 그것은 누구에게든지 뭔가 하는 모든 단일 방식으로 특허를 받게 만드는 아주 나쁜 형태로 고려되는데, 해당 분야에서 모든 혁신이 억압받을 것이기 때문이다. 따라서 요즘에는 '수단' 같은 표현을 이용하는 특허가 여전히 허용되겠지만, 청구에서 다루는 유일한 수단은 명세서에 명백하게 기술되고 설명된 ('알려진') 수단이어야 한다.

조언

그렇다면 특허를 받기 위해 무엇을 준비해야 하는가?

가장 간단히 해줄 수 있는 조언은 (기술적 업계의 신문을 위해 발명품을 기술하는 (자랑으로 여겨 완전히 자세하게) 기사를 작성한다고 가정하면) 다섯 페이지나 열 페이지에 추가적으로 도움이 되는 다이어그램 정도가 될 것이다. 기술 분야에서 미래가 어떻게 변화될지, 사용자 패턴이 유발될 수 있을지, 이들을 발명품에 어떻게 이용할지에 대해 생각하라.

그러한 기사를 작성하고 변호사에게 알려주기 위해 기사를 이용하라(나중에 변호사에게 조언할 때 원고를 편집할 수 있으며, 실제 편집된 원고를 출판할 수도 있다).

발명품이 어떻게 동작하는지(어떻게 이용하는지가 아닌)에 대한 기술적 매뉴얼을 갖고 있다면 명세서에 대한 기초로서 매뉴얼의 이용을 고려할 수 있다. 긍정적인 것은 여러분이 이미 그것을 작성했다는 것이다. 부정적인 것은 너무 길게(길게 작성된 명세서는 돈이 더 든다) 작성됐다는 것이며, 그것이 특허에 사용될만한 훌륭한 법률 용어로 작성되지 않았다는 것이다.

특허 허가

발명품에 대해 특허를 받으려면 꽤 많은 돈을 지출해야 될지도 모른다. 여러분은 실제 공학자로서 발명품과 결합한 제품을 만들어 많은 돈을 벌고, 이익을 남겨 제품을 팔며, 바로 돈방석에 올라앉길 원할 것이다.

그러나 그런 제품에 대한 판매는 제조, 유통, 교육, 지원 등이 포함된다. 그런 일들은 다른 사람들이 더 잘할지도 모르기 때문에 여러분은 누군가가 제품을 만들어 팔아주기를 원할 수도 있다.

이를 위해서는 해당 분야로 추정되는 벤더와 계약 준비에 들어가고, 벤더에게 제품 제조 방법을 가르치며, 그것을 생산하고 판매할 수 있게 라이선스를 제공할 필요가 있다. 그 라이선스는 제품 설계와 제품 제조에 필요한 특허 둘 모두여야 한다. 여러분 스스로 자신의 제품을 제조하고 팔며 지원한다고 선택했을지라도, 어떠한 다른 제품보다도 발명품 자체로부터 돈을 더 많이 벌수 있다는 매력이 있어야 할 것이다.

이를 위해서는 특허만을 다른 회사로 양도해야 한다. 그러나 이것은 설계나 소스코드를 허가하는 것 같은 프로세스가 아니다. 이것은 일반적으로 하나 이상의 특허에 대해 하나 이상의 청구를 (여러분의 의견이다) 침해한 제품을 다른 회사가 선적하고 있는 모습을 발견할 때 (꼭 그렇게, 나중에 확인된다) 일어난다. 따라서 여러분은 내키지 않는 고객들을 상대해야 할 것이다. 즉, 고객이 확실히 여러분의 특허를 침해했으며, 여러분이 자원을 확실히 갖고 있다는 사실을 운 좋은 '고객'에게 납득시켜야 할 것이며, 필요한 만큼 법적 논쟁도 해야 할 것이다. 확실한 특허를 갖고 있고, 실제 침해에 대한 확실한 증거를 제공하고 있으며, 법정에서 다뤄도 좋을 만한 실적을 갖는 것도 도움이 된다. 그렇다면 이상적으로 여러분이 이긴다. 여러분의 특허를 침해하고 있는 회사 X를 고소한다면 그 회사는 자신들의 몇몇 가지를 여러분이 역으로 침해하고 있다고 고소할 것을 예상할 수 있다.

부정적인 것은 소송에서 다툴 준비를 해야 한다는 점, 소송 비용이 비쌀 수 있다는 점, 해결에 아주 오랜 시간이 걸릴 수 있다는 점이다. 어디에 누구한테 언제 소송을 제기하는 것에 관해 상세히 분석하는 것은 적합하지 않다. 다시 말해 법적 조언이 필요하다는 것이다.

여러분은 투견 같이 물고 늘어지게 행동할 누군가를 찾음으로써 이런 종류의 문제 처리를 회피할 수 있다. '비활동 독립체NPE', 즉 일반적으로 획득한 특허를 허가해주는 것이 사업이며, 그밖에 또 무엇인가를 팔지 않고는 돈을 벌지 못하는 회사를 말하는데 이 회사는 자신에게 반하는 특허를 주장함으로써 돈을 번다. NPE가 실제로는 아무 일도 하지 않기 때문에 정도의 차이는 있어도 NPE는 거의 물샐 틈이 없다. 즉, NPE에 대항해서는 (작성 시점에) 근본적으로 방어할 수 없다. 특허 산업에서는 NPE를 보통 '트롤'이라 부르는데, 이 트롤은 다리를 건너려는 여행객들에게 통과세를 요구하면서 (건설되지 않은) 다리 밑에 살고 있는 사악한 트롤의 이미지를 갖고 있다. 따라서 트롤에게 올바른 재정적 법적 협의를 통해 특허를 넘겨주는 것은 매력적인 방법이 될 수 있다. 현행법에 따르면 된다(물론 여러분 스스로 라이선스를 반드시 획득할 수 있을 것이다).

문제

모든 기회는 문제 발생 소지가 있다. 여기서는 문제를 올바로 처리하지 않으면 골치 아픈 문제로 나타날 몇 가지 주제에 대해 고찰한다.

오픈소스 소프트웨어

옛날에 사람들은 컴퓨터 시스템 벤더, 소프트웨어 벤더, 컨설턴트나 자신의 종업원으로부터 실제 돈은 들어가겠지만, 어떻게 해서든 소프트웨어를 획득했다. 요즘에는 오픈소스 소프트웨어로 얻을 수 있다. 이 접근법은 (llvm과 gcc compiler toolchains 같은) 툴을 통해 (리눅스 같은) 운영체제부터 (아파치 같은) 애플리케이션까지 모두 소스코드 형태로 엄청난 양의 소프트웨어를 여러분에게 제공할 수 있다. 모두 무료다!

그러나 이 접근법은 사업적이나 법적 측면 두 가지 모두에 영향을 미친다. 기술적 이슈에 대해서는 논의하지 않을 것이다(소프트웨어 유지에 대한 책임은 기본적으로 벤더가 아니고 여러분이다).

그러한 소프트웨어는 특정 행동을 수행하거나 특정 행동을 금지할 때 필요한 라이선스를 수반하기 때문에 법적인 측면에서도 주요한 영향을 미칠 것이다.

다양한 많은 '오픈' 또는 '무료' 라이선스가 있다. 위키피디아는 http://en.wikipedia.org/wiki/Comparison_of_free_software_licenses에서 유용한 요약을 제공하고 있다. 이들 라이선스 일부에 부과된 제한 때문에 여러분이 사용하고 싶은 소프트웨어와 연관된 라이선스의 이해와 더불어 여러분의 사업 모델에 어떤 제한이 있는지 확실히 할 필요가 있다.

소프트웨어 허가와 판매

여러분이 샀거나 허가받았던 소프트웨어 공급자가 누구든지 간에 그 사람이 소프트웨어를 허가해주거나 판매할 권리를 가지고 있는가를 반드시 확인하는 것과 마찬가지로, 여러분도 다른 사람에게 '여러분'의 소프트웨어를 공급할 권리를 갖고 있다는 명백한 증거를 제공해야 할 필요가 있다. 규칙과 이슈는 동일하지만, 생산된 제품의 다양한 컴포넌트가 정황을 편하게 만든다는 명백한 '증거가 되는 일련의 문서paper trail'가 있어야 한다. 그리고 이 문서를 그냥 잘 유지하면 된다.

소프트웨어 관련 라이선스 협약에서 용어를 설정할 때 나쁜 일이 발생하는 경우, 즉 소송을 제기하는 경우 비용이 많이 들기 때문에 이러한 곤란을 제거할 수 있는 용어의 포함을 고려할 수도 있다. 한 가지 사례가 익스프레스 로직Express Logic과 그린 힐스 소프트웨어Green Hills software 간 다툼이다. 이 다툼은 그린 힐스가 익스프레스 로직에서 만든 ThreadX RTOS의 재판매업 자가 되면서 비롯됐으며, 결국 마이크로 벨로서티micro Velosity 문제로까지 발전했다. 벨로서티 의 API가 ThreadX의 API와 너무 비슷하다는 것이 주장의 요지이며, 이로 인해 익스프레스 로직은 적어도 API를 통해 저작권 침해가 이뤄졌다고 그린 힐스를 고소했다. 이 다툼의 기계 적 이슈는 상당히 신속하게 해결될 수 있었는데, 익스프레스 로직이 라이선스에 중재 관련 용어를 포함시켰기 때문이었다. 그러나 중재는 익스프레스 로직이 희망했던 방법대로 이뤄지 지 않았다. 이에 대한 한쪽 편의 얘기는 http://rtos.com/news/detail/ Express_Logic_Clears_ the_Air_Regarding_Ruling_on_Copyright_Infringement_Claim_Against_u-velOSity_RTOS/ 에서 읽어볼 수 있다.

소프트웨어가 하나 이상의 특허로 보호될 때 소프트웨어 허가(라이선스)를 위해서는 어떤 권리가 이전돼야 하는지가 고려돼야 한다. 짐작컨대 이용 중인 아이디어가 여러분이 다른 사람에게 팔았거나 허가해줬던 소프트웨어라면 여러분은 다른 사람이 여러분의 아이디어를 이용하고 있는 데 대해 개의치 않는다. 그러나 다른 사람이 그 소프트웨어에 대한 라이선스를 갖고 특허 사용 권리를 다른 사람에게 양도하기 위해 여러분의 소프트웨어를 사용 중이라는 사실은 원치 않을 것이다.

특허 확보

작은 회사는 특허 확보 목적에 있어 사업적 전략을 가져야 한다. 그리고 그러한 획득은 벤처 투자회사 등의 투자를 비롯해, 청구된 모든 것에 대해 여러분이 법적으로 하자가 전혀 없는 소유권을 갖고 있다는 점을 자신들 스스로 보장하기 위해 '확보자'나 '투자자' 부분에 상당한 주의를 기울여야 한다. 다시 말해 생산된 모든 것에 대해 명백한 증거가 되는 일련의 문서와,

이와 연관된 권리는 대단히 유용하다.

작은 회사는 http://www.iplawforstartups.com/에서 이들 주제와 관련된 저작물을 발견할 수 있다.

침해 발견

어느 날 여러분은 자신의 제품 중 하나와 기능성이 현저하게 비슷한 소프트웨어를 누군가가 제공하고 있다는 사실을 발견할지도 모른다. 이러한 일들이 발생하는 두 가지의 나쁜 표준 방식이 있는데, 첫째는 여러분의 직원이나 계약자 중 한 명이 다른 회사를 위해 일을 시작할 때 여러분의 소프트웨어 설계(심지어 구현까지)를 다른 회사로 갖다 주는 방식이며, 둘째는 여러분의 소프트웨어를 다른 회사로 허가할 때 그 회사가 동등한 소프트웨어를 만들기 위해 여러분의 소프트웨어로부터 영감을 가져가는 방식이다.

갑자기 떠오르는 질문이 있는데, 그것을 어떻게 막을 것인가? 그리고 잃어버린 사업 가치를 어떻게 회복할 것인가?

저작권 침해 발견하기

위의 질문 두 가지 모두 결국에는 다른 사람이 여러분의 저작물을 복사했다는 것을 법정에서 입증할 수 있어야 한다. 여러분이 이것을 바로 하지 못할 수도 있지만, 다른 독립체를 고소한다면 (여러분에 의해 선택된) 특정 기준을 충족시키는 모든 문서와 기타 자료들을 이용해 다른 독립체가 여러분에게 제공한 것을 요구하는 실제 공판에 앞서 '발견' 단계 동안에 그렇게 할 수 있다. 이런 방식으로 결국 여러분은 다른 사람의 소프트웨어가 실제 무엇이고, 어떻게 그것을 발전시켰는지, 또는 확보했는지에 대해 확실한 증거가 나오기를 바랄 것이다. 수중에 있는 증거를 이용해 복사와 표절의 증거를 찾을 수 있다. 그러나 소송은 비용이 많이 들며, 100만 바이트 크기의 소스코드와 문서를 힘들여 읽는 것은 엄청난 비용이 들 수 있다.

그러나 침해를 어떻게 발견할 수 있는가, 그렇게 할 필요가 있는가? 물론 그것은 사정 나름이다. 정말 노골적인 사례에서는 웹상에 완전히 공개돼 있고 그것을 간단히 보기만 해도 여러분이 원하는 증거를 획득할 수 있는 헤더 파일이나 기술 문서들을 찾아 볼 수도 있다. 보통은 침해를 찾도록 도와주는 툴셋이 필요할 것이다. 그러나 저작물에 대한 침해가 느슨하게 정의돼 있기 때문에 여러분이 조사 툴을 갖고 있다 할지라도 발견된 유사성이 침해의 주장을 이길 수 있는 충분한 근거가 된다는 것은 장담할 수 없다.

이용할 수 있는 툴이 있다. 한 가지 사례로 S.A.F.E('소프트웨어 분석과 법 공학', http://www.safe-corp.biz/)는 몇 가지 툴을 제공한다. CodeMatch는 여러분의 소스 파일을 다른 사람의 소스

파일과 비교하며, 밀접하게 일치했는지 조사한다. 심지어 다른 사람의 코드가 (예를 들어) 체계적으로 변경된 변수와 함수 이름을 갖고 있는지, 그리고 전체 파일이 (예를 들어) C에서 루비^{Ruby}로 번역됐는지 등을 조사한다. SAFE는 또한 실행 파일 간 유사 비교를 할 수 있는 BitMatch도 제공한다. 2진 파일은 소스 파일보다 더 쉽게 발견할 수도 있다. 이와 관련된 제품이 DocMate인데, 이것은 소프트웨어보다 문서에 대해 유사한 비교를 수행한다.

여러분이 수중에 많은 시간을 갖고 있거나 또는 다른 사람이 여러분의 저작물을 복사했다는 확고한 신념을 갖고 있다면 뭔가를 좀 더 간단히 시도할 수 있다. 다른 사람이 가진 2진 파일을 사람이 읽을 수 있는 형태로 변환하기 위해 역컴파일러^{decompiler}의 이용을 시도할 수 있다. 그러한 이것은 노동 집약적이고, C++ 같은 복잡한 언어는 유용한 역공학$^{reverse-engineering}$의 발생을 방해할 것으로 보인다.

이들 툴은 아마도 모두 동일한 방식으로 동작된다. 본질적으로 이들 툴은 주어진 코드의 추상 표현 방식을 구축하고(gcc, llvm, 다른 컴파일러가 프로그램 의미의 내적 표현 방식을 생성하긴 하지만 그들은 컴파일된다), 그들이 할 수 있는 모든 최적화를 수행하며, 결과로 나타난 '여러분의 코드'와 '다른 사람의 코드' 모양을 몇 가지 유용한 방식으로 비교함으로써 검토될 수 있는 프로그램 변환 툴이다.

'소프트웨어 포렌식'에 대한 몇 가지 일반적인 논의를 위해 구글로 검색할 수 있다. 이와 관련된 한 가지 사례가 Michael Barr의 블로그며 그 사례는 http://embeddedgurus.com/barr-code/2011/09/firmware-forensicsbest-practices-in-embedded-software-source-code-discovery/에 나타나있다.

특허 침해 발견하기

특허 침해에 대한 발견은 저작권 침해의 발견만큼 간단하지 않다. 저작권에서는 다른 사람의 큰 소프트웨어가 여러분의 큰 소프트웨어와 일치한다고 믿게 만드는 것은 충분히 가능한 일일 것이다. 그러나 특허에서는 보통 다른 사람의 소프트웨어가 어떤 일을 하는 것인지를 발견하는 것이지 소스가 무엇인지를 발견하는 것은 아니다. 즉, 특허에서는 텍스트나 이미지가 아닌 알고리즘과 행위를 검토해야 한다. 따라서 특허에서의 태스크는 꽤 복잡할 수 있다.

일부 특허에서는 소프트웨어 자체가 가진 복잡한 메커니즘보다는 사용자 인터페이스를 보호한다. 이러한 소프트웨어는 침해 가능성 있는 소프트웨어의 복사본을 획득해서 사용자 인터페이스를 조사하면 침해 여부를 검출할 수 있다. 여러분의 특허 변호사가 충분히 넓게 청구를 작성하고, 조사자가 발생 가능성 있는 문제에 전혀 주의를 기울이지 않았다면 원래 발명품과는 전혀 다른 성질의 많은 다른 사용자 인터페이스에 대한 청구를 읽음으로써 여러분은 명백히 악의 없는 작은 발명품이 아주 큰 수익을 낳는 사업으로 변할 수 있다는 사실을 쉽게 발견할 수 있을 것이다. 정말로 이들 특허의 일부 소유자들은 이미 실제 청구가 의미하는 것 이상으로 그 범위가 너무 커졌으며, 모호하게 기술을 인식하고 있는 그 누군가에게는 아주 명백하게 보일 수도 있는 것들을 위해 이미 여러분의 돈을 갈취하려고 문을 두드렸을지도 모른다.

소프트웨어의 내부 동작 방식을 보호하는 특허에서는 보통 청구를 이용한 특허를 포함하고 있으며, 발견은 하드웨어의 이용과 다음 두 가지 방법을 경유해서 수행될 수 있다.

가장 간단한 방법은 표준 기반의 방법이다. 여러분이 일부 필수적인 표준 부분을 보호하기 위해 청구된 특허를 갖고 있다면 그 표준에 맞는 제품을 판매하는 사람이 누구든지 간에 여러분의 특허를 침해하고 있다는 것을 여러분은 어느 정도 자신감을 갖고 주장할 수 있을 것이다. 이것이 회사가 관심을 갖는 미래 기술에 많은 돈을 투자하고 표준체와의 관계를 아주 주의 깊게 유지하는 이유 중 하나다. 대체적으로 여러분이 표준체의 실제 일원이라면 표준에 맞추기 위해, 그리고 공정하고 합리적이며 차별하지 않는 방식으로 어떠한 특허든지 타인에게 허가해주려고 동의하는 데 필요한 관련 IP라면 무엇이든지 밝혀야 한다. 대략적으로 말해 여러분은 그렇게 많은 돈을 청구하지 않을 것이며, 필수적으로 모든 라이선스는 동일하게 취급받을 것이고, 어느 누구도 라이선스로부터 방해받지 않을 것이다.

또 다른 방법은 이런 저런 형태의 역공학이다. 이것은 하드웨어 분야에서 널리 사용되는 방법인데, 이는 하드웨어 분야가 완전한 도해를 되찾기 위해 칩의 분해, 층상 자기 조립, 각 층의 이미지화, 이미지의 프로세싱 등을 할 수 있는 전문가를 보유하고 있기 때문이다. 논리 회로 게이트, 멀티플렉서, 덧셈기, 곱셈기 (아날로그 회로에서는) 연산 증폭기, 위상 동기 루프, A/D 변환기의 '원자'가 일반적으로 아주 유사하기 때문에 회로 특허에 대한 침해는 인스펙션에 의해 발견될 수 있으며, 일부 툴에 의해 도움 받을 수도 있을 것 같다. (새로운 곱셈기 같은) 논리 회로에 대한 특허도 이와 똑같이 쉽게 발견될 수 있다. 이와 유사하게 많은 패키징 특허에 대한 침해도 인스펙션에 의해 검출될 수 있다. 그러나 실리콘 프로세서 특허에 대한 침해 검출은 좀 힘들 수 있다.

그러나 소프트웨어의 역공학 기술은 아직까지 널리 사용되고 있지 못하다. 하드웨어와 달리 문제는 소프트웨어가 그렇게 하는 데는 아주 많은 다양한 방법이 있다는 것이다. 순차 리스트의 처리를 보호하는 특허를 여러분이 갖고 있다고 가정하자. 얼마나 많은 데이터 구조가 그러한 순차 유지에 영향을 줄 것인가? 표준 연결 리스트가 그런 특성을 갖고 있다. 이진트리도 그렇다. 단순 배열도 그렇다. 여러분은 아마 해시 테이블hash table의 요소를 위한 분류 알고리즘도 발견할 수 있다. 이제 이런 구조의 유지를 수행하는 큰 코드가 어떤 모습일지 고려하자(다시 말해 많은 선택이 있을 것이다).

저수준의 하드웨어/회로 특허와 달리 대부분의 소프트웨어 특허는 발견 가능성에 큰 문제를 갖고 있다. 그렇다. 여러분은 ROM 이미지나 하드디스크를 가질 수 있지만, 무엇을 찾을 것인가? 역컴파일하고 수백만의 엉망인 코드를 읽는 것은 시간적인 이용에서 볼 때 효율적이지 못할 것이다.

저작권 침해 회피

사람들의 저작권이나 특허에 대한 침해를 여러분은 어떻게 회피할 수 있는가? 첫째, 저작권에 대해 살펴보자.

이것은 '정직해지는 것'보다 더 복잡한 문제다. 예를 들어 C strcmp() 함수를 작성하는 데 얼마나 많은 훌륭한 방법이 있는가? 여러분이 개발한 코드가 전에 여러 번 해왔던 일들을 하는 것이라면 여러분의 작업물과 동일 태스크에 시도된 다른 사람들의 작업물 간에는 상당한 유사점이 있을 것 같다.

따라서 침해 죄로 기소될 리스크에 대비할 수 있는 은 탄환(솔루션)은 없을 것이다. 그러나 여러분의 핵심 목적은 침해 자체를 회피하는 것이 돼야 한다. 원칙적으로 이것은 그냥 요구된 대로 분명히 쉬운 일이며, 모든 사람이 정직한지 훔치지 않았는지에 대해 (아마 코드 리뷰를 통해) 시행된다. 이를 위해 규칙을 간단히 따랐는지 알기 위해 다양한 워크플로우 툴을 검토하는 것도 가치 있는 일일 것이다. 이들 툴은 (필요하다면) 여러분 스스로 청구했던 모든 작품을 여러분이 만들었다는 증거를 제공할 것이다. 훔치진 않았고 다른 사람의 작품을 부적절하게 재사용했다면 여러분이 '실제 침해'를 범하기란 매우 쉽지 않을 것 같다(물론 이것이 법정에서 여러분이 이길 것이라는 것을 의미하지는 않는다).

한 명의 고용주에서 다른 고용주로 직업을 옮긴 종업원이 자신의 전 고용주의 재산을 자신과 함께 새로운 회사로 가져가진 못하겠지만, 그 종업원이 작업을 수행하면서 획득했던 교훈과 도메인 특정 지식은 그 종업원이 받을 자격이 있다는 법의 원리에 의해 상황은 복잡하다. 그래서 사람들이 패턴을 인식하고 기억하는 데 능숙한 것처럼, 괜찮은 RTOS를 구축하는 방법을 알고 있는 회사 A의 종업원이 회사 B의 새로운 고용주를 위해 RTOS를 개발함에 있어 새로운 고용주와 새로운 종업원 모두 표절할 생각이 전혀 없음에도 불구하고 회사 A에서 사용했던 동일한 접근법을 이용할 것 같은 합리적 개연성이 존재한다. strcmp()와 마찬가지로, 이진 연결 리스트, 우선 비트 벡터, 기타 고성능 RTOS의 기초를 구성하는 데 얼마나 많은 방식이 있는가?

여러분의 신규 종업원 중 한 명이 전임 고용주와의 모종의 경쟁 금지 협약의 대상이 될 가능성에 의해 상황은 더 복잡하다. 그러한 경쟁 금지 협약이 보통 법정에서는 호의적이지 않게 보이는 동안, 다른 법적 이슈 중에서 불미스러운 상황은 해결에 아주 큰 비용이 소요될 수도 있다. 따라서 종업원을 고용할 때 적절한 검토가 중요하다. 이에 대한 일부 논의는 http://otslawyers.com/wp-content/uploads/2011/07/Hiring-an-EE-with-a-noncompete-May-2011-Employment-Law-Institute-OBERMAN-4-20-11-FINAL.pdf에서 볼 수 있다.

이와 같이 여러분은 항상 리스크에 놓여 있다.

따라서 여러분은 너무 많은 피해망상 없이 최악의 경우를 대비해야 한다. 여러분이 가진 모든 소프트웨어가 어디서부터 왔는지, 그 소프트웨어를 어떻게 개발했는지, 오픈소스나 기타 획득한 소프트웨어를 어떻게 변경했는지, 버그를 어떻게 추적해서 고쳤는지, 코드 리파지토리 내에서 다양한 버전의 소프트웨어가 있는지, 알려진 경쟁 금지나 이와 동등한 계약 위반을 한 종업원이 전혀 없는지 등을 입증할 수 있다면 여러분은 훔치지 않았다는 것을 보여주는 툴을 가져야 한다. 다행히도 그러한 접근법은 어쨌든 소프트웨어 관리 101이며, 따라서 여러분은 추가적인 부담을 짊어질 필요가 없다.

특허 침해 회피

불행히도 특허 침해에 대한 회피는 저작권 침해에 대한 회피보다 훨씬 더 어려운 작업이다. 이미 봤던 것처럼 저작권 침해는 간단한 비복사 전략으로 회피할 수 있다. 그러나 추적해야 될 특허가 너무 많이 존재하고, 그리고 특허 청구를 이해하면서 침해될 만한 그 어떤 소프트웨어도 결코 만들지 않았다는 것을 보장할 수 있는 소프트웨어 전문 특허 변호사가 충분히 없기 때문에 비복사 전략은 특허를 위해 작동될 수 있는 접근법이 아니다.

실세계에서 여러분은 (예를 들면 독립적 재발명에 의해) 완전히 결백하게 그렇게 했을 때조차도 실제 침해에 대한 리스크를 무릅써야 한다. 더 나아가 여러분이 침해를 했든지 안했든지 간에 침해 고소의 리스크도 무릅써야 한다. 특허는 수학적, 과학적 기반의 공학 전장이 아니라 법적 전장이다. 청구에서 사용된 말은 여러분의 제품이 자신들의 청구를 침해한 사례로 만들려는 고소자에 의해 왜곡될 수 있거나 보통 왜곡돼 있다. 소송이 너무 비싸고 결과가 너무 불확실하기 때문에 왜곡은 대부분 여러분이 침해라는 걸 느꼈던지 안 느꼈던지 상관없이 고소자에게 어느 정도의 돈을 지불하고, 비용을 예측 가능하고 합리적으로 단순히 유지시키며, 훨씬 많은 회사의 정력과 시간을 소모할 수 있는 수년간의 소송을 회피하는 것이 이성적 결정이라는 사실에 의해 만들어진다.

이 상황이 왜 발생할까?

두 가지의 주요한 요소가 있을 것이다. 첫 번째 요소는 형식적 의미를 갖지 않은 영어(또는 다른 자연어)로 작성된 특허라는 것이다. 즉, 단일의 논박할 수 없는 의미를 보통 명세서나 청구에 할당하는 것이 완전히 불가능하다는 것이다. 따라서 그것이 의미하는 바는 판단에 대한 질문이며, 판단은 시간, 법원, 고소자, 침해자에 따라 변한다는 것이다. 제품이 청구를 침해했는지 여부를 결정하기 위해 법원(소송으로 가는 경우 또는 그것을 선택하는 경우)은 청구 해석을 수행할 것이다(청구에서 용어가 실제로 의미하는 것을 결정하는 것이다). 여러분과 상대자는 다양한 요소가 의미하는 것에 관해 자신의 이론을 발전시킬 기회를 가질 것이다.

해석 프로세스는 너무 비결정성이라 두 개의 법원은 동일 특허 내의 동일 청구가 포함된 각기 다른 사례를 고려해 각기 다른 해석을 내놓는 것도 가능할 것이다.

두 번째 요소는 특허 침해에 대한 손실을 설정하는 가이드라인이 없다는 점이다. 라이선스에 대해 지불한 양은 라이선스 없는 발명품을 사용함으로써 제품에 불법적으로 추가된 가치에 비례해야 한다는 것이 상식이 제공하는 암시겠지만, 이것이 널리 옹호되는 견해는 아니다. 그러나 오늘날 미국에는 대략 200만 개의 유효한 특허가 존재한다. 심지어 여러분의 분야에 가장 적절한 것으로 그 수를 줄여서 좁힌다 하더라도 수많은 특허가 해당 분야에 남아있게 될 것이다. 여러분의 제품(상대적으로 복잡한 시스템이라면)은 수천 번은 아니더라도 수백 번은 침해받을 가능성이 상존한다. 여러분이 실제로 설계나 고부가가치화에 기여했다고 가정하면 그 제품 가격의 10%나 그 이하만이 수백 번의 침해받은 특허 가운데 공유할 수 있을 것이다. 따라서 주어진 특허에 대한 침해 세금은 많아 봐야 얼마 되지 않는다. 사실 특허가 너무 많이 있기 때문에 각각의 특허는 현재 사용 중이지 않은 발명품의 사소하고도 점증적인 이점만을 제공할 가능성이 아주 크며, 이로 인해 특허당 침해에서 생기는 실제 이점은 아마 백배나 천배 더 감소될 것이다.

당연히 이것은 트롤이 만들 수 있는 돈의 양을 급격히 줄일 것이므로, 지금까지 이 접근법은 가장 중요한 위치까지는 진출하지 못했다.

요점은 여러분이 침해했는지 안 했는지 그 여부를 아는 것과, 그것이 여러분을 폐업으로 몰아넣을 수 있는 시간이 너무 오래 걸리고 비용도 많이 드는 프로세스라고 발견하는 것이 가능하지 않다는 사실이다.

그러나 실세계에서는 가능성 있는 악몽의 시나리오임에도 불구하고, 대부분의 회사는 대부분의 시간을 투자해 지적 재산권의 이슈로부터 많은 간섭을 받지 않으면서 거래를 계속하고 있다.

20

임베디드 소프트웨어 개발 관리

윗슨 왈도 3세(Whitson G Waldo III)

성공적인 반도체 공급자들은 자신의 고객들에게 점점 더 하드웨어 컴포넌트만이 아닌 시스템 솔루션을 제공하고 있다. 이 시스템 솔루션에 하드웨어가 포함된 소프트웨어를 공급하는 것은 다른 경쟁자들 가운데서 한 회사를 차별화시키는 방법이다. 이 방법은 여러분의 고객을 위해 더 낮은 개발 비용으로 더 빠르게 시장에 내놓을 수 있음을 의미할 수 있다. 그들의 성공은 여러분의 성공으로 바뀐다.

하드웨어 능력을 완전히 활용하는 소프트웨어와 최적화된 시스템 성능을 전달하는 중요성은 시간을 뛰어 넘어서도 계속된다. 품질도 정확히 같은 비율로 관심이 증가 중이다. 품질은 제품 명세서와의 일치나 고객의 니즈와 기대에 대한 충족으로 정의될 수 있다. 품질 요소는 특징, 성능, 결함 레벨을 포함한다. 허용 가능한 결함 레벨이 필수적일 거라고 고객들에 의해 간주되겠지만, 품질에서는 불충분한 기준이다. 이런 가정하에 품질 강조는 고객의 사용 사례, 제품이 할 수 있는 것과 할 수 없는 것, 제품 자체의 결함 수나 결함 비율이 아닌 시스템의 수행 방법에 더 밀접한 연관성이 있을지도 모른다.

소프트웨어 개발 회사는 자신의 프로세스와 제품을 향상시키기 위해 품질 시스템을 구현한다. 이런 시스템의 사례에는 식스 시그마$^{Six Sigma®}$, ISO9000/ISO9001, CMMI® 등이 있다. 식스 시그마는 문제를 해결하고 솔루션을 최적화하기 위해 통계적 방법을 이용한다. 가장 간단하게도 ISO9000은 사업 관행 문서를 요구하고, 그런 다음 문서에 있는 것과의 실제적인 일치를 요구하는 품질 시스템으로 이해될지도 모른다. CMMI는 위의 두 가지와는 다른 형태의 품질 시스템으로 연속적인 개선 활동에 적합한 방법이다. CMMI 품질 시스템은 20장의 후반부에서 살펴본다.

소프트웨어는 다양한 목적을 위해 작성된다. OSI 모델은 계층, 이들 각기 다른 계층들의 책임, 계층들의 상호작용을 정의함으로써 소프트웨어의 복잡한 구성을 설명하는 방식 중 하나다. 모델은 그 범위가 물리적 계층부터 애플리케이션까지 이르는 소프트웨어 계층을 설명한다. 프로토콜은 한 계층에서 다음 계층으로의 제어 전달이라고 정의된다.

각기 다른 세 가지의 소프트웨어 개발 흐름을 설명한다. 이들 흐름은 요구 사항부터 코딩을 통해 테스팅까지, 그리고 최종적으로 제품 릴리스에 이르기까지 소프트웨어 개발에 통찰력을 제공한다. 소프트웨어 개발 활동의 일반적인 개념도 제시한다. 소프트웨어 개발 수명주기에 추가해 소프트웨어 프로젝트 관리의 응용에 대해서도 정의한다.

회사는 전형적으로 기능 중심으로 구성된다. 그러나 대부분의 제품은 하나 이상의 많은 기능으로부터 가치가 추가돼 만들어진다. 복잡성은 교차 기능의 상호작용과 종속성에 따라 증가한다. 제품 개발 흐름에 내재된 복잡한 문제와 정시 납품이라는 시장 압력의 긴급성은 제품 개발의 수명주기 내내 모든 세부 사항에 대한 연속적 관리의 필요성이라는 문제를 제기한다. 프로젝트 관리는 아이디어를 현실로 가져오는 모든 양상의 광범위한 소유권을 위해 기술과 실례를 제공한다. 프로젝트 관리 훈련은 시장에서 성공적으로 경쟁하기 위한 소프트웨어와 시스템 개발의 복잡성과 수많은 세부 사항에 대한 관리 능력을 제공한다.[1]

프로그램 헌장charter은 프로그램의 존재와 재정적 투자에 대한 명시적 인정이다. 이 헌장에는 프로그램에 대한 고수준의 목적이 명시돼 있다. 프로그램 스폰서의 힘과 권위는 선정된 프로그램 관리자에게 어느 정도 전달된다. 프로그램 헌장은 프로그램 관리자가 프로그램을 시작할 수 있게 지원한다.

프로그램 관리자는 앞장 서서 작업 수행에 책임이 있는 프로젝트 관리자, 기능 관리자, 핵심 개별 기여자로 구성된 팀을 이끈다. 핵심 팀의 구성은 프로그램 수명주기를 통해 프로그램이 진전되면서 시간에 따라 달라질 수 있다. 이해관계자stakeholder는 팀과 팀의 작업 결과에 이해관계를 갖기 때문에 이해관계자는 필연적으로 포함된다.

수익성을 내기 위해 회사는 제품을 생산하고 고객의 니즈를 최상으로 충족할 수 있는 서비스 제공을 위해 자신들의 희소 자원을 어떻게 배치해야 할지 결정해야 한다. 이를 위해 제품이 어떤 포트폴리오로 구성되는지 결정해야 한다. 포트폴리오 관리는 어떤 제품이 제품 파이프라인으로 들어와야 하는지, 그리고 생산량이 증대될 때까지 개발을 계속해야 하는지에 관해 정보에 근거한 결정을 내릴 수 있게 분석과 방법론을 제공한다.

프로젝트 관리에 대한 영향은 프로젝트 수명주기 단계에 의해 분할된 제품 파이프라인의 관점으로 살펴볼 수 있다. 프로젝트 관리 훈련에 대한 이행은 생산량 증대를 통한 개념부터 적절한 제품 진척까지 시간에 따른 일관성 있는 뷰를 생성한다. 대부분의 제품들은 파이프라인의 출구 쪽에 존재하기보다는 제품 파이프라인의 깔때기 어귀 쪽에 존재할 것이다. 단계 리뷰는 시간 흐름에 따른 개발 수명주기에 걸쳐 재정 기준을 충족시키지 못하거나 더 훌륭한 후보 제품을 선호해서 진화하는 시장 요구 사항과 일치하지 못하는 제품들을 추려낼 것이다. 마음속에 상상하는 모든 제품이 모두 시장에 진출되는 것은 아니다. 연속적인 리뷰 훈련은 제품을 소개할 때 제품에 대한 연속체적인 시장 성공 가능성에 대한 평가를 제공한다.

신규 제품을 소개할 때 프로젝트 관리자는 전형적으로 프로젝트 구상의 수명주기 단계부터 생산량 증대까지 프로젝트 실행에 책임져야 한다. 프로젝트 관리는 회사에 대한 특별한 관리 훈련의 소개뿐만 아니라 적절한 관리와 리더십 기술을 가져다주므로 신규 제품 소개에 중요한 기여를 한다. 이것은 제품 수명주기 관리에서 핵심 역할을 담당한다.

프로젝트는 확실한 시작과 끝이 있는 연관된 작업 활동의 집합이다. 어떠한 프로젝트든 일정, 작업 범위, 원가와 자원 조달, 품질, 고객 만족에 의해 정의된다. 이들 중 처음 세 가지는 원래 삼중 제약으로 알려져 왔다. 이제 프로젝트라는 용어는 위의 마지막 두 가지 요소, 즉 품질과 고객 만족을 암시적으로 포함하고 있다. 프로젝트 관리자는 프로젝트 작업을 성취하기 위해 기능 영역에 걸쳐 작업하며, 이때 필요한 모든 것이 다뤄졌는지를 확실하게 하고, 기능 영역 간의 핸드오프^{handoff} 발생 시 빠뜨린 것이 아무것도 없도록 한다. 프로젝트 관리자는 계획과 작업 실행의 세부 사항까지 깊게 연루돼 있다.

일부 작업은 더 복잡하며, 다중 프로젝트로 구성된다. 관련 프로젝트는 프로그램으로 구성될지도 모른다. 프로그램은 제한된 시작과 종료 일자를 가진다. 프로그램 관리자는 프로그램 목적을 성취하기 위해 프로젝트 관리자, 기능 관리자, 핵심 개별 기여자를 관리한다. 프로그램 관리자는 프로그램 일정, 작업 범위, 원가와 자원 조달, 품질, 고객 만족에 책임이 있다. 프로그램 관리자는 전형적으로 계획에서 변경이 요구돼 세부 실행에 관여하는 경우에는 예외에 의해 관리한다.

프로젝트 관리 수명주기는 특정 프로세스로 구성된다. 이들 프로세스에는 착수, 기획, 실행, 감시, 통제, 종료가 있다. 이들 특정 프로세스 각각은 통합, 범위, 시간, 원가, 품질, 인적 자원, 의사소통, 리스크, 조달 같은 영역으로부터 특별한 지식을 활용한다. 적용된 지식은 수명주기를 통해 작업될 프로세스에 따라 특별한 활동으로 구성된다.

회사는 프로젝트 수명주기 단계를 정의함으로써 프로젝트 관리 수명주기에 대한 작업을 지시한다. 이들 단계는 전형적으로 개념, 정의, 기획, 실행, 밸리데이션^{validation}, 구축, 종료로 구성된다. 프로세스는 이들 단계 각각에서 개발된다. 프로세스는 충족시켜야 될 요구 사항을 정의하므로, 프로젝트는 하나의 단계를 끝내고 다음 단계를 시작한다. 프로세서는 제품 개발의 일관된 맥락을 제공한다. 프로세스는 훌륭한 연습을 식별하도록 해주며, 지속적 개선을 위한 균일한 플랫폼을 제공하고, 가치 추가 작업 활동에 대한 적절한 집중을 통해 생산성을 얻게 할 수 있다.

프로젝트와 프로그램 관리의 주요한 책임에 의사소통과 보고가 있다. 의사소통은 메시지 콘텐츠, 메시지 전달 방식, 뚜렷한 전송 활동, 수신, 베리피케이션verification을 포함한다. 포럼에 따라 의사소통은 공식적이거나 비공식적이 될 수 있다. 보고와 리뷰는 제공된 자원을 이용해 프로젝트 진척에 책임을 지기 위해 팀이 개최하는 수단이다.

능력 성숙도 모델 통합

소프트웨어 공학 연구소SEI의 능력 성숙도 모델 통합
CMMI 프레임워크에서 제시된 프로세스로 운영되는 소프트웨어 개발 회사나 조직들이 있다는 것은 드문 일이 아니다.[2] CMMI는 개발, 획득, 서비스 활동에 대해 프로세스를 개선할 수 있는 모델이다. CMMI 모델은 두 가지 표현방법이 있다. 즉, 단계별 표현과 연속적 표현이다. 표 20.1과 20.2는 단계별 표현과 연속적 표현을 각각 보여준다.

표 20.1 CMMI 모델의 단계별 표현[2]

수준	초점	프로세스 영역	
5 최적	지속적 프로세스 개선	조직 혁신과 전개 인과관계 분석과 해결	품질 생산성
4 정량적 관리	정량적 관리	조직 프로세스 성능 정량적 프로젝트 관리	
3 정의	프로세스 표준	요구 사항 개발 기술 솔루션 제품 통합 베리피케이션 밸리데이션 조직 프로세스 중심 조직 프로세스 정의 + 통합 제품과 프로세스 개발 조직 훈련 통합 프로젝트 관리 + 통합 제품과 프로세스 개발 리스크 관리 의사결정 분석과 해결	
2 관리	기본 프로젝트 관리	요구 사항 관리 프로젝트 기획 프로젝트 감시와 통제 공급자 협의 관리 측정과 분석 프로세스와 제품 품질보증 형상 관리	
1 초기			리스크 재작업

2007년 카네기멜론대학교 허가하에 사용

단계별 표현을 나타내는 표 20.1은 특별한 성숙도 수준과 연관돼 만족시켜야 되는 프로세스 영역을 보여준다. 성숙도 수준은 누적되며, 성숙도 수준 3('정의'로 알려져 있음)은 자기 수준의 프로세스 영역을 만족해야 할 뿐만 아니라 수준 2의 프로세스 영역까지도 만족해야 함을 의미한다. 단계별 표현은 다섯 가지의 수준을 가지며, 수준 5가 가장 성숙된 수준이다.

표 20.2에 나타나 있는 연속적 표현은 성숙도 수준 대신 능력 수준을 이용한다. 연속적 표현에서는 동일한 프로세스 영역이 분류된다. 많은 프로세스 영역은 직관적 의미를 갖거나 작업 이용과 밀접하다. 연속적 표현은 0부터 5까지 여섯 개의 수준을 가지며, 수준 5가 가장 능력이 높다.

표 20.2 CMMI 모델의 연속적 표현[2]

범주	프로세스 영역
프로세스 관리	조직 프로세스 중심
	조직 프로세스 정의 + 통합 제품과 프로세스 개발
	조직 훈련
	조직 프로세스 성능
	조직 혁신과 전개
프로젝트 관리	프로젝트 기획
	프로젝트 감시와 통제
	공급자 협의 관리
	통합 프로젝트 관리 + 통합 제품과 프로세스 개발
	리스크 관리
	정량적 프로젝트 관리
공학	요구 사항 관리
	요구 사항 개발
	기술 솔루션
	제품 통합
	베리피케이션
	밸리데이션
지원	형상 관리
	프로세스와 제품 품질보증
	측정과 분석
	의사결정 분석과 해결
	인과관계 분석과 해결

2007년 카네기멜론대학교 허가하에 사용

각각의 프로세스 영역은 이행에 요구되는 특수 목적과 일반 목적을 가진다. 이들 목적과 연관된 것이 관례며, 관례는 SEI에서 제공된 내용을 따르거나 그렇지 않으면 적절히 대체된 내용을 따른다. 표 20.3은 일반 목적과 관례를 보여준다.

표 20.3 일반 목적과 관례[2]

단계별 표현	일반 목적	일반 관례	연속적 표현
ML3, ML4, ML5 — ML2	GG1: 특수 목적 성취	GP1.1: 특수 관례 수행	CL1
	GG2: 관리 프로세스 제도화	GP2.1: 조직 정책 설정 GP2.2: 프로세스 계획 GP2.3: 자원 공급 GP2.4: 책임 할당 GP2.5: 인원 훈련 GP2.6: 형상 관리 GP2.7: 관련 이해관계자 식별과 포함 GP2.8: 프로세스 감시와 통제 GP2.9: 객관적 평가 고수 GP2.10: 고수준 관리를 통한 상황 리뷰	CL2
	GG3: 정의 프로세스 제도화	GP3.1: 정의 프로세스 설정 GP3.2: 개선 정보 수집	CL3
	GG4: 정량적 관리 프로세스 제도화	GP4.1: 프로세스의 정량적 목표 설정 GP4.2: 하위 프로세스 성능 안정화	CL4
	GG5: 최적화 프로세스 제도화	GP5.1: 연속적 프로세스 개선 보증 GP5.2: 문제의 근본 원인 수정	CL5

ML = 성숙도 레벨(단계별)
2007 카네기멜론대학교의 허가하에 사용

CL = 능력 레벨(연속적)

수준 1의 일반 목적[GG]은 특수 목적 성취다. 이의 한 가지 일반 관례는 특수 관례 수행이다. 수준 2의 일반 목적은 관리 프로세스 제도화다. 이 목적과 관계된 열 가지 일반 관례가 있다. 이 관례에는 조직 정책 설정, 프로세스 계획, 자원 공급, 책임 할당, 직원 훈련, 형상 관리, 관련 이해관계자 식별과 포함, 프로세스 감시와 통제, 정량적 평가 고수, 고수준 관리를 통한 상황 리뷰가 포함된다.

수준 3의 일반 목적은 정의 프로세스 제도화다. 여기에는 두 가지 일반 관례가 있다. 첫째는 정의 프로세스 설정이고, 두 번째는 개선 정보 수집이다. 수준 4의 일반 목적 또한 두 가지 일반 관례를 가진다. 여기에는 프로세스의 정량적 목표 설정과 하위 프로세스 성능 안정화가 있다. 수준 5의 일반 목적인 최적화 프로세스 제도화는 두 가지 일반 관례가 있는데, 이는 연속적 프로세스 개선 보증과 문제의 근본 원인 수정이다.

조직을 강조하는 가장 높은 수준인 5는 평균값을 개선하거나 통계적 제어하에 프로세스의 편차를 엄격하게 만드는 통계 정보에 따라 프로세스 영역을 개선하는 여러 가지 계획을 갖고 있다. 조직을 나타내는 수준 4는 반드시 그렇지는 않지만, 통계적 프로세스 제어[SPC]하에 많은 프로세스를 갖고 있다. 프로세스 조정을 위한 대응이 필요시 SPC를 위한 전통적인 규칙은 지표를 제공하는 것이므로, 이 프로세스는 통계적 제어하에 있게 된다. SPC는 식스 시그마[Six Sigma] 목록의 툴 셋이다.

수준 1은 프로세스가 특정 작업 목적을 성취하기 위해 수행된다는 것을 나타낸다. 프로세스는 요구 사항 수집, 코딩, 소프트웨어 제품 배달 같은 기본적인 것이 될 수 있다. 프로세스가 더 엄격한 규율을 가진 정책에 따라 계획 수립과 작업 실행의 준비가 돼 있을 때 조직은 수준 2에서 작업한다. 수준 3은 수준 2보다 더 많은 프로세스 영역에 걸쳐 더 높은 표준 규율이 적용된다. 수준 2에 비해 수준 3은 연속 프로젝트에 프로세스를 어떻게 적용할지에 대한 불일치가 적다. 연속적 표현은 수준 0을 갖는데, 이것은 수행되지 않았거나 부분적으로만 수행된 불완전한 프로세스를 나타낸다.

OSI 모델

고객에게 시스템 솔루션을 제공하기 위해 소프트웨어를 하드웨어와 합치는 수단은 특별한 사용 사례를 만족시켜야 한다. 하드웨어는 시스템온칩SoC과 적절한 입력/출력I/O을 가진 보드 상의 개별 소자 컴포넌트로 구성된다. 실질적인 소프트웨어는 뚜렷한 기능 목적으로 인해 종종 계층을 가진 아키텍처로 구성된다.

소프트웨어가 아키텍처로 구성될 수 있는 방식의 예로서, 개방형 시스템 통합OSI 모델의 7계층은 요구되는 소프트웨어 유형을 정의하는 네트워킹 프레임워크를 형성한다. OSI 모델에서 프로토콜은 하나의 계층에서 다른 계층으로 제어를 전달하는 것으로 정의된다. 상용 시스템은 이러한 소프트웨어 유형의 일부나 전부를 제공할 것이다. 계층과 계층의 이름은 표 20.4에 나열돼 있다.

표 20.4 OSI 모델의 7계층

계층 #	계층 이름
7	애플리케이션 계층
6	프레젠테이션 계층
5	세션 계층
4	전송 계층
3	네트워크 계층
2	데이터 링크 계층
1	물리 계층

OSI 모델의 가장 낮은 계층인 계층 1은 SoC 플랫폼과의 직접 상호작용을 위한 물리physical 계층 프로토콜을 정의한다. 이 계층은 전송과 수신을 위해 물리 (예를 들어 전기와 기계) 계층에서 비트 스트림을 제어한다. 그 다음 높은 계층은 데이터 링크data link 계층으로, 물리 주소 지정을 위해 제어 코드로 작성된다. 이 계층은 매체 접근 제어MAC 하위 계층과 논리 링크 제어LLC 하위 계층으로 구성된다. MAC 하위 계층은 업링크 프로세싱과 다운링크 비트 조작 같이

데이터와 전송 허가에 대한 컴퓨터 접근을 제어한다. LLC 하위 계층은 프레임 동기화, 흐름 제어, 물리 계층 오류 검사를 제어한다. 네트워크network 계층은 세 번째 계층, 즉 계층 3이며 논리 주소 지정과 관련된다. 이 계층에서는 노드에서 노드로 데이터를 전송하기 위해 스위칭과 라우팅을 제어한다. 첫 3개 계층은 매체 계층이 된다.

OSI의 네 번째 계층은 전송transport 계층이며, 데이터 전송이 완료됐는지 보장한다. 이 계층은 신뢰성과 흐름 제어와 관련된다. 계층 5는 호스트 간 통신을 위한 세션session 계층이다. 세션 계층에서는 애플리케이션 간 연결이 설정되고 유지되며 종료된다. 이 계층 위는 암호화와 복호화를 위한 프레젠테이션presentation 계층이다. 데이터는 허용 가능한 유형으로 애플리케이션 계층에 전송된다. 가장 높은 계층인 계층 7은 최종 사용자를 위한 애플리케이션 계층이다. 애플리케이션과 최종 사용자 프로세스를 위한 프로토콜은 이 계층에서 제어된다. 상위 4개 계층은 호스트 계층이 된다.

휴대폰에 사용되는 베이스밴드 SoC의 전형적인 아키텍처는 마이크로프로세서 유닛MPU(예를 들어 ARM® 프로세서)과 디지털 신호 처리기DSP(예를 들어 StarCoret 프로세서)를 포함한다. 송수화기 제공자는 하드웨어와 소프트웨어가 결합된 시스템 솔루션으로 점차 방향을 돌리고 있다. 이것은 SoC 제공자가 고객의 성과를 얻기 위해서는 자신의 칩과 함께 소프트웨어도 개발해야 됨을 의미한다. 예를 들어 고객은 SoC 납품에 모뎀 소프트웨어를 원할 수도 있다. 모뎀 소프트웨어 개발은 계층 1부터 4까지의 소프트웨어를 포함한다. 모뎀의 특징과 기능 개발 외에도 통합과 밸리데이션 활동도 있어야 한다. DSP를 다루기 위해 소프트웨어 아키텍처는 계층 1부터 계층 4의 아래쪽 중간까지 정의돼야 한다. 이 경우 MPU는 계층 4의 위쪽 반 이상 부분을 가질 것이다.

소프트웨어 또는 소프트웨어 아키텍처는 어떤 소프트웨어 스택 요소가 고객의 사용 사례를 충족시키기 위해 제공돼야 하는지를 정의할 책임이 있다. 그림 20.1은 롱텀에볼루션LTE 무선 기술을 지원하는 펨토 셀femtocell에서 작동 중인 소프트웨어 스택을 보여준다. [3] 이 경우 이질적 코어 SoC는 단일 디지털 신호 처리DSP 코어(예를 들어 SC3850)와 단일 파워PCPPC 코어(예를 들어 e500v2)를 가진 프리스케일 반도체 회사의 QorIQ QonvergeTM PSC9131이다. 이 뷰는 시스템에서 소프트웨어 스택이 얼마나 복잡하게 될 수 있는지에 대한 훌륭한 사례가 된다.

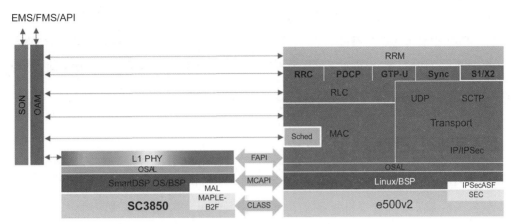

EMS/FMS/API

그림 20.1　칩 플랫폼상의 시스템 소프트웨어 스택 뷰

DSP에서 동작 중인 가장 낮은 계층은 베이스밴드의 다중 가속기 플랫폼 엔진의 팸토 버전 (MAPLE-B2F)에 대한 MAPLE 추상화 계층[MAL]을 포함하며, 이것은 펌웨어를 가진 하드웨어 가속기가 된다. SmartDSP 실시간 운영체제[RTOS]와 드라이버를 포함한 보드 지원 패키지[BSP]도 가장 낮은 계층에 있으며, MAL과 함께 동작된다. 드라이버는 주변장치나 특별한 하드웨어를 제어하는 소프트웨어다. 드라이버는 OS에 특정한 프로세스 인터럽트, 제어 레지스터에 대한 인터페이스 등을 제공한다. RTOS 위쪽은 계층 1인 물리 계층[L1 PHY]과 연결되는 신[thin] 운영체제 추상화 계층[OSAL]이다. 팸토포럼 애플리케이션 프로그래밍 인터페이스[FAPI]는 PHY 계층과 상위 계층 간의 인터페이스를 제어한다. 칩 레벨 중재 스위칭 시스템[CLASS]은 이질적 코어 간 다중 동시 접근을 허용하는 스위칭의 기본 구조다.

PPC 코어 위의 가장 낮은 계층은 리눅스 커널 네트워크 스택을 우회하는 패킷용 애플리케이션 특정 신속 경로[ASF]를 가진 인터넷 프로토콜 보안 블록[IPSec]과 암호화/복호화를 처리하는 프로그램 가능 블록, 공개 키, 보안 프로토콜인 보안 엔진 컨트롤러[SEC]를 포함한다. 리눅스 운영체제와 이의 BSP는 가장 낮은 계층에 있다. 다중 코어 애플리케이션 프로그래밍 인터페이스[MCAPI]는 리눅스 OS와 SmartDSP OS 사이에 존재한다. 리눅스 OS 위쪽은 신 OSAL 계층이다. OSAL 위쪽의 스케줄러와 전송 계층은 매체 접근 제어[MAC] 계층을 통해 연결된다. 전송 계층은 인터넷 프로토콜[IP], IPSec, 사용자 데이터그램 프로토콜[UDP], 스트림 제어 전송 프로토콜[SCTP] 기능성과 지원 사항을 포함한다.

MAC과 전송 계층 위쪽은 무선 링크 제어[RLC] 프로토콜을 지원하는 계층이다. 이 계층은 무선 자원 제어[RRC], 패킷 데이터 수렴 프로토콜[PDCP], 일반 패킷 무선 시퀀스 터널링 프로토콜 (GTP-U), 동기화, S1/X2 인터페이스(LTE 무선 네트워크 계층 신호 프로토콜에 의해 정의된 기능을 가진) 기능성과 지원 사항을 포함한다. RLC 위쪽은 무선 자원 관리[RRM] 계층이다.

PHY 계층, MAC 계층과 스케줄러, RLC 계층과 요소들, RRM 계층은 운용 유지[OAM] 계층과 인터페이스된다. OAM은 자가 구성 네트워크[SON] 계층과 인터페이스된다. OAM과 SON은 확장 메시징 서비스[EMS]와 고정 모바일 대체[FMS] 애플리케이션 프로그래밍 인터페이스[API]와 인터페이스된다.

소프트웨어 관리

이 절에서는 세 가지의 소프트웨어 개발 모델을 소개한다. 첫 번째 모델은 V 모델이다. 이 모델은 기본 활동에 대한 분명한 목적, (반복 루프는 무시하고) 이들 활동에 대한 예상 순서, 활동 간 종속성과 관계를 묘사하는 데 유용하기 때문에 먼저 제시한다. 두 번째 모델은 폭포수 모델이다. 이 전통적 모델은 실제로 V 모델보다 앞서 제시됐다. 이 모델은 선형 순서로 진행하는 활동 흐름을 갖는다. 마지막 모델은 최신이지만, 10년 정도 지났다. 이것은 애자일[agile] 소프트웨어 개발로 알려져 있다. 점증적 소프트웨어 개발의 반복적 주기를 아우르는 이 흐름은 폭포수 모델과 관련된 것과는 완전히 다른 많은 실천 사항을 갖는다.

V 모델

그림 20.2는 V자형 모델로 알려져 있는 한 가지 그림을 보여준다. 기본적인 소프트웨어 개발과 테스팅 활동, 그리고 이들 간의 관계가 V 모델에 묘사돼 있다. 이 그림은 좌측 날개엔 개발 활동을, 우측 날개엔 이와 연관된 테스트 활동을 보여준다. 우측 날개 끝에 있는 제품 출시에서는 사용자의 만족을 얻기 위해 사용 사례를 만족시켜야 한다. 성능 테스팅은 요구 사항을 검증한다. 시스템 테스팅은 명시된 소프트웨어 아키텍처를 검증한다. 소프트웨어 요구 사항 설계 명세서는 통합 테스팅에서 테스트된다. 단위 테스트는 단위나 컴포넌트 설계를 검증한다.

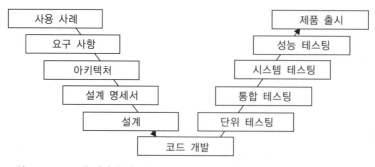

그림 20.2 V 모델 개발과 테스팅

V 모델 소프트웨어 개발 프로세스의 첫 번째 단계는 사용 사례를 수집하는 것이다. 사용 사례를 알면 제품 관리자가 요구 사항을 생성할 수 있다. 대비를 이끌어내기 위해 요구 사항으로 고려해야 목록을 고객이나 사용자에게 요청할 필요는 없다. 사실 요구 사항 목록에 사용 사례와 관련 없는 항목이 포함됐는지의 여부는 분석을 통해 알 수 있기 때문에 고객이나 사용자에게 요구 사항을 요청하는 것은 바람직하지 않을 수도 있다. 골드플레이팅gold-plating은 진짜 요구 사항을 초과해 추가된 특징과 기능이다. 골드플레이팅은 희귀한 자원을 대체해 사용하므로 경제적으로 낭비적이다.

제품 요구 사항은 사용 사례를 배경으로 생성된다. 제품 요구 사항은 작성돼야 하며, 사용 사례를 만족시키기 위해 공학자에 의해 조치돼야 한다.

실제 요구 사항에는 다양한 출처가 있다. 앞으로 진척시켜야 될 레거시 코드의 특징이 될 수도 있다. 소프트웨어 개발을 확실히 책임져야 되는 공학 팀은 지속적 개선에 대해 생각해야 한다. 표준 준수는 특징 개발을 유도할지도 모른다. 내부 소프트웨어 개발자는 특징 요청을 생성할 수 있다. 애플리케이션 공학자는 고객과의 상호작용을 기반으로 특징을 제안할 수 있다. 제품 출시 후 고객은 필요한 특징 요청을 가지고 서비스 요청으로 되돌아올 수도 있다. 마지막으로 벤치마킹 경쟁 제품은 개발될 필요가 있는 빠트린 특징을 강조할 수도 있다.

예를 들어 베이스밴드 소프트웨어의 계층 1은 커널 라이브러리, 알고리즘 코드, 계층 2를 위해 수렴 계층까지 이르는 애플리케이션 코드로 구성된다. 요구 사항은 반드시 수정해야 되는 핵심 결함, 특징, 표준 고수, 사용 사례 지원(즉 고객이 어떻게 소프트웨어를 이용할 것인가, 벤치마크 코드로서, 시연 코드로서, 제품 통합으로서), 코드 배치(예를 들어 테스트 하네스에서, 경량의 경영 환경에서, 무선 링크 제어RLC/매체 접근 제어MAC에 연결되거나 큐 관리자에 의해 분리된 스케줄러를 이용해서), 형상 항목(예를 들어 사용자 수, 패킷률 등), 인접 계층으로의 수렴(예를 들어 계층 2는 계층 1과 3을 위해 수렴 계층을 고려할 필요가 있다)으로 구성된다.

특징 분석은 제품 요구 사항의 이해를 통해 이뤄진다. 이러한 모든 정보는 제품 요구 사항의 간결한 집합을 생성하는 데 사용된다. 그런 다음 소프트웨어 요구 사항 명세서SRS가 생성되며, 이 명세서는 소프트웨어 공학자가 각각의 요구 사항을 어떻게 만족시킬 것인지에 대해 높은 수준의 설명을 제공한다. 단일 요구 사항은 (예를 들어 다양한 컴포넌트로부터) 다중 SRS 반응을 야기한다.

테스트 계획은 운용 간 추적성traceability을 완성한다. 하나의 테스트나 테스트 집합은 각각의 소프트웨어 명세서에 대한 반응을 생성한다. 추적성 매트릭스는 SRS 반응 각각에 대해 테스트를 연계시킨다. 추적성을 완성하기 위해 SRS 반응 각각은 제품 요구 사항으로 다시 연결된다. 요구 사항에 대한 반응 생성, 그 반응에 대비한 테스트, 추적성 연결 등 복잡성 때문에 작업 노력은 상대적으로 높아진다.

테스트 계획은 단위, 통합, 시스템 레벨에서 정적, 동적, 기능적 테스트를 다뤄야 하며, 이에 추가해 성능 테스트도 다뤄야 한다. 정적 분석은 실제 실행되지 않으며 정보를 수집하기 위해 소스코드를 테스트한다. 동적 분석은 종속성 검출과 일시적 정보 수집을 목적으로 실시간 실행 중에 수행된다. 예를 들어 동적 분석 툴의 한 가지 유형이 디버거다.

테스팅은 여러 계층에서 수행되고, 기능성, 성능, 리그레션(즉 성능 저하나 이전 릴리스와 비교해 상대적으로 새로운 결함), 버그 수정 밸리데이션 같은 다양한 관심사를 다룬다. 테스트가 개발되는 사용 사례에는 신규 기능 애플리케이션, 기존 기능 애플리케이션, 벤치마킹 애플리케이션이 포함된다.

수동 테스팅은 사용 사례로부터 새로운 기능성이 추가된 코드를 위해 생성됐던 새로운 테스트에 대해 이뤄진다. 이들 테스트가 전에는 결코 동작되지 않았었기 때문에 결함을 탐지할 수 있는 높은 가능성을 갖고 있다. 불행하게도 새로운 테스트를 생성하는 것은 아주 시간 소비적인 일이 될 수 있다. 그러나 한 번 생성하면 이 테스트를 자동 테스팅 스위트에 추가시킬 수 있다. 시간이 흐르면서 자동 테스트의 횟수는 상당히 중요할 수 있다. 자동 테스팅은 테스팅 자체가 쉽고 철저하기 때문에 생산성에 도움을 준다. 이 접근법은 강건한 리그레션 테스팅의 핵심이 된다. 그러나 자동 테스팅은 스위트가 오래된 테스트 모음이라는 면에서 회고적이다.

기능 테스트는 단위, 통합, 시스템 테스트로 분류될 수 있다. 단위 테스트는 컴포넌트에 대한 필수 테스트다. 통합 테스트는 시스템 컴포넌트의 상호 운용성을 확인한다. 이 테스트는 완전한 고수준의 툴 테스팅을 포함할 수 있다. 시스템 테스트는 외부 메모리와의 인터페이스를 포함해 모든 하드웨어와 소프트웨어에 대한 상호작용을 포함한다. 예상대로 시스템 테스트는 소프트웨어가 실제 사용 사례와 애플리케이션을 위해 준비돼 있는지 확인해야 한다. 이 테스트는 상호 보완적이며, 대체가 고려되지 않는다. 예를 들어 포괄성의 제한 사항 때문에 시스템 레벨 테스트는 컴포넌트가 단위 레벨에서 결함이 있었는지 또는 없었는지에 대해 보장할 수 없다. 결함이 있는 시스템의 현장 배치는 부적절할 수 있다.

단위 테스트는 컴포넌트 소프트웨어 개발자에 의해 개발된다. 이 테스트는 프로그래머가 수행한 변경이 의도한 결과대로 생산됐는지 여부를 결정하는 데 있어 아주 간단하고 신속한 방법일 수 있다. 이 테스트는 어떠한 사용 사례가 다뤄졌는지, 그리고 어떻게 완료했는지에 대해 다른 개발자들이 이해할 수 있게 문서화돼야 한다. 테스트는 리뷰와 품질 감사에 사용될 수 있어야 한다. 테스팅 자체에 추가해 주류 코드가 확인된 모든 코드는 동료 리뷰peer review가 수행돼야 한다. 단위 레벨에서 결함을 발견하고 수정하는 데 드는 비용은 거의 없다.

통합 테스트는 다중 컴포넌트나 컴포넌트 간 인터페이스를 포함한다. 특징 구현은 종종 다른 컴포넌트의 기능성에 의존한다. 통합 테스트는 이러한 종속성을 다룬다. 추가된 복잡성 때문에 통합 레벨에서 결함을 발견하고 수정하는 데 드는 비용은 좀 더 높은 편이다.

통합 레벨 위는 특별한 타깃(예를 들어 에뮬레이터, 시뮬레이터, SoC에 삽입된 하드웨어) 위에서 동작되는 완전히 통합된 소프트웨어를 가진 시스템 테스팅이다. 궁극적으로 시스템과 시스템 테스팅의 범위는 핵심 고객들과 보조를 같이 한다. 단위와 제품 테스팅과는 달리 시스템 테스팅은 수동 테스트가 많을 수 있다. 시스템 레벨 테스팅은 내부적으로는 다양한 컴포넌트 간 상호작용에 관계가 있고, 외부적으로는 인터페이스, 버스, 기타 소프트웨어 등과 관계가 있다. 데이터 버스뿐만 아니라 주변장치도 훈련될 수 있다. 시스템 레벨에서 결함을 발견하고 탐지하는 데 드는 비용이 가장 높다.

추적성 매트릭스로 다시 돌아와서 아키텍트는 요구 사항에 대한 공학적 반응, 올바른 정렬에 대한 테스트 계획, 완전성, 철저함 등을 리뷰한다. 아키텍처 정의 단계는 알고리즘 정의와 유사할 수 있거나 이를 포함할 수 있다. 아키텍처 정의는 소프트웨어 설계에 사용된다. 유용성, 성능, 특징은 아키텍처의 관심사다. 아키텍처 고려 사항에는 다양한 제품에 대한 공통 계층 접근법과 하드웨어 영향에 대한 고려 사항 등을 비롯해 설계 규칙에 대한 정의를 포함하므로 하드웨어와 소프트웨어 분할이 효과적이다.

요구되는 소프트웨어 솔루션의 범위와 복잡성에 따라 아키텍트는 세부 소프트웨어 아키텍처 명세서에 대한 발간을 고려할 수도 있다. 아키텍처 블록 다이어그램은 제공될 것이다. 시스템 종속성, 프로그래밍 언어, 운영체제도 구체적으로 명시될 것이다. 릴리스돼야 할 기능과 성능에 대한 설명도 제공될 것이다. 또한 코드 개발이 어떻게 구현되고 통합되는지에 대해서도 다뤄질 것이다. 서브시스템과 인터페이스도 식별될 것이다. 통신 프로토콜과 보안도 정의될 것이다. 작은 사용 사례를 묘사하기 위해 시나리오가 제공될 수도 있다.

이러한 정보는 소프트웨어 솔루션을 설계하는 데 사용된다. 실제 설계에서 디폴트가 복잡한 요구를 여전히 다룰 수 있는 간단한 솔루션인지, 그렇지 않으면 간단한 요구가 부분집합이 되는 복잡한 솔루션인지 여부를 소프트웨어 솔루션에서는 결정할 필요가 있다. 동료 리뷰는 소프트웨어 설계를 승인하기 위해 행해진다. 기능 관리자는 동료 리뷰를 이끌 수 있는 선임 공학자를 배정할 것이다. 프로젝트 관리자는 조치 항목을 기록할 것이며, 리뷰를 끝내기 위해 종료시킬 것이다.

동료 리뷰는 표준의 적합성 결정, 특별한 사용 사례와 일반 재사용에 대한 설계의 타당성 결정, 결점이나 오류의 발견 등을 목적으로 동료에 의해 작업 제품(이 경우 소프트웨어 설계)이 검토되는 구조적 조사 방법이다.

철저한 설계 리뷰는 프로세스 흐름의 더 하위 단계까지 설계 관련 문제를 발견하기 위해 테스트나 결함 보고에 의존하는 대신 사전에 정확성을 보장하는 방법이므로 신속하고 우수한 품질의 제품 릴리스로 이끌 수 있다. 설계 리뷰로부터 나온 이상적인 결과는 효율적이고 완벽한 로직일 뿐만 아니라 테스팅 시 결함이 발견되지 않은 코드 생산물이 된다. 전형적으로 최종 설계는 문서로 발간된다.

코드 개발은 자기 자신의 리뷰를 가진다. 일반적으로 동료 리뷰는 알고리즘 정의, 설계, 코딩, 테스트 기획의 각 단계가 종료된 후 행해진다. 코드 리뷰는 모든 코드에 대한 검토, 로직과 코드 개발에 대한 상세한 이해를 포함한다. 코드 리뷰의 목적은 의도된 태스크가 효율적인 방식으로 수행됐는지, 깨진 기능성이 존재하지는 않는지, 코딩 스타일을 따랐는지를 보장하는 것이다.

코드 리뷰에 대한 약식 점검표가 표 20.5에 제시돼 있다. 이 표에는 올바른 대답들이 긍정적이 되게 검사될 항목들이 특정한 방식으로 표현돼 있다. 이것은 일부 품질 표준이 이 리뷰와 다른 코드 리뷰에 적용할 수 있도록 리뷰 반응을 쉽게 측정할 수 있게 해준다.

표 20.5 코드 리뷰 점검표

번호	유지 보수성
1	(요구 사항을 기반으로) 코드가 완전하게 그리고 올바르게 설계를 구현했는가?
2	코드가 적용 가능한 코딩 표준을 따랐는가?
3	헤더 파일에 라이브러리(외부 함수, 유형, 기타 인터페이스)를 충분히 선언했는가?
4	코드, 논평, 개정 히스토리, 보안 분류가 명확하고 올바르며 이해 가능한가?
5	고객에 특정한 참고 문헌과 일반적인 공공 라이선스의 오염이 회피됐는가? **알고리즘/산술/로직**
6	나눗수가 0에 대해, 포인터가 공란에 대해 테스트됐는가?
7	산술 연산과 논리 연산이 올바른가? **데이터 초기화**
8	변수와 포인터가 초기화됐는가? **기능 인터페이스**
9	입력 데이터와 입력 인수가 타당성과 완전성에 대해 테스트됐는가? **조건/루프**
10	모든 루프의 입력과 종료 조건, 그리고 분기 조건이 올바른가?
11	모든 경계 조건이 검사됐는가? **오류 처리**
12	타임아웃, 전송 장애, 접근 거부, 디바이스 거짓 상태(기타)를 검사하기 위한 오류 처리가 준비됐는가? **실시간**

(이어짐)

번호	유지 보수성
13	멀티태스킹 제한 사항이 올바른가?
14	스레드/프로세스 우선순위가 올바른가?
15	적절한 메모리 장소가 사용됐으며 메모리 누수가 회피됐는가?

　버그 수정을 위한 코드 리뷰는 몇 줄의 코드만을 리뷰할 경우에는 쉬울 수 있다. 이에 비해 새로운 특징은 로직에서 성취된 것이 무엇인지 이에 대한 설명을 요구할 수 있기 때문에 리뷰하기가 더 어렵다.

폭포수 모델

폭포수 모델은 일반적으로 전통적인 소프트웨어 개발 흐름으로 인정받는다. V 모델은 폭포수 모델로부터 유도되며, 이에 따라 V 모델과 폭포수 모델은 활동과 순서에 유사성을 갖는다. 한 단계에서 다음 단계로의 진행은 요구 사항, 설계, 코딩, 테스팅, 릴리스를 통해 이뤄진다. 제공된 사례에서 보면 세부 사항들은 개발자 툴에 특정적이다. 그러나 이것은 드라이버, 커널 라이브러리, 리눅스나 스택 계층을 포함한 보드 지원 패키지 같은 기타 소프트웨어 제품 개발에도 적용할 수 있다.

　소프트웨어 개발 흐름에서 단일의 가장 긴 활동은 코드 개발이다. 코드 개발은 이전에 식별되고 우선순위화된 결함 수정과 특징 추가를 포함한다. 이와 동시에 기능 테스트 개발도 수행된다.

　사실 소프트웨어는 전형적으로 반복 주기로 개발된다. 소스코드가 작성되고 그런 다음 기계 코드나 목적 코드로 알려져 있는 것으로 컴파일된다. 이 코드는 라이브러리 함수를 이용해 실행 가능한 라이브러리 이미지로 링크된다. 디버그 프로세스가 문제를 분리시키기 위해 실행되는 동안 코드를 검사할 수 있다. 소스코드는 개선을 위해 편집되며 다시 주기를 시작한다.

　표 20.6은 코드워리어CodeWarrior 같은 상용 소프트웨어의 생성을 위해 폭포수 모델과 호환되는 선형의 프로세스 흐름을 보여준다. 코드워리어는 StarCore DSP, ARM 같은 코어나 Power Architecture® family 내의 코어를 가진 SoC 제품을 이용해 소프트웨어 개발자의 생산성을 향상시킬 수 있는 툴 스위트다. 파생된 소프트웨어 제품에는 흔히 있는 일이지만, 두 차례의 반복적인 개발 주기가 나타나 있다. 흐름을 단순화시키기 위해 반복은 선형화된다.

　표 20.6에 소프트웨어 개발과 동작 순서가 나타나 있다. 이 흐름에서 일부 공학 팀에게 유용할 수도 있는 몇 가지 코드워리어 빌드의 중간 단계가 묘사돼 있더라도 컴포넌트 개발에 대한 반복은 강조된다. 이 프로세스는 훌륭한 연습이 재현 가능하게 구현되고, 개발을 가장

효율적으로 수행될 수 있게 계속 이어진다. 이 프로세스는 공학 기술 빌드나 제품 출시를 만들어낼지도 모른다. 제품 릴리스는 연속적 성숙도, 즉 알파^{Alpha}, 베타^{Beta}, 최종 제품 출시를 포함할지도 모른다.

표 20.6 코드워리어(CodeWarrior) 개발자 툴을 위한 소프트웨어 개발 흐름

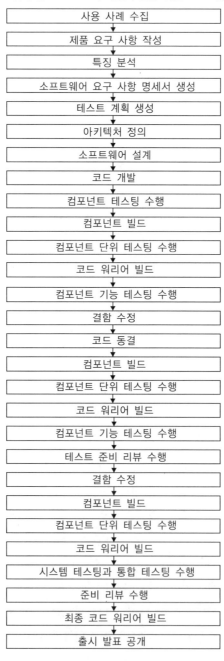

알파 출시는 완전히 작동 중인 특징에 대한 부분집합을 포함한다. 알파 제품 출시는 사용자에게 초기에 제공될 수 있다. SoC 플랫폼의 맥락에서 보면 알파 소프트웨어는 에뮬레이터(예를 들어 Cadence® Palladium® 시스템이나 FPGA 시스템 같은)나 시뮬레이터 타깃에서 사용 가능한 프리 실리콘 소프트웨어가 될 수 있다.

베타 소프트웨어는 하드웨어에 이식된 실리콘이 가용하게 된 이후 몇 주 정도 지나 발생되는 소프트웨어 출시가 될 수 있다. 베타는 완전한 특징을 갖고 있으며, 특정 기간이나 조건 동안 선정된 사용자에게 현장 시험을 위해 출시할 수 있다.

최종 제품 출시는 고객 지원을 위한 광범위한 출시에 적절하다. 최종 제품 출시는 사용자가 보기에 깨진 부분이 없고 데이터 장애가 관찰되지 않는 아주 안정적인 제품이 돼야 한다. 이에 더해 이 제품 출시는 상용에서 관찰되기에 제로 결함을 가져야 한다. 이 소프트웨어의 유용성은 세 가지 출시 가운데서도 가장 높아야 한다.

테스트는 소프트웨어가 작성된 후 얼마 지나지 않아 수행된다. 코드 개발의 마지막에 컴포넌트 빌드가 수행된다. 이것은 컴포넌트 단위 테스팅을 가능하게 한다.

갱신된 모든 개별 컴포넌트의 빌드는 코드워리어 빌드로 통합할 수 있다. 그런 다음 컴포넌트 기능 테스팅이 수행될 수 있다. 이것은 단위 테스팅이나 컴포넌트 간 통합 테스팅으로 확장될 수 있다. 발견된 결함은 수정된다.

소프트웨어 특징 개발은 코드 동결에서 완료될 필요가 있다. 소프트웨어가 완전한 특징을 갖출 때 특징 작업에서 결함 수를 줄이는 쪽으로 초점이 이동된다. 코드 동결은 출시 전 몇 주 정도 사이에 발생된다.

개별 컴포넌트에 대한 신규 규칙은 다음 단계에서 수행된다. 이것은 신규 컴포넌트의 단위 테스팅을 가능하게 한다. 갱신된 모든 컴포넌트 빌드는 새로운 통합 코드워리어 빌드를 생성하는 데 사용된다. 그 다음 컴포넌트 기능 테스팅이 이어지며, 이는 확장된 단위 테스팅이나 컴포넌트 간 통합 테스팅을 포함할 수 있다.

테스트 준비 리뷰는 코드 개발에 대한 결과와 코드 동결 후 모든 컴포넌트 테스팅을 리뷰하기 위해 수행된다. 이 리뷰는 다음 단계인 통합 빌드를 위해 잔존 결함이나 버그를 수정하기 위해 남아 있어야 될 것이 무엇인지 결정한다. 그런 다음 신규 컴포넌트 빌드가 컴포넌트 단위 테스팅을 겪으면서 수행된다.

완전한 툴 체인 빌드는 신규 컴포넌트로 구성된다. 통합 테스팅과 시스템 테스팅이 모든 출시 타깃(예를 들어 에뮬레이터, 시뮬레이터, 하드웨어) 위의 툴 체인 출시 후보에서 수행된다. 첫 번째 출시 후보 빌드는 기능 팀 테스팅을 위해 생성된다. 그 후 컴포넌트가 반드시 수정돼야 할 결함을 갖고 있다면 패치 빌드가 완전히 새로운 빌드 대신 고려된다. 패치 빌드는 심지어 하나의 새로운 컴포넌트를 가질 수도 있다. 각각의 기능 컴포넌트는 다른 컴포넌트, 그리고 그 컴포넌트와의 상호작용을 인식해야 한다. 저절로 또는 대체돼야만 하는 다중 컴포넌트와의 협력으로 완전한 신규 통합 빌드의 출시가 발생할 수 있다.

일반적인 준비 리뷰는 테스트 준비 리뷰 이후, 그리고 제품을 출시하기 전의 기타 모든 이슈가 다뤄진 이후 얼마 되지 않아 발생된다. 출시 준비는 테스트 결과에 반해 측정된다. 준비 리뷰는 발견된 모든 결함을 고려하고, 가장 심각한 결함에 대한 중요성을 결정하며, 어떤 결함이 차선책과 허용 가능성을 갖고 있는지 결정하고, 어떤 리그레션이 있는지 결정하며, 새로운 수정 주기에 관한 의사결정을 내린다. 수정이 요구된다면 새로운 빌드 주기가 수행된다.

긍정적 리뷰는 사소한 변경으로만 구성된 최종 툴 체인 빌드로 연결된다. 출시 노트는 알려진 결함 목록과 가용한 차선책을 가진 제품 출시를 수반한다. 공식적인 출시에는 제품 출시와의 의사소통, 제품의 사용 의도, 제품에 포함된 특징, 제품의 획득 방법 등이 발표된다.

애자일 모델

논의할 세 번째 소프트웨어 개발 모델은 애자일^{agile} 소프트웨어 개발로 알려진 모델이다. 애자일 소프트웨어 개발은 간단하고 더 경량이며, 유연하고, 복잡한 것과는 대조적으로 즉각 반응하는 방법론이고, 실체적이며, 구조적이고, 폭포수 모델과 연관된 조직화된 접근법으로 개발된다. 이 때문에 애자일 모델에서의 프로세스와 툴은 코드 개발에 개별적으로 상호작용하는 방식만큼이나 가치가 없다. 고객의 리뷰와 초기 통합을 위해 점증적으로 소프트웨어를 개발하는 것은 설계 문서나 일반적인 상태 보고의 제시보다 더 가치 있는 일이다. 이 모델에서는 고객 협력이나 공동 작업이 작업 문서나 법적 계약서보다 더 중요하다. 반복적인 개발 주기의 목적은 갱신되고 리뷰되며, 우선순위가 매겨지고 차단점$^{cutoff\ point}$ 위에서 선정된 요구 사항을 충족시키는 것이다. 애자일 흐름은 본질적으로 과도한 제약이 적용된 프로젝트의 하향식 방식에는 사용되지 않는다. 이것은 변경에 대한 유연성과 자발성이 계획 고수보다 더 선호되는 모델이다.

폭포수 모델이 전형적으로 개념부터 최종 릴리스까지 계획돼 있는 반면 애자일 소프트웨어 개발은 점증적 릴리스를 목표로 짧은 타임프레임의 반복으로 수행된다. 애자일 개발이 특히 문서 생산을 덜 강조하지만, 대신 변경 제어를 아주 잘 관리해야 한다. 애자일 흐름의 더 친근한 고객 관계가 개방형 업무라는 리스크를 제시할 수도 있는데, 이는 재정적으로 부정적 영향을 미칠 수 있다. 폭포수 모델과 마찬가지로 애자일 접근법은 요구 사항 정의, 설계, 코딩, 테스팅과 이들에 대한 종속성과 연관성 같은 V 모델의 기본적인 활동들을 인정한다. 이 모델에서는 기능 테스팅과 성능 테스팅의 일부 또는 전부에 대해 고객 테스팅이나 고객과의 합동 테스팅이 강조될지도 모른다.

폭포수와 애자일 소프트웨어 개발 모델 모두 장기간에 걸쳐 성공적인 릴리스를 보여주고 있다. 이 두 가지 모델 모두 강점과 약점을 갖고 있다. 어떤 모델로 구현할 것인지에 대한 선택은 시장의 니즈에 달려 있다. 의심할 것도 없이 이 두 가지 모델 모두 특별한 성공 사례를 가져오기 위해 소개된 하이브리드 접근법을 이용해 소프트웨어 개발자들 사이에서 지속적으로 사용될 것이다.

구조

직원은 계층적 작업을 위해 구성된다. 흔히 사용되는 여러 가지의 명백한 방법이 있다. 직원을 관리하는 가장 흔한 방법은 단일 관리자에게 보고하는 개별 기여자를 이용해 작업 기능으로 구성하는 것이다. 이것은 기능적 관리다. 이것은 특수화를 제공하고, 공통 작업 할당을 기반으로 기능 내의 학습이 가능하며, 변화하는 요구에 유연하게 반응할 수 있는 충분한 차이를 포함할지도 모르는 잘 정의된 자원 풀을 제공하고, 전통적인 경력 향상 경로를 갖는다.

기능 구조로 운영되는 프로그램 관리는 구현 가능성이 가장 취약한 방법이며, 순수한 기능 관리상에서는 그 실행도 큰 개선을 만들어 내지 못할 것이다. 이 조직에서 프로그램 관리자는 프로그램의 범위, 일정, 비용(자원 할당을 포함한다)을 비롯해 모든 양상에 대해 지속적으로 기능 관리자와 접촉하고 협상해야 한다. 기능 내에서 작업 중인 프로젝트는 프로젝트 관리 역할을 담당하는 기능 관리자나 기능 관리자에게 보고하는 프로젝트 관리자에 의해 관리된다. 기능 관리자가 자원, 소프트웨어, 사용된 하드웨어 툴을 제어하기 때문에 기능 관리자는 비용을 효과적으로 제어해야 한다. 기능 관리자가 자원 레벨과 작업 우선순위에 관해 일방적인 결정을 만들어 낼 수 있기 때문에 일정은 기능 관리에 완전히 종속된다. 프로젝트 지원도 기능 관리 지원에 완전히 종속된다. 자원을 할당하고 작업 우선순위를 조정하며, 의사결정을 내리는 프로젝트 레벨에서의 힘과 권위는 기능 관리자에게 속해 있다. 프로그램이 보통 다중 기능에 걸쳐 작업돼야 하므로, 프로그램 관리에서의 힘과 권위의 부족은 수행돼야 할 것에 대한 주요 제약 사항이 된다. 이 시나리오에서 경험은 프로그램 관리가 보고 기능으로 감소돼야 한다는 것을 가려져준다. 실제 영향은 확실한 프로그램 관리에서 프로젝트 조정 역할로 축소된다.

직원을 구성하는 또 다른 방법은 매트릭스^{matrix}다. 보통 두 가지의 매트릭스가 있다. 그중 하나는 약 매트릭스^{weak matrix}로서, 개별 기여자가 특별한 프로젝트 작업에 동시 배정되는 동안 기능 관리자에게는 작업 할당, 상태 보고, 성능 평가에 관한 자세한 상황을 보고하는 방법이다. 이 방법에서는 개별 기여자와 프로젝트 관리자가 기능 관리자에게 직접 보고하지만, 프로그램 관리자에게는 간접적으로 보고한다. 그림 20.3에 프로젝트 관리자, 한 명의 기능 관리자와 이의 기술자에 대한 약 매트릭스 보고 구조가 나타나 있다.

그림 20.3 약 매트릭스 조직 구조

현실적으로 말하자면 약 매트릭스 구조와 기능 구조 간의 실행 효과성에는 약간의 차이가 있다. 모든 경력의 상벌이 기능 관리에서 나오기 때문에 개별 기여자의 사욕은 불일치나 갈등이 있을 때는 언제나 기능 관리자가 정한 방향으로 결정된다는 것이 명확하다. 방향성에서의 차이가 기능 관리와 프로그램 관리 간 의사소통의 문제라면 기능 관리가 언제나 이긴다. 프로그램 관리를 위한 핵심 팀의 기여를 더 분명하게 기술할 수도 있겠지만, 성공을 가능하게 만드는 힘과 권위는 핵심 팀에게 투자되지 않는다. 현실적으로 말하자면 기능 관리자는 자원 레벨, 작업 우선순위, 의사결정에 대한 모든 힘과 권위를 프로젝트에서 계속 보유한다. 그 결과 약 매트릭스의 실행 결과는 순수한 기능 관리에서 경험했던 것과 매우 유사하다. 실행 성능은 프로젝트 조정 수준이 될 것이다.

두 번째 매트릭스는 강 매트릭스strong matrix로 구성된다. 이 구성에서 개별 기여자는 상징적으로 두 명의 상사를 위해 일한다. 기능 관리자는 개별 기여자의 채용과 해고에 책임이 있지만, 이들 작업자들은 특별한 프로젝트에 배정된다. 개별 기여자, 팀 리더, 프로젝트 관리자가 기능 관리자와 프로그램 관리자 모두에게 보고해야 되기 때문에 프로그램 관리자는 개별 성능 평가를 위해 편중된 입력을 기능 관리자에게 제공할 수 있도록 통찰력을 가져야 한다. 이러한 편중된 입력을 만드는 권리는 전에는 적게 존재했거나 결코 존재하지 않을 수도 있는 설득과 영향이라는 측면에서 프로그램 관리자에게 힘의 원천을 창출하게 만든다. 그림 20.4는 프로젝트 관리자, 한 명의 기능 관리자와 이의 기술자에 대한 강 매트릭스 보고 구조를 보여준다.

그림 20.4 강 매트릭스 조직 구조

강 매트릭스에서 자원의 제거는 협상이 걸린 문제이므로, 기능 관리자는 자원을 자기의 책임하에 있는 다른 프로젝트로 옮기는 등의 일방적인 결정을 내릴 수 없다. 자원 조달이나 계획 관련 결정은 공동으로 내려야 되기 때문에 일정은 더 강력한 프로그램 관리 제어하에 들어가게 된다. 초기 자원은 협상이 될 수 있으므로 변경은 협상에 의해서만 결정돼야 한다. 작업은 기능 관리자와 프로그램 관리자 둘 모두에 의해 공동으로 지시된다. 이것은 프로그램 관리에 대한 추가적인 범위 제어를 추가한다. 이와 유사하게 전체 프로젝트 비용에서 인구조사에 의해 유도된 운용 비용이 보통 주요 기여 인자가 되므로, 이 비용도 현재 프로그램 관리 제어하에 직접 놓이게 된다. 완전한 강 매트릭스는 프로젝트 자원, 우선순위, 실행 성능에 대한 중요한 개선 결정 등에 대해 기능 관리와는 상대적으로 프로그램 관리자에게 충분한 힘과 권위가 제공된다.

마지막 조직은 프로젝트화 조직이다. 이 구성에서는 프로젝트만이 조직적으로 지원받는다. 개별 기여자는 프로젝트에서만 작업하며, 프로그램 관리자에게 보고하는 프로젝트 관리자에게만 보고한다. 프로젝트 모두 동일한 범위와 크기가 아니든지, 그리고 일정이 서로 완전히 연동되지 않으면 이 프로젝트화 조직을 구현하는 데는 실질적인 문제가 뒤따른다. 이 조직에서는 기능 관리가 존재하지 않기 때문에 실행 표준과 우수 사례 적용은 쉽지 않다. 프로젝트 간 학습 교류는 지연되거나 방해된다. 작업 위기 해결을 위한 자원 이동의 유연성은 훨씬 더 어려워진다. 진로는 개별 기여자에게 문제가 더 많으며, 각각의 프로젝트가 완료된 이후 재배정은 모든 사람에게 최고의 관심거리가 된다. 작업과 관련된 모든 사람이 프로젝트와 프로그램에 완벽한 집중을 할 수 있게 해주는 것이 프로그램 관리의 이점이라는 것은 명백하다.

조직에 가치를 더해주는 프로젝트 관리는 프로젝트의 삼중 제약을 관리할 수 있는 충분한 힘과 권위를 갖고 있는 선임 관리자에 의해 투자돼야 한다. 이것은 프로젝트 관리자가 프로젝트 범위 내에서 비용, 자원, 일정, 품질, 고객 만족을 위해 프로젝트를 관리하고 제어하며, 의사결정을 내린다는 것을 의미한다. 이것은 진짜 프로젝트 관리에 필수적이다. 이에 추가해 프로젝트 관리는 프로젝트 수명주기 동안 발생되는 문제를 해결함으로써 가치를 더해준다. 마지막으로 프로젝트 관리는 팀, 이해관계자, 선임 관리자에게 보고서와 의사소통을 제공함으로써 그 가치를 더해준다.

회피해야만 하는 위험에 프로젝트 관리와 관련된 특별한 실천을 구현하기 위해 의도한 많은 프로세스 애플리케이션이 포함되겠지만, 이것도 진짜 프로젝트 관리를 구현하는 데는 미흡한 수준이다. 프로젝트 관리의 참 모습은 프로젝트 헌장 내에서 힘과 권위를 행사하며, 계획보다 더 잘하도록 프로젝트 참여 인원들에게 도움을 주는 프로세스를 이용하고, 참여 인원들이 프로젝트를 이기도록 돕는 것을 손쉽게 해내는 능력이다. 프로젝트 관리의 이점은 프로세스 자체로부터 시작되지 않고 훈련을 제공하는 우수한 관리 기법으로부터 시작된다.

프로그램 헌장

프로그램 스폰서의 초기 책임은 가장 높은 수준에서 프로그램의 삼중 제약이 정의된 프로그램 관리자가 만든 프로그램 헌장을 리뷰하는 것이다. 이때 수용 가능한 품질과 고객 만족을 성취할 수 있는 프로그램의 범위, 비용, 일정, 수단에 대한 세부 사항이 계획되지는 않겠지만, 이들에 대한 윤곽은 그려진다. 프로그램 헌장에 대한 승인은 프로그램의 공식 시작이면서 프로그램의 경계를 이루기 때문에 프로그램 헌장은 기간과 범위에 제한을 갖는다. 핵심 이해관계자, 특히 핵심 팀의 직원들은 프로그램 헌장에 대해 가시성^{visibility}을 가져야만 한다.

프로그램 헌장은 프로그램 이름을 가지며, 유일한 정체성을 갖는다. 비즈니스 사례에 대한 간단한 요약이 포함된다. 고수준의 프로그램 목표도 정의된다. 예를 들어 제품 로드맵의 필요에 부합되는 제품을 만들기 위해 특별한 차세대 기술의 이용이 포함될 수도 있다. 최종적인 프로그램 산출물이 목록화된다. 핵심 팀의 배정이 이뤄진다. 예산과 자원 제약 사항뿐만 아니라 기타 제약 사항도 정의된다. 최종 산출물을 위한 마감시간도 정의된다. 삼중 제약 사항으로 구성된 항목들도 우선순위가 매겨지므로 각각에 대한 상대적 중요성도 알려진다. 프로그램 성공을 위해 필수적인 고객의 요구 사항 목록과 함께 목표 고객도 식별된다.

"고객은 제품이나 서비스를 제공함으로써 일부 필요 사항을 충족시키기 위해 여러분을 필요로 한다. 제품의 속성은 성능, 시장 적시성, 비용, 신뢰성, 서비스를 포함한다. 고객이 소비자이든 산업 구매자이든 간에 제품은 필요하다면 예상되는 성능을 가질 필요가 있고, 고객의 요구가 있을 때에는 가용해야 하며, 고객에 의한 가치로서 적절하게 인정돼야 하고, 광고되거나 의도된 대로 신뢰성 있고 동작돼야 하며, 몇 가지 가용한 지원이나 도움이 돼야 한다."[4] 프로그램의 목적은 제품이나 서비스를 제공함으로써 고객의 니즈를 수익성 있게 충족시키는 것이다.

프로그램 스폰서는 결과에 책임을 지는 누군가를 원한다. 스폰서는 이 점에서 핵심 역할을 담당한다. 프로그램 헌장에 대한 스폰서의 승인은 이러한 역할과 책임에 관해 명확해지는 기회가 된다. 프로그램 관리자는 신중히 선정돼야 하고, 프로그램을 관리하고 이끌 수 있게 힘과 권위가 바로 주어져야 한다. 이것이 명확히 위임된다면 프로그램 관리자는 책임을 질 것이다. 프로그램 관리자는 모든 프로그램 산출물, 이슈, 해결책에 대해 한 명의 주인이 된다.

힘과 권위를 프로그램 관리자에게 주는 것은 프로그램 관리자를 책임 있게 만들어준다. 프로그램 헌장은 프로그램의 원래 범위를 확실하게 만든다. 프로그램이 수명주기 단계를 통해 진전되는 것처럼 프로그램의 세부 사항도 시간이 흐르면서 명확해진다. 프로그램 범위 내에서 프로그램 관리자는 자원 결정에 대한 제어, 작업 활동에 대한 우선순위화, 의사결정 등을 할 수 있어야 한다. 프로그램 수명 기간 동안 프로그램 관리자에 의한 단계적 확장 요구로 인해 문제가 발생할 것이다. 이들 문제는 프로그램의 범위 변경이나 재정 지출이나 릴리스 일정에 대한 변경이 될 수 있다. 단계적 확장 프로세스를 통해 프로그램 관리자는 자원 수준에 대한 평가, 작업에 대한 우선순위화, 문제 해결을 위한 의사결정에서 선임 관리자를 포함할지도 모른다. 특별한 문제를 해결한다면 프로그램 관리자는 정상적인 프로그램 제어를 다시 시작한다.

이해관계자와 핵심 팀

프로그램에서 관심 있는 가장 큰 그룹은 이해관계자로 알려져 있다. 이 그룹에는 프로그램 스폰서, 프로그램 관리자, 핵심 팀의 직원처럼 프로그램에 직접적인 관심을 갖고 있는 사람들이 포함된다. 핵심 팀은 프로젝트 관리자, 기능 관리자, 핵심적 개별 기여자로 구성된다. 직접적인 관심이 있는 사람들 가운데는 프로그램 작업을 직접 수행하는 개별 기여자가 포함된다. 이러한 사람들 모두 일반적으로 프로그램에 적극적 관심을 갖고 있다. 이것은 개별적 성공이 프로그램에 맞춰 조정돼야 한다는 것과 프로그램을 성공적으로 만들기 위해 개별 기여자가 적극적으로 일하게 된다는 것을 의미한다.

다른 사람들은 프로그램에 간접적인 관심을 가질 것이다. 이러한 관심은 긍정적이든 부정적이든 둘 중 하나가 될 수 있다. 이러한 사람들 역시 이해관계자들이다. 이와 같은 사람들에는 소프트웨어 개발자, 시스템 개발자, 품질 시스템 감사자, 재정 전문가, 행정 보조원, 보조적 지원을 제공하는 기타 관리자 등이 포함된다. 모든 이해관계자가 그들 자신의 작업을 잘 수행하는 데 요구되는 정보를 받는 것이 중요하다. 이 정보가 이해관계자에 의해 조사되지는 않겠지만, 프로그램 관리자와의 의사소통에 의해 알려지게 될 것이다.

일부 이해관계자는 프로그램에 부정적 관심을 가질지도 모른다. 이것은 그들의 관심이 프로그램의 곤란, 걸림돌, 장애에 불쾌감을 갖고 있다는 것을 의미한다. 이러한 설명이 이해관계자가 담당하는 역할의 중요성에 대해 논평하자는 의미는 아니다. 이와 같은 이해관계자들에는 필요시 지원할 준비가 돼 있는 장애 분석 공학자, 안전 공학자, 환경전문가, 동일 고객과 경쟁을 다투는 다양한 제품 관리자, 프로그램 활용 자원을 놓고 경쟁하는 관리자 등을 포함할 수 있다.

프로그램 관리자는 핵심 팀으로 알려져 있는 팀 내의 핵심적인 개별 기여자, 기능 관리자, 프로젝트 관리자와 일상적으로 상호작용한다. 이 핵심 팀은 역할과 책임에 대한 명확한 정의를 중심으로 운영된다. 이들의 역할과 책임이 조직을 위해 분명히 표현되지 않았다면 프로그램 관리자는 핵심 팀을 위해 이들의 역할과 책임을 분명하게 표현할 필요가 있으며, 이렇게 함으로써 조직 내에서 뭔가를 하려는 사람들에게 명확성을 제공하고 혼란을 예방시켜 줄 것이다.

핵심 팀은 수명주기에 걸쳐 프로그램에 가치를 더해주는 주요 영역을 대표하는 프로젝트 관리자, 기능 관리자, 핵심 개별 기여자로 구성된다. 프로그램이 수명주기를 통해 이동하는 것처럼 적극적인 팀의 직원도 시간이 흐르면서 진전될 것이다. 하드웨어를 대표하는 초기 핵심 팀은 제품 관리자, 판매 관리자, 칩 아키텍트, 기술 관련 문서 작성자, 설계 프로젝트 관리자 또는 설계 수석 기술자, 테스트 설계[DFT] 수석 기술자, 지적 재산권[IP] 모듈(SoC로 통합될 것이다) 프로젝트 관리자, 라이브러리와 입출력 패드 수석 기술자, 수석 패키징 기술자, 보드 프로젝트 관리자, 수석 테스트 기술자, 수석 제품 기술자로 구성될 수 있다. 핵심 팀에 대한 소프트웨어 대표에는 애플리케이션 공학 관리자, 기술 관련 문서 작성자, 소프트웨어 아키텍트, 제품 관리자, 빌드 툴 관리자, 개발자 툴 프로젝트 관리자, 운용체제 프로젝트 관리자, 애플리케이션 소프트웨어 또는 라이브러리 프로젝트 관리자가 포함될 것이다. 프로그램의 끝부분으로 다가가면 제품이 품질에 대해 자격을 갖추고 생산 라인으로 들어갈 준비가 돼가는 것처럼, 핵심 팀도 제품 관리자, 밸리데이션 수석 기술자, 수석 제품 기술자, 공급 관리자, 품질 기술자로 구성될 수 있다.

DSP 소프트웨어 프로그램 관리를 위한 핵심 팀의 원반이 그램 20.5에 나타나 있다. 이 핵심 팀은 프로그램 관리자가 이끌고 있으며, 정오 위치부터 시계 방향으로 SoC 프로그램 관리자, 플랫폼 아키텍트, 제품 관리자, 애플리케이션 공학 관리자, 보드 프로그램 관리자, 개발자 툴 프로젝트 관리자, 비디오 애플리케이션 프로젝트 관리자, 음성/오디오 애플리케이션 프로젝트 관리자, 음성 통신[VoIP] 프레임워크 프로젝트 관리자, 베이스밴드 애플리케이션 프로젝트 관리자, 실시간 운영체제 관리자로 구성된다.

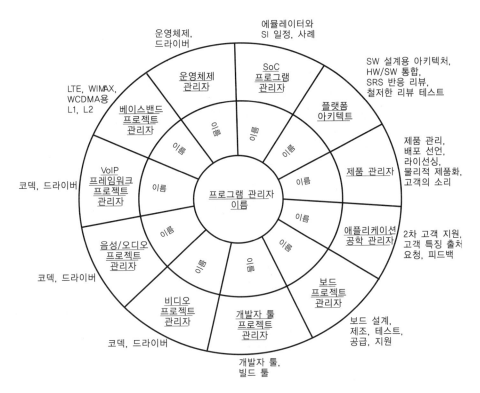

그림 20.5 DSP 소프트웨어 핵심 팀의 원반

프로그램 핵심 팀의 직원들은 프로젝트 핵심 팀의 리더가 될 수 있다. 예를 들어 개발자 툴 프로젝트 관리자는 DSP 소프트웨어 프로그램 관리자의 핵심 팀의 일원이다. 그러나 이 프로젝트 관리자 역시 핵심 팀의 당당한 리더다. 이와 같은 핵심 팀의 원반이 그림 20.6에 나타나 있다. 이 관점에서 볼 때 DSP 소프트웨어 프로그램 관리자는 개발자 툴 프로젝트 관리자의 핵심 팀의 일원이 된다. 개발자 툴 핵심 팀의 또 다른 직원은 컴포넌트 소유자와 아키텍트다.

프로그램 관리자는 실행 성공의 대부분을 핵심 팀에 의존할 것이다. 대부분의 상호작용 시간은 핵심 팀의 직원과 함께 할 것이다. 그러나 핵심 팀은 자신의 권리를 가진 관리자와 리더로 구성된다. 프로그램 과정 동안 이들 개개인은 프로그램의 목적을 성취하는 데 있어 하위 팀의 리더가 될 것이다. 프로그램 관리자는 리더십 위임의 원칙이 존중돼야 할지라도 하위 팀의 활동에 적극적인 역할을 담당할 것이다.

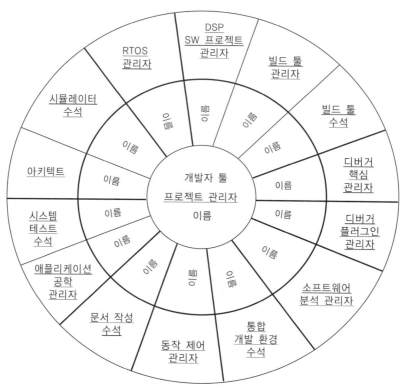

그림 20.6 개발자 툴 핵심 팀의 원반

제품 수명주기 관리

프로젝트 관리는 프로젝트가 수행될 때면 언제나 업무 실행을 향상시킬 기회를 제공한다. 프로젝트 관리를 채택할 때 집행부는 직원, 비용, 작업 활동 관리를 개선시킬 세련된 접근법의 채택 여부를 결정해야 한다.

프로젝트는 확실한 시작과 끝을 가진 조정된 활동들의 집합이다. 이것은 되풀이해 발생하는 복잡한 프로젝트의 영역이므로, 신규 제품 도입[NPI]에는 프로젝트 관리를 위한 현저한 역할이 있어야 한다. NPI의 간단한 정의에는 제품 정의 요소, 간단한 릴리스를 통한 개발, 제품 구축을 포함한다. NPI 프로젝트 관리가 규모가 큰 사업에 어떻게 적합한지 이에 대한 관점이 그림 20.7에 제시돼 있다.

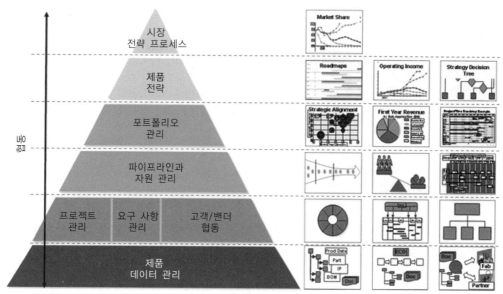

그림 20.7 제품 수명주기 관리[5]

제품 수명주기 관리의 중대한 프로세스는 시장 전략을 개발하는 일이다. 이 전략에서는 어떤 시장이 경쟁하고 있는지, 그리고 어떤 기회가 존재하고 있는지를 고려한다. 제품 전략은 시장 전략으로부터 만들어진다. 신규 제품은 기존 제품의 뒤를 잇고, 제품의 허점을 보강해서 기존 제품을 보완하며, 경쟁 중인 시장의 범위를 확장시켜 제품 공급을 강화하기 위해 제품의 로드맵에 적합한지 고려한다. 재정적 기회가 전략 요인이다. 의사결정 트리는 분석에 도움을 줄 수 있다. 포트폴리오 관리는 어떤 제품의 적합도가 전략적 정렬을 위해 필요한지 명확하게 만든다. 재정 분석은 첫 해의 수익이나 평생 수익을 포함한다. 파이프라인과 자원 관리는 제품을 어떻게 개발하고 시간 내에 도입하는지, 그리고 다른 제품과 비교해 적합한지 관리한다. 이것은 제품의 자원과 우선순위에 대한 정체를 방지한다. 이 작업 이후에는 고객과 벤더 협동, 요구 사항 관리, 신규 제품 도입이 이어진다. 작업 분할 구조WBS는 실행될 핵심 팀의 일정을 이끌어 내기 위한 세부 활동을 만들기 위해 사용된다. WBS는 제품에 대한 작업 요소의 배치와 관계를 보여준다. 제품 데이터 관리는 제품 수명주기를 통해 기업의 협동적인 노력을 완전하게 만든다.

복잡성 때문에 프로그램 관리는 프로그램 계획을 예외적으로 관리해서 가장 효과적으로 수행해야 된다. 프로그램 계획은 완전성에 대한 리뷰를 거쳐 생성되며, 삼중 제약 사항을 충족시킬 것으로 예상된다. 프로그램 수명주기의 실행 단계 동안 예외에 의한 관리는 계획부터 평가까지 중요성에 대한 심각한 편차를 발견해서 확정한다. 이것은 실행 단계에서 가장 중요한 리스크를 제기할 수 있는 계획에 대한 중요한 예외에 대해 시간과 정력을 집중시키게 만든다.

그에 반해 프로젝트 관리는 작업 내의 행동에 좀 더 밀접해질 필요가 있다. 작업의 세부 사항은 각각의 WBS 활동을 위해 완료된 작업 부분을 결정하든지(이에 대한 책임이 프로젝트 관리자에게 있다면) 또는 예외에 의해 관리되든지(기능 관리자에게 책임이 있다면) 간에 추적된다. 프로젝트 관리자는 일관되게 세부 활동 사항에 훨씬 더 정통해야 한다. 프로젝트 관리자는 가장 낮은 수준의 WBS 활동 동안에 작은 부분의 손실을 인식하기에 충분하도록 세부 사항을 꼼꼼히 관리해야 한다.

포트폴리오 관리

포트폴리오 관리는 기존 제품의 우선순위화 뿐만 아니라 도입을 고려 중인 신규 제품의 선정에 지침을 제공한다. 프로그램 관리는 프로젝트 권위와 선정에서 포트폴리오 관리에 기여할지도 모른다. 연간 계획을 수립함에 있어 장래 유망한 프로젝트는 SoC 제품 관리 팀에 의해 식별될지도 모른다. 이 목록은 소프트웨어 제품 관리와 함께 완전성을 위해 정제될지도 모른다. 그런 다음 공학 관리가 각 프로젝트의 노력을 평가할지도 모른다.

1회 기간 동안 실행되는 다중 프로젝트가 있을 때 자원 제약이 발생할 수 있다. 포트폴리오 관리는 자원을 주장하는 프로젝트의 상대적 우선순위를 평가함으로써 일정 수립에 도움을 줄 수 있다. 이 프로세스는 프로젝트 시작 초기부터, 그리고 프로젝트 기간 동안에도 도움을 줄 수 있다. 갈등 관리는 선임이나 집행부에 대한 단계적 확장을 통해서든 핵심 이해관계자 의사결정자에 의해 지정된 변경 제어 보드를 통해서든 처리될 것이다.

표 20.7은 포트폴리오 분석 수행 방법론이 제안된 작업 계획표다. 모든 제품이 이 프로세스를 이용해 평가 받을 때 여기서 나오는 각각의 점수는 비교를 위해 사용될 수 있다. 이것은 희귀 자원이라는 전형적 환경에서 제품의 포트폴리오를 어떻게 관리해야 되는지를 결정하는 관리에 도움을 줄 것이다.

표 20.7에 평가의 주요 범주를 전략적 정렬, 제품의 이점, 제품의 매력, 기술적 타당성, 리스크, 재정, 규제로 구분하고 있다. 이들 각각의 주요 범주 바로 옆에는 어떤 기능이 논의의 대상이 되는지, 또는 어떤 기능이 평가 데이터를 제공하는지에 대한 임무가 제시돼 있다. 예를 들어 기술적 타당성이 연구 개발(즉 공학)의 책임인 반면, 전략적 정렬의 책임은 제품 관리PDM와 프로그램 관리 사무소PMO 간 공유된다.

평가 패널의 이용은 서로 다른 평가 기준을 책임지는 집합적 경험을 제공해준다. 포트폴리오에서 모든 제품의 평가를 위해 패널을 동일한 개인으로 구성한다면 패널이 어떻게 평가를 수행하는지에 대해서는 어느 정도 표준화가 있을 것이다. 그렇지 않다면 시간이 흐르면서 또는 제품에 걸쳐 편차가 관찰될 수도 있다. 표 20.7에서 평가 패널은 프로그램 관리자, 제품 관리자, 공학 관리자의 쌍으로 각각 구성된다.

표 20.7 포트폴리오 관리 작업 계획표

기준	〈엔지니어 관리자〉	〈엔지니어 관리자〉	〈엔지니어 관리자〉	〈엔지니어 관리자〉	〈엔지니어 관리자〉	〈엔지니어 관리자〉	평균점수 (1~10; 10 최고)	가중치 (%)	가중 점수
전략적 정렬(PDM/PMO)									
제품이 BU와 FSL 전략에 적합하다.									
제품이 시장, 기술, 제조에서 핵심 경쟁자를 이용한다.									
제품의 이점(PDM)									
고객의 니즈가 이해되고 제품에 의해 효과적으로 처리된다.									
제품이 유일한 이점이나 가치 문제를 제공하고 더 나은 고객의 니즈를 충족한다.									
시장의 기회를 충족한다.									
시작의 매력(PDM)									
최소 시장 크기 요구사항과 같은 시장의 기준을 충족한다.									
시장이 성장 기회를 제공한다.									
회사가 시장에서 제품으로 경쟁적 이점을 성취할 수 있다.									
제품이 기존 시장의 요구를 충족하거나 요구가 쉽게 개발될 수 있다.									
기술적 타당성(R&D)									
제품이 기술적으로 타당하다.									
요구되는 지식과 전문 지식을 획득하거나 획득할 수 있다.									
기술적 차이, 복잡성, 기술적 리스크를 적절히 관리할 수 있다.									
리스크(ALL)									
쇼 스토퍼(인기 연기자)가 없다.									
리스크와 불확실성이 효율적으로 관리되고 대응될 수 있다.									
재정(PMO)									
예산 대비 성능									
투자 수익률(ROI)이 리스크와 비교하여 훌륭하다.									
규제									
제품이 FCC, 환경, 건강, 안전, 법적 정책을 충족한다.									
							합계	0	0

기본 규칙은 각각의 기준에 점수를 매겨 설정될지도 모른다. 몇 가지 항목(예를 들어 '재정'이라는 범주의 '예산 대비 성능'이라는 항목)에서 요구 사항은 평가를 위한 목표 데이터를 제공할 수도 있다. 기타 기준(예를 들어 범주 '재정'의 '투자 수익률(ROI)이 리스크와 비교해 훌륭하다'라는 항목)은 주관적이지만, 그 범위는 정의될 수 있는 등급을 고려해 제공될 수 있을 것이다. 객관적이고 일관적 해석이 기준에 적용된다면 편차는 평가에서 줄어들지도 모른다. 이것은 용어 정의에 포함될 수 있다.

그림 20.8은 작업 진도가 좌측에서 우측으로 전이되는 제품 파이프라인을 보여준다. 이 그림에서 알파벳으로 자막이 붙어 있는데, 이것은 신규 제품을 개발하는 서로 다른 프로그램을 나타낸다. 좌측부터 시작해 파이프라인이 넓은 입구를 갖고 있지만 우측은 이보다 훨씬 작은 출구로 좁아진다. 이것은 처음에 많은 프로그램이 시작되고 생산을 향해 진행된다는 것을 나타낸다. 그림 아래쪽에 각기 다른 수명주기 단계의 라벨이 붙어 있으며, 개발될 신규 제품은 이들 단계에 맞춰 조정된다.

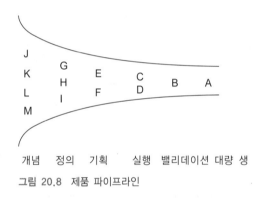

개념   정의   기획   실행 밸리데이션 대량 생
그림 20.8 제품 파이프라인

이 제품 파이프라인은 활동 프로그램을 보여주는 짧은 스냅 사진이다. 개념 단계는 가장 활동적인 프로그램인 반면, 대량 생산 단계는 가장 활동이 적은 프로그램이다. 이는 많은 프로그램이 제품 생산 이전에 종료된다는 것을 의미한다. 수명주기에서 프로그램을 더 늦지 않게 조기에 종료시키는 것이 비용 대비 더 효과적이겠지만, 실행 단계의 프로그램도 종료 대상이 된다. 밸리데이션과 대량 생산 단계의 프로그램은 보통 대량 생산 단계로 계속 진행될 것이다.

프로젝트 관리 수명주기

모든 프로젝트는 어떤 일반적인 단계를 거치면서 진행된다. 물론 첫 번째 단계는 프로젝트 초기에 착수되며, 마지막 단계는 프로젝트 종료 시 끝마친다. 이런 단계 내 활동들은 잘 정의된다. 이들 단계를 프로젝트 관리 수명주기 단계라 부른다.

프로세스 그룹에 적용될 수 있는 지식 영역이 표 20.8에 정의돼 있다. 이들 영역은 통합, 범위, 시간, 원가, 품질, 인적 자원, 의사소통, 리스크, 조달이 포함된다.

표 20.8 프로젝트 관리 프로세스[6]

프로세스 그룹 지식 영역	착수	기획	실행	감시/ 통제	종료
통합	• 프로젝트 헌장 개발 • 사전 범위 기술서 개발	• 프로젝트 관리 계획 개발	• 프로젝트 실행 지시와 관리	• 프로젝트 작업 감시와 통제 • 통합 변경 통제	• 프로젝트 종료
범위		• 범위 기획 • 범위 정의 • WBS 생성		• 범위 검증 • 범위 통제	
시간		• 활동 정의 • 활동 순서 배열 • 활동 자원 산정 • 활동 기간 산정 • 일정 개발		• 일정 통제	
원가		• 원가 산정 • 원가 예산 책정		• 원가 통제	
품질		• 품질 기획	• 품질보증 수행	• 품질 통제 수행	
인적 자원		• 인적 자원 기획	• 프로젝트 팀 확보 • 프로젝트 팀 개발	• 프로젝트 팀 관리	
의사소통		• 의사소통 기획	• 정보 배포	• 성과 보고 • 이해관계자 관리	
리스크		• 리스크 관리 기획 • 리스크 식별 • 정량적 리스크 분석 • 정성적 리스크 분석 • 리스크 대응 기획		• 리스크 감시와 통제	
조달		• 구매/획득 기획 • 계약 체결 기획	• 판매자 응답 요청 • 판매자 선정	• 계약 행정	• 계약 종료

통합은 모든 프로세스 그룹에 적용될 수 있다. 기획은 모든 지식 영역 작업을 포함한다. 이와 유사하게 감시와 통제는 모든 지식 영역에서 활동을 갖고 있다.

착수 프로세스는 통합 지식 영역에만 있는 두 가지 주요 활동이 있다. 이 두 가지 활동은 프로젝트 헌장 개발과 사전 프로젝트의 범위 기술서 개발이다.

프로젝트 스폰서는 프로그램의 실행 예산을 책임지는 선임 관리자나 집행부가 된다. 프로젝트 스폰서는 프로젝트 헌장을 이용해 권위를 가진 프로젝트 관리자를 지원한다. 프로젝트는 공식적으로 이 헌장을 이용해 착수 프로세스 기간 동안 만들어지며, 이의 리더로서 프로젝트 관리자가 임명된다. 프로젝트의 목표가 높은 수준에서 처음 문서로 작성된다. 이 목표는 나중에 수정이 요구되지 않게 충분히 높은 수준에서 이뤄져야 한다. 이 목표에는 일정, 비용, 범위, 품질, 고객에 미치는 영향 등에 대한 기본적인 정보가 포함돼야 한다. 프로젝트 헌장은 스폰서에 의해 승인된다.

사전 범위 기술서는 작업 기술서SOW가 될 수 있다. 사전 범위 기술서는 산출물과 추진 일정에 관한 고수준의 정보를 포함한다. 이 기술서에는 사전 범위 기술서에 필요한 이해관계자와 승인권자가 나열돼 있다. 이름이 말해주듯이 이 기술서의 의도는 프로젝트의 범위가 어디까지인지, 그리고 프로젝트가 언제 끝날 것인지에 대한 초기 정의를 제공하는 것이다.

통합 지식 영역은 프로젝트 관리 계획을 개발하는 기획 프로세스에서 사용된다. 기획은 범위 지식 영역을 범위 기획, 범위 정의, 작업 분할 구조WBS 생성으로 설명한다. 기획에서 시간 지식 영역은 활동 정의, 활동 순서 배열, 활동 자원 산정, 활동 기간 산정, 일정 개발로 설명된다. 원가는 기획 단계에서 원가 산정과 원가 예산 책정으로 다뤄진다. 이때 프로젝트 관리 수명주기에서는 품질이 계획되고, 인적 자원이 계획되며, 의사소통 계획이 개발된다. 리스크 기획은 여러 가지 요소를 수반한다. 이 요소에는 리스크 관리 기획, 리스크 식별, 정성적 리스크 분석, 정량적 리스크 분석, 리스크 대응 계획이 포함된다. 마지막 지식 영역은 조달이다. 이 기획 단계에서 구매와 획득뿐만 아니라 계약 체계도 기획된다.

통합은 프로젝트 계획의 서로 다른 부분을 결합한다. 이러한 복잡성으로 인해 일부 프로젝트 목표는 다른 것보다 우선해서 더 철저한 관리가 요구될 수 있다. 프로젝트 관리 계획은 통합 이슈와 프로젝트 목적의 충족 여부를 철저히 다룬다.

팀의 입력과 리뷰는 프로젝트 계획으로 대부분 구성된다. 프로젝트 완료 시 수용 가능성을 보장하기 위해 이해관계자의 입력이 고려돼야 한다. 프로젝트 수명주기를 통해 승인을 보장받기 위해서는 프로젝트 관리에 대한 입력이 포함되게 요청돼야 한다. 프로젝트가 수명주기의 실행 단계로 진행되도록 승인된 시점에는 대부분의 기획이 완료돼야 한다. 이것이 나중에 계획 변경을 불가능하게 만들지는 않겠지만, 이에 대한 조기 작업이 잘 완료된다면 프로젝트의 규모가 커지지 않거나 프로젝트에 지장을 주지 않아야 한다.

프로젝트 계획은 삼중 제약(즉 범위, 일정, 비용, 품질, 고객의 만족)으로 알려진 부적절한 표현을 위해 프로젝트 헌장 내에서 세부 계획을 생성한다. 자원은 비용에 포함된다. 이에 더해 프로젝트 계획은 리스크 관리, 의사소통 관리, 변경 관리, 요구되는 조달 관리를 포함한다.

범위 기획은 프로젝트 범위가 어떻게 관리될 것인지, 그리고 범위 변경이 어떻게 잘 수행될 것인지를 상세히 다룬다. 범위는 어떤 프로젝트가 수행될 것인지와 관련해서 이해관계자 가운데 정렬이 될 수 있도록 문서화될 필요가 있다.

어떤 프로젝트를 수행할 것인가에 대한 세부 사항 정의를 범위 정의라 부른다. 이 작업은 고수준의 산출물로 시작될 것이며, 각각의 산출물은 더 작은 컴포넌트로 분할되면서 진행된다. 이 작업은 작업 분할 구조WBS를 생성하기 위해 수행됐던 작업과는 다르다.

WBS는 프로젝트 관리 기획의 토대다. 이것은 그룹이 제품 릴리스까지 작업할 때 사용하는 조직의 툴이다. WBS에서 다뤄진 활동들이 포괄적이므로 어느 활동 하나라도 빠뜨려서는 안 된다. WBS 완료 시 WBS에는 프로젝트의 전 범위가 정의된다.

WBS는 팀에서 생성하며 작은 활동으로 나누는 작업이 수행된다. 경험에 근거한 규칙에 의하면 각 활동은 하루부터 며칠 동안 수행될 것이다. 더 작아진 기간은 활동을 실행하는 동안 진도 추적을 더 잘할 수 있게 해주며, 이는 회복 불능의 불이행에 대한 리스크를 줄여준다.

WBS의 첫 번째 레벨은 가장 높은 레벨의 활동으로 산출물에 맞춰 구성된다. 두 번째 레벨은 이보다 조금 낮은 레벨의 활동으로 분할된다. 이 분할 과정은 반복된다. 일부 활동은 다른 활동보다 좀 더 많은 레벨을 가질 수도 있는데, 이것은 이들 활동이 다른 활동보다 다시 더 작게 분할될 수 있는 복잡성을 갖고 있기 때문이다. 가장 낮은 레벨의 활동을 작업 패키지work package라 부른다. 모든 활동의 작업 분할에 대한 그래픽적 설명은 프로젝트의 작업 계층을 이용한다.

프로젝트의 모든 작업은 WBS 안에 포함돼야 한다. WBS 밖의 어떠한 작업이든 프로젝트의 범위 밖이 된다.

WBS 사례가 그림 20.9에 제공돼 있다. WBS의 구성은 계층적이다. 제목은 계층에서 가장 높은 레벨이다. 가장 낮은 레벨은 작업 패키지나 활동이 된다.

프로젝트 관리자는 보통 작업 패키지 레벨에서 프로젝트 실행을 관리할 것이다. 그에 반해서 팀 직원들은 작업 패키지를, 심지어 더 짧은 기간을 가진 활동으로 다시 더 작게 분할할 수 있다. 이러한 활동이 작업 완료를 위해 필수적인 반면, 보통 진도를 위해 추적 당하지는 않는다.

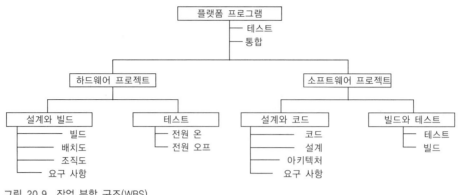

그림 20.9 작업 분할 구조(WBS)

WBS의 이점에는 비용과 일정에 대한 훨씬 더 개선된 상향식 추정이 포함된다. 추정의 정확성은 활동 규모가 큰 것보다 더 작은 규모의 활동에서 개선된다. 이에 더해 WBS는 리스크를 이해하는 데 있어 훌륭한 가시성^{visibility}을 제공한다. 마지막으로 WBS는 프로젝트의 범위를 보여주는 팀을 위한 훌륭한 의사소통 툴이다.

기획에서 시간 기반 기획은 정보를 위한 시작 지점으로 WBS를 기반으로 한다. WBS는 당연히 활동에 대한 정의를 제공한다. 활동에 대한 순서 배열은 프로젝트의 착수부터 종료까지 활동이 배열되는 네트워크 다이어그램을 이용해 수행된다. 각 활동 기간에 대한 산정도 프로젝트의 기간 산정 툴로 사용되는 네트워크 다이어그램에서 수행된다.

다양한 작업 활동 관계를 보여주는 네트워크 다이어그램에는 여러 가지 유형이 있다. 이들 사례에는 활동 노드^{activity-on-node} 다이어그램, 활동 화살표^{activity-on-arrow} 다이어그램, 임계 경로법^{CPM}, 프로그램 평가 리뷰 기법^{PERT}이 포함된다. 그림 20.10은 작업이 활동 A에서 활동 B의 작업으로 입력되는 가장 간단한 활동 노드 다이어그램을 보여준다. 첫 두 가지 유형의 다이어그램은 작업 흐름을 나타내는 데 특히 좋은 기법이다. 나중의 두 가지 유형은 프로젝트 기간을 산정하는 데 사용된다.

그림 20.10 활동 노드 다이어그램

시간 산정과 유사하게 각 활동 자원에 대한 요건 산정은 프로젝트의 자원 요구를 불러일으킬 수 있다. 이것은 자원 관리, 직원 채용, 리스크 관리(예를 들어 목표 변경, 재배정, 불시 출발, 계획 출발, 효과성, 소모)에 중요하다.

일정 개발은 네트워크 다이어그램과 간트 차트를 이용해 수행된다. 후자는 특히 진도 추적에 효과적이다. Oracle® Primavera나 Microsoft® Project 같은 소프트웨어 프로그램은 보통 간트 차트를 보여주는 데 사용된다. 이들 프로그램은 활동의 종속성을 나타내는 전임자와 후임자 간의 관계를 허용한다. 간트 차트의 사례가 그림 20.11에 나타나 있다.

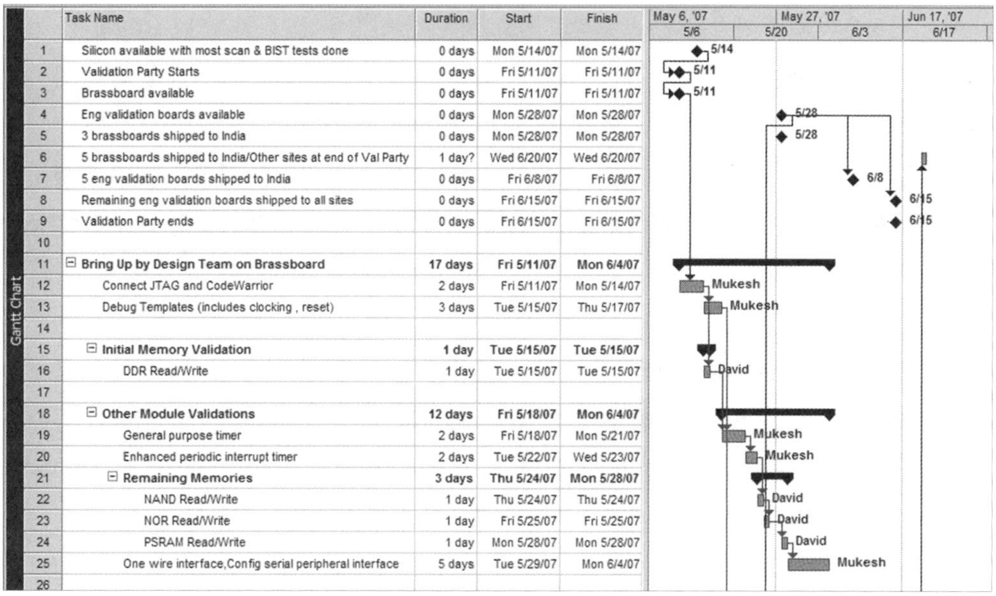

그림 20.11 간트 차트

프로젝트 관리자는 추정된 산정을 기반으로 프로젝트의 수명 기간 동안 원가를 관리한다. 원가 산정은 여러 가지 방법으로 수행될 수 있지만 하향식top-down과 상향식bottom-up이 주요한 두 가지 접근법이다. 하향식 접근법은 원가를 일정한 비율로 만드는데, 이전 프로젝트의 경험에 의존한다. 이 접근법은 일부 또는 모든 산정된 원가를 제공하기 위해 중간 관리자, 선임 관리자, 경험을 가진 프로젝트 관리자의 전문 지식에 의존한다. 이 접근법은 정확성이 크게 중요하지 않은 빠른 산정에 가장 잘 사용된다.

원가 산정을 위한 상향식 접근법은 원가와 활동 기간을 산정하기 위해 작업을 수행하는 기술자에 의존한다. 이 접근법은 WBS에 근거해 산정한다. 프로젝트의 전체 원가는 모든 활동의 원가를 더해 계산한다. 이 접근법은 시간이 좀 더 걸리지만 더 정확한 접근법이다.

원가 예산 책정은 노동, 프로젝트 관련 자본, 저작권 사용료, 라이선스, 계약 작업, 기타 프로젝트에 들어가는 원가를 포함한다. 물론 노동이 일반적으로 가장 큰 원가를 차지한다. 팀이 다양한 사람들의 집합체일 수 있기 때문에 노동 원가는 보통 평균을 내서 계산하며, 전체를 계산해서 적용한다. 장소, 경험, 교육 등으로 인해 봉급에서 차이가 있다 할지라도 예산에 대해서는 보통 평균이 적용된다.

예산은 프로젝트의 활동이 변경되지 않는 고정 원가와 변경되는 가변 원가로 각각 고려돼야 한다. 고정 원가의 사례에는 임대료와 사용료가 있다. 봉급, 임금, 물자, 장비, 기타 자재들은 가변 원가 사례다. 프로젝트는 또한 직접 원가와 간접 원가를 가진다. 직접 원가는 여행, 임금, 자재를 포함한다. 간접 원가는 세금과 이익 같은 항목이며, 일부 서비스도 포함된다.

예산 산정은 범위로 제공된다. 프로젝트 종료 시 예산 산정은 실제 원가의 -10%에서 +25% 내로 한다. 예산 예비는 리스크 관리를 위해 사용된다. 예비는 계획 대비 작은 원가 차이를 위해 프로젝트 내의 지출 승인 권한을 자유재량에 의해 유지한다.

품질은 요구 사항에 대한 일치성과 사용의 적합성이다. 이 정의는 사례에 의해 분명해질 수 있다. 자전거와 승용차 둘 모두 수송에 사용된다. 하나는 빠르고 안전하며, 더 안락한 공간을 제공한다. 다른 하나는 훈련과 더 길고 친밀한 시골 풍경을 제공한다. 그러나 이 두 가지 모두 요구 사항을 충족하고 의도된 대로 수행된다면 고품질의 제품이 될 수 있다.

산간벽지에서 열리는 레크리에이션 운동이 계획된 활동이라면 이때는 자전거가 고품질의 제품이 될 수 있다. 승용차는 산간벽지의 산책로에서는 다니지 못하고, 또한 필요한 운동을 제공하지 못하므로 승용차는 자전거 산책로에서 사용하기에는 고품질의 제품이 되지 못한다. 그러나 자전거 산책로에 도착할 때는 자동차가 고품질의 제품이 될 수 있다. 산책로가 자동차를 제외하고는 도착하기가 어렵거나 불가능할 수 있기 때문에 산책로에 도착할 때 자전거는 고품질의 제품이 될 수 없다.

소프트웨어 프로젝트 관리를 위한 품질 기획은 약속 대비 산출물의 기능과 성능 일치, 산출물 패키징의 타당성과 수용 가능성, 개발과 구성을 포함한 독창적 경험, 유용성, 현장에서의 시간의 흐름에 따른 신뢰성 같은 이슈를 다룬다. 감시와 통제 기획도 정의돼야 한다.

인적 자원 기획은 프로젝트 관리의 기본이다. 프로젝트 승인 시 사람들이 작업을 해야 될 필요가 있을 뿐만 아니라 재정 지원도 제공돼야 한다. 한 가지 고려 사항은 각 기능 영역에서의 인원수다. 이와 관련된 다른 고려 사항은 사람들의 경험과 자격 요건이다. 이와 함께 이들 요소는 특별한 기능이 임계 경로상에 있는지, 또는 더 주의 깊게 감시돼야 할 과도한 리스크가 제기됐는지 여부를 결정할 수 있다.

사람들이 어떻게 보고하는지 또는 프로젝트 관리자에게 책임이 있는지 등은 어떤 유형의 구조가 이용됐는지에 달려 있다. 기능 조직, 약 매트릭스 조직, 강 매트릭스 조직, 프로젝트화 조직의 네 가지 유형의 조직이 있다. 조직의 각 유형은 작업을 해야 하는 자원 관련 프로젝트 관리자에게 각기 다른 수준의 가시성을 제공한다.

기능 관리 조직은 기능 관리자에 의해 배타적으로 관리되는 인적 자원을 갖고 있다. 프로젝트 관리자는 인원수를 알 수 있음에도 불구하고 프로젝트에서 작업하는 사람들의 이름을 결코 모를 가능성이 있다. 기능 조직에서 사람들은 기능 관리자의 결정에 의해 하나의 작업 활동에서 다른 작업 활동으로 이동된다. 하나의 활동에서 다른 활동으로의 인원 이동에 대한 프로젝트 관리자와의 의사소통은 연기되거나 결코 일어나지 않을 것이다.

약 매트릭스 조직에서 개별 기여자와 팀 리더는 각자 자신의 기능 관리자에게 보고하지만, 프로젝트 관리자에게는 점선의 관계가 된다. 핵심 팀의 인원과 관련된 핵심 개별 기여자, 팀 리더, 기능 관리자와는 명확한 의사소통을 한다. 개인의 성과 리뷰는 여전히 기능 관리자에 의해 배타적으로 수행된다. 프로젝트 관리자는 프로젝트에 배정된 인원수뿐만 아니라 사람들의 이름을 알지도 모른다.

강 매트릭스 조직에서 프로젝트에 배정된 사람들은 기능 관리자와 프로젝트 관리자 모두에게 보고한다. 그러나 힘의 균형은 기능 관리자보다는 프로젝트 관리자에게 놓여 있다. 프로젝트에 배정된 인적 자원은 이름에 의해 알려진다. 개인은 자신의 작업으로부터 연기되지 않을 것이며, 프로젝트 관리자의 통고나 협상 없이는 다른 작업 활동으로 이동되지 않을 것이다. 프로젝트 관리자는 때때로 핵심 개별 기여자, 팀 리더, 기능 관리자에게 성과 리뷰를 입력하며, 심지어 편중화된 의견을 제시할 수도 있다.

프로젝트화된 환경에서 일단 자원이 프로젝트에 배정되면 모든 관리 책임은 프로젝트 관리자에게 떨어진다. 프로젝트 기간 동안 모든 사람은 팀으로, 그리고 팀에서만 작업한다. 기능 관리자는 일상 업무에 대한 임무나 활동 관리에는 책임을 지지 않는다.

의사소통 기획은 작업의 중요한 기능이므로 프로젝트 관리에 필수적이다. 의사소통은 거의 틀림없이 프로젝트 관리자가 훈련해야 될 가장 중요한 기술이다. 의사소통의 범위는 모든 이해관계자에 걸쳐 있다. 프로젝트의 이해관계자가 전부 누군지, 그리고 개별적인 의사소통의 요건이 무엇인지 이해하는 것이 의사소통 계획을 개발하는 데 있어 다른 무엇보다 중요하다.

의사소통의 많은 부분은 정기적으로 발생한다. 요구되는 정기 보고와 관리돼야만 하는 프레젠테이션이 있다. 이들은 보통 가장 공식적인 의사소통 방법으로, 특별한 유형의 정보를 특별한 방식으로 제공하는 데 있어 특별한 양식의 고수가 요구된다. 말을 이용한 프레젠테이션이 서면 자료와 함께 요구될 수 있다.

의사소통은 보내려고 의도했던 메시지가 수신자가 받아 해석한 메시지와 동일한 경우에만 유효하다. 발송자는 이런 의미에서 의사소통이 수용되는지를 보장하는 데 있어 주된 책임을 진다. 이를 성취하기 위해서는 문구와 용어가 수신자에게 친숙한지, 그리고 프레젠테이션이 적절한 방식으로 수행됐는지를 보장하는 주의 깊은 편집이 요구된다.

의사소통은 말이나 글로, 공식적이거나 비공식적으로 구성될 수 있다. 공식적 의사소통은 다듬어진다. 공식적 의사소통의 기술적 이슈, 프로젝트 기획, 보고나 프레젠테이션은 서면 방식에 따라 관리되며, 특별한 구성 방식이나 양식이 요구될 수 있다. 말을 이용한 공식적 의사소통은 관리를 위한 프레젠테이션을 만들 때 이용되며, 특별한 프레젠테이션 양식이 요구될 수 있다. 이메일, 인스턴트 메시징 같은 서면에 의한 비공식적 의사소통은 아주 흔한 방식이다. 이메일 의사소통은 팀에 대한 정보 방송과 일상적인 기술 토론에 적절하다. 말을 이용한 비공식적 의사소통은 가장 흔한 방식이며, 프로젝트 이슈에 걸쳐 팀 인원, 동료, 이해관계자 간에 발생한다.

리스크 관리 프로세스는 리스크 관리 계획을 만들 목적으로 많은 요소를 포함하고 있다. 이에 대한 방법론이 아직 존재하지 않는다면 정의될 필요가 있다. 리스크는 문서화돼야 하고 가시성은 계속 유지해야 하며 시간이 흘러도 관리돼야 한다.

리스크 식별은 유사 프로젝트에서 공통적으로 갖고 있는 리스크와 팀 인원에 의해 식별된 리스크를 포함한다. 프로젝트의 리스크는 삼중 제약(즉 범위, 일정, 원가, 품질, 고객 만족)에 따라 구성될 수 있다. **WBS** 요소에 대한 이해는 중요한 통찰력을 제공한다. 임계 경로에 대한 이해는 리스크를 우선순위화하는 것을 가능하게 한다. 이와 유사하게 임계 경로에 가까운 활동들은 리스크에 대비해 관리될 필요가 있으므로 이런 리스크들은 임계 경로에서 멀어지게 만들어져야 한다. 리스크는 관리할 수 있는 규모로 줄일 필요가 있다. 남아 있는 리스크는 사소하지 않을 것이며, 그 중 일부는 고려해야 할 중요한 문제를 포함할 수도 있을 것이다. 이러한 리스크 집합에서 팀은 리스크가 촉발될 수 있을 것인지 이해할 필요가 있다. 리스크 촉발에 대한 이해는 리스크 관리에 옵션을 제공할 수 있다.

정성적 리스크 분석은 리스크를 주관적으로 평가하는 방법이다. 이 작업은 리스크 목록을 우선순위로 매길 수 있다. 리스크 대응 기획은 이러한 우선순위화에 이점을 가질 수도 있다. 임계성 평가가 매겨진 리스크 목록은 프로젝트 자체에 대한 리스크 등급을 제공하기 위해 사용될 수 있다.

정량적 리스크 분석은 수치적으로 리스크를 평가하는 방법이다. 예를 들어 한 가지 접근법은 재정 분석을 제공하는 것이다. 이 작업 역시 리스크 목록을 우선순위화할 수 있다.

정성적으로 결정된 신뢰 수준에 대한 일정 분석은 정량적 리스크 분석의 영향을 받는다. 물론 분석에 대한 품질은 입력 데이터의 품질에 달려 있다. 임계 경로 순서는 프로젝트를 위해 알려져야만 한다. 임계 경로상의 각 활동을 수행하는 데 걸리는 평균 시간과 이러한 평균 시간에 관한 편차를 측정하기 위해서는 정량적 데이터가 요구된다. 이러한 편차는 일반적으로 분산, 제곱근, 표준 편차로 수량화된다. 임계 경로 순서를 실행하는 데 소요되는 평균 시간은 임계 경로상에서 각 활동의 평균 시간 합이다. 이러한 임계 경로 평균 편차는 각각의 모든 분산의 합이며, 분산 합의 제곱근은 표준 편차로 계산할 수 있다. 분산 외의 편차를 측정하거나 복잡한 분포를 위해 몬테카를로^{Monte Carlo} 시뮬레이션 같은 기법이 확률 분포의 이해를 위해 수행될 수 있다.

리스크 대응 기획은 리스크를 다루기 위해 행동할 각 리스크의 담당자를 생성한다. 리스크를 다루는 옵션에는 회피, 완화, 수용, 이전이 있다. 회피는 리스크 발생을 예방하기 위해 어떤 동작이 취해져야 되는지를 상세히 열거한다. 이것은 리스크의 근본 원인을 다루고 그 원인을 제거한다. 완화는 리스크 발생 확률이나 리스크 발생 시 미치는 영향을 줄이는 동작에 대해 상세히 열거한다. 수용은 리스크에 대해 특별한 동작을 취하지는 않지만, 리스크 발생 시 수용 가능한 비용으로 그 영향을 수용한다. 이전은 소유권이나 리스크 관리 책임을 누군가 다른 사람에게 이전시키는 행동을 취한다.

기획 프로세스의 마지막 활동은 조달에 대한 결정이다. 구축해야 되는지, 구매해야 되는지, 뭔가 작업 파트가 있어야 하는지 등의 여부를 결정할 필요가 있을 수 있다. 특히 구매와 파트너링, 공급자 선정, 계약자와의 작업 준비, 파트너와의 약속 기획을 위해서는 완료해야 할 활동들이 있을 것이다.

프로젝트 관리 프로세스 중 실행 영역에는 통합, 품질, 인적 자원, 의사소통, 조달 지식 영역이 해당된다. 통합 활동은 프로젝트 실행 지시와 관리가 포함된다. 품질보증은 실행 동안 수행된다. 실행 동안 프로젝트 팀이 프로젝트 과정에 걸쳐 획득되고 개발된다. 의사소통은 정보 배포를 위해 간단히 요약되겠지만, 정보의 중요성이 부풀려져서는 안 된다. 실행 동안 조달 지식에 대한 사용은 판매자 반응을 요청하거나 판매자 선정을 위해 적용된다.

사전에 언급한 것처럼 감시와 통제 단계는 모든 지식 영역에서 사용된다. 통합은 프로젝트 작업에 대한 감시와 통제, 그리고 통합 변경 통제를 포함한다. 감시와 통제의 범위는 베리피케이션과 통제를 포함한다. 시간, 원가, 품질에 대한 감시와 통제는 일정 통제, 원가 통제, 품질 통제를 각각 포함한다. 인적 자원 감시와 통제는 프로젝트 팀 관리를 포함한다. 의사소통은 프로젝트 성과 보고와 이해관계자 관리가 포함된다. 리스크 감시와 통제도 이 단계에서 수행된다. 계약 행정은 조달 지식을 포함한다.

프로젝트 성과 보고는 다양한 종류가 있다. 여기에는 상태 보고와 진도 보고가 포함될 수 있다. 예측, 분석 추세, 변화량, 성과 과치를 나타내는 더 정량적 특성을 가진 보고도 있을 수 있다.

이해관계자는 프로젝트에 의해 긍정적으로나 부정적으로 이해관계에 영향 받는 개인이다. 명백하게도 이해관계자는 프로젝트 스폰서, 프로젝트 관리자, 다수의 프로젝트 핵심 팀이 포함된다. 추가적으로 이해관계자에는 고객이나 제품 수신자도 포함된다. 다른 프로젝트 관리자도 그들 자신의 프로젝트 우선순위나 자원에 영향을 받는다면 그들도 이해관계자가 될 수 있다.

이해관계자 관리는 이해관계자의 식별과 이해관계자의 니즈로 시작된다. 프로젝트에 대한 이해관계자의 영향력이나 미칠 파급력에 대해서는 평가돼야 하다. 프로젝트 전체를 통해 이해관계자가 포함돼야 한다. 이해관계자의 니즈가 충족되는지 여부를 리뷰를 통해 주기적으로 결정해야 한다.

프로젝트 종료는 통합과 조달의 두 가지 지식 영역을 포함한다. 프로젝트 종료와 계약 종료가 이 두 지식 영역에 대한 각각의 활동이 된다. 계약 종료는 행정 종료 이전에 발생한다.

계약 종료는 작업이 만족스러운 방식으로 완료됐는지 검증한다. 최종 지불이 이뤄지고 원가 계산이 마지막으로 수행된다. 계약에 대한 기록이 갱신되고, 이 기록은 프로젝트 보관 문서의 일부분이 된다. 무엇이 잘 수행됐고 다음에 더 잘 수행될 수 있는 것이 무엇인지를 이해할 수 있도록 조달 기간 동안 어떤 교훈이 학습됐는지 이에 대한 교육 훈련이 수행된다.

프로젝트 종료는 계획된 프로젝트 활동의 끝부분에서 발생하거나 선임 관리자가 프로젝트를 중단시킬 때 발생한다. 베리피케이션 완료는 작업이 만족스러운 방식으로 완료됐다는 것을 보장한다. 모든 문서는 완결돼야 하며, 필수적인 보고서는 발간돼야 한다. 프로젝트 종료는 보관된 프로젝트 문서, 프레젠테이션, 결과를 만들어낸다. 무엇이 잘 수행됐고 다음에 더 잘 수행될 수 있는 것이 무엇인지를 이해할 수 있도록 프로젝트 기간 동안 어떤 교훈이 학습됐는지 이에 대한 교육 훈련이 수행된다. 각각의 프로젝트는 공식적으로 수용돼야 하고 선임 관리자의 승인에 의해 종료돼야 한다. 프로젝트가 공식적으로 종료된 이후 자원은 방출될 수 있다.

프로젝트 수명주기

소프트웨어 프로젝트 수명주기는 프로젝트 관리 수명주기와 일부 유사한 면을 갖고 있다. 프로젝트 수명주기도 또한 특별한 작업이 수행되는 단계로 구성된다. 전형적인 프로젝트 수명주기 단계는 개념, 정의, 기획, 실행, 밸리데이션, 구축, 종료다. 프로젝트 관리의 책임이란 적절한 시기에 수명주기 단계를 통해 프로그램이 선임 관리자에 의해 승인됐는지를 보장하는 것이다. 프로그램에서 실제 수행되는 작업은 프로그램이 인정되는 공식 단계에 부합돼야 한다.

개념 단계에서는 제품에 대한 기술적 상업적 생존 가능성을 평가한다. 이 단계에서는 프로젝트의 범위, 일정, 원가를 고수준에서 정의한다. 범위는 일부 중요한 사용 사례가 포함될 시장 요구 사항 문서MRD에 의해 알 수 있다. 개념 단계의 산출물이 표 20.9에 나타나 있다.

표 20.9 개념 단계 산출물

	단계 산출물
개념	시장 요구 사항 문서 초기 요구 사항 직원 채용(수) 평가 핵심 팀 초기 리스크 관리 계획 초기 마일스톤 초기 소프트웨어 산출물 범위 초기 지원 대상 정의

초기 요구 사항은 다양한 출처로부터 나온다. 우수 고객은 어떤 요구 사항이 유도될 수 있는지 이에 대한 사용 사례를 제공할 수 있다. 기술자는 이전의 연관 프로젝트로부터 지속적인 개선을 야기하는 요구 사항을 제공할 수 있다. 아키텍트는 초기 사용 사례의 이해와 적용 가능한 표준을 기반으로 어느 정도 요구 사항을 가질 수 있다.

원가는 시작부터 프로젝트 종료 시까지 작업 수행에 요구되는 전일 노동자^{FTE}들을 사로잡을 것이다. 직원 채용을 평가하는 한 가지 방법은 실행 중에 있는 유사 프로그램을 통해 직원 채용의 규모를 조정하거나 유추할 수 있다. 프로그램이 더 가깝게 일치되면 될수록 이전 프로그램에서 나온 데이터의 품질은 더 좋을 것이며, 규모 조정도 더 잘 추정될 것이다. 광대역 델파이$^{Wideband\ Delphi}$로 알려진 또 다른 방법은 추정을 수렴하기 위해 먼저 정보를 제공하고, 그런 다음 마지막 조사 결과가 피드백되는 동안까지 전문가를 통해 반복적으로 조사하는 방법이다. 추정을 위한 조사는 연속적으로 전문가에 의해 비밀스럽게 수행된다.

개념 단계에서 핵심 팀에는 제품 관리자, 아키텍트, 몇 명의 기능 관리자 같은 소수의 핵심 개인만이 포함될 것이다. 초기 리스크 관리 계획은 간단한 목록으로 구성될 수 있다. 일정은 고수준의 마일스톤으로 구성된다.

개념 단계에서 정의 단계로 진행해도 좋다는 승인은 원칙적으로 이 프로젝트를 수행할 수 있는 권한을 갖게 된다는 것을 의미한다. 이러한 NPI 프로젝트를 위한 제품 파이프라인에서 이것은 적절하다는 것이 관리 인식이다.

정의 단계에서는 초기 제품 요구 사항 문서^{PRD}가 주요 산출물이다. PRD는 비즈니스 목표와 제품의 요구 사항을 도출해내는 사용 사례를 수집한다. 기술자는 이들 각각의 요구 사항을 리뷰하고 개별적으로 이들 요구 사항을 수용하거나 제외시킨다. 합의된 요구 사항에 대해 영향을 미치는 각각의 공학 영역에서의 대응 방안이 각 요구 사항에 연결된다. 이 정보가 초기 소프트웨어 요구 사항 명세서^{SRS}를 구성한다. 초기 일정을 생성하기 위해 공학적 작업이 사용된다. PRD, SRS, 사용 사례는 정의 단계 후 비교의 기준점이 된다. 표 20.10에 정의 단계의 산출물이 나열돼 있다.

표 20.10 정의 단계 산출물

	단계 산출물
정의	사용 사례
	제품 요구 사항 문서(PRD) 초안
	소프트웨어 요구 사항 명세서(SRS) 초안
	정련된 마일스톤
	직원 채용(팀의 ID화된 건수) 계획
	완전한 핵심 팀
	갱신된 리스크 관리 계획
	마일스톤
	초기 예산

PRD는 단계 내에서 개발된다. 결국 이 문서는 최종 사용자나 고객이 제공한 모든 소프트웨어 사용 사례로부터 생성된 상세한 요구 사항을 전부 나열한다. PRD는 프로젝트의 가장 중요한 것들로 구성된 요구 사항의 부분집합을 가진 정의 단계에서 시작한다. 초기 소프트웨어 요구 사항 명세서^{SRS}는 PRD로부터 생성된다. 이 문서는 가장 먼저 요구 사항이 수행될 것인지 그렇지 않은지의 여부를 동의하거나 동의하지 않는 요구 사항에 대한 공학적 대응 방안을 제공한다. 이것은 소프트웨어를 생성할 각기 다른 기능 영역에 대한 요구 사항에 직접적인 연결을 제공한다. 각각의 요구 사항은 적어도 한 가지의 SRS 대응을 가져야 하지만, 일부 PRD 요구 사항은 다중의 SRS 대응을 가질 수도 있다. 이것은 커버리지와 서로 중복되는 공학적 책임, 컴포넌트의 상호작용, 다중 소유자, 분명하지 않은 소유자에 의해 기인된다. 소프트웨어 아키텍트는 SRS에 대한 공학적 대응 방안이 제품의 요구 사항에 충분히 만족하는지에 대한 여부를 결정하는 책임을 가진다.

수명주기 후반부에 추적성 보고서가 PRD 내의 특정 요구 사항과 상관관계를 갖는 각각의 SRS 공학적 대응 방안에 대비해 각각의 테스트 동작에 대한 테스트 결과(예를 들어 성공 또는 실패)를 보여줄 것이다. 이것은 각각의 SRS 입력에 대해 테스트가 실행됐다는 것을 나타낸다. 추적성 보고서에는 SRS와 PRD 목록에 명백히 관련된 배포에서 어떤 특징이 전달됐는지(또는 전달돼지 않았는지)에 대해 명확히 기술돼야 한다.

일단 초기 SRS가 준비되면 고수준의 마일스톤이 생성될 수 있다. 정의 단계의 마일스톤과 연관된 날짜는 대략적으로 추정된다. 또한 작업 성취를 위한 종속 관계도 정의된다.

정의 단계에는 범위뿐만 아니라 일정과 원가도 관련된다. 완전성을 위해 이 단계에서는 품질과 고객 만족에 대한 관심 사항에 대해서도 다루기 시작해야 한다.

기획 단계에는 많은 산출물이 있다. 기획 단계를 완료하기 위한 선임 관리자나 집행부의 승인을 얻기 위해서는 핵심 팀의 광범위한 관여가 요구된다. 표 20.11은 기획 단계에서 제공돼야만 하는 산출물을 나타낸다.

표 20.11 기획 단계 산출물

	단계 산출물
기획	제품 요구 사항 문서 소프트웨어 요구 사항 문서 테스트 계획 추적성 매트릭스 문서화 계획 직원 채용(이름) 계획 리스크 관리 계획 일정/상세 마일스톤 기반 활동 예산 형상 관리 계획 변경 관리 계획 배포 패키징 계획 의사소통 계획

기획 단계에서는 최종 요구 사항을 이용해 PRD를 완전히 개발한다. 이 작업은 SRS를 마무리 짓기 위한 이전 활동이다. 세부 작업 활동은 이 문서에서 확보된다. 완벽한 SRS는 향후 만들어질 세부 일정을 만들 수 있게 한다. 정적, 동적, 기능적, 성과 테스트 계획이 완료된다. 추적성 매트릭스는 요구 사항으로부터 추적이 있을 때 그러한 요구 사항에 대한 공학적 대응 방안을 위해, 그리고 그러한 대응 방안에 대한 테스트 계획을 위해 존재한다. 아키텍트가 추적성 매트릭스를 리뷰하고, 이 매트릭스가 올바르고 완벽한지 결정할 때 추적성 매트릭스는 완결된 것으로 간주될 수 있다.

PRD, SRS, 사용 사례는 정의 단계와 기획 단계 후 기준점이 된다. 이들은 예상될 수 있는 일상적인 기준점이다. 그러나 변경 요청이 승인되는 경우 다른 기준점이 적용된다. 변경 요청의 주요한 원인은 새로운 특징 요청과 실패한 종속성(즉 한 팀에서 다른 팀으로의 내부 납품)이다.

그림 20.12에 나타나 있는 것 같은 추적성 매트릭스는 소프트웨어 요구 사항 명세서[SRS]를 소프트웨어 제품 요구 사항에 결합하며, 각각의 SRS가 테스트됐는지 보장한다. 준비 태세 리뷰 동안 추적성 매트릭스는 모든 요구 사항에 대한 완벽한 뷰, 그러한 요구 사항에 대한 대응 방안, 고려 중인 제품 릴리스에 대한 테스트 결과 등을 제공한다.

표 20.12 추적성 매트릭스

번호	PRD 번호	요구 사항	SRS 번호	대응 방안	테스트 ID/ 사용 사례	결과	코멘트
1	101	컴파일러 메모리 사용 개선	101.1	컴파일러 선형 루프에서 개선 구현	결함 37422	통과	빌드 6
2	101	어셈블러 메모리 사용 개선	101.2	어셈블러에서 개선 구현	결함 37422	통과	빌드 6
3	118	디버거 플러그인이 4 코어 프로세서를 지원할 것이다	118.1	4 코어 프로세서가 지원될 것이다	564	통과	빌드 77

문서도 프로그램 수명주기 내에서 또는 제품 납품 시 만들어져야만 하는 중요한 산출물이다. 고객은 하드웨어 고속 재시동quick-start 안내와 참조 매뉴얼을 원할 것이다. 참조 매뉴얼은 하드웨어가 어떻게 동작하는지, 그리고 하드웨어를 어떻게 사용하는지에 대한 자세한 설명을 제공한다. 어떠한 소프트웨어 릴리스도 요약된 결함 정보를 제공하는 릴리스 노트를 포함한다. 이것은 결함과 차선책을 사전에 알려주기 때문에 사용자와 고객에게 뜻밖의 불쾌함을 회피하는 데 도움을 준다. 이에 따라 고객은 시간을 소비하거나 비계획된 지연을 초래함이 없이 구현을 계속 진행해 나갈 수 있다. 애플리케이션 노트도 제공될지 모른다. 이것은 특별한 문제의 복잡한 솔루션을 위해 작성된 기술 지침서다.

기획 단계에서는 직원 채용에 대한 가장 정확한 산정이 제공돼야 한다. 일부 데이터는 WBS로부터 공수 산정이 생성되는 상향식 기획에서 나온 최고의 정확성을 가진 공수 산정을 제공한다. WBS는 작업 범위를 수집하며, 일정과 자원이 실제 제약 내에서 결정되게 할 수 있다. 특히 개별 기여자가 기능 관리자와 함께 공수 산정에 기여할 수 있다면 산정의 정확성은 소수의 전문가를 뛰어 넘는 그룹의 공동 지혜 때문에 향상될 것이다. [7]

프로젝트의 자원은 프로젝트 시작 지점에서 제공돼야 하며, 프로젝트 종료 시까지 유지돼야 한다. 프로젝트 수명 기간 동안 프로젝트의 자원 수준은 작업 요구에 따라 변동을 거듭할 것이다. 수명주기 기획 단계에서 작업을 수행하는 개개인의 이름까지 알 수 있도록 자원은 식별돼야 한다. 작업을 수행하는 사람들의 이름이 알려지지 않았다면 이것은 어느 누구도 그 작업을 수행하지 않을 가능성이 크다는 것을 의미한다. 예외에 의한 프로그램 관리는 명명된 자원이 계속 배정됐는지를 아는 것과 계획된 대로, 그리고 프로젝트 승인 시 선임 관리자에 의해 맡겨진 대로 프로젝트가 진행되고 있는지를 아는 것과 관련된다. 프로젝트 작업에 사용할 수 있도록 승인받은 자원은 프로젝트 관리자와의 협상 없이 프로젝트로부터 제거돼서는 안 된다.

프로젝트 각각은 기획 단계 동안 열거된 리스크에 대해 포괄적인 리뷰를 가져야 하며, 가장 높은 순위의 리스크에 대해서는 적극적이고 능동적인 관리를 해야 한다. 프로그램 수명 기간 동안 리스크 관리는 직접적으로 리스크를 처리하는 활동 수행이 포함될 것이다. 바꿔 말해 리스크 관리는 적극적이고 능동적이 돼야 하며, 시간이 흐르면서 리스크 수준에 대한 평가를 소극적이고 수동적으로 해서는 안 된다는 것이다. 리스크의 목록만을 만드는 것은 무익하다. 그 대신 가장 심각한 리스크에 대응하기 위해서는 이 리스크를 해결할 수 있는 활동과 활동에 대한 책임자를 배정해야 한다.

여러 가지 리스크 사례를 가진 리스크 대응표의 예가 표 20.13에 나타나 있다. 이 표는 큰 프로그램에 대한 포괄적 형식을 보여주며, 중요한 프로젝트 리스크가 드러나 있다. 이 형식은 몇 가지 추가된 프로젝트 관리에 역점을 둔 자동차 산업에서 장애 모드와 영향 분석[FMEA]이 적용된 후 만들어졌다. 좀 더 작은 프로그램에 대해서는 타당성은 유지하면서 크기를 작게 조정해 이 형식을 맞출 수 있다.

리스크와 이에 대한 이슈는 시간과 결부된 것으로 생각할 수 있다. 리스크는 미래에 발생할 수 있는 문제를 다룬다. 이에 대한 이슈는 현재의 문제를 다룬다. 이슈는 리스크로서 조기에 식별하는 것이 가능하며, 시간의 흐름에 따라 잠재적인 문제에서 실제적인 문제로 진행되면서도 식별이 가능하다. 능동적인 리스크 관리란 사전적 예방을 제공하거나 문제로 인한 영향을 줄여준다는 것을 의미한다.

표 20.13의 첫 번째 열은 단지 리스크에 대한 번호다. 다음 열은 프로젝트의 삼중 제약으로부터 선택된 제약 사항이다. 선택은 일정, 재정, 범위, 품질, 고객의 만족 중에서 이뤄진다. 세 번째 열은 리스크가 존재하는 프로세스 기능이나 요구 사항이다. 네 번째 열은 리스크가 현실화되는 경우 이에 대한 잠재적 장애 모드다. 다음 열 또는 다섯 번째 열은 장애에 대한 잠재적 영향이다.

여섯 번째 열은 심각도나 영향을 낮은 수준(예를 들어 1의 값)에서 높은 수준(예를 들어 5의 값)으로 등급을 매긴 것이다. 잠재적 원인이나 장애 메커니즘은 일곱 번째 열에 나열돼 있다. 여덟 번째 열은 여섯 번째 열과 똑같은 수치 값을 이용해 리스크 발생 확률을 낮은 수준부터 높은 순으로 등급을 매긴 것이다. 아홉 번째 열은 리스크 발생을 예방하는 현재의 설계 방식이나 프로세스 제어 방식을 나열한다. 열 번째 열은 현재의 설계 방식이나 프로세스 제어 방식을 이용해 검출될 리스크 방식을 나열한다.

표 20.13 리스크 대응표

번호	프로젝트 제약 사항	프로세스 기능/요구 사항	잠재적 장애 모드	잠재적 장애 영향	심각도 (영향) [1=낮음; 5=높음]	잠재/장애 원인/메커니즘	발생 (확률) [1=낮음; 5=높음]	현재 설계/프로세스 예방 통제	현재 설계/프로세스 검출 통제	검출 (탐지) [1=낮음; 5=높음]	RPN	권고 동작	책임 & 대상 완료 날짜	취해진 동작, 유효 날짜	리스크 트리거	리스크 대응 방안	우발 계획
1	재정	신규 코너리용 라이브러리	타이밍 종료 (2~3%)	마진 손실	4	특성화된 모델 대신 규모가 변경된 모델 사용	2	STA	STA	1	8	핵심 넷에 추가 마진 고려; cz화된 라이브러리만 이용	설계 개발 수석, 1.31		명세서 Si 에지	완화	웨이퍼 제작 프로세스 최적화
2	범위	밸리데이션	버그 미발견	밸리데이션션과 cz 대신 고객이 버그 발견	5	더 철저하고 임의적인 동작에 의한 테스트 범위 개선	3	밸리데이션 테스트의 우선순위화	밸리데이션 작업	3	45	더 철저한 밸리데이션을 위한 직원 제용 개선	IC 밸리데이션 수석, 10.9		사후 Si 밸리데이션	완화	랜덤 테스트 패턴을 이용한 사후 TO 베리피케이션 실행; 확장된 플래티폼 테스팅; MDB에 조기 OS 납품
3	일정	개정 1.0 베리피케이션	모듈 내 버그 또는 요구된 SW SoG 이해	요구된 HW 수리 또는 요구된 SW 차선책	5	제한된 수의 베리피케이션 동작을 끝내기 위한 일정에 대한 압력	3	베리피케이션 동작	RTL & CL 베리피케이션	3	45	요구사항이 끝날 때까지 베리피케이션 테스트 수의 증가 고려	모듈 설계 수석, 모듈 베리피케이션 수석, 1.31		최종 마감일	완화	TO 이후 베리피케이션 지속 수행; 메탈 내 수정 가능한 버그 발견
4	고객 만족	전력 소비	고전력 소비	명세서 마진 부족으로 인한 낮은 생산	5	가용 마진을 위한 테스트를 Si cz에 대한 모델 불일치	4	전력 시뮬레이션	전력 시뮬레이션	3	60	높은 Si 활용 높은 도금률 패턴 이용	설계 수석, 제품 공학 수석, 10.9		Si cz		

열한 번째 열에서는 이전 수치 값을 이용해 리스크 검출이나 탐지에 대한 등급을 매긴 것이다. 심각도, 발생 확률, 탐지의 세 가지 수치 값이 열두 번째 열의 리스크 우선순위 번호[RPN]로 들어간다. RPN 값은 우선순위가 매겨진 분리된 리스크로 만들 수 있다. 열세 번째 열은 리스크 처리를 위한 권고된 동작을 갖는다. 다음 열네 번째 열은 리스크 처리 동작에 누가 책임이 있는지, 그리고 어느 날짜에 그 대상이 완료되는지가 나열된다. 취해진 동작과 유효 날짜는 열다섯 번째 열에서 제공된다.

열여섯 번째 열은 리스크 트리거를 나열한다. 마지막에서 두 번째 열은 리스크 대응 방안 중 하나가 나열된다. 대응 방안에는 완화, 회피, 수용, 전이가 있다. 마지막 열은 리스크 대응이 효과적이지 못하거나 수용이 안 되는 경우, 그리고 리스크가 현실화됐을 경우에 대비한 우발 계획이 제공된다.

프로젝트나 작은 프로그램은 더 단순한 리스크 관리를 이용할 수 있다. 표 20.14에 동작에 중점을 두는 방법은 유지하면서 형식은 더 단순화시킨 사례가 나타나 있다.

표 20.14 단순화된 리스크 관리표

번호	리스크 설명	리스크 수준	담당자	리스크 완화 동작	배정일	예정일	종료
2	8157 플랫폼에서 다운링크 통합 시작	높음	Matanya	기억 장소 할당 레지스터에 대한 모든 쓰기 관리를 위해 일정을 스케줄러에 통합	8. 29	9. 4	9. 4
1	리눅스 팀에 대한 늦은 보드 납품으로 인한 일정 리스크	중간	sunil	원격 사용자용 보드 제조 공장 설립을 통해 보드 공유와 개선된 시간대 활용	8. 5	9. 4	9. 4
3	RTOS 드롭용 안테나 인터페이스 컨트롤러(AIC) 드라이버 준비 태세	중간	Dov	현지 AIC 생산을 위한 기술자의 출장 일정 조정	8. 31	9. 20	9. 19

프로그램 일정은 높은 수준일 것이며, 예외에 의해 관리된다. 그러나 근본적인 프로젝트 일정은 단기간의 활동 기반 일정이나 상세 일정, 짧은 마일스톤 기간 같이 더 상세해야 된다. 활동은 작업 분할 구조[WBS]로부터 정의된다. 활동은 정지될 때까지 작업 기간 동안에 정의될 것이다. 정지에는 통화 채널 전환, 파일 전송, 소프트웨어 빌드, 리뷰, 테스트 등이 포함될 수 있다.

활동 기간은 진도 보고 사이의 짧은 기간이 되도록 충분히 짧아야 한다. 예를 들어 프로젝트가 매주 리뷰된다면 활동은 일주일에 30분보다 짧은 기간이 돼야 한다. 이것은 진도에 대한 통찰력을 제공할 수 있으므로 이슈는 대응 초기에 발견될지도 모른다.

활동 기반 일정[ABS]이 어떤 가치를 제공하는지, 그리고 무엇을 하는지 못하는지를 이해하는 것이 중요하다. ABS는 복잡한 상호작용을 비롯한 작업 활동과 성공적인 작업이 되기 위해 충족시켜야 될 종속성에 대한 세부 기획을 제공한다. 활동은 작업 패키지를 기반으로 한다. 이러한 이슈는 사전에 착수돼야 할 것이다. ABS는 또한 마일스톤 간의 진도를 평가하기 위한 일반적인 방법론도 제공한다. 통합 회로 설계나 소프트웨어 개발 같은 복잡한 프로젝트에 대해 ABS가 제공하지 못하는 것은 현실에 대한 세부 방안을 어떻게 전개시킬지에 대한 정확한 예측일 것이다. 프로젝트 완료 후 이들 복잡한 프로젝트에 대한 실제 작업 순서와 기간을 기획 단계에서 생성된 일정과 비교해보면 이 둘 간에는 거의 유사점이 없을 것으로 보인다. 계획된 활동 기간과 순서가 현실과는 정확히 일치하지는 않겠지만, 일반적인 흐름은 정렬돼야 한다. 주요 마일스톤에 대해서는 계획 대비 실제 성과가 일치되는지 관찰돼야 한다. 복잡한 문제와 불편함은 꽤 있겠지만, 이해관계자가 활동 기반 일정에 대한 선험적인 가치 제안과 기획과 현실 사이에 예상될 수도 있는 중요한 차이에 대해 알지 못한다면 세부 기획과 현실 사이의 분리는 조직 내에서 혼란을 조장할 수 있는 요소가 될 것이다. 이것은 교육적 도전이자 의사소통에 대한 도전이다.

형상 관리[CM]는 소프트웨어 버전 통제, 네이밍 규약, 형상 표준화, 적용 가능 기술과 코딩 표준의 준수를 포함한다. 예를 들어 CM은 프로젝트에 걸쳐 표준화된 뷰를 제공한다. 특별한 구조를 가진 저장소는 보안과 백업 절차가 있는 소프트웨어 버전 통제에 적용된다. 규칙은 코드의 핵심 라인과 분기 지점에 만들어진 변경을 위해 제공되며, 코드를 공유하고, 변경의 복잡성에 의해 결정된다. 여기에는 입출력 기준이 있어 올바른 버전은 항상 팀에 의해 만들어진다.

팀은 항상 예상되는 버전에서 작업 중인 것으로 알려져 있기 때문에 혼란스럽거나 시간 소비적인 작업은 회피돼야 한다. 소프트웨어의 복잡성이 증가하는 것만큼 형상 관리도 조직적 진척을 유지하는 데 있어 점점 더 중요하게 여겨지고 있다. 코드 리뷰는 통합의 선행 조건이다. CM 컴포넌트에는 개정 통제, 변경 통제, 요구 사항 관리가 있다. 변경 통제는 관행을 따르지 않는 제품뿐만 아니라 기능적 변경 요청과 성과 관련 변경 요청도 관리한다. 결함 발견, 보고, 추적, 해결은 관행을 따르지 않는 제품에 대한 관리를 중요한 작업체로 만든다.

품질 예측은 세부 지원 계획이 수반돼야 한다. 고객의 약속과 지원은 고객 만족을 위해 다뤄져야 한다.

기획 단계에서 프로그램 관리자는 전체 팀이 어떤 작업을 하고 있는지, 그리고 어떻게 모두 관련되는지에 대해 익숙해질 수 있도록 프로젝트의 프레젠테이션 요구로 시작해야 한다. 이러한 프레젠테이션은 핵심 팀의 회의에서 공유돼야 한다. 프로젝트 웹사이트는 프레젠테이션이 팀을 위한 참조 자료로 사용될 수 있도록 프레젠테이션 저장소가 돼야 한다.

실행 단계는 세부 계획을 동작으로 전환시킨다. 이 단계는 제품의 릴리스를 위해 작업하는 것이 목적이다. 진척 사항은 계획과 비교해 추적되며, 문제 해결은 요청된 대로 발생된다. 실행 단계에서 예상되는 산출물이 표 20.15에 나열돼 있다.

표 20.15 실행 단계 산출물

	단계 산출물
실행	테스트 결과 리뷰 추적성 매트릭스 리뷰 릴리스 리뷰 문서 발간 자원 관리 리스크 관리 활동과 일정 추적 예산 추적 형상 관리 변경 관리 릴리스용 패키징 의사소통

소프트웨어 요구 사항이 성과와 경쟁력에 기반을 둔다거나, 그렇지 않으면 더 강력한 제품을 만들겠다는 시장의 이유로 인해 변경될 수도 있다는 것은 이상한 일이 아니다. 따라서 제품의 요구 사항과 소프트웨어 요구 사항 명세서SRS에 대한 갱신이 요구될 수 있다.

실행 단계에서는 기획 단계 동안 상세하게 작성된 리스크에 대해 적극적이고 능동적인 관리가 수행돼야 한다. 특히 임계 경로상에 놓여 있는 활동들에 대해서는 강력한 집중을 가져야 한다. 자원 보증은 공학자부터 작업 수행에 필요한 툴까지 일관성 있게 감시될 필요가 있다. 팀 수준에서 내릴 수 없는 중요한 결정이거나 신속히 해결될 수 없는 중요한 이슈는 해결을 위해 단계적으로 확장돼야 한다.

기능 관리자나 프로젝트 관리자와 함께 정기적으로 또는 주기적으로 개최돼야 하는 두 가지 유형의 프로그램 리뷰가 있다. 첫 번째 회의에서는 진척 사항과 이슈 등을 결정한다. 특히 이 회의에서는 상태, 이슈, 리스크, 계획, 권고 사항, 단계적 확장, 필요한 결정에 대해 리뷰한다. 결정은 지출, 빌드 또는 구매 선택, 작업 우선순위, 계속/중단 선택, 재도구화 이슈를 포함해 많은 것을 다룰 것이다. 프로그램 관리는 적시에 내려진 결정을 확실히 하는 데 책임이 있으며, 이렇게 함으로써 작업은 부정적인 영향을 받지 않는다. 프로젝트 수준의 리스크 관리 활동에 대한 세부적인 리뷰는 이 회의에서 처리될 것이다.

두 번째 회의에서는 프로그램 관리의 근본에 대해 다룬다. 특히 두 번째 회의는 변경이 된 경우 이를 이해하기 위한 프로젝트의 범위, 진도율과 임계 경로를 이해하기 위한 프로젝트의 일정, 마지막 리뷰 이후 변경이 된 경우 이를 알기 위한 임계 경로와 임계 경로에 접근하는 활동의 수와 설명, 변경을 포함한 자원 배정, 프로젝트의 재정, 테스트 결과와 결함 수를 비롯한 품질, 고객의 만족 등을 리뷰한다. 주의가 요구되는 각기 다른 활동에 대해 다중의 임계 경로가 있을 수가 있다는 것도 가능한 일이다.

프로그램 관리의 기본적인 기능은 조치 항목을 배정하고 추적하는 일이다. 이들 조치 항목은 전형적으로 다양한 회의를 통해 만들어진다. 이러한 조치 항목은 표 20.16에 보이는 것 같은 간단한 스프레드시트를 이용해 프로젝트 종료 시까지 추적할 수 있다.

표 20.16 조치 항목 추적기

| 번호 | 범주 | 설명 | 담당자 | 날짜 | | | 비고 |
				배정	예정	종료	
1	요구 사항	요구 사항 통합	제품 관리자	1. 2	1. 9		고객 요구 사항, 지원 모델, 테스팅 적용 포함
2	의사소통	특징 요청 구현이 가능한 단독 드롭 날짜에 대한 고객과의 의사소통	프로그램 관리자	1. 7	1. 10		
3	지원	워크숍 의제 완결	애플리케이션 공학 관리자	1. 10	1. 17		

밸리데이션 단계의 산출물이 표 20.17에 나타나 있다. 밸리데이션 단계에서는 테스트 결과 리뷰가 요구된다. 여기에는 정적 테스트, 동적 테스트, 기능 테스트, 성과 테스트가 포함될 것이다. 표준 준수에 대한 검증 테스트도 있을 것이다. 이와 유사하게 추적성 매트릭스에서는 제품 릴리스에 관한 적절한 결정이 내려질 수 있도록 테스트 결과가 검토되어야 한다. 적절한 문서가 발간되고 제품 릴리스가 이뤄진다.

표 20.18에 나열돼 있는 것처럼 구축 단계에는 중요한 두 가지 산출물이 있다. 첫 번째는 개발에서 제품 생산이나 유지로 전이하는 계획을 완료하는 것이다. 두 번째는 서비스 요청에 대한 연락을 위해 사용자와 고객에 대한 지원 메커니즘을 확립하고, 문제에 대한 심각도에 따라 다양한 수준의 기술 지원을 제공하는 것이다.

표 20.17 밸리데이션 단계 산출물

	단계 산출물
밸리데이션	테스트 결과 리뷰 추적성 매트릭스 리뷰 표준 준소 보고 문서 발간 제품 릴리스

표 20.18 구축 단계 산출물

	단계 산출물
구축	완벽한 제품 생산 전이 계획 지원 메커니즘 확립

마지막 수명주기 단계는 종료다. 프로그램 종료 행동은 모든 자원이 다른 프로젝트에 재배정되기 전에 완료돼야 한다. 표 20.19에 제시돼 있는 것처럼 네 가지 유형의 종료 행동이 있다. 핵심 문서와 이차 문서는 기록 보관돼야 한다. 원가 차이 분석이 수행되고 보고서가 발간된다. 교훈에 따른 훈련이 행해진다. 마지막 산출물은 자원 방출이다.

표 20.19 종료 단계 산출물

	단계 산출물
종료	핵심 문서와 이차 문서 기록 보관 예산 차이 보고 교훈 자원 방출

고객은 NPI 활동이 거의 다 종료돼 가고 있고 프로그램 관리가 끝나가고 있다는 것을 공식적으로 통지받아야 한다. 고객과의 일상적인 회의가 개최됐다면 그 회의는 취소돼야 하고 대신 제품 생산에 필요한 행동이 수행돼야 한다.

적절한 많은 프로그램 파일을 프로그램 관리자의 컴퓨터에서 여러 가지 방식으로 찾을 수 있다. 이들 파일들은 공공 저장소에 기록 보관할 목적으로 리뷰돼야 하며, 이렇게 함으로써 나중에 혹시라도 필요시 질서 정연하게 검색할 수 있다. 기록 보관해야 될 후보 파일에는 아키텍처 명세서, 설계 문서, 테스트 계획, 밸리데이션 결과 등이 포함된다.

프로그램의 범위, 일정, 원가/자원, 품질, 고객 만족에 대해서는 계획과 실제 결과를 비교하기 위해 간략한 리뷰가 수행돼야 된다. 이와 같은 데이터는 프로그램 관리에서 나중에 개선의 기회를 이해할 목적으로 벤치마킹을 위해 사용될 수 있다.

리뷰는 프로그램 수명 기간 동안 학습된 교훈을 작성하기 위해 복합 기능 팀과 함께 개최돼야 한다. 이에 대한 기본 원칙은 담당자와 함께 조치 가능한 항목들만이 제공돼야 한다는 것이다. 이것은 종료의 연속이 될 수 있으며, 프로세스 개선에 중요한 훈련을 차지할 것이다. 제안된 내용이 조치가 불가능한 항목들이라면 이들 항목들은 논평이나 비평의 범주에 속할 것이다. 현실적으로 말해 나중에 누군가가 역사적 연구에 시간을 투자하거나 관심을 갖는다는 것은 의심스럽다. 그렇지만 종료되고 구현됐던 행동들은 나중의 프로그램을 위해 지속적인 이익을 가져다 줄 것이다.

표 20.20은 다섯 가지의 교훈 사례에 대한 중요한 요점을 제공하고 있다. 첫 번째 열은 서로 다른 교훈의 번호만을 나타낸다. 다음 열은 교훈이 학습된 기능 영역을 나열한다. 세 번째 열은 이슈에 대한 설명이다. 네 번째 열은 교훈으로부터 얻은 개선, 즉 이슈를 처리하기 위한 행동을 나열한다. 다섯 번째 열은 수정된 장소를 나타낸다. 여섯 번째 열은 교훈과 관련된 행동 담당자를 나열한다. 이 열에서는 직위가 제공되지만, 실제로는 담당자의 이름이 나열될 것이다. 일곱 번째 열에서는 완료해야 될 행동 예정일이 나타난다. 끝에서 두 번째 열에서는 종료된 행동 날짜가 나타난다. 논평은 마지막 열에 들어간다.

표 20.20 교훈표

번호	기능 영역	이슈 설명	개선	수정 위치	담당자	예정일	종료일	비고
1	사업	기술 평가와 실행 전 사업 필터 확보에 늦은 제품 요구 사항 문서와 프로세스 부족	정의 동결 추진 시 특징 추가/변경 전 사업 결정	관리 프로그램 리뷰	제품 관리자	6. 30	6. 30	중요점 결정을 위해 변경 리뷰 위원회에 사업 입력 필요
2	사업	경쟁력 없는 규모가 큰 다이 영역	무형의 다이 영역	관리 프로그램 리뷰	IC 아키텍트, IC 프로그램 관리자	6. 30	6. 23	현재 표준 실천
3	기술	설계 부수물(lib.IO) 변경	IC 아키텍처 명세 종료 시 라이브러리 레벨 동결 필요		기술 개발자	6. 30	6. 23	후속 기술 부분에 대한 표준 실천, 그러나 초기 부분에 대한 작업 습관 상존
4	밸리데이션	늦은 공학 밸리데이션 보드 납품	공학 밸리데이션 보드 요구 사항과 후속 납품의 조기 시작을 위한 계획	공학 밸리데이션 보드 설계 팀	공학 밸리데이션 보드 관리자, IC 프로그램 관리자	6. 30	6. 30	
5	기술	재납품이 필요한 IBIS 모델	IBIS 모델 생성 후 공식적 내부 리뷰		IBIS 팀, 제품 기술자, 테스트 기술자	6. 30	6. 30	

프로그램 일정은 종료된 후 기록 보관될 필요가 있다. 여기에는 마일스톤을 추적하는 갱신과 종료 문서를 포함한다. 그리고 최종 베이스라인의 설정이나 보고서 프린트 같이 특별히 요구되는 기록 보관 절차를 이용한 스케줄링 소프트웨어의 갱신도 포함될 수 있다.

종료 단계에서 공통으로 사용되는 일부 활동들이 표 20.21에 나타나 있다.

표 20.21 종료 활동

번호	설명	담당자	비고
1	모든 조치 항목 종료		
2	모든 회의록 갱신		
3	고객의 프로젝트 수용 문서 작성과 기록 보관		
4	컴퓨터 작업 공간 파일 정리		
5	파일 기록 보관		
6	삼중 제약에 대한 계획 대비 실제 간략 분석		범위, 일정, 원가/자원, 품질, 고객 만족
7	교훈 문서 작성과 기록 보관		조치 가능한 항목 추적과 종료
8	프로젝트 일정 종료		
9	프로젝트 단계 공식 종료		
10	자원 방출		

초기 활동은 종료된 모든 프로그램 조치 항목들을 보고하고 보장하는 것이 될 수 있다. 프로그램의 현 시점에서 행동들을 완전히 배치시키진 못하겠지만, 그 행동들이 NPI와 관련돼 있다면 이때 행동들을 적절히 종료시킬 수 있다.

공식 종료는 공식적으로 프로그램 활동을 끝맺는다. 핵심 팀 인원, 프로젝트 팀에 배정된 모든 인적 자원, 팀에 배정된 감독관들은 이러한 공식 종료에 대해 통지받아야 되고, 이렇게 함으로써 이들 인원들은 다음 프로젝트에 재배정될 수 있다.

문제 해결

문제 해결은 프로그램 관리자의 주요 부분이다. 문제 해결을 시도하기 전에 문제와 관련된 사용 사례를 이해해야 한다. 이러한 이해는 노력을 올바르게 사용할 수 있게 알려 주고 시간 소비를 회피할 수 있게 해준다.

종종 프로그램 관리자는 문제를 주의 깊게 듣기만 해서도 그 문제를 해결할 수 있다. 팀은 수차례에 걸쳐 문제의 원인을 잘 인식하고 있으며, 그 문제를 수정하기 위해 무엇을 해야 되는지 이에 대한 의견 일치를 갖고 있다. 팀은 의사결정을 내릴 누군가만 필요하다. 이 경우 프로그램 관리자는 문제와 이의 영향에 대해 익숙해질 필요가 있으며, 제안된 수정 방법과 왜 그것을 최상의 방법으로 고려해야 되는가를 이해해야 하고, 공식적으로 의사결정을 내려야 한다. 해결책이 그렇게 명확하지 않다면 최상의 첫 행동 방침은 그들이 문제를 어떻게 생각하는지, 이에 대한 가장 밀접한 것들을 요청하는 것이다. 어떠한 경우에든 문제가 발생할 때 프로그램 관리자는 문제가 무엇인지 직접 가서 확인해야 한다. 이것은 불가피하게 문제를 원격이나 추상적으로 해결하기 위해 시도하는 것보다 문제에 대한 이해를 더 명확하게 만들어 줄 수 있다.

복잡한 문제는 더 정교한 문제 해결 기술이 요구된다. 문제 해결 기술은 효과성이 입증된 몇 가지 방법론을 이용해서 향상될 수 있다. 이러한 방법론에는 오캄^{Occam}의 면도날, 포카 요케$^{poka-yoke}$, 포드 8 규율$^{Ford\ 8D}$ 프로세스가 있다.

14세기 영국 철학자 윌리엄 오캄이 제기한 오캄의 면도날은 문제에 대한 통찰력을 제공하는 방법이다. "가장 적은 가정을 가진 가장 간단한 설명은 받아들이고, 더 환상적이고 대단히 난해한 설명을 거절하라." 이 접근법은 조사돼야만 하는 설명 가능 목록의 범위를 좁혀준다.

포카 요케는 문제의 근본 원인을 파헤치기 위해 '왜?'라는 질문을 다섯 번 요청하고, 마지막으로 "그 문제를 어떻게 수정할까?"라는 질문을 하는 프로세스다. 이 접근법은 행해질 필요가 있는 해결책을 만들어준다.

포드 8 규율 문제 해결 방법론은 어렵거나 미묘한 문제에 적합한 방법이다. 여덟 가지의 단계 또는 규율은 다음과 같다. 팀을 형성하고, 문제를 기술하며, 봉쇄 행동을 구현하고, 문제의 근본 원인을 발견하며, 영구적인 수정 행동을 선택해서 입증하고, 영구적인 수정 행동을 구현하며, 재발을 방지하고, 팀을 축하한다.

마지막으로 내려진 결정은 상황에 합리적이면서도 논리적으로 옹호될 수 있어야 한다. 이 것은 의사소통 이전에 적용하는 간단한 테스트다. 결정이 이 테스트를 통과할 수 없다면 그 결정은 재고해야 한다. 위기가 고조될 때는 차분히 되돌아보기보다는 서로 다른 결정을 만들어 낼지도 모르기 때문에 상황이 중요한 문제다.

의사소통

프로그램 관리의 주요한 책임에는 의사소통과 보고가 포함된다. 내부 의사소통은 프로그램 스폰서, 선임 관리자, 핵심 팀, 이해관계자 사이에서 만들어진다. 의사소통은 음성과 비음성의 형태로, 대면이나 원격으로, 많은 사람들의 면전에서나 개별적으로, 부사장과 함께 또는 개별 기여자와 함께, 현지 팀과 함께 또는 국제 팀과 함께 등 많은 방식을 통해 발생한다.

의사소통은 메시지와 메시지 전달 방식을 포함한다. 서면에 의한 의사소통은 더 공식적이며, 역사적 기록을 위해 필수적인 방식이다. 음성에 의한 의사소통은 더 비공식적인 방법이지만 적시성이나 지지를 구할 때 또는 뜻밖의 일을 회피하기 위해 사전 통고를 제공할 때는 중요해질 수 있다. 토론을 연장하는 것은 서면 메시지로는 힘들지만, 높은 보드 속도를 가진 음성 교환으로는 용이할 수 있다. 서면이든 음성이든지 간에 의사소통은 사회자에 의해 전해지려고 의도된 메시지가 정확히 받아들여지고 청중에 의해 이해된다면 성공적이다. 의사소통의 정확성, 명확성, 간결성은 이해력에 도움을 준다.

공식 의사소통은 서면 보고로 이뤄져야 한다. 이것은 실제 문서가 될 수 있거나 소프트 카피가 될 수 있다. 공식 문서는 각기 다른 형태를 취할 수 있다. 예를 들어 법적 문서는 전형적으로 워드프로세싱 문서로 발간되는 반면, 집행부에 대한 프레젠테이션은 마이크로소프트 파워포인트의 슬라이드 쇼로 진행될 수 있다. 이메일은 시간이 흐르면서 과거에는 의사소통의 비공식적 방식으로 생각하고 있는 것에서부터 현재는 공식적 또는 비공식적 방식 중 하나일 수도 있다는 생각으로 바뀌고 있다. 하드 카피 통지로 예약된 공식적인 많은 의사소통들이 현재는 이메일로 이뤄지고 있다. 현재 팀 내의 의사소통, 회사 내부의 뉴스와 공지사항, 고객이나 제3의 제공자에 대한 의사소통에는 실제 이메일로 이뤄지고 있다.

보고서를 요구하는 것은 관리의 특권이다. 보고서는 프로그램을 특징짓는다. 그러나 보고서는 프로그램 관리가 아니다. 보고서를 제공하는 것은 프로그램 관리의 많은 기능 중 하나다. 프로그램 관리의 관점에서 보고서는 프로그램에 대한 오버헤드의 전형이며, 보고서 스스로 가치를 더해주거나 생산성에 향상을 가져다주지 못한다. 선임 관리자의 관점에서 프로그램 관리는 의사소통을 시작하는 순간부터 어떻게 최상의 가치를 얻을 수 있는가에 대해 주의 깊은 고려가 있어야 한다. 여기에는 확장된 이슈를 처리하기 위한 프레젠테이션 조율, 필요한 곳에 대한 관리 도움 요청, 적시에 결정된 의사결정 획득, 프로그램 현실에 대한 관리 인식 정렬 등이 포함된다.

프로그램 관리자는 지속적으로 프로그램의 상태, 이슈, 계획, 권고 사항 등을 프로그램 스폰서에게 보고할 것이다. 이러한 보고는 주기적으로 프로그램 수명주기의 단계 리뷰에서 발생한다. 프로그램 스폰서는 프로그램이 대량 생산에 도달하는지를 확인하기 위해 지속적인 지원과 인내심을 제공한다. 때때로 프로그램이 생산에 도달하기 전에 프로그램을 중단하는 것도 필요할 것이다. 이것은 회사의 전략 이동, 시장의 변화, 제약사항 충족에 대한 프로그램의 불응 등에 기인할지도 모른다. 시간을 오래 끄는 것보다 프로그램을 일찍 중지하는 것이 재정적으로 더 이익이 있을 수도 있기 때문에 프로그램의 가정 사항과 초기 작업 진도에 대한 리뷰는 프로그램 수명주기의 초기 단계, 즉 시작과 기획 단계에서는 특히 주의해야 한다.

공식 리뷰는 보통 자료에 대한 프레젠테이션과 결합해 공개 연설이 요구된다. 공개 연설에는 많은 요소가 있다. 정보는 조직 내에서 매력적인 방법으로 제시될 필요가 있다. 이것은 모든 사람의 주목을 유지시킨다. 표현과 용어가 청중에 친숙해지게 적절한 수준의 의사소통이 선택돼야 한다. 이것은 혼란을 예방한다. 연설은 모든 사람이 들을 수 있게 명확하고 적절히 커야 된다. 그러나 공개 연설은 언어적 담론에 그치지 않을 것이다. 사람들에게 프레젠테이션이 제공되는 포럼을 개최하려면 외모나 옷, 그리고 사람들 스스로 신체적으로 처신하는 방식 등이 중요해진다. 사람들은 연설을 듣는 동안 쳐다보고 자신이 본 것을 해석하기 때문에 보디랭귀지에서 나온 비음성 의사소통도 최소한 음성 의사소통만큼이나 중요해진다.

프로그램 상태에 대한 리뷰 형식은 특정 요구 사항에 맞게 요구될 것이다. 균일한 형식의 요구 사항을 갖는 것이 청중들한테는 일련의 발표자들의 프레젠테이션 자료들을 더 훌륭하고 더 신속하게 이해하는 데 도움이 될 것이다. 한 번 형식이 인식되면 프레젠테이션 내에 있는 정보는 이해된다. 그러나 일상적인 업데이트나 보고서의 일반적인 내용들은 비슷하다. 여기에는 상태, 이슈, 계획, 권고 사항 등이 포함된다.[8] 후처리 권고에 따라 확장된 항목들이 포함된다면 이슈와 권고 사항은 때때로 연결될지도 모른다.

프로그램의 완전한 리뷰에는 프로그램의 삼중 제약 사항에 추가해 상태, 이슈, 계획, 권고 사항까지도 다뤄져야 한다. 이와 같은 포괄적인 리뷰는 월 단위로, 또는 분기별로 발생될 수 있다.

핵심 팀에 대한 의사소통과 핵심 팀의 인원 간 의사소통은 보통 비공식적이다. 핵심 팀의 인원을 모두 또는 일부를 초청해서 매주 단위로 스탠딩 회의를 가질 수도 있다. 이러한 회의 중 하나는 주요한 모든 이슈를 다루는 프로그램 관리자가 진행하는 기술적 회의가 될 수도 있다. 이슈가 프로그램의 성숙도와 함께 변경되는 것처럼 회의 안건도 시간이 흐르면서 천천히 변경될 수 있다. 기술적 회의는 한 가지 특별한 이슈에 몰두하기 위해 어떤 주에서든 회의 안건을 줄일 수 있다. 이러한 회의들은 필요에 따라 신속 갱신에서 실무 회의로 위임되는 유연성을 가질 수 있다.

주 단위로 열리는 또 다른 의사소통 포럼은 핵심 팀의 인원을 갱신하기 위한 것일 수 있다. 발표자가 상태, 이슈, 계획, 권고 사항 등을 제공하는 데는 한 페이지짜리 표준 양식이 적절할 것이다. 이런 회의는 실무 회의가 아니고 갱신과 보고를 위한 회의가 된다. 이 회의로부터 프로그램 관리자는 확장된 이슈와 조치 항목들을 수집할 것이다. 프로그램 관리자는 조치 항목들이 해결될 때까지 확장된 이슈를 다뤄야 한다. 조치 항목들에 담당자를 배정하고 종료 시까지 추적해야 한다.

또한 프로그램이 수명주기 내에 위치해 있는 장소에 따라 특별히 강조해야 될 영역, 예를 들어 아키텍처 명세서 리뷰, 설계 데이터베이스를 마스크 하우스로 끌어내기 위한 준비 태세, 밸리데이션과 실리콘의 진도 평가 등의 영역을 다루는 반복적 회의도 있을 것이다. 프로그램 관리자는 생산적이 될 수 있도록 충분히 길게, 그러나 사람들의 시간을 소비하는 일이 없게 충분히 짧은 기간을 갖는 적절한 수의 회의를 리드하거나 지휘해야 되는 책임이 있다. 이에 더해 프로그램 각각의 핵심 영역에서는 그 영역의 관심사를 전문적으로 다룰 수 있는 반복적 회의가 필요할 수도 있을 것이다. 프로그램 관리자는 관심이 적은 회의는 결코 참석하진 않겠지만, 핵심 팀 인원의 리더십 하에 발생되고 있는 작업에 대해서는 알기를 원할 것이다. 물론 비공식 의사소통의 궁극적인 매체는 이메일이다.

프로그램 관리의 주요 책임에는 고객과의 의사소통이 포함된다. 요즘은 프로그램 관리자가 회사를 대표한다. 회사와 프로그램 관리자의 관계는 확실히 불공평하다. 회사는 고객의 니즈를 충족시키는 것이 사업이다. 고객은 사업을 유지하는 재정적 수단을 제공한다. 이 둘 간의 이상적인 상황은 고객이 회사를 성공의 바람직한 파트너로 고려할 수 있게 관계를 형성하는 것이다.

고객과의 의사소통 요구 사항은 약속에 달려 있다. 그들이 호의를 갖고 있더라도 의사소통은 오히려 더 공식적으로 되는 경향이 있다. 여행도 킥오프 회의와 주기적 회의를 위해 요구될 수 있다. 어떠한 유형의 관계에서나 마찬가지로, 고객과의 긍정적인 관계를 형성하는 데는 사람을 직접 만나는 회의가 언제나 최상의 방법이 된다. 원격 화상회의는 저비용의 더 일반적인 회의 포럼이다. 이메일 교환은 많이 만들어낼 수는 있지만 비공식적 의사소통 방법이다. 공식 보고서는 프레젠테이션을 위해, 또는 특정 산출물을 만족시키기 위해 만들어진다. 여기서 후자는 언제나 적절한 콘텐츠와 메시지를 위해 내부적으로 다듬어진다.

공동의 입력을 이용해 생성되는 문서도 일부 있을 수 있다. 여기에는 법률 용어, 사업 용어, 작업 지시서^{SOW}가 포함된 법률 문서를 포함한다. 그것이 법률 문서로 구성되든지 아니든지 간에 SOW는 중요한 산출물과 부속물을 정의하는 데 사용될 수 있다. 공동으로 접근 가능한 프로그램 웹사이트는 보고서가 중심 위치에 저장되고 기록 보관될 수 있게 유지해야 한다. 이것은 이메일만을 이용해 배포하는 것 이상의 이점이 있다.

고객 프로그램 관리자와의 친밀한 관계를 유지하는 것이 더 바람직할 것이다. 이것의 이점은 네마와시^{nemawashi}의 기회를 가질 수 있다는 것이다. 이 일본의 레거시 프로세스는 이슈를 공식적으로 앞에 내놓기 전에 비공식적으로 상호 이해관계를 형성하기 위해 사전에 기틀을 마련하는 사업 문화를 말한다. 네마와시는 인간적 관계를 구축하면서 비공개적인 오프라인 토론에 의지한다. 그리고 네마와시는 비공식적 환경에서 기회를 더 고객의 관점으로 돌려준다. 가장 중요한 것은 네마와시가 공식적 환경에서 일어날 수 있는 뜻밖의 불쾌함을 예방해준다는 것이다.

약어, 기호, 두문자어

ABS 활동 기반 일정Activity-Based Schedule

API 애플리케이션 프로그래밍 인터페이스Application Programming Interface

CM 형상 관리Configuration Management

CMMI® 능력 성숙도 모델 통합Capability Maturity Model Integration

CPM 임계 경로 방법Critical-Path Method

DFT 테스트를 위한 설계Design For Fest

DSP 디지털 신호 처리기Digital Signal Processor

FTE 전일 노동Full-Time Equivalent

HAL 하드웨어 추상 계층Hardware Abstraction Layer

I/O 입력/출력Input/Output

IP 지적 재산권Intellectual Property

LLC 논리적 링크 제어Logical Link Control

MAC 미디어 접근 통제Media Access Control

MPU 마이크로프로세서 단위Microprocessor Unit

MRD 시장 요구 사항 문서Market Requirement Document

NPI 신규 제품 도입New Product Introduction

OS 운영체제Operating System

OSI 개방형 시스템 통합Open System Integration

PDM 제품 관리product management

PERT 프로그램 평가와 리뷰 기법Program Evaluation and Review Technique

PMO 프로그램 관리 사무소Program Management Office

R&D 연구 개발Research and Development

RLC 무선 링크 제어Radio Link Control

RPN 리스크 우선순위 번호Risk Priority Number

SoC 시스템온칩System on a Chip

SOW 작업지시서Statement Of Work

SRS 소프트웨어 요구 사항 명세서Software Requirement Specification

WBS 작업 분할 구조Work Breakdown Structure

저작권 감사의 글

2007년 카네기멜론대학교에 의해 저작권이 보호된 스콧 리드Scott Reed의 '모델 기반 개선 제시라는 슬라이드'에서 '연속적 표현: 범주에 의한 프로세스 영역PA'과 '단계적 표현: 성숙도 수준에 의한 프로세스 영역' 슬라이드를 복제할 수 있는 특별 허가는 소프트웨어 공학 연구소SEI에 의해 승인받았다.

카네기멜론대학교와 소프트웨어 공학 연구소의 자료는 현상에 의거해 제공된다. 카네기멜론대학교는 제한되지는 않지만 성과나 상품성, 독점성, 자료 사용으로부터 획득한 결과를 비롯해 어떠한 문제에 관해서도 명시적이든 묵시적이든 그 어떠한 종류의 보증도 하지 않는다. 카네기멜론대학교는 특허로부터의 자유, 상표권, 저작권 침해에 대한 그 어떠한 종류의 보증도 만들지 않는다.

능력 성숙도 모델, CMM, CMMI는 카네기멜로대학교에 의해 미국 특허청에 등록돼 있다.

2007년 카네기멜론대학교에 의해 저작권이 보호된 CMMI v.1.2의 소개 자료에서 슬라이드 '일반 목적과 관례 요약'을 복제할 수 있는 특별 허가는 세페다 시스템 & 소프트웨어 분석 Cepeda Systems & Software Analysis 사에 의해 승인받았다.

2004년 프로젝트 관리 위원회에서 발간된 프로젝트 관리 지식체PMBOK® 가이드의 세 번째 개정판으로부터 '프로젝트 관리 프로세스' 표를 복제할 수 있는 특별 허가가 승인됐다. 저작권과 모든 권리는 보호된다. 즉, 무단 전제와 무단 복제를 금한다. 이 발간물의 자료는 PMI의 허가하에 복제됐다.

참고 문헌

[1] W.G. Waldo, Program Management for System on Chip Platforms, Inkwater Press, 2010.

[2] M.B. Chrissis, M. Konrad, S. Shrum, CMMI® Guidelines for Process Integration and Product Improvement, second ed., Addison-Wesley, 2007.

[3] Unpublished presentation by Paul D'Arcy, 1 Mar, 2011, Freescale® Semiconductor.

[4] W.G. Waldo, Classic Leadership Principles, Inkwater Press, 2004 (p. 72).

[5] Unpublished presentation by Wayne McCleve, 21 Feb, 2009, Freescale® Semiconductor.

[6] A Guide to the Project Management Body of Knowledge (PMBOK® Guide), third ed. Project Management Institute, Inc. 2004. Copyright and all rights reserved. Material from this publication has been reproduced with the permission of PMI.

[7] J. Surowiecki, The Wisdom of Crowds, Anchor, 2005.

[8] W.R. Daniels, J.G. Mathers, Change-ABLE Organization, ACT Publishing, 1997.

21

임베디드 시스템을 위한 애자일 개발

브루스 더글러스(Bruce Douglass)

소개

애자일agile은 임베디드 시스템의 세계에서는 부당한 비난을 받고 있다. 공정하게 말하자면 비난 중 일부는 자초한 측면도 있다. 애자일의 임베디드 시스템 개발 적용과 관련해서는 아주 적은 문헌만이 있으며, 존재하는 문헌 중 대부분도 임베디드 시스템을 IT 소프트웨어의 단순 변이로만 취급한다. 이에 추가해 자칭 '애자일리스타Agilistas'라고 주장하는 많은 사람이 실제로 애자일 원칙과 관례를 적용하지 않고 대신에 기획, 설계, 거버넌스, 추적 검사의 부족을 정당화하기 위해 애자일이라는 용어를 이용하고 있다. 애자일 커뮤니티에 의해 다루지 못하고 남아 있는 가장 큰 추가적 관심은 고정 가격 입찰, 하드웨어-소프트웨어 공동 개발, 규제 기관과 인증 표준의 준수 등이다.

애자일의 개념은 여전히 흥미진진하다(여기에는 요구 사항 변경에 대한 민감성, 많은 임베디드 개발 환경에서 요구되는 모든 수작업 회피, 늦은 통합으로 초래되는 문제 해결 등이 포함된다). 이러한 것들은 가상적으로 임베디드 개발자 모두에게 고통스러운 부분이 된다. 애자일 접근법은 작업 태스크를 재배열하고, 수행된 작업 태스크를 변경하며, 어떤 경우에는 태스크 모두를 회피하는 등의 방법을 결합해서 위와 같이 되풀이해서 발생하는 문제들을 솔직하게 논의하는 기법이다.

소프트웨어 개발에서 사용되는 '프로세스'라는 용어는 소프트웨어 생성을 위해 수행하는 태스크, 이때의 입출력과 순서 배열, 실행 시 단계와 작업에 대한 정의와 관련돼 있다(21장에서는 별도의 설명이 없는 한 '태스크'라는 용어를 소프트웨어 동시성 단위가 아닌 소프트웨어 개발자의 작업 태스크를 나타내는 데 사용한다). 프로세스는 다양한 많은 역할 부분에서 작업자에게 지침을 제공하며, '소프트웨어'라고 부르는 복잡한 엔티티를 생성하는 동안 작업자들이 서로 의사소통하고 협업하게 허용해준다.

폭포수 모델이라고 알려진 가장 공통적인 프로세스 방법은 태스크를 위해 특정한 선형의 작업 조직을 규정할 수 있다는 아이디어를 기반으로 한다. 이 아이디어는 어떠한 심각한 오류 없이도 무엇인가를 할 수 있다는 개념을 내포하고 있다. 이것이 전 세계적 소프트웨어 개발 경험을 가진 요즈음의 현대 인간의 태도에는 맞지 않다는 사실도 알고 있다. 흥미롭게도 폭포수 프로세스는 1970년, 윈스턴 로이스^{Winston Royce} 박사가 쓴 '대규모 소프트웨어 시스템의 개발 관리'라는 제목의 논문에서 시작됐다.[1] 로이스 박사가 폭포수 수명주기를 최초로 언급했던 사람임에는 틀림없지만, 그도 수명주기를 명확하게 표명하지는 못했다. 사실 로이스 박사는 "구현 계획은 … 이들 스텝만이 핵심이지만 실패할 것이다"라고 진술했다(소프트웨어 공학자는 본문을 읽고 예쁜 사진만을 보지 않는 관리자가 돼야 한다!).

폭포수 수명주기가 근본적으로 큰 결함이 있으며, 수많은 소프트웨어 프로젝트에 장애를 일으켰다는 이론적이고 실제적인 증거가 많이 있다. 이들 장애는 일정과 품질이라는 두 가지 유형으로 분류될 수 있다. 일정에 대한 장애는 프로젝트에 대한 공수와 일정을 폭포수 계획에 의해서는 적절히 예측될 수 없었다는 것을 의미한다. 품질에 대한 장애는 납품된 시스템이 너무 많은 결함을 갖고 있고, 이들 결함이 시스템이 의도했던 사용 목적에 부합되기에는 너무 심각하다는 것을 의미한다. 폭포수 접근법은 사람들이 고수준의 예측 가능성을 갖고 일정을 만들 수 있다는 것과, 결함 없이도 구현할 수 있음을 가정하는 것이 핵심이기 때문에 실패한 것이다. 이러한 가정이 사실이 아니라는 간단하면서도 많은 증거가 있다.

물론 이것은 오래된 얘기다.

대부분의 사람들은 이론적인 순수성보다는 경험적인 이유로 인해 애자일 접근법으로 이동하고 있다. 구체적으로 말해 대부분의 사람들은 제품의 품질을 향상시키기 위해, 두 번째로는 일정과 비교해 성과를 향상시키기 위해 애자일 방법을 택하고 있다. 애자일 방법은 프로젝트를 완벽하게 계획할 수 없고(따라서 프로젝트의 진척사항에 집중하고 이에 따라 계획을 조정해야 한다) 결함 없이는 구현할 수 없다(따라서 지속적으로 테스트해야 하고 이에 따라 구현을 조정해야 한다)고 가정하기 때문에 이러한 목적을 성취시킬 수 있다. 이러한 가정에 대한 인식하에서 다음과 같은 애자일 선언문이 만들어졌다.[2]

- 프로세스와 도구보다 개인과 상호작용
- 포괄적인 문서보다 동작하는 소프트웨어
- 계약 협상보다 고객과의 협업
- 계획 준수보다 변경에 대한 대응

선언문은 애자일 소프트웨어 개발을 위해 다음과 같은 12가지 원칙을 그 기반으로 한다.[2]

- 가치 있는 소프트웨어를 초기에 지속적으로 납품해 고객을 만족시키는 것이 가장 높은 우선순위다.
- 개발 후반부라도 요구 사항 변경을 환영한다. 애자일 프로세스는 고객의 경쟁적인 이점에 대한 변경을 활용한다.
- 몇 주부터 몇 달까지의 짧은 주기로 동작하는 소프트웨어를 종종 납품하라.
- 사업가와 개발자들은 프로젝트가 진행되는 동안 매일 함께 작업해야 한다.
- 동기가 부여된 개인 위주로 프로젝트를 구축하라. 그들이 필요한 환경과 지원을 제공하고, 그들이 작업을 완수할 것이라고 믿어라.
- 개발 팀 간 그리고 개발 팀 내에서 정보를 전달하는 가장 효율적이고 효과적인 방법은 얼굴을 맞대고 대화하는 것이다.
- 동작하는 소프트웨어가 프로젝트 진척에 대한 주된 척도다.
- 애자일 프로세스는 지속적인 개발을 장려한다. 스폰서, 개발자, 사용자는 언제까지나 일정한 속도를 유지할 수 있어야 한다.
- 기술적 탁월함과 훌륭한 설계에 대한 지속적인 관심은 민첩성을 향상시킨다.
- 수행하지 않아도 될 작업량을 최대화하는 기술인 단순성은 필수적이다.
- 훌륭한 아키텍처, 요구 사항, 설계는 자가 구성 팀으로부터 나타난다.
- 팀이 어떻게 더 효과적으로 될지 정기적으로 되돌아보고, 그에 따라 행위를 조율하고 조정하라.

익스트림 프로그래밍XP, 린Lean 소프트웨어 개발, 크리스털 클리어Crystal Clear, 스크럼Scrum을 비롯해 위의 12가지 원칙을 구현하는 몇 가지 프로세스가 있다. 이렇게 잘 발표된 거의 모든 프로세스는 규모가 작은 공존 팀을 위한 IT 소프트웨어의 개발에 주로 초점을 맞추고 있으며, 임베디드 소프트웨어 개발과 같은 비IT 도메인에 대한 확장뿐만 아니라 규모가 큰 팀과 프로젝트에서 중요한 확장성에 대해서는 무시하고 있다. 유명한 애자일리스타인 스콧 앰블러Scott Ambler가 주도하는 규율에 따른 애자일 납품DAD, Disciplined Agile Delivery[3] 방식은 애자일을 대규모의 분산된 팀에 적용하는 문제를 다루기 위해 만든 IBM의 계획이다. 하모니 프로세스Harmony process[4]는 특히 실시간 임베디드 시스템을 목표로 모델 기반 공학MBE, Model-Based Engineering을 애자일 관행에 통합시킨 (21장의 저자에 의해 개발된) 애자일 접근법이다.

애자일 방법의 적용에 관해 임베디드 개발자들이 전형적으로 생각해야 될 두 가지 근본적인 질문은 다음과 같다.

1. 임베디드 소프트웨어 개발이 IT 소프트웨어 개발과 다를 바 없는가?
2. IT 소프트웨어 개발 무대에서 성공적인 방법과 관례가 임베디드 소프트웨어 개발에도 적용될 수 있는가?

　　다음 절에서는 애자일 방법의 애플리케이션이 임베디드 소프트웨어 개발에 영향을 미치는 중요한 차이점에 대해 다룬다.

　　애자일 접근법은 짧은 반복 주기(보통 1주에서 4주)를 가진 경량의 프로세스, 요구 사항을 우선 순위화하고 검증하는 능동적 이해관계자의 포함, 진척 사항에 대한 능동적 측정, 동적 기획, 반복적 테스팅과 베리피케이션의 강조 등으로 특징지어진다. 애자일의 근본적인 관점이나 시각은 상대 측정의 개념이다. 즉, 애자일은 "할 것이다" 또는 "하지 않을 것이다"와 같은 절대적 개념이 아니다. 애자일을 효과적으로 적용한다는 것은 악전고투 속에서도 프로젝트를 처리할 수 있는 힘의 균형에 관한 문제지 (폭포수 기획을 기초로) 그러한 힘을 절대적으로 예상할 수 있다거나 그러한 힘을 전적으로 무시한다거나 하는 더 공통적인 접근법이라고 가정해서는 안 된다는 점이다. 애자일 접근법에서는 개발하려고 하는 시스템, 보유 중인 프로젝트 수행 팀, 종사하고 있는 산업이나 비즈니스의 맥락에서 가장 타당성 있는 교육 훈련과 절차를 택해야 한다. [5]

임베디드 시스템의 특별한 점

이 책의 전부가 임베디드 시스템에 관한 내용이므로, 그 전에 이 책을 보지 않았더라도 이제 분명한 차이점을 알아챘을 것이다. 그러나 애자일 실행에 대한 영향이 가장 잘 적용될 수 있는 IT 시스템과 관련해서는 몇 가지 중요한 차이점이 있다. 이들 중 다음과 같은 경우에 임베디드 소프트웨어가 가장 중요하다.

- 소프트웨어가 유일하고 요구 사항이 다양한 공학 분야에 걸쳐 있는 시스템에 적합하다.
- 특수한 하드웨어를 사용한다.
- 종종 하드웨어와 공동 개발된다.
- 프로그래밍 언어와 툴의 선정에 제약이 있다.
- 더 도전적인 테스팅 환경을 갖는다.
- 종종 고도로 예측 가능해야 한다.
- 종종 엄격한 시간 제약을 받는다.
- 종종 (메모리 같은) 심각한 자원의 제약이 있다.
- 종종 대단히 고신뢰적이고 안전 필수적이 돼야 한다.

- 종종 엄격한 외부 규정에 제약을 받는다.
- 단일 제품으로 출하, 납품돼야 한다.
- 종종 고정 가격 입찰의 대상이 된다.

앞에 제시된 각각의 경우에 대해 차례로 살펴보자.

소프트웨어가 유일하고 요구 사항이 다양한 공학 분야에 걸쳐있는 시스템에 적합하다

시스템 공학은 시스템 요구 사항, 아키텍처, 제약 사항을 비롯해 시스템의 전체적인 특성을 다루는 독립된 공학 분야다. 이것은 소프트웨어나 전자적 기계적 측면에 주안점을 두지 않고 요구 사항을 이들 분야에 할당하고, 이들 다양한 분야의 요소가 적절히 설계됐는지를 보장하며, 이들 다양한 분야들은 요구되는 시스템 특성을 제공하기 위해 함께 통합된다.

시스템 공학은 보통 기술 구현이나 학문적 분야를 고려하지 않고 블랙박스 기능 분석으로 시작한다. 일단 (비용, 열, 무게, 전력, 성능, 신뢰성, 안전성, 보안성 같은 관심사 등을 포함해서) 서비스 기능과 품질이 구체적으로 명시되면 아키텍처 모델이 개발된다. 시스템 아키텍처는 일관성 있는 기능 집합을 전달하는 서브시스템들을 식별하지만, 여전히 여러 분야를 경유해 (일반적으로) 구현될 것이다. 요구 사항이 일단 서브시스템으로 넘어가면 요구 사항과 관련된 공학 분야 간 상세한 할당이 발생될 수 있다. 최적의 솔루션을 찾기 위해 '대안 분석'이라고 알려진 프로세스 내에서 각기 다른 공학 솔루션에 대한 결합이 조사된다. 대안 분석의 결과는 특정 기술, 즉 다양한 유압 펌프, 전기 모터와 센서, 소프트웨어 기술을 이용한 특정 공학 솔루션이 된다. 그런 다음 이들 솔루션은 소프트웨어와 타 시스템과의 인터페이스, 소프트웨어와 전자 제품과의 인터페이스 등을 비롯해 임베디드 소프트웨어에 대한 요구 사항을 구체화하기 위해 사용된다.

IT 시스템은 이와 같은 종류의 분석을 드물게 하며, 설사 사용됐을지라도 그 결과는 상용 COTS 전자 제품에 의존한다. 임베디드 시스템의 개발을 도전적으로 만드는 서비스 품질과 설계 제약 사항에 대한 고려 사항은 거의 주어지지 않는다.

특정 하드웨어를 사용한다

정의에 따르면 임베디드 소프트웨어는 각기 다른 공학 분야의 컴포넌트로 구성된 시스템의 일부분이다. 시스템 목적을 성취하기 위해 그러한 대부분의 시스템들은 소프트웨어와 상호작용하는 특정 센서와 액추에이터actuator를 포함한다. 임베디드 시스템은 보통 표준 라이브러리와 오픈소스 툴을 크게 지원받지 못한다. 따라서 임베디드 개발자들은 자신들의 많은 시간을 운영체제(이제 상용의 실시간 운영체제가 덜 광범위하게 사용되고 있을지라도), 디바이스 드라이버, 제어 루프 같은 저수준의 소프트웨어 작성에 소비한다. 이러한 종류의 소프트웨어는 IT 시스템에는 잘 보이지 않는다.

이에 추가해 하드웨어가 너무 특수화됐기 때문에 임베디드 소프트웨어 개발에 지원되는 툴은 원시적이거나 사용하려는 목표에 완전히 미치지 못할지도 모른다. 심지어 목표 환경에 대한 실행 시간 디버거가 없을 수도 있다. 실행을 위한 타깃 소프트웨어의 다운로드도 어려울 수 있으며, 이에 따라 코딩과 테스팅 간의 시간 소모에 있어 큰 지연이라는 결과를 초래할 수도 있다.

종종 하드웨어와 공동 개발된다

많은 시스템은 프로젝트 시작 시 적절한 기계적 전자적 부품들이 존재하지 않지만, 그래도 이러한 부품들은 소프트웨어와 병렬로 개발돼야만 한다. 이것은 다음과 같은 세 가지의 각기 다른 어려운 점을 초래한다. 첫째, 소프트웨어가 가용할 때 하드웨어가 가용치 않으므로 개발, 디버깅, 개발자 테스팅은 종종 시뮬레이터와 함께 수행돼야 하며, 이는 종종 개발자에 의해 작성돼야 한다. 둘째, 임베디드 개발자는 하드웨어 규격과 대조적으로 설계를 진행하는데, 이렇게 작성된 규격은 보통 하드웨어/소프트웨어의 상호작용을 이해하기가 실제적으로 부적절하거나 몇 가지 세부 사항에 있어 올바르지 못할 것이고, 그렇지 않으면 이들 두 가지 사항 모두가 해당될 수 있을 것이다. 이것은 하드웨어가 실제로 출현할 때는 소프트웨어를 변경해야 할 필요성이 있음을 의미한다. 마지막으로 하드웨어가 공동 개발되기 때문에 하드웨어가 초기에 가용된다고 하더라도, 대부분의 시간 동안 자원이 부족해지고 사용할 수 없게 된다는 점이다.

프로그래밍 언어와 툴의 선정에 제약이 있다

임베디드의 또 다른 도전은 언어와 툴에 대한 제한된 선택이다. 소수의 임베디드 시스템은 (모바일 애플리케이션은 제외하고 자동차 인포테인먼트에서) 자바^{Java}로 작성돼 있고, 펄^{Perl}, 루비^{Ruby}, 파이썬^{Python} 등 여러 인기 있는 언어로 작성된 시스템은 전혀 이해할 수 없다. 작성 시 임베디드 시스템의 80%가 C로 개발되고, 나머지 대부분의 임베디드 시스템은 C++로 구현되며, 그 외 Ada, Java, C# 등의 언어가 약간 존재한다.

더 도전적인 테스팅 환경을 갖는다

언어 자체뿐만 아니라 임베디드 개발 툴도 종종 이해하지 못하거나 원시적이다. 이러한 툴은 종종 타깃 환경에서 동작할 수 없기 때문에 대부분의 디버깅 툴들은 더 풍부한 호스트 개발 환경에서 동작되고 있는 반면, 타깃 테스팅은 로직 분석기, 회로 내 에뮬레이터, 오실로스코프 같은 툴을 이용해 대부분의 작업을 반복해야 한다. 이러한 툴들의 이용은 테스팅 속도를 느리게 만들고 결함 발견과 제거를 더 도전적으로 만드는 경향이 있다.

광범위하게 채택된 상용 실시간 운영체제는 이러한 문제의 일부를 어느 정도 완화시켜줬지만, 임베디드 환경에 대한 테스팅은 여전히 도전적인 과제가 되고 있다.

종종 고도로 예측 가능해야 한다

실행에 대한 예측 가능성은 높은 설계 시간 비용을 수반한다. 이것은 시간이 소요되고 전문 지식이 필요한 (비율 단조 분석이나 큐잉 이론 분석 같은) 추가적인 분석을 요구한다. 이것은 IT 시스템에서 사용되는 표준의 동시성 아키텍처를 사용할 수는 없지만, 예측 가능한 임베디드 시스템에 특수한 동시성 설계 패턴에 의존해야만 한다는 것을 의미할 수도 있다(예를 들어 참고 문헌 [6]을 참조하라). 이들 패턴은 추가적 분석을 요구하며, 고도로 예측 가능한 시스템의 요구에 충족되게 조정돼야 한다.

종종 엄격한 시간 제약을 받는다

대부분의 임베디드 시스템은 '실시간' 시스템이다. 실시간 시스템은 적시성이 정확성의 한 측면이 되는 시스템이다. 적시성은 많은 방법으로 표현될 수 있지만, 가장 공통적인 표현 방법은 마감 시간^{deadline}의 개념이다. 마감 시간은 계산이 딱 늦지 않은 바로 그 시점을 말한다. IT 시스템은 고객의 경험을 향상시키기 위해 대역폭이나 처리량의 개선을 원할 수도 있지만, 이것이 비행 조종 부분을 너무 느리게 업데이트해서 비행기를 추락시키는 것과 똑같은 일은 아니다.

설계의 1차 제약 사항으로 적시성을 다루는 것은 임베디드 시스템의 개발을 더욱 어렵게 만든다. 이것은 더 완벽하고 철저한 규격이나 분석, 테스팅의 요구에 추가해 개발자 부분에서 창의력과 독창성의 요구를 증가시킨다.

종종 (메모리 같은) 심각한 자원의 제약이 있다

IT와 임베디드 소프트웨어 사이의 한 가지 핵심적인 차이는 IT가 임베디드 소프트웨어와 달리 아주 큰 정도로 하드웨어와 분리된다는 점이다. 대부분의 IT 시스템에서 하드웨어와 소프트웨어는 필요에 따라 따로따로 업그레이드될 수 있다. 반면에 임베디드 소프트웨어는 임베디드 시스템의 통합된 컴포넌트로서 출하된다. 현장에서 업데이트되는 임베디드 소프트웨어가 더 보편화되겠지만 상대적으로 여전히 새롭다는 것도 사실이다. 그리고 웹을 통해 업데이트되는 하드웨어도 없다. 순환 비용(출하 항목당 비용)이 핵심적인 설계 제약 사항이기 때문에 클록 속도를 제한하고, 메모리 용량은 줄이며, 값싸고 처리 능력이 떨어지는 부품들을 사용함으로써 하드웨어의 비용을 줄이려는 비즈니스는 언제나 존재한다. 임베디드 시스템은 항상 제한된 자원 제약 내에서 자신의 기능을 발휘해야 한다.

종종 대단히 고신뢰적이고 안전 필수적이 돼야 한다

많은 IT 시스템은 임무 필수 시스템이다. 즉, 회사는 근본적인 비즈니스 운영을 위한 시스템에 의존한다. 그러나 많은 임베디드 시스템들은 안전 필수 시스템이며, 이는 임베디드 시스템의 오작동이나 오남용이 한 사람이나 많은 사람, 어떤 경우에는 수천 명의 사람들을 부상이나 사망으로 몰고 갈 수 있음을 의미한다. 그러한 시스템은 요구 사항이나 설계의 결함을 용납해서는 안 된다. 표준 경량의 애자일 요구 사항 메커니즘은 안전성을 보장하는 데 필수적인 더 높은 수준의 표준을 처리하는 데는 적절하지 못한 방법이다.

시스템이 안전 필수 시스템이 아니더라도 고객들은 아주 높은 수준의 신뢰성을 요구할 수 있다. 신뢰성은 시스템 서비스에 대한 가용성을 확률론적으로 측정한 것이다. 많은 임베디드 시스템은 그러한 서비스에 대해 아주 높은 평균 고장 간격^{MTBF}을 갖고 오류 없이 기능을 수행해야 한다. 이러한 임베디드 시스템에는 전력 공급, 통신, 우주선 등을 포함한다. 고신뢰 시스템의 장애 비용은 안전 필수 시스템이 아니더라도 일반적으로 아주 높다. 이것은 보통 애자일 방법과 관련되지 않은 추가적인 근면함과 엄격성을 요구한다.

종종 엄격한 외부 규정에 제약을 받는다

각기 다른 산업체들은 각기 다른 안전성이나 신뢰성 표준을 고수하기 위해 임베디드 시스템(또는 소프트웨어)을 요구한다. IEC 61508은 원자력 발전을 포함해 다양한 산업체에서 직접 사용되는 공통적인 유럽의 안전성 표준이다. ISO 26262는 자동차 안전 시스템의 개발을 구체적으로 명시하기 위해 사용되는 61508의 파생 표준이다. RTCA에서 발간된 1991 표준인 DO-178B는 항공기를 인증하는 데 사용된다. 이 표준은 툴의 자격, 모델링의 이용, 객체지향 방법의 응용, 정형 기법에 대한 지침을 제공하기 위해 DO-178C를 보완해서 2012년 2월 업데이트됐다.

이들 표준 각각은 소프트웨어와(또는) 소프트웨어 개발 표준이 고수해야만 하는 목표와 목적을 갖고 있다. DO-178B의 경우 표준을 고수하는 비용이 정상적인 개발 비용의 최소 25~40% 더 들 것으로 추정하고 있으며, 이에 따라 개발 비용은 보통 75~150%에 이를 것으로 추정하고 있다. 이것은 주로 (품질보증 감사와 같이) 반드시 실행돼야 하는 추가적인 교육 훈련, 더 철저한 세부 계획의 개발, 표준 고수의 증거 수집과 관리 등의 영향인 것으로 알려졌다.

단일 제품으로 출하, 납품된다

이전에 언급한 것처럼 IT와 임베디드 소프트웨어 간의 핵심적인 차이는 후자가 디바이스에 내장된다는 점이다. 이것은 소프트웨어가 고객에게 넘겨지지 않고 제조된다는 것을 의미한다. 제조 프로세스에서 소프트웨어를 포함한 시스템은 구축되고 출하된다. 현장에서 시스템 문제를 발견해서 개선하기가 훨씬 더 어려울 것이므로 임베디드 소프트웨어는 보통 IT보다 더 높은 수준의 품질이 돼야 한다. 출하된 시스템에 대한 점증적 업데이트는 IT 시스템에 대한 점증적 업데이트보다 훨씬 더 많은 비용과 훨씬 더 긴 시간이 소요된다.

종종 고정 가격 입찰의 대상이 된다

고정 가격 입찰을 다루는 몇 가지 애자일 논문이 있다는 것은 사실이지만, 대부분의 애자일 접근법들은 당면 관심사를 처리하기 위한 '충분한' 기획을 갖고 프로젝트 진행 내내 요구 사항에 대한 반복적 발견을 요구하고 있는 것도 사실이다. 이런 순진무구한 접근법은 공동 개발된 하드웨어 규모의 필요성과 틈새시장에 맞춰야 하는 필요성 때문에 임베디드 시스템에 대해서는 근본적인 결함을 가진 것도 사실이다. 이에 추가해 임베디드 시스템의 가장 큰 도메인 중 하나가 항공우주와 국방이다. 이 산업에서 대부분의 계약들은 '시간과 자재'가 아닌 고정 가격으로 이뤄진다. 이런 이유로 인해 애자일의 기획 접근법은 이러한 임베디드 프로젝트의 근본적인 양상들을 다뤄야만 한다.

임베디드 소프트웨어를 위한 애자일 프로젝트 기획

프로젝트 계획은 필수적이다. 프로젝트 계획은 다음 사항을 알려준다.

- 얼마나 많은 개발자가 필요한가?
- 얼마나 많은 자원이 필요하고, 어떤 종류의 자원이 필요한가? 그리고 그러한 자원이 언제 필요한가?
- 프로젝트는 얼마나 많은 시간이 걸리고, 그 프로젝트는 언제 납품할 수 있는가?
- 프로젝트 비용은 얼마인가?
- 반드시 수행돼야 하는 작업 항목은 무엇이고, 누가 그 작업 항목을 수행할 것인가?

하지만 문제는 그러한 모든 계획이 거짓이라는 점이다.

계획이 대부분 사실일 수도 있지만, 이들 계획이 수백의 입증되지 않은 가정을 기반으로 하고 있고, 적어도 몇 가지는 틀린 가정이기 때문에 그렇다. 계획은 또한 무한한 정밀도를 갖고 프로젝트에 관해 모든 것을 알고 있다는 개념을 기반으로 한다. 계획은 우리가 믿는 그 어떤 것도 변경되지 않을 것이라고 가정한다. 계획은 종종 회사나 세계에서 뭔가 계속 진행되는 것은 아무것도 없다고 가정한다. 즉, 기술은 프로젝트 진행 동안 안정될 것이며, 직원들의 독창성과 창의력은 정확히 예측될 수 있고, 공급자가 운영하는 지역에서는 지진이나 쓰나미가 없을 것이라는 것이다. 그리고 관리자는 심지어 '공격적'이고 '낙관적'인 일정 생성을 종종 주장한다. 여기서 이들 두 가지 형용사는 '부정확'과 '부적합'이라는 단어와 동의어다. 사실 우리는 가능한 한 더 정확하고(그리고 그것보다 더 정확한 것처럼 흉내 내지 않는다), 변화하는 조건에 적응할 수 있으며, 프로젝트 성과에 관한 증거 데이터를 기반으로 조정이 가능한 계획이 필요하다.

IT 프로젝트의 경우와 같이 임베디드 시스템을 위한 기획은 산업계 전반에서 형편없는 실적을 내고 있다. 우리 모두는 대부분의 프로젝트가 제시간을 맞추지 못하고 예산은 초과하며 이해관계자 모두의 필요를 충족시키지 못한다는 것을 알고 있다. 이렇게 되는 한 가지 핵심적인 이유는 소프트웨어 집약 프로젝트를 어떠한 실수도 없이 완벽히 계획할 수 있다는 생각이 널리 퍼져있기 때문이다. 물론 이것은 상당한 정도의 반대되는 증거임에도 불구하고도 그렇다.

애자일 방법은 다양한 관점을 택한다. 애자일리스타에 의하면 기획은 중요하지만, 처음부터 완벽히 정확한 기획은 불가능하다고 한다. 따라서 애자일 접근법은 자신의 제한 사항(오류)을 인식하는 계획을 생성하고, 프로젝트가 진행하는 동안 수집한 증거를 기반으로 계획을 조정하는 것이다.

기획은 가용한 시간, 공수, 필수 인력과 기타 자원, 시스템 기능성, 요구되는 혁신, 성공적인 프로젝트 완료에 대한 핵심 리스크 등을 고려할 필요가 있다. 물론 초기에는 이들 양상에 대해 추정만 하겠지만 프로젝트를 시작할 때조차도 기업 발전에 중요한 영향을 미치는지, 그렇지 않으면 사업적 논리에 맞는지 여부를 평가하기 위해 기획은 여전히 필요하다. 생산에 들어간 비용보다 돈을 더 벌수 있을 것 같은가? 시장에 타격을 줄 것을 합리적으로 예상할 수 있는가? 고객의 가치는 무엇인가? 시스템 명세, 설계, 구축에 필요한 자원, 기술, 툴을 갖고 있는가? 이러한 질문에 대해 절대적인 확신을 갖고 대답할 수는 없지만, 성공을 저해할 수 있는 조건과 이벤트 같은 것이 무엇인지는 이해할 수 있을 것으로 믿고 싶다.

프로젝트 비전

가장 기초적인 기획조차도 수행할 수 있기 위해서는 제품 비전은 구상 중인 시스템에 대한 맥락, 범위, 예상 기능성 등을 제공해야 한다. 이 비전은 시스템 개발을 위한 '아주 고수준의 요구 사항'으로 간주될 수 있다. 간단한 시스템에 대해서는 행위자 시스템 상호작용, 필수 데이터, 제어 변환을 묘사하는 사용자 스토리(시나리오)면 충분하다. 더 복잡한 시스템에서는 프로젝트 시작 후 더 상세하게 설명될 비즈니스 사례 기술서를 가진 각각의 유스케이스를 이용해 더 엄격한 유스케이스 집합을 개발해야 한다.

사용자 스토리는 (인간 사용자를 포함해) 행위자 집합이 어떻게 시스템과 상호작용하는지를 포착하는 이해관계자(비즈니스) 언어의 자연어 문장 집합이다. 사용자 스토리는 소수의 작은 변이를 가진 시나리오다. 임베디드 사례를 위해 표 21.1에 나타나 있는 사용자 스토리의 심박 조정기^{cardiac pacemaker}를 고려하자.

표 21.1 사용자 스토리 사례

심장으로서	맥박이 너무 느리게 뛰고 AA11 모드라면 우심방에 페이스 조절 맥박을 받기 원한다.
심장으로서	맥박이 너무 느리게 뛰거나 고유 맥박이 잡히고 VVT 모드라면 우심실에 페이스 조절 맥박을 받기 원한다.
심장으로서	고유 심박수가 충분히 빠르다면 페이스 조절 맥박을 받기 원하지 않는다.
의사로서	페이스 조절 비율을 설정할 수 있기 원한다.
의사로서	심장을 캡처하기 위해 맥박의 진폭과 폭을 설정할 수 있기 원한다.
의사로서	외부 전자기 소음은 제거하면서 고유의 심전도 활동을 검출하기 위해 센서 감도를 설정할 수 있기 원한다.
홀터 모니터로서	보관을 위해 페이스 조절 접속 터미널 쌍에 걸쳐 심전도 활동 기록을 수신할 수 있기 원한다.
홀터 모니터로서	15ms와 10ms 간격에서 표본 조사된 데이터를 48시간 동안 저장할 수 있기 원한다.

심박 조정기 모드는 3개의 글자 코드로 특징지어진다. 첫 번째 글자는 페이스가 조절되는 심실과 관계된다(A는 심방, V는 심실, D는 듀얼). 두 번째 글자는 감지되는 챔버와 관계된다. 세 번째 글자는 심박 조정기가 억제 모드(I), 트리거 모드(T), 기타 모드에서 동작되는지와 같은 식별자다.

아주 간단한 시스템에서 이들 사용자 스토리는 이해관계자의 근본적인 니즈를 개발자가 이해하도록 이해관계자와의 상호작용을 허용한다.

이에 대한 대안으로 유스케이스는 (유스케이스는 사용자 스토리 집합을 포함한다) 텍스트 문장과 연결된 그래픽 표현을 결합한다. 이것이 작업을 더 창의적이고 관리하게 만드는 경향이 있지만, 더 높은 충실도를 제공한다. 그림 21.1은 유스케이스로 구성된 동일한 시스템을 보여준다. 액터^{actor}는 사람(내과의사의 경우와 같이)이나 장치(홀터 모니터의 경우와 같이)나 심지어 인체 내장기(심장의 경우와 같이)가 될 수 있다.

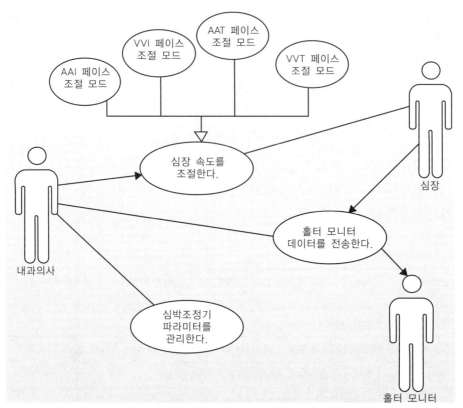

그림 21.1 유스케이스 다이어그램 사례

그림 21.2는 유스케이스 중 한 가지를 더 상세하게 보여준다. 점선으로 된 종속성은 표 형태로 보일 수 있고, 요구 사항 관리 툴에서 추적될 수 있는 추적성 링크를 나타낸다.

요구 사항과의 연결에 추가해, 유스케이스에 관한 반공식화된 문장을 갖는 것도 사실이다. 예를 들어 그림 21.2의 유스케이스에 대해 이러한 문장은 표 21.2와 같이 읽을 수도 있다.

표 21.2 유스케이스 서술

이름	페이스 조절 파라미터 관리
목적	범위 밖의 값을 설정하려는 시도나 데이터 오염 때문에 데이터의 오류 확인뿐만 아니라 페이스 조절 파라미터의 설정과 회복을 허용한다.
서술	이 유스케이스는 디바이스 이식이라는 맥락에서 중요한 페이스 조절 파라미터(맥박 수, 맥박의 크기, 맥박의 폭, 센서 민감도, 페이스 조절 모드)를 내과의사가 설정하게 허용한다. 이것은 페이스 조절이 필요시 페이스 조절 파라미터가 심장을 적절히 잡고 있는지 확실히 하기 위해 내과의사가 심장을 자극하고 제 위치에 위치시키려는 시도를 하는 동안 내과의사가 사용하는 프로그래밍 디바이스가 실시간으로 심장 파형을 반드시 전시해야 한다는 것을 의미한다. 이것은 심장 포착 프로세스를 지원한다는 것과, 심박 조정기는 CONFIG 운영 모드에 있어야 한다는 것을 주의해야 한다.

(이어짐)

이름	페이스 조절 파라미터 관리
사전 조건	심박 조정기는 운영 모드 내에 있어야 한다. 운영 모드는 지시가 있을 때까지 계속돼야 한다.
사후 조건	페이스 조절 파라미터는 페이스 조절 실행 유스케이스를 이용해 적절히 저장되고 사용된다.
불변	심박 조정기는 유효하지 않은 페이스 조절 파라미터 값의 설정 시도를 모두 거부해야 한다. 심박 조정기 파라미터 값이 유효하지 않거나 범위 밖의 값을 갖는다면 기본 값으로 재설정해야 한다.

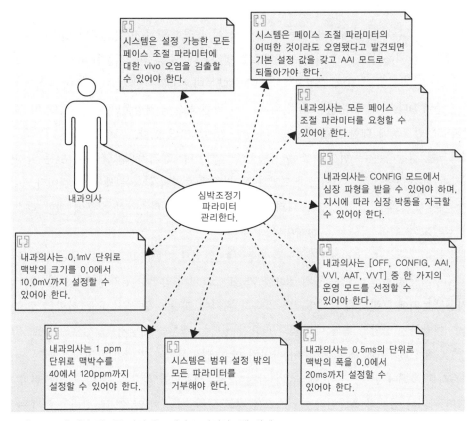

그림 21.2 추적성 링크를 가진 유스케이스 다이어그램 사례

두 가지 접근법 모두 가치가 있으며, 혼합 접근법도 가능하다.

이 활동의 끝 부분에서 시스템의 시작 시간, 자원, 비용 기대치뿐만 아니라 전체 기능성과 실행 문맥이 이해돼야 한다.

초기 안전성/신뢰성 리스크 평가

안전 필수 시스템이나 고신뢰성 시스템에서는 초기 안전성 평가나 고유 안전성 평가가 수행돼야 한다. 이러한 평가는 미래 구상 중인 시스템과 관련해 안전성과 신뢰성을 확인시켜준다.

이것은 물론 설계 이전에 수행돼야 하며, 이로 인해 기술적 고려 사항들은 범위를 크게 벗어날 수도 있다(이들 기술적 고려 사항들은 나중의 설계 부분에서 고려될 것이다). 여기서 고려돼야 하는 항목에는 고유 위험을 다룬다는 것을 보장하는 요구 사항뿐만 아니라 규제 순응과 인증에 대한 프로젝트의 니즈까지 포함한다. 이것은 품질보증과 평가가 프로젝트 동안 필요하게 될 수도 있다는 것뿐만 아니라 어떤 증거가 수집되는지에 대해서도 큰 영향을 미치게 된다.

안전성 분석에서 리스크risk라는 용어는 다음과 같은 두 가지의 근본적 가치에 대한 산물이다. 첫 번째는 바람직하지 않은 이벤트나 조건에 대한 심각도severity다. 예를 들어 자동차 브레이크 페달이 자동차의 브레이크 제동 장치에 더 이상 영향을 주지 못한다면 얼마나 나쁜가? 심각도는 적용 가능한 표준에 의해 구체적으로 명시된다. 승용차에 적절한 표준은 ISO 26262다. 심각도는 자동차 안전 무결성 수준ASIL에서 다루며, 이때 가장 낮은 수준이 A이고, 가장 높은 수준이 D다.[7] 임계 수준은 점점 더 제한된 안전성 요구 사항뿐만 아니라 증가된 엄격한 수준과 그 엄격성에 대한 애플리케이션의 증거까지도 요구한다.

리스크를 결정하는 두 번째 요소는 가능성likelihood이다. 전기적으로 잡음이 있는 환경에서 메시지가 전송 동안에 오염되거나 메모리가 동작 중에 오염될 확률은 꽤 높을 것이다. 고품질의 강철은 제조 후 구조적 결함이 나타날 확률이 적을 것이다. 위험 징후에 대한 리스크는 위험 심각도와 위험 가능성의 산물이다.

예를 들어 자동차를 고려해보자. 모든 자동차는 앞뒤로 이동하고, 속도를 증가하고 줄이며, 회전하고, 차문을 잠그고 여는 등의 필요를 가진다. 초기의 안전성 평가에서는 어떤 센서 기술이 사용됐는지에 무관하게 브레이크와 가속기 위치에 대한 다중 센서 요구 사항의 필요성과 충돌을 예방하는 전방과 측면 에어백의 필요가 있다는 결론을 내릴지도 모른다. 엔진 기술(가솔린, 디젤, 전기, 하이브리드, 유속 충전기)이 확인된 이후에는 선택된 기술이 안전성에 어떤 영향을 미치는지 평가해야 한다. 전기 배터리가 감전이라는 리스크를 갖고 있는 반면, 가솔린과 디젤은 불이 나거나 잠재적 폭발이라는 리스크를 갖고 있다. 초기의 안전성과 신뢰성 평가는 알려진 기술적 관심사뿐만 아니라 고유의 관심사도 포함된다.

이것은 애자일 문헌에서는 거의 논하지 않고 있으며, 적절한 프로젝트에 대해 수행돼야만 하는 추가 활동이 된다. 표준 분석 기법은 위험 분석으로 알려진 결점 트리 분석FTA, 견고성 분석, 장애 모드와 영향 분석FMEA을 포함한다. 이러한 분석은 전문화된 기술과 교육 훈련이 요구되며, 보통 프로젝트 팀의 전문가에 의해 수행된다.

초기 프로젝트 리스크 평가

프로젝트 리스크는 실패한 프로젝트를 초래하는 조건이나 이벤트와 관련되며, 앞에서 논의한 시스템 리스크와는 전혀 별개의 리스크다. 공통적인 프로젝트 리스크에는 다음을 포함한다.

- 낙관적(비현실적) 일정
- 인력과 기타 자원의 부족
- 자금의 부족
- 부적절한 인적 기술
- 부적절한 개발 플랫폼 기반 구조
- 필요로 하는 경우에 툴과 자동화 부족
- 새로운 툴과 기술의 사용
- 관리 지원의 부족
- 기능 장애를 가진 팀
- 직원의 이직
- 낮은 팀 동기
- 변덕스러운 고객의 요구 사항

위와 같은 리스크 요소를 취급하는 애자일 방법은 제기된 리스크를 이해해서 우선순위화하고, 그런 다음 리스크를 관리해야만 한다. 리스크를 이해하기 위해서는 리스크 정도를 정량화하는 것이 중요하다. 어느 정도의 리스크 심각도가 잠재적으로 나쁜 결과를 초래하는가? 그럴 가능성이 어느 정도 있는가? 이러한 가치의 산물들이 리스크를 결정한다. 그런 다음 가급적이면 감소하는 방식으로 모든 리스크를 어떤 임계값 이상으로 처리하기 위해 프로젝트의 위험에 등급을 매긴다. 이와 같은 리스크 처리 활동은 보통 리스크 완화나 급증 활동으로 알려져 있다. 이것은 교육 훈련을 맡든지 또는 기술을 이용해 영향을 분석하든지 같은 작업 항목이 되며, 일정상에 반영된다. 리스크 급증의 결과는 계획의 업데이트에 이용된다. DDS가 너무 큰 메모리 공간을 차지하는가? 그렇다면 이러한 급증의 원인이 무엇인지 밝혀보자. 급증이 있다면 그 대안은 무엇인가? 자신만의 미들웨어 계층을 작성하는가? 각기 다른 미들웨어를 이용하는가? 미들웨어 없이 공유 메모리를 이용하는가?

프로젝트 리스크는 리스크 관리 계획이나 리스크 목록으로 알려진 것 안에서 관리된다. 이 계획은 알려진 리스크, 리스크 분석, 급증 발생 시점과 관련자, 발생 결과 등으로 요약된다. 이 계획은 일정에 대한 업데이트뿐만 아니라 초기 일정에도 반영된다. 이에 추가해서 프로젝트 동안 팀은 잠식해 들어오는 리스크를 고찰하고, 수시로 리스크 계획에 리스크를 추가하는 것이 중요하다.

추정

비전, 안전성/리스크 평가, 프로젝트 리스크 평가 모두 수행해야 할 작업의 식별에 도움을 준다. 일단 이러한 작업이 완료되면 작업 항목(작업 태스크)은 식별되고, 식별된 작업 항목은 작업을 수행할 인원에 배정돼야 한다. 프로젝트의 성과를 예측하기 위해 이들 작업 항목들은 공수로서 추정돼야 한다. 일반적인 애자일 방법은 스토리 점수 같은 상대론적 측정과 주관적 측정을 이용한다. 규모가 더 크고 더 복잡한 시스템에서는 절대적 측정이 사용될 수 있다.

스토리 점수 뒤에 감춰진 목적은 꽤 간단하다. 작업 항목을 완료하는 데 요구되는 작업의 양에 단위가 없는 값을 할당한다. 다음 작업 항목은 이전 작업 항목보다 더 많이 (또는 더 적게) 수행하는 데 필요한 측정값을 얻는다. 이것은 확실히 개략적으로 추정한 값이지만, 종종 가장 정확한 값이 되기도 한다. 예를 들어 다섯 가지 작업 태스크가 있고 표 21.3처럼 스토리 점수를 할당한다.

표 21.3 사용자 스토리 점수 사례

사용자 스토리	스토리 점수
리드 포인트 간 심장 전압을 획득하라.	5
심장 전압을 디바이스 프로그래머에게 실시간으로 전송하라.	3
심박 조정기의 페이스 조절 비율을 설정하고 획득하라.	1
심박 조정기의 맥박 크기를 설정하고 획득하라.	1
심박 조정기의 맥박 폭을 설정하고 획득하라.	1
램핑의 크기와 폭을 이용해 심장을 자동 획득하라.	8

스토리 점수 값 1이 얼마나 많은 시간 동안이고, 3개의 스토리가 각각 얼마나 많은 시간을 차지할지는 정확히 알 수 없다. 이와는 달리 데이터 전송은 3배 정도 시간이 더 걸리고, 전송된 데이터를 획득하는 데는 5배 정도, 자동으로 획득하는 데는 8배 정도 더 걸린다. 그런 다음 (프로젝트 속도로 알려진) 스토리 점수를 얻기 위한 예상 시간을 기반으로 각각의 활동에 소요되는 시간을 추정할 수 있다. 즉, 작업 공수의 상대적 크기를 추정하며 작업 공수의 기간은 이 상대적 크기와 예상 프로젝트의 속도로부터 계산된다.

이 접근법은 권장할 만한 점이 많다. 구현에 대한 세부적인 이해를 요구하지는 않지만, 대신 상대적인 어려움이 있다. 이 접근법은 측정된 프로젝트 속도를 기반으로 프로젝트를 다시 설계할 수 있다. 전에 수행되지 못했던 태스크를 수행하게 요청할 수 있다. 그리고 정확한 답을 알고 있다는 인상도 주지 않는다.

이 접근법의 덜 긍정적인 면은 일정을 따라가기 위해 알려지지 않은 값인 프로젝트의 속도에 의존한다는 점이다. 또한 유사한 태스크에서 이전에 획득한 성능 관련 메트릭 데이터를 재사용하는 것은 더 어려운 일이다. 그리고 각기 다른 기술 수준을 기반으로 사용자가 일정을 정의할 수 없다는 점이다.

기획 포커poker, 추정 공수에 대한 합의 메커니즘 같은 대안도 많다. 드마로DeMaro와 리스터Lister도 리스크가 추가된 또 다른 접근법이다. 선형화된 가우시안 추정량에 의존하는 브루스 평가와 리뷰 기법BERT과 나노주기 반복 추정을 위한 영향 리뷰ERNIE 접근법도 발간됐다.

어떤 방법으로 하든지 간에 일정이 잘 구축될 수 있게 각각의 작업 항목에 대한 작업 (그리고 궁극적으로 기간)은 추정돼야만 한다.

스케줄링

일정은 작업 항목의 연속적 집합이다. 다른 작업 항목들이 병렬로 수행될 수 있는 반면 일부 작업 항목들은 전임자-후임자 관계로 수행될 수 있다. 각각의 작업 항목은 자원이 적재돼야 한다. 즉, 각각의 작업 항목을 수행하기 위해서는 개인적인 책임이 할당돼야 한다. 일정의 전체 시간은 기간의 합에 임계 경로로 알려진 가장 긴 시퀀스의 지연 시간이 더해진 값이다.

일정이 너무 자주 부정확한 추정과 나쁜 가설의 빈약한 기초 위에서 만들어진다는 점에서 카드를 맞춰 만든 장난감 집, 즉 성공할 가망이 없는 계획과 같다. 훌륭한 일정은 종합된 부품과 마찬가지일 뿐이다. 이것은 보통 조금도 훌륭하지 않다는 것을 의미한다.

스케줄링 문제를 다루기 위해서는 어떤 방법을 이용하든지 간에 작업 항목을 그룹으로 만드는 것이 필수적이며, 그런 다음 관련된 작업 항목의 결과를 함께 전달해야 한다. 이러한 방법은 애자일 방법에서 몇 가지의 각기 다른 방식으로 수행된다.

첫째, 반복은 (선택적으로) 고객에게 전달될지도 모르지만, 이해관계자의 완전한 니즈를 처리하기에는 불완전할 수도 있는 동작 시스템을 만들어내는 작업체다. 각각의 반복은 보통 1주에서 4주 길이 정도의 범위를 갖는다. 대부분의 애자일리스타는 모든 반복이 (프로젝트 '심장 박동'을 제공하는) 동일한 기간을 가질 것을 권고하지만, 이러한 권고가 엄격히 지켜져야 하는 필수 사항은 아니다. 조화 프로세스 같은 또 다른 애자일 접근법은 상대적으로는 동등한 반복이지만, 반복의 완료 시점에서 조금의 차이는 크게 중요하지 않다고 제안한다. 각각의 반복에서 중요한 사항은 다음과 같다.

- 이전의 기능성에 추가해 몇 가지 새로운 기능성을 전달한다.
- 구현된 기능성에 대해 입증되고 검증된 솔루션을 전달한다.
- 프로젝트 완료를 향해 진행되도록 계속한다.

- 일정과 계획을 개정할 수 있는 성능 메트릭을 정립한다.

초기의 반복은 나중의 반복보다 완료될 가능성이 적으며, 각각의 반복에서는 자신만의 기능성과 시스템에 대한 테스트 케이스를 추가해야 한다. 이 방법은 다음과 같은 2단계 계획 수립 접근법으로 연결된다.

첫째, 작업 항목을 식별하고 작업 항목을 반복에 할당한다. 전체적인 반복 집합의 순서가 전체 일정이 된다. 각각의 반복에서는 일관된 몇 가지 사용자 요구 사항이 구현되며, 이것은 사용자 스토리나 사용 사례로 구성될 수 있다.

둘째, 각각의 반복 내에서 작업 항목에 대한 실행 순서가 계획돼야 한다. 어떠한 순서로든 작업해야 할 아주 많은 작업 항목을 갖는 것만으로는 충분하지 않다. 몇 가지 개발 실천 사례를 잘 구현하기 위해서는 반복 동안에 조율된 방식으로 작업 항목이 구현돼야 한다.

소프트웨어의 어떠한 일정도 실제로 알지 못한 상태로 추정되지만, 보통 그렇게 처리돼야 한다. 소프트웨어 개발은 기술이지 산업 프로세스가 아니다. 이것은 본래 혼란스러운 일이지만, 거의 올바른 일정을 만들어내는 것도 가능하다. 그러나 대부분의 일정은 조직적으로 과소평가되므로 실제적인 진도를 추적하고 프로젝트의 증거를 기초로 계획을 조정하는 것이 중요하다. 이 부분이 바로 다음 절에서 다루는 주제다.

임베디드 소프트웨어를 위한 프로젝트 거버넌스

프로젝트 거버넌스governance는 프로젝트 감시와 제어에 사용되는 절차나 관례에 관련된다. 애자일 거버넌스는 스크럼의 '스탠드 업 회의stand-up meeting'부터 Jazz^{TM} 플랫폼의 Rational Team Concert^{TM} 같은 계측 도구를 이용해 상세 메트릭을 수집하는 것까지 아주 다양하다.

앞 절에서 언급한 것처럼 모든 소프트웨어 계획이 거짓이므로 거버넌스는 프로젝트의 성공에 결정적이 된다. 거버넌스의 3단계는 다음과 같다.

- 프로젝트의 성과 데이터 수집
- 갭gap 분석 수행
- 적절한 시점에 재계획

오늘날 소프트웨어 프로젝트에서 발생하는 가장 큰 실수는 소프트웨어 프로젝트가 통제되지 않을 정도의 아주 큰 범위의 소프트웨어를 만든다는 점이다. 처음에는 개발 계획이 있을지도 모르지만 프로젝트 진도는 추적되지 못할 것이고, 계획은 조정되지 못할 것이며, 관리자부터 개발자까지, 그리고 개발자에서 고객까지 나중에는 모든 사람이 프로젝트 결과가 애초 계획과 너무 큰 차이가 난다는 점에 놀랄 것이다. 너무나 자주 소프트웨어는 개발되는 것만큼 그렇게 많이 출시되지 못하고 있다. 그것조차도 소프트웨어 계획은 어느 정도만 정확하며, 프로젝트 데이터는 프로세스의 미세 조정을 위한 기회, 제품 품질의 향상, 시간과 비용의 절약, 고객 만족의 향상이라는 기회만을 제공한다.

스탠드 업!(회의)

애자일 프로젝트에서 '스탠드 업'이라고 알려진 이 관례는 거의 매일 발생한다. 이 스탠드 업 아이디어는 다음과 같은 두 개의 중요한 정보를 제공하는 짧은 회의를 여는 것이다. 첫째, 개발자는 자신에게 할당된 작업 항목에 대한 현재 상태를 제시한다. 둘째, 개발자는 현존하는 장애물, 미결중인 장애물, 잠재적인 장애물을 식별한다. 이러한 회의는 그 자체로 회의 밖에서 일어나는 필수적인 상황들을 관찰하면서 아주 짧게 유지해야 한다. 스탠드 업은 경영 상태에 대한 업데이트나 이해관계자와의 의사소통을 대체하지는 못할지라도 프로젝트의 진도와 상태에 대해 팀 내에서 정보를 공유할 수 있는 아주 훌륭한 회의다.

마틴 파울러Martin Fowler[9]가 식별한 스탠드 업의 목적은 다음과 같다.

- 하루의 시작을 잘하게 도와준다.
- 개선을 지원해준다.
- 올바른 일에 대한 집중을 강화시켜준다.
- 팀의 유대감을 강화시켜준다.
- 무슨 일이 일어나고 있는지 의사소통하게 한다.

이익이 있음에도(권고됨에도) 불구하고 스탠드 업은 실제 프로젝트를 통제하도록 충분한 정보를 제공하지 않으며, 올바른 사람에게 정보를 제공하지도 않는다. 프로젝트의 성과 데이터를 수집하기 위한 다른 방법들도 활용해야 한다.

성과 메트릭

성과 메트릭metric은 일부 측정된 이익의 양을 대표하는 값이다. 임베디드 소프트웨어 프로젝트에서 메트릭은 계획, 진도, 품질 순응에 대한 메트릭으로 그 범주를 구분할 수 있다. 메트릭이 왜 그렇게 중요한지에 대한 한 가지 이유는 소프트웨어 프로젝트가 난기류의 요동치는 해류 속에서 배를 조종하는 것과 같기 때문이다. 이것은 끊임없는 주의를 요구하거나 빠르게 항로를 이탈하게 만들 것이다. 성과 메트릭은 선행leading 메트릭이나 지행lagging 메트릭 중 하나가 될 것이다. 선행 메트릭은 여러분이 올바른 경로에 있게 제시하는 반면, 지행 메트릭은 여러분이 성취한 것이 무엇인지를 나타내는 데 사용되는 데이터를 제공한다.

프로젝트 메트릭의 식별과 획득에서 나타났던 가장 큰 문제 중 하나가 바로 측정을 위한 가장 쉬운 메트릭이 태스크에 반한다는 점이다. 즉, 지행 메트릭이 측정에도 가장 쉽지만 일반 적으로 많이 획득된다는 것이다. 나쁜 아이디어로는 들릴 것 같지는 않지만(나쁘지 않기 때문에) 성과 메트릭은 계획과 연관성 있게 수행되고 있다는 것을 나타내는 반면, 올바른 일이 성취되고 있다는 것을 나타내지도 않는다는 것이다. 태스크가 완수는 되겠지만 과연 그 태스크가 성공적인 완료를 향해 프로젝트에서 진행 중에 있는가?

메트릭은 작업 태스크가 아니라 목적과 대비해 진도를 추적할 때가 가장 유용하다. 이것은 최상의 메트릭은 할당된 작업 항목이 아니라 목적에 대비한 메트릭이 돼야 한다는 것을 의미한다. 여기에는 적잖은 철학적 차이가 숨겨져 있다. 이것은 심지어 훌륭한 조직에서도 종종 발생되는데, 메트릭은 측정하기는 쉽지만 프로젝트 거버넌스를 위해서는 사실 적은 규모의 실제 값만을 제공할 뿐이다. 예를 들어 우주항공이나 국방에서 사용되는 가장 공통적인 메트릭이 바로 단위 시간당 소스코드의 수^{SLOC}로 측정되는 코드의 생산성이다. 이 메트릭은 알려진 코드 라인 수를 작성하는 것이 목적이고, 코드가 올바른지 또는 최적화될 필요가 있는지에 대해 무관심하다면 아주 유용한 메트릭이 될 것이다. 사실 프로젝트의 시작 시점에서 얼마나 많은 코드 라인 수가 필요한지에 대해서 우리는 알지 못한다. 기껏해야 위험을 추측할 수 있을 뿐이다. 프로젝트에서 200,000라인을 만들어낼 것이라고 기대했는데, 100,000라인을 작성했다면 반은 수행된 것인가? 그 코드 라인 안에 아주 많은 수의 결함이 있다면 어찌 되는가? 메트릭은 디버깅, 개발자 테스트, 통합 테스트의 시간과 재작업에 대해서는 설명하지 않는다. 성과나 메모리 제약 사항에 대처하기 위해 코드를 최적화하고 코드 라인 수를 줄이기 위해 시간을 소비한다면 어찌 되는가? 동일한 기능성을 유지하면서 100,000 코드 라인을 80,000 코드 라인으로 최적화하기 위해 '부정적 작업'을 해야 하는가? 아니다. 실제 작업을 분명히 수행해야 하고, 메트릭이 완전히 잘못된 것에 대해서는 실제적인 진전을 이뤄내야 한다.

게다가 조건이 변하고 있다면 맹목적으로 계획을 따르는 것('좌측으로 돌아라!')은 올바른 일이 되지 못할 것이다. 해상 교통로 도표를 따르거나 누군가가 도표에 올려놓는 것을 잊어버리고 목적지에 가깝게 이동시켜 놓은 경로 중간의 커다란 암초를 피하는 것이 더 중요한 것인가? 선행 메트릭인 목적-기반 메트릭은 더 나은 가이던스를 제공하고, 프로젝트의 성공을 향상시킬 뿐만 아니라 미래에 더 훌륭한 기획으로 이끌 수도 있다.

이 영역에서의 공통적인 용어가 바로 핵심 성과 지표^{KPI}다. 이것은 종종 비즈니스나 산업 특정의 메트릭이 된다. 이 메트릭은 프로세스 활동 중 수집되며, 진도와 상태를 결정하기 위해 분석되고 올바른 행동을 만들어낼 수 있다.

잠재적으로 유용한 메트릭 몇 가지를 고찰해보자.

- 순응 메트릭
  - **일정 진도** 일정이 정해진 작업 항목이 완수된다.
  - **표준 목표 충족** 규제적 표준으로부터 목표가 달성된다.
- 진도 메트릭
  - (코드, 테스트, 요구 사항, 그 외 작업 데이터 출력, 스토리 점수나 사용 사례 같은 성취 척도의) **속도** (반복마다 정상적으로 측정된) 작업이 달성되는 비율
  - **가속** 프로젝트 시간에 따른 속도의 변화 비율
  - **기술적 부담** 아직 수행되지 못한 일에 대한 측정, '온 더 플레이트on the plate' 척도로도 알려져 있음
  - **반복 주기 시간** 프로젝트 주기의 견실성
  - **스토리 점수/사용 사례의 번다운(burndown) 도표** 시간에 따른 스토리 점수나 사용자 사례 성취에 대한 그래픽적 표현
  - **테스트 커버리지** 구조적 커버리지(보통 테스트에서 처리되는 코드 라인 수), 결정 커버리지(구조적 커버리지 더하기 분기점), 또는 수정된 조건 결정 커버리지(결정 커버리지 더하기 결정 포인트의 불리언 조건에 대한 독립적 변이)
- 품질 메트릭
  - **결함 밀도** 소프트웨어 단위당, 종종 코드 라인당 또는 1,000라인당 발견된 결함 수
- 기타 목적 지향 메트릭
  - **고객 만족** 배달된 제품의 작업 가치에 대한 고객의 견해를 평가하기 위해 보통 고객 (설문) 조사로 측정
  - **요구 사항 변동성** 고객의 평균 변경률

반복 회고(파티 단계)

애자일 방법은 어느 정도까지는 소프트웨어 개발에 대한 폐회로 접근법의 적용에 관한 것이다. 대부분의 프로젝트는 개방 회로에서 동작된다. 즉, 일부 초기 계획이 있지만 계획 대비 성공과 관련된 메트릭은 최적 완수를 위한 프로젝트 조정을 위해 적용되지 않는다는 점이다. 폐회로를 이용해 프로젝트의 성과 데이터를 획득하며, 현재의 계획이 무엇인지, 계획을 어떻게 실행할 것인지, 이 두 가지 모두를 수정하기 위해서는 성과 데이터를 사용해야 한다는 것을 의미한다. 프로젝트의 성과 데이터를 획득하는 방법 중 한 가지는 전형적으로 매 반복의 종단에서 수행되는 주기적 회고를 경유하는 것이다.

회고는 때때로 '사후 분석post-mortem'으로 알려져 있다. 그러나 사후 분석이 죽음의 원인을 결정하는 법의학적 의사의 것이므로, 대부분의 프로세스는 회고나 반복 리뷰 중 하나와 관련된다. 조화 프로세스[8, pp. 420-425]는 (비공식적으로) 어떤 의미에서는 계속 진행 중인 성공의 축하라는 관점에서 '파티 단계'를 나타내기까지도 한다.

회고의 핵심 개념은 현재의 반복으로부터 '교훈'을 얻는 것이며, 프로젝트의 실행 성과를 개선하기 위해 이 교훈을 프로젝트에 적용하는 것이다. 조화 프로세스는 회고에서 다음과 같은 각기 다른 다섯 가지 단계를 식별하고 있다.

- **팀 설문지 리뷰** 이 설문지는 개발자, 테스터, 기타 작업자에게 프로젝트에서 작업이 잘 진행되고 있는 것이 무엇인지, 그렇지 못한 것이 무엇인지에 관해 질문한 것으로서 조치 사항에 대한 제안을 요청한다.
- **일정 리뷰** 이 단계는 계획된 반복 사후 조건들(완수된 작업, 프로젝트 속도, 제품 품질, 기타 메트릭들)을 실제 값과 비교한다. 필요시 '현장의 진실'에 맞추기 위해 재계획이 수행된다.
- **아키텍처 리뷰** 아키텍처는 크기가 조정돼야 한다. 즉, 아키텍처에 대한 변경은 프로젝트의 진도에 따라 단조롭게 감소돼야 한다. 이것이 사실이 아니라면 아키텍처에 대한 이슈는 반드시 조사돼야 하고, 아키텍처는 재작업이 요구될지도 모른다.
- **리스크 리뷰** 이 단계는 반복 동안 수행된 리스크 완화 활동(스파이크)의 결과를 조사하고 리스크에 대해 무엇을 수행해야 하는지를 결정한다. 새롭게 떠오르는 리스크를 식별하기 위해 사고thought가 주어진다. 마지막으로 곧 다가올 반복에서 리스크 완화 활동이 여전히 유의미하고 적절하며, 우선순위가 제대로 정해졌는지를 확실히 하기 위해 리스크 관리 계획이 리뷰된다.
- **프로세스 워크플로우 리뷰** 프로세스 워크플로우가 개선될 수 있었는지를 확인하기 위해 프로세스의 효과성이 조사된다. 적절하다면 새로운 프로세스나 툴 작업이 프로젝트의 실행을 향상시키기 위해 만들어져야 한다.

임베디드용 애자일 개발 관례

관례란 애자일 선언문에 설정된 방법이나 21장의 초반에 논의했던 방법과 같이 지침의 원칙에 따라 행동하는 습관적 방법이다. 애자일 방법을 임베디드 시스템 개발에 적용했던 성공적인 애플리케이션에 대해 살펴보면 다음과 같은 다양한 핵심 관례가 있다.

점증적 개발

애자일 방법에 특정적이지는 않지만(점증적 또는 반복적 개발은 이 시점에서 보면 20년 이상 더 오래된 개념이다), 점증적 개발은 여전히 애자일 구현을 위한 핵심적 관례다. 이 관례의 기본적인 아이디어는 규모가 큰 문제를 선택하고 이 문제를 일련의 더 작은 문제로 분할하는 것이다. 솔루션(제품)은 점점 더 많은 능력을 시스템에 추가하면 할수록 진화하게 된다. 반복의 끝단에서는 미완성된 시스템이 요구 사항과 비교해 입증되고 검증된다. 전형적인 반복 시간의 크기는 보통 4~6주 정도지만, 많은 애자일 프로젝트들은 1주 정도로 짧게 반복하면서 동작되고 있다. V&V 활동과 빌드의 배포와 관련해서는 일부 오버헤드가 있을 수 있으므로 대부분의 프로젝트에서는 4주 정도가 최적의 기간이라 할 수 있다.

반복은 입증되고 검증된 시스템 버전의 주요한 작업 제품들을 생산할 뿐만 아니라 결함, 변경 요청, 테스트 결과, 규제 순응 데이터 같은 다수의 2차 작업 제품들도 생산한다. 이러한 작업 제품들은 임무를 중심으로 구성되며, 다음 사항을 포함한다.

- 보통 작업 항목의 결과인 사용자 스토리나 사용 사례로 구성되는 이해관계자 또는 시스템 요구 사항에 대한 일관성 있는 집합
- 현재의 반복에서 복구가 요구되는 이전 반복에서 식별된 결함
- 리스크 완화 활동(스파이크)을 이용해 처리해야 하는 리스크
- 지원되는 목표 플랫폼(이것은 점차적으로 호스트에서 시뮬레이트된 목표로 다시 실제 목표로 이동되는 것 같이 시간에 따라 변경됨)
- **아키텍처의 의도** 아키텍처의 관점이나 처리돼야 하는 니즈
- 테스팅 설비나 통합용 외부 시스템 같이 필요한 외부 요소

그림 21.3은 조화 프로세스에서의 전체적인 반복 워크플로우를 보여주며, 이 워크플로우는 다른 애자일 프로세스와 비교해서도 그리 크게 다르지 않다는 것을 보여준다. 이미 언급한 것처럼 각각의 반복은 보통 4~6주 정도의 기간을 갖는다. 초기 활동은 반복의 계획 수립(반복 일정, 실현될 요구 사항의 확정과 상세화)에 초점을 맞추며, 중간 활동은 설계와 구현에 초점을 맞추고, 나중 활동은 베리피케이션, 밸리데이션, 프로세스 향상에 초점을 맞춘다. 프로세스가 그림에서는 보이지 않는 다른 병렬 활동들, 즉 지속적인 안전 평가, 형상 관리, 프로젝트 거버넌스도 정의한다는 점에 주의하는 것이 중요하다. 나중에 간단히 다루겠지만 그림 21.3의 '지속적 통합' 활동에도 주의해야 한다.

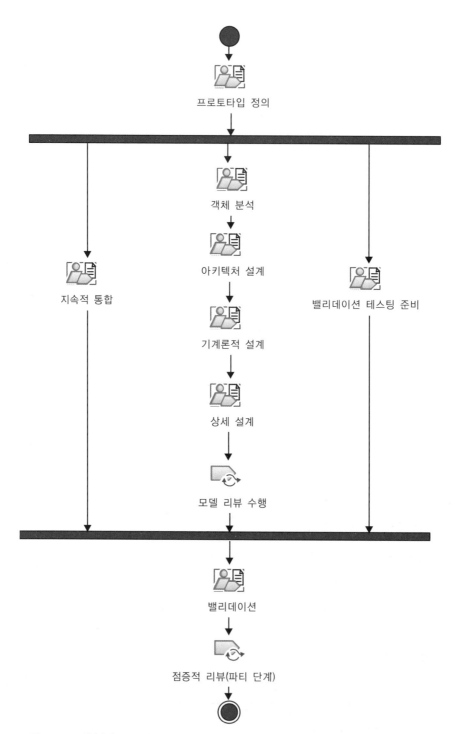

프로토타입 정의

객체 분석

아키텍처 설계

기계론적 설계

상세 설계

모델 리뷰 수행

지속적 통합

밸리데이션 테스팅 준비

밸리데이션

점증적 리뷰(파티 단계)

그림 21.3 조화 마이크로주기 반복 워크플로우

고충실도 모델링

대부분의 애자일 방법은 모델링을 사용하지는 않지만, 사용한다면 모델 스토밍^{model storming}이라고도 때때로 알려진 경량 모델링을 중요시한다. 보통 말하는 고충실도 모델링^{high-fidelity modeling}이라는 관례는 이 책을 비롯해 논란의 여지가 많은 부분이 될 것이다. 21장의 저자가 유명한 정확성의 지지자고, 상세 모델링이지만 경량의 고충실도 접근법 모두를 간단하게만 언급할 것이므로 독자들은 자기 자신만의 결론을 이끌어낼 수 있을 것이다.

모델 스토밍은 설계 아이디어를 구현하기 위해 소스코드 작성 전에 대략적인 개념을 스케칭하는 관례와 관련된다. 이러한 스케치는 약간의 툴이나 툴이 전혀 없어도 수행될 수 있지만, 오랜 동안에 걸쳐 유지되지는 못한다. 이러한 모델은 시간이나 노력에서 약간의 투자만 있어도 생성할 수 있지만, 상대적으로 이 모델로부터는 약간의 가치만을 이끌어낼 수 있을 뿐이다.

이에 반해 고충실도 모델링은 모델이 실행되고 테스트될 수 있으며, 소스코드는 모델로부터 자동으로 생성될 수도 있다는 점에서 설계 개념을 형식화한 것이다. 툴뿐만 아니라 개발자의 교육 훈련에도 더 큰 투자가 요구되며, 이러한 투자를 통해 모델과 툴의 능력을 이용할 수 있다. 이 접근법은 작업 부하를 모델링 쪽으로 더 이동시키게 해주며, 실제 소스코드에 대한 작성을 회피하게도 해준다. 모델은 형상 관리에서 관리되며, 모델이든 소스코드든 간에 변경이 이뤄지면 자동으로 업데이트된다. 이 접근법의 장점은 추상화 레벨이 소스코드보다 훨씬 더 높은 레벨로 증가된다는 것과, 어셈블리 언어 프로그래머에게도 원시 언어에서 이동된 것만큼 동일한 양으로 개발자의 생산성을 증가시킬 수 있다는 점이다. 이 접근법의 단점은 더 기능이 좋은 (더 비싼) 툴에 의존한다는 것과 더 숙련된 기술 수준을 가진 개발자를 요구한다는 점이다.

고충실도 모델링의 잠재적 문제는 참고로 소스코드가 고충실도 모델을 이용해 사람의 손으로 생성된다면 소스코드에 대한 어떠한 업데이트도 모델과 코드 두 가지 모두에 대해 변경을 요구한다는 점이다. 이것은 '이중 유지 보수'로 알려진 전형적인 문제가 된다. 모델 스토밍을 이용해 스케치된 모델은 어쨌든 폐기되므로 문제가 되지 않지만, 설계에서는 고충실도 모델링을 이용해 더 큰 투자가 이뤄질 수 있다. 그러나 이 부분에서는 기술적 솔루션이 존재한다. 즉, 클래스나 상태 다이어그램을 관점으로 취급하는 것과 똑같은 방식으로 소스코드를 마치 시스템 의미의 또 다른 관점처럼 취급할 수 있는 툴이 존재한다. 적절한 툴을 이용하면 어떠한 관점이든 모델 내 시스템의 의미를 업데이트하는 데 사용될 수 있으며, 기타 모든 관련 있는 뷰^{view}들은 모델 레파지토리에 동적으로 연결돼 있기 때문에 변경이 가능하다는 것이다. 따라서 클래스나 상태 다이어그램을 변경할 수 있고, 소스코드는 그 변경을 반영하기 위해 변경될 수 있으며, 그렇지 않으면 소스코드를 변경할 수 있고 다이어그램도 적절히 변경될 수 있다는 것이다. 적절한 툴은 가상적으로 이중 유지 보수 문제를 제거시킬 수 있다(고충실도 모델링에 대해 더 많은 것을 읽고 싶은 독자들은 참고문헌 [10]을 참조하기 바란다).

실행 가능한 요구 사항

대부분의 애자일 방법은 사용자 스토리라는 면에서 좀 더 작은 각도에서는 사용 사례라는 면에서 사용자의 요구 사항을 묘사한다. 그에 반해 좀 더 전통적인 시스템 접근법에서는 크기를 강조하며, 일체식^{monolithic} 문서는 'shall' 문장의 형식으로 수백이나 수천 가지의 요구 사항들을 포함하고 있다. 임베디드 시스템의 개발에서 보면 애자일 방법이든 전통적인 방법이든 두 가지 모두 자기만의 가치를 갖고 있다. 극단적인 사례로 사용자 스토리나 사용 사례 단독으로도 시스템 공학자에게 시스템이 충분히 단순하고 충분히 중요하지 않다는 정보를 제공할 수도 있다는 점이다. 또 다른 극단적인 사례로, 안전 항공 전자 시스템에서는 모든 요구 사항이 적절히 설계되고 구현되며, 입증되고 상세한 추적성 표를 이용해 검증될 수 있다는 보장을 요구할 수 있다. 이렇게 복잡하고 상세한 요구 사항들이 올바르다는 것을 보장하기 위해서는 임베디드 설계 내에서 안전 주도의 실행 가능한 요구 사항 모델의 생성이 포함되기 전에 요구 사항에 대한 실행과 테스팅을 위해 허용돼야 한다는 점이다.

일반적으로 요구 사항 결함에 대한 비용이 높다면 요구 사항 프로세스에서는 더 높은 엄격성이 정당화돼야만 한다. 이러한 이유로 인해 소비자 전자기기보다는 항공 전자 공학, 군사, 자동차, 의료 시스템 같은 안전 필수 개발과 고신뢰의 사이버 물리 시스템에서는 실행 가능한 모델의 이용을 더 보편화시키고 있다.

테스트 주도 개발

테스트 주도 개발^{TDD} 뒤에 감춰진 아이디어는 개발 주기에서 나중에 결함을 수정하기보다는 결함을 회피하는 것이 더 좋다는 생각에서였다. 실제적으로 TDD는 전통적인 방법이라기보다는 개발이 완료될 때까지 Code-A-Bunch → Test-A-Bunch cycle → Done, TDD is Code-A-Little → Test-A-Little → Repeat의 순으로 개발하는 방법이다. 조화 프로세스에서 TDD는 나노주기^{nanocycle}로 알려져 있으며, 보통 20~60분 정도 지속된다. 나노주기의 워크플로우가 그림 21.4에 나타나 있다.

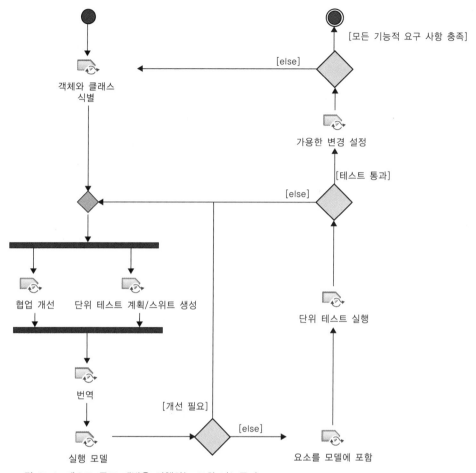

[모든 기능적 요구 사항 충족]

[else]

가용한 변경 설정

객체와 클래스
식별

[테스트 통과]

[else]

협업 개선   단위 테스트 계획/스위트 생성

단위 테스트 실행

번역

[개선 필요]   [else]

실행 모델   요소를 모델에 포함

그림 21.4   테스트 주도 개발을 이행하는 조화 나노주기

이러한 신속 실행 루프에서 개발자는 작지만 적절한 몇 가지 설계 부문, 즉 둘 또는 셋 정도의 클래스 속성, 함수, 심지어 수용체^{receptor}를 가진 둘 또는 아마 몇 가지 정도의 상태를 식별하며, 그런 다음 설계 부문을 검증하는 테스트 케이스를 생성하고, 테스트 케이스를 적용하며, 설계가 올바른 경우에는 더 많은 설계 특징을 추가하기 위해 이동한다.

단위(또한 '개발자'로 알려져 있음) 테스트는 설계와 소스코드와 병행해서 완성도가 증가된다. 이 테스트는 테스트 툴을 통해서나 그렇지 않으면 수동적으로도 생성될 수 있다. 자바의 JUnit 도착 지점인 CppUnit은 보통 소스코드 중심의 환경에서 사용된다. 그 대신에 '테스트 버디$^{test-buddy}$' 클래스는 테스트 케이스의 캡슐화와 적용이라는 목적을 위해 생성될 수 있다. 심지어 UML 표현(예를 들어 시퀀스 다이어그램, 활동 다이어그램, 상태 다이어그램 등)을 이용해 테스트 케이스를 지정하는 표준 방식을 명시한 표준, 즉 'The UML Testing Profile'[11]도 있으며, 이에 따라 모델링의 능력을 설계뿐만 아니라 테스트에도 가져올 수 있다.

연속적 통합

대부분의 프로젝트에서 큰 규모의 통합은 이와 똑같은 수준으로 큰 규모의 통합 문제를 야기한다. 이것은 규모가 큰 많은 시스템에서 고품질의 소프트웨어 집합을 얻기 위해서는 제대로 함께 작업한다고 하면 몇 개월에서 몇 년의 기간이 걸릴 수 있음을 의미한다. 보통 서브시스템이 상호 동작하는 시스템의 '경계선'보다는 서브시스템의 내부에 더 많은 관심을 가져야 하기 때문이다. 인터페이스의 오해, 서비스의 사전 조건과 사후 조건, 데이터 포맷, 요구 사항 할당 모두가 복잡한 시스템의 통합에 영향을 미칠 것이다.

연속적 통합으로 알려진 관례들을 시스템 개발 내내 조기에 자주 통합시킴으로써 고통스런 많은 부분을 직접적으로 경감시킬 수 있다. 이러한 관례에서는 각기 다른 작은 부분에서 구현된 기능성이 전체로서 적절히 동작되는지를 보장하기 위해 부분적으로 완료된 공학자들의 작업들을 함께 합쳐야 한다. 통합의 시간 단위는 보통 일일을 기준으로 하지만, 실제 연속적 통합부터(공학자들은 언제라도 신규 소프트웨어를 검사할 수 있으며 통합은 그 즉시 수행된다) 1주 단위의 통합까지로 확장시킬 수 있다. 기본적인 규칙은 공학자에게 빌드를 깨도록 허용하지 않는다는 점이며, 이렇게 함으로써 통합이 부드럽게 진행될 수 있다는 것이다.

이러한 맥락에서 성공적인 빌드란 다음과 같은 많은 의미를 지니고 있다.

- 새로운 베이스라인이 (반드시 궁극적인 타깃이 될 필요는 없을지라도) 타깃에 성공적으로 컴파일되고 링크되며 로드된다.
- 새로운 베이스라인이 이전에 통과했던 통합 테스트(리그레션 테스트로 알려져 있음)를 성공적으로 통과함으로써 이전에 동작됐던 기능성이 깨지지 않는다.
- 새로운 베이스라인이 특징에 대한 새로운 통합 기능성과 방금 추가된 기능성에 대한 테스트를 통과한다.

성공적이지 못한 빌드는 업데이트된 (깨진) 소프트웨어의 거부, 새로운 기능성 위에서의 작업 중지, 즉시 수리의 필요성이라는 결과를 가져온다.

연속적 통합이라는 관례는 마지막 단계에서 통합의 시간을 크게 줄일 수 있지만, 개발자의 측면에서는 더 많은 훈련을 요구한다. 첫째, 개발자는 통합의 타임프레임과 양립할 수 있는 비율로 새로운 소프트웨어를 출시해야 한다. 둘째, 개발자는 통합을 위해 고품질의 소프트웨어를 내보낼 수 있게 TDD 주기를 수행해야 한다(이것은 특징 안정화로 특징지어지는 기간이 지난 뒤에 특징 완료를 더 공통적으로 강조하는 것과는 대조를 이룬다). 셋째, 통합이 가능한 작은 부분들이 생성되고, 컴포넌트의 중요한 상호작용이 검토되는 시나리오에 따라 테스트될 수 있도록 개발자는 소프트웨어와 관련된 모든 부분에 대해 작업해야 한다.

변경 관리

변경 관리는 업데이트된 소프트웨어로 요청을 돌려주는 워크플로우를 제공한다. 이러한 요청은 테스팅이나 시스템 이용 동안에 식별된 결함이나 요구 사항에 대한 변경으로부터 가져올 수 있다. 변경 관리 프로세스는 소프트웨어에 가해졌던 변경 승인을 통해 변경 요청의 개시, 평가, 승인이라는 일련의 단계를 통해 요청이 받아들여진다. 변경 관리의 전형적인 워크플로우가 그림 21.5에 나타나 있다. 변경 요청에 대한 전형적인 결과는 개발자에게 배정된 작업 태스크가 된다.

변경 요청

변경 요청 리뷰

변경 요청 승인

변경 요청 해결

변경 요청 입증

변경 요청 종결

그림 21.5 변경 관리 워크플로우

동적 기획

애자일 방법에 익숙지 않은 사람들에 의해 만들어진 공통적인 실수는 애자일 방법에서 계획 수립 부분이 생략된다는 점이다. 이미 알고 있듯이 이것은 분명 사실이 아니다. 애자일은 엄격한 개발 접근법이며, 수행해야 될 작업에 대한 계획 생성을 포함하고 있다. 그러나 애자일 방법이 계획 수립를 요구하고는 있지만 과도한 계획, 즉 기존 지식을 초과하는 상세한 계획의 어떠한 생성도 시도하지 말 것을 또한 요구하고 있다. 분명한 것은 과소평가에 대한 체계적인 편견, 소위 말해 '낙관적' 일정을 피하기 위해서는 모든 주의를 기울여야 한다는 점이다.

일반적으로 애자일 방법은 이중 기획 스키마를 목적으로 한다. 애자일 방법이 반복sprints을 강조하고 있기 때문에 개발자에게 할당된 사용자 스토리나 사용 사례를 가진 계획된 반복을 함께 연결하는 전반적인 계획을 권고하고 있다. 각각의 반복 역시 계획을 갖고 있으며, 이 계획은 반복의 시작에서 마무리된다. 계획은 대략 반복의 임무로 구성되며, 이에 대한 부분은 점증적 개발이라는 절에서 더 논의된다.

동적 기획의 또 다른 측면은 계획이 자주 업데이트된다는 점이다. 동적 기획은 프로젝트 진도에 대한 정보를 요구하므로 계획과 실제 프로젝트 실행 간의 차이는 정량화될 수 있다. 다양한 메트릭들은 프로젝트의 거버넌스를 지원하는 데 관련될 수 있는 다양한 정보들을 가져온다. 프로젝트의 속도, 완료된 작업 항목, 결함 밀도 등이 가장 공통적으로 사용되는 메트릭들일 것이다. 이전에도 언급한 것처럼 가장 유용한 메트릭은 활동에 대비된 프로젝트의 진도가 아닌 목적에 대비된 진도에 초점을 맞춰져야 한다.

리스크 관리

프로젝트 실패의 대부분은 프로젝트의 거버넌스 부족에 기인하며, 훌륭한 리스크 관리는 프로젝트의 불확실성을 적절히 통제하는 데 있어 핵심이 되는 요소다. 리스크는 심각도(바람직하지 않은 결과가 나타났을 때의 영향)와 가능성이라는 두 값의 산물이다. (리스크 목록이라고도 알려진) 리스크 관리 계획은 조건이나 이벤트 기술, 리스크 상태, 심각도, 가능성, 리스크 평가 메트릭, 리스크 완화 활동(또는 스파이크), 스파이크 결과 같은 적절한 리스크 메타데이터와 함께 프로젝트 성공에 대한 잠재적 장애물을 식별한다. 리스크는 실제로 사람들이 알지 못하는 모든 것에 관한 것이며, 리스크 완화 활동은 불확실성을 줄여준다. 전형적인 프로젝트 리스크에는 다음 사항이 포함된다.

- 낙관적(즉 불합리한) 일정
- 새로운 미들웨어, OS, 하드웨어 플랫폼
- 새로운 기술(예를 들어 UML이나 C++ 같은 언어)
- 새로운 툴
- 팀의 동기 부족
- 팀의 유용성 부족

- 필요로 하는 경우 플랫폼의 유용성 부족
- 잘못된 요구 사항
- 관리 위임의 부족
- 벤더의 지원
- 파트너와 하도급 업체의 이용

스파이크는 반복 임무 각각에 대한 일부분이며(점증적 개발 관례라는 위의 절 참조), 리스크는 프로젝트 수명주기 내에서 평가되고 고려된다. 처음에는 리스크 관리 계획이 계획된 반복에 할당된(식별된) 스파이크에 의해 다뤄지는 어떤 임계값 이상의 리스크를 가진 프로젝트 착수 시점에서 수행된다. 분명한 것은 더 높은 리스크 조건이나 이벤트가 더 낮은 리스크 상황보다도 더 빨리 처리돼야 한다는 점이다.

초기의 계획 수립에 추가해 리스크는 적어도 매 반복에서 두 번은 처리돼야 한다. 첫째, 반복 자체가 계획된 것처럼 스파이크는 하나 이상의 작업 항목으로서 적절한 팀 인원에게 배정된다. 둘째, 스파이크 결과는 점증적 리뷰 동안 평가되며, 이에 대한 내용은 그림 21.3에 나타나 있다. 이러한 점증적 리뷰 동안, 리스크 관리 계획에 추가될 수 있는 신규 리스크를 찾는 데 주의를 기울여야 한다.

애자일 척도 인자

작은 공존 팀의 형태로 애자일 표준 내에 존재하는 많은 임베디드 소프트웨어 프로젝트가 있다. 그러나 분명히 그렇지 않은 다른 프로젝트들도 있다. 필경 비행기는 규모가 큰 임베디드 시스템이다. 현대의 자동차는 80개까지의 프로세서와 1,000만 코드 라인 수를 가진다. 인공위성, 우주선, 잠수함, 무인항공기^{UAV} 모두는 수백만 코드 라인 수를 가진 규모가 큰 시스템이다. 실제로 이들 시스템은 '복합체'로서 더 규모가 작고 더 단순한 컴포넌트의 부분으로 분해시킬 수도 있지만, 이들 분해된 부분 역시 복잡하며, 내장되고 실시간의 임무 제약 사항 내에서 임무 목적을 수행하기 위해서는 상대방과 더 긴밀하게 작업해야 한다.

애자일 규모에 영향을 미치는 핵심 요소에는 다음이 포함된다.

- 팀의 크기
- 팀의 분포(공존 또는 글로벌)
- 기업의 규율(프로젝트의 초점 또는 기업의 초점)
- 도메인 복잡성
- 규제 순응 요구 사항

- 조직의 복잡성(아웃소싱, 하도급 계약, 파트너링)
- 기술적 복잡성

대부분의 애자일 문헌에서는 어떠한 규제 순응 이슈도 없고 팀에 익숙한 기술을 이용하며 도메인에서 작업하는 모두가 공존하는 (15명이 못되는) 작은 팀을 가정한다. 이러한 가정이 위반되는 한 관례는 확장돼야만 하며, 그렇지 않으면 적어도 프로젝트 팀의 니즈를 충족시킬 수 있게 조정돼야 한다.

좋은 소식은 애자일이 기술적으로 복잡한 시스템을 구축하는 규모가 크고 분산된 팀에 성공적으로 적용될 수 있고 적용됐다는 점이다. 나쁜 소식은 그러한 니즈를 충족시킬 수 있는 핵심적인 애자일 관례를 어떻게 확장시킬지에 대해 알려주는 문헌이 많이 발간되지 않았다는 점이다.

일반적으로 프로젝트의 경향이 더 어려운(더 크고 더 복잡한) 범위로 향하고, 프로젝트 팀이 더 조직적인 복잡성(예를 들어 더 분산되고 더 많은 구조를 포함하는)에 직면하는 것만큼 법 규칙 등의 엄격한 적용과 의식적인 일들에 대한 요구는 더 증가된다. 고충실도 모델링의 더 포괄적인 이용과 분산 협력 툴의 이용은 팀의 부담을 아주 큰 정도로 덜어줄 수 있다. 핵심 애자일 접근법이 팀 인원의 전문화된 기량을 강조하지는 않지만, 규모가 큰 팀은 아키텍트, 품질보증, 안전성 공학자, (독립적인) 테스터 같은 전문화된 역할을 재도입해야 한다.

애자일 방법이 표준 고수에 도움을 줄 수 있는가?

규제가 가져오는 한 가지 걱정은 인증 제도를 충족하는 데 요구되는 문서의 양이다. 표준 순응 문서는 보통 다음과 같은 네 가지 형태로 들어온다.

- 계획
- 표준
- 테스트 결과
- 품질보증 증거

계획은 어떤 프로젝트가 어떻게 실행되는지를 포함한다. 계획은 일정과 작업 분해 구조^{WBS} 부터 요구 사항 문서, 테스트 계획, 절차까지의 모든 것을 포함한다. 표준은 요구 사항, 모델링, 설계, 코딩 표준 같은 산업 표준, 업계 표준, 프로젝트 지침과 관련된다. 표준은 표준이 고수됐는지를 보여주기 위해 객관적 측정을 묘사한 체크리스트로서 종종 체계화되며, 여러 산업 표준에 의해 요구된다. 테스트 결과는 시스템 요구 사항(베리피케이션)이나 이해관계자의 니즈(밸리데이션)에 대한 납품된 시스템의 순응 정도를 보여준다. 마지막으로 품질보증[QA] 증거는 계획과 표준에 대한 프로젝트 팀의 고수 정도를 보여준다. 증거는 보통 프로젝트가 선정된 표준을 따라 수행했는지를 실례를 들어가며 보여주는 감사, 리뷰, 기타 베리케이션 활동의 결과다.

RTCA의 DO-178C 표준과 이 표준이 요구하는 증거에 대해 살펴보자. 이 표준은 민간의 항공 전자 시스템의 인증에 사용되며, 산업용 시스템뿐만 아니라 점점 더 군용 시스템에도 사용되고 있다. 구체적으로 명시된 표준의 수명주기 데이터가 표 21.4에 나타나 있다.

표 21.4 DO-178C 수명주기 데이터

약어	문서 제목	설명	절
PSAC	소프트웨어 인증 양상 계획	필요에 따라 개발될 데이터, 프로젝트가 실행될 계획, 공급자의 실수, 추가 고려 사항 등을 비롯한 인증 권한을 위해 프로젝트와 시스템 개요를 제공한다.	11.1
SDP	소프트웨어 개발 계획	표준과 개발 환경을 비롯해 소프트웨어 개발 절차와 수명주기에 대한 설명을 제공한다.	11.2
SVP	소프트웨어 베리피케이션 계획	소프트웨어 베리피케이션 목표를 만족시키기 위해 사용될 베리피케이션 절차를 기술한다.	11.3
SCMP	소프트웨어 형상 관리 계획	형상 관리, 베이스라인, 추적성, 변경 제어, 리뷰, 문제 보고를 비롯해 소프트웨어 형상 관리와 이와 관련된 수명주기 데이터의 목표를 성취하는 데 사용될 절차를 설정한다.	11.4
SQAP	소프트웨어 품질 보증 계획	표준, 절차, 툴, 방법을 비롯해 품질보증을 성취하는 데 사용될 방법을 기술한다.	11.5
SRS	소프트웨어 요구 사항 표준	이 표준은 고수준의 요구 사항을 개발하고 평가하는 데 사용될 기준을 정의한다.	11.6
SDS	소프트웨어 설계 표준	이 표준은 소프트웨어 아키텍처와 저수준의 요구 사항(설계)을 개발하고 평가하는 데 사용될 기준을 정의한다.	11.7
SCS	소프트웨어 코딩 표준	이 표준은 소프트웨어 소스코드를 개발하고 평가할 프로그래밍 언어, 방법, 규칙, 툴을 정의한다.	11.8
SRD	소프트웨어 요구 사항 데이터	소프트웨어에 할당된 고수준의 요구 사항을 구체적으로 명시하고 안전성 요구 사항을 비롯해 기능적 요구 사항과 서비스 품질 두 가지 모두에 대한 고수준의 요구 사항을 도출한다.	11.9
SDD	소프트웨어 설계 기술서	고수준의 요구 사항을 실현할 소프트웨어 아키텍처와 저수준의 요구 사항을 정의한다.	11.10
SC	소스코드	소프트웨어 컴파일링, 링킹, 로딩에 사용될 소스코드를 제공한다.	11.11
EOC	실행 가능한 목적 코드	이 코드는 컴파일링과 링킹 프로세스의 출력, 즉 목표 컴퓨팅 플랫폼에 적재될 실행 가능한 컴퓨터 명령이다.	11.12

(이어짐)

약어	문서 제목	설명	절
SVCP	소프트웨어 베리피케이션 사례와 절차	리뷰와 분석 절차, 테스트 사례와 데이터, 테스트 실행 절차를 비롯해 소프트웨어 베리피케이션 활동이 어떻게 구현되는지 상세히 기술한다.	11.13
SVR	소프트웨어 베리피케이션 결과	테스트 결과, 리뷰, 분석을 비롯해 소프트웨어 베리피케이션 활동에 대한 결과다.	11.14
SECI	소프트웨어 수명주기 환경 형상 색인	툴, 장비, OS 툴, 자격을 가진 툴을 비롯해 소프트웨어 개발 환경에 대한 형상을 식별한다.	11.15
SCI	소프트웨어 형상 색인	모든 소프트웨어 수명주기 데이터를 비롯해 소프트웨어 제품과 이와 관련된 모든 파일에 대한 형상을 식별한다.	11.16
PR	문제 보고	결함과 솔루션을 식별하고 기록하는 수단을 제공한다.	11.17
SCMR	소프트웨어 형상 관리 레코드	베이스라인, 변경 보고서, 기록 레코드, 배포 레코드를 비롯해 형상 관리 활동에 대한 결과를 포함한다.	11.18
SQAR	소프트웨어 품질 보증 레코드	리뷰와 감사 보고서, 회의록, 소프트웨어 순응 리뷰 레코드를 비롯해 모든 소프트웨어 품질보증 활동을 포함한다.	11.19
SAS	소프트웨어 업적 요약	이 요약은 PSAC와의 어떠한 편차까지도 비롯해서 PSAC의 순응을 보여주는 주요한 데이터다.	11.20

특히 추적성 레코드와 테스트 커버리지에서 요구되는 정보의 깊이를 고려할 때 그렇게 해야 하는 것만큼 데이터의 양은 사람들을 기죽게 만든다. 흥미로운 질문은 "애자일이 이 모든 수명주기 데이터에 대한 개발과 관리를 어떻게 도와줄 수 있을까?"하는 점이다.

애자일이 된다는 것은 팀이 문서를 생성하지 않거나 순응의 증거를 제공하지 않는다는 의미가 아니다. 애자일이 된다는 것은 효율적인 방식으로 팀이 그렇게 해야 한다는 것을 의미하며, 이에 따라 초기 생성이나 관리를 위한 문서화를 위해 추가적인 비용을 최소화할 수 있다는 의미다. 여기서 도움을 주는 몇 가지 애자일 관례를 살펴보면 다음과 같다.

- 공학 작업의 일반적 결과로서 수명주기 데이터를 개발한다.
- 소급하진 않으면서 소프트웨어를 생성하는 것만큼 문서를 생성한다.
- 언제라도 가능하면 데이터를 생성하고 관리하기 위해 툴을 이용한다.

DO-178B/C 표준하에 개발 중인 시스템은 인증을 필요로 하지 않는 시스템의 생성보다 최소한 25~40% 더 많은 비용이 들 것으로 추정된다.[12] 이 비용은 인증과 관련된 추가적인 프로세스와 요구 증거에 대한 생성과 관리에 크게 기인한다. 그러나 전형적으로 이 비용은 원래 비용에서 75~150% 정도 더 추가될 것이다.

이 비용의 많은 부분은 수행된 작업과 증거가 앞으로 허용된다는 것을 보장하는 프로세스에서 조기에 (그리고 연속적으로) 지정된 공학 대표자^{DER}를 고용함으로써 줄일 수 있다. 시스템 인증에서 비용의 큰 부분을 줄일 수 있는 것이 바로 재작업을 회피하는 것이다(미국에서 일반적으로 활용되는 DER은 인증을 위해 미국 연방항공국^{FAA}을 대표하고 있으며, 항공 전자 시스템을 개발하는 프로젝트 팀에게 규정과 인증 지침을 제공한다).

비용의 또 다른 출처가 바로 추가적인 작업이다. 이상적으로 팀은 작업 제품(고수준의 요구 사항, 소스코드, 테스트 케이스 등의 그런 종류)의 생성에 필요한 것과 필요한 문서를 생성하는 작업의 자연스러운 부분으로서 수행한다. 때때로 원래의 작업이 완료된 오랜 후에 수행된 것을 문서화하기 위해 별개의 태스크가 수행된다는 것은 너무 일반화되고 잘 알려진 사실이다. 이것은 문서화를 위해 필요한 근거와 데이터를 재생성하기 때문에 아주 큰 비용을 추가시킬 수 있다. 예를 들어 고충실도 모델링을 이용하는 팀은 소스코드 내의 숨겨진 설계를 획득하기 위해 별개의 종이 연습이기보다는 모델상에 있는 보고서로서 설계 문서를 생산할 수 있다. 적절한 모델 다이어그램을 개발하는 동안 뷰나 문맥적 요소를 생성하는 것만큼 코멘트나 기타 문서를 추가하라. 여기서 애자일이 되는 것은 아득한 미래의 언젠가가 아니라 여러분이 작업하는 순간만큼 필요한 문서나 증거에 대한 생성을 의미한다.

DO-178B/C 표준은 수동으로 관리하는 것이 불가능하지 않다면 몇 가지 골치 아픈 증거를 요구한다. 예를 들어 표준은 관련 수명주기 데이터 요소 사이에 관리되는 추적성을 요구한다. 예를 들어 표준은 어떤 시스템 요구 사항이 어떤 소프트웨어의 고수준 요구 사항의 결과로 기인하는지, 이러한 소프트웨어의 고수준 요구 사항이 소프트웨어 아키텍처와 저수준의 요구 사항(설계)과 테스트 케이스에 매핑되는지 같은 연관된 수명주기 데이터 요소 사이에 관리되는 추적성을 요구한다. 실제로 그림 21.6은 요구되는 수명주기 데이터의 각각의 요소에 대한 요구 추적성과 관련해 꽤 훌륭한 아이디어를 제공한다.

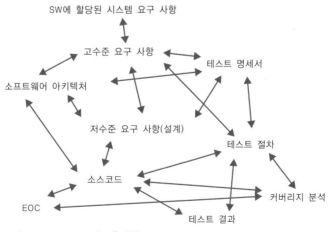

그림 21.6 DO-178B/C 추적성

요구되는 제품의 다양한 조각들 가운데서 변경과 업데이트를 관리하게 해주는 것은 고사하더라도 초기에 이런 모든 링크를 수동으로 생성한다는 것은 불가능한 일이다. 추적성을 관리하는 툴은 아주 큰 자산이다. '여행은 가볍게'라는 애자일의 견해가 이점은 있겠지만, 오류 발생이 쉽고 아주 큰 노력의 집중이 요구되는 태스크를 만날 때면 훌륭한 툴에 대한 투자가 더 큰 자산이 될 수도 있다.

개발자에게 아주 중요한 툴의 또 다른 영역은 형상 관리와 테스팅 툴이다. 테스팅 툴은 표준의 커버리지 목표 때문에 특히 인증된 환경에서 흥미롭다. DO-178C 표준은 인증된 시스템의 안전성 레벨에 따라 다양한 커버리지 수준을 요구한다. 레벨 C에서는 구조적 테스팅이 요구된다. 이것은 소스코드의 각 라인이 몇 가지 베리케이션 테스트에 의해 적어도 한 번은 실행돼야 한다는 것을 의미한다. 레벨 B에서는 의사결정 커버리지가 요구된다. 즉, 각각의 분기 결정은 두 번 테스트돼야 하는데, 한 번은 의사결정이 사실이고 또 한 번은 거짓이라는 것이다. 레벨 A 인증에서는 변경 조건 의사결정 커버리지$^{MC/DC}$의 커버리지가 요구된다. 이러한 가장 높은 테스트 커버리지 수준에서 적절한 결과가 나온다는 것을 보장하기 위해 각각의 불리언 조각은 독립적으로 서로 달라야 한다.

예를 들어 다음과 같은 코드 조각을 고려해보자.

```
if (x<0 && y>10 && z == 2)
    func1();
```

레벨 C에서는 단일의 테스트 케이스(사실)면 충분하다. 레벨 B에서는 2개의 테스트 케이스(하나는 사실, 하나는 거짓)면 충분하다. 레벨 A에서는 최소한 4개의 테스트 케이스가 필요하다. 수작업으로 테스트 커버리지를 분석하고 결론을 정당화하는 것은 엄청나게 힘든 프로젝트며, 이를 권고하지도 않는다. 사실 이러한 경우에서는 커버리지 분석을 수행하는 자격을 갖춘 테스팅 툴이 레벨 A 인증을 성취하는 유일한 합리적인 방법이다.

DO-178C 표준은 보완물인 DO-330 '툴 자격 고려 사항'을 제공하고 있으며, 툴 자격에 대한 지침을 제공한다. 자격을 갖춘 툴이란 독립적인 베리피케이션 없이 출력을 신뢰할 수 있는 툴을 말한다. 툴은 이러한 방식에서 사용될 수 있게 엄격한 자격 베리피케이션 프로세스를 거쳐야 한다. 소프트웨어 개발 환경에서 모든 툴이 자격을 받아야 하는 것은 아니지만 (테스팅 툴 같이) 발견하지 못한 결함을 남길 수 있는 결함을 가진 툴들은 사용상 인증 신용을 받아야 하는 팀을 위해서는 자격을 갖춘 툴이 돼야만 한다.

정리

애자일 방법은 더 전통적인 소프트웨어 개발 접근법과 비교해, 특히 다음과 같은 부분에서 중요한 프로젝트의 이점을 제안한다.

- 개선된 품질
- 개선된 시장 적시성
- 개선된 이해관계자와 고객 만족

애자일 방법은 태스크가 수행되는 변경된 순서의 조합, 프로젝트의 개발 목적에 추가되지 않는 태스크의 축소와 제거, 개선된 프로젝트의 기획과 거버넌스를 위한 메트릭과 관례의 허용 등을 이용해 이러한 이점을 성취하고 있다.

임베디드 소프트웨어 개발을 위해 애자일 방법을 채택한 것은 임베디드 개발 조직이 만든 내재적 보수성, 시스템 도메인에서의 애플리케이션 관련 문헌 부족, 임베디드 시스템의 독특한 측면을 고려한 애자일 관례의 변경 필요성 등을 비롯해 몇 가지 요소에 의해 지연돼 왔다. 그럼에도 불구하고 실제적인 이점들은 애자일 방법의 애플리케이션을 통해 가능해질 것이며, 심지어 고도로 규제된 안전 필수 시스템의 개발에서조차도 애자일 방법의 이점은 가능해질 것이다.

임베디드 시스템의 개발에서 가장 중요한 애자일 관례에는 다음 사항이 포함된다.

- **동적 기획** 예상 지식을 뛰어 넘어 기획하는 것이 아니라 더 심층적인 정보가 가용해지는 것만큼 계획을 업데이트하는 관례
- **목적 기반 메트릭을 이용한 거버넌스** 프로젝트를 효과적으로 조정하고 프로젝트 계획을 업데이트하기 위해 지속적으로 진도와 성공에 대한 증거를 수집하는 관례
- **스탠드업 회의** 짧은 공식적 회의를 이용해 일일 일정상에서 진도와 걸림돌을 추적하는 관례
- **회고** 작업 중인 것과 작업 중이 아닌 것에 유의하고 성공을 향상시키기 위해 적용하는 관례
- **점증적 개발** 독립적인 요구 사항의 집합에 대비해 입증되고 검증된 일련의 반복에서 시스템을 개발하는 관례
- **고충실도 모델링** 정확성과 일관성을 보장하기 위해 요구 사항 분석, 아키텍처, 설계에 대한 정확하고 검증 가능한 모델을 이용하는 관례
- **실행 가능한 요구 사항** 이해관계자의 니즈와 시스템 기능성의 이해를 촉진시키기 위해 입증 가능한 모델을 구축하는 것으로, 이를 통해 생략되고 부정확하며 불완전하고 일관성 없는

요구 사항에 대해서는 조기에 저비용으로 식별하는 관례

- **테스트 주도 개발** 설계와 코드가 개발되는 동안 단위(개발자) 테스트를 생성하고 응용함으로써 우선적으로 결함을 회피하는 관례
- **연속적 통합** 작업의 일관성을 보장하기 위해 다양한 공학자로부터 연속적으로 작업을 통합하는 관례
- **변경 관리** 소프트웨어 품질을 향상시키는 해결책을 통해 변경 생성으로부터 변경 요청을 추적하는 관례
- **리스크 관리** 프로젝트의 성공을 향상시키기 위해 핵심적인 프로젝트 리스크의 식별, 추적, 해결을 수행하는 관례

이러한 애자일 관례에서는 독립적이든 집합적이든 간에 대부분의 임베디드 소프트웨어 개발 환경에 대한 품질과 효율성을 향상시킬 수 있다. 이러한 모든 관례를 동시에 적용시킨다는 것은 사실 불필요하다. 애자일 방법을 적용하는 최선의 방법은 애자일 접근법을 경유하는 것이다. 첫째, 개발 조직이나 프로젝트의 핵심적인 고통이 되는 부분을 식별하고 가장 큰 고통 부분을 분명하게 다루는 관례를 적용한다. 나중에 팀이 새로운 방법에 익수해지면 질수록 두 번째 이슈를 처리할 때엔 애자일의 다른 관례들을 점증적으로 추가시킬 수도 있다. 애자일 방법은 정적이지 않으며, 애자일 팀은 정체돼 있지도 않다. 애자일 방법은 증가하는 개발 능력을 안내하기 위해 향상에 대한 주의, 적용, 입증을 연속적으로 요구한다.

참고 문헌

[1] Proceedings of IEEE WESCON 26 1970 (August): 19, Available from: http://www.cs.umd.edu/class/spring2003/cmsc838p/Process/waterfall.pdf.

[2] Available from: http://agilemanifesto.org/.

[3] Available from: http://disciplinedagiledelivery.com.

[4] Available from: http://www.amazon.com/Real-Time-Agility-Embedded-Development-ebook/dp/B002RQVPA4/ref=sr_1_2?ie=UTF8&qid=1329495806 &sr=8-2.

[5] B. Douglass. Rigorous agile is an oxymoron (November, 2010). Available from: <https://www.ibm.com/developerworks/mydeveloperworks/blogs/BruceDouglass/entry/rigorous_agile_is_an_oxymoron?lang5en..

[6] B.P. Douglass, Real-Time Design Patterns, Addison-Wesley, 2002.

[7] ISO/CD 262629: Road vehicles - Functional Safety - Part 9: ASIL-oriented and safety-oriented analyses. ISO, 2008.

[8] B.P. Douglass, Real-Time Agility, Addison-Wesley, 2009.

[9] Available from: http://www.martinfowler.com/articles/itsNotJustStandingUp.html.

[10] B.P. Douglass, Real-Time UML, 3rd Edition: Advances in the UML for Real-Time Systems, Addison-Wesley, 2004.

[11] P. Baker, Z. Ru Dai, J. Grabowski, I. Schieferdecker, C. Williams, Model-Driven Testing: Using the UML Testing Profile, Springer, 2007 (or the originating specification ptc/03-08-03 from the OMG website<www.omg.org>).

[12] V. Hilderman, T. Baghai, Avionics Certification: A Complete Guide to DO-178 (Software), DO-254 (Hardware), Avionics Communications, 2007.

참고 목록

Available from: http://www-01.ibm.com/software/rational/products/rtc/.

T. de Marco, T. Lister, Waltzing with Bears, Dorset Publishing, 2003.

22

자동차 애플리케이션용
임베디드 소프트웨어

잉가 해리스(Inga Harris)

22장의 목적은 자동차 전자 시스템의 임베디드 환경을 소개하는 것이다. 자동차의 임베디드 소프트웨어 환경은 다른 어떠한 임베디드 시스템의 환경보다도 더 치열하다. 즉 엄격한 기획, 아키텍처 수립, 개발, 테스팅, 밸리데이션과 베리피케이션은 개념 정립부터 제품 생산까지 5년 정도 소요된다. 자동차 시스템에서 20년 이상 동안 단 하나의 장애도 없이 섭씨 0도 이하부터 100도 이상까지, 1마일에서 20만 마일까지 완벽히 동작하는 컴포넌트, 하드웨어, 소프트웨어에 수백만 명의 사람들의 삶이 달려 있다. 22장은 자동차의 임베디드 소프트웨어 공학자가 고려해야만 하는 핵심 단계, 프로세스, 품질 양상에 대해 설명하지만, 이것을 어떻게 수행해야만 되는지에 관해서는 그 어떠한 구체적인 규칙도 정하지 않을 것이고, 그러한 규칙 자체도 존재하지 않는다.

홀륭한 자동차 소프트웨어를 작성하기 위해 공학자는 오늘날 자동차가 어떻게, 그리고 왜 복잡한 시스템으로 진화됐는지에 대한 지식을 가져야 한다. 독립적으로 개발되겠지만 조화를 이뤄 동작하는 다양한 자동차의 하부 시장 간의 차이점도 소프트웨어 공학자는 이해해야만 한다. 품질을 어떻게 테스트하고 측정하는지에 추가해 품질 수준은 무엇이고, 왜 그렇게 엄격한 품질 수준이 존재해야 하는지에 대해서도 이해해야만 한다. 자동차 소프트웨어 공학자는 자동차의 산업 표준과 다음 10년간 자동차 시장이 어떤 방향으로 이동하는지에 대해서도 알아야만 한다. 22장은 이러한 모든 주제를 다루며, 산업체와 산업 규정에 대한 사례와 링크도 제공한다. 이 책의 다른 장 대부분 또는 모든 장이 자동차 애플리케이션에 적용되며, 22장은 그 중에서도 핵심 영역을 강조한다.

배경 설명을 위한 역사

자동차 산업은 자체 추진 증기 차량이 군사용으로 처음 발명됐던 때인 18세기에 탄생됐다. 이 증기 차량이 사용되고 몇 달도 채 지나지 않아 아주 큰 3륜 대포 마차가 벽의 일부를 허물 었을 때 발생했던 사건이 최초로 기록된 자동차 사고였다.

자동차 전자 기술: 1911-2000

1911년 찰스 케터링^{Charles F. Kettering}의 데이톤 엔지니어링 연구소^{Delco}에 의해 개발된 점화장치, 전기 조명장치, 전기 자동 시동장치가 장착된 캐딜락 20/30 모델이 판매됐다. 이것이 바로 차량 내 전자 콘텐츠의 시작을 알리는 표시였다. 역사를 통해 많은 다른 산업에서 보았듯이 전쟁이 종종 기술 혁신의 핵심 동인이 된다. 1차 세계대전은 기술 혁신의 초점을 자동차 도로 차량에서 전쟁 기계로 바꿨지만, 종전 직후와 전후에 있었던 판매 부진이 회복의 조짐을 보이 면서 다음과 같이 초점도 다시 도로 차량의 개발로 전환됐다.

- 마르코니^{Marconi}는 다임러^{Daimler} 도로 차량의 라디오 수신기(무선)를 이용해 실험을 시작했다.
- 트리코^{Trico}는 이전의 진공 주도 와이퍼를 지속적으로 대체하기 위해 자동차 앞 유리용 전동 와이퍼를 소개했다.

1930년대 1930년대 대공황은 많은 기업을 재정 위기로 몰고 갔지만, 이에 비해 오늘날의 최소 표준으로 남아 있는 기계 부품들, 예를 들어 기어 박스와 서스펜션, 전자 콘텐츠 등은 계속 발전해 왔다.

1940년대 제2차 세계대전은 자동차의 초점을 도로 차량에서 군사용 니즈로 바꿔놨으며, 극심 한 폭격이 계속됐던 이 전쟁은 또한 산업계에 오랜 동안 지속되는 영향을 가져왔다. 제2차 세계대전은 많은 공장을 파괴했고, 또한 가솔린 배급 제도를 강제적으로 유입시켰다. 1947년 에는 패커드^{Packard}가 전기적으로 동작하는 파워 시트와 윈도우를 소개했으며, 그 다음 해인 1948년에는 뷰익^{Buick}이 완전 자동 기어 박스를 소개했다.

1950년대 1950년대는 유럽에 수에즈 위기^{Suez crisis}를 가져왔고, 미국에서는 자동차용 수직 안정판과 로켓 형태의 후미등이 소개됐지만 자동차 산업은 성능에 초점이 맞춰졌다. 패커드 는 1957년 버튼식 트랜스미션, 파워 도어락, 차량 내 레코드 플레이어가 장착된 전자적 측면의 혁신을 계속 주도했지만, 불행하게도 그 다음 해에는 이런 혁신적인 생산이 중단됐다.

1960년대 1960년대는 산업 부문의 도약이 이뤄졌고 고속 차량을 지원하기 위한 도로의 기반 구조도 개발됐다. 속도와 더불어 안전성도 발전했고 안전벨트도 표준으로 장착되기 시작했다.

1970년대 1970년대는 도로 차량의 치명적인 사고 증가에 반응하기 위해 에어백이 개발됐다. 제1차 중동전쟁은 원유 공급 문제와 전 세계 자동차 원유 가격의 가파른 상승을 촉발시켰다. 이 전쟁은 석유가 유한 자원이라는 것을 인식하면서 시작됐고, 제조업자들은 원유 경제를 향상시키는 방법을 찾기 시작했다. 10년 후 미국의 도로 차량에는 대기 오염 방출을 줄이려는 노력으로 배기장치에 촉매 변환장치(공해 방지장치)가 장착되기 시작했다.

1980년대 1980년대는 산업이 자연스럽게 성숙되기 시작했고 자동차 전자 기술의 모든 핵심 동인들이 오락, 안전성, 경제, 가스 배출 등의 분야에서 제자리를 잡기 시작했다. 시스템 컴포넌트 간 쉬운 개발과 통합 가능 산업 표준을 형성하기 위해 많은 회사가 병합되고 함께 작업하기 시작했다.

1990년대 1990년대는 미국의 환경보호국^{EPA}과 유럽 위원회 같은 정부의 규제기관들이 배기 정화장치를 도입했다. 보쉬^{Bosch}는 1980년대 계측 컨트롤러 통신망^{CAN} 버스 표준을 개발했고, 1991년에는 각각의 차량이 호스트 컴퓨터의 도움 없이 직접 통신할 수 있는 마이크로컨트롤러와 장치가 허용된 CAN 2.0 명세를 배포했다. 이러한 통신 표준이 자동차 산업에 쉽게 채택됐지만, 산업 부문과 의료 산업에도 사용될 수 있는 방법도 발견됐다. 지역 내부 연결 통신망^{LIN}, 미디어 지향 시스템 전송^{MOST®}, 플렉스레이^{FlexRay™} 같은 대체 네트워크도 개발 중이었다. 표 22.1은 최근의 자동차 모델에서 제시되고 있는 다섯 가지의 자동차 통신 프로토콜을 보여준다. 각각의 프로토콜은 자동차 서브시스템으로서 제 위치를 차지하고 있으며, 서로가 큰 차이를 보이고 있다. 비용적 측면에서 일부 제약이 있지만, 잡음 환경에서 고속의 데이터 처리율을 보이는 저속의 비용 절감 노드를 가진 전통적인 자동차 네트워크 노드가 있고, 자동차 비디오와 실시간 진단을 비롯해 최신 기술의 통신 네트워크도 포함돼 있다.

표 22.1 통신 비교표

프로토콜	응용 분야	물리 계층	비용	대역폭	장점	단점
LIN	도어락, 실내 온도 제어, 안전벨트, 선루프, 조명, 윈도우 리프트, 미러 제어장치	1 와이어	낮음	20Kbit/sec	저비용, 사용 편이성	속도/대역폭
CAN	차체 시스템, 엔진 관리, 트랜스미션	2 와이어	중간	1Mbit/sec	글로벌 성숙성, 입증된 능력, 표준	속도/대역폭 제한

(이어짐)

프로토콜	응용 분야	물리 계층	비용	대역폭	장점	단점
FlexRay	유선 제어장치, 전동식 제동장치, 고급 안전 충돌 회피 시스템, 전자식 조정장치, 안전성 제어 장치, 카메라 기반 모니터링 시스템	2 채널, 2 와이어, 보통 광섬유	높음	10Mbit/sec	고속의 데이터 처리율과 중복성	제한된 채택, 클록 정확성과 전압 레벨
MOST	멀티미디어, 인포테인먼트	2 와이어, 광섬유	높음	25Mbit/sec	구체적인 자동차 멀티미디어용 설계	제한된 채택 (니치), 고비용
이더넷	프로그래밍 ECU, 멀티미디어	2 와이어	중간	100Mbit/sec	글로벌 표준, 큰 대역폭	잡음 면역력, 케이블 비용, 신규 자동차 입지

전자 콘텐츠의 성장 동력

개발자가 차량의 구체적인 목표와 규정에 제한을 받으면서 동시에 더 많은 기능과 성능을 추가하는 것만큼 차량의 모든 컴포넌트를 관리하는 것은 점점 더 어려워지고 있다. 전자 콘텐츠는 큰 종이 위에 그려질 수 있는 간단한 스위치, 계전기, 퓨즈로 구성된 회로다. 그림 22.1에 1970년대 미니 클럽맨Mini Clubman의 전체적인 전자 콘텐츠가 나타나 있다. 전자 시스템은 램프, 계기, 배터리, 경적기, 시동 모니터, 스위치, 계전기보다 좀 더 많은 부품을 포함하고 있다. 그림 22.2에 나타나 있는 1997년 볼보 960의 계측기 배선도와 비교해보자.

아주 중요한 계기판의 계기는 물론이거니와 그림 우측에 연결된 실내 온도 전자 제어장치, 정속 주행 장치, 무선장치, 유압기, 연료장치, 엔진 제어장치, 트랜스미션 제어장치, ABS 제어장치, 속도 제어 시스템뿐만 아니라 중앙의 보조 보호 장치 같이 기타 연결 부품 같은 많은 전자 콘텐츠는 20년 이상 발전을 지속해 왔다는 사실을 알 수 있다. 차량 전반에 걸쳐 데이터와 명령을 전송할 수 있는 통신 프로토콜은 드라이버 없이는 제어할 수 없다. 심지어 차량의 활동을 전자 부문으로 변환시키는 센서조차도 의미 있는 이해와 반응을 위해서는 소프트웨어가 필요하다. 이 배선도는 15년 전의 것이다. 오늘날 이 배선도가 어떻게 생겼을지 생각해보라. 그림 22.3은 아날로그 게이지가 전혀 없는, 즉 계기판이 컴퓨터 스크린처럼 만들어진 3D 계기판을 보여준다.

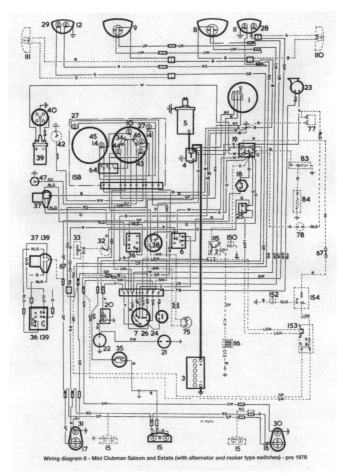

Wiring diagram 6 - Mini Clubman Saloon and Estate (with alternator and rocker type switches) - pre 1976

그림 22.1 1976년 미니 클럽맨의 세단형과 웨건형 승용차 배선도

자동차 시장은 전례 없는 전자 제어에 대한 진화를 경험 중에 있다. 자동차 시장은 그 이전의 어떠한 세대의 차량보다도 더 안전하고 더 연료 효율적이며, 더 편안한 차량, 차량 소유주 개인 생활의 연장선인 그러한 차량을 소비자에게 제공하고 있다. 이들 중 대부분은 정부의 환경 지시부터 차량의 설계와 제조, 그리고 반도체 솔루션 설계까지 산업의 모든 양상을 아우르는 글로벌 시장의 성공적인 확장 덕분으로 볼 수 있다.

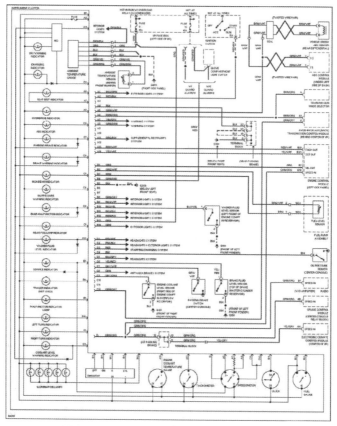

그림 22.2 1997년 볼보 960 계측기 배선도

그림 22.3 아이콘 계기판 610 X 457

임베디드 SW의 성장

오늘날 도로 차량에 내장된 자동차 시스템 소프트웨어는 수백만 라인의 길이로서 수백의 다양한 유형과 아키텍처에 걸쳐 분산돼 있다. 이 방식은 몇 십 년에 걸쳐 발전돼 왔다. 소프트웨어가 맨 처음 대용량의 차량 시스템에 주류로 사용됐을 때 4비트 또는 8비트 마이크로컨트롤러의 아키텍처 위에 작성됐다. 그것은 몇 가지 타이밍 제어, 일부 기본적인 통신과 계산, 몇 가지 아날로그 디지털 변환을 수행했던 아주 소수의 소프트웨어 주도 컴포넌트였다. 성능이 점점 더 첨단화되고 고속의 통신 프로토콜이 소개되면서 소프트웨어는 보통 8비트 또는 16비트 디바이스로 복사됐지만, 전동 장치와 에어백 애플리케이션은 복잡한 타이밍 요구 사항으로 인해 다른 시스템보다 훨씬 더 일찍 32비트 성능을 요구하게 됐다. 자동차 앞 유리용 와이퍼, 자동 윈도우와 미러, 파워스티어링과 안전벨트 사전 장력 시스템이 산업 전자 발전 초기에 많은 글로벌 플랫폼에 걸쳐 도입됐듯이, 자동차 제어 시스템은 전자 제어를 위한 초기 후보였다. 1990년대 자가 진단 장치 II$^{OBD\ II}$라고 알려진 차량 시스템의 자가 진단과 보고 기능의 도입은 그 전에 영향을 받았었지만, 아직 그 방향으로 이동하지 못했던 차량 내에 있던 시스템의 기능을 임베디드 소프트웨어로 이동하게 견인시켰다. OBD II의 도입 이후 차량의 거의 모든 컴포넌트는 소프트웨어에 의해 제어됐다.

자동차 프로그래밍 언어

일반적으로 자동차 산업은 주로 요구되는 극도의 안전성과 신뢰성 수준 때문에 컴퓨터와 네트워크 산업 같은 다른 산업들에 비해 뒤쳐져 있다.

차량의 전자장치가 확장되던 첫 몇 십 년간, 소프트웨어 콘텐츠가 성장하고 있었던 당시에는 어셈블리 코드가 언어로 선택됐다. 소프트웨어의 기능성은 다루기 쉬웠다. 개발 툴은 발전되지 못했고, 소프트웨어 루틴을 저장하기 위한 메모리 가용성은 수 십 메가바이트보다는 수 킬로바이트 정도로 무한정의 자원도 아니었다. 어셈블리로 작성하는 가장 큰 단점은 디바이스와 플랫폼상에 걸친 이식성의 부족이었다. 그렇게 빠른 페이스로 발전되고 있던 환경에서 C의 채택은 신속했다. 이것은 더 높은 수준에서 기능을 작성할 수 있게 만들었고, 차이점을 다루는 저수준의 드라이버와 핵심 자원 할당을 관리하는 C 컴파일러를 이용해 더 이식이 가능하게 만들었다. C의 채택은 코드 크기를 신속하게 성장시켰다는 것을 의미했지만, 더 짧아진 개발 시간과 현저하게 증가된 재사용성은 비용을 줄이기에는 너무 컸다.

메모리 기술은 EPROM과 ROM 솔루션에서 플래시 NVM 기술로 전환됐고 비용은 하락됐기 때문에 규모가 큰 메모리 디바이스가 더 적당했다. 자동차 산업은 C에 중독됐고 그 입장을 바꾸고 있다는 어떠한 표시도 보여주지 못했다. 이전에 언급했던 계측장비 클러스터 같은 일부 하부시장이 진전을 보였지만 이것은 자동차의 안전성과 제어 환경이라기보다는 컴퓨터 시스템 내 계기판의 진화 때문에 더 그런 것 같았다. C++가 몇 가지 사례에 사용됐지만, 완전한 능력을 발휘하지는 못했다.

영향에 대한 요약

오랜 역사와 함께 (안전성과 배기가스에 대한 정부, 전 세계 조약, 산업 컨소시엄 기관에 의해 위임된) 복잡성, 신뢰성, 품질의 높은 수준과 더불어 자동차 임베디드 소프트웨어는 다양하고 복잡하며, 시스템의 내력, 사용 중인 디바이스, 협력사에 대한 이해를 요구한다. 이들 시스템은 기존 플랫폼을 기반으로 개발됐으며, 많은 대륙과 독립된 많은 회사의 기술자 팀에 의해 작업됐다. 이것은 테스팅을 위해 시스템 디바이스 위에 장착되기 전에 요구되는 기능성이 충돌 없이 타 회사의 시스템과 함께 동작될 수 있게 어디서 (어떤 하드웨어 위에서) 성취돼야 하고, 어떻게 (어떤 표준을 따라서) 성취돼야 하는지가 반드시 알려지고, 리스크 평가가 수행되며 품질 검사가 이뤄져야 한다는 것을 의미한다. 많은 경우에 있어 이러한 개발 주기 단계는 가장 어렵고 가장 오래 걸리는 부분으로, 차량 제조자, 하부 모듈 아키텍트/설계자, 컴포넌트 공급자를 포함할 것이다. 일단 이러한 모든 정보가 준비돼 있으면 소프트웨어를 출력하고 테스트하며, 통합하기가 상대적으로 쉬워진다.

자동차 세그먼트와 차이점

자동차 전자 산업은 시장의 다양한 하부 세그먼트로 구분할 수 있다. 각 하부 세그먼트는 현대의 인포테인먼트[infotainment] 시장을 제외하고 표준 자동차 프레임워크를 기반으로 자신만의 뉘앙스와 우선순위를 갖고 있고, 일부 자동차 특징을 가진 소비자 애플리케이션에 더 가까울 것 같다. 그림 22.4는 전형적인 현대 차량의 내부를 보여주는 다섯 가지 자동차 하부 세그먼트와, 이들 주요 자동차 하부 세그먼트를 묘사하는 다섯 가지 부분을 보여준다.

차체

차체[Body]의 전자 시스템은 차량 내부의 다양하고 많은 애플리케이션을 포함하고 있으며, (차체의 컨트롤러와 중앙의 게이트웨이 같은) 안락하고 안전한 네트워킹 기능, 창문, 도어, 좌석, 조명장치, HVAC로 알려진 난방, 환기, 공기 조절장치로 구성된다. 전력 소모를 줄이고 주행의 안락감을 향상시키는 것이 차체의 전자 시스템을 발전시키는 핵심 추세다.

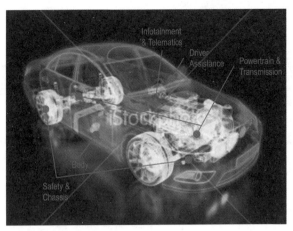

그림 22.4 차량의 서브시스템

중앙의 차체 제어 모듈^{BCM}은 내부와 외부 조명, 보안과 접근 제어, 도어와 좌석의 안락감, 기타 편리한 제어 같은 차체의 기능을 유지시키는 핵심 허브다.

게이트웨이는 이더넷, 플렉스레이$^{FlexRay^{TM}}$, CAN, LIN, MOST$^®$ 프로토콜을 비롯해 차량 내부의 다양한 의사소통 네트워크 간 정보의 교량 역할을 한다. 이것은 또한 차량의 가장 중요한 진단 인터페이스를 제공한다. 그림 22.5에 BCM과 게이트웨이 시스템의 간단한 블록 다이어그램이 나타나 있다.

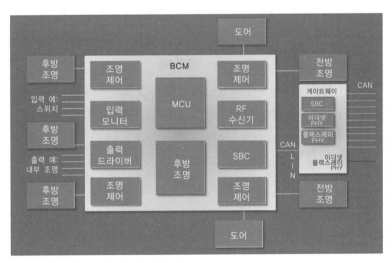

그림 22.5 BCM과 게이트웨이 블록 다이어그램

중앙에 집중된 도어 모듈은 전형적으로 여러 유형의 모터(예를 들어 윈도우 리프트, 도어락, 창문)를 제어하며, 이는 좌석 제어 모듈과 아주 유사하다. 분산 시스템은 전자 제어장치^{ECU} 개발자의 설계 노력을 줄이는 데 도움을 주기 위해 네트워크로 연결된 혼합 모드 제어장치가 구동기에 직접 장착돼 있는 스마트 구동기를 포함한다.

외부 조명은 차량의 승객들과 기타 도로를 이용하는 사람들의 안전성에 있어 중요한 역할을 수행한다. 다양한 유형의 램프(예를 들어 할로겐, 제논, LED)들은 여러 가지 조명 기능에 사용되는데, 예를 들면 브레이크 등, 방향 지시기, 하향/상향 헤드라이트 등이 있다. 더 첨단화된 기능에는 변경된 운전 조건에 적응할 수 있는 조명의 밴딩bending, 레이블링leveling, 셰이핑shaping이 포함된다.

HVAC 시스템은 블로워blower와 플랩flap을 위해 여러 가지 전기 모터를 필요로 한다. 모터의 제어는 다양한 센서 입력을 기반으로 한다. 신규 시스템은 32비트 마이크로컨트롤러의 더 높은 컴퓨팅 성능에 요구되는 더 적은 센서와 차량 내부의 모델을 이용한다. PWM이 장착된 H브리지Hbridge 드라이버, 낮은 미부하 전류의 이용, 과전류와 온도 과부하 예방, 부하 전류 피드백은 더 효율적으로 모터를 제어한다. 분산 시스템은 ECU 개발자의 설계 노력을 줄이는 데 도움을 주기 위해 네트워크로 연결된 혼합 모드 제어장치가 구동기에 직접 장착돼 있는 스마트 구동기를 포함한다.

차대와 안전성

차대의 전자 시스템은 브레이크 시스템, 파워스티어링 제어 시스템, 서스펜션 시스템을 포함한다. 이들 시스템들은 자동차의 안전성과 관련된다. 주행의 안락감을 향상시키고 차량의 안전성을 증가시키는 것은 오늘날 차대의 전자 시스템을 구동시키는 핵심 추세다.

전자식 안정성 제어 시스템ESC은 운전자가 차량 제어를 관리하는 데 도움을 주는 장치다. 마이크로컨트롤러와 일련의 센서들은 차량의 종방향과 횡방향 가속도, 각속도, 휠 속도, 조종각을 측정한다. 잠금 방지 브레이크 시스템의 구동기를 제어함으로써 ESC 시스템은 단일 차량에 대한 자동차 충돌의 30%, 단일 차량에 대한 스포츠 다용도 차량SUV 충돌의 60% 정도를 줄일 수 있다.

듀얼 코어 마이크로컨트롤러는 각 휠의 제동력을 개별적으로 제어할 수 있다. 파워스티어링 제어 시스템의 손실이 탐지되면 ESC 시스템은 브레이크 제어를 운전자로부터 가져오고 차량을 안정화시키기 위해 능동 서스펜션 시스템의 기능을 이용한다. ESC 시스템의 컴퓨팅 동력을 증가시킴으로써 능동과 피동 안전장치는 전체적인 안전성을 향상시키기 위해 네트워크로 함께 연결시킬 수 있다.

오늘날의 파워스티어링 시스템의 핵심적인 전자 소자는 안전 필수 애플리케이션을 위해 설계된 16비트와 32비트 단일 또는 듀얼 코어 마이크로컨트롤러다. 이들 컨트롤러는 복잡한 전자 모터 제어 기능을 위해 향상된 컴퓨팅 동력과 전문화된 주변장치를 제공할 수 있다. MOSFET의 동력단 제어를 위해서는 일반적으로 통합된 프리드라이버가 마이크로컨트롤러와 직접 접속하거나 SPI 링크를 경유해 접속하는 데 사용된다. 마이크로컨트롤러와 동력단 사이의 이러한 연결은 일부 결점 감내 수준, 예를 들어 잡음 환경에서 강건한 솔루션을 보장하는 결함 탐지, 복제, 중복 기능을 갖고 설계된다.

타이어 공기압 모니터링 시스템TPMS은 첨단화된 차량의 안전성을 포함한다. TPMS 솔루션은 실시간으로 공기압 모니터링을 제공하며, 부적절하게 부풀려진 타이어를 운전자에게 알려준다. 타이어 공기압 모니터 시스템은 그림 22.6에 나타나 있는 것처럼 공기압 센서, 8비트 마이크로컨트롤러, 무선주파수RF 송신기, X와 Z축을 가진 2축 가속도계 센서를 통합한다. 이것은 운전자에게 차량의 계기 클러스터에 전송될 수 있는 각각의 타이어에 대해 독립적인 실시간의 공기압 측정을 즉시 알려주기 위해 보통 자동차 바퀴 테두리의 모듈에 설치된다.

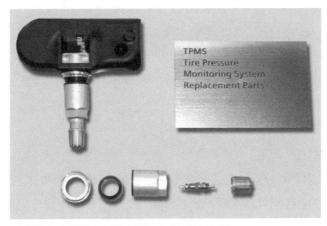

그림 22.6 타이어 공기압 모니터링 시스템(TPMS)

차량의 안전성과 관련해 또 다른 핵심 시스템이 바로 에어백 시스템이다. 에어백 시스템에서도 가속 센서들의 집합을 이용해 16비트 또는 32비트 마이크로컨트롤러를 결합시키는 제어 유닛이 중심 컴포넌트다. 시스템의 복잡성에 따라 추가된 위성 센서들이 표준 센서 버스를 경유해 부가적으로 충돌 정보를 제공한다. 가공된 센서 입력들은 전문화된 다중 채널 스퀴브squib 구동 회로를 이용해 전방, 사이드, 커튼 에어백을 작동시키는 데 사용된다. 첨단의 센싱 솔루션은 에어백이 펼쳐지도록 결정을 내리는 데 도움을 주는 결점과 과부하 진단 시스템의 경고를 포함해 직관적인 신호 처리를 가진다. 추가적인 안전성 요소로서 고도로 효율화된 교환 방식의 전원 공급 장치SMPS 컴포넌트는 사고 동안에 배터리 연결이 끊어지면 시스템이 수백 밀리초 정도 계속 운영되도록 허용한다.

운전자 보조

첨단 운전자 보조 시스템^{ADAS}은 차량과 관련된 사고나 사망을 줄이려는 사람들의 바람 때문에 가장 빨리 성장하고 있는 안전성 애플리케이션 영역 중의 하나다.

수동 안전성 시스템의 능력을 넘어 능동 안전성 시스템은 교통 사망을 줄이고 차량과 관련된 사고의 충격을 줄이는 데 주요한 역할을 수행한다. ADSA 시스템은 장거리와 중거리 레이더와 영상 시스템을 포함한다. ADAS 시스템의 개발은 외부의 물체 탐지와 식별을 위해 차량에 장착될 수 있는 최첨단의 비용 효과적인 RF 기술을 요구한다. 최첨단 레이더 시스템은 차량에 보행자와 장벽의 위치, 잠재적인 수정 경로를 파악해서 알려준다. 시스템의 효율성을 위해서는 놀라울 정도의 계산력이 요구되지만, 시장에서 더 일반적으로 사용되기 위해서는 그 비용이 아주 낮아야 한다.

능동 안전성 시스템은 자동 파워스티어링과 브레이크 조정 기능을 가진 적응적 정속 제어 ^{ACC} 시스템과 충돌 경고 시스템을 포함한다. 충돌 경고 시스템에서 마이크로컨트롤러 제어 77GHz 송신기는 차량의 전방, 측면 후방 물체로부터 반사된 신호를 방출하는데, 이 신호는 차량 내의 통합된 다중 수신기에 의해 잡혀진다. 내장된 플래시와 RAM을 가진 고성능의 32비트 또는 듀얼 코어 마이크로컨트롤러를 이용해 레이더 시스템은 주파수 도메인에서 물체를 탐지하고 추적할 수 있으며, 운전자에게 임박한 충돌 경고와 ESC 긴급 조정 개시를 유발시킬 수 있다.

ADAS에서 카메라 시스템은 차량의 후방과 측면에 있는 물체를 표시할 수 있을 뿐만 아니라 밤에도 스크린상에 표시할 수 있다. 또한 자동적인 차선 이탈 경고 시스템과 상향/하향 헤드라이트 제어를 위한 비디오 콘텐츠를 분석할 수 있다. 이미지 센서 인터페이스는 이미지 개선 필터링과 에지 또는 입자 검출을 위해 들어오는 비디오 프레임을 DSP로 최적화된 단일 또는 듀얼 코어 아키텍처에 제공한다. 추가적으로 카메라 시스템은 적절한 통신 인터페이스, 외부 메모리의 신속한 접근을 위한 통합된 DRAM 인터페이스, 저비용 시스템을 위한 내장된 플래시를 포함한다.

구동과 변속

구동 시스템^{powertrain system}은 오토바이 엔진부터 디젤 차량의 최신 고성능 구동 기술, 스파크 점화, 하이브리드 전기 차량까지 차량의 전자 제어 기술을 확고하게 해줬다.

변속 시스템^{transmission system}은 운전자가 요구하는 정지 마찰력 제어를 제공하기 위해 엔진 토크 출력을 도로에 효율적으로 전이하게 만들어준다. 오늘날 대부분의 차량 제조사들은 신세대의 자동 매뉴얼 듀얼 클러치 변속 시스템과 여덟 개의 다양한 속도를 가진 완전 자동

변속 시스템에 대한 정확한 제어를 제공하기 위해 컴퓨터로 제어된 변속 시스템으로 눈을 돌리고 있다. 컴퓨터로 제어된 변속 시스템은 연료 효율성을 개선하고 운전자의 작업 부하를 줄이는 데 도움을 준다. 정부의 규정과 고객의 요구 사항에 적합한 구동과 변속 애플리케이션을 설계함에 있어, 열악한 운전 경험을 위해 가장 우수한 엔진 제어 성능을 제공하면서도 연료 효율이 더 좋은 차량이 오늘날 구동 시스템과 변속 시스템을 구동시키는 핵심 추세다.

가솔린 엔진 기술은 세계에서 가장 흔한 운전 기술이다. 현대의 가솔린 엔진은 규정이 아주 까다로운 CO_2 규정을 지킬 수 있고, 제작에 있어 비용 효과적이며, 도시 운전에서는 가장 주요한 선택 수단이 된다. 코먼 레일common-rail 연료 분사 기술은 디젤 엔진의 성능과 효율성을 극적으로 향상시켰다. 그 결과 향상된 성능과 연료 효율성, 감소된 소음, 더 낮아진 매연 배출로 인해 디젤 엔진에 대한 사람들의 인식에서 변화를 가져왔다. 고압의 연료 분사 시스템과 효율적인 배기가스 처리 모듈은 미래에 더 친환경적이며, 연료 효율적 구동에서조차도 성능을 보장할 것이다. 20%의 연비 향상을 가져온 가솔린 직분사GDI 기술은 향후 몇 년간 크게 성장할 것으로 기대된다.

신흥 시장에서 이동성이라는 고객의 요구가 더 엄격해진 자동차 배출가스 규제에 대처하기 위해 기계적에서 전자적으로 제어되는 시스템으로 이동하려는 오토바이 제조사들을 선도하고 있다. 서부에 위치한 차량 제조사들은 CO_2 레벨을 크게 줄이고 연비를 올리기 위해서는 엔진의 크기를 작게 만들어야 한다는 것을 알고 있다.

하이브리드 차량은 동력 구동, 연비 개선, 유해 배출가스 감소를 위해 내연기관과 배터리 구동 전동기를 결합한 차량이다. 내연기관 제어장치 외에도 전기 운전 모터를 제어하고 배터리를 재충전시키며, 시동/정지 시스템과 연료 펌프, 냉각수 펌프 구동에 사용되는 에너지 관리를 위해 그 밖의 다른 모듈들이 요구된다. 시동/정지 시스템은 다른 에너지원에서 얻던 동력을 전기 에너지로 치환하는 차량 전기화electrification의 첫 번째 단계다. 또한 마이크로 하이브리드 기술이라고도 알려진 이 시스템은 일반적으로 차의 기어가 중립에 있을 때 엔진을 끄며, 가속 페달을 밟으면 즉시 재시동되는 기술이다. 이것은 특히 교통 체증으로 '가다 서다'를 반복하는 도시 운전에서 효과적인 시스템으로, 연비와 CO_2 배출에서 15%까지의 개선 효과를 가져올 수 있다. 전기적으로 제어되는 연료 펌프와 워터 펌프는 엔진 환경 내에서 정확한 연료와 냉각수 유동, 유압을 더 정확히 전달할 수 있고, 필요한 경우에만 동작할 수 있다. 이러한 방식은 경제적인 연료 관리뿐만 아니라 가장 효율적인 동작에서 최적의 온도로 엔진을 동작하도록 보장하는 데 도움을 준다.

차량 제조사에게 있어 무벨트 엔진을 개발하고 전기식 파워스티어링과 A/C 압축기 같이 하이브리드 차량의 엔진이 꺼졌을 때조차 동작이 요구되는 엔진 구동 부하의 제거에는 전기 제어가 필수적이다. 네트워크로 연결된 혼합 모드 제어장치는 ECU 개발자의 설계 노력을 줄이는 데 도움을 주기 위해 분산 시스템이 직접 액추에이터 위에 장착돼 있는 스마트 액추에이터를 포함한다. 그림 22.7은 표준 차량에 장착된 모든 구동과 변속 시스템의 지도를 보여준다.

그림 22.7 차량의 구동과 변속 시스템

인포테인먼트와 텔레매틱스

자동차 인포테인먼트infotainment 시장은 휴대용 모바일 가전제품 기술에 점점 더 영향을 받고 있다. 운전자 정보시스템의 복잡성은 기하급수적으로 점점 더 증가하고 있다. 최근 몇 년 동안 자동차에 항법시스템, 3G 무선 접속장치, 고해상도의 컬러 표시기, 음성 인식장치, USB, 블루투스Bluetooth® 연결 장치 등이 추가적으로 장착되고 있다. 증가되고 있는 복잡성의 대부분은 시스템을 실행하는 소프트웨어의 양이다. 차량에서 점점 더 많은 멀티미디어 기능을 기대하는 소비자들이 성장률을 증가하게 했으며, 제품의 설계 주기 단축을 강요하게 만들었다. 발전하고 있는 계기판의 세계는 순전히 기계적인 측정기로부터 애플리케이션의 전체 범위에 걸쳐 다양한 유형의 표시기를 포함하는 시스템을 향해 이동 중에 있다. 단일 측정기를 가진 표시기로부터 완전히 재설정 가능한 그래픽 계기판까지 다양한 시스템의 범위가 자동차 계기판에 있는 대형 표시기 위에 표시돼 있다(그림 22.3 참조). 중간급 정도 되는 차량 계기판의 계측기는 그림 22.8에 보이는 것처럼 동시 구동 계측 능력, LED 버저, LCD 표시기를 가진 TFT

LCD 표시기 기반의 시스템으로 이동하고 있다. 이러한 시장 공간을 지원하는 마이크로컨트롤러는 다양한 제품에 걸쳐 그래픽 재사용을 할 수 있는 Open GL ES와 Open VG 그래픽 지원까지의 모든 방면에서 기본적인 이미지 처리를 제공한다.

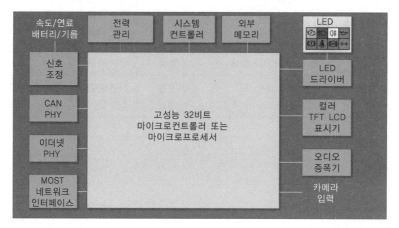

그림 22.8 계측기 블록 다이어그램

텔레매틱스^{telematics}는 전기통신과 정보학을 통합해서 도로에서 운전 중인 차량에 사용되는 기술이다. 이 기술은 전기통신 컴포넌트를 경유해 정보를 송신하고 수신하며 저장한다. 텔레매틱스 시스템은 자동차 항법 시스템의 ECU와 모바일 통신 기술로 통합된 지구 위치 확인 시스템^{GPS}이라는 기술을 포함하고 있다.

자동차 하부 세그먼트 요약

표 22.2는 비교 목적을 위해 자동차 시장과 특성을 보여준다.

표 22.2 자동차 하부 세그먼트 요약

하부 세그먼트	애플리케이션	성숙도	시장 동인	주기능/특징
차체	BCM	높음	주행 안락감	제어
	게이트웨이	높음	전력 소모	통신
	외부 조명	높음	전력 소모	제어
	HVAC	높음	주행 안락감	모터 제어
차대와 안전성	ESC	중간	안전성	브레이크 제어
	파워스티어링	높음	주행 안락감	모터 제어
	TPMS	중간	안전성	센서
	에어백	높음	안전성	센서

(이어짐)

하부 세그먼트	애플리케이션	성숙도	시장 동인	주기능/특징
운전자 보조	ACC	낮음	안전성	DSP
	시각 시스템	낮음	안전성	DSP
구동과 변속	가솔린	높은	연료 효율성과 배출	효율성 제어
	디젤 코먼 레일 연료 분사	높음	연료 효율성과 배출	효율성 제어
	하이브리드	낮음	연료 효율성과 배출	효율성 제어
	시동 정지	중간	연료 효율성과 배출	효율성 제어
	연료/워터 펌프	높음	연료 효율성과 배출	효율성 제어
인포테이먼트와 텔레매틱스	계측기	중간	주행 안락감	데이터 전시
	GPS	중간	주행 안락감	그래픽

자동차 품질

이전 절에서는 기능 관점에서 자동차의 다양한 하부 세그먼트를 소개했다. 임베디드 소프트웨어의 근본적인 목적은 지원적 역할로, 품질 소프트웨어 루틴을 이용해 가용한 하드웨어 능력을 효과적으로 활용함으로써 애플리케이션 요구 사항과 이와 연관된 품질 니즈를 성취하는 것이다. 이것은 소프트웨어 공학자가 하드웨어 기능과 리스크를 반드시 알아야 한다는 점과 자동차 전체 시스템의 품질을 보장하는 방식으로 기능과 루틴을 작성해야 한다는 것을 의미한다. 그림 22.2에서 봤듯이 볼보Volvo 계측기는 애플리케이션 모듈이 상호 밀접하게 연결돼 있고, 하나의 애플리케이션 영역에 있는 소프트웨어가 다른 소프트웨어에 영향을 미칠 수 있다는 것을 알 수 있다.

머피의 법칙을 위한 기획

특정 자동차 시장에서는 분당 수천의 회전수로 엔진이 회전하고 있는 한 고속 데이터에 대한 실시간 반응을 요구한다. 드물고 임의적이지만 고충격의 이벤트가 발생할 때 사용 빈도가 아주 높은 인터럽트 서비스 루틴이 핵심으로 수행되고 있는 사례를 상상해보자. 이 이벤트에 대한 반응은 핵심 루틴이 적절하고 신속하게 반응하지 않으면 지연될 수 있는데, 이러한 지연은 사고의 원인이 되기도 하며, 가장 최악의 경우에는 사망의 원인이 되기도 한다. 그러한 상황은 소프트웨어 개발 시 드물고, 임의적으로 발생되는 이벤트를 완전히 고려함이 없이 인터럽트 우선순위가 부정확하게 설정된 경우와 인터럽트를 가능한 한 빨리 완료할 목적으로 인터럽트가 수행되는 동안 핵심 루틴이 인터럽트를 불능화시키는 경우에 발생될 수 있다. 이것은 드물고 임의적인 이벤트가 테스트 환경에서 시뮬레이션하기가 어렵고 심지어 테스트 시간이 수년보다는 수주나 수개월로 제한되는 실세계 테스트에서 생성하기가 더 어려운 한 시스템 베리피케이션 동안에는 이슈로서 강조될 것 같지는 않다. 이러한 품질 사건은 정확한 조건이 우연히 발견될 때까지 수년 동안 다양한 플랫폼 위의 수백만 차량에 적용되지 않고 지내왔다. 강건한 형상 관리 툴에 따라 문서화된 견고한 리스크 평가 프로파일과 건전한 소프트웨어 관례를 기반으로 프로젝트 초반부터 소프트웨어와 시스템 품질에 완전한 중점을 두는 것은 품질이 최종 시스템에서 관리되고 있다는 것을 보장하는 데 큰 도움을 줄 것이다. 자동차 시스템은 "어떤 일을 하는 데 있어 잘못될 가능성이 있다면 그 일은 잘못될 것이다."라는 머피의 법칙Murphy's Law을 명심해서 검토돼야 한다.

결점 허용 통신

모든 통신에서 오류는 어쩔 수 없는 현실로 인정되기 때문에 오류 제어와 관련된 조항은 대부분의 프로토콜 표준에 포함돼 왔다. 결점 허용 통신의 경로 보장에서 있어 가장 도전이 되는 양상은 리스크, 충격, 확률, 비용에 대비해 대부분의 통신 프로토콜이 내장된 오류 탐지와 회복 메커니즘을 이용하는 전통적인 반복 접근법에 대해 균형을 유지하는 일이다. 마이크로 컨트롤러의 통신 하드웨어에 어떤 능력이 내장돼 있는지 이해하고 가능한 한 어디서든지 이를 활용하고 사용하는 것을 확실히 보장하는 것은 필수적이다.

머피의 법칙이 명확히 적용된다는 점에서 오류 인터럽트에 대한 출처를 무시하는 것은 자동차 임베디드 소프트웨어에서 해서는 안 되는 심각한 실수 중 하나다. 어떤 일을 하는 데 있어 잘못될 가능성이 있다면 그 일은 잘못될 것이며, 특히 불가능하다고 생각되는 일은 더욱 그렇다. 일단 하드웨어 능력이 이해됐고 준비된 연관 소프트웨어 루틴과 인터럽트 루틴을 가지고 하드웨어가 이용될 수 있다면 보통 소프트웨어 드라이버를 통해 결점 허용 통신에서 식별된 어떠한 차이든 강건하게 작성된 소프트웨어 함수에 의해 좁혀질 수 있다. 일반적으로 마이크로컨트롤러의 통신 모듈은 결함 식별과 수정을 지원하기 위해 몇 가지 형태의 패리티parity, 핸드셰이킹handshaking, ACK/NACK 신호 표시 또는 ECC 생성을 제공할 것이다. 시스템이 맞춤식 통신 프로토콜을 이용한다면 정보 전송이 올바르게 수신됐는지, 올바른 순서나 식별 가능한 순서로 정시에 수신됐는지를 보장하기 위해 목록으로 작성된 하나 또는 그 이상의 결점 발견 방법이 프로토콜 안에 설계돼야 한다. 자동차 환경에서 메시지 수신의 적시성은 결점 검사에 의해 반대로 방해받지 말아야 한다.

결점 허용 소프트웨어

30년 만에 0라인이었던 도로 차량의 소프트웨어가 수천만 라인의 코드로 발전했다. 차량의 임베디드 소프트웨어와 하드웨어 시스템의 규모와 구조는 어마어마하다. 자동차의 애플리케이션 기능은 실시간 운영체제, 디바이스, 주변 드라이버의 상단에 내장된다. 소프트웨어의 대부분은 실시간 필수다. 아직 연결돼 있지는 않지만 자그마치 70개의 개별적인 제어 유닛을 장착한 첨단 차량에서는 수천의 개별 기능들이 소프트웨어에 의해 구현되고 제어된다. 차량 생산 비용의 거의 40%가 전자 콘텐츠 기반 구조와 소프트웨어 비용으로만 발생할 수 있다. 개발 속도, 복잡한 요구 사항, 비용 압력이 어마어마한 도전과 리스크를 가져오겠지만, 또 한편으로는 개선을 위한 기회와 높은 잠재력도 가져다준다. 역사적으로 볼 때 제어 이론은 차량 개발에서 두드러진 역할을 수행했다. 오늘날 차량의 많은 소프트웨어는 실제 제어 기반이 아니고 이벤트 기반이다. 여기서는 제어 이론과 이산 이벤트 시스템 공학의 결합을 위해 올바른 이론과 방법론을 발견하는 것이 도전이다. 데이터 관리는 아주 분산적이고 통제되지 않는 분야다. 각각의 ECU는 자기 자신만의 데이터를 포함하고 관리한다. 이것은 차량 내 하부 모듈의 지역 데이터가 차량이 이동 중이라고 모듈에 알려주고 있는 동안 또 다른 하부 모듈은 자기 자신의 데이터에 근거해 차량이 멈춰있다고 믿어버리는 차량 내 갈등 상황을 불러일으킬 수 있다. 이것이 사전에 계획되지 않은 사례라면 해결될 수 없는 문제다. 이와 같은 갈등은 해결돼야만 한다. 복제, 중복, 출력 비교는 자동차 환경에서 빈번히 사용된다.

제로 결함 소프트웨어

고객이 정기적으로 펌웨어를 업데이트하는 데 사용되는 다른 시장과 달리 자동차 시장에서는 그러한 업데이트가 효과적으로 리콜되긴 하지만 리콜 자체를 못마땅하게 생각한다. 제로 결함ZD, Zero Defect 소프트웨어의 개발은 버그 없는bug-free 소프트웨어의 개발과 똑같지 않다. 이것은 전체 개발 프로세스에 걸쳐 최상의 품질 상태를 유지해야 되는 소프트웨어를 개발하는 하는 일이다. 결함은 있는 그대로 최종 제품에는 적절하지 않을 개발 중인 소프트웨어가 가진 특성이다. 이러한 일반적인 정의는 기대되거나 요구되는 최종 산물과는 원치 않는 오차뿐만 아니라 버그까지도 포함한다. 자동차 애플리케이션 개발에서 결함이란 출력 신호의 지연이나 지터jitter, 최종 제품보다 더 낮은 시스템 주파수, 완료되지 못한 특징들을 포함할 수 있다.

소프트웨어 공학에서 가장 흔한 개발 접근법은 처음 결함이 자주 발견되는 개발의 최종 품질보증QA 단계까지 주요한 테스팅을 지연시키는 방법이다. 경험에 의하면 대다수의 버그들은 검출되지 않는다. 그 결과 이들 버그들은 나타나서 오래 지날 때까지도 해결되지 못하며, 더 오래 동안 결함이 존재하면 할수록 그 결함을 수정하는 일은 더 어려워진다. 자동차 애플리케이션 같은 대규모 소프트웨어 제품에서 결함이 확산되는 개발의 각 개별 단계는 결함 수정 비용을 50배까지 증가시킬 것이다. 초기 설계 단계에서 나타나는 결함을 바로 수정하지 못하고 테스팅 단계가 되서야 수정하는 경우에는 결함 수정에 수백 배 이상의 비용이 소요될 수 있다.

개발 프로세스의 전 과정에 걸쳐 결함이 없는 상태가 되도록 소프트웨어 제품을 관리하는 것이 가장 중요하다. 일반적인 소프트웨어 공학자는 하루에 평균 10라인의 코드를 작성하며, 하루의 나머지 시간은 디버깅debugging에 시간을 보낸다. 제로 결함ZD은 대부분의 디버깅 시간을 제거함으로써 일정을 단축시키고, 내부 이슈의 가능성을 감소시키며, 문제가 확산되지 않게 보장한다. 그림 22.9는 제로 결함 자동차 소프트웨어를 개발할 때 기억해야 할 몇 가지 핵심 포인트를 보여준다.

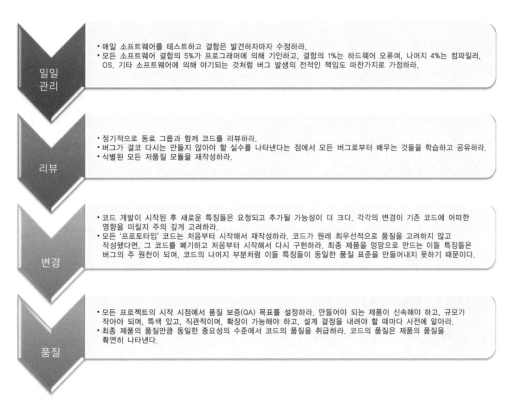

일일 관리
- 매일 소프트웨어를 테스트하고 결함은 발견하자마자 수정하라.
- 모든 소프트웨어 결함의 5%가 프로그래머에 의해 기인하고, 결함의 1%는 하드웨어 오류며, 나머지 4%는 컴파일러, OS, 기타 소프트웨어에 의해 야기되는 것처럼 버그 발생의 전적인 책임도 마찬가지로 가정하라.

리뷰
- 정기적으로 동료 그룹과 함께 코드를 리뷰하라.
- 버그가 결코 다시는 만들지 않아야 할 실수를 나타낸다는 점에서 모든 버그로부터 배우는 것들을 학습하고 공유하라.
- 식별된 모든 저품질 모듈을 재작성하라.

변경
- 코드 개발이 시작된 후 새로운 특징들은 요청되고 추가될 가능성이 더 크다. 각각의 변경이 기존 코드에 어떠한 영향을 미칠지 주의 깊게 고려하라.
- 모든 '프로토타입' 코드는 처음부터 시작해서 재작성하라. 코드가 원래 최우선적으로 품질을 고려하지 않고 작성됐다면, 그 코드를 폐기하고 처음부터 시작해서 다시 구현하라. 최종 제품을 엉망으로 만드는 이들 특징들은 버그의 주 원천이 되며, 코드의 나머지 부분처럼 이들 특징들이 동일한 품질 표준을 만들어내지 못하기 때문이다.

품질
- 모든 프로젝트의 시작 시점에서 품질 보증(QA) 목표를 설정하라. 만들어야 되는 제품이 신속해야 하고, 규모가 작아야 되며, 특색 있고, 직관적이며, 확장이 가능해야 하고, 설계 결정을 내려야 할 때마다 사전에 알아라.
- 최종 제품의 품질만큼 동일한 중요성의 수준에서 코드의 품질을 취급하라. 코드의 품질은 제품의 품질을 확연히 나타낸다.

그림 22.9 ZDSW 차트

리스크 관리와 장애 모드

리스크 관리는 예상 행위로부터 일어날 수 있는 차이와 그 차이로 인해 발생하는 영향을 줄이고 관찰하며 제어하기 위해 가용 자원의 공동 이용과 함께 (긍정적이든 부정적이든 간에 목표에 대한 불확실성의 영향으로써 ISO 31000에 정의된) 리스크 식별, 리스크 분석, 리스크 우선순위화로 정의될 수 있다. 첫 번째 단계는 잠재 위협에 대한 식별, 특징 묘사, 평가를 하는 것이다. 그런 다음 시스템 취약성이 평가될 수 있고 평가 결과가 식별된다. 다음 단계는 리스크를 줄일 수 있는 방법을 발견하는 것이다. 식별된 리스크에 대한 반응에는 회피, 예방, 공유, 수용의 네 가지 종류가 있다. 일단 데이터가 수집되면 적절한 전략을 기반으로 해서 완화 계획이 작성되고 우선순위가 매겨질 수 있다. 리스크 발생 가능성을 줄이고 발생된 리스크의 영향을 감소시키기 위해 프로젝트 진행 동안 식별된 리스크가 모니터링되고 관리되는지를 확실히 하는 프로세스가 반드시 있어야 한다. 리스크 우선순위가 목록화된 리스크 레지스터를 생성하는 것도 좋은 관례다. 식별된 각각의 리스크에 대해 리스크 레지스터는 다음과 같은 분야를 포함해야 한다.

- 리스크 식별 번호
- 리스크 설명
- 리스크 식별 결과
- 확률(높음, 중간, 낮음)
- 리스크 완화를 위한 계획된 동작
- 우발 계획(리스크 발생 시 해야 될 일)
- 리스크 소유자(프로젝트 팀 인원)
- 상태(예를 들어 종료: 리스크 미식별)

개발의 어떤 단계에서든 리스크가 식별될 수 있다는 점을 알아야 한다. 식별된 리스크가 중요하다면 리스크 레지스터 문서에 추가시켜야 한다.

장애 모드와 영향 분석

장애 모드는 고객에게 영향을 미치는 프로세스나 설계에서의 오류나 결함이다. 장애 모드는 잠재적이거나 실제적일 수 있다. 이 용어는 제품 수명주기의 다양한 단계 동안 제조 산업에서 처음 사용됐으며, 지금은 다른 모든 산업에서 발견되고 있다. 영향 분석은 장애 결과에 대한 조사다. 장애 모드와 영향 분석[FMEA]은 자동차 산업에서 사용되는 공통적인 프로세스다. FMEA는 장애의 심각도나 장애 발생 가능성에 대한 분류를 위해 시스템의 잠재적 장애 모드를 분석한다. 성공적인 FMEA 활동은 팀이 유사한 제품이나 프로세스를 가진 과거 경험을 기반으로 잠재적인 장애 모드를 식별할 수 있게 해주며, 또한 팀이 최소의 노력과 자원 지출로 시스템에 장애가 없게 설계하고, 개발 시간을 줄이며 개발 비용을 낮추게 만들어준다. FMEA를 수행하기 위한 프로세스는 일반적으로 세 가지 핵심 단계가 있다. 첫 번째 단계는 장애 모드의 원인과 발생 횟수를 검토하는 일이다. 장애 모드는 표 22.3에서 보는 것처럼 발생되는 순위로 주어진다.

표 22.3 FMEA 발생

순위	의미
1	유사 제품이나 프로세스에서 발생되지 않음
2/3	낮음(상대적으로 적은 장애 발생)
4/5/6	중간(가끔씩 장애 발생)
7/8	높음(반복적으로 장애 발생)
9/10	아주 높음(장애가 거의 필연적으로 발생)

다음 단계는 장애 모드의 심각도를 결정하는 일이다. 단일 컴포넌트에서 장애 모드가 다른 컴포넌트의 장애 모드를 유발할 수 있기 때문에 장애 모드 각각은 기술적 용어로, 그리고 각각의 기능에 대해 목록으로 작성돼야 한다. 이것은 장애 모드 각각의 궁극적인 영향에 대해 고려될 필요가 있다는 것을 의미한다. 장애 모드는 표 22.4에서 보는 것처럼 심각도 순위로 주어진다. 최종 단계는 동작의 효율성을 테스트하고 검증하는 일이다. 여기서 번호는 결함을 제거하거나 제시간에 장애 모드를 검출하기 위해 계획된 테스트를 수행할 수 있는 능력에 대해 순위를 매긴 것이다. 이 번호는 장애가 검출에 실패할 리스크를 측정하는 데 사용된다. 표 22.5에 장애 모드에 대한 검출 순위가 나타나 있다.

표 22.4 FMEA 심각도

순위	의미
1	영향이 없음
2	아주 작음(안목 있는 고객만 알아챔)
3	작음(시스템에 아주 적은 영향을 미치며, 평균적인 고객도 알아챔)
4/5/6	중간(대부분의 고객이 짜증냄)
7/8	높음(주 기능의 손실에 원인이 됨, 고객은 불만스러워 함)
9/10	아주 높으며 위험함(제품은 작동하지 않게 됨, 고객은 화를 냄, 장애는 불안전 동작을 발생시키거나 피해를 일으킬 수 있음)

심각도, 발생빈도, 검출률에 대한 순위를 매긴 후 이들 세 가지 번호를 곱해서 리스크 우선순위 번호를 계산할 수 있다. 이 방법은 전체 설계 과정에서 수행돼야만 한다.

이 방법이 완료됐을 때 가장 크게 영향을 미치고 중요한 구역을 결정하는 것이 쉬워진다. 가장 높은 리스크 우선순위 번호[RPN]를 가진 장애 모드는 수정 동작의 실행에 있어 가장 높은 우선순위가 주어져야 하는 장애 모드다.

표 22.5 FMEA 검출

순위	의미
1	확실함(결점은 테스트에서 검출됨)
2	거의 확실함
3	높음
4/5/6	중간
7/8	낮음
9/10	결점은 검출되지 않은 상태로 고객에게 전달됨

　자동차 소프트웨어에 대한 FMEA 사례가 표 22.6에 나타나 있다.

개발과 테스트

서브시스템의 상호 운용성

자동차 산업은 수직적 구조다. 소프트웨어 공학 관점에서 자동차 산업은 모듈식으로 기술될 수 있다. 자동차 기계 공학자는 100년 이상 동안 차량의 다양한 서브시스템을 독립적으로 작동하고 독립적으로 제조되도록 발달시켰다. 이것은 의미 있는 분업을 가능하게 했으며, 결과적으로 제3의 공급자는 공학과 개발뿐만 아니라 생산에서도 중요한 역할을 떠맡을 수 있게 됐다. 차량의 부품들은 복잡한 공급망을 통해 생산되지만 일부 경우에는 차량 제조사에 의해서만 조립될 수 있다. 차량은 차량 제조사에 의해 조립^{OEM}되는 하부 부품 세트로 고려될 수 있지만, 일부 사례에서는 이것 역시 하도급으로 주기도 한다. 그러나 브레이크, 핸들, 엔진 제어 같이 상당한 수준에서 서로 관계가 없고 독립적인 기능들, 즉 운전자에 의해 자유롭게 제어되는 기능들은 이제 상호작용되기 시작했다. 차량은 주로 특이 진동에 의해서만 상호 영향을 미치는 이산 시스템의 조립 장치로부터 차량의 브레이크 제어 유닛에 직접 영향을 미치는 실시간 비디오와 레이더 시스템 같은 통신 버스, 집중 제어, 실 시스템 종속이 포함된 완전 통합 시스템으로 진화되고 있다. 그 결과 의도치 않은 특징 간의 상호작용이 이슈가 되고 있다. 이것은 완전한 시스템 명세서에 대한 필요성과 상호 연결된 다양한 시스템의 견고한 이해가 철저한 테스팅, 고성능의 최종 산출물, 신뢰성 있고 안전한 차량을 가능케 하는 것보다 점점 더 중요하다는 것을 의미한다.

표 22.6 FMEA 입력 사례

기능	결점 모드	결점 원인	결점/장애에 영향						결점 탐지 방법/관찰 징후	완화 계획	설계 권고	비고
			설명	장애 근본 원인	발생	심각도	검출	리스크 색인				
'플래시 기반 변수' - 능동 메모리 영역 결정에 필요한 정보 제공	영구적 ECC 오류 또는 능동 메모리 영역의 무효값	플래시 메모리의 HW 오류 플로그분의 마진(플래시 프로그래밍 동안의 저전압 조건) 초과 횟수분의 하많된 조건) 기인한 ECC 플로그분의 마진(플래시 프로그래밍 동안의 저전압 조건), 온도, 방사, ...	메모리 영역의 모든 블록 소실	손상 헤더를 가진 메모리의 회복 불가	1	8	1	8				
	일시적 ECC 오류 또는 능동 메모리 영역의 무효 값 – 초기화 동안 파라미터가 올바르게 읽히지만 실행 시간에 손상됨		없음 – 메모리는 보통 다음 리셋까지 접근 가능; 또 다른 결점 발생되는 리셋 전 조건 기반으로 적용 가능	해당 없음	4	6	4	96				
	일시적 ECC 오류 또는 능동 메모리 영역의 무효 값 – 첫 초기화 동안 파라미터가 올바르게 읽히지만, 다음 초기화 동안 부정확하게 읽힘		신규 작성 블록은 다음 리셋 후 소실	파라미터가 초기화 동안 올바르게 읽히고, 메모리 영역의 능동으로 인식되며, 신규 블록이 메모리에 작성됨. 다음 초기화 동안 파라미터가 낮은 파라미터로 부정확하게 읽힘. 파라시슬모르는 데이터를 가진 이전 메모리가 능동으로 영역으로 인식되고 이전 메모리에서 작성된 모든 블록이 소실됨	2	6	4	48				
	ECC 오류 또는 대체 메모리 영역의 무효 값	데이터 쓰기 동작 중단 (MCU 리셋, MCU 전력 감소, 플래시 HV 중지 (예: 취소 동작) 삭제 동작 중단	장애 영향 없음	해당 없음	3	3	5	45				

22장의 다음에 나오는 개발과 테스트라는 절은 통합 자동차 시스템의 자동차 안전성에서 요구되는 표준을 얻기 위해 택할 수 있는 단계를 제안한다.

소프트웨어 명세서

자동차의 소프트웨어 요구 사항 명세서SRS는 뭔가 다른 안전에 민감하거나 품질에 민감한 SRS와 같을 것이다. 이 명세서는 개발돼야 하는 시스템의 동작을 묘사하고 있으며, 소프트웨어와 하드웨어, 기타 플랫폼과의 상호작용을 묘사하는 사용자 사례를 포함하고 있고, 성능과 품질, 제약 사항 같은 비기능 요구 사항을 포함하고 있다. 소프트웨어 요구 사항 명세서를 위한 IEEE 표준 830 1998 권장 지침(http://ieeexplore.ieee.org/stamp/stamp.jsp?tp=&arnumber=720574&userType=inst&tag=1)은 동급 최고의 SRS 지침 중 흔히 사용되는 참고 지침이다. 자동차 소프트웨어에서 관찰될지도 모르는 유일한 차이점은 22장의 후반 절에서 기술되는 다른 표준들을 준수하기 위해 참고 지침과 SRS에 대한 품질보증QA, 밸리데이션, 베리피케이션 양상에 더 강한 집중을 보인다는 점이다.

소프트웨어 아키텍처

차량 내에서 동작 중인 수천 가지의 기능들은 기본적인 운전 작업, 안락감과 인포테인먼트 infotainment 같은 다른 특징들을 비롯해 여러 가지 많은 고수준 기능을 다루고 있다. 이들 기능들은 단독으로 동작하지 않고 서로 높은 의존성을 갖고 있으며, 많은 기능은 동시에 운용되는 다른 기능들에 아주 민감한 특징을 갖고 있다.

차량 내에서 발견되는 많은 기능처럼 다기능 시스템에 대한 구조적 뷰view의 표현을 더 잘 이해할 수 있게 해주기 위해 모델이 개발된다. 복잡한 기능성과 연관된 모든 이슈 때문에 하드웨어와 소프트웨어 공학자들이 견고한 최종 제품을 개발할 수 있도록 적절한 모든 뷰를 다루는 차량 아키텍처에 대한 정교한 구조적 뷰가 필요하며, 이에 따라 모델링 접근법은 제품 아키텍처의 모든 양상을 다루기에 충분할 정도로 유연해야 한다.

- 기능적 고수준의 사용자 뷰는 그림 22.10에서 보여주는 것처럼 운전자와 승객은 물론 차고와 유지 보수 공학자, 심지어 생산 라인의 직원까지도 포함해 모든 사용자에게 제공하는 소프트웨어 기반의 모든 기능성을 수집한다. 기능성 수준 모델은 관련 서비스의 집합을 수집하는 것으로, 이의 목적은 서비스 제공 방법, 서비스 상호 의존 방법, 서비스 간 인터페이스에 대한 이해를 가능하게 만드는 것이다. 이 모델은 특징(또는 기능) 계층으로 만들 수 있다. 서비스 간 유통되는 데이터나 메시지가 이미 식별됐다면 메시지 시퀀스 차트 같은 기법이 사용될 수 있다.

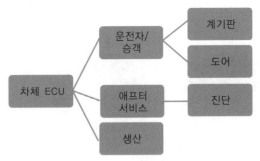

그림 22.10 SW 아키텍처: 특징 계층

- 논리적 아키텍처 수준은 논리적 컴포넌트 아키텍처를 다룬다. 논리적 아키텍처에서 기능 계층 모델은 그림 22.11에 나타나 있는 것처럼 상호작용하는 컴포넌트의 분산 시스템으로 구분된다. 이 수준에서 보이는 분산 시스템은 컴포넌트가 하드웨어에 의해 구현되든지 또는 소프트웨어에 의해 구현되든지 간에 상관없으며, 얼마나 많은 서로 다른 컴포넌트가 이들 기능을 구현하는지에 무관하다. 논리적 아키텍처는 시스템 기능을 인식하는 입력과 출력을 가진 인터페이스로 묘사될 수 있다. 이 인터페이스를 통해 모델은 마치 기능성 수준에서 묘사한 것처럼 자신이 관찰한 동작을 설명하며, 이들 상호작용은 자동차 시스템의 분해 과정을 규정하는 데 사용될 수 있다. 논리적 아키텍처는 추상적 솔루션을 묘사하며, 프로토콜과 추상적 알고리즘이 이들 솔루션에 사용된다. 이것은 하나의 차량 설계에서 다른 차량의 설계로 배포되는 방식과는 다른 서비스의 개념적 재사용을 가능케 하며, 또한 차량의 기반 구조에 걸쳐 요구되는 공통 서비스도 식별한다.

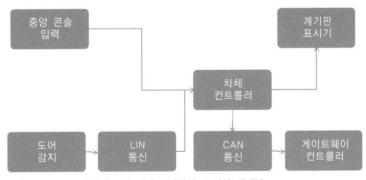

그림 22.11 SW 아키텍처: 논리적 아키텍처, 도어와 계기판

- 모델의 클러스터링 수준에서 논리적 아키텍처는 그림 22.12에 나타나 있는 것처럼 소프트웨어가 무엇을 할 것인지를 명확하게 만드는 방식으로 재정렬된다. 이것은 논리적 아키텍처로부터 더 많은 소프트웨어 컴포넌트의 분해가 충분한 입도에 도달할 때까지 수행

된다는 것을 의미하며, 그런 다음 분해된 컴포넌트는 클러스터로 재정렬된다.

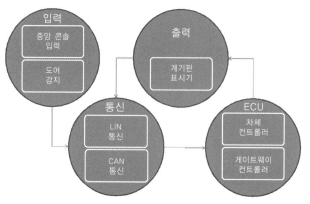

그림 22.12 SW 아키텍처: 클러스터링

- 소프트웨어 아키텍처는 한쪽에 운영체제와 드라이버가 있고, 반대쪽에는 태스크로 표현되는 애플리케이션 소프트웨어가 위치해 있는 플랫폼에서의 전형적인 소프트웨어 영역이다. 고수준 소프트웨어 아키텍처는 논리적 아키텍처로부터 유도된다. 적절한 툴이 가용하다면 코드의 중요한 부분이 논리적 아키텍처로부터 생성될 수 있다(자동 코딩이라 알려진 프로세스다). 태스크와 프로세스 측면에서 스케줄링뿐만 아니라 목표 코드는 고수준 소프트웨어 아키텍처로부터 유도되며, 운용체제와 스케줄러 같은 소프트웨어 기반 구조와 깊은 연관이 있다.

- 하드웨어 아키텍처 수준은 센서, 액추에이터, 버스 시스템, 통신 라인, ECU, MMI, 기타 많은 것을 비롯해 모든 물리적 컴포넌트로 구성된다. 하나의 ECU 내 모델은 프로세서, 하드웨어 I/O, 메모리에 존재하는 하드웨어 아키텍처로 정의될 수 있다. 하드웨어에 대한 특정한 자동차 요구 사항이 명시돼야 하며, 전자기 호환성, 온도 저항성, 디바이스 패키징(물리적 구축 공간) 같은 하드웨어 아키텍처에서 만족돼야 한다.

- 마지막으로 소프트웨어/하드웨어 공동 설계 모델과 하드웨어가 소프트웨어에 관련된 배포 기능이 있다. 하드웨어/소프트웨어와 배포 기능은 논리적 컴포넌트 간 상호작용으로 묘사되는 논리적 아키텍처의 구체적 구현으로 표현된다. 하드웨어와 소프트웨어 간 라인이 차량의 분산 컴퓨팅 특징 때문에 적어지는 것처럼 자동차 시스템 설계는 전자 설계 자동화EDA와 공동 설계에 대한 동인이 돼야 한다. 서로 다른 기능성이 서로 다른 통신 요구 사항을 갖는 것처럼 어떠한 배포 아키텍처든 차량의 네트워크 토폴로지를 고려해야 한다.

모델링

모델링은 자동차 소프트웨어 시스템의 품질 개선에 도움을 주는 잠재력을 가진다. 제품 문서화로 시작해 정밀하지 않은 설명들을 정확하게 만드는 데 있어 개발 팀은 더 훌륭하게 요구 사항을 분석할 수 있으며, 그런 다음 재사용하고 재개발하며 신규 코드를 적절하게 생성할 수 있고, 마지막으로 제품 라인상에서 제품에 서명할 수 있다.

오늘날 모델과 모델 기반 개발은 자동차 산업에서 어느 정도까지는 사용되지만, 사용 빈도는 드문 편이다. 모델링은 개발 프로세스의 특별한 단계에서만 적용되므로 모델링 사용으로 얻는 이익의 많은 부분이 희석된다. 모델이 개략적이고 모델링 언어가 공식화되지 않았기 때문에 더 높은 이익은 이뤄지지 않는다. 전형적인 모델의 유스케이스 사례에는 일관성 검사나 모델로부터의 테스트 생성이 있다.

모델이 지원할 수 있는 또 다른 이슈는 서로 다른 회사 간, 예를 들어 OEM과 첫 번째 공급자와 두 번째 공급자 간 통신에 있다. 자동차 산업에서 통합된 매끄러운 방식으로 모델을 이용하는 것은 개발 팀에게 모델 기반 프로세스의 강력한 비전을 불어 넣을 수 있다. 비즈니스 요구 사항이 수집되고 핵심 요구 사항이 합쳐지면 모델은 요구 사항을 기능적 요구 사항과 비기능적 요구 사항으로 분리시킬 수 있다.

- 기능적 요구 사항은 모든 개별 특징이 상태 기계나 상호작용 다이어그램에 의해 묘사되는 기능 계층을 이용해 공식화된다. 기능 계층에서는 종속성이 도입된다.
- 비기능적 요구 사항은 제품에 대한 프로세스의 품질 요구 사항이다.

모델은 제품의 품질 요구 사항이 소프트웨어 제품의 특징들을 어떻게 결정하는지 이해하도록 개발자에게 도움을 준다.

품질 주도 아키텍처는 기능적 요구 사항이 도출되는 방향으로 생성된다. 분해 과정에서 모델은 논리적 아키텍처와 모델의 논리적 컴포넌트의 인터페이스를 명시한다. 이러한 모델 수준에서 논리적 컴포넌트와 컴포넌트 분해에 대한 정형 모델이 존재하는 한 논리적 아키텍처에 대한 개념의 증거가 가능해진다. 이것은 애플리케이션 수준에서 아키텍처가 올바르다는 증거를 제공한다.

여기서부터 소프트웨어 부분과 하드웨어 아키텍처로의 컴포넌트 분해가 시작된다.

자동 코딩과 드라이버

(수동이 아닌) 자동 코드 생성 툴은 소프트웨어 상태 다이어그램을 실행 가능한 코드로 전환시키는 데 사용될 수 있으며, 또한 소프트웨어 설계와 개발에 모델 기반 접근법을 사용할 수 있게

해준다. 이 툴의 주된 장점은 줄어든 개발 시간과 시스템 설계와 구현 사이의 일관성이겠지만, 자동 코드 생성 툴이 반도체 디바이스를 탑재한 하드웨어 가속 시스템을 이용할 수 없고 기존 루틴과 자원에 대한 지식을 갖지 못하는 한 자동 코드 생성 툴은 코드 크기와 실행 시간에 악영향을 미친다. 인정받은 강건한 코딩 템플릿을 이용하면 상태 차트 모델은 상태 차트 자동 코딩 툴에 의해 자동으로 자동차의 애플리케이션 코드로 매핑될 수 있다. 상태 차트를 정확히 설계 문서 정의 파일의 일부로서 이용하기보다는 소스코드를 이용해 상태 차트를 연속적으로 사용하고 관리할 수 있고, 이럴 경우 상태 차트를 동일 수준의 품질과 검토로 간주할 수 있다. 시스템 공학자와 소프트웨어 공학자에 의한 상태 차트의 합동 검토는 서툴게 쓴 글과 잘못 이해된 요구 사항들을 신속히 식별할 수 있게 해주며, 이러한 실수가 벌어지기 전에 서툴게 쓴 글과 잘못 이해된 요구 사항들을 개선하고 수정할 수 있는 기회도 제공해줄 수 있다.

임베디드 소프트웨어가 아닌 환경에서 고수준의 컴퓨터 프로그램이 하드웨어 컴포넌트와 상호작용하게 허용된 컴퓨터 프로그램이 드라이버다. 임베디드 소프트웨어 공학에서 드라이버는 애플리케이션 코드가 하드웨어 위에서 어떻게 실행되는지에 관계없이 작성되도록 허용된 코드며, 여기서 코드는 서로 다른 하드웨어 구현 사항과 저수준의 드라이버를 가진 플랫폼에 걸쳐 전송될 수 있게 허용된다. 드라이버는 종종 디바이스 제조사나 제3의 제공자에 의해 제공받는다. 자동차 시장에서는 극도로 높은 수준의 코드 진화, 재사용, 복잡한 설계로 인해 저수준의 드라이버가 요구되는데, 차량이 계층적으로 제작되기 때문이다. 저수준 드라이버를 이용할 때 드라이버가 하나의 ECU 세대에서 다음 ECU 세대로 동작되는 방식에서 종종 발생되는 변경이 개선을 위한 영역으로 강조되거나, 최악의 경우에는 드라이버의 결함으로 이어질 수 있으므로 개발자와 밀접한 관계를 갖는 것이 중요하다. 자동차 산업에서 사용할 수 있는 저수준의 드라이버가 상호 운용성 문제로 계속 씨름 중인 가운데 AUTOSAR라고 부르는 드라이버의 표준이 정의됐다. AUTOSAR는 22장의 후반부에서 설명한다.

벤치 테스팅

일단 소프트웨어의 기능성이 갖춰지면 테스트돼야 한다. 권고된 최소 수준의 벤치 테스트 활동에는 단위 레벨 테스트, 기능 테스트(요구 사항 기반 테스트와 분할 테스트) 같은 시스템 레벨 테스트, 구조적 커버리지 테스트가 포함된다. 22장의 후반부에서 다룰 ISO 26262 표준의 6부에서는 소프트웨어 테스팅과 베리피케이션의 권고안을 다룬다. 벤치 밸리데이션과 베리피케이션 테스트 케이스는 다음과 같은 모든 수준의 코드 커버리지를 지원해야 한다.

- 디바이스와 시스템 테스팅 두 가지 모두를 위한 완벽한 테스트 기능과 드라이버 프로그램 생성과 컴파일

- 리그레션 테스팅
- 테스트 케이스 매핑
- 강건성 테스팅
- 호스트, 시뮬레이터, 임베디드 타깃 시스템에서의 경계 값 이외 테스팅과 경계 값 조건 테스팅

자동차 표준 계획이 준비돼 있고 완전히 검토됐던 사례에서는 벤치 테스팅 단계 동안 표준 계획에 대한 간단한 실행과 가능한 한 많은 데이터의 기록이 요구된다. 훌륭한 소프트웨어 공학자는 벤치 테스팅 단계 동안 관찰된 어떠한 경우의 편차, 작은 결함, 특이한 영향에 대해서도 알아차릴 수 있을 것이며, 이 단계에서는 다가올 이슈에 대한 경고에 대비해 그러한 편차와 작은 결함, 특이한 영향을 조사하기 위해 반드시 테스트를 수행할 필요는 없다.

추적과 디버그

자동차 품질을 위한 소프트웨어 테스팅은 하드웨어와 함께 동작하는 소프트웨어에 대한 아주 고수준의 테스트 커버리지를 요구한다. 마이크로컨트롤러의 내부 데이터와 소프트웨어 흐름이 외부에서는 보이지 않는 것처럼, 작업 추적과 디버그 툴은 소프트웨어 테스트 공학자가 내부 기능성에 대한 접근을 가능하게 만들고 애플리케이션에서 올바른 동작 정보를 모니터링하기 위해 정보의 수집을 가능하게 만든다. 디바이스는 툴 접근을 가능하게 만들기 위해 종종 JTAG/Nexus 같은 디버그 포트를 가질 것이다. 디버그 기능성은 요청/응답 상호작용을 포함하거나 아니면 디버그 포트를 통해 전송되는 패킷을 포함하며, 다음과 같은 기능성을 포함하고 있다.

- **실시간 제어** 디버그 툴은 프로세서 변경 레지스터와 단일 스텝 기계 명령을 시작하거나 멈출 수 있다.
- **메모리 접근** 프로세서가 동작 중에 디버그 툴은 메모리 접근을 지원할 수 있다. 그러한 메모리 접근은 테스트 타깃 시스템SUT을 중지하기가 불가능한 디버깅 시스템에서 요구된다. 디지털 피드백 루프를 정지하는 것이 물리적으로 위험한 상황을 생성할 수 있는 엔진 제어가 한 가지 사례에 해당된다.
- **중단점** 프로그램은 정의된 이벤트(종종 감시점으로 언급됨)나 중단점을 발견할 때 정지한다. 여기서 이벤트는 코드 실행 주소로 명시되거나 특정 값을 가진 주소에 대한 데이터 접근(읽기나 쓰기)으로 명시될 수 있다. 중단점은 플래시, RAM, ROM 메모리를 비롯해 어떠한 메모리 매핑 주소에서든 설정될 수 있다. 코어는 또한 특별한 중단점 명령을 제공할 수도 있다.
- **추적** 대부분의 툴은 프로그램 실행에 부정적인 영향을 끼치지 않으면서 대용량의 데이터를

추적하기 위해 고속의 보조 포트에 의존한다. 규정된 세 가지 유형의 이벤트 추적은 다음과 같다.

○ **프로그램 추적** 분기 추적은 분기나 예외 명령에서만 메시지를 방출시켜 프로그램 실행 데이터를 압축시킨다. 추적 데이터 분석은 프로그램 흐름을 재구축해 사용할 수 있다. 그림 22.13은 프로그램 추적 툴의 전형적인 스크린샷을 보여준다.

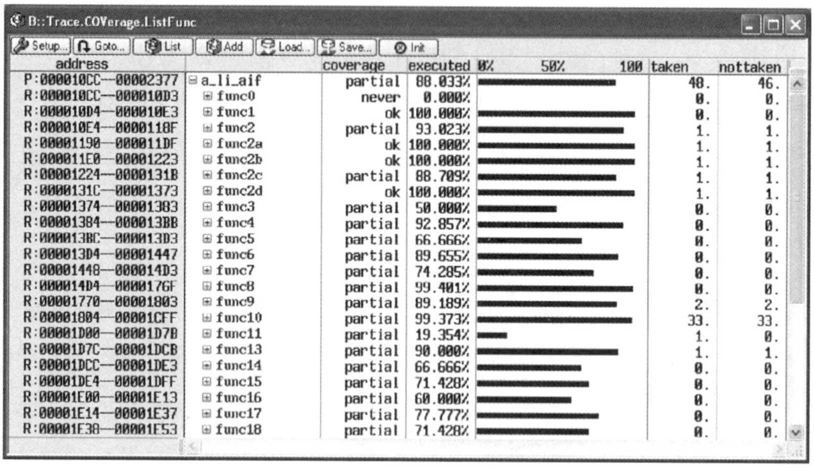

그림 22.13 프로그램 추적

○ **데이터 추적** 메모리 장소로의 접근(읽기와 쓰기)은 추적될 수 있으며, 범위(주소 시작과 정지)와 접근 유형에 의해 제한받는다.

○ **소유권 추적** 운영체제는 태스크 전환 시 태스크 식별자를 디버그 레지스터에 작성하며, 이는 소유권 추적 메시지를 방출하게 만든다.

● **메모리 대체와 포트 교체** 이것은 물리적 메모리나 디바이스 포트가 보조 디버그 포트에서 에뮬레이션되도록 접근을 허용한다.

● **데이터 획득** 고대역폭의 프로토타이핑은 포트를 경유해 대용량의 데이터를 디버그 툴에 고속으로 전송하도록 요구할 수 있다. 데이터 획득 프로세스는 효율성을 증가시키기 위해 데이터 추적에 사용되는 것보다 더 적은 대역폭의 프로토콜을 이용해야 하며, 이는 자동차 애플리케이션의 보정을 지원하는 데 필수적이다.

수집된 데이터는 시스템 소프트웨어와 하드웨어에 대한 정확한 동작과 예상을 위해 분석될 수 있다.

최종 단계 테스팅

도로에서의 테스트는 시스템이 완벽한 상태, 즉 소프트웨어 명세서의 모든 항목이 준비되고 벤치 환경에서 완벽히 테스트됐다고 생각될 때 수행된다. 많은 경우에 있어 임베디드 시스템을 테스트하는 가장 효과적인 방법은 임베디드 시스템을 실제 차량에 물리적으로 연결하는 것이다. 다른 경우에 있어서는 하드웨어-인-더-루프[HIL] 시뮬레이션이 더 효과적이다. HIL 이용이 테스팅의 범위를 증가시켜 테스팅의 품질을 향상시키겠지만, 실세계의 차량 환경이 임베디드 시스템을 테스트하는 이상적인 조건이 된다. 테스팅 범위에 속해 있는 다양한 제한 사항, 예를 들어 엔진 제어 유닛에서 정의된 ECU 파라미터의 범위에서 또는 그 범위를 넘어서서 예상되는 장애 조건에서 차량의 대부분의 시간을 이용하는 것은 테스트 공학자를 위험한 테스트 조건으로 유도할지도 모른다.

HIL은 복잡한 실시간 임베디드 시스템의 개발과 테스트에 종종 사용된다. HIL 시뮬레이션은 테스트 플랫폼에서 차량의 복잡성을 재현한다. 차량의 복잡성은 연관된 모든 능동적 시스템의 수학적 표현을 추가시킴으로써 HIL 테스트에 포함된다. 테스트될 임베디드 시스템은 이 차량의 시뮬레이션과 상호작용한다. 엔진 동력학은 수학적 모델에 의해 에뮬레이션되며 전용의 프로세서에 의해 실행된다. 이에 추가해 I/O 유닛은 차량의 센서와 액추에이터에 대한 분명한 연결을 허용한다. 전기적 모방이 차량 시뮬레이션과 테스트 타깃 임베디드 시스템 간 인터페이스처럼 행동하는 것 같이 HIL 시뮬레이션은 센서와 액추에이터에 대한 전기적 특성의 에뮬레이션을 포함한다. 전기적으로 에뮬레이션된 각 센서의 상태는 차량 시뮬레이션으로 제어되며, 테스트 타깃 임베디드 시스템에 의해 피드백된다. 이와 유사하게 임베디드 시스템은 액추에이터 제어 신호를 출력시켜 자신의 제어 태스크를 시행한다. 테스트 타깃 ECU는 시스템에 연결되며, 시뮬레이터에 의해 실행되는 차량의 작동 세트가 나타난다. 차량 시뮬레이션에서 제어 신호의 변경은 변수의 변경이라는 결과를 야기한다.

예를 들어 시뮬레이션 환경에서 자동차의 잠금 방지 브레이크 장치[ABS] 시스템을 위한 HIL 시뮬레이션 플랫폼은 서브시스템 각각에 대해 수학적 모델을 가질 수도 있다.

- **센서** 서스펜션, 핸들, 타이어, 롤링, 피칭, 요[yaw]
- **액추에이터** 브레이크 시스템의 유압 컴포넌트
- **외부 영향** 도로 특성

HIL 시뮬레이션은 인적 요소의 테스팅을 안전하게 통합하는 프로세스의 핵심 부분이며, 유용성과 시스템의 일관성을 보장하는 방법이다. 차량과 같은 실시간 시스템에서 인적 요소에 대한 테스트 개발은 인간과 인터페이스를 가질 컴포넌트에 대한 루프 테스팅에서 인간으로부터 데이터를 수집하는 것이다. 엔진 관리 시스템의 성능과 진단 기능을 기록하는 차량 내 운전 테스트는 시간 소모적이며, 고가이고 생산적이지 못하기 때문에 HIL 시뮬레이터는 개발 자가 품질 요구 사항과 시장 적시성 제한을 존중하기 위해 차량을 계속 관리하는 한 자신의 자동차 하드웨어와 소프트웨어 솔루션을 검증하도록 허용해준다.

출시된 새로운 ECU 소프트웨어를 테스팅할 때 개방 루프에서 실험이 수행될 수 있으므로 다양한 엔진의 동적 모델은 더 이상 필요로 하지 않는다. 이러한 경우 휴대용 디바이스의 구성이 신호 생성기, I/O 프로세싱 보드, ECU에 연결될 액추에이터를 포함하는 보드로 단순 화되는 것처럼 마이크로 HIL^{MHIL} 시스템이 실물 크기의 HIL 시스템보다 더 간단하고 더 경제 적인 솔루션을 제공한다.

최종 도로 테스팅을 위해 모든 시스템이 준비되면 테스팅이 시작된다. 이때 시스템은 안전 하다고 가정된다! 차량이 도로상에서 안전한지, 그리고 더 이상 우려할 지역은 없는지를 확실 히 하기 위해 모든 환경, 즉 낮, 밤, 고속도로, 도시, 시골, 활주로, 경마장, 극한 기온, 뜨거운 사막, 흠뻑 젖은 지역, 빙원, 산, 둔덕길 등이 테스팅을 위해 사용된다.

보정

차량 보정은 초기 엔진 매핑부터 시작해 최종 제조 라인의 공정과 차량 승인에 이르기까지 엔진 개발 프로세스 전반에 걸쳐 사용된다. 차량 보정은 법에서 요구한 대로 배출 가스 제어를 위한 요구 사항을 만족하면서 차량의 성능을 극대화하고 연료 절감과 운전의 원활성이라는 목표를 성취하기 위해 수행된다. 구동 장치의 전자 보정뿐만 아니라 냉각, 풍향 제어, 냉방시 스템, 교류 발전기 제어, 전송 제어 같은 차량과 연관된 하부 기능의 보정에도 차량 보정이 사용될 수 있다. 잘 제어된 조정 절차에는 환경 제어와 엄격히 통제되는 회전 도로를 포함하므 로 그림 22.14에 묘사돼 있는 것처럼 차량 시스템의 전체적인 성능을 개선시키기 위해 전체 차량의 성능이 매핑되고 분석되며 수정될 수 있고, 성능 특정 데이터를 수집할 수 있다.

유지 보수/제품 생애 지원

항공우주와 방위산업은 제외하고 대부분의 다른 산업과 달리 자동차 제품은 도입부터 시작해 15년 넘게 지원되고 유지되기를 기대하는 산업이다. 반도체와 다른 컴포넌트 공급자들은 이 러한 가용성과 지원에 대해 확신을 갖지만 15년이 지나가면서 어느 순간에는 불가피하게 누 군가가 다시 소프트웨어에 접근해서 해당 소프트웨어를 이해해야 할 필요가 생긴다. 제품의 현장 반송 때문이든지 공장 이전 때문이든지 간에 소프트웨어는 찾을 수 있어야 하고, 식별될 수 있어야 하며, 형상 관리가 잘되고, 잘 설명돼야 하며, 재사용 가능한 방식으로 작성돼야 한다. 다행하게도 의미 없는 1과 0의 이진 파일로 저장된 ROM 코드 시절은 이제 다 지나갔다. 여전히 ASCII 16진법의 파일 포맷(종종 S 레코드라고도 언급됨)이 소프트웨어 보관에 흔히 사용된다. 원본 포맷이 손실되더라도 올바른 소프트웨어는 어느 정도 복구가 가능하고 변경이 가능해야 한다. 일부 사소한 변경이 일어날 수 있다. S 레코드(체크섬checksum을 가진 16진법의 기계 코드)를 읽는 능력은 사라질 것이다. 모든 자동차 회사는 엄격하고 강건한 형상 관리 시스템CMS을 가질 것이다. 베스타, 서브버전, 공동 버전 시스템CVS은 관여된 모든 당사자가 올바르게 사용하는 경우 CMS 역할을 잘 수행하는 개방형 소스 클라이언트가 된다.

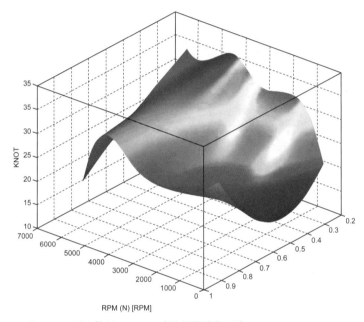

그림 22.14 매스웍스(MathWorks)의 구동장치 조정

자동차 진단

배출가스 자기 진단 장치OBD는 차량의 자기 진단과 보고 능력을 나타내는 일반적인 용어다. 사용할 수 있는 진단 정보량은 OBD를 가능하게 만드는 차 내 차량 컴퓨터의 도입에 따라 크게 달라진다. 문제가 검출됐지만 문제의 본질에 관해 어떠한 정보도 제공되지 않았다면 초기 OBD는 그냥 문제가 무엇이진 알려주는 정도가 될 뿐이다. 현대의 진단 시행 방법은 실시간 데이터와 차량 내의 오동작 식별이 가능한 일련의 진단 문제 코드DTC를 제공하기 위해 디지털 통신 포트를 이용한다.

MIL

오동작 지시등^{MIL}은 컴퓨터로 만들어진 엔진 관리 시스템의 오동작을 계기판을 경유해 운전자에게 보여준다. MIL의 한 가지 사례가 그림 22.15에 나타나 있다. 다음에 나오는 사항은 MIL에 의해 보일 수 있는 오동작의 일부다.

- 기폭제 효율성
- 연료 시스템
- 공기 질량 센서
- 흡입 공기 온도 센서
- 엔진 냉각수 온도 센서
- 스로틀 위치 센서
- O₂ 센서
- 연료 분사 장치
- 실린더 착화 실패
- 크랭크샤프트^{crankshaft} 위치 센서
- 캠샤프트^{camshaft} 위치 센서
- 증발 가스 제어 장치
- 차량 속도 센서
- 공회전 조절 밸브
- 전원 공급기
- ECM
- 전력단
- 캐니스터^{canister} 잠금 밸브
- 연료 탱크 압력 센서
- 워치독^{watchdog}

그림 22.15 오동작 표시등

데이터 로거

오동작 지시등^{MIL}이 제공할 수 있는 것보다 더 많은 진단 정보가 필요하게 됨에 따라 데이터 수집 장치인 데이터 로거^{logger}가 도입됐다. 가장 널리 사용되는 데이터 로거는 비행기의 블랙 박스다. 데이터 로거는 추후 컴퓨터에 있는 데이터 분석을 위해 아주 다양한 차량의 파라미터를 저장하지만, 시스템은 차량 내에 표시되는 정보를 포함하지 않는다. 이들 시스템은 가용한 경우 특수한 장비와 소프트웨어를 갖춘 차고의 자동차 기술자에 의해 필요시에만 접근되며, 뭔가 예상한 대로 동작하지 않을 때는 MIL을 통해 운전자에게 보여준다. 기술을 더 폭넓게 더 나은 개선을 위해 사용할 수 있지만 데이터 저장 측면에서의 고객의 불신은 이러한 툴의 채택을 제한하게 만든다. 데이터 로거는 순환로 쪽에서 벤을 제어하기 위해 경주 차량의 성능과 환경에 실시간 데이터를 전송하고, 무선 통신 기술을 이용해 경주 팀의 본부에서 주요 데이터를 분석하는 것처럼 자동차 경주 산업에 대대적으로 사용된다. 데이터 로거는 입력과 출력 신호를 모니터하는 엔진 제어 모듈과 인터페이스된다. ECU가 변칙적인 사항을 검출할 때 데이터 로거는 진단 문제 코드를 기록하며, 그런 다음 자기 진단 출력 터미널에 그러한 정보를 출력시킨다. 진단 결과는 특별한 툴에 의해 읽어낼 수 있다. 진단 문제 코드는 비휘발성 메모리^{NVM}에 저장되는 경우, 또는 RAM에 저장되는 경우에는 배터리 전력이 유지되는 한 특별한 툴에 의해 메모리가 지워질 때까지 엔진 제어 모듈의 메모리에 위치하게 된다.

OBD II

배출가스 자기 진단 장치인 OBD II 표준에서는 진단 커넥터의 형태 요소와 핀 출력, 전기 신호 프로토콜, 메시지 포맷에 대해 구체적으로 명시하고 있다. 이 표준은 또한 각각의 파라미터에 대한 데이터의 인코딩 방법과 함께 감시해야 하는 차량의 파라미터 목록을 보여준다. OBD II 표준은 진단 문제 코드^{DTC}의 광대한 목록에 대해 규정하고 있다. 이 표준은 단일 툴이 차량 내에 장착된 컴퓨터에 질의할 수 있음을 의미한다. OBD II 표준의 필요성은 배기가스의 배출 요구 사항에 힘입은 것이며, OBD II 정의에 따라 배출 관련 코드와 데이터가 전송에 필요하겠지만 대부분의 제조사들은 모든 시스템이 진단받고 프로그램되는 차량의 유일한 포트에만 OBD II 데이터 링크 커넥터를 만든다.

OBD II의 진단 문제 코드는 글자에 앞서 나타나는 네 자리 숫자다.

B는 차체를 나타낸다.
C는 차대를 나타낸다.
P는 구동을 나타낸다.

U는 네트워크를 나타낸다.

OBD II의 표준 하드웨어 인터페이스는 자동차 핸들의 2피트 내 위치해야 하는 16핀(2×8) J1962 암 커넥터다. 유럽(EOBD)과 일본(JOBD)은 OBD II와 동등한 지역 규정을 갖고 있다. 이러한 지역 규정에 대한 기술적 구현은 OBD II와 근본적으로 동일하다. OBD II에는 다음과 같은 다섯 가지의 신호 프로토콜이 허용된다.

1. SAE J1850 펄스폭 변조는 41.6kbit/s에서 동작한다.
2. SAE J1850 가변 펄스폭은 10.4/41.6kbit/s에서 동작한다.
3. ISO 9141 2 비동기 직렬 데이터 프로토콜은 10.4kbaud에서 동작하며, 서로 다른 신호 레벨을 가진 RS 232와 어느 정도 유사하고, 추가적인 핸드셰이크 신호 없이 단일의 양방향 라인에서 통신한다.
4. ISO 15765 CAN은 250kbit/s 또는 500kbit/s에서 동작한다.
5. ISO 14230 Keyword Protocol 2000

자동차 표준

MISRA

자동차 산업 소프트웨어 신뢰성 협회MISRA는 자동차 산업에 사용되는 전자 부품에 대한 소프트웨어 개발 가이드라인을 만들어내는 산업 단체다. 이 단체의 목적은 자동차 산업에 대해 차량 내에서 안전하고 믿을 만한 소프트웨어 생성과 응용 분야에 대해 조언하는 것이다. MISRA 가이드라인은 차량 기반 소프트웨어에 대한 개발 가이드라인의 공통 표준이다. 이 가이드라인은 다음과 같은 목적을 성취하기 위해 주어진다.

• 안전성을 보장한다.
• 소프트웨어에 대한 강건성과 신뢰성을 가져온다.
• 소유권 보장과 충돌 시 인간의 안전성이 우선한다는 것을 보장한다.
• 임의적 결점과 체계적 결점이 시스템 설계 안에 고려된다는 것을 보장한다.
• 강건성을 입증하고 장애의 부재에만 의존하지 않는다.
• 제품의 설계, 제조, 운용, 서비스, 처리의 전 과정에 걸쳐 안전성을 고려한다.

MISRA C는 C 프로그래밍 언어에 대한 소프트웨어 개발 표준이며, MISRA C: 2004 문서는 대부분 요구되고, 몇 가지는 권고되는 140개 이상의 규칙을 포함하고 있다. 이들 규칙들은

'환경'부터 '실시간' 장애의 범위까지 그 범주가 구분된다. 소프트웨어의 많은 툴은 MISRA 순응을 위해 코드를 검사해야 한다고 주장하지만, 현재 MISRA 인증 프로세스는 없는 상황이다. MISRA C: 2004를 위한 모범 세트는 MISRA 포럼(http://www.misra.org.uk/)에서 얻을 수 있다. 이 세트는 툴 사용자가 다양한 MISRA 툴이 제공하는 지원 사항을 평가하고 비교하도록 허용하며, 툴 시행자에게는 MISRA C: 2004에 있는 규칙의 의도에 관해 몇 가지 안내를 또한 제공한다. 대부분의 가이드라인은 정적 코드 분석을 수행하는 툴들을 이용해서 검사할 수 있다. 나머지 가이드라인은 소프트웨어가 실행되고 있을 때 테스트되는 동적 코드 분석을 이용하면 된다.

AUTOSAR

자동차의 개방형 시스템 아키텍처를 나타내는 AUTOSAR는 자동차 제조사, 공급자, 툴 개발자에 의해 개발된 개방형 표준의 자동차 소프트웨어 아키텍처다. AUTOSAR의 목표는 적절한 소프트웨어 표준만이 존재하는 공간에서 개발 중인 차량의 소프트웨어, 사용자 인터페이스, 관리를 지원하기 위해 기본적인 기반 구조를 제공하는 자동차의 전자 아키텍처에 대한 사실상의 개방형 표준을 정립하는 것이다. 공식 웹사이트에서 설명하는 바와 같이 AUTOSAR의 목적은 다음과 같다.

- OEM 전체의 '표준 코어' 솔루션으로 기본적인 시스템 기능에 대한 구현과 표준화
- 서로 다른 차량과 플랫폼 변이로의 확장성
- 네트워크 전체에 걸친 기능의 이동성
- 다중 공급자로부터 온 기능 모듈의 통합
- 가용성과 안전성 요구 사항의 고려
- 중복의 활성화
- 전 '제품 수명주기'에 걸친 유지 보수성
- '상용 하드웨어'의 증가된 사용
- 차량 생애에 걸친 소프트웨어 갱신과 개선

이러한 목적은 그림 22.16에 나타나 있는 컴포넌트 기반 설계 모델을 지원하는 소프트웨어 아키텍처를 이용해 달성된다. 설계 모델은 ECU 소프트웨어를 생성하는 AUTOSAR 자동화 방법론에 의해 가능해지며, 설계 모델과 특성, 그리고 하드웨어의 물리적 위상으로부터 시작된다. AUTOSAR 프로젝트는 자동차 소프트웨어 개발에서 모듈 기반 접근법으로부터 기능 기반 접근법으로 패러다임의 변환을 만들어냈다. AUTOSAR 표준은 차량 시스템의 전체 설

계를 위해 컴포넌트 기반 소프트웨어 설계 모델의 사용을 가능하게 만들었다.

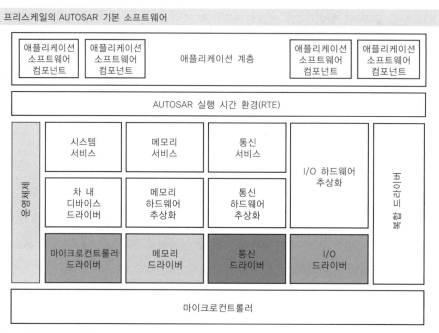

그림 22.16 AUTOSAR

컴포넌트 기반 설계를 가능하게 만들기 위해 그림 22.16에 나타나 있는 것처럼 AUTOSAR
는 각각의 기능이 하드웨어와 소프트웨어의 지원에서 분리된다는 것을 보장하는 계층형 아키
텍처 구조를 갖는다.

- **기본 소프트웨어 계층** 이 계층의 기본 소프트웨어 컴포넌트는 어떠한 기능도 갖지 않는
  표준화된 소프트웨어 드라이버지만, 실행 시간 환경에 대한 하드웨어 종속과 하드웨어 독립
  서비스를 제공하고 애플리케이션 프로그래밍 인터페이스를 통해 성취된다. 이 계층은 전적
  으로 하드웨어 독립은 아니지만 상위 계층은 하드웨어에 독립이다.
- **실행 시간 환경** 실행 시간 환경은 애플리케이션 소프트웨어 컴포넌트 간의 정보 교환을
  다루며, 애플리케이션 소프트웨어 컴포넌트를 우측에 있는 하드웨어에 연결한다.
- **애플리케이션 계층** 애플리케이션 계층은 표준화된 소프트웨어로 구성되지 않는다. 이 계층
  은 실제 기능이 위치해있는 계층이다. 이 계층은 실행 시간 환경과 상호작용하는 애플리케
  이션 소프트웨어 컴포넌트로 구성된다.

자동차 애플리케이션 구축에 요구되는 모든 애플리케이션 소프트웨어 컴포넌트에 대한 표
준 인터페이스는 AUTOSAR 표준에 명시돼 있다. AUTOSAR만이 인터페이스와 데이터 포

맷을 정의하고 있기 때문에 성취될 기능성의 선택에는 유연성이 존재한다. 기본 소프트웨어와 실행 시간 환경은 그림 22.17에 보이는 것처럼 설계 모델에 있는 가상의 기능 버스다. 추상 컴포넌트는 서로 다른 애플리케이션 소프트웨어 컴포넌트를 상호 연결하며 컴포넌트 간 교환된 정보를 전송한다. 이 가상 버스는 버스를 이용하기 때문에 설계자가 기반 구조 소프트웨어 대신 애플리케이션에 집중할 수 있게 만들며, 소프트웨어 컴포넌트는 자신과 서로 통신하는 다른 애플리케이션 소프트웨어 컴포넌트가 무엇인지 알 필요가 없다. 이것은 소프트웨어 구현을 시작하기 전에 모든 컴포넌트와 인터페이스 간 상호작용에 대한 검증을 가능하게 만든다.

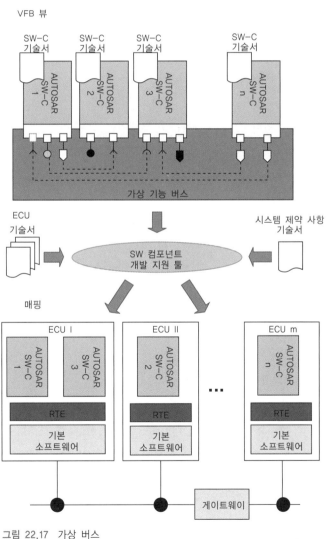

그림 22.17 가상 버스

모든 ECU에서 계층형 아키텍처를 사용할 때 ECU에 관한 생각을 전혀 고려하지 않고, 즉 설계자는 몇 가지 소프트웨어 컴포넌트는 갖겠지만 특정 소프트웨어 컴포넌트가 어떤 ECU에서 동작하는지 또는 어떤 하드웨어가 함께 연결돼 있는지 알지 못한 채 차량 시스템을 설계하는 것이 가능해진다.

AUTOSAR는 설계 모델로부터 시스템 아키텍처를 생성하는 데 사용될 수 있는 다음과 같은 네 가지 단계를 가진 방법론을 생성했다.

1단계: 입력 서술

이 단계는 소프트웨어, 시스템, 하드웨어에 대한 묘사를 생성한다.

- 소프트웨어 컴포넌트 서술은 소프트웨어 컴포넌트의 최종 구현에 독립적이다. 인터페이스와 하드웨어 요구 사항이 정의된다.
- ECU 간 연결이 가용한 데이터 버스, 프로토콜, 함수 클러스터, 통신 매트릭스와 속성, 예를 들면 데이터율, 타이밍, 대기 시간 등과 함께 명시된다.
- 프로세서, 센서, 액추에이터 같이 요구되는 하드웨어는 신호 처리 방법과 프로그래밍 능력과 함께 명시돼야 한다.

2단계: 시스템 환경 설정

이 단계는 이전 단계에서 기술됐던 소프트웨어 컴포넌트를 서로 다른 시스템의 ECU에 배포한다. ECU 자원과 시스템 제약 사항은 반드시 고려돼야 하며, 올바른 균형을 얻기 위해 몇 가지 시도가 있을 수 있다.

3단계: ECU 환경 설정

각각의 ECU에 대한 기본 소프트웨어와 실행 시간 환경이 설정된다.

4단계: 실행 가능 소프트웨어 생성

이전 단계의 ECU 환경 설정을 기반으로 해서 실행 가능한 소프트웨어가 생성된다. 각각의 소프트웨어 컴포넌트 구현을 구체적으로 명시할 필요가 있다.

이 방법론은 AUTOSAR 툴 체인에 의해 자동화된다. 실행 가능 코드에 대한 최종 생성에 도달하기 위해 택해야 할 모든 차후 단계는 교환 포맷을 정의하거나 종종 XML을 이용해 각 단계에 대한 작업 방법을 정의함으로써 지원된다.

AUTOSAR 방법론을 지원하기 위해 방법론 관련 모든 정보에 대한 공식적 기술이 UML 모델로 제작돼야 하며, 이것은 다음과 같은 이점을 갖게 된다.

- 정보의 구조가 명확히 시각화될 수 있다.
- 정보의 일관성이 보장된다.
- XML을 이용해 데이터 교환 포맷이 메타 모델로부터 자동적으로 생성될 수 있고, 이것은 입력으로 사용된다.
- 차량의 전체 시스템에 대한 유지 보수가 쉬워진다.

AUTOSAR의 구현에는 몇 가지 도전이 따른다. 메타 모델에는 타이밍 요구 사항에 관한 정보가 부족하지만 시스템 기능의 논리적 수준에서 시스템의 시간 도메인 행위를 명시하는 양단 간 지연 같은 고수준의 타이밍 요구 사항이 있다. 또한 시스템 수준에서 타이밍과 관련된 구현의 세부 사항도 있다. 고수준의 요구 사항을 포착하는 메타 모델이 자동차 시스템의 개발을 지원할지라도 버퍼 오버플로 같은 타이밍 이슈를 발견하는 것은 여전히 어려울 수 있다. 이것은 신호 버퍼링과 메모리 할당 같은 비기능적인 지연 때문이다.

수동으로 개발된 시스템이 플러그인 소프트웨어 컴포넌트로 구축된 소프트웨어보다 더 효율적으로 설계될 수 있으므로, AUTOSAR 표준으로 설계된 더 작은 시스템들은 이전보다 더 많은 메모리 공간과 더 많은 컴퓨팅 전력을 필요로 한다. 이들 ECU 자원에 대한 여분의 비용은 비용 주도 자동차 비즈니스에서는 실제 이슈가 된다. 복잡한 ECU에서는 공통 플랫폼의 가용성이 애플리케이션 소프트웨어를 이용해 기본 기능에 대한 재사용을 크게 높일 수 있는 것처럼 상황은 서로 달라진다.

AEC

자동차 전자 위원회[AEC]는 자동차 전자 산업에서 컴포넌트 공급을 위한 자격 기준을 설정하는 조직이다. AEC의 컴포넌트 기술 위원회는 신뢰성을 가진 고품질의 전자 컴포넌트에 대한 표준을 설정하는 표준 조직이다. 이러한 규격에 적합하게 만들어진 컴포넌트들은 추가적인 컴포넌트 수준의 자격 테스팅 없이도 혹독한 자동차 환경에서 적절하게 이용할 수 있다. AEC의 Q100(통합 회로에 대한 스트레스 테스트 자격) 개발 동안 IC 공급자들은 크라이슬러, 델코 전자, 포드의 선호 자격 문서를 대표하는 문서에 대해 언급할 기회를 가졌다. Q100 표준은 표준 자격 데이터의 공개적 교환을 장려하며, 한 부품이 이 문서의 기술 수준에 적합한 자격을 가진다면 그 부품은 세 회사 모두에서 사용될 수 있는 자격을 가진다는 것을 말한다.

이러한 성공적인 표준 도입에 뒤이어 다른 컴포넌트 범주를 위한 자격 명세, 즉 개별 부품을 위한 AEC Q101과 수동 부품을 위한 AEC Q200이 개발됐다.

이들 표준은 자동차 환경에서 사용하기에 적절하다고 여겨지는 디바이스를 위해 반드시 달성해야 될 최소한의 자격 요구 사항 집합으로 구성돼 있다. 가장 공통적인 AEC 참고 문헌에서 언급된 제품이 달성해야 될 동작 온도의 등급은 다음과 같다.

- **등급 0** 40°C에서 +150°C 주위 동작 온도 범위
- **등급 1** 40°C에서 +125°C 주위 동작 온도 범위
- **등급 2** 40°C에서 +105°C 주위 동작 온도 범위
- **등급 3** 40°C에서 +85°C 주위 동작 온도 범위
- **등급 4** 0°C에서 +70°C 주위 동작 온도 범위

자동차 애플리케이션을 위한 디바이스 선정은 애플리케이션 온도 프로파일에 대한 AEC 등급을 충족해야 한다.

자동차 안전성

ISO 26262

자동차 산업의 모든 분야는 에어백 전개 시스템부터 사고 예상 및 회피 능력을 가진 복합 첨단 운전자 보조 시스템ADAS의 범위에 이르기까지 새롭고 기능이 개선된 차량 안전 시스템을 제공해야 하는 압력을 받고 있다. 그러한 안전 기능은 전자 장치에 의해 수행되며, ISO 26262는 위험한 장애를 예방하고 장애 발생 시 제어할 수 있는 전자 시스템의 설계를 가능하게 만들기 위해 소개됐다.

ISO 26262는 최근에 '도로 차량 기능 안전성'이라고 제목이 붙어진 기능 안전성 표준을 소개했다. 이 표준은 자동차 안전성의 수명주기(관리, 개발, 생산, 운용, 서비스, 폐기)를 기술하고 있으며, 이들 수명주기 단계 동안 수행되는 필요 활동들에 대한 윤곽을 보여주고 있다. 이 표준은 요구 사항 명세, 설계, 구현, 통합, 베리피케이션, 밸리데이션, 형상 관리를 비롯해 전체 개발 프로세스의 기능 안전성 양상을 다룬다. 이 표준은 또한 자동차 안전성 통합 레벨ASIL로 알려진 리스크 등급을 결정하는 자동차에 특정한 리스크 기반 접근법을 제공하며, ASIL을 이용해 허용 잔여 리스크를 얻기 위해 필요한 안전성 요구 사항을 명세한다. 이 표준은 또한 밸리데이션을 위해 안전성 요구 사항을 기술하며, 충분하고 허용 가능한 안전성 수준이 성취됐는지 보장하기 위해 판단한다.

설계 프로세스의 아주 초기부터 ISO 26262 표준에 따라 제품이 개발되고 있었는지를 보여주기 위해 증거는 수집돼야 한다. 식별된 잠재적 편차는 무엇이든지 적절한 완화가 준비돼 있는지를 보장하기 위해 문서화돼야 한다. 자동차 품질보증에 대한 이러한 추가적인 요소를 지원하기 위해 툴들을 이용할 수 있다.

기능적 안전성 요구 사항을 성취하면서 안전성 시스템을 설계하는 것은 시스템 설계자에게는 도전이 되며, 특히 증가되는 애플리케이션의 복잡성과 줄어드는 시장 적시성 마감 일자를 관리하면서 업무를 수행할 때는 더한 도전이 된다. 여기서 도전은 위험한 장애를 예방하거나 장애 발생 시 장애를 통제하는 방식으로 시스템 아키텍처를 설계하는 것이다. 위험한 장애들은 다음과 같은 이벤트로부터 발생될 수 있다.

- 임의 하드웨어 결함
- 체계적 하드웨어 결함
- 체계적 소프트웨어 결함

ISO 26262는 자동차 애플리케이션의 전자 시스템이 완전히 안전한지를 보장하기 위해 적용된다.

ASIL

ISO 26262 표준은 가장 엄격한 안전성 수준인 ASIL D를 비롯해 네 가지의 ASIL을 규정하고 있다. 표 22.7은 현재 자동차 애플리케이션 개발의 대상이 되는 가장 흔하게 언급되는 세 가지의 더 높은 ASIL 수준을 보여준다.

표 22.7 ASIL

	ASIL B	ASIL C	ASIL D
안전성 목적에 위반될 확률 예를 들어 임의 하드웨어 장애	$<10^{-7}$	$<10^{-7}$	$<10^{-8}$
단일 지점 결점 매트릭 즉, 위험을 발생시키는 즉각적 잠재성	$>90\%$	$>97\%$	$>99\%$
잠재적 결점 매트릭 즉, 두 번째 결점과 함께 위험에 빠질 수 있음	$>60\%$	$>80\%$	$>90\%$

기능적 안전성 시스템은 마이크로컨트롤러 뿐만 아니라 수반되는 전력 관리 디바이스와 센서에도 의존한다. 하드웨어 안전성 개념은 단일 지점의 잠재적이고 종속적인 결점을 검출하고 완화하는 데 중점을 둔다. 이것은 마이크로컨트롤러, 전력 관리 IC, 센서의 자가 테스팅, 감시, 하드웨어 기반의 중복 검사를 비롯해 내장된 안전성 특징을 이용해서 성취될 수 있다.

안전성 마이크로컨트롤러는 모든 것은 아닐지라도 다음과 같은 몇 가지의 내장된 안전성 특징을 가질 수 있다.

- 락스텝lock-step 코어
- 메모리의 ECC
- 중복 기능
- 감시 모듈
- 내장 자가 테스트
- 결점 수집과 제어

아날로그와 전력 관리 디바이스는 다음과 같은 내장된 안전성 특징을 가질 수 있다.

- 전압 감시
- 외부 오류 감시
- 첨단 워치독watchdog
- 내장 자가 테스트

센서는 다음과 같은 내장된 안전성 특징을 가질 수 있다.

- 타이밍 검사기
- 신호 체인의 디지털 스캔
- DSI3와 PSI5 안전성 데이터 링크
- 메모리의 ECC
- 트리거 자가 테스트

각각의 내장된 특징은 요구되는 ASIL 수준에 도달하기 위해 활용돼야 하며, 어떤 경우에는 추가적인 소프트웨어 루틴이 타깃 ASIL에 도달하기 위해 요구될 것이다.

자동차 보안

어떠한 형태의 고가치 항목과도 마찬가지로, 절도 문제는 반드시 다뤄져야 한다. 차량에서는 키 접근부터 시작해 키 시동까지 도입됐다. 그런 다음 크로바crowbar 이용과 점프 시동이 고안됐다.

사용 수단: 차 경보장치 등

차량의 첨단 보안성이 처음 주류를 이뤘을 때 사용됐던 보안 솔루션은 차량 스스로 자신의 내용물에 대한 절도를 막기 위한 시도로서, 차량에 설치됐던 자동차 도난 방지용 경보 장치car alarm라고 불렸던 전자 장치였다. 이것은 자동차 도난 방지 장치immobilizer보다 한 단계 더 발전된 것으로, 올바른 키가 꼽힐 때까지 엔진의 동작을 예방하는 장치였다. 이것은 도난이 이뤄진 경우 차량이 핫와이어드hotwired되는 것을 방지했다.

현재의 수단: 해킹

전 세계적으로 그 숫자가 감소 중이라고 보고되고는 있지만 차량 진입, 차량 도난 방지, 차량 절도가 증가하면서 차량 제조사들은 '치핑chipping'으로부터 차량의 전자 시스템을 보호하려는 문제와 씨름 중에 있다. 여기서 치핑은 차량의 엔진 제어 컴퓨터를 재프로그래밍하는 데 사용되는 용어다. 엔진으로부터 빼내온 여분의 전력이 심각한 손상의 원인이 될 수 있듯이, 제조사들의 품질보증서는 깎여져 나간 엔진에 의해 무효가 될 수 있다.

법적 관점에서 차량의 프로그램을 변경하는 것은 차량의 파라미터를 최대화하기 위해 수정된다는 점에서 연비와 가스 배출에 악영향을 끼칠 것이다. 대부분의 반도체 제조사들은 일정 수준의 디바이스 보안을 제공함으로써 프로그램 변경이나 완벽한 재적재를 위해 디바이스 소프트웨어로의 포스트 팩토리post-factory 접근 예방을 지원하고 있다. 이것은 특수화된 하드웨어를 통해서만 접근이 가능해야 하고, 하드웨어를 가질 수 없는 경우에는 접근이 중지돼야만 하며, 최종 생산라인에서 디바이스를 잠그는 더 개선된 검열 솔루션을 가진 저수준의 하드웨어 인터페이스가 될 수 있으므로 64비트 키 지식을 가진 경우에만 디버그나 재프로그래밍을 위해 디바이스를 열 수 있어야 한다. 일부 검열 방법이 디바이스를 잠가버리므로 결코 어느 누구도 다시는 접근할 수 없다. 그러나 이 방법은 현장 업데이트를 무한히 곤란하게 만든다.

미래의 수단: 위조

차량 보안의 다음 수준은 위조 모듈을 예방하는 것이다. 차량에 있는 100개 이상의 ECU 각각에 들어가는 많은 개발 시간, 노력, 비용하에서 이들 ECU 시스템들이 가장 높은 품질 수준에서 테스트되고 안전 상태에서 함께 동작된다고 알려진 사실과 결부되면서 제조사들은 그 어느 누구도 원래의 부품을 대체하기 위해 호환 모듈을 알 수 있거나 개발할 수 없다는 사실을 확고히 하는 데 초점을 맞추고 있다. 차량 제조사, 소프트웨어 회사, 반도체 공급자들은 서로 동반자 관계를 맺으면서 제3의 모듈을 이용해 보안 통신을 위한 자동차 임베디드 시스템의 암호 모듈을 개발하고 있다. 차량 내의 암호 알고리즘은 계산적인 엄격한 가정을 중심으로 구축되며, 만들어진 알고리즘은 이에 대한 사전 지식이 없는 한 그 어느 누구든 깨트리기 어려워야 한다. 이론적으로 암호 알고리즘을 깨트리는 것은 가능하지만, 실질적인 방법으로 암호 알고리즘을 깨트리는 것은 불가능하다. 자동차 암호 시스템은 암호 알고리즘이 제거되고 대체되는 ECU를 막을 수 없다. 대신 모듈이 원래 만들어진 것이 아니고, 따라서 차량 네트워크에 허용되지 못한다면 차량은 인생을 흥미롭게 만들 수 있다. 어떤 기능적 ECU가 위조됐느냐에 따라 네트워크는 의도된 대로 모듈이 기능을 수행하도록 허용하겠지만, 운전자가 뭔가 짜증낼 수 있도록 계기판에 불빛을 깜빡거리게 할 수 있거나 운전자가 미래 다가올 이슈를 해결하기 위해 자동차 영업소를 찾게 인포테인먼트 시스템의 오디오 수준을 제한시킬 수 있다. 안전 필수 시스템에 있는 위조 모듈이 검출되면 차량의 엔진은 완전히 제 기능을 발휘할 수 없게 된다.

자동차 시장의 가까운 미래

성능

운전 경험이라는 장애물로부터 배기가스 배출은 줄이면서 연비는 높일 수 있는 완벽한 운전을 성취하는 것은 그리 어렵지 않다. 예를 들어 가속을 제한시킨다면 연비는 증가하겠지만 운전자는 엔진 동력의 부족으로 매우 실망하게 될지도 모른다. 전기 차량을 운전자에게 매우 익숙한 연소 차량의 성능 특징과 비교해볼 때 전기 차량은 0mph부터 60mph로, 연소 차량에 비해 상대적으로 느리기 때문에 완벽한 운전에 대한 훌륭한 사례가 된다. 그러나 시스템은 진화 중에 있고 전기 경주와 경주 차량은 최근 생겨나고 있으며, 이러한 과정에서 개발된 기술들이 자동차의 주류 시장으로 이동하게 됐다. 전기 차량 추진을 위한 주요한 재설계는 환경/성능 전투의 최전선에 정확한 모터 제어가 있다는 것을 의미한다.

다중 코어의 출현

자동차 반도체 제품에 대한 신속한 성능 스케일링 요구는 끝이 없으며, 무어의 법칙^{Moore's} ^{Law}은 성능 증가를 가능하게 만들고 있다. 마이크로컨트롤러는 동일한 전력 소모에서 더 많은 프로세싱 MIPS를 제공해야만 한다. 이러한 성능 목표를 맞추기 위해 마이크로제어 아키텍처에 커다란 변화가 발생했다. 마이크로컨트롤러는 최근 만들어진 10억 개의 트랜지스터 자동차 디바이스에 대한 동기화 이슈, 에너지 손실 한계, 결점 처리 요구 사항을 관리하기 위해 다시 설계돼야 한다. 단일 프로세서 아키텍처는 칩상의 네트워크를 경유해 통신되는 다중 코어 디바이스로 대체되고 있다. 이러한 신 다중 코어 디바이스는 단일 디바이스로 여러 개의 자동차 ECU를 통합하기 위한 이상적인 실행 환경을 제공한다. 그러나 자동차 애플리케이션에 신 다중 코어를 이용하기 위해서는 소프트웨어 공학자가 극복해야 할 주요한 장애물이 존재한다. 기존의 모든 소프트웨어 기능은 순차 코드로 돼 있다. 즉, 코어는 한 번에 하나씩 수행한다. 다중 코어가 가능한 소프트웨어에서 소프트웨어 기능은 그림 22.18에서 보듯이 한 번에 두 개나 그 이상이 수행될 수 있다.

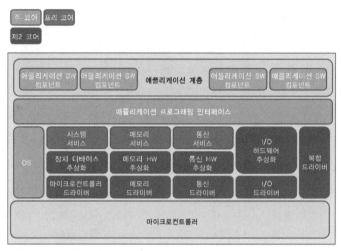

그림 22.18 다중 코어

　다중 코어가 표준이면서 일반적인 네트워킹과 컴퓨팅 환경에서는 애플리케이션이 직교 orthogonal 소프트웨어로 동작하거나 완전히 독립적인 기능으로 동작하는 경향이 있으므로 이러한 이슈는 관심의 대상이 되지 못한다. 예를 들어 네트워킹 다중 코어 프로세서는 10개 이상의 코어에 걸쳐 데이터를 안쪽이나 바깥쪽으로 이동시킨다. 컴퓨터는 하나의 코어에서 사용자 애플리케이션 소프트웨어를 동작시키며, 또 다른 애플리케이션은 또 다른 코어에서, 풍향 제어 애플리케이션은 또 다른 코어에서 동작시키며, 각각의 기능을 그들만의 프로세싱 슬롯에 주기 위해 시분할 다중 방식TDM을 이용한다. 시속 70mph 속도에서 차량의 브레이크에 제동을 걸려고 한다면 CPU가 제동을 위해 멈추고 다른 명령을 위해 차량의 네트워크를 스캔하는 것은 실제로는 원하지는 않을 것이다. 공유 메모리를 가진 다중 코어 디바이스에서 캐시 내에 국부적으로 저장된 동일 데이터를 다른 코어가 업데이트하고 있는 동안 하나의 코어가 RAM으로부터 데이터를 읽고 나중에 다시 쓴다면 어떤 결과가 발생할 수 있을까? 엔진 미점화나 고속에서의 완전한 시동 꺼짐은 불가능한 영역은 아니다.

커넥티드 차량

차량 내에 장착된 모바일 연결에 대한 시장의 요구는 급속히 커지고 있으며, 그 결과 차량 제조사들은 서로의 차량을 구체적으로 명시하기 위한 경쟁을 벌이고 있다. 중거리와 장거리 차량은 중앙 콘솔에 전시되고, 휴대폰 기능과 특히 표준으로 첨단 핸즈프리 키트를 제어하기 위해 핸들과 중앙 콘솔 손잡이와 버튼을 제어하는 정보를 가진 휴대폰 연결이 필요하다. 차량 내의 인포테인먼트가 소비자의 견지에서 차량의 안전성만큼이나 중요한 일이 되듯이 음성 인식과 와이파이WiFi와 3G를 경유한 무선 인터넷 연결은 일반적인 일이 될 것이다. 차량이 온라인 데이터에 접속하기 위해 온라인 상태에 있을 때 온라인 데이터는 차량의 기술을 높이는 데 사용될 것이다. 따라서 차량은 자기 자신의 IP 주소를 가질 것이다. 차량은 GPS를 경유해 자신의 위치를 알 것이며, 자신과 관련된 세상의 여러 가지 일, 예를 들어 반경 5마일 내의 가장 값싼 주요소, 계획된 경로상이나 근처에서 발생한 교통사고, 목적지 도착 예상 시간과 차량 도착 시 최적의 주차 공간 같은 개인화된 데이터에 접근할 수 있다.

자동차 산업과 연계된 이슈는 차량의 개념 정립부터 생산까지 제품을 얻는 데 걸리는 시간이 된다. 인포테인먼트 시스템의 개발 주기는 제품이 출시되기 3년 전부터 시작되며, 전체 차량 영역에 걸쳐 제품을 내보내는 데는 몇 년이 더 걸린다. 자동차 산업이 음악 플레이어를 재조명하기로 결정한다면 그냥 플래시 기반 MP3 플레이어를 바로 얻기만 하면 될 것이다. 소비자 시장이 너무 빨리 이동하기 때문에 소비자가 제품을 사용하게 되는 그때까지는 소비자는 더 많은 기능성을 원할 것이며, 그렇지 않으면 최신 휴대폰은 최신 인포테인먼트 시스템과 호환되지 못할 것이다. 소비자 기술을 아는 데 유리해지기 위해서 차량 제조사들은 자신들의 인포테인먼트 시스템에 대해 반드시 미래에도 경쟁력을 갖춰야 한다. 많은 경우에서 소프트웨어를 변경해 새로운 특징들을 추가시킬 수도 있지만, 자동차 산업의 소프트웨어는 출시 전 6개월에서 12개월 사이에 동결된다. API와 드라이버가 매일 변경될 수 있는 실세계를 수용하기 위해서 시스템은 시작부터 설계돼야 한다. 이것은 제품이 출시될 때 3년 내 어떤 새로운 소비자 애플리케이션이 가장 많이 사용될지 그 어느 누구도 예상하는 것이 불가능하기 때문에 제품은 반드시 확장 가능하게 설계돼야 한다.

이러한 모든 모바일 연결 콘텐츠는 또 다른 미래의 발전 동향인 자동화를 견인시키는 데 도움이 된다.

자동 차량

차량 내부에 너무 많은 새로운 특징이 추가돼 안전 우려가 초래되는 운전 부주의 확률은 극도로 높아진 상태다. 시스템은 안전 불안감을 최소화시키기 위해 설계되지만, 자동 차량 또한 도로 안전을 개선하기 위해 진화되고 있다. 차선 유지, 적응적 정속 제어, 도로 신호 인식, 충돌 회피 시스템은 이러한 정보 과잉 상황에서 운전자를 지원한다.

20미터 전방의 브레이크 등이나 (실제로 부주의했다면) 전방의 벽을 알아채지 못한 채 짧은 시간 동안 차선을 벗어나기 위해 속도 제한 신호, 정지 신호, 차선 폐쇄 신호를 놓치는 것은 너무 쉬운 일이다. 센서 정보 시스템은 차선 이탈 경고 시스템[LDWS], 대부분의 차량은 후방에서 물체가 근접하면 삐 소리가 나는 가장 기본적인 형태인 백미러 경고 시스템, 사각 지대를 없애 운전자를 지원하는 시각 보조 시스템, 나이트 비전, 레이더, 무선 차량 안전 통신 시스템 같이 개선된 시각 시스템에 의해 알아채지 못했던 이벤트들에 관해 운전자에게 경고하거나 정보를 제공해준다.

수정 조치 시스템은 운전자의 명령을 변경해서 운전자가 더 효과적인 방법으로 운전하게 해준다. 예를 들어 이런 유형에서 가장 널리 배포된 시스템은 잠금 방지 브레이크 시스템[ABS] 이다.

잠금 방지 브레이크 시스템[ABS]은 종종 전자식 제동력 분배 장치[EBD]와 결합해서 브레이크를 잠그거나 브레이크가 잠겨있는 상태에서 제동력을 잃어버리지 않게 예방한다. 구동력 제어 시스템은 브레이크를 작동시키거나 구동 바퀴가 회전을 시작하면 구동력을 회복시키기 위해 조절판을 줄인다. 센터 디퍼렌셜center differential을 가진 사륜 구동 차량은 바퀴의 공전 기회를 줄이기 위해 전력을 네 개의 바퀴에 배분한다. 또한 오버스티어oversteer와 언더스티어understeer 를 덜 겪게 만들 것이다. 전자 안전성, 가속 미끄럼 규제, 전자 디퍼렌셜 락은 차량이 제어 손실 가능성을 감지할 때 이를 대체하기 위해 많은 센서를 이용한다. 차량의 제어 유닛은 엔진으로부터 전력을 줄일 수 있고, 차량이 언더스티어나 오버스티어가 되는 것을 예방하기 위해 바퀴마다 브레이크를 적용할 수 있다. 동적 스티어링 반응은 차량의 속도와 도로 조건에 차량을 적응시키기 위해 전력 스티어링 시스템의 비율을 올바르게 만든다. 일본은 이러한 시스템에 대해 세계에서 가장 많은 관심을 갖고 있으면서 정부의 완전한 지원하에 기반 구조 기반의 운전 경고 시스템과 정보 제공 시스템을 개발하고 있다.

체계적 시스템이란 차량이 주차 공간을 읽고 동작을 계산하며, 그런 다음 동작을 실행하는 자동 주차 같은 시스템이다. 또 다른 시스템은 포드Ford와 박스홀Vauxhall에서 사용하는 적응적 정속 제어와 닛산Nissan에서 개발된 원거리 제어 지원 같은 시스템이다. 주로 대형 차량에서 인간 운전자가 사망하거나 의식 불명 같이 정상적으로 운전을 못하게 되는 경우에 자동으로 운전이 전환되도록 자동차 애플리케이션에 데드맨스 브레이킹dead-man's braking을 도입하려는 움직임이 있다. 첨단 운전자 보조 시스템[ADAS]은 운전자에게 제시되는 데이터의 양은 증가시키면서 심각한 상황에서 운전자로부터 제어를 가져오기 위해 차량에 또한 사용될 수 있다.

자율 자동 조종 차량에 대한 할리우드 예상일은 아직 요원하지만, 그러한 시스템에 대한 개발과 도로 테스팅은 이미 시작됐다. 자율 자동 차량 시스템은 다음과 같은 잠재적 이점들을 갖는다.

- 인간 운전자의 반응과 비교해볼 때 자율 시스템의 증가된 신뢰성 때문에 충돌 사고의 숫자와 심각성 정도가 줄어든다.
- 차량 간 안전 간격 길이의 감소와 더 좋아진 차량 흐름 관리 때문에 도로의 네트워크 용량이 증가한다.
- 차량 소유자의 운전과 운전 잡무를 덜어준다.
- 차량이 승객을 목적지에 내려주고, 주차 공간이 부족하지 않은 곳에 스스로 주차시키며, 그런 다음 필요시 승객을 태우기 위해 돌아올 수 있으므로 주차 공간의 부족을 완화시켜준다.
- 차량 소유자의 상태, 즉 운전자가 차량을 어떻게 운전하는지 알고 있는 경우 전통적 차량을 운전하는 데 있어 운전자의 정신 상태가 적절하지 않은 경우 많은 장애로 인해 도로 차량을 이용하고 도로 위 '운전자'에서 더 이상 사람을 예방할 수 없는 경우에서 발생하는 제약 사항을 제거한다.
- 그 어떤 장소이든 차량을 맡기는 데 있어 더 이상 인간을 필요로 하지 않으므로 불필요한 인원수를 제거한다. 로봇 차량은 필요로 하는 곳은 어디든지 단독으로 운전할 수 있다.

이들 잠재적 이점 중 몇 가지는 미래 세계에 거의 적용되고 있고, 할리우드의 공상과학 소설 작가들에 의해 수십 년 동안 상상돼 왔지만, 그 속도는 천천히 진행되고 있다. 대부분의 자동 차량 개발 프로젝트가 목표를 완전 자율 차량의 생산이라고 명쾌하게 밝히고 있지는 않지만, 개념 입증을 향해 점증적 단계를 밟고 있다고 보여진다. 현재 개발 중에 있는 시스템들은 센서 정보 번역, 수정 조치, 보편적 시스템에 집중되고 있다.

정리

자동차 애플리케이션이든 기타 애플리케이션이든 임베디드 소프트웨어를 작성하는 물리적 작업에는 큰 차이가 없다. 모듈, 레지스터, 프로세서, 버스 모두 유사하게 아키텍처가 설계된다. 그러나 결점이 치명적일 수 있으므로 자동차 애플리케이션 개발과 테스트 프로젝트에서 절대적으로 지켜야만 하는 품질 표준이 바로 이 두 가지의 핵심 차이가 된다. 기능 안전성 표준인 ISO 26262가 있기는 하지만 자동차 소프트웨어의 모든 양상은 장애 모드와 영향 분석 FMEA 같은 결점 허용 통신과 제로 결함 프로세스의 품질 수준과 척도에 의해 영향 받는다. 더 전통적인 표준인 AEC, OBD-II, MISRA뿐만 아니라 AUTOSAR와 ISO 26262의 출현으로 인해 지원되는 모델링, 자동 코딩, 첨단 추적과 디버그 같은 고품질의 결점이 허용되고 상호 동작이 가능한 코드를 소프트웨어 공학자가 작성하는 데 도움을 주는 다양한 프로세스도 존재한다. 지난 수십 년에 걸쳐 개발되고 진화돼 왔던 소프트웨어는 결함 없는 품질 상태는 유지하면서도 다음 세대의 차량 플랫폼을 위해 완전히 다시 아키텍처를 설계할 필요가 있으므로 전통적인 단일 코어 마이크로컨트롤러에서 다중 코어 마이크로컨트롤러로 패러다임이 이동되고 있고, 이러한 패러다임은 향후 10년 동안 군림할 것이며, 임베디드 소프트웨어 공학자들을 궁지에 빠트리게 될 것이다. 이와 동시에 다중 코어가 실현되고 있으므로 커넥티드 차량의 개념은 시스템 방해를 유발시키는 잠재력을 가진 새로운 요인들을 불러올 것이다. 그동안 개발돼 왔던 모든 툴, 기법, 프로세스를 소프트웨어 공학자가 이용할 때 다음 세대의 소프트웨어 도전은 이뤄질 것이다.

23

입출력과 스토리지 프로그래밍

신신 양(Xin-Xin Yang)

입출력$^{I/O}$ 디바이스는 임베디드 시스템에서 아주 중요한 컴포넌트다. 이 책에서 I/O 디바이스는 CPU와 메모리를 제외한 임베디드 시스템의 모든 컴포넌트, 예를 들어 디바이스 컨트롤러와 I/O 채널을 나타낸다. 임베디드 시스템에서 이러한 I/O의 다양성은 I/O 관리를 아주 복잡한 시스템으로 만든다. 임베디드 운영체제^{OS}의 가장 기본적인 기능에는 모든 I/O 디바이스를 제어하고 관리하는 것과 I/O 디바이스를 동시 접속하는 멀티프로세스를 조정하는 것이 있다.

이 책에서 스토리지는 임베디드 시스템에서 일반적으로 사용되는 NOR/NAND 플래시, eSDHC, U-Disk, HDD, SSD 같은 외부 스토리지 디바이스와 관련된다. 최근 클라우드 컴퓨팅의 발전으로 스토리지 기술은 전체 시스템에서 점점 더 중요한 역할을 하고 있으며, 점점 더 빠르게 이동하고 있다.

디바이스 관리의 핵심 작업은 사용자의 I/O 애플리케이션 요구 사항을 충족시키는 방식으로 CPU와 디바이스 간 I/O 구현을 제어하는 것이다. 운영체제는 인터럽트에 반응해 명령을 디바이스로 보내야 하고, 디바이스로부터 온 예외는 처리해야 한다. 또한 디바이스와 시스템의 다른 부분 간에는 간단하고 쉬운 인터페이스를 제공해야 한다. 따라서 I/O 관리 모듈은 시스템 자원에 대한 최상의 이용 효율성을 얻기 위해 CPU와 I/O 디바이스 간, I/O 디바이스와 I/O 디바이스 간 병렬 프로세스 능력을 향상시킬 필요가 있다. I/O 관리 모듈은 통합되고 투명하며, 독립적이고 확장 가능한 I/O 인터페이스를 제공해야 한다.

23장은 CPU와 I/O 디바이스, 인터럽트 기술, I/O 제어 프로세스와 디바이스 드라이버 구현 프로세스 사이의 데이터 전송 모드를 소개한다. 13장의 두 번째 부분에서는 특징 지원과 성능 최적화를 포함해 스토리지 디바이스에 대한 프로그래밍 모델을 소개한다.

I/O 디바이스와 I/O 컨트롤러

I/O 디바이스 범주

복잡한 구조와 서로 다른 작업 모델을 가진 임베디드 시스템에는 많은 유형의 I/O 디바이스가 있다. 이러한 디바이스의 유형을 효율적으로 관리하기 위해 OS는 보통 서로 다른 관점에서 이들 디바이스를 분류한다.

종속 범주

시스템 디바이스 OS가 시동될 때 시스템에 이미 등록돼 있는 표준 디바이스다. 시스템 디바이스의 예로는 NOR/NAND 플래시, 터치 패널 등이 있다. 이들 디바이스를 위해 OS에는 디바이스 드라이버와 관리 프로그램이 있다. 이들 디바이스를 이용하기 위해 사용자 애플리케이션은 OS가 제공하는 표준 명령이나 함수를 호출하기만 하면 된다.

사용자 디바이스 OS가 시동될 때 시스템에 등록돼 있지 않은 비표준 디바이스다. 디바이스 드라이버는 보통 사용자에 의해 제공된다. 사용자는 어떻게 해서든 이들 디바이스의 제어를 OS가 관리할 수 있게 전송해야 한다. 전형적인 디바이스에는 SD 카드, USB 디스크 등이 있다.

사용 범주

전용 디바이스 한 번에 하나의 프로세스에 의해서만 사용될 수 있는 디바이스다. 다중 병행 프로세스에서 각각의 프로세스는 상호 배타적으로 디바이스를 이용한다. 일단 OS가 특정 프로세스에 디바이스를 할당하면 프로세스가 디바이스를 이용 후 방출할 때까지 이 프로세스는 배타적으로 소유하게 될 것이다.

공유 디바이스 한 번에 여러 프로세스에 의해 다뤄질 수 있는 디바이스다. 공유 디바이스는 임의로 다뤄질 수 있고 다뤄져야 한다. 공유 디바이스 메커니즘은 각 디바이스의 이용률을 향상시킬 수 있다.

가상 디바이스 가상화 기술을 이용해 물리적 디바이스에서 다중의 논리적 디바이스로 전송되는 디바이스다. 이러한 전송 디바이스를 가상 디바이스라 부른다.

특징 범주

스토리지 디바이스 이런 유형의 디바이스는 정보를 저장하는 데 사용된다. 임베디드 시스템의 전형적인 사례에는 하드 디스크, 솔리드 스테이드 디스크, NOR/NAND 플래시가 포함된다.

I/O 디바이스 이런 유형의 디바이스는 입력 디바이스와 출력 디바이스의 두 그룹을 포함한다. 입력 디바이스는 터치 패널, 바코드 스캐너 등과 같이 외부 소스에서 내부 시스템으로 정보를 입력하는 데 책임을 진다. 이와 반대로 출력 디바이스는 LCD 표시기, 스피커 등과 같이 임베디드 시스템에 의해 처리되는 정보를 외부 시스템으로 출력하는 데 책임을 지는 디바이스다.

정보 전송 유닛 범주

블록 디바이스 이런 유형의 디바이스는 데이터 블록 단위로 데이터를 구성하고 교환하므로 블록 디바이스라 부른다. 이 디바이스는 구조적 디바이스의 한 종류다. 전형적인 디바이스에는 하드 디스크가 있다. I/O 동작에서 이 디바이스가 단일 바이트 읽기/쓰기 디바이스이더라도 전체 데이터 블록이 읽혀지거나 작성돼야 한다.

문자 디바이스 이런 유형의 디바이스는 문자 단위로 데이터를 구성하고 교환하므로 문자 디바이스라 부른다. 이 디바이스는 비구조적 디바이스의 한 종류다. 직렬 포트, 터치 패널, 프린터 같은 많은 유형의 문자 디바이스가 있다. 문자 디바이스의 기본적인 특징은 전송률이 느리다는 점과 다뤄질 수 없는 디바이스라는 점이다. 인터럽트는 문자 디바이스가 I/O 동작을 실행할 때 종종 사용된다.

따라서 많은 유형의 I/O 디바이스가 있다는 것을 알 수 있다. 서로 다른 디바이스의 특징과 성능은 상당히 다르다. 가장 명백한 차이는 데이터 전송률이다. 표 23.1에 임베디드 시스템의 몇 가지 공통 디바이스에 대한 이론적인 전송률이 나타나 있다.

표 23.1 전형적인 I/O 디바이스의 이론적인 최대 데이터 전송률

I/O 디바이스	이론적 데이터율
키보드	10 B/s
RS232	1.2 KB/s
802.11g WLAN	6.75 MB/s
고속 이더넷	12.5 MB/s
eSDHC	25 MB/s
USB2.0	60 MB/s
10G 이더넷	126 MB/s
SATAII	370 MB/s
PCI Express2.0	625 MB/s
직렬 래피드 I/O	781 MB/s

I/O 컨트롤러

I/O 디바이스는 보통 기계적 부분과 전자적 부분의 두 부분으로 구성된다. 전자적 부분을 디바이스 컨트롤러나 어댑터라고 부른다. 임베디드 시스템에서 I/O 디바이스는 보통 주변 칩이나 확장 슬롯의 PCB상에 존재한다. 기계적 부분은 디스크나 메모리 스틱 같은 디바이스 자체를 말한다.

임베디드 시스템에서 보통 I/O 컨트롤러(전자적 부분)는 시스템 버스에 연결된다. 그림 23.1은 I/O 구조와 시스템 내에서 I/O 컨트롤러의 연결 방법을 보여준다.

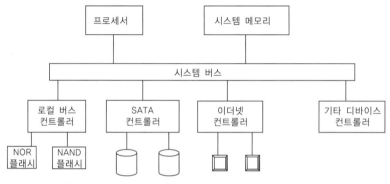

그림 23.1 전형적인 임베디드 시스템의 I/O 구조

디바이스 컨트롤러는 CPU와 디바이스 간 인터페이스다. 이 컨트롤러는 CPU로부터 명령을 받아들이고, I/O 디바이스의 동작을 제어하며, 시스템 메모리와 디바이스 간 데이터를 전송한다. 이렇게 해서 디바이스 컨트롤러는 고주파수의 CPU를 저속의 주변장치 제어로부터 자유롭게 만들 수 있다.

그림 23.2는 디바이스 컨트롤러의 기본적인 구조를 보여준다.

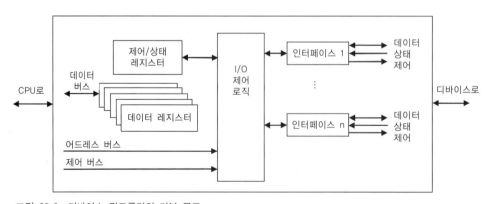

그림 23.2 디바이스 컨트롤러의 기본 구조

디바이스 컨트롤러는 다음과 같은 부분들을 포함한다.

- **데이터 레지스터** 데이터 레지스터는 입력과 출력이 될 필요가 있는 데이터를 포함한다.
- **제어/상태 레지스터** 제어 레지스터는 외부 디바이스의 특정 기능, 예를 들어 다중화 핀 기능을 선정하거나 CRC 사용 여부를 결정하는 데 사용된다. 상태 레지스터는 현재 디바이스의 상태, 즉 명령이 종료됐는지 또는 오류가 발생했는지를 증명하는 데 사용된다.
- **I/O 제어 로직** 이 로직은 디바이스의 동작을 제어하는 데 사용된다.
- **CPU 인터페이스** 이 인터페이스는 컨트롤러와 CPU 간 명령과 데이터를 전송하는 데 사용된다.
- **디바이스 인터페이스** 이 인터페이스는 주변 디바이스를 제어하고 디바이스의 상태를 반환하는 데 사용된다.

위의 구조로부터 디바이스 컨트롤러의 주요한 기능을 다음과 같이 쉽게 요약할 수 있다.

- CPU로부터 온 명령을 수신하고 식별하며, 그 명령을 독립적으로 실행한다. 디바이스 컨트롤러가 명령을 수신한 후 CPU는 다른 프로세스를 실행하기 위해 전환된다. 컨트롤러는 독립적으로 명령을 실행한다. 명령이 종료되거나 예외가 발생하면 디바이스 컨트롤러는 인터럽트를 생성하며, 그런 다음 CPU는 연관 인터럽트 서비스 루틴[ISR]을 실행한다.
- 데이터를 교환한다. 이것은 컨트롤러와 시스템 메모리 간 데이터 전송뿐만 아니라 디바이스와 디바이스 컨트롤러 간 데이터 전송을 포함한다. 데이터 전송의 효율성을 향상시키기 위해 보통 하나 또는 그 이상의 데이터 버퍼가 디바이스 컨트롤러 안에서 사용된다. 데이터가 먼저 데이터 버퍼로 전송되며, 그런 다음 디바이스나 CPU로 전송된다.
- 컨트롤러나 디바이스의 현재 상태를 CPU에 제공한다.
- CPU와 디바이스 간 통신과 제어를 성취한다.

메모리 맵 I/O와 DMA

그림 23.2에 나타나 있듯이 CPU를 이용해 통신하는 모든 디바이스 컨트롤러에는 다양한 레지스터가 있다. 이들 레지스터를 작성함으로써 운영체제는 데이터를 전송하고 수신하며, 특정 지시어/명령을 실행하기 위해 디바이스를 제어할 수 있다. 이들 레지스터를 읽음으로써 운영체제는 디바이스의 상태를 얻을 수 있고, 디바이스가 새로운 명령을 수신할 준비가 돼 있는지를 알 수 있다.

상태/제어 레지스터 외에 많은 디바이스는 운영체제가 데이터를 읽고/쓰기 위한 데이터 버퍼를 포함하고 있다. 예를 들어 이더넷 컨트롤러는 데이터 버퍼로서 RAM의 특정 영역을 이용한다.

통신하는 동안 CPU가 제어 레지스터나 데이터 버퍼를 어떻게 선택할까? 여기에는 세 가지 방법이 있다.

1. **독립 I/O 포트** 이 방법은 그림 23.3(a)에 나타나 있듯이 메모리와 I/O 공간이 서로 독립적이다. 모든 제어 레지스터는 8비트나 16비트 정수의 I/O 포트 번호를 할당받는다. 이들 모든 I/O 포트는 I/O 포트 공간을 형성한다. 이 공간은 운영체제가 지시하는 전용의 I/O 명령에 의해서만 방문될 수 있다. 예를 들면 다음과 같다.

```
IN REGA, PORT1
OUT REGB, PORT2
```

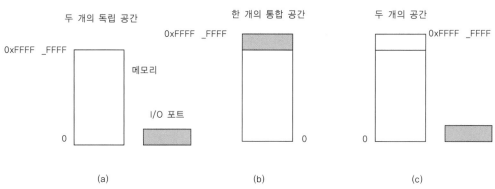

그림 22.3 (a) 독립 I/O와 메모리 공간 (b) 메모리 맵 I/O (c) 하이브리드 솔루션

첫 번째 명령은 PORT1의 내용을 읽어서 이를 CPU 레지스터인 REGA에 저장하는 것이다. 이와 유사하게 두 번째 명령은 REGB의 내용을 제어 레지스터인 PORT2에 쓰는 것이다.

2. **메모리 맵 I/O** 이 방법에서는 모든 레지스터가 메모리 공간에 매핑되며, 그림 23.3(b)에 나타나 있듯이 어떤 메모리든 동일 주소에 할당되지 않는다. 대부분의 경우 할당된 주소는 주소 공간의 제일 위쪽에 위치한다. 이러한 시스템을 메모리 맵 I/O라 부른다. 이것은 ARM®과 Power® 아키텍처의 I/O처럼 임베디드 시스템에서 가장 공통적인 방법이다.

3. **하이브리드 솔루션** 그림 23.3(c)는 메모리 맵 I/O 데이터 버퍼와 제어 레지스터를 위한 분리된 I/O를 가진 하이브리드 모델을 보여준다.

메모리 맵 I/O의 강점은 다음과 같이 요약할 수 있다.

- 메모리 맵 I/O 모드에서 디바이스 제어 레지스터는 메모리에서의 변수며, C에서 다른 변수와 동일한 방식으로 다뤄질 수 있다. 따라서 I/O 디바이스 드라이버는 C 언어로 완벽히 작성될 수 있다.

- 이 모드에서는 I/O 동작을 수행하면서 사용자 프로세스를 유지하는 데 요구되는 특별한 보호 메커니즘이 없다.

메모리 맵 I/O 모드의 단점은 다음과 같이 요약할 수 있다.

- 현재 사용 중인 대부분의 임베디드 프로세서는 메모리 캐싱caching을 지원한다. 디바이스 제어 레지스터를 캐싱하는 것은 엄청난 불행의 원인이 될 수 있다. 이를 예방하기 위해 하드웨어는 선택적으로 캐싱을 불능화시킬 수 있는 능력을 가져야 한다. 이것은 임베디드 시스템에서 하드웨어와 소프트웨어 둘 모두에게 복잡성을 증가시킬 수 있다.
- 오직 하나의 주소 공간만 있다면 모든 메모리 참조는 어떤 것에 반응해야 될지를 결정하기 위해 모든 메모리 모듈과 I/O 디바이스에 의해서만 검사돼야 한다. 이것은 시스템 성능에 상당한 영향을 미친다.

CPU가 메모리 맵 I/O를 가질지라도 데이터를 디바이스에 전송하기 위해서는 여전히 디바이스 컨트롤러에 방문해야 한다. CPU는 데이터를 한 바이트씩 I/O 컨트롤러에 전송할 수 있지만, 이 방법은 충분히 효과적이지 않으며 CPU 대역폭을 필요 이상으로 낭비한다. 효율성을 향상시키기 위해 임베디드 시스템에서는 DMA직접 메모리 접근라고 부르는 서로 다른 스키마가 사용된다. DMA는 하드웨어가 DMA 컨트롤러를 포함하고 있는 경우에만 사용될 수 있으며, 대부분의 임베디드 시스템은 DMA를 사용한다. 대부분의 컨트롤러는 보통 네트워크 카드나 디스크 컨트롤러 같은 통합 DMA 컨트롤러를 포함하고 있다.

DMA 컨트롤러는 많은 인터페이스와 디바이스의 기능 블록, 독립 코어, 외부 호스트 간 데이터 블록을 전송한다. DMA 컨트롤러가 어떻게 작업되는지, 그리고 어떻게 프로그램되는지에 대한 세부 내용은 23장에서 이미 다뤘다.

그림 23.4는 프리스케일 사의 Freescale QorIQ P1022 임베디드 프로세서의 DMA 컨트롤러에 대한 블록 다이어그램을 보여준다. DMA 컨트롤러는 네 개의 고속 DMA 채널을 갖는다. 코어와 외부 디바이스 둘 모두 DMA 전송을 시작할 수 있다. 채널은 복잡한 데이터 이동과 개선된 트랜잭션 체이닝chaining을 할 수 있다. 서술자descriptor 패치fetch와 블록 전송 같은 동작은 각 채널에 의해 시작된다. 채널은 중재 로직에 의해 선택되며, 정보는 처리를 위해 소스와 목적지 제어 블록으로 넘겨진다. 소스와 목적지 블록은 DMA 마스터 포트 주소 인터페이스를 관리하는 주소 테뉴어 엔진으로 읽기와 쓰기 요청을 생성한다. 트랜잭션이 마스터 포트에 의해 승인된 후 제어는 읽기와 쓰기 데이터 전송을 관리하는 데이터 테뉴어 엔진으로 전송된다. 채널당 할당된 대역폭에 도달할 때까지 채널은 데이터 전송 기간 동안 공유 자원 내에서 동적인 상태로 남는다.

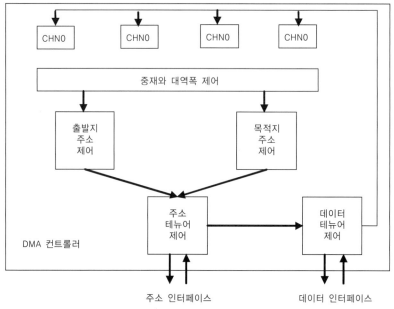

그림 23.4 P1022 프로세서의 DMA 컨트롤러

    DMA 블록은 기본과 확장이라는 두 가지 동작 모드를 갖는다. 기본 모드는 개선된 특징을 지원하지 않는 DMA 레거시 모드다. 확장 모드는 진전되고 유연한 서술자 구조 같은 개선된 특징을 지원한다.

플래시, SD/SDHC, 디스크 드라이브

임베디드 시스템의 스토리지 기술은 최근 몇 년 동안 아주 빠르게 발전됐다. 대표적인 스토리지 기술에는 플래시 메모리, sSDHC, 디스크 드라이브가 있다.

플래시 메모리

플래시 메모리는 임베디드 시스템에서 널리 사용되는 수명이 긴 비휘발성 스토리지 칩이다. 이 메모리는 전원이 끊어졌을 때조차도 저장된 데이터와 정보를 유지할 수 있다. 플래시 메모리는 전기적으로 소거되고 다시 프로그램될 수 있다. 이 메모리는 EEPROM(전기적으로 소거되고 프로그램될 수 있는 읽기 전용 메모리)로부터 개발됐다. 플래시 메모리는 새로운 데이터로 다시 작성되기 전에 소거돼야 한다. 소거는 256KB부터 20MB의 크기가 서로 다른 블록 단위를 기반으로 한다.

    기술과 시장을 지배하는 두 가지 유형의 플래시 메모리, 즉 NOR 플래시와 NAND 플래시 메모리가 있다. NOR 플래시는 메모리 배열의 어떤 위치에 대해서든 고속 랜덤 액세스를 허용하며, 전체 부분에 걸쳐 100%의 좋은 비트를 허용하고, NOR 플래시로부터 직접 코드 실행을 허용한다. 이 메모리는 보통 임베디드 시스템에서 오래된 EPROM의 대체로서, 그리고 특정 종류의 ROM 애플리케이션의 대안으로서 부트 코드를 저장하고 실행하는 데 이용된다. NOR 플래시 메모리와 비교해 볼 때 NAND 플래시는 메모리 배열에 대해 상대적으로 긴 초기의 읽기 접근을 요구한다. 이 메모리는 전체 부분에 걸쳐 부가적인 비트 장애를 갖고 적재 시 98%의 좋은 비트를 갖는다(ECC를 강력히 권고한다). NAND는 NOR보다 비트당 비용이 덜 든다. 이 메모리는 보통 데이터 저장과 전송을 위해 메모리 카드, USB 플래시 드라이브, 솔리드 스테이트 드라이브, 이와 유사한 제품 같은 데이터 스토리지에 사용된다. 이러한 두 가지 유형의 플래시 메모리 모두에 대한 사례 애플리케이션에는 개인 컴퓨터와 디지털 오디오 플레이어, 디지털 카메라, 모바일 폰, 비디오 게임, 과학 기구, 산업용 로봇, 의료 전자장비 등과 같은 모든 종류의 임베디드 시스템이 포함된다.

　　NOR와 NAND 플래시에 있는 개별 메모리 셀의 연결은 서로 다르다. 게다가 메모리 읽기와 쓰기를 위해 제공된 인터페이스도 각각 다르다. NOR는 읽기를 위한 랜덤 액세스를 허용하는 반면, NAND는 페이지 액세스만을 허용한다. 이에 대한 비유로서 NOR 플래시는 독립적 주소 버스와 데이터 버스를 가진 RAM과 같은 반면, NAND는 주소 버스와 데이터 버스가 I/O 버스를 공유하는 하드 디스크에 더 가깝다.

SD/SDHC

시큐어 디지털 메모리 카드가 전체 이름인 시큐어 디지털[SD]은 예전 MMC(멀티미디어) 기술을 발전시킨 것이다. 이 기술은 최신 오디오와 비디오 소비자 가전제품에 내재하는 보안, 용량, 성능, 환경 요구 사항을 충족시키기 위해 특별히 설계된다. 물리적 형태 인자, 핀 할당, 데이터 전송 프로토콜은 예전 MMC와 순방향으로 호환된다. 이 기술은 임베디드 휴대용 디바이스에서 사용할 목적으로 SD 카드협회[SDA]가 개발한 비휘발성 메모리 카드 형태다. SD는 여러 가지의 카드로 구성된다. 가장 많이 사용되는 SD에는 최초의 SD 카드, 표준 용량 카드[SDSC], 대용량 카드[SDHC], 확장 용량 카드[SDXC], 데이터 스토리지라기보다는 입력/출력 기능을 가진 SDIO 카드 등이 있다.

　　시큐어 디지털 대용량[SDHC] 포맷은 SD 명세 버전 2.0에 정의돼 있다. 이 포맷은 32GB까지의 용량을 가진 카드를 지원한다. SDHC 카드는 표준 용량의 SD 카드[SDSC]와 물리적으로나 전기적으로 동일하다. 그림 23.5에 두 가지의 공통 카드, 즉 SD 카드와 SDHC 카드가 나타나 있다.

그림 23.5 샌디스크(SanDisk) 2GB SD 카드와 킹스톤(Kingston) 4GB SDHC 카드

SDHC 컨트롤러는 보통 임베디드 프로세서에 통합된다. 그림 23.6은 MMC/SD 호스트 컨트롤러의 기본 구조를 보여준다.

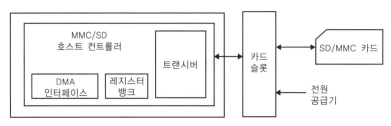

그림 23.6 SD 컨트롤러의 기본 구조

하드 디스크 드라이브

하드 디스크 드라이브[HDD]는 데스크톱과 임베디드 시스템 모두에서 디지털 정보를 저장하고 검색하는 데 사용되는 비휘발성 디바이스다. HDD는 하나 또는 그 이상의 신속하게 회전하는 딱딱한(이런 이유로 하드라 부름) 디스크로 구성되고, 마그네틱 물질로 덮여 있으며, 데이터를 표면에 쓰고 표면으로부터 데이터를 읽기 위해 정렬된 마그네틱 헤드를 갖고 있다.

하드 디스크 드라이브는 랜덤 액세스와 마그네틱 데이터 스토리지 디바이스로 분류된다. 1956년 IBM에 따르면 하드 디스크 드라이브의 비용과 물리적 크기는 현저히 감소됐으나 용량과 속도는 대폭 증가했다. 임베디드 시스템에서 하드 디스크 드라이브는 데이터 센터와 NVR 시스템 같이 아주 흔하게 사용되고 있다. HDD의 이점은 기록 용량, 비용, 신뢰성, 속도다.

하드 디스크 드라이브와 프로세서 간 데이터 버스 인터페이스는 ATA(IDE), SATA, SCSI, SAS의 네 가지 유형으로 분류될 수 있다.

ATA(IDE) 첨단 기술 부착. 이것은 하드 디스크에 연결하기 위해 전통적인 40핀 병렬 데이터 버스를 이용한다. 최대 전송률은 133MB/s다. 그러나 이것은 낮은 성능과 형편없는 강건성 때문에 SATA에 의해 대체됐다.

SATA 직렬 ATA. 이것은 훌륭한 강건성을 갖고 있고 핫 플러깅^{hot-plugging}을 지원한다. SATA II의 처리량은 300MB/s다. 신규 SATA III의 처리량은 600MB/s에 이른다. 이것은 현재 임베디드 시스템에 널리 사용되고 있다.

SCSI 소규모 컴퓨터 시스템 인터페이스. 이것은 SCSI-II부터 현재의 Ultra320 SCSI와 광 채널에 이르기까지 여러 세대에 걸쳐 개발됐다. SCSI 하드 드라이브는 워크스테이션과 서버에 널리 사용되고 있다. 이것은 SATA보다는 더 낮은 CPU 이용률을 갖지만 상대적으로 더 큰 비용을 지불해야 한다.

SAS 직렬 부착 SCSI. 이것은 새로운 세대의 SCSI 기술이다. 이 기술의 최대 처리량은 6GB/s에 달한다.

솔리드 스테이트 드라이브

솔리드 스테이트 드라이브^{SSD}는 솔리드 스테이트 디스크나 전자 디스크라고 불린다. 이 드라이브는 전통적인 블록 I/O 하드 디스크 드라이브와 같은 방식에서 액세스를 제공할 의도를 가진 지속성 데이터를 저장하기 위해 (플래시 메모리 같은) 솔리드 스테이트 메모리를 이용하는 데이터 스토리지 디바이스다. 그러나 SSD는 비휘발성 메모리칩에 데이터를 보유하고 있는 마이크로칩을 이용한다. SSD에는 회전하는 디스크나 이동이 가능한 읽기/쓰기 헤드 같은 동작 부분이 없다. SSD는 SATA 같은 하드 디스크 드라이브처럼 동일한 인터페이스를 이용하기 때문에 대부분의 애플리케이션에서 하드 디스크를 쉽게 대체할 수 있다. 현재 대부분의 SSD는 내부에 NAND 플래시 메모리 칩을 이용하며, 전원이 없을 때조차도 정보를 보유할 수 있다.

SSD 내부에 회전하는 디스크가 없더라도 사람들은 여전히 재래식 용어인 '디스크'를 사용하고 있다. 임베디드 시스템에서는 이 드라이브가 하드 디스크를 대체할 수 있다.

네트워크 부착 스토리지

네트워크 부착 스토리지^{NAS}는 네트워크에서 다른 클라이언트에게 파일 기반의 데이터 스토리지 서비스만 제공하는 네트워크 환경 컴퓨터다. NAS 디바이스에서만 동작되는 운영체제와 소프트웨어는 파일 저장, 읽기/쓰기, 관리 기능을 제공한다. NAS 디바이스는 또한 하나 이상의 파일 전송 프로토콜을 제공한다. NAS 시스템은 보통 하나 이상의 하드 디스크를 포함한다. 하드 디스크는 보통 서비스 제공을 위해 RAID 형태를 갖는다. NAS가 있다면 네트워크의 다른 서버들은 파일 서버 기능을 제공할 필요가 없다. NAS는 임베디드 디바이스이거나 일반 컴퓨터에서 동작하는 소프트웨어일 수 있다.

NAS는 보통 리눅스에서 사용되는 NFS나 윈도우에서 사용되는 SMB 같이 유닛으로서 파일을 이용하는 통신 프로토콜을 이용한다. 많은 NAS 시스템 중 FreeBSD를 기반으로 하는 FreeNAS와 리눅스를 기반으로 하는 Openfiler가 인기가 많다.

클라우드 컴퓨팅을 개발하면서 NAS 디바이스가 인기를 얻어 가고 있다. 그림 23.7은 전형적인 NAS 애플리케이션의 예를 보여준다. 임베디드 프로세서는 NAS 스토리지 서버에서 널리 사용되고 있다.

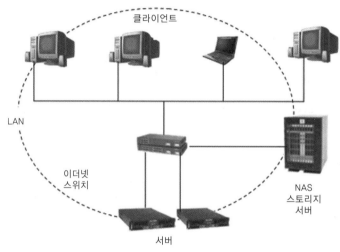

그림 23.7 NAS의 예

I/O 프로그래밍

I/O 하드웨어에 대한 소개와 논의를 마친 후 I/O 프로그래밍 방법과 관련된 I/O 소프트웨어에 중점을 두고 살펴본다.

I/O 제어 모드

I/O 제어 모드는 CPU가 언제 어떻게 I/O 디바이스를 구동하는지, 그리고 CPU와 디바이스 간 데이터 전송을 언제 어떻게 제어하는지와 관련된다. CPU와 I/O 컨트롤러 사이의 서로 다른 접촉 모드에 의하면 I/O 제어 모드는 다음과 같은 네 가지 하부 모드로 분류될 수 있다.

폴링 모드

폴링polling 모드는 CPU가 명령을 내리거나 데이터를 읽기 위해 사전에 주기적으로 I/O 컨트롤러의 연관 레지스터에 방문하고, 그런 다음 I/O 디바이스를 제어하는 것과 관련된 모드다.

폴링 모드에서 I/O 컨트롤러는 필수 디바이스지만, DMA 기능을 지원하지 않아도 된다. 사용자 프로그램 실행 시 CPU가 외부 디바이스와의 데이터 교환이 필요할 때면 언제든지 CPU는 디바이스를 개시하기 위해 명령을 내린다. 그런 다음 CPU는 대기 상태로 들어가고 반복적으로 디바이스의 상태에 관해 질의한다. CPU는 디바이스 상태가 준비될 때까지 시스템 메모리와 I/O 컨트롤러 간 데이터 전송을 구현하지 않는다.

이 모드에서 CPU는 I/O 동작이 종료됐는지 여부를 결정하기 위해 컨트롤러의 연관 상태에 관한 질의를 계속 이어갈 것이다. 예를 들어 입력 디바이스를 가져야만 디바이스는 디바이스 컨트롤러의 데이터 레지스터에 데이터를 저장한다. CPU가 동작하는 동안 애플리케이션 프로그램은 디바이스 컨트롤러에 있는 제어/상태 레지스터의 Busy/Idle 비트를 검출한다. 비트가 1이면 아직 데이터 입력이 없다는 것을 나타낸다. 그렇다면 CPU는 다음번 루프에서 비트에 관한 질의를 할 것이다. 그러나 비트가 0이면 데이터가 준비됐다는 것을 의미하며, CPU는 디바이스 데이터 레지스터의 데이터를 읽을 것이고, 시스템 메모리에 데이터를 저장할 것이다. 그동안 CPU는 다음 데이터를 수신할 준비가 돼 있는 디바이스에 정보를 제공하기 위해 다른 상태 레지스터를 1로 설정할 것이다. 출력 동작에도 유사한 프로세스가 있다. 그림 23.8은 폴링 모드의 흐름도를 보여준다. 그림 23.8(a)는 CPU 측면에서의 흐름도인 반면 (b)는 디바이스 측면에 중점을 둔 흐름도다.

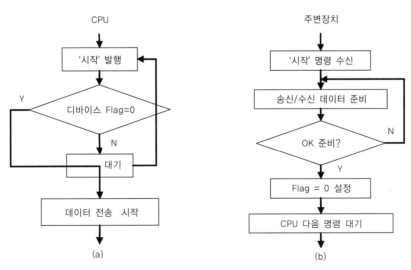

그림 23.8 폴링 모드의 흐름도

폴링 모드가 간단하고 이를 지원하기 위해 많은 하드웨어가 요구되지 않더라도 폴링 모드의 단점 또한 다음과 같이 분명히 존재한다.

1. CPU와 주변장치는 직렬로만 작업할 수 있다. CPU의 처리 속도는 주변장치의 처리 속도보다 훨씬 빠르기 때문에 대부분의 CPU 시간은 대기하거나 정지하고 있다. 이것은 CPU의 효율성을 크게 떨어뜨린다.
2. 특정 기간에 CPU는 다중 디바이스와 병렬로 작업하는 대신 주변장치 중 하나와 데이터 교환만 할 수 있다.
3. 폴링 모드는 디바이스 레지스터의 상태 검출에만 의존한다. 따라서 디바이스나 다른 하드웨어로부터 온 예외를 발견하거나 처리할 수 없다.

인터럽트 제어 모드

CPU 이용의 효율성을 향상시킬 목적으로 인터럽트 제어 모드는 CPU와 주변장치 간 데이터 전송을 제어하기 위해 소개됐다. 이 모드는 CPU, 디바이스, 디바이스의 제어/상태 레지스터에 있는 인터럽트 가능 비트를 연결하기 위해 인터럽트 핀을 요구한다. 인터럽트 모드의 전송 구조가 그림 23.9에 묘사돼 있다.

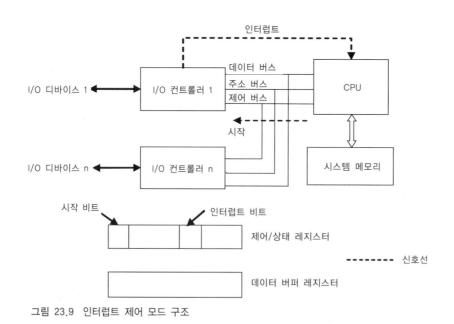

그림 23.9 인터럽트 제어 모드 구조

데이터 전송 프로세스는 다음과 같이 설명된다.

1. 프로세스가 데이터 얻기를 필요로 할 때 CPU는 데이터를 준비하는 주변장치의 시작을

위해 '시작' 명령을 발행한다. 이 명령은 또한 제어/상태 레지스터의 인터럽트 가능 비트를 설정한다.

2. 프로세스가 주변장치를 시작한 후 프로세스는 방출된다. CPU는 다른 프로세스/태스크의 실행을 시작한다.

3. 데이터가 준비된 후 I/O 컨트롤러는 인터럽트 요청 핀을 경유해 CPU에 인터럽트 신호를 생성한다. CPU가 인터럽트 신호를 수신하면 CPU가 데이터를 처리하기 위해 이미 지정된 ISR^{인터럽트 서비스 루틴}로 전환한다.

인터럽트 제어 모드의 흐름도가 그림 23.10에 나타나있다. 그림 23.10(a)는 CPU 측면을 보여주는 반면 (b)는 디바이스 측면에 중점을 두고 보여준다.

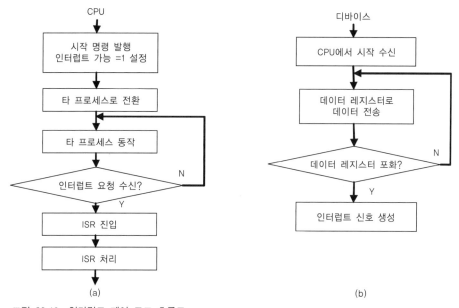

그림 23.10 인터럽트 제어 모드 흐름도

I/O 디바이스가 데이터를 입력하는 동안 CPU는 필요 없다. 따라서 I/O 디바이스는 병렬로 CPU와 주변장치에 대해 작업이 가능하다. 이러한 방식으로 I/O 디바이스는 시스템의 효율성과 처리량을 크게 향상시킬 수 있다. 그러나 이것은 인터럽트 제어 모드에서 문제가 있다. 첫째, 임베디드 시스템의 데이터 버퍼 레지스터의 크기가 충분히 크지 않다는 점이다. 버퍼가 꽉 차면 I/O 디바이스는 CPU에 대해 인터럽트를 발생시킨다. 하나의 전송 주기에서 너무 많은 인터럽트가 발생하게 된다. 이것은 인터럽트를 처리함에 있어 너무 많은 CPU 대역폭을 차지하게 된다. 둘째, 임베디드 시스템에는 다양한 종류의 주변장치가 있다는 점이다. 이들

장치 모두 CPU에 대해 인터럽트를 발생시킨다면 인터럽트의 수는 너무 크게 증가할 것이다. 이러한 경우 CPU는 모든 인터럽트를 처리할 만큼 충분한 대역폭을 갖지 못할 것이며, 데이터 손실의 원인이 될 것이고, 임베디드 시스템에 엄청난 불행을 초래할 것이다.

DMA 제어 모드

1절에서 소개한 대로 DMA는 I/O 디바이스와 시스템 메모리 간 직접 데이터를 전송한다. DMA 모드에서 기본적인 데이터 전송 단위는 데이터 블록이다. 이것은 인터럽트 모드보다 더 효율적이다. DMA 모드에는 시스템 메모리와 I/O 디바이스 간 설정해야 될 데이터 채널이 있다. 데이터는 CPU의 개입 없이 메모리와 I/O 디바이스 간 블록으로 전송된다. 대신 동작은 DMA 컨트롤러에서 구현된다. DMA 구조를 그림 23.11에서 보여준다. DMA 모드에서 데이터 입력 프로세스는 다음과 같이 요약될 수 있다.

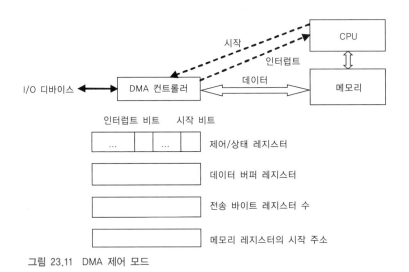

그림 23.11 DMA 제어 모드

1. 소프트웨어 프로세스가 입력 데이터로 디바이스를 필요로 할 때 CPU는 입력 데이터와 데이터 바이트 수를 저장하기 위해 할당된 메모리의 시작 주소를 DMA 컨트롤러의 주소 레지스터와 카운터 레지스터에 각각 전송한다. 그동안 CPU는 인터럽트 가능 비트와 시작 비트를 또한 설정한다. 그런 다음 주변장치는 데이터 전송을 시작한다.
2. CPU는 다른 프로세스를 실행한다.
3. 디바이스 컨트롤러는 데이터 버퍼 레지스터에서 온 데이터를 시스템 메모리에 작성한다.
4. DMA 컨트롤러가 이미 정의된 크기의 데이터 전송을 끝냈을 때 CPU로 인터럽트 요청을 생성한다. 이 요청이 수신되면 CPU는 다음 데이터 처리를 위한 ISR을 실행하기 위해 점프한다.

DMA 컨트롤러의 흐름도가 그림 23.12에 나타나있다. 그림 23.12(a)는 CPU 측면을 보여주는 반면 (b)는 디바이스 측면에 중점을 두고 보여준다.

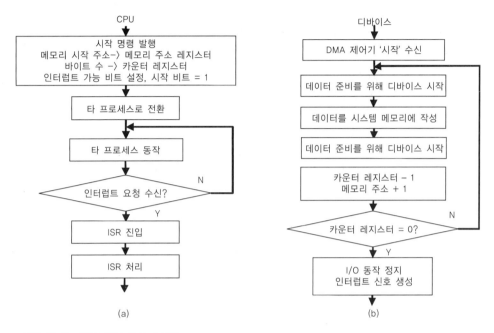

그림 23.12 DMA 제어 모드 흐름도

채널 제어 모드

채널 제어 모드는 DMA 모드와 유사하지만 더 강력한 기능을 갖고 있다. 이 모드는 I/O 동작에서 CPU 개입을 줄여준다. DMA는 데이터 블록 단위로 데이터를 처리하지만, 채널 모드는 데이터 그룹 단위로 데이터를 처리한다. 채널 모드는 CPU, I/O 디바이스, 채널을 병렬로 만들 수 있으며, 이것은 시스템의 효율성을 크게 향상시킨다. 실제 채널은 전용의 I/O 프로세서다. 이 모드는 디바이스와 시스템 메모리 간 데이터 전송에 직접 영향을 미칠 뿐만 아니라 채널 명령을 실행함으로써 I/O 디바이스 또한 제어할 수 있다.

SoC 아키텍처의 보조 프로세서는 전형적인 채널 모드다. 예를 들어 프리스케일 사의 QorIQ 통신 프로세서의 QUICC 엔진과 DPAA는 CPU와 데이터 교환을 위해 채널 모드를 이용한다.

I/O 소프트웨어의 목적

I/O 소프트웨어 설계의 일반적인 목적은 높은 효율성과 보편성에 있다. I/O 소프트웨어에서는 다음과 같은 항목들이 고려돼야 한다.

디바이스 독립성

I/O 소프트웨어의 가장 핵심적인 목적은 디바이스 독립성이다. 하드웨어 디바이스를 직접 제어하는 저수준의 소프트웨어를 제외하고는, I/O 소프트웨어의 다른 모든 부분들은 어떠한 하드웨어에도 의존하지 않아야 한다. 디바이스의 I/O 소프트웨어 독립성은 소프트웨어 이식성과 디바이스 관리를 위한 소프트웨어 재사용성을 비롯해 설계의 효율성을 향상시킬 수 있다. I/O 디바이스가 업데이트되면 전체 디바이스 관리 소프트웨어를 재작성할 필요 없이 오직 저수준의 디바이스 드라이브만 작성하면 된다.

동일 네이밍

이것은 디바이스 독립성의 목적과 밀접한 관련이 있다. I/O 디바이스 관리의 한 가지 태스크가 I/O 디바이스에 이름을 붙이는 것이다. 동일 네이밍uniform naming은 다양한 종류의 디바이스에 대한 이미 정의된 동일한 로직 이름을 이용하는 것과 관련된다. 리눅스에서 모든 디스크는 임의의 방식으로 파일 시스템 계층에 통합될 수 있기 때문에 사용자는 어떤 이름이 어떤 디바이스와 관련되는지 인식할 필요가 없다. 예를 들어 SD 카드는 디렉토리 /usr/ast/backup의 제일 상단에 놓기 때문에 파일을 usr/ast/backup/test에 복사하는 것은 파일을 SD 카드에 복사하는 것이 된다. 이러한 방식으로 모든 파일과 디바이스들은 동일한 방식으로 경로 이름을 이용해 주소가 붙여진다.

예외 처리

I/O 디바이스가 동작하는 동안 예외와 오류가 발생하는 것은 피할 수 없다. 일반적으로 I/O 소프트웨어는 가능한 한 하드웨어와 밀접하게 오류를 처리해야 한다. 이러한 방식으로 저수준 소프트웨어가 처리할 수 있는 디바이스 오류들은 더 높은 수준의 소프트웨어에서는 드러나지 않을 것이다. 더 높은 수준의 소프트웨어는 저수준의 소프트웨어가 다룰 수 없는 경우에 대해서만 오류를 다룰 것이다.

동기 블록과 비동기 전송

디바이스가 데이터를 전송할 때 일부 디바이스들은 동기 전송을 요구하지만, 다른 디바이스들은 비동기 전송을 요구한다. 이 문제는 I/O 소프트웨어 설계 동안 고려돼야 한다.

I/O 소프트웨어 계층

I/O 소프트웨어는 일반적으로 네 개의 계층으로 구성된다. 그림 23.13에 보이는 것처럼 제일 하단에서 상단으로 올라가면서 인터럽트 서비스 루틴, 디바이스 드라이버, 디바이스 독립 OS

소프트웨어, 사용자 수준 I/O 소프트웨어로 구성된다.

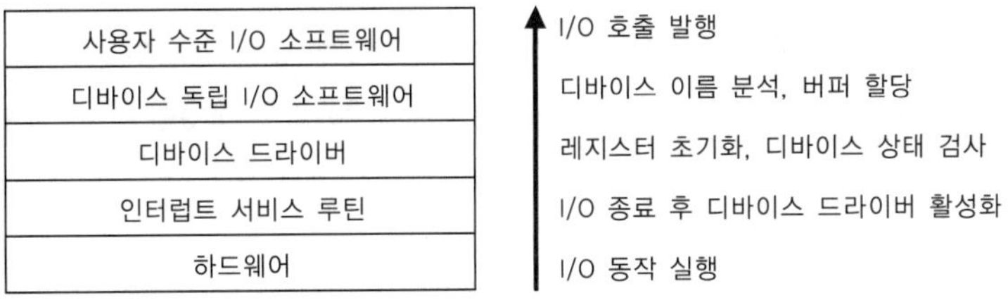

사용자 수준 I/O 소프트웨어	I/O 호출 발행
디바이스 독립 I/O 소프트웨어	디바이스 이름 분석, 버퍼 할당
디바이스 드라이버	레지스터 초기화, 디바이스 상태 검사
인터럽트 서비스 루틴	I/O 종료 후 디바이스 드라이버 활성화
하드웨어	I/O 동작 실행

그림 23.13 I/O 소프트웨어 계층

CPU가 I/O 인터럽트 요청을 승인한 후 ISR^{인터럽트 서비스 루틴}을 호출하고 데이터를 처리한다. 디바이스 드라이버는 하드웨어와 직접 관련되며, 디바이스 동작 명령을 직접 수행한다. 디바이스 독립 I/O 소프트웨어는 디바이스 드라이버와의 인터페이스, 디바이스 네이밍, 디바이스 보호, 디바이스 할당과 방출 같은 I/O 관리의 대부분 기능을 구현한다. 이것은 또한 디바이스 관리와 데이터 전송을 위한 저장 공간을 제공한다. 사용자 수준 I/O 소프트웨어는 사용자 친화적이고 명확하며, 통일된 I/O 인터페이스를 제공한다. I/O 소프트웨어의 각 수준에 대한 설명은 다음과 같다.

인터럽트 서비스 루틴

인터럽트 계층에서 CPU와 I/O 디바이스 간 데이터 전송은 다음 단계를 따른다.

1. 프로세스가 데이터를 필요로 할 때 프로세스는 I/O 디바이스 시작 명령을 발행한다. 동시에 이 명령은 I/O 디바이스 컨트롤러의 인터럽트 가능 비트를 설정한다.

2. 프로세스가 시작 명령을 발행한 후 프로세스는 CPU를 포기하며, I/O 완료를 위해 대기한다. 그동안에 스케줄러는 CPU를 이용하기 위해 다른 프로세스 일정을 수립한다. 또 다른 시나리오는 프로세스가 I/O 인터럽트 요청이 도달할 때까지 동작을 계속한다.

3. I/O 동작이 종료되면 I/O 디바이스는 IRQ 핀을 경유해 CPU로 인터럽트 요청 신호를 생성한다. CPU가 이 신호를 수신한 후 CPU는 이미 정의된 인터럽트 서비스 루틴을 실행하고 데이터 처리를 시작한다. 프로세스가 대용량의 데이터를 포함하고 있다면 위의 단계는 반복돼야 한다.

4. 프로세스가 데이터를 얻으면 준비 상태로 전환된다. 스케줄러는 다음번 동작을 계속하기 위해 일정을 수립한다.

앞에서 언급한 것처럼 인터럽트 모드는 CPU와 I/O 디바이스 이용을 향상시킬 수 있지만, 단점도 마찬가지로 갖고 있다.

디바이스 드라이버

디바이스 드라이버는 디바이스 프로세싱 프로그램이라고도 부른다. 디바이스 드라이버의 주요 작업은 논리적 I/O 요청을 물리적 I/O 실행으로 변환시키는 것이다. 예를 들어 디바이스 드라이버는 디바이스 이름을 포트 주소로, 논리적 레코드를 물리적 레코드로, 논리적 동작을 물리적 동작으로 변환시킬 수 있다. 디바이스 드라이버는 I/O 프로세스와 디바이스 컨트롤러 간 통신 프로그램이다. 이것은 디바이스와 관련된 모든 코드를 포함한다. 디바이스 드라이버가 종종 프로세스 포맷으로 존재하기 때문에 디바이스 구동 프로세스라고도 부른다.

OS 커널은 디바이스 드라이버를 통해 I/O 디바이스와 상호작용한다. 실제 디바이스 드라이버는 I/O 디바이스와 커널을 연결하는 인터페이스다. 디바이스 드라이버만이 I/O 디바이스의 세부 사항을 알고 있다. 디바이스 드라이버의 주요 기능은 다음과 같이 요약될 수 있다.

1. 수신된 추상 동작을 물리적 동작으로 전환한다. 일반적으로 각각의 디바이스 컨트롤러의 명령, 데이터, 파라미터를 저장하기 위해 사용되는 다양한 레지스터가 있다. 사용자 공간이나 소프트웨어 상위 계층은 세부 사항을 인식하지 못한다. 사실 이들 계층은 추상 명령을 발행만 할 수 있다. 따라서 OS는 추상 명령을 물리적 동작으로 전환시킬 필요가 있다. 예를 들어 추상 명령의 디스크 번호를 실린더 번호, 트랙 번호, 섹터 번호로 전환하는 것이다. 이러한 전환 작업은 디바이스 드라이버에서만 수행될 수 있다.
2. I/O 요청의 타당성을 검사하고, I/O 디바이스의 상태를 읽으며, I/O 동작 파라미터를 전환한다.
3. I/O 명령을 발행하고, I/O 디바이스를 시작해서 I/O 동작을 획득한다.
4. 채널의 디바이스 컨트롤러로부터 온 인터럽트 요청에 적시 반응하고, 요청을 처리하기 위해 관련 ISR을 호출한다.
5. I/O 동작에 대한 오류 처리를 시행한다.

디바이스 독립 I/O 소프트웨어

디바이스 독립 I/O 소프트웨어의 기본 목적은 모든 디바이스가 요구하는 일반적인 기능을 제공하고, 사용자 공간 I/O 소프트웨어에 통일된 인터페이스를 제공하는 것이다. 대부분의 I/O 소프트웨어는 어떠한 특정 디바이스에도 연관되지 않는다. 디바이스 드라이브와 디바이스 독립 I/O 소프트웨어 간 경계는 실제 시스템의 니즈에 달려 있다. 그림 23.14에서 디바이스 독립 I/O 소프트웨어의 일반적인 기능을 보여준다.

디바이스 네이밍
디바이스 보호
디바이스 독립 블록 제공
버퍼 기술
블록 디바이스 저장과 할당
배타적 디바이스 할당과 갱신
오류 정보 보고
디바이스 드라이버를 가진 통일된 인터페이스

그림 23.14 디바이스 독립 I/O 소프트웨어의 기본 기능

사용자 수준 I/O 소프트웨어

대부분의 I/O 소프트웨어가 OS에 존재하지만, 사용자 공간에도 몇 가지 I/O 동작과 관련된 I/O 시스템 호출이 있다. 이들 I/O 시스템 호출은 디바이스 관리 I/O 시스템의 한 부분인 라이브러리 프로시저를 이용함으로써 실현된다. 예를 들어 사용자 공간 애플리케이션은 다음 과 같은 시스템 호출을 포함한다.

```
count = read(fd, buffer, nbytes);
```

애플리케이션이 동작할 때 애플리케이션은 통일된 이진 코드를 구축하기 위해 라이브러리 프로세스 읽기에 연결된다.

이들 라이브러리 프로시저의 주요한 태스크는 적절한 위치에 파라미터를 설정하고, 그런 다음 다른 I/O 프로세스가 I/O 동작을 시행하도록 허용하는 것이다. 표준 I/O 라이브러리는 사용자 애플리케이션 한 부분으로 동작될 수 있는 많은 I/O 관련 프로세스를 포함하고 있다.

사례연구: 리눅스 디바이스 드라이브

앞에서 논의한 것처럼 디바이스 드라이버는 OS 커널과 주변장치를 연결하는 중요한 역할을 수행한다. 이것은 I/O 소프트웨어에서 가장 중요한 계층이다. 이 절은 사례연구로서 그림 23.15에 나타나 있는 것처럼 리눅스 디바이스 드라이버의 세부 사항을 분석한다.

리눅스에서 I/O 디바이스는 다음과 같이 세 가지로 분류된다.

- 문자 디바이스
- 블록 디바이스
- 네트워크 디바이스

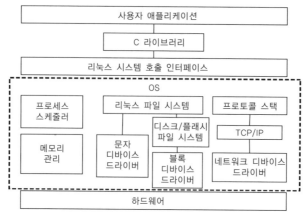

그림 23.15 전체 OS로서의 리눅스 디바이스 드라이버

문자 디바이스 드라이버와 블록 디바이스 드라이버 간에는 많은 차이가 있다. 그러나 사용자 관점에서 이들 드라이버는 open(), close(), read(), write() 같은 동작을 위해 모두 파일 시스템 인터페이스 함수를 이용한다.

리눅스에서 네트워크 디바이스 드라이버는 데이터 패키지 전송과 수신을 위해 설계된다. 커널과 네트워크 디바이스 간, 그리고 커널과 문자 디바이스나 블록 디바이스 간 통신은 완전히 다르다. 일반적으로 TTY 드라이버, I^2C 드라이버, USB 드라이버, PCIe 드라이버, LCD 드라이버는 세 가지 기본 분류로 구분될 수 있다. 그러나 리눅스는 이들 복잡한 디바이스를 위해 특정한 드라이버 아키텍처를 정의하고 있다.

이 절의 다음에 나오는 부분에서는 리눅스 디바이스 드라이버의 구조와 이의 주요한 컴포넌트에 대한 프로그래밍을 설명하기 위한 예로서 문자 디바이스 드라이버에 대해 분석한다.

cdev 구조체

리눅스 커널 2.6은 문자 디바이스를 설명하기 위해 cdev 구조체를 이용한다. cdev 구조체는 다음과 같이 정의된다.

```
struct cdev
{
    struct kobject kobj; /* Inside object of kobject */
    struct module *owner; /* Module that blongs to */
    struct file_operations *ops; /* Structure of file operation */
    struct list_head list;
    dev_t dev;          /* Device number */
    unsigned int count;
};
```

cdev 구조체에서 dev_t는 디바이스 번호를 정의한다. 이것은 32비트다. 상위 12비트는 주 디바이스 번호이고, 반면에 하위 20비트는 하부 디바이스 번호다.

cdev 구조체의 또 다른 중요한 구성원인 file_operations는 문자 디바이스 드라이버가 제공하는 가상의 파일 시스템 인터페이스 함수를 정의한다.

리눅스 커널 2.6은 cdev를 동작시키기 위해 다음과 같은 함수 그룹을 제공한다.

```
void cdev_init(struct cdev*, struct file_operations *);
struct cdev *cdev_alloc(void);
void cdev_put(struct cdev *p);
int cdev_add(struct cdev *, dev_t, unsigned);
void cdev_del(struct cdev *);
```

cdev_init() 함수는 cdev 구성원을 초기화하는 데 사용되며, cdev와 file_operations 간 연결을 설정한다. 소스코드는 다음과 같다.

```
void cdev_init (struct cdev *cdev, struct file_operation *fops)
{
    memset(cdev, 0, sizeof *cdev);
    INIT_LIST_HEAD(&cdev->list);
    cdev->kobj.ktype = &ktype_cdev_default;
    kobject_init(&cdev->kobj);
    cdev->ops = fops;
}
```

cdev_alloc() 함수는 동적으로 cdev 메모리에 적용하는 데 사용된다.

```
struct cdev *cdev_alloc(void)
{
    struct cdev *p = kzalloc(sizeof(struct cdev), GFP_KERNEL);
    if (p) {
        memset(p, 0, sizeof(struct cdev));
        p->kobj.ktype = &ktype_cdev_dynamic;
        INIT_LIST_HEAD(&p->list);
        kobject_init(&p->kobj);
    }
    return p;
}
```

cdev_add() 함수와 cdev_del() 함수는 cdev를 시스템에 추가하거나 시스템에서 제거할 수 있는데, 이렇게 함으로써 문자 디바이스 레지스터와 언레지스터[unregister]를 얻을 수 있다.

레지스터와 언레지스터 디바이스 번호

시스템에서 문자 디바이스를 등록하기 위해 cdev_add() 함수를 호출하기 전에 디바이스 번호를 등록하기 위해서는 register_chrdev_region() 함수나 alloc_chrdev_region() 함수가 호출돼야 한다. 이 두 가지 함수는 다음과 같이 정의된다.

```
int register_chrdev_region(dev_t from, unsigned count, const char *name);
int alloc_chrdev_region(dev_t *dev,unsigned baseminor,
unsigned count, const char *name)
```

register_chrdev_region() 함수는 시작 디바이스 번호가 알려졌을 때 사용되는 반면, alloc_chrdev_region() 함수는 시작 번호가 알려지지 않았을 때 사용된다. 그러나 alloc_chrdev_region() 함수는 비어있는 디바이스 번호에 동적으로 등록해야 한다. 함수 호출이 발생되면 이 함수는 디바이스 번호를 첫 번째 파라미터인 dev에 넣을 것이다.

cdev_dev() 함수가 호출돼 문자 디바이스가 시스템에서 제거된 후 등록된 디바이스 번호를 레지스터에서 해제시키기 위해서는 unregister_chrdev_region() 함수가 호출돼야 한다. 이 함수는 다음과 같이 정의된다.

```
void unregister_chrdev_region(dev_t from,unsigned count)
```

일반적으로 디바이스 등록과 등록 해제 시퀀스는 다음과 같이 요약될 수 있다.

```
register_chrdev_region()-> cdev_add() /* Existing in loading */
cdev_del()->unregister_chrdev_region() /* Existing in Unloading */
```

file_operations 구조체

file_operations 구조체에서 멤버 함수는 문자 디바이스 드라이버의 핵심 컴포넌트다. 이들 함수는 애플리케이션이 open(), write(), read(), close() 같은 시스템 호출을 시행할 때 호출된다. file_operations 구조체는 다음과 같이 정의된다.

```
struct file_operations
{
    struct module *owner; /*The pointer of the module of this structure. The value usually is
THIS_MODULES */

    loff_t (*llseek) (struct file *, loff_t, int); /* Used for modifying the current read/write
position of the file*/

    ssize_t (*read) (struct file *, char __user *, size_t, loff_t *); /* Read data from the
```

device */

ssize_t (*write) (struct file *, const char __user *, size_t, loff_t *); /* Write data to the device */

ssize_t (*aio_read) (struct kiocb *, const struct iovec *, unsigned long, loff_t); /* Initialize an asynchronous read operation */

ssize_t (*aio_write) (struct kiocb *, const struct iovec *, unsigned long, loff_t); /* Initialize an asynchronous write operation */

int (*readdir) (struct file *, void *, filldir_t); /* Used for reading directory */ unsigned int (*poll) (struct file *, struct poll_table_struct *); /* Polling function*/

int (*ioctl) (struct inode *, struct file *, unsigned int, unsigned long); /* Execute the device I/O control instruction */

long (*unlocked_ioctl) (struct file *, unsigned int, unsigned long); /* Use this function pointer to replace the ioctrl when not using BLK file system */

long (*compat_ioctl) (struct file *, unsigned int, unsigned long); /* The 32 bit ioctl is replaced by this function pointer in 64-bit system */

int (*mmap) (struct file *, struct vm_area_struct *); /* Used to map the device memory to the process address space */

int (*open) (struct inode *, struct file *);

int (*flush) (struct file *, fl_owner_t id);

int (*release) (struct inode *, struct file *);

int (*fsync) (struct file *, struct dentry *, int datasync); /* synchronize the data for processing */

int (*aio_fsync) (struct kiocb *, int datasync); /Asynchronous fsync */

int (*fasync) (int, struct file *, int); /* Inform device that the fasync bit is changing */

int (*lock) (struct file *, int, struct file_lock *);

ssize_t (*sendpage) (struct file *, struct page *, int, size_t, loff_t *, int); /* Achieve another part of send file call. Kernel call sends the data to related file with one data page each time. The device driver usually sets it as NULL */

unsigned long (*get_unmapped_area)(struct file *, unsigned long, unsigned long, unsigned long, unsigned long); /* Find a position in the process address to map memory in the low level device */

int (*check_flags)(int); /* Enable the module to check the flag being transferred to fcntl (F_SETEL. . .) call */

int (*flock) (struct file *, int, struct file_lock *);

```
    ssize_t (*splice_write)(struct pipe_inode_info *, struct file *, loff_t *, size_t,
unsigned int);

    ssize_t (*splice_read)(struct file *, loff_t *, struct pipe_inode_info *, size_t,
unsigned int);

    int (*setlease)(struct file *, long, struct file_lock **);
};
```

리눅스 문자 디바이스 드라이버 구성

리눅스에서 문자 디바이스 드라이버는 다음과 같은 부분으로 구성된다.

● 문자 디바이스 모듈 등록과 해제

문자 디바이스 모듈 적재 함수는 디바이스 번호 애플리케이션과 디바이스 등록을 수행해야
한다. 문자 디바이스 모듈 비적재 함수는 디바이스 번호 등록 해제와 cdev 삭제를 수행해야
한다.

다음은 이들 모듈에 대한 템플릿이다.

```
/* ———— Device Structure ———— */
struct xxx_dev_t
{
    struct cdev cdev;
    . . .
} xxx_dev;
/* ———— Device Driver Initialization Function ———— */
static int __init xxx_init(void)
{
    . . .
    cdev_init(&xxx_dev.cdev, &xxx_fops); /* Initialize cdev */
    xxx_dev.cdev.owner = THIS_MODULE;
    if (xxx_major) /* Register device number */
        register_chrdev_region(xxx_dev_no, 1, DEV_NAME);
    else
        alloc_chrdev_region(&xxx_dev_no, 0, 1, DEV_NAME);
    ret = cdev_add(&xxx_dev.cdev, xxx_dev_no, 1); /* Add the device */
    . . .
}
/* ———— Device Driver Exit Function ———— */
static void __exit xxx_exit(void)
{
```

```
   unregister_chrdev_region(xxx_dev_no, 1); /* Unregister the occupied device number */
   cdev_del(&xxx_dev.cdev);
   . . .
}
```

● file_operations 구조체의 함수

file_operations 구조체의 멤버 함수는 리눅스 커널과 디바이스 드라이버 간 인터페이스다. 이들은 또한 리눅스 시스템 호출의 궁극적인 시행자가 된다. 대부분의 디바이스 드라이버는 read(), write(), ioctl() 함수를 실행할 것이다. 다음은 문자 디바이스 드라이버의 읽기, 쓰기, I/O 제어 함수의 템플릿이다.

```
/* ———— Read the Device ———— */
ssize_t xxx_read(sturct file *filip, char __user *buf, size_t count, loff_t *f_pos)
{
   . . .
   copy_to_user(buf, . . ., . . .);
   . . .
}
/* ———— Write the Device ———— */
ssize_t xxx_write(struct file *filp, const char __user *buf, size_t count, loff_t *f_pos)
{
   . . .
   copy_from_user(. . ., buf, . . .);
   . . .
}
/* ———— ioctl function ———— */
int xxx_ioctl(struct inode *inode, struct file *filp, unsigned int cmd, unsigned long arg)
{
   . . .
   switch (cmd)
   {
       case XXX_CMD1;
           . . .
           break;
       case XXX_CMD2;
           . . .
           break;
       default;
           return - ENOTTY;
   }
```

```
    return 0;
}
```

디바이스 드라이버의 읽기 함수에서 filp는 파일 구조 포인터이며, 반면에 buf는 직접 읽혀지거나 써질 수 없는 사용자 공간의 메모리 주소다. count는 읽기에 필요한 바이트 번호이며, f_ops는 파일 시작과 관련된 읽기 오프셋 번호다.

디바이스 드라이버의 쓰기 함수에서 filp는 파일 구조 포인터이며, 반면에 buf는 직접 읽혀지거나 써질 수 없는 사용자 공간의 메모리 주소다. count는 쓸 때 필요한 바이트 번호이며, f_pos는 파일 시작과 관련된 쓰기 오프셋 번호다.

커널 공간과 사용자 공간이 서로의 메모리에 놓일 수 없기 때문에 copy_from_user() 함수는 사용자 공간을 커널 공간에 복사할 필요가 있고, copy_to_user() 함수는 커널 공간을 사용자 공간에 복사할 필요가 있다.

I/O 제어 함수에서 cmd 파라미터는 이미 지정된 I/O 제어 명령이며, 반면에 arg는 이에 해당되는 파라미터다.

그림 23.16은 문자 디바이스 드라이버의 구조, 문자 디바이스 드라이버와 문자 디바이스 간 관계, 문자 디바이스 드라이버와 디바이스에 위치할 사용자 공간의 애플리케이션 간 관계를 보여준다.

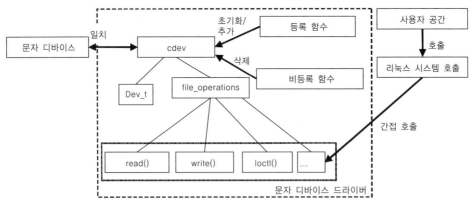

그림 23.16 문자 디바이스 드라이버의 구조

스토리지 프로그래밍

앞에서 논의한 것처럼 스토리지 서브시스템은 임베디드 시스템에서 중요한 역할을 수행한다. 대부분의 스토리지 디바이스들은 블록 디바이스다. 스토리지 시스템을 어떻게 프로그래밍할 수 있느냐는 것은 임베디드 시스템 소프트웨어의 설계에 있어 핵심 주제 중 하나다. 이 절은

NOR 플래시, NAND 플래시, SATA 하드 디스크 등과 같은 잘 알려진 스토리지 디바이스들을 어떻게 프로그래밍할 수 있는지에 중점을 둔다. 리눅스 OS 또한 사례로 이용한다.

블록 디바이스용 I/O

블록 디바이스의 동작은 문자 디바이스의 동작과 다르다.

블록 디바이스는 블록 단위로 동작돼야 하는 반면 문자 디바이스는 바이트 단위로 동작된다. 대부분의 공통 디바이스들은 고정된 크기의 블록으로 동작될 필요가 없기 때문에 문자 디바이스다.

블록 디바이스에는 I/O 요청을 위한 대응 버퍼가 있다. 따라서 블록 디바이스는 요청에 반응하기 위해 시퀀스를 선택할 수 있다. 그러나 문자 디바이스에는 직접 읽거나 쓸 수 있는 버퍼가 없다. 읽기/쓰기 연속 섹터가 읽기/쓰기 분산 섹터보다 훨씬 빠르기 때문에 읽기/쓰기 시퀀스를 조정하는 것은 스토리지 디바이스에게는 아주 중요하다.

문자 디바이스는 순차적으로만 읽기/쓰기를 할 수 있는 반면, 블록 디바이스는 임의적으로 읽기/쓰기를 할 수 있다. 블록 디바이스가 임의적으로 주소를 할당할 수 있더라도, 순차 읽기/쓰기가 하드 디스크 같은 기계적 디바이스에서 더 잘 구성될 수 있는 경우에는 성능이 향상될 것이다.

block_device_operations 구조체

블록 디바이스 드라이버에는 `block_device_operations` 구조체가 있다. 이 구조체는 문자 디바이스 드라이버의 `file_operations` 구조체와 유사하다. 이것은 블록 디바이스의 동작 집합이다. 코드는 다음과 같다.

```
struct block_device_operations
{
    int (*open) (struct inode *, struct file *);
    int (*release) (struct inode *, struct file *);
    int (*ioctl) (struct inode *, struct file *, unsigned, unsigned long);
    long (*unlocked_ioctl) (struct file *, unsigned, unsigned long);
    long (*compat_ioctl) (struct file *, unsigned, unsigned long);
    int (*direct_access) (struct block_device *, sector_t, unsigned long *);
    int (*media_changed) (struct gendisk *);
    int (*revalidate_disk) (struct gendisk *);
    int (*getgeo)(struct block_device *, struct hd_geometry *);
    struct module *owner;
};
```

이 구조체의 주요 기능은 다음과 같다.

- 개방과 방출

```
int (*open) (struct inode *inode, struct file *flip);
int (*release) (struct inode *inode, struct file *flip);
```

블록 디바이스가 개방되거나 방출 시, 이들 기능이 호출될 것이다.

- I/O 제어

```
int (*ioctl) (struct inode *inode, struct file *filp, unsigned int cmd, unsigned long arg);
```

이 기능은 ioctl() 시스템 호출에 대한 실현이다. 블록 디바이스에는 리눅스 블록 디바이스 계층에 의해 다뤄지는 많은 I/O 요청이 있다.

- 미디어 변경

```
int (*media_changed) (struct gendisk *gd);
```

커널은 드라이브의 미디어가 변경됐는지 여부를 검사하기 위해 이 기능을 호출한다. 변경됐다면 제로가 아닌 값을 돌려주고, 그렇지 않다면 제로 값을 돌려준다. 이 기능은 SD/MMC 카드나 USB 디스크 같은 휴대용 미디어를 위해서만 사용된다.

- 드라이버 정보 획득

```
int (*getgeo)(struct block_device *, struct hd_geometry *);
```

이 기능은 드라이버 정보를 기반으로 hd_geometry 구조체에 채워진다. 하드 디스크에는 헤드, 섹터, 실린더 정보가 포함된다.

```
struct module *owner;
```

포인터는 보통 THIS_MODULE로 초기화되는 이 구조체를 가리킨다.

젠디스크(Gendisk) 구조체

리눅스 커널에서 젠디스크(일반 디스크) 구조체는 독립된 디스크 디바이스나 파티션을 나타내는 데 사용된다. 2.6.3.1 커널의 젠디스크 정의는 다음과 같다.

```
struct gendisk {
    /* major, first_minor and minors are input parameters only,
     *don't use directly. Use disk_devt() and disk_max_parts().
     */
    int major; /* major number of driver */
    int first_minor;
    int minors;    /* maximum number of minors, = 1 for
                    * disks that can't be partitioned. */
```

```
    char disk_name[DISK_NAME_LEN];/* name of major driver */
    char *(*nodename)(struct gendisk *gd);
    /* Array of pointers to partitions indexed by partno.
     * Protected with matching bdev lock but stat and other
     * non-critical accesses use RCU. Always access through
     * helpers.
     */
    struct disk_part_tbl *part_tbl;
    struct hd_struct part0;
    struct block_device_operations *fops;
    struct request_queue *queue;
    void *private_data;
    int flags;
    struct device *driverfs_dev;
    struct kobject *slave_dir;
    struct timer_rand_state *random;
    atomic_t sync_io; /* RAID */
    struct work_struct async_notify;
#ifdef CONFIG_BLK_DEV_INTEGRITY
    struct blk_integrity *integrity;
#endif
    int node_id;
};
```

major, first_minor, minors는 디스크의 주요한 번호와 사소한 번호를 나타낸다. fops는 앞에서 소개한 대로 block_device_operations 구조체다. queue는 커널이 디바이스 I/O 요청 큐를 관리하기 위해 사용하는 포인터다. private_data는 디스크상의 개인 데이터를 가리키기 위해 사용된다.

리눅스 커널은 젠디스크 할당, 젠디스크 등록, 젠디스크 방출, 젠디스크 용량 설정을 비롯해 젠디스크를 동작시키는 데 필요한 함수 집합을 제공한다.

블록 I/O

bio는 블록 디바이스의 I/O 동작을 묘사하는 리눅스 커널의 핵심 데이터 구조체다.

```
struct bio {
    sector_t bi_sector; /* device address in 512 byte sectors */
    struct bio *bi_next; /* request queue link */
    struct block_device *bi_bdev;
    unsigned long bi_flags; /* status, command, etc */
```

```
    unsigned long bi_rw;      /* bottom bits READ/WRITE,
                               * top bits priority
                               */
    unsigned short bi_vcnt; /* how many bio_vec's */
    unsigned short bi_idx; /* current index into bvl_vec */
    /* Number of segments in this BIO after
     * physical address coalescing is performed.
     */
    unsigned int bi_phys_segments;
    unsigned int bi_size; /* residual I/O count */
    /*
     * To keep track of the max segment size, we account for the
     * sizes of the first and last mergeable segments in this bio.
     */
    unsigned int bi_seg_front_size;
    unsigned int bi_seg_back_size;
    unsigned int bi_max_vecs; /* max bvl_vecs we can hold */
    unsigned int bi_comp_cpu; /* completion CPU */
    atomic_t bi_cnt; /* pin count */
    struct bio_vec *bi_io_vec; /* the actual vec list */
    bio_end_io_t *bi_end_io;
    void *bi_private;
#if defined(CONFIG_BLK_DEV_INTEGRITY)
    struct bio_integrity_payload *bi_integrity; /* data integrity */
#endif
    bio_destructor_t *bi_destructor; /* destructor */
    /*
     * We can inline a number of vecs at the end of the bio, to avoid
     * double allocations for a small number of bio_vecs. This member
     * MUST obviously be kept at the very end of the bio.
     */
    struct bio_vec bi_inline_vecs[0];
};
```

블록 디바이스 등록과 등록 해제

블록 디바이스 드라이버의 첫 번째 단계는 자신을 리눅스 커널에 등록시키는 것이다. 이것은 register_blokdev() 함수에 의해 수행된다.

```
int register_blkdev(unsigned int major, const char *name);
```

major는 블록 디바이스가 사용하는 주 디바이스 번호다. name은 /proc/devices에 표시될 디바이스 이름이다. major가 0이면 커널은 자동으로 새로운 주 디바이스 번호를 할당한다. register_blkdev() 함수의 반환 값은 번호다.

블록 디바이스의 등록을 해제하기 위해서는 unregister_blkdev()를 이용한다.

```
int unregister_blkdev(unsigned int major, const char *name);
```

unregister_blkdev()에 전송되는 파라미터는 register_blkdev()에 전송되는 파라미터와 일치해야 한다. 그렇지 않으면 -EINVAL이 반환될 것이다.

플래시 디바이스 프로그래밍

리눅스 MTD 시스템

리눅스에서 메모리 기술 디바이스[MTD]는 플래시와 리눅스 커널 간 균일의 추상 인터페이스를 제공하기 위해 사용된다. MTD는 저수준의 플래시로부터 파일 시스템을 분리시킨다. 그림 23.17에서 보여주듯이 플래시 디바이스 드라이버와 인터페이스는 다음과 같이 MTD 개념을 가진 네 개 계층으로 구분될 수 있다.

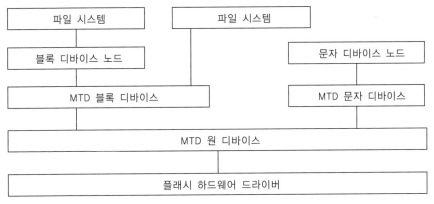

그림 23.17 리눅스 MTD 시스템

- **하드웨어 드라이브 계층** 플래시 하드웨어 드라이버는 플래시 하드웨어 디바이스의 읽기, 쓰기, 삭제를 책임진다. 리눅스 MTD 디바이스의 NOR 플래시 칩 드라이버는 디렉토리 /drivers/mtd/chips에 위치한다. NAND 플래시 칩 드라이버는 /drivers/mtd/nand 디렉토리에 위치한다. NOR이든 NAND이든 간에 삭제 명령은 쓰기 명령 이전에 시행돼야 한다. NOR 플래시는 바이트 단위로 직접 읽혀질 수 있다. 이것은 블록 단위로 삭제되거나 칩 전체로서

삭제돼야 한다. NOR 플래시 쓰기 동작은 일련의 특정 명령으로 구성된다. NAND 플래시
에서 읽기와 쓰기 동작은 일련의 특정 명령을 따라야 한다. NAND 플래시에서 읽기와 쓰기
동작은 모두 페이지(256바이트 또는 512바이트)를 기본으로 하며, 반면 삭제는 블록(4KB, 8KB,
16KB)을 기반으로 한다.

- **MTD 원 디바이스 계층** MTD 원 디바이스는 두 개 부분으로 구성된다. 하나는 MTD 원 디바
  이스의 일반 코드이고, 다른 하나는 파티션과 같은 각각의 특정 플래시를 위한 데이터다.
- **MTD 디바이스 계층** MTD 원 디바이스를 기반으로 리눅스는 MTD 블록 디바이스(디바이스
  번호 31)와 문자 디바이스(디바이스 번호 90)를 정의하며, 이것이 MTD 디바이스 계층을 형성한
  다. MTD 문자 디바이스의 정의는 mtdchar.c에서 실현된다. 이것은 file_operations 함수
  (lseek, open, close, read, write, ioctl)를 기반으로 MTD 디바이스에 대한 읽기/쓰기와 제어를
  얻을 수 있다. MTD 블록 디바이스는 MTD 블록 디바이스를 묘사하기 위해 mtdbli_dev
  구조체를 정의한다.
- **디바이스 노드** 사용자는 (주 디바이스 번호 90을 가진) MTD 문자 디바이스 노드와 (주 디바이스
  번호 31을 가진) MTD 디바이스 노드를 설정하기 위해 mknod 함수를 이용할 수 있다.

MTD 개념이 도입된 후 저수준의 플래시 디바이스 드라이버는 그림 23.18에서 보여주는
것처럼 MTD 원 디바이스 계층과 직접 통신할 수 있다. MTD 원 디바이스를 묘사하는 데
사용되는 데이터 구조체는 mtd_info로서 여러 가지 MTD 데이터와 함수로 정의된다.

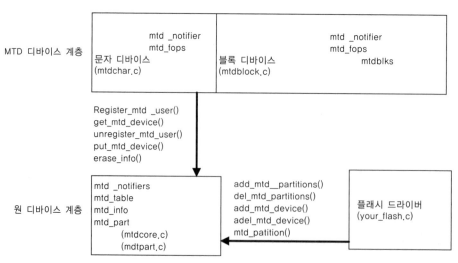

그림 23.18 저수준 디바이스 계층과 원 디바이스 계층

mtd_info는 MTD 원 디바이스를 나타내기 위한 구조체다. 이 구조체는 다음과 같이 정의된다.

```
struct mtd_info {
    u_char type;
    uint32_t flags;
    uint64_t size; // Total size of the MTD

    /* "Major" erase size for the device. Naïve users may take this
     * to be the only erase size available, or may use the more detailed
     * information below if they desire
     */
    uint32_t erasesize;

    /* Minimal writable flash unit size. In case of NOR flash it is 1 (even
     * though individual bits can be cleared), in case of NAND flash it is
     * one NAND page (or half, or one-fourths of it), in case of ECC-ed NOR
     * it is of ECC block size, etc. It is illegal to have writesize = 0.
     * Any driver registering a struct mtd_info must ensure a writesize of
     * 1 or larger.
     */
    uint32_t writesize;
    uint32_t oobsize; // Amount of OOB data per block (e.g. 16)
    uint32_t oobavail; // Available OOB bytes per block

    /*
     * If erasesize is a power of 2 then the shift is stored in
     * erasesize_shift otherwise erasesize_shift is zero. Ditto writesize.
     */
    unsigned int erasesize_shift;
    unsigned int writesize_shift;

    /* Masks based on erasesize_shift and writesize_shift */
    unsigned int erasesize_mask;
    unsigned int writesize_mask;
    // Kernel-only stuff starts here.
    const char *name;
    int index;

    /* ecc layout structure pointer - read only ! */
    struct nand_ecclayout *ecclayout;

    /* Data for variable erase regions. If numeraseregions is zero,
     * it means that the whole device has erasesize as given above.
     */
    int numeraseregions;
```

```c
    struct mtd_erase_region_info *eraseregions;

    /*
     * Erase is an asynchronous operation. Device drivers are supposed
     * to call instr->callback() whenever the operation completes, even
     * if it completes with a failure.
     * Callers are supposed to pass a callback function and wait for it
     * to be called before writing to the block.
     */
    int (*erase) (struct mtd_info *mtd, struct erase_info *instr);

    /* This stuff for eXecute-In-Place */
    /* phys is optional and may be set to NULL */
    int (*point) (struct mtd_info *mtd, loff_t from, size_t len,
    size_t *retlen, void **virt, resource_size_t *phys);

    /* We probably shouldn't allow XIP if the unpoint isn't a NULL */
    void (*unpoint) (struct mtd_info *mtd, loff_t from, size_t len);

    /* Allow NOMMU mmap() to directly map the device (if not NULL)
     * - return the address to which the offset maps
     * - return -ENOSYS to indicate refusal to do the mapping
     */
    unsigned long (*get_unmapped_area) (struct mtd_info *mtd,
    unsigned long len,
    unsigned long offset,
    unsigned long flags);

    /* Backing device capabilities for this device
     * - provides mmap capabilities
     */
    struct backing_dev_info *backing_dev_info;
    int (*read) (struct mtd_info *mtd, loff_t from, size_t len, size_t *retlen, u_char *buf);
    int (*write) (struct mtd_info *mtd, loff_t to, size_t len, size_t *retlen, const u_char
*buf);

    /* In blackbox flight recorder like scenarios we want to make successful
     writes in interrupt context. panic_write() is only intended to be
     called when its known the kernel is about to panic and we need the
     write to succeed. Since the kernel is not going to be running for much
     longer, this function can break locks and delay to ensure the write
     succeeds (but not sleep). */
    int (*panic_write) (struct mtd_info *mtd, loff_t to, size_t len, size_t *retlen, const
```

```
u_char *buf);
    int (*read_oob) (struct mtd_info *mtd, loff_t from, struct mtd_oob_ops *ops);
    int (*write_oob) (struct mtd_info *mtd, loff_t to, struct mtd_oob_ops *ops);

    /*
     * Methods to access the protection register area, present in some
     * flash devices. The user data is one time programmable but the
     * factory data is read only.
     */
    int (*get_fact_prot_info) (struct mtd_info *mtd, struct otp_info *buf, size_t len);
    int (*read_fact_prot_reg) (struct mtd_info *mtd, loff_t from, size_t len, size_t *retlen,
u_char *buf);
    int (*get_user_prot_info) (struct mtd_info *mtd, struct otp_info *buf, size_t len);
    int (*read_user_prot_reg) (struct mtd_info *mtd, loff_t from, size_t len, size_t *retlen,
u_char *buf);
    int (*write_user_prot_reg) (struct mtd_info *mtd, loff_t from, size_t len, size_t
*retlen, u_char *buf);
    int (*lock_user_prot_reg) (struct mtd_info *mtd, loff_t from, size_t len);

    /* kvec-based read/write methods.
     NB: The 'count' parameter is the number of _vectors_, each of
     which contains an (ofs, len) tuple.
     */
    int (*writev) (struct mtd_info *mtd, const struct kvec *vecs, unsigned long count, loff_t
to, size_t *retlen);

    /* Sync */
    void (*sync) (struct mtd_info *mtd);

    /* Chip-supported device locking */
    int (*lock) (struct mtd_info *mtd, loff_t ofs, uint64_t len);
    int (*unlock) (struct mtd_info *mtd, loff_t ofs, uint64_t len);

    /* Power Management functions */
    int (*suspend) (struct mtd_info *mtd);
    void (*resume) (struct mtd_info *mtd);

    /* Bad block management functions */
    int (*block_isbad) (struct mtd_info *mtd, loff_t ofs);
    int (*block_markbad) (struct mtd_info *mtd, loff_t ofs);
    struct notifier_block reboot_notifier; /* default mode before reboot */

    /* ECC status information */
    struct mtd_ecc_stats ecc_stats;
```

```
    /* Subpage shift (NAND) */
    int subpage_sft;
    void *priv;
    struct module *owner;
    struct device dev;
    int usecount;

    /* If the driver is something smart, like UBI, it may need to maintain
     * its own reference counting. The below functions are only for driver.
     * The driver may register its callbacks. These callbacks are not
     * supposed to be called by MTD users */
    int (*get_device) (struct mtd_info *mtd);
    void (*put_device) (struct mtd_info *mtd);
};
```

mtd_info의 함수인 read(), write(), erase(), read_oob(), write_oob()는 MTD 디바이스 드라이버가 수행하는 데 필요한 핵심 함수들이다.

플래시 드라이버에서 다음과 같은 두 개의 함수가 MTD 디바이스의 등록과 해제에 사용된다.

```
int add_mtd_device(struct mtd_info *mtd);
```

```
int del_mtd_device(struct mtd_info *mtd);
```

사용자 공간의 MTD 프로그래밍에서 mtdchar.c는 플래시 디바이스를 동작시키기 위해 사용자에 의해 이용될 수 있는 문자 디바이스 인터페이스다. read()와 write() 시스템 호출은 플래시를 읽거나 플래시로 쓰는 데 사용될 수 있다. IOCTL 명령은 플래시 디바이스의 정보 획득, 플래시 삭제, NAND의 OOB 읽기/쓰기, OOB 레이아웃 획득, NAND의 손상 블록 검사에 사용될 수 있다.

NOR 플래시 드라이버

리눅스는 CFI 또는 JEDEC 인터페이스를 갖는 NOR 플래시를 위해 공통 드라이버를 이용한다. 이 드라이버는 mtd_info() 함수를 기반으로 한다. 이것은 간단히 NOR 플래시 칩 수준의 디바이스 드라이버를 만든다. 사실 이것은 메모리 맵 구조체인 map_info를 정의하고 do_map_probe를 호출하는 데만 필요하다.

MTD, 공통 NOR 플래시 드라이버, map_info 간의 관계는 그림 23.19에서 보여준다.

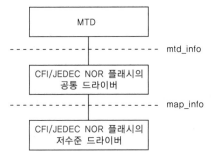

그림 23.19 MTD, 공통 NOR 드라이버, map_info 간 관계

NOR 플래시 드라이버의 핵심은 map_info 구조체를 정의하는 것이다. 이 드라이버는 읽기/쓰기 기능뿐만 아니라 기반 주소, 데이터 폭, 데이터 크기 같은 NOR 플래시 정보를 정의한다. 이것은 NOR 플래시 드라이버에서 가장 중요한 구조체다. NOR 플래시 디바이스 드라이버는 map_info의 정의를 기반으로 칩을 조사하는 프로세스로 볼 수 있다. 리눅스 커널 2.6.31의 소스코드는 다음과 같다.

```
struct map_info {
    const char *name;
    unsigned long size;
    resource_size_t phys;

#define NO_XIP (-1UL)
    void __iomem *virt;
    void *cached;
    int bankwidth;      /* in octets. This isn't necessarily the width
                           of actual bus cycles - it's the repeat interval
                           in bytes, before you are talking to the first chip again.
                         */
#ifdef CONFIG_MTD_COMPLEX_MAPPINGS
    map_word (*read)(struct map_info *, unsigned long);
    void (*copy_from)(struct map_info *, void *, unsigned long, ssize_t);
    void (*write)(struct map_info *, const map_word, unsigned long);
    void (*copy_to)(struct map_info *, unsigned long, const void *, ssize_t);

    /* We can perhaps put in 'point' and 'unpoint' methods, if we really
       want to enable XIP for non-linear mappings. Not yet though. */
#endif

    /* It's possible for the map driver to use cached memory in its
       copy_from implementation (and _only_ with copy_from). However,
       when the chip driver knows some flash area has changed contents,
```

```
it will signal it to the map driver through this routine to let
the map driver invalidate the corresponding cache as needed.
If there is no cache to care about this can be set to NULL. */
void (*inval_cache)(struct map_info *, unsigned long, ssize_t);

/* set_vpp() must handle being reentered - enable, enable, disable
 must leave it enabled. */
void (*set_vpp)(struct map_info *, int);
unsigned long pfow_base;
unsigned long map_priv_1;
unsigned long map_priv_2;
void *fldrv_priv;
struct mtd_chip_driver *fldrv;
};
```

리눅스의 NOR 플래시 드라이버가 그림 23.20에 나타나 있다. 이의 핵심 단계는 다음과 같다.

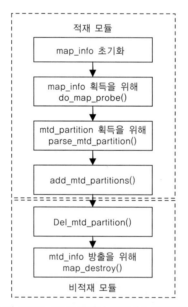

그림 23.20 NOR 플래시 디바이스 드라이버

1. map_info를 정의하고 그 구성원을 초기화한다. 목표 보드를 기반으로 name, size, bandwidth, phys를 할당한다.
2. 플래시가 파티션을 요구하면 목표 보드의 플래시 파티션 정보를 저장하기 위해 mtd_partition을 정의한다.

3. 파라미터로서 map_info와 검사된 인터페이스 유형(CFI 또는 JEDEC 등)을 기반으로 do_map_probe()를 호출한다.

4. 모듈 초기화 동안 파라미터로서 mtd_info를 가진 add_mtd_device()를 호출하거나 파라미터로서 mtd_info, mtd_partitions, 파티션 번호를 가진 add_mtd-partitions()를 호출해서 디바이스를 등록한다.

5. 플래시 모듈이 적재되지 않을 때 디바이스나 파티션 제거를 위해 del_mtd_partitions()와 map_destroy를 호출한다.

NAND 플래시 디바이스 드라이버

NOR 플래시의 디바이스 드라이버와 유사하게 리눅스는 그림 23.21에 나타나 있듯이 drivers/mtd/nand/nand_base.c 파일을 통해 MTD 계층의 공통 NAND 플래시 디바이스 드라이버를 인식한다. 따라서 칩 수준에서 NAND 드라이버는 mtd_info의 read(), write(), read_oob(), write_oob() 함수를 수행할 필요가 없다. nand_chip 구조체가 주 태스크가 된다.

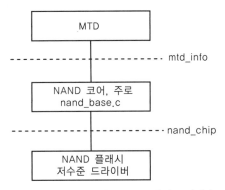

그림 23.21 리눅스의 NAND 플래시 드라이버

MTD는 NAND 플래시 칩을 나타내기 위해 nand_chip 구조체를 이용한다. 이 구조체는 주소 정보, 읽기/쓰기 방법, ECC 모드, NAND 플래시의 하드웨어 제어 같은 저수준의 제어 메커니즘을 포함한다. 리눅스 커널 2.6.31의 소스코드는 다음과 같다.

```
struct nand_chip {
    void __iomem *IO_ADDR_R;
    void __iomem *IO_ADDR_W;
    uint8_t (*read_byte)(struct mtd_info *mtd);
    u16 (*read_word)(struct mtd_info *mtd);
    void (*write_buf)(struct mtd_info *mtd, const uint8_t *buf, int len);
    void (*read_buf)(struct mtd_info *mtd, uint8_t *buf, int len);
```

```c
    int (*verify_buf)(struct mtd_info *mtd, const uint8_t *buf, int len);
    void (*select_chip)(struct mtd_info *mtd, int chip);
    int (*block_bad)(struct mtd_info *mtd, loff_t ofs, int getchip);
    int (*block_markbad)(struct mtd_info *mtd, loff_t ofs);
    void (*cmd_ctrl)(struct mtd_info *mtd, int dat, unsigned int ctrl);
    int (*dev_ready)(struct mtd_info *mtd);
    void (*cmdfunc)(struct mtd_info *mtd, unsigned command, int column, int page_addr);
    int (*waitfunc)(struct mtd_info *mtd, struct nand_chip *this);
    void (*erase_cmd)(struct mtd_info *mtd, int page);
    int (*scan_bbt)(struct mtd_info *mtd);
    int (*errstat)(struct mtd_info *mtd, struct nand_chip *this, int state, int status, int
page);
    int (*write_page)(struct mtd_info *mtd, struct nand_chip *chip,
    const uint8_t *buf, int page, int cached, int raw);
    int chip_delay;
    unsigned int options;
    int page_shift;
    int phys_erase_shift;
    int bbt_erase_shift;
    int chip_shift;
    int numchips;
    uint64_t chipsize;
    int pagemask;
    int pagebuf;
    int subpagesize;
    uint8_t cellinfo;
    int badblockpos;
    nand_state_t state;
    uint8_t *oob_poi;
    struct nand_hw_control *controller;
    struct nand_ecclayout *ecclayout;
    struct nand_ecc_ctrl ecc;
    struct nand_buffers *buffers;
    struct nand_hw_control hwcontrol;
    struct mtd_oob_ops ops;
    uint8_t *bbt;
    struct nand_bbt_descr *bbt_td;
    struct nand_bbt_descr *bbt_md;
    struct nand_bbt_descr *badblock_pattern;
    void *priv;
};
```

MTD의 존재 때문에 NAND 플래시 드라이버를 개발하는 데 드는 작업 부하는 적다. 리눅스의 NAND 플래시 드라이버 프로세스가 그림 23.22에 나타나 있다. 이 프로세스의 핵심 단계는 다음과 같다.

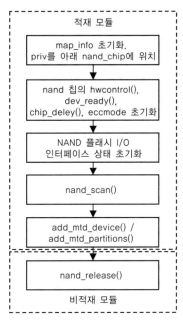

```
                    ┌─────────────────────────┐
                    │        적재 모듈          │
                    │  ┌───────────────────┐   │
                    │  │  map_info 초기화,   │   │
                    │  │ priv를 아래 nand_chip에 위치│
                    │  └───────────────────┘   │
                    │           ↓              │
                    │  ┌───────────────────┐   │
                    │  │ nand 칩의 hwcontrol(),│   │
                    │  │    dev_ready(),     │   │
                    │  │ chip_deley(), eccmode 초기화│
                    │  └───────────────────┘   │
                    │           ↓              │
                    │  ┌───────────────────┐   │
                    │  │  NAND 플래시 I/O    │   │
                    │  │  인터페이스 상태 초기화  │   │
                    │  └───────────────────┘   │
                    │           ↓              │
                    │  ┌───────────────────┐   │
                    │  │    nand_scan()      │   │
                    │  └───────────────────┘   │
                    │           ↓              │
                    │  ┌───────────────────┐   │
                    │  │ add_mtd_device() /  │   │
                    │  │ add_mtd_partitions()│   │
                    │  └───────────────────┘   │
                    └─────────────────────────┘
                                ↓
                    ┌─────────────────────────┐
                    │  ┌───────────────────┐   │
                    │  │   nand_release()    │   │
                    │  └───────────────────┘   │
                    │        비적재 모듈        │
                    └─────────────────────────┘
```

그림 23.22 NAND 플래시 디바이스 드라이버

1. 플래시가 파티션이 필요하면 플래시 파티션 정보를 목표 보드에 저장하기 위해 `mtd_partition` 배열을 정의한다.
2. 모듈 적재 시 `nand_chip`에 관련된 메모리를 할당한다. 목표 보드의 특정 NAND 컨트롤러에 따라 `nand_chip`의 `hwcontro()`, `dev_ready()`, `calculate_ecc()`, `correct_data()`, `read_byte()`, `write_byte` 함수를 초기화한다.

   ECC 소프트웨어를 이용한다면 NAND 코어 계층이 ECC를 위한 소프트웨어 알고리즘을 포함하기 때문에 `calculate_ecc()`와 `correct_data()`를 할당할 필요가 없다. NAND 컨트롤러의 ECC 하드웨어를 이용한다면 `calculate_ecc()` 함수를 정의하고, 하드웨어에서 `ecc_code` 파라미터로 ECC 바이트를 반환할 필요가 있다.

3. 기존 NAND 플래시를 조사하기 위해 파라미터로서 `mtd_info`를 가진 `nand_scan()`을 호출한다.

   ```
   int nand_scan(struct mtd_info *mtd, int maxchips);
   ```

4. `nand_scan()` 함수는 NAND 칩의 ID를 읽을 것이며, `nand_chip`의 `mtd_priv`를 기반으로 `mtd_info`를 초기화한다.

5. 파티션이 필요하면 파티션 정보를 추가하기 위해 파라미터로서 `mtd_info`와 `mtd_partition`을 가진 `add_mtd_partitions()`를 호출한다.

6. 적재된 NAND 플래시 모듈을 내릴 때 디바이스 방출을 위해 `nand_release()` 함수를 호출한다.

플래시 번역 계층과 플래시 파일 시스템

반복적으로 플래시의 동일 주소에 직접 쓰는 것이 불가능하기 때문에(대신 다시 쓰기 전 블록을 삭제해야 함), FAT16, FAT32, EXT2 같은 전통적인 파일 시스템들은 플래시에 직접 사용될 수 없다. 이들 파일 시스템을 이용하기 위해 번역 계층은 논리적 블록 주소를 플래시 메모리의 물리적 주소로 번역하는 데 적용돼야 한다. 이러한 방식으로 OS는 플래시를 공통 디스크로 이용할 수 있다. 이 계층을 FTL[플래시 번역 계층]이라 부른다. FTL은 NOR 플래시에 사용된다. NAND 플래시는 NFTL[NAND FTL]이라 부른다. 이 구조가 그림 23.23에 나타나 있다.

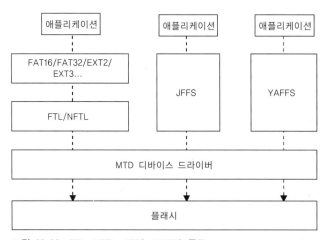

그림 23.23 FTL, NFTL, JFFS, YAFFS 구조

FTL/NFTL은 블록 디바이스와 플래시 디바이스 간의 매핑을 얻기 위해서 뿐만 아니라 플래시의 서로 다른 주소에 블록 디바이스를 시뮬레이션하고, 섹터와 시스템 메모리 간의 매핑을 유지하는 섹터를 저장하기 위해서도 필요하다. 이것은 시스템의 비효율성을 초래할 것이다. 따라서 특별히 플래시 디바이스를 기반으로 하는 파일 시스템은 전체 시스템의 성능을 향상시키는 데 필요하게 될 것이다. 여기에는 다음과 같이 잘 알려진 세 가지 파일 시스템이 있다.

- **JFFS/JFFS2** JFFS는 원래 Axis Communication AB Inc.에 의해 개발됐다. 2001년, 레드햇Red Hat은 최신 버전인 JFFS2를 개발했다. JFFS2는 로그 구조를 가진 파일 시스템이다. 이것은 데이터와 메타데이터를 포함하는 노드를 순차적으로 저장한다. 로그 구조는 디스크의 특정 상황에 맞는 모드이기보다는 특정 상황에 맞지 않는 모드에서 플래시를 업데이트하기 위해 JFFS2를 사용할 수 있다. 이것은 또한 가비지 컬렉션garbage collection 메커니즘을 제공한다. 그동안 로그 구조 때문에 JFFS2는 전원 장애에 마주칠 때 데이터를 잃어버리는 대신 계속해서 데이터 통합을 유지할 수 있다. 이런 모든 특징은 JFFS2를 가장 인기 있는 플래시용 파일 시스템으로 만들어준다. JFFS2에 대한 더 많은 정보는 http://www.linux-mtd.infradead.org/에서 볼 수 있다.

- **CramFS** CramFS는 리누스 토발즈Linus Torvalds의 참여하에 개발된 파일 시스템이다. 이의 소스코드는 linux/fs/cramfs에서 찾을 수 있다. CramFS는 일종의 압축된 읽기 전용 파일 시스템이다. 디렉토리를 브라우징하거나 파일을 읽을 때 CramFS는 비압축 데이터의 주소를 동적으로 계산하고 이를 시스템 메모리로 복원한다. 최종 사용자는 CramFS와 RamDisk 간의 차이점을 인식하지 못한다. CramFS에 대한 더 많은 정보는 http://sourceforge.net/projects/cramfs/에 위치한다.

- **YAFFS/YAFFS2** YAFFS는 NAND 플래시를 위해 특별히 설계된 임베디드 파일 시스템이다. 현재 YAFFS와 YAFFS2 버전이 있다. 이들 간의 주요한 차이점은 YAFFS2가 규모가 큰 NAND 플래시 칩을 지원할 수 있는 반면, YAFFS는 512KB 페이지 크기의 플래시 칩만을 지원할 수 있다는 점이다. YAFFS는 어느 정도 JFFS/JFFS2 파일 시스템과 유사하다. 그러나 JFFS/JFFS2는 원래 NOR 플래시를 위해 설계됐기 때문에 JFFS/JFFS2를 NAND 플래시에 적용하는 것은 최적의 해결책이 아니다. 따라서 NAND 플래시를 위한 YAFFS/JAFFS2가 만들어졌다. YAFFS/YAFFS2에 대한 더 많은 정보는 http://www.yaffs.net/에서 볼 수 있다.

SATA 디바이스 드라이버

앞에서 소개한 것처럼 SATA 하드 디스크와 SATA 컨트롤러는 임베디드 시스템에서 널리 사용되고 있다. 리눅스의 SATA 디바이스 드라이버 구조는 그림 23.24에서 보여준다.

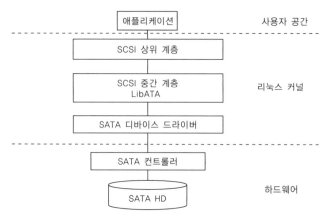

그림 23.24 리눅스의 SATA 디바이스 드라이버

리눅스 디바이스 드라이버는 SATA 컨트롤러를 직접 제어한다. 드라이버는 ATA 호스트를 SCSI 중간 계층에 직접 등록한다. ATA 프로토콜과 SCSI 프로토콜 간의 차이 때문에 LibATA는 SCSI 중간 계층과 ATA 호스트 간의 번역 계층으로 동작하는 데 사용된다. 이러한 방식으로 SATA 제어 모델은 SCSI 디바이스 드라이버 아키텍처로 완벽하게 병합된다.

리눅스 커널에서 SATA 드라이버 관련 파일들은 /driver/ata에 위치한다. 리눅스 커널 2.6.35에 있는 프레스케일 P1022 실리콘 드라이버의 SATA 컨트롤러를 사례로 들어보면 SATA 중간 계층/LibATA는 다음과 같은 파일을 포함한다.

　　SATA lib:

　　　　libata-core.c

　　　　libata-eh.c

　　　　libata-scsi.c

　　　　libata-transport.c

　　SATA-PMP:

　　　　libata-pmp.c

　　AHCI:

　　　　ahci.c

　　　　libahci.c

SATA 디바이스 드라이버는 다음과 같다.

　　FSL-SATA:

　　　　sata_fsl.c (sata_fsl.o)

스토리지 시스템의 성능 개선

현재의 임베디드 시스템에서 I/O 성능은 전체 시스템의 성능에 점점 더 중요한 역할을 하고 있다. 이 절에서는 SDHC와 NAS의 스토리지 성능 최적화를 사례연구를 통해 알아본다.

사례연구 1: SDHC의 성능 최적화

SD/SDHC 리눅스 드라이버

앞에서 다룬 것처럼 SD/SDHC는 임베디드 시스템에서 점점 더 인기 있는 스토리지 디바이스가 되고 있다. 리눅스의 SDHC 드라이버 아키텍처는 그림 23.25에서 보여준다. 이 아키텍처는 다음과 같은 모듈을 포함한다.

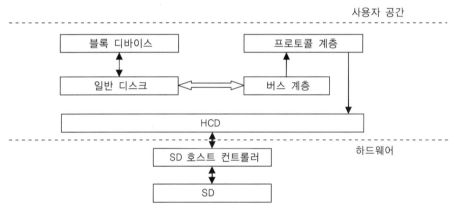

그림 23.25　리눅스의 SDHC 드라이버

- **프로토콜 계층**　명령 초기화 시행, 파싱 대응, 상태 기계 유지 보수
- **버스 계층**　HCD와 SD 카드 간의 추상 브릿지
- **호스트 컨트롤러 드라이버**　호스트 컨트롤러 드라이버, 호스트 컨트롤러에 동작 집합 제공, 추상 하드웨어
- **카드 드라이버**　드라이브 서브시스템에 등록, 사용자 공간으로 발송

읽기/쓰기 성능 최적화

SDHC 드라이버에 대한 분석을 기반으로 성능 개선을 위해 다음 방법들이 적용될 수 있다.

- **디스크 속성**　디스크 디바이스 관점에서 순차 데이터를 작성하면 더 훌륭한 성능을 얻을 것이다.

- **I/O 스케줄러** I/O 스케줄러를 이용한 다양한 전략이 다양한 성능을 생산할 것이다.
- **SDHC 드라이버 처리량** 확장된 바운스 버퍼 크기는 SDHC 처리량을 개선할 것이다. 블록이 반환을 더 신속하게 요청하면 할수록 성능은 더 훌륭해질 것이다.
- **메모리 관리** 디바이스에 직접 다시 쓰기 위해 기다려야 하는 지저분한 페이지가 적으면 적을수록 성능은 더 훌륭해질 것이다.
- **SDHC 클록** 하드웨어에서 최대 주파수에 더 가까우면 가까울수록 성능은 더 훌륭해질 것이다.

프리스케일은 앞에 제시된 각각의 방법을 기반으로 해서 패치를 내보냈으며, QorIQ SDK/BSP에 패치를 포함시켰다. 예를 들어 읽기/쓰기 동작에서 최대 블록 번호는 바운스 버퍼 크기에 달려 있다. 바운스 버퍼 크기를 증가시키기 위한 패치는 다음과 같다.

```
From 32ec596713fc61640472b80c22e7ac85182beb92 Mon Sep 17 00:00:00 2001
From: Qiang Liu<b32616@freescale.com>
Date: Fri, 10 Dec 2010 15:59:52 +0800

Subject: [PATCH 029/281] SD/MMC: increase bounce buffer size to improve system
throughput

The maxmium block number in a process of read/write operation dependson bounce buffer size.
Signed-off-by: Qiang Liu<b32616@freescale.com>
—

drivers/mmc/card/queue.c | 4++++
1 files changed, 4 insertions(+), 0 deletions(-)

diff —git a/drivers/mmc/card/queue.c b/drivers/mmc/card/queue.c
index d6ded24..7d39fe5 100644
— a/drivers/mmc/card/queue.c
+++ b/drivers/mmc/card/queue.c
@@ -20,7 120,11 @@

#include<linux/mmc/host.h>
#include "queue.h"

+#ifdef CONFIG_OPTIMIZE_SD_PERFORMANCE
+#define MMC_QUEUE_BOUNCESZ 262144
+#else
#define MMC_QUEUE_BOUNCESZ 65536
```

```
+#endif
#define MMC_QUEUE_SUSPENDED (1 << 0)
-
1.7.5.1
```

다른 모든 패치는 리눅스 SDK/BSP에 포함돼 있으며, http://www.freescale.com/webapp/
sps/site/prod_summary.jsp?code=SDKLINUX&parentCode=null&nodeId=0152100332BF69
(Linux SDK v.1.0.1)에서 찾을 수 있다.

테스트 결과

온칩 eSDHC 컨트롤러를 가진 프리스케일 P1022가 테스트 실리콘으로 선택되며, P1022DS
보드는 테스트 플랫폼으로 선택된다. P1022는 두 개의 Power e500v2 코어를 가진 듀얼 코어
SoC 프로세서다. 이 프로세서의 주요한 주파수는 1066MHz/533MHz/800MHz(Core/CCB/DDR)
다. SanDisk, SDHC 32G 클래스 10 카드는 성능 테스팅에 사용된다. 애플리케이션 IOZone
은 벤치마킹에 사용된다. 테스트 결과는 그림 23.26에서 보여준다. 원래의 읽기와 쓰기 속도
는 각각 19.96MB/s와 12.54MB/s다. 성능 개선을 위해 다음과 같은 네 가지 방법이 적용된
다. 즉, 메타데이터 쓰기의 시점을 지연하고, 바운스 버퍼의 크기를 256KB로 확장하며, 듀얼
버퍼 요청을 시행하고, CCB 주파스 클록을 400MB로 조정한다. 이들 네 가지 방법 각각만으
로는 약간의 영향만 미치겠지만, 전체로서는 읽기에 22.98MB/s, 쓰기에 19.47MB/s의 성능
효과를 가져와, 읽기는 15%, 쓰기는 55% 정도의 상당한 성능 개선 효과를 가져올 것이다.

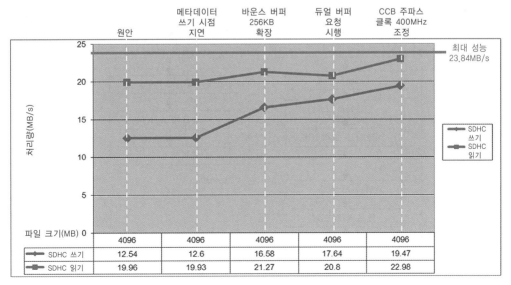

그림 23.26 P1022DS 보드의 SDHC 성능 최적화

사례연구 2: NAS의 성능 최적화

클라우드 컴퓨팅의 개발로 NAS 디바이스는 점점 더 인기를 얻어가고 있다. 프리스케일 QorIQ 프로세서는 NAS 서버 산업에서 널리 사용되고 있다. NAS 성능은 소프트웨어가 다뤄야 할 중요한 양상 중 하나다. 이 절에서는 NAS의 소프트웨어 최적화를 이론적 분석과 테스트 결과와 함께 다룬다.

성능 최적화 방법 분석

1. **SMB 프로토콜** SMB1.0은 스트리밍 프로토콜이기보다는 '채티[chatty]' 프로토콜이다. 이 프로토콜은 64KB로 블록 크기가 제한돼 있다. 대기 시간은 SMB1.0 프로토콜의 성능에 상당한 영향을 미친다. SMB1.0에서 Oplock과 Level2 oplocks을 가능하게 만들면 성능을 개선시킬 것이다. Oplock은 클라이언트에서 락이 쉽게 걸리는 파일에 대한 로컬 캐싱을 지원하며, Level2 oplocks는 다중 클라이언트가 파일을 개방했을 때 클라이언트에서 파일이 읽기 전용으로 캐싱되는 것을 허용한다. 사전 대응 쓰기는 SMB를 최적화하는 또 다른 방법이다. 이것은 서버에서 NAS 쓰기를 병렬화시키는 데 도움을 준다.

2. **Sendpage** 리눅스 커널의 sendfile은 파이프[pipe]를 기반으로 한다. 파이프는 16페이지를 지원한다. 커널은 한 번에 하나의 페이지를 전송한다. 이것은 sendfile의 전체 성능에 영향을 미친다. 새로운 sendfile 메커니즘에서 커널은 한 번에 16페이지의 전송을 지원한다. 이러한 메커니즘이 그림 23.27에 나타나 있다. 표준 리눅스 커널 2.6.35를 위한 패치는 다음과 같이 기술된다.

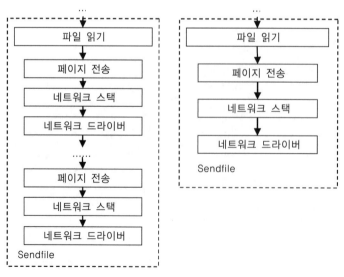

그림 23.27 sendfile/sendpage 최적화

From 59745d39c9ed864401b349af472655ce202e4c42 Mon Sep 17 00:00:00 2001

From: Jiajun Wu<b06378@freescale.com>

Date: Thu, 30 Sep 2010 22:34:38 +0800

Subject: [PATCH] kernel 2.6.35 Sendpages

Usually sendfile works in send single page mode. This patch removed the page limitation of sendpage. Now we can send 16 pages each time at most.

Signed-off-by: Jiajun Wu<b06378@freescale.com>

-

fs/Kconfig | 6+++

fs/splice.c | 96+++

++++++-

include/net/tcp.h | 1 +

net/ipv4/tcp.c | 15+++++++

net/socket.c | 6+++

5 files changed, 123 insertions(1), 1 deletions(-)

diff -git a/fs/Kconfig b/fs/Kconfig

index ad72122..904a06a 100644

- a/fs/Kconfig

+++ b/fs/Kconfig

@@ -62,6 162,12 @@ config DELAY_ASYNC_READAHEAD

This option enables delay async readahead in sendfile that impoves

sendfile performance for large file.

+config SEND_PAGES

+ bool "Enable sendpages"

+ default n

+ help

+ This option enables sendpages mode for sendfile.

+

source "fs/notify/Kconfig"

source "fs/quota/Kconfig"

diff -git a/fs/splice.c b/fs/splice.c

index cedeba3..b5c80a9 100644

- a/fs/splice.c

+++ b/fs/splice.c

@@ -33,6 133,12 @@

#include<linux/security.h>

#include<linux/gfp.h>

```
+#ifdef CONFIG_SEND_PAGES
+#include<net/tcp.h>
+#include<linux/netdevice.h>
+#include<linux/socket.h>
+extern int is_sock_file(struct file *f);
+#endif /*CONFIG_SEND_PAGES*/

/*
 * Attempt to steal a page from a pipe buffer. This should perhaps go into
 * a vm helper function, it's already simplified quite a bit by the
@@ -690,6 1696,78 @@ err:
}

EXPORT_SYMBOL(default_file_splice_read);
+#ifdef CONFIG_SEND_PAGES
+static int pipe_to_sendpages(struct pipe_inode_info *pipe,
+   struct pipe_buffer *buf, struct splice_desc *sd)
+{
+ struct file *file = sd->u.file;
+ int ret, more;
+ int page_index = 0;
+ unsigned int tlen, len, offset;
+ unsigned int curbuf = pipe->curbuf;
+ struct page *pages[PIPE_DEF_BUFFERS];
+ int nrbuf = pipe->nrbufs;
+ int flags;
+ struct socket *sock = file->private_data;
+
+ sd->len = sd->total_len;
+ tlen = 0;
+ offset = buf->offset;
+
+ while (nrbuf) {
+   buf = pipe->bufs+ curbuf;
+
+   ret = buf->ops->confirm(pipe, buf);
+   if (ret)
+   break;
+
+   pages[page_index] = buf->page;
+   page_index++;
+   len = (buf->len<sd->len) ? buf->len : sd->len;
```

```
+   buf->offset + = len;
+   buf->len -= len;
+
+   sd->num_spliced += len;
+   sd->len -= len;
+   sd->pos + = len;
+   sd->total_len -= len;
+   tlen + = len;
+
+   if (!buf->len) {
+   curbuf = (curbuf + 1) & (PIPE_DEF_BUFFERS - 1);
+   nrbuf-;
+   }
+   if (!sd->total_len)
+   break;
+   }
+
+ more = (sd->flags & SPLICE_F_MORE) || sd->len<sd->total_len;
+ flags = !(file->f_flags & O_NONBLOCK) ? 0 : MSG_DONTWAIT;
+ if (more)
+   flags |= MSG_MORE;
+
+ len = tcp_sendpages(sock, pages, offset, tlen, flags);
+
+ if (!ret)
+ ret = len;
+
+ while (page_index) {
+   page_index-;
+   buf = pipe->bufs + pipe->curbuf;
+   if (!buf->len) {
+       buf->ops->release(pipe, buf);
+       buf->ops = NULL;
+       pipe->curbuf = (pipe->curbuf + 1) & (PIPE_DEF_BUFFERS - 1);
+       pipe->nrbufs-;
+       if (pipe->inode)
+            sd->need_wakeup = true;
+   }
+ }
+
+ return ret;
```

```
+}
+#endif/*CONFIG_SEND_PAGES*/
+

/*
 * Send 'sd->len' bytes to socket from 'sd->file' at position 'sd->pos'
 * using sendpage( ). Return the number of bytes sent.
@@ -700,7 1778,17 @@ static int pipe_to_sendpage(struct pipe_inode_info *pipe,
struct file *file = sd->u.file;
loff_t pos = sd->pos;
int ret, more;
-
+#ifdef CONFIG_SEND_PAGES
+ struct socket *sock = file->private_data;
+
+ if (is_sock_file(file) &&
+ sock->ops->sendpage = = tcp_sendpage){
+ struct sock *sk = sock->sk;
+ if ((sk->sk_route_caps & NETIF_F_SG) &&
+     (sk->sk_route_caps & NETIF_F_ALL_CSUM))
+       return pipe_to_sendpages(pipe, buf, sd);
+ }
+#endif
 ret = buf->ops->confirm(pipe, buf);
 if (!ret) {
 more = (sd->flags & SPLICE_F_MORE) || sd->len<sd->total_len;
@@ -823,6 1911,12 @@ int splice_from_pipe_feed(struct pipe_inode_info *pipe, struct
splice_desc *sd,
    sd->len = sd->total_len;
    ret = actor(pipe, buf, sd);
+#ifdef CONFIG_SEND_PAGES
+ if (!sd->total_len)
+   return 0;
+ if (!pipe->nrbufs)
+   break;
+#endif /*CONFIG_SEND_PAGES*/
 if (ret<= 0) {
    if (ret = = -ENODATA)
        ret = 0;
diff -git a/include/net/tcp.h b/include/net/tcp.h
index a144914..c004e0c 100644
- a/include/net/tcp.h
```

```
+++ b/include/net/tcp.h
@@ -309,6 1309,7 @@ extern int tcp_v4_tw_remember_stamp(struct
inet_timewait_sock *tw);
    extern int tcp_sendmsg(struct kiocb *iocb, struct socket *sock,
        struct msghdr *msg, size_t size);
    extern ssize_t tcp_sendpage(struct socket *sock, struct page *page, int offset,
size_t size, int flags);
    +extern ssize_t tcp_sendpages(struct socket *sock, struct page **pages, int offset,
size_t size, int flags);
    extern int tcp_ioctl(struct sock *sk,
        int cmd,
    diff -git a/net/ipv4/tcp.c b/net/ipv4/tcp.c
    index 65afeae..cd23eab 100644
    - a/net/ipv4/tcp.c
    +++ b/net/ipv4/tcp.c
    @@ -875,6 1875,20 @@ ssize_t tcp_sendpage(struct socket *sock, struct page *page, int
offset, return res;
    }
    +ssize_t tcp_sendpages(struct socket *sock, struct page **pages, int offset,
    +    size_t size, int flags)
    +{
    + ssize_t res;
    + struct sock *sk = sock->sk;
    +
    + lock_sock(sk);
    + TCP_CHECK_TIMER(sk);
    + res = do_tcp_sendpages(sk, pages, offset, size, flags);
    + TCP_CHECK_TIMER(sk);
    + release_sock(sk);
    + return res;
    +}
    +
    #define TCP_PAGE(sk) (sk->sk_sndmsg_page)
    #define TCP_OFF(sk) (sk->sk_sndmsg_off)
    @@ -3309,5 13323,6 @@ EXPORT_SYMBOL(tcp_recvmsg);
    EXPORT_SYMBOL(tcp_sendmsg);
    EXPORT_SYMBOL(tcp_splice_read);
    EXPORT_SYMBOL(tcp_sendpage);
    +EXPORT_SYMBOL(tcp_sendpages);
    EXPORT_SYMBOL(tcp_setsockopt);
    EXPORT_SYMBOL(tcp_shutdown);
```

```
diff -git a/net/socket.c b/net/socket.c
index 367d547..3c2cfad 100644
- a/net/socket.c
+++ b/net/socket.c
@@ -3101,6 13101,12 @@ int kernel_sock_shutdown(struct socket *sock, enum
sock_shutdown_cmd how)
    return sock->ops->shutdown(sock, how);
}
+int is_sock_file(struct file *f)
+{
+ return (f->f_op = = &socket_file_ops) ? 1 : 0;
+}
+EXPORT_SYMBOL(is_sock_file);
+
EXPORT_SYMBOL(sock_create);
EXPORT_SYMBOL(sock_create_kern);
EXPORT_SYMBOL(sock_create_lite);
-
1.5.6.5
```

이 패치는 프리스케일 QorIQ 리눅스 SDK v.1.0.1을 또한 포함한다.

3. **포함된 기타 방법** 소프트웨어 TSO^{TCP 세그먼테이션 오프로드}, 향상된 SKB 재활용, 점보 프레임, 클라이언트 튜닝 등. 이들 모든 패치는 프리스케일 QorIQ 리눅스 SDK v.1.0.1에 포함돼 있으며, http://www.freescale.com/webapp/sps/site/prod_summary.jsp?code5SDKLINUX& parentCode5null&nodeId50152100332BF69에서 찾을 수 있다: .

테스트 결과

프리스케일 P2020은 테스트 실리콘으로 선택되고, P2020DS 보드는 NAS 서버로 선택된다. P2020은 두 개의 Power e500v2 코어를 가진 듀얼 코어 SoC 프로세서다. 이 프로세서의 동작 주파수는 1200MHz/600MHz/800MHz(Core/CCB/DDR)다. Dell T3500은 NAS 클라이언트로 선택된다. 시스템 테스트 아키텍처는 그림 23.28에서 보여준다.

단일 SATA 드라이브와 RAID5에 대한 NAS 성능이 그림 23.29와 그림 23.30에 각각 나타나 있다. 이 두 개의 결과 그림으로부터 NAS 최적화가 P2020DS를 훌륭한 NAS 성능을 가질 수 있도록 만든다는 것을 알 수 있다.

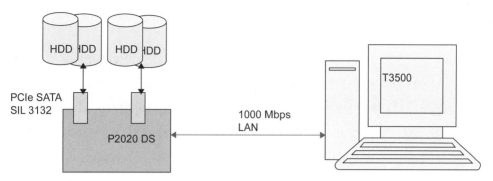

그림 23.28 NAS 성능 테스트 아키텍처

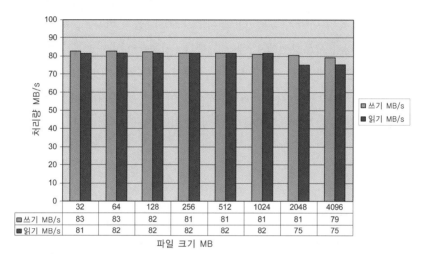

	32	64	128	256	512	1024	2048	4096
■쓰기 MB/s	83	83	82	81	81	81	81	79
■읽기 MB/s	81	82	82	82	82	82	75	75

파일 크기 MB

그림 23.29 P2020DS 단일 드라이브 NAS 결과

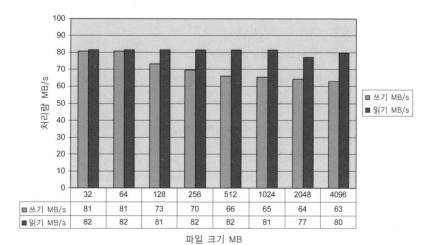

	32	64	128	256	512	1024	2048	4096
■쓰기 MB/s	81	81	73	70	66	65	64	63
■읽기 MB/s	82	82	81	82	82	81	77	80

파일 크기 MB

그림 23.30 P2020DS RAID5 NAS 결과

정리

23장에서는 먼저 I/O 디바이스와 I/O 컨트롤러 개념을 소개했다. 그런 다음 I/O 프로그래밍에 중점을 뒀다. 23장은 폴링 모드, 인터럽트 제어 모드, DMA 제어 모드, 채널 제어 모드를 비롯해 기본적인 I/O 제어 모드에 대해 소개했다. I/O 소프트웨어의 목적은 디바이스 독립성, 동일 네이밍, 예외 처리, 동기 블록과 비동기 전송을 포함한다. I/O 소프트웨어 계층은 I/O 프로그램에 중점을 두고 있으며, 인터럽트 서비스 루틴, 디바이스 드라이버, 디바이스 독립 I/O 소프트웨어, 사용자 수준 I/O 소프트웨어를 포함한다. 사례연구로서 리눅스 드라이버를 23장에서 자세히 설명했다.

그런 다음 23장은 블록 디바이스용 I/O, 젠디스크 구조, 블록 I/O와 블록 디바이스 등록과 해제를 포함해 스토리지 프로그램에 대해 소개했다. 리눅스 디바이스 드라이버가 스토리지 디바이스를 위해 어떻게 개발됐는지 이에 대한 사례로서 플래시 디바이스(NOR과 NAND)를 이용했다. 마지막으로 프리스케일 리눅스 SDK/BSP를 이용한 두 가지 사례가 SDHC 디바이스와 NAS 성능을 어떻게 최적화했는지를 설명하기 위해 연구됐다.

참고 문헌

[1] Available from: http://www.kernel.org/.

[2] Available from: http://en.wikipedia.org/wiki/Flash_memory.

[3] Available from: http://en.wikipedia.org/wiki/Secure_Digital.

[4] Available from: http://en.wikipedia.org/wiki/Hard_disk_drive.

[5] Available from: http://en.wikipedia.org/wiki/SSD.

[6] Available from: http://zh.wikipedia.org/wiki/%E7%A1%AC%E7%9B%98.

[7] Available from: http://en.wikipedia.org/wiki/Network-attached_storage.

[8] Available from: http://www.linux-mtd.infradead.org/.

[9] Available from: http://sourceforge.net/projects/cramfs/.

[10] Available from: http://www.yaffs.net/.

[11] Available from: http://www.freescale.com/webapp/sps/site/prod_summary.jsp?code=
SDKLINUXDPAA.

[12] Available from: http://www.freescale.com/webapp/sps/site/prod_summary.jsp?code=
SDKLINUX&parentCode=null&nodeId=0152100332BF69.

[13] QorIQTM P1022 Communications Processor Reference Manual.

http://www.freescale.com/webapp/sps/site/prod_summary.jsp?code=P1022&nodeId=018rH325E4DE8AA83D&fpsp=1&tab=Documentation_Tab.

[14] Jianwei Li, et al., Practical Operating System Tutorial, Tsinghua University Press, 2011.

[15] Yaoxue Zhang, et al., Computer Operating System Tutorial, third ed., Tsinghua University Press, 2006.

[16] A.S. Tanenbaum, Modern Operating Systems, third ed., China Machine Press, 2009.

[17] Baohua Song, Linux Device Driver Development Details, Posts & Telecom Press, 2008.

24

네트워킹 애플리케이션용
임베디드 소프트웨어

스리니바사 아데팔리(Srinivasa Addepalli)

소개

많은 네트워크 가전제품은 임베디드되고 어떤 목적을 위해 특별히 만들어진 디바이스다. 가전제품 벤더들은 디바이스에 여러 가지 기능을 끊임없이 추가하고 있다. 이들 디바이스들은 LAN^{근거리 네트워크}, WAN^{광역 네트워크}, 다양한 네트워크에 접속할 수 있게 다수 프로토콜을 지원한다. 다수 조직 간 네트워크 상호연결성과 인터넷 같은 외부 네트워크에서의 내부 자원 접근가능성은 네트워크 디바이스들이 내부 네트워크 자원뿐만 아니라 타깃 네트워크에 대한 공격에 탄력성을 가질 수 있게 해주고 있다. 이러한 요소들 때문에, 네트워크 디바이스의 임베디드 소프트웨어는 더 이상 간단하지 않으며, 임베디드 소프트웨어의 복잡성은 엔터프라이즈 서버 애플리케이션 프로그램의 수준에 도달해 있다.

디바이스 구현의 복잡성을 완화시키기 위해 임베디드 소프트웨어 개발자들은 리눅스와 NetBSD 같은 범용 운영체제에 점점 더 의존하고 있다. 운영체제는 멀티프로세싱 문맥, 동시 프로그래밍 기능, 애플리케이션으로부터 하드웨어 I/O 디바이스와 가속기를 숨기는 다양한 추상화 등을 제공한다. 이런 기능들은 임베디드 소프트웨어를 더 빠르게 개발시키고, 소프트웨어를 더 쉽게 유지시키기 위해 프로그래머에 의해 사용되고 있다.

조직의 네트워크는 10Mbps 이더넷 버스에서 100Mbps로 이동됐다. 현재는 1Gbps의 이더넷 네트워크도 일반적이다. 최근에는 10Gbps 이더넷 네트워크가 조직에 소개됐다. 다음 몇 년 동안 사람들은 사용 목적을 위해 40Gbps와 100Gbps 네트워크를 볼 수 있을 것이다. 미래 임베디드 네트워크 디바이스도 이러한 비율의 속도를 처리할 수 있을 것으로 기대된다. 네트워크 디바이스 벤더들은 단일 코어나 소수 코어 프로세서만 이용해서는 더 이상 고속의 데이터 트래픽을 충족시키지 못할 것이다. 대신 벤더들은 많은 코어 프로세서를 가진 다중 코어를 요구하고 있다. 그러나 다중 코어 프로그래밍은 간단하지 않으며, 확장 가능한 성능을 얻는다는 것은 개발자가 직면한 아주 큰 도전이 될 것이다.

24장은 다중 코어 프로그래밍에 중점을 두면서 네트워크 애플리케이션 개발에 대한 설계와 프로그래밍 고려 사항에 대해 다룬다. 첫째, 디바이스의 시스템 아키텍처에 대한 세부 사항을 제공한다. 둘째, 다중 코어 SoC의 개략적인 내용을 제공한다. 셋째, 몇 가지 인기 있는 네트워크 프로그래밍 모델과 패킷 프로세싱 애플리케이션의 구조를 소개한다. 마지막으로 네트워크 프로그래밍을 도와주는 리눅스 운영체제의 특징에 대해 다룬다.

24장이 네트워크 프로그램 개념을 설명하면서 네트워크 기반 구조 디바이스에도 염두를 두고 있지만, 이러한 개념은 외부 세계와의 상호작용에 필요한 어떠한 디바이스에 대해서든 똑같이 유효할 것이다.

네트워크 디바이스용 시스템 아키텍처

가정, 사무실, 데이터 센터 네트워크에서 발견할 수 있는 많은 유형의 네트워크가 있다. 계층 2 스위치 디바이스와 어느 정도까지 계층 3 스위치 디바이스가 종종 많은 네트워크에서 발견된다. 이들 디바이스들은 기업, 학교, 캠퍼스, 데이터 센터의 최종 장소에서 고속의 연결성을 제공한다. 데이터 센터 네트워크는 서버 공장 내의 다중 서버에 걸쳐 트래픽 균형을 유지하기 위해 부하 균형 디바이스 같은 다른 많은 디바이스를 갖는다. 또한 외부 네트워크로부터 시작된 공격에서 서버를 보호하기 위해 방화벽, IP 보안 디바이스, 침입 예방과 탐지 디바이스 같은 네트워크 보안 디바이스들도 있다. 이들 모든 디바이스를 네트워크 기반 구조 디바이스라 부르며, 이들 중 대부분은 임베디드되고 특정 목적을 갖고 구축된다.

네트워크 디바이스의 시스템 아키텍처에 대한 세부 사항으로 들어가기 전에 몇 가지 네트워킹 개념을 다시 살펴보는 것도 중요하다. 단과대학이나 대학의 네트워킹과 데이터 통신 과정에서는 개방형 시스템 상호 접속OSI 모델을 아주 상세하게 가르친다. TCP/IP라고 흔히 알려져 있는 인터넷 프로토콜 스위트는 인터넷에서 동작되는 프로토콜 집합이다. TCP/IP 스택 프로토콜은 OSI 모델의 처음 네 개의 계층, 즉 물리적 계층, 데이터 링크 계층, 네트워크 계층, 전송 계층을 구현한다. TCP/IP 스위트의 전송 제어 프로토콜 또한 로컬과 원격 기계 간의 연결(세션) 관리면에서 OSI 모델의 다섯 번째 계층인 세션 계층을 부분적으로 구현한다. 인터넷 프로토콜 스위트는 OSI 모델의 세션 계층에 대한 세션 검사점과 회복 특징을 구현하지 않는다. OSI 모델의 프레젠테이션과 애플리케이션 계층은 인터넷 프로토콜 스위트의 어떠한 프로토콜과도 정확히 일치하지 않고, TCP/IP 스택에서 동작하는 애플리케이션에 남게 된다.

이더넷 프로토콜은 인터넷 프로토콜 스위트에서 가장 중요한 물리적 계층과 데이터 링크 계층의 프로토콜이다. 인터넷 프로토콜 v4^{IPv4}와 인터넷 프로토콜 v6^{IPv6}은 네트워크 계층 프로토콜이다. 전송 제어 프로토콜^{TCP}, 사용자 데이터그램 프로토콜^{UDP}, 스트림 제어 전송 프로토콜^{SCTP}은 몇 가지 공통적인 전송 계층 프로토콜이다.

모든 네트워크 디바이스는 인터넷 프로토콜 스위트의 각기 다른 계층에서 동작한다. L2 스위치 디바이스는 데이터 링크 계층에서 동작하며, L3 스위치 디바이스는 네트워크 계층에서 동작하고, 부하 균형자와 보안 디바이스는 보통 전송 계층과 세션 계층에서 동작하는 경향이 있다. 이들 디바이스의 기능성이 서로 다른 목적에서 동작되는 것처럼 각기 다르겠지만, 네트워크 디바이스의 기본적인 시스템 수준 아키텍처는 동일하게 되는 경향이 있다. 따라서 네트워크 디바이스 개발에 사용되는 프로그래밍 방법과 기법들은 자연스럽게 유사하게 되는 경향이 있다. 시스템 수준 아키텍처를 이해하는 것이 개발자가 소프트웨어를 효율적으로 디버깅하고 유지하는 데 도움이 될 것이라고 생각한다. 따라서 이 절의 나머지 부분에서는 네트워크 디바이스의 고수준 소프트웨어 블록에 대한 몇 가지 상세한 내용을 제공한다.

데이터면, 제어면, 서비스면, 관리면

그림 24.1은 많은 네트워크 디바이스가 따르는 추상 기능 뷰를 보여주며, 이 뷰에는 데이터면, 제어면, 서비스면, 관리면이 포함된다.

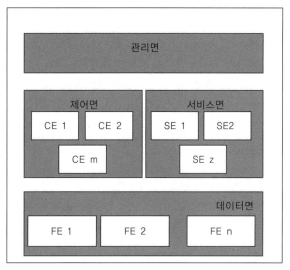

그림 24.1 네트워크 디바이스의 시스템 아키텍처

'데이터 경로'라고도 부르는 데이터면은 L3 라우팅, IPsec, 방화벽 등과 같은 포워딩 엔진[FE]의 구현 기능을 가진 포워딩 엔진 집합이다. 데이터면은 이더넷 같은 I/O 디바이스를 이용해 네트워크로부터 패킷을 수신하는 첫 번째 소프트웨어 컴포넌트다. 각각의 FE는 제어면과 서비스면의 흐름 문맥 집합으로 프로그래밍된다. 흐름 문맥은 흐름에 일치하고, 패킷에서 채택해야 될 동작 정보를 포함하고 있는 메모리 블록이다.

패킷을 수신하는 어떠한 FE든 먼저 패킷 필드를 추출하고, 이에 일치하는 흐름 문맥을 탐색하며, 그런 다음 흐름 문맥의 동작에 따라 패킷에서 작업한다. 여기서 동작은 패킷의 변경, 패킷의 다음 목적지에 관한 정보, 흐름 문맥에서의 업데이트되는 통계 계수 등을 포함한다. 데이터 경로는 보통 제어면과 서비스면의 흐름 문맥을 이용해 업데이트된다. 제어면과 서비스면에 의해 업데이트되는 흐름 문맥에는 다음과 같은 두 가지의 각기 다른 방법이 있다.

- **반응적 업데이트** 제어면과 서비스면의 소프트웨어 엔진은 예외 패킷 프로세싱의 한 부분으로서 요구에 따라 흐름 문맥을 업데이트한다. FE가 패킷 프로세싱의 한 부분으로서 일치하는 흐름 문맥을 발견하지 못할 때 FE는 다음 처리를 위해 패킷을 서비스면으로 보낸다. 이들 패킷은 예외 패킷을 호출한다. 형상 정보나 제어면 프로토콜을 이용한 디바이스 간 협상 정보의 도움으로 적절한 서비스면 엔진[SE]은 요구되는 동작 유형을 결정하고 올바른 FE의 흐름 문맥을 생성한다.
- **주도적 업데이트** 반응적 업데이트와 달리 주도적 업데이트는 패킷이 디바이스를 맞추기 이전에 이미 서비스면과 제어면의 데이면 포워딩 엔진에서 생성된다.

반응적 업데이트는 보통 비활동 타이머와 연관된다. 흐름 문맥은 환경이 설정되는 시간 동안 흐름과 일치하는 패킷이 들어오지 않는 경우 비활동으로 고려된다. 데이터면은 보통 새로운 흐름 문맥에 대한 공간을 만들어내기 위해 비활동 흐름을 제거한다. 일부 포워딩 엔진의 흐름 문맥 또한 특정 생애와 연관된다. 특정 생애를 가진 흐름 문맥은 패킷 활동과 상관없이 문맥에서 프로그래밍되는 시간 동안 활동하다가 데이터면에 의해 제거된다.

표 24.1에서는 몇 가지 대중적인 포워딩 엔진의 흐름 문맥 정보를 보여준다.

표 24.1 몇 가지 대중적인 포워딩 엔진의 흐름 문맥

포워딩 엔진	일치 흐름 문맥 발견을 위한 핵심 필드	중요 동작 정보
L2 브리지/스위치	목적지 MAC 주소	아웃바운드 포트
L3 라우터	목적지 IP 주소, 소스 IP 주소(선택적), 서비스 유형(ToS)	아웃바운드 인터페이스, 게이트웨이 IP 주소, 경로 MTU

(이어짐)

포워딩 엔진	일치 흐름 문맥 발견을 위한 핵심 필드	중요 동작 정보
L4 포워딩(부하 균형자, 방화벽, NAT등)	소스 IP 주소, 목적지 IP 주소, IP 프로토콜, TCP와 UDP 프로토콜 경우에는 소스 포트와 목적지 포트 또한 핵심 필드로 사용	소스 IP, 목적지 IP, 소스 포트, 목적지 포트, TCP 시퀀스 번호, IP ID 등의 NAT 정보
IPsec	인바운드 터널(흐름 문맥)이 목적지 IP 주소와 SPI(보안 프로토콜 색인)에 의해 식별	패킷 통합 해독과 검사를 위한 핵심 정보

서비스면은 다중 서비스 엔진SE을 포함한다. 서비스 엔진은 보통 포워딩 엔진으로부터 온 예외 패킷을 처리하며, 환경 설정된 정책들을 강제로 집행하고, 포워딩 엔진의 흐름 문맥을 업데이트한다. 예를 들어 방화벽 서비스 엔진은 예외 패킷들을 수신하면서 관리 엔진을 경유해 생성된 ACL접근 제어 목록을 집행한다. ACL 매칭 규칙에 정의된 동작을 기반으로, 흐름 문맥이 데이터면에 추가되거나 아니면 패킷이 제거된다.

제어면 또한 제어 엔진CE이라 부르는 다중 엔진을 포함한다. CE는 보통 피어 네트워크 디바이스와 상호작용하는 프로토콜을 시행한다. 제어면 프로토콜의 결과는 직접적으로 또는 간접적으로 포워딩 엔진의 흐름 문맥을 생성하는 데 사용된다. 라우터의 경우 OSPF, BGP, RIP, 기타 라우팅 제어면 프로토콜 결과는 라우팅 포워딩 엔진의 라우팅 흐름 문맥을 생성하는 데 사용된다. IPsec 디바이스의 경우 인터넷 키 변환IKE 제어면 프로토콜 결과는 IPsec 포워딩 엔진의 IPsec 터널 문맥을 생성하는 데 사용된다.

관리면은 네트워크 디바이스 기능성에 대한 인간 상호작용을 제공한다. 전형적인 네트워크 디바이스는 커맨드라인 인터페이스CLI, 웹 기반 GUI, SNMP, Netconf 등 다수의 관리 엔진을 제공한다.

네트워크 디바이스의 성능은 디바이스 처리량과 흐름 문맥 생성률의 두 가지 양상에서 등급이 매겨진다. 포워딩 엔진 이행은 처리량을 결정하고, 서비스면 이행은 문맥 생성률을 결정한다. 네트워크 트래픽과 포워딩 엔진의 복잡성이 증가하면서 처리량과 흐름 생성률 요구사항들도 같이 증가하고 있다. 단일 코어 프로세서는 더 이상 요구되는 스케일을 제공할 수 없다. 네트워크 장비 벤더들은 디바이스 성능을 증가시키기 위해 다중 코어 프로세서와 SoC시스템 온칩를 점점 더 검토하고 있다. 이에 따라 임베디드 시스템의 개발은 점점 더 다중 코어 프로그래밍을 필요로 한다. 데이터면과 서비스면을 이행하기 위해 다중 코어 프로세서의 프로그래밍 모델과 프로그래밍 기법에 대한 세부 사항으로 들어가기 전에 다중 코어 SoC의 배경을 이해하는 것이 중요하다. 다음 절은 효율적인 프로그래밍에 도움을 주는 다중 코어 SoC와 이들 SoC의 능력을 소개한다.

네트워킹용 다중 코어 SoC

그림 24.2에서 보여주는 다중 코어 시스템 온칩^{SoC}은 다중 주변 제어기를 가진 다수의 범용 코어로 구성된다. 다중 코어 SoC는 단일 다이^{die}에 코어, (이더넷 제어기 같은) I/O 디바이스, (암호, 패턴 매칭, 압축 가속기 같은) 하드웨어 가속기를 통합하기 때문에 네트워크 디바이스의 비용을 줄여준다. 다중 코어 SoC를 이용해 디바이스 하드웨어 보드를 구축하기 위해서는 이더넷 phys, DDR, 플래시 메모리 같은 아주 소수의 외부 칩들이 요구된다.

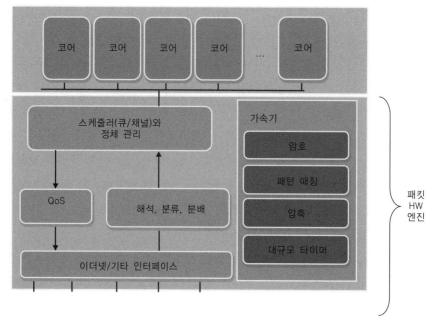

그림 24.2 다중 코어 SoC 아키텍처

코어

다중 코어 SoC는 하나 이상의 범용 코어를 갖는다. MIPS, Power, ARM 기반의 다중 코어 SoC는 시장에서 흔히 볼 수 있다. 리눅스, NetBSD 같은 많은 범용 운영체제는 다중 코어 SoC에서 이용할 수 있다. 따라서 네트워크 소프트웨어 개발자들은 범용 운영체제 프로그래밍 개념을 이용해 이들 코어에서 네트워킹 애플리케이션을 개발할 수 있다.

패킷 엔진 하드웨어(PEH) 블록

패킷 엔진은 다중 코어 SoC의 필수적인 부분이다. 패킷 엔진 하드웨어^{PEH}는 이더넷과 인터페이스 포트의 상단에서 작업한다. PEH의 주목적은 다중 코어가 패킷 프로세싱을 위해 이용될 수 있음을 보장하기 위해 다중 코어에 걸쳐 패킷을 분배하는 것이다. PEH는 다중 코어를 이용하는 데 있어 핵심적인 부분이기 때문에 이 절에서는 이 블록의 능력과 소프트웨어가 제공하는 기능에 대해 자세히 설명한다.

PEH는 코어에 걸쳐 패킷을 분배하는 다양한 스키마를 제공한다. 서로 다른 네트워킹 애플리케이션의 요구 사항을 다루기 위해 다중 코어 SoC의 PEH는 패킷 분배를 제어할 수 있는 다양한 소프트웨어 옵션을 제공한다. 서로 다른 네트워크 디바이스에 대한 다양한 흐름 문맥 유형을 다루기 위해 PEH는 헤더 필드 집합을 기반으로 패킷을 분배할 수 있는 프로그래밍 능력을 제공한다. 예를 들어 PEH는 5 튜플(소스 IP 주소, 목적지 IP 주소, IP 프로토콜, 소스 포트, 목적지 포트) 기반 패킷 분배를 위해 프로그래밍될 수 있다. PEH는 패킷 분배를 가능하게 만들기 위해 다음과 같은 하드웨어 하부 블록을 갖는다.

파서

파서parser 하드웨어 블록은 이더넷 블록으로부터 들어오는 패킷을 해석하고 헤더 필드 값을 추출한다. 파서는 패킷 이더넷 CRC 밸리데이션, IP 체크섬 밸리데이션, 전송 계층 체크섬 밸리데이션, 패킷 길이 밸리데이션의 통합을 검사하는 능력을 갖고 있다. 패킷 밸리데이션이 실패하면 파서는 패킷을 제거한다. 모든 밸리데이션이 성공적이면 파서 블록은 패킷으로부터 필드를 추출하기 위해 계속 진행한다. 파서의 하부 블록 또한 IP 조각들을 완전한 IP 패킷으로 재조립하는 기능을 갖는다. 첫 머리에 오지 않는 IP 조각들은 전송 헤더를 포함하지 않는다는 것에 주의해야 한다. 전송 헤더 필드를 보유하고 있는 파서는 전송 헤더를 해석하기 전에 먼저 조각들을 재조립한다.

분배

분배distribution 하드웨어 하부 블록은 추출된 필드 값을 이용해 패킷을 위치시킬 수 있는 큐를 결정한다. 분배 하드웨어는 추출된 필드 값에 해시 알고리즘을 적용하고 큐들 중 하나의 큐를 선택하기 위해 해시 결과를 이용한다. CRC-32와 CRC-64는 해시 값 계산을 위해 PEH가 이용하는 대중적인 알고리즘이다. 흐름에 속해 있는 모든 패킷이 동일한 해시 값이라는 결과를 갖기 때문에 흐름의 모든 패킷은 동일 큐에 위치시켜야 한다. 이를 용이하게 하기 위해 분배 하드웨어 블록은 큐 집합과 해시 결과로부터 나온 비트 번호를 프로그래밍하는 소프트웨어 기능을 제공한다.

분류

분류classification 하드웨어 블록 또한 큐에 들어오는 패킷을 위치시키는 데 사용된다. 이 블록은 특정 큐에 특정 흐름을 할당하기 위한 소프트웨어 유연성을 제공한다. 앞에서도 언급했듯이 분배 하드웨어 블록은 헤더 필드 값의 해시 결과를 기반으로 큐를 선정하지만, 헤더 필드의 특정 값에 있는 큐는 선정하지 않는다. 분류 하드웨어 블록은 특정 필드 값을 기반으로 큐를 선정한다. 한 가지 예로 소프트웨어는 해시 기반 분배에 의해 사용되는 큐보다는 서로 다른 (더 높은) 우선순위를 이용해 웹 GUI(TCP 목적지 포트 80) 트래픽을 특정 큐에 위치시키는 분류 블록을 프로그래밍한다. 이렇게 설정된 예는 포트 80으로 가는 트래픽이 PEH 스케줄러에 의해 주어지는 다른 트래픽보다 더 높은 우선순위가 주어진다는 것을 보장한다.

스케줄러, 큐, 채널

큐와 채널은 PEH와 코어 간의 패킷 전송에 사용되는 메커니즘이다. 앞에서도 언급했듯이 큐는 들어오는 패킷을 위치시키기 위해 하드웨어 블록을 분배하고 분류하는 데 사용된다. 코어는 패킷을 하드웨어 가속 엔진으로 내보내거나 접근시키기 위해 큐에 있는 패킷을 위치시킨다. 큐는 우선순위와도 연관된다. 분배 소프트웨어는 해시 결과에 추가해 서로 다른 큐를 이용하기 위해 패킷의 우선순위 필드를 이용하는 프로그램을 작성할 수 있다. 스케줄러 블록은 우선순위에 따라 큐로부터 나온 패킷의 일정을 작성한다. 코어가 PEH로 새로운 작업(패킷)을 요청할 때 PEH에 있는 스케줄러는 먼저 큐의 우선순위를 고려하고, 그런 다음 동등한 우선순위 큐에서 큐를 선정하기 위해 라운드로빈이나 가중치 라운드로빈 선정 메커니즘을 이용한다. 일단 큐가 선정되면 그 큐로부터 패킷/작업이 요청 코어에 전달된다.

　PEH의 채널은 큐 집합을 추가로 주는 메커니즘이 제공된다. 채널은 보통 다중 네트워킹 소프트웨어 애플리케이션이 서로 다른 유형의 패킷을 요구하는 경우에 사용된다. L2 스위치 애플리케이션이 일부 이더넷 포트에서 나오는 L2 흐름에 속해있는 패킷을 처리하는 예와 L4 부하 균형자가 서로 다른 이더넷 포트에서 나오는 L4 흐름에 속해있는 패킷을 처리하는 사례를 고려하자. L2 흐름은 전형적으로 이더넷 헤더의 '목적지 MAC 주소' 필드를 기반으로 식별되는 반면, L4 흐름은 IP와 전송 헤더의 헤더 필드(5 튜플)를 기반으로 식별된다. 이 경우 소프트웨어는 L2 스위치 애플리케이션에 전용인 이더넷 포트에서 수신된 패킷의 목적 MAC 주소 필드를 이용해 흐름을 식별하는 파서를 프로그래밍해야 한다. 소프트웨어는 또한 L4 부하 균형자와 연관된 이더넷 포트에서 나오는 패킷의 5 튜플을 이용해 흐름을 식별하는 파서를 프로그래밍한다. 소프트웨어는 또한 두 개의 큐 집합을 가진 분배 하드웨어를 프로그래밍한다. 여기서 하나의 큐 집합은 L2 흐름에 일치하는 패킷을 위치시키는 데 사용하고, 또 다른 큐 집합은 L4 흐름의 패킷을 위치시키는 데 사용된다. 그런 다음 소프트웨어는 큐 집합을 이용해 각 파서의 형상을 연결한다.

　진입 패킷을 수신하는 PEH는 진입 이더넷 포트를 기반으로 파서 형상을 선정하고, 적절한 필드를 추출하며, 필드 값의 해시를 계산하고, 연관 큐 집합을 식별하며, 해시 결과를 기반으로 큐를 선정해 큐에 패킷을 위치시킨다.

앞의 사례에서 두 개의 채널은 두 개의 큐 집합과 연관된다. 채널이 새로운 패킷(작업)을 요구할 때 코어는 하나 또는 그 이상의 채널로 패킷을 요청할 수 있다. 예를 들어 일부 코어가 L2 스위치 애플리케이션에 전용인 경우 이들 코어는 L2 흐름과 연관된 채널에 작업을 요청할 수 있다. 일부 코어가 L2와 L4 작업 모두를 처리하도록 프로그래밍됐다면 이들 코어는 양쪽 채널 모두로 패킷을 요청할 수 있다.

PEH는 디바이스에서 다중 네트워킹 애플리케이션을 개발할 수 있게 많은 채널을 지원한다. PEH의 스케줄러는 코어의 큐 해제 동작의 한 부분으로서 큐 집합으로부터 큐를 선택할 수 있을 뿐만 아니라 채널을 선정하기 위해 스케줄링 알고리즘을 적용할 수 있다.

근본적으로 PEH는 애플리케이션에 의해 요구되는 것만큼 흐름 내의 패킷을 추가로 제공하기 위해 소프트웨어에 유연성을 제공하며, 큐와 채널을 경유해 다중 코어 전반에 걸쳐 이들 흐름의 패킷을 분배한다.

가속기

PEH는 코어의 통상적인 작업과 계산적으로 많은 주의가 요구되는 알고리즘 태스크에서 벗어나 부하를 떠맡을 수 있는 몇 가지의 가속 블록을 또한 포함하고 있다. PEH에는 세 가지 유형의 가속 엔진, 즉 색인look-aside 가속기, 진입ingress 가속기, 출구egress 가속기가 있다.

색인 가속기는 패킷을 처리하는 동안 코어에서 동작하는 소프트웨어가 사용하는 가속기다. 암호 방법, 패턴 매칭, 압축/압축 해제, 중복 제거, 타이머 관리는 일반적으로 다중 코어 SoC에 포함돼 있는 가속 유닛의 몇 가지 사례다.

진입 가속은 특정 태스크의 코어 주기를 저장하기 위해 코어에서 동작하는 소프트웨어에 패킷이 넘겨지기 전에 진입 패킷상에서 PEH에 의해 이뤄진다. 헤더를 분석하는 것과 패킷과 마찬가지로 소프트웨어에 가용한 헤더 필드의 추출 값을 만드는 것은 진입 가속의 한 가지 유형이다. 이와 유사하게 PEH의 몇 가지 다른 대중적인 진입 가속에는 패킷 헤더 통합 검사, 완전한 IP 패킷으로 IP 조각의 재조립, 연속 TCP 세그먼트 집합, 터널링 해제가 있다.

출구 가속은 패킷을 인터페이스로 전송하기 전에 PEH에 의해 이뤄진다. 패킷을 처리한 후 코어는 패킷을 PEH로 전송한다. 그런 다음 PEH는 패킷을 내보내기 전에 동작을 적용한다. 서비스 품질 형성, 링크 집합, 터널링은 PEH가 가진 가속 기능 중의 일부다.

버퍼 관리자

버퍼 관리자를 네트워킹 산업에서는 '프리 풀 관리자free pool manager'라고도 부른다. 이 관리자의 주요한 목적은 프리 버퍼 풀을 관리하는 것이다. 버퍼 관리자는 '할당'과 '방출' 같은 서비스를 제공한다. '할당' 동작은 주어진 버퍼 풀로부터 프리 버퍼를 얻는 것이며, '방출' 동작은 버퍼를 풀로 방출하는 것이다. 버퍼 풀은 코어뿐만 아니라 PEH에서도 사용된다. PEH는 진입 패킷을 저장하는 버퍼를 할당하기 위해 이들 풀을 사용한다. 버퍼 관리자는 패킷을 내보낸 후 버퍼를 풀로 내놓는다. 다중 코어 SoC는 소프트웨어 이용을 위해 역시 큰 수의 버퍼 풀을 제공한다. 소프트웨어는 값비싼 메모리 관리를 회피할 수 있으며, 이들 풀의 이점을 가질 수 있다.

네트워크 프로그래밍 모델

네트워크 패킷 프로세싱 애플리케이션은 보통 두 가지 프로그래밍 모델, 즉 파이프라인 프로그래밍 모델과 동작 완료 프로그래밍 모델에서 구현된다.

파이프라인 프로그래밍 모델

파이프라인 프로그래밍 모델에서 각 함수는 함수들이 정렬된 코어에서 파이프라인 방식으로 실행된다. 모델이 단일 함수 디바이스라면 함수는 부함수로 구분된다. 어떤 사례가 될지라도 코어는 패킷을 다음 함수/부함수로 넘겨주기 전에 패킷에 작업을 할당한다.

한 가지 예로 세 가지 함수(A, B, C)에서 구현된 임베디드 네트워크 디바이스를 고려해보자. 각각의 함수는 각각 하나의 코어에 할당된다. 그림 24.3에서 보여주듯이 함수 A는 먼저 패킷을 수신하고, 패킷을 처리하며, 그런 다음 패킷을 함수 B의 큐에 넣는다. 함수 B는 패킷을 처리하고 함수 C의 큐에 패킷을 넣는다. 함수 C는 패킷을 처리한 후 패킷을 PEH의 큐에 넣는다.

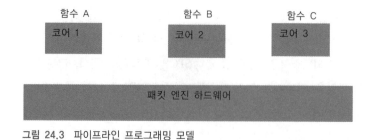

그림 24.3 파이프라인 프로그래밍 모델

가끔은 함수보다 더 많은 코어가 있을 수 있다. 함수는 모든 코어의 이점을 갖기 위해 다중 부함수로 구분될 필요가 있다.

파이프라인 모델은 보통 다중 코어 프로그래밍과 연관된 동시성 이슈를 회피하기 위해 단일 코어 프로그램에서 다중 코어 SoC로 이동하는 동안 개발자에 의해 사용된다.

외견상으로 파이프라인 프로그래밍이 간단하게 보일지라도 이 프로그래밍은 다음과 같은 몇 가지 복잡성을 갖고 있다.

- 모든 함수는 패킷을 처리하기 위해 똑같은 수의 코어 주기를 갖지 않을 수도 있다. 이 때문에 디바이스 성능은 가장 필요한 함수의 처리량으로 제한되며, 따라서 다른 함수가 동작하는 코어를 충분히 활용하지 못하는 결과를 가져온다. 앞의 예에서 A가 패킷당 2000코어 주기를 소비하고, B는 1000코어 주기를 소비하며, C가 500코어 주기를 소비한다면 B와 C에 할당된 코어는 충분히 활용되지 못한다. 함수 B를 동작시키는 코어는 50%만 활용되며, 함수 C를 동작시키는 코어는 25%만 활용된다.
- 파이프라이닝은 더 긴 패킷 대기시간을 초래한다. 앞의 예에서 함수 A와 함수 B를 구현하는 코어는 자신의 작업이 수행된 후 패킷을 함수 B와 함수 C의 큐에 각각 넣는다. 큐 관리와 연관된 인큐^{enque}와 디큐^{deque} 동작은 귀중한 코어 주기를 다 사용하며, 패킷 대기시간에 또한 기여한다.
- 코어보다 더 작은 함수들이 있다면 일부 함수들은 다수의 부함수로 쪼개질 것이다. 이 태스크는 그리 간단하지 않다.

동작 완료 프로그래밍

이 프로그래밍 모델에서 모든 코어는 패킷에 요구되는 모든 함수를 처리한다. 근본적으로 코어는 모든 함수를 동작시킨다. 그림 24.4에서 보여주는 것처럼 모든 코어는 패킷을 수신하고, 패킷을 처리하며, 패킷을 내보낸다. 이 모델에서 다중 코어는 패킷 엔진 하드웨어^{PEH}로부터 온 패킷을 수신한다. 이 프로그래밍 모델은 서로 다른 흐름에서 온 패킷을 서로 다른 코어에 제공하기 위해 PEH를 요구한다. 앞 절에서 다룬 것처럼 PEH는 흐름을 식별하고 패킷 필드의 해시 결과를 이용해 패킷을 서로 다른 큐에 넣기 위해 프로그래밍될 수 있다. 오직 하나의 코어만이 흐름 내의 패킷 정렬을 확실히 보장하기 위해 언제라도 어떠한 큐의 패킷이든 처리할 수 있다는 것이 아주 중요하다. 네트워킹 애플리케이션은 흐름 내의 진입부터 출구까지 패킷 정렬에 대한 관리가 필요하다. 큐에서 나온 이전 패킷이 처리되고 있다면 PEH는 다른 코어를 이용해 큐로부터 패킷의 디큐잉^{de-queuing}을 차단하기 위해 프로그래밍될 수 있다. 패킷을 처리하는 코어는 일단 패킷이 처리되면 블록을 제거하기 위해 PEH에 신호를 줄 수 있다. 코어와 PEH 하드웨어 사이에서 이러한 종류의 핸드셰이킹은 패킷 정렬이 흐름 내에서 관리되고 있다는 것을 보장한다.

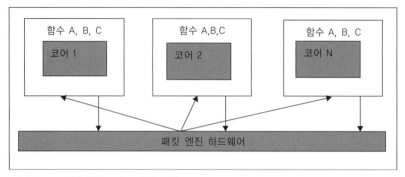

그림 24.4 동작 완료 프로그래밍 모델

흐름에 속해 있는 패킷은 패킷 정렬을 유지하기 위해 한 번에 하나의 코어에 의해서만 처리되기 때문에 흐름의 성능은 하나의 코어가 처리하는 것으로 제한받는다. 전형적인 배치에서 다수의 흐름이 있을 수 있으므로 많은 코어는 흐름을 분배하는 PEH를 이용해 활용된다. 배치가 코어보다 적은 흐름을 가진다면 코어 중 일부는 충분히 활용되지 못한다. 이것이 제한된 것처럼 보일지라도 많은 네트워크 배치가 다수의 동시 흐름을 갖기 때문에 동작 완료 모델은 산업계에서 인정되는 모델이다.

그렇긴 해도 소수의 흐름에서 매우 큰 처리량을 요구하는 몇 가지 예가 있을 수 있다. 코어를 효과적으로 활용하기 위해 파이프라인 모델에서 흐름은 다수의 코어에 의해 처리될 필요가 있다. 성능을 더 향상시키기 위해 다수의 코어는 각각의 파이프라인 단계에서 사용될 수 있다. 즉, 동작 완료 모델과 파이프라인 모델을 혼합한 하이브리드 모델이 필요하다. 그림 24.5에서 보여주듯이 코어는 각각의 단계가 동작 완료 형식에서 이행되는 세 가지 파이프라인 단계로 구분된다.

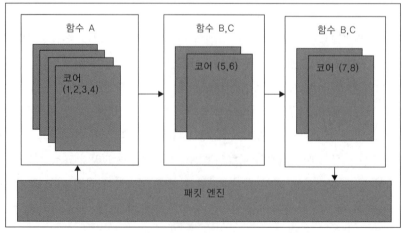

그림 24.5 하이브리드 프로그래밍 모델

동작 완료 모델은 함수나 함수 집합을 위해 다수의 코어를 활용한다. 이것이 패킷 프로세싱 애플리케이션을 이행하는 대중적인 프로그래밍 모델이겠지만, 24장의 나머지 부분에서는 프로그래머가 인식해야 될 필요가 있는 관련 프로그래밍 기법에 중점을 두고 설명한다. 네트워크 프로그래밍에 적절한 다중 코어 프로그램 기법은 약간의 차이는 있지만, 다른 다중 코어 프로그래밍과 유사하다. 24장의 나머지 부분에서는 패킷 프로세싱 엔진의 구조에 중점을 두며, 그런 다음 패킷 프로세싱 애플리케이션에 유용한 몇 가지 중요한 다중 코어 프로그래밍 기법을 설명한다.

패킷 프로세싱 소프트웨어의 구조

데이터면DP과 서비스면SP 엔진은 네트워크 디바이스에서 주요한 패킷 프로세싱 엔진이다. 이것이 DP 소프트웨어든지 SP 소프트웨어든지 간에 패킷 프로세싱 소프트웨어 구조는 사실상 유사하다. 구조와 프로그래밍 기법을 묘사하는 동안 24장의 나머지 부분에서 DP라는 용어와 포워딩 엔진을 주로 이용하겠지만, 이것은 SP 엔진에도 역시 똑같이 적용할 수 있다.

그림 24.6은 다수의 포워딩 엔진(FE1, FE2, ..., FE N)을 가진 데이터면을 보여주는데, 여기서 엔진 각각은 디바이스 함수를 이행하는 엔진이다. 동작 완료 모델에서 FE는 함수 호출에 의해 다음 FE를 호출한다. 앞의 예에서 FE1은 패킷을 처리하고 FE2 함수 호출에 의해 처리 결과를 FE2로 넘겨준다. FE2도 처리 후 패킷이 마지막 FE(FE N)로 내보내질 때까지 패킷을 다음 FE 모듈로 넘겨준다.

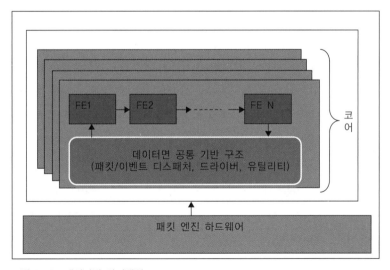

그림 24.6 데이터면 아키텍처

- **참고: 다음 FE를 호출하는 대안 메커니즘** 모듈성을 유지하기 위해 데이터 경로의 많은 이행은 함수 포인터 접근법을 이용한다. 패킷을 처리한 후 FE1이 다음 FE 중 하나를 선택해야 될 필요가 있는 예를 고려해보자. 또한 FE1이 패킷을 보내야 될 다음 FE를 결정하기 위해 패킷 헤더 필드를 이용한다고 가정하자. 한 가지 접근법은 패킷 필드 값을 기반으로 다음 FE의 이름으로 함수를 호출하는 방법이다. 또 다른 접근법은 초기화할 때 이웃 FE를 현 FE(FE1)의 패킷 필드 값에 따라 함수 포인터를 이용해 등록하는 방법이다. 패킷이 처리되는 동안 FE1은 현 패킷의 필드 값을 기반으로 함수 포인터를 발견하고, 등록 목록으로부터 일치하는 함수 포인터를 얻으며, 함수 포인터를 이용해 다음 FE를 호출한다. 이러한 모듈성은 앞으로 새로운 FE가 FE1에 대한 어떠한 변경 없이도 FE1의 상단에 추가될 수 있도록 허용한다.

데이터면 기반 구조(DP 인프라)

소프트웨어 아키텍트와 프로그래머는 문제를 관리 가능한 모듈로 나눔으로써 모듈성을 얻으려고 노력한다. 많은 수의 FE와 FE의 복잡성 때문에 DP 이행의 복잡성이 증가하므로 DP 이행에서는 모듈성 또한 요구된다. DP 인프라는 DP FE가 요구하는 공통 모듈의 집합이다. FE의 공통 기능성을 분리시킴으로써 하드웨어의 추상성 때문에 다수의 서로 다른 SoC에 걸쳐 FE의 재사용성(사실상 더 많은 FE의 추가가 더 빠름), 유지 보수성, 쉬운 이식성에 여러 가지 이점을 제공한다. 초기 FE(앞 다이어그램의 FE1)가 DP 인프라 하부 모듈로부터 패킷을 얻는 시점에서 이해하는 것이 중요하다. 이와 유사하게 마지막 FE는 DP 인프라를 이용해 패킷을 PEH^{패킷} ^{엔진 하드웨어}로 내보낸다. 포워딩 엔진 또한 PEH의 AE^{가속 엔진}와 상호작용하기 위해 DP 인프라와 상호작용한다.

- **참고** 24장은 DP 인프라의 세부 사항으로 들어가지 않는다. 고수준에서 DP 인프라 모듈은 보통 디스패처, 드라이버, 패킷 버퍼 관리자, 타이머 관리자 등을 포함한다. 디스패처 모듈은 패킷 요청자, 즉 드라이버와 FE에 내보낸다. 드라이버는 하드웨어 가속기와 디바이스에 접근하기 위해 FE에 사용하기 쉬운 API 함수를 제공함으로써 하드웨어의 세부 사항을 숨기는 소프트웨어 모듈이다. 패킷 버퍼, 타이머, 기타 유틸리티들은 주로 FE에 걸쳐 일관된 프로그래밍 방법을 제공하는 사용하기 쉬운 라이브러리 기능들이다. DP 인프라는 전형적으로 SoC에서 DP와 SP 개발에 많은 노력을 기울이는 소프트웨어 개발 키트의 한 부분으로서 다중 코어 SoC 벤더에 의해 제공된다.

포워딩 엔진 구조

포워딩 엔진은 그림 24.7에서 보여주는 유사 구조를 따른다. 포워딩 엔진은 이전의 FE나 DP 인프라로부터 패킷을 수신한다.

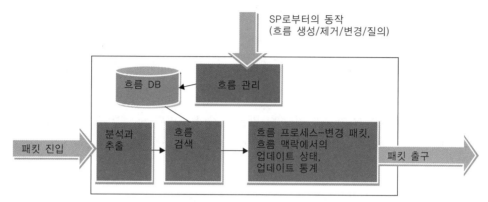

그림 24.7 포워딩 엔진의 구조

첫째, FE는 패킷 헤더를 분석하고 관심 필드를 추출한다. 이것이 PEH로부터 패킷을 수신하는 첫 번째 FE라면 PEH에서 추출됐던 분석 결과를 이용할 수 있다. 초기에 기술했던 것처럼, 다중 코어 SoC의 PEH는 흐름을 이해하기 위해 프로그래밍되고 코어에 걸쳐 흐름을 분배할 수 있다. PEH는 이러한 작업을 수행하기 위해 필드와 패킷 헤더 값을 추출한다. PEH로부터 패킷을 수신하는 FE는 PEH 분석 결과의 이점을 가질 수 있다.

둘째, 이전 단계에서 추출된 필드를 이용하는 흐름 검색 단계는 흐름 문맥 데이터베이스(흐름 DB)에서 일치하는 흐름 문맥을 결정하는 것이다. 일치하는 흐름이 없다면 패킷은 서비스면으로 보내진다. 이들 패킷을 예외 패킷이라 부른다. 예외 패킷 프로세싱의 한 부분으로, 흐름은 흐름 관리 모듈을 통해 흐름 문맥 데이터베이스의 SP에 의해 생성될지도 모른다. 데이터베이스에 일치하는 흐름이 있다면 실제 패킷 프로세싱이 이뤄진다.

셋째, 흐름 프로세스 단계는 흐름 문맥의 상태 정보를 기반으로 패킷을 처리한다. 이것은 새로운 패킷에서 패킷 헤더의 일부 필드에 변경이 발생하거나 심지어 패킷이 제거되는 결과를 발생할 수 있다. 이 단계에서 새로운 상태 값은 흐름 문맥에서 업데이트될 수 있다. 이 단계는 또한 통계를 업데이트한다. 상태 관리는 네트워킹 애플리케이션에서 꽤 일반적이다. 바이트 계산과 패킷 계산 같은 통계 계산은 보통 흐름 문맥 베이시스를 기반으로 유지된다. 흐름 문맥에 걸쳐 업데이트될 수 있는 몇 가지 계수기가 있으며 이것을 글로벌 계수기라 부른다.

마지막으로 업데이트된 패킷은 다음 FE로 보내진다. 현 FE가 마지막 모듈이면 보통 패킷은 DP 인프라를 이용해 보내진다.

패킷 프로세싱 애플리케이션 요구 사항

동작 완료 모델에서 FE를 개발하는 동안 개발자가 명심해야 될 몇 가지 요구 사항이 있다.

- 패킷의 정렬은 흐름에서 지켜져야 한다.
- 성능 크기 조정은 데이터면에 할당된 다수의 코어를 비롯해 근사 선형이 되리하고 기대돼야 한다.
- 진입부터 출구까지 패킷의 대기시간은 가능한 한 작게 유지돼야 한다.

성능 크기 조정은 개발자가 자신의 대부분 시간을 소비하는 활동 중의 하나로, 데이터면 모듈의 이행에 소비하는 시간보다 훨씬 더 많은 시간이 소비된다. 개발자가 명심해야 될 두 종류의 성능 고려 사항에는 다중 코어 관련 성능 항목과 전형적인 프로그래밍 항목이 있다.

네트워크 애플리케이션 프로그래밍 기법

네크워크 애플리케이션 프로그래머용 다중 코어 성능 기법

네트워크 프로그래머는 DP와 SP에서 패킷 프로세싱 애플리케이션을 개발하는 동안 더 훌륭한 성능을 얻기 위해 다양한 기법을 이용한다.

락^{lock}은 해시 테이블 같은 데이터 구조에서 데이터 통합을 유지하기 위해 다중 코어 프로그래밍에서 이용된다. 락은 특정 시점에 하나의 코어만이 데이터 구조에 접근하고 변경한다는 것을 보장한다. 이것은 보통 락 상태에서 데이터 구조를 변경하고 접근하고 있는 코드 조각들을 대체함으로서 얻어진다. 코어가 락 상태에서 데이터 구조에 접근하고 있는 동안 데이터 구조상에서 동작하기 위해 시도하는 어떠한 다른 코드도 락이 풀릴 때까지 회전하게 만들어진다. 코어는 회전하는 동안 유용한 어떠한 작업도 하지 않기 때문에 패킷 프로세싱의 경로에 많은 락이 있다면 다수의 코어를 갖고는 패킷 프로세싱의 성능은 확장되지 않는다. 따라서 네트워킹 프로그래머들은 자신의 패킷 프로세싱 코드가 가능한 한 많이 락 프리$^{lock-free}$가 돼야 한다는 것을 보장해야 한다.

흐름 문맥 탐구 동안 락 회피

해시 테이블

DP나 SP의 패킷 프로세싱 모듈은 흐름 문맥을 저장하기 위해 다양한 데이터 구조를 이용한다. 해시 테이블은 네트워크 프로그래밍에서 이용되는 가장 대중적인 데이터 구조 중 하나다.

따라서 여기서는 몇 가지 프로그래밍 기법을 묘사하기 위해 해시 테이블hash table 데이터 구조를 이용한다.

해시 테이블의 구성은 그림 24.8과 같다. 이는 보통 연결 리스트 방식에서 각각의 버킷bucket이 흐름 문맥 노드를 갖는 버킷 배열이다. 버킷에서의 노드를 충돌 노드라고도 또한 부른다. 다른 데이터 구조와 마찬가지로 해시 테이블은 노드에 추가, 제거, 탐색 동작을 제공한다. 모든 해시 테이블은 키 파라미터와 연관된다. 노드는 해시 테이블에서 식별된 키 파라미터 값을 기반으로 추가되고, 제거되며, 탐색된다. 어떠한 동작에 대해서든 먼저 해시는 키 값을 계산한다. 밥 젠킨스Bob Jenkins의 해시 알고리즘은 해시를 계산하는 가장 대중적인 해시 알고리즘 중 하나다. 해시 결과로부터 나온 몇 가지 비트는 해시 버킷 배열에 대한 색인으로 사용된다. 일단 버킷이 결정되면 추가 동작은 버킷 연결 리스트의 앞부분이나 끝부분에 노드를 추가한다. 탐색 동작은 정확히 일치하는 충돌 노드를 탐색함으로써 일치하는 노드를 발견한다. 제거 동작은 버킷 연결 리스트로부터 노드를 제거한다.

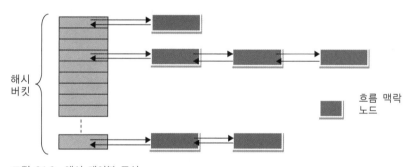

해시
버킷

흐름 맥락
노드

그림 24.8 해시 테이블 구성

리스트 24.1에 나오는 구조와 코드 조각들은 C 언어에서 해시 테이블을 구현할 수 있게 해준다. C 구조가 더 많은 변수를 갖고 있을지라도 여기서는 관련된 필드만을 설명한다. 다른 변수들은 다음 절에서 설명한다.

Flow_t 이 C 구조체는 해시 테이블의 노드를 대표한다.

- next와 prev 포인터는 버킷 더블 연결 리스트에 노드를 연결하는 데 사용된다.
- 구조에서 key1과 key2 변수들은 노드의 키 값을 저장한다. 이들 키 값들은 해시 테이블에서 흐름 문맥(노드)을 유일하게 식별한다.

Flow_Hash_Bucket_t 이 C 구조체는 버킷을 대표하는 데 사용된다. 이것은 연결 리스트의 헤드로서 더미 Flow_t node를 포함한다.

Flow_Hash_Table_t 이 C 구조체는 해시 테이블을 대표한다.

- **number_of_buckets** 해시 테이블의 버킷 수를 나타낸다.
- **buckets** 버킷 배열
- **list_lock** 락은 해시 테이블의 무결성을 보호하는 데 사용된다.

리스트 24.1 안전 참조 배열

```
typedef struct Flow_s {
    struct rcu_head rcuh;
    struct Flow_s *next;
    struct Flow_s *prev;
    struct futex in_use_lock;
    char in_use;
    struct backlogQ_s backlogQ;
    unsigned int sr_array_index;
    struct Flow_Hash_table_s *table;
    int key1;
    int key2;
    int sv1, sv2;
    int s1, s2, s3, s4;
}Flow_t;


typedef struct pkt_s {
    struct pkt_s *next;
    int buff_size;
    unsigned char *buff;
}pkt_t;

struct backlogQ_s {
    pkt_t *head;
    pkt_t *tail;
};
```

```
typedef struct Flow_Hash_Bucket_s {
    Flow_t head;
}Flow_Hash_Bucket_t;


typedef struct Flow_Hash_Table_s {
    int number_of_buckets;
    Flow_Hash_Bucket_t *buckets;
    struct futex list_lock;
    unsigned int cookie_val;
    struct Flow_Safe_Reference_Node_s *sr_array;
    struct Flow_Safe_Reference_Node_s
*free_index_list;
}Flow_Hash_Table_t;


typedef struct Flow_Safe_Reference_Node_s {
    unsigned int cookie_val;
    Flow_t *flow_node;
    int array_index;
    struct Flow_Safe_Reference_Node_s *next;
}Flow_Safe_Reference_Node_t;
```

전형적인 포워딩 엔진에서 패킷을 기초로 하는 해시 테이블에 대한 이슈가 탐색 동작이다. 이것은 패킷당 동작이므로 훌륭한 성능을 성취하기 위해서는 탐색 동작은 아주 빨라야한다. 추가 동작은 전형적으로 예외 패킷 프로세싱의 한 부분으로서 신규 흐름마다 해시 테이블에서 실행된다. 제거 동작은 활동하지 않는 흐름을 제거하거나 흐름이 만료된 후 그 흐름을 제거하기 위해 실행된다. 동작 완료 프로그래밍 모델에서 많은 코어는 패킷을 처리하고 흐름을 추가하거나 제거한다. 이들 동작들은 동시에 발생할 수도 있다. 해시 테이블의 무결성을 보호하기 위해 락은 해시 테이블에 대한 상호 배타적 접근이 제공돼야 하다.

리스트 24.2에 나타나있는 탐색 함수는 해시 테이블을 대표하는 테이블 포인터인 hash_key를 가지며, 젠킨스 해시 알고리즘의 키 값 같은 해시 함수의 결과다. 이 함수는 먼저 버킷의 연결 리스트 헤드를 얻고, 그런 다음 key1과 key2 필드를 이용해 충돌 해결책을 얻는다. LOCK_TAKE()와 LOCK_RELEASE() 함수를 주목하자. LOCK_TAKE 함수는 락을 얻는다. 락이 다른 코어에 의해 이미 사용된다면 락을 사용하고 있던 다른 코어가 락을 풀어줄 때까지 현재의 코어는 계속 회전한다. LOCK_RELEASE 함수는 락을 풀어준다. 코어가 락을 기다리기 위해 회전하기 때문에 더 많은 락이 있거나 락 상태에서 실행되고 있는 중요 코드가 있다면 다수의 코어를 갖고는 성능이 확장되지 않는다.

리스트 24.2 탐색 함수

```
Flow_t *Flow_Search_Node(Flow_Hash_Table_t *table, unsigned int hash_key,
            unsigned int key1,  unsigned int key2,
            unsigned int *sf_index, unsigned int *cookie_val  )
{

    Flow_t *temp, *head;
    unsigned int    array_index;
    unsigned int    cookie;
    Flow_t          *flow;

    LOCK_TAKE(&table->lock);

    {
        /** Start from head  **/
        head = &table->buckets[hash_key % table->number_of_buckets].head;
        temp = head->next;

        while(temp != head)
        {
            if ((key1 == temp->key1) && (key2 == temp->key2))
            {

                break;
            }

            temp = temp->next;
        }

        if (temp == head )
        {
            /** No Match found **/
            temp = NULL;
        }
        else
        {
         *sf_index = temp->sr_array_index;
         *cookie_val = table->sr_array[temp->sr_array_index].cookie_val;

        }

    }

    LOCK_RELEASE(&table->lock);

    return(temp);

}
```

락 회피

리눅스를 비롯한 현대 운영체제는 서로 다른 많은 유형의 뮤텍스^{mutex} 함수를 지원한다. 리눅스의 Pthreads는 적어도 세 가지 종류의 뮤텍스 초기 스핀락(pthread_spin_lock과 pthread_spin_unlock), mutexes(pthread_mutex_lock과 pthread_mutex_unlock), futexes(futex_down과 futex_up을 이용한

신속 뮤텍스 동작)을 지원한다. 이들 집합은 뮤텍스 동작의 성능과는 차이가 있겠지만, 모든 경우에서 코어는 논쟁이 되는 동안 정지된다. 따라서 락 없는lock-less 구현은 다수의 코어를 갖고 성능을 확장시킬 수 있는 최선의 방법이다. 읽기-복사-업데이트RCU 초기의 세계로 들어가자.

읽기-복사-업데이트는 현대의 많은 운영체제가 지원하는 동기화 메커니즘이다. 이것은 해시 테이블의 데이터 구조를 업데이트하지 않는 한 읽기 측면에서 임계 구역의 성능을 향상시킨다. 추가/제거 함수는 데이터 구조를 업데이트하는 한 쓰기 측면에서의 임계 구역이다. RCU는 대기 프리 읽기 측면의 락킹locking을 제공하므로, 많은 코어는 동시에 탐색 동작을 수행할 수 있다. 이것 때문에 패킷 프로세싱 애플리케이션의 성능은 코어를 이용해 확장될 수 있다. rcu_read_lock()과 rcu_read_unlock()은 RCU의 기초 요소다. 이 요소들은 구독자 락과 유사하지만 아주 빠르다. 유효한 명령 실행을 지원하는 많은 CPU 아키텍처에서 RCU 읽기 락/언락/ 기초 요소들은 실제 아무것도 하지 않으며, 실제로는 사용하고 남은 함수들이다. 심지어 유효하지 않는 실행 기반의 CPU 아키텍처에서도 이들 기초 요소들은 '메모리 막대'(메모리 울타리) 동작을 주로 수행하므로 아주 빠르다. 일부 운영체제에서는 락 기초 요소는 선점할 수 없게 만든다.

RCU 메커니즘이 읽기 동작(탐색)의 성능을 향상시킬지라도 보통의 락들은 여전히 추가/제거 동작이 요구된다. RCU가 읽기 측면의 보호에 사용될 때 제거 동작은 추가적인 작업이 요구된다. 제거 동작은 모든 코어가 노드로의 접근을 마칠 때까지 데이터 구조에서 제거되는 노드의 해방을 지연할 것으로 기대된다. 이것은 제거 동작이 데이터 구조로부터 노드를 제거한 후 synchronize_rcu()나 call_rcu() 함수를 호출함으로써 이뤄진다. synchronize_rcu는 동기 동작이다. 일단 이 함수가 반환되면 호출자는 노드의 방출이 안전하다는 것을 가정할 수 있다. call_rcu는 비동기 동작이다. 이 함수는 인수로서 함수 포인터를 갖는다. 다른 모든 코어에 의한 노드 접근이 종료됐다고 운영체제가 일단 결정하면 이 함수 포인터는 운영체제의 RCU 기반 구조에 의해 호출된다. 모든 코어의 현 실행 주기가 종료됐다고 운영체제가 일단 결정하면 RCU 기반 구조는 콜백 함수 포인터를 호출한다.

RCU를 이용하는 동안 프로그래머가 인식해야 될 두 가지 기초 요소가 있다. 이들은 rcu_assign_pointer()와 rcu_dereference()다. rcu_assign_pointer()는 포인터를 보호하고 있는 RCU에 새로운 값을 할당하는 데 사용하며, 작성자에 의해 할당된 새로운 값을 확인하기 위해 구독자에게 필요한 함수다. rcu_deference()는 포인터를 보호하고 있는 RCU로부터 포인터 값을 얻는 데 사용되는 기초 요소다.

RCU 이용을 이해하기 위해서는 다음 목록에 나와 있는 해시 테이블의 탐색, 추가, 제거 함수를 보길 바란다.

RCU를 가진 변경된 탐색 함수의 리스트가 리스트 24.3에 나타나 있다.

리스트 24.3 변경된 탐색 함수

```
Flow_t *Flow_Search_Node(Flow_Hash_Table_t *table, unsigned int hash_key,
              unsigned int key1,  unsigned int key2,
              unsigned int *sf_index, unsigned int *cookie_val  )
{

   Flow_t *temp, *head;
   Flow_t        *flow;

   rcu_read_lock();

   {
       /** Start from head  **/
       head = &table->buckets[hash_key % table->number_of_buckets].head;
       temp = (Flow_t*)rcu_dereference(head->next);

       while(temp != head)
       {
           if ((key1 == temp->key1) && (key2 == temp->key2))
           {
               Break;
           }

           temp = (Flow_t*)rcu_dereference(temp->next);
       }

       if (temp == head )
       {
          /** No Match found **/
          temp = NULL;
       }
       else
       {
        *sf_index = temp->sr_array_index;
        *cookie_val = table->sr_array[temp->sr_array_index].cookie_val;

       }

   }

   rcu_read_unlock();

   return(temp);

}
```

리스트 24.3에서 굵은 글씨체의 문장을 살펴보자. 다음에 나올 포인터가 추가와 제거 함수에 의해 업데이트될 수 있기 때문에 rcu_dereference() 함수를 이용해서 역참조하는 것이 필수적이다. rcu_read_lock과 rcu_read_unlock 함수는 탐색 동작에서 임계 구역의 읽기 측면을 소개하는 데 사용된다.

이제 리스트 24.4와 리스트 24.5에 나와 있는 추가 함수와 제거 함수를 살펴보자.

리스트 24.4 추가 함수

```
unsigned int Flow_Add_Node( Flow_Hash_Table_t *table, unsigned int hash_key,
  Flow_t *new_flow,unsigned int *sf_index, unsigned int *cookie_val)

{
   unsigned int free_index;

   LOCK_TAKE(&table->list_lock);


   /** Get free array index **/

   if ((free_index = Flow_get_free_sr_index(table)) == 0 )
     return 0;


   if (table->cookie_val == 0 )  table->cookie_val++;
   table->sr_array[free_index].cookie_val = table->cookie_val++;
   table->sr_array[free_index].flow_node = new_flow;
   table->sr_array[free_index].next = NULL;

   /** Adding the flow should be the last step **/
   /** Add flow to circular double linked list in the beginning,
       right after head
   **/

   {
     Flow_t *head;
     head = &table->buckets[hash_key % table->number_of_buckets].head;

     new_flow->sr_array_index = free_index;
    /* DLL Manipulations, but RCU purposes, we need to use
        rcu_assign_pointer to take care of CPUs with weak ordering*/
     rcu_assign_pointer(new_flow->next, head->next);
     rcu_assign_pointer(head->next->prev,new_flow);
     rcu_assign_pointer(head->next, new_flow);
     rcu_assign_pointer(new_flow->prev,  head);

   }
   new_flow->table = (struct Flow_Hash_table_s*)table;

   LOCK_RELEASE(&table->list_lock);

  *sf_index = free_index;
  *cookie_val = table->sr_array[free_index].cookie_val;
  return(1);
}
```

추가 함수가 여전히 뮤텍스 락에 포함된다는 점에 주의하자. rcu_assign_pointer() 초기
요소를 이용해 연결 리스트 추가를 검사한다. rcu_assign_pointer(new_flow-.next,
head-.next)는 head-.next가 항상 새로운 값을 본다는 점을 제외하고는 new_flow-.next
= head-.next와 똑같다.

리스트 24.5 제거 함수

```
unsigned int Flow_Remove_Node(Flow_Hash_Table_t *table,
    Flow_t *flow)
{
    struct Flow_Safe_Reference_Node_s *TmpFreeList;
    unsigned int array_index;

    LOCK_TAKE(&table->list_lock);


    /** Invalidate the sr_array node, but don't put in the
        free list yet. Freeing to the linked list would be done as part
        of RCU callback.
        Do this before removing the flows.
    **/

    array_index = flow->sr_array_index;
    table->sr_array[array_index].cookie_val = 0;
    table->sr_array[array_index].flow_node = NULL;

    /** Remove flow from hash list, but don't initialize the pointers to NULL as
     ** other thread will continue to traverse the linked list
    **/

        /** Make this DLL steps RCU friendly*/
        rcu_assign_pointer(flow->next->prev, flow->prev);
        rcu_assign_pointer(flow->prev->next, flow->next);
        LOCK_RELEASE(&table->list_lock);

    /** Set up the callback for RCU infrastructure to indicate us when
     ** all threads complete their current scheduled cycle
    **/
    call_rcu(&flow->rcu_head, Flow_RCU_free_fn );
}

void Flow_RCU_free_fn(struct rcu_head *ptr)
{
    Flow_t *flow;
    Flow_Hash_Table_t *table;

    flow = container_of(ptr,  Flow_t, rcuh);

    table = flow->table;

    LOCK_TAKE(&(table->list_lock));

    /** Free the array index into free sr list **/
    Flow_free_sr_node(flow->table, flow->sr_array_index);

    LOCK_RELEASE(&table->list_lock);

    free(flow);

}
```

위의 리스트에서 굵은 글씨체를 가진 항목을 살펴보자. 뮤텍스 락은 임계 구역을 보호하는 데 사용된다. RCU 보호가 탐색 동작에서 사용되기 때문에 해시 테이블에서 제거되는 흐름은 즉시 개방돼서는 안 된다. call_rcu 함수는 함수 포인터로 rcu_head를 가리킨다. 위의 사례에서 Flow_RCU_free_fn은 rcu_head 포인터를 이용해 call_rcu API 함수로 나아간다. 흐름 문맥 레코드의 `rcu_head`를 정의함으로써 `Flow_RCU_free_fn()`에서 흐름 문맥을 얻는 것이 가능하다. `Flow_RCU_free_fn`이 운영체제의 RCU 기반 구조에 의해 호출될 때 흐름은 앞에 나타나있는 것처럼 자유롭게 된다.

참조 계수 회피

이미 다뤘던 네트워크 패킷 프로세싱 애플리케이션은 패킷을 수신하자마자 일치하는 흐름 문맥 진입을 발견한다. 패킷 프로세싱 애플리케이션에서 흐름 프로세스 단계는 상태 변수의 접근과 업데이트, 그리고 통계 업데이트를 포함해 여러 번 흐름 문맥 노드를 참조한다. 흐름 문맥 레코드에 접근되고 있는 동안 흐름은 어떠한 다른 코드에 의해서든 제거되거나 풀어져서 는 안 된다. 이것은 전통적으로 '참조 계수'를 적용해서 얻어진다.

참조 계수 메커니즘은 전형적으로 흐름 문맥 레코드의 두 가지 변수인 `ref_count`와 `delete_flag`에 의해 이행된다. 패킷 프로세싱 애플리케이션은 일반적으로 탐색 동작의 한 부분으로 일치되는 흐름의 참조 계수를 증가시킨다. 일단 패킷 프로세싱이 수행되면 참조 계수 는 감소된다. `ref_count`가 제로가 아닌 정수 값을 가졌다는 것은 흐름이 몇 가지 스레드/코어 에 의해 사용되고 있음을 나타낸다. 코어나 스레드가 흐름을 제거하려고 할 때 `ref_count`가 먼저 검사된다. 계수가 0이면 코어는 데이터 구조로부터 제거해서 흐름을 풀어준다. 계수가 제로가 아닌 값을 갖고 있다면 코어/스레드는 `delete_flag`를 설정해 제거용 흐름이라고 표시 한다. 코어가 흐름을 이용하는 한 코어는 `ref_count`를 감소시킨다. 흐름을 역참조(`ref_count` == 0)하는 마지막 코어/스레드는 흐름이 제거용이라고 표시되면 엔트리를 풀어준다. 참조 계수 메커니즘을 이행하는 두 가지 변수가 있기 때문에 락은 이들 두 가지 변수를 아주 정확하게 업데이트하거나 접근하기 위해 사용된다.

참조 계수 메커니즘과 연관된 두 가지 주요한 이슈는 다음과 같다.

- 락은 참조 계수 메커니즘을 이행하는 데 필요하다. 따라서 코어 수를 증가시키는 성능 확장 이슈가 있을 수 있다.
- **오류의 경향** 프로그래머는 흐름이 더 이상 요구되지 않을 때 가능한 모든 패킷 경로에서 참조 계수가 감소된다는 것을 확실히 해야 한다. 처음으로 포워딩 엔진을 개발하는 동안 프로그래머는 이것을 주의 깊게 다뤄야 한다. 그러나 개발자는 코드 유지 보수 단계에서는 주의하거나 많이 알지 못해도 상관없다.

위의 이슈 때문에 프로그래머는 참조 계수 메커니즘을 회피하라는 권고를 받는다. 위에 기술된 RCU 메커니즘은 참조 계수가 필요하다는 것을 회피한다. 위에서 다뤘던 것처럼 RCU

기반 제거 동작은 다른 모든 스레드/코어가 자신의 현 동작 완료 주기를 완료할 때까지 노드가 해방되는 것을 지연시킨다. 따라서 흐름 프로세스 단계를 수행 중인 어떠한 코어든 현 동작 완료 주기가 완료될 때까지 흐름의 존재를 확신할 수 있다. 본질적으로 RCU 기반 해시 테이블 같은 RCU 기반 데이터 구조는 흐름 검사 단계 동안 락을 회피하고 오류 경향이 있는 참조 계수 메커니즘을 회피하는 두 가지 큰 이점을 제공한다.

프로그래머가 왜 참조 계수 메커니즘을 사용하는지 이에 대한 또 다른 이유가 있다. 가끔은 이웃하는 모듈들이 모듈의 흐름 문맥에 참조 계수를 저장해야 한다. 일단 참조 계수가 저장되면 이웃 모듈은 처리되는 동안 언제든지 흐름의 정보를 이용할 수 있다. 잘 처리되고 있다면 이웃 모듈은 제거된 흐름의 오래된 포인터를 역참조할 수 있다. 이는 최상의 경우에 틀린 정보에 접근하게 이끌 수 있고, 최악의 경우에는 시스템의 안전성 이슈를 만들 수도 있다. 참조 계수 메커니즘은 이들 이슈로부터 소프트웨어를 보호하는 데 사용된다. 코딩은 이웃 모듈이 올바른 장소에서 ref_count가 증가되고 감소된다는 것을 확실하게 보장해야 한다. 참조 계수 메커니즘이 로컬 모듈을 바로 제한시키지 않고 이웃 모듈로 확장되기 때문에 이 방법은 심지어 오류를 더 이행시키는 경향이 있다. RCU에 추가해서 안전 참조 방법은 추가적인 기법이며, 프로그래머가 완전히 참조 계수 메커니즘을 제거하기 위해 이용할 수 있는 방법이다.

안전 참조 메커니즘

참조 계수 메커니즘에서 이웃 모듈은 포인터에 의해 참조 계수를 저장한다. 안전 참조 메커니즘에서 이웃 모듈은 흐름 문맥에 간접 참조 포인터를 저장한다. 간접 참조는 배열을 통해 발생하며, 두 가지 중요한 변수인 색인^{index}과 쿠키^{cookie}를 포함한다. 이웃 모듈이 참조 계수를 흐름 문맥에 저장하기를 기대하는 모듈은 해시 테이블 같은 데이터 구조에 추가해 안전 참조 배열 데이터 구조를 정의한다. 흐름 문맥 추가 동작의 한 부분으로, 흐름 문맥은 해시 테이블에서 유지될 뿐만 아니라 안전 참조 배열 요소들 중 하나로부터 참조된다. 또한 유일한 쿠키는 각각의 추가 동작에서 생성된다. 이 쿠키 값 또한 안전 참조 배열 요소에 추가된다. 그림 24.9를 보자.

이웃 모듈은 흐름 문맥 A를 나타내기 위해 색인 1과 쿠키 2376에 저장될 것으로 예상된다. 더 이상 포인터가 없기 때문에 이웃 모듈은 흐름 문맥 정보에 직접 접근할 수 없다. 흐름 문맥 A가 소유하고 있는 모듈은 흐름 A에서 나온 어떠한 정보에든 접근하기 위해 이웃 모듈에 대한 macros/API 함수를 제공한다. 이웃 모듈은 필요한 정보를 얻기 위해 안전 참조(색인 값과 쿠키 값)를 넘겨줄 것으로 예상된다. API/macro를 제공하는 모듈은 안전 참조 배열의 쿠키 값을 갖고 주어진 쿠키 값에 일치시켜 참조의 유효성을 검사할 것으로 예상된다. 쿠키 값이 일치하지 않는다면 노드는 제거되고, 모듈은 호출자에게 오류를 반환한다는 것을 의미한다. 본질적으로 포인터 대신에 안전 참조를 이용하면 모듈은 이웃 모듈을 걱정할 필요 없이 자신의 노드를 안전하게 제거할 수 있다. 이것은 참조 계수의 필요성과 연관된 성능 악화를 없앨 뿐만 아니라 이웃 모듈이 API/macro를 경유해 정보에 접근할 수 있도록 소프트웨어를 더 모듈러하게 만든다.

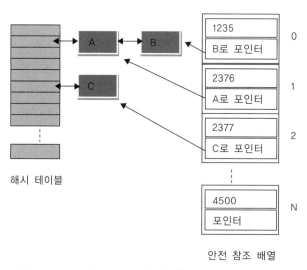

그림 24.9 안전 참조 배열을 이용한 해시 테이블

리스트 24.1에는 안전 참조 배열을 정의한 Flow_Hash_Table_t 구조체의 sr_array가 있다. 배열 크기는 모듈에 의해 지원되는 최대 노드 수다. 일반적으로 이 배열은 해시 테이블의 초기화에 따라 할당된다. free_index_list는 연결 리스트 형식의 프리 색인들을 관리한다. 이것은 흐름이 생성되는 동안 프리 색인을 빨리 발견하는 데 도움을 준다.

리스트 24.1에는 또한 안전 참조 배열의 배열 요소를 정의하고 있는 C 구조체 형식의 Flow_Safe_Reference_Node_t가 있다. 이것은 cookie_val과 흐름 문맥 flow_node로 향하는 포인터를 포함한다. 이것은 또한 두 개의 관리 변수, 즉 free_index_list 연결 리스트를 관리하는 데 사용되는 next 포인터와 이러한 요소를 대표하는 배열상의 색인을 표시하는 array_index를 갖는다.

리스트 24.4에 나열돼 있는 추가 동작 함수는 프리 배열 색인과 유일한 쿠키 값을 찾은 후 안전 참조 배열 요소를 특정 지역에 위치시키는 로직을 갖고 있다. 이것은 사용될 때마다 증가되고, 그렇게 함으로써 유일성이 유지되는 해시 테이블의 cookie_val로부터 유일한 쿠키 값을 얻는다. 값 0은 프리 요소를 표시하기 위한 값이므로 쿠키로서 0의 이용은 회피된다. 본질적으로 매 신규 프리 문맥에 사용되는 하나의 배열 요소가 있다. 이 배열 요소의 색인 또한 흐름 문맥으로부터 배열 요소를 발견하는 데 도움을 주기 위해 흐름에 저장된다. 이의 사용은 제거 동작에서 볼 수 있다.

```
if ((free_index = Flow_get_free_sr_index(table)) == 0 )
    return 0;
if (table->cookie_val == 0 ) table->cookie_val++;
table->sr_array[free_index].cookie_val = table->cookie_val++;
table->sr_array[free_index].flow_node = new_flow;
table->sr_array[free_index].next = NULL;
new_flow->sr_array_index = free_index;
```

리스트 24.5의 제거 동작 함수는 안전 참조 배열 요소가 틀렸음을 입증하는 로직을 갖는다. RCU 콜백 함수는 안전 참조 요소를 프리 연결 리스트로 풀어준다. Flow_Remove_Node()에 있는 다음 코드 조각은 안전 참조 요소가 틀렸음을 입증한다.

```
array_index = flow->sr_array_index;
table->sr_array[array_index].cookie_val = 0;
table->sr_array[array_index].flow_node = NULL;
```

Flow_RCU_free_ fn()에 있는 다음 코드 조각은 안전 참조 배열을 프리 연결 리스트에 넣는다.

```
Flow_free_sr_node(flow->table, flow->sr_array_index);
```

흐름 병렬화

흐름 병렬화는 어떤 시간에서든 흐름이 하나의 코어에 의해서만 처리되도록 허용하는 기법이다. 독립적 흐름은 패킷 병렬화 대신 코어에 걸쳐 병렬화되며, 여기서 흐름 내 패킷은 다중 코어에 의해 동시에 처리될 수 있다. 흐름 병렬화 기법은 흐름을 코어에 영구적으로 묶지 않는다는 점에 주의해야 한다. 이것은 어떤 시점에서든 하나의 코어만이 처리된다는 것을 보장할 뿐이다.

패킷 병렬화와 관련된 몇 가지 이슈에 대해 살펴본다. 패킷 병렬화 모드에서 패킷은 흐름에 대한 고려 없이 코어에 걸쳐 분배된다. 많은 포워딩 애플리케이션은 패킷 프로세싱 동안 업데이트되고 접근되는 상태 변수들을 관리하는 경향이 있다. 흐름의 많은 패킷이 한 번에 하나 이상의 코어에 의해 처리된다면 흐름 내 상태 변수의 무결성은 보장될 필요가 있을 것이다. 상호 배제(락)는 상태 변수의 무결성이 보장되도록 요구된다. 흐름 프로세싱 단계 동안 상태 변수가 다수의 장소에서 업데이트되거나 접근된다면 락킹의 더 많은 인스턴스는 이들 변수를 보호하도록 요구된다. 이것은 시스템의 전반적인 성능을 감소시킬 것이다.

많은 네트워킹 애플리케이션은 흐름을 이용해 관리되도록 패킷 정렬을 요구한다. 다수의 코어가 동시에 흐름 패킷을 처리한다면 패킷이 잘못 정렬될 충분한 확률이 있다. 패킷 프로세싱의 주기가 코어 선점, 인터럽트 프로세싱 등과 같은 시스템에서 발생하는 다양한 조건 때문에 패킷 전체에 걸쳐 정확히 같지 않을 수도 있다. 따라서 더 새로워진 패킷은 빠르게 처리되며, 패킷이 몇 가지 다른 코어에 의해 초기에 수신되기 전에 내보내진다. 일부 애플리케이션은 패킷 순서에 아주 민감하기 때문에 패킷 정렬은 패킷 프로세싱 애플리케이션에 의해 관리돼야 한다.

흐름 병렬화 프로그래밍 기법은 위의 이슈들, 즉 패킷 프로세싱 경로 동안 락을 제거하고 패킷 순서를 유지하는 이슈들을 극복하는 데 사용된다.

네트워킹의 다중 코어 SoC라는 절에서 다뤘던 것처럼 PEH는 하나의 큐 안에 흐름 패킷을 추가로 제공함으로써 흐름 병렬화를 도와주려고 노력한다. 한 번에 하나의 코어만이 큐를 처리하는 한 어떠한 특별한 소프트웨어 프로그래밍 기법 없이도 흐름 병렬화는 얻게 된다. 데이터면의 첫 번째 포워딩 엔진은 PEH의 패킷 추가 제공 방법으로 이점을 가질 수 있다. 그러나 소프트웨어 기반의 흐름 병렬화는 입도나 흐름 정의가 이들 엔진과 차이가 경우에는 다른 포워딩 엔진 모듈이 요구된다. 그림 24.6에 나타나 있는 것처럼 데이터면에 다수의 포워딩 엔진이 있는 사례를 고려해보자. FE1의 흐름 입도가 5 튜플(소스 IP, 목적지 IP, 프로토콜, 소스 포트, 목적지 포트)을 기반으로 하고, FE2 흐름 입도는 2 튜플(소스 IP, 목적지 IP)을 기반으로 한다고 가정하자. 흐름이 서로 다른 코어에 의해 처리되는 하나 이상의 FE1 흐름에 속해있는 패킷들은 단일 FE2 흐름으로 빠질 수도 있다. 동작 완료 모델에서 FE2 진입점은 FE1의 함수 호출에 의해 호출된다. 이에 따라 이 예에서 FE2는 다수의 코어로부터 패킷이 들어오는 하나의 FE2 흐름으로 패킷을 볼 수 있다. 여기서 흐름 병렬화 기법은 앞에서 기술한 것처럼 패킷 병렬화와 연관된 이슈를 회피하기 위해 FE2에서 요구되는 기법이다.

PEH로부터 직접 패킷을 수신하는 FE가 소프트웨어 흐름 병렬화 기법을 이행할 필요가 있는 예가 있다. 하나의 예는 흐름에 속해 있는 패킷이 PEH의 두 개의 소스로부터 오는 경우다. 네트워크 연결 상태를 추적할 수 있는 많은 패킷 프로세싱 애플리케이션은 두 가지 하부 흐름을 갖는다. 두 가지 하부 흐름은 보통 포워딩 하부 흐름(클라이언트에서 서버 흐름)과 역하부 흐름(서버에서 클라이언트 흐름)이다.

```
FE_entry_point(pkt)
{
     ……..
     ………
  extract_fields(pkt,  &key_value1, &key_value2, ….);
  flow = Flow_Search_Node(…., key_value1, key_value2, ….);
  LOCK_TAKE(&flow->in_use_lock);

   if (flow->in_use == 0)
   {
      flow->in_use = 1;
      LOCK_RELEASE(&flow->in_use_lock);

      Flow_Process(flow, pkt);

      /** If there are any packets added to backlog queue, process them
          here **/

      process_backlog_packets(flow);

   }
   else
   {
     /** Add pkt to end of the list **/

     pkt->next = NULL;
     if (flow->backlogQ.head == NULL )
     {
        flow->backlogQ.head = flow->backlogQ.tail = pkt;
     }
     else
     {
       flow->backlogQ.tail->next = pkt;
       flow->backlogQ.tail = pkt;

     }
     LOCK_RELEASE(&flow->in_use_lock);
   }

}
process_backlog_packets(Flow_t *flow)
{
   pkt_t *pkt;

   LOCK_TAKE(&flow->in_use_lock);

   do
   {
     if ( flow->backlogQ.head == NULL )
     {
       flow->in_use = 0;
       LOCK_RELEASE(&flow->in_use_lock);
       break;
     }
     pkt = flow->backlogQ.head;
     flow->backlogQ.head = pkt->next;
     if (flow->backlogQ.head == NULL ) flow->backlogQ.tail = NULL;

     LOCK_RELEASE(&flow->in_use_lock);
     Flow_Process(flow,pkt);
     LOCK_TAKE(&flow->in_use_lock);

   } while(1);
}
```

NT 디바이스 사례를 고려해보자. NAT 흐름은 서로 다른 5 튜플 파라미터를 가진 두 가지 하부 흐름을 포함한다. PEH가 흐름에 속해 있는 이들 두 가지 하부 흐름에 대한 지식이 없기 때문에 PEH는 이들 두 가지 하부 흐름에 속해있는 패킷들을 두 가지 각기 다른 큐에 위치시킬지도 모른다. 이에 따라 흐름에 속해있는 패킷들은 동시에 각기 다른 코어에 의해 처리될지도 모른다. 따라서 흐름 병렬화는 PEH로부터 패킷을 직접 수신하는 FE에서조차도 요구될지 모른다.

흐름을 병렬화시키는 소프트웨어 기법은 간단하다. 이 절의 나머지 부분에서는 흐름 병렬화를 구현하는 한 가지 기법을 기술한다. 그림 24.7은 흐름 검색 단계를 보여준다. 일단 흐름이 발견되면 흐름은 그 외의 다른 코어/스레드에 의해 처리되고 있는지 검사된다. 이것은 흐름 문맥 내에서 in_use 필드를 관리함으로써 수행될 수 있다. 이 변수의 값이 1이면 흐름은 몇 가지 다른 코어/스레드에 의해 사용되고 있다는 것이며, 현재의 코어/스레드는 패킷을 흐름 특정 backlog 큐에 정렬시킨다. 흐름이 사용 중이 아니라면(in_use가 0임), 흐름은 in_use를 1로 설정해서 표시하고 패킷은 다음번 처리를 위해 얻게 된다. 일단 패킷이 처리되고 다음 FE로 보내지면 이것은 패킷이 backlog 큐에 있는지 없는지 검사한다. 큐에 있다면 backlog 큐에 있는 모든 패킷은 처리되고 in_use를 0으로 설정해서 흐름 표시를 제거한다. 본질적으로 이 기법은 어떤 시점에서든 흐름 내에서 하나의 패킷만이 코어에 의해 처리된다는 것을 보장한다.

in_use와 backlog 큐가 함께 사용되기 때문에 이 기법은 이들 두 가지 변수에 대한 아주 정확한 접근이 요구되며, 이에 따라 락이 사용된다. 즉 하나의 락은 흐름 병렬화 기법을 이행하는 데 요구되지만, 패킷 프로세싱 동안 또 다른 락을 회피하고 패킷 순서를 관리하는 데 도움을 준다. 프로세싱의 나머지 부분에서 락이 필요 없기 때문에 이것은 그림 24.7의 흐름 프로세싱 단계에서 신규 코드가 추가되거나 기존 코드가 변경된다면 프로그래머가 다중 코어 프로그래밍 이슈를 고려할 필요가 없다는 의미에서 아주 훌륭한 유지 보수 이점을 제공한다.

리스트 24.1에서 보여주듯이 흐름 병렬화를 이행하는 데 도움을 주는 Flow_t에 세 가지 변수가 있다. in_use_lock은 in_use와 backlogQ를 보호하는 락 변수다. in_use 플래그는 흐름이 사용되고 있는지 아닌지 여부를 표시한다. backlogQ는 흐름이 몇 가지 다른 스레드/코어에 의해 사용되고 있다면 패킷을 저장하는 데 사용된다.

그림 24.7(포워딩 엔진의 구조)에 나타나 있는 것처럼 흐름 엔진의 코드 경로는 다음과 같다.

```
FE_entry_point(pkt)
{
    extract_fields(pkt, &key_value1, &key_value2, ...);
    flow = Flow_Search_Node(..., key_value1, key_value2, ...);
    Flow_Process(flow, pkt, ...);
}
```

흐름 병렬화를 이용한 코드 경로는 리스트 24.7과 같다.

리스트 24.7 포워딩 엔진

```
FE_entry_point(pkt)
{
    .....
    ......
    extract_fields(pkt,  &key_value1, &key_value2, ….);
    flow = Flow_Search_Node(….,  key_value1,  key_value2, ….);
    Flow_Process(flow, pkt, …);
}
```

일단 위의 변경이 이뤄지면 Flow_Process() 함수에 대한 어떠한 변경이든 다중 코어 프로그래밍과 연관된 복잡성에 관해 걱정할 필요 없이 작업된다. FE_Entry_Point()와 process_backlog_packes()를 살펴보자. FE_Entry_Point() 함수는 흐름이 사용 중에 있다면 패킷을 backlog 큐에 순서대로 나열시킨다. 그렇지 않으면 Flow_Process() 함수는 in_use 플래그가 설정된 후 불려진다. 일단 Flow_Process() 함수가 패킷에서 수행되면 이전 패킷이 처리되고 있는 동안 큐에 있던 어떠한 패킷이든 처리하는 process_backlog_packets() 함수가 호출된다.

최신 통계와 연관된 캐시 스레싱 감소

많은 네트워킹 애플리케이션은 두 가지 유형의 통계, 즉 흐름 특정 통계와 글로벌 통계를 업데이트한다. 다수의 코어가 사용될 때 atomic_inc()와 atomic_add() 같은 원자 동작을 이용해 통계 변수가 업데이트된다.

내부적으로 변수의 어떠한 증가 동작든 코어에 의해 다음 단계를 포함한다. 예를 들어 atomic_inc(stats_var1)은 다음을 포함한다.

- 메모리로부터 stats_var1을 읽는다.
  - 이 변수가 캐시에 없다면 stats_var1은 DDR로부터 캐시로 읽혀진다.
- **참고** 코어는 데이터의 캐시 한 라인을 캐시로 읽는다. 많은 CPU 아키텍처에서 캐시 한 라인의 크기는 보통 32에서 128바이트 범위다.
- 동작을 증가시킨다.
- stats_var1을 메모리에 다시 쓴다. 이 동작은 로컬 캐시를 업데이트할 뿐만 아니라 다른 코어에서는 캐시 무효화라는 결과를 낳는다. 캐시 무효화 동작은 stats_var1 메모리 장소와 대응하는 전체 캐시 라인들을 무효화한다.

코어는 보통 두 종류의 캐시, 즉 코어에 매우 가까운 L1 캐시와 코어에서 조금 멀리 떨어져 있는 L2 캐시를 갖고 있다. 마지막으로 코어에서 아주 멀리 떨어져 있는 DDR 메모리가 있다. L1 캐시의 대기시간은 보통 2에서 3주기 정도다. L2 캐시의 대기시간은 대략 10에서 15주기며, DDR의 대기시간은 대략 100+ 주기다. 코어는 명령과 데이터 둘 모두를 위해 메모리에 접근한다. 코어는 전형적으로 동작할 수 있게 데이터가 가용할 때까지 지연된다. 데이터가 캐시에 가용하다면 CPU의 지연 주기는 더 적어진다. 이에 따라 프로그래머는 가능한 한 많이 데이터가 캐시에 있는지 보장해야 할 것 같다.

앞에서 다뤘던 것처럼 atomic_inc()와 atomic_add() 동작은 새로운 값으로 메모리를 업데이트한다. 이것은 다른 코어 캐시에 있는 메모리 장소를 무효화하는 결과를 가져온다. 또 다른 코어가 동일한 통계 변수상에서 atomic_inc() 동작을 수행하려고 노력할 때 이 메모리 장소를 위한 캐시가 캐시 안에 더 이상 유효하지 않는 한 DDR 메모리로 간다. 여기서 코어는 DDR 접근을 위해 100+ 주기 동안 대기할 필요가 있다.

코어가 라운드 로빈 방식에서 패킷을 처리하는 사례를 고려하고, 각 패킷의 프로세싱이 stats_var1을 증가시키는 결과를 가져온다고 또한 가정하자. 이러한 패킷 프로세싱 애플리케이션에서 동작하는 두 개의 코어가 있다고 또한 고려하자. 패킷 1을 갖는 코어 1은 stats_var1을 증가시키며, 이것은 stats_var1을 갖고 있는 코어 2의 캐시 라인을 무효화한다. 패킷 2가 코어 2에 의해 처리될 때 stats_var1과 관련된 캐시 라인이 무효화되는 한 DDR로부터 stats_var1을 얻을 필요가 있다. 코어 2가 새로운 값으로 stats_var1을 업데이트할 때 이것은 stats_var1을 가진 코어 1의 캐시 라인을 무효화하는 결과를 가져온다. 패킷 3이 코어 1에 의해 처리될 때 코어 1은 자신의 캐시로 채우고, 코어 2 캐시를 무효화하는 통계 변수를 업데이트하기 위해 DDR로 갈 필요가 있으며, 이것은 패킷이 코어에 의해 교대로 처리되고 있다면 계속 진행될 수 있다. 이것은 효과적으로 캐시의 이점을 감추기 때문에 성능이라는 이슈를 야기할 것이다.

프로그래머는 흐름이 항상 동일 코어에 의해 처리된다는 것을 보장함으로써 이들 반복된 캐시 무효화를 회피할 수 있다. 이것이 일부 애플리케이션에서 가능할지라도 이것이 코어의 저활용이라는 결과를 만들어내는 한 흐름을 코어에 묶어 두도록 권고되지는 않는다. 게다가 이 기법은 기껏해야 흐름 기반 통계 변수들에서만 동작되며, 글로벌 통계에는 적용될 수 없다.

코어당 통계는 다수의 코어에 의해 업데이트되는 통계와 연관된 캐시 스레싱 이슈를 줄이기 위해 프로그래머가 점점 더 이용하는 기법 중 하나다. 이 기법은 코어가 있는 것만큼 많은 통계 복사를 정의한다. 각각의 코어는 통계 복사만을 업데이트한다. 이 때문에 통계 변수상에서 아주 정확한 동작을 할 필요가 없다.

예 각각의 패킷을 업데이트하는 두 개의 글로벌 계수를 가진 모듈을 고려해보자. CPU당 통계는 다음에 보이는 것처럼 정의된다.

```
structmodStatistics{
    intCounter1;
    intCounter2;
};
structmodStatisticsstatsArray[NR_CPUS];
```

NR_CPUS 모듈에 전용인 코어의 수. 이것은 모듈이 pthreads를 이용해 리눅스 사용자 공간에서 이행된다면 스레드 수가 될 수 있다.

패킷을 처리하고 있는 코어는 적절한 통계 계수를 증가시키기 위해 statsArray의 인덱스로서 사용된다. Counter1을 증가시키는 코드는 다음과 같다.

```
statsArray[core_id].Counter1++;
```

관리면 모듈이 통합된 통계 변수들을 자세히 검토할 필요가 있을 때 배열의 모든 계수는 추가되고 반환된다. 예를 들어 다음 코드는 Counter1 계수에 정보를 제공한다.

```
for ( ii = 0, sum_counter1 = 0; ii<NR_CPUS; ii++ )
    sum_counter1+ = statsArray[ii].Counter1;
```

위의 로직이 아주 정확한 동작의 필요성을 제거할지라도 서로 다른 코어에 속하는 배열에 정의돼 있는 계수가 동일한 캐시 라인에 속할지도 모르는 것처럼 캐시 스레싱 이슈는 완전히 사라지지 않는다. 예를 들어 코어 0의 Counter2와 코어 1의 Counter1은 동일한 캐시 라인에 속할지도 모른다. CPU가 캐시 라인에 있는 메모리 장소를 업데이트할 때 데이터의 전체 캐시 라인은 쓸모없는 것으로 간주된다. 즉, 코어 0이 Counter2를 업데이트한다면 이것은 코어가 동일한 캐시 라인을 공유하는 한 코어 1의 Counter1이 무효화 된다는 결과를 초래한다. 이 때문에 나중에 코어 1에 의해 Counter1이 업데이트된다는 것은 DDR 접근이라는 결과를 초래한다. 캐시 스레싱 시나리오를 회피하기 위해 통계 블록 자체는 캐시를 나란히 정렬시킬 수 있다. 이것은 다음에 나타나있는 것처럼 전형적으로 캐시 라인에 나란히 정렬된 구조를 정의함으로써 이뤄진다. 여기서 코드는 캐시 라인의 크기가 32바이트라고 가정한다.

```
structmodStatistics {
    intCounter1;
    intCounter2;
}__attribute__(aligned(32));
```

위의 정의는 서로 다른 코어에 속하는 다수의 통계 계수에 걸쳐 캐시 라인 공유와 연관된 캐시 스레싱 이슈를 해결한다. 그러나 이것은 통계 구조의 크기를 증가시킨다. int가 4바이트 길이이고, 어떠한 정렬된 속성 없이 modStatistics 구조체의 크기가 8바이트라고 가정하자. 정렬된 캐시를 이용하면 크기는 하나의 캐시 라인 크기(32바이트)가 될 수 있고, 24바이트는 낭비된다. 정렬된 속성이 대단히 많은 수의 흐름이 있는 흐름 문맥에서 통계에 사용된다면 이 메모리의 비효율성은 문제가 될 수 있다. 앞에서 지적한 바와 같이 특정 애플리케이션이 특정 코어에 흐름을 묶는 것을 허용할 수 있다면 코어당 통계는 흐름 문맥에서 요구되지 않는다. 이것이 가능하지 않는 경우 프로그래밍 기법은 코어에 특정한 인접 메모리 블록에 있는 모든 흐름 문맥에 상응하는 모든 통계 계수를 함께 묶는 데 이용된다. 다음에 나타나있는 것처럼 흐름당 문맥 베이시스상에 네 가지 통계 계수가 있다고 가정하자.

```
struct Fe1FlowStats_s {
    Int counter1, counter2, counter3, counter4;
};
Struct Fe1flow_s {
    struct Fe1FlowStats_s stats;
} Fe1Flow_t;
```

통계 블록은 다음에 나타나 있는 것처럼 포인터 배열을 이용한 흐름 문맥에서 참조된다.

```
struct Fe1flow_s {
    struct Fe1FlowStats_s *stats[NR_CPUS];
} Fe1Flow_t;
```

통계의 구성은 두 개 코어(NR_CPUS = 2)가 있는 그림 24.10과 같다.

이 프로그래밍 방법은 흐름 문맥에 걸쳐 코어-0-특정 계수가 인접 메모리 블록 내에 있다는 것을 보장한다. 이와 유사하게 모든 흐름 문맥에 걸쳐 코어 1 통계 계수는 또 다른 메모리 블록에 있다. 이들 더 커진 메모리 블록은 정렬돼 있는 캐시다. 캐시 정렬은 stats 블록에 걸쳐 더 이상 요구되지 않는다. 어떠한 흐름이든지 간에 코어 0과 코어 1 통계가 동일한 캐시 라인에 없거나 이와 반대인 한 코어 0의 계수에 의한 어떠한 업데이트도 코어 1 캐시를 철저히 검토하지 않는다. 그러나 이것은 ststs 블록이 흐름 문맥 생성의 한 부분으로 할당되는 추가적인 복잡성을 더해준다. 이것은 흐름 문맥을 설정하는 동안 좀 더 많은 코어 주기를 추가시킬 수는 있겠지만, 캐시 스레싱은 패킷당 베이시스에서 회피된다. 흐름 내에서 상당히 많은 패킷들이 있을 것이기 때문에 흐름 생성에서 이러한 균형은 많은 이행에서 받아들여진다.

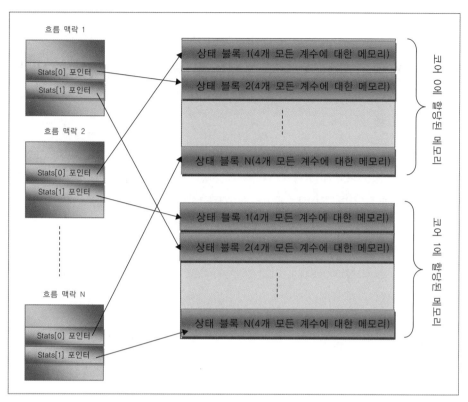

그림 24.10 소프트웨어 기반 통계 관리

통계 가속

일부 다중 코어 SoC는 통계 가속이라 부르는 특별한 특징을 제공한다. 이들 SoC가 사용된다면 앞에서 기술된 어떠한 기법도 필요 없다. 오직 하나의 통계 계수의 복사만이 흐름 문맥에 정의될 수 있다. 아주 정확한 동작은 요구되지 않으며, 캐시 스레싱 이슈도 없게 된다. 이것은 프로그래밍을 꽤 단순화시킨다. 통계 가속은 많은 SoC에서 가용하지 않기 때문에 앞의 기법들은 통계 가속이 가용되지 않는 상황에서는 여전히 유용한 방법이다.

통계 가속을 지원하는 다중 코어 SoC는 통계를 업데이트하는 특별한 명령을 제공한다. 이들 명령들은 캐시의 포함 없이도 계수상에 다른 동작들을 증가시키고 추가하며 수행한다. 또한 다수의 코어는 이들 명령을 동시에 시작시킬 수 있다. 통계 가속기는 시작된 동작을 파이프라인으로 동작시키고, 시작된 모든 동작을 신뢰성 있게 실행시키는 능력을 갖고 있다. 코어는 동작이 완료될 때까지 기다리지 않으며, 더 많은 명령을 실행시키기 위해 이동한다. 이것은 통계 계수가 패킷 프로세싱 경로 동안 업데이트만 되고 검사되지 않는 한 받아들여지는 것으로 간주된다. 요약해 볼 때 SoC에 통계 가속 특징을 갖는 것은 메모리 요구 사항을 증가시키지 않고, 정확한 동작을 회피하며, 코딩을 단순화시킨다.

네트워크 애플리케이션 프로그래머를 위한 일반 성능 기법

효과적 캐시 이용

프로그래밍이 코어 캐시의 이점을 효과적으로 갖는다면 패킷의 프로세싱 성능은 상당히 큰 이점을 가질 수 있다. 24장의 초기에 언급한 것처럼 코어가 캐시 안의 데이터를 발견하지 못하면 코어는 DDR로 간다. 코어는 데이터가 100 코어 주기 정도가 될 수 있는 자신의 레지스터 안에 가용하게 될 때까지 정지한다. 데이터가 캐시 안에 있다는 것을 프로그래머가 보장한다면 성능은 향상될 수 있다. 프로그래머는 이것이 다음에 나오는 몇 가지 훌륭한 코딩 관례에 의해 보장할 수 있다. 캐시의 이점을 갖기 위해 사용될 수 있는 기법들 중 몇 가지는 다음과 같다.

소프트웨어 지시 프리패칭

많은 CPU 아키텍처들은 주어진 메모리 장소로부터 캐시 라인 데이터를 가진 자신의 L1이나 L2 캐시에 근접시키기 위한 명령 집합을 제공한다. 예를 들어 리눅스 운영체제는 DDR로부터 L1 캐시로 데이터를 프리패치하기 위해 사용될 수 있는 API 함수를 정의한다.

```
char*ptr;
ptr = <Pointer to memory location to fetch data from>
prefetch(ptr);
```

리눅스와 CPU 아키텍처는 유효하지 않은 포인터가 prefetch() API 빌트인 함수로 보내지더라도 예외를 생성시키지 않기 때문에 이것은 안전하게 사용될 수 있다. prefetch()는 백그라운드에서 실제 프리패칭한다. 즉, 코어는 캐시에 위치해 있는 데이터를 기다리기 위해 멈추지 않으며, 더 많은 명령을 실행하기 위해 계속 진행한다. 따라서 이것은 나중에 요구되는 데이터를 불러오는 데 사용될 수 있다.

데이터면 프로세싱에서 이 기법은 패킷이 현재의 모듈에서 처리되고 있는 동안 다음 모듈 흐름 문맥을 불러오는 데 사용될 수 있다. 예를 들어 그림 24.6의 FE1은 자신의 패킷을 처리하는 동안 FE2 흐름 문맥을 프리패치할 수 있다. FE2가 패킷을 소유하고 있는 그때까지 FE2 흐름 문맥은 이미 코어의 서브시스템에 의해 L1 캐시로 불러졌을지도 모르며, 그렇기 때문에 주문 형태의 DDR 접근이 안전하게 된다. 이것이 일부 예에서는 가능하지 않을 수도 있겠지만, 많은 예에서 가능한 방법이다. 예를 들어 FE1 흐름 문맥이 FE2 흐름 문맥의 하부 집합이라면 FE1의 FE2 흐름 문맥을 프리패칭하는 것이 가능할 것이다.

프리패치 동작은 또한 어떠한 메모리/스트링 라이브러리 동작에서도 이슈가 될 수 있다. 메모리 복사, strcpy, strstr, 또는 이러한 종류의 어떠한 동작이든 현재의 데이터에서 작업하는 동안 다음 데이터의 캐시 라인에 대한 프리패치를 이용할 수 있다.

likely/unlikely 컴파일러 빌트인 이용

지능형 예측 로직을 가진 코어는 캐시에서 실행되고 있는 명령 바로 옆의 메모리에 있는 명령을 주도적으로 불러온다. 실행되려고 하는 명령이 캐시에 가용하다면 코어의 이용은 더 최적화된다. 프로그램에서 조건부 로직(조건이 있다면)은 실행된 다음 명령이 왜 캐시에 없는지에 대한 주요한 이유 중 하나가 된다. 따라서 다음 명령에 대한 패치는 DDR을 정지시키는 결과를 가져온다. likely/unlikely 빌트인 기초 요소를 이용함으로써 프로그래머는 가장 공통적으로 실행된 코드가 함께 있음을 보장할 수 있다.

캐시의 핵심 코드 조각 락킹

캐시의 크기는 종종 데이터 경로 코드의 크기보다 적다. 따라서 코어는 캐시로부터 오래된 코드를 제거함으로써 새로운 코드를 위한 공간을 만든다. CPU 아키텍처는 캐시에서 일부 코드(메모리 위치와 크기)를 영구히 잠그는 기능을 제공한다. 프로그래머는 캐시에 있는 작고 흔하며, 실행된 코드를 잠그는 이러한 기능의 이점을 가질 수 있다. 이것은 데이터면 엔진의 성능을 향상시킨다. 그러나 CPU 아키텍처에 있는 이 특징은 잠긴 캐시의 부분이 전용으로 사용되고, 이에 따라 캐시의 나머지 부분에 가용한 전체 캐시가 감소하는 한 주의 깊게 사용돼야 한다.

일반 코딩 가이드라인

임베디드 프로그래밍에서 도움이 되는 몇 가지 추가적인 가이드라인은 다음과 같다.

- 함수의 로컬 변수가 선언되면 이 변수를 초기화시키지 마라. 요구 시에만 초기화시켜라. 그 시간에 택해진 코드 경로를 기반으로 몇 가지 로컬 변수들은 전혀 사용되지 않을지도 모른다. 그런 경우 코어 주기는 초기화를 위해 확장될 필요가 없다.
- 가장 흔히 사용되는 동작을 위해 인라인inline과 매크로를 정의하라.
- 가능한 한 패킷 프로세싱 경로에서는 버퍼 복사, 스트링 비교, 할당을 회피하라.

- 하드웨어 가속 특징을 활용하라. 몇 가지 예는 다음과 같다.
  - 패킷 분석과 하드웨어에 의해 추출된 필드
  - 진입 패킷에 대한 TCP, IPv4 체크섬 베리피케이션과 진출 패킷에 대한 생성
  - IP 재조립, IP 단편화, TCP 대용량 수신 오프로드^{LRO}, TCP 세그먼테이션 오프로드^{TSO} 등
  - 서비스 품질
  - 암호법, 압축/압축 해제, 타이머, XML, 패턴 매칭 오프로드

임베디드 네트워크 디바이스용 리눅스 운영체제

리눅스와 같은 범용 운영체제는 제어면과 관리면의 이행에 사용된다. 전용 코어를 이용하는 분리된 파티션에서 베어 메탈 운영$^{bare-metal\ executive}$은 데이터면 엔진을 이행하는 한 가지 대중적인 접근법이다. 데이터면 엔진의 복잡성이 증가하는 한 범용 운영체제는 시스템 설계자에 의해 선호된다. 모든 면에서 소프트웨어를 이행하기 위해 범용 운영제제를 이용하는 것은 설계자에게 다수의 소프트웨어 엔티티에 걸친 코어의 공유뿐만 아니라 전용 코어에 대한 선택도 가질 수 있다.

리눅스가 네트워크 디바이스에서 사용되는 가장 인기 있는 운영체제 중 하나이기 때문에 이 절에서는 리눅스에 대해 중점을 둔다. 다른 범용 운영체제와 같이 리눅스는 두 가지 실행 공간인 커널과 사용자 공간을 갖는다. 제어면과 관리면 소프트웨어는 라이브러리의 광대한 보고와 디버깅 유틸리티의 가용성이라는 이점을 갖기 위해 전형적으로 실행 가능한 리눅스 사용자 공간에서 이행된다. 데이터면과 서비스면이 하드웨어 디바이스를 다루기 때문에 커널 공간 프로그래밍은 개발자에 의해 초기에 사용된다. 데이터면 엔진의 복잡성 증가로 인해 리눅스의 사용자 공간 프로그래밍은 DP 엔진을 이행하기 위해 연구되고 있다.

리눅스 사용자 공간에서 DP 엔진을 개발하는 데는 몇 가지 고려 사항이 있다. 이 절에서는 몇 가지 고려 사항과 리눅스 운영체제가 이들 고려 사항을 어떻게 완화하는지에 대해 알아본다.

사용자 공간 프로그래밍과 연관된 변환 색인 버퍼(TLB)의 실수

고려 사항 리눅스 커널과 달리 사용자 공간 프로그램은 가상 주소를 이용한다. 가상 주소는 물리적 주소와 일대일 대응이 되지 않는다. 코어는 명령을 읽거나 데이터에 접근하기 위해 가상 주소로부터 물리적 주소를 구할 필요가 있다. 코어는 가상 주소로부터 물리적 주소를 구하기 위해 변환 색인 버퍼^{TLB} 캐시를 이용한다. TLB는 메모리 관리 유닛^{MMU}이 물리적 주소 매핑에 대한 가상 주소를 관리하기 위해 이용하는 캐시다. 리눅스 같은 운영체제는 하나의

페이지(4KB 정도)에 일치하는 하나의 TLB 엔트리를 이용한다. TLB 엔트리의 수는 다중 코어 SoC에서 제한되며, 보통 수천 개 정도의 범위다. 프로그램 크기가 크지 않더라도 수백만 개의 흐름 문맥에 요구되는 메모리는 거대해질 수 있다. 이것은 흐름 문맥 노드에 접근하는 동안 많은 TLB 실수를 초래하는 결과를 가져올 수 있다. 코어가 메모리에 접근하는 동안 가상 주소를 위한 TLB에 일치하는 주소가 없다는 것을 발견할 때 코어는 결점을 생성한다. 리눅스 커널은 이러한 결점을 처리하며, 사용자 공간 프로세스와 연관된 페이지 테이블을 참조함으로써 결국에는 TLB 엔트리를 가득 채운다. 이러한 추가적인 프로세싱 오버헤드 때문에 많은 TLB 실수가 있다면 성능은 감소될 수 있다.

해결책 리눅스 운영체제는 거대 페이지(hugetlbfs라고도 부름)라 부르는 기능을 갖고 있다. 이 운영체제는 4KB 페이지를 이용하기보다는 크기가 각기 다른 거대 페이지를 이용하기 위해 사용자 공간 프로그램을 허용한다. 파워 코어를 비롯한 많은 CPU 아키텍처는 256MB까지의 거대 페이지를 지원한다. 하나의 TLB 엔트리만이 거대 페이지 각각에 대해 요구된다. 수백만 의 흐름을 지원하는 데이터면 엔진은 아주 소수의 TLB 엔트리에 의해 처리될 수 있다. 이것 은 TLB 실수를 줄이고, 많은 경우 거대 페이지가 사용될 때 TLB 실수는 0에 도달한다. 리눅 스 로더는 거대 페이지에 대한 텍스트와 데이터 세그먼트의 적재를 지원하기 때문에 명령과 연관된 TLB 실수를 또한 줄여준다.

운이 좋게도 다중 코어 SoC는 하드웨어 페이지 테이블 워크라고 부르는 기능을 점점 더 제공하고 있다. 이 하드웨어 기능은 TLB 실수가 있을 때 사용자 공간 페이지 테이블을 통해 작업한다. 코어가 TLB 실수에 대한 지원을 포함하지 않기 때문에 성능은 피해를 입지 않을 것이다. 다중 코어 SoC가 이 기능을 갖고 있다면 프로그래머는 TLB 실수를 회피하기 위해 다른 어떠한 일도 할 필요가 없다. 즉, 하드웨어 페이지 테이블 워크를 지원하는 다중 코어 SoC를 이용할 때 거대 페이지는 요구되지 않는다. 다중 코어 SoC 벤더들은 리눅스에 이러한 지원을 제공한다. 따라서 DP 개발자들은 이 기능에 대해 인식할 필요조차도 없게 된다.

TLB 실수는 하드웨어 페이지 테이블 워크를 지원하는 다중 코어 SoC를 이용하거나 리눅스 에 의해 제공되는 거대 페이지 지원을 이용해서 회피된다.

하드웨어 주변장치와 하드웨어 가속기에 대한 접근

고려 사항 전통적인 하드웨어 주변장치와 가속기들은 물리적 메모리 주소만을 이해한다. 리 눅스 커널 공간의 드라이버들은 하드웨어 디바이스를 이용해 작업하는 데 사용된다. 사용자 공간으로부터 커널을 통해 이더넷 제어기와 가속기 같은 하드웨어 디바이스로의 접근은 다수의 문맥 스위치와 버퍼 복사를 포함한다.

해결책 리눅스는 하드웨어 디바이스 레지스터가 사용자 공간에 직접 매핑될 수 있는 메모리 매핑 기능을 제공한다. 사용자 공간 프로세스에서 데이터면 엔진은 어떠한 커널의 간섭 없이도 하드웨어 디바이스에 접근할 수 있다. 메모리 맵 기능^{mmap}을 이용하면 물리적 메모리 공간 조차도 사용자 공간에 매핑시킬 수 있다. 사용자 공간 프로세스는 하드웨어 디바이스의 패킷 버퍼를 위한 물리적 주소를 프로그래밍할 수 있고 사용자 공간에 매핑된 주소에 접근할 수 있기 때문에 가상 주소 버퍼부터 물리적 주소까지의 어떠한 복사도 회피할 수 있다.

다중 코어 SoC는 하드웨어 디바이스가 메모리의 어떠한 데이터에도 접근하기 전에 가상 메모리 주소를 물리적 주소로 변환하는 기능을 가진 IOMMU$^{IO \, 메모리 \, 관리 \, 유닛}$라고 부르는 특징을 제공한다. IOMMU 하드웨어 블록은 프로그램으로 작성된 가상 주소로부터 물리적 주소를 결정하기 위해 페이지 테이블을 검토하는 기능을 갖는다. 이들 다중 코어 SoC를 이용하는 사용자 공간 프로그램은 레지스터의 메모리 매핑이나 물리적 메모리에 관해 걱정할 필요조차 없으며, 가상 주소를 직접 이용하는 하드웨어 디바이스와 가속기에 접근할 필요조차 없다.

리눅스 UIO$^{사용자 \, 공간 \, IO}$는 리눅스 파일 IO 프레임워크를 경유해 사용자 공간 프로그램에 대한 인터럽트 전달을 허용하는 기능이다. UIO 파일 서술자에서 `epoll()`이나 `select()` 함수 호출을 기다리는 사용자 공간 프로그램은 인터럽트 생성 시 깨워진다.

인터럽트 전달 메커니즘과 사용자 공간으로부터 직접 하드웨어에 접근하는 능력은 또한 사용자 공간 기반의 IP 이행을 도와준다.

결정론적 성능

고려 사항 베어 메탈 기반의 데이터면 이행은 전용 코어를 가진 분리된 파티션에서 동작한다. 코어가 전용이므로 성능에는 결정론이 존재한다. 리눅스가 범용 운영체제이므로 코어는 다수의 태스크에 걸쳐 공유되며, 성능 결정론은 보장되지 않는다.

해결책 리눅스의 pthreads는 리눅스 사용자 공간 프로세스에서 다수의 스레드를 생성하는 데 사용될 수 있다. 각각의 스레드는 코어와 연관될 수 있다(리눅스에서는 코어 친밀성이라 부름). 이것은 하나의 리눅스 사용자 공간 프로세스이기 때문에 전체 가상 주소 공간은 베어 메탈 관리의 경우에서와 같이 심지어 리눅스에서조차 동작 완료 프로그래밍 모델에서 허용하는 모든 스레드에 의해 공유된다. 리눅스는 또한 코어를 스레드에 전용시키는 메커니즘을 제공한다. 일단 코어가 전용이 되면 리눅스 운영체제는 이들 코어를 다른 사용자 프로세스나 스레드가 사용할 수 없게 만든다. 이것은 심지어 전용의 코어에 인터럽트를 실행시키지 않기 때문에 베어 메탈 관리에서 얻어진 경우에서와 같이 결정론적 성능을 제공할 것이다.

본질적으로 다중 코어 SoC를 이용하는 리눅스 운영체제의 발전은 성능의 희생 없이 리눅스 사용자 공간에서 데이터면 엔진 개발을 용이하게 만들 것이다.

정리

다중 코어로의 이동은 고급 애플리케이션뿐만 아니라 심지어 중저가 네트워킹 애플리케이션에서조차도 발생한다. 다중 코어 성능을 얻는 것은 소프트웨어가 다중 코어의 이점을 갖는 경우에만 가능하다. 다중 코어 프로그래밍은 단일 코어 프로그래밍만큼 간단하지 않다. 새로운 사고방식이 아키텍팅과 설계부터 코딩까지 요구된다. 다중 코어 SoC에서 네트워킹 애플리케이션 개발은 성능 확장에 중점을 둬야 할뿐만 아니라 쉬운 개발과 장기간의 유지 보수성에도 중점을 둬야 한다. 24장에 나열된 몇 가지 프로그래밍 기법들은 이러한 목적을 성취하는 데 도움이 될 것이다. 다중 코어 네트워킹 프로그래밍에 행복이 있기를 기대한다.

25

임베디드 시스템용 리눅스

마크 크랠링(Mark Kraeling)과 앤드류 멕케이(Andrew Mckay)

소개

25장의 목적은 임베디드 애플리케이션을 위해 리눅스 이용을 소개하는 것이다. 리눅스는 원래 PC의 클론 컴퓨터를 위한 커널로서 작성됐으며, 인텔 386 기반 프로세서에서 동작한다. 운영체제의 모든 역사를 검토하지 않더라도 리눅스는 원래 대학생들을 위한 보조 교재로서 사용됐던 미닉스^{Minix}라 부르는 운영체제를 기반으로 만들어졌다. 리눅스는 소스코드를 가진 GNU GPL^{일반 공공 라이선스}로서 배포됐다. 이것은 소스코드의 복사, 이용, 변경에 대한 무한 경쟁이 가능하게 도와줬다.

현재 리눅스 이용을 시작하는 데 도움을 주는 배포판이 많다. 이들 중 많은 배포판은 기업이 내놓은 상업용으로서 기업은 GPL 라이선스 부분이 아닌 지원이나 패키지 개선 부분에 대해서는 요금을 청구할 수도 있다. 리눅스 커널 기반의 가용한 운영체제 중 한 가지가 '데비안^{Debian}'이다. 이의 개발자 조직(http://www.debian.org)은 '무료' 운영체제의 제공 개념을 여전히 유지하고 있다. 데비안은 운영체제를 위한 많은 패키지를 모두 무료로 제공하고 있다. 임베디드 개발을 위해서는 일반 배포판이 아닌 프로세서 환경에 특정적인 소스코드와 커널을 얻는 것이 더 일반적이다.

임베디드에 리눅스인 이유

어떤 운영체제를 사용할 것인지를 결정하기 위해서는 타이밍과 특징 요구 사항에 대한 조심스러운 분석이 이뤄져야 한다. (아주 엄격한 편차 요구 사항을 갖고) 밀리세컨드마다 발생돼야 하는 것 같은 엄중한 타이밍 요구 사항을 가진 애플리케이션들은 리눅스를 피해야 할 것이다. 엄중한 실행 마감 시간을 가진 애플리케이션 유형들은 때때로 '하드' 실시간 시스템으로 분류된다. 이 분류에서는 타이밍이 적절히 충족되지 못하면 임베디드 소프트웨어의 임무는 성공적으로 수행될 수 없다. 이러한 타이밍 기반 애플리케이션 유형에서 리눅스는 적합하지 못한 운영체제다. 또한 충분한 RAM이나 보호된 메모리 모드를 가진 프로세서 환경이 아니면 리눅스는 사용되지 못한다. ARM® Cortex M 시리즈 같은 프로세서가 이 분류에 속한다. 종종 리눅스 디바이스 드라이버가 복잡해질 수 있다는 것이 또 다른 주요한 고려 사항이 될 것이며, 리눅스를 지원하지 못하는 보드를 이용한다면 올바르게 동작하는 드라이버 구조를 얻는 것은 아주 시간 소비적인 일이 될 수 있을 것이다.

애플리케이션이 실행 가능한 네트워킹이고, 그래픽 능력을 요구하거나 동시적 동작을 위해 많은 사용자 생성 애플리케이션을 요구한다면 이때는 확실히 리눅스를 고려해야 한다. 이러한 유형의 기능을 수행하는 많은 임베디드용 하드웨어 참조 보드와 설계는 이미 리눅스 지원 기능을 포함하고 있다(따라서 드라이버 작성에 시간을 소비하지 않는다). 안드로이드^{Android} 같은 운영체제는 블루투스^{Bluetooth}와 휴대전화를 포함하는 다양한 통신 방법과 마찬가지로 사용자 경험에 전문화된 변경된 리눅스 커널을 받아들인다. ARM® Cortex A 시리즈 같은 프로세서들은 리눅스가 동작되는 훌륭한 후보 프로세서다. 전형적으로 이러한 프로세서 코어를 이용하는 기존 프로세서와 하드웨어 참조 설계들은 다양한 리눅스 기반 커널 배포로부터 훌륭한 지지를 얻고 있다.

리눅스 배포

리눅스 기반 커널과 패키지에는 서로 다른 배포판이 많다. GNU/리눅스 배포판의 대부분은 1993년에 시작됐던 데비안에 뿌리를 두고 있다. 크노픽스^{Knoppix}, 우분투^{Ubuntu}, 프로제니^{Progeny} 같은 배포판들은 모두 데비안 배포판의 파생품이다. 슬랙웨어^{Slackware}, 젠투^{Gentoo}, 레드햇^{Red Hat} 같은 다른 배포판들은 GNU/리눅스 전판부터 시작해 데비안까지의 범위에 속해 있다. 현재 사용할 수 있는 활동적인 배포판들이 많으며, 이들 각각의 배포판들은 사용 중인 하드웨어 플랫폼과 요구되는 애플리케이션에 대해 각각 강점과 약점이 있다.

그림 25.1에 다양한 배포판들의 계통도가 나타나있다.

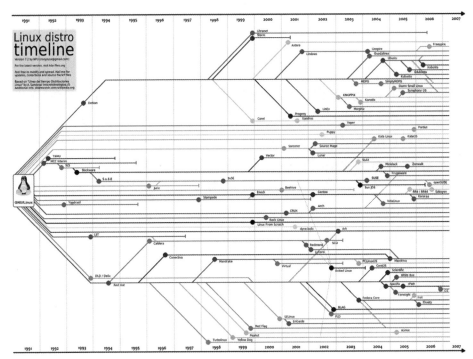

그림 25.1 다양한 리눅스 배포를 위한 계통 트리(그래프 출처: http://www.kde-files.org/CONTENT/content-pre1/57722-1.png)

에스테리스크나우AsteriskNOW처럼 고도로 전문화된 배포판도 있는데, 이 배포판은 사용자가 자신만의 음성 메일, 팩스 서버, VOIP 시스템을 만들 수 있게 허용된 패키지다. 이 배포판은 리눅스의 CentOS 버전을 기반으로 한다. 홈 자동화, 네트워크 관리, 그래픽 설계, 소프트웨어 개발을 포함해 특정한 애플리케이션에 중심을 둔 다른 많은 전문화된 배포판도 있다.

배포판은 임베디드 개발을 시작하는 훌륭한 방법이다. 개발 PC상에서 배포판을 이용하는 것은 임베디드 타깃에 대한 통합을 더 쉽게 만들어준다. 또한 특정한 개발용 호스트 시스템에서 서로 다른 많은 운영체제를 동작시키는 수많은 가상 기계 애플리케이션도 있다. 예를 들어 기업이 제공한 호스트 PC가 윈도우 7에서 동작한다면 가상 기계 패키지는 다른 운영체제가 Win7상의 윈도우 내부에서 동작되게 설치될 수 있다. 기본적으로 기계에 설치함이 없이 PC 플랫폼에서 동작하는 각기 다른 배포판을 만들기 위해 노력하는 것도 훌륭한 방법이다. 이것은 이러한 가상 기계 안에서 어떤 운영체제가 윈도우에서 동작하는지 사용자가 선정하게 허용해준다.

리눅스 적합 임베디드 플랫폼

가장 대중적인 리눅스 배포판은 x86 계열의 PC 호환 가능 컴퓨터다. 그러나 대부분의 임베디드 시스템들은 x86 아키텍처를 이용하지 않기 때문에 리눅스는 다른 많은 임베디드 프로세서 계열로 이식됐다. 이러한 프로세서에는 ARM®, PowerPC, MIPS, StrongArm®을 포함한다. 이들 계열을 이용해 구축된 프로세서들은 처리 능력, 온칩 메모리, I/O, 비용, 전력 소비에 차이를 보이는 상이한 구현 방법을 갖고 있다.

임베디드 애플리케이션에서는 보통 '헤드가 없는' 방식으로 운영될 필요가 있다. 이것은 운영체제를 시작하고 임베디드 애플리케이션을 동작시키기 위해 운영자 상호작용이 없다는 것을 의미한다. 리눅스는 원래 PC로 운영체제를 시작하고 로그인하며 상호작용하는 콘솔을 이용하기 위해 개발됐다. 리눅스는 이러한 프로세스를 자동화하고, 시작 시 콘솔 디바이스를 NULL 디바이스로 만드는 능력을 갖고 있다. 시스템 시작 후 운영자 상호작용이 요구된다면 이것은 TTY 인터페이스나 원격 로그인을 통해 수행될 수 있다.

리눅스의 또 다른 요구 사항은 부팅 가능한 플랫폼용 디바이스를 갖는다는 점이다. 이것은 PC x86 시스템에서 사용될 수 있는 하드 드라이브와는 대조적으로 보통 플래시 기반 디바이스다. 하드웨어에 따라 이 디바이스는 IDE 하드 드라이브를 에뮬레이트하는 몇 가지 유형의 플래시 디바이스가 될 수 있으며, 그렇지 않으면 시스템의 부트로더와 프로그램 이미지를 포함하는 더 표준에 가까운 SD나 microSD 플래시 카드가 될 수 있다. 또 다른 옵션은 RAM 디스크를 이용하는 것인데, 이것은 디스크 드라이브를 에뮬레이트하기 위해 가용한 RAM 메모리의 한 부분을 이용한다. 이 옵션에서는 시스템 시작을 위해 몇 가지 종류의 부팅 지원이 여전히 요구된다.

리눅스용 플랫폼을 선정하는 마지막 요구 사항은 충분한 메모리를 갖는 것이다. 기본적인 리눅스 시스템은 다른 임베디드 운영체제와 비교해 꽤 큰 메모리 공간을 갖는다. 배포판 자체의 크기는 수백 MB 정도다. 이 배포판의 커널은 2MB 정도의 전형적인 크기를 갖는다. 크기가 더 작은 임베디드 시스템에서는 플랫폼을 위해 표준 배포판이 아닌 더 전문화된 배포판으로 시작하거나 그렇지 않으면 자신만의 플랫폼을 구축하는 편이 좋다. 커널은 대략 4MB 크기의 휘발성 RAM 메모리를 또한 이용한다. 앞에서 언급한 것처럼 RAM 드라이브가 동작하는 도중에 디스크 드라이브를 시뮬레이트하는 데 사용된다면 요구되는 RAM 용량은 증가할 것이다.

다음은 리눅스 임베디드 시스템 개발에 적절하고 가용한 몇 가지 개발 보드를 보여준다. 이들 참조 보드들은 애플리케이션이 사실상 더 특정한 취미에 관련된 것이거나, 그렇지 않으면 자신의 보드상에서 동일한 프로세서와 심지어 메모리 인터페이스를 이용하기 위해 개략도와 레이아웃 지원 같이 딸려 있는 경우에는 있는 그대로 사용될 수 있다.

Arndale 보드(http://www.arndaleboard.org)

프로세서: 삼성 Exynos 5(코어: ARM Cortex A15) - 1.7GHz

RAM: 2GB DDR3L

플래시: [microSD 슬롯]

기타 HW: SATA 3, JTAG, USB 3.0 호스트, USB 2.0 OTG, HDMI, 이더넷, 직렬

BeagleBoard-xM(http://www.beagleboard.org)

프로세서: TI DM3730(코어: ARM Cortex A8) - 1GHz

RAM: 512MB LPDDR

플래시: [microSD 슬롯]

기타 HW: DVI-D, JTAG, USB-OTG, 10/100 이더넷, 오디오 in/out, RS-232, DSP 코어

BeagleBone(http://www.beagleboard.org)

프로세서: TI 시타라 AM335x(코어: ARM Cortex A8) - 720MHz

RAM: 256MB DDR2

플래시: [microSD 슬롯]

기타 HW: FTDI-직렬/JTAG, 10/100 이더넷, USB 호스트, USB 클라이언트

Micro2440 스템프 모듈(http://www.friendlyarm.net)

프로세서: 삼성 S3C2440A(코어: ARM920T) - 400MHz

RAM: 64MB SDRAM

플래시: 2MB NOR

기타 HW: 직렬, 아날로그 I/O, 사용자 LEDs

ODROID-X 개발 보드(http://www.hardkernel.com)

프로세서: 삼성 Exynos 4412(코어: ARM Cortex A9) - 1.6GHz

RAM: 1GB LPDDR2

플래시: [SD 슬롯]

기타 HW: USB 호스트 *6, 10/100 이더넷, 오디오 in/out, MicroHDMI, 모듈 헤더

현재 사용 가능한 많은 개발 보드와 참조 보드가 있다. 필요한 하드웨어 인터페이스와 요구되는 프로세서 코어를 기반으로 하나의 보드를 선택한다. 예를 들어 BeagleBoard-xM과 BeagleBone 보드에서 xM 보드는 DVI-D 인터페이스와 DSP 보드를 갖는다. 비디오나 신호 처리 요구 사항이 있다면 BeagleBone 보드를 선택하는 편이 더 좋을 것이다. VGA 같은 기존 보드인 BeagleBone에 다양한 인터페이스를 추가하는 개발 보드 두 가지 모두에 대해 여러 가지 추가 보드가 있다. 하드웨어 니즈를 기반으로 선택 사항을 좁히면 가격과 가용성이 또한 중요해진다. 위의 사례를 이용하면 xM 보드가 BeagleBone상에서 출판된 시점에 40%의 가격이 추가된다.

라이선싱

오픈소스 소프트웨어^{OSS} 라이선스는 근본적으로 소스코드를 커뮤니티에서 사용할 수 있게 컴퓨터 소프트웨어에 적용하는 저작권 라이선스다. 이 라이선스는 최종 사용자가 소스코드를 리뷰하고 변경/주문 제작하게 허용한다. 대부분의 오픈소스 라이선스들은 무료며, 원 저작자에게 보상하지 않고 변경, 재배포, 상업적 이용을 할 수 있다. 다른 오픈소스 라이선스들은 개인적 용도로만 소스코드의 변경이 허용되거나 비상업적 재배포로만 허용된다. 많은 오픈소스 라이선스들은 소스코드 내의 저작권 문서에 따라 저작자명 유지 요구 사항 같은 추가적인 제약 사항이 있다. 가장 대중적인 무료 오픈소스 소프트웨어 라이선스들은 오픈소스 정의^{OSD}를 기반으로 오픈소스 이니셔티브^{OSI}에 의해 승인받는다. OSD는 다음과 같은 열 가지의 기본 개념을 가지고 있다.

1. 자유로운 재배포
2. 소스코드 공개
3. 2차적 저작물 허용
4. 저작자의 소스코드 무결성
5. 개인 또는 그룹 차별 금지
6. 활동 분야 차별 금지
7. 라이선스 배포
8. 라이선스는 제품을 특정하지 않아야 된다.
9. 라이선스는 다른 소프트웨어를 제약하지 않아야 한다.
10. 라이선스는 기술 중립적이어야 한다.

OSS는 콘텐츠 라이선싱 개념을 기반으로 한다. 오픈소스 라이선스가 지켜야 할 다수의 규칙이 있다. 근본적인 규칙은 다음과 같다. "소프트웨어를 받는 어떠한 사람이든 소프트웨어의 변경을 허용하고, 원하는 누구에게든지 변경된 버전의 재배포를 허용한다." 오픈소스 소프트웨어는 전매 소프트웨어와는 근본적으로 반대되는 개념이다. 소프트웨어가 오픈소스 라이선스하에 공개될 때 소프트웨어를 누가 사용하는지 또는 소프트웨어를 어떻게 사용하는지에 대한 어떠한 통제도 더 이상 필요 없게 된다. 이것이 바로 OSS 복제품을 직접 팔아서는 이윤을 남기기 어려운 이유다. 수령인들에게 소프트웨어 변경이 허용되기 때문에 소프트웨어가 어떻게 사용됐는지에 관해 어떠한 제약을 부과하는 것도 불가능하다.

많은 임베디드 소프트웨어 프로그램들은 다수의 다양한 조직에서 만들어진 소프트웨어 컴포넌트를 갖고 있다. 주어진 소프트웨어 프로그램에 대해 어떤 라이선스를 사용할지 고려할 때 소프트웨어 컴포넌트에 의해 이미 사용 중인 라이선스에 대한 고려를 잊지 말아야 한다. 이들 기존 라이선스들은 라이선스 선택이 잘 되게 강요할 수도 있다. 임베디드 소프트웨어가 구축되고 있거나 다른 임베디드 소프트웨어에 연결되고 있다면 구축된 결과 소프트웨어는 배포될 것이며, 그런 다음 어떤 소프트웨어가 기존 소프트웨어와 호환되는지를 고려해 라이선스가 선택돼야 한다.

산업계가 쉽게 이해하는 라이선스를 제공하는 것이 일반적이다. 친숙하지 않은 라이선스에 직면한 잠재적 참여자들은 더 친숙한 라이선스를 가진 다른 프로젝트로 이동할 것이다. 참여자들을 고무시키는 것이 목적이라면 친숙한 라이선스가 사용돼야 한다. 이에 대한 몇 가지 예는 다음과 같다.

- GNU 일반 공중 라이선스GPL
- BSD 라이선스
- 모질라Mozilla 공중 라이선스MPL
- 학술적 무료 라이선스AFL
- 공개 소프트웨어 라이선스OSL

임베디드 소프트웨어 조직들은 자신들의 조직에 대해 '승인된' 모든 라이선스를 계속 파악하고 있어야 한다. 오픈소스 라이선스에 대한 사례 목록이 그림 25.2에 나타나 있다.

임베디드 리눅스 시작

메모리 관리 유닛

리눅스에 대한 주요 요구 사항 중 한 가지는 프로세서가 메모리 관리 유닛MMU을 지원한다는 점이다. 이것은 리눅스 커널이 각기 다른 프로세서 플랫폼, 메모리 매핑, 메모리 보호, 메모리 공유 전체에 걸쳐 일관적인 주소 공간을 제공하게 허용된다는 의미다. 그렇긴 해도 uClinux라 부르는 리눅스 변종도 있으며, 이것은 특히 MMU 없이 프로세스를 사용하도록 설계된 변종이다. 이 절은 MMU를 이용해 ARM 프로세서에서 동작하는 리눅스에 중점을 둔다.

Column1	License Name	Publisher	Attribution/Disclaimer Requirements (giving credit to author)	Linking from Code with a different license	Grant license to contributors patents	Name	Abbreviation	Link to official version	Intended Uses
APACHE1.1	Apache 1.1	The Apache Software Foundation	Yes	Yes	no	Apache Software License	APACHE1.1	http://www.apache.org/licenses/LICENSE-1.1	
APACHE2.0	Apache 2.0	The Apache Software Foundation	Yes	Yes	Yes	Apache License 2.0	APACHE2.0	http://www.apache.org/licenses/LICENSE-2.0	Release Only Object Code Externally; Release Source Code Externally; Recipient Needs Redistribution Rights; Enable Recipient to Reuse in Open Source Code (check license compatibility); Enable Recipient to Reuse in Proprietary Code; Linking from Code with a Different License; Encourage Community Contributions; Release under Proprietary License; Protect Sensitive IP (if no source distributed); Sell the Software; Grant License to Patents; Internal Use
ART2.0	Artistic License	Unknown		Yes		Artistic License	ART2.0	http://www.opensource.org/licenses/artistic-license-2.0.php	
BSD	BSD License	University of California	Yes	Yes	No	New BSD License (2-clause)	BSD	http://www.opensource.org/licenses/bsd-license.php	Internal Use; Release Only Object Code Externally; Release Source Code Externally (optional); Recipient Needs Redistribution Rights; Enable Recipient to Reuse in Open Source Code (check license compatibility); Enable Recipient to Reuse in Proprietary License; Linking from Code with a Different License; Encourage Community Contributions; Release under Proprietary License; Sell the Software; Use in GPLv2 projects like the Linux kernel or U-Boot; Use in BSD projects like FreeBSD
ECLIPSE1.0	Eclipse Public License 1.0 (EPL)	Eclipse Foundation	NO?	Yes	Yes	Eclipse Public License	ECLIPSE1.0	http://www.opensource.org/licenses/eclipse-1.0.php	Release Source Code Externally; Recipient Needs Redistribution Rights; Enable Recipient to Reuse in Open Source Code (check license compatibility); Enable Recipient to Reuse in Proprietary Code Linking from Code with a Different License; Encourage Community Contributions Release under Proprietary License; Sell the Software; Grant License to Patents; Force recipient to Release Under the Same License (not as restrictive al GPL); Limit use to FSL products (or other similar restrictions); Internal Use
GPL1.0	GPL (1.0)	Free Software Foundation		no	silent	GNU General Public License (GPL) Ver. 1 1989	GPL1.0	http://www.gnu.org/licenses/gpl-1.0.html	Release Source Code Externally; Recipient Needs Redistribution Rights; Enable Recipient to Reuse in Open Source Code; Encourage Community Contributions; Force recipient to Release Under the Same License; Internal Use
GPL2.0	GPL (2.0)	Free Software Foundation		No	debatable (v3 seems to indicate yes)	GNU General Public License (GPL) Ver. 2, June 1991	GPL2.0	http://www.gnu.org/copyleft/gpl.html	Release Source Code Externally; Recipient Needs Redistribution Rights; Enable Recipient to Reuse in Open Source Code; Encourage Community Contributions; Force recipient to Release Under the Same License; Reuse in GPLv2 projects like the Linux kernel or U-Boot; Internal Use
GPLv3	GPL (3.0)	Free Software Foundation	No (except for linking GNU AGPlv3 with GNU GPLv3	Yes		GNU General Public License (GPL) Ver. 3, 2005	GPL3.0	http://www.gnu.org/copyleft/gpl.html	Release Source Code Externally; Recipient Needs Redistribution Rights; Enable Recipient to Reuse in Open Source Code; Encourage Community Contributions; Grant License to Patents; Force recipient to Release Under the Same License; Internal Use
LGPL2.1	LGPL (2.1)	Free Software Foundation		Yes	No?	GNU Library or "Lesser" General Public License (LGPL), V2.1	LGPL2.1	http://www.gnu.org/licenses/lgpl-2.1.html	Release Source Code Externally; Recipient Needs Redistribution Rights; Enable Recipient to Reuse in Open Source Code; Linking from Code with a Different License; Encourage Community Contributions; Force recipient to Release Under the Same License; Reuse in GPLv2 projects like the Linux kernel or U-Boot; Internal Use
LGPLv3									
MIT	MIT License	Unknown	Yes	Yes	No	MIT License	MIT	http://www.opensource.org/licenses/mit-license.php	
MPL1.0	Mozilla Public License (1.0)	Unknown	no?	Yes	no?	Mozilla Public License, (MPL), 1.0	MPL1.0	http://www.opensource.org/licenses/mozilla1.0.php	
MPL1.1	Mozilla Public License (1.1)	Unknown	no?	Yes	no?	Mozilla Public License (MPL), 1.1	MPL1.1	http://www.opensource.org/licenses/mozilla1.1.php	
PHP	PHP License (3)	PHP Group	Yes	Yes?	No?	PHP License	PHP	http://www.opensource.org/licenses/php.php	
PHP	PHP License (4)	PHP Group	Yes	Yes?	No?	PHP License	PHP	http://www.opensource.org/licenses/php.php	
PYTHON	Python License (CNRI Python License)	Corporation for National Research Initiatives	no?	yes?	no?	Python License (CNRI Python License)	PYTHON	http://www.opensource.org/licenses/pythonpl.php	
PYTHONSF	Python Software Foundation (PSF) License (2.1.1)	Python Software Foundation	"Copyright © 2001, 2002, 2003, 2004, 2005, 2006 Python Software Foundation; All Rights Reserved" must be retained in Python alone or in any derivative version prepared by Licensee	yes (silent)	no (silent)	Python Software Foundation License	PYTHONSF	http://www.opensource.org/python/foundation.php	Release Only Object Code Externally; Release Source Code Externally; Recipient Needs Redistribution Rights; Enable Recipient to Reuse in Open Source Code (check license compatibility); Enable Recipient to Reuse in Proprietary Code; Linking from Code with a Different License; Encourage Community Contributions; Release under Proprietary License; Protect Sensitive IP (if no source distributed); Sell the Software; Grant License to Patents; Internal Use
SLEEPYCAT	Sleepycat License	University of California & Harvard University	No	yes	Yes	Sleepycat License	SLEEPYCAT	http://www.opensource.org/licenses/sleepycat.php	
Sun Industry Standards Source License (SISSL)	SISSL	Sun Industry Standards Source License (SISSL)				Sun Industry Standards Source License (SISSL)	SISSL	http://www.opensource.org/licenses/sisslpl.php	
Echelon									
SUNPL	Sun Public License					Sun Public License	SUNPL	http://www.opensource.org/licenses/sunpublic.php	
Common	CDDL			Yes					
SYBASE1.0						Sybase Open Watcom Public License, 1.0	SYBASE1.0	http://www.opensource.org/licenses/sybase.php	
UoI-NCSA						University of Illinois/NCSA Open Source License	UoI-NCSA	http://www.opensource.org/licenses/UoI-NCSA.php	
VOVIDA1.0						Vovida Software License, Version 1.0	VOVIDA1.0	http://www.opensource.org/licenses/vovidapl.php	
W3C						W3C License	W3C	http://www.opensource.org/licenses/W3C.php	Release Only Object Code Externally; Release Source Code Externally (optional); Recipient Needs Redistribution Rights; Enable Recipient to Reuse in Open Source Code (check license compatibility); Enable Recipient to Reuse in Proprietary Code; Linking from Code with a Different License; Encourage Community Contributions; Release under Proprietary License; Protect Sensitive IP; Sell the Software; Reuse in GPLv2 projects like the Linux kernel or U-Boot; Use in BSD projects like FreeBSD; Internal Use
Dual BSD/GPL2									

그림 25.2 오픈소스 라이선스의 사례 목록

부트스트래퍼

첫 번째 단계인 부트로더bootloader나 부트스트래퍼bootstrapper는 부팅 후 올바르게 동작되는 코드의 작은 조각이다. 이것은 프로세서를 초기화시키며, 그런 다음 애플리케이션 실행이 시작되기 전에 규모가 더 큰 애플리케이션을 실행 가능한 메모리로 적재한다. 부트스트래퍼는 SPI 데이터/직렬 플래시 같이 프로세서가 실행할 수 없는 코드가 메모리에 저장될 때 요구될 수 있다. 일부 ARM 등급의 프로세서들은 코드를 저장하는 데 사용하는 외부 메모리 디바이스에 따라 부트스트래퍼를 요구할 수도 있다.

부트스트래퍼나 첫 번째 단계의 부트로더를 이용해 리눅스 커널을 부팅하는 것이 가능하다. 그러나 전형적으로 제공될지도 모르는 제한된 기능성 때문에 DAS U-Boot나 Redboot 같은 완전한 기능을 갖춘 부트로더의 이용이 권장된다.

아트멜Atmel의 AT91 프로세서의 사례에서 프로세서 내부에 저장된 부팅 ROM 코드는 SPI 데이터 플래시, NAND 플래시, SDCARD의 특별한 메모리 장소에 있는 이미지를 탐색하게 설계된다. 일단 부팅 이미지가 발견되면 코드는 내부 SRAM에 적재되고 실행된다. 내부 SRAM이 꽤 제한적이기 때문에 일반 애플리케이션은 메모리 제약 사항하에서 동작시킬 수 없을지도 모른다. 따라서 부트스트래퍼의 작업은 다음과 같아진다.

1. GPIO의 환경을 설정한다.
2. 내부 클록을 설정한다.
3. 외부 SDRAM을 초기화한다.
4. 외부 메모리로부터 SDRAM으로 애플리케이션을 적재한다.
5. 주 애플리케이션의 실행을 시작한다.

부트스트래퍼 코드는 종종 프로세서 벤더에 의해 제공된다. 아트멜은 자신의 AT91 시리즈 프로세서를 부팅시키는 AT91Boostrap이라 부르는 애플리케이션을 제공한다.

부트로더

완전한 기능을 갖춘 부트로더는 부트스트래퍼보다 더 큰 코드 조각을 갖는 경향이 있으므로, 일단 SDRAM이 초기화되면 부트로더는 종종 부트스트래퍼 애플리케이션을 이용해 적재된다. 일부 프로세서 아키텍처에서 부트로더는 프로세서가 실행될 수 있는 플래시에 저장될 수 있다. 이 경우 부트로더는 자가 부트스트랩이 될지도 모른다. 즉, SDRAM을 초기화시키는 작은 코드 조각을 포함하며, 실행을 위해 자신의 이미지 중 나머지를 SDRAM으로 복제한다.

ARM 리눅스 부팅 요구 사항

리눅스 커널 소스(Documents/arm/Booting)가 들어 있는 문서에서 발견된 ARM 부팅 기록에 따르면 부트로더는 다음을 수행해야 한다.

1. RAM을 설정하고 초기화한다.
2. 하나의 직렬 포트를 초기화한다(옵션).
3. 기계 유형을 검출한다.
4. 커널 표시 목록을 설정한다.
5. 커널 이미지를 호출한다.

부트로더의 첫 번째 작업은 시스템상의 RAM이 커널을 위해 초기화됐음을 보장하는 것이다. 커널은 RAM을 검출하고 초기화하는 어떠한 코드도 포함하지 않고 있기 때문에 부트로더는 이 태스크를 반드시 수행해야 한다. 이것은 또한 하드웨어가 올바르게 제 기능을 수행하고 있음을 보장하기 위해 커널 부팅 전에 신속한 메모리 테스트를 수행하는 부트로더에 대해서는 훌륭한 관례가 된다.

부팅 동안 커널의 디버깅을 도와주려면 부트로더는 커널을 이용하기 위해 하나의 직렬 포트를 초기화해야 한다. 이것을 종종 콘솔 포트라 부른다. 커널로 넘겨지는 인수를 기반으로 자신의 콘솔 포트를 초기화하는 것은 커널에게는 가능한 일이다. 그러나 콘솔 포트가 초기화될 때까지는 부팅 동안 프린트되는 어떠한 메시지도 출력되지 않을 것이다. 이것은 콘솔 포트가 초기화되기 전에 부팅 동안 커널이 갑작스럽게 고장 난다면 고장의 원인을 알지 못하게 될 수도 있음을 의미한다.

커널은 어떤 유형의 기계가 현재 동작하고 있는지 전해 듣기를 기대하는데, 그래야 커널이 그 기계에 대한 초기화를 적절히 수행할 수 있기 때문이다. 부트로더는 그러한 정보를 커널에게 제공할 책임이 있다. 부트로더는 데이터를 쉽게 변경할 수 없게 기록된 기계 유형을 제공하거나 동작하고 있는 하드웨어 유형을 검출할 수 있으며, 커널에 적절한 기계 유형을 제공할 수도 있다.

커널 표시 목록은 시스템에 관한 정보를 커널에 넘겨주기 위해 메모리에 설정된 구조다. 이 구조는 시스템 메모리, 루트 파일 시스템의 위치, 기계 유형 같은 정보를 포함할 수 있다.

위의 모든 태스크를 수행한 후 부트로더는 커널 이미지를 호출해야 한다.

ARM 플랫폼상에 리눅스 커널 부팅에 필요한 완전한 요구 사항을 기술하기 위해서는 Documents/arm/Booting에서 제공되는 문서나 리눅스 커널 소스를 보기 바란다.

고급 부트로더 기능성

앞 절에서는 리눅스 커널을 부팅하기 위해 부트로더가 지원하는 기능성에 대해 다뤘다. 그러나 현대의 부트로더는 훨씬 더 많은 기능을 수행할 수 있다. 이러한 기능성에는 다음 사항을 포함한다.

1. 부트로더와 상호작용하는 직렬 콘솔
2. 플래시에 저장된 이미지 관리
3. 직렬 포트를 경유한 이미지 적재
4. 이더넷을 경유한 이미지 적재
5. TFTP를 경유한 이미지 적재
6. 커널로 넘겨진 파라미터 변경
7. 시스템 테스트

DAS U-Boot

유니버셜 부트로더인 DAS U-Boot는 각기 다른 여러 플랫폼(PowerPC, ARM, MIPS, X86)을 위해 구축됐으며, 이전에 언급한 많은 고급 기능을 제공하는 오픈소스 애플리케이션이다. 이 부트로더는 보통 커널을 자동으로 적재하고 부팅하기 위해 설정된다. 그러나 일반적인 부팅 시퀀스에 인터럽트를 걸고 콘솔 직렬 포트를 경유해 U-Boot의 커맨드라인에 접속하는 것도 가능한 일이다. DAS U-Boot에 대한 자료는 웹사이트 http://www.denx.de/wiki/U-Boot/WebHome에서 찾을 수 있다.

커널

커널 버전을 선택하는 것은 꽤 어렵다. 따라서 어떤 커널 버전이 지원되는지 알기 위해서는 프로세서 벤더를 검사할 것을 권고한다. 프로세서를 선택할 때 프로세서가 메인 라인 커널을 지원하는지 여부를 결정하는 것도 훌륭한 아이디어다. 메인 라인 커널의 지원을 이용해 프로세서를 선택하는 것은 가장 최신의 커널을 이용해 커널을 최신으로 유지시키는 것을 훨씬 더 쉽게 만들어준다.

2011년 7월 리눅스 커널은 2.6 커널 시리즈를 놓아둔 채로 현재 EOL인 버전 3.0으로 이동했다. 그러나 임베디드 애플리케이션을 위해서는 리눅스 2.6이 여전히 훌륭한 선택이다. 임베디드 애플리케이션은 종종 최신 커널에 최첨단의 기능성을 요구하지 않으며, 오래된 커널 버전이 제공하는 안정성에서 큰 이점을 얻는다. 이와는 대조적으로 커널의 오래된 버전이 동작하는 동안 어떠한 이슈라도 발생한다면 리눅스 커뮤니티로부터 지원받는 것은 더 어려워질 것이다.

프로젝트에서의 이용을 위해 커널 버전을 선택하는 일반적인 경험 법칙은 프로세서에서 동작될 수 있는 가장 최신의 안정된 배포판을 이용하는 것이다. 여기에 또 다른 외부 요소도 존재하는데, 이것은 특별한 커널 버전에 아직 포팅되지 않았던 드라이버 같은 가장 최신의 커널들을 이용할 수 없게 하는 방안을 시행하는 것이다. 일반적으로 말해 특별한 프로젝트를 위해 일단 커널이 선택됐다면 프로젝트에 이점이 될 수 있는 새로운 기능성을 더 새로운 커널 버전이 제공할 때까지는 커널 버전을 변경할 필요가 없다는 것이다.

부팅 파라미터

리눅스 커널은 부팅과 실행 동안 커널이 하는 일에 영향을 주는 파라미터를 부팅 동안에 넘겨줄 수 있다. 이들 파라미터에는 어떤 블록 디바이스가 루트 파일 시스템에 사용돼야 하는지, 시스템이 얼마나 많은 메모리를 가지는지, 콘솔로서 이용되는 디바이스는 무엇인지, 커널이 부팅 동안 디버그 정보를 제공하는지 등을 포함할 수 있다. 커널에 넘겨지는 파라미터 목록은 웹사이트 http://www.kernel.org/doc/Documentation/kernel-parameters.txt에서 찾을 수 있다.

커널 드라이버

리눅스 커널에는 세 가지 등급의 디바이스 드라이버가 있다. 즉, 문자 디바이스, 블록 디바이스, 네트워크 디바이스다. 이 절은 이들 세 가지 유형의 드라이버에 대한 유사성과 차이점을 설명한다. 각각의 디바이스 드라이버 등급에 대해 드라이버 사례를 제공하는 것은 이 책의 범위를 넘어서는 일이다. 디바이스 드라이버에 대한 훌륭한 참고 문헌에는 조나단 코베 Jonathan Corbet, 알레산드로 루비니Alessandro Rubini, 그레그 크로호프만Greg Kroah-Hartman이 작성한 리눅스 디바이스 드라이버가 있다(http://lwn.net/Kernel/LDD3/). 현재 버전은 리눅스 2.6.10이며, 이것은 리눅스 커널의 더 새로운 버전에 여전히 적용시킬 수 있다.

디바이스 노드

디바이스 노드(devnode)는 /dev 디렉토리에 위치해 있다. 이 노드는 문자 디바이스와 블록 디바이스를 처리하는 드라이버들과 통신하기 위해 리눅스에서 동작하는 애플리케이션에 의해 사용된다. 드라이버와 상호 동작하기 위해 애플리케이션은 open, close, read, write, ioctl(IO 제어) 시스템 호출을 이용한다.

devnode는 주 번호와 부 번호를 이용해 정의된다. 전형적으로 주 번호는 디바이스 유형을 정의하는 데 사용되며, 부 번호는 그 디바이스의 인스턴스를 정의하는 데 사용된다. devnode는 커맨드라인 툴인 mknod를 이용해 생성되며 /dev 디렉토리에 위치해 있다. mknod 명령은 노드 유형인 블록, 문자 또는 파이프, 주 번호, 부 번호를 포함하는 인수를 갖는다.

드라이버가 커널을 이용해 자신을 등록할 때 드라이버는 주 번호와 부 번호를 이용해 자신을 문자 드라이버나 블록 드라이버로 등록한다. 이것은 리눅스 커널이 devnode를 이용해 드라이버와 연관되게 허용하고, 리눅스 애플리케이션이 devnode를 공개할 때 올바른 드라이버가 애플리케이션에 의해 만들어진 시스템 호출을 처리하도록 허용한다.

문자 디바이스

디바이스 노드라는 절에서 언급했듯이 문자 디바이스는 /dev 디렉토리의 디바이스 노드를 통해 접근된다. 문자 드라이버는 직렬 포트, 병렬 포트, 콘솔 같은 연속 데이터를 요구하는 디바이스에 사용된다. 리눅스 애플리케이션은 공개 시스템 호출을 이용해 문자 디바이스에 연결되며, 폐쇄 시스템 호출을 이용해 디바이스로부터 연결이 끊어진다. 이것은 문자 디바이스로부터 가용한 바이트를 읽기 위해 읽기 시스템 호출을 이용하며, 문자 디바이스에 바이트를 쓰기 위해 쓰기 시스템 호출을 이용한다. ioctl 시스템 호출은 문자 디바이스 설정을 제어하는 데 사용된다. 직렬 포트의 경우 ioctl 시스템 호출은 BAUD율, 데이터 비트 수, 패리티 비트, 스톱 비트 수를 설정하는 데 사용될 수 있다.

블록 디바이스

앞에서 언급한 것처럼 블록 디바이스는 /dev 디렉토리의 디바이스 노드를 통해 접근된다. 블록 디바이스 드라이버는 하드 드라이브와 플래시 칩 같은 데이터 블록을 요구하는 디바이스에 사용된다. 리눅스 애플리케이션은 공개 시스템 호출을 이용해 블록 디바이스에 연결되며, 폐쇄 시스템 호출을 이용해 디바이스로부터 연결이 끊어진다. 유닉스 드라이브와 달리 리눅스는 읽기와 쓰기 시스템 호출을 통해 스트림에 접근하게 허용된다. 그러나 드라이버는 하나의 블록이 받아들여질 때까지 데이터를 버퍼링하고, 그런 다음 하드웨어에서 데이터를 비운다. 블록 디바이스는 ioctl 기능을 또한 지원한다. ioctl 기능은 블록 디바이스에 관한 정보에 접근하고 아웃오브밴드OOB 정보에 접근하며, 블록 레벨 제거를 수행하는 데 사용될지도 모른다.

네트워크 디바이스

세 번째 디바이스 유형인 네트워크 디바이스는 이전의 두 디바이스 유형과는 상당히 다르다. 네트워크 디바이스 드라이버는 devnode를 통해 접근되지 않으며, 어떠한 방식으로든 파일 시스템과는 매핑되지 않는다. 네트워크 디바이스 드라이버가 하드웨어 드라이버든지 아니면 프로토콜 드라이버든지 간에 패킷 수준에서 데이터가 처리되며, 패킷 처리와 관련된 시스템 호출을 통해 접근된다.

기본 커널 드라이버 사례

커널 드라이버는 C로 작성되며, 커널 소스 트리의 외부에서 작성될 수 있다. 개발 동안 모듈로서 드라이버를 구축하는 것이 보통이다. 드라이버 구축이 완료된 후 드라이버를 커널에 정적으로 구축해야 하는지, 그렇지 않으면 적재 가능한 분리된 모듈로 구축해야 하는지를 결정하는 것은 시스템 설계자의 책임이다. 다음에 나오는 코드 조각은 커널 모듈이든 빌트인 드라이버든 둘 중의 하나로 컴파일될 수 있는 헬로우 월드^{Hello World} 드라이버의 사례다.

```
/* Basic Kernel Module */
/* Adapted from "The Linux Kernel Module Programming Guide" */
/* http://tldp.org/LDP/lkmpg/2.6/html/lkmpg.html */

#include<linux/module.h> /* Required for Module Support */
#include<linux/kernel.h> /* Required for printk log levels */
#include<linux/init.h> /* Required for module_init and module_exit macros */

static int_init hello_start(void)
{
    printk(KERN_INFO "Hello from the Kernel\n");
    /* Return Success */
    return (0);
}
static void_exit hello_exit(void)
{
    printk(KERN_INFO "Goodbye from the Kernel\n");
}
module_init(hello_start);
module_exit(hello_exit);
```

소스코드에 관해 주의해야 할 몇 가지 사항은 다음과 같다.

- 파일 상단에 포함된 세 가지 파일은 드라이버 파일을 위해 요구되는 최소의 헤더 파일이다. 드라이버가 커널에 직접 구축된다면 linux/module.h는 요구되지 않는다는 점에 주의한다.
- 파일 하단에 module_init 매크로와 module_exit 매크로라는 두 가지 매크로가 있다. 이들 매크로는 어떤 함수가 호출되는지, 언제 드라이버가 적재되는지, 언제 시스템으로부터 해제되는지를 커널에 알려준다.
- 두 가지 함수를 위한 프로토타입은 _init와 _exit 매크로를 이용한다. 이것은 빌트인 드라이버를 구축할 때 링커에 의해 사용된다. _init 매크로는 드라이버 초기화를 위해 사용되는

함수를 표시하는 데 사용된다. 실행 후 나중 사용을 위해 커널은 이 메모리를 깨끗하게 비울 수 있다. _exit 매크로는 빌트인 드라이버로서 구축할 때 포함될 필요가 없는 함수를 표시하는 데 사용된다. 당연히 빌트인 드라이버는 결코 존재하지 않기 때문에 이 함수는 링커에 의해 배제될 수 있다.

표준 리눅스 기계에서 이 드라이버를 컴파일하기 위해서는 다음과 같은 makefile이 작성돼야 한다.

```
obj-m + = hello_driver.o
all:
  make -C /lib/modules/$(shell uname -r)/build M = $(PWD) modules
clean:
  make -C /lib/modules/$(shell uname -r)/build M = $(PWD) clean
```

헬로우 월드 드라이버를 컴파일하기 위해서는 커맨드라인으로부터 호출돼야 한다. 일단 드라이버가 구축되면 디렉토리는 다음 파일을 포함할 것이다.

hello_driver.c hello_driver.mod.c hello_driver.o modules.order

hello_driver.ko hello_driver.mod.o Makefile Module.symvers

실제 드라이버는 hello_driver.ko라고 불린다. 이 드라이버를 적재하기 위해 insmod 명령이 사용된다. insmod는 루트 사용자에 의해 동작돼야 한다는 점에 주의한다. 모듈을 설치한 후 dmesg를 동작시키는 것은 드라이버 적재 중에 드라이버에 의해 프린트되는 메시지를 보이게 해준다.

```
amckay@Zen:~/WIP/hello_driver$ insmod hello_driver.ko
amckay@Zen:~/WIP/hello_driver$ dmesg j tail -n 3
[ 6039.800909] Disabling lock debugging due to kernel taint
[ 6039.800914] hello_driver: module license 'unspecified' taints kernel.
[ 6039.801206] Hello from the Kernel
```

드라이버 적재를 해제하기 위해 rmmod 명령이 사용된다. 드라이버의 파일 이름을 구체적으로 명시하는 대신, 드라이버의 이름만 사용된다.

```
amckay@Zen:B/WIP/hello_driver$ rmmod hello_driver
amckay@Zen:B/WIP/hello_driver$ dmesg j tail -n 4
[ 6039.800909] Disabling lock debugging due to kernel taint
[ 6039.800914] hello_driver: module license 'unspecified' taints kernel.
```

```
[ 6039.801206] Hello from the Kernel
[ 6054.434776] Goodbye from the Kernel
```

모듈이 적재될 때 커널에 의해 출력된 메시지에는 module license 'unspecified' taints
kernel이라고 적혀있는 프린트된 메시지가 있다. 이것은 출력물인데, 드라이버는 라이선스
유형을 구체화하지 않기 때문이다. 전매 드라이버가 커널에 적재될 때 커널은 오염된다. 오염
된 커널이라는 절에서는 오염된 커널 동작의 위험에 대해 요약한다.

커널이 오염되지 않았다는 것을 보장하기 위해 MODULE_LICENSE 매크로로는 드라이버가 어떤
라이선스로 배포됐는지 구체화하는 데 사용된다. 두 가지 중요한 매크로가 MODULE_AUTHOR와
MODULE_DESCRIPTION이다. 이 두 가지 매크로는 드라이버를 누가 작성했고 어떤 목적으로
만들어졌는지를 문서화하는 데 사용된다. 다음에 나와 있는 것처럼 드라이버에 대한 변경은
이제 커널을 오염시키지 않고 적재되도록, 그리고 드라이버 저자와 설명이 문서화하도록 드라
이버에게 허용한다.

```
/* Basic Kernel Module */
/* Adapted from "The Linux Kernel Module Programming Guide" */
/* http://tldp.org/LDP/lkmpg/2.6/html/lkmpg.html */

#include<linux/module.h> /* Required for Module Support */
#include<linux/kernel.h> /* Required for printk log levels */
#include<linux/init.h> /* Required for module_init and module_exit macros */

static int_init hello_start(void)
{
    printk(KERN_INFO "Hello from the Kernel\n");
    return (0);
}
static void_exit hello_exit(void)
{
    printk(KERN_INFO "Goodbye from the Kernel\n");
}
module_init(hello_start);
module_exit(hello_exit);
MODULE_LICENSE("GPL");
MODULE_AUTHOR("Andrew McKay");
MODULE_DESCRIPTION("A simple Hello World driver");
```

디버깅

오염된 커널

오염된 커널에서의 동작은 커뮤니티로부터 지원 받으려고 노력할 때 이슈가 될 수 있다. 오염되는 커널에는 두 가지의 공통된 이유가 있는데, 첫 번째는 아웃오브트리^{out-of-tree} 모듈이 적재됐을 때고, 두 번째는 전매 라이선스를 가진 모듈이 시스템으로 적재됐을 때다. 리눅스 커뮤니티로부터 도움을 요청할 때 가능하다면 오염되지 않은 커널을 이용해 이슈를 재생산하는 것이 최선이다. 오염된 커널을 가지고 누군가에게 도움을 요청하는 것 또한 여전히 가능한 방법이다. 그러나 커뮤니티의 일원들은 전매 코드나 사용자 지정 코드의 품질에 의문을 제기할 것으로 보인다.

현재 동작 중인 커널이 오염됐는지 여부를 결정하기 위해서는 /proc/sys/kernel/tainted 파일을 읽어야 한다. 파일이 0을 반환한다면 커널은 현재 오염되지 않은 것이다. 파일이 0이 아닌 숫자를 반환한다면 커널은 오염된 것이다. 다음에 나오는 비트는 커널이 오염되고 있다는 이유를 밝히고 있다.

```
#define TAINT_PROPRIETARY_MODULE        0
#define TAINT_FORCED_MODULE             1
#define TAINT_UNSAFE_SMP               2
#define TAINT_FORCED_RMMOD             3
#define TAINT_MACHINE_CHECK            4
#define TAINT_BAD_PAGE                 5
#define TAINT_USER                     6
#define TAINT_DIE                      7
#define TAINT_OVERRIDDEN_ACPI_TABLE    8
#define TAINT_WARN                     9
#define TAINT_CRAP                    10
#define TAINT_FIRMWARE_WORKAROUND     11
#define TAINT_OOT_MODULE              12
```

printk

printk는 커널 내 이슈를 디버깅하는 권고된 접근법이다. printf와 유사한 printk는 문자열 내에 위치한 형식화된 문자열과 데이터 유형 파라미터의 목록을 갖고 있는 함수다. printk 메시지는 현재 출력을 위해 설정된 어떤 수준의 printk 메시지인지에 따라 콘솔과 커맨드라인 인터페이스로 프린트된다. 또한 printk로 프린트된 메시지는 커맨드라인상에서 dmesg 명령을 이용해서 보일 수 있으며, 마찬가지로 /var/log/messages로 로그인될 수 있다.

printk는 메시지 우선순위를 기반으로 다수의 메시지 수준을 지원한다. 커널은 더 낮은 번호가 더 높은 메시지 우선순위로 규정된 다음과 같은 메시지 수준을 지원한다.

```
#define KERN_EMERG "<0>" /* system is unusable */
#define KERN_ALERT "<1>" /* action must be taken immediately */
#define KERN_CRIT "<2>" /* critical conditions */
#define KERN_ERR "<3>" /* error conditions */
#define KERN_WARNING "<4>" /* warning conditions */
#define KERN_NOTICE "<5>" /* normal but significant condition */
#define KERN_INFO "<6>" /* informational */
#define KERN_DEBUG "<7>" /* debug-level messages */
```

특정 메시지 수준에서 printk를 이용해 메시지를 출력하기 위해서는 다음과 같이 printk 함수가 호출된다.

```
printk(KERN_WARNING "This is my warning message\n");
```

printk는 커널 내의 간단한 문제들을 디버깅하는 데 유용하다. 그러나 타이밍 필수 유형이나 경쟁 조건 유형의 버그를 디버깅하는 것은 printk를 이용해서는 어렵다는 것이 이미 증명됐다. 일반적으로 말해 printk를 이용해 디버깅하는 것은 커널 내 대부분의 버그에게는 충분하다. proc 파일 시스템의 파일은 콘솔에 출력되는 printk의 수준을 제어한다. 이 파일을 출력하기 위해 cat을 이용하면 다음과 같이 네 개의 숫자가 터미널에 출력된다.

```
amckay@Zen:/proc/sys/kernel$ cat printk
4        4        1        7
```

위의 번호를 순서대로 보면 현재 콘솔의 로그 수준, 기본 메시지 로그 수준, 최소 콘솔의 로그 수준, 기본 콘솔의 로그 수준이다. 이들 네 개의 항목은 다음과 같이 정의된다.

현재 콘솔의 로그 수준	콘솔로 출력되는 메시지의 우선순위. 이 로그 수준이나 더 낮은 수준의 메시지가 콘솔로 출력될 것이다.
기본 메시지 로그 수준	특정 우선순위가 없는 메시지는 이 우선순위를 이용해 출력될 것이다.
최소 콘솔 로그 수준	콘솔이 설정될 수 있는 가장 높은 우선순위를 갖는 메시지 수준. 이 값보다 더 높은 우선순위를 가진 메시지는 설정된 현재 콘솔의 로그 수준에 상관없이 콘솔로 출력될 것이다.
기본 콘솔 로그 수준	콘솔이 기본적으로 갖는 메시지의 우선순위

/proc/sys/kernel/printk에 써서 현재 콘솔의 로그 수준을 변경할 수 있다. 모든 printk 메시지들을 출력하는 콘솔을 설정하기 위해서는 echo 명령을 이용해 7로 써야 한다. 이 파일에 쓰기 위해서는 시스템상의 루트가 되는 것이 필수적이라는 사실에 주의한다.

```
root@Zen:/proc/sys/kernel# echo 7>printk
root@Zen:/proc/sys/kernel# cat printk
7       4       1       7
```

커널 패닉/웁스

리눅스 커널이 내부적으로 뭔가 잘못되고 있다는 것을 결정할 때 커널 웁스^{Oops}나 커널 패닉^{Panic} 메시지 중 하나가 출력될 것이다. 웁스와 패닉 간 차이점은 이슈의 심각도다. 커널 웁스가 발생할 때 커널은 보통 계속 실행할 수 있다. 커널 웁스 후 운영체제의 상태에 관해 보장할 수 없기 때문에 시스템의 상태 정보를 가능한 한 많이 저장하고, 그런 다음 재부팅하는 것이 최선이다. 커널 패닉이 발생발 때 리눅스는 중지되고 시스템은 재부팅을 요구할 것이다.

드라이버의 위치는 커널이 웁스로 실패할 것인지, 아니면 극도의 패닉으로 실패할 것인지에 영향을 미칠 수 있다. 종종 모듈로서 적재된 드라이버가 고장 난다면 커널은 드라이버의 적재를 해제하고 계속해서 실행할 수 있다. 이와 반대로 커널에 안정적으로 구축된 드라이버가 고장 난다면 커널이 계속해서 실행할 수 있을 것 같지는 않다. 드라이버 개발 동안 고장 난 후 시스템이 계속해서 시스템과 상호작용할 수 있도록 모듈로서 드라이버를 개발하는 것이 최선이다. 이것은 시스템 상태와 잘못된 코드에 관한 훨씬 많은 정보 수집을 도와주는 데 있어 중요해질 수 있다.

어떤 커널 옵션을 사용할 수 있는지에 따라 실행 중이었던 커널이 고장 시 어디에 위치해 있었던지를 디버깅하는 것이 가능해질 수 있다. 커널에서 사용할 수 있다고 보장하는 중요한 항목이 바로 KALLSYMS다. 이 옵션은 중요한 모든 심볼이 커널의 웁스 메시지에 있는 커널의 이미지와 출력을 보유하고 있다. 이러한 정보 없이 메모리 주소만이 메시지에 출력될 것이다. System.map 파일이나 vmlinux 파일을 여전히 사용할 수 있다면 KALLSYMS의 사용 없이 커널 웁스를 디버깅하는 것도 여전히 가능할 것이다. 그러나 이것은 훨씬 더 어려운 일이다. 커널의 나중 버전에서 커널이 EXPERT를 이용해 설정됐을 때 KALLSYMS는 자동으로 사용될 수 있다. 커널이 오염됐었다면 커널 웁스 메시지는 그것을 또한 기록할 것이다. 리눅스 커뮤니티의 일원들이 커널 웁스 메시지를 검토하는 동안 지원을 요청할 때 가장 처음으로 찾아봐야 할 장소 중의 하나가 바로 이곳이다.

다음에 나오는 출력은 KALLSYMS를 이용한 커널 웁스의 예다. 이 출력으로부터 vlan_proc_init라고 부르는 함수에서 고장 난 커널이 vlan_init_net로부터 호출됐는지 여부를 결정하는 것도 가능할 것이다. 출력은 스택 출력을 포함한다. 스택은 또한 해석되며, 이 해석은 커널 고장을 초래하는 함수 호출의 오랜 역사도 제공할 것이다. 앞 절에서 소개했던 printk 메시지와 함께 메시지를 결합하는 것은 리눅스 커널 내 대부분의 버그를 제거하는 강력한 툴이 될 것이다.

```
Unable to handle kernel NULL pointer dereference at virtual address 00000000
pgd = c3bec000
[00000000] *pgd = 23bdb031, *pte = 00000000, *ppte = 00000000
Internal error: Oops: 17 [#1] PREEMPT
Modules linked in: 8021q(+)
CPU: 0 Not tainted (2.6.30.9 #1)
PC is at vlan_proc_init+0X34/0xec [8021q]
LR is at vlan_init_net+0X4c/0X74 [8021q]
pc : [<bf002840>] lr:[<bf0001a0>] psr: 20000013
sp : c3b9ff10 ip : 00000000 fp : 4001f740
r10: 00000000 r9 : c3b9e000 r8 : c025b32c
r7 : c025b31c r6 : 00000000 r5 : c028056c r4 : c028056c
r3 : c3b9e000 r2 : 00000002 r1 : 00000000 r0 : c028056c
Flags: nzCv IRQs on FIQs on Mode SVC_32 ISA ARM Segment user
Control: 0005317 f Table: 23bec000 DAC: 00000015
Process modprobe (pid: 532, stack limit = 0xc3b9e268)
Stack: (0xc3b9ff10 to 0xc3ba0000)
ff00: c028056c 00000002 c3aacc80 c028056c
ff20: 00000000 bf0001a0 bf004f20 bf00511c 00000000 c0155984 c3811850 c0155c2c
ff40: bf008000 000c10b0 00000000 00006710 c001cf88 bf008030 bf008000 c001c2f4
ff60: bf004f6c 000c10b0 00000000 00006710 c001cf88 bf004f6c 000c10b0 00000000
ff80: 00006710 c005a058 000c10c0 00006710 000c10b0 00006710 00000001 00000000
ffa0: 00000080 c001cde0 00006710 00000001 000c10c0 00006710 000c10b0 000c1090
ffc0: 00006710 00000001 00000000 00000080 000c10b0 000c101c 000c1090 4001f740
ffe0: bedb8aa8 bedb8a98 0001bccc 401d9840 60000010 000c10c0 00000000 00000000
[<bf002840>] (vlan_proc_init+0X34/0xec [8021q]) from [<bf0001a0>] (vlan_init_net
+0X4c/0X74 [8021q])
[<bf0001a0>] (vlan_init_net+0X4c/0X74 [8021q]) from [<c0155984>] (register_perne
t_operations+0X1c/0X24)
[<c0155984>] (register_pernet_operations+0X1c/0X24) from [<c0155c2c>] (register_
pernet_gen_device+0X58/0X94)
[<c0155c2c>] (register_pernet_gen_device+0X58/0X94) from [<bf008030>] (vlan_prot
o_init+0X30/0xb4 [8021q])
[<bf008030>] (vlan_proto_init+0X30/0xb4 [8021q]) from [<c001c2f4>] (do_one_initc
all+0X5c/0X1bc)
```

```
[<c001c2f4>] (do_one_initcall+0X5c/0X1bc) from [<c005a058>] (sys_init_module+0X8
c/0X188)
[<c005a058>] (sys_init_module+0X8c/0X188) from [<c001cde0>] (ret_fast_syscall+0x
0/0X2c)
Code: e5922000 e3520000 e5901308 0a000002 (e5910000)
—[ end trace bad8d707ee821b7b ]—
note: modprobe[532] exited with preempt_count 1
BUG: scheduling while atomic: modprobe/532/0X40000002
Modules linked in: 8021q(+)
[<c0022600>] (unwind_backtrace+0X0/0xd4) from [<c01c5080>] (__schedule+0X68/0X34c)
[<c01c5080>] (__schedule+0X68/0X34c) from [<c01c5388>] (schedule+0X24/0X40)
[<c01c5388>] (schedule+0X24/0X40) from [<c002d9b4>] (__cond_resched+0X24/0X40)
[<c002d9b4>] (__cond_resched+0X24/0X40) from [<c01c549c>] (_cond_resched+0X40/0x54)
[<c01c549c>] (_cond_resched+0X40/0X54) from [<c0074fbc>] (unmap_vmas+0X528/0X5d8)
[<c0074fbc>] (unmap_vmas+0X528/0X5d8) from [<c0077bb4>] (exit_mmap+0xbc/0X1a8)
[<c0077bb4>] (exit_mmap+0xbc/0X1a8) from [<c003088c>] (mmput+0X38/0xe0)
[<c003088c>] (mmput+0X38/0xe0) from [<c00343e4>] (exit_mm+0X144/0X148)
[<c00343e4>] (exit_mm+0X144/0X148) from [<c0035b54>] (do_exit+0X158/0X660)
[<c0035b54>] (do_exit+0X158/0X660) from [<c0020b44>] (die+0X17c/0X19c)
[<c0020b44>] (die+0X17c/0X19c) from [<c0023550>] (__do_kernel_fault+0X64/0X74)
[<c0023550>] (__do_kernel_fault+0X64/0X74) from [<c0023764>] (do_page_fault+0X20
4/0X21c)
[<c0023764>] (do_page_fault+0X204/0X21c) from [<c001c234>] (do_DataAbort+0X30/0x90)
[<c001c234>] (do_DataAbort+0X30/0X90) from [<c001c9ac>] (__dabt_svc+0X4c/0X60)
Exception stack(0xc3b9fec8 to 0xc3b9ff10)
fec0: c028056c 00000000 00000002 c3b9e000 c028056c c028056c
fee0: 00000000 c025b31c c025b32c c3b9e000 00000000 4001f740 00000000 c3b9ff10
ff00: bf0001a0 bf002840 20000013 ffffffff
[<c001c9ac>] (__dabt_svc+0X4c/0X60) from [<bf0001a0>] (vlan_init_net+0X4c/0X74 [8021q])
[<bf0001a0>] (vlan_init_net+0X4c/0X74 [8021q]) from [<c028056c>] (0xc028056c)
Segmentation fault
```

Proc 파일 시스템

proc 파일 시스템 또는 procfs는 애플리케이션과 커널 코드 간의 통신을 허용하는 리눅스 커널의 특별한 파일 시스템이다. 이것은 원래 현재 시스템에서 동작 중인 프로세스에 관한 정보를 표현하는 데 사용됐다. 나중에 이것은 커널 내부와 통신이 허용되도록 확장됐다.

Procfs는 보통 /proc에 있는 파일 시스템에 설치된다. procfs에 있는 내용은 다음과 같다.

```
1     1477  1751  1859  23    6451  886       driver       net
10    1480  1755  1864  237   6507  9         execdomains   pagetypeinfo
```

1006	1481	1758	1872	242	6515	919	fb	partitions
1019	15	1760	1881	25	6531	930	filesystems	sched_debug
1022	1509	1776	1883	26	6532	951	fs	schedstat
1050	1510	1783	19	27	654	965	interrupts	scsi
1055	1541	1789	1913	28	659	973	iomem	self
1070	1542	1798	1914	29	6685	986	ioports	slabinfo
1071	1543	1799	1915	295	6686	988	irq	softirqs
1072	1545	18	1916	296	6785	994	kallsyms	stat
1074	1550	1802	1917	3	680	998	kcore	swaps
1079	1552	1806	1918	30	6836	999	key-users	sys
1082	1555	1810	1919	31	685	acpi	kmsg	sysrq-trigger
1083	16	1813	1972	382	698	asound	kpagecount	sysvipc
1089	1668	1815	1988	39	7	buddyinfo	kpageflags	timer_list
1096	17	1819	1989	390	717	bus	latency_stats	timer_stats
1125	1714	1827	1990	48	723	cgroups	loadavg	tty
12	1716	1830	2	49	725	cmdline	locks	uptime
13	1720	1832	20	50	727	consoles	mdstat	version
132	1722	1837	2022	53	731	cpuinfo	meminfo	vmallocinfo
1328	1723	1843	2030	54	747	crypto	misc	vmstat
1333	1726	1850	2033	5971	76	devices	modules	zoneinfo
1351	1740	1852	2090	6	790	diskstats	mounts	
14	1743	1854	21	6403	8	dma	mtd	
1424	1745	1856	22	6419	885	dri	mtrr	

번호가 붙여져 있는 디렉토리들은 현재 실행 중인 태스크의 프로세스 ID[PID]와 연관된다. 그 외의 다양한 파일과 디렉토리들은 시스템에 관한 정보를 보고한다. 전형적으로 드라이버들은 드라이버 폴더 내에 proc 파일을 생성한다.

다음에 나오는 내용은 몇 가지 주의해야 할 procfs의 중요한 파일들이다.

/proc/cmdline 부팅 시 커널에 넘겨진 파라미터들을 보고한다.

```
BOOT_IMAGE = /boot/vmlinuz-3.2.0-aacm-custom2-core2duo
root = UUID = eefc2430-592b-4262-bd96-62bbee662af5 ro
crashkernel = 384 M-2 G:64 M,2 G-:128 M
```

/proc/cpuinfo 커널이 동작하고 있는 CPU에 관한 정보를 보고한다.

```
processor       : 0
vendor_id       : GenuineIntel
cpu family      : 6
model           : 23
model name      : Intel(R) Core(TM)2 Duo CPU T9300 @2.50 GHz
stepping        : 6
```

```
microcode          : 0360c
cpu MHz            : 800.000
cache size         : 6144 KB
physical id        : 0
siblings           : 2
core id            : 0
cpu cores          : 2
apicid             : 0
initial apicid     : 0
fdiv_bug           : no
hlt_bug            : no
f00f_bug           : no
coma_bug           : no
fpu                : yes
fpu_exception      : yes
cpuid level        : 10
wp                 : yes
flags              : fpu vme de pse tsc msr pae mce cx8 apic sep
mtrr pge mca cmov pat pse36 clflush dts acpi mmx fxsr sse sse2
ss ht tm pbe nx lm constant_tsc arch_perfmon pebs bts
aperfmperf pni dtes64 monitor ds_cpl vmx est tm2 ssse3 cx16
xtpr pdcm sse4_1 lahf_lm ida dts tpr_shadow vnmi flexpriority
bogomips           : 4987.85
clflush size       : 64
cache_alignment    : 64
address sizes      : 36 bits physical, 48 bits virtual
power management   :
processor          : 1
vendor_id          : GenuineIntel
cpu family         : 6
model              : 23
model name         : Intel(R) Core(TM)2 Duo CPU T9300 @2.50 GHz
stepping           : 6
microcode          : 0360c
cpu MHz            : 800.000
cache size         : 6144 KB
physical id        : 0
siblings           : 2
core id            : 1
cpu cores          : 2
apicid             : 1
```

```
initial apicid    : 1
fdiv_bug          : no
hlt_bug           : no
f00f_bug          : no
coma_bug          : no
fpu               : yes
fpu_exception     : yes
cpuid level       : 10
wp                : yes
flags             : fpu vme de pse tsc msr pae mce cx8 apic sep
mtrr pge mca cmov pat pse36 clflush dts acpi mmx fxsr sse sse2
ss ht tm pbe nx lm constant_tsc arch_perfmon pebs bts
aperfmperf pni dtes64 monitor ds_cpl vmx est tm2 ssse3 cx16
xtpr pdcm sse4_1 lahf_lm ida dts tpr_shadow vnmi flexpriority
bogomips          : 4987.50
clflush size      : 64
cache_alignment   : 64
address sizes     : 36 bits physical, 48 bits virtual
power management  :
```

/proc/meminfo   시스템의 현 메모리 이용을 보고한다.

```
MemTotal:          3924760 kB
MemFree:           2267780 kB
Buffers:           78888 kB
Cached:            1077832 kB
SwapCached:        0 kB
Active:            675904 kB
Inactive:          874936 kB
Active(anon):      394880 kB
Inactive(anon):    14636 kB
Active(file):      281024 kB
Inactive(file):    860300 kB
Unevictable:       0 kB
Mlocked:           0 kB
HighTotal:         3214024 kB
HighFree:          1706680 kB
LowTotal:          710736 kB
LowFree:           561100 kB
SwapTotal:         2104316 kB
SwapFree:          2104316 kB
Dirty:             132 kB
Writeback:         0 kB
```

```
AnonPages:         394116 kB
Mapped:            152124 kB
Shmem:             15404 kB
Slab:              58168 kB
SReclaimable:      40992 kB
SUnreclaim:        17176 kB
KernelStack:       3016 kB
PageTables:        9492 kB
NFS_Unstable:      0 kB
Bounce:            0kB
WritebackTmp:      0 kB
CommitLimit:       4066696 kB
Committed_AS:      1892516 kB
VmallocTotal:      122880 kB
VmallocUsed:       54240 kB
VmallocChunk:      64220 kB
HardwareCorrupted: 0 kB
AnonHugePages:     0 kB
HugePages_Total:   0
HugePages_Free:    0
HugePages_Rsvd:    0
HugePages_Surp:    0
Hugepagesize:      2048 kB
DirectMap4k:       12280 kB
DirectMap2M:       901120 kB
```

/proc/partitions 블록 디바이스 내 커널에 의해 검출된 파티션을 보고한다.

```
major    minor    #blocks      name
8        0        732574584    sda
8        1        341795840    sda1
8        2                1    sda2
8        5        388670464    sda5
8        6        2104320      sda6
11       0        1048575      sr0
```

/proc/sys/kernel/printk 콘솔에 출력되는 printk 메시지의 우선순위를 제어한다.

```
4   4   1   7
```

더 완벽한 설명을 위해서는 printk 절을 참조한다.

/proc/sys/kernel/tainted 현재 동작 중인 커널이 오염됐는지 여부를 보고한다.

```
0
```

procfs를 통해 무엇을 더 사용할 수 있는지, 이에 대한 더 많은 정보를 얻기 위해서는 manpage(man proc)를 참고한다.

procfs는 애플리케이션과 커널 간 정보를 넘겨주는 드라이버 개발에 유용하다. 애플리케이션/드라이버의 상호작용을 위한 표준 API는 open, close, read, write, ioctl 함수를 이용한다. 그러나 이 표준 API는 이들 함수를 수행할 수 있는 애플리케이션을 요구한다. 때때로 이것은 procfs를 이용해 커맨드라인으로부터 직접 드라이버를 제어하는 데도 유용하다.

드라이버가 procfs와 어떻게 상호작용하는지에 대한 한 가지 사례로서 기본 커널 드라이버의 헬로우 월드 드라이버의 예를 확장하면 다음과 같다. 두 개의 함수가 드라이버에 추가된다. 한 가지는 등록된 procfs 파일의 읽기를 다루는 함수며, 다른 하나는 등록된 procfs 파일의 쓰기를 다루는 함수다. hello_start 함수는 이제 procfs의 /proc/driver/hello_driver라 부르는 디렉토리와 디렉토리 내 info라 부르는 파일을 등록하는 코드를 포함한다. 이것은 procfs의 info 파일을 이용한 읽기와 쓰기 처리기와 연관된다. 드라이버에 대한 변경은 다음과 같다.

```
/* Basic Kernel Module */
/* Adapted from "The Linux Kernel Module Programming Guide" */
/* http://tldp.org/LDP/lkmpg/2.6/html/lkmpg.html */

#include<linux/module.h> /* Required for Module Support */
#include<linux/kernel.h> /* Required for printk log levels */
#include<linux/init.h> /* Required for module_init and module_exit macros */
#include<linux/proc_fs.h> /* Required for procfs support */

#define HELLO_PROC_DIR "driver/hello_driver"
#define HELLO_PROC_INFO "info"
#define PROC_WRITE_LEN 256

static struct proc_dir_entry *hello_proc_dir;
static struct proc_dir_entry *hello_proc_info;
static char proc_write_value[PROC_WRITE_LEN];
static int hello_proc_read(char *buffer, char **start, off_t offset,
        int count, int *eof, void *data)
{
    int len = 0;
    if (len<count){
        len + = sprintf(buffer+ len, "Hello from the Kernel through ProcFS\n");
        len + = sprintf(buffer+ len, "Last Write to Info: %s\n", proc_write_value);
        *eof = 1;
        return(len);
```

```
        }
    return(0);
}


static int hello_proc_write(struct file* file, const char* buffer,
        unsigned long count, void* data)
{
    int len = 0;
    if (count<PROC_WRITE_LEN){
        len = count;
    }else{
        len = PROC_WRITE_LEN;
    }
    strlcpy(proc_write_value, buffer, len);
    return (count);
}
static int_init hello_start(void)
{
    int retval = 0;
    printk(KERN_INFO "Hello from the Kernel\n");
    printk(KERN_INFO "Adding /proc/%s\n", HELLO_PROC_DIR);
    hello_proc_dir = proc_mkdir(HELLO_PROC_DIR, NULL);
    if (!hello_proc_dir){
        printk(KERN_ERR "Failed to add /proc/%s\n", HELLO_PROC_DIR);
        retval = -ENOSPC;
        goto hello_start_out1;
    }
    printk(KERN_INFO "Adding /proc/%s/%s\n", HELLO_PROC_INFO, HELLO_PROC_INFO);
    hello_proc_info = create_proc_entry(HELLO_PROC_INFO, 0644, hello_proc_dir);
    if (!hello_proc_info){
    printk(KERN_ERR "Failed to add /proc/%s/%s\n", HELLO_PROC_INFO, HELLO_PROC_INFO);
    retval = -ENOSPC;
    goto hello_start_out2;
    }
    hello_proc_info-.read_proc = hello_proc_read;
    hello_proc_info-.write_proc = hello_proc_write;
    return (retval);
hello_start_out2:
    printk(KERN_INFO "Remove /proc/%s\n", HELLO_PROC_DIR);
    remove_proc_entry(HELLO_PROC_DIR, NULL);
hello_start_out1:
```

```
        return (retval);
}
static void _exit hello_exit(void)
{
    printk(KERN_INFO "Removing /proc/%s/%s\n", HELLO_PROC_DIR, HELLO_PROC_INFO);
    remove_proc_entry(HELLO_PROC_INFO, hello_proc_dir);
    printk(KERN_INFO "Removing /proc/%s\n", HELLO_PROC_DIR);
    remove_proc_entry(HELLO_PROC_DIR, NULL);
    printk(KERN_INFO "Goodbye from the Kernel\n");
}
module_init(hello_start);
module_exit(hello_exit);
MODULE_LICENSE("GPL");
MODULE_AUTHOR("Andrew McKay");
MODULE_DESCRIPTION("A simple Hello World driver using ProcFS");
```

이 드라이버 함수는 /proc/driver/hello_world/info가 읽혀질 때 드라이버에 관한 정보를 보고한다. 이것은 또한 /proc/driver/hello_world/info에 작성된 256개의 문자를 저장하고 있으며, 이들 문자는 다음 읽기에서 다시 보고된다.

드라이버는 이전에 했던 것과 마찬가지의 동일한 방식으로 시스템에 적재되며, procfs 내에 등록된 디렉토리와 파일을 갖고 있다는 것을 보고한다.

```
[18441.945329] Hello from the Kernel
[18441.945333] Adding /proc/driver/hello_driver
[18441.945347] Adding /proc/driver/hello_driver/info
```

info 파일이 터미널에 출력될 때 다음 메시지가 보고된다.

```
amckay@Zen:B/WIP/hello_driver$ cat /proc/driver/hello_driver/info
Hello from the Kernel through ProcFS
Last Write to Info:
```

정보는 /proc/driver/hello_driver/info 파일에 다시 작성될 수 있으며, 다음 읽기에서 저장되고 보고될 것이다.

```
amckay@Zen:~/WIP/hello_driver$ echo "Hello from the command line">/proc/driver/
hello_driver/info
```

이전의 쓰기 동작에 이어, 파일은 이제 다음과 같은 메시지를 보고할 것이다.

```
amckay@Zen:~/WIP/hello_driver$ cat /proc/driver/hello_driver/info
Hello from the Kernel through ProcFS
Last Write to Info: Hello from the command line
```

strace

커널 내 고장은 종종 개발자가 고려하지 않았던 특정한 방식에서 커널과 상호작용하는 애플리케이션에 의해 발생될 것이다. 애플리케이션과 커널 간 무슨 일이 벌어지고 있는지를 이해하기 위해서는 strace라 부르는 툴이 매우 유용하다.

strace는 애플리케이션을 있는 그대로 동작하게 만드는 시스템 호출을 출력하는 리눅스에서 사용할 수 있는 커맨드라인 애플리케이션이다. strace의 이용은 시스템 호출을 위해 감시되는 애플리케이션에 뒤이어 터미널에 strace를 타이핑하는 것만큼 간단하다. 다음은 ls 실행 시 strace로부터 출력되는 내용이다.

```
amckay@Zen:~/WIP/linux-3.2$ strace ls
execve("/bin/ls", ["ls"], [/* 45 vars */]) = 0
brk(0)                = 0x8af9000
access("/etc/ld.so.nohwcap", F_OK) = -1 ENOENT (No such file or directory)
mmap2(NULL, 8192, PROT_READ|PROT_WRITE, MAP_PRIVATE|MAP_ANONYMOUS, -1, 0) = 0xb7891000
access("/etc/ld.so.preload", R_OK) = -1 ENOENT (No such file or directory)
open("/etc/ld.so.cache", O_RDONLY|O_CLOEXEC) = 3
fstat64(3, {st_mode=S_IFREG|0644, st_size=89319, ...}) = 0
mmap2(NULL, 89319, PROT_READ, MAP_PRIVATE, 3, 0) = 0xb787b000
close(3)              = 0
access("/etc/ld.so.nohwcap", F_OK) = -1 ENOENT (No such file or directory)
open("/lib/i386-linux-gnu/libselinux.so.1", O_RDONLY|O_CLOEXEC) = 3
read(3, \177ELF\1\1\1\0\0\0\0\0\0\0\0\0\3\0\3\0\1\0\0\0`\n\0\0004\0\0\0"..., 512) = 512
fstat64(3, {st_mode=S_IFREG|0644, st_size=120748, ...}) = 0
mmap2(NULL, 125852, PROT_READ|PROT_EXEC, MAP_PRIVATE|MAP_DENYWRITE, 3, 0) = 0xb785c000
mmap2(0xb7879000, 8192, PROT_READ|PROT_WRITE, MAP_PRIVATE|MAP_FIXED|MAP_DENYWRITE, 3, 0x1c)
= 0xb7879000
close(3)              = 0
access("/etc/ld.so.nohwcap", F_OK) = -1 ENOENT (No such file or directory)
open("/lib/i386-linux-gnu/librt.so.1", O_RDONLY|O_CLOEXEC) = 3
read(3, \177ELF\1\1\1\0\0\0\0\0\0\0\0\0\3\0\3\0\1\0\0\0`\n\0\0004\0\0\0"..., 512) = 512
fstat64(3, {st_mode=S_IFREG|0644, st_size=30684, ...}) = 0
mmap2(NULL, 33360, PROT_READ|PROT_EXEC, MAP_PRIVATE|MAP_DENYWRITE, 3, 0) = 0xb7853000
mmap2(0xb785a000, 8192, PROT_READ|PROT_WRITE, MAP_PRIVATE|MAP_FIXED|MAP_DENYWRITE, 3, 0x6) =
0xb785a000
close(3)              = 0
access("/etc/ld.so.nohwcap", F_OK) = -1 ENOENT (No such file or directory)
open("/lib/i386-linux-gnu/libacl.so.1", O_RDONLY|O_CLOEXEC) = 3
```

```
read(3, \177ELF\1\1\1\0\0\0\0\0\0\0\0\0\3\0\3\0\1\0\0\0`\n\0\0004\0\0\0"..., 512) = 512
fstat64(3, {st_mode=S_IFREG|0644, st_size=30300, ...}) = 0
mmap2(NULL, 4096, PROT_READ|PROT_WRITE, MAP_PRIVATE|MAP_ANONYMOUS, -1, 0) = 0xb7852000
mmap2(NULL, 33088, PROT_READ|PROT_EXEC, MAP_PRIVATE|MAP_DENYWRITE, 3, 0) = 0xb7849000
mmap2(0xb7850000, 8192, PROT_READ|PROT_WRITE, MAP_PRIVATE|MAP_FIXED|MAP_DENYWRITE, 3, 0x6)
= 0xb7850000
close(3)          = 0
access("/etc/ld.so.nohwcap", F_OK) = -1 ENOENT (No such file or directory)
open("/lib/i386-linux-gnu/libc.so.6", O_RDONLY|O_CLOEXEC) = 3
read(3, \177ELF\1\1\1\0\0\0\0\0\0\0\0\0\3\0\3\0\1\0\0\0`\n\0\0004\0\0\0"..., 512) = 512
fstat64(3, {st_mode=S_IFREG|0755, st_size=1713640, ...}) = 0
mmap2(NULL, 1723100, PROT_READ|PROT_EXEC, MAP_PRIVATE|MAP_DENYWRITE, 3, 0) = 0xb76a4000
mmap2(0xb7843000, 12288, PROT_READ|PROT_WRITE, MAP_PRIVATE|MAP_FIXED|MAP_DENYWRITE, 3,
0x19f) = 0xb7843000
mmap2(0xb7846000, 10972, PROT_READ|PROT_WRITE, MAP_PRIVATE|MAP_FIXED|MAP_ANONYMOUS, -1, 0)
= 0xb7846000
close(3)          = 0
access("/etc/ld.so.nohwcap", F_OK) = -1 ENOENT (No such file or directory)
open("/lib/i386-linux-gnu/libdl.so.2", O_RDONLY|O_CLOEXEC) = 3
read(3, \177ELF\1\1\1\0\0\0\0\0\0\0\0\0\3\0\3\0\1\0\0\0`\n\0\0004\0\0\0"..., 512) = 512
fstat64(3, {st_mode=S_IFREG|0644, st_size=13940, ...}) = 0
mmap2(NULL, 16504, PROT_READ|PROT_EXEC, MAP_PRIVATE|MAP_DENYWRITE, 3, 0) = 0xb769f000
mmap2(0xb76a2000, 8192, PROT_READ|PROT_WRITE, MAP_PRIVATE|MAP_FIXED|MAP_DENYWRITE, 3, 0x2) =
0xb76a2000
close(3)          = 0
access("/etc/ld.so.nohwcap", F_OK) = -1 ENOENT (No such file or directory)
open("/lib/i386-linux-gnu/libpthread.so.0", O_RDONLY|O_CLOEXEC) = 3
read(3, \177ELF\1\1\1\0\0\0\0\0\0\0\0\0\3\0\3\0\1\0\0\0`\n\0\0004\0\0\0"..., 512) = 512
fstat64(3, {st_mode=S_IFREG|0755, st_size=124663, ...}) = 0
mmap2(NULL, 107008, PROT_READ|PROT_EXEC, MAP_PRIVATE|MAP_DENYWRITE, 3, 0) = 0xb7684000
mmap2(0xb769b000, 8192, PROT_READ|PROT_WRITE, MAP_PRIVATE|MAP_FIXED|MAP_DENYWRITE, 3, 0x16)
= 0xb769b000
mmap2(0xb769d000, 4608, PROT_READ|PROT_WRITE, MAP_PRIVATE|MAP_FIXED|MAP_ANONYMOUS, -1, 0) =
0xb769d000
close(3)          = 0
access("/etc/ld.so.nohwcap", F_OK) = -1 ENOENT (No such file or directory)
open("/lib/i386-linux-gnu/libattr.so.1", O_RDONLY|O_CLOEXEC) = 3
read(3, \177ELF\1\1\1\0\0\0\0\0\0\0\0\0\3\0\3\0\1\0\0\0`\n\0\0004\0\0\0"..., 512) = 512
fstat64(3, {st_mode=S_IFREG|0644, st_size=17816, ...}) = 0
948 Chapter 25
mmap2(NULL, 20584, PROT_READ|PROT_EXEC, MAP_PRIVATE|MAP_DENYWRITE, 3, 0) = 0xb767e000
mmap2(0xb7682000, 8192, PROT_READ|PROT_WRITE, MAP_PRIVATE|MAP_FIXED|MAP_DENYWRITE, 3, 0x3)
= 0xb7682000
close(3)          = 0
mmap2(NULL, 4096, PROT_READ|PROT_WRITE, MAP_PRIVATE|MAP_ANONYMOUS, -1, 0) = 0xb767d000
```

```
mmap2(NULL, 4096, PROT_READ|PROT_WRITE, MAP_PRIVATE|MAP_ANONYMOUS, -1, 0) = 0xb767c000
set_thread_area({entry_number:-1 -> 6, base_addr:0xb767c740, limit:1048575, seg_32bit:1, contents:0,
read_exec_only:0,
limit_in_pages:1, seg_not_present:0, useable:1}) = 0
mprotect(0xb7843000, 8192, PROT_READ) = 0
mprotect(0xb7682000, 4096, PROT_READ) = 0
mprotect(0xb769b000, 4096, PROT_READ) = 0
mprotect(0xb76a2000, 4096, PROT_READ) = 0
mprotect(0xb7850000, 4096, PROT_READ) = 0
mprotect(0xb785a000, 4096, PROT_READ) = 0
mprotect(0xb7879000, 4096, PROT_READ) = 0
mprotect(0x8061000, 4096, PROT_READ) = 0
mprotect(0xb78b4000, 4096, PROT_READ) = 0
munmap(0xb787b000, 89319)         = 0
set_tid_address(0xb767c7a8)   = 6394
set_robust_list(0xb767c7b0, 0xc)   = 0
futex(0xbfca85a4, FUTEX_WAIT_BITSET_PRIVATE|FUTEX_CLOCK_REALTIME, 1, NULL, b767c740) = -1
EAGAIN (Resource temporarily unavailable)
rt_sigaction(SIGRTMIN, {0xb7689570, [], SA_SIGINFO}, NULL, 8) = 0
rt_sigaction(SIGRT_1, {0xb76895f0, [], SA_RESTART|SA_SIGINFO}, NULL, 8) = 0
rt_sigprocmask(SIG_UNBLOCK, [RTMIN RT_1], NULL, 8) = 0
getrlimit(RLIMIT_STACK, {rlim_cur=8192*1024, rlim_max=RLIM_INFINITY}) = 0
uname({sys="Linux", node="Zen", ...}) = 0
statfs64("/selinux", 84, {f_type="EXT2_SUPER_MAGIC", f_bsize=4096, f_blocks=85353101,
f_bfree=75066663,
f_bavail=70794215, f_files=21364736, f_ffree=21047172, f_fsid={-1958319533, -1754772041},
f_namelen=255,
f_frsize=4096}) = 0
brk(0)                 = 0x8af9000
brk(0x8b1a000)            = 0x8b1a000
open("/proc/filesystems", O_RDONLY|O_LARGEFILE) = 3
fstat64(3, {st_mode=S_IFREG|0444, st_size=0, ...}) = 0
mmap2(NULL, 4096, PROT_READ|PROT_WRITE, MAP_PRIVATE|MAP_ANONYMOUS, -1, 0) = 0xb7890000
read(3, "nodev\tsysfs\nnodev\trootfs\nnodev\tb"..., 1024) = 304
read(3, "", 1024)       = 0
close(3)           = 0
munmap(0xb7890000, 4096)     = 0
open("/usr/lib/locale/locale-archive", O_RDONLY|O_LARGEFILE|O_CLOEXEC) = 3
fstat64(3, {st_mode=S_IFREG|0644, st_size=8748544, ...}) = 0
mmap2(NULL, 2097152, PROT_READ, MAP_PRIVATE, 3, 0) = 0xb747c000
mmap2(NULL, 1253376, PROT_READ, MAP_PRIVATE, 3, 0x4a5) = 0xb734a000
close(3)           = 0
ioctl(1, SNDCTL_TMR_TIMEBASE or TCGETS, {B38400 opost isig icanon echo ...}) = 0
ioctl(1, TIOCGWINSZ, {ws_row=61, ws_col=231, ws_xpixel=0, ws_ypixel=0}) = 0
openat(AT_FDCWD, ".", O_RDONLY|O_NONBLOCK|O_LARGEFILE|O_DIRECTORY|O_CLOEXEC) = 3
```

```
getdents64(3, /* 57 entries */, 32768) = 1904
getdents64(3, /* 0 entries */, 32768) = 0
close(3)                 = 0
fstat64(1, {st_mode=S_IFCHR|0600, st_rdev=makedev(136, 2), ...}) = 0
mmap2(NULL, 4096, PROT_READ|PROT_WRITE, MAP_PRIVATE|MAP_ANONYMOUS, -1, 0) = 0xb7349000
write(1, "arch COPYING\tcrypto\t dri"..., 173arch COPYING crypto drivers fs init Kbuild kernel
MAINTAINERS mm modules.order net REPORTING-BUGS scripts sound tools virt vmlinux.o
) = 173
write(1, "block CREDITS\tDocumentation fi"..., 173block CREDITS Documentation firmware include ipc
Kconfig
lib Makefile modules.builtin Module.symvers README samples security System.map usr vmlinux
) = 173
close(1)                 = 0
munmap(0xb7349000, 4096) = 0
close(2)                 = 0
exit_group(0) = ?
```

애플리케이션

교차 컴파일링

교차 컴파일러는 다른 아키텍처에서 코드를 동작시킬 수 있는 하나의 아키텍처상에서 동작하는 컴파일러다. 전형적으로 부트로더와 리눅스 커널은 교차 컴파일러를 이용해 구축된다. 리눅스 애플리케이션도 마찬가지로 교차 컴파일러를 이용해 구축될 수 있다. 대부분의 개발 기계들이 x86 기반이기 때문에 ARM, 파워PC, MIPs 기반 플랫폼을 위한 애플리케이션을 구축할 수 있는 아키텍처에서 동작하는 컴파일러를 갖는 것은 흔한 일이다. 이들 플랫폼 스스로가 코드를 컴파일할 수는 있을지 몰라도, 현대의 데스크톱/노트북들이 임베디드 시스템상에 갖고 있는 성능 향상을 위해 x86 기반 플랫폼상에 코드를 구축하는 것도 종종 유익할 것이다.

Busybox

Busybox는 코어 UNIX/리눅스 애플리케이션의 지원을 제공하는 애플리케이션 세트다. Busybox는 크기가 작고 경량으로 설계된다. 이것은 일반적으로 임베디드가 아닌 플랫폼에서 지원되는 모든 명령에 대해 완전한 기능성을 제공하지는 않지만, 여전히 매우 강력하다. Busybox는 웹사이트 http://www.busybox.net/에서 찾을 수 있다.

Busybox는 일반적으로 /bin에 위치해 있는 하나의 이진 애플리케이션을 컴파일한다. 기호 연결은 여러 가지 이름을 이용해 Busybox 이진에 생성된다. 기호 연결이 커맨드라인으로부터 호출될 때 Busybox는 argv[0] 안으로 넘겨지는 값을 검사하고, 적절한 애플리케이션을 실행한다.

Busybox는 간단한 init 애플리케이션을 제공한다. init는 리눅스에서 시작되는 첫 번째 태스크다. inittab 스크립트를 이용해 init는 시스템의 다양한 데몬^{daemon}과 애플리케이션을 시작할 것이다. Busybox init의 init 애플리케이션은 아주 경량이며, 부팅 시 애플리케이션의 시작을 지원만 하고 모든 특성을 갖춘 리눅스 배포판이 가진 동작 수준을 지원하지 않는다.

sysVinit

시스템 V 초기화 또는 sysVinit는 전형적으로 완전한 기능을 갖춘 리눅스 시스템에서 발견되는 초기화 애플리케이션이다. 이것은 또한 임베디드 시스템에도 매우 유용하며, 리눅스 시스템이 각기 다른 동작 수준에서 동작하게 허용한다. sysVinit가 여덟 개의 동작 수준을 지원할 때 리눅스에서는 오직 일곱 개의 동작 수준만이 사용된다. 여덟 개의 동작 수준은 다음과 같이 정의된다.

ID	이름
0	정지
1	단일 사용자 모드
2	다중 사용자 모드
3	네트워킹을 이용한 다중 사용자 모드
4	사용자 정의 가능
5	GUI를 이용한 다중 사용자 모드
6	재부팅
S	부팅 시 한 번 동작

sysVinit는 동작 수준을 기반으로 프로세스를 시작하기 위해 /etc/init.d에 위치해 있는 스크립트를 이용한다. 최소한 이들 각각의 셸 스크립트는 시작과 정지 인수를 가져야 한다. sysVinit는 다뤄야 할 동작 수준에 따라 인수를 넘겨줄 것이다. 각각의 동작 수준에는 /etc/rcN.d 디렉토리 이름이 있으며, 여기서 N은 동작 수준 ID를 나타낸다. 이들 디렉토리 각각에서는 /etc/init.d의 스크립트를 가리키는 기호 연결이 생성된다. 기호 연결은 다음과 같이 이름 명명 규칙인 [S/K][Order]name 순서를 따른다. 여기서 S와 K는 sysVinit가 태스크를 시작하든지 아니면 죽여야 하는지를 나타낸다. Order는 스크립트가 동작해야 하는 순서를 sysVinit가 결정하는 데 사용하는 번호다. 이것은 가장 낮은 번호가 매겨진 스크립트에서 시작하고 오름차순으로 스크립트를 동작시킨다. 마지막으로 name이 사용되고, 사용자는 스크립트 기능을 식별할 수 있다.

일반적인 리눅스 시스템에서 rc3.d나 네트워킹 동작 수준의 디렉토리를 가진 다중 사용자는 다음과 같이 보일 것이다.

```
root@Loco-3456:/etc/rc3.d# ls -al
total 20
drwxr-xr-x 2 root root 4096 2012-10-01 09:11
drwxr-xr-x 135 root root 12288 2012-10-06 14:13
-rw-r-r- 1 root root 677 2012-01-20 04:03 README
lrwxrwxrwx 1 root root 22 2011-11-22 23:23 S20boinc-client -> /init.d/boinc-client
lrwxrwxrwx 1 root root 20 2011-11-14 22:05 S20fancontrol -> /init.d/fancontrol
lrwxrwxrwx 1 root root 20 2011-11-14 22:05 S20kerneloops -> /init.d/kerneloops
lrwxrwxrwx 1 root root 27 2011-11-14 22:05 S20speech-disp -> /init.d/speech-disp
lrwxrwxrwx 1 root root 23 2012-07-09 13:11 S20uml-util -> /init.d/uml-util
lrwxrwxrwx 1 root root 19 2011-11-14 22:05 S25bluetooth -> /init.d/bluetooth
lrwxrwxrwx 1 root root 14 2011-11-14 22:05 S50cups -> /init.d/cups
lrwxrwxrwx 1 root root 20 2011-11-14 22:05 S50pulseaudio -> /init.d/pulseaudio
lrwxrwxrwx 1 root root 15 2011-11-14 22:05 S50rsync -> /init.d/rsync
lrwxrwxrwx 1 root root 15 2011-11-14 22:05 S50saned -> /init.d/saned
lrwxrwxrwx 1 root root 19 2011-11-14 22:05 S70dns-clean -> /init.d/dns-clean
lrwxrwxrwx 1 root root 18 2011-11-14 22:05 S70pppd-dns -> /init.d/pppd-dns
lrwxrwxrwx 1 root root 24 2011-11-14 22:05 S90binfmt-sup -> /init.d/binfmt-sup
lrwxrwxrwx 1 root root 17 2011-11-23 19:57 S91apache2 -> /init.d/apache2
lrwxrwxrwx 1 root root 22 2011-11-14 22:05 S99acpi-support -> /init.d/acpi-support
lrwxrwxrwx 1 root root 21 2011-11-14 22:05 S99grub-common -> /init.d/grub-common
lrwxrwxrwx 1 root root 18 2011-11-14 22:05 S99ondemand -> /init.d/ondemand
lrwxrwxrwx 1 root root 18 2011-11-14 22:05 S99rc.local -> /init.d/rc.local
```

rc3.d 동작 수준에서 호출되는 모든 스크립트는 S로 시작하기 때문에 시스템에서 태스크를 시작하게 될 것이라는 사실에 주목한다.

sysVinit는 리눅스 시스템에서 첫 번째 태스크를 시작하기 위해 inittab라고 부르는 형상 설정 파일을 이용하며, 부팅을 성공적으로 수행한 후 시스템의 동작 수준을 설정한다. inittab 형상 설정 파일도 부팅 시 태스크를 시작할 수 있고, 복구 가능한 태스크를 시작할 수 있으며, ctrl-alt-del 같은 키보드 시퀀스를 위한 동작을 택할 수 있고, 주문 시스템의 요청 이벤트를 위한 동작을 택할 수 있으며, UPS나 전원 관리 시스템에 의해 보내진 전원 감지 이벤트 동안 동작을 택할 수 있다.

사례 애플리케이션

리눅스 애플리케이션에서 디바이스를 이용하는 것은 devnode를 공개하는 것만큼 간단하며, 읽기와 쓰기 명령을 이용해 상호작용한다. ioctl 시스템 호출은 드라이버의 설정을 제어하는 데 사용된다. 직렬 포트와 같이 일반적으로 사용되는 디바이스는 ioctl 시스템 호출과 이미 상호작용되게 작성됐던 라이브러리를 갖는다. 다음에 나오는 애플리케이션은 사용자 애플리케이션이 어떻게 직렬 포트와 상호작용하는지를 보여준다. 첫째, 이것은 직렬 포트를 개방하며, 그런 다음 전송률이 115200KBps이고 8 데이터 비트를 가진 직렬 포트를 설정하기 위해 termios.h에 의해 내보내진 기능성을 이용한다. 포트를 설정한 후 애플리케이션은 직렬 포트 외부에 'Hello Serial Port!'라 쓴다.

```c
#include<fcntl.h>
#include<stdio.h>
#include<stdlib.h>
#include<string.h>
#include<termios.h>

#define SERDEV "/dev/ttyS4"
#define MESSAGE "Hello Serial Port!\n"

int main(int argc, char *argv[ ]){
    int serport;
    struct termios serport_termios;
    printf("Opening Serial Device: %s\n", SERDEV); //Open Serial Port
    serport = open(SERDEV, O_RDWR);
    if(serport<= 0){
        printf("Error opening Serial Device: %s\n", SERDEV);
        return -1;
    }
    tcgetattr(serport, &serport_termios);     //Read Serial Settings
    cfmakeraw(&serport_termios);          //Set Serial Port RAW
    serport_termios.c_cflag = B115200 | CS8 | CLOCAL | CREAD; //Set BAUD Rate and Data Bits
    tcsetattr(serport, TCSANOW, &serport_termios);       //Write Serial Settings
    write(serport, MESSAGE, strlen(MESSAGE));     //Write Message
    close(serport);    //Close Serial Port
    return 0;
}
```

참조 보드상의 리눅스 동작

참조 플랫폼

참조 보드는 임베디드 플랫폼에서 리눅스 동작을 시작하는 훌륭한 방법이다. 많은 참조 설계들은 스키마, 재료 사양서, 레이아웃 파일들을 제공하기 때문에 참조 설계는 좀 더 쉽게 생산 보드로 옮겨갈 수 있다. 서로 다른 많은 참조 보드가 가용하다. 이 절에서는 임베디드 개발을 준비하기 위해 보드 자체의 시작 종료 설정을 보여주는 sub-$100 BeagleBone 보드를 이용한다. BeagleBone 보드를 판매하는 다수의 벤더가 존재하며, 이 보드에는 시스템 부팅에 사용될 수 있는 초기 시동 USB 케이블과 microSD 카드가 같이 딸려온다. 이 절에서는 배포판을 갖고 처음부터 시작할 것이다.

BeagleBone으로 시작

다음에 나오는 하드웨어 인터페이스는 BeagleBone에서 사용할 수 있다.

- USB 호스트
- USB 클라이언트
- 10/100 이더넷
- 인터페이스 헤더(추가 프로세서 I/O와 플러그인 모듈에 접근하기 위한)
- FTDI 기반 직렬/JTAG(JTAG/USB/직렬 포트에 동시 연결을 위한)

그림 23.5는 크기가 3.4" × 2.1"로 측정되는 BeagleBone 사진이다.

그림 25.3 BeagleBone 사진(http://beagleboard.org)

시작하기

BeagleBone 하드웨어는 다양한 배포자로부터 구할 수 있다. BeagleBone 웹사이트를 방문하면 주문 가능한 벤더들의 목록을 제공받을 수 있다.

보드가 도착할 때 보드 자체와 함께 컴퓨터에 연결할 수 있는 USB 케이블, 제공된 기본 이미지와 일치하는 날짜 코드가 적혀있는 microSD 카드가 같이 딸려온다. 제공된 microSD 디스크를 더 잘 이해할 수 있는 훌륭한 자료들은 http://circuitco.com/support에서 찾을 수 있다. 이 웹페이지로부터 BeagleBone을 선정한 후 다양한 하드웨어 개정 목록과 이미지 파일들을 위키wiki 형식으로 제공한다. 이미지 생성을 시도하기 전에 (박스와 보드 상단에 도장이 찍혀있는) 하드웨어 개정에 의해 지원되는 최신 버전을 다운로드할 것을 권고한다.

또 다른 권고 사항으로는 개발을 위해 호스트 리눅스 환경을 설정하는 것이다. 개발을 위한 주 컴퓨터가 윈도우에서 동작한다면 몇 가지 옵션이 있다. 첫째, 많은 리눅스 배포판은 설치 동안 컴퓨터를 위해 이중 부팅 옵션을 제공한다. 예를 들어 우분투는 컴퓨터 시작 시 'grub' 부팅 메뉴를 설치하는데, 이에 따라 리눅스나 윈도우가 시동을 위해 선택될 수 있다. 두 번째 옵션은 리눅스가 윈도우 내부에서 동작되도록 허용하는 가상화 패키지를 설치한다. VirtualBox와 VMWare는 '프리웨어' 버전을 설치할 수 있는 옵션을 가진 후보 패키지다. 세 번째 옵션은 더 이상 사용할 수 없게 된 오래된 PC 기계를 발견하는 것으로, 이 PC는 최신 윈도우에서 동작하기에는 너무 느리겠지만, 리눅스 배포판에서는 잘 동작할 것이다!

이 절의 나머지 부분에서는 리눅스 호스트 환경에서의 동작을 기반으로 BeagleBone 동작을 위한 명령들을 이용한다. 이중 부팅의 기회가 없고, 가상화 패키지가 동작하며, 오래된 기계가 사용된다면 이와 동등한 윈도우 기반 명령들의 준비와 동작들을 인터넷상에서 발견할 수 있을 것이다.

리눅스 SDK

BeagleBone에 설치되는 올바른 드라이버를 얻기 위해서는 리눅스 시타라Sitara SDK를 다운로드하는 것이 필수적이다. 이 이미지는 BeagleBone과 통신할 호스트 리눅스 운영체제를 획득하기 위해 필요한 FTDI 드라이버를 갖고 있다. 다음은 이 드라이버를 획득하기 위해 수행되는 단계다.

1단계 시타라 SDK를 다운로드한다.

　 T1 웹사이트에 연결할 수 있는 http://beagleboard.org/project/amsdk/로 간다.

2단계 이미지를 굽는다.

　 디바이스 드라이버와 파일 형식 기반의 이미지를 구울 수 있는 방법을 결정하기 위해 3단계를 따른다.

3단계 BeagleBone을 시작한다.

　 제공된 USB 케이블을 이용해 BeagleBone 보드를 호스트 PC에 플러그로 연결한다.

호스트 PC의 리눅스에서 동작하고 있는지 아니면 가상화 프로그램을 이용해 동작하고 있는지에 따라 BeagleBone은 인식돼야 하고 'START_HERE' 폴더는 나타나야 한다. 디렉토리를 공개할 때 올바른 드라이버를 적재하기 위해 스크립트 파일인 START_HERE.sh를 실행한다.

4단계 지원 파일을 복사한다.

START_HERE 디렉토리에는 지원 애플리케이션과 가이드라인이 있다. 이들을 호스트 시스템에 복사하면 일단 접근할 수 있고, 그러면 BeagleBone 이미지 변경이 시작된다.

기본 이미지 획득

앞에서 기술한 것처럼 웹사이트 http://circuitco.com/support에서 획득할 수 있는 기본 이미지는 보드를 확실하게 해주는 훌륭한 방법이며, 또한 개발 환경이 올바르게 동작할 수 있게 만들어준다. 획득한 이미지가 동작하면 설정은 검증될 수 있으며, 이 방법은 자신의 이미지를 생성하기 시작할 때 디버깅을 더 쉽게 만들어준다.

1단계 리눅스 호스트 OS로 들어간다.

원래의 호스트 시스템에서 동작하든지 그렇지 않으면 가상화 환경에서 동작하든지, 리눅스 호스트 OS에 로그인한다.

2단계 기본 이미지를 다운로드한다.

http://circuitco.com/support로 가서 'BeagleBone'을 클릭한다. 현재 갖고 있는 하드웨어 개정판과 일치하는 배포판을 발견한다. 그것을 다운로드한다!

3단계 이미지를 굽는다.

blank 4 GB microUSB 카드를 이용하면 배포판의 크기는 2GB보다 더 커지기 때문에 2GB 크기의 카드는 더 이상 작동하지 않을 것이다. 다음 명령을 제기해 호스트 컴퓨터 상에서 microSD 카드를 위한 디바이스 ID를 결정한다.

```
-$ df
```

microSD 카드를 위해 예상 크기와 일치하는 /dev/sdX나 /dev/diskX 형식에서 드라이버를 발견한다. 그런 후 다음과 같은 명령을 이용해 그 드라이버를 해제한다.

```
-$ umount /dev/sdX
```

다음 문장에 따라 ('xz' 파일을 위해) 드라이버와 유형을 일치시키게 글자 'X'를 대체한다.

```
-$ xzcat IMAGENAME.img.xz j sudo dd of5/dev/sdX bs58 M
```

그렇지 않으면 ('gz' 파일을 위해) 다음을 타이핑한다.

```
-$ zcat IMAGENAME.img.gz j sudo dd of5/dev/sdX bs58 M
```

4단계 BeagleBone 보드를 호스트 컴퓨터에 플러그로 연결한다.

오류 메시지가 있다면 디바이스 드라이버 소프트웨어를 올바르게 설치해야 한다. 그런 다음 인터넷상에서 특정 오류 코드와 'BeagleBone'에 대해 탐색한다. 시타라 SDK가 앞에서 논의했던 것처럼 설치되는 한 드라이버는 사용할 수 있고 준비돼야 한다.

리눅스 배포판 획득

이미 BeagleBone상에서 동작하기 위해 설정된 많은 리눅스 배포판이 있다. 여기에 나와 있는 것은 현재 사용할 수 있는 리눅스 배포판 목록의 일부분이며, 목록과 함께 어떻게 이미지를 획득할지에 대한 명령도 같이 제시돼 있다.

- 웅스트롬 데모 이미지(http://beagleboard.org/project/angstrom/)

  -$wget http://www.angstrom-distribution.org/demo/beaglebone/Cloud9-IDE-eglibcipk
  -v2012.01-core-beaglebone-2012.01.11.img.gz
  -$ zcat Cloud9-IDE-eglibc-ipk-v2011.12-core-beaglebone-2012.01.11.img.gz j sudo dd
  of5/dev/sdX bs=8 M

- BeagleBone용 우분투 11.04(https://wiki.ubuntu.com/ARM/OmapNetbook)

  -$ wget from http://cdimage.ubuntu.com/releases/11.04/ubuntu-12.04-
  preinstalleddesktop- armhf1omap.img.gz
  -$ zcat ubuntu-12.04-preinstalled-desktop-armhf1omap.img.gz j sudo ddof5/dev/sdXbs =8 M

- 안드로이드(http://arowboat.org)

  TI 위키 페이지는 BeagleBone상에서 동작하는 적절한 드라이브를 이용해 안드로이드 이미지를 설정하고 획득하는 데 있어 훌륭한 자산이 된다. 이것은 또한 LCD 터치스크린 옵션이나 DVI-D 인터페이스와 같이 BeagleBone을 위한 적절한 추가 '후드hood' 모듈을 가진다면 비디오를 사용할 수 있게 하는 명령도 같이 포함하고 있다. 여기서는 명령을 타이핑하는 대신, 명령을 찾기 위해 다음 링크로 가길 바란다.

  http://processors.wiki.ti.com/ index.php/AM335X_EVMSK_Android_Devkit_Guide

- 젠투Gentoo

  젠투는 BeagleBone상에서 잘 동작하는 또 다른 리눅스 배포판이며, 특히 어느 정도의 설정 가능 능력에 대한 자유가 요구된다면 더욱 그렇다. 이것은 사용자가 패키지와 요구되는 특징을 가질 수만 있게 허용하며, 상당히 큰 사용자 커뮤니티에 의해 지원된다. BealgeBone상에 젠투를 설치하는 데 필요한 페이지는 다음에 나오는 링크로 가길 바란다.

  http://dev.gentoo.org/Barmin76/arm/beaglebone/install.xml.

현재 사용되고 있는 보드나 참조 설계의 개발에서 언제 배포판을 내놓을지를 결정하는 훌륭한 시작점을 결정하기 위해서는 인터넷 탐색을 조심스럽게 수행할 필요가 있다. BeagleBone 같이 많은 사용자를 가진 보드에 대해서는 현재 많은 정보가 있으며, 필요시 인터넷에서도 도움을 받을 수 있다.

임베디드 리눅스

BeagleBone상에서 우분투가 동작할 수 있기를 사용자가 원할 수도 있을 것이라고는 보지 않는다. 이것은 현재 존재하고 있는 여분의 소프트웨어 양이 임베디드 프로세서를 거의 고통스러울 정도의 속도로 느리게 만드는 원인이 되기 때문이다. 이것은 또한 작성되고 있는 프로그램에 꽤 많은 양의 메모리 자원을 요구할 수도 있다. 다음은 전형적으로 임베디드 리눅스 플랫폼에 요구되는 항목이다.

- **교차 컴파일러 툴 체인** 호스트 컴퓨터 시스템과 타깃에 따라 교차 컴파일링은 호스트로부터 각기 다른 타깃을 이용해 이진수가 생성돼야 한다는 것을 사용자가 명시하게 허용한다. BeagleBone에서 gcc 같은 프로그램이 제시돼야 하며, 프로그램이 호스트 시스템에서 개발될 수 있지만 타깃에서는 디버깅되거나 작은 변경만이 발생된다.
- **파일 시스템** 파일 시스템은 /bin과 /etc를 가진 표준 리눅스 디렉토리 구조이며, 시스템은 적절한 파일을 이용해 초기화되고 동작될 수 있다.
- **보드 지원 패키지** 이것은 타깃 보드에서 사용되는 리눅스 배포판이며, 보드 지원 패키지를 갖는 것이 중요하므로 커널은 타깃 시스템에서 어떻게 동작되는지 알아야 한다.
- **애플리케이션 소스** 배포판을 위해서는 파이썬python이나 크론cron 같은 애플리케이션을 신속하게 획득할 수 있는 것이 중요하며, 이렇게 함으로써 작성된 애플리케이션이 이미 빌트인된 리눅스 기능성의 완전한 이점을 가질 수 있게 된다.

웅스트롬 구축

웅스트롬Angstrom은 BeagleBone상에서 동작되는 꽤 전형적인 임베디드 운영체제다. 웹사이트는 배포판 빌더를 가지며, 요구되는 컴포넌트만이 구축된다. 이것은 또한 BeagleBone 임베디드 타깃에 대해 필수적인 부팅 파일을 갖는다.

기본 이미지를 이용할 때 앞에서 기술한 것처럼 이미지는 리눅스 동작을 위해 이미지 파일에 필수적인 파티션을 갖고 있다. 파일을 가지고 리눅스 파일 시스템을 생성할 때 올바른 파티션을 이용해 SD 카드를 포맷하는 것이 필수적이다. 다음 명령은 BeagleBone을 위해 부팅 가능한 SD를 생성하기 위한 단계다.

1단계 SD 카드를 포맷한다.

다음 파일은 mkcard.txt라고 부르는 웅스트롬 배포 웹사이트로부터 직접 다운로드할 수 있다.

```
-$ wget http://downloads.angstrom-distribution.org/demo/beaglebone/mkcard.txt
```

셸 스크립트가 되도록 파일의 이름을 다시 짓는다. 이것은 파일을 실행 가능하게 만든다.

```
-$ mv mkcard.txt mkcard.sh

-$ sudo chmod 1x mkcard.sh
```

SD 카드를 위한 적절한 드라이버 문자를 이용해 문자 X를 대체해서 SD 카드를 포맷하기 위해 스크립트를 실행한다.

```
-$ sudo ./mkcard.sh /dev/sdX
```

이 실행 후 'boot' 이름을 가진 파티션과 'Angstrom' 이름을 가진 파티션 모두를 올려놓는다. 이 두 가지 파티션을 갖는 것은 파일 복사를 시작하는 데 있어 필수적이다.

2단계 배포판을 구축한다.

웅스토롬은 타깃에 요구되는 패키지를 함께 넣는 온라인 빌더를 갖고 있다. 웹사이트 http://narcissus.angstrom-distribution로 간다. 여기서부터는 필요한 이미지를 위해 설정 가능 능력을 구축하기 위한 드롭다운 선택이 있다. BeagleBone이 목록에 있다면 'rootfs 구축을 위한 기계 선택'이라는 옵션을 본다. 이것은 목록상에 있거나 없을 수도 있다. BeagleBone이 목록에 없다면 웹사이트 http://dominion.thruhere.net/koen/narcissus라는 대체 사이트로 간다. 이것은 BeagleBone이 목록에 있어야 한다는 점을 제외하고는 동일한 방법으로 동작된다.

그래픽 이용 여부에 따라 그래픽 시스템과는 대조적으로 '콘솔만' 수행되는 옵션이 있다. BeagleBonen을 위한 선택적 그래픽 모듈의 어떠한 것도 갖고 있지 않다면 이것은 의심할 여지없이 최상의 옵션이 된다. 이것은 보드에 의해 사용되는 자원의 양을 제한할 것이다.

다음에는 개발 패키지와 플랫폼 특정 패키지에서의 구축을 비롯해 추가적인 옵션이 있다. 생성됐던 SD 카드에 부팅 파티션을 설정할 필요가 있기 때문에 부트로더 파일을 포함해 명확히 선택해야 한다. 선택은 다양하겠지만, 다음은 이 빌더 페이지상에서 BeagleBoard를 위해 선택될 수 있는 사례다.

기계 beaglebone

이미지 이름 (임의적 기본)

복잡성 간단

사용자 환경 콘솔만 가능

추가 패키지 python, perl, busybox replacements, native(on-target) SDK

네트워크 관련 패키지 Dropbear SSH 서버, NTP, NTP 클라이언트

플랫폼 특정 패키지 부트로더 파일

일단 옵션이 선택되면 이미지 생성을 위해 'Build Me'를 선택한다. 위의 이미지가 생성됐던 그 시기에 tar와 gzip 파일을 위한 크기는 대략 50MB 정도가 된다.

3단계 SD 카드상에 복사한다.

부팅 파티션을 위해 부트로더 파일을 추출할 필요가 있다. 이것은 .tar.gz 파일 밖으로 부팅 파일을 추출함으로써 수행될 수 있다. 두 개의 파티션이 1단계에서 주어지는 한 다음 명령이 동작돼야 한다.

```
-$ tar -wildcards -xzvf random-xxxxxx-image-beaglebone.tar.gz./boot/*
-$ cp u-boot.img /mnt/boot/u-boot.img
-$ cp MLO /mnt/boot/MLO
-$ cp uImage-*.bin /mnt/boot/uImage
```

일단 위의 부팅 파일이 복제되면 주 파티션이 설치될 수 있다. 다음 명령은 주 파티션에 생성됐던 웅스트롬 배포판상에서 복제된다.

```
-$ sudo tar -xvz -C /mnt/Angstrom -f random-xxxxxx-image-beaglebone.tar.gz
-$ sync
```

4단계 부팅을 해제한다.

두 개의 SD 카드 파티션을 해제하고 카드를 BeagleBone상으로 이동한다. 호스트 시스템의 콘솔 포트를 개방하고 BeagleBone을 부팅한다. 이것은 올바르게 부팅돼야 한다. 여기서부터 콘솔 포트를 통해 BeagleBone에 연결될 때 opkg 명령을 이용해 추가적인 패키지를 다운로드할 수 있으며, 더 나아가 타깃에 대한 환경을 설정할 수 있다.

부록 1

C 문법 코딩 표준: 소스코드 개발

로버트 오샤나(Robert Oshana)

이 문서는 1992년 대니얼 문(Daniel Moone)이 처음 작성했던 C 코딩 표준이라는 원 저작물을 편집하고 재구성해서 만들었다. 이 문서는 여러 번의 개정을 거쳤으며, 가장 최신 버전은 2009년에 개정된 것으로 'C 문법 코딩 표준(syntax coding standard)으로 이름이 변경됐다. 대니얼은 자동차, 의료, 산업 분야의 임베디드 개발에 경험이 있으며, 이 표준에 나와 있는 많은 용어와 정의들은 이러한 경험에 의해 도출됐다. 독자들을 위해 이 책자에 이러한 정보를 제공하게 허락해준 그에게 특히 감사한다.

- 편집자 마크 크레일링과 로버트 오샤나

요약

이 부록은 임베디드 프로젝트에서 고려될 수 있는 문법 표준을 포함한다. 이 표준은 변수와 선언문에 대한 스타일 가이드와 네이밍 규약을 포함한다. 이 표준은 나와 있는 그대로 사용할 수 있으며, 또는 개발 중인 특별한 애플리케이션에 맞게 변경해서 사용할 수도 있다. 코딩 표준을 이용하면 코드 베이스라인의 획일성 제공에 도움을 줄 수 있으며, 가독성과 유지 보수성 측면에서 모든 개발자에게 도움이 된다. 이 표준은 회피해야만 하는 초기화 순서와 규약 같은 코드의 버그를 줄이는 데도 도움이 되는 관례를 제안한다.

범위

목적

이 문서의 목적은 소프트웨어 코딩 표준에 대한 언어 종속적 요구 사항과 독립적 요구 사항을 구체적으로 명시하는 것이다. 이 문서에 명시된 요구 사항은 이 표준의 필수적인 부분이다.

목표

이 표준의 기초는 이식성은 고취시키면서도 읽고 이해하기 쉬운 코드를 생산하는 것이다. 목표는 C 언어 소스코드에서 (버그일 것 같은) 뭔가 의심스럽고 이식 불가능한 코드 구성과 플래그를 제한하는 것과, 이 표준을 이용해 생산되는 애플리케이션이 가독성과 이해 용이성뿐만 아니라 유지 보수성과 테스트 가능성도 함께 갖추게 만드는 것이다.

적용 가능성

이 문서는 C 프로그래밍 언어를 이용한 어떠한 임베디드 개발 프로젝트에든 적용된다.

참고 문헌

[1] ANSI/IEEE Std 620.12-1990, IEEE Standard Glossary of Software Engineering Terminology.

[2] ANSI/IEEE Std 983-1986, IEEE Guide for Software Quality Assurance Planning.

[3] ANSI/IEEE Std 1008-1987, IEEE Standard for Software Unit Testing.

[4] DOD-STD-2167 A, Defense System Software Development, DOD, Washington DC, 1988.

[5] B. Kernighan, D. Ritchie, The C Programming Language, Prentice-Hall, Englewood Cliffs, NJ, 1988.

[6] M. Bolsky, The C Programmer's Handbook, Prentice-Hall, Englewood Cliffs, NJ, 1985.

[7] N. Gehani, Advanced C, Computer Science Press, Rockville, MD, 1985.

[8] IBM SC26-4353-0, Systems Application Architecture, Common Programming Interface C Reference, IBM, Armonk, NY, 1987.

[9] E. Yourdon, L. Constantine, Structured Design, Englewood Cliffs, NJ: Prentice-Hall, 1979.

[10] S.H. Caine, E.K. Gordon, PDL-A tool for software design. National Computer Conference, 1975, pp. 271276.

[11] M. Daniel. C Coding Standard, multiple versions and iterations starting in 1992.

정의

다음에 나열돼 있는 정의들은 코딩 표준의 맥락에서 그 뜻을 확고히 만들어준다. 다른 정의들은 ANSI/IEEE Std 620.12-1900[1]에서 찾을 수 있다.

규약 소프트웨어 제품에서 규범을 따르고 일관성을 제공하는 획일적 접근법을 규정하는 데 사용되는 요구 사항, 즉 데이터 정렬을 위한 획일적 패턴이나 형식이다.

정의 objectdefinition은 객체의 특성을 명시하고 객체의 스토리지를 할당하는 데 사용된다.[7] 정의는 스토리지를 할당하는 선언문이다.[8]

선언문 objectdeclaration은 객체의 특성을 명시하는 데만 사용된다. 객체를 위해 할당된 스토리지는 없다.[7] 선언문은 이름을 확고히 해주며 크기, 유효 범위, 자료형 같은 특성들을 정의한다.[8]

확장 가능성 시스템이나 컴포넌트가 스토리지나 기능적 능력을 증가시키기 위해 쉽게 변경될 수 있는 능력이다.

유연성 시스템이나 컴포넌트가 특별히 설계됐던 애플리케이션이나 환경 외에 이용을 위해 쉽게 변경될 수 있는 능력이다.

유지 보수성 소프트웨어 시스템이나 컴포넌트가 결점을 올바르게 고치고, 성능이나 다른 속성들을 향상시키며, 변화된 환경에 적응하는 것을 쉽게 만드는 능력이다.

목표

(1) 스토리지의 유효 범위다.[7]

(2) 객체, 때때로 변수라 불리며, 스토리지를 위한 장소다.[5]

(3) 객체, 데이터를 조정하는 데이터와 서비스의 캡슐화다.[1]

관례 소프트웨어 개발 프로세스로 잘 훈련된 획일적 접근법을 규정하는 데 사용되는 요구 사항이다.

가독성 표준에서 구체적으로 명시된 형식이나 포맷을 따르는 프로그램 목록이다.

신뢰성 특정 기간 동안 명시된 조건하에서 요구되는 기능을 수행하는 시스템이나 컴포넌트의 능력이다.

표준 소프트웨어 개발에서 잘 훈련된 획일적 접근법을 규정하기 위해 이용되고 강제되는 필수 요구 사항, 즉 필수 규약과 관례는 사실 표준이다.

테스트 가능성 제공된 툴(예를 들어 기호 디버거, 에뮬레이터)을 이용해 소프트웨어 변이를 검출하는 능력이다. 가용한 툴은 모듈의 테스트 가능성 목표를 성취하는 데 요구되는 특정 프로그래밍의 구성과 제약 사항에 영향을 줄 것이다.

이해 가능성 소프트웨어 시스템이나 컴포넌트의 본질적인 부분(즉 기본 기능성)을 쉽게 이해할 수 있고 파악할 수 있는 능력이다.

규칙과 규약

다음에 나오는 하부 절들은 소프트웨어 코딩 표준에 적용할 수 있는 규칙과 규약에 대한 요구 사항을 정의한다.

프레젠테이션 스타일

이 절은 종이 목록, 전자 미디어에 저장된 목록, 또는 이 두 가지 목록 모두에 포함된 소스코드 포맷을 위한 규칙과 규약에 대해 기술한다.

들여쓰기와 간격 띄우기

들여쓰기

들여쓰기당 네 개(4)의 간격이 권고된다. 탭 구성에 대해서는 획일적인 정의가 없으며, 탭은 허용돼야 한다. 들여쓰기 규칙은 모든 언어 구성에 적용돼야 한다. 조건부 표현식의 객체가 사용할 중괄호(‖) 열기의 원인이 되는 코드 블록이 요구될 때 중괄호는 자신의 라인에 놓이게 된다. 중괄호(‖) 닫기 또한 스스로 자신의 라인에 놓이게 된다. 여기서 예외는 while 조건이 중괄호 닫기와 동일한 라인에 놓이게 되는 do{ }while 문이다. 중괄호는 조건부 문장과 동일한 수준에서 들여쓰게 된다.

```
Column: * * * * * * *
   12345678901234567890123456789
       do
       {
           for ( . . .; . . .; . . . )
           {
               if ( . . . )
               {
```

```
                switch ( . . . )
                {
                    case . . .:
                        . . .;
                    case . . .:
                    {
                        . . .;
                        . . .;
                    }
                    default:
                        . . .;
                        break;
                }
            else if ( . . . )
            {
                while ( . . . )
                {
                    . . .;
                }
            }
            else
            {
                for ( . . .; . . .; . . . )
                    ;
            }
        }
    } while ( . . . );
  1234567890123456789012345678 9
* * * * * * * *
```

간격 띄우기

이전에 언급했던 들여쓰기 규칙에 추가해 간격은 가독성을 높이기 위해 사용돼야 한다. 다음은 승인된 간격 띄우기 규약의 예다(함수명과 다음 '(' 간에는 여백이 없다는 점에 주의해야 한다).

함수 선언/정의:

```
f( void )                  // Space between function name and '(' is not
f( type arg )              // recommended [i.e., "f ("]. A ',' should
f( type arg, type arg )    // immediately follow all arguments.
```

함수 호출과 전달 값:

```
f( )                    // Space between function name and '(' is not
f( arg )                // recommended [i.e., "f ("].
f( arg, arg )           // ',' shall immediately follow all arguments.
f( arg,                 // If the argument list is too long to fit on
   arg,                 // one line, then the argument list should be
   arg,                 // split at the ',' character(s) and continued
   arg )                // on the next line. Alignment should be
f( arg, arg,            // maintained.
   arg, arg )           // Ref §3.2.1.1.1 Function Argument List Names, p.13
```

표현식과 연산:

```
lvalue = ( a + ( b * c ));      // operator preceded and followed by one
lvalue = ((( d * e ) / f ) / g );   // space; multiple parentheses are to be
lvalue = ( h + ( j / k ));      // grouped with no spaces.
lvalue = l + m + n;
lvalue = o( ) + p( ) + q( );
lvalue = r( s ) + t( u, v ) - w( x, y, z );
```

배열 첨자:

```
code[u][d][t] = 0;    // NO space between identifier and '['
```

또는

```
code[ u ][ d ][ t ] = 0;    // spaces around subscripts are optional
code[ u ][d][ t ] = 0;      // inconsistent spacing should be avoided
```

구조체와 유니온 멤버 명세:

```
roster->name        // NO space around "->"
```

단항 표현식(++, -, +, -, !, B, &, *, cast, 객체의 sizeof):

```
i++;            // NO spaces between identifier and operator
-j;
k = -l;
while ( !right )
~mask
```

```
p_to_y = &y;
*p_to_y = 3;
(double)dtrdsp
(uint32)tvol
(char *)buff
(uint16*)val
sizeof( uint16 )
```

이진 표현식(*, /, %, +, -, <<, >>, <, >, <=, >=, = =, !=, &, ^, |, &&, ||):

```
sites * num * cost      // operator preceded and follow by one space
unscaled_value / 256
( a / b ) * b + a % b
bmap = mask<< ptbl[i].bit_num
for ( I=0; i<= MAX_PARM; I++ )
while (( ptbl[ i ].bmap & CLASS_MASK ) != class )
if ( strcmp( string1, string ) = = 0 )
mask = feat_enabl & feat_avail
(( MIN_LIMIT<= value ) && ( value<= MAX_LIMIT ))
if (( key = = YES ) || ( key = = NO ))
```

대입(할당) 표현식:

```
a = a * ( b + c );      // operator preceded and follow by one space
a * = b + c;
*pointer = *(pointer++) - 1;
*(pointer++) - = 1;
test = test ^ pre_test;
test ^= pre_test;
```

대입 연산자 정렬이 예상된다. 예를 들면 다음과 같다.

```
local_a  = foo_one( );
local_two = foo_two( );
```

위의 연산자는 다음 연산자보다 더 선호된다.

```
local_a = foo_one( );
local_two = foo_two( );
```

조건부 표현식(?:):

```
x = ( y>z ) ? y : z;      // Spaces around conditional operators. All
                          // other appropriate spacing requirements
                          // (e.g., assignment expressions) also apply.
                          // Reference §3.4.3.3 Conditional Expression, p.25
```

문장:

```
for ( expression1; expression2; expression )
if ( expression )
switch ( expression )
while ( expression )
```

선언자:

```
*node
name[NAME_LEN + 1]
buffer[ MAX_COLUMNS + 1 ]
record_t *get_record( storage )
char* get_field( record )
uint16 * get_feat_mask( void )  // " * " not recommended
( *volatile points[3][2] )( )
```

개발자에 의해 받아들여졌던 스타일이 무엇이든지 간에 스타일은 파일을 통해 유지돼야 한다. 혼합 스타일은 권고되지 않는다. 유지 보수 프로그래머는 원래 문서가 표준을 만족하는 한 원래 문서 스타일과 일치하는 스타일을 유지 보수해야 한다.

중첩

최대 중첩 레벨의 수는 여덟 개(8)다. 다음은 허용되는 최대 중첩 레벨의 수와 실제 중첩 레벨을 어떻게 결정하는지를 보여주는 예다.

```
pf_t nesting( void )
{
   pf_t retval;
   do                              // level 1
   {
      for ( . . ., . . ., . . . )  // level 2
      {
         if ( . . . )             // level 3
         {
            switch ( . . . )      // level 4
```

```
                {
                    case . . .:                          // level 5
                    {
                        while ( . . . )                  // level 6
                        {
                            retval = funcs( );           // level 7
                            if ( retval = = FAILED )
                            {
                                1234567890123456789012345678901 23
                                . . .;                   // level 8
                                * * * * * * * *
                            }
                        }
                    }
                }
            }
    } while ( . . . );
    return retval;
}                       // END: nesting( )
```

for 또는 while 루프 내에서 사용되는 각각의 break 또는 continue 문은 하나의 중첩 레벨로 간주돼야 한다.

```
while ( . . . )                     // level n
{
    if ( !something_to_do )
        continue;                   // level n+1
    do_something( );
}
```

위의 문장은 아래 문장과 같이 똑같은 수의 중첩 레벨을 만들어낸다.

```
while ( . . . )                     // level n
{
    if ( something_to_do )
        do_something( );            // level n+1
}
```

중첩은 100개의 확장 불가능한 문장의 코드 총 크기로 명시된 평균을 결코 초과해서는 안된다. '코드 총 크기' 절을 참조한다.

중첩 크기가 아주 넓고 어떠한 종료 중괄호가 어떤 시작 중괄호에 딸려 오는지를 결정하는데 어려움이 있다면 종료 중괄호에는 라벨이 붙여져야 한다. 라벨을 붙이는 적절한 레이블링 기법에 대한 예는 다음과 같다.

```
main( )
{
   do                                       // level 1
   {
      for ( . . ., . . ., . . . )           // level 2
      {
         if ( . . . )                       // level 3
         {
            switch ( . . . )                // level 4
            {
               case . . .:                  // level 5
               {
                  while ( . . . )           // level 6
                  {
                  }                         // END while . . .
               }                            // END case . . .
            }                               // END switch . . .
         }                                  // END if . . .
      }                                     // END for . . .
   } while ( . . . );
}                        // END: main( )
```

대문자 사용

대문자로 시작되는 텍스트의 이용에는 제약 사항이 식별돼야 한다.

모든 객체는 영숫자 문자에 밑줄 문자가 더해져 구성돼야 한다. 유효 범위가 파일인 객체들은 소문자만을 이용해야 한다. 유효 범위가 전역(즉 외부 링크)인 객체들은 '대문자로 시작되는 텍스트Title Cased'가 돼야 한다. '변수명' 절을 참조한다.

유효 범위(즉 파일 또는 전역)와 무관하게 정수, 문자, 부동소수점 상수명은 대문자 영문자, 숫자, 밑줄 문자로 구성될 수 있다. 열거형 상수는 대문자 영문자와 밑줄 문자로 구성돼야 한다. '상수명' 절을 참조한다.

정보 프레젠테이션

소스코드 내내 정보의 프레젠테이션은 획일적으로 유지돼야 한다.

정의는 프로그램 시작 지점에 나열돼야 한다. 모든 정의와 const 수식자들은 프로그램 본문에 앞서 선언돼야 한다.

모든 지역 변수는 프로그램 정의 후, 그리고 첫 번째 실행 가능한 문장 바로 전에 위치돼야 하며, 영문자 순서로 나열돼야 한다.

다음은 허용되지 않는 구성이다.

```
uint8 I = 1;                // i defined at external level
main( )
  {
printf( "d\n", i );         // prints 1
  {
uint8 I = 2;                // i and j defined at
uint8 j = 3;                // internal level
printf( "%d\n%d\n", i, j ); // prints 2, 3
  {
uint8 I = 0;                // i redefined again
printf( "%d\n%d\n", i, j ); // prints 0, 3
  }
printf( "%d\n", i );        // prints 2
  }
printf( "%d\n", i );        // prints 1
}        // END: main( )
```

동일한 이름을 이용하는 다중 변수들은 함수 영역에서는 허용되지 않는다(즉 어떠한 함수에서도 동일 식별자는 한 번 이상 사용되지 못한다).

주석

어떤 주석이 제공되고 어떤 포맷이 사용되는지에 대한 조건이다.

주석은 인라인에 나타나지 않아야 한다. 필요하다면 주석은 소스코드의 우측에 하나의 라인당 하나의 주석이 '블록에 차단되어' 나타나야 한다. 이러한 '블록에 차단되어'라는 요구 사항은 주석을 포함하는 모든 연속 라인에 적용돼야 한다.

```
#define FOREVER for(;;)             // for(;;) is an infinite loop
                                    // equivalent to while(1).
FOREVER
{
   if ( a )                         // Here is some cryptic code that
   {                                // satisfies some particular requirement
```

```
        perform_a( );                          // such that drawing attention to this
    }                                           // block code is desired.
    else
    {
        if ( b )
        {                                       // Here is another equally cryptic block
            perform_b();                        // of code needing clarification. Notice
            clarify();                          // the different blocking used. While only
            notice();                           // consecutive lines containing comments
            consecutive();                      // are required to have the same comment
            bck_n_frth();                       // blocking, the back-and-forth blocking
        }                                       // style shown below is discouraged.
        else if ( c )
        {                                       // Back-and-forth blocking style.
            perform_c();                        // Cryptic call requiring comment.
            obvious_function_call();
            something_strange();                // Function needing explanation.
            self_explanatory_call();
            more_strange_stuff();               // A comment needed.
        }
        else
        {                                       // Preferred comment blocking.
            perform_c();                        // Cryptic call requiring comment.
            obvious_func_call();
            something_strange();                // Function needing explanation.
            self_explanatory_call();
            more_strange_stuff();               // A comment needed.
            you_get_my_meaning();               // Explanation required?
        }
    }
}           // END FOREVER
```

소스가 1행부터 70행까지 교차해있는 블록이 요구될 때가 있다. 코드 중첩이 주석을 극단적으로 우측에서 시작하도록 강요하는 경우 틀림없이 블록 주석의 집합이 더 선호된다.

```
// ─────────────────────────────────
// Function find_name. This function searches an array of names to
// see if a given name already exists in the array. It returns a
// pointer to the name or NULL if the name if not found.
// Reference Appendix F Function Template, p.53
// ─────────────────────────────────
```

```
// char **array is a pointer to arrays of pointers (existing names)
// char *string is a pointer to character array entered (new name)
char *find_name( char **array, char *string )
{
    for ( ; *array != (char *)NULL; array++ )  // for each name
    {
        if ( strcmp( *array, string ) = = 0 )  // if strings match
            break;                             // found it!
    }
    return *array;                             // return the pointer
}  // END: find_name()
```

다차원 배열에 대한 주석 작성 예는 '배열' 절을 참조한다.

코드의 총 크기

코드의 총 크기는 평균 100개 또는 기껏해야 200개의 실행 가능하고 확장이 불가능한 문장으로 제한된다.

네이밍

이 절은 소스코드 목록에 사용되는 식별자 선정을 관리하는 규칙과 규약에 대해 기술한다.

네이밍 규약

길이가 31개의 문자를 초과하는 이름은 없다. 이해 용이성은 유지하면서 이름의 길이를 단축시키는 표준 약어를 이용한다. '표준 약어' 절을 참조한다.

파일명은 파일 확장자를 포함해 32개 문자보다 더 길어서는 안 된다.

변수명

때때로 변수라 부르는 객체는 스토리지 장소다.

공용 객체와 공용 함수(즉 전역 함수)는 자신들의 어원(예를 들어 소스코드 파일)을 고려해 몇 가지 지표가 접두사로 붙어야 한다. 예를 들어 약어 TM(즉 고유의 2~5개 문자 약어)을 가진 파일명이 다음과 같이 주어진다고 가정하자.

소스코드 파일 timing_matrix.c

인클루드(include) 파일 timing_matrx.h

timing_matrx.h에 나열된 모든 전역 변수와 공용 함수는 접두사로 'TM_'이 붙어야 된다.

약어 TM

접두사 'TM_'

변수 선언 float TM_Timing_Matrix[7][24][365];

함수 선언 *float[ ][ ][ ] TM_Return_Timing_Matrix_Pointer(void);

추가적인 함수명 규약은 '함수명' 절을 참조한다.

모든 객체는 영숫자 문자에 밑줄 문자가 더해져 구성돼야 한다. 유효 범위가 파일인 객체들은 소문자만을 이용해야 한다. 유효 범위가 전역(즉 외부 링크)인 객체들은 '대문자로 시작되는 텍스트'가 돼야 하고, 접두사가 붙어야 한다.

주어진 파일:

소스코드 파일 rugged_rock.c

인클루드 파일 rugged_rock.h

변수명:

rugged_rock.c에 선언된 파일 유효 범위

static boolean_t around_the_rugged_rock; // prefix "RR_" optional

rugged_rock.h에 선언된 전역 유효 범위

boolean_t RR_The_Ragged_Rascal_Ran5B_FALSE;

파일 유효 범위의 모든 객체는 소스코드 파일에 선언돼야 한다. 전역 유효 범위의 모든 객체는 인클루드 파일에 선언돼야 한다. 형과 변수는 가능한 한 가장 작은 유효 범위가 주어지도록 정의돼야 한다.

온칩 타이머 또는 A/D 유닛 또는 하드웨어 포트 같은 하드웨어 객체명은 포함된 하드웨어 유형을 고려해 몇 가지 지표를 제공해야 한다. 이 지표는 대문자로 시작해야 하며, 변수의 나머지 부분들은 소문자가 돼야 한다. 예를 들어 시스템 통합 모듈에 등록된 참조 문헌들은 'SIM_'으로 시작돼야 한다.

다양한 파일 쌍과 중복 파일들은 밑줄 문자와 단수 문자로 구성된 접미사를 이용해야 한다 (예를 들어 ds_get_speed_A.c, ds_get_speed_B.c).

함수 인수 목록명 하나의 함수 내에 사용된 변수명들은 자신들의 의미를 잃어버리지 않거나 잘못 이해되지 않는 함수 경계 전체에 걸쳐 유지돼야 한다. 예를 들어 다음은 허용되지 않는다.

```
uint16 convert_file_to_view( . . . )
{
```

```
        char data_buffer[NUM_LEN+1];        // converted text data
        char fline_buffer[MAX_LEN+1];        // text from file
        uint16 item_genre;                   // item type (feat or parm)
        char *line_position;                 // index into fline_buffer
        PARM_REC *ptbl;                      // address of parm table
        uint16 table_index;                  // parm/feat table index
        cnvt_parm_val( item_genre, ptbl, table_index,
        line_position, data_buffer );
}
void cnvt_parm_val(uint16 genre, PARM_REC *ptbl, uint16 index,
        char *line, char *buffer )
{
    . . .
}
```

그리고 함수 경계 전체에 걸쳐 일관성이 유지되도록 이름을 변경해야 한다(원래의 주석은 각
변경에 대한 설명을 제공하기 위해 대체된다).

```
void convert_file_to_view( . . . )
{
    char data_buffer[NUM_LEN+1];
    char fline_buffer[MAX_LEN+1];
    char *fline_position;            // Renamed to provide a better
                                     // "link" between itself and the
                                     // buffer with which it is used.
    uint16 item_genre;
    PARM_REC *ptbl;
    uint16 table_index;
    cnvt_parm_val( item_genre, ptbl, table_index,
    fline_position,                  // dito
    data_buffer );
}
void cnvt_parm_val( uint16 item_genre,   // Names changed
    PARM_REC *ptbl,                      // to maintain
    uint16 table_index,                  // consistency
    char *fline_position,                // with convert_
    char *data_buffer )                  // file_to_view()
{                                        // names.
    . . .
}
```

이러한 요구 사항은 호출하는 루틴이나 호출 당하는 루틴 중 한 가지 관점에서 봤을 때 인수명이 자신의 의미를 잃어버리지 않을 때는 언제든지 호출돼야 한다는 점을 기억해야 한다. 예를 들면 다음과 같다.

```
char old_fname[ ];
char new_fname[ ] = { "12345678.123" );
strcpy( old_fname, new_fname );
```

위 문장은 다음과 같이 이름이 변경되지 않는다.

```
char *dest;
char source[ ] = { "12345678.123" );
strcpy( dest, source );
```

strcpy()가 부호화되고,

```
int strcpy( char *dest, char *source )
```

strcpy() 코드가 다음처럼 변경되지 않을 것이기 때문이다.

```
int strcpy( char *old_fname, char *new_fname )
```

위의 첫 번째 예는 시스템 내의 특정 함수에 묶여 있는데, 이 때문에 전체 함수 내에서 이름의 일관성은 바라지도 않고 요구되지도 않는다. 이해 용이성과 유지 보수성 두 가지 모두를 향상시키면서도 다양한 루틴 간의 의미는 잃지 않아야 한다.

함수명

함수명은 영숫자 문자에 밑줄 문자(a-z, 0-9, _)가 더해져 구성돼야 한다. 숫자 문자는 원래 사용이 반대되지만 사례별로는 허용될 수 있다. 이름은 동사-명사 규약을 따라야 한다(예를 들어 generate_alarm( )).[9] 이름은 단수 동사에 뒤이어 단수 명사로 구성되도록 하는 것을 더 권고하고 있다. 이름은 정확해야 되며, 장황해서는 안 된다. fetch_bucket()라는 이름은 fetch_bucket_from_bottom_of_hill_after_jill_tossed_it_there()보다 더 선호된다. '제안 모듈명' 절을 참고한다.

객체지향 관련 함수는 동사에 뒤이어 밑줄 문자와 object_name이 포함돼야 한다(예를 들어 check_object_name(), get_object_name(), set_object_name()). 객체의 속성에 접근하는 파일명은 동사_명사_속성 형태가 돼야 한다(예를 들어 get_object_name_id()).

함수명을 위한 접두사 'is' 또는 'is_'는 boolean_t, 불리언Boolean 등에서 독점적으로 반환되는 불리언 함수를 위해 예약돼야 한다(예를 들어 isxdigit()).

추가적인 함수 네이밍 규약은 '변수명' 절을 참조한다.

상수명

선언문(즉 인수를 포함하지 않는 단일 라인 #define), 형 수식자 const를 이용하는 객체, 열거형 등은 상수로서 언급된다.

유효 범위(즉 파일 또는 전역)와 무관하게 정수, 문자, 부동소수점 상수명은 밑줄 문자에 다음 두 가지가 더해져 구성돼야 한다.

- 대문자 영숫자 문자
- 접미사 '_k'가 붙은 소문자 영숫자 문자

접미사 '_k'는 정수, 문자, 부동소수점 이름을 위해 예약돼야 한다.

```
#define LITERS_PER_BIT 0.1736407          // Acceptable but not preferred
#define MAX_PARM 31
#define PROMPT ':'
const float liters_per_bit_k50.1736407;   // Preferred
const double pi_k = 3.1415926;
const char *warning_msg_k = "Warning!";
```

코드의 가독성이나 유지 보수성 향상을 원할 때는 언제든지 문자 자체가 가진 뜻을 이용하는 대신 기호 값을 이용해야 한다. 다음 문장 구성은

```
if ( velocity = = 512 )
```

다음과 같이 작성돼야 한다.

```
static const uint16 max_velocity_k = 512;
if ( velocity = = max_velocity_k )
```

열거형 상수는 대문자 영문자에 밑줄 문자가 더해져 구성돼야 한다.

```
typedef enum { CIRCLE, RECT, TRIANGLE, POINT } figure_class_t;
```

매크로명

유효 범위와 무관하게 매크로(즉 인수를 가진 단수 또는 복수 라인 #define)는 동사-명사 네이밍 규약을 따라야 한다는 요구 사항을 제외하고는 함수명을 위해 지정된 동일 네이밍 규약을 따라야

한다.[9] '제안 모듈명' 절을 참고한다.

```
#define CLRBIT(m,b) (( m ) &= ~( 1 L<< ( b )))      // clear bit b in mask m
#define SETBIT(m,b) (( m ) |= 1 L<< ( b ))          // set bit b in mask m
#define TSTBIT(m,b) (( m ) & 1 L<< ( b ))           // test bit b in mask m
```

typedef명

typedef명은 소문자 영문자에 밑줄 문자가 더해져 구성돼야 한다. 모든 typedef는 접미사 '_t'(비union형에 대해)와 '_u'를 가져야 한다. 접미사 '_t'와 '_u'는 typedef를 위해 예약된다.

```
typedef enum { CIRCLE, RECT, TRIANGLE, POINT } figure_class_t;
// pfi_t = = pointer to a function returning an integer
typedef int16 ( *pfi_t )( );
typedef union
{
    FLOAT v[MAXNEL];
    FLOAT m[NPR][NER];
} mea_u;
```

각 struct, union, enum형은 typedef명으로 지정되고 정의돼야 한다. 다음과 같이 주어진 struct 구성에서

```
struct car_status
{
    . . .
};
```

코드는 typedef를 이용해 다시 작성돼야 한다.

```
typedef struct
{
    . . .
} car_status_struct_t;
car_status_struct_t car_status;
```

태그명

구조체와 union 태그는 typedef명을 위해 미리 규정된 동일 네이밍 규약을 따라야 한다.

```
struct tag
{
```

```
    . . .; // list of declarations
};
```

열거형 태그는 typedef명을 위해 미리 규정된 동일 네이밍 규약을 따라야 한다.

```
enum figure_class_t { CIRCLE, RECT, TRIANGLE, POINT };
```

태그 메커니즘은 선호되는 형태의 typedef를 이용한 더 일반적인 typedef 선언문이 있는 데서는 불필요하다. 태그와 typedef 둘 모두가 사용된다면 이 둘은 똑같아야 한다.

멤버명

구조체와 union 멤버명은 변수명을 위해 미리 규정된 동일 네이밍 규약을 따라야 한다.

라벨명

문장 라벨은 허용되지 않는다.

표준 약어

약어가 추가 텍스트와 함께 사용될 때 이 둘은 '_'(밑줄)의 접두사나 접미사 중 하나가 되거나 그렇지 않으면 사용을 강조하기 위해 밑줄을 가진 접두사와 접미사 둘 모두가 돼야 한다. 승인된 약어 목록을 위해서는 '승인된 표준 약어'를 참조한다.

예약어

예약어와 키워드 사용에 대한 제약 사항이 식별돼야 한다.

접미사 '_g'는 전역 유효 범위의 변수를 위해 예약된다(옵션).
접미사 '_k'는 정수, 문자, 부동소수점 상수명을 위해 예약된다(필수).
접미사 '_t'는 union은 제외한 typedef명을 위해 예약된다(필수).
접미사 '_u'는 union을 위한 typedef명을 위해 예약된다(필수).
접두사 'is'와 'is_'는 불리언 함수를 위해 예약된다.
다음은 portable.h에서 찾을 수 있는 표준 참/거짓에 대한 열거문이다.

```
    typedef enum { B_FALSE50, B_TRUE51 } boolean_t;
```
다음은 portable.h에서 찾을 수 있는 표준 성공/실패에 대한 정의문이다.

```
    typedef enum { PASSED50, FAILED51 } pf_t;
```

구현 언어의 제약 사항

이 절은 프로젝트, 기계 종속 특성, 툴에 기인하는 구현 언어의 제약 사항, 즉 구성의 이용과 특징에 부과된 여러 가지 제약 사항을 기술한다.

언어 구성과 특징

이 절은 허용된 C 언어 구성의 이용과 특징에 대해 다룬다.

데이터와 선언문

전 시스템에 걸친 전역 변수의 이용은 피해야 한다. 여기서 하드웨어에 대한 기술은 명백히 예외가 된다. 또 다른 예외로는 진단 시스템과 행정/제어 시스템 간 통신을 허용하는 시스템 차원의 상태 지시자가 있다.

형 명시자

모든 정수 스토리지는 부호로 저장돼야 하는 이유가 있을 때까지 부호 없는 정수로 정의된다. 예를 들어 분당 회전수^{RPM}는 항상 양수다(음수 RPM은 존재하지 않는다). 그러나 아날로그 전압은 -5V부터 5V까지 될 것이며, 여기서 음수 전압은 의미를 갖는다.

unsigned는 최상위 비트가 특정 정보를 포함할 것으로 예상되는 경우에는 항상 사용돼야 한다. 이것은 항상 unsigned로 선언돼야 하는 비트 마스크의 경우에는 사실이다. 부호 없는 크기는 논리적으로 이동될 C 언어 정의에 의해 보장된다(즉 비워진 비트는 0비트로 대체된다). 부호 크기의 이동은 논리적 또는 산술적으로 수행된다(즉 비워진 비트는 부호 비트의 복사를 통해 대체된다). 비트 마스크상에서 수행됐기를 바라지는 않는다. [6]

문자열은 저장된 데이터에 상관없이 char형으로 선언돼야 한다. 정수 자료형은 우편번호와 사회보장번호 같은 객체에는 사용되지 않는데, 이들 객체상에서는 계산이 수행되지 않기 때문이다. integer, long, float, double 같은 자료형은 몇 가지 계산이 가능한(확률과는 무관하게) 변수들과 비트 단위 정보를 포함하는 마스크용 부호 없는 integer와 long(예를 들어 uint16, uint32) 변수들로 제한돼야 한다.

typedef

typedef 선언은 동일 유형의 다중 예가 있을 때면 언제든지 요구된다.

```
typedef uint16 feat_tbl_mask_t;
typedef uint32 parm_tbl_mask_t;
typedef struct
```

```
{
    char street_nbr[ ];        // [ ] highlights that street_nbr[ ] is an array
    char street_name[ ];       // Ref §3.4.1.8.1.1 Character Strings, p.21
    char city[ ];              // . . .
    char state[ ];             // . . .
    char zip_code[ ];          // . . .
} address_t;
```

구조체와 union 선언문

비트 필드

다음과 같은 선언문이 있다.

```
#define UNAVAILABLE 0
#define AVAILABLE      1
#define DISABLED       UNAVAILABLE
#define ENABLED        AVAILABLE
typedef struct
{
    unsigned automotive_governor        : 1;
    unsigned cruise_control             : 1;
    unsigned engine_protection          : 1;
    unsigned engine_protection_shutdown : 1;
    unsigned                            : 4;
    unsigned fuel_log                   : 1;
    unsigned gear_down_protection       : 1;
    unsigned idle_shutdown              : 1;
    unsigned idle_shutdown_in_pto       : 1;
    unsigned idle_shutdown_override     : 1;
    unsigned                            : 3;
    unsigned j1922_control_monitor      : 1;
    unsigned low_idle_adjust_switch     : 1;
    unsigned mpg_monitor                : 1;
    unsigned progressive_shift          : 1;
    unsigned                            : 4;
    unsigned pto                        : 1;
    unsigned remote_pto                 : 1;
    unsigned vss                        : 1;
    unsigned                            : 5;
} ecm_flags_u;
```

아래 정의를 이용한다.

```
ecm_flags_u avail_flags;
ecm_flags_u enabl_flags;
```

다음과 같은 대입문이 제공된다.

```
avail_flags.automotive_governor    = 5AVAILABLE;
avail_flags.vss                    = AVAILABLE;
enabl_flags.pto                    = ENABLED;
enabl_flags.remote_pto             = DISABLED;
```

Union

위의 UNAVAILABLE, AVAILABLE, DISABLED, ENABLED, ecm_flags_u 선언문('비트 필드' 절 참조)에
추가해 다음 선언문과

```
union flags
{
    ecm_flags_u flags;
    uint32 store;
};
```

아래 정의가 주어지면

```
union flags avail;
union flags enabl;
```

다음과 같은 대입문이 제공된다.

```
avail.store = (uint32)UNAVAILABLE;
enabl.store = (uint32)UNAVAILABLE;
avail.flags.vss = AVAILABLE;
avail.flags.pto = AVAILABLE;
enabl.flags.vss = ENABLED;
```

열거형

'상수명' 절을 참조한다.
'typedef명' 절을 참조한다.

```
Reference §0 typedef struct
```

```
{
    ...
} car_status_struct_t;

car_status_struct_t car_status;
```

태그명

'예약어' 절을 참조한다.

포인터 선언문

'형 불일치' 절을 참조한다.

배열 선언문

'배열' 절을 참조한다.

문자열

"규약에 따라 C에 있는 문자열은 널 문자null character인 '\n'으로 종료된다. C에서 문자열 처리는 이 규약을 기반으로 한다". [7]

널 문자로 종료하는 것은 C 고유 함수의 이용을 촉진시키며, 표준화 시 문자열을 문자열로 취급해야 하는지, 그렇지 않으면 주어진 메모리 장소를 확보하는 문자의 집합으로만 취급해야 하는지에 관한 애매모호함을 제거해준다.

이 규약을 지키고 충분히 활용하기 위해서는 모든 문자열은 널 문자(즉 '\0')로 종료돼야 한다. 이 요구 사항은 모든 문자열의 크기 산정과 초기화('문자열' 참조)에도 반영돼야 한다.

특정 문자열의 길이가 고정 길이라면(예를 들어 STR_LEN) 개체를 저장하는 데 사용되는 모든 선언자는 '+1' 표기법(예를 들어 STR_LEN+1)을 이용해 크기가 조정돼야 한다. 이 표기법은 저장된 개체가 STR_KEN 길이인데 반해 개체가 소유한 문자열은 널 문자 종결자를 위해 크기가 조정됐다는 사실을 강조한다.

다음 선언문과

```
#define FILE_NAME_LEN 12
#define FILE_ROOT_LEN 8
#define EXTENSION_LEN 3
```

다음 정의를 이용하면

```
char fname[FILE_NAME_LEN+1];
```

```
char s[ ];
```

널 문자로 종료되는 문자열을 허용하며, 이에 따라 C 문자열에 대한 조작 함수의 이용이
가능해진다.

```
sprintf( fname, "%s.%s, "config", "sys" );
strcpy( fname, "12345678.123" );
strncpy( fname, "87654321", FILE_ROOT_LEN );
strlen( fname );
fname[0] = '\0';
strcat( fname, "config.sys" );
strcmp( fname, "config.sys" );
s5strchr( fname, '.' );
*(++s) = '\0';
strncat( fname, "sys", EXTENSION_LEN );
strncmp( s, "sys", EXTENSION_LEN );
fname[FILE_NAME_LEN] = '\0';
printf( fname );
```

함수 선언자

모든 함수는 프로토타입돼야 한다(즉 선언돼야 한다). '함수' 절을 참조한다.

　모든 함수의 정의는 '새로운 스타일'의 형식을 따라야 한다.[5] 다음에 나오는 스타일은 허
용되는 반면

```
int strcpy( char *dest, char *source )
{
    . . .;
} // END: strcpy( )
```

　다음 예는 허용되지 않는다.

```
int strcpy( dest, source )
char *dest;
char *source;
{
    . . .;
}
```

　기존의 몇 가지 C 컴파일러는 '구형 스타일'을 사용할 때 호출자와 비호출자 간 또는 함수
의 프로토타입과 실제 구현 간조차도 형 불일치에 대해 검사하지 않는다.

초기화

배열

1차원 배열은 다음 두 가지의 초기화 스타일(즉 중괄호를 포함하는 모든 단일 라인 또는 분리된 라인상에 중괄호를 가진 다중 라인) 가운데 하나를 이용할 수 있다.

```
static uint8 digits[10] =
{
    1, 2, 3, 4, 5, 6, 7, 8, 9, 0
};
static uint8 digits[10] = { 1, 2, 3, 4, 5, 6, 7, 8, 9, 0 };
```

반면에 다음 예는 허용되지 않는다.

```
static uint8 digits[20] = { 0, 1, 2, 3, 4, 5, 6, 7, 8, 9, 10,
11, 12, 13, 14, 15, 16, 17, 18, 19 };
```

이전 예는 다음처럼 다시 작성돼야 한다.

```
static unit8 digits[20] =
{
    0, 1, 2, 3, 4, 5, 6, 7, 8, 9,
    10, 11, 12, 13, 14, 15, 16, 17, 18, 19
};
```

다차원 배열은 자체의 중괄호 집합 내 각 행의 값을 명확히 둘러싸 신의 열과 행의 초기화를 강조할 것이다. 다음과 같은 구성이 요구된다.

```
static uint32 salary_tbl[3][5] =
{
    { 500, 550, 600, 650, 700 }, // . . .
    { 600, 670, 740, 810, 880 }, // . . .
    { 740, 840, 940, 1040, 1140 } // . . .
};
```

반면 다음 예는 두 가지 모두 허용되지 않는다.

```
static uint32 salary_tbl[3][5] =
{
    500, 550, 600, 650, 700,
    600, 670, 740, 810, 880,
```

```
    740, 840, 940, 1040, 1140
};
static uint32 salary_tbl[3][5] =
{
    500, 550, 600, 650, 700, 600, 670, 740, 810, 880, 740, . . .
};
```

다차원 배열에서 주석을 다는 것은 다음과 같은 스타일을 이용해 완료된다.

```
static uint32 salary_tbl[3][5] =
{
    {
        500,    // . . .
        550,    // . . .
        600,    // . . .
        650,    // . . .
        700     // . . .
    },
    {
        . . .
    }
};
```

문자열

다음에 나오는 세 가지 배열의 크기 조정과 초기화 스타일은 허용되지 않는다.

```
char name1[ ] = { 'J', 'a', 'n' };
char name2[3] = { "Feb" };
char *name3 = { 'M', 'a', 'r' };
```

다음 세 가지 선언문은 다음과 같은 요소를 생성한다.

```
Element Value Element Value Element Value
name1[0] 'J' name2[0] 'F' name3[0] 'M'
name1[1] 'a' name2[1] 'e' name3[1] 'a'
name1[2] 'n' name2[2] 'b' name3[2] 'r'
```

반면 다음 예는 허용된다. 이들 예는 가장 선호하는 스타일부터 가장 덜 선호하는 스타일 순서로 돼 있다.

```
char name4[ ] = { "April" };        // [ ] highlights that it is an array
```

```
                                    // and is the preferred style
                                    // array size established by compiler
char *name5 = { "May" };            // array size established by compiler
char name6[5] = { "June" };         // array size hard coded
```

다음 세 가지 선언문은 다음과 같은 요소를 생성한다.

```
Element    Value  Element   Value  Element     Value
name4[0]   'A'    name5[0]  'M'    name6[0]    'J'
name4[1]   'p'    name5[1]  'a'    name6[1]    'u'
name4[2]   'r'    name5[2]  'y'    name6[2]    'n'
name4[3]   'i'    name5[3]  '\0'   name6[3]    'e'
name4[4]   'l'    name6[4]  '\0'
name4[5]   '\0'
```

모든 문자열은 널 문자(즉 '\0')로 종료돼야 한다. '문자열' 절을 참조한다.

열거형

1차원 배열의 초기화 규칙('배열' 절 참조)은 열거형 선언문에 적용돼야 한다.

구조체

1차원 구조체는 다음 두 가지 초기화 스타일(즉 중괄호를 포함하는 모든 단일 라인 또는 분리된 라인상에 중괄호를 가진 다중 라인) 가운데 하나를 이용할 수 있다.

주어진 선언문에서

```
typedef struct
{
    char street_nbr[ ];     // [ ] highlights that street_nbr is an array
    char street_name[ ];    // Ref §3.4.1.8.1.1 Character Strings, p.21
    char city[ ];           // . . .
    char state[ ];          // . . .
    char zip_code[ ];       // . . .
} address_t;
```

다음과 같은 스타일의 정의문은 허용되는 반면

```
static address_t tmp_adrs =
{
    "654", "Holly", "St. Paul", "MN", "55104"
};
```

```
static address_t tmp_adrs = { "654", "Holly", "St. Paul", "MN", "55104" };
```

다음 정의는 허용되지 않는다.

```
static address_t tmp_adrs = { "654", "Holly", "St. Paul", "MN", "55104" };
```

다차원 구조체는 중괄호 집합 내에서 각 차원의 값을 명확히 둘러싸 각 차원의 초기화를 강조할 것이다. 다음과 같은 두 가지 구성/주석 스타일은 허용된다.

```
static address_t perm_adrs[2] =
{
    { "12345", "Bee Cave Rd", "Austin", "TX", "78746-0000" },    // . . .
    { "4261", "Home Ave", "Columbus", "IN", "10274" }            //. . .
};
static address_t perm_adrs[ ] =
{
    {
        "12345",            // . . .
        "Bee Cave Rd",      // twisty + speed traps = trouble
        "Austin",           // In the heart of Texas.
        "Texas",            // In heaven as it is in Texas!!!
        "78746-0000"        // . . .
    },
    {
        . . .
    }
};
```

함수

함수는 단일 목적의 성능으로 제한돼야 한다. 일정한 간격을 두고 무엇을 해야 할지, 그리고 어떻게 해야 할지 그 기능을 주고받는(즉 '내그 플래그$^{nag\ flag}$') 제어 흐름들은 엄격히 제한돼야 한다. 내그 플래그/제어 흐름이 함수의 단일 목적을 변경한다면 그 함수는 단일 목적 기준을 따르도록 재구성돼야 한다.

모든 함수는 프로토타입돼야 한다. 유효 범위가 전역인 함수들은 함수를 포함하고 있는 파일에서 참조돼야 하는 인클루드 파일에 프로토타입돼야 한다. 유효 범위가 파일인 함수들(즉 지역적으로 정의된 정적 함수)은 소스 파일에 'LOCAL PROTOTYPES'라는 배너를 이용해 프로로타입돼야 한다.

함수의 오류를 다루는 요구 사항들은 함수 헤더의 'RESTRICTIONS, SIDE EFFECTS, ERROR

```
```

HANDLING, AND NOTES'라는 영역에 정의돼야 한다.

함수 호출

PASSED/FAILED라고 하는 성공/실패 징후를 반환하는 모든 함수 호출은 자신의 호출 함수로 반환되자마자 즉시 명확하게 검사되고 처리돼야 한다.

모든 파일 입/출력 연산자들(예를 들어 fclose(), ferror(), feof(), fopen(), fgets(), fputs(), fseek(), ftell(), rename(), unlink())은 자신의 호출 함수로 반환되자마자 즉시 성공/실패 조건을 명확히 검사하고 적절한 동작을 취해야 한다.

함수의 오류 처리는 심지어 반환되는 성공/실패 지시자를 무시할 수도 있다. 사실이 무엇이든지 간에, 이에 대한 설명이 함수 헤더의 ERROR HANDLING 영역에서 제공돼야 한다.

테스트 용이성 요구 사항은 에뮬레이터 디버깅 동안 함수가 호출되기 전후 모두 중단점 설정이 허용되게 코드를 구성하라는 지시다. 예를 들어 다음은 허용되지 않는 구성이다.

```
if ( lock_out() = = FAILED )
    perror( );
else
    . . .
```

위 문장은 다음과 같이 다시 작성돼야 한다.

```
pf_t status;
. . .
status = lock_out( );
if ( status = = FAILED )
    perror( );
else
    . . .
```

주어진 다음 문장에서

```
FILE *fptr;
```

다음과 같은 구성은

```
if (( fptr = fopen( . . . )) != (FILE *)NULL )
    . . .
```

다음과 같이 재작성돼야 한다.

```
fptr = fopen( . . . );
if ( fptr != (FILE *)NULL )
   . . .
```

C 언어는 함수 호출 인수와 이진 연산자의 피연산자에 대한 평가 순서를 구체적으로 명시하지 않는다. 따라서 다음과 같은 애매모호한 표현식의 작성은 피해야 한다.

```
z = ( x *++y ) / f( y );
f(++i, x[ i ] );
```

위의 예에서 ++y와 f(y)는 C 컴파일러에 의해 동일 순서로 평가되지 않을 수도 있다.[8]

표현식과 연산자

상수 표현식

숫자형 상수를 이용하는 것은 아주 안 좋은 프로그래밍 관례인데, 특히 그 의미가 바로 명확해지지 않는 경우에는 더욱 그렇다. 숫자형 상수는 #define을 이용해 숫자형 상수와 연관된 기호형 상수로 표현하는 것이 더 좋은 방법이다.[6]

상수 값에 대해서는 변수 대신에 상수를 이용한다(즉 uint16 max_altitude = 50000 대신에 const uint16 max_altitude_t = 50000을 이용한다).

상수는 #define에 의해 대체되거나 형 수식자인 const를 이용해 선언돼야 한다. 그룹으로 만드는 것이 더 이점이 있다면 동일 문자열이라는 문제를 해결하기 위해 다수의 #define을 사용하는 것도 허용된다. 예를 들면 다음 문장은 허용된다.

```
#define HALT_FLAG 0X01
#define FIRST HALT_FLAG
```

여기서의 의도는 HALT_FLAG 같은 토큰 발생에 대한 소스 라이브러리의 스캔 능력을 향상시키기 위한 것이다.

추가적으로 다수의 #define은 정의될 값들 사이에 의미 있는 연결이 있는 곳에서만 허용된다. 값들 사이에 관련이 없다면 별도의 #define이 요구된다. '대입 표현식' 절을 참고한다.

단항 표현식

단항 표현식인 !(논리적 부정) 연산자의 이용은 불리언 표현식을 비롯해 테스트로 제한돼야 한다.

주어진 다음 문장에서

```
FILE *fptr;
fptr 5 fopen( . . . );
```

다음과 같은 구성은

```
if ( !fptr )
    . . .
```

다음과 같이 재작성돼야 한다.

```
if ( fptr = = (FILE *)NULL )
    . . .
```

조건부 표현식

조건부 표현식인 ?:의 이용은 장려돼서는 안 된다. 테스트 용이성 요구 사항은 에뮬레이터 디버깅 동안 실행 가능한 모든 문장에 중단점 설정이 허용되도록 라인당 하나의 실행 가능한 문장만이 존재하라는 지시다. 조건부 표현식인 ?:은 이와 같은 방식으로 중단점 설정을 예방한다.

다음 구성은

```
boolean_t check_range( uint16 value )
{
    return (( MINVAL<= value ) && ( value<= MAXVAL )) ? B_TRUE : B_FALSE;
}
```

다음과 같이 재작성돼야 한다.

```
boolean_t check_range( uint16 value )
{
    boolean_t in_range;
    if (( MINVAL<= value ) && ( value<= MAXVAL ))
        in_range = B_TRUE;
    else
        in_range = B_FALSE;
    return in_range;
} // END: check_range( )
```

다음 구성은

```
memset( ccr->line[FIRST_DOT_LOC], '.', num_dots ? num_dots : MAX_DOTS );
```

```
num_dots = ( num_dots<MAX_DOTS ) ? num_dots + 1 : 0;
```

다음과 유사하게 재작성돼야 한다.

```
if ( num_dots>= MAX_DOTS )
    num_dots = 0;
else
    num_dots++;
memset( ccr->line[FIRST_DOT_LOC], '.', num_dots );
```

조건부 표현식은 다음과 유사한 예에서 허용된다.

```
#define NEGATIVE(x) ((x)<0 ? B_TRUE : B_FALSE )
#define NATURAL(x) ((x)>= 0 ? B_TRUE : B_FALSE )
#define POSITIVE(x) ((x)>0 ? B_TRUE : B_FALSE )
```

콤마 표현식

콤마 표현식은 허용되지 않는다. 다음 구성은

```
wave = ( intensity + = incr, intensity *= mult, splash( intensity ));
```

다음과 같이 재작성돼야 한다.

```
intensity + = incr;
intensity *= mult;
wave = splash( intensity );
```

대입 표현식

다수의 대입 표현식들(예를 들어 i = j = 0)은 같아질 값들 간에 의미 있는 연결이 있는 곳에서만 허용된다. 값들 간에 관련이 없다면 별도의 EQU(equate의 약어)가 요구된다. i = j = 0 예에서 값 0(제로)은 j에, 값 j는 i에 순서대로 대입된다.

    'lvalue = j = = 0', 'lvalue = j != 0', 또는 이와 같은 문장 구성은 피해야 한다. 이 경우 우측 표현식은 불리언 표현식에 의해 평가되며, 그 결과는 lvalue에 저장된다. 이들 문장은 다음 형식으로 재작성돼야 한다.

```
boolean_t lvalue;
unit16 j;
if ( j = = 0 )
    lvalue = B_TRUE;
```

```
else
    lvalue = B_FALSE;
```

그룹과 평가 예외

C 언어는 결합과 교환 특징을 모두 가진 하나 이상의 연산자 예를 포함하고 있는 표현식에서 연산자를 가진 피연산자 그룹의 순서를 구체적으로 명시하지 않는다. 그러한 표현식에서 컴파일러는 피연산자를 다시 배열할 수 있으며, 심지어 괄호조차 그러한 표현식 내 그룹의 순서를 보장할 수 없다. 동일한 결합과 교환 특징을 가진 연산자에는 *, +, &, |, ^가 있다. 피연산자 그룹은 괄호에 있는 표현식을 그룹으로 나눔으로써 순서를 강제할 수 있고 단항인 플러스 (+) 연산자를 이용해 연산을 앞서게 만들 수도 있다.[8]

다음 표현식에서 괄호는 연산자를 가진 피연산자 그룹의 순서를 보장하지 못한다.

```
x = f( ) + ( g( ) + h( ) );
```

위의 식은 다음과 같이 괄호 앞에 단항인 플러스(+)를 놓음으로써 순서를 보장할 수 있다.

```
x = f( ) + + ( g( ) + h( ) );
```

문장

하나의 라인에는 하나의 문장만 있어야 한다. 예를 들어 다음은 허용되지 않는 구성이다.

```
while ( i = = test_value ) test_time = Timer1;
```

while 문의 목적어는 분리된 라인에 있어야 한다. 다음 문장은 허용된다.

```
while ( i = = test_value )
test_time = Timer1;
```

break

루프 구성(예를 들어 do{ }while, for, while)에서 break 문의 이용이 장려되는데, break와 continue 가 goto 문보다 좀 더 나은 편이지만 goto는 허용되지 않기 때문이다. break 문이 사용된다면 루프당 한 번만 나타나게 제한돼야 하며, 동일 루프에서 continue 문과는 결코 함께 사용돼서 는 안 된다. 동일 루프 내에서 다중 break 문이나 break와 continue 문의 조합을 이용하는 것은 제어 흐름을 깨지게 만들며, 결코 사용돼서는 안 된다. 추가적 이용에 대한 요구 사항은 '스위치' 절을 참조한다.

```
// ─────────────────────────────
// This program counts the characters in strings that are part of an
// array of pointers to characters. The count stops when one of the
// digits 0 through 9 is encountered and resumes at the beginning of
// the next string. Reference Appendix F Function template
// ─────────────────────────────
#define NUM_OF_STRINGS 3
static char *strings[NUM_OF_STRINGS] = { "ab", "c5d", "e5" };
main( )
{
    uint16 letter_count = 0;
    char *pointer;
    register uint16 ui;          // ui defined for block use.
                                 // The register storage class is an
                                 // attempt to improve the loop's efficiency.
    for ( ui = 0; ui<NUM_OF_STRINGS; ui++ ) // for each string
    {
        // for each character in the string
        for ( pointer = strings[ui]; *pointer != '\0'; pointer++ )
        {
            // if the character was a number
            if (( '0'<= *pointer ) && ( *pointer<= '9' ))
                break;
            letter_count++;
        }
    }
    printf( "letter count = %d\n", letter_count );
} // END: main( )
```

컴파일러는 일반적으로 register형 수식자를 무시한다는 사실을 알아야 한다. register의 이용은 권고되지 않으며, 피해야 한다. 변수에 대한 올바른 형을 선택하고 컴파일러가 레지스터의 할당을 다루도록 허용한다.

continue

continue 문의 이용은 장려되지 않는다. continue 문이 사용된다면 루프당 한 번만 나타나도록 제한돼야 하며, 동일 루프에서 break 문과는 결코 함께 사용돼서는 안 된다. 동일 루프 내에서 다중 continue 문이나 continue와 break 문의 조합을 이용하는 것은 제어 흐름을 깨지게 만든다. 다음은 중첩 루프에서 continue 문의 예를 보여준다.

```
// ────────────────────────────────
// This program counts the characters in strings that are part of an
// array of pointers to characters. The count excludes the digits
// 0 (zero) through 9. When the inner loop encounters a number in
// the array strings, that iteration of the loop is terminated.
// Execution continues with the next expression of the inner loop.
// The inner loop is terminated when the '\0' null terminator is
// encountered. Reference Appendix F Function template
// ────────────────────────────────
#define NUM_OF_STRINGS 3
static char *strings[NUM_OF_STRINGS] = { "ab", "c5d", "e5" };
main( )
{
    uint16 ui;
    unit16 letter_count = 0;
    char *pointer;
    for ( ui = 0; ui<NUM_OF_STRINGS; ui++ ) // for each string
    {
        // for each character in the string
        for ( pointer = strings[ui]; *pointer != '\0'; pointer++ )
        {
            // if the character was a number
            if (( '0'<= *pointer ) && ( *pointer<= '9' ))
                continue;
            letter_count++;
        }
    }
    printf( "letter count = %d\n", letter_count );
} // END: main( )
```

do{ }while

최소한 한 번의 실행이 요구되는 루프는 do{ }while 구성을 사용해야 하며, for 또는 while 구성을 사용해서는 안 된다. 최소한 한 번의 실행이 요구되는 루프에서 while 문이 사용될 때 루프 제어 표현식은 루프에 들어가면서 상태가 참(true)이 되고, 그런 후 루프가 완료될 때마다 상태를 검사해야 한다는 전제 조건을 가져야 한다. 루프에 들어가는 데 있어 전제 조건이 요구된다면 do{ }while 구성이 고려돼야 한다.

for

다음은 20번째 count 값을 프린트하는 for 문이다. for 문은 초기에 count 값을 1로 설정한다. 매 문장 실행 후 count는 증가된다.

```
for ( count = 1; count<= 20; count++ )
    printf( "count = %d\n", count );
```

비교의 목적으로 이전 예는 같은 작업을 완료하기 위해 다음에 나오는 일련의 문장을 이용해 재작성될 수 있다. for 문 대신에 while 문을 이용한다는 사실에 주의한다.

```
count = 1;
while ( count<= 20 )
{
    printf( "count = %d\n", count );
    count++;
}
```

다음은 초기화 표현식을 포함하지 않는 for문이다.

```
for ( ; index>10; index- )
{
    list[index] = var1 + var2;
    printf( "list[%d] = %d\n", index, list[index] );
}
```

for 문은 하나의 루프 제어 파라미터만을 포함해야 한다. 다음 구성은

```
const uint16 increment = 50;
. . .
for ( i = 0, j = increment; i<10; I++, j + = increment )
{
    printf( "i = %d and j = %3d\n", i, j );
}
```

다음과 같이 재작성돼야 한다.

```
const uint16 increment = 50;
. . .
j = increment;
for ( i = 0; i<10; I++ )
{
    printf( "i = %d and j = %3d\n", i, j );
    j + = increment;
}
```

```
}
```

하나의 for 문은 하나의 루프만을 제어해야 한다.

```
uint16 code[4][3][6];
for ( first = 0; first<= 3; first++ )
    for ( second = 0; second<= 2; second++ )
        for ( third = 0; third<= 5; third++ )
            code[first][second][third] = 100;
```

price 배열 요소들을 초기화하는 다음 구성은

```
for ( i = 0; i<=3; price[i++] = 0 );
```

다음과 같이 재작성돼야 한다.

```
for ( i = 0; i<3; I++ )
    price[i] = 0;
goto
```

goto 문의 이용은 허용되지 않는다. goto 문의 이용은 프로그램의 이해 용이성을 방해하기 때문에 유해로운 것으로 간주된다.

if

중첩된 if 문에서 else가 생략될 때 애매모호하다. 그러한 경우 else는 동일 블록 수준에서 else가 없는 이전의 가장 가까운 if와 관련된다.[6] 애매모호한 것을 예방하기 위해서는 중괄호를 이용한다.

```
if ( n>= 0 )
    for ( i = 0; i<n; I++ )
        if ( s[i]>0 )
        {
            printf( "..." );
        }
else
    printf( "error - n is negative\n" );
```

들여쓰기는 의도가 무엇인지는 분명하지만, 그래도 내부의 if는 else 문과 관련된다. 중첩된 if가 있을 때는 중괄호를 이용한다.[5]

```
if ( n>= 0 )
{
    for ( i = 0; i<n; I++ )
        if ( s[i]>0 )
            printf( "..." );
}
else
    printf( "error - n is negative\n" );
```

똑같은 테스트(예를 들어 box_type == ...)를 포함하는 반복적 if/else if는 피해야 한다.
주어진 다음 문장에서

```
typedef enum
{
    COLOR_LIGHT_BOX, END_BOX, REPEATER_BOX, IWP_BOX, UNKNOWN_BOX
} box_t;
```

다음 구성은

```
if ( box_type == END_BOX )
    format_end_box_entry( entry, str );
else if ( box_type == COLOR_LIGHT_BOX )
    format_color_light_box_entry( entry, str );
else if ( box_type == REPEATER_BOX )
    format_repeater_box_entry( entry, str );
else if ( box_type != IWP_BOX )
    log_error( Verr_RecInit, S_File, __LINE__,
        "Unknown Box Type", 16, B_FALSE );
```

다음과 같이 재작성돼야 한다.

```
switch ( box_type )
{
    case END_BOX :
        format_end_box_entry( entry, str );
        break;
    case COLOR_LIGHT_BOX :
        format_color_light_box_entry( entry, str );
        break;
    case REPEATER_BOX :
        format_repeater_box_entry( entry, str );
```

```
            break;
    case IWP_BOX :
            break;
    default :
        log_error( Verr_RecInit, S_File, __LINE__,
              "Unknown Box Type", 16, B_FALSE );
        break;          // break statement mandatory
}
```

널(;) 문

널^{NULL} 문은 한 라인에 한 번만 나타나야 한다.

다음은 허용되는 문장이다.

```
main( )
{
    uint16 ones;
    uint16 thousands;
    for ( thousands = 0; thousands<1000; thousands++ )
    {
        for ( ones = 0; ones<1000; ones++ )
        {
            ; // A null statement shall appear on a line by itself
        }
    }
} // END: main()
```

다음은 더 선호되는 문장이다.

```
main()
{
    uint16 ones;
    uint16 thousands;
    for ( thousands = 0; thousands<1000; thousands++ )
        for ( ones = 0; ones<1000; ones++ );
            // A null statement shall appear on a line by itself
} // END: main()
```

다음은 허용되지 않는 문장이다(널 문이 한 라인에 한 번만 나타나지 않았다).

```
main()
{
```

```
uint16 ones;
uint16 thousands;
for ( thousands = 0; thousands<1000; thousands++ )
    for ( ones = 0; ones<1000; ones++ ); // NOT allowed
}
```

return

함수는 void형 함수를 제외하고 하나의 return 문만을 포함해야 한다. void 함수를 위한 return 문은 선택 사항이다. void 함수는 항상 정상적으로 존재하는(즉 오류가 없는) 함수로 제한돼야 한다. 모든 함수는 return 문이 사용되든지 아니든지에 무관하게 하나의 출구만 존재하는 방식으로 구성돼야 한다. 이 출구는 함수 본문의 제일 하단(예를 들어 제일 마지막 명령)에 위치해야 한다.

모든 함수는 비정상적인 상태로 빠질 가능성이 조금이라도 존재한다면 이것이 성공/실패 징후가 요구되는 함수 수준에서 인식되든지 아니든지에 상관없이 성공/실패 징후를 반환해야 한다. 다음은 **portable**.h에서 발견된 pf_t형의 표준 성공/실패인 PASSED/FAILED 선언문이다.

switch

다음 예는 다양한 break 문이 포함된 switch 문이다. 각각의 break 문은 특정 절의 끝을 나타내며, switch 문의 실행을 종료한다. 다음 예에 나오는 기본 break 문은 (순수 C 언어 관점에서 보면 옵션일지라도) switch 문 실행 후 중단점 설정에 필요한 문장이다. 다음은 에뮬레이터 디버깅을 가능하게 만드는 테스트 용이성 요구 사항이다.

```
char key;
printf( "Enter an arithmetic operator: " );
scanf( "%c", &key );
switch ( key )
{
    case '1' :
        add( );
        break;
    case '-' :
        subtract( );
        break;
    case '*' :
        multiply( );
        break;
    case '/' :
```

```
        divide( );
        break;
    default :
        printf( "invalid key\n" );
        break; // break statement mandatory
}
```

다음 switch 문은 문장으로 바로 이어지지 않는 다양한 case 수준을 포함하고 있다.

```
typedef enum
{
    JAN 5 1; FEB, MAR, APR, MAY, JUN, JUL, AUG, SEP, OCT, NOV, DEC
} months_t;
months_t month;
. . .;
switch ( month )
{
    case DEC:
    case JAN:
    case FEB:
        printf( "month %d is a winter month\n", month );
        break;
    case MAR:
    case APR:
    case MAY:
        printf( "month %d is a spring month\n", month );
        break;
    case JUN:
    case JUL:
    case AUG:
        printf( "month %d is a summer month\n", month );
        break;
    case SEP:
    case OCT:
    case NOV:
        printf( "month %d is a fall month\n", month );
        break;
    default:
        printf( "%d not a valid month\n", (int)month );
        break; // break statement mandatory
}
```

다음 문장에서 month가 값 MAR을 가졌다면 시스템은 그 다음 문장으로 제어를 넘길 것이다.

```
printf( "month %d is a spring month\n", month );
```

break 문은 제어를 switch 본문 이후에 나오는 문장으로 넘길 것이다.

switch 표현식이 case 표현식과 일치한다면 case 표현식 이후에 나오는 문장들은 break 문을 만날 때까지 또는 switch 본문의 마지막에 도달될 때까지 실행된다. 다음 예에서 break 문은 나타나지 않는다.

'fall through' 또는 'fall thru'가 의도된 것이라고 주석에 명백히 언급돼 있다면 이러한 유형의 구성은 허용될 수 있다. 이것은 다음 문장이 실행될 때 문장을 작성한 원 저자 외에 다른 누군가의 의심을 제거하기 위한 것이다.

```
uint8 strl;            // length of text to be searched
char *text;            // source string containing text to be searched
uint8 capa;            // total number of capital 'A'
uint8 lettera;         // total number of 'A' and 'a'
uint8 total;           // total number of character in source string
strl = strlen( text );
for ( i = 0; i<strl; I++ )
{
    switch ( text[i] )
    {
        case 'A':          // If the value of c is equal to 'A',
        capa++;            // all 3 counters are incremented.
                           // Fall thru to case 'a' intended.
        case 'a':          // If the value of c is equal to 'a',
            lettera++;     // letter a and total are increased.
                           // Fall thru to default case intended.
        default:           // Only total is increased if c is not
            total++;       // equal to 'A' or 'a'.
            break;         // break statement mandatory
    }
}
```

case 구성에서 다중 break 문의 이용은 허용되지 않는다. 이것은 break 문이 미화된 goto 문에 불과하고 goto가 허용되지 않기 때문에 제어 흐름이 깨지는 것을 예방하기 위해 다중 break 문 이용을 계속 금지해야 gks다.

while

while 문 표현식은 루프 제어로 제한돼야 한다. 다음 구성은

```
while (( key = getchar( )) = = ' ' || key = = '\n' key = = '\t' )
    ;
```

다음과 같이 재작성돼야 한다.

```
do
{
    key = getchar( );
} while ( key = = ' ' || key = = '\n' || key = = '\t' );
```

복잡성

이 절은 코드 합계의 복잡성에 관한 제어와 제한 사항에 대해 다룬다.

한 문장을 한 라인에 잘 맞추기가 너무 복잡한 경우 가능하다면 그 부분들이 함께 사용되는 것처럼 조정한다. 예를 들어 다음과 같은 문장을 갖고 시작한다면

```
if ((( a = = b ) && ( c>d )) || (( e != f ) && ( g<h )) || ( i<j ))
```

위 문장은 다음과 같이 재작성돼야 한다.

```
if ((( a = = b ) && ( c>d )) || \
    (( e != f ) && ( g<h )) || \
    ( i<j ))
```

문장은 이해 용이성, 유지 보수성, 테스트 용이성이 개선되도록 구성해야 한다.

문제 구성

상수와 sizeof 연산자

객체의 크기와 관련된 sizeof 연산자의 이용은 장려돼야 한다. 상수는 어떤 객체의 크기를 나타내기 위해 종종 사용되지만, 그러한 이용은 쉽지 않다. 다음 매크로는 배열 요소의 수를 쉬운 방식으로 계산하는 문장이다.

```
#define NUM_ELEM(array) ( sizeof( array ) / sizeof( *( array )))
```

다중 문자 문자 상수

다중 문자 문자 상수의 이용은 허용되지 않는다. 문자 상수가 실제 int형 객체이기 때문에 C 언어에서의 정의는 다중 문자 문자 상수를 허용한다. 그러나 워드(단어)에 지정된 문자의 순서는 기계마다 서로 다르다.[6]

형 불일치

자료형/값은 불일치되지 않아야 한다(예를 들어 정수가 아닌 포인터는 문자가 아니며, 결국 0(제로)과 같지 않은 널[NULL]은 '\0'과 같지 않다). 널이 포인터형인 경우 포인터에 할당될 수 있는 safe 상수만이 널 포인터다. 포인터를 unit32와 같게 하지 않아야 하며, 그 역도 마찬가지다. 이것은 포인터의 크기가 변경될 때까지만 동작될 것이다.

기계의 워드 크기

int형 크기는 기계의 워드 크기에 달려 있으며, 이 크기는 기계마다 서로 다르다. 이러한 이유로 인해 기계의 워드 크기는 비트 마스크 같이 상수에 영향을 미칠 수 있다.

```
#define MASK 0xfff8 // WRONG
int x;
x & = MASK;
```

위의 예는 int가 16비트 크기일 때, 그리고 x가 마찬가지로 선언될 때 x의 최하위 비트 3개가 올바르게 클리어될 것이다. 반면에 x의 최상위 비트는 int가 16비트 이상을 가질 때, 그리고 x가 uint16처럼 부적절한 자료형으로 선언될 때 클리어될 것이다. 이러한 문제를 해결하기 위해서는 다음과 같이 #define 선언을 대신 이용해야 한다.[6]

```
#define MASK (~0X07) // RIGHT
uint16 x;
x & = MASK;
```

소스와 인클루드 파일 레이아웃

소스코드

(확장자 .c를 가진) 모든 소스 파일은 명시된 대로 헤더 구조를 가진 표준 형식 중 하나를 따른다. 각각의 소스 파일은 다른 모듈로부터 읽혀져야 되는 전역 코딩 요소가 있을 때는 언제든지

그에 상응하는 헤더 파일(.h 확장자를 가진 동일한 이름)을 갖는다.

소프트웨어 개발 방법론이 구조적이든 또는 객체지향적이든 상관없이 코드 구성을 위한 요구 사항은 소스코드 파일이 무계획적인 요소들의 집합이 돼서는 안 된다는 점이다. 하나의 소스코드 파일에 있는 모든 것은 논리적이고 설계에 의해야 한다. 구조적 설계에서 파일에 있는 모든 것은 구조도의 함수 블록 같이 설계 요소에 묘사된 것처럼 함수 지향적이 돼야 한다. 객체지향 설계를 구현함에 있어 파일에 있는 모든 것은 그 객체만을 위해 구성돼야 한다.

'소스코드 템플릿'을 참조한다.

다중 함수 규칙

다중 함수는 다음 규칙들을 따르는 한 파일 내에 상주될 수 있다.

- 구조 지향 소스 파일은 하나의 비정적 함수를 포함한다. 함수명(예를 들어 verb_noun)은 파일명(예를 들어 verb_noun.c)과 같아야 된다. 이러한 비정적 함수는 파일에서 발견된 첫 번째 함수 본문이 된다.
- 객체지향 소스 파일은 다수의 비정적(즉 공개) 함수들을 포함할 수 있으며, 객체명(예를 들어 object_name)은 파일명(즉 object_name)과 같아야 된다.
- 각각의 소스코드 파일에는 기껏해야 하나의 인클루드 파일(예를 들어 verb_noun.h, object_name.h) 만이 있을 것이다.
- 지역적으로 정의된 모든 정적 함수는 프로토타입돼야 한다. 이들 프로토타입은 LOCAL PROTOTYPES 섹션에서 알파벳순으로 정렬된다.
- 모든 함수는 적절한 헤더를 갖고 선행돼야 한다. '함수 템플릿'을 참조한다.
- 구조 지향 소스 파일에서 지역적으로 정의된 정적 함수들은 파일에 이름 붙여진 하나의 비정적 함수를 지원한다. 지역적으로 정의된 정적 함수들은 코드의 작은 조각들을 위한 숨겨진 장소는 되진 않을 것이다. 그 이유는 저작자가 '이것을 자신의 방식대로 하길 원했 었거나' 그렇지 않으면 정적 함수의 기능성이 이미 다른 함수에 의해 수행되고 있었던지 아니었든지 간에 그 여부를 그냥 조사받기를 원하지 않았기 때문이다.
- 객체지향 소스코드 파일에서 지역적으로 정의된 함수들(공개 함수와 정적 함수 모두)은 파일이라고 이름 붙여진 객체들을 지원한다.
- 구조 지향 소스코드 파일은 최대 코드 집합의 크기보다 세 배 이상 더 크진 않는다. '코드 집합 크기' 절을 참조한다.
- 객체 소스 파일에 대한 최대 코드 집합의 크기는 객체의 정의를 구성하는 함수(공개, 보호,

비공개) 크기에 의해 결정된다. 앞에 명시된 것처럼 최대 코드 집합 크기의 제한은 적용되지 않는다. 허용은 가능하지만 네 자리 숫자(즉 >999번 실행은 가능하지만 확장은 불가능한 문장)에서 파일 길이가 허용되지 않는 것을 결정하는 것은 설계자와 검토자의 책임이 된다.

함수명 규약에 대해서는 '함수명' 절을 참조한다.

인클루드 파일

하나 이상의 프로그램에 의해 공유되는 자료형, 기호 상수, 매크로를 단일 헤더(즉 include) 파일에 두면 하나의 장소에서만 변경이 이뤄질 수 있다. 스토리지를 할당하는 외부 변수 정의는 헤더 파일에 두지 않아야 한다. 전처리문과 typedef는 헤더 파일만을 이용한다.[6]

모든 (확장자 .h을 가진) 헤더 파일은 파일의 표준 형식을 따라야 한다. 헤더 파일은 소스 파일에 의해 여러 번 포함되는 경우를 대비해 #ifndef/#define/#endif로 둘러싸여져 있어야 한다. 예를 들어 api_serial.h가 파일명이면 헤더 파일 이후 나머지 부분은 #ifndef API_SERIAL_H, #define API_SERIAL_H, 뒤이어 파일의 끝 부분에는 #endif를 이용해 둘러싸여져 있어야 한다. '표준 인클루드 파일 템플릿'을 참조한다.

모든 인클루드 파일은 독립형 개체로 호환돼야 한다.

portable.h

한 플랫폼에서 다른 플랫폼으로 코드 포팅 시 발생되는 우려를 줄이기 위해 기계의 유일한 특성들(예를 들어 워드 크기, 프로세서 속도)과 연관된 모든 구성을 하나의 파일인 portable.h에서 더 잘 실행될 수 있게 묶어놔야 한다. 이것은 호출 규약의 개념을 훨씬 뛰어넘어 확장된 '이식성'을 이용해 portable.h를 시스템의 가장 중요한 파일로 만든다는 것을 의미한다. portable.h와 연관된 기계 종속 특성들에 대해서는 'portable.h'를 참조한다.

portable.h는 다른 어떠한 헤더 파일도 포함하지 않아야 하며, 다른 파일에 종속되지 않게 작성돼야 한다. portable.h는 어떠한 함수 프로토타입도 포함하지 않을 것이다. 'portable.h 인클루드 파일 템플릿'을 참조한다.

특성

프로젝트 특성

프로젝트 특성들은 운영 환경의 안전성이나 보안성 고려 사항들을 포함하지만, 제한하지는 않을 것이다.

기계 종속 특성

기계 종속 특성들은 입/출력 특성, 워드 길이 종속 특성, 부동소수점 산술 이용 등을 포함한다.

환경에 특정적이고 하드웨어 종속적인 정보를 포함하기 위해서는 헤더 파일(즉 include)을 이용한다. 자료와 파일명 또는 옵션 같은 환경 종속 데이터를 분리시키기 위해서는 헤더 파일을 이용한다. 시스템에 걸쳐 달라질 수 있는 것들, 심지어 동일 시스템 내에 있는 것들은 무엇이든지 이들을 쉽게 위치시키거나 변경시킬 수 있는 헤더 파일에 둔다.[6]

portable.h

애플리케이션 정의

portable.h 파일에 존재하는 정의는 무엇이든지 간에 시스템의 다른 어떤 곳에서는 결코 정의돼서는 안 된다. 이에는 B_TRUE, B_FALSE, PASSED, FAILED를 포함한다. PASSED/FAILED의 대안은 PASS/FAIL을 이용하는 것이다. 하나의 규약이나 다른 혼합된 규약을 선택하는 것은 나쁜 결과를 초래할 수 있다! 이것은 프로젝트가 다중 정의를 절대 갖지 못하게 만들고 동일 변수를 만나지 못하게 만든다.

스토리지 크기와 기본 클래스

애플리케이션 소스코드는 컴파일러 또는 아키텍처 종속의 스토리지 크기와 클래스를 결코 이용해서는 안 된다. 한 가지 예로서 코드는 unsigned int 변수를 선언해서는 안 된다. 대신에 이 파일은 새로운 유형의 정의(예를 들어 UINT8, INT16)를 선언할 것이므로 일관된 스토리지 정의는 처음부터 마지막까지 사용해야 된다. 표준 C 라이브러리의 호출은 호환성을 유지하기 위해 unsigned char와 char 두 가지 모두 필요한 만큼 계속 이용할 수 있다. 또한 정규 char은 문자(예를 들어 'x') 또는 문자열(예를 들어 "xfer")을 나타내는데도 사용될 수 있다.

다음은 새로운 유형에 대한 정의 예다.

```
typedef unsigned char uint8;    // Alternative: uint8_t to show typedef
typedef unsigned int      uint16;
typedef unsigned long int uint32;
typedef signed   char     int8;
typedef signed   int   int16;
typedef signed   long    int int32;
```

프로세서 속도와 타임프레임

또 다른 정보는 주기적인 기본 프레임 시간이 될 것이다. 이 #define은 FRAME_TIME_MS라 부르는 다소 비서술적인 이름을 이용할 것이다. 이것은 또 다른 타이머나 기본 시간이 생성될 필요가 있을 때마다 사용될 것이라고 기대되기 때문이다. 예를 들어 main()을 위한 기본 프레임 타이밍이 10ms이라면 이 #define은 값 '10'을 가질 것이다. 루틴이 메인프레임마다 호출되고 1.1초의 타이머를 이용할 필요가 있다면 이 정의는 다음과 비슷할 것으로 보인다.

```
#define IO_TIMEOUT_TIMER (UINT16)( 1.1 * 1000.0 / FRAME_TIME_MS ) // 1.1 secs
```

루틴이 서브프레임에서 실행된다면 애플리케이션은 분리된 프레임 타임 상수의 선언을 고려해야 하지만, 이것 또한 FRAME_TIME_MS를 기반으로 해야 한다. 이의 목적은 portable.h에서 다른 어떠한 코드의 변경 없이도 이 프레임 타임 정의를 변경할 수 있어야 한다는 점이다.

툴 특성

툴 특성들은 최적화 옵션 등을 포함할 수 있다.

몇 가지 컴파일러들은 다양한 최적화 옵션을 위해 스위칭 기능을 제공한다. 이들 옵션은 면밀히 검토돼야 하며, 사용 결과는 호출되기 전에 명확히 이해돼야 한다.

한 가지 예로서 메모리 최적화를 위해 스위칭 기능을 제공하는 것은 컴파일러(특히 임베디드 실시간 애플리케이션을 목표로 하는 것)에게는 일반적인 일이다. 호출 시 이들 옵션들은 최소의 스토리지 공간에 객체들을 패킹하려는 시도를 할 것이다. 이 시도는 훌륭하게 들리겠지만 이것이 또한 문제를 불러일으킬 수 있다는 점에 유의해야 한다. 저장을 위해 객체가 홀수 바이트를 요구하고 최적화 메모리 옵션을 호출했다면 나중에 즉시 선언된 객체는 홀수 주소에 저장될 수 있다.

패킹/홀수 주소 지정(어드레싱)은 타깃 컴퓨터의 아키텍처와 주소 지정 모드에 따라 '유의해야 될' 두 가지 양상을 갖는다. 유의해야 될 첫 번째 양상은 union과 메모리 맵 소프트웨어(예를 들어 특정 하드웨어 구현상에서 발견된 소프트웨어) 예처럼 객체 위 객체라는 오버레이를 다루는 것이며, 또 다른 유의해야 될 양상에는 홀수 바이트 주소 지정이 포함된다.

일반적으로 최적화 메모리 옵션을 호출하지 않음으로써 홀수 바이트 주소 지정과 연관된 잠재적 부정을 회피할 수는 있겠지만, 객체 위 객체라는 문제는 더 많은 사고를 가져야 한다. union은 자신에게 포함된 각 객체 크기(비트, 바이트, 워드 수준)에 관한 상세한 지식을 소유하도록 개발자에게 요구할 것이다.

union은 금물이라고 그 어느 누구도 제안하지 못하도록, 특히 비트 필드를 포함한 구조의 처리에서는 union을 위한 합당한 이용이 있어야 한다. '비트 필드'와 'union' 절을 참조한다. union이 하드웨어를 오버레이하는 struct를 오버레이할 때 비트 필드는 특히 개별 비트의 처리에 유용하다. 메모리 맵 소프트웨어에서 fix는 소프트웨어 선언에 빈 장소(즉 홀수 바이트 길이의 객체가 없음)가 없음을 보장하는 것만큼 아주 간단해질 수 있다.

부록 A: 승인된 표준 약어

```
addr/adrs    address
anal     analyze/analysis
auto     automated/automatic
cal      calibrate/calibration
calc     calculate/compute
cfg      config/configuration
chk      check
cksum    checksum
clr      clear
cls      class
comp     compare
conv     convert/conversion
del      delete/remove
dev      develop/development
dspl     display
feat     feature(s)
fname    filename
fptr     file pointer
flt      fault
func     function
gen      generate
gui      graphical user interface
hdr      header
init     initial / initialize / initialization
len      length
loc      locate/location
mgr      manager
mon      monitor
msk      mask
nbr/num number
parm     parameter(s)
perc     percent
perf     perform/performance
pres     pressure
proc     process
```

```
pswd     password
ptr      pointer
ptrn     pattern
rd       read
rec      record
scrn     screen
std      standard
stat     status
str      string
sys      system
tbl      table(s)
temp     temperature
tmp      temporary
tst      test
val      value
ver      version
vld      validate/validation
vfy      verify/verification
wr       write
x. . .   trans. . .
xfer     transfer
xform    transform
```

부록 B: 제안된 모듈명

외부 자료 소스를 이용한 구심성 프로세스:

    accept (보통 비동기)

    find

    get

    input

    load

    obtain

내부 자료 소스를 이용한 구심성 프로세스:

    create (cre, 색인 A – 승인된 표준 약어 참조)

    develop (dev)

    form

    generate (gen)

    setup

변환 프로세스:

  analyze (anal)

  calculate (calc)

  compute (calc)

  convert (conv)

  do

  perform (perf)

  process (proc)

  transform (xform)

  sort, validate 등과 같은 특정 동사

  inversion, squareroot 등과 같은 함수 지향 명사

외부 타깃을 이용한 원심성 프로세스:

  deliver

  output

  produce (prod)

  put

  save

  store

  write (wr)

  list, print, punch 등과 같은 특정 동사

다음 동사 중 일부는 다소 애매모호함:

  create (구심성 또는 원심성이 될 수 있음)

  deliver (구심성 또는 원심성이 될 수 있음)

  do (무엇이든 될 수 있음)

  generate (구심성 또는 원심성이 될 수 있음) (gen)

  perform (무엇이든 될 수 있음) (perf)

  process (구심성 또는 원심성이 될 수 있음) (proc)

부록 C: 소스코드 템플릿

```
//= ——————————————————————//=
//= NAME: $Workfile: filename.c$
//=
//= REVISION: $Revision: $
//=
//= MNEMONIC: "unique two-to-five character acronym"
//=
//= PURPOSE:
```

```
//=
//= DESCRIPTION:
//
//= RESTRICTIONS, SIDE EFFECTS, ERROR HANDLING, AND NOTES:
//
//= AUTHOR: $Author: $
//=
//= CONTROL: $Date: $
//=
//= COPYRIGHT:
//= Copyright (c) 2012<Legal Company Name.
//= Unpublished Work
//= All Rights Reserved
//=
//= ────────────────────────────────
// $NoKeywords$
#define _FILENAME_C_
// ────────────────────────────────
// Comment block containing free-flowing text.
// Reference §3.1.4Comments.
// This section can be replicated as many times as required.
// ────────────────────────────────
// ────────────────────────────────
// SYSTEM INCLUDE FILES
// ────────────────────────────────
// ────────────────────────────────
// APPLICATION INCLUDE FILES
// ────────────────────────────────
#include<portable.h>
#include<filename.h>
// ────────────────────────────────
// LOCAL DECLARATIONS
// ────────────────────────────────
// ────────────────────────────────
// GLOBAL VARIABLES (extern)
// ────────────────────────────────
// ────────────────────────────────
// FILE SCOPE VARIABLES (static)
// ────────────────────────────────
// ────────────────────────────────
// LOCAL PROTOTYPES
```

```
// ———————————————————————
// ———————————————————————
// PUBLIC FUNCTIONS
// ———————————————————————
// ———————————————————————
// All public function(s) in this file should reside here.
// These function(s) should be placed in either alphabetic or logic order.
// Consistency of ordering should be maintained regardless of which ordering is
// chosen.
// ———————————————————————
// ———————————————————————
// Reference Appendix F - Function template
// ———————————————————————
type public_function_name( )
{
    #ifdef PARM_CHK
    #endif // PARM_CHK
    . . .;
} // END: public_function_name( )
// ———————————————————————
// LOCAL FUNCTIONS
// ———————————————————————
// ———————————————————————
// All static function(s) in this file should reside here.
// These function(s) should be placed in either alphabetic or logic order.
// Consistency of ordering should be maintained regardless of which ordering is
// chosen.
// ———————————————————————
// ———————————————————————
// Reference Appendix F - Function template
// ———————————————————————
static type local_function_name( )
{
    #ifdef PARM_CHK
    #endif // PARM_CHK
    . . .;
} // END: local_function_name( )
// EOF: filename.c
#undef _FILENAME_C_
```

부록 D: 표준 인클루드 파일 템플릿

```
//= ————————————————————————————
//= FUNCTION: $Workfile: filename.h$
//=
//= REVISION: $Revision: $
//=
//= PURPOSE:
//=
//= USAGE DESCRIPTION:
//
//= AUTHOR: $Author: $
//=
//= CONTROL: $Date: $
//=
//= COPYRIGHT:
//= Copyright (c) 2012<Legal Company Name.
//= Unpublished Work
//= All Rights Reserved
//=
//= ————————————————————————————
#ifndef _FILENAME_H_
#define _FILENAME_H_
// ————————————————————————————
// Comment block containing free-flowing text.
// Reference §3.1.4Comments.
// This section can be replicated as many times as required.
// ————————————————————————————
// ————————————————————————————
// SYSTEM INCLUDE FILES
// ————————————————————————————
// ————————————————————————————
// The list of included files should be restricted to the minimum set of files
// needed to resolve all symbols contained in this file (i.e., include files
// should be "free standing" and if compiled by themselves should be errorless
// and warning free).
// ————————————————————————————
// ————————————————————————————
// APPLICATION INCLUDE FILES
// ————————————————————————————
// ————————————————————————————
```

```
// DECLARATIONS
// ─────────────────────────────
#ifdef _FILENAME_C_
// Definition of global variables (storage allocation).
#else
// Declarations of global variable (extern).
#endif // _FILENAME_C_
// ─────────────────────────────
// PROTOTYPES
// ─────────────────────────────
#endif // _FILENAME_H_
// EOF: filename.h
```

부록 E: portable.h 인클루드 파일 템플릿

```
//= ─────────────────────────────
//= NAME: $Workfile: portable.h$
//=
//= REVISION: $Revision: $
//=
//= PURPOSE:
//=
//= USAGE DESCRIPTION:
//
//= AUTHOR: $Author: $
//=
//= CONTROL: $Date: $
//=
//= COPYRIGHT:
//= Copyright (c) 2012<Legal Company Name.
//= Unpublished Work
//= All Rights Reserved
//=
//= ─────────────────────────────
#ifndef _PORTABLE_H_
#define _PORTABLE_H_
// ─────────────────────────────
// Comment block containing free-flowing text.
// Reference §3.1.4Comments.
// This section can be replicated as many times as required.
```

```
// ————————————————————————
// ————————————————————————
// DECLARATIONS
// ————————————————————————
typedef enum { B_FALSE = 0, B_TRUE = 1 } boolean_t;
typedef enum { PASSED = 0, FAILED = 1 } pf_t;
// Alternate of line above, chose one or the other
// typedef enum { PASS = 0, FAIL = 1 } pf_t;
typedef unsigned char uint8; // Alternative use uint8_t
typedef unsigned int uint16;
typedef unsigned long int uint32;
typedef signed char int8;
typedef signed int int16;
typedef signed long int int32;
#endif // _PORTABLE_H_
// EOF: portable.h
```

부록 F: 함수 템플릿

```
//= ————————————————————————
//=
//= FUNCTION: function_name (Extended function name, if any)
//=
//= PURPOSE:
//=
//= DESIGN DESCRIPTION:
//=
//= SAFETY, RESTRICTIONS, SIDE EFFECTS, ERROR HANDLING, AND NOTES:
//=
//= ————————————————————————
// ————————————————————————
// Comment block containing free-flowing text.
// Reference §3.1.4Comments.
// This section can be replicated as many times as required.
// ————————————————————————
type function_name( )
{
#ifdef PARM_CHK
#endif // PARM_CHK
    . . .;
} // END: function_name( )
```

부록2

임베디드 소프트웨어, 시스템,
템플릿을 위한 C++ 프로그래밍 언어

소개

임베디드 디바이스를 개발할 때 선택하는 프로그래밍 언어로 개발자가 C++의 이용을 고려할 수 있는 데는 몇 가지 이유가 있다. C++는 구문론적 유사성이라는 면에서 C와 비교되며, 그 외의 메모리 할당, 코드의 재사용 등에서도 비교된다. C++와 관련된 툴 집합을 고려할 때 주의해야 하는 또 다른 이유가 있다. 한 가지 이유는 각 벤더와 개방형 소스가 제공하는 상이한 표준의 이행 때문에 기능성과 성능이 컴파일러 전체에 걸쳐 달라진다는 점이다. 게다가 C++와 이의 라이브러리가 자신의 C 언어와 대응 관계에 있는 라이브러리보다 훨씬 더 크고 더 복잡해지는 경향이 있다는 점이다. 임베디드 컴퓨팅을 위한 실행 가능한 옵션으로서 더 구체적으로는 어떤 언어 특징이 임베디드 컴퓨팅에 도움이 되는지, 그리고 일반적으로 어떤 특징을 피해야 하는지에 관해 C++ 주변 커뮤니티에서는 보통 말하는 그런 약간의 애매모호함 갖는 경향이 있다.

임베디드 소프트웨어 개발을 위한 C++ 이용의 다양한 측면들을 비용으로 묘사할 때 사람들은 그 비용을 런타임 자원이 요구되는 그 무언가로 묘사한다. 여기서 자원이란 추가적인 스택이나 힙 공간, 추가적인 컴퓨터 오버헤드, 추가적인 코드 크기, 또는 라이브러리 크기 등이 될 수 있다. 컴파일러, 어셈블러, 링커 또는 로더에 의해 무언가가 오프라인에서 선험적으로 완료될 수 있을 때 사람들은 그러한 특징들을 저렴하게 사용할 수 있거나, 아니면 어떤 경우에는 완전 무료로 사용할 수 있을 것으로 기대한다. 동작이 컴파일러와 벤더 전체에 걸쳐 다르기 때문에 실제로 타깃 아키텍처에 주어진 개발 환경을 이용해 이점을 성취해야 하는 부담은 결국 개발자와 설계자가 갖게 된다. 마지막으로 새로운 기능성은 추가되고, 특징들은 사라지며, 성능은 조정되는 등등 이와 마찬가지로 개발 툴도 시간에 따라 변경된다. 개발 툴은 고도로 복잡한 상호의존적인 소프트웨어 시스템이며, 툴이 진화하는 것처럼 레거시 소프트웨어의 성능도 주기적으로 리그레션될 수 있다. 특징과 성능에 대한 주기적인 재평가는 장려된다. 이 절에서 논의하는 주제는 일반적인 추세로서 제시하는 것이지, 이것이 특정 타깃이나 툴셋의 이행에 절대적으로 사용될 수 있다는 의미는 아니다.

상대적으로 저렴한 임베디드용 C++ 특징

다음 절은 일반적으로 컴파일러, 어셈블러, 링커, 로더에 의해 자동으로 처리되는 C++ 언어의 특징들을 자세히 다룬다. 즉, 이러한 특징들은 런타임 시 추가적인 컴퓨터 또는 스토리지의 오버헤드나 코드 크기의 증가를 초래하지 않을 것이다.

정적 상수

C++는 사용자가 C 스타일의 매크로를 이용하기보다는 오히려 사용자의 코드에 정적 상수 static constant를 명시할 수 있게 허용한다. 다음 예를 고려한다.

C 언어:
```
#define DRIVE_SHAFT_RPM_LIMITER 1000
```
C++ 언어:
```
const int DRIVE_SHAFT_RPM_LIMITER = 1000
```

개발자들은 C++ 언어가 DRIVE_SHAFT_RPM_LIMITER 변수에 대해 추가적인 스토리지 공간을 요구할 것이라는 점에서 잠시 망설일 수도 있다. 그러나 앞에서 말한 변수 주소가 코드에서 사용되지 않고 오히려 문자 그대로의 값 1000이 계산에 사용된다면 컴파일러는 컴파일 시간에 이를 상수 값으로 처리하기 때문에 스토리지 오버헤드가 제거될 것이다.

선언과 문장 순서

C 프로그래밍 언어에서 프로그래머들은 블록 선언을 시작하고, 뒤이어 문장이 나오는 특정 시퀀스를 이용해야 한다. C++는 이러한 제한을 해제해서 선언들을 코드에 있는 문장에 혼합해서 사용할 수 있게 허용한다. 이것이 주로 구문론적 편의는 제공하겠지만, 개발자들은 코드의 가독성과 유지 보수성에 미치는 영향을 고려해 주의해서 사용해야 한다.

함수 오버로딩

함수 오버로딩overloading은 함수에 사용되는 네이밍 규약과 어떤 함수 버전이 호출 사이트에서 사용되는지를 컴파일 시간에 해결할 수 있는 컴파일러의 능력과 관련된다. 각기 다른 함수 서명signature 간의 차별화를 통해 컴파일러는 그 차이를 분명히 보여줄 수 있고, 호출 사이트에서 올바른 함수 버전에 적절한 호출을 삽입할 수도 있다. 런타임 관점에서는 차이점이 없다.

네임스페이스 이용

코드 재사용을 활용하는 것은 신뢰성 향상과 공학적 오버헤드의 감소에 명백한 이점을 가져다 줄 것이며, 이 능력은 틀림없이 C++가 제시한 약속 중 하나라고 볼 수 있다. 코드의 재사용은 특히 대규모 소프트웨어 생산이라는 맥락에서 종종 C 언어 함수 간의 네임스페이스namespace 충돌이라는 도전으로 다가올 것이며, 이는 과거 개발자들이 네이밍 규약에 얼마나 열심히 성공 사례를 겪었었는지에 달려 있다. C++ 클래스는 일부 충돌을 회피하는 데 도움을 주지만, (이전에 봤던 것처럼) 모든 것이 다 클래스로 구성될 수는 없다. 게다가 많은 생산 시스템에서는 여전히 기존 C 언어 라이브러리들은 수용하고 있다.

  C++ 네임스페이스는 이러한 많은 문제를 해결해준다. 적어도 전역 네임스페이스가 있다면 코드 내에 존재하는 어떠한 변수들이든 주어진 네임스페이스로 해결된다. 구성적 이점을 위해 이러한 네임스페이스를 이용하는 데 있어 페널티는 없어야 한다.

컨스트럭터와 디스트럭터 이용

C++에는 힙 기반 객체를 준비하고 초기화하기 위해 기능적인 new 연산자와 delete 연산자가 추가된다. 이것은 기능적으로 C에서 malloc과 initialization을 이용하는 것과 동일하지만, 다중 단계 할당과 초기화 프로세스에서는 이용이 더 쉬워지고 오류 발생 경향이 더 줄어드는 이점이 있다. C++의 delete 기능이 C의 free와 유사하지만, 이와 연관된 런타임 오버헤드는 있을 것이다. C의 경우에 있어 구조체struct는 보통 C++의 객체처럼 파괴되지 않는다. 그러나 C++에서 기본 디스트럭터destructor는 비어있어야 된다. new/delete 이용 시 발생할 수 있는 위험 부담은 오버헤드를 차례차례로 자초할 수 있는 런타임 예외를 디스트럭터가 내던져버릴 수도 있다는 점이다. 런타임 예외는 다음 절에서 더 자세히 설명한다.

다소 값비싼 임베디드용 C++ 특징

다음에 나오는 그룹들은 프로그램 런타임과 C 프로그래밍 대응 형식에 반드시 영향을 줄 필요는 없지만, 실제로는 컴파일러와 관련 툴의 성숙도와 강건성에 따라 영향을 미칠 수도 있는 특징들이다.

함수 인라이닝

C++의 인라이닝inlining 함수는 런타임 성능부터 코드 크기와 그 이상의 범위에 이르기까지 성능에 지대한 영향을 미치는 아주 폭넓은 주제다. 즉시 처리를 위해 함수를 지정할 때 보통 '인라인' 키워드가 사용된다. 일부 컴파일러들은 이 키워드를 힌트로 사용하겠지만, 다른 컴파일러들은 이 키워드를 동작을 강제하는 데 사용한다. 이 행동을 강요적 방식으로 수행하기 위해서는 주어진 툴셋 내에서 가용한 다른 프라그마pragma가 있을 수도 있으며, 관련 문서는 그러한 상황에 따라 다시 살펴봐야 한다. 함수 인라이닝과 연관된 비용 중 한 가지가 자연적으로 발생되는 코드 크기의 증가인데, 이러한 증가는 런타임에 호출 사이트를 경유해 함수를 호출하기보다는 오히려 컴파일러가 함수 본문 사본을 호출 사이트가 원래 있었던 장소에 직접 삽입하기 때문이다. 이에 추가해 프로시저의 전체 경계에 걸친 레지스터 할당에 대한 도전이나 호출 함수 내의 레지스터 압박감 증가로 인한 성능 영향도 있을 수 있다. C++ 이용 시에는 타깃에 대한 인라이닝 영향을 면밀히 고려하기를 권고한다.

컨스트럭터, 디스트럭터, 자료형 전환

주어진 C++ 클래스에 대해 개발자가 컨스트럭터constructor와 디스트럭터를 제공하지 않는다면 컴파일러는 이들을 자동으로 제공한다. 이러한 기본 컨스트럭터와 디스트럭터가 항상 요구되지 않는다는 점과 게다가 이들이 요구되지 않는 한 개발자는 이들을 일부러 제외시킬 수도 있다는 점은 사실이다. 불필요한 코드 제거를 위한 최적화는 이러한 비사용 컨스트럭터와 디스트럭터를 제거할 것처럼 보이지만, 실제 이것이 사실이라는 것을 확실히 하기 위해서는 주의해야 한다. 또한 복사 연산자와 전환 연산자를 수행할 때도 주의해야 한다. 예를 들어 값을 복사해서 파라미터를 값에 의해 멤버 함수로 전달하는 것은 스택을 이용해서 생성되고 전달돼야 한다. 이 시나리오는 복사될 값을 위해 무심코 컨스트럭터 호출로 이어질 수 있으며, 나중에 컴파일 프로세스에서 불필요한 코드 제거를 이용해 계속 제거되지 않을 수도 있다.

C++ 템플릿 이용

소스코드 요구 사항을 기반으로 올바른 템플릿을 실체화함에 있어, 원칙적으로 모든 작업이 구축 툴에 의해 예정보다 빨리 수행되기 때문에 임베디드 시스템용 C++ 코드 내에서 템플릿을 이용하기 위해서는 오버헤드가 수반되지 않아야 한다. 파라미터화된 템플릿 자체는 어셈블러에 의해 소모될 때까지 파라미터화되지 않은 코드로 전환된다. 그러나 실제로는 너무 보수적인(또는 관점에 따라서는 공격적인) 방식에서 동작되면서 프로그램에 의해 요구되기보다는 좀 더 템플릿 치환을 초기화시키는 컴파일러의 사례도 있다. 이상적으로 불필요한 코드 제거는 이러한 것들을 잘라내 버릴 수도 있지만, 몇 가지 초기 C++ 컴파일러에서는 그러한 사례가 항상 있지 않다는 점이 입증됐다.

다중 상속

C++ 클래스 상속을 이용해 사용자들은 특정한 사용 사례에 대해 클래스 기능성을 추가하고 확장시킬 수 있다. 예를 들어 UDP 관리와 TCP/IP 관리로 확장될 수 있고, 다중 베이스 클래스로부터 상속받아 유도되는 패킷화된 채널 통신 관리자도 있다. 이를 수용하기 위해 컴파일러는 상속 테이블에서 기본적으로 함수 부기를 수행하는, 소위 말해 가상 테이블을 이용한다. 다중 상속multiple inheritance은 단일 상속을 확장한 것으로, 주어진 하나의 클래스가 다른 여러 클래스로부터 상속받는 것이 허용된다는 개념이다. 이것이 이론적으로는 훌륭한 것처럼 보이지만, 상속 계층이 더 복잡해짐에 따라 자원을 관리하는 데 요구되는 가상 테이블의 크기도 마찬가지로 더 복잡해진다. 다중 상속을 고려하거나 다중 상속 대신에 혼합 설계 방법을 고려할 때는 이용에 유의해야 한다.

다음에 제시된 예는 가상 테이블의 팽창성 성장을 회피하기 위해 혼합 설계 정보를 대신 이용하면서 다중 상속의 기능적 이점이 어떻게 성취되고 있는지를 자세히 묘사하고 있는 코드 정보다. 가상 테이블을 이용한 다중 상속의 예는 다음과 같다.

```cpp
#include<stdio.h>
class base_class_00
{
public:
    base_class_00( ){ };
    ~base_class_00( ){ };
private:
};
class base_class_01
{
public:
    base_class_01( ){ };
    ~base_class_01( ){ };
private:
};
```

```
class final_class_minheret : public base_class_00,
                             public base_class_01
{
    // Compiler will need virtual tables to manage inherited classes
    // and book keeping, this will increase size!!!
public:
    final_class_minheret( ){ };
    ~final_class_minheret( ){ };
private:
};
```

위의 예는 다중 상속을 이용해 클래스를 구축하고, 가상 테이블 관리에 필요한 코드 크기의 요구 사항으로 인해 오버헤드가 발생되는 전형적인 C++의 사용 사례를 보여준다. 이러한 페널티를 받는 것보다 개발자는 혼합 설계 모델을 경유한 유사 기능성의 구축을 더 원할지도 모르며, 다중 클래스를 상속받는 것보다 이전에 상속받은 클래스의 인스턴스에 단순히 포인터를 포함시킨 클래스를 더 원할지도 모른다.

가상 테이블이 없는 혼합 설계에 대한 예는 다음과 같다.

```
#include<stdio.h>
class base_class_00
{
public:
    base_class_00( ){ };
    ~base_class_00( ){ };
private:
};
class base_class_01
{
public:
    base_class_01( ){ };
    ~base_class_01( ){ };
private:
};
class final_class_composition
{
    //
public:
    final_class_composition( )
    {
        _a = new base_class_00( );
```

```
        _b = new base_class_01( );
    };
    ~final_class_composition( )
    {
        delete _a;
        delete _b;
    }
private:
    base_class_00 *_a;
    base_class_01 *_b;
};
```

아키텍처 특정 자료형의 캡슐화

특정 임베디드 플랫폼을 위해 아키텍처가 지원하는 비표준 자료형도 있을 수 있다. 프로세서에서 24비트 산술 연산을 지원하는 24비트 자료형을 가진 신호 처리 아키텍처를 고려해보자. 이들 산술 유형은 다음과 같이 종종 소스코드의 고유 인트린직^{intrinsic} 함수를 경유해 C에서 지원된다.

```
void compute( fract24 sample_a, fract24 sample_b )
{
    /* some computation */
    /* fract24_mpy is native instruction on processor target */
    product = fract24_mpy ( sample_a , sample_b );
}
```

C에서 그러한 계산을 지원하는 이유는 그러한 명령들을 위한 자료형이 일반적으로 언어에 원래 포함돼있는 표준 'char, short, long' 자료형과 잘 일치하지 않기 때문이다. 이에 추가해서 포화 산술 곱셈과 누적 연산같이 그러한 명령들 자체가 애플리케이션 도메인에 아주 특정적이기 때문이다. 보통 말하는 그런 C 컴파일러에서는 컴파일 시간에 그러한 패턴을 식별하기가 아주 힘들고, 계산적으로 가장 효율적인 명령이 계산 시간에 선정된다는 것을 보장하는 데도 지원이 필요하기 때문이다. 이 프로세스에서 개발자는 인트린직 함수, 즉 이 경우에는 타깃 프로세서상에서 선택된 명령과 일치되는 fract24_mpy( ) 함수를 이용해 효과적으로 지원된다.

C++ 개발자는 이들 시스템과 연관된 비표준 자료형을 처리하기 위해 맞춤식 C++ 클래스를 생성하고 싶은 마음이 생길지도 모른다. 예를 들어 fract24 자료형은 덧셈, 곱셈 등과 같이 산술 연산을 지원하는 관련 공개 멤버 함수를 이용해 자신의 C++ 클래스를 추상화할 수 있다.

함수가 다른 아키텍처로 복사될 수 있다는 점에서 이것이 더 휴대하기 쉬운 코드를 허용하겠지만, 대신 추가적인 오버헤드를 종종 가져올 수 있다. C 구현이 레지스터의 번호로서 fract24 자료형을 유지하는 반면, C++ 구현은 각각의 fract24 인스턴스에 대해 메모리에서 생성되고 저장될 객체를 요구할 것이라는 사실은 분명하다. 이것은 객체가 좀 더 낮은 수준의 ABI 기능성에 의해 어떻게 다뤄지는지에 따라 성능에 영향을 줄뿐만 아니라 추가적인 메모리의 이용과 컨스트럭터/디스트럭터를 요구할 것이다.

일반적으로 값비싼 임베디드용 C++ 특징

마지막 절은 프로그램의 런타임 동작에 불행하게도 심각한 영향을 미치는 C++ 언어에 대해 상세히 설명한다. 설계자들은 필요시 개별적으로 이용이 허용되는 자신의 임베디드 프로젝트나 코딩 스타일 문서 내에 이들 특징들이 허용되는지 여부를 심각히 고려해야 한다.

런타임 유형 식별(RTTI)

C++ 언어는 메모리의 객체 포인터라는 면에서 가치가 있는 것이 특징이며, 객체 유형이 무엇인지에 대해서는 런타임에 동적으로 결정한다. 보통 말하는 그러한 관점에서 C++는 유형 정보를 구별하기 위해 런타임에 준비될 부기 계층의 관리를 요구하며, 초기에 언급했던 가상 테이블의 사용 사례와 어느 정도 유사한 점을 갖고 있다. 따라서 이 언어의 단점은 다음 두 가지로 요약된다. (1) 메모리에서 RTTI 정보를 런타임에 동적으로 관리하는 데 요구되는 오버헤드, (2) 정보의 결정과 테이블의 업데이트에서 발생되는 런타임 계산 오버헤드다.

예외 처리

예외 처리가 C++ 애플리케이션에서 비정상적인 런타임 동작을 처리하는 데 어느 정도 품격 있는 수단은 제공하겠지만, 보통은 임베디드 시스템에 도움이 되지 않는 상당한 수준의 오버헤드를 수반하는 단점도 있다. 먼저 예외 처리는 이전에 설명했던 RTTI 테이블에 대한 유지 보수를 요구한다. 이에 추가해 예외를 던지고 잡는 능력은 호출 스택 등과 관련된 필수 부기를 수행하기 위해 상당한 양의 런타임 자원을 요구한다. 객체는 파괴될 필요가 있으며, 개방형 범위는 현재 처리 중인 예외 유형을 다룰 수 있는지 없는지를 결정하기 위해 분석돼야 한다. 또한 이러한 정보를 추적하는 데 요구되는 추가적인 코드 크기도 있을 수 있다. 보통 말하는 그러한 관점에서 C++ 언어가 품격 있는 설계 특징을 가진 반면, 설계자들이 이러한 설계 특징을 시스템에서 이용하는 것은 회피해야 된다고 권고한다.

정리

C++는 임베디드 시스템의 개발에 도움을 주는, 더 구체적으로는 주어진 제품이나 플랫폼에 대한 애플리케이션과 시스템 레벨 소프트웨어에 도움을 주는 몇 가지 특징을 제공한다. 관리자와 개발자는 C++를 자신의 개발 환경에 도입할 때 잠시 멈추고, 툴 릴리스 전반에 걸친 코드의 성능과 플랫폼 내, 그리고 플랫폼 전체에 걸쳐 코드 베이스의 유지 보수성과 확장성뿐만 아니라 소프트웨어 개발자와 공학자가 생성한 코드의 품질 두 가지 모두를 주의 깊게 관찰해야 한다. 적절한 계획 수립과 성실성을 통해 C++는 C 언어를 넘어서 임베디드 시스템의 이식성과 성능 부분에 매력적인 제안을 할 것이며, 반면 모방되거나 해석된 공간에서의 다양한 대안으로 인해 발생되는 오버헤드로 고통 받을 필요는 없을 것이다.

사례연구 1

소프트웨어 성능 공학

로버트 오샤나(Robert Oshana)

소개와 프로젝트 설명

소프트웨어 개발 수명주기에서 시스템의 성능 평가를 비교적 일찍 수행할 수 있다면 엄청난 재앙을 예방할 수 있다. 일반적으로 대체 설계가 구현에 앞서 평가될 때 애플리케이션들은 더 훌륭한 성능을 가질 것이다. 소프트웨어 성능 공학[SPE]은 데이터를 수집하고, 시스템의 성능 모델을 구성하며, 성능 모델을 평가하고, 불확실성 리스크를 관리하며, 대체 설계를 평가하고, 모델과 그 결과를 검증하는 데 사용되는 기법들을 모아 놓은 것이다. SPE는 이러한 기법들에 대한 효과적인 이용 전략도 마찬가지로 포함한다. 소프트웨어 성능 공학의 개념은 차세대 DSP 기반의 배열 프로세서를 이용해 디지털 신호 처리 애플리케이션을 동시적으로 개발하고 있는 레이시온 시스템 사[Raytheon Systems Company]의 프로그램에 반영됐다. 알고리즘 성능과 이의 효율적 이행은 프로그램을 구동시키는 기준이 된다. 소프트웨어 애플리케이션을 이용해 프로세서가 동시적으로 개발되고 있기 때문에 상당한 양의 시스템과 소프트웨어 개발은 물리적 하드웨어가 가용되기에 앞서 완료될 것이다. 이것이 SPE 기법과 개발 수명주기의 결합을 이끌어 나갈 것이다. SPE 기법은 신호 처리 알고리즘 개발에 책임이 있는 시스템 공학 조직과 임베디드 실시간 시스템에서 알고리즘 이행에 책임이 있는 하드웨어 공학 조직 둘 모두에 대해 상호 기능적으로 반영된다.

그림 CS1.1에 나타나있는 DSP 기반 시스템을 고려해보자. 여기서 애플리케이션은 규모가 크고 분산적이며, 멀티프로세싱 임베디드 시스템이다. 서브시스템 중 하나는 규모가 큰 두 개의 디지털 신호 처리기[DSP] 배열로 구성된다. 이들 DSP는 다수의 신호 처리 알고리즘(다양한 크기의 FFT와 디지털 필터, 그 외의 잡음 제거와 신호 향상 알고리즘)을 실행한다. 이행되고 있는 알고리즘

스트림은 데이터 집합의 공간 분해뿐만 아니라 프로세싱 단계의 시간 분해까지도 포함한다. 메시 커넥티드mesh-connected DSP 배열이 사용되는데, 요구되는 공간 분해가 2D 메시 하드웨어 아키텍처와 잘 연관되기 때문이다. 요구되는 시스템 처리량은 배열의 크기를 만들어낸다. 시스템은 다음 데이터 샘플의 도착을 알려주기 위해 인터럽트를 이용하는 데이터 주도 애플리케이션이다. 시스템이 데이터 처리 마감 시간 중 하나를 놓칠 때 시스템 성능에 치명적 손실을 초래한다는 점에서 하드 실시간 시스템이 된다.

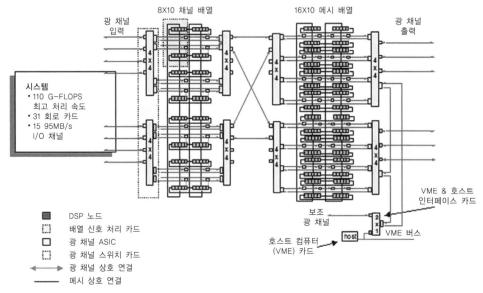

그림 CS1.1 메시 구성에서의 DSP 배열 아키텍처

이 시스템은 하드웨어-소프트웨어 공동 설계 노력을 통해 획득된다. 이 시스템은 고성능 DSP 디바이스를 이용한 새로운 DSP 기반 배열 프로세서의 동시 개발을 포함한다. 이 프로젝트에서 가장 심각한 문제는 성능 요구 사항을 충족시키지 못하는 시스템을 납품하는 리스크다. 설상가상으로 알고리즘 스트림은 개발 노력의 일환으로 향상되고 개정되고 있다. 다양한 기능 조직의 개발 프로세스와 SPE 기법의 결합은 이들 리스크 완화에 결정적인 솔루션으로 간주된다.

개발 단계 전체에 걸친 프로그램의 시작부터 성능 이슈는 다뤄진다. 주요한 성능 측정은 다음과 같은 세 가지 지표를 통해 획득된다.

- 프로세서 처리 속도
- 메모리 이용률
- I/O 대역폭 활용률

이 지표들에 대한 월례 보고가 프로그램을 위한 고객의 요구 사항이었기 때문에 이 지표들은 최상의 지표가 된다. 이들 지표에 대한 초기 추정은 프로그램 시작 전에 이뤄지고 개발 단계 동안 매월 업데이트된다. 이런 추정을 주도하는 핵심 요인들과 연관돼 있는 불확실성이 식별된다. 개발 단계 동안 이들 불확실성을 해결하기 위한 계획이 개발되고 핵심 날짜가 식별된다. 지표에 대한 업데이트와 이들 지표와 연관된 리스크 완화 계획에 대한 관리는 시스템 공학, 하드웨어 공학, 소프트웨어 공학을 비롯한 상호 기능적인 공동 노력하에 이뤄진다.

초기 성능 추정과 정보 요구 사항

SPE 평가를 위해 요구되는 정보는 일반적으로 다음과 같다. [1]

- **작업 부하** 예상되는 시스템의 활용과 적용 가능한 성능 시나리오. 최악의 데이터율을 가진 배열 프로세스에서 제공되는 성능 시나리오를 선택한다. 최악의 성능 시나리오는 사용자와 시스템 공학자의 연계를 통해 개발된다.

- **성능 목표** 이것은 성능 평가를 위한 정량적 기준을 나타낸다. 여기서 기준은 매월 보고되는 고객의 요구 사항으로 인해 CPU 활용률, 메모리 이용률, I/O 대역폭이 이용된다.

- **소프트웨어 특성** 이것은 각각의 성능 시나리오를 위한 프로세싱 단계와 이 단계의 순서와 관련된다. 유사 알고리즘 스트림을 이용한 초기 프로토타입 시스템으로 인해 정확한 소프트웨어 특성들을 갖게 된다. 또한 시스템 함수 각각의 알고리즘 요구 사항들이 상세히 기술돼 있는 알고리즘 기술 문서도 갖게 된다. 이들로부터 알고리즘 실행을 모형화하는 이산 이벤트 시뮬레이션이 개발된다.

- **실행 환경** 이것은 제안된 시스템이 실행될 플랫폼과 관련된다. 몇 가지 DSP 코어 특징뿐만 아니라 DSP의 I/O 주변장치 설계와 연관된 하드웨어 플랫폼에 대한 정확한 묘사를 갖게 된다. 또 다른 하드웨어 컴포넌트들은 하드웨어 그룹에 의해 시뮬레이션된다.

- **자원 요구 사항** 이것은 시스템의 핵심 컴포넌트에 요구되는 추정 서비스 양을 제공한다. 여기서는 각 DSP 소프트웨어 함수에 대한 CPU, 메모리, I/O 대역폭이 핵심 컴포넌트다.

- **프로세싱 오버헤드** 이것은 소프트웨어 자원을 하드웨어나 다른 디바이스 자원 쪽에서 볼 수 있게 해준다. 프로세싱 오버헤드는 보통 각각의 주 성능 시나리오에 대한 전형적인 함수 (FFT, 필터) 벤치마킹을 통해 획득된다.

CPU 처리 속도 이용률은 추정과 획득이 가장 어려운 메트릭이다. 따라서 사례연구 1의 나머지 부분에서는 주로 CPU 처리 속도 이용률의 메트릭에 사용되는 정확한 추정 개발 방법에 대해 초점을 맞출 것이다.

초기 추정 개발

초기의 성능 메트릭 추정을 만들어내는 데 사용되는 프로세스가 그림 CS1.2에 나타나 있다. 이 프로세스 흐름은 메트릭을 업데이트하는 개발 노력 내내 사용된다. 알고리즘 스트림은 알고리즘 문서에 문서로 기록된다. 이 문서로부터 시스템 공학 조직은 알고리즘 요구 사항 문서의 각 알고리즘에 대한 처리 속도와 메모리 활용률의 추정을 제공하는 알고리즘 스트림에 대해 정적 스프레드시트 모델을 개발한다. 스프레드시트에는 운영체제 호출 허용량과 프로세서 간의 통신 비용이 포함된다. 시스템 공학 조직은 알고리즘 프로토타이핑과 관련 연구 활동을 수행하기 위해 현세대 DSP 프로세서를 이용한다. 이러한 작업 결과는 알고리즘의 이행 결정에 영향을 미치며, 성능 메트릭의 추정에 사용되는 이산 이벤트 시뮬레이션의 개발에 사용된다. 이산 이벤트 시뮬레이션은 알고리즘 스트림의 동적 성능을 모델링하는 데 사용된다. 시뮬레이션 모델에는 운영체제의 태스크 스위치와 연관 호출량이 포함된다. 각 알고리즘과 이산 이벤트 시뮬레이션 프로세스를 위한 자원 활동 초기 알고리즘 스프레드시트는 시스템 공학 '알고리즘' 성능과 관련된 메트릭을 제공한다. 이 시점에서 메트릭은 알고리즘 문서에 정의돼 있는 알고리즘 수행에 요구되는 처리 속도, 메모리, I/O 대역폭을 반영하며, 프로토타입 구현을 통해 이행된다. 그런 다음 소프트웨어 공학 조직은 강건한 실시간 시스템에 대한 알고리즘 스트림의 내장 비용을 반영하기 위해 성능 메트릭을 업데이트한다. 이들 메트릭 조정에는 시스템 수준의 실시간 제어, 빌트인 테스트, 입출력 데이터의 형식화, 시스템 작업에 요구되는 기타 '오버헤드' 함수(프로세싱 오버헤드)들이 포함된다. 이 프로세스 결과는 프로세서 처리 속도, 메모리 이용률, I/O 활용률과 관련된 성능 메트릭들이다.

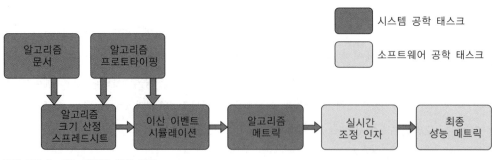

그림 CS1.2 성능 메트릭 계산 흐름

프로세서의 처리 속도 메트릭에 영향을 주는 스프레드시트의 핵심 요인들은 다음과 같다.

• 구현 알고리즘의 양

- 기본 연산 비용(프로세서 주기에서 측정)
- 지속 처리 속도와 최고 처리 속도의 효율성
- 프로세서 패밀리의 속도 증가

수행되는 알고리즘의 양은 알고리즘 스트림의 함수가 요구하는 수학 연산의 개수를 측정해서 간단히 얻는다. 처리될 데이터 포인트의 개수 또한 이 측정에 포함된다. 기본 연산 비용은 다중 누적 연산, 복잡한 곱셈, 초월 함수, FFT 등의 수행에 요구되는 프로세서 주기의 개수로 측정된다. 지속 처리 속도와 최고 처리 속도의 효율성 요인은 '마케팅' 프로세서의 처리 속도를 실세계 코드 스트림의 지속 요구 기간에 걸쳐 성취될 수 있는 숫자로 낮춰 평가한다. 이 요인은 연산 도중 맞닥뜨리는 프로세서의 시동 꺼짐과 자원 충돌을 허용한다. 프로세서 패밀리의 속도 증가 요인은 현세대 프로세서의 벤치마킹으로부터 획득된 데이터의 조정에 사용된다. 이 요인은 현세대 이전 프로세서와 비교해 차세대 디바이스의 클록 속도와 프로세싱 파이프라인의 개수 증가에 책임이 있다.

메모리의 이용률 메트릭에 영향을 주는 스프레드시트의 핵심 요인들은 다음과 같다.

- 저장될 중간 데이터 제품의 크기와 양
- 메모리 이용의 동적 성격
- 바이트/데이터 제품
- 바이트/명령
- 최악의 시스템 시나리오(작업 부하) 기반의 입출력 버퍼의 크기와 양

중간 데이터 제품의 크기와 양은 알고리즘 스트림에 대한 간단한 분석으로부터 얻어진다. 이산 이벤트 시뮬레이션은 메모리 이용 패턴을 분석하고 최상의 수준을 설정하기 위해 사용된다. 바이트/데이터 제품과 바이트/명령은 처리될 데이터 포인트의 개수와 프로그램 적재 이미지를 위한 스토리지 요구 사항을 고려하기 위해 측정된다.

이들 모든 불확실성 영역들은 소프트웨어와 알고리즘 스트림을 이용해 현재 개발되고 있는 타깃 프로세서의 하드웨어에서 발생된 결과들이다. 프로토타이핑 결과가 현세대 DSP 배열 컴퓨터에서 이용 가능하겠지만, 이들 결과를 신규 DSP 아키텍처(C40 슈퍼스칼라 아키텍처와 C67 DSP의 훨씬 긴 명령어VLIW), 서로 다른 클록 속도, 신규 메모리 디바이스 기술(동기 DRAM과 DRAM)로 번역하는 것은 공학적 판단을 이용하는 데 요구된다.

보고 메트릭 추적

소프트웨어 개발 팀은 프로세서의 처리 속도, 메모리 관련 메트릭의 평가와 보고에 책임이 있다. 이들 메트릭은 고객에게 주기적으로 보고되며, 리스크 완화에 사용된다. 예비 요구 사항들도 미래의 기능성 성장을 위해 또한 요구된다(CPU와 메모리 관련 예비 요구 사항은 75%다). 전체 개발 수명주기에 걸쳐 이들 추정치들은 하드웨어의 설계 결정과 추정에 사용된 다양한 모델링 기법을 기반으로 크게 달라지는데, 여기서 모델링 기법은 측정 오류뿐만 아니라 알고리즘 실행에도 사용될 수 있는 하드웨어의 총량에 영향을 미친다. 그림 CS1.3에서는 첫 번째 배열 프로세서의 애플리케이션에 대한 처리 속도와 메모리 메트릭에 대한 이력을 보여준다. 수명 주기 전체에 걸쳐 처리 속도에 많은 변동이 있었고, 더 새로워진 정보로 인해 처리 속도를 낮추려는 일련의 시도들이 더 큰 폭의 증가로 이어졌다는 것을 보여준다. 그림 CS1.3에서 주석은 CPU 처리 속도 측정을 위해 추정된 증가와 감소 상황을 설명한다. 표 CS1.1은 프로젝트의 전 과정에 걸쳐 이러한 추정들을 연대순으로 설명한다(현재 이 글은 완료되지 않은 상태다).

그림 CS1.3 애플리케이션 1에 대한 자원 활용률 메트릭

표 CS1.1 애플리케이션 1에 대한 CPU 처리 속도의 감소 연대기

메트릭 감소 또는 증가	설명
초기 이산 이벤트 시뮬레이션이 메트릭 추정의 시작점으로 사용됐다.	이산 이벤트 시뮬레이션이 문맥 스위칭 등에 기인한 태스크 반복을 위해 알고리즘 주기 추정과 1차 모델링을 이용해 구축됐다.
프로토타입 C40 기반 배열에서 측정	프로토타입 코드가 C40 기반 DSP 소규모 배열로 복사되고 측정됐다. 그런 다음 C67 기반 DSP 실물 크기 배열 증속을 기반으로 크기가 조정됐다.
알고리즘 레벨 최적화	알고리즘 재구성 방법을 이용해 알고리즘이 더 효율적으로 만들어졌고, 알고리즘 스트림의 다른 영역에서 복잡성이 감소됐다.
프로세서 VHDL 측정	처리 속도 측정에서 외부(오프칩) 메모리로부터의 예상치 못한 고비용의 데이터 접근 때문에 큰 증가가 발생됐다. 몇 가지 벤치마크가 수행됐고 전체 애플리케이션으로 크기가 조정됐다.
시스템 레벨 요구 사항 변경	프로젝트의 결정이 시스템 레벨 파라미터의 변경을 초래했다. 이것은 상당한 수준의 알고리즘 재구성을 야기했으며, 고객에게는 환영받지 못한 결정이 됐다.
측정된 OS 레벨 오버헤드	신규 프로세서였기 때문에 COTS OS를 즉시 사용할 수 없었다. 이 점은 OS를 이용한 멀티태스킹 환경에서 애플리케이션이 처음 동작한다는 것을 나타낸다.
각 SW 증분에 대한 DSP 하드웨어 배열 생산에서 실제 측정	생산 코드가 준비된(작업을 올바르고 신속하게 수행하는) 코드의 최적화 기법 없이 초기에 개발됐다. 전체 알고리즘 스트림에 대한 초기 측정이 첫 번째 측정 시 완전히 최적화되지 못했다.
연속 코드와 알고리즘 레벨 최적화	코드 최적화를 수행하는 준비된 전용 팀과 CPU 처리 속도를 줄이는 다른 알고리즘 전환 기법들이다(즉 값비싼 DSP 간 통신을 줄이는 대칭 알고리즘과 혁신적 기법을 이용한다).

추정에서의 첫 번째 큰 증가가 현세대 프로토타입 프로세서상에서 알고리즘 스트림의 이행 결과로 초래됐다. 그런 다음 이들 측정은 차세대 프로세서의 예상 성능을 기반으로 조정됐다. 그 이후 처리 속도의 추정치를 낮추려고 알고리즘 스트림의 이행을 최적화하려는 노력이 시도 됐다.

그런 다음 예상치 못한 증가는 차세대의 주기 정확 시뮬레이터상에서 동작된 대표적인 벤치마킹으로부터 발생됐다. 이 시뮬레이션은 외부 메모리의 접근, 파이프라인의 시동 꺼짐, 기타 알고리즘의 실행 비용을 증가시키는 프로세서 특성들에 대해 실제 비용 추정을 가능하게 만들었다. 이들 결과는 실시간 연산을 위해 알고리즘 스트림을 최적화하는 또 다른 중요한 노력들을 개발 팀이 착수할 수 있게 해줬다. 이 단계에서 착수된 주요한 기법들에는 데이터를 온칩과 오프칩에 올리는 직접 메모리 액세스^{DMA}의 계측, 파이프라인에 임계 루프를 허용하는 코드의 재구성, 임계 알고리즘 영역에 대한 어셈블리 언어의 실행, 메모리 접근 시간이 훨씬 짧아진 온칩 메모리의 효율적 이용과 관리가 포함됐다.

대표적인 벤치마크에서 코드 레벨 최적화 기법(온칩 메모리의 이용, 중요 루프에서의 파이프라이닝 등)을 이용하면 처리 속도가 줄어들 수는 있겠지만, 이 역시도 처리 속도의 전체적인 요구 사항을 충족시킬 수 없다는 위험은 여전히 상존한다는 것을 보여준다. 이 시점에서 처리 속도를 줄이기 위해 시스템 요구 사항이 변경됐다. 이것이 고객에게는 아주 환영받지 못한 결정(줄어든 데이터 속도와 알고리즘 성능 변경)이었지만, (인도된 유닛당 더 많은 비용이 들어가는) 시스템에 추가적인 하드웨어를 덧붙일 필요는 없게 됨으로써 비용적인 측면에서는 절감이 이뤄졌다. 시스템의 또 다른 영역을 개선함으로써 시스템의 성능을 충족시킬 수 있다는 사실도 알고리즘 연구를 통해 보여줬다.

세 번째 중대한 증가는 타깃 DSP 배열상에서 전체 애플리케이션을 측정할 때 발생됐다. 이 증가의 가장 큰 이유는 많은 알고리즘이 최적화되지 않았다는 사실 때문이었다. 작은 비율의 알고리즘만이 프로세서 VHDL 시뮬레이터(코드의 내부 주 루프에서 호출되는 FFT와 기타 알고리즘 같은 가장 일반적으로 사용되는 알고리즘의 대표적 사례)상에서 벤치마킹됐다. 개발될 각 소프트웨어 증분의 잔여 코드를 대상으로 동일한 최적화 기법을 이용하기 위해서는 소프트웨어 그룹이 여전히 필요했다. 이때쯤이면 최적화 기법은 소프트웨어 그룹에 잘 알려질 것이고, 프로세스는 꽤 빨라졌을 것이다.

처리 속도의 추정치만큼은 심각하진 않을지라도 메모리의 추정치도 개발 주기 전체에 걸쳐 계속 증가됐다. 메모리 증가의 주요 원인들은 다음과 같다.

- 실시간 시스템 동작을 위해 요구되는 추가 입출력 버퍼
- DMA 이용을 위해 설치된 코드의 각 영역에 추가 메모리가 요구된다(이것이 처리 속도 주기상에 저장되진 않을지라도).
- 명령 개수의 증가 원인이 되는 루프 언롤링과 소프트웨어 파이프라이닝 같은 코드 최적화 기법을 위해 추가 메모리가 필요하다.

두 번째 배열 프로세서의 애플리케이션에 대한 수명주기 처리 속도 추정치를 그림 CS1.4에서 보여준다. 여기서는 동일한 기본적 이슈로 인해 보고된 숫자와 유사한 패턴을 보이고 있다. 표 CS1.2에 CPU 이용률 추정치에 대한 연대기가 나타나 있다.

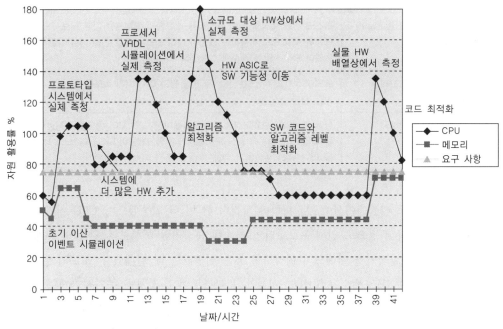

그림 CS1.4 애플리케이션 2에 대한 자원 활용률 메트릭

표 CS1.2 애플리케이션 2에 대한 CPU 처리 속도 감소 연대기

메트릭 감소 또는 증가	설명
초기 이산 이벤트 시뮬레이션이 메트릭 추정의 시작점으로 사용됐다.	이산 이벤트 시뮬레이션이 문맥 스위칭 등에 기인한 태스크 반복을 위해 알고리즘 주기 추정과 1차 모델링을 이용해 구축됐다.
프로토타입 C40 기반 배열에서 측정	프로토타입 코드가 C40 기반 DSP 소규모 배열로 복사되고 측정됐다. 그런 다음 C67 기반 DSP 실물 크기 배열 증속을 기반으로 크기가 조정됐다.
시스템에 더 많은 하드웨어 추가	더 많은 DSP 보드가 추가됨으로써 DSP 노드의 개수가 증가됐다. 훌륭한 하드웨어 설계가 상대적으로 쉬운 확장성을 만들었다.
프로세서 VHDL 측정	처리 속도 측정에서 외부(오프칩) 메모리로부터의 예상치 못한 고비용의 데이터 접근 때문에 큰 증가가 발생됐다. 몇 가지 벤치마크가 수행됐고 전체 애플리케이션으로 크기가 조정됐다.
알고리즘 최적화	알고리즘의 본질 때문에 알고리즘 스트림의 주 루프를 파이프라인으로 사용하게 알고리즘이 재구성됨으로써 CPU 처리 속도의 이용률을 크게 줄일 수 있었다.
소규모 타깃 하드웨어 상에서 실체 측정	하드웨어/소프트웨어 공동 설계에서 수명주기 후반부까지 실물 크기의 하드웨어를 갖지 못했다. 이 애플리케이션에 대한 초기 벤치마킹은 단일 노드 프로토타입 DSP 카드상에서 수행됐다.

(이어짐)

메트릭 감소 또는 증가	설명
하드웨어 ASIC으로 소프트웨어 기능성 이동	리스크 완화 목적을 위해 알고리즘 스트림의 일부분을 다른 서브시스템의 하드웨어 ASIC으로 이동하는 결정이 내려졌으며, 이로 인해 애플리케이션 소프트웨어에서 상당한 수준의 CPU 주기가 절감됐다.
소프트웨어 코드와 알고리즘 레벨 최적화	코드 최적화를 수행하는 준비된 전용 팀과 CPU 처리 속도를 줄이는 다른 알고리즘 전환 기법들
실물 크기 하드웨어상에서 측정	실물 크기의 하드웨어상에서 애플리케이션 CPU 처리 속도를 측정한 결과 모든 배열 노드 가운데 통신 오버헤드가 저평가됐음이 나타났다. 노드 내의 통신을 더 신속히 수행하기 위해 맞춤식 통신 API가 개발됐다.

초기 이산 이벤트 시뮬레이션이 부정확하다는 것이 한 번 더 입증됐으며, CPU 처리 속도에 대한 지나친 공격적 추정으로 인해 프로토타입 시스템 측정치가 예상보다 훨씬 더 높게 나타났고, 이로 인해 현실적인 오버헤드의 제약사항 등을 설명하는 데 실패했다. 코드와 알고리즘 최적화에 대한 오랜 프로세스는 VHDL 시뮬레이션 측정이 추정치를 증가시키게 만들었던 일부 다른 영역을 알아내기 전에, 목적에 가깝게 낮아진 추정치로 되돌려 놓을 수 있었다. 이 애플리케이션 추정에서의 증가는 몇 가지 리스크 관리 활동의 결과로 나타났다.

5일 날짜에서의 추정치는 충분히 높았고, 프로그램이 알고리즘 분배를 줄이고 처리 속도 추정치를 낮추기 위해 더 많은 하드웨어 자원을 추가시킬 수 있었던 프로그램의 일정상 추정은 충분히 일찍 수행됐다. 이것은 하드웨어(새로운 설계가 요구되지 않았으며, 단지 더 많은 보드만 필요했다)를 위한 더 많은 비용뿐만 아니라 더 강력하고 더 멋진 요구 사항을 희생시킴으로써 이뤄졌다. 더 강력하고 더 멋진 요구 사항들에 대한 증가는 이러한 요구 사항 파라미터상에서 전반적인 시스템 요구 사항을 관리하기 위해 다른 것들을 희생시킴으로써 상쇄됐다.

19일 날짜에서의 측정은 기술진뿐만 아니라 관리자에게도 실망을 안겨줬다. 코드 레벨에서의 지속적 최적화가 수치를 크게 떨어뜨릴 수 있을 것이라고 생각했었지만, 75% CPU 처리 속도(25%는 성장을 위해 예비)에 대한 애플리케이션 요구 사항 충족은 얻기 어려웠다.

CPU 처리 속도 추정치 증가에 대한 한 가지 기여 인자는 프로세싱 스트림에 대해 데이터율의 증가를 유발시키는 최악의 시스템 시나리오에 대한 저추정 결과였다. 이것은 더 빈번히 실행되고 있었던 일부 알고리즘 루프들의 결과였으며, 이는 전반적인 CPU 이용률을 증가시켰다.

처리 속도를 크게 줄이기 위해 DSP에서 수행되고 있던 소프트웨어 기능성을 하드웨어 ASIC으로 이동시키는 결정이 내려졌다(증가된 기능성을 처리할 수 있는 충분한 개수의 비사용 게이트가 ASIC에 있었다). 이번 결정이 개발 주기를 너무 늦추게 만들었지만, 그래도 ASIC의 충분한 재설계와 재작업, 그리고 인터페이스는 그대로 요구됐으며, 이것은 시스템 통합과 테스트 단계에서의 지연을 유발시켰을 뿐만 아니라 하드웨어 노력에 대한 엄청난 비용까지도 요구하게 만들었다.

CPU 이용률에서의 마지막 증가는 소규모(단일 노드) DSP 벤치마크에서 실물 크기의 DSP 배열로 알고리즘을 확장시킨 결과로 나타났다. 이 증가는 주로 프로세서의 내부 통신과 연관된 잘못된 오버헤드 추정에 기인했다. 개발 팀은 주어진 새로운 파라미터를 이용해 실시간 동작을 시연해야 하는 어려운 도전에 또 다시 직면했다. 개발 주기의 늦은 시기에는 시스템 설계자에게 남아있는 옵션들이 그리 많이 없었다. 처리 속도의 추정치를 줄이기 위해 이 시점에 사용될 수 있는 주요한 기법들에는 추가적인 코드의 최적화, 추가적인 코어 알고리즘에 대한 어셈블리 언어의 구현, 제한된 하드웨어의 추가적인 지원, 운영체제 기능의 늦은 이용을 회피하기 위한 중요한 알고리즘 제어 흐름의 재구성 등이 있다. 예를 들어 귀중한 CPU 주기를 저장하기 위해 노드와 노드 통신 API에서 강건성 중 일부가 제거됐다.

CPU 처리 속도 이용률에서 이들 '급증'이 최악의 시스템 부하 상태에서 모든 애플리케이션들이 타깃 시스템상에서 측정될 때까지 계속됐다는 것을 알아채는 데는 그리 오래 걸리지 않았다. 새로운 숫자에 의해 주기적으로 놀라기보다는(몇 달에 한 번씩 영역 내의 코드를 최적화하거나 알고리즘 스트림의 신규 부분을 위해 실제 추정치를 가질 수 있다), 프로그램 마일스톤 완료를 위해 지원될 수 있는 매 신규 측정 후 처리 속도를 줄이기 위한 계획과 새로운 숫자를 가졌을 때 예상됐던 행동 계획과 마일스톤POA&M 차트에 대한 개발이 요구됐다. 이 계획에 의하면 추정에서의 남은 급증과 이들 숫자를 위한 계획은 줄어들 것으로 예상된다(그림 CS1.5). 이러한 새로운 보고 방식은 증가 시점이 다가오고 있다는 것과 완료 계획을 가졌다는 것을 인식할 수 있는 관리 방안이 무엇인지 보여줬다.

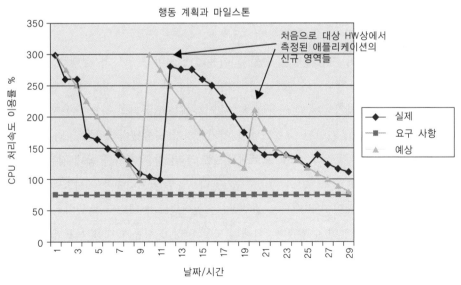

그림 CS1.5 애플리케이션 1에 대한 행동 계획과 마일스톤

측정 오류 줄이기

성능 공학 계획에는 하드웨어와 소프트웨어 툴이 언제 가용하게 될 수 있을지, 그리고 성능 메트릭에서 오류를 줄이기 위해 언제 사용될 수 있을지에 관해 자세히 열거돼 있다. 이들 가용 일자가 시스템 개발 일정과 결합될 때 비용과 성능 목적을 충족시키는 시스템을 생산하기 위해 설계 트레이드오프가 수행될 수 있는 결정 시점들을 제공하는데, 이때 설계 트레이드오프는 알고리즘, 하드웨어, 소프트웨어 설계 시점 간 균형을 이루기 위해 수행된다. 표 CS1.3은 식별된 툴과 툴에 의해 감소된 오류 요소들이 나열돼 있다.

표 CS1.3 성능 계획에서 식별된 툴과 툴에 의해 해결된 오류

툴	해결된 오류 요소
코드 생성 툴(컴파일러, 어셈블러, 링커)	컴파일러 효율성 생성된 어셈블러 코드 양 부하 이미지 크기
명령 레벨 프로세서 시뮬레이터	이중 프로세서 파이프라인의 활용 기본 연산을 위한 주기 계수
주기 정확 디바이스 레벨 VHDL 모델	외부 메모리 접근 시간의 영향 명령 캐싱 영향 프로세서와 DMA 채널 간 디바이스 자원 분쟁
단일 DSP 테스트 카드	유효 VHDL 결과 런타임 인터럽트 영향
다중 DSP 테스트 카드	프로세서 간 통신 자원 분쟁 영향

표에서 식별된 툴들이 가용해지면 툴들을 이용해 벤치마크 코드가 실행됐고, 그에 따라 성능 메트릭이 업데이트됐다. 이 데이터는 제안된 컴퓨터 설계를 리뷰하기 위해 프로그램 레벨의 결정 시점들을 지원하는 데 사용됐다. 이 리뷰에는 컴퓨터의 하드웨어 자원, 컴퓨터에 할당된 알고리즘 기능성, 제안된 소프트웨어 아키텍처가 포함됐다. 이들 영역 모두에 대해 다양한 결정 시점들이 수정됐다. DSP 프로세서 노드의 더 많은 추가를 통해 컴퓨터 하드웨어 자원들이 증가됐다. DSP 클록 속도는 10% 증가됐다. 일부 알고리즘들은 시스템의 다른 영역으로 이동됐다. 소프트웨어 아키텍처는 관련 없는 인터럽트와 태스크 스위치의 제거를 통해 오버헤드를 줄이는 재작업이 수행됐다. 설계의 모든 양상이 성능과 비용 목표에 맞추기 위해 적절히 고려됐고 조정됐다.

성능 계획에는 또한 배열 프로세서의 전반적인 스케줄링 가능성과 대규모 성능을 처리하는 분석적 툴의 이용이 포함됐다. 소프트웨어 아키텍처의 스케줄링 가능성을 입증하기 위해 비

율 단조 분석^{RMA}의 이용도 시도됐다.^[3,4,5] RMA는 최악의 태스크 페이징하에 스케줄링 가능성을 결정하는 수학적 접근법이며, 시스템이 타이밍 요구 사항을 충족할 것인지 아닌지를 설계자가 미리 결정하게 허용하는 기법이다. RMA는 이산 이벤트 시뮬레이션상에서 이점을 갖고 있는데, 이것은 모델이 개발하고 변경하기가 쉽고 모델이 스케줄링 가능성을 보장하는 보수적인 대답을 제공한다는 점에서 그렇다(시뮬레이션을 이용하면 태스크 페이징의 특정 세트가 시스템을 망가뜨리기 전에 얼마나 오래 동안 모델을 실행해야 하는지를 예상하는 것이 어려워진다). RMA 툴의 한 가지 강력한 특징은 블로킹 조건들을 식별하는 능력이다. 블로킹과 선점이 마감 시간을 놓쳐버리는 가장 일반적인 이유들이고, 대부분의 RMA 툴들은 이들 블로킹과 선점에 주안을 둔다. 시스템이 구축되기 전조차 모델이 잠재적인 타이밍 문제들을 식별할 수 있기 때문에 RMA 이용에는 흥미가 따른다. 대체 설계는 실제로 설계가 이행되기 전에 신속히 분석될 수 있다. RMA를 이용하는 시도는 고수준의 스케줄링 가능성을 보여주지만, 그렇다고 세부적인 내용은 아니다. 사용된 툴들은 수천의 태스크 스위치 가능성과 비선점형 영역을 가진 규모가 큰 시스템에는 잘 맞지 않는다. 프로세서 파이프라인의 본질 때문에 소프트웨어 파이프라인 루프를 생산하는 컴파일러 최적화 기법들 중 하나는 파이프라인 루프 동안 인터럽트를 끊으며, 그렇게 함으로써 규모가 작은 비선점형 영역이 생성된다. 즉, 목적을 위해 너무 추상적으로 되지 않고도 입증된 수천의 조건들을 입력하고 모형화하려는 시도는 애플리케이션을 너무 느리고 복잡하게 만들 것이다.

배열 컴퓨터의 하드웨어가 소프트웨어와 함께 동시에 개발되고 있는 한 소프트웨어 팀은 개발 수명주기의 후반부까지 가용한 타깃 하드웨어를 갖지 못할 것이다. 하드웨어가 가용되기 전에 소프트웨어 팀이 자신의 소프트웨어를 기능적으로 입증할 수 있으려면 솔라리스^{Solaris}에서 동작하는 선^{Sun} 워크스테이션을 이용해 개발 환경을 만들어야 한다. 솔라리스 운영체제의 특징을 이용해 개발 환경은 논리적으로 모형화된 프로세서 간 통신 채널을 가지고 배열 컴퓨터의 작은 부분을 생성할 수 있다. 애플리케이션 코드는 솔라리스의 특징을 이용해 DSP 운영체제의 API가 구현된 전용 라이브러리에 연결돼 있다. 이것은 소프트웨어 팀이 타깃 하드웨어상에서 실행하기 전에 태스크 간 통신과 프로세서 간 통신을 비롯해 자신의 알고리즘을 기능적으로 입증할 수 있게 해준다.

근본적인 접근법은 애플리케이션이 올바르게 동작하게 만드는 것이고, 그런 다음 코드에 효율성을 추가하기 위해 시도하는 것이다("올바르게 동작하게 만들고 그런 다음 빠르게 동작하게 만들어라!"). 이것은 다음과 같은 이유로 인해 애플리케이션 개발에서 요구된다.

- 주어진 하드웨어/소프트웨어 공동 설계 노력에서 프로세서(그리고 사용자 문서)가 가용하지 않기 때문에 개발 팀은 알고리즘 스트림을 최적화하는 데 필요한 기법들을 완전히 이해하지

못한다.

- 알고리즘 자체가 복잡하고 이해하기 힘들며, 개발 팀에게는 리스크로 여겨진다. 알고리즘 스트림을 기능적으로 올바르게 동작하게 만드는 것은 새로운 영역과 씨름하려는 개발 팀에게는 첫 번째 큰 발걸음을 뗀 것이다.
- 알고리즘 스트림에 대한 최적화는 애플리케이션 프로파일링 결과를 기반으로 수행해야 한다. 개발 팀은 주기가 어디서 사용되고 있는지를 알고 난 이후에야 코드를 효과적으로 최적화할 수 있다. 어쩌다 한 번 실행되는 코드를 최적화하는 것은 이치에 맞지 않는다. 수천 번 실행되는 루프에서 약간의 주기만 제거해도 더 큰 절감 결과를 가져올 수 있다는 것이 핵심이다.

결론과 교훈

처리 속도를 예상하는 것이 정확히 과학은 아니지만 수명주기 단계 동안 적극적으로 관심을 기울이는 것은 성능 리스크를 완화시킬 수 있고, 전반적인 프로그램 일정과 성능 목표를 충족시키면서도 다른 일들에 시간을 할애할 수 있게 만든다. 이것은 여러 분야에 걸쳐있는 협력적 노력을 필요로 한다. 시스템 성능은 속해있는 모든 이해관계자의 책임이다. 패배한 팀에게는 승리자란 없다.

프로세서 CPU, 메모리, I/O 이용률은 개발 노력에서 중요한 메트릭이다. 이들 메트릭들은 문제가 있다는 징후를 조기에 알려주며, 개발 팀에게 수명주기 초기에 완화 행동을 할 수 있도록 충분한 기회를 제공한다. 이들 메트릭들은 또한 시스템 리스크를 관리하는 데 필수적인 정보 관리를 제공하며, 필요한 곳에 예비 자원(즉 비용과 일정)을 할당해준다. 종종 이들 메트릭 중 한 가지 또는 그 이상이 개발 주기 동안 어떤 시점에는 이슈로 떠오를 것이다. 문제에 관한 시스템 솔루션을 얻기 위해 보통 민감도 분석이 수행되며, 이 분석은 비용, 일정, 리스크 뿐만 아니라 처리 속도, 메모리, I/O 대역폭과도 상충되는 다양한 대안을 조사하는 작업이다. 이 분석이 수행될 때 현 메트릭의 정확한 추정치를 이해하는 것은 필수적이다. 수명주기 초기의 정확성이 수명주기 후반보다 떨어지게 되는데, 이는 수명주기 후반으로 갈수록 더 많은 정보가 가용해진다는 간단한 사실 때문에 측정이 수명주기 후반의 실제 시스템에 훨씬 더 잘 조정될 수 있기 때문이다(그림 CS1.6).

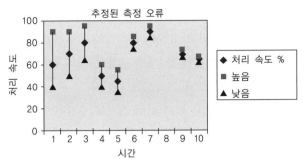

그림 CS1.6 시간 경과에 따른 추정 정확성의 향상

이러한 경험에서 다음과 같은 여러 가지 교훈을 얻을 수 있다.

- **개발 수명주기 초기에 프로토타입을 만든다** 프로토타이핑에 대한 적절한 수준과 유형이 유지됐다면 우리가 만났던 몇 가지 놀라움은 초기에 발견될 수 있었을 것이다. 프로토타이핑이 수명주기 초기에 예정돼 있을지라도 예정된 일정은 제한된 양의 자원을 개발 주기 초기에 전념하게 개발 팀에게는 압박으로 작용할 것이다.

- **벤치마크는 프로세서의 마케팅 정보에 전적으로 의존하지 않는다** 대부분의 프로세서들은 문헌에서 제안한 처리 속도를 결코 갖지 못할 것이다. 숫자는 이론적일 뿐이다. 많은 경우에 있어 실제는 훨씬 낮으며, 애플리케이션이 프로세서의 아키텍처에 어떻게 일치하는지에 아주 의존적이다(DSP는 DSP 같은 알고리즘에서는 아주 잘 동작하지만, 유한 상태 기계^{FSM}와 다른 '제어' 소프트웨어에서는 잘 동작하지 않는다). 프로세서에 대한 마케팅 정보란 프로세서가 지원하는 베스트 맵 알고리즘에서 가장 잘 수행된다는 점을 알려주는 것이다.

- **가장 많이 실행되는 함수를 분석한다** 이들 영역은 개발 팀에게 문제가 돼 돌아올 수도 있는 숨겨진 주기가 있는 장소다. 여러 번 실행되는 함수에서 몇 개의 주기만 제거해도 시스템의 전반적인 처리 속도에 중요한 영향을 미친다.

- **인터페이스를 무시하지 않는다** 실시간 시스템은 처리 속도 추정에서 결코 고려될 것 같지 않은 내재된 '오버헤드'를 수행한다. 신호 처리 알고리즘이 시스템 요구 사항과 기능성 관점에 주요 관심사를 둘지라도 실시간 시스템 또한 처리 속도 추정에서 쉽게 간과될 수 있는 인터럽트 처리, 데이터 패킹과 언패킹, 데이터 추출, 오류 처리, 기타 관리 함수들을 필요로 한다. 많은 분쟁이 얼마나 많은 타임라인을 오버헤드 태스크에 전념해야 하는지를 둘러싸고 일어난 논쟁들이었다.

- **이산 알고리즘에 대한 벤치마크를 실시간 시스템으로 확장하지 않는다** 개별 알고리즘에 대한 벤치마킹은 본질적으로 내부 메모리와 외부 메모리, DMA 제어기, 기타 시스템 자원들을 비롯해 알고리즘이 모든 프로세서의 자원을 가능한 한 최대로 제어하고 이용한다는 것을

의미한다. 실제로는 이들 동일 자원들을 놓고 경쟁하는 다른 태스크들도 있을 것이다. 개별 알고리즘을 벤치마킹할 때 만들었던 가정들은 시스템이 조립되고 완전 시스템 부하 상태하에서 동작될 때는 적용하지 못할 것이다. 자원 충돌은 처리 속도 추정을 형성할 때 쉽게 간과될 수 있는 추가적인 오버헤드의 결과로 나타난다.

- **정보를 제공받는 관리 능력을 유지한다** 코드 레벨 최적화 노력이 완료될 때 프로젝트 초기에 설정된 모델이 상대적으로 정확한 추정이었다는 것이 명확해진다. 그러나 이 목적을 성취하기 위해서는 상당한 양의 자원(일정과 예산)이 소요된다. 알고리즘 스트림이 최적화되고 측정되기 때문에 추정치도 그러는 도중에 주기적으로 오르내릴 것이다. 이들 메트릭에 대한 보고 기간이 이들 급증을 잡아내기에 충분히 짧은데, 이는 관리에서 때 이른 관심을 불러일으킬 수도 있다. 더 길어진 보고 간격은 이들 몇 가지 급증을 부드럽게 만들 수 있다.
- **상황에 맞게 예산을 수립한다** 기능적 정확성에 뒤이어 코드 최적화라는 2패스 접근법은 이를 성취하는 데 더 많은 시간과 더 많은 자원이 소요될 것이다. 이것은 계획될 필요가 있다. 기능성 개발과 동시에 코드 레벨 최적화라는 1패스 접근법은 프로세스 아키텍처와 알고리즘에 경험을 가진 관계자에 의해서만 시도돼야 한다.

참고 문헌

[1] C.U. Smith, Performance engineering for software architectures. Twenty First Annual Computer Software and Applications Conference, 1997, pp.166-167.

[2] M. Baker, W. Smith, Performance prototyping: a simulation methodology for software performance engineering, Proceeding of the Computer Systems and Software Engineering (1992) pp.624-629.

[3] R. Oshana, Rate monotonic analysis keeps real time systems on track, EDN (September 1, 1997).

[4] C. Liu, J. Layland, Scheduling algorithms for multiprogramming in a hard real time environment, Journal of the Association for Computing Machinery 20 (1973) pp.46-61.

[5] R. Obenza, Rate monotonic analysis for real-time systems, Computer 26 (1993) pp.73-74.

사례연구 2

사용자 인터페이스:
경찰 지휘 통제 시스템

로버트 오샤나(Robert Oshana)

소개

사용자 인터페이스 설계에 대한 사례연구에서는 14장에서 다뤘던 기법들과 유사한 프로세스와 일련의 단계들을 이용해 임베디드 시스템의 사용자 인터페이스 개발에 사용됐던 프로세스를 소개한다. 이 단계들을 요약하면 다음과 같다.

분석 과정에서의 핵심 단계

비전 기술

사용될 메타포어^{metaphor}와 맨탈 모델 기술

추출과 태스크 분석

- 시스템의 데이터 모델 개발
- 태스크 목록 개발
- 적절한 사용자 프로파일 개발
- 선명한 시나리오 개발
- 적절한 유스케이스와 시나리오 개발
- 계층적 태스크 분석^{HTA} 개발
- 일치된 태스크 트리 개발

첫 번째 설계

- 가상 윈도우를 이용해 첫 번째 설계 생성
- 가상 윈도우를 입증하기 위한 CREDO 매트릭스 개발
- 핸드 스케치를 이용해 첫 번째 프로토타입 개발(손으로 그린 저충실도 실물 크기 모형)
- 설계에 이용된 게슈탈트(형태) 식별
- 게슈탈트가 사용자 태스크에 어떻게 적절한지 기술
- 선택한 데이터 프레젠테이션 단계 기술
- 데이터, 기능, 도메인에 사용된 멘탈 모델 기술
- 첫 번째 프로토타입상에서 학급의 다른 학생 한 명과 함께 유용성 테스트 수행
  - 적어도 한 명의 사용자와 함께 '생각나는 대로 말하는thinking out loud 테스트' 수행
  - 프로토타입 상에서 휴리스틱(발견적) 평가 수행
  - '중요 문제' 분석 수행
  - 결함 목록 생성

가용 툴을 이용한 두 번째 프로토타입 개발(고충실도 툴로 그린 실물 크기 모형)

- 기능 프로토타입 개발(화면 프로토타입)
- 기능 설계 개발
- 가상 윈도우에 시맨틱과 검색 기능 부착
- 실행 취소undo 메커니즘 정의
- 가상 윈도우를 실제 화면으로 전환
- 화면에 탐색 기능 추가
- 프로토타입에 사용될 색상 기술
- 기능용 프레젠테이션 형식 선택
- 초심자에서 전문가로의 전이 지원
- 프로토타입으로 조각 조립
- 유용성 테스트와 결함 수정
- 테스트 로그와 테스트 보고서 생성
- 사용자 문서를 비롯한 생산 지원 계획 개발

경찰 지휘 통제 시스템

경찰 서비스에 대한 요구 사항은 보고된 사건에 대해 가능한 신속히 반응하는 것이며, 지휘 통제 시스템의 목표는 사건을 기록하고 가장 적절한 경찰 차량을 배치하는 것이다. 어떤 차량

을 사건에 보내야할지 결정할 때 고려해야만 하는 요소들은 다음과 같다.

- **사건 유형** 일부 사건들은 다른 사건들보다 더 심각하고 더 긴급한 반응을 요구한다. 반응 등급을 식별하고, 그런 다음 식별된 등급에 사건을 할당할 것을 권고한다.
- **가용 차량의 위치** 일반적으로 최상의 전략은 사건에 대응해서 가장 가까이 있는 차량을 배치시키는 것이다. 차량의 위치를 정확히 알 수 없다는 것을 고려해서 차량의 현 위치를 결정하기 위해 메시지를 차량에 보내는 것도 필요할 수 있다.
- **가용 차량의 유형** 일부 사건들은 소수의 차량을 요구하겠지만, 교통사고 같은 다른 사건들은 특수 차량을 요구할 수도 있다.
- **사건 장소** 일부 지역에서는 한 대의 차량만 보내 사건에 대응하는 것이 현명한 일이 아닐 수도 있다. 다른 지역에서는 동일한 유형의 사건에 대응해 한 대의 차량이나 한 명의 경찰관을 보내는 것만으로도 충분할 수 있다.
- **소방과 구급 서비스 같은 다른 긴급 구조 서비스에 대한 경보의 필요성** 시스템은 필요시 이들 긴급 구조 서비스에 대해 자동으로 경보를 발령해야 한다.
- 시스템은 기록된 사건 리포터의 세부 사항을 받아들여야 한다.

이와 같은 시스템은 거의 무한히 확장되게 개방된다. 예를 들어 경찰 차량은 팩스 단말기를 포함할 수 있기 때문에 차량을 사건에 내보낼 때 작성된 정보를 팩스로 보낼 수도 있다. 시스템 통제 룸을 위한 사용자 인터페이스는 프로토타입돼야 한다.

경찰 지휘 통제 시스템을 위한 기술과 개념 모델

- 개념
  1. FIR
  2. 검색 정보
  3. 사건 모니터링과 분류
  4. 지휘 통제 경찰 차량
  5. 다른 긴급 구조 서비스에 대한 경보
  6. 기존 시스템의 확장
  7. 사건 역사 기록 보관
- 핵심 메타포어
  1. FIR 이것은 첫 번째 정보 보고First Information Report의 약어다. 이 용어는 사건 피해자나 사건 보고자가 경찰 디스패처dispatcher에게 제공하는 첫 번째 정보 보고와 관련된다.

2. **위협 수준** 이 용어는 문제 사건에 제기된 위협의 정도와 관련된다. 이것은 구호/경찰 팀과 함께 배치될 인원수와 장비의 종류를 평가해서 적절한 방식으로 상황이 악화되지 않게 방지하는 데 도움을 줄 수 있다.

3. **위성 뷰** 이 용어는 카운티^{county}의 모든 구호/경찰 팀뿐만 아니라 911 디스패처까지도 가능한 지역/카운티의 전체 모습과 관련된다. 위성 뷰는 실시간 영상을 제공하지 않는다. 그러나 지도 뷰는 카운티/도시^{city}의 개략적 묘사와 함께 경찰 디스패처/현장 근무자도 같이 제공한다. 따라서 사람들은 구호 팀/현장 근무자의 위치뿐만 아니라 그 지역에 관련된 사항을 훌륭하게 추정하기 위해 지도를 확대하고 축소하며 회전시킬 수 있다.

4. **운전 지시** 운전 지시에 대한 아이디어는 시작 지점부터 목적 지점까지 지도 위에 굵은 선이나 화살표를 그리게 되면 현장 근무자가 안내받을 수 있고, 구호 작전을 위해 반응 시간을 줄일 수 있도록 경로를 동적으로 계산할 수 있기 위한 것이다.

5. **GPS** 이것은 전 지구 위치 측정 시스템^{Global Positioning System}의 약자로, 전체 시스템 아키텍처의 각 컴퓨터에 부착돼 있는 작은 디바이스를 말한다. 이들 디바이스는 위도, 경도, 고도로 자신의 현재 위치를 정확히 찾아낼 수 있고, 지도 위에 디바이스의 위치를 관리하고 업데이트할 수 있게 도움을 줄 수도 있다

6. **팀** 각기 다른 긴급 구조 상황이 각기 다른 종류의 기술과 장비를 요구할 수 있기 때문에, 이 용어는 인원 그룹과 장비를 가리키는 일반적 용어다. 즉, 소방은 소방차, 소방관, 응급 구조원, 가끔 군중들을 돕는 경찰관이 필요한 반면, 무장 인원에 의해 인질로 붙잡혀 있는 사람들에게는 SWAT 같이 특별한 훈련을 받은 사람이 필요할 것이다.

7. **차량 등급** 이 용어는 긴급 구조 상황의 특성에 따라 요구되는 차량의 유형에 관련된다. 즉, 소방은 소방차가 요구되는 반면, 추격은 일부 고속 경찰 차량과 심지어 헬리콥터가 요구될 수 있다.

8. **배치 차량** 이 용어는 구호나 긴급 구조 상황을 위해 지정 장소에 도착하도록 지시받은 차량의 동작을 나타낸다.

9. **TTA(도착 시간)** 이 용어는 구호 팀이 장소에 도착하고, 그 이후 911 디스패처가 배치될 때까지의 시간 윈도우와 관련된다. 이것은 시간과 관련해 더 훌륭한 아이디어에 관심을 보이는 사람들에게 제공되며, 그렇기 때문에 사람들은 적절히 계획을 수립할 수 있게 된다. 예를 들어 누군가가 지원을 요청할 때 팀은 얼마나 많은 시간이 걸릴 것인지 알 수 있기 때문에 팀은 앞서 가서 작전을 시작할 수 있거나, 아니면 지원이 도착할 때까지 대기할 수 있다.

10. **차량 검색** 이것은 사건 장소에 누군가를 배치하기 전에 먼저 디스패처가 차량을 검색해

야 한다는 사실에 대응하는 용어다. 검색은 사건 근처에 있는 모든 차량을 전시하고 배치할 차량을 선택하기 위해 지도 위에 차량을 전시한다는 점에서 볼 때 어느 정도는 시스템 책임이 될 것이다. 그런 다음 화면 위의 사용자 구역에서는 지도 위에 전시될 차량이 사용자에 의해 신중히 선택될 것이다.

11. **발송 예고** 여기서의 개념은 범죄/사건 현장에 배치돼야 하는 차량은 디스패처와 동일하게 예고돼야 한다는 것이다. 이러한 예고에는 다음과 같은 두 가지 방법이 있다. 한 가지 방법은 경찰 무선을 통해 예고하는 것이고, 또 다른 한 가지 방법은 중앙 시스템이 소프트웨어 통지를 통해 경찰 차량의 컴퓨터에 경보를 보내는 것이다. 두 가지 방법이 함께 동시에 촉발되더라도 자동화 시스템을 통한 예고만이 시스템에 의해 보내질 것이다. 디스패처에게는 무선을 이용해 음성 소통이 이뤄질 것이다.

12. **발생 장소** 이 용어는 리포터에 의해 보고된 사건 발생 장소와 관련된다. 이것은 긴급 구조 장소에 도착하는 디스패처들, 그리고 모든 팀과 차량들에 의해 요구될 것이다.

13. **리포터** 이것은 사건을 디스패처에게 보고하는 사람과 관련된다. 어떤 경우에는 피해자도 리포터가 될 수 있다.

14. **리포터 정보** 이 용어는 사건을 리포터에게 보고하는 사람에 관한 정보와 관련된다. 이것은 공식 목적과 실적을 위해 기록되며, 리포터가 익명으로 남길 원하면 빈칸으로 남겨질 수 있다.

15. **기록 보관** 이것은 종료됐던, 즉 더 이상 유효하지 않은 사건에 대한 기록 보관과 관련된다. 사건들이 영구 저장소에 저장될 수 있으므로 기소나 배심원 프레젠테이션 같은 필요가 생기면 사건들은 나중에 리뷰되거나 검색될 수 있다.

16. **검색** 이것은 문서 검색을 쉽고 빠르게 하기 위해 날짜, 장소, FIR 번호 등을 기반으로 주어진 사건과 관련된 공문서를 검색할 수 있는 기능과 관련된다.

시스템용 데이터 수집 접근법

시스템에 대한 통찰력과 사용자의 요구 사항을 획득하기 위해 이용됐던 주요한 데이터 수집 접근법에는 다음과 같은 방법들이 있다.

- **인터뷰** 데이터 수집을 위해 아주 좋은 방법은 디스패처dispatcher뿐만 아니라 경찰관과 인터뷰를 하는 것이다. 이 경우 대학 경찰서에서 나온 경찰관들 중 한 명과 함께 학습 대화를 시작한다. 이 경찰관은 꽤 도움이 되고 이해력이 있으며, 실제 몇 가지 의문에도 답할 만큼 충분한 인내심도 갖고 있다. 훌륭한 통찰력은 경찰서 업무 방식으로부터 얻어진다. 대학 경찰서가 다른 경찰서가 이용했던 많은 방법을 이용하진 않더라도 가치 있는 시간 투자를

통해 충분한 정보를 얻을 수 있다. 예를 들어 경찰서는 자신의 중앙 센터와의 연결을 계속 유지하기 위해 모바일 컴퓨터를 이용하지는 않는다. 그러나 규모가 큰 경찰서는 인터넷과 연결되고, 가상 사설 네트워크와 온라인 상태가 계속 유지되는 모바일 컴퓨터를 내장하고 있기 때문에 경찰관들은 실시간 경보와 경고를 받을 수 있고, 어떠한 다른 정보든 자신들의 방식으로 내보낼 수 있게 된다.

- **직접 관찰** 이것은 사람들의 니즈와 활동에 대해 통찰력을 얻을 수 있고 시스템을 위해 지켜야 할 사항, 즉 행동 규범을 설정할 수 있는 또 다른 효과적인 방법이다. 이 직접 관찰 방법은 이미 준비된, 이벤트 흐름에 대해 이해가 용이한, 상황 투입에 필요한 니즈가 무엇인지를 알 수 있는 기존 시스템에 매우 친숙한 사람이라 할지라도 요구 사항 집합을 결정하는 데 사용되는 주요한 베이시스가 된다.
- **문서 연구** 시스템은 잘 문서화된 규칙과 규정을 고수해서 작동하기 때문에 좋은 데이터 수집 접근법이 되기 위해서는 경찰 하부 시스템의 법 동작을 통제하는 규칙과 규정을 연구하고 분석해야 할 것이다. 예를 들어 사람들이 경찰에 익명으로 사건을 제보할 수 있는지, 그렇지 않으면 제보하는 사람들이 디스패처에게 자신의 신분을 드러내는 것이 의무화돼 있는지 등이다. 상세하게 연구된 문헌은 없지만, 이 사례연구에서는 법과 질서에 관련된 일반적인 지식과 일반 시민의 관점에서 적용된 방식을 사용한다.

시스템용 데이터 수집을 위해 사용될 수 있는 또 다른 접근법들은 다음과 같다.

- **관심 집단** 이 방법은 사물에 대한 통찰력을 얻고, 누가 무엇을 필요로 하는지, 그리고 누구의 니즈가 누구와 충돌하는지에 대한 더 나은 이해력을 얻기 위해 다음에 나열된 한 명 이상의 사람들로 구성된 그룹 인터뷰를 포함한다.
  - 디스패처
  - 현장 경찰관
  - 소방관
  - 응급 구조원
  - 사건 조사를 감독하는 고위 경찰관
- **유사 결과물 조사** 사용자의 요구 사항을 이해하는 또 다른 효과적인 방법은 유사 결과물을 조사하고 그에 대한 장단점을 관찰하는 것이다.

시스템용 유스케이스 다이어그램과 유스케이스 시나리오

유스케이스는 일반적으로 시스템의 목적을 성취하기 위해 역할(액터를 나타냄)과 시스템 간 상호작용을 정의한 단계의 목록이다. 액터는 인간이나 외부 시스템이 될 수 있다.

그림 CS2.1에 경찰 지휘 통제 시스템에 대한 유스케이스 다이어그램이 나타나 있다.

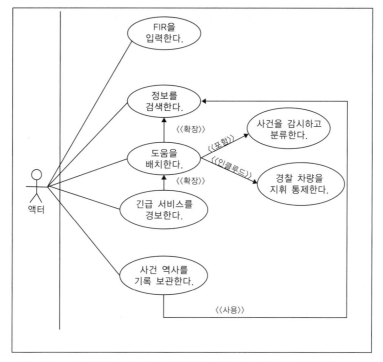

그림 CS2.1 PC&S(경찰 지휘 통제 시스템)을 위한 유스케이스 다이어그램

유스케이스 시나리오의 예는 다음과 같다.

1. 디스패처는 사건 관련 호출을 받은 후 보관을 위해 FIR[첫 번째 정보 보고]을 선택한다.

2. 디스패처는 FIR에 리포터 이름을 포함해 관련 정보를 입력한다.

3. 시스템은 착신 호출자 식별을 이용해 호출에 사용됐던 전화번호를 자동으로 기입한다.

4. 디스패처는 보고된 사건 장소와 거리 주소를 입력한다.

5. 디스패처는 폭동, 난동 등 사건 유형을 입력한다.

6. 시스템은 지금까지 넣어졌던 입력을 기반으로 사건 유형을 제시한다.

7. 시스템은 또한 사건 유형과 시스템에 구축된 긴급 구조 서비스와의 매핑을 기반으로 경고할 필요가 있는 다른 긴급 구조 서비스의 체크박스에 체크한다.

8. 디스패처는 호출했던 리포터가 묘사한 대로 사건 상황을 입력한다.

9. 디스패처는 사건 유형에 대해 보내야 될 유닛의 유형을 선정하고, 또한 얼마나 많이 보내야 할지를 구체적으로 명시한다.

10. 시스템은 사용자가 명시한 유형과 일치하고 사건 장소에 가장 가까운 차량을 검색한다.

11. 시스템은 차량에 있는 시스템에 사건에 대한 요약과 사건 대응 명령을 전송하고, 이의 확인을 위해 대기한다.

12. 확인 후 디스패처는 사건 ID를 기반으로 사건을 추적하며, 경찰 서비스 스캐너로 채널을 맞춘다.

13. 사용자는 경찰 팀이 사건 해결 시 '종료'라고 사건에 표시한다.

14. 시스템은 나중에 요구되는 경우를 대비해 자동으로 사건을 기록 보관하고, FIR을 종료한다.

이 유스케이스에 대해 대체 가능한 행동 방침은 다음과 같다.

4. 또 다른 디스패처는 동일 장소의 동일 사건에 대해 FIR 입력을 시도한다.

　4.1. 시스템은 유사 사건이 이미 시스템에 추가됐다는 것을 알려주기 위해 경고 메시지를 전시한다. 시스템이 그 사실을 보강해야 하는가? 그렇지 않으면 또 다른 FIR을 생성해야 하는가?

　4.2. 사용자는 호출자에 의해 명시된 정보를 이용해 기존 FIR에 대한 보강을 선택한다.

　4.3. 시스템은 기존 FIR에 정보를 첨부한다.

10. 시스템은 사건 장소 근처 어느 곳에서도 미할당 차량을 발견하지 못한다.

　10.1. 시스템은 오류 메시지를 통해 상태를 디스패처에게 알린다.

　10.2. 디스패처가 문제 사건을 중심으로 지도에 표시된다.

　10.3. 디스패처는 이전 임무로 이미 바쁜 차량을 선택하고, 차량을 사건 쪽으로 끌어놓아 그 차량에 문제 사건을 배당한다.

　10.4. 시스템은 디스패처에게 그 차량은 임무로 이미 바쁘다는 경고를 준다.

　10.5. 디스패처는 임무 진행을 결정한다.

12. 시스템은 확인을 위해 대기하지만 확인을 받지 못한다.

　12.1. 시스템은 시간 초과 이후 특정 시간 동안 대기한다.

　12.2. 시스템은 확인 실패 상태를 사용자에게 알린다.

　12.3. 디스패처는 차량에 명령을 재전송할 수 있으며, 시스템은 11단계로 되돌아가거나 그렇지 않으면 디스패처는 경찰 스캐너를 통해 차량과 연락할 수 있다.

필수 유스케이스

필수 유스케이스는 기술과 구현 종속 방식에서 사용자의 의도를 간파하는 간단하고 추상적이며 일반적인 유스케이스다. 필수 유스케이스는 서술적 구조며, 애플리케이션 도메인과 사용자 언어로 표현되고, 태스크나 상호작용에 대한 추상적이고 기술에 자유로우며 구현에 종속된 표현이다. 경찰 지휘 통제 시스템을 위한 필수 유스케이스는 다음과 같다.

사용자 의도	시스템 책임
사용자가 F1을 누른다.	시스템은 사용자 작성용 신규 FIR 양식을 연다.
디스패처가 인원을 호출하기 위해 관련 정보를 입력한다.	시스템은 호출 식별을 이용해 호출된 숫자를 기입한다.
디스패처는 사건 장소와 거리 주소를 입력한다.	시스템은 사용자가 잘못된 거리 주소를 입력한 사실을 발견하면 사용자의 거리 주소를 제시한다.
디스패처는 사건 설명을 입력한다. 디스패처는 사건 유형을 입력한다.	시스템은 디스패처가 그때까지 입력한 단어와 일치하는 사건의 유형을 디스패처에게 제시한다. 시스템은 사건 유형을 기반으로 알릴 필요가 있는 다른 긴급 서비스를 선정한다.
디스패처는 사건 대응 유닛의 유형과 수량을 선정한다.	시스템은 사건 장소에 가장 가까이 위치하고 사용자가 명시한 유형과 일치하는 차량을 검색한다. 시스템은 명시된 수량에 따라 차량을 선정하고, 사건 정보와 사건 대응 명령을 차량에 전송한다. 시스템은 연락된 차량으로부터 확인을 위해 대기한다.
디스패처는 사건 업데이트를 유지하기 위해 경찰 무선으로 채널을 맞춘다.	
FIR이 담당자에 의해 조치가 취해졌고 모든 것이 정상으로 돌아오면 디스패처는 FIR 종료를 표시한다.	시스템은 미래 검색을 위해 FIR을 기록해서 보관한다.

시나리오

시나리오는 초기의 시스템 작업 흐름 분석에서 수집된 정보로 구축된다. 시나리오는 기능 레벨에, 더 자세히는 태스크 레벨에 중점을 둘 수 있다. 다음의 논의와 유사하게 고수준의 시나리오는 새로운 제품을 위한 분석 단계에서 사용된다. 더 상세한 시나리오는 새로운 제품의 설계 단계 후반에 사용되거나 기존 제품을 재설계할 때 사용된다.

시나리오는 일반적으로 작업 흐름 데이터에 대한 개별적이며 허구적인 이야기다. 시나리오는 특별한 목적을 성취하기 위해 제품을 이용하는 사람들에 대한 표현이다. 시나리오는 특별한 환경적 상황에서 하나 또는 그 이상의 태스크들의 묘사를 스토리로 얘기하는 네러티브 narrative다.

시나리오 개발이란 실세계에서 제품을 이용해 중요한 양상을 식별하는 것이다. 시나리오는 사용자 인터페이스 설계 프로세스 내내 유용하며, 시나리오는 유용성 테스팅을 위해 태스크 설명을 개발하는 데도 유용할 수 있다.

경찰 지휘 통제를 위한 사용자 인터페이스 시나리오(퍼펙트 월드 시나리오)

크리스티Kristi는 경찰 서비스 센터의 디스패처로 자정부터 다음 날 아침 6시까지 늦은 야간 근무를 하고 있다. 그녀는 잠을 달아나게 하고 정신을 초롱초롱 유지하기 위해 몇 잔의 커피를 마시고 있었다. 그녀는 보통 디스패처 소프트웨어를 둘러보고 살펴보는 일을 한다. 대략 4시쯤, 크리스티는 텍사스 주 갈란드에 사는 엘리사Elisha라는 여성으로부터 아파트에 누가 침입했고 귀중품들이 도난 당했다는 구조 요청을 받는다. 크리스티는 패널상의 F1 키를 누르고 엘리사에게 아파트가 위치한 거리 주소를 묻는다. 엘리사는 자기가 텍사스 주 갈란드 시 버킹행 도로의 4839번지에 산다고 답한다. 그런 다음 크리스티는 엘리사에게 아파트 번호를 묻고 엘리사는 1505호라고 답하고, 크리스티는 재빨리 입력한다. 시스템은 자동으로 기록하고 날짜 시간과 함께 FIR 양식의 각 항목에 있는 착신 호출자의 전화번호를 보여준다. 크리스티는 마지막으로 호출자의 이름과 성을 묻고, 엘리사는 자기가 엘리사 커스버트Elisha Cuthbert라고 답하며, 크리스티는 그 이름을 FIR 항목에 입력한다.

크리스티는 호출자와의 통화를 보류하고 현장에 경찰 팀을 배치한다. 이를 위해 그녀는 메뉴상의 '지역 경찰 팀'을 선정하고 위협 수준은 '중간'으로 설정한다. 시스템은 사건 장소와 가까운 현재의 지역 경찰을 보여준다. 시스템은 가장 가까운 경찰 차량을 식별하고 크리스티를 위해 그 차량에 강조 표시를 해서 보여준다. 크리스티는 그 차량 중 특정 차량을 선정하고 인터페이스상의 '저장과 배치' 버튼을 누른다. 사건에 대한 상세 내역이 시스템상의 경찰관에게 전송된다. 경찰관은 상세 내역 수신을 확인하고 현장 장소를 향해 이동한다. 입력 양식 윈도우가 사라지고 메인 윈도우상에 '갈란드 강도 사건'이라는 제목과 함께 빨간색 파란색이 번쩍이면서 새로운 이벤트가 나타난다. 또한 동일 태그를 이용해 지도 위에 장소가 강조돼 표시된다. 태그 시스템은 TTA가 1분 30초가 된다고 보여주고, 사건 장소를 강조해서 표시했던 색상과 똑같은 색상으로 사건 장소 현장을 향해 가고 있는 지정된 차량을 원 형태로 표시해 보여준다.

크리스티는 마지막으로 호출자에게 지금 우리가 대화중에도 경찰이 도우러 가고 있다고 하면서 그 장소에 도착하려면 1분 30초 정도 걸릴 것이라고 얘기한다. 호출자는 크리스티에게 고맙다고 하고 전화를 끊는다. 시스템은 똑같은 강조 색상으로 사건 장소를 '갈란드 강도 사건'으로 지정하고, 이 사건을 지속적으로 추적한다. 크리스티는 인터페이스를 통해 현장을 계속 감시하고 윈도우 앞부분의 튠인tune-in 버튼을 누르며, 사건 현장에 대한 차후 업데이트가 경고로 표시될 수 있도록 헤드셋을 구호 팀 스캐너로 전환시킨다.

불완전한 세상 시나리오

제럴드Gerald는 경찰 디스패처다. 그는 보통 아침 8시부터 오후 2시까지 일상적인 업무를 하고 있다. 그는 최근에 업무에 합류했으며, 그가 받았던 경찰 훈련 덕분에 시스템과 인터페이스는 숙지하고 있더라도 경험과 나이로부터 오는 직관력과 통찰력은 부족한 편이다. 오후 12시쯤, 텍사스 주 그린빌에서 두 그룹 간 물리적 충돌을 목격했다는 사람으로부터 제보 전화를 받는다. 제럴드는 F1 키를 누르고 그 사람에게 거리 주소를 물으며, 그 사람은 그린빌과 대학로의 교차로 지점이라고 대답한다. 시스템은 자동으로 날짜와 시간과 함께 호출자의 전화번호를 기록한다. 제럴드는 '두 그룹 간 충돌'로 쓰고 사건에 대한 설명을 간단히 입력한다. 제럴드는 익명을 요청했던 그 사람의 이름을 묻고, 이름 항목에 '익명의 제보자'라고 쓰고 계속 진행한다. 제럴드는 그 사람과의 전화통화를 보류하고 '디스패처 팀 선택 체크박스'를 클릭한다. 클릭할 때 다음 항목으로 이동하라는 텍스트 상자와 함께 제럴드에게 가용한 유닛들이 모두 표시된 하부 패널이 나타난다. 제럴드는 충돌이 폭력 상황으로 변질될 수 있을 것으로 추정하고 경찰 부대, 응급 구조원, 폭동 진압 부대에 대한 경보 발령을 결정한다. 그는 위협 수준을 '높음'으로 설정한다. 시스템은 사건 장소와 가장 가까운 경찰 부대의 차량, 응급 구조원, 진압 부대의 차량을 보여준다. 제럴드는 세 군데의 경찰 부대, 두 명의 응급 구조원, 두 군데의 폭동 진압 부대에 대한 적절한 차량 숫자를 선택하고 '저장과 배치'라는 버튼을 클릭한다.

입력 양식 윈도우가 사라지고 메인 윈도우상에 '그린빌 충돌/폭동'이라는 제목과 함께 빨간색 파란색이 번쩍이면서 새로운 이벤트가 나타난다. 또한 동일 태그를 이용해 지도 위에 장소가 강조돼 표시된다. 태그 시스템은 TTA가 1분이 된다고 보여주고, 사건 장소를 강조해서 표시했던 색상과 똑같은 색상으로 사건 장소 현장을 향해 가고 있는 차량을 원 형태로 표시해 보여준다.

제럴드는 마지막으로 호출자에게 지금 우리가 대화중에도 도우러 가고 있다고 하면서 그 장소에 도착하려면 1분 정도 걸릴 것이라고 얘기한다. 호출자는 제럴드에게 고맙다고 하고 전화를 끊는다. 제럴드는 인터페이스를 통해 현장을 계속 감시하고 윈도우 앞부분의 튠인tune-in 버튼을 누르며, 사건 현장에 대한 차후 업데이트가 경고로 표시될 수 있도록 헤드셋을 구호 팀 스캐너로 전환시킨다.

현장에 도착한 첫 번째 차량은 경찰관 짐Jim이 운전한 경찰차다. 짐은 디스패처에게 자신의 도착을 알린다. 짐은 또한 디스패처에게 그룹들이 격렬히 충돌 중이고, 그들 중 일부는 무기를 소지한 것 같아 무장 경찰 지원이 필요하다고 얘기한다. 또한 차량 중 일부가 불타고 있어 짐은 제럴드에게 소방대 도움을 요청한다. 제럴드는 즉시 지도상의 사건 아이콘을 클릭하고, 현재 사건의 유닛들이 포함된 이전 양식에서 더 많은 유닛 배치라는 옵션을 선택한다. 그는 현 설정에 추가해 SWAT 팀을 선택하고, 시스템은 사건 장소에서 가장 가까이 위치한 SWAT 팀을 보여준다. 제럴드는 네 개의 SWAT 팀을 선택한다. 제럴드는 또한 '비상 소방대 연락' 체크박스를 클릭한 후 '저장과 배치' 버튼을 클릭한다. 시스템은 사건 관련 세부 내역을 소방대에 전송하고 최종 확인을 위해 대기한다. 그런 후 소방대가 경보 수신을 확인하고, 시스템상의 TTA는 1분 30초라고 업데이트하며, 제럴드는 짐에게 SWAT 팀과 소방대가 가는 중인데 1분 30초 정도 기다리면 된다고 알려준다.

PC&CS 일반 사용자용 시나리오

안드레스Andres는 댈러스 경찰서 디스패처다. 그는 자기 사무실로 들어가서 근무를 시작한다. 그는 헤드셋을 끼고 그가 가장 좋아하는 음료인 다이어트 콜라 캔을 딴다. 바로 그때 안드레스는 호출 번호 DPO213인 경찰관 마이크 해니건Mike Hannigan으로부터 전화 연락을 받는다. 안드레스는 디스패처에 대응하기 위해 만든 모든 회람용 디스패처 터미널에 알려지게 되는 착신 전화를 클릭해서 착신 전화를 받는다. 경찰관은 안드레스에게 현재 과속에 걸린 차량을 추적 중인데, 방금 I-75 스프링 벨리 입구에서 보행자를 치고, I-75 고속도로로 들어가서 북쪽 방향으로 시속 90마일로 도망가고 있다고 통지한다. 경찰관은 급히 사건 현장에 보낼 응급 구조원을 요청하고, 그런 후 자신을 도와 과속 차량을 뒤쫓을 수 있는 두 대 또는 세 대의 지원 차량이 필요하다고 요청한다. 안드레스는 신속히 키패드 위의 **F4** 키를 누르고 자신의 헤드셋을 응급 구조 무선 주파수로 전환한다. 안드레스는 적절한 절차에 따라 사건 장소와 관련된 상황을 알리고, 방송으로 경찰관 메시지를 내보는 동안 기록한다. 응급 구조원이 안드레스에게 연락주면 안드레스는 원래의 경찰 주파수 채널로 복귀하기 위해 **Esc** 키를 누른다. 그런 다음 **F1** 키를 누르고 상황 설명, FIR 용도를 위한 사고 장소, 식별 전화번호 항목에 기록될 호출 번호와 함께 마이크 해니건에 대한 세부 인적 사항 같은 세부 내역의 나머지 부분들을 기록한다. 안드레스는 배치될 세 대의 경찰 차량과 한 대의 헬리콥터를 선정하고 제출 버튼을 클릭한다. 시스템은 이 이벤트를 등록하고, 빨간색과 파란색 아이콘이 반짝이면서 TTA가 2분이 될 거라고 보여준다. 안드레스는 경찰관이 자신을 다시 접촉할 수 있도록 주파수 채널을 고정한다. 경찰관 마이크 해니건은 자신의 호출 번호로 온 경찰 무선 방송을 듣고 댈러스 시 경계로 이동할 것과 차량 추적에 경찰관 리처드슨Richardson이 자신을 도울 거라는 사실을 안다. 디스패처의 상황을 듣고 있던 안드레스는 경찰관 마이크 해니건을 지원하기 위해 전속력으로 달리고 있는 지도상의 모든 경찰 차량을 선정하고, 선정된 차량의 아이콘을 오른쪽 클릭하며, '마지막 명령 취소'를 선택한다. 경찰관 리처드슨이 추적에 합류할 때까지 마이크 해니건이 공중 지원을 받을 수 있도록 헬리콥터는 취소에서 제외한다. 안드레스는 경찰관을 돕는 데 자신이 할 수 있는 방법이 별로 없다는 것은 알고 있지만, 자신에게 주어진 의무의 한계를 넘어 안드레스는 채널을 고정하고 계속해서 헬리콥터에서 오는 업데이트 상황을 듣는다. 5분쯤 지난 후 헬리콥터는 과속 차량이 경찰관 마이크 해니건에 의해 기동에 제한을 받아 외측 차선에 충돌했다고 추적 중에 있는 경찰 부대의 상황을 업데이트한다. 고속도로를 지나가는 다른 차량과의 사고는 없었지만, 안드레스는 용의자뿐만 아니라 경찰관을 위해서 응급 구조원에게 요청한다. 5분이 또 지난 후 경찰관 마이크 해니건은 용의자가 체포됐고 심문을 위해 경찰관 리처드슨에게 인계됐으며, 추적이 종료됐다는 것을 스캐너상에서 확인한다. 이 내용을 듣고 있던 안드레스는 사건 아이콘을 클릭하고 추적 종료 세부 내역을 기록하며, 아이콘이 지도와 화면의 사건 목록에서 지워진 후 '저장'과 '사건 종료'를 클릭한다.

계층적 태스크 분석

사용자 인터페이스 설계에서 계층은 요소들의 구성으로 생각될 수 있다. 실즈^{Seels}와 글래스고 Glasgow에 근거해 이들 요소들은 선행 관계에 기초들 두고 있으며, 학습자가 계층의 위쪽에 있는 단일 동작을 성취하기 위해 반드시 택해야 될 경험 경로를 묘사하고 있다. 사용자 인터페이스 설계자는 태스크를 상단부터 하단으로 분리한다. 이것은 차례차례로 태스크 간 계층적 관계를 보여준다. 그림 CS2.2에서는 경찰 지휘 통제 시스템에 대한 계층적 태스크 분석을 보여준다.

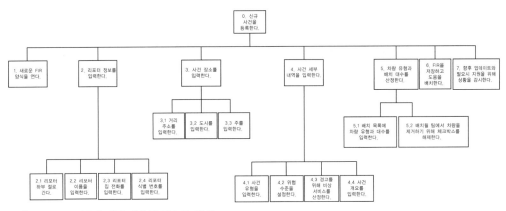

그림 CS2.2 PC&S에 대한 계층적 태스크 분석

0. 신규 사건을 등록한다.
1. 신규 FIR 양식을 연다.
2. 리포터 정보를 입력한다.

2.1 리포터 하부절로 간다.

2.2 리포터 이름을 입력한다.

2.3 리포터 집 전화번호를 입력한다.

2.4 리포터 식별 번호를 입력한다.

3. 사건 장소를 입력한다.

3.1 거리 주소를 입력한다.

3.2 도시를 입력한다.

3.3 주^{state}를 입력한다.

4. 사건 세부 내역을 입력한다.

4.1 사건 유형을 입력한다.

4.2 위협 수준을 설정한다.

4.3 경고를 위해 비상 서비스를 선정한다.

4.4 사건 개요를 입력한다.

5. 차량 유형과 배치 대수를 선정한다.

5.1 배치 목록에 차량 유형과 대수를 입력한다.

5.2 배치될 팀에서 차량을 제거하기 위해 체크박스를 해제한다.

6. FIR을 저장하고 도움을 배치한다.

7. 향후 업데이트와 필요시 요구되는 지원을 위해 상황을 감시한다.

<u>계획 0</u>: 1, 2, 3, 4, 5, 6, 7을 한다.

<u>계획 2</u>: 2.1, 2.2, 2.3을 한다.

리포터가 익명을 요구할 때 2.1을 한다.

리포터가 경찰관이라면 2.1, 2.4를 한다.

<u>계획 3</u>: 3.1, 3.2, 3.3을 한다.

<u>계획 4</u>: 4.1, 4.2, 4.3, 4.4를 한다.

<u>계획 5</u>: 5.1을 한다.

차량이 배치될 팀에서 제거된다면 5.2로 간다.

PC&C 시스템용 주요 상호작용 스타일

상호작용 스타일은 사용자가 컴퓨터 시스템과 통신하거나 상호작용할 수 있는 모든 방식을 나타낸다. 상호작용 스타일에는 일반적으로 언어 명령, 지시, 서식 기입, 메뉴 선택, 직접 조작 등의 유형이 있다.

직적 조작은 '관심 객체의 직접 조작'을 위한 아이디어와 관련된다. 이것은 관심 객체가 사용자 인터페이스에서 구별될 수 있는 객체를 대표하고 직접 방식으로 조작될 수 있다는 것을 의미한다.

직접 조작 사용자 인터페이스는 다음 특성에 의해 정의될 수 있다.

- 관심 객체의 가시성
- 신속하고 가역적이며 점증적인 동작
- 관심 객체의 직접 조작에 의한 복잡한 명령 언어 문법의 교체

다음은 PC&S 시스템을 위한 몇 가지 주요 상호작용 스타일을 보여준다.

- **직접 조작** 시스템은 사건 장소를 사용자에게 안내하고 사건 근처의 모든 차량을 보여주기 위해 지도 위젯widget을 이용할 것이다. 또한 사용자는 차량의 유형을 보고 결정할 수 있으며, 상태(근무 중이나 쉬고 있거나)를 결정할 수 있다. 사용자는 차량을 그 사건에 배치하기 위해 지도상에 위치한 사건 위로 차량을 끌어놓을drag and drop 수 있다.
- **지시** 시스템은 태스크를 이행하기 위해 사용자로부터 온 명령이나 지시를 받아들이고 사용자에게 피드백을 제공한다. 사용자는 시스템이 해야 될 것이 무엇인지만 말하고, 시스템은 실제 그 명령에 응답하지 못하면서 피드백만을 제공하기 때문에 시스템의 주요한 상호작용 유형은 지시가 될 것이다.

직접 조작이나 지시를 선택하는 이유는 다음과 같다.

- 직접 조작은 특정 경우에 더 빠른데, 직접 조작이 동일한 태스크에 대해 사용자가 명령을 입력하는 것과는 대조적이기 때문이다. 사용자가 지도상에서 차량을 한 장소에서 다른 장소로 재배치하길 원하는 시나리오를 고려해보자. 사용자는 명령이나 지시를 통해 차량을 재배치하거나 클릭하라는 명령에 따라 새로운 장소에 대한 주소를 입력해야 하며, 그런 다음 '주소 전송'을 클릭하면 새로운 주소가 입력될 것이다. 그러나 이보다 더 직관적이고 사용자의 멘탈 모델에 더 적합한 직접 조작의 힘을 여기서 이용할 수 있다. 사용자는 지도상에서 차량을 원하는 새로운 장소로 즉시 드래그해서 이동시킬 수 있다. 이것은 사용자 측면에서는 명령을 받고 이행하는 것보다 시간이 훨씬 덜 걸릴 것이다. 또한 인간이 사물의 재배치를 사물을 집어 새로운 장소에 위치시키는 능력으로 여기기 때문에 어떠한 규약도 깨트리지 않는다.
- 시스템은 단지 시스템 사용자가 요구한 대로 태스크를 수행만 하면 되는 것처럼 지시는 상호작용의 또 다른 방법으로 선택된다. 이 애플리케이션에서는 시간이 핵심이고, 지시는

사용자의 목적을 훨씬 신속히 성취하면서도 대화보다 훨씬 오류가 더 적어야 하므로 여기서 대화는 아주 적절치 않은 방법이 될 것이다. 시스템은 상태와 프로세스 완료에 관해 피드백을 제공만 하면 되고, 실제로 사용자에게 다시 얘기할 필요는 없다.

- 어떤 시간에든 칸막이로 만든 부스의 같은 방에서 경찰 업무를 수행하는 한 명 이상의 디스패처가 있을 수 있기 때문에 대화는 위의 시나리오를 위해 주어진 환경에서는 또 다른 이유로 인해 사용되지 않을 수 있다. 또한 사건을 보고하는 사람이 전화선상에 있을 수 있으므로 대화에 사용되는 명령 역시 디스패처로 있는 다른 동료의 업무로 인해 간섭받을 수 있을 뿐만 아니라 사건을 보고하는 사람에게는 혼란스러울 수도 있다. 이 시스템과 같은 경우 정보 기록이 신속해야 될 뿐만 아니라 아주 정확해야 되기 때문에 이것은 주요한 기준이 된다.

- 시스템 요구 사항이 장소에 대한 3차원 수사를 허용하지 않거나 사용자에 의해 시스템에 있는 다른 것은 허용하지 않기 때문에 수사는 여기서 옵션이 아니다.

사용자 인지, 지각, 학습 제한 극복을 위한 설계 접근법

사용자 인터페이스 설계에 대한 인지적 접근법은 인간 두뇌가 가진 능력과 감각기관을 통한 인식, 즉 지각이 고려돼야 하며, 최종 사용자를 지원하는 사용자 인터페이스의 개발에 이용된다.

한 가지 접근법은 메타포어metaphor를 이용하는 것이다. 이것이 정확히 사용될 때 메타포어는 사용자에게 추상적 개념이나 절차를 전달하는 데 효과적인 방법이 된다. 데스크톱 컴퓨터는 데이터를 폴더, 문서 파일, 다른 애플리케이션으로 표현하기 위해 '데스크톱' 메타포어를 이용한다. 메타포어는 인간 어포던스affordance 같은 다른 개념들과 함께 사용자의 친숙성에 의존하는데, 여기서 어포던스란 형식 기반 사용자 데이터를 이용해 사용자가 수행할 수 있는 행동을 이해시키도록 사용자를 돕는다는 개념이다. 예를 들어 사용자는 파일을 제거하기 위해 파일을 '쓰레기 통'으로 옮길 수 있다. 사용자 인터페이스 설계에서 메타포어를 이용하는 이점 중 한 가지는 학습 용이성learnability이다. 메타포어를 이용할 수 있고 메타포어와 관련된 사용자들은 보통 새로운 시스템의 사용 방법을 빨리 배울 수 있다.

고려해야 될 또 다른 인지적 이슈는 사용자의 주의 지속 시간이다. 주의 지속 시간은 이용 환경과 특정 태스크의 완료에 포함된 정신적 작업 부하에 따라 달라진다.

작업 부하는 주어진 순간에 각각의 감각 시스템(시각, 청각 등)과 통신하는 정보량으로 측정된다. 이의 훌륭한 예가 어도비 플래시Adobe Flash다. 일부 사용자 인터페이스는 사용자에게 깊은 인상을 심어주기 위해 시스템에 어도비 플래시를 포함하고 있다. 그러나 플래시 프레젠테이션이 사용자의 태스크를 직접 지원하지 않는 경우 사용자의 주의는 산만해지거나 너무 많은 시청각 정보로 인해 과부하가 될 것이다.

사용자 메모리의 과부하는 사용자 인터페이스에서 발생하는 흔한 문제다.

시스템 사용자는 디스패처가 될 것이다. 즉 사용자에게 부여된 내재적 제한 사항을 제외하고도 시스템 사용자는 처리해야 할 많은 것으로 인해 피로를 느끼고, 또한 압박을 받을 것이다. 또한 사용자는 보통 대부분의 시간을 컴퓨터 화면에서 보내기 때문에 컴퓨터 화면 앞에서 몇 시간이 지난 후 작업에 스트레스가 생길 수 있는 요란하고 특이한 인터페이스보다는 평온하고 간단한 인터페이스가 되도록 색상의 조합이나 다른 영향에 대한 이용이 최소화될 수 있게 주의가 요구된다.

다음은 사용자 인터페이스 설계에 사용되는 설계 접근법으로, 사용자들이 태스크를 훨씬 더 효율적으로, 그리고 더 생산적으로 수행하는 데 도움을 줄 수 있는 접근법들이다.

- **암시적/예측적 검색** 다른 무엇보다 먼저 디스패처는 서두를 것이고, 사건의 세부 내역을 타이핑하는 것 같이 이들이 수행하는 대부분의 태스크들이 문제 발생 순간마다 중요한 시간 요구 사항을 가질 것이며, 스트레스 받는 사람들, 특히 사건을 보고하는 사람들이 공황 상태에 빠져 있을 때 정보를 타이핑하는 동안 이들이 오타를 범하는 것은 아주 쉬운 일이 될 것이다. PC&C 시스템은 장소, 사건 유형 같은 항목들에 암시적/예측적 텍스트 입력을 제공할 것이므로 사용자는 입력을 시작하고 다음 항목으로 진행하는 옵션을 신속히 선택할 수 있다. 예를 들어 마틸다^{Matilda}와 밀턴^{Milton}에서의 무장 강도 사건이 기록돼야 한다면 사용자가 사건 유형 입력을 시작할 때 시스템이 앞서 'Ransom'과 'Robbery'를 제시하기보다 사람들은 'r'을 누른다. 사용자가 두 번째 문자, 즉 'o'를 입력한 후 사용자가 Enter를 누르거나 제안 항목을 클릭하는 경우 시스템은 'Robbery'만을 제시할 것이며, 이것은 사용자 측면에서 많은 오류를 회피하게 해주고, 또한 정보 입력 시간을 줄여줄 것이다.

- **구호 차량 자동 선정과 배치** 잘못될 가능성이 있는 차량 배치를 하기 위해 태스크는 가장 가까이 요청된 유닛들을 선택하고, 선택된 유닛들을 태스크에 즉시 배정한다. 이것은 모든 사용자가 차량의 유형과 대수를 선정하고 시스템은 나머지 일을 모두 떠맡는 방식이다.

- **시스템과 사용자 책임 묘사** 시간이 사용자에게는 제약 사항이고 사용자 측면에서는 오류를 회피해야 하기 때문에 호출자가 받아 적는 경우 발생될지도 모르는 오류뿐만 아니라 시간 절약을 위해서도 착신 전화의 호출자 ID를 시스템에 등록하는 태스크가 FIR 양식에서 이용되는데, 호출자가 바람, 교통, 소리 같은 여러 가지 이유로 인해 잡음이 발생될 수도 있는 환경에서 호출될지도 모르고, 그뿐만 아니라 호출자의 출신이 다를 수 있어 이 방법에 의해 극복될 수 있는 발음과 억양이라는 이슈가 있을 수도 있기 때문이다. 요즈음 거의 모든 사람들은 휴대폰을 갖고 있고 식별 번호(법적 필요 발생 시 리포터가 추적될 수 있도록 집이나 휴대폰

전화번호)의 거의 90% 이상이 호출 번호와 동일할 것이기 때문에 시스템이 이 항목에 착신 호출자 ID와 같은 동일한 번호를 넣으면 기본적으로 호출자가 추적될 수 있도록 인터페이스에 대체 식별 번호가 규정되지만, (사람이 공중전화에서 호출한다고 가정하면) 운영자/디스패처는 식별 번호를 중복해서 기재할 수도 있다.

- **비상 서비스 자동 경보** 이 인터페이스는 디스패처가 강도나 폭동 같은 사건 유형을 선정할 때 사용되는 인터페이스/설계의 또 다른 특징을 포함하고 있는데, 이들 사건 각각이 소방대나 응급 구조원 또는 둘 모두를 요구할 수 있기 때문이다. 예를 들어 폭동은 구호 작전이 완료되기 위해 응급 구조원의 지원이 요구될 수 있다. 시스템은 (각각의 사건이 통지해야 될 서비스와 연관되도록 시스템 뒷단에서 매핑될 수 있는) 사건 유형에 따라 통지되는 비상 서비스를 선정한다. 모든 서비스가 양식 위에서 보일지라도 사건과 매핑되는 하나의 서비스만이 시스템의 체크박스에 표기된다. 디스패처가 서두르고 있고 하부 패널의 경보를 간과하는 경우 자동으로 적절한 비상 서비스가 통지되는 반면, 이 방법은 어떤 특별한 상황에서만 요구돼야 하는 서비스 경보를 디스패처가 편집할 수 있도록 유연성을 허용해준다.

- **유효 사건과 바쁜 차량의 강조 표시** 사용자는 화면상에서 과도한 정보를 가질 것이고, 그리고 지도를 이용하는 것은 이득과 결점을 모두 공론화시킬 것이기 때문에 시스템은 사용자(디스패처)를 돕기 위해 주어진 시간에 유효한 모든 사건을 빨간색으로 번쩍이면서 보여준다. 이것은 사용자가 사건들을 지도상에 쉽게 위치시킬 수 있도록 해줄 것이다. 또한 지도상에서 바쁜 것으로 나타난 차량들은 차량의 아이콘상에 빨간색으로 보이는 버블이 표시되는데, 이것은 이 차량들이 다른 태스크에 이미 배정됐고 불가피하지 않는 한 사용되지 못한다는 것을 나타낸다. 현재 어떠한 태스크에도 배정되지 않는 차량들은 사건과 연관된 버블을 갖지 못한다. 따라서 이 인터페이스는 색상의 남용이 없이 현재 어떤 차량과 사건이 유효한지를 사용자에게 알려준다.

- **지도 인터페이스** 위의 제한 사항은 부분적이지만 차량을 위치시키는 지도 인터페이스를 통해 극복될 수 있다. 지도 기반 인터페이스의 장점 중 한 가지가 사건 장소에 대한 상대적 위치를 유지하는 동안 사용자가 정보를 둘러볼 수 있다는 점이다. 사용자는 또한 지도를 통해 서로 다른 장소를 브라우징하는 것같은 지도 인터페이스의 기본 함수들을 이용할 수 있다. 사용자는 또한 차량의 유형과 상태(바쁜지 한가한지)를 볼 수 있다. 불필요한 정보나 아이콘들을 걸러내는 것 같은 기본적인 지도 함수들은 이 인터페이스에 추가될 수 있다. 따라서 적절한 모든 데이터는 사용자 인터페이스에 어수선하게 집어넣지 않고도 묘사될 수 있다. 현재 지도상에 나타나 있는 차량의 목록을 보는 것도 가능하며, 사용자는 이 목록을 통해 브라우징할 수도 있다. 지도 인터페이스는 너무 많은 위치 정보가 지도 이미지상에

겹쳐 놓은 것 같은 단점도 있다. 그러나 이것은 지도상의 서로 다른 확대 수준에서 데이터를 전시하는 지도 축적 유연성을 이용함으로써 해결될 수 있다.

사용자 제한 사항 극복을 위한 외부의 인지적 접근법

- **지도 이용의 인지적 이점** 시스템을 위한 인터페이스로서 지도를 이용하는 것은 외부의 인지적 접근법에 해당된다. 사용자는 텍스트로 작성된 목록에서보다 지도상에서 위치를 추적하는 것에 더 능숙하다. 또한 사건 장소에 대한 식별과 지시도 지도상에서 쉽게 식별할 수 있다.

- **메모리 부하 감소의 표면화** 시스템은 경고, 풍선 알림, 오류 메시지의 형태로 사용자들에게 다양한 이벤트들을 상기시킨다. 예를 들어 비상 서비스에 대한 자동 통지에서 시스템이 고정 타임아웃 기간 내의 승인 신호를 수신하지 못하면 시스템은 자신의 상태를 감지하고 필요한 수정 행동을 취할 수 있도록 사용자에게 통지한다.

- **컴퓨터 오프로딩** 디스패처가 배치될 차량의 유형과 대수를 선정하면 시스템은 사건 현장과 가장 가까운 구호 차량을 자동으로 계산하고 배치한다. 시스템은 또한 사건에 대응하기 위해 사건에 이미 배정된 차량 대신 그 순간에 이용할 수 있고 가장 가까운 곳에 있는 차량만 지정한다는 것을 보장한다. 이것은 사용자가 뜻하지 않게 멀리 떨어져 있는 차량을 배정하거나 다른 호출 대응으로 바쁠 수 있기 때문에 문제나 많은 시간을 절약하고 사용자 측면에서 오류의 여지를 줄여준다.

- **아이콘과 색상 이용** 지도상의 차량들은 흔한 아이콘으로 배정될 수 있다. 예를 들어 불빛이 있는 빨간색 트럭은 소방 트럭을 표현하기 위해 사용될 수 있다. 차량에 친숙한 아이콘을 지정하는 것은 차량 유형을 기억하려는 사용자의 제한 사항을 줄여준다.

- **주석과 인지적 추적** 유효 사건은 사건 상태, 사건에 대한 간략한 설명, 빨간색 반짝거림과 함께 지도상에서 보여질 수 있다. 사용자는 현재의 유효 사건을 보기 위해 지도를 통해 둘러볼 수 있는데, 이에 따라 유효 사건에 대해 검색 동작을 항상 수행해야 될 필요성은 줄어든다.

- **멘탈 모델과의 일관성** 사건이 기록된 종이 등록 모델은 이 개념의 균질성이 유지되는 시스템으로 모형화된다. 정보 기록 절차는 종이 시스템의 기록 절차와 유사하게 될 것이다. 그러나 대부분의 로깅 기법이 가진 주석 때문에 시스템은 이전 시스템과 비교해 더 신속하게 동작을 수행할 수 있다.

PC&CS용 오류 메시지와 경고

오류 메시지는 사용자 인터페이스 설계에서 중요하다. 좋은 오류 메시지의 특징은 다음과 같다.

- **문제** 문제가 발생된 것을 명시한다.
- **원인** 왜 문제가 발생됐는지 설명한다.
- **솔루션** 사용자가 문제를 고칠 수 있도록 솔루션을 제공한다.

  이에 추가해 좋은 오류 메시지는 다음과 같은 방법으로 묘사된다.

- **적절한** 메시지는 사용자가 관심을 갖는 문제를 묘사한다.
- **실용적인** 사용자는 행동을 수행하거나 메시지 결과에 따라 행동을 변경해야 한다.
- **사용자 중심** 메시지는 불만족스러운 코드면에서가 아닌 타깃 사용자의 동작이나 목적면에서 문제를 기술한다.
- **간결한** 메시지는 가능한 한 짧아야 하지만 더 짧아서는 안 된다.
- **명확한** 목표 사용자가 문제와 솔루션을 쉽게 이해할 수 있게 메시지는 쉬운 말을 이용한다.
- **구체적인** 메시지는 특정 이름, 장소, 객체의 가치가 주어진 특정 언어를 이용해 문제를 기술한다.
- **예의바른** 사용자는 비난받지 않아야 되고 바보같이 느껴지지 않아야 된다.
- **드문** 드물게 표시된다. 자주 표시되는 오류 메시지들은 나쁜 설계의 표시다.

  그림 CS2.3은 PC&C 시스템에 대한 몇 가지 오류 메시지의 사례를 나타낸다.

PC&CS용 데이터 모델(엔티티 관계 다이어그램)과 가상 윈도우

소렌 루센Soren Lauesen(가상 윈도우: 사용자 태스크 연결, 데이터 모델, 인터페이스 설계, 소렌 루센과 모르텐 보럽 하닝Morten Borup Harning)은 다음과 같은 세 가지 주요 활동으로 구성된 사용자 인터페이스 설계를 기술했다.

1. 데이터를 윈도우나 프레임 집합으로 구성한다.
2. 사용자가 시스템을 제어하게 함수를 정의한다.
3. 윈도우와 함수의 그래픽 외양을 설계한다.

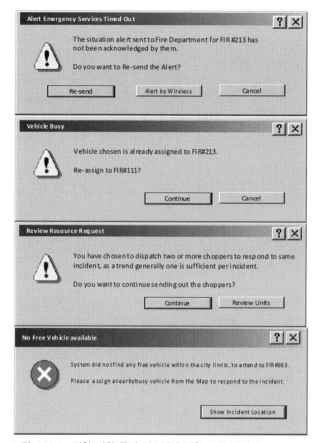

그림 CS2.3 경찰 지휘 통제 시스템에 대한 오류 메시지

이들 세 가지 설계 활동은 계층적 태스크 분석과 데이터 모델링 같은 이전의 분석 결과상에서 구축된다. 이들 활동은 또한 리뷰와 유용성 테스트 같은 검사 활동을 포함한다. 이 프로세스의 목적은 학습하기 쉽고, 이해하기 쉬우며, 또한 사용자 태스크를 효율적으로 지원하는 사용자 인터페이스를 생성하는 것이다.

여기서 택할 접근법은 상당히 광범위하게 사용되고 있는 다음과 같은 두 가지의 체계적 접근법을 이용한다.

1. **데이터 지향 접근법** 이것은 시스템이 관리해야 하는 데이터에 대한 기술로부터 시작된다. 데이터 모델(엔티티 관리 다이어그램ERD)은 이것을 생성하는 데 사용될 것이다. ERD를 이용해 사용자 인터페이스 설계자들은 모든 데이터가 보일 수 있도록 윈도우 집합을 정의한다. 함수들은 보통 데이터를 생성하고 업데이트하며 제거하는 데 사용되는 표준 함수들이다.
2. **태스크 지향 접근법** 이것은 이전 절에서 논의했던 사용자 인터페이스 설계에 사용되는 전통적인 접근법이다.

가상 윈도우 기법은 이들 두 가지 기법을 함께 협력시키기 위해 사용된다. 이 접근법은 데이터와 태스크를 동시에 이용한다. 이 접근법은 함수가 완전히 정의되기 전에 인터페이스의 그래픽 외양을 설계하고 테스트하는 데 사용된다.

루센은 가상 윈도우를 최적화된 화면상의 그림처럼 묘사했다. 이들 최적화된 화면이나 윈도우는 데이터를 보여주겠지만 위젯(버튼, 메뉴 등)은 보여주지 못했다. 게슈탈트는 이들 가상화 윈도우에서 데이터를 포맷하고 구성하는 데 사용된다. 복잡한 애플리케이션은 여러 개의 가상 윈도우를 필요로 한다.

데이터 모델[ERD]과 가상 윈도우를 생성하는 프로세스가 그림 CS2.4와 CS2.5에 나타나있다.

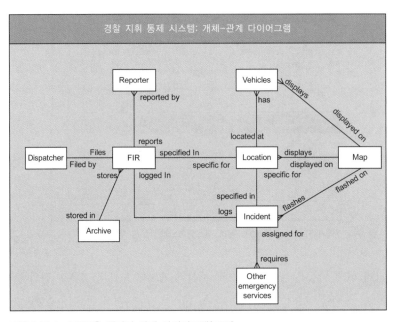

그림 CS2.4 PC&S용 엔티티 관계 다이어그램(ERD)

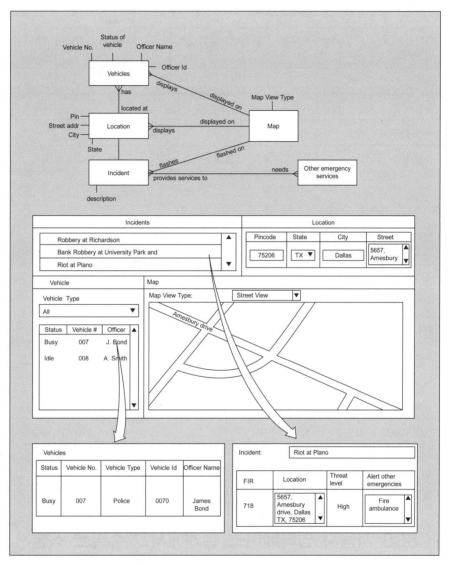

그림 CS2.5 PC&S용 가상 윈도우

CREDO 매트릭스를 이용한 가상 윈도우 분석

CREDO는 생성, 읽기, 편집, 제거, 개관을 나타내며, 시스템 데이터상에서의 다양한 연산을 대표한다. 각기 다른 데이터 유형에 대해 사용자 인터페이스 윈도우(이 시점에서는 가상 윈도우)를 비교함으로써 시스템 데이터상에서 적절한 모든 연산을 가질 수 있는지 없는지를 검사할 수 있다. 이것이 표 CS2.1과 CS2.2에 나타나있다.

표 CS2.1 PC&C용 CREDD 매트릭스(데이터 모델과 가상 윈도우)

엔티티 가상 윈도우	디스패처	FIR	리포터	장소	사건	차량	지도	기록 보관	기타 비상 서비스
로그인 화면	CRE								
FIR		CREO	CREdO	CREdO	CREdO	RO		CREO	CREO
추적 화면	RO	RO		RO	ReO	RO	REO		RO
분실 함수	D	D	(D)	(D)	(D)	CED	CD	D	D

표 CS2.2 PC&C용 CREDD 매트릭스(데이터 모델과 태스크)

엔티티 태스크	디스패처	FIR	리포터	장소	사건	차량	지도	기록 보관	기타 비상 서비스
로그인	CRE								
검색 정보	RO	RO	REO	RO	RO	RO	RO	REO	RP
배치		RO	RO	ReO	ReO	RO	ReO		RO
도움									
파일 FIR	RO	CREO	CREO	CREO	CREO	RO		CREO	RO
기록 보관		REO						CREO	
분실 태스크	D	D	D	D	D	CED	C(E)D	D	CED

첫 번째 반복 PC&C용 저충실도 프로토타입이 그림 CS2.6, CS2.7, CS2.8에 나타나있다.

PC&CS 사용자 인터페이스 설계에서 게슈탈트 식별

게슈탈트 심리학의 운영 원칙은 자기 구성 경향을 가진 두뇌를 전체적으로, 병렬로, 아날로그로 기술하는 것이다. 게슈탈트 원칙은 객체의 개별적 부분을 감지하기 전에 객체를 전체로 보는 인간의 눈을 관리하는 것이다. 게슈탈트 심리학자들은 지각이 다양한 자극 가운데서의 복잡한 상호작용의 산물이라고 믿는다. 이것은 인지적 프로세스의 요소 이해를 기반으로 하는 행동심리학적 접근법과는 다르다. 다른 한편으로 게슈탈트는 자신의 구성을 이해하는 데 주의해야 한다. 게슈탈트 효과는 근본적으로 단순한 선과 곡선의 조합보다는 전체 형태와 사람의 시각적 인식에 관해 감각이라는 형태를 생성하는 능력이다.

게슈탈트 법칙이 포함하고 있는 몇 가지 법칙은 다음과 같다.

- 근접성proximity의 법칙
- 유사성similarity의 법칙
- 좋은 형태Prä gnanz의 법칙(전경-배경)
- 대칭symmetry의 법칙
- 폐쇄성closure의 법칙

Entry Screen (Overview of Locations on Map Screen)

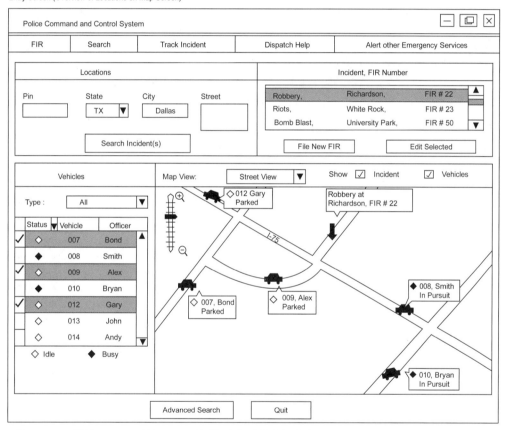

그림 CS2.6 저충실도 프로토타입: PC&CS용 첫 번째 반복(입력 화면)

저수준 프로토타이핑에서 사용된 게슈탈트는 다음과 같다.

화면 1: FIR 화면(그림 CS2.6)

1. 근접성의 법칙

   FIR 입력 위젯은 서로 아주 근접해 표 구성 방식으로 배열된다. 리포터 입력 데이터 위젯과 장소 입력 데이터 위젯은 나란히 배치된다. 사건의 세부 내역 또한 근접성의 법칙을 이용해 사건 정보와 사건 설명이 배치되는 열 구성 방식으로 배열된다. 배치 차량의 세부 내역 또한 차량 배치를 위한 입력 위젯과 함께 차량 배치의 개관이 표시되는 근접성의 법칙을 이용한다.

2. 폐쇄성의 법칙

　　FIR 세부 내역, 사건의 세부 내역, 배치 차량의 표들은 폐쇄성의 법칙을 이용해 분리된다.

그림 CS2.7　저충실도 프로토타입: PC&CS용 첫 번째 반복(FIR 스크린)

저수준 프로토타이핑:
고급 탐색 화면:

그림 CS2.8   저충실도 프로토타입: PC&CS용 첫 번째 반복(고급 검색 화면)

3. 병렬 이동의 법칙

화면이 입력 화면인 경우 병렬 이동의 법칙을 이용한다. 예를 들어 디스패처는 하나의 위젯에 수직적 방식으로 정보를 입력하고, 하나의 구역에서 수평적 방식으로 한 위젯에서 다른 위젯으로 정보를 이동한다.

4. 선의 법칙

리포터 입력 위젯은 리포터 정보를 경찰 식별 정보 입력과 분리하기 위해 선의 법칙을 이용한다.

5. 열 게슈탈트

화면은 서로 다른 위젯을 서로 다른 열로 분리하는 명확한 열 게슈탈트를 이용한다. 이들 위젯은 서로 관련되지만, 아직은 서로 다른 목적에 사용되므로 서로 다른 열에 나타난다. 예를 들어 보고된 정보 입력과 장소 정보 입력은 FIR 세부 내역 표에서 두 개의 열로 배치된다.

화면 2: 지도상의 장소와 사건 개관(그림 CS2.7)

1. 근접성의 법칙

   장소 정보 검색을 위한 위젯과 검색 결과는 서로 아주 근접해 표 구성 방식으로 배열된다. 차량 개관 데이터 위젯과 사건 세부 내역에서 보이는 지도 또한 게슈탈트의 근접성의 법칙을 나타낸다.

2. 폐쇄성의 법칙

   사건의 세부 내역, 지도, 차량의 세부 내역은 폐쇄성의 법칙을 이용해 분리된다.

3. 병렬 이동의 법칙

   화면이 출력 화면인 배열인 경우 병렬 이동의 법칙을 이용한다. 예를 들어 장소 검색 결과가 장소 검색 위젯과 병렬로 위젯에 나타나 있다.

4. 선의 법칙

   리포터 입력 위젯은 장소 검색 입력과 지도와 차량 개관의 검색 결과를 분리하기 위해 선의 법칙을 이용한다.

5. 열 게슈탈트

   화면은 서로 다른 위젯을 서로 다른 열로 분리하는 명확한 열 게슈탈트를 이용한다. 이들 위젯은 서로 관련되지만 아직은 서로 다른 목적에 사용되므로 서로 다른 열에 나타난다.

화면 3: 고급 검색 화면(그림 CS2.8)

1. 근접성의 법칙

   정보 검색을 위한 위젯은 구분되지만 게슈탈트의 근접성의 법칙을 이용해 배치된다.

2. 폐쇄성의 법칙

   사건의 세부 내역, 지도, 차량의 세부 내역은 폐쇄성의 법칙을 이용해 분리된다.

3. 선의 법칙

   FIR, 장소, 사건 같은 서로 다른 검색 위젯은 선의 법칙을 이용해 화면상에 배치되는 입력 위젯들이다. 이들 위젯은 간단한 경계선을 이용해 서로 분리된다.

4. 열 게슈탈트

   화면은 서로 다른 위젯을 서로 다른 열로 분리하는 명확한 열 게슈탈트를 이용한다. 이들 위젯은 서로 관련되지만, 아직은 서로 다른 목적에 사용되므로 서로 다른 열에 나타난다.

데이터 프레젠테이션 기법

사용자 인터페이스 설계를 위한 가능한 한 많은 데이터 프레젠테이션 기법이 있다. 이 절은 PC&C 시스템에 사용되는 데이터 프레젠테이션 기법들을 설명한다.

화면 1: FIR 화면(그림 CS2.6)

검색 결과의 경우 FIR 화면은 주로 데이터를 나타내기 위해 구성될 수 있는 입력 화면이다. 여기서 데이터는 주로 표준 입력 항목을 이용해 표현된다.

- **보고된 정보 입력 위젯** 이 데이터는 사용 빈도가 높은 새로운 정보가 되기 때문에 이 정보는 텍스트 박스로부터 선택된다.

- **장소 정보 입력 위젯** 거리 정보는 더 많은 특성을 수용하기 위해 텍스트 박스 대신 스크롤 가능한 텍스트 영역을 이용해 표현된다. 이 접근법은 입력 영역의 크기를 제한하는 데 도움을 줄 것이다. 도시 항목은 더 빠른 입력을 위한 예측적 검색이 실행될 수 있도록 텍스트 박스로부터 선택된다. 주state 항목은 주의 개수가 제한되고 변경에 취약하지 않기 때문에 드롭다운 박스를 이용한다. 개인 식별 번호(편) 코드는 텍스트 항목 입력이 된다.

- **사건 세부 내역 입력 위젯** 사건 유형 항목은 가장 빈번히 사용되는 사건 유형의 가치를 알파벳 순서로 보여주는 예측적/연상적 검색과 결합된 텍스트 입력 항목이다. 위협 수준은 위협 수준을 나타내기 위해 슬라이더를 이용하며, 위협 수준은 평균이 기본적으로 설정된다. 위협 수준을 위해 슬라이더를 이용하는 배후의 개념은 옵션 메뉴나 드롭다운 박스가 시간 소모적인 행동이 될 수 있기 때문에 사용자가 더 빠르게 입력할 수 있도록 하자는 생각이다. 슬라이더는 또한 위협 수준의 증가를 보여주는 또 다른 인지적 접근법이기 때문이다. 사건에 대한 설명은 다중 라인이 될 수 있으므로 같은 텍스트 영역을 이용한다.

- **배치 차량 세부 내역 위젯** 이전에 정의된 차량 유형과 차량 유형 대수는 체크박스를 가진 표 구조로 배열된다. 사용자는 차량 유형을 선정하고 차량 유형의 대수를 입력할 수 있다. 차량 대수 텍스트 박스는 0이 기본적으로 설정돼 있다. 개관 윈도우는 각자 번호를 가진 선정된 차량의 개요를 말해주는 목록 박스다.

화면 2: 지도 인터페이스상에서의 장소와 사건 개관(그림 CS2.7)

개관 화면은 도시 지도상에서 퀵 검색을 수행해 사건 장소와 상태를 발견하는 데 주로 사용된다.

- **검색 장소 위젯** 검색을 위한 입력 항목의 배치는 가장 구체적인 것부터 가장 덜 구체적인

검색 순으로 수행된다. 개인 식별 번호, 주, 도시, 거리를 표현하는 데 사용되는 입력 항목 유형은 유사한 이유로 이전에 언급했던 FIR 화면의 입력 항목 유형과 같다.

- **검색 결과** 사건과 FIR 세부 내역: FIR 세부 내역은 도움을 줄 목적으로 아래 목록 박스에 나타나있는 예시 엔트리와 함께 콤마로 분리된 스크롤 가능한 목록 박스에 나타나있다.
- **차량 위젯** 차량은 열 기반으로 분류될 수 있게 스크롤 가능한 표로 표현된다. 이 방법은 사이트에서 제시되는 차량의 전체 세부 내역을 식별하는데 도움을 줄 것이다. 차량은 또한 드롭다운 메뉴로 표현되는 차량 유형을 이용해 걸러낼 수 있다.
- **지도 위젯** 지도 위젯은 차량 목록에 나란히 나타나있으며, 데이터는 지도상에서 아이콘 형태로 표현된다. 지도 뷰 유형은 사용자 선호에 따라 거리 뷰에서 위성 뷰까지 달라질 수 있다. 여기서 나타나있는 지도는 인근 지역의 탑뷰top view를 복제한 표준 지도 위젯이다. 지도상의 차량은 차량의 유형에 따라 형태가 달라지는 아이콘으로 나타낼 수 있다. 차량의 세부 내역은 아이콘상에 팝업되는 형태로 나타낼 수 있다. 사건 장소는 각기 다른 아이콘을 이용해 뚜렷하게 표현되며, 사건의 세부 내역 또한 팝업 형태로 보일 수 있다. 지도는 선택된 지역 중심으로 이동될 수 있도록 보여주고 확장될 수 있다.

화면 3: 고급 검색(그림 CS2.8)

- 대부분의 입력이 같기 때문에 데이터는 초기 형태 항목에 있는 데이터와 유사한 방식으로 표현된다.

첫 번째 프로토타입의 유용성 테스팅

이 절은 PC&C 시스템에 사용되는 테스팅 기법들을 설명한다.

휴리스틱(발견적) 평가법은 사용자 인터페이스 설계에서 유용성 문제를 식별하는 데 도움을 줄 수 있는 사용자 인터페이스 소프트웨어를 위한 유용성 인스펙션 접근법이다. 이 접근법은 인터페이스를 조사하고 인정받은 유용성 원칙('휴리스틱')을 준수하는지 여부를 판단하는 평가자를 포함한다. 휴리스틱은 제이콥 닐슨Jacob Nielsen에 의해 정의됐다.

- **시스템 상태 가시성** 시스템은 합리적 시간 내에 적절한 피드백을 통해 사용자가 진행 상황을 항상 통지받게 해야 한다.
- **시스템과 실세계 간 일치** 시스템은 시스템 지향 용어가 아닌 사용자에게 친숙한 단어, 문구, 개념을 가진 사용자 언어로 말해야 한다. 자연스럽고 논리적 순서로 정보가 나타나게 실세계 규약을 따르라.

- **사용자 제어와 자유** 사용자는 종종 실수로 시스템 기능을 선택하며, 확장 대화상자를 살펴보지 않고도 원치 않는 상태를 떠나기 위해서는 분명히 표시된 '비상구'가 필요할 것이다. 실행 취소^{undo}와 다시 반복^{redo} 기능을 지원하라.

- **일관성과 표준** 사용자는 서로 다른 단어, 상황, 동작이 동일한 것을 뜻하는지 아닌지에 대해 궁금해 하지 않아도 된다. 플랫폼 규약을 따르라.

- **오류 예방** 훌륭한 오류 메시지보다 처음부터 문제 발생을 예방하는 주의 깊은 설계가 더 좋다. 오류 발생이 쉬운 조건들을 제거하거나 검사하며, 사용자들이 행동에 들어가기 전에 사용자들에게 확인 옵션을 제시한다.

- **기억보다 인식** 사물, 동작, 옵션을 알아볼 수 있게 만듦으로써 사용자의 메모리 부하를 최소화한다. 사용자는 대화상자의 한 부분에서 다른 부분까지의 모든 정보를 기억하지 않아도 된다. 시스템 이용 지시는 언제든 가능하다면 알아볼 수 있고 쉽게 검색될 수 있어야 한다.

- **이용의 유연성과 효율성** 초보 사용자에게는 보이지 않는 가속기는 종종 전문 사용자와의 상호작용을 증가시키므로 시스템은 비경험자와 경험자 모두에게 맞출 수 있다. 사용자에게 빈번한 맞춤식 동작을 허용하라.

- **미학적 설계와 미니멀리스트 설계** 대화상자는 무관한 정보와 드물게 필요한 정보는 포함하지 않아야 한다. 대화상자에서 여분의 모든 정보 단위는 적절한 정보 단위와 경쟁하며, 이로 인해 상대적인 가시성은 줄어든다.

- **사용자의 오류 인지, 진단, 회복 지원** 오류 메시지는 (코드 없이) 쉬운 말로 표현해야 하고, 문제를 정확히 나타내야 하며, 솔루션을 건설적으로 제시해야 한다.

- **도움말과 문서화** 시스템을 문서화 없이 이용할 수 있다면 더 좋겠지만, 도움말과 문서화를 제공하는 것도 필요할 수 있다. 그러한 정보는 검색이 쉬워야 되고, 사용자 태스크에 주안점을 둬야 하며, 수행이 가능하도록 구체적인 단계가 작성돼 있어야 하고, 너무 커서도 안 된다.

PC&C용 휴리스틱 평가법에 대한 요약이 표 CS2.3에 나타나있다.

표 CS2.3 휴리스틱 평가법의 결과

휴리스틱	순응 관련 질문	순응에 대한 증거
시스템 상태 가시성	사용자가 합리적 시간 내 적절한 피드백을 이용해 시스템 진행 상황 관련 정보를 계속 받는가?	예. 시스템은 정렬된 순서에서 텍스트 박스가 자신의 항목과 관련해 타이핑으로 입력된 문자와 일치하는 데이터를 팝업하는 도시 같은 입력 항목을 향해 연상적이고 예측적인 접근법을 이용한다. 사건이 파일에 보존될 때 시스템은 사건 장소에 도착한 시간이라고 나타낸다.

(이어짐)

휴리스틱	순응 관련 질문	순응에 대한 증거
시스템과 실세계 간 일치	시스템이 시스템 지향 용어보다 사용자에게 친숙한 개념과 언어를 이용하는가? 시스템이 실세계 규약을 이용하고 자연스럽고 논리적 순서로 정보를 전시하는가?	예. 시스템은 사용자에 친숙한 언어를 이용한다. FIR, 사건, 경보 비상, 배치 등 같이 흔하게 사용되는 용어들이 실세계 규약을 관리하기 위해 디스패처에 의해 사용된다. 정보는 이 경우 논리적인 지도상에 주로 전시되는데, 요구 사항에 사건 장소의 개관을 디스패처에게 보여주는 것이 포함됐기 때문이다.
사용자 제어와 자유	사용자는 자신이 원하는 것을 원하는 시간에 할 수 있는가?	지도를 이용하면 사용자가 사건 장소 주변으로 이동해서 차량을 조사하고 사건을 감시할 수 있다. 사용자는 또한 사건, FIR, 차량을 검색할 수 있다. 비상 서비스는 제약 사항이 될 수 있는 전체 FIR 정보가 저장될 때까지 배치되지 않는다.
일관성과 표준	객체와 동작 같은 설계 요소가 동일한 의미를 갖거나 또는 서로 다른 상황에 영향을 미치는가?	메뉴 목록이 화면 전체에 걸쳐 일관성이 없으며 표준 메뉴 항목이 누락된다. 위협 수준을 위한 슬라이드 바가 수준 증가를 나타내는 어포던스를 갖고 있지 않다. 게슈탈트에 잡음이 있으며, 윈도우 내의 하부 구역이 너무 두드러지고 과장돼 있다. 고급 검색 화면에는 세 가지 검색 버튼이 필요 없다.
오류 예방	사용자가 훌륭한 설계를 방해할 수 있는 오류를 만들 수 있는가?	사용자는 화면에 무관한 일부 메뉴 항목을 선정함으로써 오류를 만들 수 있다. 사례의 나머지 부분에서 오류는 훌륭한 설계 기법을 이용함으로써 충분히 예방된다. 예를 들어 시스템은 일부 항목에 입력된 데이터 처리에 도움을 줄 수 있는 곳이면 어디든지 팝업 경고를 이용한다.
기억보다 인식	객체, 동작, 옵션 같은 설계 요소가 가시적인가? 사용자가 시스템의 한 부분에서 다른 부분까지 기억하도록 강요하는가?	아니오. 인근 지역과 사건 화면에 대한 개관에 너무 많은 위젯을 이용하는 것은 불편함을 초래한다. 페이지 개관은 결코 사용되지 못하는 많은 정보를 가진다. 또한 FIR 등록 화면은 훌륭한 게슈탈트를 따르지 않는다. 차량을 위해 설계된 아이콘들이 차량의 유형을 구별하는 데 충분하지 못하다.
이용의 유연성과 효율성	태스크 방법이 효율적인가, 그리고 사용자가 빈번한 동작들을 원하는 대로 지정하고 단축키를 이용할 수 있는가?	사용자는 새로운 FIR을 파일로 저장하기 위해 F1 키를 눌러야 하는데, 이것은 도움말 파일을 보여주는 F1 키의 표준 이용을 위반하게 된다. 사용자는 FIR 양식을 제출하는 데 단축키를 이용할 수 없으며, 이것은 양식을 채우는 속도에 영향을 미칠 수 있다. 양식은 파일 FIR과 배치 버튼을 클릭해야 제출된다. 사용자는 이 프로토타입을 이용해 빈번하게 발생되는 동작을 원하는 대로 만들 수 없다.
미학적 설계와 미니멀리스트 설계	화면이 부적절하거나 드물게 필요한 정보를 포함하고 있는가?	화면이 부적절하거나 드물게 필요한 정보를 포함하고 있는데, 사실 화면은 가능한 한 많은 정보를 보유하게 설계된다.

(이어짐)

휴리스틱	순응 관련 질문	순응에 대한 증거
사용자의 오류 인지, 진단, 회복 지원	오류 메시지가 (코드 없이) 쉬운 말로 표현돼 있고, 문제를 정확히 설명하고 있으며, 솔루션을 제시하고 있는가?	오류와 경보 메시지가 문제를 기술하고, 문제의 원인을 설명하며, 솔루션을 제안하는 방식으로 설계된다. 따라서 오류 메시지는 아주 잘 설계돼야 하며, 사용자가 문제를 회피하거나 시정하기 위한 동작을 수행하게 유도한다.
도움말과 문서화	제공된 도움말 정보가 적절한가, 이 정보가 쉽게 검색되고 사용자의 태스크에 초점이 맞춰져 있는가?	아니오. 시스템은 화면에 모든 기능성을 보여주기 위해 시도하는데, 이것은 사용자가 기능성에 대해 탐색하고 학습하게 기대된다. 시스템을 위해 도움말 문서가 제시되지 않지만, 일부 도움말 기능은 검색 장소 같이 핵심 기능성을 위해 제공된다.

휴리스틱 평가법과 유용성 테스팅에 따르면 첫 번째 프로토타입을 변경하기 위한 많은 제안들이 사용자에 의해 제안됐다. 첫 번째 프로토타입에서의 가능한 변경이 다음에 요약돼 있다.

- 어수선한 것과 시각적 잡음을 피하기 위해 위젯을 재배치한다.
- 설계를 작고 간편하게 만들기 위해 공통 기능성들을 단일 위젯으로 합병한다.
- 메뉴 바를 표준 데스크톱 애플리케이션의 메뉴 바로 재구성한다.
- 가장 빈번히 사용되는 동작들에 신속히 접근하기 위해 툴바를 추가한다.
- 유용성 테스팅 후 사용자의 제안에 따라 위젯의 일부분을 재설계한다. 예를 들어 위협 수준 슬라이더 바에 어포던스를 추가한다.
- 차량 유형과 애플리케이션 상태를 나타내도록 더 많은 아이콘을 추가한다.
- 다양한 애플리케이션 인스턴스 때문에 발생하는 혼란을 회피하기 위해 동일한 윈도우 공간을 서로 다른 기능성이 이용할 수 있는 곳은 어디든지 탭을 이용한다. 탭은 또한 위젯 간 열 게슈탈트를 이용하는 것보다 더 쉬운 탐색을 제공한다.
- 탐색에 주제별로 분류된 접근법을 사용할 수 있도록 다양한 동작들을 모듈화한다.

두 번째 반복: 저충실도 프로토타입

두 번째 저충실도 프로토타입을 생성하려는 동기는 유용성 테스팅 수행 후 첫 번째 저충실도 프로토타입에서 발견된 모든 문제를 극복하기 위한 것이다. 이 저충실도 프로토타입을 재설계하기 위해 고안된 접근법은 잘 정의된 분류 체계를 이용해 데이터를 분류하고 화면에 표현하는 것이다. 데이터의 상태는 아무런 변화가 없고 어떤 경우에 서로 다른 태스크에 걸쳐 복제되지만, 시각적 일관성은 유지된다. 데이터 분류 또는 분류 체계는 동적 측면 태스크 바에 배열된다. 이 태스크 바는 데이터의 특정 분류에서 빈번히 사용되는 함수를 위한 컨테이너로서 동작할 것이다. 예를 들어 장소 탭은 지도의 현 범위상에서 보일 수 있는 유효 사건에 대한 현재의 장소를 포함할 것이다. 따라서 이것은 유효 사건이 발생한 장소에 대한 신속 개관으로 동작하며, 따라서 지도를 일목요연하게 보기 위해 시각 보조 교재가 사용될 수 있다. 이 접근법은 미학적 설계와 미니멀리스트 설계를 유지함으로써 초기에 저충실도 프로토타입을 향상시킬 것이다. 초기 프로토타입의 게슈탈트가 유지되며, 새로운 설계 접근법은 서로 다른 양식 사이에서 켰다 껐다 하기 위해 태스크 바를 이용한다.

초기 프로토타입의 메뉴 구조는 설계가 형편없었고 데스크톱 애플리케이션에서는 표준 메뉴 바와도 일치하지 않았다. 메뉴 구조 또한 표준 메뉴 구조와 일치시키기 위해 재설계됐고, 메뉴 항목들도 파일, 뷰, 툴, 도움말의 네 가지의 메인 메뉴 항목으로 분류됐다.

그림 CS2.9, CS2.10, CS2.11은 주 윈도우의 좌측 편에 위치한 동적 태스크 바를 보여준다. 태스크 바의 어떤 버튼을 클릭해도 버튼은 그림에서 보이는 것처럼 세부 내역을 보여주기 위해 확장된다. 이것은 사용자에게 특정 관점을 지향하는 뷰를 제공해줄 뿐만 아니라 어수선한 것을 줄여주는 데도 도움을 준다.

장소		
도시	주	Pin
달라스	Tx	75206
플라노	Tx	75216
갈라드	Tx	12345
사건		
FIR		
차량		
경찰관		

탐색

장소		
사건		
사건	시간 & 날짜	위협 수준
강도	23:30 5/12/12	중간
폭동	23:45 5/12/12	높음
총격 사건	23:45 5/12/12	매우 높음
FIR		
차량		
경찰관		

탐색

그림 CS2.9 저충실도 프로토타입 - PC&CS를 위한 두 번째 반복 - 동적 측면 태스크 바

장소		
사건		
FIR		
FIR #	사건	시간 & 날짜
A136	강도	23:30 5/12/12
B245	폭동	23:45 5/12/12
C124	총격 사건	23:45 5/12/12
차량		
경찰관		

탐색

장소		
사건		
FIR		
차량		
차량	담당자	근무?
131JNN	Gary	Y
234PNJ	Andy	N
254ADF	Emily	Y
경찰관		

탐색

그림 CS2.10　저충실도 프로토타입 - PC&CS를 위한 두 번째 반복 - 동적 측면 태스크 바

장소		
사건		
FIR		
차량		
경찰관		
배지 #	담당자	차량
PD1234	Andy	131JNN
PD8732	Emily	234PNJ
PD9854	Emily	254ADF

탐색

그림 CS2.11　저충실도 프로토타입: PC&CS를 위한 두 번째 반복(동적 측면 태스크 바). 저충실도 프로토타입의 두 번째 반복을 위한 메뉴 구조는 그림 CS2.12에서 보여준다.

그림 CS2.12, CS2.13, CS2.14는 계층적 메뉴 바, 입력 화면 FIR 화면을 각각 나타낸다.

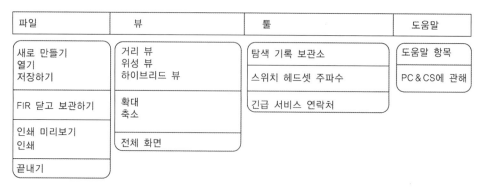

파일	뷰	툴	도움말
새로 만들기 열기 저장하기	거리 뷰 위성 뷰 하이브리드 뷰	탐색 기록 보관소 스위치 헤드셋 주파수	도움말 항목 PC&CS에 관해
FIR 닫고 보관하기	확대 축소	긴급 서비스 연락처	
인쇄 미리보기 인쇄	전체 화면		
끝내기			

그림 CS2.12 저충실도 프로토타입: PC&CS를 위한 두 번째 반복(계층적 메뉴 바). 저충실도 프로토타입의 두 번째 반복을 위한 화면 프로토타입은 그림 CS2.13과 CS2.14에서 보여준다.

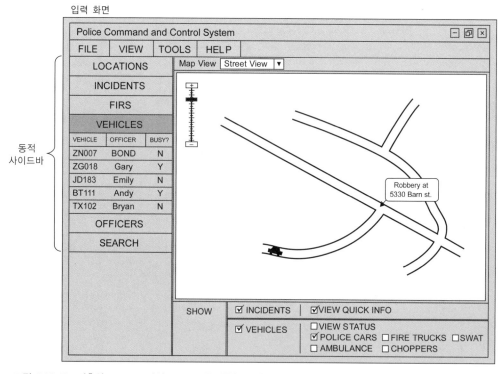

그림 CS2.13 저충실도 프로토타입: PC&CS를 위한 두 번째 반복(입력 화면)

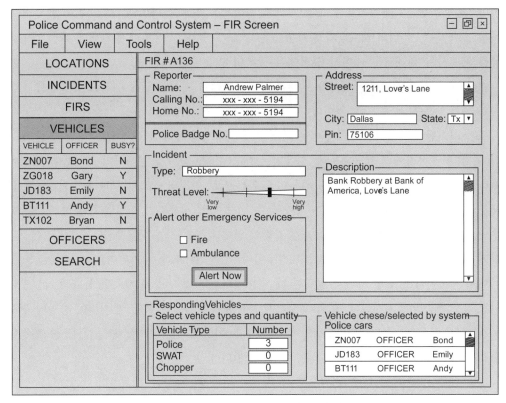

그림 CS2.14 저충실도 프로토타입: PC&CS를 위한 두 번째 반복(FIR 화면)

저충실도 프로토타입의 두 번째 반복을 위한 유용성 테스트와 결함 수정

첫 번째 핸드 스케치로 그린 저충실도 프로토타입은 생각을 입 밖에 내어 말하는 테스트와 분석을 수행함으로써 평가된다. 이에 대한 니즈와 타당성 연구 후 여러 가지 변경이 포함된다. 이것은 경험이 부족한 사용자에게 제시된다. 5분 정도의 브리핑 세션 후 첫 프로토타입에 대한 피드백과 현 설계 관련 이슈들, 그리고 인터페이스에서 기대되는 제안들이 문서화된다. 주요 이슈를 요약하면 다음과 같다.

- **문제 1** 좌측 태스크 패널상의 많은 버튼에 대한 맥락이 처음에는 사용자에게 명백하지 않다.
- **문제 2** 좌측 태스크 패널상의 데이터가 중복돼서 사용자에게 혼란을 준다.

문제 1과 2의 솔루션 리모델링된 측면 태스크 바

사용자에게서 받은 첫 번째 피드백은 좌측 태스크 바에 너무 많은 버튼이 있어서 사용자는 다양한 상황에 대해 브리핑을 듣고, 그런 다음 버튼에 대해 이해될 때까지는 각각의 버튼에 대해 처음에는 그 필요성을 잘 이해하지 못한다는 것이다. 일단 사용자가 FIR의 파일 기록

방법, 편집 방법, 사건 사이트에 도움말 배치 방법들을 배우고 나면 못 보고 넘어갔던 버그, 예를 들어 좌측 창 위의 데이터가 중복됐음을 찾을 수 있다. 사용자에게 자원에 관한 다양한 뷰를 제공하기 위해서는 데이터 표현에서 중복이 이용된다.

이에 대한 솔루션은 모든 중복을 제거하고 사용자에게 제시됐던 데이터 표현 방법을 사용자가 변경 가능하게 만드는 것이다.

초기 시스템에는 여러 가지 뷰, 예를 들어 경찰관과 차량 탭을 위해 '스토로우를 통한 데이터 보기'가 사용자에게 제공되는데, 사용자는 이들 뷰 중 하나를 검색하거나 특별한 명령에 따라 이들 뷰를 조사할 수 있다. 그러나 이들 뷰는 서로 연결돼 있고 차량과 지정된 경찰관의 세부 내역 표에서 동일한 태스크가 수행될 수 있으므로, 사용자가 이들을 구분해서 분류할 수 있도록 이들 표는 합병되고, 사용자는 각각의 열에 분류된 기능성을 제공받게 된다. 이것은 화면 창에 장소, FIR, 사건 탭을 가진 경우이며, 이들 탭 또한 제거된다.

이제 사용자가 FIR 중 하나를 클릭할 때 지도에서는 사건 현장에 배치될 하나의 유닛만이 사건 장소의 중앙에 전시된다. 이와 유사하게 사용자가 차량을 클릭할 때 차량이 중앙에 위치하게 되고, 사용자는 실시간으로 상황에 접근하고, 차량에 지정된 태스크를 이동 중 변경할 필요가 있는 사람들에게 뷰를 제공할 수 있게 된다.

그림 CS2.15와 CS2.16은 변경으로 인해 재설계된 좌측 창을 보여준다.

현재 활동 중인 FIR				
FIR # ▲	시간 & 날짜 △	사건 △	위협 △	장소 △
A136	23:30 5/12/12	강도	높음	달라스, Tx, 75206
B245	23:45 5/12/12	폭동	낮음	갈란드, Tx, 73245
C124	23:45 5/12/12	총격 사건	중간	덴톤, Tx, 72312
차량				

탐색

그림 CS2.15 저충실도 프로토타입: PC&CS를 위한 두 번째 반복(동적인 측면 태스크 바)

현재 활동 중인 FIR				
차량				
차량 ▲	배지 번호 Δ	담당자 Δ	유형 Δ	근무? Δ
131JNN	PD1234	Gary	Cop Car	Y
234PNJ	PD8732	Andy	Cop Car	N
254ADF	PD9854	Emily	Chopper	Y

탐색

그림 CS2.16   저충실도 프로토타입: PC&CS를 위한 두 번째 반복(동적인 측면 태스크 바)

- **문제 3**   너무 많은 데이터 라인이 창에 제시돼 있으면 창에 있는 탭에서 데이터 검색이 어렵다.

솔루션   각 확장 탭에 추가된 퀵 검색

탭이 확장되고 너무 많은 데이터 라인이 제시돼 있을 때 이들 탭들이 스크롤이 가능하더라도 사용자가 경찰관 'Mike Hanigan'의 검색을 원할 수도 있는 상황에서 사용자는 전체 목록을 통해 그 경찰관을 찾을 수밖에 없다. 이 이슈를 처리하기 위해 작은 퀵 검색 박스가 탭 바로 아래 표 시작 지점에 추가된다. 검색 박스는 바로 아래 제시된 데이터에 대한 키워드 검색처럼 작동할 것이며, 'Mike'를 검색 중인 사용자는 모든 라인에 Mike란 단어를 가진 이름들을 얻게 될 것이다.

신속 접근을 위해 '현재 유효한 FIR' 항목에 퀵 검색이 추가되며, 이는 건초더미에서 바늘 찾기, 즉 거의 불가능한 일을 검색해야 하는 사용자에게 접근 속도를 증가시켜 줄 것이다(그림 CS2.17).

그림 CS2.17   저충실도 프로토타입: PC&CS를 위한 두 번째 반복(퀵 검색 바)

- **문제 4**   사용자는 차량 항목의 창 아래 표에서 발견되는 차량을 유효 사건에 지정하길 원한다. 사건에 차량을 끌어다 놓는 것 외에는 다른 방법이 없다.

솔루션 오른쪽 클릭 상황 팝업 메뉴(콘텍스트 메뉴)을 지도뿐만 아니라 태스크 창에도 추가한다.

사용자가 태스크 창의 데이터로부터 사건에 차량을 지정하길 원한다면 사용자는 차량을 끌어다 놓는 것 외에는 다른 수단을 쓸 수가 없다. 상황 팝업 메뉴의 처리를 위해 창 위에 차량 데이터 항목뿐만 아니라 FIR 데이터 항목도 추가된다. 또한 동일한 상황 팝업 메뉴가 지도의 대응 항목에 추가된다(오른쪽 클릭 메뉴가 그림 CS2.18과 CS2.19에 나타나있다).

사건에 차량을 할당한다 →	폭동, 덴톤, Tx - 75208
사건에서 차량을 철수시킨다	강도, 달라스, Tx - 75206

무선으로 전환한다	사건을 둘러본다

그림 CS2.18 저충실도 프로토타입: PC&CS를 위한 두 번째 반복(차량 데이터 항목을 위한 오른쪽 클릭 팝업 메뉴). '현재 유효한 FIR' 데이터 항목을 위한 오른쪽 클릭 메뉴

FIR 편집 ...
FIR을 닫고 기록 보관

사건 라디오 주파수로 맞춘다

이것에만 할당된 차량을 살펴본다

그림 CS2.19 저충실도 프로토타입: PC&CS를 위한 두 번째 반복('현재 유효한 FIR' 데이터 항목을 위한 오른쪽 클릭 팝업 메뉴)

● **문제 5** 사용자가 빈번히 접하는 태스크에 대한 단축키를 발견하지 못한다.

솔루션 규약에 일관성을 유지하면서 어떻게든 사용자에게 통지되는 단축키를 추가한다.

오랜 기간 특별한 소프트웨어에서 일하는 사용자는 그 소프트웨어에 무척 편안함을 느끼게 되고 유용한 해결책을 얻는 데도 꽤 효율적이게 된다. 태스크의 신속 완료에 도움을 주기 위해 단축키가 제공되므로 사용자는 뭔가 해야 할 필요가 있는 순간마다 메뉴를 통해 검색할 필요가 없게 된다.

단축키는 공통 태스크를 위해 제공되며, 태스크가 주 메뉴에서 나타나는 장소 우측 옆에 나열된다(그림 CS2.20).

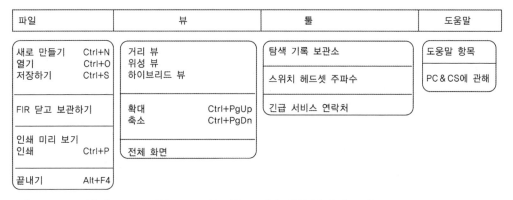

파일	뷰	툴	도움말
새로 만들기　Ctrl+N 열기　Ctrl+O 저장하기　Ctrl+S	거리 뷰 위성 뷰 하이브리드 뷰	탐색 기록 보관소 스위치 헤드셋 주파수 긴급 서비스 연락처	도움말 항목 PC & CS에 관해
FIR 닫고 보관하기	확대　Ctrl+PgUp 축소　Ctrl+PgDn		
인쇄 미리 보기 인쇄　Ctrl+P	전체 화면		
끝내기　Alt+F4			

그림 CS2.20　저충실도 프로토타입: PC&CS를 위한 두 번째 반복(계층적 메뉴 바)

- **문제 6**　사용자는 타이프를 치자마자 바로 자신의 우연적인 삭제를 원 상태로 되돌리는 보내기 취소^undo 버튼을 발견할 수 없다.

솔루션　사용자가 오류로부터 회복되는 것을 돕기 위해 실행 취소^undo와 다시 반복^redo 메커니즘을 추가한다.

사용자가 종종 아직 저장되지 않은 데이터나 정보 중 일부를 삭제하는 행동을 범하기 때문에 사용자가 그러한 사고를 극복할 수 있는 메커니즘이 있어야 한다. 자르기, 복사하기, 붙이기, 제거하기, 여기서 가장 중요한 되돌리기 동작을 편집하는 '편집^Edit' 메뉴가 계층적 메뉴의 상단에 추가된다.

그림 CS2.21은 재설계된 메뉴의 계층을 보여준다.

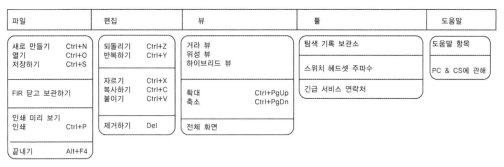

파일	편집	뷰	툴	도움말
새로 만들기　Ctrl+N 열기　Ctrl+O 저장하기　Ctrl+S	되돌리기　Ctrl+Z 반복하기　Ctrl+Y	거라 뷰 위성 뷰 하이브리드 뷰	탐색 기록 보관소 스위치 헤드셋 주파수 긴급 서비스 연락처	도움말 항목 PC & CS에 관해
FIR 닫고 보관하기	자르기　Ctrl+X 복사하기　Ctrl+C 붙이기　Ctrl+V	확대　Ctrl+PgUp 축소　Ctrl+PgDn		
인쇄 미리 보기 인쇄　Ctrl+P	제거하기　Del	전체 화면		
끝내기　Alt+F4				

그림 CS2.21　저충실도 프로토타입: PC&CS를 위한 두 번째 반복(계층적 메뉴 바)

- **문제 7**　사용자가 빈번히 사용되는 기능에 대한 태스크 바를 발견할 수 없다.

솔루션 빈번히 사용되는 기능을 위해 태스크 바를 추가한다.

마우스 제어가 약간 까다롭고 단축키에 아직 익숙하지 않은 초심자에게는 더 그렇기 때문에 사용자는 매번 순간순간마다 메뉴를 통해 검색하길 원치 않으며, 약간의 태스크 속도를 증가시키기 위해 그림 CS2.22에 보이는 것 같은 태스크 바가 사용자에게 제공된다.

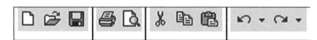

그림 CS2.22 저충실도 프로토타입: PC&CS를 위한 두 번째 반복(태스크 바의 아이콘들)

저충실도 프로토타입의 최종 버전

저충실도 프로토타입의 최종 업데이트 버전은 그림 CS2.23에서 보여준다.

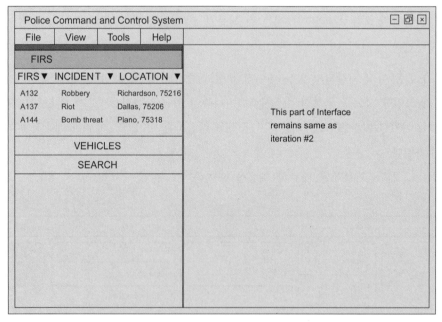

그림 CS2.23 확정된 저충실도 프로토타입: PC&CS를 위한 세 번째 반복(입력 화면)

초심자에서 전문가로의 전이 지원

초심자에서 전문 사용자로의 전이를 지원하기 위해 추가 능력이 추가된다. 이것은 그림 CS2.24와 CS2.25에 나타나 있다. 계층 메뉴는 단축키를 지원하며, 데스크톱 애플리케이션을 위해 표준 단축키가 사용된다. 시스템은 메뉴 바에서 단축키를, 툴바에서 퀵 아이콘을 실행시킴으로써 초심자에서 전문가 수준으로의 전이를 지원한다.

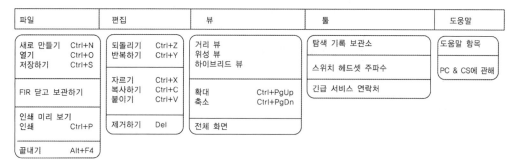

파일	편집	뷰	툴	도움말
새로 만들기 Ctrl+N 열기 Ctrl+O 저장하기 Ctrl+S	되돌리기 Ctrl+Z 반복하기 Ctrl+Y	거리 뷰 위성 뷰 하이브리드 뷰	탐색 기록 보관소 스위치 헤드셋 주파수	도움말 항목 PC & CS에 관해
FIR 닫고 보관하기	자르기 Ctrl+X 복사하기 Ctrl+C 붙이기 Ctrl+V	확대 Ctrl+PgUp 축소 Ctrl+PgDn	긴급 서비스 연락처	
인쇄 미리 보기 인쇄 Ctrl+P	제거하기 Del	전체 화면		
끝내기 Alt+F4				

그림 CS2.24   저충실도 프로토타입: PC&CS를 위한 두 번째 반복(계층적 메뉴 바)

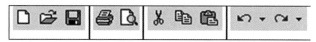

그림 CS2.25   저충실도 프로토타입: PC&CS를 위한 두 번째 반복(태스크 바의 아이콘들)

고충실도 프로토타입

고충실도 프로토타입은 그림 CS2.26, CS2.27, CS2.28에서 각각 보여준다. 이 설계는 독립적인 제3자의 평가와 피드백을 거친 후 최종적으로 확정됐다. 아직도 약간의 결점은 갖고 있고, 설계 프로세스는 반복 프로세스며, 설계에서 더 나은 분석과 차후 향상을 위한 여지가 많이 남아 있겠지만, 이것은 프로젝트의 약정 기한과 범위 내에서 완료된 최종 기능적 프로토타입이다.

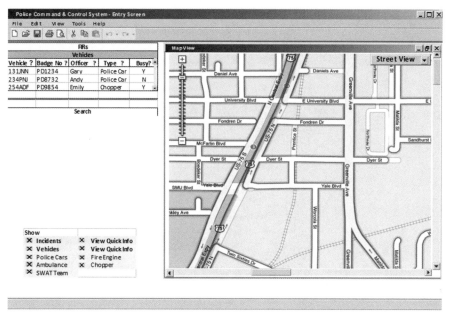

그림 CS2.26   고충실도 프로토타입(입력 화면)

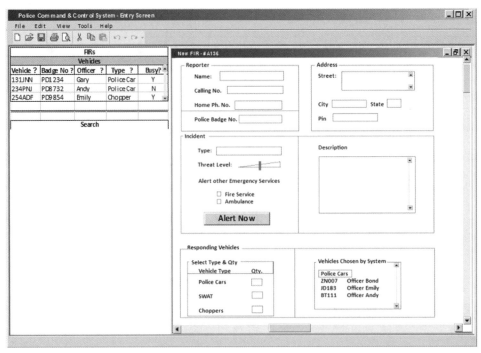

그림 CS2.27 고충실도 프로토타입(FIR 화면)

그림 CS2.28 고충실도 프로토타입(검색 화면)

퀵 스타트 가이드

- 경찰 지휘 통제 시스템^{PC&CS} 소개

  PC&CS는 디스패처가 보고된 사건에 대해 가능한 신속히 경찰을 배치하는 데 도움을 줄 수 있는 클라이언트 측의 경찰 지휘 통제 애플리케이션이다. PC&CS의 목표는 사건이 기록되고 가장 적절한 차량이 신속히 보내졌다는 것을 보장하는 것이다. PC&CS는 특수 사건의 경우 비상 서비스 경보를 발령할 수 있기 때문에 중앙집권화된 통제 시스템으로 동작할 수 있다.

- FIR을 파일로 저장하는 방법

  1. 로그인 후 File > New 메뉴로 간다.
  2. 현 FIR 번호가 입력 양식의 상단에 나타나있다.
  3. 리포터의 이름이나 사건을 보고하는 경찰 에이전트의 식별 번호를 입력한다.
  4. 사건 발생 장소에 대한 주소를 입력한다.
  5. 언급된 장소에서 발생된 사건의 유형을 입력하거나 연상적, 예측적 검색을 이용해 사건 유형을 선정한다.
  6. 사건에 대한 위협 수준을 지정한다.
  7. 이 사건을 다른 비상 서비스에 알릴 필요가 있다면 다른 비상 서비스를 선정하고 Alert now 버튼을 클릭한다. 사건에 대한 주소와 개요가 입력됐다는 것을 확실히 하라.
  8. 대응되는 차량 구역에서 차량 유형과 대수를 선정한다. '시스템에 의해 선택되고 제안된 차량'이라는 구역에서 선정된 차량에 대한 개관을 볼 수 있다.
  9. Ctrl+S를 누르고, File > Save 메뉴로 간다.
  10. 이제부터 지도상의 현재 FIR에 저장된 현재의 사건을 감시하고 업데이트할 수 있다.
  11. 사건이 해결된 후 사건 상태를 종료로 업데이트하고 기록 보관할 수 있다. 이 사건은 미래 참조를 위해 검색 기능을 이용해서 검색될 수 있다.

사례연구3

다중 코어로의 전이

슈아이 왕(Shuai Wang), 로버트 오샤나(Robert Oshana)

전형적인 애플리케이션 소프트웨어 개관

다중 코어 프로세싱으로의 전이는 소프트웨어 프로그래밍 모델, 스케줄링, 분할, 최적화 전략에 대한 변경이 요구된다. 코어와 가속기 간의 작업 부하를 구분하기 위해 소프트웨어가 종종 수정을 요구하기 때문에 시스템의 가용한 모든 프로세싱은 이용돼야 하고 성능은 최적화돼야 한다.

예를 들어 네트워킹 시스템은 보통 '제어면control plane' 소프트웨어와 '데이터면data plane' 소프트웨어를 포함한다(그림 CS3.1). 제어면은 프로토콜(예를 들어 OSPF, SNMP, IPSec/IKE 등)의 관리와 유지, 그리고 고가용성 프로세싱, 핫 플러그앤플레이, 핫 스왑, 상태 백업 같은 기타 특수 기능들에 대한 책임이 있다. 제어면의 기능에는 관리, 구성, 프로토콜 핸드셰이킹, 보안, 예외가 포함된다. 이들 기능은 신뢰성에는 민감하지만, 시간에는 그다지 민감하지 않은 편이다. 일반적으로 제어면의 데이터 패킷/프레임은 전체 시스템 부하의 ~5%만 차지한다.

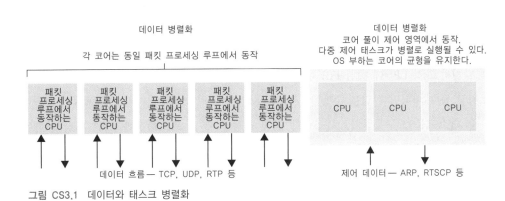

그림 CS3.1 데이터와 태스크 병렬화

데이터면 기능들은 높은 처리 속도의 데이터 프로세싱과 포워딩에 중점을 둔다. 일단 요구되는 연결과 링크가 제어면에 의해 설정된다면 대부분의 트래픽은 데이터면 패킷이 된다. 보통 전체 시스템 부하의 ~95%를 데이터면의 패킷/프레임이 차지하게 될 것이다. 따라서 전체 시스템의 처리 속도와 성능은 주로 데이터면의 프로세싱 용량에 의존하며, 이 면에서의 어떠한 최적화든 시스템 성능을 크게 증가시킬 것이다. 데이터면의 소프트웨어 복잡성은 낮으며, 주로 패킷 헤더 분석, 테이블 조회, 캡슐화/캡슐화 제거, 계수와 통계, 서비스 품질^{QoSS} 스케줄링 등에 초점을 맞춘다.

네트워크 라우터는 단일 코어 프로세싱에서 다중 코어 프로세싱으로 마이그레이션^{migration}된 좋은 사례다. 이들 제품에 대한 소프트웨어 아키텍처는 지난 몇 년 동안 진화돼 왔다.

- **유닛 라우터** 모든 소프트웨어는 모든 제어면 모듈과 데이터면 모듈을 비롯해 단일 코어 CPU에서 동작한다. 이들 모듈은 실시간 운영체제(예를 들어 VxWorks)에서 동작하는 독립형 태스크/프로세스/스레드다. 소프트웨어 통합자는 개선된 시스템 성능을 성취하기 위해 각 태스크의 우선순위를 주의해서 조정해야 한다. 테이블 조회 행동(FIB, 5 튜플 분류, NAT 등) 같은 특정한 고성능 기능들은 종종 IPSec 관련 애플리케이션의 이용을 위해 CPU에 연결된 FPGA나 ASIC, 또는 기타 가속 디바이스에서 동작되는 부호화/복호화/인증 같은 오프라인 지원 엔진의 도움을 받아 소프트웨어에 의해 수행된다. 이 아키텍처는 초저가 또는 저가 유닛의 라우터 제품을 위한 것이다. 시스템은 CPU 코어의 중앙 프로세싱으로 인해 성능은 떨어진다.

- **새시 라우터** 새시^{chassis} 라우터는 ASIC으로부터 큰 지원을 받지 않는 더 많은 분산 시스템 아키텍처를 갖는다. 메인 프로세싱 유닛^{MPU} 카드는 제어면 작업들을 관리한다. 라인 프로세싱 유닛^{LPU} 카드는 데이터면 작업들을 관리한다. 각각의 MPU와 LPU 카드는 하나의 단일 코어 CPU를 포함한다. 이들 CPU들은 회로기판(보통 FE/GE 포트 스위치)을 통해 서로 연결돼 있다. 모든 사용자 측 인터페이스는 LPU 카드상에서 제공된다. MPU 카드는 관리 인터페이스와 심박^{heartbeat}/백업 인터페이스만을 제공한다. LPU 카드는 CPU 옆에 장착돼 있는 임의의 가속 엔진(부호/복호 등. FPGA/ASIC)을 가질 수 있다. 마스터 MPU는 라우팅 토폴로지를 발견하고 각 LPU에 대한 FIB 항목을 생성할 것이다. LPU는 사용자 데이터 패킷을 위해 포워딩 등 데이터면 작업을 수행할 것이다. MPU와 LPU 모두 실시간 운영체제의 상단에서 다중 태스크들을 구동한다. 시스템의 전체 성능은 분산 프로세싱과 LPU 확장성 때문에 유닛 라우터보다 훨씬 좋다.

- **고성능 새시 라우터** 소프트웨어 아키텍처는 ASIC/NP를 가진 분산 시스템 아키텍처다. 각 LPU 카드는 데이터면 작업들을 초고속으로 수행할 수 있을 만큼 충분히 강력한 추가 가속

장치(ASIC 또는 NP 칩)를 포함한다. 모든 ASIC/NP와 연결된 회로기판은 보통 몇 가지 특정한 크로스바 또는 뼈대로 구성된다. 각 LPU 카드상에 있는 일반 CPU는 IPC(프로세서 간 통신) 작업을 수행하고 ASIC/NP 테이블을 구성한다. ASIC 아키텍처와 NP 아키텍처 간에는 몇 가지 차이점이 있다. ASIC은 NP보다 더 크고 더 안정적인 데이터 처리율을 제공할 수 있는 반면, NP는 더 유연한 기능성을 제공할 수 있다. MPU와 LPU는 실시간 운영체제 상에서 다중 태스크들을 구동한다.

앞에서 설명한 세 가지 소프트웨어 아키텍처에서, 각 CPU상에서 동작하는 소프트웨어는 여전히 논리적 독립형 시스템이고 프로그래밍 모델은 여전히 단일 코어다. 심지어 분산 시스템에서도 핵심 시스템 자원들(메모리, 포트 등)은 CPU 간 제한된 IPC를 가진 각 CPU에 의해 여전히 관리된다.

다중 코어 시스템에 포팅할 때 소프트웨어 프로그래밍 모델의 관점에서 중점을 둬야 할 여러 가지 핵심 영역은 다음과 같다.

- 시스템 전체 분할(주로 코어, 메모리, 포트 자원)
- 운영체제 고려 사항(제어면 OS 구역과 마이그레이션, 데이터면 베어 보드 또는 경량 실행 시간 환경 결정)
- 데이터면 코어 작업 아키텍처(기능성이 각 코어/코어 그룹에 묶여 있음)
- 뮤텍스^{mutex} 메커니즘과 이행 결정
- 모든 데이터면 코어 간 데이터면 테이블의 공유 방법(그리고 공유 메모리 메커니즘 결정)
- 코어 통신 메커니즘 간 결정
- 시스템 전역 변수와 CPU 전역 변수에 대한 이용 결정
- Rx/Tx 드라이버 마이그레이션
- 아키텍처 특정 가속기 이행
- 제어면 분할과 데이터면 분할 통신

소프트웨어 시스템 분할

소프트웨어 시스템은 제어면과 데이터면의 두 부분으로 분할돼야 한다. 첫 번째 결정은 제어면 이용을 위해 얼마나 많은 코어가 지정돼야 하는지이고, 두 번째 결정은 데이터면 이용을 위해 얼마나 많은 코어가 지정돼야 하는지이다. 표준 소프트웨어 성능 공학 추정은 이러한 목적을 위해 얼마나 많은 코어가 요구되는지를 결정하는 데 사용될 수 있다.

제어면 소프트웨어 마이그레이션

제어면 분할은 보통 사용자 소프트웨어 컴포넌트를 위한 멀티태스킹 환경을 제공하기 위해 리눅스나 필요시 실시간 운영체제 같은 운영체제상에서 동작된다. 이것은 꽤 간단하며 대부분의 레거시 제어면 소프트웨어 컴포넌트들은 이 마이그레이션에 대해 큰 변경을 요구하지 않을 것이다. 그러나 다음과 같이 주의해야 될 몇 가지 핵심 포인트가 있다.

- 단일 코어 아키텍처 시스템에서 제어면 소프트웨어는 동일 CPU 메모리 공간 내에서 모든 데이터면 테이블을 공유한다. 이 테이블의 업데이트는 세마포어semaphore 같은 뮤텍스 보호를 갖고 직접 작성돼야 한다. 다중 코어 플랫폼상에서 테이블 업데이트 동작은 서로 다르다. 즉, 테이블 업데이트는 자기 정의 메시지를 업데이트 대상 데이터면 코어에 전송하거나 또는 스핀락splinlock/RCU 뮤텍스 보호를 가지고 공유 테이블(분할/코어 간 메모리 공유)에 직접 작성함으로써 수행된다.
- 제어면 분할에서 하나 이상의 코어를 이용할 때 가장 일반적인 구성은 대칭 멀티프로세싱 SMP 모드다. 레거시 멀티태스킹 소프트웨어는 SMP 환경에서, 특히 태스크 간 통신(뮤텍스 또는 동기화 등) 메커니즘에서 올바르고 효율적으로 동작하는지를 확실히 하기 위해 검사돼야 한다.

데이터면 소프트웨어 마이그레이션

다중 코어로의 데이터면 소프트웨어 마이그레이션은 더 어렵다. 데이터면 분할은 전형적으로 다음 기능을 이용해 수행된다.

- 데이터 패킷 프로세싱
- 제어면 분할을 이용한 데이터 통신
- 프록시proxy 프로세싱 관리

레거시 데이터면 소프트웨어는 전형적으로 멀티태스킹 환경을 지원하는 RTOS상에서 동작한다. 데이터 패킷 프로세싱은 하나의 단일 태스크/프로세스/커널 스레드에서 실행되는 동작 완료 실행 모델이다. VxWorks의 예를 들면 데이터 패킷 프로세싱은 tNetTask 환경에서 실행된다. 리눅스에서 데이터 패킷 프로세싱은 NET_RX_SOFTIRQ 소프트웨어 인터럽트 환경에서 수행된다. tNetTask를 이용하든지 softirq를 이용하든지 간에 우선순위는 프로세싱 동안 선점을 예방하기 위해 높아야 되며, 시스템의 전체 성능은 가능한 한 높이 유지돼야 한다. 레거시 소프트웨어에서 관리 프록시 컴포넌트는 전형적으로 데이터 패킷 프로세싱 태스크와 함께 병렬로 동작하는 하나 또는 그 이상의 태스크로 구성된다. 프록시 컴포넌트는 데이터 테이블을 업데이트하거나 높은 우선순위를 가진 다른 태스크를 수행하기 위해 제어면 모듈로부터 관리나 구성 명령을 기다린다. 이들 태스크들은 가능한 한 높은 우선순위를 가져야 하거나 심지어 데이터 패킷 프로세싱 태스크보다 더 높은 우선순위를 가져야 한다. 관리 프록시 태스크가 자주 실행되지 않기 때문에 데이터 패킷 프로세싱 태스크는 자주 실행되지 않을 것이며, 시스템 성능에는 사소한 영향만 줄 것이다.

다중 코어 환경으로 마이그레이션할 때 데이터면 분할을 구성하는 가장 효율적 방법은 '나금속bare-metal' 모드나 이와 유사한 경량 실행LWE 모드에서 동작하는 것이다. 이들은 동작 완료 환경이며, 멀티태스킹 환경보다 더 효율적이다.

처음에는 레거시 데이터 패킷 프로세싱 태스크 코드를 다중 코어 환경으로 마이그레이션하는 것이 상대적으로 쉬운 것처럼 보인다. 이것은 표준 C 코드로 작성된 동작 완료 태스크다. 이것은 오직 기능 관점에서만 사실이다. 그러나 데이터면에서는 성능이 모든 것이며, 데이터면 분할을 가장 중요하게 고려해야 된다. 최상의 성능을 성취하기 위해서는 몇 가지 추가적인 최적화가 필수적이다.

데이터 패킷의 병렬 프로세싱

그림 CS3.2의 데이터 패킷 프로세싱 라우팅 함수의 실행 흐름을 고려해보자.

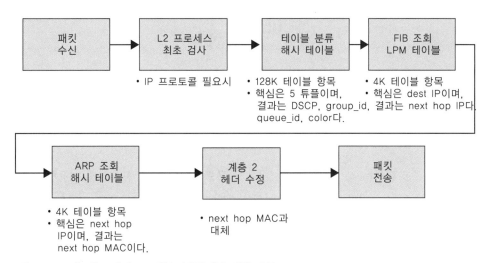

그림 CS3.2 네트워크 패킷 프로세싱 라우팅 함수 실행 흐름

```
/*******************************
 * data processing task
 *******************************/
do {

    rxpkt_from_hw();      // get a packet from the hardware.
    l2_process();         // Link layer verification.
    classify();           // lookup classify-table with 5-Tuples to get the according Qos values.
    ip_table_lookup();    // lookup the FIB table with DIP to get the gateway-IP and egress port-id.
    arp_lookup();         // lookup the ARP table with gw-IP to get the gateway-MAC address.
    l2_modify();          // replace the original SMAC/DMAC with the proper ones.
    txpkt_to_hw();        // send packet out to the hardware.

} while (1);
```

이것은 아주 간단한 라우팅 프로세스다. 코드는 그림 CS3.3에 보이는 것처럼 병렬 동작을 위해 데이터면 코어로 쉽게 포팅될 수 있다.

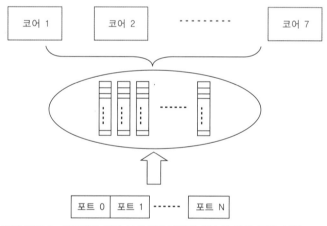

그림 CS3.3 네트워크 패킷 프로세싱 라우팅 함수의 다중 코어 이행

다중 코어 프로세서는 각 코어가 공유 사용자 포트의 트래픽을 공유하게 허용한다. 예를 들어 P4080 다중 코어 디바이스는 하나의 포트에서 프레임 큐^{FQ} 그룹으로 트래픽 부하 균형 능력을 가진 프레임 관리자^{FMan} 가속 블록을 이용한다. 데이터면 코어 중 그 어떤 하나라도 각 흐름의 시퀀스 번호가 변경되지 않고 남아 있는 동안에는 이들 프레임 큐 중 하나를 처리하기 위해 패킷을 수신할 수 있다.

데이터 프로세싱 태스크에서 그림 CS3.2의 라우팅 함수의 실행 흐름을 표현한 의사코드 중 rxpkt_from_hw()와 txpkt_to_hw()는 아키텍처 특정 드라이버 코드다. P4080 플랫폼상에서 이들 두 코드는 FQ로부터 패킷을 얻고 큐 관리자^{QMan}의 도움을 받아 FQ에 패킷을 공급한다. 이것은 이더넷 제어기의 RxBD와 TxBD가 직접 접근을 위해 CPU 메모리 공간에 메모리를 할당하는 단일 코어 디바이스와 다르며, 이것은 이더넷 포트가 하나 이상의 코어에 의해 공유되는 것을 예방해준다.

classify(), ip_table_lookup(), arp_lookup() 함수들은 다중 코어 플랫폼과 단일 코어 디바이스 사이에 한 가지 핵심적인 차이가 있다. 이 차이는 조회 테이블이 모든 CPU 코어 간 공유된다는 점이다.

그림 CS3.4에 나타나 있듯이 현대의 다중 코어 플랫폼에는 다음과 같은 세 가지 유형의 메모리가 있다.

- 코어 전용 메모리
- 코어 간 분할 전역 메모리
- 분할 간 전역 메모리

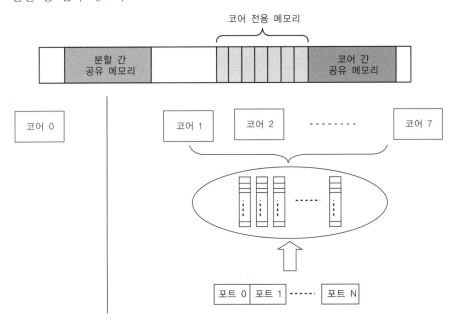

그림 CS3.4 다중 코어 메모리 모델

단일 코어 시스템에서 조회 테이블은 상호 배제를 제공하기 위해 세마포어에 의해 보호된다. 다중 코어 시스템에서 조회 테이블은 종종 스핀락^{spinlock}에 의해 보호된다. 그러나 조회 테이블에서 제어면 코어에 의해 작성되기보다는 데이터면 코어에 의해 읽혀지기 위해서는 RCU^{읽기 복사 업데이트} 락을 선택하는 것이 가장 훌륭한 방법이다.

소프트웨어 이용을 위해 각기 다른 메모리 영역은 각기 다른 할당/프리 API를 갖는다. 예를 들어 P4080 경량 실행 환경에서 코어 전용 메모리 블록은 `tlmalloc()`에 의해 할당되는 반면, 분할 전역 메모리 블록은 `malloc()`에 의해 할당된다. 이것 또한 마이그레이션 시 고려돼야 한다.

메모리 블록에 추가해 전역 변수들은 다음과 같은 다중 유형으로 또한 구분된다.

- percpu 전역 변수
- 코어 간 분할 전역 변수
- 분할 간 전역 변수

메모리 블록에서 전역 변수들은 서로 다르게 이용된다. 예를 들어 매크로 `PERCPU`는 percpu global-vars 정의를 위해 사용된다.

일부 애플리케이션에서 라우팅 함수들은 파이프라인으로 처리된다. 하나의 코어가 `classify()` 동작을 수행하고, 그런 다음 패킷을 `ip_lookup()` 함수나 다른 함수의 수행을 위해 패킷을 하류 코어에 전달한다. 그러나 파이프라인 접근법은 웜 캐시warm cache의 이점을 갖지 못한다. 앞에서 기술한 병렬 접근법은 웜 캐시 영향으로 인해 파이프라인 접근법보다 더 훌륭한 시스템 성능을 제공할 수 있어야 한다.

하이브리드 접근법(병렬 + 파이프라인)

그림 CS3.5는 전형적인 QoS 라우팅 프로세스를 보여준다. 이 프로세싱 흐름에서 데이터 패킷은 외부로 직접 발송되지는 않지만 소프트웨어의 큐 집합에서 대기한다. 추가적인 스케줄링 태스크는 이들 패킷을 소프트웨어 큐에서 해제해 주어진 시퀀스로 발송한다.

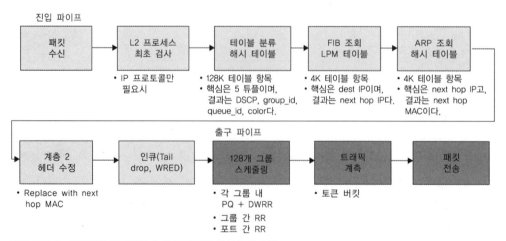

그림 CS3.5 전형적인 네트워킹 QoS 알고리즘 프로세싱 흐름

레거시 단일 코어 시스템에서 큐^{queue}/디큐^{de-queue} 동작을 수행하기 위해서는 패킷 프로세싱 태스크와 스케줄링 태스크를 이행할 수 있는 두 개의 태스크가 필요하다. 소프트웨어 큐는 두 개의 태스크 간 공유되며, 그림 CS3.6의 의사코드에 나타나있는 것처럼 세마포어에 의해 보호된다.

```
/*****************************
 * data processing task
 *****************************/
do {

  rxpkt_from_hw();        // get a packet from the hardware.
  l2_process();          // Link layer verification.
  classify();            // lookup classify-table with 5-Tuples to get the according Qos values.
  ip_table_lookup();     // lookup the FIB table with DIP to get the gateway-IP and egress port-id.
  arp_lookup();          // lookup the ARP table with gw-IP to get the gateway-MAC address.
  l2_modify();           // replace the original SMAC/DMAC with the proper ones.
  enque();               // enque the packet to the soft-queues.

} while (1);

/*****************************
 * scheduling task
 *****************************/
do {

  deque();               // deque packet from the soft-queues according to rule.
  tbucket_meter();       // token bucket metering to each packet.
  txpkt_to_hw();         // send packet out to the hardware.

} while (1);
```

그림 CS3.6 단일 코어 시스템의 큐잉과 디큐잉 동작

다중 코어 시스템에서는 시스템에 하나의 QoS 스케줄러만 갖는다는 제한 사항 때문에 이들 동작들을 데이터면 코어에 병렬로 할당하는 것이 더 어려워진다. 진입 파이프(그림 CS3.5의 연한 회색 블록들)는 다중 코어상에서 병렬로 동작될 수 있는 반면, 출구 파이프(그림 CS3.5의 좀 더 진한 회색 블록들)는 단일 코어에서 동작돼야 한다.

그림 CS3.7은 다중 코어 디바이스상에서의 진입과 출구 프로세싱의 분할을 보여준다. 데이터면 코어들은 두 개의 그룹, 즉 한 그룹은 진입 파이프로 구성되고 다른 그룹은 출구 파이프로 구성된다. 이 경우 출구 파이프 코어 그룹은 하나의 코어만 갖게 된다. 진입 파이프 코어는 데이터 패킷 프로세싱 태스크를 수행한다. 출구 파이프 코어는 스케줄링 태스크를 수행한다. 공유 소프트 큐는 스핀락으로 보호된다.

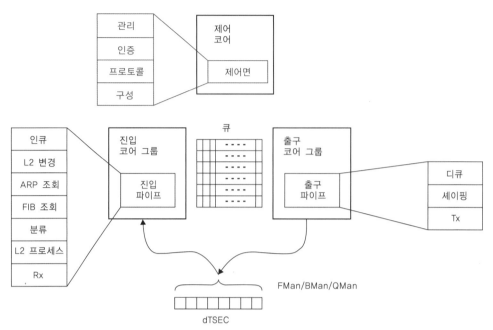

그림 CS3.7 다중 코어상에서의 진입과 출구 프로세싱

제어면 분할을 이용한 데이터 통신

레거시 단일 코어 시스템에서 제어면 패킷(관리, 프로토콜, 핸드셰이킹 등)은 IP 스택 레벨에서 DIP 주소(로컬 호스트, 다중캐스트, 브로드캐스트 등) 또는 IP 프로토콜 값(OSPF, BGP, IGMP 등)에 따라 대응되는 제어 태스크로 분기된다.

다중 코어 시스템은 진입 측상에서 제어면 패킷과 정확히 일치시키기 위해 하드웨어 지원 메커니즘(P4080에 있는 이것을 해석-분류-배포PCD 하드웨어 블록으로 부른다)을 종종 포함한다. 일치되는 패킷에 대해 제어면은 선택될 프레임 큐들(Rx-FQ)을 수신한다. 기본적으로 (정확히 일치하지 않는) 데이터면 Rx-FQ는 인큐로 선택될 것이다. 따라서 데이터면 코어들이 제어면에 속한 패킷들을 수신하는 것이 가능할 것이다. 가끔 (경로가 없기 때문에) 포워딩될 수 없는 패킷들은 ICMP 보고 대응을 위해 제어면으로 전달돼야 한다.

단일 코어 시스템에서 다중 코어 시스템으로 소프트웨어가 포팅되기 위해서는 제어면 분할과 데이터면 분할 간 데이터 채널이 설정돼야 한다. 예를 들어 P4080에서 큐 관리자 프레임 큐QMan FQ는 데이터 채널로 사용될 수 있다. 이 접근법은 높은 효율성(스핀락이 필요 없음)과 균일한 인터페이스를 제공한다. 이것은 공통 공유 메모리(소프트웨어 메시지 큐) 접근법보다 더 효율적인 메커니즘을 제공한다.

내부 메시지 통신 시스템 또한 효율적인 프로세싱을 위해 필요하다. 사용자 데이터 패킷 정보에 추가해 또 다른 제어 정보(판단, 행동, src_port 등)도 강건한 프로세싱을 위한 제어면 분할을 위해 필요하다. 예를 들어 P4080의 분산/집합^{scatter/gather} 버퍼 구조는 추가 메시지를 제어면으로 전달하기 전에 더 효율적으로 원 데이터 패킷으로 사전 패치하게 도와준다.

관리 프록시

관리 프록시 또한 단일 코어와 다중 코어 시스템 간 서로 다르다. 네트워크 프로세싱을 대상으로 하는 다중 코어 시스템은 제어면에서 데이터면으로 통신을 지원하기 위해 많은 관리와 구성 명령을 갖는다. 이 예에는 테이블 업데이트, IP 주소/MAC 주소 구성, 통계치 수집, 코어 상태 변경, 코어 재그룹 등이 있다. 이들 관리와 구성 동작 가운데 일부는 전역 공유 메모리를 통해 직접 수행될 수 있지만, 다른 동작들은 그렇지 못하다. 전역 공유 메모리 접근법이 이들 동작들을 지원하지 못한다면 제어 채널과 내부 메시지 시스템은 이들 동작들을 이행할 필요가 있다.

Rx/Tx 드라이버

서로 다른 디바이스 아키텍처들은 서로 다른 수신/전송 드라이버를 갖는다. 다중 코어 디바이스들은 필연적으로 이더넷 포트를 종종 공유한다. 이것은 대부분의 단일 코어 디바이스에 대해 레거시 메모리 맵 BD 링 접근법보다 다른 이더넷 드라이버 이행을 크게 요구한다.

예를 들어 P4080의 이더넷 포트는 가상화된다. 이것은 혼잡 회피 이슈에 대해 몇 가지 새로운 관심사를 불러온다.

'하드웨어로의 전송 패킷'(txpkt_to_hw())에 대한 레거시 이더넷 드라이버의 의사코드 예는 다음과 같다.

```
int txpkt_to_hw(void)
{
    ...
    if (enque_pkt_to_txbd() == OK) {
        /* TxPkt successfully */
    } else {
        /* dport in congestion */
        do_congestion_avoidance ();
    }
    return 0;
}
```

이 예에서 enque_pkt_to_txbd() 함수는 동기화 동작에서 혼잡 상태를 직접 반환한다. 레거시 혼잡 회피 코드는 TxPkt 호출 이후 바로 실행될 수 있다.

P4080 LWE 같은 다중 코어에서 txpkt_to_hw()는 서로 다르게 실행된다.

```
int txpkt_to_hw(void)
{
    ...
again:
    if (qman_enqueue() == OK) {
        /* EQCR successfully but may be rejected by FQs */
    } else {
        /* EQCR in congestion but can't indicate which FQs are in congection */
        // can't // do_congestion_avoidance();
        goto again;
    }
    return 0;
}
```

이 경우 TxBD는 큐 관리자 프레임 큐에 의해 가상화된다. 하나의 QMan 포털은 많은 QMan FQ에 접근할 수 있으므로, EQCR 완전 상태는 FQ가 혼잡 모드(이 경우 레거시 동기화 모드가 아님)에 있음을 나타낼 수 없다. 혼잡 회피 소프트웨어는 사실일 수도 있고 사실이 아닐 수도 있지만 비동기 접근법으로 변경돼야 한다.

사례연구4

임베디드 시스템 품질과 메트릭 프로그램을 위한 소프트웨어 공학

로버트 오샤나(Robert Oshana)

이 사례연구에서는 임베디드 시스템을 위한 소프트웨어 개발과 시스템 통합 메트릭에 대해 살펴본다. 사례연구에서 논의된 많은 기법을 보강하기 위해 실제 산업계 데이터를 사용한다.

펨토 셀femtocell은 저전력의 짧은 전송 범위를 가진 독립 기지국이다. 펨토 셀은 기본적으로 가정이나 소규모 사무실을 위한 소형 기지국이다. 펨토 셀의 핵심 속성은 IP 백홀(음성 트래픽이 인터넷으로 전송된다), 자가 최적화, 저전력 소비, 쉬운 배포 등이다.

펨토 셀은 '소형 셀'로 분류되는데, 여기서 소형 셀이란 전송 범위가 10미터에서 수백 미터 정도이고, 허가되거나 허가되지 않은 영역 모두에서 운영되는 저전력 무선 접속 노드에 대한 포괄적 용어다(그림 CS4.1 참조).

펨토 셀 애플리케이션에는 주택, 기업, 핫 스팟hot spot, 지하철이 포함된다.

펨토 셀의 소프트웨어 아키텍처는 그림 CS4.2에서 보여준다. 이 소프트웨어 아키텍처는 DSP상에서 동작하도록 작성된 최적화된 신호 처리 소프트웨어인 계층 1 소프트웨어 애플리케이션과 범용 프로세서GPP상에서 동작되는 제어와 스케줄링 소프트웨어인 계층 2 애플리케이션으로 구성된다. 펨토 애플리케이션 프로그래밍 인터페이스FAPI는 계층 1과 계층 2 사이의 인터페이스다.

개발 방법론

소프트웨어 설계 프로세스는 부동소수점 알고리즘 구현으로 시작한다(그림 CS4.3). 매트랩Matlab

은 시뮬레이션 툴로 사용된다. 초기 부동소수점 시뮬레이션을 수행한 후 기능 인터페이스상의 데이터 양자화가 도입된다. 이 양자화는 정규화, 스케일링, 정렬 연산이 요구된다. 이 에뮬레이션 모델은 첫 레벨에서의 성능 밸리데이션은 허용하지만, 최종 C 구현과는 조금도 일치되지 않는다. 최종 매트랩 모델은 매트랩에서 재도입된 DSP C 코드를 기반으로 한다.

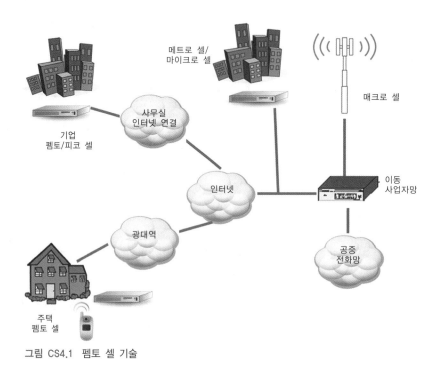

그림 CS4.1 펨토 셀 기술

이 프로그램은 주요 벤더에 의해 개발되고 있는 계층 1 소프트웨어를 포함한다. 계층 2 소프트웨어는 소프트웨어 개발 파트너가 맡으며, 주요 벤더에 의해 관리되는 최종 시스템 통합과 테스터로 넘겨진다.

이 프로그램은 반복 개발 프로세스로서 애자일 개발 모델에 느슨한 기반을 두고 있다. 반복 개발 모델의 목표는 한 번에 작은 부분씩, 그리고 반복 주기를 통해 시스템을 개발하는 것이다. 이것은 소프트웨어 개발자가 시스템의 초기 버전을 개발하는 동안 학습했던 것에 대한 이점을 가질 수 있게 허용되는 방법론이다. 이 학습은 시스템을 이용하는 고객뿐만 아니라 개발자 모두에게서 나온다. 이 프로세스의 핵심 단계는 소프트웨어 요구 사항에 대한 간단한 구현으로부터 시작된다. 이 간단한 구현은 완전한 시스템이 구현될 때까지 버전이 끊임없이 진화되면서 반복해서 향상된다. 각각의 반복에서 설계 변경이 이뤄지고(리팩토링), 새로운 능력이 추가된다. 그림 CS4.4에 이 프로그램을 위해 사용되는 반복 개발 모델에 대한 다이어그램이 나타나있다.

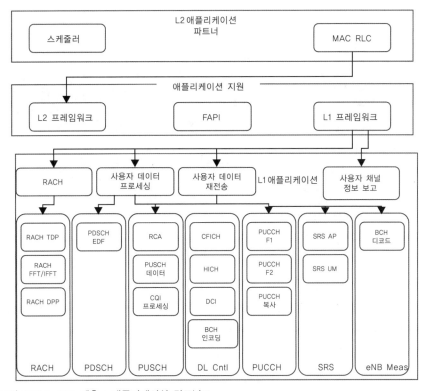

그림 CS4.2 LTE 계층 1 애플리케이션 컴포넌트

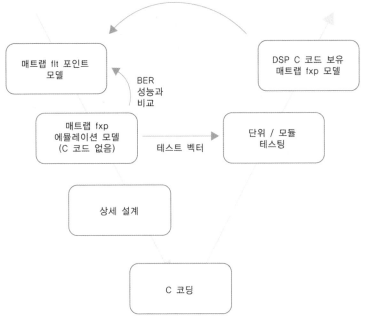

그림 CS4.3 펨토 셀 개발 방법론

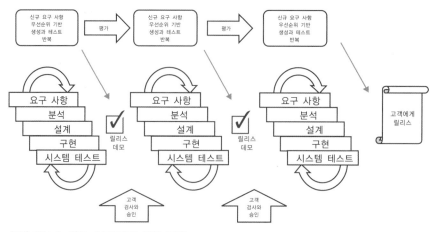

그림 CS4.4 반복 소프트웨어 개발 모델

펨토 셀을 위한 테스트 프로그램은 그림 CS4.5에 나타나있는 표준 소프트웨어 테스팅인 V 모델을 기반으로 한다. 컴포넌트 테스팅은 정적과 동적 분석 툴의 조합, 유닛 테스팅, 코드 리뷰, 순환 복잡도 측정(그리고 필요시 리팩토링), 전반적인 소프트웨어 테스팅 커버리지와 효과성을 평가하는 구문 커버리지를 이용해 수행된다.

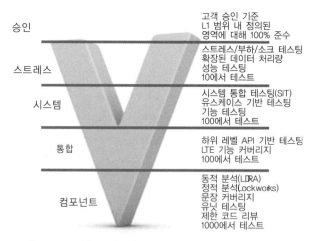

그림 CS4.5 계층 1 테스팅 모델

통합 테스팅은 FAPI 인터페이스를 통한 L1 계층(벤더가 배송 책임이 있는 주요 소프트웨어) 테스팅을 기반으로 한다. 시스템 통합 테스팅은 주요 벤더에 의해 수행되며, 최종 고객에게 배송되기 전에 유스케이스와 시나리오를 기반으로 한 전체 시스템의 테스팅에 초점을 맞춘다. 이들 고객 중 일부는 최종 시스템에 통합되고 테스트된 L2 소프트웨어 대신에 자기 자신의 L2 소프트웨어를 사용한다. 이를 위해서는 추가적인 통합 활동이 요구된다.

컴포넌트 개발의 전반적인 흐름이 그림 CS4.6에 나타나있다. 초기 매트랩 모델이 검증되고, 최적화된 DSP C 소프트웨어로 변환되며, 그림 CS4.5에 나타나있는 프로세스를 이용해 단위 테스팅이 수행된다. 그런 다음 이들 테스트 결과들은 아주 정확한 구현을 보장하기 위해 매트랩 모델과 비교된다. 이들 컴포넌트들은 서브시스템으로 통합되고 시스템은 무선 링크 시뮬레이터RLS의 제어된 환경하에서 테스트된다.

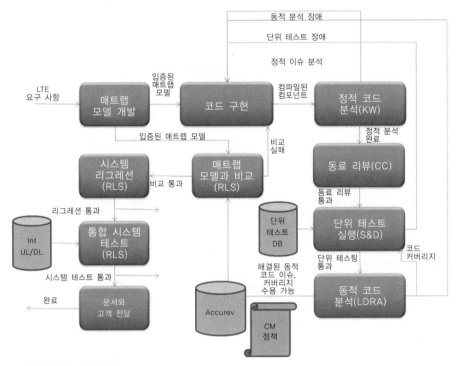

그림 CS4.6 개발 흐름

어떠한 소프트웨어 제품이나 서비스든 충분한 품질을 가진 것으로 인정받을 수 있기 전에는 반드시 적절한 표준이 먼저 자리를 잡아야 한다. 그렇지 않으면 좋고 나쁨을 판단하는 것이 불가능해진다. 정확한 품질 측정의 결정만이 전반적인 품질 목표의 충족 여부를 결정할 수 있게 해준다.

소프트웨어 메트릭은 소프트웨어 프로세스 향상에서 가장 중요한 툴 중 한 가지로 고려될 수 있다. 소프트웨어 메트릭은 어느 정도까지 요구 특성이 제시됐는지, 그리고 어떤 특성이 빠졌는지를 나타낸다. 신뢰성, 가변성, 오류와 장애율 같이 효율적으로 향상되는 요소들은 현재 사용되는 모든 가치에 대한 측정 가능성에 전적으로 의존한다.

지속적 측정은 소프트웨어 개발 프로세스가 향상되고 있는지를 알 수 있는 유일한 방법이다. 보수, 대체, 수정은 현 조건의 식별을 통해서만 가능하다. 복잡성과 신뢰성 같은 모니터링 함수에 대한 정확한 공식은 지속적 발전을 가능하게 만드는 기준을 제공한다. 소프트웨어가 가진 복잡한 본질은 소프트웨어가 상세하고 구체적인 방법으로 정량화될 것을 요구한다. 소프트웨어 메트릭은 소프트웨어가 포괄적으로 분석되고, 시간이 흐르면서 완전한 잠재력과 기대를 가져다주는 필수적인 구성 요소다.

메트릭 프로그램은 소프트웨어 개발 활동을 관리하고 제어하기 위해 시작됐다. 목표 질문 메트릭GQM 모델은 이 프로세스를 구동하기 위해 사용된다(그림 CS4.7). GQM의 기본 가정은 먼저 프로젝트의 목표를 명시하고, 그런 다음 사용 중에 목표를 정의할 필요가 있는 특정 데이터로 이들 목표를 추적해야 하는 의미 있는 방식으로 조직을 위해 무엇이든 측정될 수 있어야 한다는 것이다. 이 데이터 또한 공언된 목표에 관해 해석돼야 한다. 이것 때문에 목표의 성취 여부를 결정하기 위해서는 조직의 핵심 정보 요구는 정량화되고 분석돼야 한다(그림 CS4.8 참조).

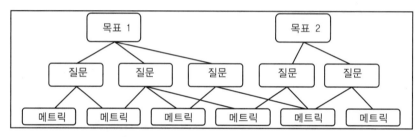

그림 CS4.7 목표 질문 메트릭(GQM) 모델

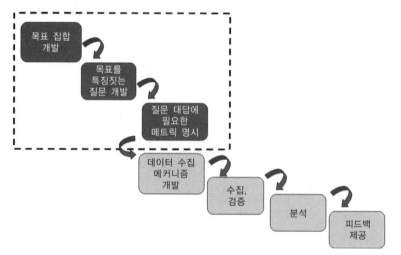

그림 CS4.8 GQM 개발 프로세스

그림 CS4.7에 나타나있는 GQM의 세 가지 레벨은 다음과 같이 정의된다.

1. **개념 레벨(목표)** 목표는 특정 환경과 관련된 품질 모델을 기반으로 정의된다. 이것은 제품 (가공물 또는 산출물), 프로세스(소프트웨어 테스팅 프로세스 같은), 자원(예: 프로젝트의 인원)을 기반으로 측정될 수 있다.
2. **운영 레벨(질문)** 이것은 수행될 목표의 평가 방식을 특징짓는 질문들의 집합이다. 선택된 질문들은 측정을 위해 시도되는 타깃(제품, 프로세스, 자원)이 무엇이든지 많은 사람이 원하는 품질 목표와 관련 되는 한 그 타깃에 관한 특징을 보여줄 필요가 있다.
3. **정량화 레벨(메트릭)** 이것은 정량적 방법으로 질문에 답하는 것 같은 방식으로 수집된 각각 의 질문과 연관된 데이터다. 데이터는 객관적(릴리스된 소프트웨어 버전 번호나 소프트웨어 프로그램 크기)이거나 주관적(사용자 만족도 같은)이 될 수 있다.

메트릭 수집

이 절에서는 펨토 셀 프로그램에 대한 시스템 통합 노력에 사용되는 몇 가지 GQM 기반 메트릭을 요약한다. 이 메트릭 프로그램은 주로 L1 관련 측정에 주안점을 두고 있지만, 또한 몇 가지 시스템 성능 관련 측정도 포함한다.

펨토 셀 소프트웨어 시스템에 대한 GQM 기반 메트릭 프로그램이 그림 CS4.9에 나타나있다. 표 CS4.1에는 GQM을 위한 매핑이 요약돼 있다.

그림 CS4.9 펨토 셀 프로그램에 대한 GQM 모델

표 CS4.1 펨토 프로그램에 대한 GQM 매핑

목표	'상용 등급' 펨토 소프트웨어의 생산과 배송
질문	결함 총수가 제어하에 있는가?
메트릭	각 소프트웨어 컴포넌트에 대한 결함 총수
질문	시스템 성능 목표를 충족시킬 수 있는가?
메트릭	업링크와 다운링크 성능
질문	개발 프로세스가 제어하에 있는가?
메트릭	단계 내 봉쇄 효과성, 결함 예측 모델, 각 소프트웨어 컴포넌트에 대한 결함 밀도
질문	소프트웨어 설계 프로세스가 효과적인가?
메트릭	파트너 결함, 시스템 안정성과 MTBF
질문	테스팅 V 모델 프로세스가 강건한가?
메트릭	소프트웨어 컴포넌트 커버리지, 정적/동적 툴 이용
질문	이 소프트웨어 개발에 적절한 자원이 투입되는가?
메트릭	결함 잔량

메트릭 1: 시스템 통합과 테스트(SIT)에 기록된 전체 결함 이 메트릭은 시스템 테스트 안정성에 대한 지표를 제공한다. 일단 결함 누적 총수가 차츰 평평해지기 시작하면 시스템이 안정하다는 표시다. 그림 CS4.10은 SIT 단계 동안 메트릭 1에 대한 스냅샷을 보여준다. 이 그림에서는 메트릭 1이 일정한 기울기를 갖고 있음을 보여주며, 그림에 나타나있는 지표들은 아직 이 시스템이 안정화가 시작되지 않았음을 나타낸다. 결함 잔량 또한 증가하고 있는데, 이것은 중요한 버그가 아직 처리되지 못해 불안정한 상태가 계속 진행되고 있음을 나타낸다.

메트릭 2: 파트너 배달 소프트웨어로부터의 누적 결함 이 메트릭은 제3의 소프트웨어 공급자로부터 배달된 계층 2 소프트웨어의 안정성에 가시성을 제공하기 위해 사용된다(그림 CS4.11). 소프트웨어 개발 관리자는 버그 잔량에 우선순위를 매기고 관리하기 위해 매주 파트너 소프트웨어 공급자를 만나 잠재적 설계 이슈, 성능 이슈, API 오해에 관해 결정한다.

메트릭 3: 우선순위와 심각도에 의한 결함 에이징(aging) 이 메트릭은 SIT 테스팅 팀이 제기한 중요한 결함들을 태워서 제거하기에 충분한 시간과 자원을 갖고 있는지 여부를 조사하도록 허용한다. 결함 잔량이 증가한다는 것은 자원 조달, 기술, 결함 처리 우선순위에 문제가 있다는 표시다. 그림 CS4.12는 펨토 프로그램에 대한 메트릭을 보여준다. 이 메트릭에서 우선순위 1(P1) 결함들은 4일 또는 그 이전에 수리됐다는 것을 보여준다. 우선순위 3(P3) 결함들은 수리하는 데 훨씬 더 걸렸고, 심지어 2주까지 걸렸던 결함도 보인다. 이것은 우선순위가 높은 결함들에 자원을 조달하고 우선순위를 매겼다는 사실에 기인했지만, 전반적인 자원 조달 관점에서 보면 결함 성장 추세는 여전히 걱정거리가 된다.

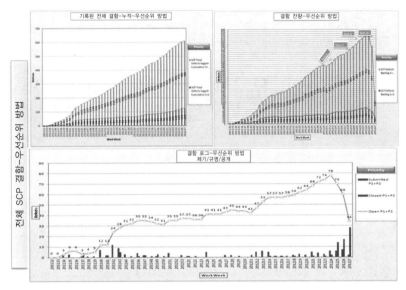

그림 CS4.10 결함 메트릭, 시스템 통합과 테스트에서 기록된 전체 결함, 전체 결함 잔량, 우선순위에 의한 결함 로그

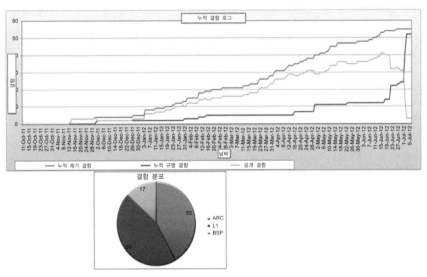

그림 CS4.11 제삼자 소프트웨어 배달에 대한 누적 결함

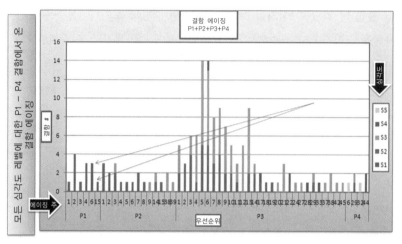

그림 CS4.12 우선순위와 심각도에 의한 결함 에이징

메트릭 4: 단계 내 봉쇄 효과성 단계 내 봉쇄 효과성^{PCE}은 각기 다른 소프트웨어 개발 단계의 소프트웨어 인공물상에서 진행되는 인스펙션과 리뷰의 효과성을 측정하는 데 사용되는 기법이다. 프로그램의 하류 단계에서 발견된 결함은 수정에 상대적으로 더 많은 비용을 소비할 것이다. 따라서 프로그램 팀이 가능한 한 일찍 결점 식별을 시도하고 결함이 발견된 단계 내에서 결함 수리를 이행하는 환경을 촉진시키는 것이 더 이치에 맞을 것이다.

PCE는 오류의 총수와 소프트웨어 작업 산출물에서 발견된 결함의 총수 간의 비율이다(그림 CS4.13의 가장 우측 열 참조). 이 값이 100%에 도달한다는 것은 소개된 오류가 동일 리뷰 단계에서 식별되고 있음을 의미한다. PCE 값이 100%에 가까워질수록 특정 소프트웨어 작업 산출물상에서의 리뷰 프로세스의 효과는 더 커질 것이다.

S1+S2+S3		보고 단계											
		기획	요구 사항	아키텍처	설계	구현/코딩	시스템 통합	시스템 테스팅	릴리스 후	외부	전체 오류	전체 결함	전체 결점	PCE
	기획	0	0	0	0	2	0	1	0	0	0	3	3	0%
	요구 사항		0	0	0	2	7	1	0	0	0	10	10	0%
	아키텍처			0	0	0	2	0	0	0	0	2	2	0%
	설계				4	6	11	5	1	0	4	23	27	15%
	구현/코딩					110	65	15	12				202	54%
	시스템 통합						52	16	6			22	74	70%
유래 단계		0	0		4	120	137	38	19	0				

세부 사항은 다음 슬라이드의 표 참조

그림 CS4.13 전반적인 단계 봉쇄 효과성

그림 CS4.13은 이 프로그램의 전반적인 PCE를 보여준다. 여기서 나타나 있는 데이터는 다음과 같은 최대 관심사가 있음을 보여준다.

- 결함이 개발 초기 단계(기획, 요구 사항, 아키텍처)에서 발견되진 않았지만, 결함이 고객에게는 빠져나갔다. 이것은 수리하는 데 더 많은 비용이 들게 된다.
- 단위 테스트의 많은 결함이 시스템 통합과 테스트로 빠져나갔다. 이것은 SIT 단계 동안 통합과 테스트를 아주 어렵게 만들 것이다. 단위 테스팅 단계에서 발견된 수많은 결함을 고립시키고 디버깅하는 것은 더 많은 시간과 노력이 들 것이며, 프로그램을 지연시키는 원인이 될 수 있다.

표 CS4.2는 PCE 데이터 기반의 핵심 개선 행동에 대한 요약을 보여준다. 이들 개선 행동들의 주요 중점에는 시스템 테스트로 빠져나가는 결함 예방에 추가해 추가적인 코드 리뷰, 코드 커버리지 개선, 정적/동적 툴 이용, 테스트 케이스 등이 포함된다. 시스템 테스트에서 컴포넌트 결함을 발견하고 해결하는 것이 더 시간 소비적이고 비용이 많이 드는 작업이므로, 유닛 테스팅에서 개선하는 것이 전반적인 프로세스를 향상시킬 수 있을 것이다.

표 CS4.2 개선 행동

BIN 이름	행동	소유자	예정일	상태
LTE L1	지속적인 리뷰 수행, 리뷰 코멘트와 결함 기록	L1	진행 중	작업이 시작된다. 증거가 참조될 수 있다. • 리뷰 코멘트가 완료된 SRS 설계 리뷰는 참조될 수 있다. • DL-CCH 설계 리뷰가 신규 특징을 위해 진행 중이다.
LTE L1	컴포넌트 소유자의 코드 커버리지 결과 분석, 적절한 테스트 케이스 추가	L1	Q3'12	동적 분석의 연속이 LDRA 툴로 수행된다. 개선 영역이 식별되고 계속 진행 중이다.
QorIQ	지속적인 리뷰 수행, 리뷰 코멘트와 결함 기록	BSP	Q3'12	모든 행동은 프로세서, IPP 프로세서를 위해 개시된 리뷰, IPP를 위해 폐쇄된 리뷰 코멘트 등에 적용될 수 있다. Uboot 테스트 계획이 리뷰되고 코멘트가 포함된다. 리뷰 코멘트는 Uboot 테스트 계획에는 폐쇄돼 있다.

근본 원인 분석[RCA]은 프로세스 전반에 걸쳐 주기적으로 수행된다. RCA는 문제에 대한 명백한 징후만을 다루는 것이 아닌, 문제의 근본 원인을 수정하고 제거하려는 시도를 통해 문제를 가장 잘 다룰 수 있다는 사실을 기반으로 한다. 한 번의 수정적 동작에 의해 문제의 재발을 항상 완벽히 예방할 수는 없을지라도 문제의 근본 원인에 대한 직접적인 수정적 조치를 통하

는 것이 오히려 문제의 재발을 예방할 수 있는 가능성이 더 높아질 것이다.

소프트웨어 결함 범주가 분석되고, 범주 내의 결함 숫자를 줄이기 위해 여러 가지 프로세스 개선이 착수된다.

그림 CS4.14는 소프트웨어 팀이 이 프로세스를 구동시키기 위해 사용한 근본 원인 분석을 보여준다. 그림 CS4.15는 RCA 프로세스의 몇 가지 결과를 보여준다. 이들 변경은 개발 프로세스의 초과 시간에 만들어졌다.

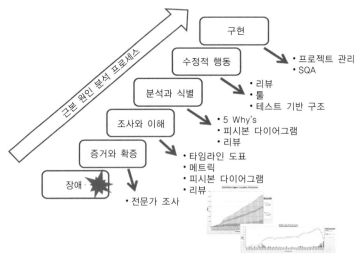

그림 CS4.14 근본 원인 분석 프로세스

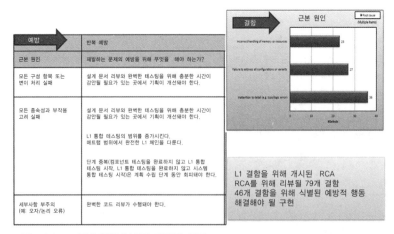

그림 CS4.15 근본 원인 분석의 예방적 행동

팀은 이들 다양한 수집 메트릭에서 근본 원인을 분석한다. 결함의 대다수는 다음 근본 원인들 중 하나로 분류된다.

- 통지/검사 없이 만들어진 변경
- 모든 구성 요소나 변이 처리에서의 장애
- 필수 리뷰나 테스팅 완료에서의 장애
- 종속성이나 부작용 고려에서의 장애
- 완벽한 요구 사항 시행에서의 장애
- 세부 사항(예를 들어 오자/논리 오류)에 대한 부주의
- 틀린 입력이나 오류 사례에 대한 부정확한 처리
- 경계나 에지 조건에 대한 부정확한 처리
- 메모리나 자원에 대한 부정확한 처리
- 늦은 요구 사항이나 자주 변경되는 요구 사항

근본 원인 분석 후 개발 팀에 의해 선택된 핵심 행동 중 몇 가지는 다음과 같다.

- 더 많은 자동화 요구, 계약 자원 사용
- 커버리지 공급을 위한 BB 테스팅 벤더
- 더 철저한 코드 리뷰와 매트랩 모델링

메트릭 5: 시스템 통합과 테스트를 위한 테스트 진행 이 메트릭은 그림 CS4.16에 나타나있다. 이 메트릭은 각각의 점증적 릴리스를 위한 시스템 테스팅 진행상에서 정확한 측정이 이뤄지고 있음을 입증한다. 관리뿐만 아니라 팀도 전체 테스트 수와 각 소프트웨어 릴리스에서 통과된 테스트 수를 조사하는 테스팅 계획에서 좀 더 정확한 평가를 얻을 수 있다. 이것은 테스팅 진행의 실제 현실을 왜곡시키는 '대충'이라는 사고방식을 없애 준다. 이것은 또한 오랜 기간 동안 '평평한 선'이었던 그래프의 특정 부분을 주의해서 집중함으로써 지연이 되고 있는 부분을 우리가 알 수 있게 허용해준다.

표 CS4.3은 컴포넌트 커버리지 분석에 대한 스냅샷을 보여준다. 각 소프트웨어 컴포넌트에 대한 단위 테스트가 구문 커버리지 툴을 이용해 분석됐다. 각 컴포넌트는 분기/결정 커버리지뿐만 아니라 분기 커버리지에 대해서도 분석됐다. 분기/결정 커버리지를 위해서는 다음과 같은 질문에 답해야 한다. "프로그램의 모든 에지가 실행됐는가?" 다시 말해 각 제어 구조(IF와 CASE 구문에 있는 것 같은)의 각 분기에 대한 요구 사항이 충족되지 않거나 충족도 하는가? 커버리지 측정에서 기본 커버리지는 90%, 분기/결정 커버리지는 85%가 목표다. 이 메트릭은 단위 테스팅에서 가진 갭을 팀이 이해하는 데 도움을 준다. 팀은 전체 컴포넌트 커버리지를 증가시키기 위해 커버리지가 낮은 컴포넌트에 대해 자원을 추가한다.

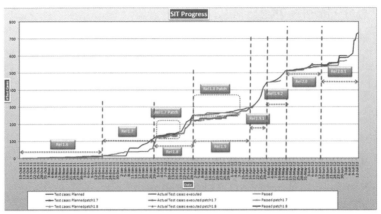

그림 CS4.16 시스템 통합과 테스트를 위한 주간 테스트 진행

표 CS4.3 컴포넌트 커버리지 분석 프로세스

소규모 셀 LTE L1	LDRA		
모듈 이름	구문 커버리지	분기/결정	MC/DC(수정 조건/결정)
소프트웨어 컴포넌트 1	74%	66%	No BC
소프트웨어 컴포넌트 2	81%	73%	No BC
소프트웨어 컴포넌트 3	85%	70%	No BC
소프트웨어 컴포넌트 4	79%	73%	No BC
소프트웨어 컴포넌트 5	44%	39%	No BC
소프트웨어 컴포넌트 6	44%	31%	7%
소프트웨어 컴포넌트 7	47%	44%	8%
소프트웨어 컴포넌트 8	91%	80%	60%
소프트웨어 컴포넌트 9	89%	71%	10%
소프트웨어 컴포넌트 10	* 미정-종속성-커버리지 툴 가용성		
소프트웨어 컴포넌트 11	* 미정-종속성-커버리지 툴 가용성		
소프트웨어 컴포넌트 12	70%	48%	2%
소프트웨어 컴포넌트 13	* 미정-종속성-커버리지 툴 가용성		
소프트웨어 컴포넌트 14	* 미정-종속성-커버리지 툴 가용성		
소프트웨어 컴포넌트 15	* 미정-종속성-커버리지 툴 가용성		

표 CS4.4에 펨토 셀의 안정성 요구 사항과 평균 고장 간격^{MTBF} 목표에 대한 요약이 나타나 있다. 연간 고장 시간이 44시간인 타깃에 대한 상용 펨토 셀의 가용성은 99.5%다. 팀은 테스트 타깃 시스템^{SUT}에 대한 MTBF 측정을 위해 유스케이스 기반 테스트를 개발한다. 이 유스케이스는 유선과 무선^{OTA} 모드 모두에 대한 동시 업링크^{UL}와 다운링크^{DL} 구성을 포함한다. 상용 사용자 단말기^{UE}는 이 안정성 테스트와 Jperf와 Iperf 같은 애플리케이션에 사용된다. Iperf는 TCP와 UDP 데이터 스트림을 생성하고, 생성된 데이터 스트림을 전달하는 네트워크의 처리 속도를 측정할 수 있는 상용 네트워크 테스팅 툴이다. Iperf는 C/C++로 작성된 네트워크 성능 측정 툴이다. Jperf는 Iperf에 대한 그래픽적 프런트엔드다.

표 CS4.4 평균 고장 간격(MTBF) 목표

가용성 수준	가용성 목표		연간 고장 시간
상용	99.5%-펨토 셀		43.8시간
고가용성	99.9%		8.8시간
결점 회복	99.99%		53분
결점 허용	99.99% '캐리어급'-피코/메트로/매크로		5분
지속적	100%		0
허용 가능 가동 시간	일일 고장 시간	월간 고장 시간	연간 고장 시간
95%	72.00분	36시간	18.26일
99%	14.40분	7시간	3.65일
99.9%	86.40초	43분	8.77시간
99.99%	8.64초	4분	52.60분
99.999%	0.86초	26초	5.26분

그림 CS4.17은 단일 사용자와 다중 사용자 구성을 위해 측정된 MTBF 스냅샷을 보여준다. 측정에서는 MTBF 진행 상황과 시간 흐름에 따른 시스템의 안정성이 나타나있다. 이들 메트릭은 서로 다른 구성과 사용자 유형에 대해 시스템의 전반적인 안정성에 대한 시스템 레벨에서의 뷰를 제공한다. 데이터는 주류 소프트웨어 버전을 이용해 매주 수집된다.

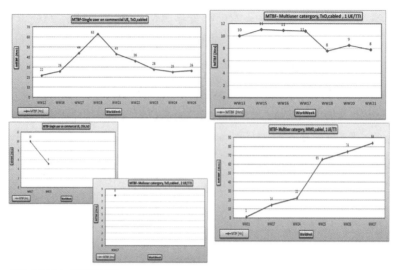

그림 CS4.17 MTBF 결과

표 CS4.5 MTBF 구성

MTBF 유스케이스										
SI. 번호	체인	DL 안테나 구성	입력 처리속도	유선/ 무선	목표 유지 시간	UE 유형	UE #	애플리 케이션	코멘트
1	DL- UL	Tx.Div	주어진 MCS 에 대해 최대	유선	>= 8	상용 UE	1	Jperf/ Iperf	
2	DL- UL	Tx.Div	주어진 MCS 에 대해 최대	무선	>= 8	상용 UE	1	Jperf/ Iperf	하나의 자료 점만 가용
3	DL- UL	Tx.Div	주어진 MCS 에 대해 최대	유선	>= 8	상용 UE	N(2 UE/ TTI)	Jperf/ Iperf	하나의 자료 점만 가용
4	DL- UL	Tx.Div	주어진 MCS 에 대해 최대	유선	>= 8	상용 UE	N(1 UE/ TTI)	Jperf/ Iperf	
5	DL- UL	MIMO	주어진 MCS 에 대해 최대	유선	>= 8	상용 UE	N(1 UE/ TTI)	Jperf/ Iperf	

메트릭 6 성능은 펨토 기지국에 대한 핵심적인 비기능 요구 사항이다. 이것은 시스템에 대한 지연 요구 사항뿐만 아니라 처리 속도까지 포함된다. 처리 속도 요구 사항은 업링크와 다운링크 채널 모두에 중요하다. 펨토 기지국 또한 데이터 전송을 위해 다중 채널을 생성하는 다중 입력 다중 출력^{MIMO} 능력(필수적으로 다중 안테나)을 갖고 있다.

그림 CS4.18은 다양한 모듈 코딩 스키마^{MCS}상에서 측정된 성능을 보여준다. 펨토 품질 커버리지는 MCS에 따라 달라진다. 성능은 MCS에 따라 증가할 것으로 예상되며, 이것이 바로 데이터가 보여주고자 하는 것이다. 그림 CS4.19에 시스템 레벨 업링크와 다운링크 성능이 나타나있다. UL과 DL 성능 목표는 시간에 따라 변한다는 것과 시스템은 나중의 통합 단계 동안 더 많이 최적화된다는 것이다. 이들 측정을 위해 선택된 유스케이스는 두 가지로 첫째는 MCS=27과 DL MIMO 모드이고, 둘째는 MCS=20과 15MHz다. 현 메트릭 스냅샷은 100Mbps 다운링크 성능과 40Mbps 업링크 성능을 향해 진행 중에 있음을 보여준다.

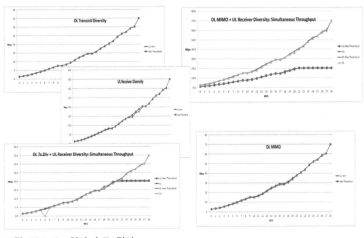

그림 CS4.18   처리 속도 결과

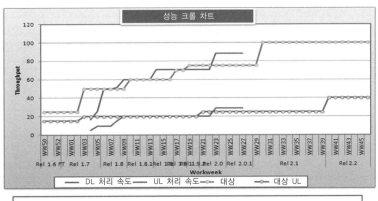

1. DL 처리 속도: 88.2Mbps (MCS=27 DL MINO)
2. UL 처리 속도: 29.1Mbps (MCS=20 for UL) @ 15MHz

그림 CS4.19   업링크와 다운링크 성능 데이터

정적 프로그램 분석은 실행 프로그램 없이 수행되는 컴퓨터 소프트웨어 분석이다(실행 프로그램상에서 수행되는 분석은 동적 분석으로 알려져 있다). 많은 경우에 분석은 몇 가지 소스코드 버전상에서 수행되며, 다른 경우들은 몇 가지 목적 코드 형식상에서 수행된다. 정적 분석은 코드 리뷰

같은 인간에 의한 분석 기법들을 상쇄하기 위해 사용된다. 이 분석을 수행하기 위해 팀은 클락워크Klocwork라 부르는 상용 툴을 이용한다.

이 툴은 또한 소프트웨어의 순환 복잡도cyclomatic complexity를 측정할 수 있다. 이 순환 복잡도는 프로그램의 복잡도를 나타내는 데 사용된다. 순환 복잡도는 프로그램의 소스코드를 통해 선형으로 독립된 경로의 수가 직접 측정된다. 순환 복잡도는 컴퓨터 소프트웨어의 제어 흐름 그래프를 이용해 계산된다. 제어 흐름 그래프에서 노드는 더 이상 나눌 수 없는 프로그램의 명령 그룹에 해당되며, 두 번째 명령이 첫 번째 명령 후 바로 실행되는 경우 이들 두 개의 노드를 연결한 것이 방향성 에지다. 순환 복잡도는 전반적인 복잡도 평가를 위해 사용되므로 소프트웨어 컴포넌트를 대상으로 테스트하기에는 어렵다는 단점이 있다.

표 CS4.6에는 계층 1 소프트웨어의 주요 소프트웨어 컴포넌트 각각에 대한 정적 분석이 요약돼 나타나있다. '최대 복잡도' 열에서는 측정된 순환 복잡도를 보여준다. 20보다 더 큰 측정값을 가진 컴포넌트들은 리팩토링 가능성을 위해 더 분석돼야 한다. 리팩토링을 하지 않기로 결정된다면 이 부분은 코멘트 영역에 요약된다.

개발 팀의 목표는 각 소프트웨어 컴포넌트가 형상 관리 시스템에 등록되기 전에 정적 분석 툴을 동작시키는 것이다.

표 CS4.6 정적 분석 데이터

프로젝트 이름	오픈 이슈	고정 이슈	복잡도>20인 복합 메소드 수	최대 복잡도	복잡도에 대한 컴포넌트 소유자의 코멘트
컴포넌트 1	0	13	0	13	
컴포넌트 2	0	15	0	15	
컴포넌트 3	0	42	0	42	복잡도는 MACRO에 의해 사용할 수 있게 된 오류 코드 때문이다.
컴포넌트 4	3	54	3	54	
컴포넌트 5	0	26	0	26	복잡도는 MACRO ERROR_CODE_ENABLED에 의해 사용할 수 있게 된 오류 코드 때문이다.
컴포넌트 6	0	111	0	111	복잡도는 함수 재설계에 의해 줄어들 수 있다. 더 많은 분석이 진행 중이다.
컴포넌트 7	1	15	1	15	복잡도가 높은 이유는 수행된 대규모 오류 테스팅과 조작 때문이다. 이 코드는 리팩토링되거나 변경될 수 없다. 이에 추가해 이 코드는 부팅 단계에서 오직 한 번만 수행된다.
컴포넌트 8	0	290	0	290	

(이어짐)

프로젝트 이름	오픈 이슈	고정 이슈	복잡도〉20인 복합 메소드 수	최대 복잡도	복잡도에 대한 컴포넌트 소유자의 코멘트
컴포넌트 9	1	0	1	0	
컴포넌트 10	0	17	0	17	
컴포넌트 11	0	148	0	148	복잡도를 줄이는 것은 주기 성능에 영향을 줄 것이다. 더 많은 분석이 진행 중이다.
컴포넌트 12	0	28	0	28	
컴포넌트 13	0	46	0	46	
컴포넌트 14	0	6	0	6	
컴포넌트 15	2	97	2	97	루프 수가 줄어들 수 있다면 두 번째 단계에서 코드는 재고돼야 한다. 알고리즘 제약 사항은 코드 구조에 대한 그 어떤 수정도 제한한다.
컴포넌트 16	4	90	4	90	복잡도를 줄이기 위해 주기 성능에 차례차례로 영향을 미칠 더 많은 서브함수들이 요구될 것이다. BW 이슈 때문에 계획되진 않는다.
컴포넌트 17	1	8	1	8	RSP에서 복잡도는 아마 더 많은 서브함수를 도입함으로써 더 줄일 수 있을 것이다. 그러나 주기상의 영향에 대해서는 더 분석되고 고려돼야 한다.
컴포넌트 18	0	23	0	23	

메트릭 7 그림 CS4.20은 순환 복잡도와 테스트 케이스 수에 연관된 컴포넌트의 결함 밀도를 보여준다. 여러 가지가 병합된 이 그림에서는 소프트웨어 복잡도와 전체 테스트 케이스 수가 연계되지 않을 수도 있는 테스팅 투자 장소에 대해서도 보여준다.

가장 높은 결함 밀도를 가진 컴포넌트들은 앞으로 더 분석돼야 한다. 결함 밀도는 정의된 개발 기간 동안 소프트웨어 컴포넌트에서 검출된 확증된 결함 개수로 소프트웨어 컴포넌트 크기로 구분된다. 핵심 컴포넌트들은 그림 CS4.20에서 보이는 것처럼 향후 분석을 위해 강조해 표시된다. 결함 밀도는 다양한 소프트웨어 컴포넌트에서 상대적인 결함 수를 비교하는 데 사용된다. 이 분석은 추가적인 인스펙션이나 테스팅 또는 가능성 있는 리엔지니어링, 리팩토링, 재배치를 위한 소프트웨어 컴포넌트의 후보 식별에 도움을 준다. 결함 경향이 강한 컴포넌트의 식별은 투자 자본 수익률[ROI]이 가장 높은 잠재적인 영역에 제한된 자원을 집중하도록 허용해준다.

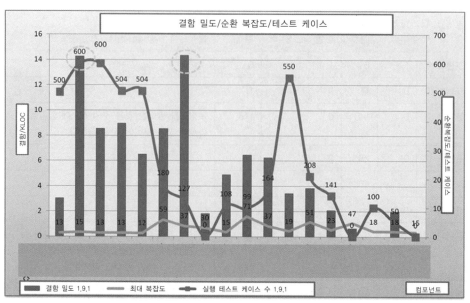

그림 CS4.20 순환 복잡도와 테스트 케이스 수에 연계된 컴포넌트 결함 밀도

메트릭 8 결함 예방 모델은 고객에게 빠져나가는 결함에 대한 미래 예측을 제공하기 위해 사용된다.

상류 프로세스에서 결함 밀도와 결함 주입률을 이용해 테스팅 최종 단계 동안 하류 프로세스에서의 결함률 평가가 가능하다. 이들 평가는 소프트웨어 시스템을 배달하기 전에 소프트웨어 시스템의 가시성을 제공하는 데 사용된다.

소프트웨어 프로젝트의 수명주기 단계 동안 발견되고 수정된 결함 개수는 수치상 분포를 따른다. 인기 있는 분포 중 하나가 레일리Rayleigh 분포다. 소프트웨어 프로젝트의 전체 결함 밀도에 대한 평가는 설계 리뷰와 코드 리뷰를 위해 관찰된 결함 데이터를 가지고 레일리 분포를 이용한 비선형 회귀 분석을 수행함으로써 결정될 수 있다. 수명주기 단계(예를 들어 유닛 테스팅)에서의 결함 개수에 대한 평가는 확률 분포 함수를 통해 획득될 수 있다.

레일리 커브는 본질적으로 소프트웨어 수명주기에서의 전반적인 결함 제거율 패턴을 나타낸다. 경사가 더 가파를수록 소프트웨어가 고객에게 배달될 때 결함이 더 적어지는 경향이 있다. 경사가 평평하다면 고객에게 더 큰 결함 개수가 빠져나간다는 것을 나타내는 비효율적인 결함 제거율을 나타낸다.

레일리 모델은 와이불Weibull 분포 계열 중 하나다. 레일리는 소프트웨어 신뢰성을 예측하는 데 있어 가장 적절한 것으로 입증됐다. 이 모델은 프로젝트 수명주기의 서로 다른 단계에서의 결함 밀도의 예상 값을 예측하며, 곡선의 핵심 파라미터(전체 결함 수 또는 전체 누적 결함률과 시간 단위 측면에서의 곡선의 최고치 같은)가 결정된다.

이 접근법이 그림 CS4.21에 요약돼 있다. 개발 팀은 이 평가를 수행하기 위해 미니탭^{Minitab}

이라 부르는 툴을 이용한다. 소프트웨어 컴포넌트에 대한 누적 결함과 함께 각 소프트웨어

컴포넌트에 대한 코드 라인 수^{LOC}가 이 툴에서 사용된 핵심 입력 측정치다.

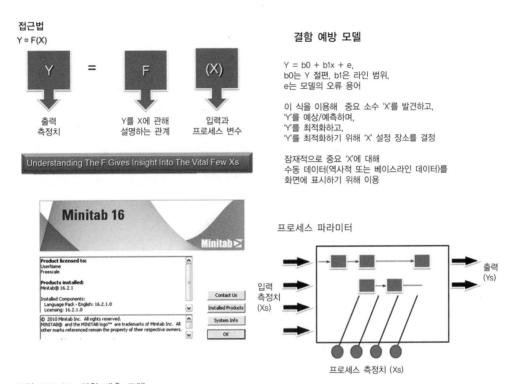

그림 CS4.21 결함 예측 모델

그림 CS4.22는 결함 예측 모델을 계산하기 위해 사용된 툴의 반복적 특성을 보여준다.
툴은 회귀 방정식을 수행하기 위해 입력 데이터(소프트웨어 코드 라인수와 결함 정보)를 이용한다.
이상점^{outlier}은 폐기되며, 회귀 방정식은 이상점 없이 다시 계산된다. 이것은 방정식이 수렴될
때까지 지속되며 최종 회귀 방정식에서 종료된다.

계산된 최종 회귀 방정식은 다음과 같다.

$$결함 = 5.07 + 0.000067\ 전체\ LOC$$

여기서 S=4.03521, R^2=11.5%, R^2(보정)=6.0%다.

예측	변수 계수	SE 계수	T	P
상수	5.073	1.371	3.70	0.002

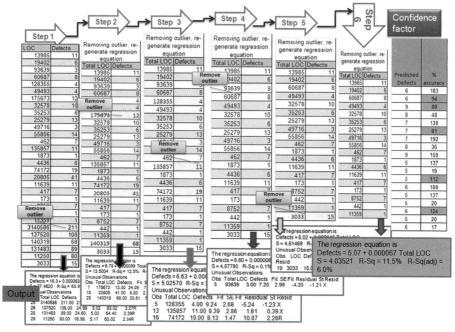

그림 CS4.22 결함 예측 데이터

이 사례에서(그림 CS4.23) 50%의 모델 정확성을 나타내는 선 근처에는 오직 몇 개의 자료점 data point만 존재한다. 이것은 미래 결함에 대한 더 정확한 예측을 얻기 위해 개선돼야 한다는 것을 나타낸다.

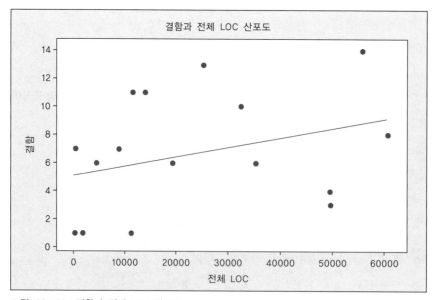

그림 CS4.23 결함과 전체 LOC 산포도

R^2은 모델을 설명하는 % 차이다. R^2(보정)은 모델의 용어 수와 자료점 수가 보정된 모델에 의해 설명된 % 차이다. 훌륭한 모델은 R^2과 R^2(보정)이 모두 높아야 한다. 표의 P 값이 0.01보다 적으므로, 통계적으로 95%의 신뢰성 수준에서 변수 간 중요한 관계가 성립된다. R^2 통계치는 모델이 결함에서 95.8%의 가변성이 있다는 것을 보여준다. 이 결과는 높은 R^2(보정) 값은 ~95.6%(실제적 중요성)이고, 낮은 P 값 < 0.05(통계적 중요성)라는 것을 보여준다.

정리

소프트웨어 메트릭은 소프트웨어 제품과 프로세스의 핵심 속성에 대한 측정치다. 메트릭은 소프트웨어 개발 프로젝트의 기획과 제어에서 점점 더 중심적인 역할을 하고 있다. 성공적인 리스크 관리의 핵심은 측정 능력이다. 품질과 생산성을 증가시키기 위해 현재 사용 중인 방법들과 소프트웨어 개발 프로세스의 영역 강화를 위해 택한 단계들에서 약점은 반드시 식별돼야 한다. 펨토 소프트웨어 프로그램에서 전반적인 소프트웨어 품질을 향상시키기 위해서는 핵심 메트릭들은 식별되고 추적돼야 한다.

찾아보기

에이콘출판의 기틀을 마련하신 故 정완재 선생님 (1935-2004)

임베디드 시스템을 위한 소프트웨어 공학 총론

인　쇄 | 2015년 7월 24일
발　행 | 2015년 7월 31일

편저자 | 로버트 오샤나 · 마크 크랠링
옮긴이 | 윤 희 병

펴낸이 | 권 성 준
엮은이 | 김 희 정
　　　　　박 창 기
　　　　　전 진 태
표지 디자인 | 한국어판_이승미
본문 디자인 | 박 창 기

인　쇄 | (주)갑우문화사
용　지 | 신승지류유통(주)

에이콘출판주식회사
경기도 의왕시 계원대학로 38 (내손동 757-3) (437-836)
전화 02-2653-7600, 팩스 02-2653-0433
www.acornpub.co.kr / editor@acornpub.co.kr

Copyright ⓒ 에이콘출판주식회사, 2015, Printed in Korea.
ISBN 978-89-6077-741-5
ISBN 978-89-6077-091-1 (세트)
http://www.acornpub.co.kr/book/sw-engineering-for-embedded

이 도서의 국립중앙도서관 출판시도서목록(CIP)은 서지정보유통지원시스템 홈페이지(http://seoji.nl.go.kr)와
국가데이터공동목록시스템(http://www.nl.go.kr/kolisnet)에서 이용하실 수 있습니다.(CIP제어번호: CIP2015020340)

책값은 뒤표지에 있습니다.